两晋悲歌

渤海小吏 著

上

中国大百科全书出版社

图书在版编目（CIP）数据

两晋悲歌：全三册 / 渤海小吏著 . -- 北京：中国
大百科全书出版社，2023.9
ISBN 978-7-5202-1429-2

Ⅰ . ①两… Ⅱ . ①渤… Ⅲ . ①中国历史—晋代 Ⅳ .
① K237

中国国家版本馆 CIP 数据核字（2023）第 171471 号

出 版 人	刘祚臣
策 划 人	赵 易
责任编辑	赵春霞
责任印制	魏 婷
出版发行	中国大百科全书出版社
地 址	北京市阜成门北大街 17 号
邮政编码	100037
电 话	010-88390767
网 址	http://www.ecph.com.cn
印 刷	三河市宏达印刷有限公司
开 本	710 毫米 ×1000 毫米 1/16
印 张	83.75
字 数	1081 千字
印 次	2023 年 10 月第 1 版 2024 年 4 月第 6 次印刷
书 号	ISBN 978-7-5202-1429-2
定 价	218.00 元（全三册）
审 图 号	GS（2023）3168 号

总目录

第 **1** 战

西晋平吴：十分伶俐都使尽，远在儿孙近在身

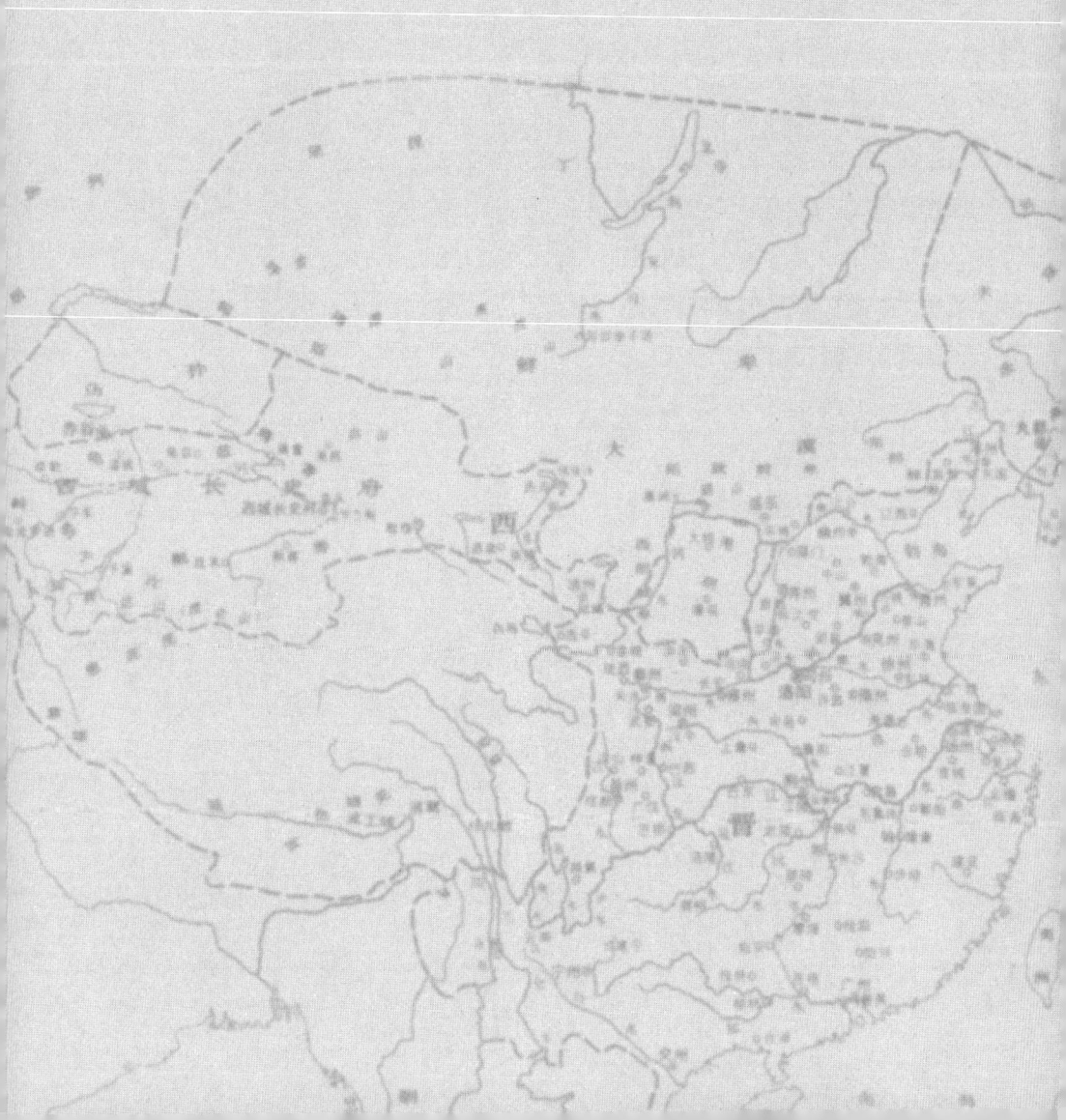

一、"君权神授"的信仰崩塌

每个一眼望不到头的凛冬乱世，在暗无天日来临之前，都有着巨大的逻辑积累。

神奇的上天似乎是顶级的算法大师，将所有的线索收拢起来，在同一时间点进行层层爆破。

中国历史走到魏晋禅代，即将经历第一次跨度长达三百年的超级大乱世。这一次的超级大崩盘，方方面面的因素积累了六百年，有权力结构的死结、有民族矛盾的爆发、有军制改革的积弊、有小冰期肆虐的气候变迁……

确确实实，雪崩的时候没有一片雪花是无辜的，但万事万物的荣枯起落都有一个核心源头。这六百年"秦汉帝国政体"崩塌的核心源头，叫作"君权神授"。

"君权神授"这出戏，到了西晋时，唱不下去了。

让我们回到梦开始的地方吧。

公元前 221 年，"皇帝"这个此后传承两千多年的中国历史上最沉重、最令人敬畏的专有名词诞生了。

"皇帝"这个名词诞生之初，其实并没有让人如此敬畏，让人感到如此沉重，它只是对赢政本人的雄才大略和不世之功进行了背书。

改这个称谓是赢政提出的要求，他原话是：赖祖宗之灵保佑，我以个人之力兴兵扫平天下，现在那哥六个都被我打倒了，天下大定，要是不改个名字不足以标志这一阶段性的成功并传至后世，你们赶紧议议。[①]

众大臣的回答是：您有"平定天下""海内郡县""法令一统"这三大功，自上古以来前所未有，五帝都要靠边站，我们这群没文化的翻了好多资料，五帝再上面就是三皇（天皇、地皇、泰皇）了，三皇之首是"泰皇"，要不先凑合着用"泰皇"？

赢政似乎预感这个词不堪大用，于是大笔一挥，删了"泰"字，再添个"帝"字，今后朕就叫"皇帝"。

赢政用来炫耀自己文成武德、泽被苍生的这个名头，此时并不神秘，也没有排他性，更多的是对他顶级功业的冠名。换句话说，谁将来要是也有如此神功，谁也就有资格叫这个名头。

赢政以五十岁的高龄离开秦国人民时肯定没想到，同是一个年龄段的人，他已经过了更年期，有的人却刚到青春期，而且这个人仅比他小两岁。

大泽乡一声炮响，沛县刘邦在四十九岁高龄睁眼看世界，随后用仅仅七年的时间上演了古往今来华夏大舞台出演过的最浓缩最精彩的惊天大剧本。刘老三立下了顶级功勋，后来自然也用了赢政发明的尊号——皇帝。

让我们把镜头推到公元前202年二月的定陶氾水之阳，再次推

[①]《史记·秦始皇本纪》：秦初并天下，令丞相、御史曰："……寡人以眇眇之身，兴兵诛暴乱，赖宗庙之灵，六王咸伏其辜，天下大定。今名号不更，无以称成功，传后世。其议帝号。"

举皇帝时的现场。当时大臣们表示汉王应该当皇帝，刘邦是这么回答的："我听说呀，当皇帝的必须得是好人，我不是好人，这岗位我不敢干呀！"

大臣们是怎么说的呢？"你从泗水亭长干起，一路平定四海，功劳太大了，我们知道你不是好人，但当皇帝跟是不是好人没关系，小小功劳的是王，大大功劳的是皇，这个岗位你必须干，我们很拥护。"[①]

"皇帝"在刘邦装蒜时候的借口是"贤人"，同意时候的硬件是"功业"。此时此刻，虽然"皇帝"这个名号已经很威猛了，但相对于"王"，仅仅是把剂量给加到头了。

到了刘邦的重孙子辈，"梦阳入腹"的"太阳王"刘彻降世后，"皇帝"这个名号的"编制属性"突然间起了巨大变化。

刘彻执政的五十年将整个中华大地炙烤得水分全无，服务于刘彻的各种各样的人才和理论也全部集结、跑步靠拢，供他肆意收割折腾。

在诸多大才之中，董仲舒创造性地一脚将球踢到天上，构建了"天人感应"理论。"皇帝"这个名号被披上了一层神秘的外衣，自此受命于天，是天老爷的代理人，跟功劳又没关系了。

这是中国历史上极具标志性意义的一刻，自此皇权开始神秘，开始专属，开始人为地阻断很多兵强马壮者的想象。

这套理论伟大在哪儿呢？它阻断了兵强马壮者觊觎皇权导致的功业内卷化！军备竞赛没什么意义了，别再想着胳膊粗拳头大就能立山头当皇帝了。

儒家也开始在这套理论中生根发芽，全方位服务于"君权神授"的这套政体：皇帝是天的儿子，哪有儿子不孝敬爹的？所以在每年的岁

---

① 《史记·高祖本纪》：群臣皆曰："大王起微细，诛暴逆，平定四海，有功者辄裂地而封为王侯。大王不尊号，皆疑不信。臣等以死守之。"

首皇帝得祭天，打仗之前也得祭天；你得跟天汇报，你得这样跟天汇报，我教给你怎么汇报……

汉武帝能够在五十年间把中华好羊群全都薅秃了还没出事，就在于"君权神授"极大降低了他的统治成本。

之前"皇帝"是人，是在黄老之学影响下进行七十年无为而治的人，皇帝找老百姓加税，老百姓就不开心。

现在"皇帝"不是人，是老天的儿子，他把老百姓家的房子拆了老百姓都得感到庆幸，没让他爹打雷把你给劈了就算走运了。

东汉末年的"黄巾起义"带有宗教性质，具有将组织成本极大降低的效果，而汉武帝当政时的"皇权"其实就已经具有宗教属性了。

董仲舒在帮刘彻低成本融资的同时也开了个后门，将这个理论更加完善化：老天爷这个爹也不是吃着你就向着你，你这儿子要是当得不好，导致民不聊生，你爹就降灾警告你了；你要是一而再再而三地不知悔改，老天爷就不要你这个儿子了。①

之前的"皇权"仅仅和功业挂钩，维度太单一，秦汉帝国政体的根基，其实是在董仲舒这里才进行了彻底地加固，然后定型的。

"天人感应，君权神授"既让皇权开始变得稳定没人敢觊觎，使国民总内耗降低，同时又是一个可以自圆其说的理论，自古无不灭之朝，有德者居之，就算换了朝代，这套理论也可以循环往复地使用。

总之，天道在"德"，大家都把刀放下。

九十年后，王莽有德，最终全天下投票把他选出来了。他上位之后瞎折腾，迅速把德都败光了，于是王莽又被天给抛弃了。

强汉开国两百年，直到灭亡之时仍然四海升平国泰民安，只不过

---

① 《汉书·董仲舒传》：国家将有失道之败，而天乃先出灾害以谴告之，不知自省，又出怪异以警惧之，尚不知变，而伤败乃至。

是皇帝的宝座换了姓王的。

天下豪杰痛定思痛，发现皇帝不能换，看来老天爷的儿子真姓刘，因为自打换了姓王的，天下人口十年时间就少了一半多。

所以各大豪族势力开始在各位刘姓后裔身上投票（除了自封的公孙述），哪怕是泥腿子出身的赤眉军也得选出来放牛的刘盆子当名义上的领导，要不担不住这天命。

最终刘秀这个终结汉末超级大乱的好孩子被老天爷"选"了出来。

刘秀的这次选秀成功，不仅挽救了天下百姓，挽救了"儒教"，更重要的是他给天下进一步夯实了这种理念："皇帝"是姓刘的，别人担不住。

随后修修补补又是二百年。

人吃五谷杂粮没有不生病的，政治体制也永远没有一成不变、长治久安的。秦汉政治体制在运行了四百年后，在人才选拔、军制改革、东西地域歧视等诸多方面，都产生了各种各样的弊病。

小冰期的降临也使得胡马开始逐渐南下内附或侵袭，西北的百年羌乱让国家对百姓的盘剥日益严酷，士族高门和外戚宦官间的斗争愈演愈烈，自安帝开始的地震、水旱灾、蝗祸、瘟疫等种种天灾叠加在一起，使天下百姓苦不堪言。

随着汉明帝年间的佛法东来，佛法不但开始强烈启发中国的本土思想，也开始"中国化"。

在这一过程中，受到启发的道教率先从社会底层崛起，打响反对压迫的头炮！

"苍天已死，黄天当立，岁在甲子，天下大吉！"什么君权神授，砸碎的是锁链，得到的是世界，起来斗争吧！

由于其他宗教的出现，"君权神授"这个"皇教"的链条在中原人地已经不再一家独大，越来越多的怀疑的种子被种下，并从底层逐渐侵入高层。

怀疑不断蔓延，但这时炎汉武德仍然充沛，别管内部糟成什么样子，军队的战斗力还是很强，黄巾起义被迅速镇压下去了。

照着这个趋势下去，虽不知路究竟会去往何方，但"君权神授"的信誉度大概率还能维持很多年。因为只要世家大族们还拱卫着皇权，只要台面上还都是"懂套路"的玩家，"君权神授"作为四百年政治遗产的沉甸甸的果实，一定会被保护得很好。

因为它意味着极低的统治成本，意味着无上的宗教权威！

懂套路的玩家会怎么保护"天命"呢？就是"天命"即便有变更，也不能靠打砸抢，而是要靠"禅代"给它接过来。

也就是说，还得是王莽那个套路，在地震、日食、刘家皇帝等的配合下，找老天爷办手续。

这个过程必须体面！

但是，在189年汉末第一大导演袁绍的惊天大剧本中，董卓一脚踹塌了已经存在四百年的皇权统治结构。董卓就属于"不懂套路"的玩家。

随后汉献帝在董卓西北军的七年凌辱下，历经长达一年落水狗般地东归并如叫花子一样流落到河东后，在朝廷开会时被当兵的倚着篱笆墙当被耍的猴看。这不仅让所有明眼人都看清了"君权神授"的真实面目，而且连老百姓都不信了，什么"君权神授"啊，"天子"都成要饭的了。

就算老天抛弃了汉献帝，也应该是那种"禅让"的官方仪式，汉献帝怎么让人虐得这么惨呀！老天这个爹不是这么当的啊！

最关键的是，凌辱天子的还是天下最没有德的流氓团伙。看来科学的奥秘是无穷无尽的，还有待我们探索，至少"君权神授，德者居之"这个理已经说不通了。

董卓导演的"献帝流浪记"开始让汉末知识分子们生不如死，悲痛欲绝。

所有的知识分子都是在儒家经典教育下成长起来的，他们从小就信仰修身、齐家、治国、平天下，而察举、征辟的方式又给了他们明确与稳定的政治出路，所以两汉的读书人通常没工夫展开深入灵魂的思考。用现在的一句话讲就是：带团队就一个绝招，绝对不能让员工闲着。

后来，在党锢之祸的二十年禁锢中，自成流派的士族圈子开始整天在无所事事中释放自己的想象力和思辨力：此时仅仅是皇帝无道，"天子"也许会换人，也许我们某个"修德"的儒家高门会得到上天的垂青，但"天道"是不会错的。

但是，汉末的瞬间大崩盘及汉献帝的凄惨遭遇让所有知识分子意识到，曾经的信仰和所学的理论可能是错的，巨大的灵魂暴击让汉末出现了越来越多的"神经病"和"行为主义者"。

那个时代没能诞生写出《呐喊》和《彷徨》的鲁迅式人物，倒是在痛苦、惊惶、迷惘后，有越来越多的人开始口出狂言、嗜酒成性。

不仅信仰开始崩塌，三国年间的不断战乱和超级瘟疫也促使文化人有了进一步的思考："生来众生苦，人间不值得。"

屠城不眨眼的曹操在脑子正常的时候能写出"铠甲生虮虱，万姓以死亡。白骨露于野，千里无鸡鸣。生民百遗一，念之断人肠"的诗句。

"建安七子"之一的王粲能描绘出"出门无所见，白骨蔽平原。路有饥妇人，抱子弃草间。顾闻号泣声，挥涕独不还。未知身死处，何能两相完"的人间地狱。

在建安二十二年（217）那场带走鲁肃、天不佑孙刘的超级大瘟疫中，建安七子全部报销。

刚刚当上太子的曹丕，本该意气风发，却变成了伤感的诗人，他回忆起过去的美好岁月，慨叹道："曾经我的那些朋友，现在都成鬼了，人间不值得啊！"①

曹植在《说疫气》里记载："建安二十二年，疠气流行，家家有僵尸之痛，室室有号泣之哀，或阖门而殪，或覆族而丧。"那一年家家户户都在死人，全家死的一个不剩很常见，甚至全族都死的也不是少数。

死亡永远是促进人思考的最佳手段。

今天大部分人面对死亡是没感觉的，但死亡对少部分特殊的人会产生至少四种影响：

1. 痛骂老天，肆意妄为，透支人生。

2. 珍惜时光。

3. 反思自己，悔改做好人。

4. 思想升华，产生智慧。

上面四种影响，第一种是因为见识不够，而今天我们遇到"死亡"叩问之时之所以会有后面那三种想法，是因为"儒释道"三家融合后的中国化信仰观提供了各种各样的解法：

"儒"为你提供了人与人之间的关系解法；

"道"为你提供了人与天地之间的关系解法；

"释"为你提供了人与万物甚至来世的关系解法。

平时就有大量阅历与思考的人会在面对死亡或目睹死亡后，借鉴并领悟出儒释道里的顶级智慧。

但在当时，刚刚经历了信仰崩塌的士人们在目睹如此多的人生无

---

① 《与吴质书》：昔日游处，行则连舆，止则接席，何曾须臾相失！每至觞酌流行，丝竹并奏，酒酣耳热，仰而赋诗……观其姓名，已为鬼录。追思昔游，犹在心目，而此诸子，化为粪壤，可复道哉？

常后，在新信仰还没建立起来的空窗期，只能够思考到上面的第一种解法，因此就开始了一种"今朝有酒今朝醉"的生活，这也是人的基因自我选择的结果。

《稀缺》这本书详细阐释过这样的观点：穷人家的孩子习惯把到手的东西迅速吃掉，富人家的孩子则相对有较强的自制力；穷人家长大的孩子通常相对短视，富人家的孩子则更容易专注远期的长久规划。

这其实和环境资源的基因选择有关：资源少的人专注于当下怎么活下去，资源多的人专注于长期的稳定性。

当寿命这种资源越来越让人感觉到不靠谱后，再加上信仰的摇摇欲坠，人们基因的自我选择开始引导他们"人生得意须尽欢，快活一天是一天"。

什么传统节操，什么仁义道德，什么建功立业，都一边去吧！来吧，快活吧！自三国中期开始，醉饮、裸奔、玄谈、赌博、斗富等不务正业的行为开始大批量地出现于人物列传中。

每个"纵欲"为底色的时代，通常都是和信仰崩塌有关的。

兵荒马乱不可怕，家园毁灭不可怕，只要过去凝结整个民族乃至国家的那个政治结构还在，曾经的国民认同感还在，就一切都能翻回来！

但是一旦信仰崩塌，所有人出现了精神的真空，那么亡国灭种就是大概率的了。这个时候，再想重回巅峰就要看老天爷是否再给你分配圣人及国家大运了！

也因此，在这个时代，以蜀汉为代表的最独特的草根奋斗者所担纲的三国精神才显得如此可贵！

在忠义被扔到尘土里的时刻，关二爷关羽千里寻兄，抛弃到手的功名富贵。

在努力被视作何苦来哉的时刻，汉丞相诸葛亮鞠躬尽瘁死而后已，一直努力到了生命的尽头！

与魏晋主流的巨大反差也让这两位的英魂最终洞穿了浑浊迷茫的汉末三国大网，使他们名动后世，永垂人间！

作为这个时代的异类，随着蜀汉这个富有"人味儿"的努力奋斗的小政权最终被主流收走，三国时代开始随着曹魏主流们的肆意放纵迅速奔向万劫不复。

魏晋那些坐天下而享福的"二代们"开始在老一辈的惯性下思考"我是谁""人生在世意义为何""人怎么就这么脆弱渺小""怎样才能在精神上超脱满足"……

这一系列的问题在传统儒家学说中是很难找到答案的，再加上曹操时代立山头大搞"唯才是举"，对不合作的士族集团展开了冷酷无情的打击并予以全体消灭，从而形成了"一个声音"。

无论是希望政治宽松、言论自由，还是基于大乱之后需要与民休息，士族集团的二代们看到了汉初的黄老之治被"杂王道以霸之"取代，在时代背景下，道家思想在张角太平道的崩溃疗法后，以另一种哲学性的存在又一次来到了时代的舞台。

最开始的是曹魏正始年间由何晏、王弼、夏侯玄提出的"道本儒末"理论。所谓"道本儒末"，就是在重建的新的权威思想中，以强调个体的道家学说为主干，以注重社会功能的儒家学术为枝叶。

这个理论具体有什么意义就不拆开说了，主要说一下它在两方面的影响：

1. 由于各种各样的新奇理论开始在这个时代喷薄而出，所以士人们见面后总是要掰扯掰扯，看看谁的理论思想更先进。最时尚的游戏开始变为头脑风暴，双方在引经据典阐发新思想中唇枪舌剑，这也渐渐演变成了著名的"魏晋清谈"。

永远不能否定精神思辨的讨论对时代和思想的推进作用，但是，还是要多做事情，在"扯淡"和"做事"之间，永远专注于"做事"。

因为好多事情，做着做着，慢慢就有头绪了，阶段性地沟通一下心得和方向，然后接着做。

当你干成一件复杂的事情，再回头看，和你当初设想的那个执行方案实质上很不一样了。

2. 由于提出新理论、砸碎旧框架的曹爽集团走得过于前卫，思想指导了行动，不管嘴上是多么地"贵无"，在利益上这个时尚团体可是一点儿没犹豫地向老臣们开抢，在私生活上更是一塌糊涂，天天纸醉金迷地大搞派对，代表性的就是曹爽在执政后期已经不满足于容易得到的女人了，连先帝曹叡的女人都给圈家里头去了。

司马懿最终咸鱼翻身的舆论环境就是这样被一点点培养出来的。

值得一提的是，司马懿的接班人司马师虽然前半生一事无成，但曾经和这帮人打得火热。

曹叡在位期间，曾针对这帮天天扯淡不做正事还奢侈无比的时尚达人进行过专项打击，时称"浮华案"。

曹叡的思路相当清晰，将这帮思想家全都清扫一空。

能够硬刚巅峰期汉丞相诸葛亮的曹叡心里明白：非主流诞生的意识和思想绝对得和政治分开，无论你搞出了什么高级哲学，我都得看看能不能服务于我的政治大厦，能用就逐步地引进来，不能用就到一边去，别到台前来掺和；如果你的所谓哲学在民间影响大了，我还是得剿灭你；你爱故作高深，爱语出惊人，那也请一边待着去。

在曹爽时代，这帮思想家又回来了，何晏等人不仅将扯淡带进了上层建筑，还代言推广了嗑药的丑陋行径！

嗑的这个药叫作"五石散"，也叫"寒食散"，之所以又称为寒食散，是因为服散后一定要吃凉食、睡凉地、洗凉水澡、穿薄衣裳。

五石散最开始是作为药用的，对于特定的病症是有疗效的，但作为刺激性药品是从何晏开始的。①

五石散的组成成分属于大热，从吃完它后洗凉水澡恨不得光屁股才好的那通折腾劲儿，大家也能知道这不是什么好药。

《晋书·皇甫谧传》中记载，皇甫谧吃了五石散发散不当，天寒地冻也不能穿衣服，三九天吃冰降温，皮肤肿胀溃烂，被折腾得想自杀。

难道单纯是这帮人浪得难受吗？肯定是有什么疗效！这在巢元方《诸病源候论》中记录的何晏的故事讲得很明白了。

1. 何晏"耽声好色"。

2. 吃完这药，"体力转强"。

3. 吃完这药，"心加开朗"。

说白了，何晏就是奔着兴奋剂的功能去的。

回想一下，曹爽被司马懿惊天逆转之前的一段时间，已经满世界安放不下他了，他全家组团旅游的规律已被司马懿纳入了政变规划，其实这也和所谓"正始之风"没有节制性地无边放纵有着巨大关系！

五石散对身体是有巨大危害的，所有毒品对身体都是有巨大危害的！延伸一下，所有的成瘾性食品都是有巨大危害的！再延伸一下，所有支持放纵自己欲望的人、事、物都是有巨大危害的！

长期服用五石散，会出现"舌缩入喉，痈疮陷背，头痛欲裂，腰痛欲折，腹胀欲决，心痛如刺，百节酸疼"等诸多症状，基本上这个人的寿命是不长久的。

推广者何晏吃药吃到最后就是"魂不守宅，血不华色，精爽烟浮，容若槁木"。就算司马懿不杀他，他也已油尽灯枯了。

---

① 《诸病源候论》：寒食药者，世莫知焉。或言华佗，或言仲景……及寒食之疗者，御之至难，将之甚苦。近世尚书何晏，耽声好色，始服此药，心加开朗，体力转强，京师翕然，传以相授。

高级的爱好与风气通常都是从顶层流行开的，人们会迷信上层建筑的生活方式。何晏作为曹爽时代政治与思想界双高峰的巨星，将嗑药的丑陋行径通过哲学的包装迅速推广开来。

单纯的毒品并不可怕，在道德的约束下受众永远只是极小部分人。但是毒品如果被包装成了时尚品，对社会的摧残就将是毁灭性的。

整个社会风气由于种种不良的引导，开始渐渐将秦汉贵族"修身、齐家、治国、平天下"的那种上马杀敌建功、下马治国安民的自强不息的精神与尚武勤学的气质给扭转了。

想我炎汉锦绣文治，皇皇武德，君子行健，自强不息，可最近半个世纪浓度极高的天翻地覆，使得整个社会风气江河日下，信仰开始崩塌，朝着不可控的方向一泻千里！

公元 249 年，高平陵之变，正始之风的代表何晏、丁谧、邓飏、毕轨等一大帮人被司马懿弄死，创业一辈子的司马老爷子夺回了已被带偏的最高政权。

时代貌似要回到正轨了吗？并没有！社会风气不仅没有扭转，司马家反而成了这几百年积弊的总催化剂！

华夏民族迄今为止最可怕的寒冬，从司马家的缺德中款款走来了。在经历了父子三代谋国的道路后，司马家看似扫平了所有的障碍，终于要成功了。

弑君的司马昭在灭蜀之后，开始有条不紊地将魏国最后的过户手续办齐。老爷子司马懿熬死曹魏三代高水平领导并在高平陵之变中奠定了家族基业，在死前还平定了另一个老臣王凌的叛乱，解决了淮南第一叛。

司马懿的大儿子司马师顶住了吴国几乎与他同时上位的大能人诸葛恪的攻击，先败后胜，按下了东吴的反扑，随后灭异己、废天子、平淮南二叛，将篡国大业由司马懿老爷子那辈的草图升级成了蓝图。

司马家族几乎所有的理论基础与实力安排，在司马师这届班子中基本已经完成。

司马师死后，司马昭在父兄两代人留下的班子的拱卫下平定了淮南第三叛，弄死了当时势力最大的自家亲戚诸葛诞。

此时此刻，曹魏这匹三国时代的头马，要成为第一个被灭掉的了，眼看就要死马仔手上了。

但是，曹家的血脉不认输！

曹髦成了极少数王朝末年傀儡木偶中的血性爷们。他不光激素水平高，脑袋瓜子还转得快，在已经成为死局的棋盘上自杀求变，二十岁的孩子导演了"献祭版"的"珍珑棋局"！

司马家的大局已经定了吗？

曹髦胡乱下棋，将自己的这条命作为终局白子，放在一块已被司马家的黑子围得密不通风的白棋之中。

曹魏的这块白棋尚有一气，虽然司马家的黑棋随时可将白棋吃净，但只要黑棋一时无暇通吃，白棋总还有一线生机，苦苦挣扎。

曹髦用自杀的方式走出了自己的终局之棋！

公元 260 年五月初六夜，曹髦布置了 A 计划。

冗从仆射（宫中侍卫主官）李昭等接到命令开始部署甲士，准备趁第二天朝会干掉司马昭。结果转天却下起了大雨，有司奏事改日子了，天不佑曹魏！（详情回看《三国争霸》。）

曹髦最开始的计划一直被人们忽略了。他是想在殿中安排死士，趁着司马昭上殿的时候搞死他。这突如其来的大雨，把曹髦的希望浇灭了。因为一夜也许能够保密，但更长时间的保密工作就太难做了，隔墙有耳，人心难测，时间越久，情况越复杂。

曹髦随后使出了献祭的大招！

曹髦后面的所有行为逻辑，根本不再是奔着找司马昭拼命去的，而是尽最大可能去扩大影响！

曹髦对铁杆的司马系眼线侍中王沈、散骑常侍王业喊出了那句著名的话："司马昭之心，路人皆知！我要去弄死他！"随后又把消息嚷嚷到了司马家的战略合作伙伴郭太后那里。

曹髦的这一整套打法，就是让宫中所有人都去给司马昭报信。随后，曹髦敲锣打鼓地杀出了皇宫。

曹髦的唯一目的就是把影响搞到最大，让局面彻底不可收拾！

随着曹髦勇闯云龙门，中国历史第一阶段的最大变量出现了：本该暗箱操作的政治博弈变成了现场直播，天下最大的法人代表被当街捅死。

到司马昭掌舵时，司马家布局篡位已经十多年了，司马昭对于篡位这局棋的各种变化均已烂熟于胸。曹家随着越来越小的能动性，不论怎么蹦跶，都已经挣脱不出他编织的牢笼。

结果曹髦闹事搞直播，还直播自杀，这出乎了所有人的意料，从来没见过政治中有如此解法。

但当曹髦勇闯云龙门、喋血洛阳城后，人们发现曹魏本该必死的珍珑棋局顿时开朗起来，司马家的黑棋虽然依旧大占优势，但曹魏的白棋却已有回旋的余地了！

曹髦自始至终都是奔着求死去的，他用自己的死，给司马家下了一道诅咒！司马家陷入了巨大的危机之中，因为他们的终极目标是撬掉曹魏的江山！

司马家撬掉曹魏江山的途径只有一个，叫作"承接天命"，但前提必须得是司马家德行很高，功德很大，老曹家不怎么样。

所以老天才让你承接天命做天下的主人，结果你在光天化日之下弑君，这还怎么接这个天命？

司马昭肯定是篡不了国了，等他死后，他儿子还有司马懿、司马师、司马昭这三位的影响力吗？

司马氏建国的步伐就此停滞，司马炎此时仅二十四岁，无任何政治资本。司马孚一脉和司马懿一脉针对以后的权力分割很有可能图穷匕见。

这种局面，将非常有利于曹家伺机重新恢复皇权。只要司马家不封公建国，没办法名正言顺地将政治权力以遗产的形式传下去，那么曹家的皇族就仍然有机会。

霍光这么牛，死了之后刘病已恢复皇权成功；东晋这么弱，但世家大族彼此制衡；桓温那么强大，但只要他死前九锡没加成，谢安就有机会将头把交椅给抢回来！

本来司马家快成死棋了，司马昭没几年寿命了，但是，谁也没想到，司马昭生生地再上难度，极富戏剧性地拿下了整个曹魏骨子里最怵的蜀汉，算是渡过了这次危机。

每当回看二士争蜀的全过程，总会慨叹历史的神奇。上天似乎不希望汉民族永远占据着舞台的中央，蛮、夷、戎、狄等少数民族也需要雄起的剧本和舞台。

秦汉帝国四百多年，走到了司马家篡位时，已经将乱世崩塌的剧本完成了。司马氏的"晋"国，自创立之初就是超级瘸腿的"独脚兽"公司。

所谓"第一帝国"的"君权神授"，几百年演化下来得到了治理中华大地的三条大粗腿：德、忠、孝。

"德"是总纲，一切合乎规矩与礼法、合乎事物运行规律的都统称为德。

"忠"是对官僚机构的控制手段。无条件地服从领导，皇帝才能够最大程度、最小成本地控制这个幅员辽阔的国家。

"孝"是对整个国家基层的控制方式。你得孝敬爹妈，听从老人言，才能将大量的事情在家门内解决，从底层的毛细血管完成整个国家的自我整合。

德、忠、孝，这三条大腿，帮助中华大地实现了最小内耗。

天命有主，神圣不可侵犯，乱臣贼子会心虚，老百姓会臣服，皇帝只要差不多就能接受，皇帝就算是神经病也不见得皇家每一代都跟得了狂犬病一样（还真的有），忍忍也就过去了，这样整个社会稳定的根基就不会变。当国有忠臣，家有孝子，整个社会就能够平稳地走下去。

结果司马家在谋国的道路上将所有不可控的因素全都玩砸了。除了"孝"表现得还算没捅娄子外，"忠"就别提了，"德"就更缺了，当街弑君更是将"君权神授"这个统治基座彻底轰塌了。

天命自此不再神圣！

在司马家谋国之前，有过两次禅让。这两次禅让其实都在最大程度上维护了天命的神圣。也就是说，只要核心体制的大厦根基没被推翻，后来者都能继续按照原有的政治逻辑走下去。

王莽自不必说，别看他后来十五年祸乱天下，但他在上台前，确确实实是独一无二的。他是中国历史上唯一一位没有军队打底，通过民选上台的皇帝。

曹魏代汉，从天命的角度来讲，可以包装成替天行道。因为东汉最后一百年是持续性地不可救药，最后的群雄割据，其实就是各阶层认为老刘家早就该让位了。尤其当195年西北军阀内战后长达一年的献帝东归，更是扯掉了汉王朝最后的遮羞布。

曹操这个奉天子令不臣的军阀，其实是当时维持住天命论不堕的最好的过渡人。

当时的大汉遗老虽然心中不接受曹家代汉，但确实认可天命另授。尤其是曹操在汉家的名义下缝合了天下，这就给出了自圆其说的另一种可能：老天选了曹魏做下一任接班人，但同时给了"旧天命"一个体面，消灭了各路蠢蠢欲动的"山寨天命"，权力的过渡也是在"新天命"和"旧天命"和平交接的仪式下完成的。

天命还是有所归的，不然打着刘家招牌的曹操怎么就脱颖而出了呢？看来"天命"可能需要这样过渡一下的。

汉献帝晚年的待遇还是挺好的，董卓的出现对汉献帝来说可能就是个磨难。

本来曹操建魏时好不容易将"君权神授"的天命打马虎眼给糊弄过去，结果司马家上来就把桌子掀了。

曹家干得好好的，国家平稳，百姓安定，司马家却趁着曹家的接班人总是在壮年就死去，导致后继乏人，在洛水发誓后一把攥住了曹魏的命脉。

这其实无所谓，外戚专权的时代有的是，但司马家却走了一条截然不同的路。

如果说在司马懿和司马师两代谋国阶段，"君权神授"还有最后一块遮羞布的话，那么在司马昭时就彻底没有了。因为司马家的铁拳连天的儿子——皇帝都敢杀，杀完后，司马家居然没受到惩罚，而且还即将成为天上派下来的下一任皇帝。所以，这就让很多后来者受到了启发。

最关键的是，这个启发是面向全民族、全阶层的，这点相当重要！

后面"五胡"的首领们自封皇帝的时候腰杆都硬着呢！在司马家篡权之前的几百年，哪个少数民族的首领敢动当皇帝的心思呢？吓死他！

"天命"真的不神秘，不是上天指派的，老天爷也从来不是个好爹，那是糊弄人的，是大拳头为之的。看来，天命是扯淡。

既然是扯淡，那司马家就不再是大臣们的信仰了，而是奋斗目标！

凤凰是高贵的，是供人遐想瞻仰的。而一旦凤凰落难，那就不如鸡了。因为鸡就是鸡，不是所有人都对鸡有兴趣。但是凤凰不一样，所有人都是梦想把凤凰当鸡消遣一回的。

天命不神秘了，忠诚不值钱了，也就是说，拢住官僚集团的最关键一环掉了。

当然，不是说就一定拢不住了。只是成本开始变得极高，大臣们各种各样的野心再也压不住了。

比如说，几百年来都在宣扬忠臣，西汉时周勃父子两代人在不同的时代分别挽救了危亡的大汉，虽然最后周亚夫死得憋屈，但后世对其是高度褒扬的。

霍光废了皇帝，虽然他的子孙作乱，但他这个人对于大汉来说是砥砺忠臣、擎天巨柱，最终在麒麟阁十一功臣的排序中，霍光居首。

张骞越狱，苏武牧羊，在极端困难的情况下，他们都不失汉节。

班超孤身于万里之外，在几乎毫无支援的情况下，将西域将得明明白白，到老了他叶落归根，回到了长安。

这一个个忠臣良将，是如符号一般的榜样，激励着后世的臣子们忠君爱国、为民操劳、明言直谏、守土安民！

很多时候，天子的一句"爱卿真乃国之栋梁、社稷之臣矣"，对于很多臣子来讲，比任何物质享受与爵位封赐都要更有效果。

到了司马氏，"忠"字就别提了，因为天命都让司马氏捅死了。让大臣效忠司马氏？不可能！

所以名头响亮的"竹林七贤"中的阮籍，在那个年代能写出反讽的《大人先生传》，阐明了如下经典的道理：

"君立而虐兴，臣设而贼生"，君主制自从存在后就开始没完没了地兴起暴虐，官僚体系确立后乱臣贼子就开始产生。

"坐制礼法，束缚下民"，所以统治阶层创造礼法，一层一层地束缚被统治的人。

"欺愚诳拙，藏智自神"，欺辱、诳骗愚笨的百姓，隐藏那些智慧的、核心的做事方法，显得自己像神一样。

"强者睽视而凌暴，弱者憔悴而事人"，强者天天睁大双眼不放过霸凌弱者的机会，弱者天天憔悴无奈地服侍他人。

"假廉而成贪，内险而外仁，罪至不悔过，幸遇则自矜"，高官装得很廉洁却个个贪污腐败，心如蛇蝎却貌似仁义忠良，罪祸当头不知悔改，幸运遇到贵人则骄傲自大。

……

活得不能再明白的阮籍对几百年前形成的礼法虽然耳濡目染，但不再搭理，天天喝酒。刘伶裸奔喝酒，那更是千古知名。嵇康因为不想搭理司马家，最终却被他不想搭理的钟会害死，潇洒弹完绝唱《广陵散》后从容赴刑。

活明白的孤独与不妥协的另一面，是"竹林七贤"中的山涛、向秀、王戎投入司马家的怀抱。

经济基础决定上层建筑，不是每个人都有如此情操。主义既然都已虚无，人生还有物质可以追逐。千万可别提什么道德情操，什么高风亮节，拿钱来吧！

那个时代看着司马家因为胳膊粗拳头大而拿下天子之位的见证者，基本都在做两件事：一边开始衡量自己家什么时候也能变成司马家；另一边则加入相当罕见的在王朝初年就开始全社会普遍道德滑坡及奢侈堕落的大军！

任恺可以说出狂到没边的话："这顿饭一万钱实在是太便宜，我找了半天都没发现有能下筷子的菜！"

王济和王浑打赌都是千万钱起步的，他还在家里用钱铺地。有一次，王济请司马炎到家里吃饭，司马炎觉得有道菜新奇，王济说那是用人乳蒸的。

但与石崇相比这些都是小把戏了，这个时代奢侈的最大名头非石崇（西晋大臣石苞幼子）莫属。他家厕所的豪华级别我们可能在相声里有幸听过，厕所叫听雨轩，里面常备十多个女仆伺候着，上完厕所必须把旧衣服扔了，换新衣服才能出去。

在石崇家喝酒有规矩，一大堆美人在边上伺候着，美人斟酒客人要是不喝，石崇当场就让侍卫把这个美人杀了，因为不能惹他不高兴！

最著名的，是他和司马炎的舅舅王恺斗富。

王恺用糖水刷锅，石崇就用蜡烛当柴烧；王恺做了四十里的紫丝布步障，石崇就做五十里的锦步障。

王恺输急了，他的皇帝外甥司马炎开始发力，赐给王恺一株二尺高的珊瑚树让他去石崇家显摆；石崇看了一眼就给砸了，并说别着急我赔你，然后拿出了好几株三四尺高的珊瑚树。

真是荒谬的时代啊！

司马家在立国之初，统治需要的两条最粗的大腿已经折了。当然，司马家的统治还有"孝"这条大腿，但对不起，只有"孝"是不够的。因为人人确实都要孝顺自己的爹，但司马家却不是所有人的爹。

万物，有因必有果！

你做出了那样的选择，就必然会结出那样的花、果。恶之因，会盛开恶之花，最终结出恶之果。

司马家在烈火烹油后即将面临中国历史上最为可怕的因果报应！

司马昭灭蜀后面临立谁当接班人的问题，他有两个选择：大儿子司马炎，二儿子司马攸。

为什么会出现两个选择？不是嫡长子继承吗？没错，但这两人都是他的嫡长子。

有点儿乱，解释一下：老大司马炎，是司马昭这房头的继承人；老二司马攸是司马昭亲生的，但是过继给了他哥哥司马师作为继承人。

司马师很能干，但没有儿子。

司马师不是没能力，他的第一任夫人夏侯徽虽然二十三岁就死了，但两人却一连生了五个闺女！夏侯徽死后，似乎也带走了司马师的某些能力，他再也没生出个一男半女来。

拥有毋庸置疑的继承顺位的司马师却生不出儿子，成了司马家族遭到的第一个报应。

后面则开始了环环相扣的反噬。

史上最为神奇的家族互杀剧本拉开了帷幕……

二、为什么政治人物要进行演戏般的表态?

司马师在司马家族的创业道路上是毋庸置疑的接班人,为了明确统序,司马懿做主将司马昭家"年龄正好"的司马攸过继给了司马师。

司马攸被过继给司马师后迅速得到了不一样的待遇,王凌淮南一叛,司马懿领兵出征时唯一带着的孙子,就是这个司马攸。

此役过后,司马攸获封长乐亭侯。

史书上说司马攸从小就被看出来比他大十岁的哥哥司马炎有出息,深得司马懿的器重。① 真的是三岁定八十岁,司马攸出众到如此程度吗?从司马炎后面步步为营的从政表现来看,此时十五岁的司马炎绝对要比仅仅五岁的司马攸更有成才的潜力。

司马懿是那个时代的顶级人精,之所以在人生最后几年不断给司马攸这个小孙子抬轿子,其实就是自己钦点、敲定了第三代接班人,明确了统序,免得将来自己家族出现内耗。

第二代接班人已经明确,司马懿的大儿子司马师无论是继承顺序还是个人能力,都没得说。

---

① 《晋书·齐王攸传》:才望出武帝之右,宣帝每器之。

第二天就要政变，策划的是全天下风险最大的阴谋，如果失败大概率会被全家灭门，但司马师照样一觉睡到大天亮。这种心理素质，中国几千年来可没看见几个人有。

为什么说仅仅几岁的司马攸过继给司马师是"年龄正好"呢？因为司马师此时不过四十出头，配上司马家的长寿基因，等司马师离世时司马攸肯定已经年富力强。

并非司马炎不出色，只是此时这孩子已经长大了，过继过来没几年就会成为一股政治势力，亲爹和宗法爹之间永远会有隔阂，难保后面不会在统序上出问题。所以司马懿早早地就把几岁的司马攸带在身边进行各种点拨与提拔。

司马懿希望自己的基业在大儿子这一脉中发扬光大。二儿子司马昭对他最大的孝顺，就是给他大儿子司马师生了个好儿子。

一个袁绍版本的故事貌似要再度上演了，司马攸这个过继来的孩子很有可能像当年的袁绍一样，占据整个家族下一代的大多数光环。

司马攸跟袁绍相同的地方在于，宗法爹死得都早；跟袁绍不同的地方在于，他家的家业比老袁家要大得多。

255 年，司马师平淮南二叛后病逝，司马攸年仅十岁。

权力过渡到了司马攸的亲爹司马昭手上。司马攸的前途看上去仍然有希望，毕竟司马昭是他亲爹。

司马昭一上来也虚情假意地将自己定位成一个看摊子的，向大臣们表示：这是我哥哥的天下，将来得把基业传给司马攸。①

无论司马昭是不是这么想的，他当时都必须这么说！因为他哥哥司马师的威望太高、功劳太大，他要是不这么讲，就根本没资格执政。

---

① 《晋书·武帝纪》：自谓摄居相位，百年之后，大业宜归攸。每曰："此景王之天下也，吾何与焉。"

因为他三叔司马孚的资历和实力让人相当有想象力，他必须说自己作为弟弟替哥哥看摊子才能把所有人的嘴堵住。

十岁的司马攸在自己宗法爹司马师的葬礼上哭得非常悲伤。葬礼过后，司马攸袭封舞阳侯，然后孝顺服侍自己名义上的母亲羊徽瑜。

看见了吗？十岁的孩子就能把好多成年人都演不好的戏演好，这真不是一般的孩子。

司马攸成人后性情温和、亲近贤才、乐善好施、博学多才，一个完美少年的人设就这么呈现出来了，名声比他亲哥司马炎要好很多。

司马攸历任散骑常侍、步兵校尉，十八岁的孩子在治军上相当有一把刷子，史载"绥抚营部，甚有威惠"。

这可不是瞎编的，因为后面他哥哥对他动手、削他兵权时，他手下的士兵可是敢站出来闹事的！

司马家真是代有才人出。继司马懿生了司马师和司马昭这两个厉害的儿子后，司马昭也生了两个厉害的儿子。

说完弟弟司马攸，再来说说哥哥司马炎。司马攸的亲哥哥司马炎也是个棒小伙子，与司马攸相比，司马炎有两个优势：一个是外形，一个是岁数。

司马炎像刘备一样生了一双大长胳膊，双手过膝，有帝王相，这成了司马炎上位的广告。

内在的，是司马炎比司马攸大十岁。在司马昭接班司马师的时候，司马炎二十岁，司马攸十岁。

随后的八九年，司马炎开始接触大臣，打造班底，司马攸则刚刚进入青春期。在司马攸展现自己是棒小伙子的情况下，同样很有韬略的司马炎也表现出了"宽惠仁厚，沉深有度量"的靠谱接班人潜质。

这个年纪和这种性格，让司马炎获得了很多大能量的士族大咖的拥护。

264 年，司马攸由舞阳侯被改封为安昌县侯。"舞阳"是当年司马懿的政治标志。随着司马攸"政治储君"的爵位被换，信号其实已经放出来了。

转过年来，265 年，三十岁的司马炎被正式册立为接班人。家族里的长老们和朝廷上的大臣们对于司马炎上位这事基本上都是拥护的。

在中国，爵位名号、特殊官位都是很严肃、很关键的，皇帝对你是褒奖赞扬、锻炼培养还是哪儿凉快在哪儿待着，通常能从对你的封爵名号上体现出来。

因为司马炎性格宽厚，人也更成熟，他的继位能使政权过渡更加平稳、使各个利益团体的利益得到保障。

二十岁的司马攸，就这样失去了本该属于他的天下。不过司马攸这个孩子真不得了，并没有自暴自弃，反而支持亲爹决定，拥护哥哥司马炎，继续做好自己的分内事。

一般来说，任何时候，有个年龄差十岁、会来事还能干的好弟弟，对哥哥来讲都应该是幸福的。但司马炎对自己这个成熟能干的弟弟却有着非常复杂的情感。

他倒真希望自己的弟弟是个标准的富二代：玩物丧志、过奢侈生活，没人逼着上进。

265 年，司马昭逝世，司马炎继位。

弟弟司马攸给他扔过来第一个难题。按理说，此时此刻，司马昭已经不是司马攸名义上的爹了，而是他的二叔。就算是他的亲爹，他们爷俩感情好，他对司马昭的逝世也不能表现得太伤心。这个哭得死去活来的秀要留给哥哥司马炎去做。

但司马攸却在居丧期间过度悲伤，甚至超过了礼节的规定，好几天水米未进，大有亲自送老爹一程的架势。亲娘王元姬哪能让司马攸这样做呢，司马昭死了不能再搭上个儿子，于是亲自下场逼司马攸吃喝。①

你说你这个"侄子"让亲儿子司马炎怎么办！司马炎表示，我要居丧三年！这就很尴尬了，如果真要居丧三年，难道大臣们还要等他三年不成？赶紧即位，我们都等着封赏呢！

八月，司马炎"无奈"接班，同年十二月，司马炎受禅称帝，定国号为晋，改元"泰始"。

晋这个出生即夕阳的国祚，正式开始了它黑色幽默的篇章。

司马炎暂时还顾不上这个上进的弟弟，他有很多事情要办。

虽然他在众多利益集团的拥护下完成了承接天命的开国大业，但此时三十岁的司马炎算是开国之君中相当弱势的一个。（要不是考虑到顺治皇帝，我就直接写最弱势的了。）

整个代魏建晋的过程跟他没有一点儿关系，他几乎没有什么实际的军事出征或镇守地方的经历，所有过户的关键步骤包括灭蜀封王、开建五等、制定礼律、建天子旌旗、建晋国百官等都是他爹司马昭走的程序。

司马炎没有足够的时间建立属于自己的政治班底，而且司马家在取代老曹家的整个过程中，砍掉了至关重要的两条大腿，根基相当不稳固。

腿不够，利益凑！他要用大量的利益去安抚、示好拥护支持者。这些支持者分两方面：自家人和外姓人。

司马炎做出了如下安排：

对于自家人，封王。司马家开国，靠的是整个家族的力量。老爷

---

① 《晋书·齐王攸传》：居文帝丧，哀毁过礼，杖而后起。左右以稻米干饭杂理中丸进之，攸泣而不受。太后自往勉喻曰："若万一加以他疾，将复何如！宜远虑深计，不可专守一志。"常遣人逼进饮食。

子司马懿发动高平陵之变时，虽然带了两个儿子，但司马昭其实都排不上号，三号人物是司马懿的弟弟司马孚。

司马孚和司马昭同时知道消息，随后司马孚毅然决然地把脑袋别裤腰带上跟哥哥司马懿玩命去了。

家族第二代掌舵人司马师初掌大权时，吴国的诸葛恪第二次率领二十万大军倾国而来伐魏，司马师自己没上，也没有派弟弟司马昭，而是请处于大坎儿之年的七十三岁的叔叔司马孚莅临寿春指导抗吴。

司马孚到了前线后，拿出家传绝学的"拖"字诀，合肥前线的将领们更是因为人质制度而拼命抵抗吴军。吴军被拖得兵疲师老，且当时瘟疫流行，不得不退兵，最终司马孚的阻击任务圆满成功。

255年司马师死，姜维领蜀兵数万攻陇右，雍州刺史王经战败，家族第三代掌舵人司马昭还是祭出了老法宝司马孚。七十六岁的司马孚又一路奔波到关中，领诸军。

司马孚一出现在关中，军心迅速恢复稳定，不久邓艾把姜维耗走，司马孚回洛阳交差。

260年，司马昭导的戏崩盘了，受害者曹髦被杀，在全都傻眼的情况下，又是司马孚第一时间前往事发现场，将曹髦的头放在自己大腿上，大哭道："让陛下被杀是为臣的罪过！"①

不要总说政治是虚伪的，是虚情假意的，特殊的行业有特殊的规矩和套路！政治人物遇到很多事之所以都需要去演戏，是因为他们的每一个表态都有着非常重要的作用和深刻的意义！

很多时候明明知道政治上的表态是假的，但政治人物为什么还是要去做呢？有两个原因：

---

① 《晋书·安平献王孚传》：及高贵乡公遭害，百官莫敢奔赴，孚枕尸于股，哭之恸，曰："杀陛下者臣之罪。"

1. 面向低认知水平的人群。

并不是每个人都有那么高的认知水平，所谓的作秀在百分之九十五的人看来是真情流露。这个世界绝大多数人都是一经过引导就跟着走的，是被人卖了还帮人数钱的。无论多么低级的骗术，永远都会有大量的受害者。

2. 向每个明白人和每个利益集团表态，我是不会撕破脸皮的，我是有政治套路与打法的，我是有底线、可预判的。

曹髦在光天化日之下被杀，这是历史走到那个时代所出现的前所未有的政治公关难题！天子说你是反贼，然后被你弄死了，你打算怎么办？

按照董卓的打法就是天子被弄死就弄死了，这皇帝早就该他来当！但这是低级别的军阀思维，这样会有两个负面影响：

1. 绝大多数的利益集团不会跟他合作、跟他走的，因为他是个神经病。

2. 他从此一脚踢开已经演化了五百年的政治名分，以后他就和所有的利益集团与高门大姓在同一个水平线了，不就是看谁的胳膊粗嘛！

司马昭虽然大错已经铸成，但他必须得想办法承认"天命"的正当性，因为他需要靠着"天命"的名分去低成本地统治这个幅员辽阔、人口数千万的国家。

捅死曹髦后，司马氏辈分最高、功勋最大的司马孚站出来了，代表司马家进行政治上的作秀，就是对低认知水平人群和高认知水平精英的一种政治表态。

对绝大多数的"不明白人"，司马孚表达了弑君是意外，是小角色成济干的，不关司马家的事。这算盘打得精明：就算司马昭倒台了，我司马孚还是干净的，我司马家还有余地。

对一些"明白人"，司马孚表达的意思是，这个政治结构与天命我们家是认可的，是不想砸烂推翻的。曹髦剑走偏锋与我们家玩同归于尽，我们家这是没办法！

光哭还是不管用，紧接着还有巨大的难题要解决。曹髦说司马家是反贼，所以必须把曹髦的行为定性为十恶不赦，才能让自家的执政从合法性上持续下去。

司马氏的盟友郭太后明白司马家的困境，下令将曹髦的葬礼定为草民级别，打算草草地埋了。但要是真这么干，司马家就没法混下去了，这手段实在太卑劣了。可如果不对曹髦的行为进行严厉定性，天子讨伐的乱臣贼子又何以自处呢？

最终还得是司马孚出面打圆场，将可怜的曹髦改以王礼安葬。这样司马家的统治在法理上是说得过去了，对全体阶层的人也有了一个交代。

无论是否出自真心，司马孚以他的威望和辈分，代表司马家完成了最凶险的一次公关。

但是，从司马昭的角度来看，这又是极度尴尬的！没他三叔司马孚，这关他铁定过不去！他三叔这通表演后，就更衬托出了他是笨蛋，司马孚拿走了大量的政治分。也因此，此后无论大事小情，司马昭再也不让司马孚露面了。

基本上，司马孚在司马家每次的关键时刻都起到了关键作用，他的超强能力与持久待机甚至让人难以评价他和司马师之间的功业高低。

不仅司马孚本人于晋有大功，他的子孙也对家族出力甚多。比如他的次子司马望。

司马望被司马孚过继给了司马家罕见早死的"司马八达"之首司马朗。司马望随司马懿平过淮南一叛，后来由于姜维的不断闹腾被安排到了西北，出任征西将军，都督雍、凉二州诸军事，镇抚西北八年之久。作为曹魏关中的大梁，他一直没让姜维占到便宜。

后来年年"打大牌"的姜维在蜀中因谯周的文学作品引发的负面舆论而受到限制，魏国对西北基本放心了，司马望回到朝廷被拜为卫将军，领中领军，掌管禁军。

司马炎篡位成功后，仍然需要司马家的人站在最要紧的岗位上拱卫政权，司马望因资历成了军事一把手，所谓"宜登上司，兼统军戎，内辅帝室，外隆威重，其进位太尉，中领军如故"。每次东吴搞点儿小动作，都是司马望带着中军去督阵。

司马孚的三儿子司马辅，后来徙为太原王，监并州诸军事。四儿子司马晃为长水校尉、南中郎将，后来出为镇东将军，都督青、徐二州诸军事。

别的房头就不说了，要紧岗位的一把手基本上都是司马家的。关键位置有很多，但最关键的位置还得是自家人，这其实也为后面幻想篡权的乱臣贼子开出了一个标准配置：家族的人才水平要足够高，足够达标！

最终司马氏三代人谋国成功，背后的基础是老前辈司马防当年出品了高品质的"司马八达"系列。在谋国道路上，司马氏家族的多人在诸多重要的岗位上都顶在了第一线，并超额完成了自己的任务。

到了司马炎这里，谋国终于成功了，于是各房头的贡献也就成了一个亟待解决的问题：你篡位了，意味着从今以后你是君，我们都是臣，司马家创业的最大股份和红利让你抢走了！没错，你们房头是主营的，是出力最多的，但没我们这帮兄弟，你不是也不灵嘛！

尤其是司马昭的伯伯和兄弟，到了司马炎这里就变成爷爷和伯伯了，司马炎要做的第一件事，就是安排好自己的这帮家人。

于是，史上最大手笔的开国封王出现了。司马炎一口气封了二十七个王！

从房头上来讲，要按司马懿这一辈人来算。

老大司马朗这一支有三人封王：继子司马望和司马望之子洪、桃。（其实是司马孚出品的。）

老二司马懿这一支有九人封王：包括司马懿六子榦、亮、伷、骏、肜、伦以及司马师之子攸，司马昭之子鉴、机。

老三司马孚一支，共有七人封王：司马孚本人，以及其六子辅、晃、瑰、珪、衡、景。

老四司马馗一支三人封王：权、泰、绥。

老五司马恂一支一人封王：遂。

老六司马进一支两人封王：逊、睦。

老七司马通一支两人封王：陵、斌。

老八司马敏没捞着。

总体来讲，还是以司马懿和司马孚这两支为主，算上老大司马朗房头的三人，总共有十九人。

这二十七个王中，作为司马炎真正铁杆力量的，也就是他爹司马昭亲生的司马鉴和司马机。

司马攸就算了，这是最大的不安定因素。

司马炎自己的子孙都还小，所以在家族按功分红的此次封王中是不能参与的。毕竟，司马炎本人当了皇帝就是得到最大的红利了！

这二十七个王中，是有等级的，邑两万户为大国，置上、中、下三军，兵五千人；邑一万户为次国，置上、下两军，兵三千人；五千户为小国，置一军，兵一千五百人。

具体谁被分封为什么王、分了什么国，就不介绍了，总之，这二十七个王是足够多了。不过不用担心这二十七个王让我们傻傻分不清，大部分王都是道具般的非玩家角色，没必要记住，真正的主角不多，主角出场，自然会让人印象深刻的。

但在这里申明一下，封这么多人为王，并非后面"八王之乱"的原因。很多解释是说司马炎大肆封王，每个王还都有地盘有兵，凭什么司马炎当皇帝，结果就打起来了。

实际上，这些王"徒享封土，不治吏民"，那些封邑中的子民，纸面上归诸王，但仅仅是每年每户调绢的三分之一和田租两斛米作为诸王的租子，这就是变相的分红了。

对封国里的士兵，诸王是没有权力增员的，太平时候靠着这点儿武装，对中央是起不了什么威胁的。

此次对诸王的分封，其实更类似于对有功宗室的一次股权分红。

司马家这一路走来的谋国之路，使司马炎彻底对外姓人失去信心了，他的终极构想是这样的：皇权牢牢地攥在他这一支中，分封诸王既安抚众人，又让他们众星捧月般地拱卫中央。这也杜绝了外人作乱的可能性，而被封王的小股东们只有一点点军事权力。人事权和治理权都在中央的自家房头中。

这样，天下就彻底稳在司马家手里了。

这是一个非常美好的构想，如果真按照司马炎想的这样去实施，这个政治结构的稳定状态是不容易被打破的。

但是，他的构想却由他自己慢慢修正成了他不认识的样子。这是因为他的牛弟弟司马攸和他的傻儿子司马衷。

三、为什么门阀在西晋开始走上巅峰?

通过分红安抚宗室后,司马炎对外姓功臣进行了调整和安排,基本上也是大封大赏异姓高门士族。

外姓人的封邑也分三等:大国一万户,次国五千户,小国五千户以下。大量的外姓出力者得到了应有的分红。

晋朝第一任掌权者班子成员分别是:王沈、裴秀、荀勖、羊祜、贾充。简单介绍一下前四人,在那个时代,他们的称呼应该是:

太原王氏,汉护匈奴中郎将王柔之孙,魏东郡太守王机之子,魏司空王昶之侄,大晋骠骑将军王沈。

河东裴氏,汉尚书令裴茂之孙、魏尚书令裴潜之子,大晋尚书令、右光禄大夫裴秀。

颍川荀氏,荀氏八龙、汉司空荀爽曾孙,汉射声校尉荀斐之孙,魏合伙人荀彧侄孙,魏太傅钟繇之堂外孙,大晋中书监荀勖。

九世二千石之泰山羊氏,汉南阳太守羊续之孙,魏上党太守羊衜之子,晋景献皇后之弟,大晋中军将军羊祜。

介绍这个时代的汉民族人物时,我们要了解这样一种现象,就是要在前面加上他的地望，比如琅邪王氏①、颍川庾氏、陈郡谢氏、太原王氏……

在光武中兴时代，我们说的最多的词是"豪族"。当时整个天下都是豪族投票拿下来的，但我们最多会说寇恂、耿弇的幽云代表队，南阳颍川的河南代表队。当时像"地望+姓氏"的这种表述还很少见。

这并不是说他们实力不行，他们都是有着巨大能量的地方势力，比如刘秀的丈人新野阴家，西汉末年就已经是巨富了。②上谷豪族的寇恂在选择投票时能代表上谷地区喊出"我们有资格决定自己的未来"。③

也不是说东汉豪族的文化底蕴没有两晋那么高，东汉的豪族大多文化水平相当高。清朝学者赵翼就曾说过大意为"西汉功臣多无赖，东汉功臣多近儒"。

西汉时代，史书中对豪族的描写往往是"横行乡里""侵渔小民""武断乡曲""兼并役使"这种贬义词。但是到了东汉时代，像"赈赡宗族""赈济贫乏""好施周急""著姓""豪贤"等褒义词则开始在史书中大量出现。

在"党锢之祸"中，我们详细讨论过这种变化背后的深刻原因，除了刘秀从顶层建设上推崇儒学外，更重要的是，各地豪族基本上已经

---

① 琅邪，古代地名因为演化，导致用法不一致，有些文献、图书或资料用琅琊，本书统一用琅邪，有三个依据：1.《晋书》用琅邪，如《晋书·怀帝纪》："以平东将军、琅邪王睿为安东将军、都督扬州江南诸军事、假节，镇建邺。"《晋书·王祥传》："王祥字休徵，琅邪临沂人。"2.谭其骧先生主编《中国历史地图集》之《三国·西晋时期》《东晋十六国·南北朝时期》，皆用"琅邪"。3.田余庆先生代表作《东晋门阀政治》一书采用"琅邪"。综上，因为本书多引用《晋书》原文资料，作为阐述资料和推理依据，因此为了保持地名的统一，本书全文选择采用"琅邪"的用法。

② 《后汉书·阴识传》：暴至巨富，田有七百余顷，舆马仆隶，比于邦君。

③ 《后汉书·寇恂传》：今上谷完实，控弦万骑，举大郡之资，可以详择去就。

将本乡本土打造成了本家的地盘，为了自己的长治久安，更方便薅羊毛，开始注意地方的可持续发展。

论豪族对地方的控制能力以及豪族的综合实力，西晋豪族和东汉比起来差得很远。之所以西晋与东汉豪族的咖位出现如此大的反差，很大程度上是因为曹魏建国后开始实行的"九品中正制"。

作为"人才"，要对你定品。你是"二品上才"还是"六品下才"，就基本上决定了你的人生。（见图1-1）

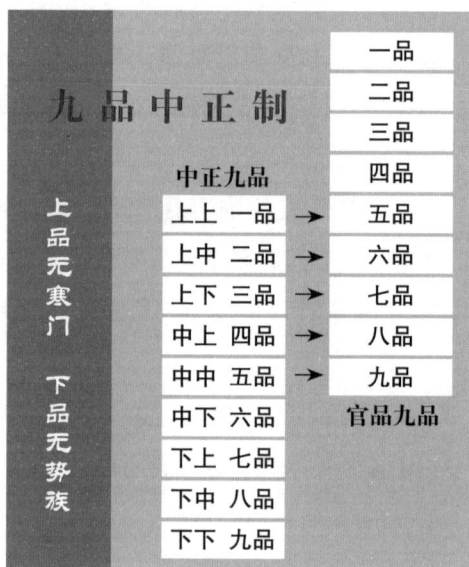

图 1-1　九品中正制

如何为一个人定品呢？

1. 看家世，也就是你的出身，要看你爸、你爷爷乃至你祖宗混得好不好，有没有名望。

2. 看行状，就是对你个人品行、才能的总评，比如"德才兼备""德优能少""天材英博"。

开始还走走样子，注重人的能力，但制度实行的时间一长，谁还看你有什么能力，上来就问你是谁家的孩子，你爷爷、你爹、你老丈人都是谁，然后就定品了。

比如说太原王氏的王沈。准确来说，太原王氏有两支，一支是太原祁县王氏，大名鼎鼎的王允就出自这支；另一支就是太原晋阳县王氏。

王允攒局干掉董卓，从此太原祁县王氏成为海内名门，但李傕、郭汜乱长安时将王家几乎屠灭干净，导致王氏后继乏人。幸好王凌从长安逃了出来，随后仗着叔叔王允的名头重振了家门。

由于王凌和司马懿处于竞争关系，在淮南一叛中，王凌被连根拔起，太原祁县的王氏就此暂时退出了历史舞台。

王沈出身于太原晋阳县王氏，这个家族是串联两晋头和尾的重要角色，尤其是王沈的儿子王浚，算是胡马乱中原的开门人。

太原晋阳县王氏自东汉后期开始上场，王柔为护匈奴中郎将，弟弟王泽为代郡太守，都担任边疆要职，掌握兵权。子侄辈的王昶是司马氏的铁班底，曾都督荆州、豫州诸军事，后来升为司空；王机为东郡太守。

在魏晋时代走上历史舞台的高门基本上都有如下节奏：东汉后期，家族中就得有人是中级以上的官员，在曹魏时得跟上时代脚步再往上进一步，进入高级别的圈层，或者和司马家结为姻亲关系。

太原王氏族人在东汉末年混到了官场的中层级别，到了王昶这辈人，完成了家族的圈层突破，来到了三公级别。

河东裴家，在汉、魏两朝，都有人担任尚书令级别的官职，属于权力的核心层，而且河东裴氏几乎堪称中国历史上的最神奇家族，在魏晋时代就已经名声在外了，更神奇的是，裴家还要牛上千年之久。

在两晋南北朝这么乱的时代，裴家维持着家门的威名不堕，到隋唐的时候，裴家走向巅峰，有唐一代出了宰相十七人，正史立传与载列者六百余人，七品以上官员达三千余人。（裴家的超长待机之谜，在南北朝和隋唐时会重点介绍。）

羊祜的祖上是九世两千石，而且羊祜的姐姐嫁给了司马师。

荀勖就更不必说了，荀爽时代号称荀氏八龙，在荀彧时代，荀氏更是颍川的头马。由于曹操弄死了荀彧，因此司马氏在换房本的过程中相当看重荀家并一直拉拢他们，就是要利用荀家在颍川的历史名望与地位。

这四个人中，王沈在曹髦骂街时，头脑清楚，站队明确，飞奔到司马昭那里告密，彻底成为司马家的"自己人"，后来被安排在边疆掌兵。司马炎篡魏后，王沈转为骠骑将军、录尚书事、加散骑常侍，统领城外诸军事。

羊祜、裴秀、荀勖这三个人最终能够成为西晋最核心圈层成员，和一个人有着巨大的关系：钟会。

钟会造反后，羊祜、荀勖、裴秀三人顶替了原来钟会的岗位，共掌机密。①

这三个人都不是只说不练的虚名者，全都身负大才，扛起了钟会的那摊儿工作。在此也缅怀一下钟会这位顶级大才，他造反时说的那句"我自淮南以来，画无遗策，四海所共知也。我欲持此安归乎"，也确实有他的底气。

钟士季（钟会）、邓士载（邓艾）、姜伯约（姜维），要是没有他们三人，三国的末年该是多么无趣、多么虎头蛇尾啊！

权力的游戏似乎从来都不吝惜让顶级的人杰"零落成泥碾作尘"。

---

① 《晋书·羊祜传》：钟会有宠而忌，祜亦惮之。及会诛，拜相国从事中郎，与荀勖共掌机密。《晋书·荀勖传》：会平，还洛，与裴秀、羊祜共管机密。

最好的戏，总要献祭最好的角儿啊。

王沈、羊祜、裴秀、荀勖这四人成为司马炎的心腹，主管了尚书事、占据了机要之职、统领了禁军。

王沈是弄死曹髦时彻底向司马家表态的，在晋开国后的第二年就死了。裴秀、羊祜、荀勖这三位，则是在钟会死后填补机要空缺的，根基相对较浅，跟司马炎上位在同一个时间。

王沈、裴秀、羊祜、荀勖四人，是司马炎彻底放心的心腹。唯一有疑问的，是贾充。并不是贾充的政治面貌与站位有问题，司马炎比较担心的是贾充辈分高、实力超群，而且他还把闺女嫁给了司马攸。

从整个西晋国祚的兴衰角度来看，很难讲清楚贾充是定鼎的功臣，还是催命的符咒。

来看一下他的履历吧。

贾充不是名门世家出品的，他家在东汉一朝并没有人进入中层官员队伍。贾充的不一般，在于他爹贾逵靠着自己一辈的努力，就给贾充铺就了几乎不弱于任何一个名门出身之人的起步台阶。

贾逵出身于河东郡的落魄豪族，《魏略》中说，"逵世为著姓，少孤家贫"，但他的家族应该还是相当有实力的。

《三国志》的本传中记载了这么一段，说他从小就爱玩骑马打仗的游戏，他爷爷觉得这孙子很不一般，于是给贾逵口授了兵法数万言！[①]

这么能背诵的老头在东汉末年并不少见，比如司马懿他爹司马防更能背，"雅好汉书名臣列传，所讽诵者数十万言"。

在两汉时期，学问通常是一个家族的"家法"，很多关键的诀窍都是通过族内的私密教学而传授的，尤其军功型家族。整个东汉从头到尾

---

① 《三国志·贾逵传》：自为儿童，戏弄常设部伍，祖父习异之，曰："汝大必为将率。"口授兵法数万言。

我们都能看到耿家的子弟在领兵，就是因为很多带兵打仗的诀窍在耿家家族内部成了"家法"，耿家打仗确实是有一把刷子的。

贾逵的爷爷能背出兵法传授给孙子，说明他家在兵法上有功底，曾有军功，再结合他家"世为著姓"，基本可以说明贾家是个垄断地方的豪族。

东汉末年分三国后，贾逵在烽火连天中靠着家族的真传，在曹操时代因军功而发迹，渐渐混到了曹丕的班子里。

曹操刚死，青州兵几乎要暴动了，贾逵力主安抚，平息了一次政治事件。①

贾逵作为谏议大夫筹办曹操的丧事，当时曹彰从长安第一时间赶到了洛阳，而曹丕从邺城还没赶到。曹彰问先王的玉玺在哪里，贾逵把曹彰给怼了，拉着曹操的棺材直奔邺城。②

贾逵是曹丕的人，曹丕又是有名的对自己人掏心窝子的主，后来因为贾逵在豫州刺史任上政绩突出，曹丕钦点其为曹魏的官员楷模。

贾逵在豫州一直干到了去世，死后豫州吏民因为太思念他了，自发给贾逵立了祠。后来贾逵的这个祠，有过以下的待遇：

1. 曹叡亲自下令修整过。

2. 王凌被司马懿逮捕后，对着贾逵的祠堂嚷嚷，说自己是忠臣。

3. 曹髦亲自下令修整过。

贾逵虽然生前一直是豫州刺史，级别并不太高，但却是大魏忠臣的一个标志性人物。

---

① 《三国志·贾逵传》注引《魏略》：而青州军擅击鼓相引去。众人以为宜禁止之，不从者讨之。逵以为"方大丧在殡，嗣王未立，宜因而抚之"，乃为作长檄，告所在给其廪食。

② 《三国志·贾逵传》：时鄢陵侯彰行越骑将军，从长安来赴，问逵先王玺绶所在。逵正色曰："太子在邺，国有储副。先王玺绶，非君侯所宜问也。"遂奉梓宫还邺。

所以，贾充算是个个例。别看九品中正制已经实行，他爹贾逵在东汉时还没有咖位，在曹魏时代也不是顶级的圈里人，但却能帮贾充走进顶级的圈子。因为贾逵是忠臣的榜样，是符号般的顶级隐形官僚。

看到贾充，大家普遍的反应是：这是大魏忠臣贾豫州的公子！

贾充是贾逵老年得的子，入仕的第一步就任职为尚书郎，在皇帝身边处理政务，奠定法律法令兼督查组专班成员，干得相当不错。贾充后来迁任黄门侍郎（皇帝近侍，传达诏令）、汲郡典农中郎将（汲郡屯田地区主管），干得都很棒。于是好苗子贾充就被司马师发现了，进大将军府参了军事。

虽然老爹贾逵是大魏的忠臣楷模，但贾充却早早就抱住了司马氏的大腿。这也是司马懿在高平陵之变后虽有足够的威望将政治财产世袭化，但却什么也不干，而是要留给儿孙去走换房本这最后一步的原因：老臣对大魏有感情，但年轻的官员不一定。

贾充对老一辈人创业的情感与艰辛并没有耳濡目染，倒是和这帮二代一起长大，有了感情。贾充开始给司马师当参谋，司马师死后，司马昭回洛阳接掌权力，留贾充在许昌监诸军事。

司马昭主政后，贾充作为心腹亲自去试探诸葛诞。司马昭平淮南三叛时，贾充献计：用深沟高垒消磨敌方的锐兵。平叛结束后，司马昭先回洛阳，留贾充殿后收尾。

再后来贾充转任中护军，也是在此任上，作为副手帮司马昭导演了锤杀曹髦的大戏。贾充靠着曹髦的鲜血进封安阳乡侯，统领城外诸军，加散骑常侍。

贾充作为"大魏图腾"贾逵的公子，几乎是亲手捅死了"大魏天子"，从而走上了时代之巅。这也给整个时代做了一个极坏的示范，这世道还有什么节操！

264年，灭蜀后的钟会在成都谋反，贾充以中护军假节、都督关中、陇右诸军事，到汉中驻守。

晋开国，贾充又被指示制定新法律。贾充担纲了晋初主要律令的制定，除了编撰《晋令》四十卷外，还有《刑法律本》二十一卷流传，而晋律在中国法制史上的地位非常重要，这也从侧面突显了贾充确确实实是身负大才的。

贾充干过法律工作，干过屯田工作，干过军事参谋，干过方面军司令，干过很多年的护军将军。

还记得护军将军有什么职能吗？能提拔下级武官！

司马师在中护军岗位上干了三年，阴养了三千死士，贾充在这个岗位上可是干了好多年。

司马昭执政时期，基本就是拿贾充当左右手使用的。司马昭临死前，向司马炎指明贾充可辅助他，随后司马炎称帝，拜贾充为车骑将军、散骑常侍、尚书仆射，封鲁郡公。这些头衔里最重要的是尚书仆射。

尚书仆射和尚书令作为尚书台的长官，无论在名义上还是在职权上，此时都已经成为协助皇帝处理政事的真正宰相，太常等九卿及地方官员均奉尚书台命令行事。

在司马家几乎所有夺权的关键环节，贾充都扮演了荣辱与共的重要角色，按理讲司马炎应该对他是最信任的。因为锤杀曹髦的大戏就是贾充导演的，这是一种自污到遗臭万年的政治投名状，立场上就不用怀疑了。

更关键的是，在皇位争夺战中，贾充力挺了司马炎。[①]

不过随后几年，司马炎对贾充的感觉却越来越复杂，因为贾充将闺女嫁给了司马攸。

----

① 《晋书·贾充传》：充称武帝宽仁，且又居长，有人君之德，宜奉社稷。

这其实也没什么，就算司马攸跟贾充结了亲又能怎样！司马炎是皇帝，皇位自然要传位给自己的儿子，就算弟弟司马攸再牛，他又能掀起什么风浪！

此时司马炎三十多岁，宗室功臣们都是叔叔辈的，再过十几年就都死绝了，司马炎也就彻底消化了家族权力，坐稳天下的任务就该完成了。

这样想是挺好的，但莫名其妙的，司马家机关算尽，料到了每一招，却有一个环节非人力所能及地出了差错：接班人的脑瘫问题。

司马炎是开国君主，此时群臣拥戴，宗室听命，正是大伙撸起袖子加油干的好时节，不管谁有想法，按理来说，天命已定，司马昭、司马炎这一支的皇权正统性是毋庸置疑的了。

但是，问题来了。

司马炎的嫡长子司马轨，早早就夭折了。将来要继承大统的孩子轮到了老二司马衷，但这孩子脑子有点儿问题，通俗来讲就是白痴。

司马炎受禅那年，司马衷六岁。267 年，八岁的司马衷被立为皇太子，成为法定意义上的皇位接班人，但他脑子不灵光的言论已经传开了。史书中是这么说的：惠帝之为太子也，朝臣咸谓纯质，不能亲政事。

中华词语博大精深，记住：骂人时不要总那么直接，可以骂对方"纯质"，对方还以为你夸他呢。

司马炎不顾司马衷的弱智因素，早早就将皇太子的法定流程走完，就是为了明确地告诉司马攸："弟弟你就死了这条心吧，我现在立嫡长子，合乎礼法，谁也说不出来什么。"

确实，谁也不会有异议，太子是白痴这件事也只是群臣间的窃窃私语。

虽然总有关于太子二百五的传言，但司马炎刚刚三十多岁，还可以再生儿子，而且古代男孩的夭折率又这么高，一百多年来洛阳宫中的男孩想长大都挺费劲的，弄不好哪天太子死了就该轮到老三司马柬了，这孩子就挺聪明的。

当时还没有将司马衷和司马攸往一起摆的声音，大致就是今天的大集团高层内部议论董事长的傻儿子，大家最多就说说下任董事长不靠谱，却并不敢对董事长的任命产生异议。

但是，司马炎在确定司马衷的太子之位后，随着时间的推移，自己的不自信却日渐浮现了出来。他眼睁睁地看着傻儿子司马衷身体棒吃饭香，除了脑子不发育哪里都挺茁壮，担心自己万一跟老曹家那哥几个一样也四十不到就过早离开晋国人民，这愚蠢儿子弄得过自己的聪明弟弟吗？

司马炎放眼望去，看到了目力所及的最大炸弹——贾充。这位爷是司马师、司马昭和他的重要心腹，到他这里就是"三朝老臣"了，能力与威望都太高。

最可怕的是，贾充是司马攸的老丈人！

四、当你重病卧床，会发现这世间有太多的算计与背叛

贾充的特殊身份和司马炎对于自己傻儿子的日渐忧虑，使得司马炎开始出招了。

271年，秦、雍两州的羌、氐少数民族叛乱，天下并不太平。司马家的西北柱石司马望这一年也死了，贾充的政敌任恺和庾纯提议让有威望的重臣去安抚边疆少数民族，于是司马炎任命贾充都督秦、凉二州诸军事，西镇长安去平定叛乱。

贾充对于这个任命十分恼火。

他现在属于既得利益群体，平叛的活儿属于利益没多少、责任无限大，而且远离权力中心，这种任命传递出来的是一个即将失势的信号。

贾充左思右想也找不出好办法，即将启程了，老伙计们给他饯行于夕阳亭。在这个颇为伤感的地方，贾充求计于跟他一同制定开国律令的荀勖。

身为中书监，在皇帝身边的荀勖准确地做出了判断："皇帝对你不放心是因为你那位姑爷，你根子太深，你姑爷威望太高，你让皇帝怎么放心呀。"

荀勖建议贾充："赶紧把你的另一个闺女嫁给现在的太子，你跟皇帝做亲家，皇帝就放心了。"

贾充说："没问题呀，那谁能帮我当媒人啊？"

荀勖自告奋勇，与冯紞（他爹是汲郡太守，跟贾充屯田时是兄弟单位）做媒人，去司马炎那里提亲："贾充的女儿才色绝世，如果纳入东宫，必然能扶助未来人君，就像《诗经·关雎》所歌颂的后妃之德一样。"

唉！媒人的话是不能信的。

其实司马炎是打算给司马衷娶卫瓘的闺女的，因为卫家的闺女不仅温柔贤惠，又白又美，还专门生儿子，司马炎希望能够改良一下太子后代的基因。所以一听说贾家的闺女那是相当不乐意，因为贾家闺女的基因实在不行，家传的嫉妒心极强又丑又黑还生不出孩子。①

但在贾充找了杨皇后等多方门路，在走关系的情况下，史上著名妖后贾南风与低能儿司马衷的婚姻最终被敲定下来了。②

"种妒而少子，丑而短黑"是可以商量的。一国之君，要讲政治，"贤而多子，美而长白"的姑娘有的是，眼下最重要的是利益平衡。

"元后固请"的这位杨皇后此时并不知道，就是她铁心娶过门的这个儿媳妇最终让她杨家断子绝孙。

贾南风以容貌与性格著名，算是丑出了风格，残暴出了名，更是直接引爆天下大乱的第一人。

司马攸娶的是贾充与前妻李婉生的女儿。

---

① 《晋书·惠贾皇后传》：初，武帝欲为太子取卫瓘女，元后纳贾郭亲党之说，欲婚贾氏。帝曰："卫公女有五可，贾公女有五不可。卫家种贤而多子，美而长白；贾家种妒而少子，丑而短黑。"

② 《晋书·惠贾皇后传》：元后固请，荀顗、荀勖并称充女之贤，乃定婚。

李婉是谁呢？就是当年密谋颠覆司马师政权的李丰的女儿。因为李丰的政变直接导致曹芳被废，随后曹髦接了这局"珍珑死棋"。

李丰被杀后，李婉因为是直系亲属，被流放到乐浪，到朝鲜戍边去了。贾充迅速宣布与李婉离婚。

后来天下大赦，司马炎同意李婉回来，为了给贾充面子，说给贾充特设个"左右夫人"，都当正妻。这也算是给他弟弟司马攸一个面子。但当时贾充特别会留有余地，表示不要这个媳妇，跟李婉是没有什么情分可讲的，永不相见。

贾充算是通过了司马炎的第一次政治试探：你闺女是我弟弟的媳妇，你这个老丈人是否会给姑爷面子，接纳这个有政治问题的夫人？

贾充拒绝，再次间接地选择挺司马炎。

贾充在休妻后娶了司马氏家将郭淮的侄女郭槐当老婆，生了贾南风。

这次，贾充把正妻的闺女嫁过去后，司马炎的态度马上就转变了："关中不用去了，婚礼上还得讲话呢。"

贾充的政敌任恺、庾纯，自此以后开始被司马炎疏远了。

通过这场联姻也可以看出，司马炎是不想和贾充决裂的，毕竟他的根太深了。

禅让的政体，最重要的就是政治结构的稳定，把几十年的老树拔掉，人家扎在土里的根和开在枝头的叶都是不答应的。

贾充这几十年的根扎得太深了，当年就是司马昭的左右手，而且极擅结党，太多的人跟贾充都是有利益绑定的。[1]

司马炎不仅给司马衷拉来了贾充，自己还开始了大规模的选妃活

---

[1] 《晋书·贾充传》：从容任职，褒贬在已，颇好进士，每有所荐达，必终始经纬之，是以士多归焉。

动，满世界地结亲戚：娶了安定胡氏（魏晋将门）和琅邪诸葛氏（海内名门）的闺女，又将自己的五个闺女分别许配给了琅邪王氏、平原华氏、太原温氏、河东卫氏和范阳卢氏。

封皇太子，给太子娶贾南风，总之，司马炎不断地给自己打造朋友圈的同时，也间接地向自己的弟弟砍过去了两刀。

很快，第三刀又来了。

公元 275 年八月，司马炎在晋国建立的第十个年头，又搞出来一个新花样。

司马炎给故去的安平献王司马孚、石苞、郑冲、王沈、荀颛、裴秀，以及还在人世的齐王司马攸、太保何曾、司空贾充、太尉陈骞、中书监荀勖、平南将军羊祜共十二人在太常寺设碑铭，在庙中附祭。

这叫作"配享太庙"，后世子孙进太庙给祖宗磕头的时候捎带脚也给他们磕了，算是对臣子的最高奖赏。

上述这十二人，除了一个人之外，其他人对晋都是有赫赫功勋的。

以建立的功勋来说并不配进入太庙的，是司马攸。

有人可能会说，那是为了兑现他"宗法爹"司马师的功勋。实际上并不是，司马师的功勋早已经兑现了。司马炎在登基的同时就尊司马师为晋景帝，因为司马师的功劳实在太大，大量的手下都是当今的一方大员，司马炎实在惹不起。

要不是因为司马师的巨大威望必须被追认为皇帝，司马攸的光环还不至于如此耀眼！

瞅瞅司马家这畸形的政治死结吧。

司马炎让司马攸进太庙的唯一目的，就是继册立皇太子后再次从法理上彻底断了弟弟司马攸继位的可能性。因为"配享太庙"的人，在名分上就永远是臣子了！是不可能有机会从庙里的配角挪到主祭的台前的。

这是司马炎继夯实儿子皇太子的名分后,又一次从制度上封杀了司马攸。

司马炎登基后的前十年,政策非常平稳,国家也一片升平,此时的司马炎四十岁,年富力强。但是谁也没想到,大变化,在转过年来发生了。

公元276年,咸宁二年,司马炎病危,非常突然。史载咸宁元年(275)十一月,司马炎大阅于宣武观。[1]

咸宁元年十二月,洛阳大瘟疫,死了一大半的人。[2]

咸宁二年正月,洛阳市紧急宣布因疾疫取消新年朝贺。[3]

在古代,瘟疫是死亡率非常高的一种疾病,而司马炎得病的这个时间段非常要命,是春节。

他因病取消的这次大会,是国家每年最重要的一次会议。几乎所有的中高层亲王、官员、番邦都要来洛阳做述职报告并祝司马炎新年快乐,这标志着司马炎是老大。

司马炎突然取消朝贺,让所有官员都打起了小九九:皇帝难道不行了?

大量来朝贺的官员返回原地,边疆的少数民族开始躁动,洛阳的权力核心们开始了新一轮的盘算。

此时,司马炎身边最亲近的有三个人:贾充、荀勖、司马攸。[4]

荀勖是贾充的老朋友兼媒人,是唯贾充马首是瞻的。所以说,贾充和司马攸决定着整个晋帝国的方向。

---

[1] 《晋书·武帝纪》:十一月癸亥,大阅于宣武观,至于己巳。

[2] 《晋书·武帝纪》:十二月丁亥,追尊宣帝庙曰高祖,景帝曰世宗,文帝曰太祖。是月大疫,洛阳死者太半。

[3] 《晋书·武帝纪》:二年春正月,以疾疫废朝。

[4] 《晋书·贾充传》:会帝寝疾,充及齐王攸、荀勖参医药。

此时贾充的身份是太尉、行太子太保、录尚书事。太尉是虚职，录尚书事就不解释了，已经说过多次了，那么太子太保是什么呢？

太子太师、太子太傅、太子太保，都是东宫官职，负责教育太子。理论上，太子太师教文，太子太傅教武，太子太保保护太子安全。

贾充这个太子太保，也就是太子保镖的意思。

此时的司马攸，任镇军大将军、开府、加任侍中、太子太傅。镇军大将军是虚职，表地位高；开府，表示有自己的小班子；侍中很厉害，秦汉时就有这个官职，原来是侍从皇帝左右，出入宫廷，与闻朝政，到曹魏时已经很厉害了，成为出入禁宫的加衔，司马懿、曹爽执政都要加衔侍中。

晋开国后，侍中再进一步，不仅开始成为三公、执政的加衔，而且直接参与朝政，类似于录尚书事。

大家可能会纳闷，司马炎不是一直在打压司马攸吗？司马攸这些年怎么不声不响地做了这么大的官？

来看一下司马攸这些年的表现吧。

司马炎开国时，司马攸表态：坚决拥护大哥司马炎。司马攸受封齐王，总统军事，抚国内外。

哥哥给面子，弟弟也是投桃报李。司马炎的封王政策中，诸王是可以自选封国官员的，司马攸对此三度上书反对。

司马炎表示这个可以有。司马攸坚持这个真没有。司马炎表示你不要再坚持了，省得让咱家宗亲认为咱哥俩唱双簧。司马攸仍坚持他的封国官员不仅现在要让朝廷派，就算将来有遗缺也要坚持由朝廷任命。

司马攸用行动表态："大哥，我绝对不结党，不搞小团体。"不仅如此，当时宗室的一切衣食开销全是由国家负责的，但司马攸又表态了："我有封国了，此后所有的开销全由封国出，不要国家的钱了。"

司马攸虽然一直在洛阳没有去封国，但自己封国的官员士卒们每有疾病和丧葬，司马攸都是随份子的。每当有天灾水旱时，司马攸也会赈灾与救助百姓甚至免其租税。①

二十多岁的司马攸成为爱民如子的广告代言人，所谓"攸在国仁化洽物，义利结于民心"。

面对这位诸王榜样和百官楷模，司马炎的心情是很复杂的。也不能说全不高兴，因为这位皇弟的高风亮节，会给天下人起到示范效应，会增加皇家的权威。

这对于缺德的新兴晋王朝来说，很重要。

但是，问题又来了。不仅皇家的权威在增加，他弟弟司马攸的权威也在增加。

司马攸的每次漂亮出牌，都成为司马炎越来越重的心病！面对这么优秀不出错的弟弟，司马炎哑巴吃黄连，只能进行非常隐性的曲线打击。

晋国开国后不久，司马攸迁骠骑将军、开府仪同三司，司马炎要收他弟弟的兵权了。但是因为司马攸深得人心，数千营兵根本就不走，表态就要跟着骠骑将军干。司马炎最终准许他们继续在司马攸麾下。②

司马攸不仅级别又高了，军权还没罢干净，司马炎真是闹心。

后来司马攸再任为镇军大将军，加任侍中，任太子太傅。他跟贾充，一个太子太傅，一个太子太保，算是司马炎给司马攸在强化名分：你就是太子的臣子。

在司马炎身体健康时，他并不担心司马攸会威胁到他和他的傻儿

---

① 《晋书·齐王攸传》：文武官属，下至士卒，分租赋以给之，疾病死丧赐与之。而时有水旱，国内百姓则加振贷，须丰年乃责，十减其二，国内赖之。

② 《晋书·齐王攸传》：时骠骑当罢营兵，兵士数千人恋攸恩德，不肯去。遮京兆主言之，帝乃还攸兵。

子，毕竟一系列的法律和封赏已经将司马攸装进了笼子。他只需要再稳固下政权，过几年等诸如贾充这些老臣们都死了，没有后顾之忧了，就能砍掉自己弟弟的戏份。

但是，276年也就是继位后的第十年他得的这场凶险大病，让一切都产生了巨大变化。这一年，太子司马衷十六岁。岁数不大，却傻得天下皆知。

晋朝仅仅开国十年。

如果司马炎就此倒下，难道国家就真的要交给他这个傻儿子吗？

十年来光芒闪耀、口碑极佳且年富力强的司马攸成为人们心中的接班人。虽然此时一系列的法律文件都已经摆在那里了，司马衷的的确确就是官方正式册立的太子，二十多岁的司马攸年纪轻轻就被搬进了太庙给列祖列宗站岗，而且他还是太子的太傅，太子还没登基就是太子名分上的嫡系了。

但这仍然让群臣产生了无数想象：他们会再次回顾司马氏得国的丑陋历史，发现司马昭当年所做的那震古烁今的篡权丑闻；而在缅怀司马师当年为高平陵之变所做的奠基工作和淮南平叛时的壮烈豪情，他们又是一番心情，此时此刻，司马师的接班人司马攸又是那么地英明神武，为什么就不能再换一回天呢？要知道，司马师是"景帝"，司马攸是有资格的。

司马炎胆子再大，也不敢把司马师的帝号给废了。

于是，司马炎就在得病的当月，做出了这样一个政治决定：对庙号定了调，司马懿是高祖，司马师是世宗，司马昭是太祖。

太祖和高祖其实都是表示开国皇帝的意思。刘邦的庙号是"太祖"，而不是传统印象中的"汉高祖"，刘邦的谥号是"汉高帝"。曹操是魏太祖，曹丕是魏高祖，所以按照先例，"太"应该在"高"之前。

结果司马炎给他爹和他爷爷的庙号让人摸不着头脑，他爹怎么跑他爷爷前头去了？难道是太想强调他爹的开创之功了吗？

更重要的是，司马炎给司马师的庙号是"世宗"，暗喻世系传承转移，支系入继大统，等于再度从宗法上写清楚大晋的继承法统已经转到了他们家这一支。

司马炎时时刻刻都在盯着司马攸这个弟弟，方方面面都想封堵死他。

为什么？

就是因为他这个弟弟太容易让人想象了：司马攸的父亲司马师是皇帝，虽然司马攸在法律上已经无法继承皇位了，但仍然有操作的空间。

《世说新语·品藻》中曾经这样描述司马炎病重时的情景："会帝有疾，攸及皇太子入问讯，朝士皆属目于攸，而不在太子。"

在舆论发酵的大环境下，人心开始惶惶，司马攸也发觉自己的机会来了。

司马炎重病期间，河南尹夏侯和找到了贾充，说："老贾你这两个女婿都是一样的亲，立人当立德，咱可不能选二傻子啊！"

河南尹夏侯和此时的职位相当于洛阳市市长，很重要，在这样关键的政治时刻，向贾充公开了对司马攸的支持。这肯定不是夏侯和脑袋一热找贾充进行投机，因为皇储大事向来凶险异常，尤其在大位明确的情况下。

夏侯和的出现，基本上表明了两件事：

1. 你二女婿是有想法的，我代表他来跟你表态了。

2. 你大女婿身边已经积聚了很强的力量，为什么是我来呢？因为我负责洛阳周边，手里有兵！

稳了一辈子的贾充，在这个关键的节骨眼上，选择了继续保持沉默。因为此时如果表态了，就没有回头路了，司马炎不死也得想办法帮他死了！政变的风险实在太高了。

万一玩砸了呢？万一群臣并非那么支持司马攸呢？表态支持司马炎，则彻底跟司马攸撕破脸，万一将来司马炎没挺过来，司马攸玩兵变，我还是得倒霉啊！

面对极大风险的站队问题时，只要不张嘴，将来两头就永远有余地。"不张嘴"不是说拿废话把这事搪塞过去，搪塞就是表态！而是根本别理这回事，一个字也别说！

万一司马炎没挺过来，到时候司马攸的朝野呼声还是那么高，没问题，我力挺姑爷司马攸；万一司马炎挺过来了，我属于"定海神针"。

两边嫁女的贾充选择了继续稳妥的路线。

但是，贾充在这种情况下，却仍是两边都得罪人了。在司马攸看来，会说他这老丈人是老狐狸；在司马炎看来，则是他这老小子立场不坚定有贼心眼。

这种得罪是值得的，虽然贾充在哪个方面都有损失，但对于这种局面却是最优解法。一种选择是百分之五十的胜利和百分之五十的必败，一种选择是百分之百地继续留在牌桌上。贾充选择了后者，尽最大程度保存了能量，可以继续坐在牌桌上，依然具有决定结局的分量。

四月，司马炎病了一个多季度后，终于恢复了健康。闯过生死关的司马炎开始审视过去的这一百多天发生的事情。

自己病危期间，朝野上下关于拥立司马攸开始了种种密谋，司马攸身边已经积累了如此多的力量，太可怕了。

贾充这个老小子，跟我玩沉默，就你那丑闺女我看着就恶心，我选你当亲家是让你两头押注吗！

四十岁的司马炎开始思考下一件事：司马衷的顺利接班问题。

自己的傻儿子是变不了了，我是使不上劲了。万一自己将来有意外，这个帝位能否顺顺利利地传到这个傻儿子手上都是未知数。

1. 群臣们是随风摇摆的。

2. 贾充是靠不住的。

3. 自己的好弟弟司马攸不光有贼心还有贼胆！

司马炎开始了如下对策：

1. 要打击亲家贾充。

2. 要打击弟弟司马攸。

3. 要对群臣施加自己的影响力，不能再这么好说话了，得让他们知道谁才是话事人！

司马炎做的第一件事就是处理两个密谋者：撸了夏侯和的河南尹一职，让舅舅王恂接替了这个职位，安排夏侯和做光禄勋养老去；夺了贾充的营兵。虽然此时贾充并未掌禁军，但晋开国后对于三公和开府的大臣，是允许有营兵的。

同年八月，进贾充为太尉，司马攸变成司空。两位全都给"尊"到闲职上了。

十月，封正妻杨氏为皇后。

十二月，封杨后之父杨骏为车骑将军、临晋侯。

继何进和太监被袁绍玩死后，近百年没有看到的现象出现了：外戚，这个东汉的祸头再次登上了历史舞台。

五、灭吴的真正原因是什么?

东汉的中后期就是一段外戚跟太监的血泪史。

窦宪、梁冀这帮外戚头子对东汉群臣的弹压,再加上外戚何进把董卓这个恶魔召进洛阳,导致那个时代的整个官僚系统对于外戚是极其厌恶的!

曹魏开国后,曹丕直接规定后族不得干政。黄初三年（222）诏书明确规定:"后族之家不得当辅政之任,又不得横受茅土之爵;以此诏传后世,若有背违,天下共诛之。"

"天下共诛之",这么狠的话,上一次出现是四个半世纪前西汉开国的"非刘姓不得封王"。

司马炎安排外戚进入核心圈层,仿佛在西晋的政坛上扔了颗炸弹。

他改变了曹魏以来形成的政治传统,使外戚参政这一绝迹了近百年的现象再次出现。

西晋的士族高门通常在东汉就有家族积累的历史了。西晋的官员大都起自士人家族,祖上大多见识过东汉乌烟瘴气的朝堂以及暴发户般没有水准的外戚,当年党锢之祸的痛彻心扉更是爷爷讲给孙子的恐怖故事。

司马炎的这一安排让士族集团对弘农杨氏顶着外戚标签再次走进历史舞台，很是深恶痛绝并进行抵制。

但是，这挺不公平的。贾充按理说也是外戚，怎么就没有被非议呢？

就算因为贾南风此时还不是"皇后"，贾充还没到外戚的级别，但羊祜可明明白白地就是外戚，他姐姐是司马师的遗孀羊皇后，羊祜的官怎么就当得好好的呢？

其实还是因为杨家不是自己人的原因！

杨家在东汉末年是能跟袁家比一比的顶级豪门，也是"四世三公"。但自东汉末年的一百年来，杨家没有赶上曹家的这班车，后生中名头最大的杨修更是在曹丕上位前就被曹操带走了，所以这支传统高门在近几十年并不显贵，也因此和现有的官员根本混不到一起去。

这一百年，杨家的政治进步和婚丧嫁娶这两条路都没有走好，杨家不是自己人！这也就意味着，杨家这个"远古"豪门突然走上前台，必然会引来巨大的排斥与不满。

所有禅让的政权，通常都面临一个无法回避的问题：前朝的几乎所有积病，都需要承接过来；前朝的几乎所有权力结构，也需要全部承接过来。

曹魏从本质上来讲，并非接受的禅让，而是曹操一手打下来的。曹魏的权力架构就是宗室掌军权，士族治天下。这套系统将原来百官、太监、外戚的东汉政治结构做了改良，加大了百官的分量，将太监和外戚变成了宗室。

这些宗室呢，通常是一帮没有任何皇位继承权的亲戚。有权也别想篡逆，第一没资格，第二掌权的宗室有很多。

百官呢，则踏踏实实治国，给名望，给待遇，但对不起，没有兵。

这套权力结构按理说是比较合理的。

但曹家的算盘打得再好也抵不过继承人短命的暴击，曹家的小伙子一个接一个地早死。诸葛丞相又一个劲地嚷嚷打到洛阳去。这就让曹家的权力结构产生了一个漏洞。这个漏洞叫作司马懿，最终让魏国瘫痪死机了。

司马家族把曹魏这台机器的操作系统换了标志，重新开机了。因为这套操作系统不是司马家从零建立起来的，而是偷来的，所以司马氏的这台机器只能尝试去修复，却不能搞大破大立，要不还得死机。

因此，司马炎还是得照着魏国的权力架构来治理晋朝。

他增加了宗室的权重，将百官明确升级成了九品中正制下的名门士族。众多宗室虽然都分到了军权，但关键州督军事则是他的姻亲与密友。文官系统中越来越多的人都来自上层的士族圈子。

司马炎的这次系统修正，收到红利的是司马家族和上层士族圈子。

没办法，司马炎就是靠着士族上来的。这个权力架构，也是双方都认可的。

宗室和上层士族也在不断通婚，权力的交互与传递也在这个越来越密不透风的圈子中继承。

慢慢地，都是自己人。

自两晋开始，我们说到的几乎所有的人都有着庞大的关系网络。

在这种政治稳态下，司马炎因为自己儿子是弱智、亲家的不给力以及弟弟的太给力，所以选择了在宗室和高门这两股势力中间再加一股抗衡的势力来帮自己的傻儿子，也就是外戚。

但是，此时的外戚却再难向两汉那样向皇权抬头了。

西汉后期的外戚政治，本质上是大司马大将军的权力变种，以及史上罕见的寿命最长的皇后之一王政君老太太对西汉末年政治的影响。

东汉后期的外戚祸国，是因为刘秀对于功臣集团的"释兵权"导致外戚没有对手。更重要的是，东汉的皇帝一个赛一个短寿。这也逼着小皇帝长大后找太监帮自己从外戚手中夺权，从而演变出太监与外戚的百年互杀。

现在，对晋王朝来说，宗室的力量很强大，天下就是司马家族撬下来的。

士族力量同样很强大，士族与司马家族是一个阵营的，都是在九品中正制度下成长起来的。司马炎现在当了皇帝，能不认士族这帮老兄弟？

对司马炎来说，他根本没法不认，打断了骨头连着筋，各种各样的通婚让血脉趋近于同。当年钟会造反，除了钟会过继的倒霉蛋儿子外，钟家剩下的人都活得好好的。在其他朝代，这种结局根本无法想象。

钟会的父亲是钟繇，是活着的传奇，是位居天下官品之首的太傅；钟会的哥哥钟毓是地方实权派，平定淮南之后为青州刺史、后将军、都督徐州军事、假节，后来又转往都督荆州军事；钟会的从外甥是大晋的核心功臣荀勖；钟会的侄孙女钟琰嫁给太原王氏的王浑，王浑的儿子王济娶了司马炎的闺女。

都是亲戚，司马炎能宰了谁？

不要说外戚这种有历史遗留阴影的群体会被排斥了，只要你不是自己人，就算真刀真枪为大晋立下赫赫功勋又能怎么样？高门士族子弟为主导的官僚体系大厦对非高门群体极度排斥，尤其是出身低微的后起之秀，在他们眼里如草芥一般。

举个最残酷的鄙视链例子，寒门中最后一波冲出来的司马家的打手石苞，在司马炎开国诏书中封赏异姓功臣时因功排位第一。我们看看他的境遇，基本就能了解当时的政治环境是什么样的。

像石苞这么有能力的人，因为是寒门上来的，在官僚系统里，职位比他高的、比他低的，都能怼他几句。石苞在淮南做一支军队的将领时，他手下的高门子弟孙楚第一次与石苞见面时就毫不客气地对石苞说:"天子命我参你的军事!"① 孙楚的爷爷是司马家的恩公孙资。

这并非个例,淮北监军王琛也看不起石苞,嫌他出身低贱,动不动就弹劾石苞通敌叛国。②

石苞是司马师一手提拔起来的嫡系,司马炎通过多方"消息汇总"后决定要拿这个外人开刀。他派太尉义阳王司马望率大军进驻淮南,取代石苞掌管兵权,又命琅邪王司马伷领兵由下邳移驻寿春。

石苞被挤兑得差点儿冤死,只好用属下孙铄的计谋离开军队到都亭待罪,随后回洛阳接受调查,还不敢有怨言,史书中的原话是"苞自耻受任无效而无怨色"。

功勋卓著的石苞被打倒了,司马炎觉得也怪不好意思的,决定把石苞提拔为司徒给"尊"起来。但是,却被有司阻挠了,有司认为石苞这辈子就这样了,以现在的待遇退休就可以了。③

这个"有司"很耐人寻味,其实也可以看作士族集团的整体意见。

这么一位久经考验的功勋将领最后被定性为"不堪其任""不宜擢用",说到底就是因为石苞是寒门出来的,不是自己人。司徒这种三公高位是我们自己人养老的位置,石苞这种"低贱人"也配?

目前这天下的股权结构是司马昭一支为法人、司马家族和高门士族占重要股份。做个初步估算,司马炎占股百分之四十,司马家族占股百分之三十,高门士族占股百分之三十。

司马炎要稀释另外两家大股东的股份,变成司马家族占百分之二

_____

① 《晋书·孙楚传》:楚既负其材气,颇侮易于苞,初至,长揖曰:"天子命我参卿军事。"

② 《晋书·石苞传》:淮北监军王琛轻苞素微,又闻童谣曰:"宫中大马几作驴,大石压之不得舒。"因是密表苞与吴人交通。

③ 《晋书·石苞传》:有司奏:"苞前有折挠,不堪其任。以公还第,已为弘厚,不宜擢用。"

十，高门士族占百分之二十，杨家外戚占百分之二十，以改变权力结构。也就是说，要将之前的两股势力各砍掉百分之十的股份，这必然会受到司马家族和高门士族的强烈反对！

司马炎并非不明白动人家奶酪的后果很严重，但是他没办法！他为了让帝位顺顺利利地传到自己傻儿子的手上，必须再度扩大自己的力量，培养完全忠于自己的政治班底。

所有的高门士族现在都是环环相套的，都像贾充一样进行两头押注，因此，司马炎只能引入外戚。

这一切死结的源头在于司马衷是天下闻名的傻子，以及在司马师的光环下司马攸的优秀能干。

唉，司马炎那么多孩子，怎么单单这个傻子是第一顺位的继承人！

司马炎一共生了二十六个儿子，有十六个早早死了，这个二傻子身体却是最棒的。

西晋的崩塌之路，就是围绕司马炎这个傻儿子为圆心展开的。

司马炎在大病半年后的十月，封正妻杨氏为皇后；十二月，封杨后之父杨骏为车骑将军，封临晋侯。

非议铺天盖地而来。

杨家这个东汉的海内名门在司马懿时代开始将根扎到了弘农老家，退居二线了，为什么杨家会选司马炎做姑爷呢？

这也是个关键问题，司马炎的皇后家族如果是琅邪王氏、河东裴氏那种圈内人，不就不用这么费劲了嘛！司马衷的外祖父如果是顶级大咖，司马炎也不至于这么累得慌！

司马昭当初之所以给司马炎挑了二流的弘农杨氏联姻，是因为当时他哥哥司马师如日中天。

按班人序列妥妥地掌握在司马师的手中，选最有实力的高门家的姑娘，是将来司马师给司马攸干的事。如果司马昭给自家儿子司马炎选最有实力的高门家的姑娘做媳妇，有人就会想：他想干什么？跟司马师耍心眼不成！

司马昭知道他哥哥有多猛，所以很明智地给司马炎选择了二等高门弘农杨氏。

1. 老贵族，不惹眼，让他哥哥放心。

2. 在关中有地方势力，对家族有一定帮助。

这两条就可以了。

说到底，还是司马师的功勋问题。

司马家环环相扣解不开的死结啊！

司马炎这些年看见他弟弟司马攸和他儿子，血压就控制不住地往上升……

杨骏被封侯迁车骑将军后，群臣的攻击围绕"临晋侯"这个封号展开了。

大臣们说，拱卫王室的是诸侯，后妃家负责后宫，杨骏以"临晋"为侯，这是祸乱之兆啊！①紧接着尚书系统又说杨骏不是当大梁的料，顶多算根棍子，小器量。

历朝历代罕见有敢直接开怼皇帝老丈人的，瞅瞅西晋官员们的这种火力，就知道高门士族对皇权的压力有多大了。

其实"临晋"这个地名早在春秋时就有了，司马炎之所以以此为封号，是因为杨骏的祖上杨赐曾经在汉末受封临晋侯。

司马炎追根溯源，以此名号来恢复弘农杨氏旧贵族的崇高门第，把杨骏抬高一点儿。

"临"字有"光大"的意思，"临晋"就是光大晋国。不久，司马

---

① 《晋书·杨骏传》：识者议之曰："夫封建诸侯，所以藩屏王室也。后妃，所以供粢盛，弘内教也。后父始封而以临晋为侯，兆于乱矣。"

师的遗孀羊皇后之父羊玄之被封为兴晋侯，这其实是司马炎准备将外戚加入政治舞台所释放的又一个信号。

都是面儿上的人，不可能不明白司马炎是什么意思，但大臣们是怎么反对和解读的呢？"临"可通"监"，引申为"统治"的意思，"临晋"就是"统治晋朝"，外戚"临晋"，不祥啊！

虽然说自曹丕时就已经将后族之家不得辅政受爵作为规矩明示天下了，而杨骏封侯也引起了朝野的震动，但一向和稀泥的司马炎这次却没有丝毫让步。这就是意识形态的问题了，双方开始产生抵触的心理。

平衡了十多年的司马炎，开始主动出击了。

他早先的想法是：耗死你们这帮老臣子，调理好高门的新一代接班人，一点点疏远弟弟司马攸。

但276年的这场大病让他看到了天有不测风云，同时又知道了卧榻边有大老虎在酣睡。

在把杨家加进来后，转过年的277年，司马炎再封诸王。此次封王中，司马炎立下了两个规矩：

1.非皇子不得封王，推恩令也被拿了出来，其他房头要分割原封国的户邑，推恩给支庶子孙。①

这个补充条例一出，从根本上杜绝了其他房头成为诸侯王的可能，将王爵从此限制到了皇帝的嫡系正根这一脉，除了开国封的二十七王之外，其他房头再无机会分封为王。

对其他支系来说，封王之路被卡死了，由于绝嗣和不听话等原因，旧有的二十七王只会越来越少，但是司马炎自己儿子的封王数量会迅速增加。

———————

① 《晋书·职官志》：自此非皇子不得为王，而诸王之支庶，皆皇家之近属至亲，亦各以土推恩受封。

继司马東在 270 年封王后，司马炎这一支的玮、允、该、遐在此次被封王，司马炎这一支的力量得到加强。

2. 在封国中增加了中尉领兵的条例。①

中尉就是诸侯国军队的司令，由于各诸侯国中尉是中央派下去的，中央也就客观上把诸侯国的军权控制在手上了。

司马炎砍向各诸侯王的两刀，实际上是砍到了他弟弟司马攸那里。因为《晋书·职官志》中非常明确地写了这次封王调整的用意："咸宁三年，卫将军杨珧与中书监荀勖以齐王攸有时望，惧惠帝有后难，因追故司空裴秀立五等封建之旨，从容共陈时宜于武帝，以为'古者建侯，所以藩卫王室'……既行，所增徙各如本奏遣就国，而诸公皆恋京师，涕泣而去。及吴平后，齐王攸遂之国。"

摆明了就是司马炎担心他的弟弟司马攸，而且此次调整分封政策的负责人是杨珧和荀勖。

荀勖是司马炎的老班底，杨珧则是杨家的人，在此次的政治调整中，司马炎把贾充这个法律出身的老臣给排除出去了。

砍完这两刀，司马炎心里还是不够踏实，又增加了很多补充事项。

278 年六月，司马师的遗孀羊太后死了，司马攸怎么参加丧礼变成了巨大的政治问题。

司马炎的舅舅、河南尹王恂说："司马攸不能行子礼！"②说话很直接，生硬地表明了态度。

但不让人家儿子行礼这事确实说不过去，贾充和了一把稀泥，说：

---

① 《晋书·职官志》：从诸王公更制户邑，皆中尉领兵。
② 《晋书·贾充传》：弘训太后入庙，合食于景皇帝，齐王攸不得行其子礼。

"司马攸还是服丧三年吧，但对外规格要如臣制。"①

这个建议被一些人批判了，说不要总搞创新了，都没有过先例，直接按诸侯之礼让司马攸走走过场就完了。②

司马炎最终选择了贾充的方案，毕竟私底下司马攸是羊皇后的儿子，场面上是个普通的诸侯王。

司马炎到底还是个明白人，西晋以孝治天下，实在是不能再把仅剩的这条腿砍折了。但司马炎也从礼制上昭告了天下：司马攸是个普通的诸侯王，并没有在羊太后的葬礼上继承政治遗产。

司马炎之所以会同意贾充的方案，其实还有一个更加深远的布局：他要培养自己的势力，增加自己的权威！

他这位守成之主，必须通过灭国的功业来压住各方的势力，才能保证自己的政治方案得以实行，保证自己的王位统序。

他要灭吴。

司马攸三年丧期，正好什么都掺和不上！

其实自 269 年开始，司马炎就已经着手准备灭吴了。他厚待刘禅等西蜀后裔的子孙，做出优待投降王室的样子，并调整整个南方的部署。

他派自己的心腹羊祜都督荆州诸军事，镇襄阳；派老爹司马昭的心腹卫瓘都督青州诸军事，镇临淄；派五叔东莞郡王司马伷都督徐州诸军事，镇下邳。

272 年，羊祜推荐知己王濬为益州刺史，都督益、梁州诸军事，命其在巴蜀建造战船，训练水军。

---

① 《晋书·贾充传》：礼，诸侯不得祖天子，公子不得祢先君，皆谓奉统承祀，非谓不得复其父祖也。攸身宜服三年丧事，自如臣制。

② 《晋书·贾充传》：有司奏："若如充议，服子服，行臣制，未有前比。宜如恂表，攸丧服从诸侯之例。"

但是灭吴的整体进程一直不紧不慢，因为灭不灭吴这事两可。不灭吴更符合当时的利益，因为政治建设有条不紊地推进，他弟弟司马攸一步步地被关进了政治的笼子，全国政局稳定，对吴开战，万一打输了呢？打输了司马炎的威望会下降，弄不好司马攸又整出什么花样来了。

但自 276 年司马炎从鬼门关闯过来之后，他便加快了灭吴的步伐，他每天想的是："必须得灭！我封个外戚都需要费尽口舌说服各方势力，我得让所有人明白，我才是这个国家毋庸置疑的老大，一言九鼎！"

276 年十月，羊祜奏请伐吴，并提出了灭吴的计划书。总思路是从西蜀顺江而下，自襄阳夺取荆州，自合肥牵制吴军主力，三路军同时发力灭吴。

司马炎第一次将灭吴的计划在朝堂上拿出来，遇到的阻力很大。很多人反对，比如他的亲家贾充。司马炎看到如此大的阻力，选择了暂缓灭吴。

两年后，即 278 年，羊皇后去世了，司马攸要去守孝了。司马家以孝治天下，守孝的时候是不能上班的。灭吴的事，司马攸是一丁点儿也掺和不上的，灭吴的政治光芒将全部被司马炎占据！

这三年司马攸不能上班，势力就会萎缩，司马炎要挟灭吴之功在政治上给司马攸关键一击！他要通过灭吴，积攒出足够的功勋和话语权，让所有人闭嘴，让所有人听安排，让司马攸有多远就滚多远！

灭吴，说句实在话，要不是因为司马炎快被自己的傻儿子和牛弟弟给挤兑神经了，根本不是晋朝的刚需。

好多事，其实根本不是表面看起来的那样。

魏灭蜀如此，晋灭吴亦如此。

司马炎的这场功勋之战，也将一个帝国盘根错节的、固化到极致的朽烂，彻彻底底地展现了出来。

中华大地上，透着糜烂气息的、前无古人后无来者的统一天下之战，即将拉开帷幕。

六、为什么说战争是政治的延续？

这场大战，吴主孙皓应该已经等着急了。因为这场大战，他打的是被害者的旗号，结果我们一直在讲司马家族脏心烂肺的事，明显拿孙皓不当回事。

孙皓不要闹情绪，司马家族再怎么腐烂，毕竟还是主角。你爷爷孙权要是六十年前不背刺荆州，弄不好现在你就是主角了。一甲子过去了，真快啊！

现在说说吴国孙家那堆脏心烂肺的事。

话说公元 241 年，孙权的太子孙登病死。因为母亲受宠和孙登死前力荐，孙和被立为太子，但孙权又偏爱鲁王孙霸，渐渐地，孙和与孙霸间的待遇规格几乎没有了差距。

孙和与孙霸都不是嫡子，孙权又总把他的父爱散播给孙霸，因此孙吴政权围绕着这哥俩开始了党争。

244 年，孙霸一党对孙和的太子党展开了一系列攻击，太子心腹顾谭等被处流刑，太子太傅吾粲死于狱中。245 年，太子党最大牌的政要陆逊忧愤而死。

太子党与鲁王党之间斗争了近十年，史载江东的党争已经打到了

政权一分为二的"举国中分"地步！ ①

这种"举国中分"的情况直到 250 年太子孙和被废、鲁王孙霸被赐死，以二王同归于尽而收场，孙权九岁的末子孙亮被立为太子。

不管孙权在"二宫之争"中是否糊涂，是否有为了设局搞死那帮老臣后收权这样更深的目的，他的代价都是不可承受的。因为任何一个政权只要出现党争，就再也回不去了。

252 年，折腾半个世纪的孙权终于死了，顾命大臣如下：当年的太子党大将军诸葛恪和太常滕胤，当年的鲁王党中书令孙弘、侍中孙峻、将军吕据。

孙权刚死，党争就图穷匕见了。中书令孙弘矫诏准备政变，被诸葛恪反杀。同年冬，诸葛恪在东关大捷后兴师，准备与魏国一战而定击垮司马师，因此不顾全江东的反对对魏开战。

对魏开战，除了诸葛恪刚愎自用的性格，还有一定的政治深层原因。

眼光犀利堪称三国末年最毒辣、只要上书就都针砭要害、除了看不明白自己的命之外什么都看明白的邓艾，写过相当明白的一段话：孙权手下大臣的权力和实力很大，现在孙权刚死，他们都不听召唤，诸葛恪之所以穷兵黩武，是因为他想通过铁腕高压而立威让江东不散摊子，结果却玩砸了。

因为党争，江东在孙权死后出现了巨大的离心危机，军政一把手诸葛恪打算通过对外征伐，调动所有的力量让新一代领导班子建立权

---

① 《三国志·孙和传》注引《通语》：丞相陆逊、大将军诸葛恪、太常顾谭、骠骑将军朱据、会稽太守滕胤、大都督施绩、尚书丁密等奉礼而行，宗事太子；骠骑将军步骘、镇南将军吕岱、大司马全琮、左将军吕据、中书令孙弘等附鲁王，中外官僚将军大臣举国中分。

威，结果却失败了，鲁王党的孙峻乘机干掉了诸葛恪。

孙峻自 253 年到 256 年掌权，他死后，其堂弟孙綝于 256 年到 258 年掌权。后来又在一系列的宫斗政变后，吴国的末代皇帝、二级狂躁型精神病患者孙皓上位了。

这位孙皓杀起人来完全是妖孽行径，动不动就扒皮挖眼，而且被杀的人根本不知道哪句话不对自己的皮就没了。

吴国朝野上下人人自危，朝不保夕。比如中书令贺邵因中风不能说话，好几个月无法上朝，孙皓怀疑他装病，先是严刑拷打但不解气，最后砍他的头，砍完头还不解气，再把他的脑袋烧了。

孙皓喜欢开酒会，到会者必须都得喝躺下，谁也别走，互相打小报告，发现问题，当场办案，现场扒皮挖眼。

孙峻、孙綝这两位执政时就已极端残忍嗜杀了，孙皓算是这两人的威力加强版。

之所以会在王朝末年出现如此极端弑杀的暴虐之君，是因为整个江东政权已经相当分裂，对权力控制极度不安的年轻君主希望恢复权威却有劲使不出来。

整个两晋南北朝，会有很多这样年纪轻轻的"神经病"君主。

早在 272 年王濬在蜀中造船时，建平（郡治今重庆巫山县）太守吾彦就发现长江上游飘来了大量木屑。一叶知秋，吾彦向孙皓建议："人家要动手啦，咱得增兵做防备。"孙皓不搭理。

274 年，守荆州的陆抗（陆逊子）在病危时向孙皓建议尽快增兵，以巩固西陵、建平等地，因为晋军随时要打过来。孙皓还是不听。

此时的末代吴国，特别像商朝末年。虽然晋朝的武帝并非西周的武王，但灭这个从上到下失去民心与臣意的国家，其实就是走个程序的事。

但是，也没那么简单。吴国这间破屋子，甚至一度有可能比西晋挺的时间还要长。因为不管这屋子再怎么一端就塌，你要是永远不去端，那就不会塌。司马炎这一脚，几乎是全世界抱他大腿推着他，他才伸出去把孙皓踢死的。

早在一年多以前，看透世态炎凉的司马炎就已经下定决心灭吴了。大病痊愈后的当年十月，司马炎将荆州军区的铁杆羊祜提拔为征南大将军，开府辟召，仪同三司。随后羊祜迅速给司马炎上书，表示一定要伐吴。

羊祜在上书中表达了三个意思：

1. 当年蜀汉天险，咱都拿下来了，现在吴国之险不叫问题，我军军力之盛更是碾压吴国。

2. 现在我们有这么大的优势不趁机拿下吴国，年年损耗如此巨大的国防力量，对晋朝来说不是长久之事。

3. 方案我都想好了，从四川出水军顺流而下，荆州军南下江陵，豫州军直指夏口，淮南军攻打江东，在这数千里的防线上，吴国是无法以一隅敌一国的。

羊祜的奏表递上去后，大部分人都不同意，代表人物就是贾充和荀勖。①

是吴国很难打吗？并不是，现在吴国弱得跟司马衷的智商一样。

之所以大臣们大都不同意，根子还是人事问题。

贾充这些年一直在中央的核心区，枝根叶蔓遍布朝堂，这一派系是绝对不希望看到吴国被羊祜灭掉的。灭吴是此时的天字第一号大功，这些年一直由羊祜负责。此时又是羊祜首倡，一旦成功，羊祜将成为大晋第一功臣。

羊祜的后台同样很硬，姐姐是司马师遗孀羊皇后，羊祜本人还属

---

① 《资治通鉴·晋纪二》：议者多有不同，贾充、荀勖、冯紞尤以伐吴为不可。

于司马炎嫡系，这些年在荆州同样有自己的政治网络，一旦羊祜一党携平吴之功大规模入朝，贾充派系的权力大饼将被吞食走很大份额。

更何况此时明眼人都看出来了，司马炎已经不信任贾充这个亲家了。所以贾充一党的既得利益者变得异常敏感，坚决不允许这种潜在威胁发生。

他们认为：伐吴，对国家，是统一大业；对司马炎，是莫大功德；对羊祜，是千古留名；唯独对我们，是潜在的巨大威胁。所以坚决不能让羊祜成功！

在朝廷里，比较有分量的只有度支尚书杜预和中书令张华跟羊祜是一个心思，对司马炎表示得伐吴。[①]

杜预和张华都是身负大才之人。在灭蜀时，杜预是被派去负责监视钟会的关键人物，后来成都兵祸，钟会的诸多僚属横死，只有杜预机智脱身，幸免于难。

张华几乎堪称最强政务人才，记忆力超强，涉猎极广，对天下之事了如指掌。司马炎曾经有一次心血来潮找张华问汉廷宫室制度及建章宫千门万户的情况，张华应对如流，画地成图，给身边听着的人都说傻了。他后来被司马炎引为左右手，连他妈死了都不许他回去守孝，理由是国家运转实在离不开他。

为什么这个时候杜预和张华跳出来了呢？

杜预后台硬，娶了司马炎的姑姑。张华不是司马家核心圈的人，属于落魄贵族，他爹曾是渔阳太守，但家道中落，同郡的刘放爱才，收他为姑爷，由此才渐渐进入高层圈子。

这两个人，一个根子硬而且有自己的人生追求，一个希望借此机会继续进步。

---

① 《资治通鉴·晋纪二》：唯度支尚书杜预、中书令张华与帝意合，赞成其计。

凡是有人群的地方就分左中右，所有的政治斗争说到底都是路线问题。由于对伐吴争议太大，在朝堂上就僵持上了，羊祜叹出了那句千百年来相当有名的话："天下不如意，恒十居七八，故有当断不断。天与不取，岂非更事者恨于后时哉！"

　　由于利益集团搞破坏，司马炎这次的灭吴计划因为阻力太大而暂时搁浅了。

　　随着整个伐吴准备工作的深入，我们能够通过这场战役深刻了解到在这片土地上想要做成一件事，所需要的底色是什么。

　　羊祜没能及时动手灭吴，这一拖，就再也没能看到胜利的那一天。但是，羊祜在他生命最后的两年时间里，倾尽自己所能完成了整个平吴计划的"核心发射器的助推"。其中最关键的助推器，是一个老男孩——益州刺史王濬。

　　王濬，弘农人，家世两千石，娶的媳妇是司隶校尉后担任司空的徐邈的女儿。此君比较狂傲，导致名声相当不好，这些年混得一直很一般，直到五十多才混到了羊祜身边的职位。

　　一把年纪的老头了，却仍然被人看不上。羊祜的侄子对羊祜说："王濬这人志向远大，奢侈不节，属于给点儿阳光就灿烂的主，不可独当一面专任啊！"

　　羊祜对这个比他还大十多岁的狂老头则有着不一样的看法，说："淘小子出好的，我就爱看这老小子！"因此不断提拔这个老男孩，后来王濬从羊祜这里转任巴郡太守。

　　怎么说呢，人这辈子是真的不能狂的。所谓"通天大才"古往今来少吗？一群庸才死死地压住一个天才的事情天天都在发生。是所谓的"庸才"有问题吗？人家才不是什么"庸才"，只是你不是"天才"。

　　真正的天才步步谨慎，如临深渊，干成一番事业尚需九九八十一难，更不要说你处处狂傲树敌了！

王濬之所以名垂青史，其实就是因为得到了羊祜的青眼相看。古往今来王濬这种"人才"数不胜数，但羊祜却不多。

羊祜之所以会容忍这个老男孩，并不是什么爱才，只是心更大，拿王濬当自己千古留名的一个好工具而已。

王濬在巴郡太守任上发现了一个现象：巴郡接壤吴国，兵士徭役极重，当地的营户生出来男丁直接就扔了。

王濬随后严定法律，宽限徭役，只要是生育者皆可免于徭役。在王濬任上，数千个"王濬宝宝"得以存活长大。①

后来王濬调任广汉太守，又成为广汉地区的青天大老爷。也许是狂傲了一辈子的王濬终于主政地方有功于一方百姓，也许是数千个"王濬宝宝"积了大德让王濬改命成功，他的人生开始出现戏剧性的变化。

在广汉太守任上，王濬梦见三把刀悬于卧室梁上，过了一会儿，又飞来了一把刀。王濬醒来后很不开心，满脑子琢磨这是哪来的四把刀想捅死我啊！

他的主簿李毅听说后向他道喜："三把刀是个'州'字，又飞过来一把是'益'，您要当益州刺史啦！"没多久，王濬发现那四把刀真是给自己道喜的，益州刺史皇甫晏被地方黑恶势力张弘杀了，朝廷迁王濬为益州刺史。

王濬到任后部署剿匪行动，干掉了张弘团伙，以勋封关内侯，随后在益州任上政绩突出，远近蛮夷多来归降，司马炎于是调王濬回朝廷上班，想予以重用。

在这个时候，老上级羊祜出手了。羊祜给司马炎上了一封密表，表示一定要留王濬当益州刺史，司马炎同意了。②

---

① 《晋书·王濬传》：濬乃严其科条，宽其徭课，其产育者皆与休复，所全活者数千人。

② 《晋书·王濬传》：车骑将军羊祜雅知濬有奇略，乃密表留濬，于是重拜益州刺史。

羊祜很早就思考伐吴的方案，认为自曹魏以来，自襄阳南下攻击荆州的军事行动就没有成功的时候，想要攻破江陵重镇，应该将益州上游之势调过来。

羊祜早就知道王濬能干，但除此之外，羊祜还听到一些不一样的传闻。在边境的吴国童谣中，有一段传唱度非常高："阿童复阿童，衔刀浮渡江。不畏岸上兽，但畏水中龙。"

羊祜听到后受到了极大启发，破吴的是"水中龙"，大概率是水军建功！尤其这个时候朝廷征王濬为大司农，羊祜突然想起来，王濬的小名叫"阿童"。①

这个"衔刀浮渡江"的神秘"阿童"难道是王濬这个老头？管不了这么多了，一定要把王濬留在益州！

273年，羊祜找关系留下了王濬，命他悄悄地修造舰船，将来准备顺流灭吴。就这样，过了三年，276年从鬼门关闯过来的司马炎推进伐吴，也有了之前最早的那一次朝堂辩论。

由于刚刚提出来，尚需多方面协调，结果又推迟了两年。但这两年发生了重大变化，灭吴总设计师羊祜即将走到生命的尽头。

278年秋，羊太后死后不久，羊祜也得了重病回到洛阳。司马炎面见重病的羊祜，与他讨论伐吴之计。②

因为羊祜已经病得起不了床，司马炎多次派张华去询问计策。羊祜做了总结性的发言，说："现在主上虽然有开国之美，却没有什么说服力的功业，吴国内部已经烂透了，一定要打啊！要是对面的老大孙皓

---

① 《晋书·羊祜传》：祜闻之曰："此必水军有功，但当思应其名者耳。"会益州刺史王濬征为大司农，祜知其可任，濬又小字阿童。

② 《晋书·羊祜传》：祜寝疾，求入朝。既至洛阳，会景献宫车在殡，哀恸至笃。中诏申谕，扶疾引见，命乘辇入殿，无下拜，甚见优礼。及侍坐，面陈伐吴之计。

突然死了，换一个正常人来接班，对方有长江之天险就算我们有百万之众也不好逾越啊！"①

羊祜几乎用尽生命的最后一点儿力气对司马炎表白："你功业未建，别等了！别听朝里那帮人的了，你想要压住那帮人就一定得开天辟地！长江对面的孙皓更是不可遇的人，去晚了他就没了！"

司马炎已经做了决定，因为羊太后已死，他弟弟司马攸必须去守孝，他要收割吴国了。但这个时候伐吴的总指挥羊祜不行了！

司马炎打算让羊祜"卧护诸将"，躺着回荆州去统领全局，因为前期都是他忙活的，换了人接不住！羊祜说："我是去不了了，死半道上不吉利，得换人，我觉得杜预一定没问题！"

羊祜一病不起，导致伐吴链条开始出现连锁反应。最明显的就是司马炎再次征调益州刺史王濬回朝廷上班！

王濬在益州已经待了六年，整军备战、修造战船。羊祜快不行了，司马炎并没有十足把握控制住王濬。再换一层考虑，此时益州已经做了多年储备，司马炎也希望换个更亲近的人去摘桃。

王濬听说自己被调职后，在七十岁的高龄玩了把心跳，冒着被人弹劾的巨大风险，走到汉寿时派自己的参军李毅去洛阳再次表明自己建功立业为国效力的心迹，请求伐吴！②

他这么做是很冒险的，因为这个行为表明他不想交权！

最后又是羊祜，再次保举自己提拔起来的干将，稳住了王濬的益州刺史一职，伐吴大业不变！

---

① 《晋书·羊祜传》：今主上有禅代之美，而功德未著。吴人虐政已甚，可不战而克。混一六合，以兴文教，则主齐尧舜，臣同稷契，为百代之盛轨。如舍之，若孙皓不幸而没，吴人更立令主，虽百万之众，长江未可而越也，将为后患乎！

② 《华阳国志》：刺史濬当迁大司农，至汉寿，重遣参军李毅诣洛，与何攀并表求伐吴。

278 年底，羊祜不行了，推举杜预代替自己，举荐张华代替杜预的度支尚书，负责伐吴的后勤事务，随后病逝。

司马炎以杜预为镇南大将军、都督荆州诸军事，这一年的征吴行动由于羊祜的去世被再次耽搁。但羊祜在死前基本捋顺了所有的伐吴链条：总接班人找了杜预，王濬得以继续留在益州，后勤部长是张华这个算天星；伐吴的总方案全部准备妥当，找的理由也是充分的。

279 年初，司马炎在诏书中明确了伐吴时间：今年冬天必须灭吴！① 王濬官拜龙骧将军，这是干大事前的强烈催运将号。

即便司马炎已经将灭吴的时间点彻底敲定，但阻力派依然不断反对，没完没了。

279 年秋，就在总攻即将在一个季度后打响的时候，时任扬州都督的王浑传来报告，说孙皓即将北侵，请求伐吴之役再缓一年。②

王濬之前留在洛阳汇报的参军李毅听说这事后，第一时间给朝廷上书，并迅速将情况汇报给了益州的王濬。

王濬紧跟着也上书道："此时孙皓残暴，吴国上下离心，已到天变之时，要是孙皓猝死，吴国上下一心，我们再不会有这样的机会了！老臣已经在益州造船七年了，很多老船都开始朽烂，老臣已经七十岁了，还能活几天呢，陛下别再等了。"③

---

① 《华阳国志》：诏书拜濬龙骧将军，假节，监梁、益二州军事；除何攀郎中，参军事。以典军从事张任、赵明、李高、徐兆为牙门，姚显、郄坚为督，冬当大举！

② 《华阳国志》：秋，攀使在洛，安东将军王浑表孙皓欲北侵，请兵，朝议征，欲须六年。

③ 《晋书·王濬传》：时朝议咸谏伐吴，濬乃上疏曰："臣数参访吴楚同异，孙皓荒淫凶逆，荆扬贤愚无不嗟怨。且观时运，宜速征伐。若今不伐，天变难预。令皓卒死，更立贤主，文武各得其所，则强敌也。臣作船七年，日有朽败，又臣年已七十，死亡无日。三者一乖，则难图也，诚愿陛下无失事机。"

贾充和荀勖也借着这个机会劝阻说不能打啊，再等等吧。只有后勤部长张华继续抗争，支持伐吴。

司马炎又被反战派搞得要变主意，史书中记载，伐吴总司令杜预奏表求伐吴的黄道吉日时，司马炎打算明年再说。[①] 作为主战派最大的腕儿，万般无奈下，杜预上书请战：

1. 听说我们要平吴，吴国已经全面戒严，但根本看不见吴国有什么援兵，估计此时吴国已是强弩之末，只会全力保扬州，而不会顾及荆州的边防了。

2. 咱们此次出征，赢了就开万世之业，没打下来也不过损失一个多月的时间而已，为何不试试？再等一年，天有不测风云，谁知道会有什么变化！

对于这封上书，司马炎依旧没什么反应。于是杜预破釜沉舟，在半个月内再次紧急上书！

这次杜预搬出了已经过世的平吴总设计师羊祜，直接把话挑明了："那帮反战派结党营私，根本不顾国家利益。之所以反对，不过是因为羊祜当年和陛下私下秘密筹划平吴之事。目前灭吴已是眼前之事，这帮人担心别人立功，所以一个劲地阻挠！[②]

"自秋天开始，双方都已经打明牌了，孙皓已经知道咱们要动手

---

① 《晋书·杜预传》：预处分既定，乃启请伐吴之期。帝报待明年方欲大举。

② 《晋书·杜预传》：羊祜与朝臣多不同，不先博画而密与陛下共施此计，故益令多异。凡事当以利害相较，今此举十有八九利，其一二止于无功耳。其言破败之形亦不可得，直是计不出已，功不在身，各耻其前言，故守之也！自顷朝廷事无大小，异意锋起，虽人心不同，亦由恃恩不虑后难，故轻相同异也。

了，要是给他一年时间做准备，明年不一定能拿下来啊！"①

这封奏书送到的时候，司马炎正跟张华下棋。等司马炎看过后，张华做了最后的推助："皇上啊，别等啦，万事俱备，咱们开干吧！"②

在主战派与反战派如此反复的博弈后，司马炎又改了主意：伐吴不能等明年了。贾充、荀勖等人继续在司马炎面前争辩，结果司马炎爆发了，以暴怒的形式表态：全面伐吴！③

公元279年十一月，西晋朝廷博弈了四年的伐吴之战，终于启动了！

---

① 《晋书·杜预传》：自秋已来，讨贼之形颇露。若今中止，孙皓怖而生计，或徙都武昌，更完修江南诸城，远其居人，城不可攻，野无所掠，积大船于夏口，则明年之计或无所及。

② 《晋书·杜预传》：时帝与中书令张华围棋，而预表适至。华推枰敛手曰："陛下圣明神武，朝野清晏，国富兵强，号令如一，吴主荒淫骄虐，诛杀贤能，当今讨之，可不劳而定。"

③ 《资治通鉴·晋纪二》：贾充、荀勖、冯紞固争之，帝大怒，充免冠谢罪。

七、从头到尾推诿扯皮的党争之战

看一下灭吴的部署吧。

司马炎采用羊祜生前拟制的计划，发兵二十万，分六路进攻吴国，咱们从东往西看：

1. 镇军将军、琅邪王司马伷自下邳向涂中方向进军。

2. 安东将军王浑（王昶子，司马炎姻亲）自寿春向江西出横江渡口进军。

3. 建威将军王戎（琅邪王氏，司马昭提拔的嫡系，其从弟王澄之妻郭氏为贾充家亲戚）自许昌向武昌（今湖北鄂州）方向进军。

4. 平南将军胡奋（司马懿的老部下，女儿为司马炎后宫贵人）自汉水南下向夏口（今湖北武汉武昌区）方向进军。

5. 镇南大将军杜预（杜预妻为司马炎姑姑高陆公主）自襄阳向江陵进军。

6. 龙骧将军、益州刺史王濬与巴东监军唐彬的水军沿长江而下。

张华为度支尚书，总筹粮运等事宜。

除了这些一线部队外，司马炎让最人的反对派贾充挂了个总指挥的名，给自己培植的外戚杨家的杨济挂了个副总指挥的名，这两人率中军驻襄阳，节度诸军。

司马炎对贾充担任此职的安排有三个考虑：

1. 防备王濬。

此次伐吴除了被羊祜保举的王濬外全都是司马炎的亲友团。司马炎之所以全用亲戚，就是因为他回顾十多年前的历史，考虑到当年的钟会之乱，如果这次前线灭吴成功后，主将就地谋反了呢？

所有的水军都被带走了，尤其最大的不确定性是：王濬手中有着规模最大的舰队。老头在益州八年了，根深蒂固，他要是谋反，司马炎要想平叛连船都找不来。

贾充和杜预、王濬这些羊祜系的将领不和，将贾充布置到襄阳的战略目的其实就是为了防王濬的。一旦王濬有什么异动，襄阳是拦腰截断王濬造反最好的地理位置。王濬在荆州反，贾充就直接南下扑灭；王濬在扬州反，贾充则拦腰截断上游的军队。

2. 通过这个安排暗示朝野：他扶持的外戚杨家已经有机会和贾充这个老牌权臣平起平坐了。

更重要的是，伐吴之战打输了，作为副总指挥的杨济没什么关系，都是总指挥的责任；打赢了，被扶植的杨家也跟着分享战功。

3. 打输了，贾充这个总指挥背黑锅。

打赢了，我对你贾充是安抚，你之前嚷嚷着不能打的各种理由，都会被这个挂名总指挥取得的战功所掩盖。将贾充架到平吴大业上，逼着贾充正向做功。

按理说司马炎考虑得已经很周全了，但还是有一点儿草率了。贾充这个泥鳅已经滑到了超出想象，谁说打输了他就要背黑锅呢？不知道他甩了一辈子锅吗？

司马炎十一月下诏全线开打，等部队正式启动基本到了十二月，进入280年正月后，前方战报开始传来。

东线，王浑攻克寻阳、赖乡诸城，俘虏吴武威将军周兴。

中线杜预部已经包围江陵，但打不动；同是荆州战区的胡奋攻夏口、王戎攻武昌，同样无建树。

西线王濬部还没一点儿动静。

这个时候，贾充开始了第一轮的甩锅："现在没什么斩获，我到了前线才看出来伐吴全都是瞎嚷嚷，杜预根本就打不动，杀了张华以谢天下吧！"

司马炎一如既往地好脾气，不骂贾充惑乱军心，也没给杜预施加压力，让子弹再飞一会儿，说："伐吴是我的意思，张华跟我想法相同而已。"

但是，贾充的这封上书又惹得朝堂上下吵吵嚷嚷，各种"别打啦、不能冒进啊"，逼得张华豁出去与全世界为敌，表态伐吴必克！

在政治游戏中，如果你已经取得了巨大的优势，很多组合拳是非常好打的。贾充还没做什么大动作，仅仅是没有建树，就已经逼得司马炎说话，又逼得张华表态。

只要这次伐吴不成功，司马炎的政治威信就将大大受损，张华也必死无疑。无论在战前谋划时多么有信心"伐吴必克"，真等战争开打后，主战派是承担了巨大的压力的。

在西面的艨艟巨舰驶出峡口后，战况改观了。

这里要专门说一下，王濬此次的舰队规模堪称当时中国最大的一支航母编队。

王濬在益州建造的战舰每艘足以装两千人，堪称水上堡垒，在船上马都随便跑。船不光大，王濬还创造性地在船头画了大怪兽打算吓唬江神，造型那是相当拉风。史载"舟楫之盛，自古未有"！

王濬伐吴之时，还看到十多年前自己种的树都结果子了，当年在巴郡因为王濬得以成活的数千名"王濬宝宝"现在已经长大成人到了服役的年龄，出门时巴郡的父母们都告诫孩子：你们这条命都是王府君救的，去了千万别怕死，对吴国要往死里干！①

司马炎的开战诏书时隔一个多月自洛阳传到了成都，280年正月，王濬终于带领这支憋了八年的舰队扬帆起航！

驶到三峡，王濬遇到了第一个难题：三峡之险。之所以一定要选在冬天过三峡，就是因为三峡中的很多礁石只有在冬天才会露出水面。

王濬的船都是艨艟巨舰，吃水深，要是看不见那些暗礁而航行将是非常危险的。

三峡之险已经不同寻常，吴国这些年又做了各种各样的战略防御，在礁石之外的舰队必经之处布下了很多铁索和铁锥。②

按理讲，过三峡是伐吴最难的环节，因为三峡地区本来就水流湍急，江岸狭窄，万一大船触礁搁浅，整个舰队就全堵那里了，随后会造成重大的追尾堵塞事故，根本赶不上会攻江陵。但这个难关，羊祜早就帮王濬破解了。当年羊祜抓到过吴国的技术间谍，直接就送到王濬那里了。③

到了铁索铁锥处，王濬放出了之前准备的几十个大木筏，每个木筏方百余步，筏上扎草人，披甲执杖，令善水的士兵乘筏先行，江中的铁锥扎到筏上都被筏带走了。又做火炬，长十余丈，大数十围，灌上麻油，放在船前，遇到铁锁，就拿火炬烧，将铁锁熔化烧断，吴国设置的人工天险就此被突破。

二月初一，王濬与巴东监军唐彬攻克丹阳城，擒丹阳监盛纪。两

---

① 《晋书·王濬传》：先在巴郡之所全育者，皆堪徭役供军，其父母戒之曰："王府君生尔，尔必勉之，无爱死也！"

② 《晋书·王濬传》：吴人于江险碛要害之处，并以铁锁横截之，又作铁锥长丈余，暗置江中，以逆距船。

③ 《晋书·王濬传》：先是，羊祜获吴间谍，具知情状。

天后，王濬舰队克西陵，杀西陵都督留宪、征南将军成璩、西陵监郑广。

围攻江陵不下的杜预之前就已经分兵向长江北岸上游进军，准备接应王濬，并取得了一系列的小胜。此时听说王濬已克西陵，于是又遣牙门管定、周旨、伍巢等率奇兵八百泛舟夜渡。

这八百奇兵渡江之后多张旗帜，于巴山起火，威吓乐乡（今湖北浣市镇）守军，以壮声势。

当初，司马炎给了王濬这么一封诏书，就是舰队行至建平，受杜预节度；到了秣陵（今江苏南京），受王浑节度。[1] 说到底是司马炎真不放心王濬。

在江陵，杜预知道这封诏书时就对属下将帅说："如果王濬能够抵达建平，说明威名已震，不能再让他受制于我；如果他到不了，我根本就没机会控制这支舰队，所以提前跟你们打预防针，看见王濬时都客气点儿。"[2]

王濬拿下西陵后，杜预给王濬写信，把自己的想法告诉了王濬，说："你已经突破三峡天险了，一定要继续努力，一直打到长江下游，然后自长江入淮水，再由泗水、汴水转黄河，率领这支舰队一直回洛阳受封，这是旷世奇功啊！"

杜预早早地就对王濬表明："我不和你争功，你放心可劲折腾吧。"这几乎成了此次灭吴能够成功的最关键的一封信！

王濬这人志大但不懂克制，自己的欲望喷薄得全世界都知道，尤其此时已经七十多岁了，有着过把瘾就死的心态。如果让他知道自己的

---

① 《晋书·王濬传》：初，诏书使濬下建平，受杜预节度，至秣陵，受王浑节度。

② 《晋书·王濬传》：预至江陵，谓诸将帅曰："若濬得下建平，则顺流长驱，威名已著，不宜令受制于我。若不能克，则无缘得施节度。"

功劳有可能会被别人分割甚至抢走，很难讲他不会做出什么不可预测之事。

王濬收到杜预的来信后，将这封信直接原件上表了司马炎。什么意思呢？这老小子赶紧告诉司马炎："让我玩命干吧，您看看，杜预已经全权放手了，有证据的。"

他的潜台词就是：如果我真的拼命帮杜预拿下荆州，杜预要是反悔，突然夺我兵权，或者他本来就是拿信骗我玩命，到时我可有话说，您也都看到了。

拿到了杜预的保证，王濬开始爆发小宇宙，在攻克西陵后的两天，于二月初五攻克荆门、夷道二城，随后一路推进到乐乡城下。

乐乡的吴国都督孙歆虽然是宗亲，但却是个废物，早在杜预八百奇兵渡江放火的时候就被吓破胆了，说这是飞渡大江啊！他这种士气是别想打赢眼珠子已经憋通红的老王的。吴国舰队碰到老王的舰队被血虐，孙歆兵败，退回乐乡城中。

这个时候，神奇的一幕出现了：之前杜预安排埋伏在周围的八百奇兵居然跟着败兵一起进了城，谁都没发现。①

吴国当年赫赫扬名的长江水师，无论是从战力还是从军纪、综合管理等诸多环节来看，都已经彻底朽烂了。孙歆被这个八百人小分队拿下，乐乡被攻克。至此，江南已经没有吴国的武装势力了。

八天后，二月十三，已经孤木难支的江陵被杜预攻克，杜预斩江陵督伍延，长江上游的所有重要据点都已被晋军攻占。

江陵取得重大突破的同时，指向长江中游的江北都督胡奋、豫州刺史王戎也已进抵长江边，围困夏口和武昌二城。

---

① 《晋书·杜预传》：旨、巢等伏兵乐乡城外。歆遣军出距王濬，大败而还。旨等发伏兵，随歆军而入，歆不觉，直至帐下，虏歆而还。

拿下江陵后，司马炎传达了最新指示：

1. 王濬都督益、梁二州诸军事，升平东将军，继续东下，与胡奋、王戎共伐夏口、武昌，一路打到建业去！

2. 杜预往南扫荡，安抚荆南四郡。

3. 荆州南境拿下后，杜预分一万人加入王濬舰队，分七千人加入唐彬舰队；夏口拿下后，胡奋分七千人加入王濬舰队；武昌拿下后，王戎分六千人加入唐彬舰队。

4. 贾充别在襄阳待着了，去项城吧。

司马炎看到王濬寄来的杜预的信，赶紧进行了官方部署，既是肯定杜预的大局观并让王濬安心，也是防止杜预变卦跟王濬互撕，直接明确了益州舰队的归属权，并鼓励已经满眼通红的王濬捅死东吴。

江陵被拿下，归属明确后，王濬的长江舰队势如破竹，连克夏口、武昌，直奔江东而来！

此时看看东线，自打正月开战后，东路军的王浑和司马伷在长江北岸基本没碰到什么阻力，轻轻松松就饮马长江了，然后就待在那里看着。

这两位比较油，一直在观望上游的战事，与此同时也不想得罪贾充，天天在江北欣赏大江东去的美景。

此时吴国内部对于即将到来的亡国展开了抢救探讨，丞相张悌总督三万人去江北决战，至牛渚。丹阳太守沈莹说："咱不能过江打啊，还是集结水军等着和王濬决战吧！"

病入膏肓之人就不必讨论什么药方的事了，沈莹在反对出战江北的理由中说了："晋治水军于蜀久矣，今倾国大举，万里齐力，必悉益州之众浮江而下。我上流诸军，无有戒备，名将皆死，幼少当任，恐边江诸城，尽莫能御也。"

都知道王濬在蜀地治水军的事，都知道王濬憋着劲要来攻打吴国了，你们早干什么去了呢？

张悌反驳道："要是听你的，等王濬大船开到，咱们的军心就完蛋了！王濬一路势如破竹气势如虹，咱们还等什么？现在就在江北与晋军决一死战吧！赢了还能提振士气，也才有资格跟王濬打最后一战！"

作为丞相，张悌同样也知道，吴国这艘破船早就散架了，晋军杀过来就得投降，现在打，吴国还能有口气！

结果在渡江作战中，王浑和周浚大败吴军，张悌殉国，王浑进屯横江。此时此刻，摆在王浑面前的灭国的机会到来了，因为他击败的是东吴的核心国防军。[①] 江东士气已经土崩瓦解，过了江就该收割了！

这个时候，东方面军也听说王濬已经扫清一切障碍前来赶场。扬州刺史周浚的别驾何恽说："张悌带的是吴国最后的精锐，现在吴国朝野已经丧胆，王濬已经攻破武昌顺流而下，吴国土崩瓦解之势已现，现在咱们要速速过江！"

周浚认可，于是派他去跟总指挥王浑说。何恽走之前，对周浚说："王浑不得罪人的自保神功已经修炼到化境，他肯定不搭理我。"

何恽到了王浑那里，得到的回答是："皇上诏令是在江北打吴军，不要轻进，听说你们这支军队很牛，但有本事独平江东吗？况且违命之胜，没有奖励，输了反而是重罪，皇上已经诏令王濬受我节度，等他开过来，再发起总攻。"[②]

何恽说："王濬已经扫清了整条长江上的贼寇，马上就要一锤定音了，肯定不会受你节度的！"[③]

---

① 《晋书·周浚传》：与孙皓中军大战，斩伪丞相张悌等首级数千，俘馘万计。

② 《晋书·周浚传》：浑果曰："受诏但令江北抗衡吴军，不使轻进。贵州虽武，岂能独平江东！今者违命，胜不足多；若其不胜，为罪已重。且诏令龙骧受我节度，但当具君舟楫，一时俱济耳。"

③ 《晋书·周浚传》：恽曰："龙骧克万里之寇，以既济之功来受节度，未之闻也。"

王浑不搭理何恽。

王浑为什么如此保守呢？因为贾充在王濬拿下武昌、吴国西面最后一道关卡被打通、几乎大局已定的时候，又一次上书了："吴国不一定能打下来，已经快到夏天了，我这天天都热死了，江淮湿气大，肯定得传染病，咱先打住吧。"①

朝廷里中书监荀勖也带头复议，杜预在荆州听说贾充又发招了，赶紧又跟着上书说灭吴就在眼前，千万别听那帮人的话。

从头到尾的党争啊！做点儿事是真难啊，天下不如意事，恒十之七八！

王浑考虑的是等王濬杀过来后，他先接手长江舰队，再请示司马炎下达最后临门一脚的命令。这样不仅在战役层面更稳妥，将来也不得罪贾充：老哥您多担待，我这可是尽全力在拖了。

他的算盘打得挺好，却忽略了一个因素：不是每个老头都像他这么求稳的。西面的那位老王可是青春期了一辈子，他会受你的节制？

三月中旬，王濬的舰队杀到了距离建业二百里的牛渚。王浑遣使去找王濬，让他来军营讨论平吴方案。王濬指着帆说："此时风向大利，舰队航行有惯性，不能停！"②直接去打建业了。

舰队的副总指挥唐彬感觉要坏，王濬过把瘾就死了，他还得接着混呢。于是他对王濬说："我突然生病了，我的舰队给您指挥吧。"③

王濬的超级舰队开到建业时，孙皓派了最后的舟军万人出战，结

---

① 《晋书·贾充传》：王濬之克武昌也，充遣使表曰："吴未可悉定，方夏，江淮下湿，疾疫必起，宜召诸军，以为后图。"

② 《晋书·王濬传》：及濬将至秣陵，王浑遣信要令暂过论事。濬举帆直指，报曰："风利，不得泊也。"

③ 《晋书·唐彬传》：彬知贼寇已殄，孙皓将降，未至建邺二百里，称疾迟留，以示不竞。果有先到者争物，后到者争功，于时有识莫不高彬此举。

果军队没抵抗就降了。孙皓听说王濬的舰队旌旗器甲，布满长江，于是递了降书。孙皓反绑双手，拉着棺木，跟刘禅的造型一样，来到王濬大营。

吴灭！

恼羞成怒的王浑和志得意满的王濬两人展开了波澜壮阔的争功大战。王浑上表王濬违诏不受节度，有司判定：要把王濬用槛车拉回洛阳治罪。

司马炎打圆场，下诏责备王濬："老王你的功我都给你记着呢，但咱还是应该步调一致听指挥，团结一致才能取胜，应该按诏书行事。你在最后关头肆意而行，朕将何以行令于天下呢？"

王濬赶紧上书说："我之前快到的时候确实看见了王浑的信使，但他原文写的是'可暂来过，共有所议'，根本不提我现在归他节度了。当时风太大，我根本来不及调整我的舰队，那大风呼呼地就给我刮建业去了，我还蒙着呢，孙皓就投降了，然后我就赶紧汇报总指挥王浑，说我肆意而行，我忒冤枉了。"①

王浑又向司马炎汇报王濬拿了孙皓的宝贝，很像钟会呀！司马炎赶紧把两位老王召回洛阳，避免邓艾、钟会的往事重演。

王濬到洛阳后，这事根本没完！因为他得罪的是司马炎自己人的王浑，开始被核心集团疯狂围攻，先是有司表示，王濬不受诏书，大不敬，赶紧交司法部门处理。②

司马炎说：王濬在作战时确实没看见这个诏书，而且王濬有大功，

---

① 《晋书·王濬传》：前至三山，见浑军在北岸，遣书与臣，可暂来过，共有所议，亦不语臣当受节度之意。臣水军风发，乘势造贼城，加宿设部分行有次第，无缘得于长流之中回船过浑，令首尾断绝。须臾之间，皓遣使归命。臣即报浑书。

② 《晋书·王濬传》：濬至京都，有司奏，濬表既不列前后所被七诏月日，又赦后违诏不受浑节度，大不敬，付廷尉科罪。

这事就算了。

有司又表示，王濬灭吴后烧了贼船一百三十五艘，这船已经是大晋的资产了，王濬造成了大晋资产的巨大流失，得交司法部门论处。[①]

司马炎传达了全都闭嘴到此为止的判决结果，算是给王濬被核心集团反攻清算的讨论画上了句号。

任性了一辈子的老男孩王濬可以说是这个高门时代的异类了。他大半辈子不得志，快到晚年才遇到伯乐羊祜，七十岁高龄又遇到可遇不可求的羊祜的继任者杜预，最终又碰上了开国之君中少数厚道的司马炎。

如果不是这三位顶级贵人，如果不是自羊祜决心平吴后的一系列机缘巧合，王濬别说建功了，可能连发声的机会都没有。

王濬的家门其实并不低，也是弘农的两千石家世，老丈人也是刺史级别的，但在他跟王浑正面硬碰的时候，他的弘农王氏瞬间就被太原王家（王昶为曹魏司空，司马氏嫡系）的顶级高门给击垮了。

更重要的是，"弘农"因为外戚杨家的上位现在是臭大街的地名，是高门集团的眼中钉。

王浑怼王濬时直接就拿侮辱人格的话招呼，说："你不过就是个'瓶罄小器'的小把戏，算什么东西！"

后面各种"有司"没完没了地找碴儿，也没见到王濬有什么像样的反击，如果司马炎是个刻薄寡恩的人，王濬很有可能就在最成功的时刻凋谢，转眼就没人记得他来过这世界了。

同样是跟贾充针尖对麦芒，敢上书互撕的杜预在平吴后就没有任何人敢找他麻烦，是他真的无懈可击吗？并不是，只不过因为他是司马家的嫡系，平蜀时就是监视钟会的，还是司马炎的姑父，他再怎么样都倒不了台，哪个"有司"也不会去做无用功！

---

① 《晋书·王濬传》：有司又奏，濬赦后烧贼船百三十五艘，辄敕付廷尉禁推。

再回看此次平吴之战，晋军之所以能赢，并非王濬智谋超群、威武豪迈，伐吴总共二十多万大军，就没看到整体性作战，换当年刘备出夷陵的四万大军大概也一路能打到南京了，只不过是因为末代吴国已经朽烂到一踹就塌罢了。

在整个过程中，我们看到了司马炎以几乎任何一位开国之君都不会具有的宽容在做各方面的妥协。

贾充自始至终反对伐吴，整个高门大族目光短浅，行政效率极为低下，如果不是羊祜在一开始就看重了"老男孩"王濬，这次伐吴甚至有可能变成一个大笑话！

当年羊祜说"濬有大才，将欲济其所欲，必可用也"，然后开始了十多年的灭吴筹划。对羊祜这样的伯乐之才，史书留了一笔："识者谓祜可谓能举善焉。"

如果不是身份特殊的杜预有着这个圈子的人所罕见的做事与创业精神，伐吴这件事在羊祜死后极大概率会被一拖再拖。

王濬当年上书说要是孙皓死了，吴国再立个正常人做国君，吴国很可能就拿不下来。

这不是没有可能，又过了两百年，南梁彻底覆灭后，陈霸先在混乱中崛起，就硬生生地将南北合一又拖了几十年。

禅代就是如此，前朝的所有关系网络与积病陋习都会继承过来，更不要说司马家此时已经埋下了太多无解的炸弹。

此次伐吴之战，与其说是开国一统，但更像是落日余晖中的最后一抹晚霞。

八、司马氏终极诅咒的炸弹安装完成

自公元 189 年袁绍扔出惊天大剧本后，用了整整九十年的时间，中华大地再次统一。不过"统一"后面的宏大字眼，还是等李唐开国后再说，因为没到三十年，又一次大崩盘了。这回崩盘可不再像两汉末年那么幸运，因为当时天降大神还能挽狂澜于既倒。

这次平吴成功，也算是为二十多年后的大分裂提前埋好了爆炸的引线。如果这次灭吴没有成功，也许对于晋来讲，反而可能会是件好事。因为就在平吴成功后，司马炎获得了巨大的功业加成，他要完成他的权力部署了。

这次权力部署，最终催生出了极度凶险的政治大比武。双方在互拼内功后两败俱伤，在场的人没有一位赢家。

平吴后的当年九月，尚书令卫瓘、尚书左仆射山涛、右仆射魏舒、尚书刘寔、司空张华等开始嚷嚷要司马炎封禅，司马炎没同意。后来卫瓘这帮人又奏请了三次，司马炎依旧没同意。

按理说，事不过三，为什么司马炎要放弃封禅的机会呢？因为还有一大群人没表态，比如说伐吴总指挥贾充。

这个贾充啊，司马炎是真不能与他翻脸的，原因如下：

1. 每一步走得极稳，几乎不犯错。

2. 本身有才干，有干法律干政务的经验，不然不会被司马师看重，开国后也不会主持修订律法，而且修订的律法水平极高。

3. 结党水平极高，动不动就提拔党羽的势力，太多的人是跟贾充利益绑定的。[1]

4. 长时间在禁军干，提拔了大量的中下层武官。（见图 1-2）

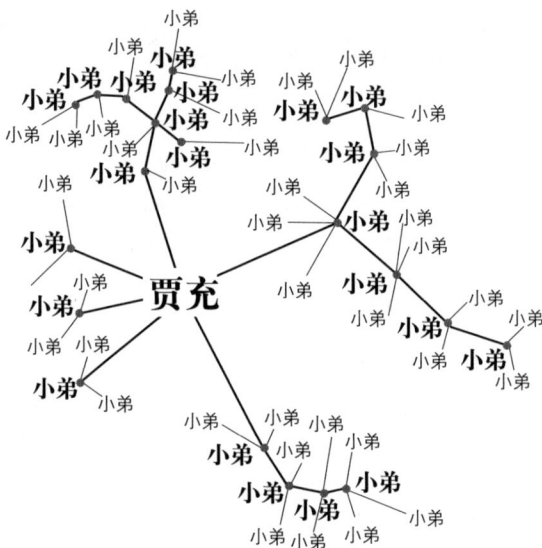

图 1-2　贾充提拔中下层武官示意图

面对这种权臣，除非他已经尾大不掉到了威胁皇位，需要立刻干掉他，否则最好的方法就是等他死。

只有等他死，他的权力网络才会出现松动，他阵营的人才会重新观望，才会给人分化、拉拢、打击的机会。（见图 1-3）

---

① 《晋书·贾充传》：从容任职，褒贬在已，颇好进士，每有所荐达，必终始经纬之，是以士多归焉。

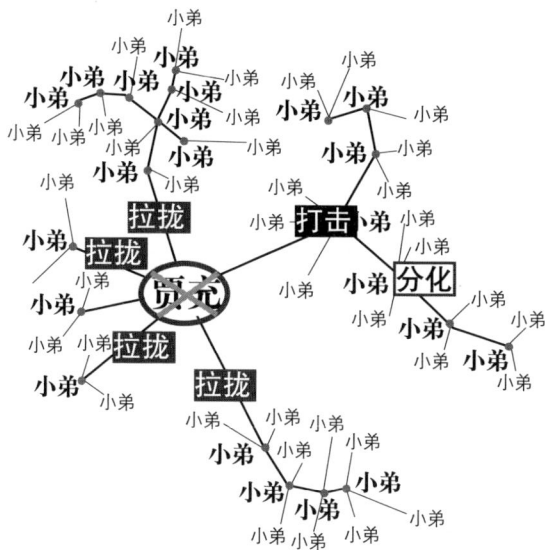

图1-3　分化、拉拢、打击贾充的人才阵营

古往今来都是如此。

一旦撕破脸开战，就算除掉他，整个政体也将面临崩溃。

贾充自平吴后开始向司马炎请罪，司马炎则继续哄着他，但封禅这么大的事，贾充这个最大牌的老妖精不表态怎么行呢！

贾充为什么不表态呢？因为封禅将使伐吴的功勋最大化，从而使羊祜系的官员进一步分享政治资本。

最关键的是，将进一步强化司马炎的皇权权威。这是权力已经登峰造极的贾充所不愿意看到的。

一直到满朝文武第五次联名上奏，司马炎才看见贾充署了名字。但是司马炎还是没同意。有司的措辞很有意思，下面列一下《晋书·志第十一》中的原文。

王公有司又奏："自古圣明，光宅四海，封禅名山，著于

史籍……况高祖宣皇帝肇开王业，海外有截；世宗景皇帝济
以大功，辑宁区夏；太祖文皇帝受命造晋，荡定蜀汉；陛下
应期龙兴，混一六合，泽被群生，威震无外……"

潜台词是说：

1. 你爷爷奠基。

2. 你大爷立功。

3. 你亲爹开国。

4. 你小子统一天下。

最后一汇总，你们祖孙四人好厉害。这是什么意思呢？

平个吴有什么牛的，你完全是站在巨人的肩膀上，你家的家业是
我们这帮老兄弟给打下来的。

面对贾充为首的文化流氓集团，司马炎彻底拒绝了封禅，随后再
一次进入了蛰伏状态。

这可是封禅啊！没有皇帝不在乎这种天地间最珍稀的千古留名权
的！司马炎晚年曾念叨"我平天下而不封禅"，他是很在乎这事的。

为什么他忍下来了呢？因为总有太多要考虑的政治维度。

有一说一，司马炎这个古往今来最挠头的守成之主，其实真算是
个相当了不起的政治家了。

司马炎又忍了一年多，282年四月，贾充去世，他终于把最大牌的
老家伙熬走了。

同年十二月，司马炎出手了：他在与外戚杨珧和亲信荀勖密谋后
搞了突然袭击，任命司空齐王司马攸为大司马、都督青州诸军事，并立
即赴任。

司马炎认为，司马攸的老丈人贾充死了，自己作为平天下之君，
安排自己弟弟去藩国上班应该不叫个事了。但是，他没有想到，继东汉

党锢之祸后，两百年来，最疯狂的政治斗争风暴刮起来了。

朝野上下几乎第一时间就表达了强烈的反对！这次提出反对的人，包括了所有阶层！

先说宗室系统，曾经平乱西北、司马炎此时几乎最有能力的叔叔司马骏恳切上表，最后"以帝不从，遂发病薨"，居然气死了。

由于司马骏堪称宗室中最有分量的发言人，他的"遂发病薨"很难不让人想象，这是司马炎让所有人闭嘴的操作。

中护军羊琇（羊祜堂弟）强烈地表达了自己的愤怒，与北军中候成粲打算直接做了设局司马攸出镇的杨珧，吓得杨珧连家门都不敢出。①

羊琇是司马炎年少时的好兄弟，司马炎做抚军将军的时候，他是嫡系的参军；司马炎继王位后，他是禁军中关键的左卫将军；司马炎禅代后，他又是中护军。他是司马炎一朝干的时间最长的禁军将领，司马炎大事小情都会跟他商量，对他优宠极厚。②

这算是与司马炎一起扛过枪的弟兄了，而且明摆着就是死忠司马炎的，但这次羊琇步调和司马炎不一致了，他劝告司马炎别让司马攸离开，否则将来会出乱子的。羊琇这也算是帮禁军表态了。

对于这位好兄弟，司马炎掀翻了几十年的友谊小船，将羊琇迁到了太仆的闲职上。

羊琇由于巨大的心理落差而一病不起，随后也气死了。

司马炎之所以选择 282 年十二月让司马攸回齐国，是因为每年正月会有大型朝贺，他要让每个场面上的人都看到："我让我弟弟离开朝

---

① 《晋书·杨骏传》：珧初以退让称，晚乃合朋党，构出齐王攸。中护军羊琇与北军中候成粲谋欲因见珧而手刃之。珧知而辞疾不出。

② 《晋书·羊琇传》：琇在职十三年，典禁兵，豫机密，宠遇甚厚。

廷了，今后都别瞎琢磨了，我现在说一不二！"

本来司马炎想露脸，结果把屁股露出来了。司马炎往茅坑扔炸弹后，自己的内部圈子先炸了，司马攸也选择了再看看，先不走。

在这个过年朝贺喜气祥和的特殊时刻，所有人都看戏般地等着事情的发展，司马炎因此没有选择地被架上了硬刚到底的战车。

283 年正月，刚过完年，司马炎将济南郡划给了齐国，还打破了规矩开了口子：封司马攸之子司马寔为北海王。要知道此时非皇子不能封王，司马炎可谓给足了弟弟司马攸面子。

与此同时，司马炎对齐王司马攸本人继续给大礼、给面子，备物典策，设轩悬之乐、六佾之舞，黄钺朝车乘舆之副从焉，并"命议崇锡之物"。

司马炎一再提高司马攸的待遇，潜台词就是：赶紧走！我已经给足你面子了，所有人都看着了，你不能不识好歹！

按理讲，司马攸是必须得走了，因为这几乎等同于"捧杀"，这种潜规则信号你要是不给出反应，那就是公然与司马炎撕破脸了。

但是，司马攸还没来得及表态，又出现了意想不到的突发事件！

由于司马炎给了他弟弟超高级的礼仪规格，专门负责礼仪事项的太常博士们找到了自己加入高层混战的切入点，七位太常博士说："礼仪有问题，我们不同意齐王走。"

司马炎彻底怒了："我轰我兄弟走跟你们这帮人有什么关系！你们算什么东西，有你们说话的份吗？"

太常博士们跳出来也让司马炎更加忌惮司马攸的势力：怎么什么人都帮你呢？到底是谁的天下！

司马炎下令司法部门治七博士的罪，并免掉了博士们的上司太常郑默的官。

不过这根本就不能消灭反对意见，博士祭酒曹志说："把我也一起算上吧，我陪着死。"当年司马炎的棋子，跟贾充死磕的庾纯仅仅看过这个诏书就去廷尉自首，表示把他也算上！

这么多人求着一起治罪，已经是政治斗争中双方最大的决裂了。

司马炎出离愤怒！

廷尉刘颂最终以"大不敬"的判决要处决上书派。

这是司马炎自继位以来第一次要诛杀上书谏言的大臣，政治斗争的信号已经由红变紫，即将爆灯。

就在这个时候，尚书夏侯骏、左仆射魏舒、右仆射司马晃又上书求情，说："廷尉的判决我们不认可。"

最终司马炎选择妥协，改杀头为罢官，但对司马攸必须走这件事，谁说也不好使！

大家会纳闷：为什么群臣一定不让司马攸走呢？

是因为司马炎那傻儿子的原因吗？有这个因素，但并不是主要的。

是因为司马攸的政治势力庞大吗？并不是，有很多别的原因。

我们来看一下史书中对齐王出镇记载的最详细的一份重量级上书。

刚刚灭吴的王浑上书劝谏：不能让司马攸走啊，将来最好的政治格局是太尉司马亮、太子太保司马攸、卫将军杨珧共理朝政。①

王浑不是仅仅甩出了这个方案，他还给司马炎做了四段价值连城的分析：

1. 司马攸和你是至亲至近的，将来是能效仿周公辅政的，我作为一个近距离观察者，看到他的人品是靠得住的！②

---

① 《晋书·王浑传》：太子太保缺，宜留攸居之，与太尉汝南王亮、卫将军杨珧共为保傅，干理朝事。三人齐位，足相持正。

② 《晋书·王浑传》：攸于大晋，姬旦之亲也。宜赞皇朝，与闻政事，实为陛下腹心不贰之臣。且攸为人，修洁义信，加以懿亲，志存忠贞。

2.你现在担心司马攸声望高，让司马亮代替他，但你别忘了司马亮是你四叔，他三哥司马伷都督青州诸军，他七弟司马骏都督关中诸军，论到祸患，可是一点儿都不小啊！①

3.司马攸走了以后，将来的趋势就是会发生像吕氏、王氏一样的外戚之祸！②

4.不能因为担心你弟弟就什么事都防着他，正常推着走挺好的，弄得满朝人心惶惶是不可取的啊！③

王浑这份上书之所以是重量级的，是因为他的三重关系：

1.他爹是司马懿的嫡系、荆州总指挥王昶。

2.他儿子王济娶了司马炎的闺女。

3.他自己在伐吴之战中立了大功。

三重关系叠加，王浑才敢说得这么露骨，基本上也可以看作是朝野上下对此次司马攸出镇事件的解读和所持有的态度。

上书的人中，有宗室、嫡系、姻亲、百官，把官员系统都涵盖全了。群体之间之所以有这么大的反弹，归根到底，还是因为利益。

他们的痛恨点在哪里呢？

1.司马炎亲手扶植起来的外戚杨家是巨大祸患！

2.司马亮、司马伷这些司马懿的孩子同样是巨大祸患！（看得真准啊。）

这次政治抗议事件，最大的问题在于目前的政治稳态，是大家都

---

① 《晋书·王浑传》：若以攸望重，于事宜出者，今以汝南王亮代攸。亮，宣皇帝子，文皇帝弟，伷、骏各处方任，有内外之资，论以后虑，亦不为轻。

② 《晋书·王浑传》：若以妃后外亲，任以朝政，则有王氏倾汉之权，吕产专朝之祸。

③ 《晋书·王浑传》：不可事事曲设疑防，虑方来之患者也。唯当任正道而求忠良。若以智计猜物，虽亲见疑，至于疏远者亦何能自保乎！人怀危惧，非为安之理，此最有国有家者之深忌也。

接受的，是符合所有高门集团利益的。

司马攸走了，这个稳态是容易被打破的。司马攸走了，司马炎的力量相对来说就弱了，而且他那个接班的儿子还是个傻子。

司马炎开始重用外戚，尤其这次齐王出镇还是在杨珧的谋划下实施的，将来极大概率又会上演东汉外戚掌权的故事。这群暴发户和没文化的人又开始嘚瑟，到时候损害的还是高门的既得利益。

不光杨家现在被群殴，司马懿的儿子们同样被王浑这种有姻亲关系的人又深想了一步："你弟弟可怕，你叔叔们就不可怕了吗？你将来死不死无所谓，不死最好，一旦死了，你儿子继位，有能耐有威望的叔叔帮皇室撑着，震慑宗室中的老臣，制衡你留下的外戚，延续今天的执政思路，维持今天的权力格局，这是很重要的。

"本来我们对司马攸有没有本事没感觉，但你如此玩命地提拔外戚，反倒让我们觉得司马攸这个圈里人简直太好了！他那么明事理尊重老前辈，我们甚至觉得将来他接你的班是挺好的，因为你那个傻儿子肯定会被杨家控制！

"司马攸在朝廷，将来皇帝是谁，我们的利益大概率是不受损的。司马攸要是走了，将来你那傻儿子让杨家卖了还帮着数钱呢！我们就惨啦！

"我们要稳定！我们要司马攸！

"尤其此次齐王被放逐的命令还是你圈子里那几个最无耻的人搞的。想跟我们玩突然袭击，太拿我们不当回事了，我们坚决不同意！"

就在一百多年来最大规模的政治撕裂即将走到僵局之时，身处暴风眼中的司马攸死了。

司马攸得病了，请求给母亲守陵。司马炎不同意，派了整个太医院的医生轮流给司马攸看病。

带着使命去看病的太医们给出的诊断报告都是司马攸没病，但此时司马攸已经病得很重了。司马炎仍然不顾体面地催他上路，司马攸不久吐血而死，年三十六岁。关于司马攸的死法，有必要看一下《晋书·齐王攸传》中的记载：

> 攸知勖、纮构己，愤怨发疾，乞守先后陵，不许。帝遣御医诊视，诸医希旨，皆言无疾。疾转笃，犹催上道。攸自强入辞，素持容仪，疾虽困，尚自整厉，举止如常，帝益疑无疾。辞出信宿，欧血而薨，时年三十六。

说一下要点：

1.病是气的。

2."诸医希旨"是太医们揣摩上意，配合司马炎说已经重病的司马攸身体没毛病。

3.司马攸被强制离京，与司马炎辞别时，他装坚强，跟好人一样。

4.司马攸很快就吐血而亡了。

整个过程，让人无比怀疑。联系到整场政治斗争中好多关键人物都迅速过世了，史书中都用了飘忽迷离的记载：

司马骏因为这事直接病死了。[①]

羊琇因为这事直接气死了。[②]

司马攸去辞行的时候，史书上说了一大堆，说他强撑病体装坚强，让他哥哥都看不出来他有病，然后没多久就吐血而亡了。

司马攸说自己有病，去见司马炎却装没病，这比较扯。很难讲太

---

① 《晋书·扶风王骏传》：及齐王攸出镇，骏表谏恳切，以帝不从，遂发病薨。

② 《晋书·羊琇传》：及齐王攸出镇也，琇以切谏忤旨，左迁太仆。既失宠愤怨，遂发病，以疾笃求退。拜特进，加散骑常侍，还第，卒。

医们是不是真的"误诊"了，也许司马攸就是没病，因为要是重病司马攸怎么可能跟司马炎装坚强！

司马攸到底怎么死的不好说，但我们有极大的理由去怀疑，司马炎通过某种形式"隐诛"了跟他彻底对立的关键人物，并在局面不可收拾之时，"隐诛"了弟弟司马攸。

据《晋书·齐王攸传》记载，司马炎知道弟弟死了，哭得很伤心。心腹冯紞说："齐王水平挺一般的，却天下归心，现在死了是社稷之福，您有什么可哭的。"司马炎马上不哭了。[①]

在司马攸的传记中，史官莫名其妙地写了这么一段，其实是代表司马炎态度的：没有你，对我很重要！

司马炎下诏杀了所有给司马攸看病的御医（意味深长的操作），随后大操大办，令葬礼规格与他三爷爷司马孚同等，这相当于司马炎最后仍然表了个政治姿态：你就是我的弟弟，一个帮手；就像司马孚那一支对司马懿这一支一样，你永远是个打工的。

终于没人能威胁到他傻儿子的地位了！司马炎松心的这一刻，也彻底埋下了权力崩盘的伏笔。

这场政治大比武，仅史书记载的就有司马骏、羊琇、张华、王浑、王济、甄德、向雄、曹志等十七名反对者公开表态，包含了宗室、外戚、禁军将领、清流名士等多方面的政治力量！

早在司马炎搞突击前，灭吴的粮草总调度、西晋后期最有政治才华的张华就因为替司马攸说话而被外放了。

宗室中有名望和大才的司马骏、司马攸先后去世，禁军重臣羊琇气死，郑默、曹志等九名大员被免官，中书令、中护军、侍中、河南尹

---

① 《晋书·齐王攸传》：帝哭之恸，冯紞侍侧曰："齐王名过其实，而天下归之。今自薨陨，社稷之福也，陛下何哀之过！"帝收泪而止。

等一大堆关键职位都空出来了。

司马炎不得不仓促调整，但这么关键的位置，又只能调整到信得过的人手里。

杨家的外戚权重开始越来越高。

这场政治大比武，包括外戚杨家，所有人都是输家！

1. 作为皇帝的司马炎输了，其稳固的核心圈子散了，他能信任的人大幅减少，朝野上下处了近二十年的关系崩了。

2. 高门士族输了，大量高门大姓因此受到牵连，被气死的气死，被贬官的贬官。

3. 中下层官员也输了，本来就掺和不进去高层的事，这下更不遭待见了。

4. 包括看上去很美的杨家其实也输了，杨珧作为始作俑者和最终的既得利益者，遭到了整个宗室集团和文官系统的憎恨，杨家从此开始在西晋朝野名誉扫地。

更为深远的影响在于，围绕着齐王出镇的大戏，西晋朝堂出现了巨大的裂痕。由于与一些利益集团撕破了脸，因此，司马炎在最核心的权力分配上只敢相信在这场政治比武中站在自己这一边的大臣。

支持司马炎的新贵派和抵制外戚势力的高门集团由此开启没完没了的党争！

六年后，时间来到了司马炎死前一年的公元 289 年，司马炎生了大病，结果又挺过来了。

十一月庚辰日，司马炎"赐王公以下帛有差"，庆祝自己又活过来了。但是很遗憾，就在他庆祝的这一天，洛阳的章鞠室、修成堂、景坊东屋、晖章殿南阁纷纷起火。

病刚好，刚庆祝就发生大火，这很扫司马炎的兴。

已经无孔不入的党争仍然继续，反对派借着这个理由，把上书再次递了上来："汉末王氏五侯把持了大司马大将军，现在杨家三大佬全在高位，所以老天总降灾，我们替陛下担心呀！"

"王氏五侯"是什么意思？是指外戚王氏兄弟五人同日被封侯，最后推出来的代言人叫王莽，而王莽篡汉。现在老天爷总降灾，司马炎您琢磨琢磨吧。

杨家彻底臭大街了，杨珧请求退休，司马炎批准了。

这是很不寻常的信号，因为当年贾充也总玩这套，但司马炎从来不理贾充的退休申请。

司马炎批准杨珧退休，说明他确实开始思考自己近几年来的执政路线了：杨家的权重太大了。

四天后，司马炎再次调整诸侯王！

以汝南王亮为大司马、大都督，假黄钺；

改封司马柬为秦王，司马玮为楚王，司马允为淮南王，并假节之国，各统方州军事；

立皇子司马乂为长沙王，司马颖为成都王，司马晏为吴王，司马炽为豫章王，司马演为代王，皇孙司马遹为广陵王；

立濮阳王子迪为汉王，始平王子仪为毗陵王，汝南王次子羕为西阳公；

徙扶风王畅为顺阳王，畅弟歆为新野公，琅邪王觐弟澹为东武公，繇为东安公，漼为广陵公，卷为东莞公。

司马炎当了二十五年的皇帝，调整来调整去，最终调成了这个结果。

用来帮傻儿子的外戚势力被扶起来了，他又不放心了，担心这帮外姓人干掉他的傻儿子。怎么制衡这帮外戚呢？万一出来个王莽呢？

司马炎的本纪中已经强烈地表达出司马炎开始防范外戚的想法，他和心腹王佑谋划，派儿子秦王柬、楚王玮、淮南王允分别镇守要害方镇来拱卫帝室，又怕杨氏搞阴谋，于是让王佑做了北军中候，典卫禁兵。[①]

还是靠儿子们吧。

开始加强一群儿子的封国里的力量，除了司马柬八万户、司马颖十万户外，全都上调成了五万户，地盘也都是三四个郡，最重要的是，开始"各统方州军事"了。这就相当于把儿子们变成了一个个手握军政大权的诸侯王！

有威胁的弟弟司马攸被他十多年来坚持不懈地搞死了，但一个个巨大的火药桶——手握军权的诸侯王，却在他二十五年的政治生涯即将到站时被他埋好了。

自秦并天下后，最强大的各路诸侯王势力出现了。更可怕的是，这些王从血缘来说是都具有继承人资格的。

围绕这一个个诸侯王，各地方开始生长出了一个个梦想着飞黄腾达的新圈子！

锁妖塔崩塌了，群魔下界！

290 年，司马炎再次病倒了，死神在他将火药桶全部埋好后终于带走了这位晋国的开国皇帝。

司马炎的二十五年皇帝生涯，很有意思。

他开国守业。

他开创了所谓的"太康盛世"。

他平定东吴，完成了中华大地的大一统。

但司马师的威望、司马攸的资格与才干，以及司马衷的愚蠢成为司马家莫名其妙的诅咒。

历史为我们导演出了这样一场逻辑大戏：

---

① 《晋书·武帝纪》：竟用王佑之谋，遣太子母弟秦王柬都督关中，楚王玮、淮南王允并镇守要害，以强帝室。又恐杨氏之逼，复以佑为北军中候，以典禁兵。

1. 司马懿指洛水发誓，噩梦就此开始衍生。

2. 司马师奠定开创大业，但生不出儿子，过继了司马攸。

3. 司马师早死，司马昭继位。

4. 司马炎比司马攸大十岁，团结各利益集团拿下继承人的位子。

5. 司马炎和司马攸都非常优秀，司马炎从继位起就要防着本来具有继承人资格的优秀能干的弟弟。

6. 继位前十年，司马炎通过立皇太子，让司马攸配享太庙、封其为太子太傅等方式，明确了司马攸的臣子名分，但276年的一场大病让司马炎看明白了贾充这个老狐狸的政治投机、司马攸的政治企图，以及朝野上下对司马攸的期望。

7. 病好后的司马炎一改前十年等老臣自然死亡的执政思路，开始打造外戚杨家来拱卫太子，筹备平吴增加功业与威望。

8. 伐吴成功及贾充死后，司马炎志得意满地认为突然赶走弟弟司马攸不成问题，但已经板结的高门集团因为司马攸被赶走担忧外戚分走权力大饼而殊死抗争，声势浩大，图穷匕见，涉及所有利益集团的政治大比武正式开打。

9. 因司马攸之死，此次政治风暴的参与者没有赢家，全部元气大伤。

10. 西晋朝堂党争愈演愈烈，司马炎因为与一些利益集团撕破脸而不得不继续加大外戚的权重，外戚弘农杨家的杨骏、杨珧、杨济全部位列高位。

11. 随着司马炎最后一次回光返照，死亡再次让他意识到外戚似乎已经尾大不掉，有违初衷，无可奈何之下，将几乎所有皇子分封为王并出镇地方，大规模调高皇子的实力权重。

洛水盟誓、闹市弑君，司马炎作为司马家族的貌似福报最大的接班人，对之前通过机关算尽得到的一切，一步步地安装了政治爆破的炸弹。

　　如是因，如是果。得国奸险而来，亦将可笑而去！只是可怜了我神州大地的好儿女。

　　中华大地三百年大乱，即将拉开帷幕！

第 **2** 战

凛冬将至：草蛇灰线，伏脉千里的长城内外

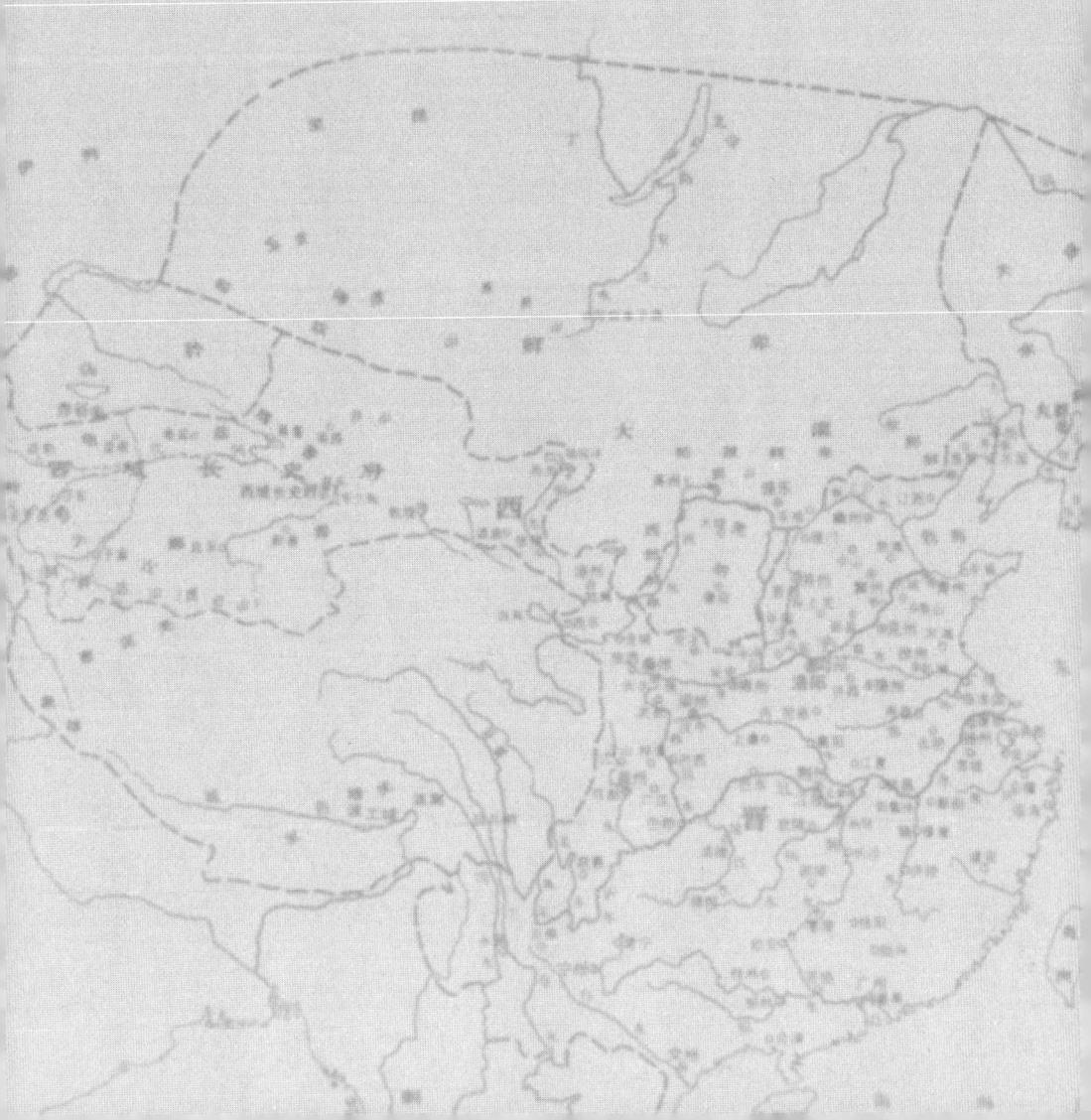

一、算计一辈子后的可悲结局

自"高平陵之变"开始,我们写了"淮南三叛""二士争蜀""西晋平吴",把司马家三代四人的创业之路算是写全了。

我们会看到,当家族大运旺时,怎么做怎么有理,万物皆让道。

司马氏为后面的"篡天下"者,做了一整套标杆式的篡权动作分步骤拆解示范。但是,抢来的家业永远没有挣下的家业来得踏实,向来是打下来的天下坐得比较稳。

因为战争是最残酷的考卷,你的聪明、机敏、判断、威望、运气等所有因素,都是这张考卷上的试题。答完这张考卷,往往天下面目全非。

在满目疮痍中,你作为最终活下来的综合生命体,生命力是最旺盛强大的。所有的功臣宿将都是跟你刀口舔血过来的,所有的文臣谋士都是军帐后方殚精竭虑筛选出来的。他们与你一荣俱荣,一损俱损。最关键的是,你有着一言九鼎的威望。

和平篡权的,往往传不久远。因为你不仅要接过前朝的所有弊病,还要消灭向着前朝的民心,还要收买为你摇旗呐喊的新团体。

打下来的天下,是白茫茫大地真干净,一切百废待兴。篡过来的天下，是乱哄哄你方唱罢我登场，各方面隐患太多。尤其像司马家这种篡了一个正属于上升期的政权，面临的难度极大。这一方面说明了司马家的人是真有能耐，另一方面也注定司马家的谋国之路要遭到大反噬。

司马懿指水发誓、司马师血腥镇压、司马昭闹市弑君，这一路走来，司马家族面对的挑战越来越大，摁平的山头越来越多，但自身的戾气却也越来越重。

司马家抢了曹家的天下，靠着自家的谋略和布局，在司马炎这一代终于拿下了天下，坐上了皇帝的宝座。外面的各种不服势力都被摁平了，但自家的反噬也开始出现了。司马家最大的命门，是司马炎的那个傻儿子。

司马炎生了二十六个儿子，都挺正常的，为什么继位的偏偏是个二傻子呢！人在做，天在看，凑巧的事情多着呢！

司马炎的"牛弟弟"司马攸成为他的心病。为了保证自己的儿子能继位，司马炎引入了外戚。在和司马攸两败俱伤后，他借助外戚的力量，最终艰难地把江山传给了司马家的命门死穴：司马衷。

这是司马家遭到的第一轮反噬。

司马懿和司马孚这两支对司马家贡献最大的力量，在不久的将来会被全部扫到历史的垃圾桶中去！

辛苦来，辛苦去，为谁辛苦为谁忙。

这两战的故事史称"八王之乱"。因为有八位司马氏的诸侯王在家族混杀中表现得特别突出，在《晋书》中被归为一传，所以史称"八王之乱"。

实际上，西晋的诸王混杀牵扯了十多个王，分为两个阶段。

第一个阶段，从理论上来说应该叫"贾南风中兴"；真正让天下彻底大乱的，是第二个阶段。

这段故事的脉络，其实不在司马诸王，而是整个中原大地被掏空的过程。中原大地如果不被掏空，"五胡"不会乱起来。

在司马家的谋国反噬下，历史算是在刘邦斩白蛇于芒砀后，历经了五百年，终于要对华夏大地进行彻底洗牌，做大的调整了。

公元 290 年四月己酉，司马炎崩于含章殿。

调整了一辈子的司马炎，留了一个巨大的烂摊子。他死前一年的布局，抬高了叔叔司马亮的地位，将其提拔为大司马、大都督、假黄钺，将几个亲儿子放到了各镇去督军事，心思算是操碎了。

司马炎的最后一步调整，是打算让外戚杨家最没水平的杨骏、辈分高的窝囊废司马亮，以及在外镇督军的亲儿子们三权分立。（如何没水平和怎么窝囊废后面会讲。）

司马炎的算盘是：三方都是自己人，能起到制衡的效果。傻儿子是一点儿也指望不上了，那丑儿媳妇贾南风也不能给一点儿机会，她太狠，不会容下我钦点的第三任皇帝的；只要皇位最终能够顺利地传到我特别看好的孙子司马遹手上，我这半辈子的心力交瘁就没白费。

提前介绍一下司马衷的太子司马遹，这孩子并不是司马衷的皇后贾南风所生。

贾南风这辈子肚子从来没争过气，由此可见当年她公公对她的那句评价是多么地到位：贾家种妒而少子，丑而短黑。

在司马炎的政治遗嘱中，司马遹在他爹司马衷继位后没多久就敲定了太子之位。[①]

在皇后尚年轻的时候，司马遹作为非皇后的嫡子却如此迅速地拿下太子之位，这种现象是罕见的。

先来看看司马遹很有意思的身世吧。

话说司马衷到了该婚配之时，司马炎寻思自己的这个傻儿子不知

---

① 《晋书·憨怀太子传》：惠帝即位，立为皇太子。

怎么操作，于是派去了后宫技术骨干谢才人前去指导，结果去了以后谢才人就高效率地命中了。①

这就有点儿疑问了，被派作侍寝的技术骨干肯定是被司马炎看在眼里的，在真刀真枪后被司马炎高度评价的，那么谢才人生的这孩子到底是谁的战果呢？

爱谁谁，看待遇。

司马炎对这个孩子做了如下的安排：

1. 知道有孕后，谢才人就主动申请回后宫了，在前男友、现公公司马炎的庇佑下生下了孩子。②

司马家的辈分是真乱，贾南风本来是司马攸的小姨子，最后成了司马攸的侄媳妇。现在又是司马炎和司马衷爷俩共用谢才人，同成长，共分享。

2. 司马遹自幼被养在司马炎身边，和他的儿子们天天一块儿玩。③

3. 司马炎对廷尉傅祗说："这孙子将来当兴我家。"

4. 司马炎对群臣说："这孙子像我爷爷。"④

他说这一堆话，就是跟他爷爷司马懿当年提拔他弟弟司马攸一个意思，明确统序。

为什么要这样呢？

就算司马炎看不上贾南风，但隔代的继承人他为什么要这么早就确定下来了呢？他不知道这样以后会产生多大的风波吗？万一贾南风将来生出了孩子呢？就算贾南风死了，或者被废了，将来要是又涌现出新

---

① 《晋书·惠羊皇后传》：玖清惠贞正而有淑姿，选入后庭为才人。惠帝在东宫，将纳妃。武帝虑太子尚幼，未知帷房之事，乃遣往东宫侍寝，由是得幸有身。

② 《晋书·惠羊皇后传》：贾后妒忌之，玖求还西宫，遂生愍怀太子。

③ 《晋书·愍怀太子传》：幼而聪慧，武帝爱之，恒在左右。尝与诸皇子共戏殿上。

④ 《晋书·愍怀太子传》：尝对群臣称太子似宣帝，于是令誉流于天下。

皇后的一股政治力量呢？

一个才人的庶子，却让司马炎下这么大的功夫，他怎么想的，只有他自己知道！

甭管怎么琢磨的吧，司马家的诅咒好神奇：这种隔代钦点的接班人，最后都不得善终。

最要命的是，这两个隔代钦点的接班人，都成了先后两次引爆西晋的导火索。

很可惜，司马炎再怎么机关算尽，也误不了被打脸的命运。他精心布置的二元辅政，在他死之前就崩塌了。

司马炎死前根本没有明确安排辅佐自己傻儿子司马衷的顾命大臣，或者说，还没来得及进行下一次的官方调整，他就不行了。

史书中是这么记载的，司马炎快不行的时候，杨骏开始把大量的自己人安插在朝廷并亲自守着司马炎。①

司马炎也不是傻子，清醒的时候看到身边一大堆不认识的人，于是骂了杨骏一顿，随后下诏以司马亮和杨骏共辅朝政，但这封诏书后来被杨骏以借走瞅瞅的机会给扣下了。②也就是说，让司马亮辅政的这封诏书并没有成为合法文件被传阅。

最终的遗诏是在司马炎要死的时候，杨皇后启奏让父亲杨骏辅政，杨家自己拟的诏书。③

---

① 《晋书·杨骏传》：及帝疾笃，未有顾命，佐命功臣，皆尸没矣，朝臣悼惑，计无所从。而骏尽斥群公，亲侍左右。因辄改易公卿，树其心腹。

② 《晋书·杨骏传》：会帝小间，见所用者非，乃正色谓骏曰："何得便尔！"乃诏中书，以汝南王亮与骏夹辅王室。骏恐失权宠，从中书借诏观之，得便藏匿。中书监华廙恐惧，自往索之，终不肯与。

③ 《晋书·杨骏传》：信宿之间，上疾遂笃，后乃奏帝以骏辅政，帝颔之。便召中书监华廙、令何劭，口宣帝旨使作遗诏。

遗诏任命杨骏为太尉、太子太傅、假节、都督中外诸军事、侍中、录尚书、领前将军如故。当年司马家篡位前，自司马懿开始全都是这套官位配置。

史书中说杨骏把遗诏给司马炎看了，司马炎没说话，所谓"诏成，后对虞、劭以呈帝，帝亲视而无言"。

这里有两种可能：

第一就是司马炎已经油尽灯枯，因为但凡司马炎还有一丁点儿清醒，就算病得再严重也会撑起最后一口气咬死杨骏的！

第二就是司马炎已经被软禁、被控制了。不是没有这个可能，司马炎本纪中对任命杨骏的时间进行了详细描写：夏四月辛丑，以侍中车骑将军杨骏为太尉、都督中外诸军、录尚书事。八天后，"己酉，帝崩于含章殿"，司马炎才真正驾崩。

八天的时间相当长，很可能他已经被严密控制起来了。总之，司马家的政权在司马炎调整了一辈子后，外戚居然和他爷爷司马懿当年发动高平陵之变后在曹魏政权中的地位一样。

真的好讽刺。

杨骏上位后的第一项人事调整，就是把司马亮外放，出镇许昌督豫州诸军事。

杨骏是怎么想的，不好说。贼心贼胆永远是跟实力相辅相成的。但是，从他后面的表现来看，不仅仅是德不配位的问题了，是他确确实实把自己看高了，突然支起这么大的一个摊子，他会吆喝吗？真要是那么容易，人杰如司马家用得着三代才最终吃下这张权力的大饼吗？

不管杨骏是怎么想的了，现在确实轮不着他琢磨更多了。

在宗室和门阀实力如此强劲的时代，你趁着船长倒下的空隙攫取了全部胜利果实，船上的大副跟水手们是不干的。

杨骏心里也明白，因此他在口述司马炎的遗诏时没忘给自己配齐保镖，安排了大量的禁军武装。[①]

他的预感是对的。

七年前闹得举朝哗然的司马攸出镇事件，再加上这几年来杨家在司马炎小圈子里不断得宠，导致宗室、门阀两个集团早就想弄死杨家了。

杨骏也明白这些，因此司马炎出殡的时候他都不敢出殿，安排了一百名禁军保护他，生怕发生政变有人搞他。

杨骏刚接手朝廷事务，廷尉何勖等人就开始游说辈分最高、官衔最大的司马亮起兵讨伐杨骏。

司马亮马上发挥出了自己被司马炎看中的政治优点：怂。不怂是不会被司马炎拿出来做宗主代表搞平衡的。在众望所归之下，司马亮连司马炎的殡都没出就连夜奔赴许昌。

杨骏在司马亮走后，使出了巩固权力的招数：大肆封赏。朝廷内外群臣一律晋升一级，参与司马炎丧事的官员晋升两级，二千石以上的官员一律封为关中侯，免除一年的赋税。

这种雨露均沾的大手笔是很罕见的。

为什么这样的大肆封赏之前的明白人很少用呢？即便是开国封赏也通常要弄成特别麻烦的三六九等，还要分时段、分批次地推进呢？

1. 待遇只要提上去了，就降不下来。

2. 全都一把尺子地提待遇，跟没提一样！

二千石以上的官员全被封为关内侯，也就意味着不仅关内侯从此不值钱了，之前拼命得来爵位的那帮官员会心怀巨大的不满。这产生不

---

① 《晋书·杨骏传》：置参军六人、步兵三千人、骑千人，移止前卫将军珧故府。若止宿殿中宜有翼卫，其差左右卫三部司马各二十人、殿中都尉司马十人给骏，令得持兵仗出入。

了任何安抚众人情绪的作用。

必须有等级分别与差距，封赏才会显得有价值。有句话叫作"人不患寡而患不均"，在奖励时，则是"奖不患寡而患平均"。

我们永远都要明白，奖励的目的是让人产生落差从而有奋斗的动力。更重要的是，不要总用"级别"进行奖励，"级别"意味着责任，永远是能担多大的责，再提拔多大的官。非能力方面的奖励，尽量用钱和物质一次性奖励到位。

杨骏认为自己拿这样的利益能够封住两大势力的嘴，让宗室与群臣共同认可他的执政，但结果却是他们一边被提干一边骂杨骏。

杨骏的兄弟杨珧、杨济在这股暗流汹涌中已经意识到杨家的巨大问题了。司马炎不在了，杨家虽然明面上独掌朝纲，但实际上风雨飘摇。

大权独揽的背后，是无数双充满仇恨的眼睛。

杨济劝杨骏说："权力游戏不是这么玩的，你现在变成群殴目标了，你得把司马亮召回来帮你吸引火力，那个怂人是掀不起什么风浪的！要是不把他召回来，咱家会被灭族的！"

杨家不是没有明白人，不光杨济，其他人也都在劝杨骏赶紧把司马亮召回来，因为外戚跟宗室其实是唇亡齿寒的关系。

杨骏根本不明白自己面对的是什么情况，不仅断然拒绝，还让有见识的两兄弟杨珧、杨济提前办退休了，都歇着去吧。[①]

杨骏的做法非常幼稚。他认为这样既削弱了对自己制约的力量，又给宗室和群臣吃了一颗定心丸：我在削弱我家的势力，你们别闹了哦。

但实际上，已经撕破脸的权力斗争游戏，向来是图穷匕见的，哪里有什么中间地带！

注意，杨骏在那封遗诏公之于众之前，还是有选择机会的，但当

---

① 《晋书·杨骏传》：骏弟珧、济并有俊才，数相谏止，骏不能用，因废于家。

他宣布自己所拥有的如司马懿配置一般的头衔并把司马亮轰走时，他就没有回头路了。

你既然上了车，你既然已经选择了大权独揽，你既然已经选择了忽视另外两大巨头的感受，那么你就没有下一个选项了。

顶级外戚中，哪怕是几乎无法复制的霍光，也是死后断子绝孙的。（虽然说有霍家子孙自己作的成分在。）

杨骏只能选择成为第二个司马懿。而成为第二个司马懿，需要温水煮青蛙，需要不断地扩张自己的势力，同时不断地、间歇性地打击不服的势力。

司马家三代全族上阵才算谋了国，杨骏现在却开始了一厢情愿。他上来就把两个具有成熟执政经验的兄弟给废了，那他指着谁去把守这么多关键岗位呢？

司马家的宗室为何尾大不掉呢？

没办法，换房本时必须得让最信得过的人去掌握关键岗位。

盼着你倒霉和盼着你死这完全是两个概念。

杨骏是怎么做的呢？他任命外甥段广、张劲为近侍，国家最高的红头文件要从他闺女那里转一圈然后才发布，其实就是他控制了诏命的输出。

他多树亲党，让他们领禁兵，安排了中护军张劭和左军将军刘预（有记载为刘豫）打入了禁军的关键环节。

但是这能达到对权力的全面把控吗？

杨骏确实在禁军中安插了自己人，但能每个角落都安插到位吗？不仅如此，在非常关键岗位的任命上，杨骏和他闺女看人的眼光也出了很大问题。

之前司马家创业的时候，我们说过禁军当中有两个关键的职位：中领军和中护军。简要来讲，中领军是管禁宫里面的，中护军是管禁宫外面的。

中护军张劭的的确确是杨骏的铁杆，后面他也因杨骏而被灭了三族。但此时的北军中候（原中领军）王佑，杨骏以为是自己人，但他其实是个埋藏很深、和多方面都有关系的顶级间谍。

王佑的家族是太原王氏，平吴的王浑是他的族叔。在王佑儿子王峤的传中，王佑是杨骏的"腹心"智囊，杨骏赶跑司马亮的谋划，就是王佑的功劳。①

王佑表面上是杨骏的心腹，但他的真正上司是司马炎。司马炎过世前，担心儿子司马衷智商不够，自己的皇孙又不是贾南风生的，最后决定用王佑的计谋，把所有儿子都外放到地方掌握实权来做牵制，以便拱卫帝室。他又因为担心杨氏将来作乱，派王佑做了北军中候。②

王佑是司马炎对付贾南风和杨骏两人的关键人物。

要不是杨骏那眼光毒辣的弟弟杨济看出了问题，让杨骏外放了王佑，杨骏很可能会在后面那场政变中不仅体会到屈辱，还有让他刻骨铭心的背叛。③

从后面被灭族的杨家党羽中没有王佑，后来王佑之子在胡马南下渡江避难时被晋元帝嘉奖，从"王佑三息始至，名德之胄，并有操行，宜蒙饰叙。且可给钱三十万，帛三百匹，米五十斛，亲兵二十人"中可以看出，王佑确确实实是被司马炎安排在杨骏身边的真正忠于晋室的一

---

① 《晋书·王湛传》：父佑，以才智称，为杨骏腹心。骏之排汝南王亮，退卫瓘，皆佑之谋也。位至北军中候。

② 《晋书·武帝纪》：爰至末年，知惠帝弗克负荷，然恃皇孙聪睿，故无废立之心。复虑非贾后所生，终致危败，遂与腹心共图后事。说者纷然，久而不定，竟用王佑之谋，遣太子母弟秦王柬都督关中，楚王玮、淮南王允并镇守要害，以强帝室。又恐杨氏之逼，复以佑为北军中候，以典禁兵。

③ 《晋书·杨骏传》：骏斥出王佑为河东太守，建立皇储，皆济谋也。

根暗线。

不仅杨骏看走眼了，他闺女杨皇后杨芷也看走眼了。杨芷少年时长于天水的舅舅赵家，当了皇后，安排舅舅赵俊做了官，并将舅舅的侄女赵粲也安排进了后宫为夫人。

按理讲赵粲应该是杨家铁杆中的铁杆，但根本想不到的是，赵粲在后面的政变中坚决站到了贾南风那边，后来还成了贾南风最得力的亲信，其叔父赵俊也成了贾南风的中护军。

王佑和赵氏这种级别的心腹全都看走眼了，全都让人渗透了，只能说明杨家待在顶级的权力场上真是不够格。

再细算一下禁军中，北军中候下辖七军中的长官支持比例（见图2-1）：

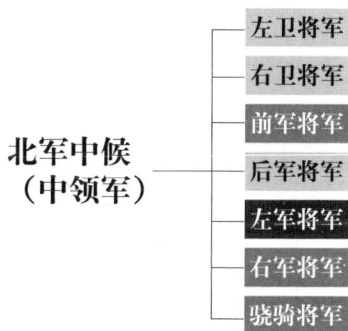

图 2-1　七军长官支持示意图

我们明确知道的是，除了左军将军刘预之外，右卫、前军、骁骑三军不详，左卫将军司马越、后军将军荀悝、右军将军裴颁都不是杨骏的人。裴颁是贾南风的亲戚，荀悝是贾充的老同事荀勖的子弟，这两人在政变时都起到了关键作用。

司马越传中也写了"历左卫将军，加侍中。讨杨骏有功……"。

结合后面贾南风大清洗时，诛杀的内外禁军中的高级领导只有中护军张劭和左军将军刘预。这基本也可以说明，禁军中的大量关键岗位杨骏都没拿下。

当然杨骏一直在努力，他一直在往禁军中安插自己的势力，他的本传中所谓"又多树亲党，皆领禁兵"大概率是指往禁军的中下层安插亲信。因为他得罪了禁军中的很多中层武官，比如根本算不上太大能量的殿中中郎孟观、李肇。

这些小人物一向不被杨骏看得上，或者说由于位置关键，属于杨骏注定要踢掉的一帮人。这批不得志的禁军中下层将领开始寻找暗中搞掉杨骏的机会。[1]

人事即政治啊！

我们捋了这么多方面的事情，列出了杨骏在太多人事环节上的漏洞。

老辣如司马懿，高平陵之变后他在干什么呢？

> 二月，天子以帝为丞相，增封颍川之繁昌、鄢陵、新汲、父城，并前八县，邑二万户，奏事不名。固让丞相。冬十二月，加九锡之礼，朝会不拜。固让九锡。

司马懿在尽可能地低调，避免刺激台面上的其他玩家，以"装孙子"换时间，在要紧的人事岗位上开足马力进行换血。

杨骏刚入场，就让所有人把矛头对准了他。

当所有阶层防备、厌恶你的时候，你的效率是极低的！

就在杨骏不断表演的时候，后宫中一个人也开始了自己的计划——妖后贾南风。

贾充的这位丑闺女，开始登上历史舞台了。

---

[1]《晋书·杨骏传》：素不为骏所礼，阴构骏将图社稷。

二、螳螂捕蝉，"贾黄雀"在后

可爱又迷人的反派角色贾南风，这个"美貌与智慧并存，英雄与侠义的化身"的女人登上历史舞台了。

贾南风嫁给傻太子司马衷之后，就一直把控着这个傻太子，从不让别的嫔妃雨露均沾。

司马衷虽然人傻，但冲动是本能，有的嫔妃因此怀上了意外的果实，被贾南风看见后，直接拿戟亲自给那个孕妇做"剖腹产"了。

此时贾充已死，司马炎一怒之下要废了这个丑儿媳妇！靠着皇后杨芷和杨珧的求情，靠着当年贾充的心腹荀勖等人的四处活动，才最终保下了贾南风的太子妃的地位。

好遗憾，输家只有一个，那位被迫做"剖腹产"的嫔妃。

按理说，杨家是贾南风的恩人，她应该对杨家感恩戴德。但是，并没有。

子系中山狼。很多时候，伸出援手，是要看对象，并讲究方式方法的。

身为皇后的婆婆杨芷为了救她，多次数落她，说她怎么就这么不懂事呢！这一边是劝贾南风改脾气，一边是骂给司马炎看的。意思是，行啦，我都骂她啦，差不多得了。

但贾南风对杨芷的怨毒却早早地就埋下了：这辈子没人敢惹我，你竟敢说我！

不管贾南风怎么想的，晋武帝司马炎的小圈子说到底还是拿贾家当自己人的。虽然老臣走了茶凉了，但打断了骨头连着筋，贾家这丫头当太子妃对于老臣的小集团还是很重要的。

为什么呢？因为贾南风这个未来的皇后肩负着继承贾充政治遗产的关键使命！允许又丑又不能生孩子的贾南风享受这么高的待遇，完全是从政治利益的角度出发的。

但是，问题出来了，当年杨家保贾南风的时候，是明白这个道理的，怎么到了真正需要贾南风出力的时候就都忘了呢？因为大权独揽的是杨骏，他的两个兄弟都是明白人，但忠言逆耳，杨骏已经听不进去了。

天欲其灭亡，必使其疯狂。杨骏这辈子没生出来儿子，他这么可劲儿折腾，也不知是为了什么？

杨骏总揽大权后并没有给贾氏任何的权力份额，说到底，还是杨骏这个暴发户不知道政治牌的打法。

从后面我们可以看到，一个人在自己不了解的领域想要干成一件事，其难度堪比登天。

杨骏家族是没落豪门，家族里并没有在魏晋核心圈层供职的长辈，也因此太多的人脉资源和获取权力的诀窍是没人传给家族后辈的。

贾南风在兵变的时候水平并不高，为什么？贾充再没有能耐，也不会把带兵擒敌这事交给闺女，所以贾南风不知道武库有多重要，这都是认知水平的问题。

但贾南风杀人不见血的政治手腕，那真是得到了老爹的真传。就贾南风那狠劲儿，指着无师自通是不可能的，老爹领路、家族底蕴、自身天赋，缺一不可。

有句很火的话，叫"你永远赚不到超出你认知范围之外的钱，除非靠着运气；靠运气赚到的钱，最后又会靠着实力亏掉"，其实就是说杨骏呢。

这也是说我们自己。下注之前，想想这句，拯救人生、挽救家庭的大功德神句啊。

贾南风看到杨家准备单干后，便开始了自己的计划。她敏锐地发现了一批不得志的禁军中下层将领对杨骏极度不满，并通过黄门董猛联系上了这股力量，对这帮愤愤不平者进行了暗中收买。[①]

贾南风利用贾家这些年盘根错节的政治关系和门阀威望，不断地把反对杨家的力量往自己这边拉。司马家的那么多宗室都在外面掌握实权，让他们加入这个牌局，贾南风就有机会浑水摸鱼。

贾南风选定的第一个目标是司马亮。你辈分最大、资历最老，你振臂一呼，联合其他藩王"清君侧"吧。

贾南风抛出的政治分红方案是将来司马亮主外，贾南风主内，他们两个分了杨家的权力大饼。

但她找错了人。连殡都不敢出的怂人司马亮，他能听贾南风的谋划吗？

司马亮说："杨骏是秋后的蚂蚱蹦跶不了几天啦，咱等他自取灭亡就行啦！"

贾南风没再指望司马亮这个老草包，她给司马炎的第五子楚王司马玮送去了暗示。司马玮此时二十岁，正值荷尔蒙纷飞的青春期，属于诸王中一直喊打喊杀的。两人一拍即合，随即司马玮请求回朝。

---

① 《晋书·杨骏传》：殿中中郎孟观、李肇，素不为骏所礼，阴构骏将图社稷……黄门董猛，始自帝之为太子即为寺人监，在东宫给事于贾后。后密通消息于猛，谋废太后。猛乃与肇、观潜相结托。

司马玮现在是都督荆州诸军事，地方的实力派。杨骏对于不服不忿的、掌握地方实权的小年轻司马玮也一直不放心，早就想把他调回来了。

二月二十，都督荆州诸军事的司马炎第五子司马玮和都督扬州诸军事的第十子司马允来到了洛阳。史料中没有说给他们安排了什么岗位，但贾南风拉回来司马玮和司马允是怎么考虑的呢？

先来看一下他们的履历。

司马玮：初封始平王（277），历屯骑校尉。太康十年（289），徙封于楚，出之国。

司马允：咸宁三年（277），封濮阳王，拜越骑校尉。太康十年（289），徙封淮南，仍之国。

这两位王爷分别做过屯骑校尉和越骑校尉，这两个岗位都是禁军中的比两千石官位，在禁军中有一定的实力基础。

从后面政变中两位王爷承担的当天任务来看，他们的新岗位应该是宿卫皇宫的禁军军官，毕竟藩王回京，不能给安排得太寒碜了，他们外面还有一帮兄弟看着呢。

这下贾南风不仅帮手多了，而且最关键的是下一步的布局方向正确了。

让皇帝的兄弟杀杨骏这帮外戚，可远远要比作为外戚的贾南风亲手火并另一家外戚名正言顺得多。

二王仅仅回京半个月后，三月初八晚，贾南风就发起了政变。

贾南风的整个政变过程跟老祖司马懿相比，水平简直差了一个维度，但对付杨骏，足够了。

贾南风先是借司马衷之手下了一道诏书，宣称杨骏谋反。[①] 随后，

————————————

① 《晋书·杨骏传》：及玮至，观、肇乃启帝，夜作诏，中外戒严，遣使奉诏废骏，以候就第。

司马玮屯兵司马门。^① 老景点了，这一步是没错的。

又派司马繇（司马懿之孙，司马伷第三子）领殿中兵四百人讨伐杨骏。这就杀出去了。

杨骏此时在干什么呢？

杨骏府邸是当年曹爽的宅子（好风水），在武库之南。^② 此时的杨骏并非跟当年曹爽一样在外面旅游，而是"人在家中坐，祸从天上来"。

听到宫中有变，杨骏召集班子商量对策。

太傅主簿朱振说："宫中有变，还不知道是什么情况，大概率是宦官为贾后设计谋，咱们的处境很不利。现在应该放火烧了云龙门向他们示威，让他们交出制造事端的首恶分子，打开万春门，引出东宫及外营兵为援，您亲自带着皇太子，入宫索取奸人，殿中必会震惊斩杀奸人，这样我们才能免于此难。"

朱振无论是判断谁在政变还是提供对应解法，都给出了一百分的对策。为什么这么说呢？

1. 他判断出来此次宫变跟司马诸王都没关系，是贾后的主意。

2. 现在有宫变，只能往最坏的方向去揣测，那就是要杨骏的命。

既然想要杨骏的命，杨骏手里有什么筹码呢？

太子府离你不远，皇帝死不死都无所谓。你把太子攥在手中，未来皇帝跟你一条心，你属于保护接班人；跟你不是一条心，在宫变中哪怕死了，你有国家正式合法手续的太子，就不怕将来的权力覆灭。

东宫手中是有武装的，你可以暂时接管东宫先把自己武装起来。你手中有外营兵，中护军张劭是你的人，你从数量上占大多数，而且你家旁边就是武库，来了就能武装。

---

① 《晋书·楚王玮传》：杨骏之诛也，玮屯司马门。

② 《晋书·杨骏传》：时骏居曹爽故府，在武库南。

你先烧云龙门制造混乱，然后武装自己立于不败之地。

云龙门在哪呢？皇宫东门。（见图 2-2）

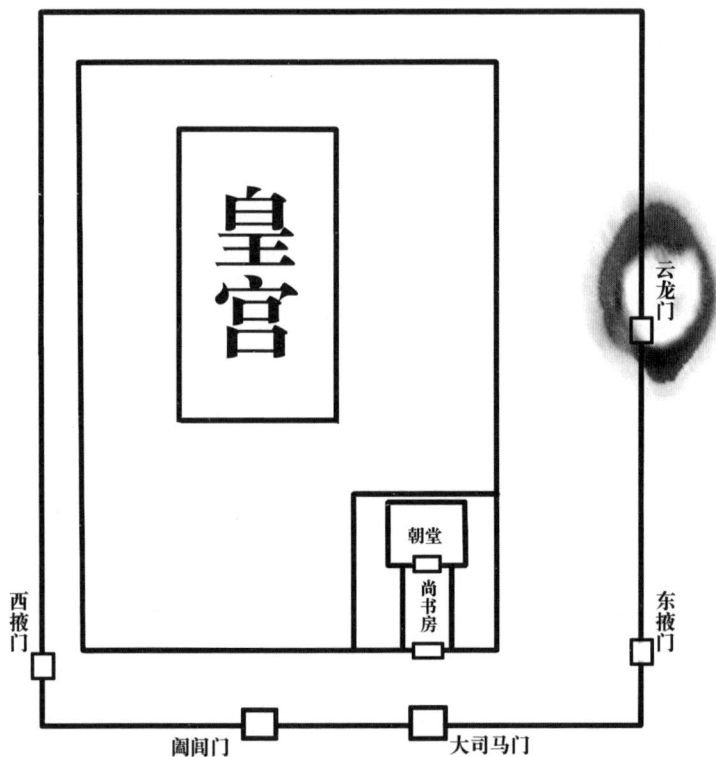

图 2-2　云龙门位置示意图

看上去比较复杂，咱们重新画一个图。（见图 2-3）

从杨骏手中的筹码来看，其实贾南风的处境相当危险。贾南风的这场兵变要是搁司马懿手里，那就成为被反杀的案例了。

杨骏守着武库，手里有外营兵和太子，最重要的是，此时此刻，贾南风政变的基础根本就不牢！

1. 当初司马懿最重视的武库却没人去占领，这是能源源不断撒豆成兵的关键位置啊！

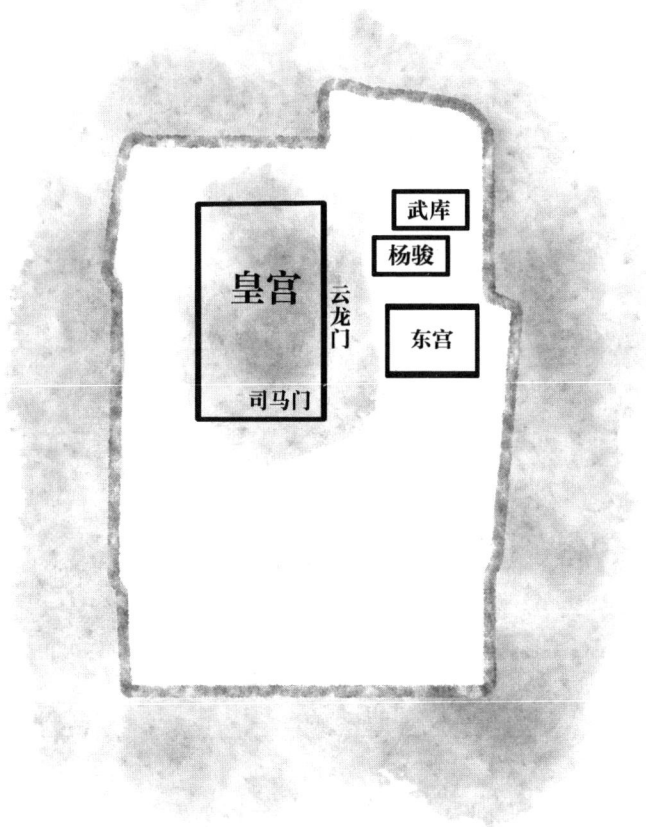

图 2-3　云龙门位置示意图

2. 离杨骏家不远的太子府也没做安排，这就相当于当年司马懿放弃了占领司马门，贾南风给了杨骏一个政治合法的机会。

3. 贾南风在杨骏身处皇城中心的情况下，仅派四百人就去砍杨骏，万一杨骏武装起了外营兵再以太子名义造反呢？

总之，贾南风的水平并不高，但对付杨骏还是够用了。

在这生死存亡的关键时刻，杨骏干什么了呢？

他吓坏了。

杨骏化身成爱护公物的形象大使，说："云龙门是当年曹叡建造的大工程，怎能一下子烧掉呢？"然后什么动作也没有。大家一看杨骏就是个傻子，就全跑了。

杨骏生生等来了可笑的四百名殿中兵，先是烧了他的房，然后占领了制高点，安排弓弩手上到了阁楼向他府中射箭，最后打进他的府中，在马厩中把躲猫猫的杨骏宰了。[①]

这么怂的人，还玩权力的游戏，真是可笑。

随后杨珧、杨济、张劭等杨党被诛灭三族，数千人被杀，司马炎最后十年费尽心思培植起来的外戚势力被贾南风以比较搞笑的政变方式一口气就摧毁了。

德不配位，必有灾殃。杨骏根本就没有气魄和本事总揽晋朝的大权，何苦为难自己呢？

贾南风也闯过了自己走上政治舞台的最难一关。

继承了贾充一肚子阴谋诡计的贾南风对于策划军事行动还是相当稚嫩的，好几个关键点她都没有抓住，和阴谋家老祖宗司马懿的稳、准、狠比起来实在是小学生级别。

贾南风的成功完全因为杨骏实在不是块搞政治的料，要是司马懿当年兵变要搞掉的是杨骏，连洛水誓言都不用发。

贾南风打掉杨家后，开始分割权力大饼。虽说贾南风的兵变水平不高，但她随后开始展示自己大神级的政治手腕。

贾南风第一时间派人烧了杨骏家的所有文件，因为她不希望司马炎当年的顾命诏书流传下来。[②] 要不是因为贾南风后来也完蛋了，谁知

---

① 《晋书·杨骏传》：寻而殿中兵出，烧骏府，又令弩士于阁上临骏府而射之，骏兵皆不得出。骏逃于马厩，以戟杀之。

② 《晋书·杨骏传》：又令李肇焚骏家私书，贾后不欲令武帝顾命手诏闻于四海也。

道历史最后会被改成什么样呢。

贾南风的想法是：刚灭杨家，我不能成第二个杨家，我不能当群殴的目标。你们都是我爹的人，我是不会亏待自己人的。

贾南风把牌桌支起来，参与的人都有份分享利益，其乐融融。

她先是给这帮有权的宗室提高待遇。

把老窝囊废司马亮喊回来，再把高门士族中老资历的卫瓘也喊来，一起录尚书事辅政。

秦王司马柬被封为大将军。

东平王司马楙（司马孚之孙）为抚军大将军。

楚王司马玮为卫将军、兼北军中候。

下邳王司马晃（司马孚第五子）为尚书令。

在政变中表现突出的司马繇被封为尚书左仆射，晋升爵位为王。

其次就是贾南风自己的家人，哥哥贾模、从舅郭彰、妹妹贾午之子贾谧也被带上了权力的舞台。

什么意思呢？这是贾南风在表姿态：我确实要掺和掺和，但是，咱是打麻将，我吃一张，吐一张，咱几方势力有来有往，全都有红利，我可不搞赢家通吃那一套，那样实在没意思。

贾南风把娘家势力带上权力舞台后，开始了下一阶段的谋划，她知道现在提起来的这帮玩家水平太低了。

绝大多数政权或者利益集团的覆灭，都是自己作死导致的。尤其是有了点儿能力后，没有水平的人很容易就狂妄了。

第一个跳出来的是司马繇，他加入核心圈子后肆无忌惮地打造自己的山头，一口气连诛杀带提拔地动了三百多人，这让贾南风与司马亮都非常不满。更可笑的是，他居然还打算废掉贾南风。[1]太拿自己不当外人了。

---

① 《晋书·惠贾皇后传》：繇密欲废后，贾氏惮之。

司马繇是司马懿第三子司马伷的三儿子，并不是司马懿、司马孚这种大支的血脉，他作为远房宗亲还打算搞政变，就算成功了，他又凭什么执政啊？

可笑归可笑，但司马繇的心态已经客观反映出很多潜在的情绪了。本来没有任何做梦资格的人，却对皇权没有敬畏。

十年后，司马氏全族的无敬无畏，将引来滔天祸水！

司马繇跟二哥司马澹一直不对付，司马澹知道三弟司马繇的野心，向四叔司马亮告状去了。早就看司马繇不顺眼的司马亮在司马澹的证词下，把司马繇贬走流放了。

贾南风还没出第二招，已经有人主动退出舞台了。贾南风真的想就这么把麻将打下去吗？

并不是。

她胃口很大，她真正想玩的是赢家通吃！只不过，需要一个过渡。

所谓的干成一件大事，从来没有一步到位的，中间的那些迂回环节，是不传之秘，是成功者自传不写的暗码。

贾南风的爹是贾充，她是皇后，她家身兼高门和外戚两项属性。她的对立面是宗室和其他高门。

她为什么要把司马亮喊回来呢？因为司马亮资历最老，当年他和杨骏都是被司马炎写在托孤手续里的。把他喊来，谁也没话说，最能安抚宗室情绪。

为什么要把卫瓘喊来呢？这是贾南风深谋远虑之后走得相当高明的一步棋。

卫瓘的资历也很老，当年是司马家的灭蜀大监军、在边境阴谋肢解鲜卑的老人精。（后面会细说。）

他的资历牛到什么地步呢？

在司马昭时代，他做过都督关中诸军事、都督徐州诸军事。

在司马炎时代，他做过都督青州诸军事、都督幽州诸军事。

对外，在大军区都干过；在朝，干过尚书令加侍中；虚名，升过司空，还领过太子少傅。

他算是这个时候的顶级高门中最高辈分的人了。但是，众所周知，卫瓘和贾南风有仇，曾犯过路线错误。当年在司马衷的太子生涯中，卫瓘表过态。

卫瓘有一次宴会后假装自己喝多了，跪在司马炎的龙椅边上，摸着龙椅说："可惜了这么好的座位啊！"司马炎说："你喝多了！"[①]

这说明两件事：

1.卫瓘真的是资历老到一定程度了，敢说这种话。

2.司马衷算是傻得天下闻名，不然卫瓘说"此座可惜"这种话，司马炎第一反应会认为卫瓘说他不配坐皇帝的位子！

"此座可惜"事件后，基本上就确定了在新利益集团掌权时卫瓘该回家养老了，而且跟身为皇后的贾南风算是彻底结仇了。

但是贾南风把他请回来了。为什么说贾南风的政治手腕非常高明呢？这一步对安抚高门士族有着巨大的政治效果。类似于当年刘邦论功封侯时听说群臣要造反，于是听张良的计谋先封了所有人都知道他最恨的雍齿，朝野遂安。

朝野上下看到贾南风的操作后第一反应是：卫老爷子都回来了，我们还能没指望吗？贾南风瞬间就把门阀集团的那股子不安的火苗给浇灭了。

司马亮和卫瓘是贾南风稳定政局的最重要的两个棋子。但是，这

---

① 《晋书·卫瓘传》：后会宴陵云台，瓘托醉，因跪帝床前曰："臣欲有所启。"帝曰："公所言何耶？"瓘欲言而止者三，因以手抚床曰："此座可惜！"帝意乃悟，因谬曰："公真大醉耶？"

两个棋子又臭又硬，只是个过渡。目的达到后，贾南风就得把这两个棋子吃掉。

怎么吃呢？

不能自己亲自上！（高级选手和普通选手的差距就在这里了。）如果自己亲自上，贾南风前面这一堆秀就白做了。

贾南风很快找到了一杆好枪：司马玮。

司马玮在政变后被调整为了北军中候，岗位原名叫领军将军，也就是宫内禁军的总指挥。

年纪轻轻千万别掌高位，太多人性中的弱点你根本绕不开！

二十岁的司马玮做洛阳卫戍军总指挥让很多人害怕。不仅是他手里攥着刀，而且这孩子比较招摇，喜欢搞排场、弄声势，还制定了许多酷刑让别人觉得自己惹不起。

这让爷爷辈的司马亮很看不惯。

司马亮跟卫瓘开始谋划把愣头青司马玮踢出这桌牌局，让临海侯裴楷代替司马玮担任北军中候的职务。①

裴楷的长子裴舆娶了司马亮之女为妻，裴楷之女又嫁给了卫瓘之子，裴家与司马亮、卫瓘算是双料姻亲关系。

权力中心的信息传播是很快的，司马玮很快就知道了这件事，开始暴怒。裴楷听说司马玮怒了以后，不敢蹚这浑水，表示自己没本事干北军中候。

司马亮跟卫瓘决定全面开火，上奏朝内的藩王太多了，建议藩王们都回藩国。这让脾气暴躁的司马玮更加愤怒。

在矛盾公开化后，贾南风出手了。她先是暗中营造司马亮和卫瓘

---

① 《晋书·贾惠皇后传》：后母广城君养孙贾谧干预国事，权侔人主。……及太宰亮、卫瓘等表繇徙带方，夺楚王中候。

图谋不轨的舆论新闻。[①]

六月，仅在杨骏被搞掉的三个月后，贾南风夜里给司马玮发了一道密诏，说："司马亮跟卫瓘谋反，你去废了他俩。"[②]

废朝廷的台辅级人物，哪有这么儿戏的。即便真要废，那也从来都是光天化日在朝堂上下达旨意的，需要国家的正式合法文件，需要当着所有人的面明正典刑！

但这次，是密诏。

司马玮想当面确认一下，毕竟这是废录尚书事啊！但传诏黄门说："为什么是密诏啊？就是怕泄露啊！"[③]

年轻的司马玮被贾南风当枪使了，本来他与司马亮、卫瓘就有仇，这回皇帝哥哥让他弄死两人，那就干吧。

司马玮统率自己的部队并诈称皇帝的诏命，召集内外三十六军，下手令向他们宣告说："现在大晋有难，之前杨骏祸国时全仗着你们拨云见日，现在司马亮和卫瓘图谋不轨打算废了陛下绝武帝之嗣，我奉诏免二公官，都督中外诸军，正在值勤、担任卫护、防守之职的人，都要严加警戒，在外诸营跟我去替天行道！"

这三十六军，大概率是晋国中央军的总兵力，司马柬传中曾写过一段司马炎阅兵的旁证：秦献王柬字弘度，沈敏有识量……武帝尝幸宣武场，以三十六军兵簿令柬料校之，柬一省便摘脱谬，帝异之，于诸子中尤见宠爱。

与此同时司马玮还矫诏了两个文件：一个是命司马亮和卫瓘上缴

---

① 《晋书·卫瓘传》：贾后素怨瓘，且忌其方直，不得骋己淫虐；又闻瓘与玮有隙，遂谤瓘与亮欲为伊霍之事。

② 《晋书·楚王玮传》：而后不之察，使惠帝为诏曰："太宰、太保欲为伊、霍之事，王宜宣诏，令淮南、长沙、成都王屯宫诸门，废二公。"

③ 《晋书·楚王玮传》：玮欲覆奏。黄门曰："事恐漏泄，非密诏本意也。"玮乃止。

印绶，所担任官职全都罢免；一个是对他们二人的下属表态，没有你们的事，提前投奔过来的封侯受赏。

所谓的"密诏"，通常是皇帝的手书。密诏基本上是没有玉玺盖章的，可能是皇帝平时用的小章，或者皇帝的笔迹，总之会让接受密诏的人知道这确实是皇帝的意思，但皇帝因为种种原因不能给予官方的授权。

司马亮和卫瓘现在同录尚书事，只要是官方的文件，他们就一定会知道，因此，司马玮也认可这种密诏的形式，但要注意的是，此次司马玮政治行动的所有关键点都是不合法的。

1. 召集三十六军的文件，是"矫诏"，并没有官方文件。

2. 宣布捉拿司马亮和卫瓘的命令，是他的"手令"。

3. 罢免司马亮、卫瓘的官位及其下属的命令，是"矫诏"。

所谓的"矫诏"有两种情况：

1. 手中有各种印章文件，编造或篡改皇帝的旨意。

2. 手中没有印章符节，假托说受皇帝的旨意去做什么事。

司马玮此时仅仅是北军中候，所有的符节文件他都没有，所以此次的矫诏，就是他下的手令，假托皇帝旨意而进行的不合法行动。

为什么司马玮不把那封密诏给大家看呢？

密诏是没有官方印章的，就算下层军官看了也不知道密诏的真假，他们又不认识皇帝的笔迹，所以还不如下达自己的手令，因为司马玮的手令是有效力的。

但是，这就好比皇城卫戍军的老大签署了军事行动文件，但下级军官们却没看到文件，所以从行动本身上来说，军官们心里是打鼓的。

这也为后面司马玮的最终结局埋了伏笔。

司马玮派其长史公孙宏与积弩将军李肇当夜带兵围了司马亮府。司马亮帐下督李龙对司马亮说："外面有变，咱们反击吧。"司马亮不听。

没多久禁军就跳上了墙头，司马亮惊道："吾无二心，怎么会到如此地步，你说你们有诏书，能让我看看吗？"

公孙宏根本不搭理司马亮，继续围攻司马亮府。

长史刘准对司马亮说："这必然是奸谋，现在府上也有兵，咱们跟他们干吧！"

司马亮还是不听，最终被李肇抓了。

司马亮为什么会投降？因为司马亮觉得：

1. 如果真的是皇帝的意思，抵抗就是造反。

2. 如果不是皇帝的意思，这就是司马玮的兵变，他还敢杀了我不成？诏书中仅仅说是废了我，可没说杀了我！

司马亮已经被逮捕了，司马玮安排清河王司马遐去拿卫瓘。

卫瓘的下属同样也看出来此次行动的不正当性，都在劝卫瓘："从来没有过这样的废黜方式，咱们还是先抵抗一下，然后上书看看是不是真的让咱死。"

卫瓘也没同意，大概率和司马亮的思考是一样的：别着急，我这么高的辈分，让子弹飞一会儿看看。但是，卫瓘没料到的是，当晚他不是被罢官，而是全家被灭门了。

事态的发展出乎了人们的意料，当年卫瓘得罪了一个手下，现在这个手下成了司马遐的手下，趁着这个机会公报私仇，杀了卫瓘全家。①

卫瓘挺冤的。

时光一转，回到二十七年前，钟会造反伏诛，邓艾本有机会恢复自己的荣光，但当时官职最大的卫瓘因为和钟会一起陷害邓艾，于是一

---

① 《纲鉴易知录·晋纪·孝惠皇帝》：初，瓘为司空，帐下督荣晦有罪，斥遣之。至是，晦从遐收瓘，辄杀瓘及子孙共九人。

不做二不休，直接派兵杀了邓艾。

本来朝廷对邓艾的处置是押回洛阳受审，届时随着钟会造反，邓艾的结局尚有变数。但卫瓘杀了邓艾，直接又给邓艾和属下扣上了趁机还要谋反的帽子，于是邓艾诸子在洛阳全部被杀，女眷和孙子流放西域。

邓艾也挺冤的。

同样的方式，卫瓘是否会想到有朝一日自己全家也是如此结局呢？

卫瓘被杀了，司马亮此时还在等待被处理。

快到正午了，司马亮仍然什么事都没有，这时候司马玮出手令干了件相当出格的事："能杀司马亮的，赏布千匹！"①

司马亮随后被乱兵所杀，被砍得都没人样了。

干掉卫瓘和司马亮之后，司马玮的手下岐盛说："现在已经杀红眼了，应当借着军队的气势，咱顺便除掉贾后一党，扶正王室，安定天下。"

司马玮面对这个现状，犹豫了：我凭什么安定天下呢？那么多兄弟都看着呢！司马玮也隐隐约约觉得有些不对了。

次日天明，宫中的殿中将军王宫带来了最高旨意和驺虞幡。

什么叫驺虞幡？驺虞是神话中的仁兽，虎躯猊首，白毛黑纹长尾巴。据说生性仁慈，连青草都不好意思踩，不是自然死亡的生物不吃。

军中严令，所有人一看到这个驺虞幡，必须无条件放下兵器。王宫打着幡就说了一句话："楚王矫诏！"随后所有禁军全跑了。

驺虞幡这么有用吗？造反时做个假冒伪劣的不是更好吗？其实用处不大，不过要看对谁用。

司马玮此时掌管禁军刚三个月，根本没来得及对整个禁军进行控

---

① 《晋书·汝南王亮传》：将及日中，无敢害者。玮出令曰："能斩亮者，赏布千匹。"

制与笼络，禁军根本犯不上为他扛雷。

当年跟司马师造反的三千死士，难道不知道自己干的是杀头的事吗？肯定知道。但对这支队伍来说，你打什么幡来也没用。

司马玮落到这番田地，真的是咎由自取，怨不得别人。从头至尾，只有他一个人知道有这个诏书，更关键的是，他根据这份无效的文件去召集了所有的禁军，还杀掉了朝廷的要员。

就算卫瓘的死亡是意外事故，但他为什么要杀司马亮呢？轮到他去杀了吗？

这个时候，皇帝拿这个驺虞幡出来，很容易让禁军人人自危。再加上禁军本来就不是他的势力，因此禁军全跑了。

司马玮被斩，同党被灭三族，死前司马玮拿出那个没有章的诏书，在要砍他头的刘颂跟前哭呢。[①]

司马亮和司马玮这两匹马在前后脚被杀，标志着"八王之乱"的第一个回合告一段落。

贾南风用一次水平并不高的兵变和年轻宗室的稚嫩达到了自己的目的。

宗室仇视杨家，她引入了藩王力量，通过政变让藩王干掉了杨家，随后作为第一轮政变的背后操盘手，均衡灭杨家后的政治秩序，她召回了窝囊的司马亮，奖赏了各藩王，平衡了宗室这一路。

她拉入了之前跟自己有仇的卫家，表明自己的政治姿态，团结了高门这一路。她引自家人进入牌局，扩大了自己的势力。

利用宗室间的内斗，她把年轻的司马玮当枪使，干掉了老资格的司马亮和卫瓘，打掉了这两个自己控制不了的人还不脏自己的手，然后

---

① 《晋书·楚王玮传》：玮临死，出其怀中青纸诏，流涕以示监刑尚书刘颂曰："受诏而行，谓为社稷，今更为罪，托体先帝，受枉如此，幸见申列。"

灭掉哑巴吃黄连却没人同情的司马玮，为司马亮和卫瓘平反，表明自己的政治姿态。

至此，权力的牌桌虽然仍是贾南风、宗室、高门三股势力，但是，贾南风一家独大了。

她的一系列做法，并没有激怒任何一个阶层，所有这些残杀，都是被搞掉的那些人自己干的。

她一路上展示的，是相当明确的合作态度，以及深不见底的政治手腕……

三、自古未见睦邻友好，满眼落后就要挨打

在杨骏一党、司马亮一党、卫瓘一党，以及愣头青司马玮伏法后，坐庄的变成了贾南风，权力结构也开始趋向于默认贾南风掌控大局。

为什么反对杨家的那些人，到了贾南风开始坐庄就不再反对了呢？按理说贾南风也是外戚干政啊，只不过变成了她直接干政，这不就是第二个吕后嘛！

这里面有四个原因：

1. 最可恨的杨骏一党全被干掉了，官员们的情绪得到了宣泄。

2. 司马亮是在司马炎死前被扶植的政治符号，卫瓘是司马昭时代的最高辈分的门阀代言人，这两人被打包干掉，导致宗室和门阀暂时没能推出新的代言人，出现了权力真空。

3. 贾南风继承了贾充当年的政治网络，她的符号不仅是外戚，还是庞大贾系势力的代言人。

4. 贾南风的一整套政治手腕让所有的圈内人都胆战心惊，她太有能耐了，又阴又狠！

贾南风在清盘司马炎布置的这些老臣后，自公元291年到公元300年的时间里，西晋一度迎来了相对稳定和谐的十年。史称"虽当暗主虐

后之朝，而海内晏然"。这句记载来自《晋书·张华传》。

当年平吴的后勤总指挥，因为司马攸事件被边缘化后，又回到了政治舞台中央。为什么呢？

因为张华不是士族高门，方便控制，而且这些年他的确干了好多实事，有一定的政治声望。[①]

贾南风让有才华不逼上的张华、裴頠等人为行政班底去治国，自己则大权在握，专注于残暴荒淫的私生活，但并不干预实际的行政事务。[②]

抛开贾南风的残暴和荒淫，这个女人和著名的女政治家吕后其实是很像的。在贾南风掌权的近十年中，她擦干净了司马炎留下的脏屁股，妥善解决了司马炎调整了一辈子的政治构想，让权力在自己这一支传下去。

司马炎泉下有知，应该会猛拍大腿："早知道这丑儿媳妇这么能干，我还调整什么啊！"

但是，司马炎早些年要是能看到贾南风的妇科报告，估计在第一天就不会让她进门。因为司马家是以孝立国，但"不孝有三，无后为大"。

司马家的剧本真的很有意思，一波看似平息了，其实只不过是上天在酝酿一场更大、更猛烈的风暴而已。

贾南风主政的这些年，整体比较安静，除了一个地方：西北。

好神奇，每次天下大乱，风似乎永远从这个天下金角刮来。一晃

---

① 《晋书·张华传》：贾谧与后共谋，以华庶族，儒雅有筹略，进无逼上之嫌，退为众望所依，欲倚以朝纲，访以政事。

② 《晋书·张华传》：疑而未决，以问裴頠，頠素重华，深赞其事……贾后虽凶妒，而知敬重华。

五年后，296 年夏天，西北又闹腾起来了。

都督雍、凉二州军事的赵王司马伦（司马懿第九子）被调回到朝廷，在朝廷的梁王司马肜（司马懿第八子）为征西大将军，都督雍、凉二州诸军事，去代替司马伦平叛。

这是一次看来很普通的人事变动：八哥帮九弟解决问题，谁也没被处理。

但是，司马伦的回朝却成为整个西晋帝国土崩瓦解的开始。司马懿这个最小的儿子，亲手点燃了自己家族灰飞烟灭的导火索。

先来看司马伦惹出来的第一个乱子。当年立秋后，八月，秦、雍地区的氐、羌全都叛变了，拥立氐族统帅齐万年为帝。

这下少数民族也出皇帝了，闹大了！继曹操打汉中的武装占道冲突后，氐族终于又进入我们眼帘了。

氐族自古居于西汉水、白龙江、涪水上游等地，《汉书·地理志》记武都郡的武都、故道、河池、平乐道、沮、嘉陵道、循成道，皆为氐族所居。（见图 2-4）

本来氐族人的日子一直过得不错，但公元前 111 年，汉武帝刘彻开拓西南，中郎将郭昌打败了所谓的氐王，置武都郡。

这是氐族被汉族虐的开始。没错，被虐。后面还会提到很多少数民族，先别说少数民族带给汉人的屈辱，来看看汉人是怎么做的。

要是算总账的话，也就没那么不平衡了，人家各少数民族可是让汉族活活踩了好几百年脑袋。

涉及国家民族层面的问题，永远就那一句话：放弃幻想，落后就会挨打。

武都郡设立之后，好地方被汉人占了，大量的氐族人本着惹不起就跑的原则开始往山谷中迁徙。

哪里有压迫，哪里就有反抗，谁家祖祖辈辈的地被别人抢了谁都

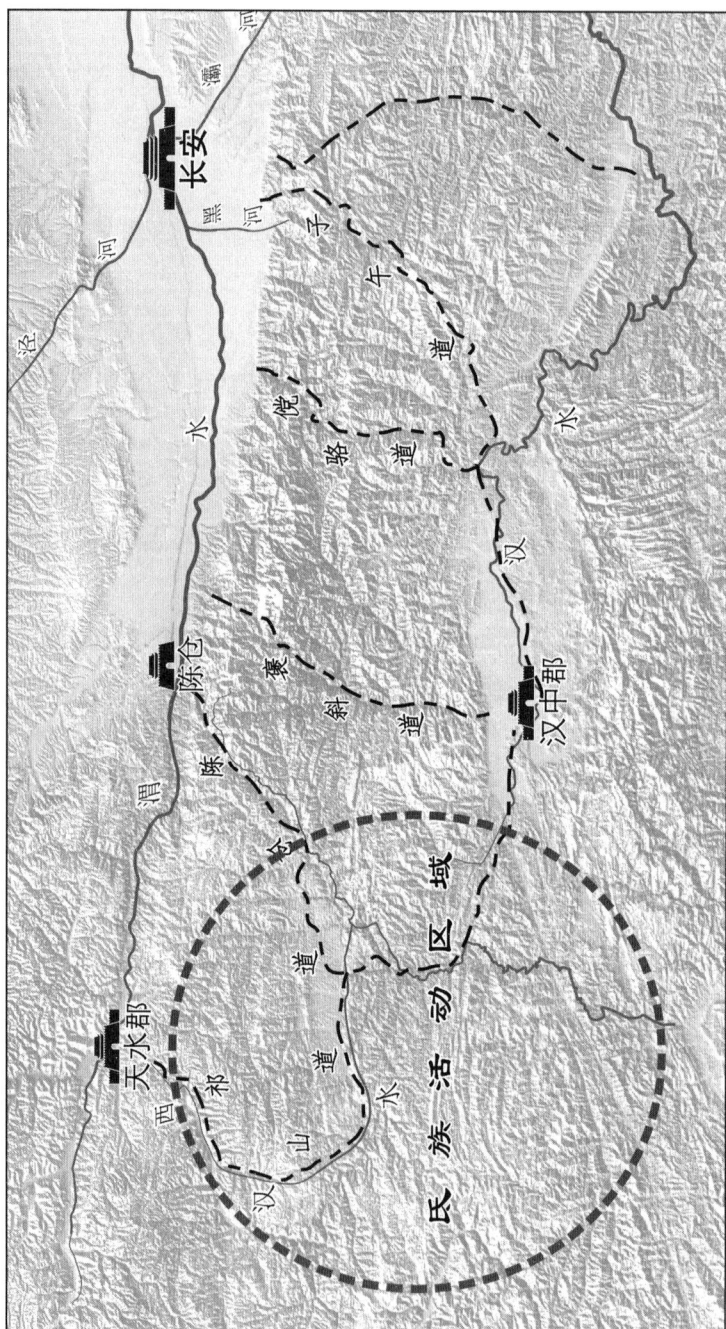

图 2-4 氐族活动范围

不干。七年后，氐族人展开了第一次大规模的闹事。结果带头闹事的那帮人被武帝打到酒泉戍边去了，这回家乡不仅不属于自己了，还到西北啃沙子去了。

没办法，这是赶上了西汉武帝时代，有什么冤屈也就都忍着吧！因为同时代的汉族老百姓也在忍着，大漠南北的人也在忍着，西域诸国也在忍着，西南诸夷也在忍着。

这是整个东亚都心惊胆战只有汉武帝一个人自由飞翔的时代。

由于武帝年间的两次征伐，武都地区的氐族人元气大伤，因此三百年间再没有氐族人的新闻。

直到三国年间，继汉武大帝后，氐族人又赶上了魏武挥鞭。这个民族跟"武"实在是犯克。

此时，居于陇、蜀之间名气比较大的有三大氐王，一个是兴国氐王阿贵，居兴国城（今甘肃秦安东北），一个是百顷氐王杨千万，居仇池山（今甘肃成县西），一个是河池氐王窦茂，居河池（今甘肃徽县西北）。这三王各有万余落的家底，此外下辨等地有氐帅雷定等七部，共万余落。

等于氐族目前大约有四五万落的户口，二十万人左右。

公元211年，兴国氐王阿贵和百顷氐王杨千万跟着马超打曹操。

多少年不出山了，见识有问题，汉末建安时代，阿贵和杨千万也不打听打听谁才是老大。

214年，号称"三日五百，六日一千"的"长跑运动员"夏侯渊西征讨灭了兴国氐王阿贵，百顷氐王杨千万被打秃后跟着马超投奔了刘备。

217年，汉中会战轰轰烈烈开打，前期张飞、马超来到下辨，氐帅雷定等七部万余落这个时候起兵响应了。还不长记性，还跟马超混！

曹休率虎豹骑出现，负责牵制与阻击曹休的张飞并没有在此地坚持到底，氐族人再次品尝到了风投失败的心碎。

219年三月，曹操至汉中，开始布置撤退事项，令雍州刺史张既至武都徙氐人五万落出居扶风、天水二郡界内。

刘备占领汉中后，杨阜又迁走了剩下的氐族部落，与汉人一共凑了万余户，分居到京兆、扶风和天水。

这加在一块的五万多户，其实就是那群氐王的家底儿。

虽说还有一定数量的氐人散落在武都阴平地区，比如曹丕代汉那年，重要的政治作秀中就有一项是"武都氐王杨仆率种人内附，居汉阳郡"，但这帮氐人已经很少了。

这是氐人被又一个武帝（魏武帝曹操）所带来的伤害。

总体来讲，氐人被迁到了关中和陇西两个地区。关中氐人分布在扶风、京兆，主要在扶风郡，扶风郡的氐人又集中在雍县（今陕西凤翔南）、美阳（今陕西武功西北）、汧（今陕西陇县南）、隃糜县（今陕西千阳县）。陇西氐人主要分布在天水、南安、广魏（晋略阳郡）三郡。（见图2-5）

总体来讲，氐人渐渐向关中移动。因为魏蜀之间常年争夺人口，曹魏总怕这帮从蜀汉过来的氐人会反抗，于是开始渐渐迁徙陇西的氐民，比如240年姜维出兵陇西，郭淮"徙氐人三千余落以实关中"。

但是，最终让氐族留名史书的，却是少数派的陇西略阳氐人。

先胖不叫胖是个弱势者崛起的永恒命题，因为先胖的通常在和优势者拼杀的过程中率先成炮灰了。

略阳氐人的后裔在几十年后先后建立了两个政权，其中一个政权在中国历史上留下了相当浓墨重彩的一笔，其幅员面积直到隋王朝时才被突破。

被魏内迁的氐人最开始是归"安夷"和"抚夷"二部护军监管。氐族人由于体量小，欺负他们的成本低，所以主流政权对他们并不像对

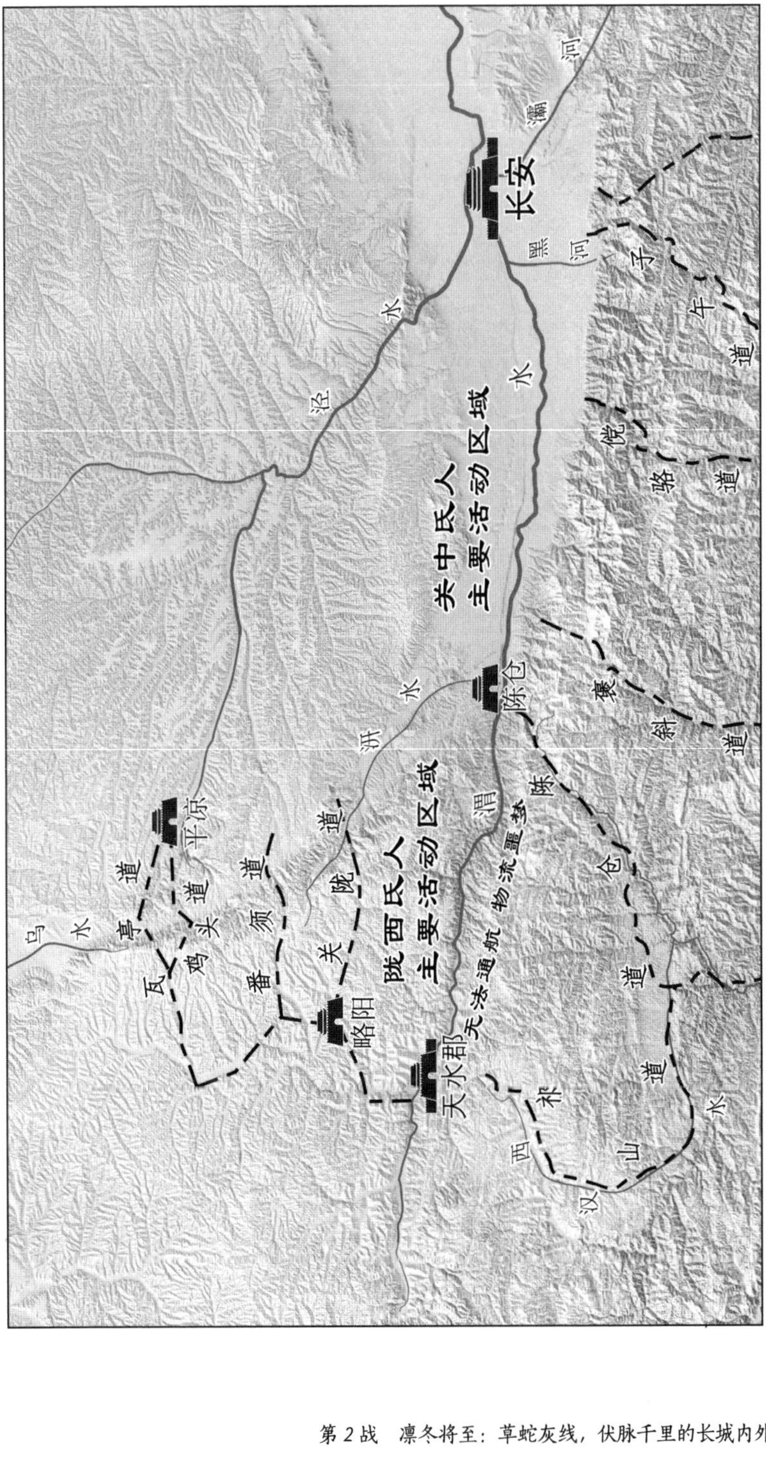

图 2-5 迁移后氐族活动范围

羌人那样防备得那么紧，迁入的地方也和汉人居住地较近。到西晋建国的时候就被强硬地同化成编户了，司马骏被封为扶风王时直接拿氐户增的封民。①

编户，就是清算户口与人数，以便每年征收税赋，这基本上意味着氐族已经被纳入了汉族政权的毛细血管。

等氐人适应编户制度后，过个几十年再把他们彻底打散，分散到别处，就离彻底征服他们没多远了。

氐人由于威胁性不大，和汉人杂居较深，因此虽然"归化"较晚，但却"进化"得非常快，比如大量氐人在进入陇西关中后没多久就改成汉姓了。②

比如这次的氐人齐万年造反，地方官汇报反贼情况时说得很明确：齐万年是编户已经很久的氐人，这次羌乱开始只是内附羌人的造反，结果羌叛还没能解决，编户氐人又闹起来了。③

为什么羌、氐会反叛呢？这跟东汉中后期的百年羌乱是一个原因：天朝上国拿人家不当人！

首先晋朝的税比魏就多了近一倍，曹魏时田租是"亩收四升，户调绢二匹，绵二斤"，到了晋时变成"五十亩收租四斛（亩收八升），户绢三匹，绵三斤"。

司马炎在泰始年间曾以"戎蛮猾夏"为题，展开官员遴选的策论问答，阮种的回答相当出彩：

---

① 《晋书·扶风王骏传》：徙封扶风王，以氐户在国界者增封。
② 《三国志·乌丸鲜卑东夷传》注引《魏略·西戎传》：各自有姓，姓如中国之姓矣；多知中国语，由与中国错居故也。
③ 《徐陵集校笺》笺注二十七：齐万年编户隶属，为日久矣。《全上古三代秦汉三国六朝文·全晋文卷九十二·马汧督诔》：初雍部之内，属羌反，未弭，而编户之氐，又肆逆焉。

现在少数民族迁入内地和百姓杂居，地方官吏又拿人家不当人，好多年没打仗了，边境已经忘了怎么作战，地方主政的一把手又不是那块材料，不懂得安抚少数民族，天天要么薅人家羊毛，要么就对人家肆意杀伐，现在西北出现了巨大问题，并非造反的声势有多么厉害，而是咱们对人家使唤得实在太过分了。①

虽然阮种说得挺在理，但他说的这话和说话的语气，太没品了，拿"蛮夷戎狄"埋汰少数民族都不行了，史料中称他们为"丑虏""群丑"。

言辞和语气相当能反映出此时大晋对于异族边民的鄙视与不屑，别看阮种在朝廷说地方官"边吏扰习，或以狙诈，侵侮边夷，干赏啗利，妄加讨戮"，其实他下去做地方官也这样！

这种民族间的压迫与被压迫的矛盾，一直积攒到了296年，在羌人反了无数次后，氐人终于也加入了。

这次西北叛乱起源于匈奴人郝度元联合冯翊、北地两地的马兰羌和卢水胡起事，杀北地太守张损，败冯翊太守欧阳建。

为什么反的呢？因为关中总督司马伦干得太不像话了，被调回了洛阳。所谓"伦刑赏失中，氐、羌反叛"，这是司马伦本传中的文字，比较照顾他的面子，遮着说的。实际情况是司马伦贸然弄死了羌人酋长数十人，所以人家才彻底不干的！②

此时距离司马炎泰始年间的"戎蛮猾夏"策论遴选已经过去三十年了，阮种说的"受方任者，又非其材，或以狙诈，侵侮边夷；或干赏

---

① 《晋书·阮种传》：而今丑虏内居，与百姓杂处，边吏扰习，人又忘战。受方任者，又非其材，或以狙诈，侵侮边夷；或干赏啗利，妄加讨戮。夫以微羁而御悍马，又乃操以烦策，其不制者，固其理也。是以群丑荡骇，缘间而动。虽三州覆败，牧守不反，此非胡虏之甚劲，盖用之者过也。

② 《文选·卷二十》：伦诛羌大酋数十人，胡遂反。朝议召伦还。

咯利，妄加讨戮"的现象变了吗？

并没有！根深蒂固，还是那德行！

当时雍州刺史解系、冯翊太守欧阳建都往朝廷告状：不能拿少数民族不当回事，得出一个替罪羊来安抚人家！史料记载：赵王伦甫用孙秀为相，杀羌酋事皆秀受赵王之旨而行，故雍州刺史解系、冯翊太守欧阳建各具表奏伦之罪恶，并请诛孙秀以谢氏、羌。

由于朝廷一直没什么反应，因此元康六年（296）八月，"秦、雍氏、羌悉反，立氏帅齐万年为帝"，彻底跟朝廷拼了！

没过几个月，到了297年正月时，齐万年手下已经聚集了七万多人，紧接着这一整年关陇大旱又闹了灾荒，司马肜平叛也是越平越乱，关陇地区的百姓开始往汉中、蜀中逃荒。

转年298年，在兵乱大灾了一年后，众多的巴氏人和关陇人活不下去，南下找生路。略阳賨人（土家族祖源）的望族李家，成为这帮难民众望所归的大姓人家。

李家的扛把子叫李特，他在州中任过职，身高八尺，为人勇武，善于骑马射箭，性情沉稳刚毅有度量，为人仗义，好打抱不平。可谓略阳民间老大哥。

李特带领数万人南下逃荒路过剑阁时，长叹道："刘禅有这样的地方，竟然还投降别人，难道不是个傻子吗？"

同行的许多小伙伴都惊讶于他的口气。也不怪李特叹气，剑阁那种天然的鬼斧神工，如果不是刘禅主动放弃，得多大能耐才能砸开呢？

李特这话说完不久，在299年正月，朝廷终于在张华推荐的孟观带队下生擒了齐万年，压平了此次叛乱。

在西北大乱、民乱风起云涌的时刻，太子洗马江统写下了这个时代最振聋发聩的一篇策论文上书：《徙戎论》。

1.先说了榜样秦王朝，秦当年虽然暴虐天下，却也打跑了东南西北的蛮夷，毕其功于一役，从此没了后顾之忧。

2.说了如今西北羌乱的历史原因。

3.关中现在戎狄内附的人口过半了，时间长了这不是个事啊！这段必须上原文，相当重要的一段话，写明了此时关中的少数民族数量："关中之人百余万口，率其少多，戎狄居半，处之与迁，必须口实。"

4.不光西北现在不让人省心，洛阳正北边的并州诸胡中，匈奴现在又成为心腹大患了，要远比西北的忧患为重："并州之胡，本实匈奴桀恶之寇也……今五部之众，户至数万，人口之盛，过于西戎。然其天性骁勇，弓马便利，倍于氐、羌。若有不虞风尘之虑，则并州之域可为寒心。"

江统最后总结道："把这帮蛮夷赶出我们的国土吧！"

江统的这封奏书并不是孤例，早在二十年前，西晋刚刚平吴之时，侍御史郭钦就将徙戎上书递到了司马炎那里，详细写了三个方面的内容：

1.发现问题：戎狄自古为患，魏初人少，西北诸郡全都安排了内附之胡，甚至京兆、魏郡、弘农这种内部州郡也被安排了胡人。

2.发出预警：现在蛮夷虽然服从咱们，但百年之后，如果有叛乱之患，胡骑自平阳、上党不出三日就可来到孟津；北地、西河、太原、冯翊、安定、上郡等地也将尽数沦为狄庭！

3.解决问题：我们应该借平吴之威，谋臣猛将之略，渐徙内郡杂胡于边地，严控四夷出入，这是力世的长策！

从当时的诸多史料中可以发现，很多有识之士已经敏锐地发现了西北少数民族人口比重过高、并州匈奴日渐崛起。自西晋开国就不断有大臣提醒司马炎一定要注意少数民族问题。

泰始年间，阮种仅仅揭示了西北叛乱是因为官僚欺压凌辱而导致的。到了平吴后的太康初年，郭钦就已经针对西北边患问题进行深刻预警了。

299 年艰难平定齐万年叛乱之后，江统拿出了集大成者的《徙戎论》。核心观点就是：少数民族的人口比重越来越高，未来是大祸患！

尤其此时的北境，已经开始压力重重，在江统的口中，甚至要远比刚刚大乱后的西北形势严峻得多！

凛冬之下，要细说已经沉寂很久的北境了……

四、汉末我们为什么没有看到鲜卑的足迹?

在很久很久以前，虞姬还跳舞，汉王还叫刘老三……

在塞北高原，冒顿一个人完成了从头到尾谋划实施的政变，创下了世界历史范围内几乎无法复制的传奇。司马懿父子发起的高平陵之变，算是在谋划人数上高度靠近了冒顿。

冒顿把他爸射成刺猬，然后自己上位，东边有一个大联盟想跟匈奴碰碰，要马要美女最后要地，结果被冒顿一通忽悠后反杀了。

这个大军事联盟叫东胡，与冒顿的匈奴帝国一战而败，东胡王战死，人口牛羊被兼并，自此匈奴开启了自己的全盛时代。

在这次大会战中，有两个东胡的组成部分逃离了蒙古草原，一个逃到了乌桓山，一个逃到了鲜卑山，这就是后来的乌桓和鲜卑。

乌桓和鲜卑同时从东胡的母胎中分裂出来，两族的生活习惯在很多方面也都是相似的，但开始进入中原王朝视野的只有乌桓，中原王朝根本不知道鲜卑是何许人也。

原因在于乌桓的地理位置。

随着匈奴被人阳王刘彻不断炙烤变得越来越弱，乌桓和鲜卑都趁机壮大，而乌桓率先占据了和西汉交界的东北国界，挡住了更北边鲜卑的南下，因此西汉史料中能够看到乌桓之名，却无鲜卑的记载。

到了东汉，鲜卑的名字终于进入中原王朝的视野。

公元41年，《后汉书·祭肜传》记载："匈奴、鲜卑及赤山乌桓连和强盛，数入塞杀略吏人，朝廷以为忧。"就是说匈奴、鲜卑和赤山乌桓组成强盗团伙，在东汉塞内边境展开了打、砸、抢、烧等，让朝廷很头疼。

这是有文字记载的鲜卑与中原政权的接触之始。

为什么鲜卑终于见于史料了呢？由于匈奴的日渐式微及小冰期到来的双重作用，这使得北境的真空越来越大，因此，越来越多的少数民族开始了南下填补地盘空白的步伐！鲜卑和乌桓一度分别与匈奴合作南下抢汉家大户。

公元45年，匈奴与鲜卑分兵侵北边，匈奴寇上谷、中山，鲜卑寇辽东。

看到周边少数民族组成了联盟，辽东太守祭肜则开始不断地使出离间手法，挑拨游牧民族非常脆弱的联盟关系，常常利用鲜卑去对抗匈奴和乌桓。

直到这个阶段，东汉整个北境最大的祸患仍然是匈奴。

公元46年，匈奴出现内乱，连续死了两位单于，而且小冰期开始发威，草原大旱接着是大蝗灾，匈奴人死伤大半，实力大减。匈奴新继位的单于遣使向东汉提亲，表示友好。[1]

匈奴认怂的消息送往了渔阳，但是渔阳和乌桓接壤，乌桓人知道了匈奴的现状。

趁你病要你命的生存逻辑写在了每一个草原民族的基因中。乌桓

---

[1] 《资治通鉴·汉纪三十五》：匈奴中连年旱蝗，赤地数千里，人畜饥疫，死耗太半。单于畏汉乘其敝，乃遣使诣渔阳求和亲。

乘势而起，一刀差点儿捅死匈奴。匈奴随后北徙数千里，刘秀趁机赶紧招降，鼓励敢想敢干的乌桓。[1]

公元49年，鲜卑大人偏何至辽东归附，祭肜又挑唆偏何攻击匈奴左伊秩訾部。偏何战后献上了两千多人的脑袋报功，自此匈奴与鲜卑也彻底结仇，年年互杀。鲜卑人将杀匈奴人当成了买卖，匈奴人的脑袋是去东汉边关领赏的硬通货。[2]

至此，东汉幽云边境的匈奴势力被乌桓和鲜卑逐渐挤出了塞北东南。

那是刘秀"以夷制夷"思想的巅峰时代：匈奴衰弱，边无警患，鲜卑、乌桓定期入贡。（其实就是变着法地从中原王朝要走更多的东西，但对中原王朝来说是值得的。）

公元48年，匈奴内部因为王位之争而发生内乱，匈奴再次分裂成南北二部。50年，南匈奴效仿呼韩邪，对汉称臣。

南匈奴派使者前往五原塞，表示誓愿永远做汉王朝的藩属屏障，抵御北方的敌人。

冰期已至，草原越来越难活下去。

刘秀的内附移民政策，就在小冰期所带来的不可抗力的大趋势下神奇地颁布执行了。它吸收了一部分即将活不下去的南匈奴人，去对抗死活要往南冲的北匈奴人。

南匈奴为了保证自己的生存，不得不拼死抵抗北匈奴侵略者。双方在火并之后，实力都会下降。北匈奴在活不下去又冲不进来之后会向汉朝称臣，会依附南匈奴，放弃尊严寻求活命。

---

① 《资治通鉴·汉纪三十五》：乌桓乘匈奴之弱，击破之，匈奴北徙数千里，幕南地空。诏罢诸边郡亭候、吏卒、以币帛招降乌桓。

② 《后汉书·祭肜传》：即击匈奴左伊秩訾部，斩首二千余级，持头诣郡。其后岁岁相攻，辄送首级受赏赐。

与此同时，南迁的南匈奴实力渐渐壮大，但武力随着南迁内地却渐渐减弱，却又足够对抗人口越来越少的北匈奴。

在这种此消彼长的推演中，匈奴人最终自己阉割了自己：草原回不去了，也不想再回去受罪了。

匈奴人在失去了辽阔草原提供的空间机动性这个关键优势后，拼人口体量又打不过汉族人，南下的路因此被堵死了。

在《两汉风云》中"班超通西域"一战时，我们说过：

如果不是中原顶层自己崩盘大乱，如果不是汉族政权实力彻底被掏空，如果不是骑兵装备战术突然升级这三者同时发生，内迁的南匈奴是根本不可能有机会颠覆中原政权的！最终的发展路线，就是南匈奴在为汉朝守边防的过程中渐渐被同化。

如果没有刘秀的南匈奴迁内地政策，整个匈奴民族会在小冰期的恐怖天灾下抱团取暖，然后与东汉王朝拼了。

随着南匈奴被收编成东汉的"安保力量"，东汉的北方边防瞬间改观了。

刘秀死后，东北闹过一段时间的不太平，赤山的乌桓部又不听话了。

辽东太守祭肜派鲜卑老大偏何征讨乌桓，屠灭了赤山乌桓部。由于偏何干得实在是太出色、太成功，塞外震慑，西自武威、东尽玄菟，鲜卑各部大人皆来内附，因此，东汉从此罢了边防屯兵，再次省了钱，每年由青、徐二州给钱两亿七千万作为对鲜卑人的雇用军费，明帝、章帝两朝的东北边境都没再出现什么问题。①

----

① 《资治通鉴·汉纪三十五》：辽东太守祭肜使偏何讨赤山乌桓，大破之，斩其魁帅。塞外震詟，西自武威，东尽玄菟，皆来内附，野无风尘，及悉罢缘边屯兵。《后汉书·鲜卑传》：永平元年，祭肜复略偏何击歆志贲，破斩之，于是鲜卑大人皆来归附，并诣辽东受赏赐，青徐二州给钱岁二亿七千万为常。明章二世，保塞无事。

乌桓在此役后，位居塞外的部落被屠灭吞并，根据地尽失，转入塞内，内附了东汉。自此在蒙古草原的东部，鲜卑一家独大。

换句话说，就是南匈奴和鲜卑成了东汉花钱雇的保镖。这两个保镖，开始逐渐实现刘秀当年的构想，在大汉的后援下一点点地耗死北匈奴。

又过了三十多年，班超在西域发威，彻底拿下西域后，北匈奴被断奶。

公元85年，鲜卑、丁零、南匈奴及西域各国联合起来发动了草原上永不落幕的"趁你病要你命"会战。史载："时北虏衰耗，党众离畔，南部攻其前，丁零寇其后，鲜卑击其左，西域侵其右，不复自立，乃远引而去。"

太惨了。

隔了两年，公元87年，更惨的来了，鲜卑人再次给了北匈奴以巨大打击，北匈奴大败，连单于都让鲜卑人扒皮了。

此战后，北匈奴下属屈兰、储卑、胡都须等五十八部，二十八万余人至五原、朔方、北地郡投降东汉王朝，北匈奴基本上濒临破产。

面对这个千载难逢的机会，东汉开始了灭亡北匈奴的终局之战。

公元89年，窦宪、耿秉扬大汉国威，"蹑冒顿之区落，焚老上之龙庭"，去塞三千余里，勒石燕然！

公元91年，窦宪再次率军出塞，将北单于部包围于金微山（今蒙古境内阿尔泰山地区），再次大破北匈奴军。这回连北单于他妈都给逮回来了，再杀五千多人，北单于再次逃走，不知所踪。

窦宪把北匈奴的家底全打没了。

北单于之弟右谷蠡王于除鞬自立为单于，率领最后的几千人驻于蒲类海（今新疆巴里坤湖）地区，遣使者入塞，表示臣服东汉王朝，恳求别再打了。

东汉授北单于玺绶，同时以中郎将任尚持节护卫，屯驻于伊吾，与南单于同等对待。转年北匈奴再反，长史王辅仅率骑兵千人与中郎将任尚就将北单于于除鞬斩杀并尽歼其部落。

至此，和大汉打擂长达三百年的匈奴民族，在塞北高原及西域地区被彻底推倒了。

北匈奴作为塞北具有号召力的政治标志被消灭后，并不意味着它的联盟组成部分从此全部消失了。有十多万落的匈奴人并没有跟北单于逃走，而是开始和草原上的新霸主鲜卑人进行磨合与重组，并渐渐自称鲜卑兵。

鲜卑在草原上开始一家独大，成为草原新的代言人，所谓"匈奴及北单于遁逃后，余种十余万落，诣辽东杂处，皆自号鲜卑兵"。

这段记载相当重要，有必要细说一下。原文记载是出于王沈的《魏书》，前面一句话是："后乌丸校尉耿晔将率众王出塞击鲜卑，多斩首虏，于是鲜卑三万余落，诣辽东降。"

北单于遁逃是在和帝年间，大约在公元90年到100年之间。"后乌丸校尉耿晔将率众王出塞击鲜卑"发生于127年，此时距北单于远遁已约三十年了。

这说明了一件事：匈奴在草原上的十余万落遗民是历经了约三十年的融入与杀伐才开始逐渐鲜卑化的。

再次敲黑板，虽然史料少，但从来没有任何民族与新政体的融入是一蹴而就的！

也是在这个时间段，鲜卑诸部中，分布在黑龙江上游的额尔古纳河流域最北边的一个部落开始向蒙古草原的中部、西部、南部迁徙，在各地不断与匈奴残余部众进行融合。

这个部落叫作拓跋。

从白山黑水中走出来的部落似乎都有着它们特殊的剧本。

在逐渐吸收匈奴余部后，时间又过了三十多年，鲜卑终于储备好第一次跟中原政权面对面过招的实力了。

草原上出现了一个跨时代的鲜卑族大领导，叫檀石槐，他将整个草原的鲜卑各部组织成了一个大联盟，势力范围相当大。史载："南抄缘边，北拒丁零，东却夫余，西击乌孙，尽据匈奴故地，东西万四千余里，南北七千余里，网罗山川水泽、盐池。"

檀石槐并非什么鲜卑贵族，而是普通牧民之子。他十四五岁的时候就能够单骑追回异部大人卜贲邑抢夺走的他外婆家的牛羊，长大后由于为人"施法禁，平曲直，无敢犯者"，被部民推举为首领。

檀石槐上位后，在桓帝时期（147—167 年）成立了幅员辽阔、实力强大的草原部落军事大联盟。

这里有一个疑问：檀石槐并非鲜卑部落传统贵族，鲜卑各部是如何完成统一集权的？

真的是檀石槐有这么大的能力吗？怎么可能！

我们说过：一旦长城的南边是一个统一的中原王朝，长城的北边势必会形成一个统一的草原政权去和中原王朝进行生产资料上的博弈。

北匈奴被打掉了，草原上一盘散沙，势必会角逐出一个新的王者。

檀石槐将鲜卑联盟分为中、东、西三部：从右北平以东至辽，东接夫余、濊貊为东部，二十余邑，其大人曰弥加、阙机、素利、槐头；

从右北平以西至上谷为中部，十余邑，其大人曰柯最、阙居、慕容等；

从上谷以西至敦煌，西接乌孙为西部，二十余邑，其大人曰置鞬落罗、日律推演、宴荔游等。

这些大人中，有几个要介绍一下，后面有重头戏。

1. 东部人人中的槐头，据姚薇元先生的考证，为宇文氏的祖先宇文莫槐，"莫槐"为"莫槐头"的简译。

2. 中部大人中的慕容，据《资治通鉴》中的胡三省注，此为慕容氏之始。

3. 西部大人日律推演，据《资治通鉴》中的胡三省注，为拓跋氏始的推寅可汗（北魏宣帝），马长寿先生认为此推寅为北魏献帝拓跋邻。

此时的鲜卑各部都是各有地盘、独立自主的，只在团伙打劫时才步调一致听指挥，用《三国志·田豫传》中描写东部鲜卑的原文就是："自高柳以东、濊貊以西，鲜卑数十部，比能、弥加、素利割地统御，各有分界。"

所谓的统一草原，不过是将鲜卑诸部组成了一个松散的联盟，目的是为了和东汉抢夺生产与生存的物资应运而生的一个组织。

从 156 年到 178 年，二十二年的时间里檀石槐带着鲜卑诸部发起了诸多侵袭掠夺之战，铁蹄遍及幽州、并州、凉州诸郡。对东汉朝廷来说，几乎每年都会出现鲜卑边患，史载："幽、并、凉三州缘边诸郡无岁不被鲜卑寇抄，杀略不可胜数。"

168 年，十二月，鲜卑及濊貊寇幽、并二州。

169 年，十一月，鲜卑寇并州。

171 年，冬，鲜卑寇并州。

172 年，十二月，鲜卑寇并州。

173 年，十二月，鲜卑寇幽、并二州。

174 年，十二月，鲜卑寇北地，北地太守夏育追击破之。鲜卑又寇并州。

175 年，五月，鲜卑寇幽州。

176 年，鲜卑寇幽州。

177 年，四月，鲜卑寇三边。

178 年，鲜卑寇酒泉。

179 年，十二月，鲜卑寇幽、并二州。

180 年，冬闰月，鲜卑寇幽、并二州。

181 年，十月，鲜卑寇幽、并二州。

这是十三年间鲜卑十三次对东汉边郡发动攻击的记录。

鲜卑军事大联盟的不断侵袭让汉桓帝相当头疼，曾经派凉州三明的张奂带着南匈奴和并州的部队征讨过，但不好使。（本战篇尾会详细讲解南匈奴战斗力衰落的原因。）

桓帝又想给檀石槐封王然后和亲，被檀石槐严正拒绝，继续没完没了地骚扰。

檀石槐为什么不接受呢？说明他脑子是真有东西的，但也说明此时的鲜卑大联盟相当脆弱。各部大人推举他为老大，安排各部有组织地抢劫，他要是靠这个平台机会独吞了汉朝给的好处，其他人就该不干了。

不患寡，患不均。

鲜卑此时的大联盟还没有发展出匈奴那种稳定的统治结构，所以鲜卑闹得再凶，其影响力也是有限的，最多就是南下抢东西，完事也都退回草原了。

在檀石槐真正崛起的时候，东西两羌叛乱已经被"凉州三明"中的"最凶一明"段颎连根拔起，所以客观来讲，东汉并没有陷入四面受敌的尴尬局面中。

181 年，檀石槐死前，对他奋斗的一生做了第一次过分的试探：他的位置由其子和连世袭，并没有经过全体鲜卑大人的推举。

他试探了草原的规则。

但是，子不类父，和连水平不行，贪淫且不公平，不能代表最广大鲜卑部落联盟的根本利益，因此，鲜卑联盟解体，半数鲜卑部落叛离，宣布不再承认鲜卑联盟盟主和连。

不久，和连也死了，统治集团在继承人的争夺上开始崩塌，鲜卑第一次联盟解体了。[①]

由于檀石槐开了继承人的世袭制度，自此各地鲜卑部落的领导人，也都开始了世袭的制度尝试，史载自檀石槐死后，诸大人遂世相袭。

檀石槐死的时候正是东汉末年，没多久董卓就要闯进洛阳了，中原的袁绍、曹操因此非常幸运地得到了面对北境鲜卑解套的机会。

东汉末年的大乱中，重头戏是184年开始的弃凉弃关中的西北羌乱和横扫全国的黄巾起义。

北方的鲜卑联盟之所以根本都没进入东汉政要的眼中，其实就是因为鲜卑联盟第一任盟主檀石槐过早地离世，鲜卑联盟分崩离析，各部落也开始了世袭的制度重建过程。

任何制度的重建都将面临巨大的消耗。鲜卑这个汉末真正隐形的心腹大患，在中原群雄逐鹿进行重组的时候，也进入了自我演化的下一个阶段。

三国时代，进入我们视野的反而是规模并不算很大的乌桓，不仅闹得很欢，东部乌桓还成立了三郡乌桓合众国。

---

① 《三国志·乌丸鲜卑东夷传》注引《魏书》：灵帝末年数为寇钞，攻北地，北地庶人善弩射者射中和连，和连即死。其子骞曼小，兄子魁头代立。魁头既立后，骞曼长大，与魁头争国，众遂离散。

五、为什么要小心身边的"盖茨比"?

第一任鲜卑联盟盟主檀石槐死后三年,黄天当立的张角张教主拉开了全国大乱的帷幕,沉寂了十五年的大西北风云再起,羌乱重燃烽烟,边章、韩遂开始走上历史舞台。

中平二年(185),陇西已经处于半独立状态,灵帝命皇甫嵩出兵,同时以张温为车骑将军,发幽州乌桓突骑三千至关内与凉州叛军交战。

结果因为待遇问题和积累的矛盾,乌桓骑兵全都跑了,《后汉书·刘虞传》载:"后车骑将军张温讨贼边章等,发幽州乌桓三千突骑,而牢禀逋悬,皆畔还本国。"

实际上,袁宏在《后汉纪》中给出的史料对原因描写得更为详细:"乌桓数被征发,死亡略尽,今不堪命,皆愿作乱。国家作事如此,汉祚衰亡之征,天下反覆,率竖子,故若英雄起,则莫能御。"

其实跟羌、氐造反是一个原因,大汉把乌桓薅得太狠了。

这次乌桓叛逃看上去不算什么,但从蝴蝶效应的角度来讲,却可以说是三国初期的一个关键性大事件。因为率领三千突骑的人,叫公孙瓒。[①] 从此这位辽西猛将开始了和乌桓不死不休的东北乱战。

乌桓和公孙瓒之间的恩怨又在一定程度上决定了河北的归属与袁绍统一河北的时间。

乌桓叛归后，和原泰山太守张举等人联盟，大闹幽州，杀乌桓校尉箕稠、右北平太守刘政、辽东太守阳终等，乱军一度达十余万人。

张纯又引来了外援乌桓峭王等步骑五万前来帮场，张举称天子，张纯称弥天将军安定王，传檄天下表示要代汉，告汉天子避位，各级官员赶紧来拜见新天子。

张举的政治头脑让人很难想象这种人是怎样当上泰山太守的，他等来了幽州牧刘虞。

刘虞被灵帝授予幽州牧，由于刘虞之前干过幽州刺史，在东北干工作时和乌桓的关系相当不错，乌桓和公孙瓒之间多了个刘虞做缓冲，因此，一切也变得有了调和的可能。很快乌桓撤退，张举张罗的这个妄图代汉的可笑联盟没多久也崩盘解散了。

乌桓各部参与这次短暂叛乱有一个间接的好处：辽东、辽西、右北平的三郡乌桓一度联合了起来。

一场战役打下来，各部落首领会发现谁最有头羊潜质，谁最能代表部落的利益，各部族在战斗中凝结了鲜血的友谊，血与火的战争永远是松散个体间的黏合剂。

虽然刘虞一度分化了乌桓联合体，但随着190年辽西乌桓大人丘力居死，他的侄子蹋顿上位，这个雄才大略的接班人又一次把三郡乌桓统一了起来。

三郡乌桓之所以会走向统一，除了蹋顿本身的能力之外，还有一

---

① 《三国志·公孙瓒传》：光和中，凉州贼起，发幽州突骑三千人，假瓒都督行事传，使将之。

定的时局与客观原因。

刘虞在东北内战中被公孙瓒反杀。当时东北军的军力之强盛还是很可怕的，出于和公孙瓒的世仇关系，乌桓内部也因此变得更加团结，来跟公孙瓒死磕。

与此同时，乌桓内部也趁着汉末大乱开始得到了相当规模的汉族人口，史载："三郡乌丸承天下乱，破幽州，略有汉民合十余万户。"

在袁绍的儿子们被打跑后，跟着袁家远迁东北的汉人更是达到了惊人的十多万户。[①]

虽然后投奔过去的汉人并不一定会被蹋顿吸纳为己用，但人口的大量涌入尤其是有着先进生产力的河北民众流向东北，都客观地为蹋顿乌桓的政治结构带来了稳定，为基础的经济建设做出了贡献。

我们读历史时要仔细观察每一个落后民族腾飞前的接收移民问题，也要树立一个观念：没有任何民族和国家是凭空突然崛起的！一定是得到了大量的"意外之福"！

一个国家和政体的突然崛起有三个要素：

1. 制度建设。（秦得魏国商鞅。）

2. 大量的高水平人才。（优势国家出问题后的人才涌出。）

3. 大量的人口基数和财富积累。（优势国家出问题后的人口涌出，暴力劫掠后的横财，两强相争后得到了溢价红利。）

纵观几千年的历史，无论中外，"落后者"在弯道超车的时候基本都在"先进者"身上得到了上述三要素的"意外之福"！

推及我们生活中，我们的人生会遇到很多像盖茨比（《了不起的盖茨比》中的主人公，钱不知从何处而来的谜一样的年轻人）一样的人物。如果你在和他深交一段时间后，仍然看不明白或是问不出来他是如

---

① 《后汉书·乌桓传》：及绍子尚败，奔蹋顿。时幽、冀吏人奔乌桓者十万余户。

何成为盖茨比的，那通常有两种可能：

1. 他的营生见不得人。

2. 他的营生以迷惑为起手式。

无论是哪种可能，你都要远离他了，因为你很有可能是他"意外之福"的献祭猎物。

史载蹋顿在接纳袁尚、袁熙后，边境各部长老已经开始将他比作冒顿了。[①]

这其实是个相当有含义的信号。

冒顿当年能够驰骋大漠，是因为匈奴在他手上已经变成了一个初具规模的政治共同体。冒顿说的话在北境是相当好使的，整个草原能在他的带领下拉出四十万骑兵吓唬刘邦。

乌桓也迎来了自己民族共同体的巅峰，这个时间长度是十六年。直到 206 年，一统河北的"浪漫"的曹操，在"浪漫"的郭嘉的怂恿下，大冬天"浪漫主义"拉练，奔袭乌桓，然后迎来了自信很多年的"浪漫"的蹋顿。

双"浪"碰撞下，蹋顿被刮倒了。

山西猛将张辽自白狼山俯冲而下，虎豹骑乱阵斩蹋顿。蹋顿及各王大批量被斩杀，乌桓高层集团瞬间出现真空，胡汉降者达二十多万。

辽东单于苏仆延、辽西单于楼班、右北平单于乌延与袁尚、袁熙仅率数千骑逃奔辽东郡。

二十多万人投降，几千人被带走，这也客观说明了蹋顿的集权水平。

曹操自柳城班师至易水，代郡和上郡地区的乌桓单于带着他的中

---

① 《三国志·乌丸鲜卑东夷传》：其后尚、熙又逃于蹋顿。蹋顿又骁武，边长老皆比之冒顿，恃其阻远，敢受亡命，以雄百蛮。

级官员发来了"贺电"。

至此，乌桓这个民族被曹操一战安排明白了。大运在时，有的浪到极致的军事操作确实是能大力出奇迹的。

这二十多万降卒中，有一万余落，约六万人的乌桓精锐被曹操强制迁到了内地。

在人质制度登峰造极的曹魏整编下，乌桓人从此成为天下名骑。①

曹魏的奴隶兵使用水平是相当高的，《魏略》中有一段记载相当有看点：

话说曹操死前不久，拿下了汉中回到长安，派家属已被扣到太原的乌桓王率部队去屯兵池阳，以夷制夷，用来防御卢水胡。结果乌桓王实在是太想媳妇了，于是叛变了，率其部五百骑兵逃回了并州。他到达太原附近后，先是把五百骑兵藏在了山谷中，自己单独去见媳妇，并偷人成功，他们出城后才有人发现乌桓王把媳妇偷走了。汉兵想追又担心乌桓王箭术了得，于是太原官员梁习又找鲜卑雇佣兵去追杀，最终成功射杀驮着媳妇跑不快的乌桓王。②

这位乌桓王的影响力是不小的，曹操知道他叛逃后担心会对边境造成巨大影响，听说梁习顺利弄死了他，便提拔梁习为关内侯。

这有什么看点呢？

1. 在人质制度的控制下，这位乌桓王是曹家的"骑督"。

---

① 《三国志·乌丸传》：及幽州、并州柔所统乌丸万余落，悉徙其族居中国，帅从其侯王大人种众与征伐，由是三郡乌丸为天下名骑。

② 《三国志·梁习传》注引《魏略》：至二十二年，太祖拔汉中，诸军还到长安，因留骑督太原乌丸王鲁昔，使屯池阳，以备卢水。昔有爱妻，住在晋阳。昔既思之，又恐遂不得归，乃以其部五百骑叛还并州。留其余骑置山谷间，而单骑独入晋阳，盗取其妻。已出城，州郡乃觉；民民又畏昔善射，不敢追。习乃令从事张景，募鲜卑使逐昔。昔马负其妻，重骑行迟，未及与其众合，而为鲜卑所射死。

2. 曹魏的异族奴隶兵制度确实有些惨无人道，堂堂乌桓王，因为一个女人铤而走险，估计实在憋得受不了了。

内迁的三郡乌桓被组成奴隶兵军团后，其家属后来基本上完成了编户齐民的改造，就此被统治阶层驯化了。

当时还有独立自主性的是代郡乌桓，有骑兵数万，很有点儿威势。

建安二十三年（218），关二爷作为总牵制点闹得中原反曹声浪此起彼伏之时，代郡、上谷乌桓叛变了。曹操派曹彰前去平叛。

这伙看上去很猛的乌桓武装被曹彰打残，曹彰顺便也吓唬住了在旁边观战的鲜卑能人轲比能。（他的故事下一节会说到。）

乌桓，这个贯穿两汉的少数民族，后面还会被不断提起，在历史进程中也还会有很多支乌桓势力参与，直到东晋末期，慕容垂复国的时候，我们仍然能够看到乌桓人投票参与的情况，但乌桓的体量由于被曹魏一朝太过凶猛地摧残，主体已经被打散，再没有机会以一个强大民族的形式进入历史大视角的舞台了。

由于乌桓和汉族交界，接触最早，冲突也最为频繁，乌桓也因此属于最早被汉族渐渐同化的民族。很遗憾，他们倒在了东汉一头栽倒的前夕。

但是，乌桓在前期的一系列试错对接棒的后来者产生了相当积极的影响。在汉末三国的这段时间，河北的北迁汉人对北境的鲜卑腾飞起到了巨大的帮助作用。

还记得曹操击败袁绍集团后，十几万汉人逃到了辽东吗？鲜卑拿到了巨大的跃迁红利！

大量没有家园的能工巧匠、战败流离的阴谋乱臣来到了北境，帮助鲜卑人兴建城寨，发展农业、手工业，批量制造武器盔甲，引导鲜卑高层学习、了解汉文化与制度。

河北汉人使鲜卑的升级与进步是全方位的，跟蹋顿的"意外之福"

其实是一样的!

这也是"慕容"和"拓跋"能在"五胡时代"占据重大戏份的关键起点!

乌桓被曹操消灭后,地盘开始被东部鲜卑接手,直到西晋初年,在经历鲜卑各位东部大人的漫长混杀之后,东部鲜卑中的三个强大势力最终脱颖而出,他们分别是慕容部、段部、宇文部。(见图2-6)

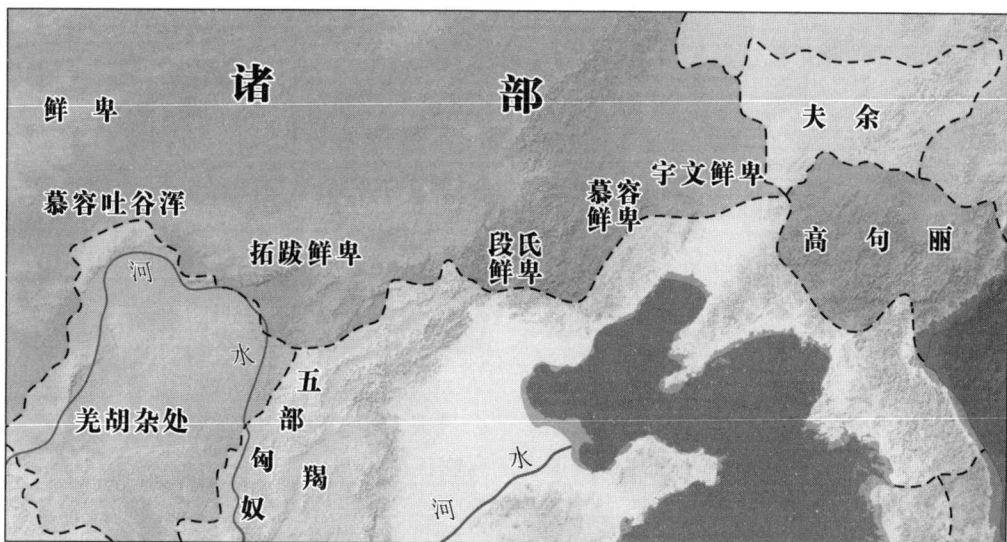

图2-6 鲜卑诸部势力范围

先看最北面的宇文部。

"宇文"这个姓是匈奴姓,出自匈奴的远支,根据地在辽西紫蒙川(今辽宁朝阳)。

在东汉中期,北匈奴被打得被迫西迁,有十余万落开始到辽东去讨生活,最终都入了鲜卑籍。

这个宇文部,部落首脑还是匈奴的宇文氏,部落名也没有变,但在漫长的演化过程当中,部众已经开始"杂胡"化、鲜卑化,成为鲜卑的联合体，受当年鲜卑联盟盟主檀石槐的领导和指挥。

再来看西边的段部。

一提到段氏，我们的第一反应是把慕容表哥弄得很没面子的大理段氏。其实在我国，最早对历史走向产生影响的是鲜卑段氏。

而且吧，和金庸先生写的相反，真实历史中是慕容表哥凌空一通瞎点，把段公子给弄死了。

段部是由辽西本土鲜卑发育而成的，并非像宇文部那样是迁徙过来的。最早段部鲜卑的始祖段日陆眷出身极其卑贱，因为战乱，他被人贩子拐到了渔阳，卖给了当地乌桓大人库辱官做家奴。

他这个家奴的作用，是人形痰盂。[①]

后来渔阳大饥荒，库辱官派会来事的段日陆眷带着一部分队伍去辽西找吃的，老段到了自己老家后就不回去了，开始招诱流亡和叛乱的人，渐渐形成了段部鲜卑集团。

段氏鲜卑的根据地是以辽西之阳乐和令支（今河北迁安）为中心向各地发展的。

最后再来看东北三部中最重要的慕容氏。

慕容部最早的龙兴之地是西拉木伦河的上游（今河北平泉县北至西拉木伦河的西段地区），此地原属于檀石槐分割的中部之地。

在檀石槐死后到轲比能崛起的这段时间，慕容部几经辗转，最终在首领莫护跋的带领下，率部向东迁徙，到达了辽西郡。

确实是树挪死人挪活的，到了这个地方后，慕容部赶上了自己部落有史以来的第一波超级政治红利。

慕容氏的第一个大恩人，是司马懿。

---

① 《魏书·匈奴宇文莫槐传》：诸大人集会幽州，皆持唾壶，唯库辱官独无，乃唾日陆眷口中。日陆眷因咽之，西向拜天曰："愿使主君之智慧禄相，尽移入我腹中。"

司马懿此时被曹叡扔到东北平公孙渊。莫护跋紧紧抱住司马懿的腿，在剿灭公孙氏的过程中与司马懿步调一致听指挥，随后因功拜率义王，始建国于棘城之北，这个外地部落因此顺利扎根并开始发展壮大。[①]

四十多年过去了，慕容部的翅膀开始硬了，281年，慕容部传到莫护跋之孙慕容涉归时叛晋，慕容涉归派儿子慕容廆攻打昌黎。

转过年来282年的三月，安北将军严询在昌黎会战中击败慕容廆，杀伤数万人。慕容部东迁到了辽东北。

慕容部叛晋导致元气大伤，使得身边的饿狼们伺机而动。284年慕容涉归死，儿子慕容廆继立，开始被宇文部和段部欺负。

289年，慕容廆认怂，遣使降晋，不久南下，迁于徒河之青山（今辽宁义县）。

五年后，即294年，慕容部又南下，徙居于棘城（今辽宁锦州附近）。

鲜卑三部的首领并非和睦相处的，而是经常进行争夺战争，在4世纪初，东北三部中最强盛的是段部鲜卑。

后来天下大乱，石勒攻打冀州，段部参战，张宾、孔农对石勒说："鲜卑之种，段氏最为勇悍。"

晋愍帝（313—316）时，河东裴嶷为昌黎太守，扶兄丧东归，欲仕慕容廆。兄子裴开问道："段氏强，慕容氏弱，何必去此而就彼也？"

为什么一开始段部最强大？其实就是因为接壤西晋，所以段部的汉人多，也继承了最多的乌桓遗产，人口基数大，能工巧匠多，具备先进的生产力，就有了先发优势。（见图2-7）

为什么后来慕容氏脱颖而出？我们在这里先预告一下，回看慕容氏那段迁徙的路线，可以看作是慕容部由游牧渐渐开始汉化的过程。

---

① 《晋书·慕容廆载记》：莫护跋，魏初率其诸部入居辽西，从宣帝伐公孙氏有功，拜率义王，始建国于棘城之北。

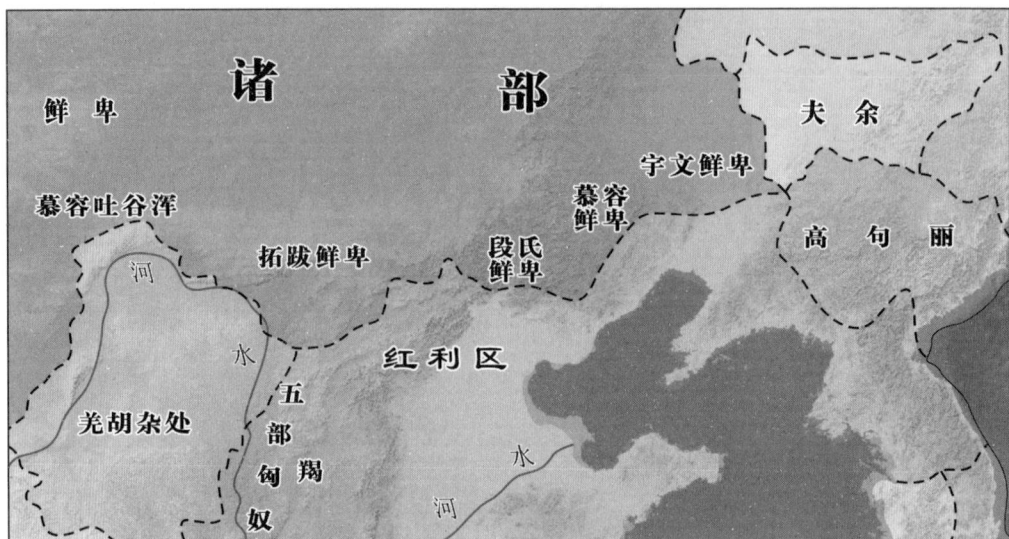

图 2-7 段氏汉化红利区

据史料记载，慕容廆移居棘城后，开始和广大汉人的农业区接壤，也在部落的发展中加入"农桑"元素，也开始学习西晋的法律制度，《晋书·慕容廆载记》载："廆以大棘城即帝颛顼之墟也，元康四年乃移居之。教以农桑，法制同于上国。"

304 年，是慕容部的汉化之始。早早开始搭建的汉化制度框架，将汉化的成果巩固下来，是慕容部不同于段部和宇文部的发展轨迹。

这也使得后来中原崩盘时，慕容氏成为河北汉人的众望所归。这也最终帮助慕容部拿到了东北三部中唯一一张进入中原的门票。

纵观两晋历史，所有少数民族的飞黄腾达，都获得了汉民族馈赠的"意外之福"！

"此消""彼长"，上天在不断地平衡长城两端的力量。

东北的布局还有好久才会登场。

天下大乱的第一波炸药原料很快就要输送完成了。

六、数十万"弹药包"涌入中原

塞外鲜卑在汉末大乱中杀出了曹操的包围圈后，也渐渐交出了自己重新上阵的答卷。

在后檀石槐时代，鲜卑解散为三个地域主体：

一个是上一节说到的东北三部；

一个是檀石槐后裔的步度根集团，辖数万落，控制着云中、雁门、北地、太原等郡的一部分地区；

一个是轲比能集团，控十余万骑，散落控制渔阳、代郡、上谷郡地区。

檀石槐之后的鲜卑能人，是轲比能。史载他的来历为"小种鲜卑"，原来势力很弱，因为他有当年檀石槐的气质，为人勇健，断法平端，不贪财物，被部落推举为首领，他和檀石槐起步时的做法基本是一致的。

轲比能腾飞的关键一步是袁绍统一河北给他带来的助攻。

黄巾、黑山以及一些和袁绍有仇的豪族逃入了北境，教作兵器铠楯和义字，给落后的轲比能集团带去了巨大的生产力，升级了他们的战斗力，轲比能集团由此开始走向强盛。

轲比能集团也开始尝试采用中原化的管理，史载："故其勒御部众，拟则中国，出入弋猎，建立旌麾，以鼓节为进退。"

还是这句话：每一个"落后"民族，要是没有"先进"民族的输血和帮它升级，是根本谈不上崛起、弯道超车的。

大约在公元233年，轲比能集团吞并了步度根集团一统漠南，鲜卑中、西二部再次重组成功，并于次年击破了魏国并州刺史毕轨的讨伐军。

轲比能的异军突起，也吸引了蜀汉丞相诸葛亮的目光，在北伐曹魏教司马懿打仗的陇西会战中，诸葛亮就联络了轲比能一起出兵。貌似来自漠北的鲜卑即将再一次成为中原王朝的巨大威胁。

但是，每当我们回顾曹魏这个王朝时，总会为它已经达到艺术水准的成本控制能力而惊叹。

曹魏在保本大战中，除了关二爷的襄樊战之外，这些年基本上没怎么吃过亏，而且成本控制极佳，总是能一下子抓住重点。这回是幽州刺史王雄派了一名剑客韩龙出塞，成功刺杀了轲比能。

刚刚崛起的少数民族牛在哪里？首领嘛！刚刚起步，制度建设还不成熟，弄死他们的首领，短时间内到哪里能再找这么一位拢得住摊子的强人？

在这里也引申一下，无论是公司还是团体，在剧烈上升过程中，核心领导人一定要防范被竞争对手"斩首"、闹"丑闻"之类的。该配的安保力量和舆论公关部门一定早下手、早打算，千万别大意。

当你剧烈上升时，通常牛的是你这个人，或者说是在你指挥下的那个"优秀兵团"，规模化可复制的一整套东西还都谈不上，对手实在竞争不过你了，直接给你"斩首"就全都解决了，你的下属根本接不住你留下的这一摊。

注意，我是建议大家修炼自己的内功，是堂堂正正地练金钟罩，而不是启发你去害别人。曹魏一朝做事太过阴损，他家最后的下场，人人也都知道。

轲比能被刺而亡，刚刚统一的鲜卑因此在上升期中戛然而止。由于没有了绝对威望的首领而再次变成一盘散沙，互相攻打，大部落开始远遁塞外，小部落开始请服曹魏，曹魏的边境又没事了。

轲比能之死虽然意味着鲜卑作为一个统一政治体的腾飞再次戛然而止，但这次历史车轮的前行并没有白费功夫，巨大的底蕴与势能开始在整个北境孕育、沉淀。

因为有一个部落迅速地接过了轲比能的烂摊子。

话说鲜卑族中最北端的一个部落萌芽于大兴安岭之北，起于白山黑水之间，后来由于条件太过于恶劣，他们迁徙到了呼伦贝尔大泽附近。

再后来，这个部落继续西迁，终于和蒙古草原接触上了，他们遇到了祖辈的老对手匈奴，双方开始了长时间的杀伐、通婚。这个部落被称为拓跋。

在漫长的岁月里，拓跋部日益壮大，在檀石槐组成鲜卑联盟的时候，拓跋部落的首领拓跋邻已经成为西部大人。

檀石槐死后第一届鲜卑联盟解体时，拓跋邻与时俱进，不仅学着檀石槐搞起了世袭制度，还创意性地搞出了八部大人制度。

一旦草原民族的制度和"八"这个数字有了关系，很多冥冥中的腾飞之锁就开始解开了封印，这似乎是以小博大的关键密码。

拓跋部在多年演化后，就并非当年起于白山黑水的那支鲜卑了，因为多年来不断吞并、通婚的其他部落，比如后面要说到的"帝族十姓"中的"纥骨氏"和"乙旃氏"，就原来分别是丁零族的部落。（史书中出现丁零、敕勒、高车、铁勒时，其实说的是一个民族。）

拓跋邻的这个拓跋部，其实相当于一个小型的联盟。所谓的八部大人，是拓跋邻将整个拓跋部所控制的部落拆分成了八份，派遣自己的七个兄弟各统摄一部，各为一姓氏，分别世袭罔替，七个兄弟部落拱卫他这个主部落，这也就是后世鲜卑八国的最早根基。

1. 拓跋氏由拓跋邻摄领，至魏孝文帝迁洛阳后改为元氏。
2. 纥骨氏由拓跋邻的大哥摄领，后改为胡氏。
3. 普氏由拓跋邻的二哥摄领，后改为周氏。
4. 拔拔氏由拓跋邻的三哥摄领，后改为长孙氏。
5. 达奚氏由拓跋邻的大弟摄领，后改为奚氏。
6. 伊娄氏由拓跋邻的二弟摄领，后改为伊氏。
7. 丘敦氏由拓跋邻的三弟摄领，后改为丘氏。
8. 侯亥氏由拓跋邻的四弟摄领，后改为亥氏。

拓跋邻又在编外加了乙旃氏和车焜氏，后分别改为叔孙氏和车氏，合在一起就是所谓的"帝姓十族"。

因为都是亲戚，所以拓跋邻定下了规矩："凡与帝室为十姓，百世不通婚，太和以前，国之丧葬祠礼，非十族不得与也。"

拓跋邻此次改制的最大意义是他不仅确定了拓跋氏的世袭制度，还取消了原来异姓部落的酋长资格，将自己的兄弟换过去做了老大。当然，他也做了妥协，他的兄弟改成异姓部落的姓，不过至此所有部落的控制权都在拓跋氏及其有血缘关系的人手里了。

举个例子说明一下：一个门阀有十个儿子，其中一个人继承本家家产，剩下九个儿子给其他九个大姓当上门姑爷去了，连姓都改了，但是，这九个姑爷带着对方家产入股本家来了，十家变成一个巨大的联盟。

最初的部落联盟组织，讲究推举，比如檀石槐、轲比能等人，都是被推举出来的，通常是各小部落推举出小帅，然后在小帅之间再推举出一个代表大部落的大人。各大人之间再推举出盟主，当然，实力越强的部落说话权重就越高。

檀石槐时代，拓跋部所在的西部有二十多个"邑"。[①]史载留名的有三个大人，相当于平均一人管理七个"邑"。

拓跋邻改制的这"八部大人"，大概率就是原来他下辖的八个"邑"。

在这个开始世袭的时代，拓跋邻最大化地固定与夯实了拓跋部的家产。

到了拓跋邻之孙拓跋力微时，拓跋部兼并了五原郡强大的没鹿回部，随后诸部大人开始归附。

除了之前的八部大人拓跋十姓之外，又有原匈奴部、高车部、柔然部等诸多民族的部落加入了拓跋部，此时拓跋部的实力已经达到控弦上马者二十余万了。

大概说一下，原匈奴籍的有：贺赖氏（后改为贺氏）、独孤氏（后改刘氏）、须卜氏（后改卜氏）、丘林氏（后改林氏）、宿六斤氏（后改为宿氏）。

丁零籍的有：乞伏氏（后改为扶氏）、解批氏（后改为解氏）、奇斤氏（后改为奇氏）、贺拔氏（后改为何氏）、屋引氏（后改为房氏）。

柔然籍的有：阿伏干氏（后改为阿氏）、叱吕氏（后改为吕氏）、尔绵氏（后改为绵氏）。

东部诸族的有：乌桓氏（后改为桓氏）、薄奚氏（后改为薄氏）、莫舆氏（后改舆氏）、素黎氏（后改为黎氏）、匹娄氏（后改为娄氏）、吐伏卢氏（后改为卢氏）、莫那娄氏（后改为莫氏）……

今天的太多姓氏，很难知道家族的根是少数民族还是汉族，因为

---

① 《后汉书·鲜卑传》：从上谷以西至敦煌、乌孙二十余邑为西部，各置大人主领之，皆属檀石槐。

有太多的少数民族在汉化的过程中都改成汉姓了。

拓跋部在壮大的过程中，其实有些类似于又一次变成以阴山为中心，盘踞边塞的一个大规模联盟共同体，不过这个网络的进化开始能够看出不同于以往的状态了。

最核心的是拓跋氏。

外面一层是帝族九姓拱卫，这是每年跟着拓跋氏有祭祀资格的。

再外面一层，是后面不断归附的部落，拓跋氏会跟其中一些实力派部落进行通婚，起到慢慢同化对方的作用。

拓跋部在逐渐壮大的过程中，不可避免地和曹魏产生了接触。

258年，拓跋力微迁徙部众到定襄郡盛乐城（今内蒙古自治区和林格尔县以北），他吸取了轲比能的教训，本着要买卖不要杀害的原则，开始和曹魏进行友好往来。

261年，拓跋力微遣长子拓跋沙漠汗到洛阳为人质，目的就是与曹魏建立互市。

此时是司马家代魏的关键时期，司马昭即将伐蜀，拓跋力微送人质的信号属于给司马昭面子，所以拓跋部也得到了很多红利性政策，从此每年都有许多中原的金帛缯絮从洛阳运输到盛乐。①

在禅代之际，安抚成本特别高，我们的通常印象都是对官僚阶层的收买成本高，但其实高成本是表现在方方面面的，比如为了渲染这种内附的"祥瑞"以及保证边境的暂时平稳，中原王朝就需要对北境付出高溢价。

待遇提高了就降不下来，以后就都是事。晋初的时候，拓跋部已经有部落数万家进入云中地区，②因为拓跋部扩展的速度太快了。

---

① 《魏书·序纪》：为魏宾之冠。聘问交市，往来不绝。魏人奉遗金帛缯絮，岁以万计。
② 《宋书·索虏传》：晋初，索头种有部落数万家在云中。

解决拓跋部尾大不掉问题的，是老臣卫瓘。

267年，拓跋沙漠汗从西晋回到拓跋部准备接替年老的拓跋力微，但是拓跋力微越活越硬朗，时隔八年，275年六月，拓跋沙漠汗再次以太子的身份到西晋去朝贡，这回就被扣留在西晋了。

司马炎都已经准备放拓跋沙漠汗走了，但征北将军、幽州刺史卫瓘说："不能放他回去啊，他爹这些年很不老实呀！"

司马炎本来是不同意扣人的，但卫瓘说要做局，请求收买拓跋部的各部股东让他们互相残杀，于是就扣下了拓跋沙漠汗。

过了一年多，在卫瓘已经把礼都送给拓跋部的执政官和外部各大人之后，司马炎才让拓跋沙漠汗回到拓跋部。

听说儿子回来了，拓跋力微派了各部大人去迎接，大家喝酒喝得很开心。

喝一半时，拓跋沙漠汗看到天空中有鸟，于是说："看我把它射下来。"

拓跋沙漠汗为什么喝多了要打鸟呢？因为男人嘛，炫耀属性多多少少是有的，他这些年在"国际大都会"洛阳学会了玩弹弓子。

拓跋沙漠汗拿出弹弓子，"啪"的一声就把那鸟给崩下来了，各部大人都看傻了。显摆的人，通常就不会有好结果，而且他们本来就都收了礼准备害他呢，正好他自己送了这么大的一个口实。

各部大人私下沟通说："这小子太牛了，空手打鸟，这是在晋国学了法术回来的，不是过日子的人啊！他继位后肯定会走改革的道路，咱们肯定都得不了好，不如其他的王子更能代表我们的根本利益。"[1]

各部大人达成共识后，开始陷害拓跋沙漠汗，他们先跑回拓跋力微那里告状，说："你儿子太牛啦，空弓打鸟，他在晋朝都修成魔法师

---

[1]《魏书·序纪》：时国俗无弹，众咸大惊，乃相谓曰："太子风彩被服，同于南夏，兼奇术绝世，若继国统，变易旧俗，吾等必不得志，不若在国诸子，习本淳朴。"

了，这是乱国害民之兆啊！这儿子您可得掌掌眼！"

恰好拓跋力微心里也有了波动，由于这些年拓跋沙漠汗不在身边，就挺喜欢身边其他孩子的，而且他已经年老昏聩，听到各部大人都说拓跋沙漠汗已经被晋国洗脑了，因此，拓跋力微说道："要是你们都觉得不行，那就杀了吧。"于是诸部大人又飞奔回去弄死了拓跋沙漠汗。

其实，拓跋沙漠汗已经汉化很深，他回来继位是非常符合晋朝利益的。为什么司马炎要听卫瓘的建议扣住他，又为什么要做局弄死这个太子呢？因为这仅仅是老阴谋家卫瓘的第一步。

杀了拓跋沙漠汗后，卫瓘是这么走的。

此时塞外乌桓已经式微，归顺于拓跋部，卫瓘的后招是乌桓王库贤。

库贤是拓跋力微的亲信，在拓跋力微得病的时候，他选择了背叛，收了卫瓘的礼去挑动诸部离散，在大庭广众之下高调地磨刀霍霍。[1]

部落大人们都问："你这是在干什么呢？"

库贤回答道："拓跋力微恨你们杀了他儿子，正打算将各位大人的长子全都抓来给他儿子陪葬。"[2]

各部大人纷纷感谢库贤的示警，他们觉得拓跋力微现在重病，不用担心他的报复了，于是纷纷带领部族散去。拓跋力微没多久就病死了，拓跋部在拓跋力微时代的壮大联盟被卫瓘的连环计给摧毁了。

卫瓘并不希望看到一个亲晋的统一大联盟，他希望看到的是可以各个击破的松散小部落。

玩阴谋，中原政权的这帮老臣真是祖宗。

---

[1] 《魏书·序纪》：乌丸王库贤，亲近任势，先受卫瓘之货，故欲沮动诸部，因在庭中砺钺斧。

[2] 《魏书·序纪》：诸大人问欲何为，答曰："上恨汝曹谗杀太子，今欲尽收诸大人长子杀之。"

当然，还是那句话，人太阴损了真的不好，卫瓘这辈子这种事没少干，最后结局是看着自家被灭门，黄泉路上一家老小不孤单，也挺悲惨的。

拓跋部虽然解体，但跑的都是外部大人，相当于回到了拓跋邻时代，之前称雄西部的八部大人老底子的基本面还是在的，不过拓跋部仍然陷入了长达二十年的恢复与重振当中。

背叛的那些部落，有的重新回到了拓跋部怀抱，有的被消灭，有的被兼并，但大多数则南下投入了晋国的怀抱。

自打277年拓跋力微死，整个晋朝北境迎来了罕见的大规模内附。

277年，安定、北地、金城诸胡吉轲罗、侯金多及北虏热同等二十万人又来降；西北杂虏及鲜卑、匈奴、五溪蛮夷、东夷三国前后十余辈，各帅种人部落内附。

279年三月，匈奴都督拔弈虚帅部落归化；冬十月戊寅，匈奴余渠都督独雍等帅部落归化。

284年，复有匈奴胡太阿厚率其部落二万九千三百人归化。

286年，匈奴胡都大博及萎莎胡等各类大小凡十万余口，诣率雍州刺史扶风王骏降附。

287年，匈奴都督大豆得一育鞠复率种落大小万一千五百口……来降，并贡其方物，帝并抚纳。

其中，277年和286年两次内附的人数最多，达到了惊人的三十余万。

《晋书·地理志》载：晋初雍州户九万九千五百，按一户以五口计，雍州人口约五十万左右。

自东汉以来，氐、羌纷纷内迁雍州，这计算出来的五十万口不完全是汉人户口，还包括"编户氐人"。

上述两次最大规模的北境内附数量，就几乎达到雍州原有户口的一半，实际上内迁的数量远不止于此。上述剩下的内迁并没给出人数，但总量应该不在少数。

对于这些海量的移民内附，中原王朝给出了一个统称，叫"杂胡"。

"杂胡"之称，最早出现于280年司马炎平吴后郭钦的"徙戎"上疏："裔不乱华，渐徙平阳、弘农、魏郡、京兆、上党杂胡，峻四夷出入之防，明先王荒服之制，万世之长策也。"

郭钦所说的五郡"杂胡"，其实就是拓跋力微死后，从拓跋鲜卑母体上分离出来逐渐融入中原的各族部落。①

"杂胡"在短时间内源源不断地涌入了北境长城，进入并州和关中。不仅北境如此，东北边境也出现了大量的内附人口。

280年，六月甲申，东夷十国归化。

281年，夏六月，东夷五国内附。

282年，九月，东夷二十九国归化。

286年，八月，东夷十一国内附。

东夷诸国人口的大批归化，也和东北的慕容、宇文、段部三鲜卑的迅速壮大与不断杀伐、兼并地盘有着极大的关系。

等于在短短的十几年时间里，大量被打败的、不受待见的、非主流的"杂胡"从北境大规模地进入了中原内地。

这个时候，最关键的问题来了：为什么早不内附？为什么在这个时间段如此海量的"杂胡"纷纷开启了内附之路呢？

有两个原因：

---

① 《晋书·扶风王骏传》：安定、北地、金城诸胡吉轲罗、侯金多及北虏热寙等二十万口又来降。《晋书·武帝纪》：西北杂虏及鲜卑、匈奴、五溪蛮夷、东夷三国前后十余辈，各率种人部落内附。

1. 明面上原因是此时西晋平吴，声威远播。

2. 深层原因是司马炎需要这种"万国来朝"的政治造势！

当时是什么时间段？是司马炎、司马攸暗战结果即将揭晓的时候！

282 年年底，西晋一朝发生了最大的政治武斗——齐王司马攸出镇事件，司马炎在和他弟弟司马攸对垒。

司马炎允许如此大规模的"杂胡"内附，不顾西晋王朝的承受能力，不过是因为"万国来朝"的面子问题！

他需要借助海量"杂胡"的内附，来给自己的灭吴功德添砖加瓦，从而一掌震死那个恶心了他二十年的弟弟！

但是，他因为面子问题和政治动机而开放边境允许"杂胡"大规模内附，却给华夏民族带来了悲惨的三百年的大动乱。

是否可以把这一长串的历史逻辑链条连接起来了呢？后来胡马南下中原之所以如此迅速，以致风起云涌，他们闹事的人力基础是怎么来的？是从司马炎允许"杂胡"大规模内附来的。

一切历史，都是演化的，都是有逻辑的，都是环环相扣有因有果的。历史的布局草蛇伏线，灰延千里，将大戏的所有重要元素沿着长城两边在同一时间凑到一起了！

司马氏因无敬无畏而带来了诅咒的死局。

数十万"杂胡"带着"百年仇恨"涌入内地。

看起来一切都有条不紊，但就等待风云际会后的那一嗓子终极引爆！

在这个时间段涌入华夏的几十万"杂胡"，极大程度上成就了所谓"五胡乱华"中的前两胡。

为什么贾南风能够兜住司马炎死后的十年政局？因为历史本身在等待几个关键角色的蓄力和成熟！

数十万"杂胡"在二十年后迎来了他们的第一个主人。这个主人的部落曾经拥有着数百年入侵中原的历史，但如今已经被中原政权成功地阉割与改造了，在阉割与改造的过程中所带来的种种刻骨铭心的屈辱，数百年来，使他们在心中蕴藏了血海深仇。

它的名字，叫南匈奴。

七、一个老对手的百年阉割之路

南匈奴自打公元49年内附东汉充当边境防卫军后，就逐渐掉入了刘秀对他们的阉割陷阱中。

一晃，百年时间匆匆而过，很多事情发生了本质的变化。

140年四月，南匈奴左部句龙王吾斯、车纽等人叛乱了，率三千余骑兵攻西河郡。

五月，左部又勾搭了南匈奴右贤王抑鞮等，合兵七八千骑围攻美稷，杀朔方郡、代郡长史。

朝廷安排度辽将军马续和护匈奴中郎将梁并、乌桓校尉王元等人征发了边郡武装和乌桓、鲜卑、羌胡的雇佣兵，凑了两万多人进行反击，成功平叛。

对于此次叛乱，朝廷给了政策：只要投降，这事就算过去了。度辽将军马续把这个政策带给了叛军，被左部勾搭的右贤王抑鞮率一万三千余人投降了。

事后汉顺帝比较生气，派人痛骂了南匈奴单于休利，说他管理失责，要对此次叛乱负主要责任。其实休利单于一直以来乖得很，根本没敢造反，听到汉家皇帝怒了，赶紧来向护匈奴中郎将谢罪。

朝廷派来的新护匈奴中郎将陈龟是个铁腕人物，对于南匈奴造反这事很愤怒，展开了疯狂的精神压迫大法，休利和其弟左贤王竟然自杀了。①

堂堂的南匈奴单于被大汉的监军逼死了。

陈龟说"单于不能制下"，为什么把单于的弟弟左贤王也给逼死了呢？因为右贤王归单于直接领导，左部归左贤王直接领导，这两部都叛变了，你们是怎么管理的，还有脸活着？

虽说陈龟因为这事被免官下狱，但这次外交事故也从侧面说明了南匈奴为什么会叛乱。

百年来，东汉把南匈奴欺负得太厉害了，南匈奴觉得太屈辱了。

再深入想一想，是东汉的管理水平已经到很高级别了吗？也不是，只是因为鲜卑已经逐渐拿下了塞北，所以南匈奴回不去塞外了，雄起呢，又日渐失去资本。

单于作为部落权威在汉朝的阉割下失去了整个南匈奴的民心，内部开始四分五裂，南匈奴这只青蛙已经有点跳不出东汉这口锅了。

说到底，还是当年刘秀熠熠生辉的好想法。

让人家攥着命门，生死就永远取决于人家的心情。落后就要挨打、就要受辱，就要"摇尾乞怜"。

由于南匈奴的继承统序是左贤王继位，现在单于和左贤王同时自杀，因此，南匈奴单于之位没有了法理上的接班人。

叛逃的左部王吾斯拥立车纽为单于，南匈奴进入了没有"汉朝领导人"的状态。

这种情况一直持续了两年多，直到143年，护匈奴中郎将马寔刺杀了匈奴内叛的首领吾斯，汉顺帝派了个叫兜楼储的人回南匈奴做被大

---

① 《后汉书·南匈奴传》：龟以单于不能制下，逼迫之，单于及其弟左贤王皆自杀。

汉认可的单于。

144年夏四月，马寔再出击叛逃出塞的南匈奴左部，大破之，跟着叛乱起哄的胡、羌、乌桓也全都投降了，东汉算是彻底帮"儿单于"兜楼储坐稳了南匈奴单于的位子。

这个兜楼储，据说是南匈奴的"守义王"，所谓"立南匈奴守义王兜楼储为南单于"。"守义"，顾名思义，就是汉朝的人。

兜楼储继承单于的法理在哪里，已经不清不楚了，既不是兄终弟及，也不是父死子继，完全是汉朝直接安排的。

没两年兜楼储就死了，147年继位的新单于叫居车儿，其世系史书更是无载。极大概率还是东汉所立的一个傀儡代言人。因为桓帝时代南匈奴又闹事了，张奂上书说："这个居车儿实在是个废物，换一个吧。"

桓帝回答说："居车儿作为傀儡一直相当听话，别瞎折腾，你把他安排好了。"[①]

东汉朝廷的种种做法，实在太不拿老牌强人匈奴当回事了！太不拿南匈奴联盟中的所有部落当回事了！

最起码新立的南匈奴单于应该根据单于家族的世系进行筛选，这样谁也说不出什么；或者也要考虑南匈奴内部的想法，进行新一轮的代言人角逐，从中挑选一个来扶植。

结果东汉朝廷从洛阳直接空降一个，不清不楚地就给安排了，太不拿人家当回事了！

158年，南匈奴诸部全都叛变。

由此也看出来所谓的单于根本没有权威，得不到南匈奴各部的拥戴。

_____

① 《后汉书·南匈奴传》：桓帝诏曰："《春秋》大居正，居车儿一心向化，何罪而黜！其遣还庭。"

不过东汉武运绵长，这次叛乱又被"凉州三明"之一的张奂平定了。[1]

东汉后期的"凉州三明"，其历史作用被严重低估了。也就是在这个时候，张奂谏言汉桓帝不能再让居车儿做单于了，应该立其左谷蠡王。[2]

张奂之所以会这样上书，是因为他身在一线，已经非常清楚地看到不能再这样下去了，南匈奴已经被安置在塞内了，当初对南匈奴的阉割步骤中很关键的一项是让他们作为防御力量去打塞外的游牧民族。

现在南匈奴已经四分五裂濒临破产，动不动还需要汉王朝去讨平反叛，实在不符合东汉朝廷的国防要求。

让南匈奴内附是要靠他们以夷制夷的，是花钱让他们去收拾别人的，不能总让东汉朝廷花钱去收拾他们！

所以此时有一个匈奴内部认可的单于出来主事是相当重要的。

但汉桓帝被这个居车儿奉承得实在太爽了，这傀儡当的让东汉朝廷没话说，桓帝坚决不准换。

此次平叛后，南单于的继承顺位在居车儿这一脉传了下去，檀石槐于塞外崛起后，张奂曾经带领南匈奴武装出击过，但大败而回。

单于像东汉朝廷的小弟一样，这样的南匈奴还能有什么战斗力。

179年，单于传到了居车儿的孙子呼征，呼征单于居然不听话了，忘了当年他爷爷是汉廷的小弟，没有摆正自己的位置，跟护匈奴中郎将张修不对付，结果张修把呼征单于给杀了，就地立了右贤王羌渠为单于。[3]

动不动就当着人家的面杀人家村长，还随便指派下一任村长。这种让南匈奴感到极度屈辱的行为，当年东汉朝廷经常干。

---

[1] 《后汉书·南匈奴传》：延熹元年，南单于诸部并畔，遂与乌桓、鲜卑寇缘边九郡，以张奂为北中郎将讨之，单于诸部悉降。

[2] 《后汉书·南匈奴传》：奂以单于不能统理国事，乃拘之，上立左谷蠡王。

[3] 《后汉书·南匈奴传》：二年，中郎将张修与单于不相能，修擅斩之，更立右贤王羌渠为单于。

张修后来被朝廷下狱，以此平复南匈奴的面子难堪问题，但承认了张修擅自立的羌渠为新单于的既成事实，表示呼征单于我们杀了就杀了，你们要摆正自己的位置，别太拿自己当人。

九年后，188年，黄巾起义已蔓延四年的中原大地四处松动，张纯和乌桓又在幽州搞起了叛变，灵帝诏令征发南匈奴出兵幽州，羌渠派遣其子左贤王于夫罗率兵前往。

面对这次调兵，南匈奴内部再也不忍了，他们看到东汉已经成了破屋子，因此组织了有史以来的最大规模叛变，杀了羌渠，十万人宣布不再服从东汉的调遣！①

在此次南匈奴举族皆叛、反杀羌渠的事件中，一个有着数百年历史的凶猛部落终于冒头进入史书的大视角了：休屠各。

休屠各这个名字貌似很陌生，但其实是因为几百年的音译传称有所变化，它的原名，叫休屠。

话说二百七十年前，西汉元狩二年（公元前121年）春，太阳王刘彻派出了匈奴的命中杀星霍去病去打通河西，随后就是各种惊悚战报传到了匈奴王庭。

第一次河西之旅，霍去病率领万骑汉军对匈奴河西分区两大分支实施了小型"核爆"打击，生擒浑邪王太子及相国、都尉等大小头领，斩首八千九百余级，休屠部的祭天金人都被霍去病装兜里带回长安了。

同年秋，霍去病再去河西，浑邪王和休屠王两部再次被霍去病搞死好几万人。

本部的匈奴人大怒，伊稚斜单于要他俩来本部进行年底述职报告。浑邪王和休屠王一合计，决定投降霍去病。走到半路，休屠王反悔，被

①《后汉书·南匈奴传》：国人恐单于发兵无已，五年，右部醯落与休著各胡白马铜等十余万人反，攻杀单于。

浑邪王杀了，浑邪王率领两部四万余人投降汉朝。

休屠部算是最早内附中原王朝的那批匈奴部落。休屠部的王子我们更加熟悉，就是马夫界有史以来出过的最大领导金日磾，是武帝托孤五大臣中的二号人物。

金日磾的出息，很大程度上也给了休屠部巨大的政策红利，休屠部的足迹随后辗转武威、北地、五原、朔方、西河诸郡，一直在北境线上来回溜达，在两百多年的繁衍生息中不仅没有被吞并、离散，反而扮演着兼并人的角色，在中原边境始终保持着部落的名号与自由度。

这在内附部落中相当不寻常。因为两汉时内附的匈奴王没上百，也得有数十，但最终并没有剩下几个。他们要么被灭了，要么被吞并了。

总之，休屠部是一个活得很坚挺、一直扮演吞并角色的部落。

在两百多年的演化过程中，休屠的名字逐渐成为休屠各，慢慢又变成屠各。

休屠部第一次进入史书记载是桓帝永寿年间（156），休屠部和朔方乌桓反叛，烧了五原度辽将军的办公室。

张奂接到休屠部反叛的消息后，按照游牧民族"海誓山盟不如眼前利益"的轻车熟路套路，勾引了乌桓内鬼，搞了次内部暗杀，杀了休屠各的头目们，随后再一出击，休屠部就都投降了。[1]

蛰伏三十年后，来到东汉末年，休屠各这回的反扑相当凶猛，已经开始引领南匈奴的反叛了。

此次声势浩大的叛乱开端，就是 187 年底，休屠各叛乱，次年正月入侵西河杀其郡守，三月又杀了并州刺史张懿，随后成功勾引南匈奴

---

[1] 《后汉书·张奂传》：乃潜诱乌桓阴与和通，遂使斩屠各渠帅，袭破其众，诸胡悉降。

左部杀了羌渠，南匈奴全族叛变。[①]

休屠各是此次南匈奴有史以来最大叛乱的"震中"。

羌渠死后，其子于夫罗想继位，但被全体匈奴人轰出去了，推举了一个叫须卜骨都侯的人为单于。

于夫罗向东汉求助，但此时很巧，灵帝死了。后面就是汉末崩塌大戏上演，并州的军力被丁原带进了洛阳进行政治豪赌，整个并州几乎成为无政府状态，于夫罗率数千骑的嫡系与白波黄巾合兵攻打河东郡诸县，屯兵落脚在了平阳。

并州虽然没有了州军，但自保的能力却相当强。由于并州地处羌胡杂居之处，地方豪族的防范意识本就很强，外加三晋大地千沟万壑的地理环境，因此自保条件很优越。黄巾起义此时已经过去了五年，坞堡组织再次林立于三晋大地，于夫罗根本没什么大作为。[②]

于夫罗一度想再回南匈奴，但没提继位的事，史书上说"复欲归国，国人不受，乃止河东"。

近五十年，只要是单于，就全都是东汉立的，这个印象已经在南匈奴内部根深蒂固了。

南匈奴内部自立的须卜骨都侯单于在一年后死了，南匈奴从此不再设单于，改由有资历的部落酋长行使国事。在这个时间段，南匈奴联盟开始重新走上推举制的道路。

无家可归的于夫罗在讨董卓时，加入了袁绍、张杨的大军；又变主意劫持了张杨，被袁绍痛打，逃到了黎阳；在袁绍四面受敌时想占便

---

① 《后汉书·灵帝纪》：十二月，休屠各胡叛……五年春正月，休屠各胡寇西河，杀郡守邢纪……三月，休屠各胡攻杀并州刺史张懿，遂与南匈奴左部胡合，杀其单于。

② 《后汉书·南匈奴传》：会灵帝崩，天下大乱，单于将数千骑与白波贼合兵寇河内诸郡。时民皆保聚，钞掠无利，而兵遂挫伤。

宜，却又被曹操教训；和袁术勾搭过，但又被曹操一通暴打……

总体上活得很悲催。196 年，于夫罗死，其弟呼厨泉立。

呼厨泉一上位就赶上了献帝东归，在献帝走投无路之时，有白波军背景的杨奉来求救，呼厨泉派右贤王去卑帮着白波军打李催、郭汜。①

接下来，史书中非常有意思的内容就出现了：呼厨泉在此次政治投机后去了洛阳，随后又去了许都，再之后，就顺利"归国"了，并且又变成了南匈奴单于。②

之前于夫罗死活归不了国，在外面飘了七八年。怎么现在于夫罗的弟弟呼厨泉就回得去了呢？怎么又神奇地变成南匈奴单于了呢？

从呼厨泉"及车驾还洛阳，又徙迁许，然后归国"的行程来看，很明显，曹操成了他的背后金主。

曹操手上有献帝，能给他开出官方的南匈奴单于任命文书。但是，呼厨泉的上司并非曹操一个。袁绍成为呼厨泉在归国过程中又抱上的一条大腿。因为直到袁绍病死，袁尚和曹操抗衡的时候，呼厨泉都是听从袁家调遣的。③

由于这个阶段的南匈奴实在登不上台面，所以史书中对呼厨泉单于的"流浪记"并没有详细描写，但呼厨泉之所以能够在离开南匈奴联盟七年后重新夺回属于自己家族的一切，是因为背后的金主是手里握着"大汉最终解释权"的曹操以及太行山东面实力雄厚的袁绍。

这个世界，永远是看实力的，永远是谁赢，他们帮谁的。206 年，

① 《后汉书·呼厨泉传》：建安元年，献帝自长安东归，右贤王去卑与白波贼帅韩暹等侍卫天子，拒击李催、郭汜。

② 《后汉书·呼厨泉传》：及车驾还洛阳，又徙迁许，然后归国。二十一年，单于来朝，曹操因留于邺，而遣去卑归监其国焉。

③ 《三国志·张既传》：袁尚拒太祖于黎阳，遣所置河东太守郭援、并州刺史高幹及匈奴单于取平阳。

袁家败象大显，袁绍的外甥高干再次向呼厨泉求救时已经得不到回应了，南匈奴回到了曹操的怀抱。①

并州被曹操收复之后，猛人梁习上任了，就是前面提到弄死乌桓王的那位，梁习从根本上完成了对南匈奴的阉割。

袁绍家族解体后，并州可谓群雄割据，各部落开始趁机吞并汉人的吏民，各土匪势力也各占山头为非作歹，针对当时的混乱情况，史载："时承高干荒乱之余，胡狄在界，张雄跋扈，吏民亡叛，入其部落；兵家拥众，作为寇害，更相扇动，往往棋跱。"

梁习到任之后，秉承被曹操玩得轻车熟路的扣留人质的思想，分四步走，将"土匪"并州打造成了"大美"模范州。

1. 开始将并州的豪强们举荐到自己的幕府中。②

2. 等豪强们都派代表上班后，就开始征发其兵丁为雇佣兵，劝他们建功立业保家卫国。③

3. 等这帮小伙子出征后，就把他们的家人都送到邺城做人质。④

4. 这个时候如果再有不听话的人，梁习就一改温和面孔杀人不眨眼。⑤

在梁习的治理下，并州是什么样子呢？

史书中举了南匈奴的例子来说明并州的状态：单于恭顺，名王稽颡，部曲服事供职，同于编户。也就是说呼厨泉很温顺，部落长老们见

---

① 《三国志·武帝纪》：十一年春正月，公征干。干闻之，乃留其别将守城，走入匈奴，求救于单于，单于不受。

② 《三国志·梁习传》：习到官，诱谕招纳，皆礼召其豪右，稍稍荐举，使诣幕府。

③ 《三国志·梁习传》：豪右已尽，乃次发诸丁强以为义从；又因大军出征，分请以为勇力。

④ 《三国志·梁习传》：吏兵已去之后，稍移其家，前后送邺，凡数万口。

⑤ 《三国志·梁习传》：其不从命者，兴兵致讨，斩首千数，降附者万计。

到梁刺史要下跪行礼，部曲们指哪里打哪里，和汉人的编户一样。

由于并州成了模范州，我们在三国季时基本没看见这个地方有什么剧情，梁习的工作也为曹操进一步改组、阉割南匈奴提供了底层支柱。

216年，曹操晋升为魏王，呼厨泉来拜码头。

来了就回不去了，曹操用上宾之礼将其扣在了邺城，派其右贤王去卑监管南匈奴诸部。①

去卑监国后不久，曹操实施了新政策，将并州的南匈奴集团和屠各集团拆分成了五部，选择了联盟中的豪贵族姓为帅，每一部都派了汉人司马做监军。②

此时南匈奴的地位连东汉时代都比不上了，史书中明明确确写了这样一句话："建安中，呼厨泉南单于入朝，遂留内侍，使右贤王抚其国，而匈奴折节，过于汉旧。"

这个时候，曹操不仅对南匈奴下手了，而且连屠各也被一起混编进五部进行统一管理了。

此前，曹操对于南匈奴和屠各一直是分别管理的，是各有官印的，比如出土官印有南匈奴的"魏匈奴率善佰长"，屠各的"魏屠各率善邑长"，而且建安二十一年（216）十月的《檄吴将校部曲文》中，将两个部落进行平等的罗列："故大举天师百万之众，与匈奴南单于呼完厨，及六郡乌桓、丁令、屠各、湟中羌獂，霆奋席卷，自寿春而南。"

南匈奴是南匈奴，屠各是屠各，虽然都是匈奴族裔，但却是两个不同的政体。

---

① 《三国志·武帝纪》：匈奴南单于呼厨泉将其名王来朝，待以客礼，遂留魏，使右贤王去卑监其国。

② 《晋书·北狄传》：建安中，魏武帝始分其众为五部，部立其中贵者为帅，选汉人为司马以监督之。

具体此次混编屠各部在五部中有多大的势力范围并不好确定，只是知道屠各首领刘豹被任命为左部帅。①

这次改编，曹操不仅将整个并州的匈奴族裔进行了重新整编，还对姓氏提出了汉化要求。

同化一个民族，从姓氏上下手是必须的，是首要的。怎么才能让他忘了自己是谁？第一步就是让他连自己以前姓什么都不知道。

曹操的一生堪称试错大神，当年宛城招嫖被扫黄打非后就搞出了曹魏腾飞的人质心得，随后越老越妖，在人性的制度建设上不断有新突破。别管是哪种战斗，曹操一直在战斗中成长。

南匈奴的单于呼厨泉和去卑见于史书时都没有改名，但后来他们的家族都改成刘姓，比如于夫罗之弟、拥立刘渊的刘宣就改成了刘姓，去卑之子刘猛也改成了刘姓。

在这次改姓中非常有意思的是，曹操让南匈奴跟了屠各的姓。② 因为屠各很久之前就已经改成刘姓了。

《晋书·刘曜载记》中说："曜父某、祖防、曾祖广、高祖亮均为刘姓。"刘曜是左部帅刘豹的孙辈，说明在刘豹的祖辈刘亮、父辈的刘广时屠各部就已经改姓刘了。

不仅呼厨泉和去卑的南匈奴一族改姓了，南匈奴其他部落的贵族也一并都改了。

南匈奴中，有四个部落是类似于大股东级别的，史书中称其为"国中名族"，分别是呼衍部、须卜部、丘林部、兰部。这帮"国中名族"后来分别改成了呼延氏、卜氏、乔氏、兰氏（是不是又有熟悉的姓氏了）。

---

① 《晋书·刘元海载记》：魏武分其众为五部，以豹为左部帅。
② 《晋书·刘元海载记》：其余部帅皆以刘氏为之。

曹操改编的这五部中并没有出现上述姓氏，说明此时是南匈奴和屠各的首领分掌这五部。

但是，屠各部对于南匈奴的渗透已经相当深入了，二十多年前就撺掇南匈奴叛乱，此时南匈奴联盟中所谓"国中名族"的四姓跟屠各刘氏都有通婚以及合作的关系。

又过了三十年，事情起了重大变化，所谓的南匈奴刘氏不行了，刘豹的屠各部实质性地将这五部统一成一部了。（是时并州右贤王刘豹并为一部。）

当时曹魏知名的"谏官"邓艾（你就说邓艾上过多少份书吧，真的是人才）给司马师上过一份书，说了三件事：

1. 非我族人其心必异，时时刻刻都要小心这帮蛮夷。[①]

2. 屠各刘豹已经一家独大，要把他分为两国削弱他的势力，南匈奴那支中，去卑作为监国傀儡，这些年干得很不错，但他的儿子已经说不上话了，要给去卑之子一个显号，使其在雁门为我们戍边，把刘豹放在内地继续监管。[②]

3. 现在的胡汉杂居不是个事，汉人都失去了礼仪，这是给那帮蛮夷输送"友谊弹药"呢！[③]

司马师当时忙着抚平内外，顾不上这事，司马昭接班后落实了邓艾的这份建议，先是将五部首领的称呼"帅"给改成都尉，并排查了户口。刘豹统一的匈奴家底有三万落左右，五个匈奴自治县，约十五万

---

① 《三国志·邓艾传》：戎狄兽心，不以义亲，强则侵暴，弱则内附……则胡虏不可不深备也。

② 《三国志·邓艾传》：闻刘豹部有叛胡，可因叛割为二国，以分其势。去卑功显前朝，而子不继业，宜加其子显号，使居雁门。离国弱寇，追录旧勋，此御边长计也。

③ 《三国志·邓艾传》：羌胡与民同处者，宜以渐出之，使居民表崇廉耻之教，塞奸宄之路。

人。①

禅代魏国前，司马昭又将刘豹统一的地盘划分成了三部，让去卑之子刘猛为中部帅，并让刘豹的儿子刘渊来洛阳当了人质。②

去卑之子刘猛在271年正月看到西晋西北有乱，于是举起了叛乱大旗。但是，没人搭理。

十一月，刘猛攻打并州，被并州刺史刘钦所败，又过了两个月，西晋监军何桢讨刘猛，屡破之，后来又开出了暗花悬赏，利诱其左部帅李恪，李恪杀了刘猛投降了何桢。

南匈奴最后的官方旗帜被灭了，屠各成为并州匈奴毋庸置疑的主人。

总体来说，由于东汉中后期南匈奴单于一系的威信被东汉王朝彻底打掉的历史原因，屠各部经过了近四百年的辗转，终于在魏晋禅代时期达到了作为匈奴民族代言人的权势顶端。

对于屠各部来说，这又没什么好自豪的。"帅"都成"都尉"了，继承人也被扣在了洛阳，所谓的统一为一部还是被司马家随便摆布，想拆成什么样就拆成什么样。

但屠各部也在不断上升的过程中积攒了不少潜藏在暗流下的巨大底蕴和能量。

比如说，在整个匈奴共同体内部完成了足够多的联姻和利益捆绑。

比如说，在整合为一部的过程中，屠各完成了对自身实力的整体排查。

---

① 《晋书·匈奴传》：魏末，复改帅为都尉。左部都尉所统可万余落，居太原故兹氏县；右部都尉六千余落，居祁县；南部都尉三千余落，居蒲子县；北部都尉四千余落，居新兴县；中部都尉可六千余落，居大陵县。

② 《晋书·江统传》：咸熙之际，以一部太强，分为三率。《晋书·刘元海载记》：咸熙中，为任子在洛阳，晋文王深待之。

比如说，刘豹在洛阳的那位继承人，已经逐渐将汉人的精髓学到了脑子里……

汉人聪明、勤劳、勇敢，创造并发扬光大了华夏文明，随后牢牢占据了主赛道，优势越来越大，但是，几百年过去了，这个民族总会在一个特定的时间点，出现有史以来的脆弱。

这个时候，恰巧少数怎么打也打不死的异族中冒出来了几个民族，成为陪汉族跑到这一时刻的危险变量。

奇妙又残酷的事情随后就发生了。

西北少数民族被汉人驱逐到艰苦的边境，也总会有最顽强的羌、氐后裔幸存下来，等待汉人变得虚弱。

大漠被冰期煎熬得再苦难，也终归会有拓跋、柔然坚挺于塞北荒原。

关外苦寒，风霜雨雪，却仍然迎来了慕容入关……

天道有情亦无情，上天有好生之德亦有肃杀之怨。一旦拉长到一个时间轴我们就会发现：自古无不灭之朝，自古无长盛之邦。

灭与兴皆源于人在做，天在看。

明白了这一点，我们看之前六百年华夏政权对"蛮、夷、戎、狄"都做过些什么，才能够心理平衡一些地看待之后汉人所经受的摧残。

大运在时，你心安理得；别人抓住机会坐庄后，人家亦会依样画葫芦。

时间来到4世纪，公元300年，此时此刻，长城南北是什么样子呢？

长城塞外：拓跋在恢复中开始重组上市，东北鲜卑三部悄然崛起。

中原内地：羌、氐大乱刚刚平息，关中虚弱；屠各统一了匈奴联盟成了并州隐患；数十万"杂胡"遍布塞内，处处是火药桶！

整个北境摩拳擦掌，战马嘶鸣！

第 **3** 战

八王之乱：时无英雄显竖子，皇皇武德魂消散

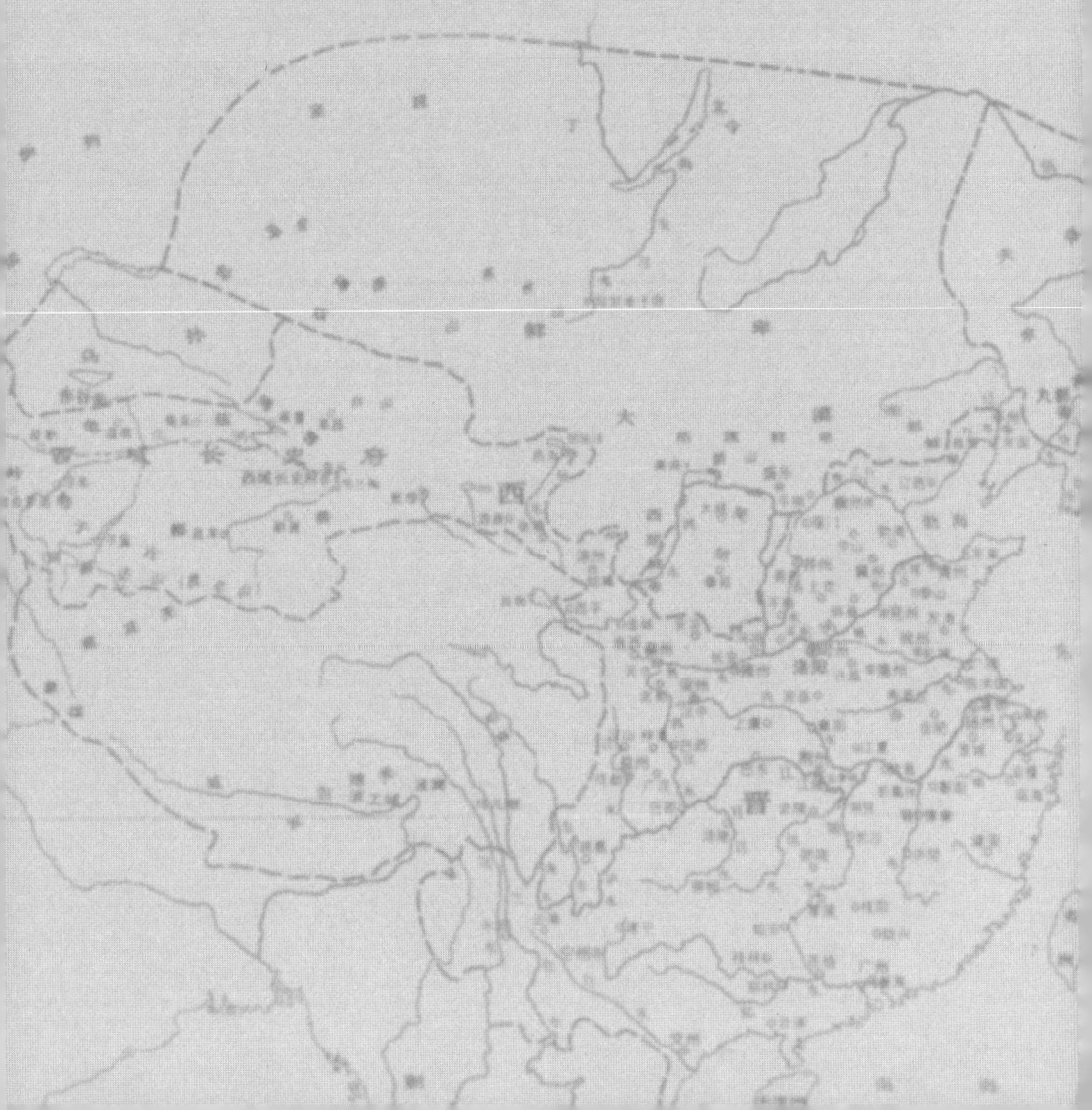

一、"小时了了，大未必佳"的隔辈安排

中国历史上最大规模的家族群殴，就要上演了。

一窝兔崽子手里拿着整个中国的家底去进行家族群殴的，也就是这一战了，可谓前无古人后无来者。

无论是老败家子还是小王八蛋，他们纷纷交出了致敬祖宗的可爱答卷，史上独一档的败家子天团，粉墨登场了。

在说司马家之前，先说一个老天爷的算法。

在老天爷的眼中，所有的物种其实都有概率。在东亚，汉人率先脱颖而出，在积累了一系列文化礼仪、人口数量等优势后，汉人创业政权的成功率也许是百分之五；其他民族最多也就百分之一。

一个汉族创业团队想要打造一个政权的成功概率是百分之五，那么失败的概率就是百分之九十五，看上去好高，但二十个创业团队一块上呢？

别看还是百分之五的成功率，但从二十个团队中，最终异军突起杀出来一个，创业成功的概率就变成百分之六十四点二。（1–0.95 的 20 次方。）

如果是一百个创业团队呢？其实就趋近于百分之百的成功率了。

在这一百个团队中，就一定会出现刘邦、刘秀、曹操的队伍。

游牧民族的创业成功率是百分之一，失败率是百分之九十九，几乎可以忽略不计。就算二十个游牧民族团队上阵，成功率也低得可怜。

那么一百个有着百分之一成功率的游牧民族创业呢？就开始变成让人不能再忽视的六成，这概率就很高了。[（1-0.99）的100次方=0.634。]

所谓"人有千算，天则一算"，从概率的角度来讲，"天则一算"其实就是上面的公式。

现在很多风险投资机构也在模仿老天爷的公式密码，靠"大数定律"赚钱。投资一个企业，风险是很大的，但投资一百个呢？将个体的风险平摊到足够多的群体时，成功的概率就开始变得高了。

投资人所做的，就是从一千个平均有着百分之一成功率的企业中，选出一百个有着百分之五成功率的企业进行投资，随后坐稳百分之百的成功率，从头部创业者那里拿到数十乃至数百倍的回报。

这个公式仅仅告诉我们是要广撒网吗？

不！不！不！

能有资本去进行"大数赚钱"的毕竟是少数，这跟我们绝大多数人没有关系。我们要将它进行个体的转化。

对于这个世界绝大多数的普罗大众来说，是找到自己的天赋点，找到自己成功概率为百分之五的那个点，围绕这个点投资自己的时间和精力，去努力二十次，我们成功的概率就变成百分之六十三点四。努力一百次，成功的概率就接近百分之百！

对于自己的天赋，一定要专注。

我们的天赋，可以将小的成功率，在重复多次后，变成大的成功率，这是我们逐渐甩开他人的秘密。

回到大道层面，把单一民族创业成功的不确定性，变成所有民族最终会筛选出少量胜利者的确定性，则是老天爷挑选天地万物的秘密。

在长时间轴的大样本下，无论"优势群体"再怎么一骑绝尘，也会在极低概率下出现司马家的孝子贤孙将一切毁灭的结果；无论"弱势群体"过得多么暗无天日，也终会有一日登上时代的舞台唱一曲出头天。

西晋自司马炎死后，"最伟大"的执政者贾南风，并没有将自己的政治天赋兢兢业业地坚持到底。在无敌状态下寂寞了十年之久，她终于不再敏感，不再警惕。

"天欲其灭亡，必让其疯狂"，在她将"杀、盗、淫、妄"推向极致后，终于亲手按下了毁灭一切的总开关。

上一轮政治斗争中的"贾黄雀"，这次变成"螳螂"了。

司马家的诅咒，所有的参与者都有份。参与度越高的，被诅咒的神奇程度也越高，比如负责光天化日弑君的主理人贾充。

贾充在抱紧司马家大腿后，和李丰的闺女离了婚，娶了郭淮的侄女郭槐，然后，生了两个儿子。

贾充天天在朝廷一肚子阴谋诡计压力很大，下朝后最大的乐趣就是逗逗自己的接班人。也不知道他是在奶妈喂奶的时候逗孩子呢，还是亲自上阵指导了奶妈的工作，总之，这两个孩子的奶妈都被大脾气夫人郭槐给弄死了。他的两个儿子，一个三岁，一个一岁，很神奇地也跟着死了，据说是思念奶妈。

贾充和郭槐还有两个闺女，怎么就没弄死这两个闺女的奶妈呢？当然也有可能，贾家的奶妈存活率比孩子还低，但这两个丫头怎么就没随奶妈而去呢？

其实还是和司马炎剪不断理还乱的无解接班人死局一样。是儿不死，是财不散，就算不弄死两个奶妈，也总会有别的方式和原因让贾家断子绝孙的。

贾充亲手拉开了无敬无畏的、大动乱三百年的序幕，以他这辈子的成绩单，要是子孙昌盛那实在是没天理了。

到了贾南风这里也一样，她延续了自家良好的家风，作为皇后最关键的配套设施——儿子，却死活生产不出来。但贾南风是有规划的，按照她后来的部署，她是有后招的。

但是，历史走到这个阶段，开始不断展现它的特殊美感：看着你在事与愿违后一步步地作茧自缚，最终自作孽不可活。

在贾南风对于未来的种种谋划中，眼下这个名正言顺的太子非常碍眼，尤其这孩子还满脑子小聪明根本不懂得保护自己。

来看看此时的太子司马遹吧。

这孩子看起来应该是个好苗子。五岁时，宫中晚上失火，司马炎登楼远望，司马遹却拽着爷爷的衣襟走到暗处。

司马炎问："你干什么呀？"

司马遹说："大半夜的，应防备出现非常的变故，不应让火光照见陛下。"他怕他爷爷大半夜被打黑枪。这哪是孩子说的话啊！

有一次司马炎带着他去参观皇家猪圈，司马遹说："猪这么肥，为什么不宰了犒劳大臣，让它们在这里浪费粮食干什么？"小小年纪就政治素养过硬。

司马炎曾传出过话，说"此儿当兴我家"，更是当着群臣的面，官方认证这个孙子像自己的爷爷司马懿。

公元 289 年，司马炎在临终前的大分封中，把据说有天子气的广陵封给了司马遹，而且足足封了五万户！① 这相当于早早就钦定了司马遹将来的统序。

司马衷继位后，辅政的杨家很快就运作了司马遹为皇太子。杨家

---

① 《晋书·愍怀太子传》：时望气者言广陵有天子气，故封为广陵王，邑五万户。

的意思是：贾南风爱高兴不高兴，司马炎生前的种种铺垫已经相当于政治遗嘱了，而且这个孩子不是贾家的，却是杨家未来布局的推手。

但是，司马炎死后不久，他生前所做的各种调整都白折腾了。贾南风当家，这个跨时代安排的太子的处境开始变得极其危险。

万幸的是，贾南风当政的十年中，虽然各种胡搞乱搞，但就是连个傻儿子也生不出来，这也让司马遹的皇太子之位一直稳当。

如果司马衷智商稍微给点儿力，做主将司马遹过继给贾南风，或者说如果司马遹能够哄好这个蛇蝎心肠草包肚子的后妈，也许这孩子最终是能够接班的。

但是，这个"小时了了"的皇太子，却成了"大未必佳"的"伤仲永"。他爹司马衷自幼弱智，这辈子就没佳过，但司马衷身在大位稳稳当当地待了几十年。司马遹这孩子倒是聪明，却并没有形成智慧。

任何的小聪明，都上不了大台面。

他要是像他爹一样也许就没事了。

这孩子长大后不好学，喜欢玩，不尊敬师长，专爱做买卖，还脾气暴躁。经常在太子东宫开设市集，牛到什么程度呢？卖肉时随手一拿就能掂出来斤两，所谓"手揣斤两，轻重不差"，堪称大晋活秤砣。

司马遹的日常工作就是把东宫打造成菜市场，搞农产品贩卖，大到米，小到面，钱不够他挣的。

按说爱做买卖，司马遹应该很会过日子啊，能够"自负盈亏"，但朝廷每月供给东宫五十万钱仍然不够他花的。[1]

日常的快乐消遣，就是玩小马拉车，因为他玩马比较个性，准确说他是玩人。他专门弄断马的缰绳和车的扶手，让身边的人骑马上

---

[1]《晋书·愍怀太子传》：东宫旧制，月请钱五十万，备于众用，太子恒探取二月，以供婢宠。

车，然后他玩命抽马，看着马狂奔然后把人给颠下来，他觉得是无上的享受。

他不仅会玩，还会看风水，墙塌了就塌了别瞎动，东宫的所有工程连个瓦片都不让碰。

太子舍人杜锡经常谏劝他："您是储君，是接班人，得修德尽善，更关键您那后妈不是个省油的灯啊！"

司马遹施展聪明才智，把针藏在杜锡的坐垫中，给老爷子放放血。

这个熊孩子跟另一个熊孩子还特别不对付，这在某种意义上也为自己的悲惨生活开了头。另一个熊孩子就是贾南风的外甥贾谧（贾充幼女贾午的儿子，改名后继承贾充的爵位）。

贾谧到了东宫，司马遹就撇下他到后庭玩去了。裴权劝谏司马遹说："贾谧在中宫很受宠，又有不顺从你的心思，如果有一天他搬弄是非，那你的未来就没戏了，你对他应当谦虚礼让，以防其变。"

司马遹表示："我要是理他，我就是个大傻子。"

司马遹怎么和贾谧结仇了呢？因为女人问题。

贾谧比司马遹强点儿，好歹文章写得还是不错的，所以可以去给太子讲文化课。贾谧因为是贾家人，在东宫侍讲时态度很傲慢，跟司马遹下围棋时也跟输房子输地一样，极其认真，动不动还跟司马遹抢棋子。

两个熊孩子动不动就闹急眼了。按说两人都打起来了还下什么棋呢？但他们俩还就爱凑一起下。

有一次下棋两人又吵起来了，让司马遹的十九叔成都王司马颖看见了。颖叔当面叱责道："贾谧，你小子怎么不懂规矩呢！"

贾谧回去就告了司马颖一状，贾南风立刻下诏令司马颖出镇邺城。这从侧面释放出了一个政治信号：皇后在打压太子。

随后的一桩桩事件，让我们看到了贾南风时隔九年后，开始布局第二盘大棋。

　　贾南风的荒淫指数跟年龄呈正相关指数增长。三十如狼四十如虎，不断给司马衷戴绿帽，越来越过分，让她自家人都开始担心了。

　　族兄贾模不断劝贾南风，贾南风不理反而疏远贾模，没多久，贾模郁郁而终。

　　表哥裴頠甚至想和贾模、张华一起预谋，废掉贾南风，他们两人不同意才作罢。

　　母亲郭槐，当年跟贾充过日子时就是出了名的善妒忌大脾气（弄死两个奶妈），但这老太太却一点儿也不糊涂，经常劝贾南风："你得跟太子搞好关系。"

　　贾谧多次对太子无礼，被郭老太太多次批评。老太太是明白人，还打算让小女儿贾午的女儿去做太子妃，也就是贾谧的妹妹。

　　难得的是，司马遹并没有因为贾谧这个未来大舅哥那么讨厌而拒绝娶这个姑娘，但贾南风和贾午却都不同意。

　　此时此刻，已经可以基本判定贾南风的后手了：她确实要废太子！

　　按理说让太子娶她外甥女，将来再生下孩子，贾家是立于不败之地的啊！但贾南风下的棋更大，她很可能要完成她爹的梦想，让司马家到头来为贾家辛苦为贾家忙。

　　贾南风为司马遹选定的太子妃是王衍（琅邪王氏，王导、王敦的族兄）的小女儿。王衍的大闺女是有名的大美人，于是问题来了：贾南风把王家大闺女许配给了贾谧。

　　这是第二个政治信号：我看不上你这个太子！我就明明白白地欺负你了！

　　贾南风在等待朝中势力进行自我站队。

　　郭槐死前，仍然再三叮嘱贾南风："千万要对太子好，他是咱贾家的希望。"

老太太根本不知道闺女的惊天大计划，临终还在说："赵粲（司马炎嫔妃，当年杨皇后的亲戚）、贾午一定会把贾家的事搅乱，我死后，别再让这两人进宫了！"

郭槐死了没多久，贾南风集团开始向司马遹发力了。起因就是贾谧再到太子东宫时，太子总不搭理他，把他晾那里。毕竟看见他，司马遹就想起自己漂亮的大姨子，瞅着贾谧就来气。

贾谧回去就向贾南风告黑状，贾南风也觉得时机差不多了，开始派人广为宣传司马遹的黑料，相当于对司马遹开战了。[①]

与此同时，贾南风突然宣称自己有孕很久了，还在宫内大广播，准备接生用品。她在暗中接来了贾午刚出生不久的儿子进宫，打算当作自己即将生出来的儿子。[②]

这也太拿司马衷不当人了。

这是知道贾午生出来的是儿子后，贾南风才能开始实施的计划，要是生的闺女就还得再等时机。这也就意味着，贾南风的肚子不能昨天还是平的，今天就要生了。她至少需要几个月的时间进行演戏，因为孩子长得最快的时间就是前几个月。

届时以贾午孩子的个头，无论贾南风的骨盆再怎么大，她也生不出来。再说刚生下来的孩子什么样？贾午的孩子什么样？

贾南风明目张胆的先决条件就一个：可遇不可求的傻子司马衷。

司马衷这个当爹的，怎么也得看看自己的皇子吧？再傻也看得出来那不是自己的孩子吧？谁家孩子刚生出来这么大个？但是，这个最关

---

① 《晋书·愍怀太子传》：后纳其言，又宣扬太子之短，布诸远近。于时朝野咸知贾后有害太子意。

② 《晋书·惠贾皇后传》：初，后诈有身，内稿物为产具，遂取妹夫韩寿子慰祖养之，托谅闇所生，故弗显。遂谋废太子，以所养代立。

键的环节，贾南风就是不用担心。

无论怎样，贾南风这个有主意的狠娘们和司马衷这个众所周知的傻爷们搭建出来的第一家庭，即将让野孩子"出生了"，生出来就是皇帝和皇后的嫡子啊！

贾南风怀孕的新闻再加上贾谧四处宣传司马遹的黑材料，导致整个朝野都知道又要有一阵腥风血雨了。

矛盾被公开后，太子党开始担心了。毕竟很多官员早就将未来赌在了司马遹身上，毕竟这么多年都过来了，司马遹这个太子继位的可能性是很高的，谁知道这么铁的事会出现变化！

掌管宫外禁军的中护军赵俊就劝过太子要废掉皇后，[①]司马遹不听。

这有两种可能。

1. 这个赵俊是贾南风的人，是当年杨家的亲戚，在灭门杨家时站队过来的投诚者，司马遹把他当作了贾南风对自己的试探。

2. 司马遹没文化，不知道怎么下手。

根据司马遹后面的行为逻辑，应该是吃了没文化的亏。他此时的筹码，搁他老祖司马懿手里，早反八回了！现在局面已经明确了，贾南风连孩子都怀上了，你还琢磨什么？等着人家拿刀砍过来？

就算不把赵俊的表态放进去，不算禁军中的中护军筹码，他还有保卫太子的前、后、左、右四卫率领的万人精兵，自己又是法定皇太子，老爹是傻子，后妈风评差，如果此时他想发动政变，是具备一战之力的。

但是，司马遹在最该动手的时候，选择了试探政敌一手提拔起来的大臣。他命左卫率刘卞去探张华的底："您身居台辅要职，如果能够

---

① 《晋书·愍怀太子传》：于时朝野咸知贾后有害太子意。中护军赵俊请太子废后，太子不听。

得到您的命令，皇太子便能入朝总领录尚书事，这样把贾皇后废黜在金墉城，只需两个宦官就能办到了。"

是这么简单的吗？

尚书事确实是国家关键的权力部门，但却是在武力保证下的。

还记得武帝司马炎死后，"录尚书事"这个职位开始牛的时候前面有什么吗？大司马大将军。无论何时，录尚书事很牛的前提是手里得有兵！

张华是贾南风提拔起来的，是录尚书事不假，但手里却一个兵也没有，司马遹派人征询他的意见干什么！这和拿刀架在他脖子上不是一样的吗！

很快刘卞就被调任雍州刺史了，刘卞知道自己要完蛋了，于是服毒自杀。

299年十二月，贾南风假称惠帝身体不适，召太子入朝。太子进宫后，没见着爹，见着酒了。一个婢女拿来三升酒，说："这是天子赐酒，赶紧干了。"

司马遹表示太多了，干不了啊。

婢女说："不孝呀！天子赐酒你不喝，难道你怀疑酒中有脏东西吗？"

西晋立国什么都没有，只剩孝了，司马遹一听，只能把酒全干了。

司马遹喝多了以后，贾南风拿出了准备好的草稿，诈称惠帝下诏命令他抄文书，还一个劲儿地催他。司马遹酒后抄文书，根本不知道文章的内容。[①]

司马遹大醉后写的字据说好多都缺笔画，被补上笔画后拿到他的

---

① 《晋书·愍怀太子传》：饮已，体中荒迷，不复自觉。须臾有一小婢持封箱来，云："诏使写此文书。"遹便惊起，视之，有一白纸，一青纸。催促云："陛下停待。"又小婢承福持笔研墨黄纸来，使写。急疾不容复视，实不觉纸上语轻重。

傻子爹那里去了。①

这篇文书的内容大致是："陛下应当自己了断，自己不了断，我就替你了断。皇后也抓紧自己了断，自己不了断，我也帮你了断，我在皇宫内外一起举事，在日、月、星的见证下设盟饮血，老天爷派我下凡就是干这事来的。"

这个过程实在太过于神奇。谁又不是没喝多过！司马遹除非神经不正常，否则不可能会抄写这篇文章，哪怕是在大醉的时候。因为醉不意味着傻，以他东宫第一活秤砣的人设，这是个聪明孩子，绝对干不出来这事。

真喝得傻到没有防范意识了，还能拿得起笔呀？更关键的是，喝多了以后的笔迹和正常笔迹完全不一样。所以，这事的真实性很低。

事情原貌大概率是贾南风模仿太子笔迹，等太子入宫后栽赃给他。

让司马遹喝多了，是为了营造"酒后吐真言"的效果和"烂泥扶不上墙"的人设。

司马遹写完后，贾南风把这篇杀气腾腾的作文送到司马衷那里去了。

转过天来，司马衷召集百官，出示太子的信及青纸写的诏书，说："这小子大逆不道，现在赐死。"②

这件事充分反映出司马衷的智商：你儿子是傻子啊，拿封信造反啊！这也从侧面反映出贾南风对司马衷智商的了解。

贾南风是个能布局不脏手搞死卫瓘的阴谋大师，搞掉太子的这个

---

① 《晋书·愍怀太子传》：太子醉迷不觉，遂依而写之，其字半成。既而补成之，后以呈帝。

② 《晋书·愍怀太子传》：帝幸式乾殿，召公卿入，使黄门令董猛以太子书及青纸诏曰："遹书如此，今赐死。"

弱智般的操作，其实完全是因材施教。贾南风怕写得委婉点儿或者搞得复杂点儿，傻子司马衷就看不懂了。

那么，司马衷到底是真傻还是假傻？我的观点是：真傻，也许能自理，但智商绝对有问题。

因为贾南风的水准是在线的，但一涉及司马衷的环节，她就主动降难度。这就好比一些平台是很牛的，但为什么会拍一些脑残的广告呢？就是怕稍微拐个弯，要精准传达的那批受众就看不懂了。

由于贾南风前期做了大量的铺垫工作，王公百官没有敢说话的，但谁都知道是她下黑手了！

最后，是贾后自己阵营里的张华提出了反对意见："杀太子是国之不祥，您再考虑考虑。"表哥裴頠甚至认为应该再仔细查查笔迹和整个案件的合理性。

贾南风阵营里的两位大佬突然不同意，让事情僵持起来。百官一看这事原来并非铁板一块，看来有缓和的迹象，于是你一言我一语商议到了太阳偏西，嘀嘀一天，仍然没有结果。

贾南风害怕这事再拖下去会有变化，决定退一步，最终把太子废为庶人。①

太子被废后，太子党不干了。你动人家前途，人家就该动你生路了。

贾南风十年来的无敌太寂寞导致了她这只母老虎也出现了打盹的时候，或者说，当皇族的所有人都想过一把皇帝瘾的时候，再强的保镖也是看不住那扇一踹就开的门的！

---

① 《晋书·愍怀太子传》：后惧事变，乃表免太子为庶人，诏许之。

二、妖后死，封印除，群魔舞

右卫督司马雅、常从督许超与殿中中郎士猗等密谋干掉贾南风：我们投资十年了，你现在说这只股票退市了，我们跟你拼了！

但恢复太子之位，必须得找一个领头的，他们这帮人是师出无名的。

太子党挑了半天，觉得掌管尚书事的张华、裴頠两人不可能掺和这事，毕竟太子之前试过了，因此找到了风评"贪功冒进"，此时掌握部分禁军兵权的右军将军——赵王司马伦。①

司马伦在贾南风上台后，于291年迁为征西将军镇守关中，结果他杀了好多少数民族酋长，氐、羌随后大反叛，齐万年称帝，于是他被调回中央。

司马伦是司马懿的第九子，辈分高，跟贾家的交情很深，属于后党。他在调回朝廷后曾经要求录尚书事，也掺和掺和朝政，但张华、裴頠坚决不同意。

---

① 《晋书·赵王伦传》：以华、頠不可移，难与图权，伦执兵之要，性贪冒，可假以济事。

司马伦虽然是后党，但实在不是干政治的料，他在西北闹得烂摊子朝廷还没找他算账呢，贾南风也没帮着他说话，这暗中埋下了司马伦不满的种子。

司马伦没录成尚书事，但别人录成了。299 年，他的八哥司马彤在征战三年后携灭齐万年之功还朝，成功拿下了录尚书事和领军将军两个关键岗位！

司马彤替他擦的屁股，回来后拿下了他始终想干的岗位，这都让司马伦的老脸蒙羞，他的不满也开始生根发芽。

史书中虽然没有明说司马彤，但极大概率也是个后党。因为他在贾南风政变几个月后，就担任了卫将军、录尚书事。他接替的前任，是被贾南风玩死的司马玮。结合他功成还朝后又回到了"禁军 + 中央"的老岗位，基本上可以断定他就是后党。

在过去的十年中，司马伦、司马彤两个爷爷辈的宗亲跪舔贾南风，让贾南风很爽，贾南风也以为他们是两枚棋子。

但其实不是那么回事，因为他们姓司马，家族基因里就是喜欢不走寻常路，拿不属于自己的东西。

司马家的发家史就是一部巧取豪夺的百科全书，而且各种各样的政变和阴谋信手拈来，简直不要太轻松。

大晋皇帝宝座，司马家的任何人皆有可能坐上去。太子党劝司马伦的心腹孙秀道："太子被废，社稷危险，大臣会起事，你们是后党，太子被废，你们将来一定会被反倒清算，大祸临头，为什么不提前想想出路呢？"

孙秀当场就拍胸脯，表示早就想废妖后了！这是常见操作，干不干另说，要是不理太子党，孙秀很可能就被灭口了。

回去后，司马伦也认可这事了，于是和通事令史张林及省事张衡、殿中侍御史殷浑、右卫司马督路始等约好了内应的时间。①

事实证明，太子党看人的眼光是很准的，司马伦真的是有缝的蛋。

让政敌能轻易地找到己方阵营的漏洞和弱点，去沟通玩命的活儿，这也从侧面印证了一个客观现象：贾南风的权力之网出现了巨大的漏洞。

即将起事时，孙秀觉得这事并不符合自己的利益预期，因为自己算是哪根葱呢？太子就算回来了，自己的现状也不会有多大的改变，必须得帮助听自己话的司马伦成功上位！②

他琢磨出来一个连环计。

孙秀先是跟司马伦说："太子性格刚猛，咱们是老牌后党了，救太子出来，他也会因为宿怨不给咱们好果子吃，这是取祸之道啊！还是先想办法让贾后弄死太子，咱们给太子报仇，这样效果更好呀！"

司马伦也觉得这个方案更好，这回轮到贾南风当"螳螂"了。

孙秀先是答应了太子党的诉求，随后又四处散播消息，说出太子党的废后谋划，然后再去贾谧那里告状，说："太子是个祸害啊，建议早早弄死太子，断了太子党的念想！"③

没过多久，贾南风派人下了毒药，要毒死已经被押到许昌监狱的司马遹。司马遹自从被废后，所有的饮食制作都要亲自过目，又改行当厨师长了。

对贾南风的陷害，司马遹说什么也不上套。

---

① 《晋书·赵王伦传》：秀许诺，言于伦，伦纳焉。遂告通事令史张林及省事张衡、殿中侍御史殷浑、右卫司马督路始，使为内应。

② 《晋书·赵王伦传》：事将起，而秀知太子聪明，若还东宫，将与贤人图政，量己必不得志。

③ 《晋书·赵王伦传》：秀乃微泄其谋，使谧党颇闻之。伦、秀因劝谧等早害太子，以绝众望。

看管司马遹的孙虑实在没办法了，贾阎王让你三更死，怎敢留你到五更！撕破脸逼着司马遹吃药。司马遹逃到厕所，大声呼号，周边的人都听见了，史载："太子大呼，声闻于外。"被孙虑带一帮人拿棍子给打死了。

本来是密谋的，贾南风最后把这事办成了向爷爷司马昭致敬。很快，西晋版"曹髦"的死法走进了大街小巷，著名"声优"司马遹的呐喊传遍了洛阳街头。

很多情绪，开始酝酿。

司马遹死后，有司建议以平民规格埋了，贾南风表示还是按广陵王规格吧。贾南风以为，打完这一棒子给个枣这事就完了，毕竟她无敌太寂寞很多年了。

但这回，她大意了。

不管司马遹是司马炎的孙子，还是司马炎的儿子，但他无论从血缘上还是统序上来说，谁都说不出个一二三来。

贾南风的那堆破事洛阳人都知道，抱贾午的孩子进宫更不可能做得滴水不漏。

明眼人都会收到情报，贾南风要给皇统"换种"，这就开始触及整个司马家族的底线。

司马家族开始警惕起来，因为子孙后代的饭票有危险了。司马遹被杀，成为汇聚司马家族政变的一个信号。

司马伦和孙秀开始了下一步的动作。

孙秀与右卫佽飞督闾和（属右卫将军，统佽飞虎贲以供宿卫）密谋，约定四月初三晚三更一刻以鼓声为号。

四月初三晚，司马伦用假诏书敕令三部司马，宣布："贾后与贾谧等人杀我太子，现在皇帝命我入宫废除贾后，听命者赐爵关中侯，不听命者诛灭三族！"

司马伦为什么这么硬气呢？因为他八哥司马肜是领军将军，赞成这事；司马伦自己是右军将军，属于禁军七军之一，本身就负责宿卫。

三部司马，为左、右二卫将军所属的宫殿宿卫士，是"前驱、由基、强弩"三部司马的合称，分别掌管戟盾、弓矢和硬弩部队，负责夜执白虎幡监守诸城门，编制约为百人左右。召集这部分人手，就是为了方便开门用的！

大半夜的，三部司马被架上了司马伦的战车，因为司马伦掌管右军，虽然不直接管辖他们，但兵力远比他们多，他们不合作就是个死。

贾南风作为经过考验的阴谋家，没想到在人事问题上看走眼了，禁军中关键的两个核心位置，蹦出来两个演一辈子戏的老爷爷：司马伦、司马肜。

司马家全都是演员啊！

事实证明，不仅仅是把两位老爷子看走眼了，外甥也叛变了。

司马伦正式发动宫变，矫诏开门，派齐王司马冏带三部司马百人去抓贾南风。这位司马冏，是司马攸的儿子，时任左军将军。[1] 相当于贾南风的领军将军（司马肜）、右军将军（司马伦）、左军将军（司马冏），全都出问题了。

为什么司马冏会担任左军将军这么关键的禁军岗位呢？因为司马冏的母亲是贾充前妻李婉的闺女，司马冏是贾南风的外甥。

为什么司马伦又派司马冏去抓贾南风呢？因为贾南风跟她这位同父异母的姐姐关系不好，司马冏表面上是个乖外甥，内心深处却一直想弄死他姨。

总之，还是权力斗争中的一个关键问题：贾家的男丁少！

---

① 《晋书·齐王冏传》：元康中，拜散骑常侍，领左军将军、翊军校尉，赵王伦密与相结，废贾后。

不是每一个阴谋都叫司马，你以为复制司马家那么容易啊？你有那动辄下八九个崽儿的生殖能力吗？

贾南风夜半惊醒，看到司马冏道："你来干什么？"

司马冏说："有诏书要逮捕你。"

贾南风道："诏都从我这里出，你哪里来的诏！"

贾南风最后一个问题是："起事者谁？"

司马冏说："梁王肜、赵王伦。"

贾南风说了人生中的最后一个感悟："拴狗应该拴脖子，我拴的是狗尾巴，活该啊！"①

贾南风在被带走的路上看到了司马衷，拼尽全力地朝他喊了一句话："二傻子，我让人废了以后，就没人能保护你啦！"②

贾南风的谢幕很伤感，也很有预见性，前尘往事成云烟，这一切的一切，就要消散在所有人眼前了。

司马伦宫廷政变拿下贾南风后，又迅速逮捕了赵粲、贾午、贾谧、张华、裴頠等后党的骨干力量，把他们全部诛杀并灭族。

第二天，司马伦坐于端门，屯兵向北，派尚书和郁持节把贾南风送到金墉城，然后开始了大规模的反倒清算，大量朝廷内外的官员被罢免。

第三天，司马伦把自己封为：持节、大都督、督中外诸军事、相国、侍中，如他父兄辅魏故事，增兵至万人。③

完成对内部的把控后，司马伦开始兑现政变红利，封侯者数千人，

---

① 《晋书·惠贾皇后传》：后曰："系狗当系颈，今反系其尾，何得不然。"

② 《晋书·惠贾皇后传》：陛下有妇，使人废之，亦行自废。

③ 《晋书·赵王伦传》：伦寻矫诏自为使持节、大都督、督中外诸军事、相国、侍中、王如故，一依宣、文辅魏故事，置左右长史、司马、从事中郎四人、参军十人，掾属二十人、兵万人。

基本完成了抢班夺权。

这一次，史书中没有记载司马伦是怎样和另一个股东——他八哥司马肜博弈的。司马肜是谋划者之一，职位是禁军领军将军，而且之前在司马冏与贾南风的对话中，顺位是梁王肜、赵王伦，排在司马伦之前。

但最终司马肜仅拿下了太宰的虚名和一系列物质待遇。九弟是怎么把八哥给阴了的呢？史书中为什么不写呢？

不好说，很有可能是因为这哥俩怎么博弈的已经不重要了，司马家的互杀马上就要开始了！

司马伦的这次政变，准确说应该叫兵变，可以看作是整个时代的转折点。因为这次兵变，属于彻彻底底的"伪劣产品"。

1. 根本就没有任何官方法律文书做依托。

2. 甚至没有一个名义上的政治招牌。

3. 更甚者，连当年司马懿那样的四朝元老的政治威望都没有！完全就是利用了掌管禁军高层人士的不满而完成的权力抢夺。最可怕的是，还成功了，司马诸王都开始觉醒了。

如果说之前有一个阴狠的贾南风在朝廷镇着，诸王还都不敢怎么样，毕竟朝廷是很稳固的，自己挑头干了，万一将来是给别人作嫁衣裳呢？这就相当于贾南风手中有一把只有一发子弹的手枪，指着拿着刀的司马诸王，谁也不敢第一个跳上去。

贾南风做得实在是太过分了，被司马伦突然给偷袭了。司马伦的这次兵变给司马诸王解开了两个封印。

第一个封印，是皇统保护人贾南风。别看贾南风给司马衷戴了无数顶绿帽子，但她却是皇权最直接的保护人。她被打倒了，西晋王朝就犹如小孩子抱着个金娃娃，谁都恨不得抢一把。

第二个封印，就是法定的皇统不被重视了，不需要有什么政治名义，执政也不需要和皇权有什么直接的继承关系，只要有兵就可以搏一把！

司马伦给同族兄弟们做了个榜样。司马诸王都开始思考：原来很多时候我们把事情想复杂了，只要手里有兵是可以为所欲为的！

贾南风虽然要立个野孩子，但仍然能延续政治的稳定性。如今，保卫皇权的贾南风被搞掉了，此时此刻突然回到了公元189年——一百多年前，袁绍设计的那场皇权崩塌大戏：董卓这头公牛闯进瓷器店后，天下开始大乱。

司马伦完成政变后，西晋没落的大势开始不可逆转！宏观上第一个负面影响，就是四川开始失控。

司马伦召贾南风的姻亲益州刺史赵廞入朝担任大长秋，让成都内史耿滕代替赵廞任益州刺史。

赵廞看到贾南风被打倒后开始了自救，拿出仓库中的粮食赈济流民收买民心，开始和关中南下的流民首领李特兄弟等走得很近。

不久，赵廞干掉了司马伦安排顶替他的耿滕，自称大都督、大将军、益州牧，发展私人武装，开始截断北来的道路。

天下未乱蜀先乱，四川地区开始逐渐脱离西晋的掌控。

不过，眼下司马诸王根本看不上四川的那点儿动乱，小蛋糕谁都不稀罕捡，都瞄准了大蛋糕。第一个跳出来的是司马炎的第十子司马允。

司马伦政变成功后，任命司马允为骠骑将军、开府仪同三司、侍中，都督之职依旧，兼任中护军。

由于太子已经死了，贾南风和那个野种孩子也被打倒了，因此朝中有人提议立司马衷还活着的下一个顺位的弟弟司马允为皇太弟。

司马伦搞这么一出之后，谁都知道他要干什么。

司马允此时是法统上第一顺位的接班人，这点燃了他欲望的火苗。

司马允开始学太爷司马懿称病不上朝，又学同宗爷爷司马师养死士。[1] 但没过多久，被孙秀等人看出了端倪，于是晋升司马允为太尉，实际上是想夺他的兵权，但司马允称病不去交接。[2]

都是"狐狸家族"的传人，那点儿小心思谁还不明白。司马伦率先对司马允发力，孙秀派御史逼司马允逮捕他的官属。

司马允看到诏书是孙秀的笔迹，大怒起兵，带着自己的淮南国兵和帐下卫队兵七百人去攻打司马伦。

司马允先是带队杀入皇宫，打算抢占政治制高点，但尚书左丞王舆关闭了东掖门，他进不去，于是朝主谋司马伦家（暂居东宫）杀来。

看着这伙武装事出仓促，规模不行，司马伦认为自己人多势众根本不用担心。但其实司马允的七百人，都是身怀绝技的武林高手。

结果一交战，司马伦就发现情况不对，自己这边都死一千多人了，对面的这帮武林高手还精神着呢！[3]

没多久，太子左率陈徽带领部分东宫士兵在宫内呼应司马允以加大声势。[4]

司马伦比较尴尬，宫内宫外两开花。

司马允重新整队，集结队伍在承华门前列阵，弓弩齐发，射向司马伦。箭如雨下，司马伦差点儿死了。司马伦的部队躲在树后面，对方的火力太猛了，作为掩体的每一棵树木都中了数百箭。

---

① 《晋书·淮南忠壮王允传》：伦既有篡逆志，允阴知之，称疾不朝，密养死士，潜谋诛伦。

② 《晋书·淮南忠壮王允传》：伦甚惮之，转为太尉，外示优崇，实夺其兵也。允称疾不拜。

③ 《晋书·淮南忠壮王允传》：允所将兵，皆淮南奇才剑客也。与战，频败之，伦兵死者千余人。

④ 《晋书·淮南忠壮王允传》：太子左率陈徽勒东宫兵鼓噪于内以应。

从清晨辰时激战至未时，眼瞅作为帝国一把手的司马伦要被七百人强攻致死，身在皇宫中的司马伦之子司马虔开始想别的办法。

司马虔重赏勇夫，以富贵相许，找到了司马督护伏胤带领四百名骑兵从宫中冲出来，手举空板，伪称有诏书来帮司马允剿灭司马伦。司马允大意失察，下战车接受诏书，被伏胤袭杀。[①]

群龙无首，七百名高手四散，司马伦反倒清算，数千人被株连。

惊险剿灭司马允后，司马伦吓坏了，认为必须得让司马衷的其他弟弟断了念想。再加上孙秀等身边人为了自己的飞黄腾达也开始玩命地怂恿司马伦，司马伦急不可待地走上了篡位之路，变成了第二个贾南风。

司马伦给自己加了九锡，加封五万户，并再次调整岗位。他任命世子司马荂为领军将军，二子司马馥为护军将军，三子司马虔为右卫将军，司马诩、孙秀为侍中。

增司马伦相府兵为两万人，与皇帝的护卫编制相同，算上藏匿的编制，实际总人数超过了三万。[②]这是被司马允的突然发难吓怕了。

在完成禁军的全面控制后，司马伦开始大搞封建迷信，说父亲司马懿神仙下凡，发话命他赶紧接班，用这种方式宣传他的政治合法性。

紧接着就走出了最后一步：篡位自立。

司马炎的这位九叔，把司马炎忧心了一辈子的傻儿子司马衷踢到金墉城歇着去了。比较搞笑的是，司马衷从名义上成了"太上皇"，司马伦也成为中国历史上唯一一个尊孙子辈分当"太上皇"的人。

史上最大规模的皇族造反天团，就要杀来了……

---

① 《晋书·淮南忠壮王允传》：伦子虔为侍中，在门下省，密要壮士，约以富贵。于是遣司马督护伏胤领骑四百从宫中出，举空版，诈言有诏助淮南王允。允不之觉，开陈纳之，下车受诏，为胤所害，时年二十九。

② 《晋书·赵王伦传》：增相府兵为二万人，与宿卫同，又隐匿兵士，众过三万。

三、史上最强皇子造反天团登场

司马伦登基后，开始安抚各阶层，郡县二千石以上的令长皆封侯，郡纲纪都升级为孝廉，县纲纪都升级为廉史，计吏及各地区派到京城办事的人，十六至二十岁的太学生，都任命为署吏。

官僚系统的几乎所有人，都有赏。

世子司马荂为太子；

二子司马馥为侍中、大司农、领护军、京兆王；

三子司马虔为侍中、大将军领军、广平王；

四子司马诩为侍中、抚军将军、霸城王。

按司马家的遗传惯性，司马伦就算真把江山坐下去了，在他死后，他的这几个儿子也得打成一团糟。

孙秀为侍中、中书监、骠骑将军、仪同三司，张林等诸党都登上了卿将之位。

每次朝会，冠饰貂尾者满座。问题是去哪里弄那么多貂啊，于是很多官帽就开始插上狗尾巴来充数了，这就是"貂不足，狗尾续"的故事，后来演化为"狗尾续貂"这个著名的成语。

贾南风留下的那点儿家底根本不够赏人的，由于被封侯的人实在太多，官印都不够了，好多"白版侯"就此诞生。①

史书中描写这段绝不是简简单单地说当时司马伦封了多少人，而是想表达司马伦彻底将官僚体制良性运转的正循环摧毁了。

"印"对于古代官员来讲可以等同于命。官印要是丢了，不仅政治效力不存在了，而且还是重罪！

结果到了司马伦这里，封的侯连印都发不出来，只要是为他的篡国大业出了力的都被提拔，甚至连奴仆杂役都加封了爵位。如果妓女都能颁发"贞节牌坊"了，那就相当于几百个大嘴巴子抽到了所有贞洁烈女的脸上，这世道往后就是笑贫不笑娼了。这爵位跟贞节牌坊是一个意思啊！

司马家最后的那道止损线，被司马懿这个最小的儿子突破了。不仅皇权让人没有了任何敬畏，连封赏的爵位都"通货膨胀"到了不值钱的水平。

司马家的皇权已经成闹剧了。

司马伦自认为他已将所有方面都抚平了，但实际上很快皇族造反天团杀来了。挑头的是齐王司马冏，司马攸的儿子。

作为废贾南风的重要参股人，司马伦仅将司马冏转任为游击将军。而司马冏原来是右军将军，领营兵千人，掌宿卫，官四品。

新岗位游击将军与骁骑将军分领虎贲军，掌宿卫，官四品。等于司马冏跟着司马伦闹政变，结果来了个平调。司马冏想："我爹当年就让人来回耍，我现在又让人当猴耍。"很是不满。

不久，孙秀撺掇司马伦让司马冏镇守许昌，后来司马伦篡位，把司马冏迁为镇东大将军、开府仪同三司，想安抚他。这是一个类似于董

---

① 《晋书·赵王伦传》：而以苟且之惠取悦人情，府库之储不充于赐，金银冶铸不给于印，故有白版之侯。

卓下放关东士族回关东的神奇操作。

下放到地方镇守的藩王们手里是有兵的，司马伦不篡位还好说，当他们看到司马伦这个远族皇亲都通过兵变当了皇帝，他们这些血统纯正的藩王难道不能吗？

司马伦也想到了这一点，开始派手下去各地军镇当军官，他的属将管袭就到司马冏这里当军司，但来了没多久就被干掉了。

齐王司马冏与豫州刺史何勖、龙骧将军董艾等人起兵，派遣使者通告成都王司马颖、河间王司马颙、常山王司马乂及南中郎将新野公司马歆，向征、镇、州、郡、县、国等各地行政部门传布檄文，共讨国贼："叛臣孙秀，迷惑赵王，应共伐之，有不听命者，诛灭三族！"

随之响应的，还有很多司马王爷和司马侯爷们。

西晋设立了八个都督区：

关中都督（镇长安），幽州都督（镇蓟城），荆州都督（镇襄阳），沔北都督（镇宛城），豫州都督（镇许昌），冀州都督（镇邺城），青徐都督（镇下邳），扬州都督（镇寿春）。

自打天下统一后，青徐和扬州就已经不再属于前线了，实力大为下滑。

四川地区由于割据起来太轻松导致不设都督，由当地刺史领兵。[①]

真正兵力众多，实力超群，能在朝廷算上分量的，就是剩下的六个都督，实际上是五个大区：冀州、荆州、豫州、关中、幽州。

西晋的这帮皇子二代们手中实力的比重，远远超于正常王朝的想象，这是因为他们父辈当年的"罢州郡兵"制度。

话说十八年前，太康三年（282），司马炎提出了这么一项措施：

---

① 《华阳国志》：元康六年，复以梁、益州为重州。迁益州刺史栗凯为梁州，加材官将军；扬烈将军赵廞为益州刺史，加折冲将军。

诸州无事罢其兵，刺史分职，皆如汉氏故事，出颁诏条，入奏事京城。这就是大名鼎鼎的罢州郡兵。

这个政策，准确来讲，不仅仅将州郡兵罢了，还把刺史领兵的权力剥夺了，与此同时，刺史连民生工作也不负责了。

司马炎在向汉武帝致敬，回归最开始设立刺史的初衷：负责朝廷的政策特派宣讲和情报收集工作。

对于此次机构改革，司马炎很早之前就提出过，但当时大臣们极力反对。可以理解，权力这东西，谁也不想撒手。

每个刺史手里有兵，这兵谁说就一定得打仗用呢。在军屯之余，拉出来给自己家干干活不行吗？拿他们搞搞副业不行吗？更不要说连治民权都没有了，刺史们吃什么呢？光靠监察工作吃同僚？毕竟来钱的道太少了。

在各种各样的抵制中，司马炎提出的这事又没有成。在司马炎执政的前十五年，好多改革都无法实行。这哪是开国之君啊！

直到司马炎平吴，客观上确实"江表平定，天下合之为一，当韬敢干戈，与天下休息"了，皇权又空前加强，司马炎才最终推行了"罢州郡兵"制度。

司马炎下诏：当年汉末四海分崩，所以刺史内亲民事，外领兵马，这都是权宜之计，现在天下为一，应息止干戈，刺史分职如汉氏故事；现在全部罢掉州郡兵，大郡留武吏百人，小郡留五十人。

西晋有一百七十三个郡，相当于地方上的一个个小军事团体没有了。

但是，很多时候，存在必有其合理性，一下子做得太决绝，会带来始料未及的后果。

交州牧陶璜上表道："我的辖区交州、广州东西数千里，不服朝廷的有六万多户，我这里的兵源总共五千多家，控制这两州全靠这点儿兵，不能罢兵啊！"尚书仆射山涛也谏言："不能罢啊！"司马炎不听，依旧强力推行。

《资治通鉴·晋纪三》："交州牧陶璜上言：'交、广东西数千里，不宾属者六万余户，至于服从官役，才五千余家。二州唇齿，唯兵是镇。又，宁州诸夷，接据上流，水陆尽通，州兵未宜约损，以示单虚。'仆射山涛亦言'不宜去州郡武备'；帝不听。"司马光评论道："及永宁以后，盗贼群起，州郡无备，不能禽制，天下遂大乱。"

盗贼蜂起后地方政府没兵压制，司马光这是想给后面的天下大乱找一个理由。

这理由是没错的，地方没有兵确实是重要原因，但论据是错误的。比如交州牧陶璜的献策是相当有道理的，司马炎并非否决了，而是从善如流，特事特办了。

《晋书·陶璜传》中的记载是："璜上言曰：'交土荒裔，斗绝一方……又广州南岸，周旋六千余里，不宾属者乃五万余户，及桂林不羁之辈，复当万户。至于服从官役，才五千余家'……又以'合浦郡土地硗确，无有田农……自十月讫二月，非采上珠之时，听商旅往来如旧'。并从之。"

陶璜提了两条建议，一兵事一民生，司马炎"并从之"，说明"罢州郡兵"并非生硬地一刀切，特殊地域还是要特事特办的。

再比如，罢州郡兵的 282 年，四川地区也出现了特事特办，因为西南诸夷的问题，地方军备并没有被罢掉，而是成立了西夷府，以平吴军司张牧为校尉，持节统兵。[1]

两年后的 284 年，朝廷裁撤了宁州的编制，将诸郡还给了益州，

---

① 《华阳国志》：三年，更以梁、益州为轻州，刺史乘传奏事。以蜀多羌夷，置西夷府，以平吴军司张牧为校尉，持节统兵。

又单独设立了南夷府，如西夷府领兵制度。[①]

防务重要的边境州郡基本上都保留了原来的兵制，司马炎动的只是内部州郡。

更重要的是，被罢掉的"州郡兵"并非全都解甲归田了，只不过是被集中到了各地的"都督"手上。

总体来看，司马炎的目的是什么呢？在集兵权而已，治民权其实他并不是特别在乎。因为在太康中期（285 年左右），司马炎退了一步，恢复了刺史治民的权力，但仍然把兵权全部归到了都督手上。[②]

司马炎在死前一年又调整了什么呢？他把各地的"都督军事"权力，全给了自己的儿子们。[③]

司马炎的这番部署，相当于把天下的武装力量给集中了起来，传给了几个儿子。所以说，现在这帮清君侧的司马二代们，手中的筹码占帝国军力的比重是相当不得了的。

司马炎完成了他当年的战略构想：如果自己的傻儿子司马衷被人拿下了，其他的儿子们过来帮这傻哥哥。

但是，这帮弟弟的目的，真的是要帮傻哥哥吗？

齐王使者至邺城，成都王司马颖在谋主邺令卢志的谋划下举兵讨逆，以兖州刺史王彦、冀州刺史李毅、督护赵骧、石超等为前锋从邺城杀将而来。

常山王司马乂在其封国联络了太原内史刘暾，各率兵众为成都王司马颖后继的力量。

---

① 《华阳国志》：五年，罢宁州，诸郡还益州，置南夷校尉，持节如西夷，皆举秀才、廉良。

② 《通典·卷三十二》：太康中，都督知军事，刺史理人，各用人。

③ 《晋书·武帝纪》：改封南阳王柬为秦王……并假节之国，各统方州军事。

新野公司马歆收到檄文，比较犹豫，最终参军孙询在参谋会上高调表态："赵王凶逆，天下当共诛之，何亲疏强弱之有！"司马歆被拖上战车。

真正有实力的五大军区冀州、荆州、豫州、关中、幽州，一口气来了三个。（见图3-1）

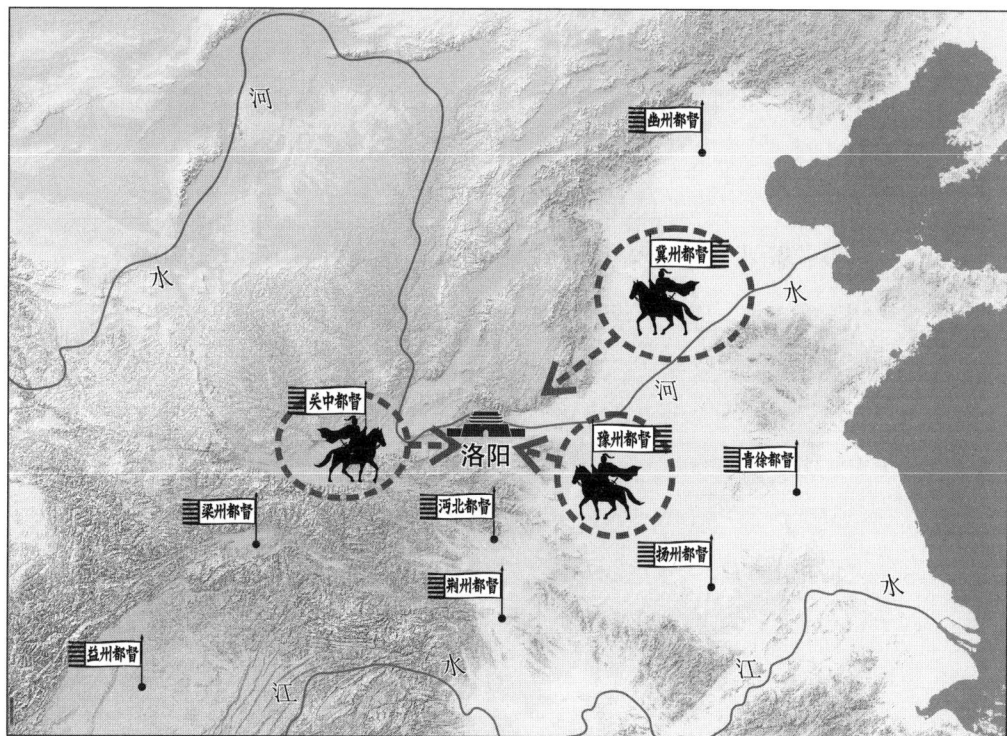

图3-1　三王会战洛阳

司马囧镇许昌，都督豫州。

司马颖镇邺城，都督冀州。

司马颙镇长安，都督关中。

这三个地方还没换血呢，司马伦你就篡位，你说你有脑子吗？

这三位大咖中，真正的主力是豫州的司马颙和冀州的司马颖。关中的司马颙是个骑墙派。司马颙态度之所以不坚决，除了他这个人是墙头草之外，跟关中的地理位置也有关系。

洛阳的西面是关中，比较孤立无援。司马颙最开始选择了帮司马伦。因为司马颙跟司马颙、司马颖的关系并不亲，他是司马孚这一支的，能够做到关中老大就算是人生巅峰了，当初贾南风为了稀释司马炎这一支的权力才令他去的关中。

当司马颙的号召传遍全国后，安西参军夏侯奭私自募兵几千人来响应司马颙，还派信使邀请司马颙起兵。司马颙派大将张方讨平了夏侯奭，还逮捕了司马颙的使者，把他送给司马伦。

司马伦在收到造反情报后，向表示忠心的司马颙调兵支援关东，司马颙派出了张方前去支援。

张方走到华阴时，司马颙听到了新情况：司马颙跟司马颖哥俩兵力强、声势大，于是马上派人追回了张方，说咱们现在是义兵，得杀司马伦去。

结果变成豫州、冀州、关中三个地方倾其所有来对抗洛阳了。

此时洛阳的司马伦有多少筹码呢？对内，他只有整个内外禁军的底子；对外，还支持他的是他新提拔的沔北都督孟观，他观天象认为司马伦没问题。结果他上错车了。

司马伦派出上军将军孙辅和折冲将军李严率七千兵出延寿关（今河南偃师南），征虏张泓、左军蔡璜、前军闾和等率九千兵出峡坂关（今河南登封东南），司马雅、莫原等率八千兵出成皋关（又称虎牢关，今河南荥阳汜水镇）。

这两万四千人，南下抵抗司马颙。

孙秀的儿子孙会做监军，将军士猗、许超带着三万人宿卫兵，北上迎战司马颖。

司马伦第三子司马虔带领八千士兵作总预备队。

除了保卫洛阳的人，这六万两千人，基本上就是司马伦能够派出去的所有家底了！

最先打响战斗的，是南面。

司马冏率豫州军跟两万四的中央军先干上了。张泓、司马雅等中央军在交战之初一直打胜仗，司马冏的部队虽然战斗力不怎么样，但却比较坚韧，始终打不散。

张泓终于在阳翟（今河南禹州）的城南大战中取得重大突破，袭破司马冏辎重，杀数千人，成功拿下阳翟城和颍川郡的粮仓！

司马冏人如其名，战斗指挥水平比较囧，但是，随着司马颖在北面加入，战局开始扭转。

司马颖一起兵，就有各路民间势力加入，等到率部队行军至朝歌时，部队已经有二十余万人了。声势颇为浩大，但一上来，他就被中央军给打哭了。

司马颖的部队来到黄桥（今河南淇县西），被士猗、许超所败，死者八千余人，士众震骇。

司马颖打算退保朝歌，但在卢志、王彦的坚持下，又给赵骧增派八万人，与王彦部众再上前线。

听说北军增兵了，司马伦再次挤出了最后的三万精锐，由孙会、刘琨带领，和前线的士猗、许超合兵。

这三万人，是司马伦压箱底的代表西晋最高战力的一支军队了，史载"精甲耀日，铁骑前驱"，基本上可以说明这支队伍是披甲的，而且骑兵不在少数。

但这支装备极其精良的部队，因为主帅的轻敌，在距温县十余里的地方被偷袭后崩溃。司马颖渡过黄河长驱直入。

不久，北面战报传来，士气大振，齐王司马冏也再次出兵，终于击破了阻击的闾和等人，向洛阳杀来。

自从众王造反，司马伦终于明白了为什么战争是政治的延续。

两个生瓜蛋子上来都是大败，尤其司马冏，从他后来完蛋的结局来看，他根本就不懂军事。

按理来讲地方造反上来让中央军打成这样，司马冏、司马颖的人头应该很快就被送到司马伦的办公桌上了。但是，司马伦等来的却是两人的越挫越勇。

司马冏的部队虽败不散！司马颖的部队大败后依然增兵！为什么呢？因为每个王手中都有自己的兵力，每个王手中都有各自梦想飞黄腾达的班子。

更重要的是，面对司马伦这个名不正言不顺的篡逆之贼，每个人都不再有"地方对抗中央"的恐惧，而是满怀终于等来翻身机会的兴奋！

相反，司马伦这边，由于奖励体系已经崩溃，而且确实不具有毋庸置疑的权威性，因此，派出去的中央军虽然素质高装备好，却不再拥有韧性，面对南北两路军，都是一次失败后就崩了。

军队要知道为何而战，为谁而战，这真不是句空话。

地方军镇玩命打司马伦，是因为有分红和进步的空间。

中央军不为司马伦卖命，是因为没有向上的空间，奖励系统崩塌且司马伦确实没什么政治威严。

司马伦终于明白，为什么当年区区淮南三叛就让他的父兄整整三代人挠头。

没错，司马伦是按他爹的步骤走的，但是，他学全了吗？

他爹发动高平陵政变后，确实迅速控制了禁军跟朝廷，但各方的地方军头除了淮南外都是自己人。

他现在这么点儿实力就篡位，就算儿子多，把控了禁军，他有那么多人手和嫡系完成对全国的控局吗？有郭淮、石苞、王昶这帮久经考验的大牛嫡系吗？

当年父兄三代艰苦创业的那些关键要素，司马伦没看明白。

随着司马颖和司马颙的逼近，洛阳城内的民意开始汹涌。太多人想杀司马伦一党了，史载："自颙等起兵，百官将士皆欲诛伦、秀。"

都被司马伦封过官，将来藩王打进来都得被清洗啊，还不如趁早给自己找条出路。

首席谋主孙秀已经吓得不敢出中书省了，听到河北兵败的消息极度忧愁，等孙会、许超、士猗等败军回到洛阳，这帮人开始想退路。有说收拾残卒出战的，有说焚烧宫室诛杀异己绑票司马伦去南面投奔孟观的，有说乘着船沿黄河一直出海的。

但是没有时间让他们琢磨了。广陵公司马漼（司马仙子）与左卫将军王舆（当初站队司马伦，关门不让司马允入宫的那位）率先发难，又是三部司马做的内应，率领本部七百多士兵从南掖门攻入，杀孙秀、许超、士猗等司马伦同党。

随着王舆屯兵云龙门，司马伦开始下诏令道："我为孙秀等人所误，致使三王发怒，现在孙秀已诛，赶紧迎太上皇复位，我告老归农。"

投机派把司马衷从金墉城里迎了回来，取而代之的是司马伦一大家子被扔进了金墉城，凡是司马伦所用的官员一律免官。

没多久，司马伦被灭门，下手的是他的八哥梁王司马肜。上次政变九弟司马伦阴了八哥司马肜，现在八哥连本带利还回来了。

三王逼宫的这两个月里，死伤近十万人。①

这十万人是什么概念呢？不仅仅是死者不可复生的问题。因为西晋兵制的朽烂、兵力的衰减，此时此刻，西晋的兵源已经枯竭，到了华夏大地几百年来的最低点！

---

① 《晋书·赵王伦传》：自兵兴六十余日，战所杀害仅十万人。

四、为何华夏的皇皇武德在西晋开始走向崩塌？

西晋的兵制，叫作"士家制度"，源于曹魏。"士家"和"世家"或者"士族"，别看分别各差了一个字，最终的人生可谓天差地别。

"士家"又称"兵家""兵户""营户"，史书上出现这些词时说的都是一件事，就是当兵的被列为单独户籍管理，只要有打仗的事，兵户就要出人，而且外派士兵与家庭长期两地分居，地位介于平民与奴仆之间。

在士家制度形成的初期，兵士的待遇还是很高的，毕竟武装力量是乱世的紧缺货，也尚未和家属分离，还是很人性化的。

公元 195 年，天下大旱，兖州内战在熬到最后一刻时，吕布与陈宫率领万余人来挑战曹操。曹操这边比较危险，因为手下的兵全都割麦子去了，在营者不到千人，于是曹操发动士兵家属帮他守营。

两年后，曹操在宛城推倒了张绣的婶婶，结果大将典韦、长子曹昂、侄子曹安民都被张绣所杀。在这么痛的领悟后，曹操灵光乍现："这次赖我，他们投降了没立刻拿下他们的人质，以后我不会再犯类似的错误了。"

曹操是个实践家，不久，取得了官渡大战的胜利，曹操不仅全面推行人质制度，还贯彻实行了"使人役居户，各在一方"的全军人质制度。就是让所有武装和家庭两地分居，让士兵没有选择的余地，只能在外面给他玩命。

许多大人物在吃了亏以后，通常会以万物为刍狗，强迫所有人为他的错误买单。比如曹操，他根本没考虑应该提高自己的品行，而是他把对手踩泥里的同时还得让对手没办法报复和还手。

流氓不可怕，就怕流氓有文化，这话是很靠谱的。

曹操推行的这个制度是极度反人性的，谁愿意一年到头见不到自家老婆孩子还干玩命的活儿啊！

但是，曹操有办法：立法！谁敢逃跑，就杀你全家！^①

在这个"伟大"制度下，曹魏集团军创下了太多神奇的喋血孤城案例。

比如说襄樊战役，樊城曹仁不降情有可原，他是宗亲。但襄阳可是彻底的孤城，而且关羽当时接近封神，然而襄阳守将吕常就是不投降："我们死就死了，千万不能连累家人。"

比如说钉子户"合肥"，这座城市真是久经考验，吴国打过来多少趟啊！虽然孙吴的陆战总是脑瘫是一方面原因，但诸葛恪率二十万大军攻合肥，城都快打塌了，合肥守将仍然耍心眼，以诈降来争取时间修城，然后接着打。

总之，但凡有一点点办法，曹军就会死战到最后一刻！

没办法，自己不死，家人就得死。

但是，这种通过极度反人性打造出来的制度，在立竿见影的同时，也会造成长远的巨大影响！最为直接的，是通过"士家制度"对兵源的

---

① 《三国志·卢毓传》：时天下草创，多逋逃，故重士亡法，罪及妻子。亡士妻白等，始适夫家数日，未与夫相见，大理奏弃市。

卑贱化管理，将千年来的华夏皇皇武德逐渐引导为"好男不当兵，好铁不打钉"！

让华夏民族对当兵不再有荣誉感，而是心存厌恶，透支了炎汉的皇皇武运！

西晋开国，这一套制度当然也被继承过来了。当时的"士家制度"严到什么程度呢？

来看《晋书》中记载的一个故事。

王尼为兵家子弟，作为人质寓居洛阳，后来到了年龄成为护军府军士，但这个孩子实在是太不俗了，不知道怎么结交了一群大咖——琅邪王澄、北地傅畅、中山刘舆、颍川荀邃、河东裴遐等接连委托河南功曹甄述及洛阳令曹摅，请求解除王尼的兵籍。[①]

有这么一群牛人帮着求情，洛阳令仍然不敢答应这事，最后关系托到了护军将军那里，护军将军给王尼请了长假，才算间接免了他的兵籍。[②]

这也不过是用了变通的手法，请长假而已，仍然不敢免了他的兵籍，为什么控制这么严？

因为"士家"的身份是极其低贱的，这一制度是非常反人性的，所以要通过近乎死板的方式将每一个兵家栽种到制度监狱里，除非你家死绝，否则兵籍永不变！

但是，无论制度牢笼建设得多么无懈可击，只要是极度反人性的制度，最终都会式微消亡。

---

① 《晋书·王尼传》：王尼，本兵家子，寓居洛阳，卓荦不羁。初为护军府军士，胡毋辅之与琅邪王澄、北地傅畅、中山刘舆、颍川荀邃、河东裴遐迭属河南功曹甄，述及洛阳令曹摅，请解之。

② 《晋书·王尼传》：摅等以制旨所及，不敢……护军大惊，即与尼长假，因免为兵。

即便有着如此残酷的追责和镇压制度，但由于兵户世代为兵、地位低下和人身极度不自由等贱民的待遇属性，仍然避免不了兵户脱籍逃亡。

总是会有"不高尚"的人，总是会有忍无可忍再不愿自己的子子孙孙继续当贱民的人，要么自己逃亡，要么鼓励孩子逃亡。

早在司马炎平吴之前，兵士逃亡现象就已经相当严重了，连司马炎也不得不承认：我们对人家实在不好，导致兵士逃跑现象实在太严重。[①] 兵士不仅逃跑，而且还不愿意生孩子。

还记得当年西晋平吴时的那数千个"王濬宝宝"吗？就是被兵役和徭役逼得快活不下去的兵家啊，他们生下孩子干什么？难道就是为了受一辈子罪？就是为了不知什么时候被人一刀杀了？就是为了一年看不到几天老婆孩子？就是为了生生世世当兵奴？

虽然高级将领已经极度"科学化饲养"，将死亡士兵的媳妇迅速分配给其他适龄士兵，逼着他们抓紧造娃，谁也别闲着，能生一胎是一胎，就指着他们的孩子将来上战场，但是，仍然调动不了"士家"的生育热情。

即便极度科学地安排一个萝卜一个坑，但士兵与家属常年两地分居，客观上也导致了兵家在自然繁殖上的数量退减。

说这些是什么意思呢？是想说西晋的兵源数量，根本不乐观！

在司马炎平吴的时候，所谓筹措出来的二十多万大军，其实已经捉襟见肘了。

伐吴诏书说："今调诸士，家有二丁、三丁取一人；四丁取一二人；六丁以上三人。限年十七以上，至五十以还。先取有妻息者，其武

---

① 《文馆词林》：人食不足，困于饥馑。寇戎不静，征戍勤瘁。亡逃窜于林莽，系执幽于图圄。

勇散将家亦取如此。"抽调比例为百分之五十,相当于二十多万兵是从四十多万的总兵源的基数里出来的。

但实际上远没有那么乐观。

比如所谓的"限年十七以上,至五十以还"不过是一纸空文,六十多的老头兵有的是。

比如司马炎在平吴之后,又下了个诏书抽自己的脸:那一千多名六十多岁的老头都回家吧,辛苦啦。①

仅仅是六十岁以上的兵,就有一千多人!五十到六十之间、十七岁以下的非适龄士兵又该有多少呢?

为什么会出现非适龄士兵上战场的现象呢?因为有些兵户连最基本的"今调诸士,家有二丁、三丁取一人"都做不到了,都死绝了,兵户家里目前就只剩一个老绝户了,所以二十余万兵的背后,绝对不是四十多万的基数那么多,很可能总的士兵基数仅仅是三十多万!

当时的西晋兵户制度已经危急到什么地步了呢?

还是拿司马炎罢州郡兵时陶璜所在的交州来说,他在上书不能罢州郡兵时是这样说的:"我手中的兵本来就七千多人,南方荒蛮烟瘴多有气毒,再加上常年征讨,死亡损耗大,现在在编兵丁不过二千四百二十人,兵户共五千家,兵源已经损耗了百分之七十,根本补不过来了!"②

自魏武扫北到西晋平吴,八十年了,曹魏的"士家"制度为主体的征兵制度,发展到西晋统一全国的时候,其实已经完成了历史使

---

① 《晋书·武帝纪》:诏诸士卒年六十以上罢归于家。

② 《晋书·陶璜传》:又臣所统之卒本七千余人,南土温湿,多有气毒,加累年征讨,死亡减耗,其见在者二千四百二十人……至于服从官役,才五千余家。二州唇齿,惟兵是镇。

命，整个华夏大地的兵源在这套极度摧残人性的士家制度下即将走向崩溃！

该改变了！

接下来的兵制改革要往征兵制或募兵制的方向发展了。

所谓征兵制，是西汉的操作系统，它以全部符合年龄的人口为征兵对象。这种制度最为艰难，因为这需要对国家的户籍账本有着强有力的把控，改革起来麻烦最多，但却是最健康的可持续发展方式，兵源基数更广，士兵反感度最小，通过户籍管理还能将国家统治的根扎得更深。

所谓募兵制，是"竖起招兵旗，自有吃粮人"，兵源的素质不会很高，管理训练起来也相对麻烦，这对于西晋倒是一条可行之路，将活不下去的灾民或者奴隶们吸收为兵户，随后继续配合"士家"这套反人性的制度走下去。

无论走哪条路，都需要西晋去修炼内功。

但是，西晋自己没出息！

自西晋平吴，老天给了西晋相当宝贵的二十年时间，但在这个最需要承前启后的关头，西晋选择了不思进取，整个官僚体系都在醉生梦死、奢侈无度，攀比之风过烈。不仅没人去扩充发展国家的武备基础，朝廷还动不动就薅已经相当不足的兵户羊毛。

比如司马炎在天下一统后，拿兵户不当人，动不动就将他们赏赐出去，像卫瓘，平吴后司马炎就赏了他千余兵。

综上所述，貌似光鲜亮丽的西晋，其实从武力支柱的角度出发，是自秦并天下后，几百年来华夏中央政权家底最薄的王朝。

这个国家真的没有多少兵了！

不仅兵源基础极端薄弱，最可怕的是，在司马炎设计"罢州郡兵"后，由"藏武于地方"改为"集武于都督"，从而把兵权交到了一群二十多岁的司马家后辈手上。

前面我们推测，平吴前，全国兵源达不到四十万。此次剿灭司马伦的三王会战，火并了十万人。

这些年西北还经历了齐万年之乱，再加上"士家"制度只会越来越式微，按照这个规模来算，这种死十万人的大战还能打几次呢？

司马家的王子们表示，能打几次就打几次！

司马伦倒台后，四月十三，司马颖第一个到洛阳。两天后，司马颙到洛阳。这哥俩立了襄阳王司马尚（司马衷的孙子）为皇太孙。

六月初二，司马冏赶到了洛阳，屯兵通章署，据说"甲士数十万，威震京都"。

这个记载的真实性太过可疑，首先人数就不太可能有数十万，更多的是"号称"而已，几十万人的粮食都没地方弄，像之前司马颖出兵后没多久变成二十多万，只是吓唬司马伦罢了。

其次，更关键的是不可能是"甲士"，要是配齐了几十万件铠甲，此时的西晋能统一全世界了。

这次反攻司马伦，最终的战果是什么呢？基本上西晋中央卫戍区的军备力量被消灭大半，朝堂上的文武百官被彻底大换血。

傻大哥司马衷虽然仍是皇帝，但却已经是兄弟们博弈的摆设了。这帮兄弟看似比把司马衷踢一边去的爷爷司马伦靠谱，但其实都是一路货色。

六月二十，开始大酬宾。

封齐王冏为大司马，加九赐，如宣、武、文辅魏故事。

封成都王颖为大将军、都督中外诸军事、录尚书事，配黄金钺，加九锡。（此时"九锡"都开始内卷了。）

封常山王乂任抚军大将军、领左军。

封广陵公漼为王，并兼任尚书、加授侍中。

封新野公歆为王，都督荆州诸军事，加授镇南大将军。

西晋的力量在第一次洗牌后变成了下面的样子：

1. 司马冏的豫州底子占据洛阳。

2. 司马颖的冀州军镇邺城。

3. 司马颙的关中军镇长安。

4. 司马歆的荆州军镇襄阳。

剩下的幽州、青徐二州、扬州还是老样子。益州的流民首领李特已经开始成势力了。

西晋这个庞然大物的禁军底子、四川以及整个成熟的中央官僚系统，已经被掏空了，成了彻底的空壳子。

新的荆州军区总指挥司马歆赴任荆州前，对司马冏说："司马颖是皇族正根，这次同样立有大功，你应该留他一起辅佐朝政，如果不能这样，应该剥夺他的兵权。"

常山王司马乂和成都王司马颖是亲兄弟，扫墓时司马乂对司马颖说："今天的天下，是先帝的功业，你应当考虑主持朝政。"

第二轮站队，朝堂上基本分为两派：冏派和颖派。

朝堂上又变成当年的炎、攸暗战。不过此时，司马攸的后代貌似占据了优势。

司马乂对于司马颖的支持相当高调，因为史载"闻其言者莫不忧惧"，当时听到的人不在少数。

司马颖的谋主卢志对司马颖说："齐王之众号称百万，结果和那么点儿中央军打都打不过，此战真正拿下大功的是咱们，齐王个是个厉害的对手，现在他打算把您留下，我认为咱们还是以退为进的好，先回冀州表示不争权，以打造形象收四海之心为妙。"

司马颖在多方考虑后决定避司马冏的锋芒，上奏称赞司马冏的功劳与美德："齐王冏应该担当天下，这次剪除国贼是他的功劳，我没怎么出力，我妈妈有病，我还是回邺城吧。"

司马颖写了一封信告别了司马冏，司马冏听说后飞奔前来送别。司马颖说："我实在不能在这里待着了，我实在是思念我那重病的妈妈！"司马颖的形象树立起来了，据说骗了不少老百姓。[①]

司马颖回到邺城后，朝廷再次重申之前的任命，司马颖接受了大将军的职位，但辞让了九锡。

与此同时，司马颖上奏封赏平司马伦的功臣，并请求运送所辖黄河以北地区的邸阁米十五万斛去赈济自己打仗时祸害的阳翟灾民。随后又打造了八千多副棺木，用自己的俸禄办丧事，装敛、祭祀黄桥之战的战死将士，表彰他们的家属，加大抚恤力度。

在安葬自己弟兄外，司马颖还命令温县地区收敛、掩埋司马伦叛军的死亡兵士一万四千多人。

通过一系列的"以退为进"的策略，司马颖获得了巨大的政治声望和百姓口碑。

司马颖在不断攒政治资本，司马冏则交出了完全相反的答卷。

按说司马冏折腾这么多，真就是为了搏一把，给老爹报窝囊仇，最后篡司马炎这一支的皇位也行，但司马冏拿到大权后却只在干一件事：盖宫殿。

他住进了老爹当年的齐王府，然后开始拆迁，盖宫殿，要在规模上赶超皇宫。

司马冏开始了骄奢淫逸的生活，朝堂已经不去了，就在自己的齐王府里接受百官叩拜，向各官署发号施令，委权于心腹，迅速把自己的

---

① 《晋书·成都王颖传》：遣信与冏别，冏大惊，驰出送颖，至七里涧及之。颖住车言别，流涕，不及时事，惟以太妃疾苦形于颜色，百姓观者莫不倾心。

臭名声从洛阳传到了天下。①

这巨大的权力啊，这武林至尊的宝刀屠龙啊，落到了司马家可怜的第四代的手上！

司马冏成功后迅速成为洛阳的"隐形皇帝"，谁也没想到他连装都不装，直接就这么明目张胆了。

于是，很多不满势力和投机者开始再次生长。

先是东莱王司马蕤跟司马冏关系不好，请求开府成立自己的班子不被允许后，和左卫将军王舆密谋干掉司马冏。

司马蕤是司马冏的亲哥哥，当初被司马攸过继给了司马昭早死的孩子司马定国为嗣。

瞅见没有，皇族无论远近，只要是司马家的，全都在有样学样，一言不合就互杀。

作为禁军将领的王舆更是赌博赌上了瘾，希望每次政变自己都能更进一步，禁军的岗位真是香饽饽。

结果这次密谋被司马冏发现了，王舆被灭三族，哥哥司马蕤被暗杀。

302 年三月，司马衷唯一的血脉孙子司马尚死了（好神奇）。五月，司马冏选来选去，选了司马炎十三子司马遐的儿子、八岁的司马覃当皇太子。

孩子小，方便他拿捏，但是，司马衷还有好多弟弟想当皇太弟呢，司马冏一个外人，凭什么做主把他们跨过去！

---

① 《晋书·齐王冏传》：沈于酒色，不入朝见；坐拜百官，符敕三台，选举不均，惟宠亲昵。以车骑将军何勖领中领军。封葛旟为牟平公，路秀小黄公，卫毅阴平公，刘真安乡公，韩泰封丘公，号曰"五公"，委以心膂。殿中御史桓豹奏事，不先经冏府，即考竟之。于是朝廷侧目，海内失望矣。

历史走到这一刻，天下的权柄神奇地来到了司马家一帮没受过系统帝王教育的半大小子手上，然后让司马家的后代亲手毁灭它！

　　司马懿呀司马懿，在坟包里你是怎么看待这事的呢？

　　接你小儿子司马伦的那趟地府专车得快点儿往阎王爷那里送人，因为你家后面的互砍一波又一波地连上了，车有点儿不够用。

　　302年年底，司马家第二轮的互砍，给安排上了。

五、看一个人的行为逻辑，要从他的家族思维惯性入手

第二轮司马家互杀的开启非常有意思，始于一个小人物。

在洛阳任职的禁军将领李含跟司马冏的某个心腹关系很紧张，于是他跑到了司马颙这里，说自己有密诏。

他为什么要跑到关中的司马颙那里呢？因为司马颙和司马冏有仇。

当年司马冏的讨贼檄文传到长安时，司马颙把信使送到洛阳向司马伦投诚了。

虽然司马颙最终以无比丑陋的姿态弃暗投明了，但司马冏还是对他的骑墙行径相当不爽。①

所以李含跑到长安进行政治避难与投机，而且现在这密诏跟擦屁股纸一样，谁都能说了。

哪里是司马诸王觉醒了，应该是所有人都觉醒了！只要是有一点儿股本的，比如禁军将领，都敢张嘴说瞎话地搞政治投机了。

司马颙接见了他。李含说："成都王颖是皇帝至亲，有大功，现在回镇邺城得天下人心，齐王跨过人家至亲的序列执掌朝政，举朝侧目，

①《资治通鉴·晋纪六》：冏以河间王颙本附赵王伦，心常恨之。

心怀不满。

"如今长沙王乂还在洛阳，也是皇帝的亲兄弟。

"咱们发讨齐王书，广而告之，令长沙王乂当内应，齐王冏肯定第一个先杀长沙王，咱们再为长沙王报仇，将来拥立成都王颖为皇帝，咱们能再进步一次！"

这不就是当年司马伦怂恿贾南风杀太子的伎俩吗？李含活学活用，现炒现卖！

司马颙觉得这小子的思路真是清晰，于是上奏表陈说司马冏罪状，声称要带着十万大军赴洛阳，并像当年司马冏传檄天下一样，邀请了一堆王爷前来会师，包括成都王颖、新野王歆、范阳王虓（司马懿四弟司马馗之孙，接替司马冏镇豫州）；他要求司马颖代司马冏辅佐朝政，请身在洛阳的长沙王乂废黜齐王，如果司马冏不走，那么就军法从事！

奏表很快传到了洛阳，按常理讲，此计甚毒！但谁也没想到，本该作为炮灰被牺牲的司马乂爆发了。

这位在八王之乱中，综合素质堪称最佳的司马氏第四代人才上场了！比较巧，他和老祖司马懿的名字在读音上是一致的，都读yì。

司马乂的同母兄长，是当年很猛的司马玮。司马玮被贾南风当枪使的那一夜，年仅十六岁的司马乂把守东掖门，司马玮被诛杀后，司马乂由长沙王贬为常山王，被轰到了封国。

一晃十年过去了，司马伦阴了贾南风后，按下了司马家族互杀的开关，二十六岁的司马乂积极地重返了时代舞台。

政变成功后，司马乂领左军将军，迁骠骑将军、开府，复长沙国。

司马颙本来是打算拿司马乂当炮灰，但司马家的后人都是随时准备自己赌一把的。从史料的记载中可以看到，其实司马乂早就对司马冏有所准备甚至打算取而代之了，他早早就联合了当初和他一道起兵的太原内史刘暾对消灭司马冏进行了预谋。①（刘暾此时为禁军的左卫将军，领司隶校尉。）

司马乂不光拉来了盟友，司马冏的内部也被他渗透了！司马冏的参军皇甫商，在二王火并后成为司马乂的嫡系。②

司马冏和司马乂都是 301 年夏天入的洛阳，在一年半之后，一份"二活一"的考卷突然扔了过来。本来占尽优势的司马冏在这次大考中现了眼！

302 年十二月，司马颙的讨贼檄文传到洛阳，司马冏派部将董艾去袭击司马乂。结果司马乂率领一百多人逃出了包围圈，砍断了车前的帷幔，开着"敞篷车"一路飞奔，进入皇宫并关闭了各宫门，挟持了司马衷以天子名义下令各路武装跟司马冏开战。③

这边司马乂调动禁军攻打齐王府，那边司马冏部将董艾陈兵皇宫西侧纵火烧千秋神武门（皇宫西门）。

这边司马冏让黄门令王湖把驺虞幡偷来，大喊"长沙王伪造诏命"，那边司马乂嚷嚷"大司马谋反，助贼者诛灭五族"！

贾南风搞死司马玮的那个驺虞幡本身并不值钱，一旦皇帝权威不在，那个幡一点儿意义也没有。

当天夜里，洛阳城中大战，火光冲天，箭如雨下。全都打乱套了。

连战三天，有着巨大优势的司马冏居然吃了败仗。

司马冏的大司马长史赵渊看到大势已去，杀了中领军何勖，抓了

---

① 《晋书·刘暾传》：长沙王乂讨齐王冏，暾豫谋，封朱虚县公，千八百户。

② 《晋书·皇甫重传》：齐王冏辅政，以重弟商为参军。冏诛，长沙王乂又以为参军……（李含）说颙曰："商为乂所任，重终不为人用，宜急除之，以去一方之患。"……乂以商为左将军、河东太守，领万余人于关阙距张方。

③ 《晋书·长沙王乂传》：及河间王颙将诛冏，传檄以乂为内主。冏遣其将董艾袭乂，乂将左右百余人，手斫车幰，露乘驰赴宫，闭诸门，奉天子与冏相攻。

司马乂前来投降。司马乂被司马乂斩于阊阖门外，首级传视六军，同党皆夷三族。司马乂又杀了司马乂的两千余人。

史书中并没有详细描写这次火并。

司马乂败得好神奇，因为司马乂本身并没有指挥禁军的权力，他和刘暾仅仅占了禁卫七军中的两军，指挥禁军的领军将军是当年跟司马乂起义的豫州刺史何勗，司马乂本人也是朝廷的军政一把手。

但是，这又不太难理解。事实证明，在草包面前，你用不着准备得太过完美，比如当年死于马厩的杨骏也输得匪夷所思，四百士兵就把他搞死了。司马乂最起码还打了三天呢。

司马乂此次的胜利的的确确是实至名归。无论是关闭皇宫宫门的操作，还是指挥禁军攻打齐王府还不怕司马乂打幡的表现，都说明了司马乂已经拿下了禁军的控制权。

结合前面说的司马乂策反司马乂手下的那些前期准备，基本可以推测出来，在二王同时入洛阳的这一年半中，司马乂光知道给自己盖房子了，司马乂却一天没耽误，一步步暗中掏空了这位傻大哥的家底，并搭建出了自己的权力大厦！

颇有司马老祖司马懿之风，对得起司马乂（yì）的这个名字！

还没等那几位王赶到洛阳，爆发小宇宙的司马乂已经搞定废物点心司马乂了。

第二波司马家互杀，胜利者是司马乂，代价是司马乂的豫州底子和原本残破的禁军被进一步消耗。

师出无名了，那几位王只能打道回府了。

司马乂开始在洛阳主政，但事无巨细，都去邺城请示司马颖。[①]

司马乂刚刚当政时，司马乂就已经示好自己的弟弟司马颖了，如

---

① 《资治通鉴·晋纪六》：长沙王乂虽在朝廷，事无巨细，皆就邺谘大将军颖。

今如此的低姿态，算是司马家在所谓"八王之乱"中，唯一自始至终没怎么做错决策的一个王。

说他没做错决策，并不是说他这人道德多么高尚，而是夸他是个聪明人。

司马乂的母亲是审美人，司马颖的母亲是程才人。美人比才人的级别高，司马乂比司马颖的出身其实要尊贵。

司马乂又比司马颖大两岁，是司马衷活着的弟弟中年龄最大的，在继承序列上属于下一任皇太弟。

所以司马乂无论是从能力上、岁数上、母亲的尊贵上，还是继承顺位上，都是碾压司马颖的存在。

那为什么司马颖混他前面去了，他现在需要给这个弟弟"装孙子"呢？因为司马乂的同母哥哥是司马玮，这些年他一直是"反贼"亲属，贾南风当政的十年被防得很死。

司马乂的口碑很好，很多人都说他是个高风亮节的道德模范。

其实吧，观察一个人的行为逻辑，要从他的家族思维惯性入手。因为他耳濡目染，自觉不自觉地都会带上家族的思维和气质。

这个家族是经商世家，那就是生意人思维；

这个家族是从政高门，那就是政治逻辑开道；

这个家族是军人世家，那就是军人气质贯穿始终。

永远不排除有那种相当特殊的、和自己家族行为逻辑完全不一致的孩子存在，但是，还是要看他是否叛逆、是否放弃家族的资源。

司马乂从来就不是个叛逆的人，家族中的所有大事，也一直看到了他参与的身影，他也永远积极入世，所以对这孩子的判断思路还是要从他的家族思维惯性去考虑。

司马家现在是什么样的家族思维惯性：一切皆有可能，皇帝轮流做，今天到我家！

司马乂又是下一顺位的皇位接班人，所以别指望他会多么圣洁。

还记得司马颖把权力让给司马冏的惺惺作态吗？司马颖后来露出的真面目比司马冏也强不到哪里去。

司马乂之所以口碑好，是因为他的上场时间短。

司马乂从岁数上、能力上都是司马衷的下一任接班人，他对他弟弟"装孙子"的唯一解释，就是因为他弟弟实力强，他需要时间去弥平这个差距，否则为什么他不邀请司马颖来洛阳执政呢？什么事都去邺城咨询，其实就是个姿态而已。

司马乂工于心计，其实相当可怕。

第一波分割政变红利时，司马冏占了上风，司马乂和司马颖拜陵的时候就相当高调地对司马颖嚷嚷："这是天下的基业，您应该主持咱这个家！"故意让所有人听见，当时在场的人都傻眼了。

他要是真为他弟弟好，这种事能在大庭广众之下嚷嚷吗？这不得密谋吗？其实他就是从中挑拨与站队，希望司马颖和司马冏火并。他自己继续进一步的同时，让他弟弟的实力被削弱一块。

结果没想到司马颖被手下劝走，韬光养晦去了，于是他留在洛阳开始偷司马冏的人。

司马冏主政后，主簿王豹给司马冏写了篇策论文，说："自打武帝死后，朝廷的执政目前还没有善终过的，并非官员们都是坏蛋，而是可怕的互杀链条已经开启了。①

"现在河间王扎根于关右，成都王盘桓于旧魏，新野王大封于江汉，三王都是二十多岁，手握重兵处于要害之地。你现在功高震主，专执大权，进则亢龙有悔，退则据于蒺藜！（"亢龙有悔"为乾卦上九，

---

① 《晋书·王豹传》：始自元康以来，宰相在位，未有一人获终，乃事势使然，未为辄有不善也。

表示物极必反，"据于蒺藜"为困卦三阴，表示身处荆棘。过去幕僚们的上书水平高，引经据典，很有哲学性的启发。）

"您应该让所有王侯回到封国，封成都王为北州伯，治邺城；您自为南州伯，治宛城；双方分河为界，各统辖区王侯把洛阳夹在中间。"①

王豹的建议是让司马冏退出洛阳这个风暴眼，储存实力，先踏踏实实地把南中国占住了，但是恰巧这封策论文被前来串门的司马乂看到了，司马乂就质问司马冏："这小子离间咱们骨肉，怎么不弄死他！"②

结果司马冏就把上书的王豹给弄死了。

注意司马乂的手法：他没有急赤白脸地申辩自己这帮兄弟的政变功劳，也没有隐忍不发，而是避免就事论事，直接扣上一个"离间骨肉"的大帽子，逼着司马冏杀了自己的手下。这样不仅被踢出政治中心的危机解除了，还彻底搞臭了司马冏的名声！

从这件事也确实看出来司马冏如废物，当初贾充杀了曹髦后，为什么所有人都要求杀贾充祭天，但司马昭就是不同意，就是拿贾充当心肝宝贝呢？

这就是表明态度！忠心为我的，什么事我都能为你兜着！我不管你们干的是什么杀人放火的缺德事，我只在乎你们干的是不是我安排你们干的缺德事！

策论小能手王豹死前说："把我的头悬挂于大司马府门前，我要亲眼看着乱兵灭齐！"

司马冏被司马乂弄死，其实也和他早就失去人心有关系。谁还愿

---

① 《资治通鉴·晋纪六》：因请悉遣王侯之国，依周、召之法，以成都王为北州伯，治邺；冏自为南州伯，治宛；分河为界，各统王侯，以夹辅天子。

② 《晋书·王豹传》：会长沙王乂至，乂冏案上见豹笺，谓冏曰："小子离间骨肉，何不铜驼下打杀！"

意给他出主意呀，他爱死不死！谁愿意给一个不为自己兜底的领导干活呀！

司马乂搞掉司马冏后的一系列做法，虽然在对司马颖示好，但却并没有对差点儿阴死自己的司马颙有什么表态。

毕竟都是狐狸家的传人，每个人都有八个心眼，司马颙当初的讨贼檄文是什么意思，能瞒得了谁啊，不就是想让司马乂当炮灰嘛！

二十七岁的司马乂还是年轻，并没有将"孙子装全套"，他应该微笑着安抚司马颙的。

阴谋家司马颙也很尴尬，此次政变本打算干掉司马冏、司马乂二王的，然后立司马颖为皇帝，自己做二把手，但计划被爆发小宇宙的司马乂给破坏了。被自己当作炮灰的司马乂现在没说什么，但他迟早会对自己反倒清算。

怎么办？继续先下手为强！

司马颙开始了第二次阴谋布局，他暗中派侍中冯荪、河南尹李含、中书令卞粹等人暗杀司马乂，结果司马乂再次反杀，干掉了司马颙的这个杀手小集团。①

两人撕破脸后，司马颙第三次布局，找碴儿说司马乂不是个东西，号召司马颖打到洛阳去。

司马颖看机会到了，迅速响应了司马颙，终于能找理由干掉这个表面上对自己很客气但继承顺位在自己之前而且手握皇帝的司马乂了。②

---

① 《晋书·长沙王乂传》：既而乂杀冏，其计不果，乃潜使侍中冯荪、河南尹李含、中书令卞粹等袭乂。乂并诛之。

② 《晋书·成都王颖传》：颖方恣其欲，而惮长沙王乂在内，遂与河间王颙表请诛后父羊玄之、左将军皇甫商等，檄乂使就第。乃与颙将张方伐京都。

所谓"八王之乱"的总逻辑，就是每个人都觉得自己能当皇帝，每个人也都在朝着当皇帝去努力。

司马颖派刺客去刺杀司马乂，结果刺客被司马乂的保镖王矩先给杀了。这回，亲哥俩撕破脸了。

司马乂开始动员洛阳的残余力量去对抗号称二十万大军的司马颖和号称七万大军的司马颙。①

张方最开始在西线面对皇甫商取得了突破，一度打到了洛阳西门，结果被司马乂带领禁军的左右卫军冲出去杀了五千多人。

十月，司马颖大军推进至建春门（今洛阳东门）。

司马乂手下的王瑚调集了数千匹战马，绑上大戟作为敢死马队进行突阵，取得了重大突破，司马颖败军逃至七里涧，死者堆积如山，水为之不流，司马颖大将贾崇等十六人被斩杀！

大战数月，结果司马颖和司马颙生生就打不动司马乂。

十二月，司马乂派出代表团去调停，司马颖不理。

司马乂继续给司马颖写信："当年咱们兄弟十人，都受封于外郡，各自都没能施行帝王教化，经国济民。如今你又与太尉一同发起大军，倚仗雄兵包围了宫城。现在群臣同仇敌忾，你所派遣的陆机率兵倒戈，咱还是别打了。你应该返回镇守一方，使四海安宁，让宗族不因你蒙羞，这也是子孙的洪福。我因念着骨肉分裂的痛苦，所以才会又送信给你。"

司马颖回信道："我现在有百万精兵，就想来整顿天下。如果你能听太尉的命令，杀了皇甫商（李含的仇人，此次造反的借口之一）等

---

① 《资治通鉴·晋纪七》：（颙）以张方为都督，将精兵七万，自函谷东趋洛阳。颖引兵屯朝歌，以平原内史陆机为前将军、前锋都督，督北中郎将王粹、冠军将军牵秀、中护军石超等军二十余万，南向洛阳。

人，扔掉武器投降，我也就返归邺都，好好想想吧，大兄弟。"

司马乂想："大老远来了就为了杀几个人？我投降了你就回去？我又不是大傻子，你这是拿我当皇帝哥哥了！"

从 303 年八月一直打到 304 年的正月，司马乂靠着司马囧留下的那些底子多次打败司马颖的军队，斩获俘虏六七万人。①

洛阳城已经濒临山穷水尽，司马乂只能够调集到洛阳一城的资源，此时所有的粮食都被征集为军粮，十三岁以上的男子全部都要应征，大量的奴仆也被编入了军队，公、私两方面都被压榨到了极致，一石米的价格突破了万钱。②

但司马乂靠着他极强的人格魅力让所有人都愿效死力。③棒小伙子，司马家第四代里就属你小子能！

事已至此，司马乂的主簿祖逖（牛人现身）献策："雍州刺史刘沈果敢忠义，州兵足以威胁长安，咱们命他去关中讨伐司马颙以解洛阳之围吧！"

祖逖准确地给司马乂指明了方向："罢州郡兵"后，边境还有兵没被集中在各位都督手上，把这些力量也调动进来参与牌局！

刘沈接诏后，向辖境内各郡发布檄文，各郡大多起兵响应，刘沈集合七郡兵众以及守防诸军一万多人开始袭击长安。④

虽然边境还有兵，但实际上兵力也极其可怜了，七个郡加上州军总共凑了万把来人，华夏兵源告急！

---

① 《晋书·长沙王乂传》：乂前后破颖军，斩获六七万人。

② 《资治通鉴·晋纪七》：颖进兵逼京师，张方决千金堨，水碓皆涸。乃发王公奴婢手春给兵，一品已下不从征者，男子十三以上皆从役，又发奴助兵；公私穷蹙，米石万钱。

③ 《晋书·长沙王乂传》：战久粮乏，城中大饥，虽曰疲弊，将士同心，皆愿效死。

④ 《资治通鉴·晋纪七》：沈奉诏驰檄四境，诸郡多起兵应之。沈合七郡之众凡万余人，趣长安。

司马颙的大将张方在洛阳城下已经打不动了，后院起火，于是准备回军。而司马颖号称二十多万的大军已经死了三分之一，士气低迷。

眼看司马乂就要完成第二次喋血孤城的壮举了，这时，自杨骏时代就一直缩在暗处的一个人出现了：东海王司马越！

先胖不叫胖的最典型案例出现了。

这位非司马懿、司马孚支系的远房亲戚，这位最终收盘，终结这场司马氏互杀大戏的阴谋家，登场了……

六、"精满不思淫，气足不思食，神足不思睡"

最后上场的司马越，属于司马家族很远的一支。

前面的参战诸王，基本上都是司马懿这一支的，唯一的例外是司马孚的孙子，阴谋家司马颙。

司马越是司马懿的四弟东武城侯司马馗之孙，高密文献王司马泰的长子。

他爷爷司马馗基本上没什么影响力，司马炎受禅后，他爹司马泰被封为陇西王，食邑三千二百户，官拜游击将军。小国，小官，仅仅是给这一支来点儿安抚。

因为是人畜无害的遥远血脉，让当权者很是放心，后来司马泰被日渐重用，历任兖州刺史、尚书左仆射，督过邺城和关中军事。

司马炎死后，由于辈分大、关系远，杨骏上台后拉拢司马泰任司空兼太子太保，算是平衡各藩王的力量。

杨骏被杀后，司马泰又被安排接管杨骏的军营，加授侍中。

同年，小年轻司马玮被算计，司马泰本打算救这孩子的，但被手下丁绥拦住，认为不可轻举妄动。这一忍的结果，就是贾南风安排司马泰为尚书令，改封为高密王，食邑一万户。司马泰成为万户的大王了。

299 年，在贾南风最猖狂的时刻，司马泰死了，算是死得恰到好处，避免了被反倒清算，而且司马泰的努力奋斗算是给儿子司马越铺平了上台面的道路。

司马越最开始是骑都尉，去东宫侍讲，给傻子司马衷上课。司马衷登基后，司马泰被杨骏拉拢为司空，司马越也被拉拢拜为左卫将军，这是有些禁军军权了。

杨骏是看上他家的血脉遥远，打算扶植他们爷俩当自己人，但很遗憾，杨骏看走眼了。

诛杀杨骏时司马越表现相当突出，事后受封五千户，任侍中，加任奉车都尉，封东海王，食邑六县。

贾南风时代，司马越一直人畜无害，这位东海王在废司马遹、杀贾南风、诛司马伦、乂囧混战中一直没出头，深深地扎在暗处，培养自己的势力，暗中观察。

只知道他在各大王们打来打去的过程中变成了司空，领中书监（掌机密，传诏命）。

在司马乂爆发小宇宙，以一挑二时，司马越终于入局了。他选择搞掉司马乂，因为司马乂占据了他的上升空间。

准确地说，司马越是想再等等看的，因为司马乂实在太过生猛，局面此时真不好说。但他之前的密谋同伙们等不了了！

三王会战打到最后，禁军的将领们不干了，不想再和司马乂蹚浑水了。殿中诸将和三部司马与左卫将军朱默突然袭击，控制住了心思全在外面的司马乂，逼此时有过禁军背景、控制中书监的司马越为老大，奏请皇帝废掉司马乂！①

---

① 《晋书·东海王越传》：成都王颖攻长沙王乂，乂固守洛阳，殿中诸将及三部司马疲于战守，密与左卫将军朱默夜收乂别省，逼越为主，启惠帝免乂官。

司马乂被抓后，洛阳城门被打开了。

这时候殿中将士们又后悔了："这是要胜利的节奏啊，咱就要熬出来了呀！"于是又打算劫出司马乂，继续战斗！①

一夜之间又轮到司马越肝颤了。这世界怎么变化那么快呢！你们有点儿节操行不行啊，怎么随时准备变卦啊，这是兵变，不是打游戏呀！

由于废司马乂是以他的名义挑起的，眼瞅自己又要被禁军抛弃，即将被殿中诸将作为投名状转手卖给司马乂作为化解矛盾的替罪羊，司马越打算杀了司马乂断了这帮墙头草的念想。

黄门侍郎潘滔按住了他说："别冒傻气，不要亲自当坏人，还没看清楚这世道吗？"

乱世互杀的内卷链条已经开启了，这世道已经变成动物世界，没有下限了，要给自己留余地，能多活一天算一天吧。

于是司马越派人告诉张方："此时司马乂已经被抓至金墉城，赶紧去，我给你开门！"

张方派了三千人抓回了司马乂，随后把司马乂"炙而杀之"，做成烧烤了。

司马乂死前的声音洞穿云霄，年二十八岁，三军为之流涕。司马家综合能力最强的第四代人才，就这样下场了。

至此，"八王之乱"大戏中的司马诸王全部登台了，来看一下参赛表吧。（见图 3-2）

此时台面上，在死了六个司马后，还剩下三人：司马颖、司马颙、司马越。

司马颖进入京城，洛阳的官员开始站队向新老大认错。司马颖派心腹石超等人率军五万驻扎于洛阳的十二个城门，又杀了一批帮司马乂

---

① 《资治通鉴·晋纪七》：城既开，殿中将士见外兵不盛，悔之，更谋劫出以拒颖。

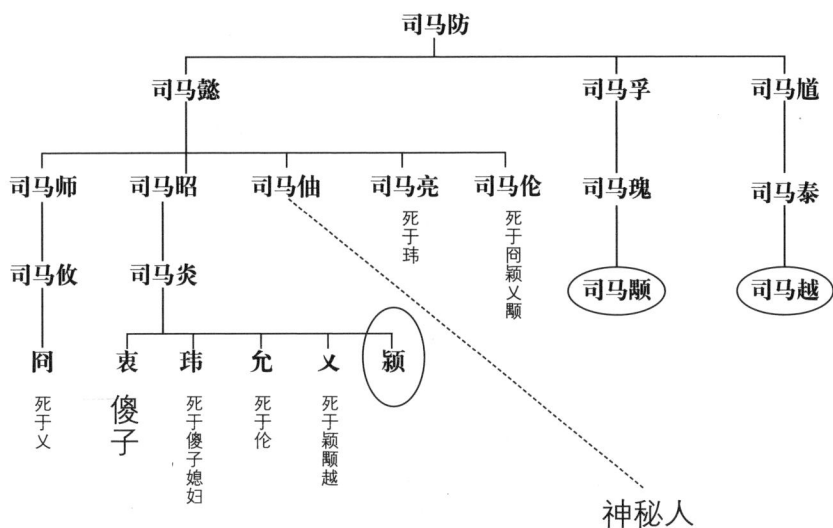

图 3-2　参加"八王之乱"的司马诸王

而与他有宿怨的禁军将领，将皇宫禁军全都换上了自己的军队，随后又回到了邺城。

此次政变成功后，三王进行了如下分赃：

司马颖干掉了继承权在前面的哥哥变成皇太弟，增封二十郡，拜丞相，兼任都督中外诸军事，如魏武故事。

司马颙为太宰、大都督、雍州牧，头衔又进了一步，彻底将关中变成自己的地盘。

控制中书监的司马越加尚书令变成洛阳一把手、傀儡朝廷的传话控制者。

司马颖作为此次的最大赢家，犯了很多错误：皇位继承权既然抢到手了，那么此时此刻他名义上那个傻哥哥就必须在他自己手上！

然而司马颖却留下了五万人控制洛阳，自己回了邺城，这是他非常年轻稚嫩的地方。

还记得司马昭出征淮南时仍然要带着傀儡皇帝一起走吗？因为皇

帝哪怕就是个三岁孩童，也仍然具有号召力。

还记得汉献帝对于曹操的巨大助力吗？一旦你利用皇权，威胁皇权了，你就必须牢牢地攥紧皇权。曹操虽然大本营在邺城，献帝在许昌，但许昌从上到下全都是曹操的人。

临阵倒戈的司马越并不是司马颖的人，而且是个比司马颖年岁大很多在这个乱世一直隐忍的老前辈！

更关键的是，司马颖的哥哥司马衷不是汉献帝般的机灵鬼，而是谁都能拿捏的傻子！

此次大战后，西晋的整体实力如下：

益州李特势力彻底成了气候，基本处于半独立状态了。（将来会单独讲，李家存在的历史意义之一就是为了给桓温点炮。）

荆州的司马歆由于官位突然大了不会干了，导致荆州辖区出现了造反事件，一个叫张昌的居然聚众起兵在樊城下直接干掉了司马歆，朝廷紧急派之前都督过幽州甚有威重的司马炎发小刘弘率领前将军赵骧去灭火。荆州地区的实力也开始被民变所消耗。

洛阳的军力再次被消耗，原有的禁军和司马冏的老底子几乎被全部熬干。

司马颖的冀州和司马颙的关中力量至少分别被消耗了三分之一。

青徐、扬州和幽州成为还没受损的三个军区。

台面上的主要参赛力量，还剩下司马颖的洛阳军和冀州军，以及司马颙的关中军。整个西晋的综合实力进一步地下滑了。

司马颖在成为皇太弟后，因为政变已经成功了，无须再努力了，开始跟司马冏一个德行，一天比一天作。二十多岁的孩子掌大权，没有约束的一帮不学无术的人围绕在他的身边。

奸佞开始掌权，当初帮他出主意揽民心的卢志不再得到他的重用，毕竟好话都不好听，现在政变都成功了，史书都懒得再进行具体表达了，就一句话："僭侈日甚，有无君之心，委任孟玖等，大失众望。"

该表达的都表达了：

1. 开始拿自己当皇帝了。

2. 想当皇帝其实无所谓，不管是给傻子干还是给傻子他弟干，都无所谓，关键是分红问题，你用的都是自己人，所以我们很失望。

这一点，被洛阳的老前辈司马越利用了。

战争给社会带来的破坏与消耗是极其巨大的，所以从理论上来讲，一次大战之后短时间内很难再爆发战争，打得次数越多，战后需要重建和社会休养的时间就越长。

但是，所有的大毁灭永远是越到最后滚得越快直到白茫茫大地真干净。

有句老话，叫"精满不思淫，气足不思食，神足不思睡"。越是满的，越是不琢磨放纵。越是虚，越是亏，通常越会放纵，有限的精元和福气消耗得越快！

通常一大堆坏毛病的人，是没什么定力的，是做不出来什么成就的。

为什么像淫乱、赌博、嗑药这种种行为千万不能沾呢？因为它会让你的人生越来越虚，越来越亏，把你的人生拉入司马家那样的毁灭旋涡中，越来越快，直到人生失去所有希望。想改变人生，先把那些"漏元气"的坏习惯改掉吧。

第一波司马氏互杀，司马伦被干掉后时隔一年半，开启了第二轮的乂囧互杀。司马乂干掉司马囧后，时隔八个月，开启了第三轮的三王互杀。司马乂被干掉后，仅仅时隔六个月，司马越就开启了第四轮互杀。（见图3-3）

304年七月，司马越传檄四方，与左卫将军陈眕，殿中中郎逯苞、成辅及长沙王故将上官巳召集四方共讨司马颖，让司马覃复位，并挟惠帝北征邺城。留守洛阳的司马颖的心腹石超逃回邺城。

司马防

司马懿　　　　　　　　　　　　　　司马孚　　司马馗

司马师　司马昭　司马伷　司马亮　司马伦　司马瑰　　司马泰
　　　　　　　　　　　　死于玮　死于冏颖义颢

司马攸　司马炎　　　　　　　　　　　司马颙　　司马越

冏　　衷　玮　　允　　乂　颖　　　　　　　司马睿
死于乂　傻子　死于傻　死于伦　死于颖
　　　　　　子媳妇　　　　颢越

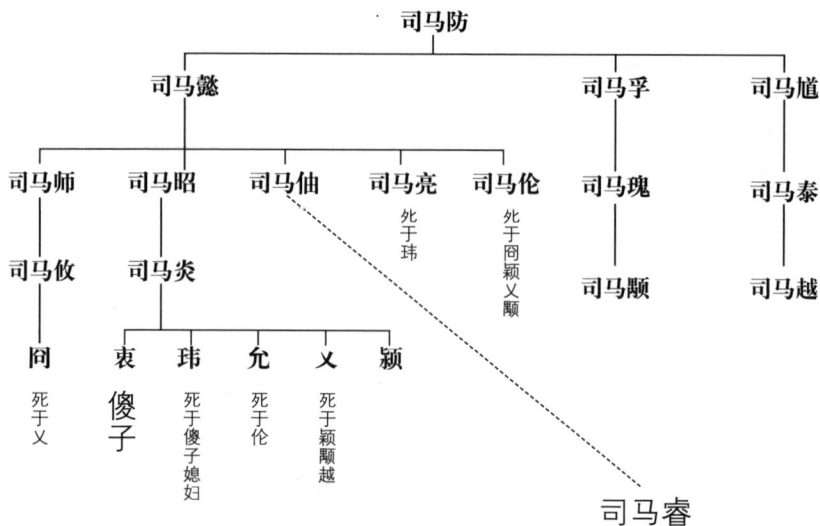

图 3-3　司马氏互杀

司马越的手法着实高超，要知道，此时护卫洛阳的五万多人都是司马颖的冀州力量，这意味着司马越在这半年多时间里拿下了司马颖留下的大部分高级军官。

更准确地说，"皇帝"无论是不是傻子，这个名号所衍生的权力意义永远超乎人们的想象。

司马越发布檄文召集各地军队，大军到达安阳的时候，据说已经达到了十多万，邺城震动。

司马颖召集全体将领问计，此时在邺城守母丧的东安王司马繇（当年想废贾南风，被司马伦流放的那位）说："天子亲自征伐，应当放下武器，身穿白色衣服，出去迎接，然后向天子请罪。"军司马王混及参军崔旷则劝司马颖迎战。

司马颖盘算完之后，派石超率五万兵马赴荡阴对战。

司马颖的出兵数量侧面也说明一个问题：仗打到现在，真没有多少兵了。

司马颖最开始号称二十多万人，和司马乂火并后被消灭了六七万，就算他二十多万的人数是实的，战后不过十二三万，分了洛阳五万，自己手中不过七八万。

司马越的十多万人更是虚的，有五万人是司马颖的底子，实际上最多也就七八万。

从司马颖派出了五万人迎战也能看出来，他没多少家底了。

司马越此次起兵的合伙人陈眕的两位弟弟陈匡与陈规自邺城投奔到司马越军中，说邺城听到大军到来百姓已经离散。司马越军队防备因此松懈，结果被石超偷袭了。

史书中没给更多解释，大概率是司马越被阴了，陈匡与陈规两人看到的是司马颖演的一出戏。

众筹了号称十多万人的司马越在荡阴被司马颖的五万人杀得大败，惠帝司马衷大脸蛋子受伤，中了三箭，被送到了邺城，司马越逃往下邳，但徐州都督、东平王司马楙拒绝接纳。

司马楙是司马孚之孙，司马冏提拔的徐州都督。[①]

司马越被迫逃回自己的封国东海国（今山东郯城一带）。

司马颖这回算是彻底控制住皇兄司马衷了，改年号为建武，杀了之前劝降的司马繇。

司马繇被杀不要紧，吓坏了他的一个侄子。这个侄子叫司马睿。也就是东晋的开国之君。

司马睿，是司马懿三子司马伷的嫡孙，父亲司马觐死后继承琅邪王的封号。

司马颖杀的司马繇，是司马睿的三叔，司马睿此时为左将军，也

---

① 《晋书·竟陵王楙传》：齐王冏辅政，繇复为仆射，举楙为平东将军、都督徐州诸军事，镇下邳。

跟着司马越参加讨伐战争了，战败后跟着司马衷被一起拘留在了邺城。

小伙子一看不对，准备逃离邺城。[①]结果越狱当晚，大月亮那个亮堂啊！但是很神奇，突然电闪雷鸣下起了暴雨，值夜班的巡城者全都避雨去了，司马睿成功越狱。

司马睿一路艰辛逃回洛阳，接上老娘回封国琅邪去了。

这是个聪明孝顺的小伙子：朝廷内部的事已经没法掺和了，还是回到自己的封地静观成败比较靠谱。

此时的路人甲司马睿没有想到，他的这次逃离，成为自己人生中最关键的一步选择。

老牌骑墙派司马颙当然也掺和了，又是老套路，最后一个出兵，派张方带着两万士兵援救司马颖。刚到洛阳，司马颖已经赢了，张方于是控制了洛阳，司马颙算是又进步了一块。

司马越的第一次创业失败了。但是，这并不意味着他的这次创业是没有意义的，因为他将司马颖的大半力量掏空了。他讨伐司马颖的主要兵力是司马颖留在洛阳的五万人，此次对战主要死的也是司马颖的人。

司马颖虽然艰难平掉司马越的这次讨伐，但本质上是他的家底被熬干。

司马诸王在这一次又一次的互杀中，终于快将家底抖干净了。

也是在这个时候，司马颖犯错了。他在核心力量已经不足的情况下，去招惹了幽州的一个大佬。一直完好无损在观望的幽州力量，被扯进来了！

两晋最强私生子登场了。

此时的幽州都督叫王浚，是当年告密曹髦搏富贵的王沈的儿子。王沈这辈子算是人生赢家了，利益至上的选择这辈子从未做错。但是，

---

① 《晋书·元帝纪》：荡阴之败也，叔父东安王繇为颖所害。帝惧祸及，将出奔。

在他没法自主选择的地方，老天爷就不会让他这么称心如意了。

他在接班人问题上很不提气。

两晋最神奇的地方，就是这帮机关算尽的人，在生孩子的问题上全都没得了好。

王沈的正室死活生不出来，妾也没有动静，他莫名其妙的一次激情后，一个地位卑贱的赵家媳妇反而给他生了个孩子。这孩子就是王浚。

注意，是老赵家的媳妇，让他给忙活了。

那个时代，是极其看重出身的，虽然这孩子有他的血脉，但是这孩子也太惨了点儿。这就好比王沈这个大领导指着自己的接班人给别人介绍："这孩子他妈是我们家小时工，有一次给我收拾屋子时，我跟她谈了谈工作……"没法说啊！

王沈因此非常看不上这孩子。

但是，他看不上也没办法，王沈就一个哥哥，早早死了，绝户，他没法继承他哥的孩子。他自己别说儿子了，连个闺女都没生出来，连闺女的孩子继承自己爵位的可能性都没有。

其实，这个王浚是不是他的种都不一定，就那么巧？这么多生不了孩子的女人都让你娶家来了？不一定谁的毛病呢！

而且，史书中写得也挺坏的，再看看王浚的身世记载：母赵氏妇，良家女也，贫贱，出入沈家，遂生浚。

史官说得很含糊，并没有完全给老王的生殖能力站台。

不管怎么说吧，能继承王沈爵位的都死绝了，就这么一个男丁！爱咋咋地！王沈也比较有性格：我这支绝了我也不要这野孩子！

王沈死后，剩下这帮没有继承权的亲戚们觉得老王这辈子获得的爵位还是很值钱的，不能就这么充了公，于是推举王浚这个野孩子继承了王沈博陵公的爵位，拜驸马都尉。①

王浚野鸡化凤凰后做过散骑常侍、越骑校尉、右军将军等，再后来又转任了东中郎将，到许昌上班。

当初用大棍子搋死司马遹，王浚是黑手之一。②

通过这次政治站队，王浚调迁宁朔将军、持节都督幽州诸军事，成了幽州一把手。这在当时各藩王主镇地方的大背景下很不简单。

这个时间段，是公元300年，山雨马上来了！

王浚到了幽州后，司马伦开始为称帝做准备，王浚看出了中原要乱，于是开始为自己打算。

他非常高明地玩起了通婚，跟邻居鲜卑人混得很不错，将闺女嫁给了段部鲜卑的老大段务勿尘和疑似乌桓部族长的苏恕延。③

没多久，司马伦称帝，司马冏三王逼宫，王浚没有理三王的讨贼文书，而是选择了观望。

这让镇邺城的司马颖很不满，打算出兵攻打王浚，但由于主要目标是司马伦，这事就被暂时搁下了。④

司马伦被诛杀后，由于半路投诚的司马颙都获得了封赏，为了安抚没表态的王浚，也给了他一个安北将军。

城头变幻大王旗，司马家的这帮半大小子打成了一锅粥，王浚一直没表态，只知道司马乂被杀后王浚相当不平，史载："及河间王颙、成都王颖兴兵内向，害长沙王乂，而浚有不平之心。"

---

① 《晋书·王浚传》：年十五，沈薨，无子，亲戚共立浚为嗣，拜驸马都尉。

② 《晋书·王浚传》：愍怀太子幽于许昌，浚承贾后旨，与黄门孙虑共害太子。

③ 《晋书·王浚传》：于时朝廷昏乱，盗贼蜂起，浚为自安之计，结好夷狄，以女妻鲜卑务勿尘，又以一女妻苏恕延。

④ 《晋书·王浚传》：及赵王伦篡位，三王起义兵，浚拥众挟两端，遏绝檄书，使其境内士庶不得赴义，成都王颖欲讨之而未暇也。

由此也看出来司马乂的手腕。

整个中原的力量被这群司马的多次内斗损耗得差不多了，司马颖挟持司马衷后并没有安抚王浚缓一口气，而是突然想起来要办王浚了。

此时的政令已经是他说了算，因此，他派自己的心腹和演为幽州刺史，密令和演刺杀王浚，吞并幽州兵。①

和演勾结乌桓单于审登，密谋在一次春游后在蓟城南边的清泉刺杀王浚。结果天下大雨，兵器全部被打湿，计划失败。

北方气候干燥，多为复合弓，采用的动物胶和筋下雨天会变软，弹力下降，因而会严重影响射程和准度，后来蒙古南下时因为南方气候湿热，弓箭的射程一度只有七八米。

此次计划失败后，迷信的乌桓单于审登认为老天在帮王浚，于是决定反水，把和演的密谋告诉了王浚。②

王浚在权衡后最终决定反了，他选择了司马颖的政敌司马越一系。

王浚联合了并州刺史司马腾（司马越之弟），与乌桓单于审登起兵杀了和演自领了幽州。

杀和演后，王浚跟女婿段务勿尘、乌桓羯朱以及并州的东嬴公司马腾，共同起兵，大造攻城器具，率胡汉两万兵，讨伐司马颖。

完整的幽州力量和司马腾的并州力量（并不强），以及少数民族的骑兵武装终于加入战局了。

这是个具有历史性的时刻：千年来，胡人的力量终于被引入中原了。

虽然，貌似王浚的战力并不起眼，两万人而已，但谁也没想到的

---

① 《晋书·王浚传》：颖表请幽州刺史石堪为右司马，以右司马和演代堪，密使演杀浚，并其众。

② 《晋书·王浚传》：单于由是与其种人谋曰："演图杀浚，事垂克而天卒雨，使不得果，是天助浚也。违天不祥，我不可久与演同。"乃以谋告浚。

是，这两万人一路如摧枯拉朽，开启了南下的杀神之路！

不仅仅是多次火并之后中原无兵了，更可怕的一件事情极其凑巧地在这个时间段也出现了：中国古代最伟大的军事发明之一——双马镫的发明，终于在这个时代基本成型了！（图 3-4 是后代经过改良的双马镫。）

图 3-4　双马镫

七、所有咬死你的狼，都是你自己养出来的

司马氏这群败家子将中原祸害得遍地狼藉的同时，北方游牧民族不仅在汉化程度、入塞深度等方面达到了千年来的最高点，而且老天还本着要死你就死得瓷实点儿的原则，让游牧民族赶上了巨大的科技红利。

属于中国古代最伟大一档的军事发明——双马镫，完成了。

说马镫之前，要说下四百年前的一段故事了。

在卫青、霍去病时代，中原政权跨时代地发明出了突骑战法，随后汉军对匈奴开始了降维打击。

自卫青开始，汉军的骑兵不再与匈奴人较量远射，而是将步兵的正面冲锋战术移植了过来，跟匈奴人玩肉搏来抵消掉匈奴人的骑射优势。

所有的骑兵编队，组成冲击方阵，如步兵军团般成整齐建制地向敌人高速冲击！

这个跨时代的"突骑"战法的具体操作是：每个骑兵一只手挽缰绳，一只手将长矛或长戟夹在腋卜，于腕撸住枪杆，利用马的冲击速度，击杀匈奴人。

汉人不再搞射箭比赛，而是利用中原政权的纪律性和武器的先进性组成骑兵方阵猛突草原民族。

是由强大的纪律性组成的军事方阵放大了中原民族的战争力量！论正规战争，匈奴怎么能和尸山血海中战斗了成百上千年的中原民族比经验呢？

基本上步兵的阵法、谋略、士兵的训练方式在汉朝时就已经很成熟了。跟草原民族比骑射，中原民族永远也比不上。但是，跟他们比纪律、比团结一致向前看、比集中调度，中原民族领先上千年！

中原政权是治理黄河的民族、是基建狂魔修筑长城的民族，是组织过百万军队参与战争的民族，是一声令下所有适龄男子驰援长平战场的民族。

在这片土地上，这个民族最令人害怕的战争力量从来不是个体的天赋异禀，而是成百上千人旗帜鲜明整齐划一所聚拢迸发出的恐怖力量！

草原民族因为草原的基因，打起仗来天生就是松散的个体在各自为战！他们令人恐怖的地方是高质量的骑射和便宜的战争成本。

如果我们把我们的阵法和纪律由步兵牵引到骑兵上呢？我们建立在马上的移动军团将弥平他们的个体优势，摧垮他们的生存力量！

在两汉三国时期，游牧民族看见中原政权其实都是腿肚子转筋的，因为这套突骑战法，少数民族根本模仿不来，它属于杀敌一千自损八百的七伤拳。

当时没有马镫，一枪捅过去有可能会出现要么兵器拔不出来，要么被巨大的后坐力顶下来的情况。

无论是哪种可能，对于游牧民族来讲，都是有违基因的。因为他们有机会就抢一把，没机会就跑，犯不上拼命，从来不觉得逃跑这事丢人，所谓"利则进，不利则退，不羞遁走。苟利所在，不知礼义"。

打仗就是打经济成本，突骑战法对游牧民族来说战损率太高，不合算。而且更关键的是，由于突骑战法只能攻击一个方向，所以这需要组成编队一起冲锋才有杀伤效果。

自己一个人拿着杆枪往前冲，其实效果不大，还容易被人当靶子射。

游牧民族是无法组织出这种方阵编队的，就算组织出来，通常真打起来也都迅速四散奔逃了，因为谁也不想硬碰硬地打一场损耗率高的战役。

时代来到两晋，就好比当年"突骑战法"不需要练习骑射降低了汉民族的骑兵门槛一样，双马镫发明出来后，"突骑战法"的高伤亡门槛也开始降下来了，少数民族突然意识到，突骑军团也是能搞一搞的了。

来看一下双马镫的诞生过程。

由于使用突骑战法在捅死对手的时候会产生相应的后坐力，所以需要骑兵将自己尽可能地固定在马背上以抵消刺杀敌人时的反冲力。

最开始的思路，是加高马鞍。

马鞍变高后，虽然被后坐力顶下去的可能性降低了，但骑兵上马又成了问题。因为自古以来，所有的骑兵是要按着马背跳上马的。

这其实是个高难度的技术活。

最著名的案例就是老将廉颇为了证明自己威猛不减当年，一顿饭吃了一斗米、十斤肉，还披甲上马。

这段故事仅为后世留下了"尚能饭否"的成语，却不知后面的那句"被甲上马"实际上是含有高技术的。

当时没有马镫，而且甲是很重的，能跳上马，廉颇以此证明自己的身手不减当年。

马鞍加高后，跳上去的难度变高了，因为腿要跨过高马鞍，那真是一不留神就扯着蛋了。

平时上马还好说，踩个东西帮一把，要是真打起仗来被颠下马了，再想上去就得靠自己了。所以，当年的骑兵选拔跟今天的舞蹈学院一样，要看腿的长短。像孙权那种大长身子小短腿的，就无法入选骑兵战队。

与孙权形成鲜明对比的是关二爷。二爷弄死颜良就是突骑战法的"刺"，二爷绝对是大长腿，多高的马鞍都不叫事。

为了帮助孙权这样的人在高马鞍的情况下上马，马镫作为辅助性工具，被发明出来了。既然是为了辅助上马，最开始马镫出现的形式，是简单金属环状造型的单马镫，就是为了方便踩那一脚上马。（有一种说法是马镫在东汉年间就已经发明，在李约瑟 1954 年出版的英文版《中国的科技与文明》第六卷中，刊发了一幅东汉时武梁祠骑马者画像石的拓片，画像中骑者脚下有清晰的马镫造型，但马镫形制是极为成熟现代的踏板型，事后考证，该祠虽然始建于 147 年，但画像却出自清人冯云鹏的金石拓片集《金石索》。）

到了三国时期，用于辅助上马的单马镫开始普及了。比较直接的文献例证是 239 年孙权的交州牧吕岱平定一场叛乱，当时他已经年过八十，有人写信恭维他："老英雄上马还能'辄自超乘，不由跨蹑'，您就是活廉颇呀。"

此时上马已经有"跨蹑"了。（"蹑"为踩踏之意。）

最直接的例证，就是 20 世纪 50 年代，长沙西晋墓葬中出土了一批马和人骑马造型的陶俑，其中有四尊马身的一侧都塑有一个三角形马镫，但骑者的脚未在镫中，所以推测此时的马镫仍然是供骑手上马时用的，骑上之后就不用镫了。

但是，当骑手在实行突击战法的时候，一旦发现一只脚踩住单马镫能够更稳地坐在马背上获得一部分支撑力的时候，离双马镫的发明就不远了！

东晋时期，双马镫开始普及，像南京象山东晋墓七号墓，前后秦时期西安草场坡一号墓铠马陶俑出土的墓葬中，开始出现双马镫的造型。（上述关于马镫的内容，借鉴参考了李硕《南北战争三百年》一书。）

当双马镫出现后，骑手可以不用一只手挽住缰绳了，两条腿踩着马镫夹着马肚子就可以驰骋，双手解放出来了！（见图3-5）

图3-5　北魏司马金龙墓骑马武士俑与双马镫

骑兵从此成为一个强有力的独立杀敌单位。

过去的突骑战法，由于骑兵要一手控制缰绳，所以突刺的方向只有前面一个方向。现在，不仅杀伤方向开始多角度输出，连被后坐力顶下马的可能性都开始大大降低！

这也就意味着，突骑战法的伤亡属性开始降低，双马镫配高马鞍的技术革新，帮助少数民族克服了基因当中的恐惧。

再配合着北境异族对中原制度的学习和汉化的加深，突骑战法开始逐渐对接到北境异族的武器库中！

骑兵如果仅仅是射箭，能量终归有限，因为射箭是冲不开步兵方阵的！只有冲开军阵，才能进行后面的砍瓜切菜！

强大的骑兵力量，开始正式帮助北境奠定三百年的武运基础！

王浚带着多民族成分的晋胡武装一路南下，司马颖派王斌和石超率冀州军力于平棘迎击，大战后，冀州军被击败。

邺城震动，大量的官僚开始逃跑，士卒离散，败象已现。按史书中的记载，司马颖其实并没有遭到毁灭性的打击，但是，统治大厦却在并不沉重的打击后崩盘了。

自 301 年到 304 年，司马颖已经打了太多次的仗了。当年项羽百战百胜尚且一战而亡，司马颖穷兵黩武浪战的背后，其实就是将士兵所有的忍耐与士气一战又一战地透支光！

本来就都是兵户，本来就对战斗已经极度抵触，胡人南下的闪电突击开始让所有人胆寒。

大厦将倾，邺城告急。

在危急存亡之秋，拉开"五胡"南下大幕的第一位时代人物站出来了。

"现在幽、并二镇骄横强暴，让我回去召集我的五部人马共赴国难！"说这话的人，叫刘渊。

继鲜卑乌桓开始入中原后，另一支古老的力量也要解除封印了。匈奴人终于要在这片祖祖辈辈被剥削了数百年的土地上书写自己的故事了！

由于东汉中后期南匈奴单于一系的威信被朝廷彻底打掉，南匈奴已经失去了对匈奴族裔的统治权，屠各部经过了近四百年的辗转，终于在魏晋禅代时期达到了作为匈奴民族代言人的权势顶端。

但是，又没什么可自豪的。

西晋对匈奴进行了拆分，每一部都给派了都尉，各部的汉都尉直接指挥士兵，匈奴还怎么蹦跶啊！

再这样定居下去，过个一二百年，匈奴人就该和并州人慢慢同化在一起了。因为纸张逐渐普及了，知识的传播在加速，过去杂居难以融合的巨大难题开始被撕开了口子，匈奴这个民族在时间的推移下也将从历史舞台上彻底销户了。

但是，老天爷在扇司马家耳光的时候，还是给了匈奴人戏份，派下了刘渊这个奇男子。

刘渊自幼聪慧，文武俱佳，长大后仪表魁梧，身高八尺四寸；须长三尺多，似关公再生；胸口三根红色毫毛，长三尺六寸，类孙悟空转世。

著名相师崔懿之、公师彧等见到刘渊后都非常惊奇并大为宣传：此人之相从未见过，必是大人物！

魏晋交替之际，刘渊的父亲刘豹开始大发神威，将匈奴五部统一为了一部，刘渊因此成了晋的人质。

再后来，太原王氏的王浑多次在司马炎面前推荐刘渊，说这个人是大才。

司马炎见过刘渊后，长了一双大长胳膊具有帝王相的司马炎对王济说："你爸给我推荐的那个刘渊不得了，从容颜、仪表来看，即使是春秋的由余、汉代的金日磾都不能高过他！"

王济说："不仅是相貌，刘渊的文武才干超出由余和金日磾很远，陛下您若能委任他统领东南地，吴地咱早就平啦！"

刘渊人生第一次被拉上了历史舞台，但在候场门前被撅回来了。因为司马炎旁边的亲信孔恂、杨珧说："刘渊此人大才不假，但您最好别重用他，他如果得到了权力必成大气候，他要是渡江后不回来，可比吴难对付多了。"

后面的这句话，直接列原文让大家感受下："非我族类，其心必异！任之以本部，臣窃为陛下寒心。若举天阻之固以资之，无乃不可乎！帝默然。"

从理论上来讲，说出这种话更多是出于党争的原因。因为当时西晋的武运控制力还是相当强的，胡人去长江流域作战，纯属当炮灰。还担心他割据？他连船怎么划都不知道！

这本来是个挺好的建议，调少数民族去打江东，打死反贼平外乱，打死匈奴平内患。

之所以列出那句原文，是为了给大家看一下那句耳熟能详的"非我族类，其心必异"。

对北方异族的提防和看不起是当时人的常态，但令人觉得反常的是王浑、王济父子对刘渊没完没了的赞美。

这可是海内高门的太原王家！为何会对刘渊如此推荐呢？从侧面可以挖掘出来一条隐藏的线。

屠各部落之所以能够迅速一统匈奴，除了之前说的那些民族内部因素外，其实和太原王氏在背后撑腰有着巨大关系。

大家记住一个永恒的道理：在你的控制下成长起来的任何心腹巨患，都有着你自己人出于种种原因下的支持与为其撑腰。

很多时候，敌人真的不在外部。屠各雄起如此，淝水战后前秦遍地复国如此，安史之乱如此，努尔哈赤崛起亦如此。

狼，都是你自己养起来的。

匈奴被曹操拆分为五部之后，很大一部分居住于晋阳附近。[①] 这和太原晋阳的王氏，开始产生了交集。

太原王氏是军功起家，祖上第一代王柔担任东汉护匈奴中郎将，王泽为代郡太守。

---

① 《晋书·刘元海载记》：魏武分其众为五部……然皆居晋阳汾涧之滨。

第二代的王昶是司马家铁杆，当了荆州的都督。

第三代的王沈当过各地军区都督，最后升为骠骑将军；王浑平吴时是东部总指挥。

王家在由地方豪族升为一流高门的过程中，一直没丢下军功之路。这让太原王氏的家族基因中就和屠各有亲近的可能。

还记得当年邓艾上书说屠各刘豹是重大威胁时的那句话吗？"羌胡与民同处者，宜以渐出之，使居民表崇廉耻之教，塞奸宄之路"。邓艾的意思是，现在的"胡汉"杂居不是个好事，汉人跟这帮匈奴人在一起都待野了，给那帮蛮夷输送友谊弹药呢！

旁敲侧击，其实就是在说太原王氏。

屠各刘氏和太原王氏关系好到什么地步呢？刘渊他妈死的时候，已经官居司空的王昶前来吊丧。①

刘渊成人后，王昶子王浑拿刘渊当哥们，还令儿子王济来拜见，与刘渊相识。②

要知道负责匈奴的并州刺史是什么品级？四品而已。匈奴首领之子，得到大晋一品高门的如此优待，仅仅是因为这孩子非常优秀吗？仅仅是因为对他屠各刘家很敬重吗？

怎么可能！

要知道，匈奴单于几百年来都被护匈奴中郎不正眼看，想骂就骂，想杀就杀，到魏晋时待遇还不如汉朝呢，还记得西晋朝堂上对他们的称呼吗？那是"丑虏"和"群丑"啊！

两晋的历史为唐代所修，相隔久远，每到细节之处通常就说不清

---

① 《晋书·刘元海载记》：龆龀英慧，七岁遭母忧，擗踊号叫，哀感旁邻，宗族部落咸共叹赏。时司空太原王昶闻而嘉之，并遣吊赗。

② 《晋书·刘元海载记》：太原王浑虚襟友之，命子济拜焉。

楚。从常理来讲，高阶层厚待低阶层的可能性通常只有两种：

1. 要么拿他当刀。

2. 要么靠他牟利。

屠各刘家的会来事和会走上层路线，一定在很多方面满足了并州高门和豪族。

以太原王氏为首的高门对屠各部的厚爱与照顾，很大程度上帮助屠各迅速崭露头角，统一了匈奴族裔。

异族之间，绝不会有什么真正的友谊，所有的相交条件都是利益互换！

其实不光王家在屠各那里得了巨大好处，当时并州的所有官僚对屠各刘家似乎都愿意说几句好话。

西北的秃发鲜卑杀秦州刺史胡烈和凉州刺史杨欣，闹得西北大乱，弄得司马炎很着急。

上党李熹说："陛下您若是真的能够征发匈奴五部的兵众，让刘渊带着他们出征，西北的边患根本就不叫个事！"

孔恂说："你这办法有后患。"

李熹怒了，说："以匈奴之劲悍，元海之晓兵，奉宣圣威，何不尽之有！"（瞅瞅这背书。）

孔恂回答道："刘渊若是能够平定凉州，斩杀树机能，恐怕凉州境内又要乱了，蛟龙得云雨，非复池中物也！"

再后来，齐王司马攸也发现了刘渊，对司马炎说："您如果不除掉刘渊，恐怕并州是不会安定了。"①

---

① 《晋书·刘元海载记》：齐王攸时在九曲，比闻而驰遣视之，见元海在焉，言于帝曰："陛下不除刘元海，臣恐并州不得久宁。"

但在太原王浑的多次维护下，司马炎并没有杀刘渊。①

屠各刘氏后来在西晋走上层路线达到什么地步呢？太康末年，也许是太多人对司马炎说刘渊的好话了，刘渊居然被任命为北部都尉。

当时阉割匈奴的关键一步，就是晋都尉掌兵，是五部实际的隐形老大！

都尉一定是汉人！但在屠各已经一家独大之时，刘渊居然做了"北部都尉"！这就相当于本来链子就已经快拴不住他了，西晋还把打开链子的钥匙给他了！

随后史书记载了刘渊的巨大影响力，他在任期间，明刑法、禁奸邪、轻财好施、推诚接物，五部俊杰无不至者。幽冀名儒，后门秀士，不远千里，亦皆游焉。

不光是刘渊，他的儿子刘聪也做到了"右部都尉"的职位！史书中也写得很明确：刘聪"累迁右部都尉，善于抚接，五部豪右无不归之"。

屠各人能到这个位子绝对是内部有"坏人"啊！

这是权力游戏的规则，看政权发展与兴起一定要参考这个角度。

290 年，司马衷继位后杨骏滥发好处，任命刘渊为建威将军、五部大都督，封爵为汉光乡侯。

司马炎在生命尽头时已经不是明白人了，他走后，西晋官僚就更是糊涂蛋了，刘渊居然拿到了五部最高领导的官方认证，成为匈奴五部自治州的实质上的一把手。

又过了十年，刘渊基本上做好了以"屠各部"为最豪贵，匈奴各部落参股的大融合。

元康末年，因为部族有人叛逃出塞，刘渊被免官。

---

① 《晋书·刘元海载记》：王浑进曰："元海长者，浑为君王保明之。且大晋方表信殊俗，怀远以德，如之何以无萌之疑杀人侍子，以示晋德不弘。"

元康年间为 291—299 年，元康末年大概率是指 298 年或 299 年，刘渊的五部都尉干得好好的，为什么被找借口拿下了呢？为什么贾南风这个时候才动刘渊呢？

因为 297 年王浑死了！

王浑的儿子王济也早于王浑死了，刘渊失去了朝堂上最大的保护伞，所以很快他就被拿下了！

上层没有人，天上地下那就是分分钟的事！

并州高门不会知道，你现在得了多少好处，将来你们的后代在自己的家乡就会被人家屠戮得多么悲惨！

此时此刻，已经到了末日之前，无论司马家再怎么想挽回，再怎么重新布局与调整，历史已经不会再给他们这个机会了。

在过去的十多年中，刘渊早已完成对匈奴各部的整合！刘渊又找了司马颖的关系走门路，司马颖上表荐刘渊任宁朔将军、监五部军事。

也是在这个时间段，风云突变，天下开始剧烈搅动，司马伦篡位了，紧接着就是诸王混杀。

司马颖因此并没有将刘渊放回去，他对并州匈奴是有期待的，抓住了刘渊，就抓住了五部。

刘渊比较悲催，他要是早知道司马家马上就互相砍杀了，自己就在老家老实待着了，毕竟自己马上就能独立创业了！

但是，这种阴差阳错反而也有好处，因为早冒头的通常都完蛋得早。在司马家混战初期，匈奴五部还明显不够汉兵打的！

随着司马家混杀的加剧，过去被汉民族踩了四百年的匈奴人开始蠢蠢欲动了。

匈奴此时的高层刘宣等人密谋："我们早就失去了祖辈的荣光，魏晋两朝，我单于虽有虚号，但无尺土之业，都成人家的编户了！现在天赐良机，司马氏骨肉相互残杀，天下鼎沸，我们建立国家、复兴祖业的时机到了。刘渊的相貌、才能超人绝世,如果不是上天要光大匈奴,不会派下这种人物的!"①

五部内部开始秘密准备起事,派呼延攸到邺城将密谋告诉了刘渊。②

刘渊也看出来天下即将大乱,于是请求回故地参加葬礼,但司马颖没放人。刘渊于是让呼延攸先回去,告诉刘宣等秘密招集五部和宜阳诸胡,等他回去。③

在司马家多次会战后,司马颖拿下了皇太弟的位子,任命刘渊为禁军屯骑校尉。

半年后司马越北伐,司马颖命刘渊为辅国将军,督北城守事。艰难平定司马越后,司马颖封刘渊为冠军将军、卢奴伯。

直到王浚南下而来,情况危急,司马颖撑不住了,刘渊开始做广告了。

刘渊说:"现在幽州、并州二镇跋扈,众十余万(吓唬司马颖,北军就两万人南下),我怕弄不过他们啊,让我回老家带五部屠各来为殿下共赴国难吧!"

司马颖问:"五部的人马会来吗?即便能来,鲜卑、乌桓据说很猛,你打得过吗?我想护送皇帝回洛阳避其锋芒,接着再告示天下,号召平叛。"④

---

① 《晋书·刘元海载记》:惠帝失驭,寇盗蜂起,元海从祖故北部都尉、左贤王刘宣等窃议曰:"昔我先人与汉约为兄弟,忧泰同之。自汉亡以来,魏晋代兴,我单于虽有虚号,无复尺土之业,自诸王侯,降同编户。今司马氏骨肉相残,四海鼎沸,兴邦复业,此其时矣。左贤王元海姿器绝人,干宇超世。天若不恢崇单于,终不虚生此人也。"

② 《晋书·刘元海载记》:于是密共推元海为大单于。乃使其党呼延攸诣邺,以谋告之。

③ 《晋书·刘元海载记》:元海请归会葬,颖弗许。乃令攸先归,告宣等招集五部,引会宜阳诸胡,声言应颖,实背之也。

④ 《晋书·刘元海载记》:颖曰:"五部之众可保发已不?纵能发之,鲜卑、乌丸劲速如风云,何易可当邪?吾欲奉乘舆还洛阳,避其锋锐,徐传檄天下,以逆顺制之。"

刘渊劝他别走，说："一走就是示弱，洛阳也不是您的大本营，东胡根本就不是我们五部的对手，请您守住邺城，我用二部摧毁司马腾，以三部之兵杀王浚，您就信我吧！"

　　司马颖最终任命刘渊为北单于、参丞相军事，放人！

　　刘渊拿到了官方任命西出邺城。

　　至此，龙归大海。

八、刘渊吃透了政治运行的规律

刘渊自邺城归来后，刘宣等人为刘渊上了大单于的称号，二十日内聚众五万，定都离石。

继鲜卑、乌桓后，匈奴人也正式加入了。

刘渊并没有食言，他派左於陆王刘宏率精骑五千前去跟司马颖部将王粹会师，阻截最近的并州刺史司马腾，但还没赶到，王粹就被司马腾击败，并州军杀出了太行山，刘宏于是撤了回来。

刘渊还没来得及加入战局，王浚、司马腾联军南下之势已经不可阻挡，兵至邺城。大量的官员开始跑路，士兵开始逃散。

明白人卢志劝司马颖早归洛阳，当时，司马颖手中还有最后的一万五千人。如果此时司马颖带着这一万五千人回洛阳，仍然有参与赌局的筹码。

到了开拔时间本来就要走了，司马颖他妈突然舍不得离开，司马颖也就没主意了。

北境的骑兵突然兵临城下后，最后这一万五千人也都吓跑了，司马颖仅率左右数十人带着司马衷逃向洛阳。[1] 司马颖彻底输光了他的所有筹码。

王浚进入邺城后，北境流氓军开始了烧杀淫掠。

作为军费，为了方便鲜卑人痛痛快快地抢女人，王浚下令谁家敢私藏女人就地处斩，规规矩矩地让鲜卑爷们挑，于是八千多不听话的人被屠杀于易水之中。[2]

史载"黔庶荼毒，自此始也"，北境异族对汉民的荼毒就此拉开了序幕。

司马颙照例派了张方率两万人打着救司马颖的旗号到了洛阳，消息传过来了，别动了，司马颖正率领"高达数十人"的河北战队朝洛阳奔来。

司马颖逃到洛阳后正式退出军事竞赛，张方拥兵控制了朝政，至此，司马炎这一支所有有实力的后人，除了傻子皇帝之外，都完蛋了。（见图 3-6）

整个中原，在混战了四年后，唯一还有实力的，只剩下关中的司马颙了。

张方是司马颙当河间王时从当地选出来的兵，因一路勇武而被提拔上来。史载"世贫贱"，大概率是兵户。这种出身以及当时的阶级压迫惯例，导致了张方对于统治阶层的仇恨其实并不比被欺凌的异族少到哪里去。

张方突然间在洛阳"无敌手"后，作为政府军，展现出了极强的土匪军素养，开始了烧杀抢掠，无所不尽其能地报复社会。

所有愈演愈烈的兵荒马乱，到最后就是动物世界。没有下限了。

---

① 《资治通鉴·晋纪七》：颖狐疑未决，俄而众溃，颖遂将帐下数十骑与志奉帝御犊车南奔洛阳。

② 《晋书·王浚传》：鲜卑大略妇女，浚命敢有挟藏者斩，于是沉于易水者八千人。

该咱哥俩了

司马防

司马懿 〔这一帮傻子〕　　　司马孚　　司马馗

呵呵　　三哥你笑什么呢？接着往下看

司马师　司马昭　司马伷　司马亮　司马伦　　司马瑰　司马泰

死于玮　死于冏颖乂颙

司马攸　司马炎　　　　　　　　　　司马颙　司马越

冏　衷　玮　允　乂　颖

死于乂　傻子　死于傻子媳妇　死于伦　死于颖颙越　还没死，也快死了

爷爷，我当爷爷了　　爷爷，我喘口气就弄死他

司马睿

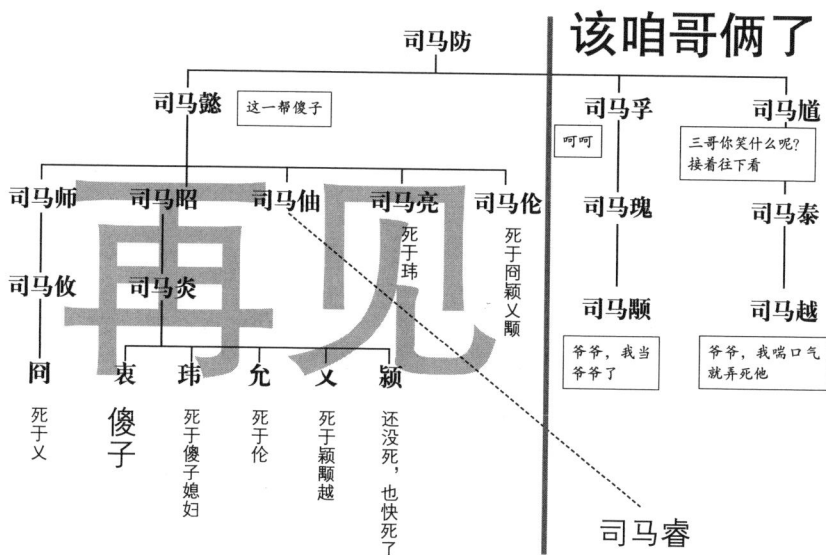

图 3-6　司马炎诸子的结局

　　洛阳被抢空后，张方决定回关中老家，最开始打算抓住司马衷迁都，但怕官僚集团不同意，于是要求司马衷出来祭庙，打算在司马衷出皇宫后劫持他，但司马衷神奇地表示：我不同意。

　　十一月乙未，张方决定来硬的，引兵入殿抓司马衷。司马衷优雅地飞奔到了后园的竹林中。士兵们在捉迷藏后将他逮出来囚在了车里，司马衷哭了。这个傻子啊，别管是真傻还是假傻吧，总之挺可怜的。

　　张方把宫女和宝物打包装车，随后率军向后宫"疯狂扫射"。当时搜刮到了什么程度呢？关中军洗劫了所有的仓库，连流苏、武帐都割下来做马鞯（鞯 jiān）了，史载："魏、晋以来蓄积，扫地无遗。"

　　继董卓洗劫后时隔一百一十五年，洛阳再次被洗劫一空。

　　在这里要专门说一下突骑战法开始大规模地加入到战争当中。当时史书记载的张方于下有五千骑兵，兵器是"铁缠槊"，就是拿铁丝缠

柄的长槊。^①

前面所说军士们抢的所谓"马帻"，就是披在马背上、垂及马腹的毡与革制品。特别说下，"马帻"并不是"马铠"。

"马帻"本来更多的是装饰性意义，但"马铠"作为稀缺战备物资并不容易得到，骑兵们争割帐幕为马帻，主要也是为了在越来越频繁的战争中多给战马一些保护。

突骑战法通常用于骑兵突破步兵军阵，在这个过程中，战马由于目标大，因此很容易被步兵军团的飞箭和枪矛杀伤。所以将士们争先恐后地收集"流苏、武帐"这种"退而求其次"的战略物资。

由此也可以看出来，骑兵兵种在战役中的使用频率越来越高，重要性也越来越突显。

注意，此时张方还是有至少五千骑兵的家底的，整个西北军的骑兵数量肯定远不止这个数字。

骑兵也从来就不仅仅是北境异族们的专属，司马乂在和司马颖对战的时候，司马乂可以奢侈地整编出数千匹马绑上大戟前去突阵。^②上一次这种造型，是田单复国时的火牛阵。

为什么要这样子作战呢？因为司马乂要一挑二，西面对七万关中军，东面对二十万河北军，人数处于绝对劣势，突骑战法对于骑兵的战损率又太高，所以退而求其次，直接拿战马进行突阵，洛阳是有大量战马储备的。

后面的狠人石勒，是从西晋河北的军马场参加乱世大战的。

---

① 《太平御览·兵部八十七》：其夜，方悉引兵从西明、广阳诸城门入，自领五千骑，皆捉铁缠槊击。

② 《资治通鉴·晋纪七》：司马王瑚使数千骑系戟于马，以突乂陈，乂军乱，执而斩之。机军大败，赴七里涧，死者如积，水为之不流。

武德充沛的汉民族从来就没有忽略对于骑兵的使用，咱们的技战术打法也一直走在时代的前沿。

大汉当年靠着卫青、霍去病的突骑战法横扫大漠无敌手。

光武中兴幽州突骑横扫天下，北境高调宣称上谷、渔阳有资格选择自己的未来。

魏武挥鞭，虎豹骑在白狼山一战斩蹋顿。

后三国时代，整个东北亚在毌丘俭的东征下瑟瑟发抖。

双马镫本来可以是华夏汉民族称雄东方的伟大发明，因为有了双马镫，突骑战法的战损成本进一步降低，人口基数更大更不缺人的汉民族没有理由不称雄东方。

但很遗憾，赶上了司马家族。

"士家制"的日渐朽烂配合着司马家前无古人后无来者的毁灭大混杀，华夏大地没兵了。

在小冰期的配合下，北境异族在这个时间段开始胡马南下，这也意味着华夏汉族在以后三百年的时间里失去了北方的马源地。

这三百年中没有马，导致了汉民族开始艰难的、充满血泪的"以步制骑"。魏晋兵户的卑贱化，更加导致了汉民族对于军人职业的厌恶与逃离。双料叠加下，汉民族的武勇气质被慢慢地扭转。

千百年来，多少人将汉人文弱摆在嘴边。但秦汉熊烈之时，群胡尽扫，万藩内附，只不过在西晋时让少数民族钻了空子，从此失去了马源地，演化出了蝴蝶效应……

双马镫改革后的骑兵，有以下四个意义：

1. 意味着超级强力的冲击战法。

2. 意味着千里奔袭的战术灵活性。

3. 意味着对步兵的后勤线路可以没完没了地袭扰打击。（因此后面南朝往北打时极度依赖水路运输，但少数民族又在河道上游搞各种各样的"淤堵"措施。)

4.意味着走一路抢一路的低成本后勤优势。(步兵所到之处敌境通常已经坚壁清野,骑兵则靠着超强的机动性能够在百姓转移财产之前进行打击,所以后面北朝南下通常不太考虑成本问题,但南朝北上则变成了不可承受的财政之重。)

再想夺回北境,千难万难啊!

司马诸王啊!说司马家于汉民族,是千古罪族之首不为过啊!

西北军在临走时,已经被董卓附体的张方还打算放火烧了祭庙和皇宫,断了人们回洛阳的念想。卢志站出来说:"董卓当年烧了洛阳,怨毒之声百年犹存,你快别发神经了!"

洛阳因此又艰难地活了几年。没错,洛阳的劫数到底是没躲过去,每逢改朝换代,洛阳没有悬念,是必然被烧的城市。

十二月,司马衷一行来到长安。

司马颙废了司马颖这位皇太弟,立了司马炎第二十五子豫章王司马炽为皇太弟,随后选置百官,改秦州为定州。

至此,皇权又来到了司马颙手中。

司马孚的这一支,貌似得到了司马家的权力。但是,当司马颙睁眼看关东的时候,发现情况真的不容乐观。

十二月丁亥,司马颙下诏,召司马越来中央当太傅。命高密王司马略为镇南将军兼司隶校尉,暂守洛阳。命东中郎将司马模为宁北将军,都督冀州诸军事,镇守邺城。

越、略、模,这三人是亲兄弟!

司马家互杀到了最后时刻,一锤定音的关键因素又出来了:你有多少亲兄弟!

司马颙爷爷司马孚的这一支,到了孙辈的时候开始出现大规模的断子绝孙现象。目前在台面上的仅有两人:守关中的司马颙和徐州都督司马楸。

司马懿四弟司马馗这一支，虽然司马馗就生了三个儿子，但是到了孙辈时，神奇的是，竟有五个孙子身居高位！

司马越，不用介绍了，战败后回到封国。

司马腾，自贾南风倒台后为宁北将军、都督并州诸军事、并州刺史。

司马模，在司马颖被王浚狂屠后，司马越因为北境的王浚和司马腾是自己人，根本不经过朝廷任命，就派四弟司马模去接手冀州的乱摊子，以填补权力空白。

司马略，具体上任时间不详，但历任散骑黄门侍郎、秘书监，此时出为安南将军、持节、都督沔南诸军事。

司马虓，在司马囧将豫州军带到中央后，替司马囧都督豫州诸军事、持节，镇许昌。（见图3-7）

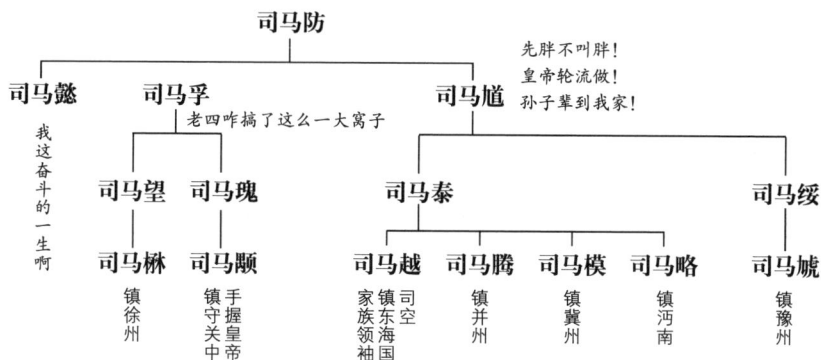

图3-7　司马馗居高位的孙辈

为什么司马越在河北都战败了，都回到封国蛰伏了，司马颙还是要讨好、安抚他呢？

别看中原王朝的家底现在基本都打没了，但烂船还有三斤钉呢！司马越有四个兄弟出镇地方，而且连成了一片，司马孚这一支的哥俩却被分隔开了，形不成合力。

史书明明白白写了司马颙在讨好司马越及其兄弟们。[①]司马颙把已经落入司马越手上的冀州和政治中心洛阳以官方名义送给了司马越及其兄弟，算是重大示好，打算把司马越引回中央。

但是，司马越的两个弟弟高高兴兴地接受任命了，司马越却没来。司马越作为家族舵手，在预谋下一次的反扑。

来看一下八王之乱打到304年年底时的中原概况。

自301年司马伦小丑跳梁，四年时间，司马懿这一支基本上祸害光了整个中原的家底，随后全军覆没。当年作为军力三大巨头的中央军、豫州军区、冀州军区灰飞烟灭了。

并州司马腾、豫州司马虓、冀州司马模、洛阳司马略，整个被打烂的中原基本落入了司马馗这一支比较远的皇亲手里。

别看关中军掌握皇权，但同样并不乐观，司马乂爆发小宇宙的那一年对西北军造成了大量人员的伤亡。

荆州战区的刘弘艰难平掉了张昌叛军。

北境幽州的王浚作为鲜卑乌桓的老丈人开始割据自主。

青徐和扬州是最后没加入进来的西晋力量。

两个少数民族相继建立政权。

1. 四川被李雄（李特子，李特去年已战死）割据，建"大成"政权。

李特这帮流民军始终没怎么提过，因为他们在这段历史中并不太重要，只是局部的乱象，这个政权在成立之后跟外界基本上没什么关系，只剩下自己人的内斗。再提它得等四十年后了。

---

① 《资治通鉴·晋纪七》：略、模，皆越之弟也。王浚既去邺，越使模镇之。以四方乖离，祸难不已，故下此诏和解之，冀获少安。

这个政权存在的最大历史意义就是给东晋的一个著名权臣点炮用的。

2. 刘渊开创了"汉"。

这么正宗的名号，现在成了匈奴人的招牌，好讽刺啊！刘渊的"匈奴汉"也是这个时代真正闯开局面的第一个少数民族。

刘渊回本部后没多久司马颖就兵败如山倒了。

刘渊听到消息后说："那半大小子不听我的，还是逃跑了，真奴才也！不过我答应他了，不可不救。"于是命右於陆王刘景、左独鹿王刘延年等率步骑二万准备讨伐鲜卑。

刘渊这种"义气"的行为，被下属们迅速找了台阶。

刘宣等人开始说话："晋为无道，奴隶御我，当年咱右贤王刘猛就一怒之下起义了，但当时晋朝还很厉害，刘猛死得真叫耻辱。司马氏父子兄弟自相鱼肉，此天厌晋德，授之于我。您大德大行，为晋人所服，今当兴我邦族，复呼韩邪之业，鲜卑、乌桓正应该作为我们的后援，怎么能结仇阶级兄弟反而去救世仇呢！现在上天假手于我大匈奴拯救世界，不可违天意。违天不祥，逆众不济。天与不取，反受其咎。您别再疑虑了！"

刘渊马上就坡下驴，表示："说得好！咱们既然能当高山峻岭，为何要当个小土包？帝王宁有种乎！大禹出于西戎，文王生于东夷，天下德者居之。现在咱们十多万人的队伍，上可成汉高祖之帝业，下不失为魏氏。虽然晋人未必认可我们，但汉是老牌政治招牌，刘备当年以一州之地尚且抗衡天下，我是汉朝的外甥，怎么就不能把这天下接过来呢？"

刘渊的开国纲领是：汉匈之间用鲜血凝结成的友谊万古长青，早年我们就是通婚的亲戚，我是刘汉的外甥，汉朝的统序，我们匈奴人继承了！

后世对于刘渊的政治纲领更多的是笑他天真，并对此不屑一顾：

你以为你靠着可怜的血缘关系就能承接过来"汉"的政治招牌吗？你是异族，凭这一点你就永远不可能得到汉民族的认可！

但是，这个看上去并不高明的动作却恰恰是刘渊已经深刻明白政治运行规律的一个表现。

作为扛起"五胡"第一棒的刘渊，此时前路是一片漆黑的。

名不正，则言不顺，你没有一个靠谱的政治纲领，是无法入主中原进行融资的。

胡人亦可为天子的政治概念还没有演化出来，此时刘渊对汉进行了力所能及的靠拢是他唯一能做的事情。

而且不要以为刘渊张嘴就来了，为了继承这个政治招牌，刘渊甚至对族谱进行了篡改。在诸多史料的记载中，刘渊是屠各族裔。

《晋书·王弥传》中，王弥在刘曜火烧洛阳后大怒道："屠各傻老帽！"[1]

《晋书·李矩传》中靳准称刘渊为"屠各小丑"。[2]

再比如《晋书·刘琨传》的"屠各乘虚，晋阳沮溃"，《晋书·刘曜载记》的"坑其王公等及五郡屠各五千余人于洛阳"，《魏书·卫操传》中的"屠各匈奴刘渊"，《南齐书·魏虏传》中的"并州刺史刘琨为屠各胡刘聪所攻"……

这也就意味着，刘渊并非南匈奴后裔，跟汉朝其实没有亲戚关系。

但在《晋书·刘渊载记》中，对于刘渊的记载却是冒顿之后，明确地写了他和大汉的亲戚关系，属于南匈奴直属一脉，他爹刘豹是羌渠

---

① 《晋书·王弥传》：曜不从，焚烧而去。弥怒曰："屠各子，岂有帝王之意乎？"
② 《资治通鉴·晋纪十二》：刘渊，屠各小丑，因晋之乱，矫称天命，使二帝幽没。

之孙，于夫罗之子。①

前面我们详细说过，自东汉后半叶起，护匈奴中郎将陈龟因为南匈奴叛乱所以逼死了南匈奴的单于和左贤王，从此南匈奴的单于世系就乱了！

144年，东汉立南匈奴守义王兜楼储为南单于。没两年兜楼储死了，147年继位的新单于是一个世系史书无载的叫"居车儿"的人。

179年，传到居车儿的孙子呼征时，护匈奴中郎将张修杀了呼征，直接就地立了右贤王羌渠为单于。

南匈奴的单于世系早就乱了，南匈奴在匈奴民族内部的名声也是比较臭大街的。后面统一整个匈奴的是刘渊家族的屠各部。

刘渊之所以会篡改族谱冒充南匈奴的后裔，本质目的就是演给汉人看的一出戏，并在北境内附的数十万"杂胡"之中率先树立起胡人的政治高度。

"屠各"是和"汉"贴不上边的。屠各也许部族强大，但却并不比别的少数民族高到哪里去！但是"南匈奴"却有着可以追溯的政治血缘高度，哪怕它牵强，但却是一个可以说服人的逻辑。

围绕着这个逻辑闭环，就可以走出创业的第一步，靠着它进行政治融资。

什么叫政治人物啊？刘渊就是！

刘渊称汉王，追封刘禅谥号为孝怀皇帝，另建三祖庙（刘邦、刘秀、刘备）和五宗庙（文帝、武帝、宣帝、明帝、章帝），立其妻呼延

---

① 《晋书·刘元海载记》：刘元海，新兴匈奴人，冒顿之后也。初，汉高祖以宗女为公主，以妻冒顿，约为兄弟，故其子孙遂冒姓刘氏。建武初，乌珠留若鞮单于子右奥鞬日逐王比自立为南单于，入居西河美稷，今离石左国城即单于所徙庭也。中平中，单于羌渠使子于扶罗将兵助汉，讨平黄巾。会羌渠为国人所杀，于扶罗以其众留汉，自立为单于。属董卓之乱，寇掠太原、河东，屯于河内。于扶罗死，弟呼厨泉立，以于扶罗子豹为左贤王，即元海之父也。

氏为王后，置百官，以刘宣为丞相，崔游为御史大夫，刘宏为太尉，其余拜授各有差。

刘渊将自己在洛阳当人质的数十年所学的能耐施展了出来，搭建出了中原政权的雏形。

任何新事物的发展，本质上是在一次次的试错中迭代。不能因为它的雏形可笑，就忽略了它的历史意义。

刘渊此时此刻貌似"很傻很天真"的做法，却是胡人政权开始创造性地在华夏大地上深入影响中国历史进程的尝试。

与此同时，"很精很聪明"的司马家族互杀仍未结束。因为，司马孚一支和司马馗一支的手中还有最后可怜的筹码！

只要手里还有最后一个子儿，我不把他拼光就不配叫司马家的孝子贤孙好儿郎！

毕竟，一切皆有可能！

毕竟，皇帝轮流做，今天到我家！

毕竟，我死以后，哪怕洪水滔天……

九、神龙尽死，永夜将至

305 年七月，蛰伏了整一年的司马越传檄山东各镇、州、郡，纠帅义旅，奉迎天子，还复旧都，要讨伐司马颙了。

这可吓坏了之前押错注的司马楙。

司马越的东海（今山东郯城）封国，离徐州都督司马楙的下邳相当近。

司马越去年七月战败后，第一时间投奔了徐州军区的司马楙，但当时司马颖大胜，把惠帝都给扣下了，大有登基坐殿的趋势，所以司马楙拒绝接收，司马越只好狼狈地逃回封国。

按理讲司马楙做得没毛病，你是落水狗，我还搭理你干什么。但他没想到他所处的时代仿佛回到了五百年前的楚汉争霸，动不动世界老大就换一个来回。

司马家的互杀链条内卷得越来越快，在河北艰难平叛的司马颖其实是吐干净了最后一口气，随后鲜卑姥爷王浚站队司马越，联合司马越的二兄弟司马腾南下狂屠了邺城。

司马越又紧急布局老四司马模去接手冀州，仅仅一个季度，局势就颠倒过来了。

司马楙过年时惊恐地发现，自己陷入了司马越兄弟连的包围圈。

如今司马越时隔一年卷土重来，司马楙怂了，听从了长史王修的建议，将徐州让给了司马越作为缓和双方矛盾的见面礼，自己被司马越安排领兖州刺史去了。①

司马越收兵徐州后气势再涨，被一群兄弟们和鲜卑姥爷王浚共推为盟主，大量的士族集团开始投奔司马越，而并非惠帝所在的关中。②

司马越为盟主后，率三万人从下邳进驻萧县，任命司马虓都督河北诸军事、骠骑将军、持节，领豫州刺史，从许昌进驻荥阳，准备往西打。

因为要往西打，司马越需要豫、兖二州的后勤保障，所以司马越命司马虓接过来豫州刺史，随后命原来的豫州刺史刘乔去当冀州刺史。结果刘乔不服，派长子刘祐率军在萧县的灵璧（今安徽濉溪县西）布防，阻击司马越。

刘乔这个豫州刺史比较特殊，按理来讲他手中应该是没有兵的，但他当初被下派到豫州是带着任务的，要配合荆州的刘弘去收拾张昌的叛乱，所以被封了左将军，他应该是和豫州都督共分豫州兵权的。③

但豫州的士兵底子很薄，因为之前都被司马冏带到洛阳了，刘乔手中的兵大概率都是新招募的，而且数量不会很多，所以刚刚在徐州收兵的司马越处理这个突发事件应该并不困难。

徐州军区之前没有加入过战争，实力不强，只有不到三万人，但

----

① 《资治通鉴·晋纪八》：东平王楙闻之，惧；长史王修说楙曰："东海，宗室重望；今兴义兵，公宜举徐州以授之，则免于难，且有克让之美矣。"楙从之。

② 《资治通鉴·晋纪八》：是时，越兄弟并据方任，于是范阳王虓及王浚等共推越为盟主，越辄选置刺史以下，朝士多赴之。

③ 《晋书·刘乔传》：张昌之乱，乔出为威远将军、豫州刺史，与荆州刺史刘弘共讨昌，进左将军。

总归是一支完整的力量。

但是，司马越面对刘乔儿子的阻击相当现眼，在战场上一如既往地表现得像个草包，大军过不去。

结合司马越一生战无不败的作战记录，基本上可以证明他的军事水平极低。但是，偏偏是这个业余军事爱好者的阴谋家终结了八王之乱。

时无英雄，竖子成名啊！

在豫州出了问题后，司马越前进道路上的兖州也有了变化。司马楙到了兖州就做各种薅羊毛的事，横征暴敛，搞得民怨沸腾。身处前线的司马虓派手下苟晞前往兖州把司马楙替下来，命司马楙去青州。

司马楙不干了，他才不去青州呢，因为他的封国就在兖州，属于高级地头蛇。看到司马越如此脓包的作战表现，司马楙开始跟刘乔合流共反司马越。[①]（见图3-8）

九月，已经翻脸的豫州刺史刘乔偷袭了司马虓的大本营许昌，司马虓手中兵力空虚被破城，军司马刘琨和汝南太守杜育等率兵救援不及，家眷全都被刘乔抓走了。

散地则无战，更不要说家眷都被刘乔抓了，司马虓和刘琨等人渡过黄河投奔河北而去。

此时河北也是一团乱麻，还记得当年司马颖是怎么输光筹码的吗？

大量的士兵并没有战死，而是被吓跑了，后来这伙武装在司马颖的部将公师藩等的带领下集结成了盲流团伙开始攻陷郡县，接连杀掉阳平太守李志、汲郡太守张延等，在攻打邺城之时被司马模击败。

---

① 《晋书·竟陵王楙传》：范阳王虓遣晞还兖州，徙楙都督青州诸军事。楙不受命，背山东诸侯，与豫州刺史刘乔相结。

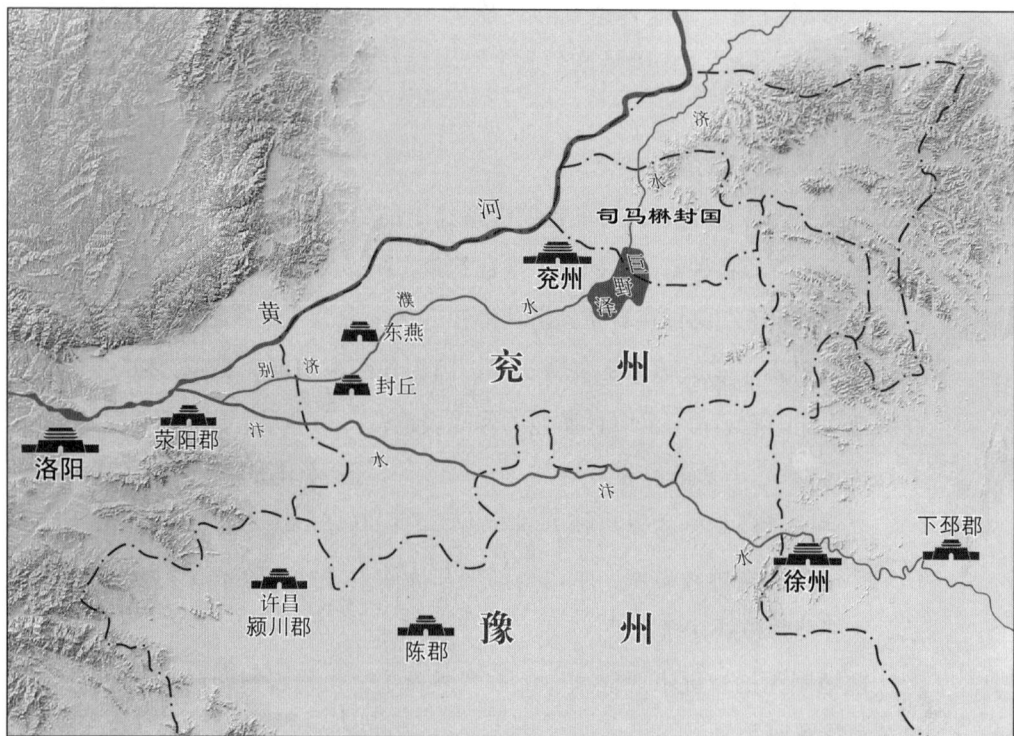

图 3-8　司马楙封国示意图

九月，公师藩卷土重来，又流窜到了平原和清河二郡，接连杀其太守王景、冯熊。

司马越联军要打过来的消息传来后，司马颙心里比较虚，听说司马颖旧将闹腾得声势挺大，于是决定放司马颖回邺城，让他阻击一下司马越联军。

安排司马颖挡枪眼后，冬十月丙子，司马颙官方下诏命荆州一把手刘弘、沔北一把手司马释等各带武装去许昌和刘乔会合。

司马颙开始令所有能动员出的力量来帮他打擂台了，但是他自己却面临一个相当尴尬的境地：诏书传到荆州，荆州一把手刘弘没搭理他。

整个荆州与沔北已经被刘弘统一，早在诏书到来之前，司马颙要求共同起兵的平南将军司马释已经被刘弘赶出了宛城。①

刘弘先是写信给刘乔和司马越，劝他们和解，两人都不搭理他。刘弘又上书司马衷说："陛下应下诏，让各方消除猜忌，老实待着，擅动兵马者，天下共击之。"

司马颙继续以沉默表态。

在一通没人搭理之后，刘弘觉得司马颙的台柱子张方性情残暴，因此押宝司马颙一定会失败，于是站队了司马越，遣参军刘盘为都护，带领荆州军前来参股。②

在失去荆州的选票后，司马颙的手下大将张方貌似尾大不掉，不听话了。

张方对司马颙说："现在我手里有十万人，让我带着皇帝回洛阳

---

① 《晋书·惠帝纪》：车骑大将军刘弘逐平南将军、彭城王释于宛。

② 《资治通鉴·晋纪八》：刘弘以张方残暴，知颙必败，乃遣参军刘盘为都护，帅诸军受司空越节度。

吧，您在关中好好待着，我北上宰王浚去！"

张方要么自己脑子有问题，要么是拿司马颙当傻子。他可能让你带走家底和皇帝吗？就算你忠贞无二，你北讨王浚万一输了呢？就算你赢了王浚，你不过就是变成第二个王浚，你北上幽州，谁来保卫洛阳和关中？

司马颙表示："你快哪儿凉快就去哪儿待着去吧。"

这最后一波的司马家族约架，等同于菜鸡互啄。

司马越军团因区区刺史刘乔的不配合导致前期相当被动。司马颙军团也没有展现出"挟皇帝而令天下"的政治至高风采。

这个时候，终结这个时代的突破点入局了，终结八王之乱的，与其说是司马越，倒不如说是北境的骑兵团。因为如果没有鲜卑南下，司马家这最后几只菜鸡还不知道会再互啄多少年！

刘琨陪着司马虓到了邺城，劝说冀州刺史温羡让位于司马虓。

为什么刘琨有那么大面子呢？因为刘家和温家有联姻。①

在这里，先简要介绍下刘琨。

这位爷作为后面的太原第一钉子户、并州首席搅屎棍，在北境沦陷胡人之手后坚守孤岛，宛如汉人的灯塔一般，有着深远的历史意义。

没他在那里搅和，"五胡"中的第二胡能否最终发展起来其实是不好说的。

刘琨出身中山刘氏，属于西晋高门，祖上不介绍了，大家知道他家和平阳贾氏以及太原郭氏（贾南风母家）是有着紧密的婚姻网络就成了。

刘琨少年时的大哥是贾南风的外甥贾谧，名列"二十四友"之一。

贾南风倒台后，刘琨没被清算，因为刘琨的姐姐是司马伦儿子司

---

① 《晋书·温峤传》：平北大将军刘琨妻，峤之从母也。

马蒡之妻，三王会战时刘琨还带兵上过前线呢。

等司马冏辅政的时候，刘琨因为祖辈给他留下了太好的人缘，再次顺利过关，司马冏特开绿灯让他继续在中央上班。①

等司马冏被司马乂干掉以后，刘琨投奔了许昌的司马虓，从此进入了司马越集团。

为什么刘琨要投奔司马虓去呢？因为司马虓的伯父高密王司马泰（也就是司马越之父）当年是提拔刘琨入仕的老领导，两家有着深厚的渊源。②

刘琨的人生貌似带有超级诅咒，跟谁谁死。但他克死这一大堆人的同时，不耽误他在一次次的大清洗大站队后继续光鲜亮丽地重新出发。

看出来西晋高门盘根错节到什么地步了吧。像刘琨这种人的人生绝大多数人就没法借鉴，因为人家同时有八个赛道。

刘琨在司马虓要来安身之地后，又前往幽州请求援军，王浚"以突骑资之"，再次放出了北境突骑！

刘琨带领着这支北境武装，开始了南下的超神表演：先是在黄河大桥上仅用三百人的突骑先锋就弄死了守将王阐，一杀！

随后北境的鲜卑军过了黄河，开始对打算回河北的司马颖小分队大砍大杀，死者遍地不可胜数，二杀！

打哭这一波后，刘琨挺进荥阳又斩了石超，三杀！

杀了石超还没完，刘琨带着五千北境突骑攻打刘乔，再次拿下，四杀！

打垮刘乔后，司马虓又派刘琨跟督护田徽去收拾在兖州梗脖子的

---

① 《晋书·刘琨传》：及齐王冏辅政，以其父兄皆有当世之望，故特宥之，拜兄舆为中书郎，琨为尚书左丞，转司徒左长史。

② 《晋书·刘琨传》：太尉高密王泰辟为掾，频迁著作郎、太学博士、尚书郎。

司马楙，直接把司马楙打回了封国，五杀！

刘琨、田徽继续南下援助司马越，这次仅仅带着八百突骑就在谯县杀了负责阻击司马越的刘乔之子刘祐，完成了六连杀！司马越终于打开了通路，进屯阳武（今河南原阳县）。

仅仅用五千北境突骑就横扫了大河南，逮谁干谁，摧枯拉朽，完成了六连杀！

在八王混战了五年后，北境突骑仿佛解锁了科技树的高维度技能点，开启了瞬间清盘效果。但是要注意，这绝不是说突骑武装本质上就多么孔武有力，对中原就是降维打击了。

早在光武中兴时代，上一波北境突击砍瓜切菜南下时，我们就讨论过这个问题。

突骑其实并非那么可怕，他们在死磕训练有素的步兵方阵时伤亡率同样是相当高的，冲不开对方军阵时往往就是步兵的活靶子，但是，前提得是训练有素。

还记得当年在兖州，曹操亲自带队去偷袭吕布在濮阳城西五十里的一支部队，夜袭到天明时大胜，但还没来得及撤退就遇到了吕布的支援，被三面包围。已经打了一宿的曹军又继续和吕布打到了下午，双方大战数十回合。

史书中记载的"数十合"，是双方军阵来回冲杀了数十回合。

要知道，吕布最擅长的就是骑兵突击，在袁绍那里当客将时杀的黑山贼相当没脾气。

但曹操就有本事拢住队伍，在打了一夜又大半天的情况下承受住数十回合的冲阵！曹操作为中国历史上唯一一个在四战之地兖州杀出来的北方强人，手上是真有东西的！

刘琨的五千北境突骑如果穿越到了一百多年前的兖州，很可能几战之后就被曹操收编为虎豹骑了。此时之所以摧枯拉朽，其实是华夏优秀的兵源已经全部打光了。

这五年互砍下来，本来就不剩什么了，新募的有限士兵更谈不上训练有素这一说，碰上骑兵军团基本上一冲就垮。

也因此，像王莽祸国时的乱世一样，北境突骑时隔三百年再次在中原大地上展现出了极其恐怖的统治力和存在感！

唯一的区别，三百年前是上谷、渔阳的华夏子弟兵武装，现在的主力是段部鲜卑。

司马越进抵阳武后，王浚派来的第二波后援到了，部将祁弘率鲜卑、乌桓的外援来帮架。①

随着北境胡马到位，时间来到了306年，八王之乱也来到最后一个年头了。

刘乔战败的消息传来，司马颙打算停战，跟司马越军团和解，被手下的人看出来了。

司马颙的参军毕垣是河间贵族，被张方侮辱过，趁这个机会诬告张方欲反，本来就拿不准的司马颙于是搞暗杀，杀了张方，把人头送给了司马越请求和解，结果大热脸贴了司马越的冷屁股。

司马越军团听到张方的死讯后都高兴疯了，开始着急忙慌地往关中赶，因为能打的终于都死了。②其实关中军是此时唯一有资格能跟北境军真刀真枪打上一战的！因为张方手下骑兵数量不在少数，但临阵斩将，关中军再无士气。

五月，北境军团的先锋祁弘击破关中军先头阻击部队入关，随后

---

① 《资治通鉴·晋纪八》：司空越进屯阳武，王浚遣其将祁弘帅突骑鲜卑、乌桓为越先驱。

② 《资治通鉴·晋纪八》：初，太宰颙以为张方死，东方兵必可解。既而东方兵闻方死，争入关。

在灞水打秃了最后的阻击力量，司马颙单身独马逃入太白山。

祁弘进入长安，作为军费，鲜卑外援开始烧杀淫掠，当场杀了两万多人，时隔百年，长安再次陷入地狱。

没好处你还想当北境的老丈人？当年匈奴人最爱说的就是"我们打的就是刘家老丈人"！史载："是日，日光四散，赤如血。"

你要是看这个时代的史书会发现好多这种表达，史官实在是没办法表达自己的悲痛了，中原政权什么时候让少数民族这么打过啊！

五月己亥，"抢劫大队"护送司马衷回洛阳，此时的司马衷已经是坐牛车了。

鲜卑军走后，留下守卫长安的将领梁柳被司马颙部将马瞻偷袭杀掉，又从山沟里迎回了司马颙。但司马颙再也没有缓回来，因为关中全都反了。

墙倒众人推，弘农太守裴廙、秦国内史贾龛、安定太守贾疋等聚拢散兵开始围攻司马颙向司马越投诚，整个关中地区，司马颙只剩下了刚被劫掠过的长安。

至此关中力量也被打没了。

八月，司马越封太傅，录尚书事。

司马虓任司空，镇邺城。

司马模为镇东大将军，镇许昌。

司马腾封东燕王，镇并州。

王浚督东夷河北诸军事，领幽州刺史，以燕国并入博陵公的封地。

司马越在大局巩固住之后想起了司马颙，召他回京当官，表示既往不咎。

司马颙在输光所有后踏上了最后的不归路。走到新安，司马模派部将梁臣在司马颙的车上把他活活掐死，其三子一并被杀。

最终的胜利者，角逐出来了，司马炽一支胜出。（见图3-9）

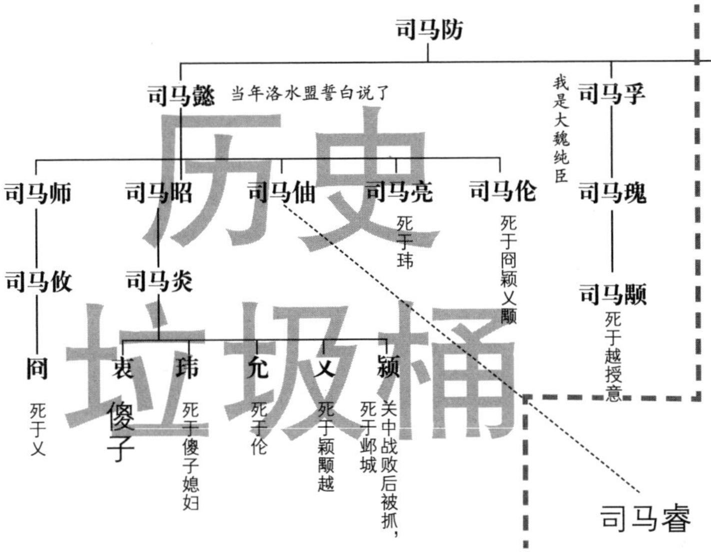

司马防

司马懿 当年洛水盟誓白说了　　　我是大魏纯臣　司马孚　司马馗

司马师　司马昭　司马伷　司马亮　司马伦　司马瑰　司马泰

司马攸　司马炎　　死于玮　死于冏颖义颙　司马颙　司马越

　　　　　　　　　　　　　　　　　　死于越授意

冏　衷　玮　允　乂　颖

死于乂　傻子　死于傻子媳妇　死于伦　死于颖颙越　死于邺城，关中战败后被抓，

司马睿

图 3-9　司马馗一支胜出

　　司马懿和司马孚两位老人家也不要悲伤，现在叉着腰的这几位很快也会来向你们报到的，毕竟相亲相爱的一家人，一定要在一起。

　　至此，天下在司马家内部一通火并下，算是彻底被掏空了。整个中华大地盗贼蜂起，民不聊生。

　　两川被李雄割据。

　　并州半壁被刘渊拿走。

　　扬州被司马越部将陈敏割据。

　　荆州在张昌之乱被平定后又被陈敏造反波及。

　　幽州成为鲜卑姥爷王浚的私人领地。

　　曾经是中华大地最核心的几个州满目疮痍，冀、并、兖、豫、司，雍在诸王的内卷火并中实力被消耗殆尽。

　　还是那句话，华夏没兵了！

　　这一切的一切，虽然使得以司马越为首的司马馗这一支最终拿下了司马懿和司马孚这两支辛苦创业的果实，但最终的代价却成为根本不可承受之重！

十一月十七日夜，一生充满黑色幽默的司马衷不行了，转天，走人。死因众说纷纭。

别管怎么死的吧，他的死也算符合历史的剧本，司马炎最长寿的傻儿子完成了他的历史使命。

这位晚年一直在漂泊的皇帝，比当年的汉献帝凄惨得多。献帝好歹算是得到了最后的尊严，但这位让司马炎忧虑了后半生的皇位继承人，却成为整个中国历史上非常可怜的存在。

他德不配位，从上台的第一天就是傀儡，被各种亲人算计、背叛。

姥爷杨骏上台第一天就把所有权力揽过去了。

媳妇贾南风给他戴了无数顶绿帽子。

九爷爷司马伦一脚给他踢一边去自己当皇帝了。

所有能上场的兄弟们都把他按到地上随意摩擦，当作盖章摆设。

华夏九州的一条条神龙在他家的互杀内卷下相继死掉。

在天下彻底大乱，彻底被掏空，当皇皇华夏的神龙全部因内耗而熄灭后，他的历史使命终于完成了。

如是因，如是果。

司马家得国最为奸险，最终司马家的结局也最为惨烈！

306 年十一月底，司马炎第二十五子司马炽继位。

转过年 307 年，改年号为：永嘉，中国历史上非常著名的年号。

其实，这个年号，应该叫"永夜"……

第 **4** 战

永嘉之乱： "王与马"、石勒开始登场

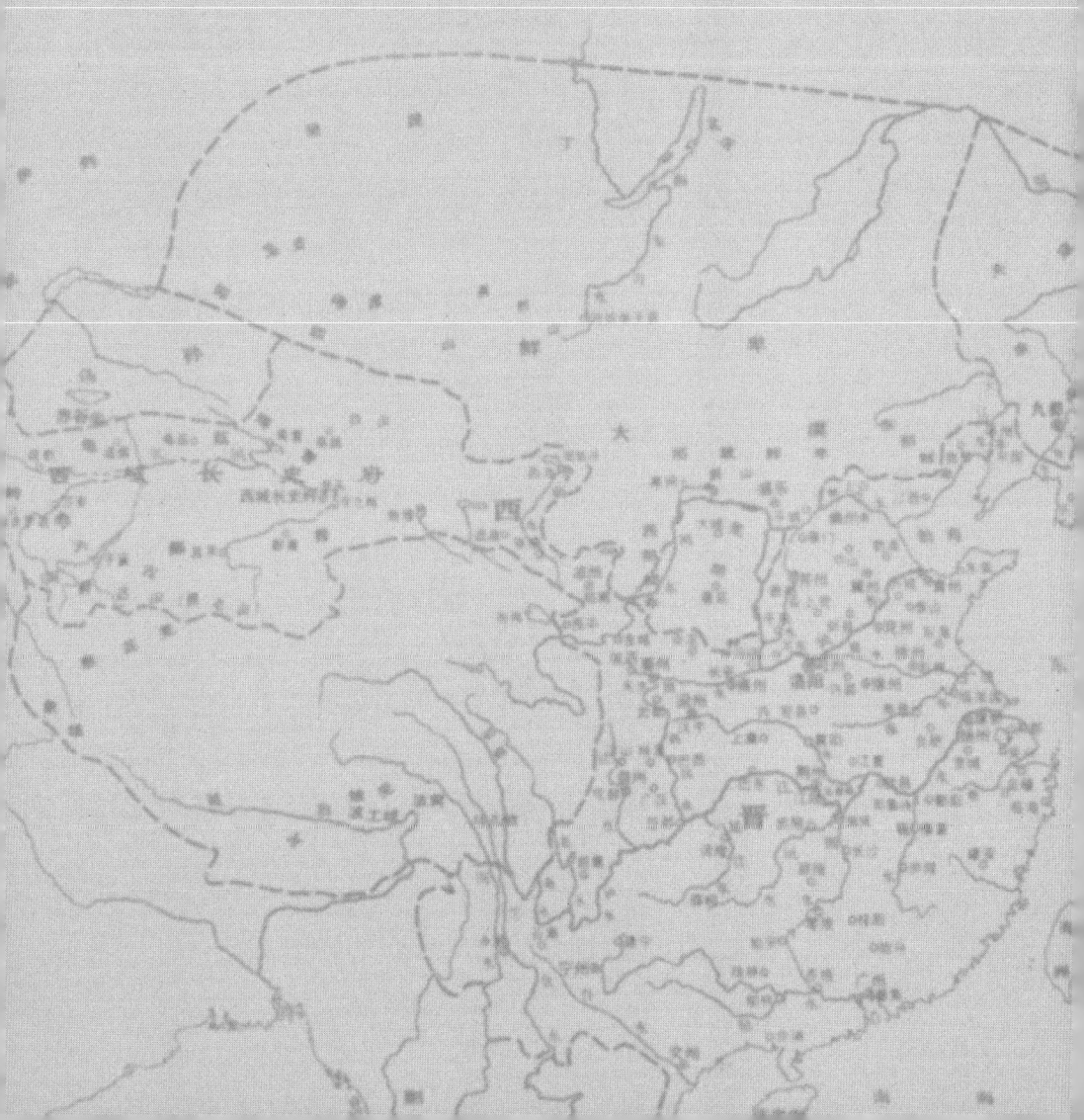

一、盛世与末世的落差，本质都是人才的差距

公元 306 年十一月庚午，司马衷终于在晚年的颠沛流离中败给了命运之神的黑色幽默。

三天后，二十三岁的司马炽登基，是为晋怀帝。

司马炽是司马炎的第二十五个儿子，在史书里的口碑相当棒，这些年家族里的一大群王爷王子穷折腾，这位小伙子就在家读历史。

司马炽上位后开始遵旧制于东堂听政，每到朝宴，动不动还和群臣探讨经籍，黄门侍郎傅宣叹道："十七年了，没想到又一次看到当年武帝的盛世了！"

这位司马家的"历史学博士"寄托了人们太大的期望，毕竟司马家这些年出太多"神经病"了，人们太渴望一个正常人了。

人之将死，总会有回光返照。王朝亦如此。

司马炽继位十天后，306 年十二月初一，日有食之，苍天示警！

日食出现在岁末，似乎在预言华夏大地更惨的岁月即将到来了。

转过年来公元 307 年，中国历史上非常著名的年号永嘉登上历史舞台了。

他哥哥司马衷，在十七年的皇帝生涯中，居然用了十个年号：永

熙、永平、元康、永康、永宁、太安、永安、建武、永兴、光熙，每个年号看起来都很吉祥，背后其实都是一段图穷匕见的混乱。

永嘉，包含着多么美好的期盼，但后面除了佛国大理的皇帝段正严（段誉原型）之外，再没有任何一个朝代和政权敢启用这个"美好寓意"的词作为年号了。

除了笃信佛法的大理国之外，似乎谁家也没有信心降服这个年号背后的那股腥风血雨的戾气！

对于华夏大地的百姓来讲，"宁为太平狗，莫作离乱人"的悲惨人生，在这一年彻底开启了。

对于八王之乱，历史非常幽默地用报应手法将司马家族做的缺德事给劈头盖脸地扔了回去。整个中原大地也在诸司马大混杀中满目疮痍。

在司马越艰难收尾终结"铁王座"之战后，才发现真正的凛冬刚刚到来。

幽州的最牛私生子鲜卑姥爷王浚，靠着时代的恩赐，带领着战法已经升级的北境铁骑让中原大地开始颤抖。

蜀地在大乱多年后率先挣脱了西晋政权的控制，少数民族的李家率先割据了两川。

并州的五部匈奴，在刘渊的整合下成为冉冉升起的新民族政权。

被汉民族压制了上百年的"胡虏"和"蛮夷们"，此时散落于塞内的数十万"杂胡们"，在司马家族自相鱼肉、天厌晋德之后，开始得到了前所未有的机遇。

中原实力消耗殆尽，满目疮痍，已经再无力去抵抗了，中国北方长达三百年的磨合与阵痛，开始了。

非常有意思的是，除了第一棒的匈奴屠各之外，这三百年的天下大乱，上半场的真正主角，却令人意外，并非已经在塞北盘桓强大了上百年的鲜卑。

上半场，是由两个极其不起眼的民族引导的：羯和氐。

历史无需编导，乱世就是舞台，造英雄的乱世，再度开启了。

就在北方即将轰隆隆地开启时代齿轮之时，永嘉元年九月，发生了这个时代几乎是最关键的一件事，这件事给这个时代的中国南方，定下了百年大调！

九月，帝国一把手司马越命镇守徐州的琅邪王司马睿为安东将军、都督扬州江南诸军事，持符节，南渡建业。

后面百年中华南北的恩怨与纠葛、搏命与撕扯、崛起与毁灭的种种伏笔，在这一刻，被埋下了！可以说，历史在这一刻，既随机又注定般地将司马睿这个并不起眼的人物，拱到了台前。

司马睿和捧他的司马越不一样。司马越这辈子一直在盘算做局，处心积虑，司马睿却真的是被一步步推到那个历史潮头的。

当初司马越收兵徐州一路向西后，命司马睿替他镇下邳。司马睿是司马懿三子司马伷之孙，跟司马越的血缘关系并不太近。

司马睿之所以会被司马越视作心腹留在徐州镇守，有三个原因：

1. 因为这哥俩本身是邻居，琅邪和东海挨着。

2. 司马睿祖上在徐州有一定的威信，爷爷司马伷作为镇东大将军，都督过徐州诸军事，而且平吴时司马伷率军出涂中立有大功。

3. 最关键的一点是因为司马睿的主心骨叫王导，王导的家族和司马越的关系相当不一般！

司马睿之所以被一步步推到那里，跟王导有着极大的关系。

王导的家族是大名鼎鼎的琅邪王家，自东汉至明清一千七百多年间，出了三十五个宰相级别的官员，他家的一个旁支出了中国最后一位圣人：王阳明！

该说说这个传奇的家族了。

王家是个非常古老的家族，由姬姓而来，始祖可推至齐桓公时代。

王家的第一次崛起是王翦、王贲、王离的祖孙三代因军功而封侯，但比较遗憾，后来赶上了项羽，王家的第一次爆发被强行断档了，王离之子王元开始带着家族迁于琅邪。

随后王家在沉淀四代之后，也就是到了王离的玄孙王吉这里，开始爆发了。

关于王吉这位王家的发迹人，有六个字知名度相当高。王老爷子给子孙们留下了"言宜慢，心宜善"的六字真言。准确地说，这是前两句，王老爷子留下了一大堆有用的"三字经"。

王吉当年在劝被霍光废了的刘贺好好做人时，写过《奏疏戒昌邑王》：言宜慢，心宜善，行宜敏，骨宜刚，气宜柔，志宜大，胆宜小，心宜虚，言宜实，慧宜增，福宜惜，虑不远，忧亦近。

言宜慢：说话要深思熟虑，想好了再说；尽量最后一个表态。

心宜善：干什么事别太自私，多替别人想想，多成人之美，多救人于危难之中。

行宜敏：做任何已经决策好的事时要雷厉风行，所有的思路会随着你的努力不断打开局面，开花结果。

骨宜刚：要有自己的人格，别活得像个没骨头的畜生。

气宜柔：待人接物和善些，争强好胜除了让所有人对你下黑手外没任何意义，嘴上是争不来任何东西的。

志宜大：法乎其上，得乎其中；法乎其中，得乎其下；法乎其下，则无所得矣；发上等愿，结中等缘，享下等福。

胆宜小：做事想成本，要有底线思维。

心宜虚：谦卦，六爻皆吉。

言宜实：说话要言之有物，做事也一样，生活是具体的。

慧宜增：多看书，多跟牛人聊天，多琢磨自己之前是怎么现眼的。

福宜惜：十分伶俐使七分，常留三分与儿孙，若要十分都使尽，远在儿孙近在身。

虑不远，忧亦近：人无千日好，花无百日红，什么事都想远点儿，有点儿保险思维。

谁家要是拿这个当了家训，后人是真的不用担心的，那真叫是儿孙自有儿孙福了。

所谓的"家风"和"家训"，其实就应该是这种哲学性的"智慧罐头"。写几十万字的作文，谁看呀！

短短几十个字，每句话拆开都是几十万字的智慧，能让子孙后代在遇到事时第一时间想起来自家的"智慧罐头"！能传物质财富挺好，能传人脉遗产更好，最好的还是传家族的智慧。

没有财，没有人脉，只要有智慧，一切就能无中生有地重来！

王家自王吉发迹后，靠着这家训从此就再也没被打下去。琅邪代有人才出，风吹雨打都不怕了。

汉宣帝时代，王吉当上了博士谏大夫。

王吉子王骏，为御史大夫。

王骏子王崇，官至大司空，封扶平侯。

……

琅邪王氏传到了青州刺史王仁这一代时，东汉已经快完蛋了。王仁子王融是东汉名士，鉴于当时党锢之祸和桓灵祸国的朝堂混乱，王融拒绝了朝廷的多次任命，在家安心带孩子。

随后，琅邪王氏在王融的两个儿子身上等来了质变。王融生了两个大孝子，长子叫王祥，"二十四孝"中卧冰求鲤那位。

王祥亲妈死得早，后妈对他就没好过，但王祥在一次次的受虐中特别开心，一次后妈生病想吃鲤鱼，结果天寒地冻王祥不想着拿石头凿冰反而脱光了衣服躺在冰上揣冰。感动大地后，冰突然裂开，蹦出两条鲤鱼让他抓住。

从这件事能看明白什么呢？

我们永远不怀疑王祥是个大孝子，是个大德大行的人，因为没那么大的德行是无法从举秀才一步步干到高级官员的。但这个故事的真实性有多大呢？

几乎不可能，那冰不会发神经，那鱼也不会发神经，肯定是他用常规方法弄来的。

这个故事又是怎样流传出来的呢？肯定是王祥对别人说的，天寒地冻的，谁还在旁边蹲着采访啊！

王祥的目的是什么呢？

通过这种神迹的包装，缓和与父母的关系，让那老两口长点儿心。① 做善事，也需要因地制宜地去营销去推广，从而逐渐改变我们和周围人的人生。

王融次子叫王览，王祥是"二十四孝"之一，他是"二十四悌"之一，知道他妈要毒死他哥哥，于是替他哥哥喝酒试菜（王览争鸩）。

这个妈妈成就了两个千古留名的儿子，这哥俩在三国这个士族占位的关键时代，成功发力，帮王家占据了非常有利的位子。

其实在当时，琅邪出产的最牛家族是诸葛氏。

蜀得其龙，吴得其虎，魏得其狗，但是诸葛家族光给司马家点炮了。

就算你才能通神，你所效力的国家实力和潜力永远要比你的个人能力重要得多，河内司马家和琅邪王家就是典型代表。

王祥后来起孝廉出仕魏晋两朝，到了魏末的时候，王祥已经升到司空了。到西晋建立王祥申请退休时，司马炎是以睢陵公的身份给的退休待遇，地位同太保、太傅，在三司之上。

---

① 《晋书·王祥传》：祥性至孝。早丧亲，继母朱氏不慈，数谮之，由是失爱于父。

他弟弟王览则做到了太中大夫才退休，退休时还被赐了二十万钱。

这哥俩在这个风起云涌的时代做到了如此高位，也使得琅邪王家得以成为门阀政治的第一代领路人。

其中王祥算是第一代铺路人，王览则是第二代的出品人，在王览后代的这一支中，出现了两个重要人物：王导和王敦。这哥俩后来成为东晋门阀政治中的第一代掌门人。

他们还有个叔伯兄弟，叫王衍。这三王，在两晋衔接的惨淡时代，成为决定华夏走向的关键人物。

这三个人各有各的功劳。王导和王敦要再等等，此时此刻，要说王家名头最大的王衍。

每个朝代，总会有那种在各种势力间穿插游走的不倒翁。比如说秦并天下的郑国、楚汉争霸的臧荼、光武中兴的窦融。他们都是当时时代的"高级泥鳅"。下场虽然未必都好，但都算是尽到了泥鳅滑不溜丢的本分。哪个时代，都少不了这种角色。

上一战提到的刘琨其实也是个小号泥鳅，游走于司马诸王之间满世界乱钻。

时间来到两晋，最著名的大泥鳅是王衍。王衍生逢其时，手握着那个时代最关键的三样东西：

1. 家世好，人家是琅邪王氏。

2. 相貌棒，外表清明俊秀，风姿安详文雅。

3. 能说会道，善清谈，能写策论。

家世好的人没他长得帅、能嘚瑟，长得帅的没有他那种背景和口才，能忽悠的通常长得都挺滑稽的，所以王衍真挺"极品"的。

他幼年时，曾去拜访竹林七贤中的山涛，山涛见到他后感叹了许久。等到王衍离开的时候，山涛目送他走出很远，随后给出了这样的评语："王家竟然能生出这样好的儿子，然而误尽天下百姓的，就是这小子啊！"

这位山涛，很有发言权，因为他一辈子的无数选择都没错过，而且眼光毒辣到什么地步呢？

举个最具有代表性的例子，山涛看出来当年司马懿装死是要搞事情！①

不知道小小的王衍当年在山涛跟前是怎样的表现，但可以推测出来的是，山涛看到了这孩子极度适合这个时代崭露头角所具有的"金玉其外"，同时又品出了这孩子夸夸其谈背后的"败絮其中"。

王衍十四岁的时候就常到时任尚书仆射的羊祜那里去做公文汇报。看到大领导羊祜，小王衍不卑不亢，言辞清晰明白，被所有人都视为大才。

外戚杨骏后来看到王衍，激动地想把女儿嫁给他，王衍却看不上杨家的门第，认为配不上王家，开始装傻发狂。

司马炎听到王衍的名声，就问他的堂兄王戎："当世哪个人可以和王衍相比？"

王戎说："没有见到谁能跟王衍相比，应该从古人中去找啦！"

司马炎的时代，是个整体宽容的时代，是个高级士族可以公然吹牛的时代，很多看起来匪夷所思的神仙级对谈在这段时间都能找到。

273年，尚书卢钦举荐王衍为辽东太守，王衍不去，认为没劲，在家整日吟咏谈玄。这个眼光很高的败家子在他父亲死后败光了家财，终于决定入仕了。

没办法，人生就是这么不公平，王衍最后的退路是去当官。有的人生下来求一口饱饭都不得，有的人生下来给个金屋子都不住。

---

① 《晋书·山涛传》：与石鉴共宿，涛夜起蹴鉴曰："今为何等时而眠邪！知太傅卧何意？"

王衍步入仕途后一帆风顺，他有家世、有相貌、有名望，擅长谈玄，是当时的文坛大咖，先担任太子舍人，后来入朝任尚书郎，又历任北军中候、中领军、尚书令等关键职务。

登入高级殿堂后，他开始展现出自己政治不倒翁的天赋。他的三个女儿，一个嫁给了贾谧，一个嫁给了司马遹，最小的嫁给了顶级士族裴家。这就叫在皇族、外戚、门阀三个阵营中分别押注。

二女婿司马遹被贾南风扳倒后，王衍做主替闺女离了婚，与司马家划清了界限。

很快贾南风也倒台了，王衍这个贾家的老丈人兼对皇孙司马遹落井下石者，却并没有像张华等后党那样被司马伦灭门清算。因为他曾经给司马伦的心腹孙秀做过品评认证，出过鉴定书，靠这层关系，王衍及家族幸免于难。

到了司马伦和司马冏这两人主政时，王衍都不看好他们，并未与其合作。自司马颖上台后，王衍看好了自己的下一个投机方向：司马越。

王衍的三闺女，是和琅邪王家齐名的河东裴家的裴遐之妻，裴遐又是司马越妻子的从兄。

王衍嫁闺女的三个方向最终没有走错，还是押中了一个！不得不说，这老小子眼光真的很毒辣，他选的司马越，最终终结了八王之乱。

王衍和司马越的互相对眼除了这层亲戚关系外，还有互相依存的政治意义。

司马越是司马懿四弟司马馗之孙，别看他最终出手清盘了，但他在世家大族层面上并不具有皇室正根的号召力。

这是个极其看重出身的时代！士族门阀间尚有评级，何况司马越这个大赝品呢！他的远房出身，是极大的政治劣势。

王衍具有的门阀导师咖位，是司马越极其需要的政治名片。

继何晏、王弼等开创清谈的正始玄学后，王衍算是第二任继承者，他并没有提出过更深一层的理论与创新，但在发扬玄学的时尚造型上颇有成就。

史载，王衍担任元城县令时很少办公事，经常约人在一起没完没了地闲聊，最喜欢聊老子和庄子的玄理，手里拿着麈尾拂尘，侃侃而谈。但是，他清谈的内容经常前后矛盾，漏洞百出，前面吹过的牛，后面自己又给推翻了。

不过面对别人的质疑，王衍又能把胡说八道的东西给圆过来。"信口雌黄"就是说的他。①

王衍的门阀等级、神仙造型以及忽悠技能点使得朝野上下全都服他的文坛地位，当时号称"一世龙门"。顾名思义，"鲤鱼跳龙门"，跳过去后就化龙了。

东汉晚期党锢之祸时代，士族们自己搞评比，玩选美，当时大咖李膺有重名，后起的文人有登门拜访的，叫作"登龙门"。②

一百多年后，王衍也成为著名导师，成为给文人们盖章的关键"龙门"。他的举止、动作、喜好等都被当世的文人所效仿追逐，尤其是那些寻求政治进步的新晋后生。王衍在当时就是顶流！③

这个时代最终选出来这样的领袖，某种意义上是数百年积弊和司马懿洛水发誓后强强联合的必然结果。

王衍作为时代顶流，颠三倒四地打嘴炮，对世风又能做怎样的引导呢？

八王之乱中，我们详细地讲了兵是怎么打没的。但另一个需要深

---

① 《苏轼词编年校注》注引《晋阳秋》：王衍能言，于意有不安者，辄更易之，时号口中雌黄。

② 《世说新语·德行》：李元礼风格秀整，高自标持，欲以天下名教是非为己任，后进之士有升其堂者，皆以为登龙门。

③ 《晋书·王衍传》：累居显职，后进之士，莫不景慕放效。选举登朝，皆以为称首。

入探讨的问题来了：为什么西晋的兵打没了就真没了？

在西晋末世，我们再也看不到搞出屯田制的枣祗，再也看不到十项全能、实事求是的诸葛丞相，再也看不到走到哪里建设到哪里的司马懿和邓艾，总之，那种务实的实干家找不到了。

在王衍为首的空谈者的引导下，这个时代生产不出造血机器了。

王衍出众的江湖地位和琅邪王家的士族第一等家世，成为司马越吸收各方面认可的一张极其重要的政治牌。

司马越最终得以收尾八王之乱，也成为王衍谋取更大政治利益需要依靠的大树。

司马越和王衍，颇有点儿像各玩各的贵族夫妻：司马越以其宗王名分和执政地位，为王衍和他的家族与其他的士族势力提供官位认证；王衍则为司马越提供统治国家的士族集团弹药。

他们两个，其实有点儿像当年曹操和荀彧的组合，但是水平天差地别。司马越除了算计人之外，全方位比曹操差了十条街；王衍则更是除了外表之外，跟荀彧没有一丁点儿能贴上的样子。

在这两对组合的背后，是两个时代的人才水平的巨大差距。

晋末的名士质量，跟汉末的颍川集团的名士素质差得实在太远了。荀彧带出来的钟繇、荀攸、郭嘉等随便拎出来一个，在那个时代都能翻江倒海！

而以王衍为首聚拢的政治人才库，却罕见有什么经世治国谋断之才。

王家、谢家、庾家、阮家、郭家、卫家等大族均被司马越所招揽，史称"司马太傅府多名士，一时俊异"。但最终，这个"一时俊异"的越府幕僚却没有扭转天下糜烂、异族蹂躏中原的大局势，甚至连一丁点儿的阻滞效果都没达到。

后来这一大波"越府幕僚"在中原失败后又由中原逃到了另一个"马王组合"司马睿和王导这里。

除了继续垄断官僚体系外，也未见到有什么高明之处。

并不否认，这是一个质量整体滑坡的年代。但更要正视的是，领头人的能力天花板决定了整个集团的最终能量。

司马越和王衍充分地暴露出了内战内行外战外行的短板，在后来的天下大乱中一直被牵着鼻子走，没有一刻是主动的，更从来没有捋出头绪来。

这两人一个是除了阴谋诡计外，军事政治全部乏善可陈的乱世执政者；另一个是除了吹牛清谈巩固权势外，丝毫不考虑国家利益的伪君子真小人。

这个乱世还能有什么希望？

王衍在乱世中留下的最著名的一段话是这样的：他对司马越说："中原乱了，派我两个弟弟去荆州和青州去寻帮手拉队伍吧。"他随后把亲兄弟王澄安排到了荆州，把叔伯兄弟王敦安排到了青州。

转头他对两位弟弟说："荆州和青州都是能割据的好地方，你们两人在外，我在朝廷中央，现在朝廷快完蛋了，将来咱们家靠这两块地方既可以成霸业，又可以匡帝室，你们俩的任务很重啊。"[1]

瞅瞅王衍说的话，他早就在想退路了！他的打算，是趁着这乱世，偷偷打下自家的基业。

谁说只有司马家才"一切皆有可能"呢，这个时代的口号是"Just Do It"！

王衍在朝廷中央的洛阳，王澄在荆州，王敦在山东，这是王衍这只狡兔的三窟。

---

[1] 《晋书·王衍传》：因谓澄、敦曰："荆州有江汉之固，青州有负海之险，卿二人在外而吾留此，足以为三窟矣。"《世说新语校笺·简傲》注引《晋阳秋》："今王室将卑，故使弟等居齐楚之地，外可以建霸业，内足以匡帝室，所望于二弟也。"

王衍对这个乱世的判断，认为像东汉末年一样。他所布置的三窟，全在长江以北。他认为，乱世早晚会终结，中原早晚还是会回归平静的。司马家要是能缓过来，他就做个没理想的荀彧；缓不过来，王家就做第二个曹操！

但是，他怎么也没料到，最终的局势变化，迎来了数千年来未有之大变局，也因此，他最开始并不是很上心的另一个兄弟王导，成为琅邪王家在这乱世中最终脱颖而出的人物！

二、公元 307 年，三百年剧本框架的奠基元年

307 年，镇守徐州的"王与马"（王导和司马睿）被身在朝廷中央的"马与王"（司马越和王衍）派到了大江之南。

之所以两对"马、王"的顺序不同，是因为跟司马越和王衍互相吸引的"自由恋爱"比起来，王导这个擎天柱在和司马睿的"小两口关系"中，始终是占主导地位的。

司马睿不像司马越，有兵和阴谋诡计，他除了有个远方帝室的名分外什么都没有。名分上，他算是比司马越强一点儿，因为他好歹算是司马懿的曾孙子。不过，他这个光杆司令也就仅限于此了。

从头到尾，起作用的都是王导。

王导，王览的嫡长孙，十四岁的时候得到了陈留高士张公的相貌评级，对他从兄王敦说："看这孩子的容貌志气，将来必定出将入相。"

王导成年后继承了王览的爵位，随后被司空刘寔任命为东阁祭酒，迁任秘书郎、太子舍人、尚书郎，他都未到任。

为什么呢？当时朝局比较乱，提拔他的刘寔是 299 年才当上司空的，这个时间段已经山雨欲来了，更关键的是，拉他入仕的刘寔已经八十多岁了，没什么政治前途。

王导一直在后台洞察朝局，最终在眉目尽显后接受了一个人的邀请：司马越。

王导在洛阳参司马越军事的时候，被家族安排了一个二线任务，结交、教好司马睿。因为王家的根在琅邪，而司马睿是琅邪王。

此时已经天下大乱，王导开始烧冷灶、找退路，和司马睿开始在友谊中规划未来。这些年司马睿在洛阳的混乱中一直稳中有升，但王导不断劝他回封国。①

司马睿一直没听，直到司马睿作为司马越的左将军在河北会战中成了俘虏，才老实了。

前面提到司马睿在雷雨的掩护下逃回了琅邪，王导再次追去，从此二人风雨相随。等到司马睿出镇下邳时请王导为帐下司马，军谋密策，全是王导一手操办。②

在司马睿和王导镇下邳两年后，公元 307 年，司马越一声令下命这一对"王与马"南渡长江。

为什么呢？为了填补军阀陈敏被消灭后江东的权力真空，以保证中国南方政局的稳固与物流的贯通，方便将江南物资源源不断地运往中原。

在此简单地说一下陈敏的问题。

陈敏是扬州庐江人，寒门子弟出身，在九品中正制的规则下是个"六品下才"，因为能干，以郡廉吏补尚书仓部令史，当了个芝麻官。

司马伦篡逆后，三王起兵打了没多久，洛阳的粮仓就空了，史载"及赵王篡逆，三王起义兵，久屯不散，京师仓廪空虚"。

---

① 《晋书·王导传》：导知天下已乱，遂倾心推奉，潜有兴复之志。帝亦雅相器重，契同友执。帝之在洛阳也，导每劝令之国。

② 《晋书·王导传》：会帝出镇下邳，请导为安东司马，军谋密策，知无不为。

其实三王从三月起兵，四月底司马颖已经进洛阳了，史载"自兵兴六十余日，战斗死者近十万人"，这场战役总共就打了六十多天。

洛阳在那次围剿司马伦的三王会战中，地理地形作战不利和物资短缺的劣势尽显！

洛阳西面是关中，北面是并州河北，东面是中原大地，南面是南郡颍川，全是能割据称雄独立出政权的地盘。这也就意味着一旦天下大乱，洛阳四面八方都是前线。

千万不要以为洛阳地区小，周围都是山就好防守。这个小聚宝盆周边的防务并非那么瓷实，因为它的关隘渡口众多。（见图4-1）

楚汉争霸时期，由于焦点钉在了荥阳，洛阳诸关中我们只记住了虎牢关一夫当关。那是因为乱世无粮，敖仓就在不远处，所有的军事行动均要围绕荥阳展开。

等到东汉定都洛阳，敖仓逐渐废弃后，洛阳战区的不足就被全方位地暴露出来了。

每到乱世，因为洛阳四面八方都是狼群，腹地战争动员能力有限，布防通常捉襟见肘根本没有重点，往往被各种军事力量来回穿插。

我们很快就会看到：石勒、王弥这群匪帮过轘辕关、大谷关来洛阳抢劫都快赶上去公共厕所了。

当初刘秀定都选择洛阳而不是长安时，就是看中洛阳本身虽然财来如小孩尿尿，财去如大海决堤，但有着庞大的资源调动能力，先来看华北平原运河图。（见图4-2）

再来看下整个中原水系运河图。（见图4-3）

综合起来可以这么理解，洛阳不仅地处天下之中可以肩挑南北，还可以通过运河枢纽系统，用最小的物流成本完成对中国南北的资源汇集。

在三王会战后，司马伦的中央军总共也就十万人，按理来讲压力

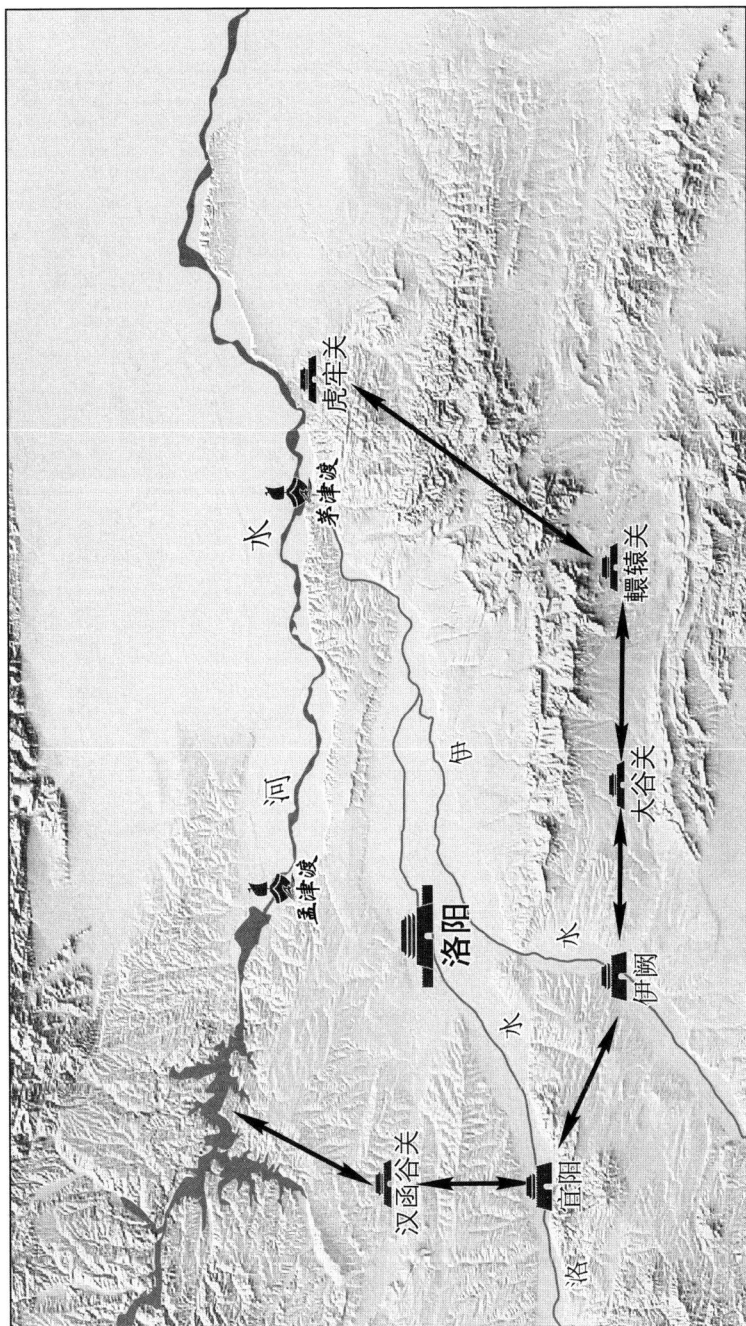

图 4-1　洛阳周边边关隘渡口示意图

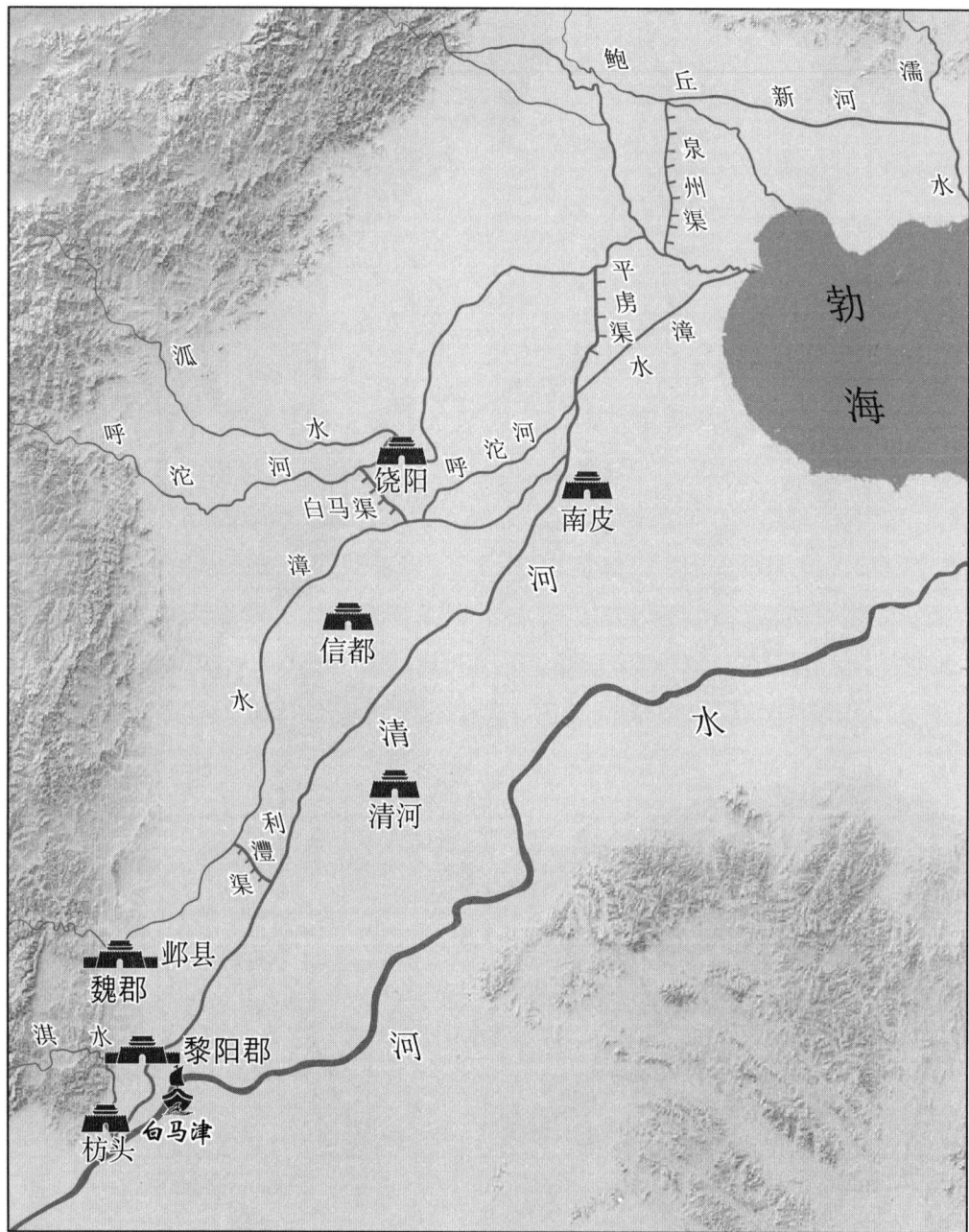

图 4-2　华北运河图

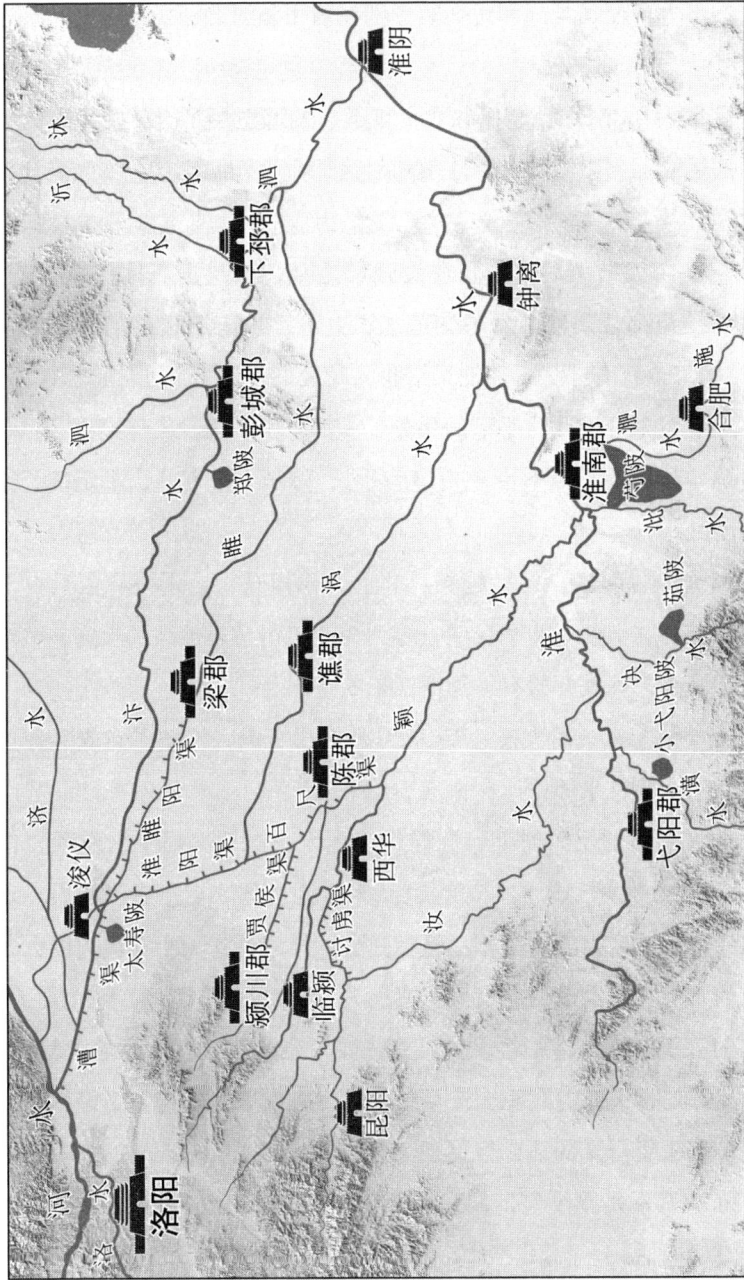

图 4-3 中原水系运河图

其实并不大，但司马囧和司马颖分别在豫州和河北断奶后，洛阳迅速就蔫吧了。

陈敏说："南方已经积谷数十年了，搁那里烂了也就烂了，为什么不通漕运给运到洛阳呢？"陈敏随后被任命为合肥度支，不久又迁广陵度支。

三王会战结束后，荆州爆发张昌之乱，张昌遣石冰等攻打寿春，此时的扬州都督刘准根本不知道怎么办。手中有漕运兵的陈敏对刘准说："别愁，我有办法，你把兵给我，我去揍他们！"

窝囊废刘准因此将手下的兵分了一部分给了陈敏。

陈敏的表现相当不错，304年三月，陈敏干掉石冰，平定扬、徐二州的匪乱。

在这个时间段，司马越兴兵北上讨伐司马颖，手中有了兵权平定东南匪乱的陈敏也开始了观望，等到305年司马衷被劫到长安，整个中原一片残破，陈敏开始有了割据江东的意图。

陈敏他爹知道后大怒："咱家是什么出身啊，八辈子贫农，你这么造孽，咱全族将来都得死在你这小子手上！"

五百年前的反秦时期，同样的土地上，陈婴突然手握重兵，他妈妈说："自从我嫁到了你们家，就从未听说过你家祖上有过贵人。现在你突然得到这么大的声望，不是吉祥事，你应该找一个有能力的大人物做他的属下，造反成功能封侯，造反失败能逃亡。"

劝孩子在天上掉馅饼时能够刹住车，别当出头鸟，顺着大势力走，成功有好处，失败能跳车，按自己的能力去做事，陈母是个好妈妈。

陈婴听了母亲的话，他更是个好孩子。

陈敏就不是乖宝宝，明显不听他爹的话，否则他爹也不至于撂下那么赌气的话。

司马越收兵徐州后，命在扬州剿匪打出了名气的陈敏为右将军、假节、前锋都督，希望他出兵来当帮手并捎带脚给予军粮支持。

陈敏出兵了，和司马越一起被豫州刺史刘乔给打了。

在此次共事后，陈敏明白了此时中原"最大腕"的司马越是什么德行，随后"敏因中国大乱，遂请东归"，找个理由跑了，等南下到了长江边的历阳就收兵造反了。

司马越忙着打长安也没工夫管他，陈敏折腾了一年多，最后死在了自己"六品下才"的身份问题上。（具体死法，我们在北方士族抢南方士族地盘时再详说。）

陈敏被杀后，司马越命司马睿迅速南下填补权力空白！

因此，司马睿和王导在这个历史关头成功地来到了江东。

再晚来一段时间，也许历史就该变成另外一个样子了。因为司马越集团自始至终的战略意图，都是死守中原正统，对于江东从未有过南渡打算。当然，他自始至终也没给过南方这对"王与马"什么支援与帮助。

按理来讲，扬州的主要实力集中于寿春，此时司马睿、王导"光屁股"南下其实并不具有太高的能动性，但在一系列机缘巧合之后，司马睿竟然神奇地在江东扎下了根来，并和江东豪族明确了君臣名分。

司马越与王衍，司马睿与王导，这两对"王与马"的同气连枝关系导致后来在西晋皇族几乎被团灭、名士官僚大批遇难的时刻，大量的中上层士族门阀开始"衣冠南渡"，来依附在南方尚有组织的司马睿和王导，尤其司马越府上幸存的骨干人员更是全都来到了江东。

也因此，相当幸运地为华夏政权的苟延残喘保留了火种，由此拉开了南北对峙的三百年帷幕。

中国南方的三百年坚持，某种意义上为华夏民族的再一次站立起来赢得了太多的宝贵时间。

儒释道在这三百年开始了中国化的大融合。

北方少数民族在三百年混杀、迁徙、通婚后，"我不再是我，你不再是你"。

魏晋的精神糟粕在"南朝四百八十寺，多少楼台烟雨中"的不断自我衰变后，最终消散崩塌。

这一切的一切，在激烈冲突以及三百年疯狂的南北对撞后，最终迎来了豪迈宏大的隋唐气象。

这一切的一切，也都在预示着一个古老而深刻的道理：天佑中华！

古往今来，放眼世界，只有中华民族能够在一次次堪比亡国灭种的浩劫中再次站立起来。

感谢这个古老伟大的民族魂魄，感谢历史之神的剧本垂青。

永嘉元年（307）是很神奇的一年。

这一年，不仅南方为后面三百年埋好伏笔，北方也为胡马南下的第一个阶段安排好了剧情的关键走向。

在一定程度上，匈奴人最终没能建立起第一个统一中国北方的异族政权，很大的原因就是这个人：中山靖王之后刘琨。

历史特别有意思，"五胡"第一棒的刘渊给中山靖王之后的刘备立庙，另一个中山靖王之后却如搅屎棍一样杵在了并州的中央，并最终影响了刘渊族裔的历史地位和历史进程。

306年十月，镇邺城控制河北的司马虓暴病去世。

司马越的河北布局出现了巨大的真空。镇守并州的二弟司马腾随后被司马越安排前往接收河北镇邺城。

司马虓的死，对于司马腾真叫"拯救和解脱"，因为司马腾在并州的最后两年，刘渊的屠各政权打得他相当痛苦。

匈奴五部十多万人马不说，还在源源不断地吸收"杂胡"，司马腾是弄不过人家的，于是继王浚当了段部鲜卑的老丈人后，司马腾也开始寻求北方的帮助，他与此时占据塞北的拓跋鲜卑结盟了。

"五胡"的初期，本质上更类似于塞内的匈奴和"杂胡"与塞外的拓跋鲜卑和东北鲜卑之间的对抗。

刘渊回来后曾经发兵打算阻击司马腾去支援河北战场。司马腾请来了拓跋鲜卑，打了刘渊一家伙进行报复。①

后来在并州战场上，基本上也变成匈奴人和拓跋鲜卑的对手戏，司马腾经常在被匈奴人打得生不如死的时候去拓跋鲜卑那里求救。②

随着司马虓暴毙，司马腾接受任命前往河北，带走了几乎所有的并州家底，并州账本上的余户已经不到两万了，整个并州土匪遍地，道路断绝。③

此时拓跋鲜卑还远远没有完成如刘渊建汉般深入的汉化，本质上是无法入主中原的。从常理来讲，并州即将成为五部匈奴自治州，刘渊即将整合整个并州的"杂胡"，随后就可以东跨太行山脉饮马燕赵，西渡蒲津驰骋千里关中，占据三晋要地俯瞰天下。

但就在这个时候，有一个人对自己的上司说了改变北中国剧情的一句话。

中山刘舆对司马越说："并州已经极度危急，我弟弟刘琨前期表现相当突出，能文能武，派他去接手并州吧！"

司马越仔细考虑后，决定将这个前期引来北境突骑横扫黄河两岸的小伙子派到并州。

司马越之所以考虑刘琨，除了刘琨确实优秀之外，更主要的原因

---

① 《资治通鉴·晋纪七》：东嬴公腾乞师于拓跋猗以击刘渊，猗与弟猗卢合兵击渊于西河，破之，与腾盟于汾东而还。

② 《资治通鉴·晋纪八》：汉王渊攻东嬴公腾，腾复乞师于拓跋猗，卫操劝猗助之。猗帅轻骑数千救腾，斩汉将綦毋豚。

③ 《晋书·刘琨传》：时东嬴公腾自晋阳镇邺，并土饥荒，百姓随腾南下，余户不满二万，寇贼继横，道路断塞。

是他和太原温氏、太原郭氏等并州豪族有着姻亲关系。

司马越对刘琨说："我只能给你一个官方的任命，别的我什么都给不了你，剩下的就看你小子靠关系开枝散叶去吧！"

司马越作为八王之乱的最后惨胜者，对于华夏各州除了还能开两张空头支票外，根本没什么主观能动性了。

刘琨在路上募兵千人开始了征途，在一路艰难战斗后辗转来到了太原。

刘琨北上的整个过程的记录，非常幸运地在刘琨于路途中求援的上表中给后人留下来了：

有描写他前进过程中艰难的：道险山峻，胡寇塞路，辄以少击众，冒险而进，顿伏艰危，辛苦备尝。

有描写他一路见到并州百姓惨状的：臣自涉州疆，目睹困乏，流移四散，十不存二，携老扶弱，不绝于路。及其在者，鬻卖妻子，生相捐弃，死亡委危，白骨横野，哀呼之声，感伤和气。

有描写并州"杂胡"已经海量遍地的：群胡数万，周匝四山，动足遇掠，开目睹寇。

有描写并州已经彻底陷入无政府状态的：九州之阴，数人当路，则百夫不敢进，公私往反，没丧者多。婴守穷城，不得薪采，耕牛既尽，又乏田器。

总之，西晋已经病入膏肓，并州已经癌变了。

刘琨发现太原已经变成了末日死城，史载"府寺焚毁，僵尸蔽地，其有存者，饥羸无复人色，荆棘成林，豺狼满道"，跟《西游记》中对狮驼岭的描写没什么区别。

刘琨开始剪除道路上的杂草荆棘，将遍地的尸骸收殓，重新修造官府，建立市场和监狱。群盗常来偷袭，双方直接在城门下展开争夺，幸存的百姓带着盾牌和兵器前去耕作。

刘琨在这片"绝望的土地"上，不仅渐渐地树立起了晋朝政府的大旗，还维护了司马腾留下的和拓跋鲜卑的良好关系，并开始派人去离间、争取并州的"杂胡"兵源。

对于"杂胡"来讲，匈奴和汉族其实都是异族，事实也证明，中原政权在放下身段去寻求"杂胡"的合作后，明显是比刘渊更有权威和市场的，毕竟这是堂堂中原华夏，牌子要比新晋的匈奴汉硬得多。

刘渊为了避开经常挖墙脚的刘琨，一度从离石（今山西离石县）南下，迁到了蒲子（今山西隰县）。①

在太原立足的刘琨开始成为刘渊的巨大难题。（见图4-4）

图4-4　刘琨占据晋阳对刘渊扩张的遏制示意图

---

① 《晋书·刘琨传》：刘元海时在离石，相去三百许里。琨密遣离间其部杂虏，降者万余落。元海甚惧，遂城蒲子而居之。

他卡在这个位置，既影响了匈奴政权北上对接塞北，又阻断了匈奴政权东下太行进入河北的线路。

社会发展了一千多年，太原仍然是整个山西南来北往、东进西达的关键枢纽。

刘琨在这个时代，某种意义上类似于公孙瓒之于袁绍。

公孙瓒在河北大战三年后就明显不行了，但生生又拖了五年，为大河之南的曹操争取来了献帝东归、收兖灭吕的时间。

刘琨在并州的这些年，同样是将新兴的匈奴汉政权拖出了太行山脉东西的两条剧情线，并为这个时代的"曹操"争取了很多的时间。

把刘琨比作公孙瓒，却并没有把他看成上个时代的关东双雄曹操与袁绍，对刘琨来说其实是件挺悲哀的事情。

刘琨其人，其实可以看作这个末世华夏高门推出来的"门阀之光"。但这个"门阀之光"和上个时代的高门代表曹操、袁绍差得真是有点儿远。

四年后，洛阳被攻陷，大量的士族和有组织的力量开始南北两头迁徙，刘琨作为北方的灯塔，很多武装力量来投奔，但刘琨却没有本事整合这股子力量，每天投奔来几千人，同时又有几千人离开太原。刘琨本人也在这末世过得相当奢侈放纵。[①]

"素奢豪，嗜声色，虽暂自矫励，而辄复纵逸"，是这个时代上层官员的整体精神风貌。

无一人能免俗！

刘琨作为门阀集团推出来的高级代表其实已经很有精气神了，但

---

① 《晋书·刘琨传》：琨父蕃自洛赴之。人士奔进者多归于琨，琨善于怀抚，而短于控御。一日之中，虽归者数千，去者亦以相继。然素奢豪，嗜声色，虽暂自矫励，而辄复纵逸。

在大染缸中浸淫了几十年，骨子里有的是奢靡基因，却确确实实缺了那股子在乱世中杀出来的狠劲。

当年袁绍以"光杆司令"逼跑韩馥后，在前期极度不利的情况下扭转危局并迅速整合了河北士族；曹操在兖州四战之地每天朝不保夕，最终靠着传奇的励精图治和永不放弃从中原修罗场杀了出来。

刘琨的股本并不多，但时代也给了他相应的伟大机遇。

袁绍、曹操，哪个人的搏杀与奋斗是容易的？

无论什么时代，头部永远拥挤，永远就那么几个零星的席位！

想出人头地吗？想，就注定逼死自己到生命的最后一天！

刘琨在北方，最终仅仅成为一个逐渐熄灭的灯塔。

这个时代，注定属于那些底层炼狱中磨练拼杀出的修罗与斗士！比如此时被卖为奴隶的那个卑贱"杂胡"……

三、史上最传奇的奴隶登场

在说这个传奇的奴隶之前，有两个在后面的剧情中有很大戏份的人要交代一下，这两位都算是一时人杰，但最终都被这个奴隶搞死了。准确地说，这个时代的很多人杰，都被这个奴隶搞死了。

永嘉元年（307）二月，一直没什么新闻的山东出事了。

东莱郡的匪首头子王弥与部众劫掠青、徐，自称征东大将军，杀了两个太守。司马越派手下鞠羡任东莱太守去讨伐，结果被王弥反杀了。

王弥，这个名字大家有必要记一下。这哥们算是中国历史上第一个反攻中原王朝成功的人。像他这样反攻自己朝廷的人之前也有过，但没谁起到过他这么重大的作用。

王弥作为第一个打进了西晋首都洛阳的中原大盗，帮匈奴人灭西晋，他是第一人。而且更有意思的是，他并非与西晋苦大仇深，反而有个标准的好出身。

王弥祖籍山东东莱，是个官三代，他爷爷王颀是魏玄菟太守、晋汝南太守，二千石的好人家。

虽然不是琅邪王家、太原王家的海内高门，但按理说王弥这孩子也将是九品中正制的既得利益者，将来会从小官做起一路爬上去。但他枉费了自幼受到的良好教育，长大后不务正业游手好闲。

他在洛阳旅游时，隐者董仲道见到他给了评语："你小子有豺狼的声音、豹子的眼，喜好祸乱，将来一定是乱世的搅屎棍。"

306 年，王弥老家东莱郡弦县县令刘柏根叛乱，王弥这个出身于两千石家庭的人，居然带着家童去从贼了。①

虽说天下大乱已现，但此时是八王之乱的尾声了，王弥作为有多种后路的官三代却不用逼良自为娼，非得当乱世的祸根，当年为他看相的董仲道看得真准。

除了面相之外，其实还有些深层次的东西可说。

能让人做出放弃阶层既得利益的冲动事情的，基本上都可以归于一个环节：信仰。

王弥投奔的那位刘柏根，官方称之为"妖贼"。这个"妖"，是汉末三国时出现的老朋友天师道。

当年张角张教主甲子起义失败后，天师道转为地下组织。西方分舵的张鲁教主东来办教后，五斗米和天师道这本是同根生的哥俩开始合力在关东散播自己的思想。

王弥就是虔诚的教徒，本着砸烂旧世界改天换地的理念毅然从贼，被贼县长任命为长史。他跟着刘柏根进攻临淄，算是开启了自己的搅屎棍生涯。

都督青州的司马略派刘暾征讨刘柏根，结果被打败。

教徒们的战斗热情实在太高，司马略比较废物，无奈之下求鲜卑姥爷王浚帮忙来解围。

---

① 《晋书·王弥传》：惠帝末，妖贼刘柏根起于东莱之弦县，弥率家僮从之，柏根以为长史。

北境突骑类似于马克沁机枪，实在太威猛，王浚的解围直接就把天师道东莱分舵舵主刘柏根给打死了。

师父被打死了，王弥随后接手了这伙匪帮逃到了海岛上，但又被兖州刺史苟晞的弟弟苟纯打跑，一路逃到了长广山落草。

按理说，王弥这辈子也就到头了，土匪在哪个朝代都难见有蹦跶起来的，尤其他现在又是被人撵到山沟当"原始人"，又是让人家给打到海岛上做"鲁滨逊"，注定被拍死的命运。

但是，天下大势的大盘在这个时间段开始疯狂地跳水！

司马越靠着北境外援艰难拿下最终的胜利后，中华大地满目疮痍，官军已经无法组织起有效的力量去剿这群土匪了。

落了草的王弥迅速地缓了过来，因为他有着"宗教"的超级融资力量。

宗教这个社会组织天然带有三个特殊属性：

1. 它的运营成本极低。

2. 它的人力来源极广，融资能力极强。

3. 它的行动力和执行力超高。

王弥展现出了自己做教主的天赋：有权略，擅长搞预算，每次作案劫掠必须进行周密的部署，而且武艺也高强，弓马娴熟，在山东道上号称"飞豹"大哥。

307年，缓了半年多的"飞豹"王弥率匪帮出山，在青、徐大规模作案，自称征东大将军，闹腾得动静非常大，但又被去年给逼上山的老对手苟晞打败了，王弥随后再次进入了短暂的休整期。

两次暴打王弥的兖州刺史苟晞是谁呢？他起于微末，在整个官场生涯中属于从基层做起来的，脑子快，办理政务效率高，而且御下有术没有人敢骗他。

最初担任司隶校尉部从事，在八王之乱中，他先后进行了如下顺序的抱大腿：司马越、司马冏、司马乂、司马越、司马虓。

荀晞属于技术型干部，尤其这几年八王打成一团，乱成一锅粥，立场问题先放一边，他确实好用，这在晋末的废材群体中实在是比较罕见的。

荀晞在司马越讨伐司马颖时，已经担任相当重要的北军中候了。司马越大败后，他被司马颖俘虏了，司马颖又被王浚打跑了，荀晞趁乱又投奔了老伯乐的弟弟范阳王司马虓。

司马虓任命荀晞做兖州刺史去收拾突然在兖州反水的司马楙。虽然说中原大地已经残破不堪，但在这个岗位上，荀晞却凭借有限的力量干出了相当不错的成绩。

305年，司马颖退下了历史舞台，他的旧将公师藩在河北招拢成都王旧势力起兵，开始进攻多个郡县，逼近邺城。

一路势如破竹。

没办法，在司马颖和王浚的接连交手下，河北早已糜烂，基本上不再有西晋官军的有效阻击力量。

第一次让公师藩这伙盲流势力刹住车的，是这个荀晞。

司马虓派荀晞和广平太守丁绍一同击退了公师藩，次年，荀晞在白马直接干掉了准备过黄河的公师藩。这是荀晞的第一次救火。

转过年来，也就是永嘉元年的307年，公师藩手下有一支并不起眼的势力继承了司马颖的旗号。当时冀州茌平有官办牧场，牧场的牧帅汲桑拉起了千人的队伍再次出动，号称要为司马颖报仇。（司马颖在司马虓暴毙后被刘舆阴谋杀掉。）

汲桑起出了司马颖的棺材改装成了灵车，每件事都要向司马颖棺材汇报后才去办。灵车武装再度肆虐河北，雪球越滚越大。

永嘉元年，灵车匪帮在汲桑的一路带领下打到了邺城。

刚刚接手冀州，自觉在并州见过世面的司马腾最开始并不拿这群叫花子当回事，但真打起来才发现河北和并州不能一概而论，这里没有拓跋部族的救援，在守不住后开始率轻骑部队撤退逃跑，居然被灵车匪帮追上干掉了。

司马越自打成了八王之乱的最终胜利者，每天接到的消息就没有一条是顺心的。他发现，在短短的一年时间里居然连续死了司马虓和司马腾两位年富力强的兄弟。

这混乱世道，外人派出去那就独立自主了，没兄弟几乎就没有一切了。这艘千疮百孔的巨轮沉没的速度要远远超出他的想象。

汲桑流民军一路烧了邺城王宫，杀了一万多百姓，大肆抢掠后在延津渡过黄河，向南准备攻打兖州。

眼看过黄河了，司马越再次派出了苟晞去堵汲桑。苟晞再次不负众望，在东武阳击败汲桑连破九垒，随后收复邺城。

在此次对战中，汲桑被打得失了元气，同年被给司马腾报仇的并州乞活军干掉了。

汲桑就是历史中的一个小小人物，但如果不是因为他手下的一个人，可能连他的名字最终也留不下。他的这位手下此时此刻和前面出场的王弥、苟晞根本不是一个级别，仅仅是一个小头目而已。

但这个人，却堪称中国历史上一个极其传奇的存在。某种意义上，几乎只有明太祖朱元璋的经历能和他有一拼。

这个人，没出身、没背景、没见识、没文化，所有你能想到的外在助力他一样都没有。

他是中国历史上出身最卑贱的皇帝。他做过奴隶。他靠着自己一人起家，赤手空拳，居然第一次缝合了中国北方。

这个人，叫石勒。

这个人，也将一个本该被历史忽略的民族带出了一席之地，也就是"五胡"中继匈奴后第二个出场的羯族。

所谓"五胡乱华"，匈奴仅仅算是开了个小头，真正第一个闹出大动静来的，是羯族。

羯族，史载是匈奴别部羌渠部落的后裔。羌渠，是西域诸小国中"康居"的音译。

这个羯族，位于整个社会鄙视链的最底端，是当时人们眼中最低等的民族。晋人看不起匈奴，匈奴又看不上羯。不过没关系，"砸碎的是锁链，得到的是整个世界"的时代马上就来了。

石勒字世龙，本名㔨勒，祖先为匈奴别部羌渠之胄。祖名耶奕于，父名周曷朱，又名乞冀加，并为部落小率，上党武乡（今山西榆社县）羯人。

上党啊，这可是中原政权的重要地区啊，瞅瞅，人家少数民族都内迁到上党了。

石勒刚出生时红光满屋，白气从天而降，所有看到的人都大惊不已。出生时有异象，但当时石勒的部落属于老少边穷，没人懂得这种异象的含义。

是金子总会发光，石勒渐渐长大了，他的不凡之处也开始不断地被懂行的人看出来了。石勒也是继刘渊之后，第二个在面相骨骼上被惊为天人的异族人。

刘渊祖上就是匈奴贵族，先天条件就好，从小接触的都是并州高层，所以他被挖掘出来，也算是正常。但石勒的一生真的让我们看到了：如果真是天生不凡，哪怕起点无限低，也是能从芸芸众生中一次次地脱颖而出的。

石勒十四岁时随乡里人到洛阳行贩，靠着上东门大声吆喝着，结果被爱清谈的王衍看到了，王衍感到大惊，越走越觉得不对，回头对左右说："刚才那个胡人小孩的声音不得了，将来必成国家大患！赶紧去抓他。"再回去找人时，石勒已经离开了。

王衍一辈子基本没干什么正事，唯独对石勒的这次听声识人，几乎成了王衍这辈子最靠谱的一次判断。

老天曾经把这个孩子放在他面前，他看出来了危机，却最终失之交臂，这孩子将来会亲手埋葬他。

石勒长大后成为少数民族那种标配的英雄，孔武有力胆量非凡。由于他爹性情凶狠粗暴，所以部落的人都不与他爹亲近，于是，他爹常常让石勒代为管理部众。

石勒因此走上了管理岗，并干得非常棒，不仅仅是他爹的部众，连周围的各部胡人都喜爱、信任石勒。①

这段早年间的管理生涯对于石勒的一生来讲都极其重要。草原民族喜豪杰，乐战斗，慕英雄。石勒的英雄气概将成为他日后空手套白狼的关键因素。

石勒在长大后开始越来越多地显现出他的不凡来，他自己时常凭空听到刀枪兵马的声音，所居住的武乡北原山下的树木形状居然长得像骑兵冲锋，而且他家中园子里面居然长出人参，不仅如此，花草树木也非常茂盛，长成人形。

他自带万物生长的气场，虽然他将来做的是万人斩的营生。

很多看相的人见过石勒后都是一样的评语："这个胡儿相貌奇异，志向气度非凡，前途不可估量，你们可要厚待他！"

当时十里八村的人都觉得看相的人在开玩笑："臭'杂胡'，还拿他当人了！"只有附近的邬人郭敬、阳曲人宁驱认为说得有理，经常资助石勒，石勒的回报是"亦感其恩，为之力耕"，玩命当佃农。

从"亦感其恩，为之力耕"中，基本上能看明白羯人的社会地位。石勒作为部落小头目，干的却是佃农的活。

---

① 《晋书·石勒载记》：长而壮健有胆力，雄武好骑射。羯朱性凶粗，不为群胡所附，每使勒代己督摄，部胡爱信之。

看相的人为什么"劝邑人厚遇之"呢？肯定是因为村里人平时就对石勒一点儿也不厚道，从村里人对看相人的话的反应是"嗤笑"，也能看出来。

石勒干活的时候，总是能听到刀枪之音，回去问他娘这是不是不祥啊。他娘说："傻小子，你就是累懵圈了。"①冥冥中似乎有声音在提醒这个小伙子："放下锄头！这不是你的剧本！"

八王之乱开始后，并州大饥荒，社会强烈动荡，石勒的小部落就像风雨中的小舢板。在逃荒中，他和部众走散了，于是投奔了当初看好他的阳曲人宁驱。

胡人地位低下，"羯人"又在鄙视链的底端，时任北泽都尉的刘监想要把石勒当奴隶卖掉，他被宁驱藏起来才幸免于难。

此地太恐怖，石勒又投奔了纳降都尉李川，途中遇见了自己曾经的赞助人郭敬，向郭敬叩头说："大哥，我太冷太饿了。"郭敬流泪把自己的货物卖了，给他买吃的穿的。

石勒作为一个差点儿被卖掉的人，刚吃了几口饱饭就对曾经的金主说："现在各地的胡人都饿得没人样了，最好骗他们去冀州生活，然后抓了这帮人卖了当奴隶发笔财！"②

其实很多时候，不光上层人歧视底层人，而最严重的鄙视与残杀，通常却是在底层人之间发生的！石勒刚吃上饭就想当人贩子了。

结果刚出了这个主意的石勒，自己就神奇地被人贩子拐卖了。

时任并州刺史的司马腾接到了换防河北的命令，随后搂草打兔子，做起了人贩子生意，沿路抓了大量并州"杂胡"，被当作"胡奴"卖到

---

① 《晋书·石勒载记》：每闻鞞铎之音，归以告其母，母曰："作劳耳鸣，非不祥也。"

② 《晋书·石勒载记》：勒谓敬曰："今者大饿，不可守穷。诸胡饥甚，宜诱将冀州就谷，因执卖之，可以两济。"

了山东充军饷，石勒也被逮着了。①

喜感啊！现世现报，何待来生啊！

但司马腾拐卖了一个他这辈子都不该惹上的人物，这个人从此坚定地站在了以他哥哥司马越为首的对立面！

光天化日之下，一个二十多岁的小伙子就被明目张胆地拐卖了，想想就觉得那个世道很可怕。奴隶们的生活是很悲惨的，好在拐卖队伍中，有石勒恩公郭敬的哥哥郭阳。在郭阳的一路照看下，石勒没有死在奴隶队伍中。②

这里面想想就觉得有些"凑巧"：石勒给郭敬出主意贩奴，郭敬真的仅仅是他的恩公吗？他是否被人卖了还给郭敬数钱呢？

石勒最终被卖到了茌平。当地人师欢买了石勒做奴隶。

这是一个改变石勒命运的地方。

到了这里没多久，一个突然出现又突然消失的老人对石勒说："你的鱼龙在发际上已长了四道，当显贵为人主，甲戌那一年，王彭祖都会被你弄死！"③

石勒道："如果如您所说，小人不敢忘德。"忽然之间，那位老人不见了。

那位神秘老人口中的王彭祖，就是鲜卑姥爷，最强私生子王浚，此时手中控制着天下兵王！

王浚与石勒有着云泥之别，但这却是个很有深意的预言……

---

① 《晋书·石勒载记》：会建威将军阎粹说并州刺史、东嬴公腾执诸胡于山东卖充军实，腾使将军郭阳、张隆虏群胡将诣冀州，两胡一枷。勒时年二十余，亦在其中。

② 《晋书·石勒载记》：数为隆所驱辱。敬先以勒属郭阳及兄子时，阳，敬族兄也，是以阳时每为解请，道路饥病，赖阳时而济。

③ 《晋书·石勒载记》：既而卖与茌平人师欢为奴。有一老父谓勒曰："君鱼龙发际上四道已成，当贵为人主。甲戌之岁，王彭祖可图。"

四、胡人版"刘备"的起家背景

石勒在茌平当奴隶，每每耕作之时，总能听到鼓角之声，石勒问自己的奴隶兄弟们有没有听到，群奴表示都没听到。

由此看来，并非石勒自小的超能力，而是他耳朵好，再加上那个时代遍地都是炮火狼烟的原因。

石勒对群奴说："我从小只要一干活就能听见这声音！"

群奴把石勒干活"自带低音炮"这事告诉了主人师欢，师欢看到眼前这个小伙子奇特的相貌骨骼，于是免除了他的奴隶身份。

石勒改变命运，不仅仅是通过展现自己神奇的能力从而免掉奴籍那么简单，还因为师欢家附近就是西晋的官办牧场，师欢和牧场领导汲桑一直有往来。

石勒很快就找到了改变命运的新途径，通过自己能相马的手艺开始向汲桑托付终身。这一匹匹奔跑的马儿，在不远的未来，将改变他的人生。

没过几天自由的日子，石勒在武安临水处又被一群游军给抓了。眼看着又要被卖，突然之间奔过来了一群鹿，游军又抓鹿去了，石勒因此逃了出来。

没多久，石勒见到一个老爷爷，老爷爷对他说："那群鹿是我派的，你将来是中州之主，所以我救你！"

这次的濒临险境让石勒坚定了自己是大人物的信心，他在一次次被拐卖中也琢磨明白了，这个世道不是自己被卖就是去卖别人。石勒开始走上了成立武装集团的道路。

他召集了王阳、夔安、支雄、冀保、吴豫、刘膺、桃豹、逯明这八骑为群盗，后来又得到了郭敖、刘征、刘宝、张曀仆、呼延莫、郭黑略、张越、孔豚、赵鹿、支屈六等人，号为"十八骑"，开始落草为寇。

这十八骑中，除了呼延莫和支屈六外，其他人看上去都是汉人，其实并非如此。

此时很多的内迁"杂胡"都普遍地采用汉名了，据唐长孺先生的《魏晋杂胡考》和陈连庆先生所著《中国古代少数民族姓氏研究》中的考据与论述，这十八骑的民族成分应当如下：

夔氏源出天竺，支氏出于月氏，刘氏、呼延出于匈奴，张氏大概率出于乌桓，剩下的王、冀、吴、桃、逯、郭、孔、赵大概率是内迁的各少数民族"杂胡"。

据《太平寰宇记》卷六十六记载：太安中并州刺史东瀛公司马腾掠羯胡万户于山东，卖为生口。司马腾当年东进并州时总共拐卖了万户羯人。

看上去羯族人很多的样子，其实并非如此。所有成建制的大规模部落，都不会被人家拐卖为奴隶的。

后面我们会看到，几千人的"杂胡"武装通常就能啸聚山林，两千人的乌桓"杂胡"刘渊就只能走招降的手段，人家要是不归附，你还没辙。[①]

司马腾拐卖的这万余户，应该是在天下大乱中部落族群被冲散了的"杂胡"或者本就规模很小的部落。

史书中这种所谓的"掠羯胡万户"的说法，根据唐长孺先生的洞察，所谓的"羯胡"其实应该是河北区域内的山西、河北间的新徙诸胡。只是这些河北的"新徙诸胡"在石勒普发"公民权"后都归为了羯族。

当年内附的几十万"杂胡"，民族成分相当混杂，被石勒组织起来的十八骑所呈现出的多种民族成分，也正是当时被拐卖到冀州的多民族"杂胡"的缩影。

司马腾等汉人武装这些年从并州拐卖的大量"杂胡"，其实更像是千千万万个石勒，他们和部落失散，被贩卖为奴，他们被肆意凌辱，吃不饱穿不暖，这也为石勒的崛起输送了大量的"阶级弹药"。

华夏大地上最初一波的民族融合，其实是在西晋末年被掠卖到河北的并州"杂胡"之间出现的。

他们流落异乡没有了原来的组织，他们经历相同受到了太多的摧残，他们共同的敌人是晋朝的统治阶级，这一系列的共同目标让他们打破了世俗的偏见，冲破了民族的界限，紧密地团结在了一起。在这里，没有了所谓的贵贱之分，大家都是平等的人。

石勒以自身的智勇才能和悲惨经历开始逐渐赢得同样沦落为奴的"杂胡"的拥戴，石勒成气候之后得到的封号是什么呢？都督冀幽并营四州杂夷、征讨诸军事。

石勒作为一个卑贱的"杂胡"在这乱世最终能够神奇起家，背后其实有着可遇不可求的特殊时代境况。能力再强，水平再高，纵然人有

---

① 《晋书·石勒载记》：乌丸张伏利度亦有众二千，壁于乐平，元海屡招而不能致。

冲天之志，但非运不能自通啊！

石勒起兵之时，中原已经打烂了，司马颖战败后，发生了两件事：一件事，就是旧将公师藩起兵了；另一件事，就是全世界都看到了战法升级后骑兵的巨大威力。

石勒与牧帅汲桑带着数百骑兵作为高级技术人才投奔了公师藩，因为要正式作战加入战斗部队了，汲桑才让石勒起的这个名字。[①]石勒在公师藩这里的第一份工作是做前队督兵，但没多久，公师藩被苟晞干掉了。

他们逃回了苑中，石勒得到了老大哥汲桑给的第二份工作：伏夜牙门将。石勒率领牧人劫掠郡县的囚犯，招募山泽中的土匪，靠着这伙乌合之众，石勒与汲桑再度起兵。

在这个时候，石勒强大的个人魅力开始显现出来了，提他的名字就有人来归附。[②]

石勒此次出山，跟随汲桑的灵车武装居然成功干掉了拐卖自己的仇人司马腾，随后杀万余人，抢妇女珍宝而去。[③]

后来汲桑、石勒与中原的苟晞在平原、阳平之间相持了数月，大小战三十多次。在一次关键会战中，汲桑被苟晞击败，死了一万多人，元气大伤，又被冀州刺史丁绍在赤桥截击，大败。

汲桑逃往马牧，石勒逃往乐平，两人分开后不久汲桑被杀，石勒成功逃入了并州，投奔了上党一伙数千人的武装。武装头目张督、冯

---

① 《晋书·石勒载记》：勒与汲桑帅牧人乘苑马数百骑以赴之。桑始命勒以石为姓，勒为名焉。

② 《晋书·石勒载记》：帅牧人劫掠郡县系囚，又招山泽亡命，多附勒，勒率以应之。

③ 《晋书·石勒载记》：桑进军攻邺，以勒为前锋都督，大败腾将冯嵩，因长驱入邺，遂害腾，杀万余人，掠妇女珍宝而去。

莫突对在河北闹腾动静很大的石勒相当看重。①

石勒做了一个判断：西晋马上就要完蛋了，在这里占山为王没什么劲，在乱世就得动起来，去投奔闹腾最大的刘渊吧。于是对张䚉督提出了一句灵魂发问："现在刘渊要是喊咱们来灭晋，咱们能不搭理他而独立自主吗？"

张䚉督答："不能。"

石勒说："不能还不去投奔刘渊？刘渊成立了相当雄厚的灭晋基金会，现在你手底下的这帮小弟都在商量去入股呢！你再等等，就成光杆司令了，咱得趁着风口抓紧卖公司套现啊！"

张䚉督被石勒的几句话吓唬住了，觉得身边人都想害他，于是随石勒投奔了刘渊。

石勒跟刘渊说："我手下有几千个兄弟想参股，我们作为领导来谈谈价。"这样，石勒空手套白狼，得到了刘渊的官方册封，成了辅汉将军、平晋王。

石勒给张䚉督改了姓和名，说："反正你这个名字也是瞎起的，你直接跟我姓石吧，你当我哥哥，名我也给你想好了，叫'会'，咱哥俩是知己。"②

石勒军团中几乎所有的"石"姓，都是石勒帮着改的。石勒在发展的过程中，相当聪明地学会了帮人改姓、普发羯族身份证，最大程度地团结"杂胡"。

并州遍地的坞堡"杂胡"也给了石勒广阔的融资市场，石勒利用他游牧英雄的气概继续空手套白狼般，进行扩张。

---

① 《晋书·石勒载记》：时胡部大张䚉督、冯莫突等拥众数千，壁于上党，勒往从之，深为所昵。

② 《晋书·石勒载记》：勒于是命䚉督为兄，赐姓石氏，名之曰会，言其遇己也。

离他不远的乐平有个坞堡，是乌桓人伏利度的两千人武装，刘渊屡次招募也招募不来，于是石勒去了。

石勒先是假装在刘渊那里犯了罪活不下去，从而打入了伏利度集团。伏利度非常欣赏石勒，还和他结为兄弟，并派石勒率部下去四处劫掠。石勒带领着伏利度的这伙土匪打家劫舍所向无敌，并在这个过程中完成了对这伙人的心灵征服。

晁盖被宋江架空了。不带队伍，寨主就是个摆设，最后死都不知道怎么死的。

没多久，石勒突然抓住了伏利度开始演讲："现在起大事，我与伏利度谁适合当老大？"人家拿他当兄弟，石勒却明显不地道，从头到尾憋着劲儿抢人家。

在石勒的政变下，众"杂胡"票选推举石勒当老大。石勒完成火并伏利度后率这两千乌桓兵归顺了刘渊。[①]刘渊因此加封石勒督山东征讨诸军事，并把这两千部众划给了石勒继续指挥。

这几件事，将石勒的个人魅力和超强气场体现得淋漓尽致。其实石勒的人格气场类似于一百年前的刘备，两人都是一穷二白，但到哪里都被看作是高水平选手。

刘备在汉人圈子里通吃，石勒在胡人圈子里通吃。两人也都在魅力之余相当能打，还记得老刘是汉末轻量级擂台上最靓的仔吗？

老刘只要兵力别上万，逮谁干谁！在作战水平上，石勒比老刘强，因为石勒不光小打小闹不失手，大规模作战时脑子也从来不糊涂。

石勒威猛的同时，是刘渊配套到位的入股政策：都来吧，谁拉来了队伍归顺，我就封官给他。

---

① 《晋书·石勒载记》：勒知众心之附己也，乃因会执伏利度，告诸胡曰："今起大事，我与伏利度孰堪为主？"诸胡咸以推勒。勒于是释伏利度，率其部众归元海。

越来越多的势力开始向刘渊汇集，等到 307 年九月司马睿南渡后，时代的进程就来到了彻底摧垮西晋的任务栏上了。

刚进 308 年，无数只脚开始踹到了西晋这间破屋子上。

正月，刘渊兵分两路大遣诸将出征，一路以刘聪等十将南下太行山方向开拓，主要是为了打破壶关；一路以石勒等十将东下赵魏，开拓华北平原。

刘聪的行军方向，是壶关。当时如果想东进河北平原，有两条道：要么走壶关出滏口陉和白陉；要么走太原出井陉。

太原有刘琨在那里杵着，动不动还把鲜卑叫来帮架，不好惹。

壶关不仅东通河北，南下还方便打洛阳，这是上党的关键枢纽，派刘聪攻打，思路没问题。

石勒一路基本上是扔出去自生自灭帮主力吸引火力的。远离大本营，没有后续支援，爱打到哪里就打到哪里。反正也都是"民间资本"，不是直属部队，死了也不心疼。但这个部署，最终产生了谁也没有预料到的效果。

来看中原地区，进入 308 年，山东悍匪王弥压不住了。

话说苟晞打死汲桑撵跑石勒后，司马越因为苟晞有能力，而且帮他报了杀弟之仇，于是和这位当初自己提携的下属结为了兄弟，但其司马潘滔等人说："兖州是要冲，当年曹操起家的地方，苟晞这人有大志，并非臣下之人，总让他待在这片要冲上，早晚必是大患。"

司马越听后很认同，于是迁苟晞为征东大将军，领青州刺史去都督青州诸军事。

青州是王弥乱党的大本营，苟晞到了青州后开始捕杀乱党，宁错杀，不错放。史载：流血成川，人不堪命，号曰"屠伯"。因为王弥匪帮有"天师道"的宗教属性极易死灰复燃，所以苟晞因地制宜地进行了铁腕镇压。

貌似适销对路，但所有的铁腕通常又会有一个问题：会产生大量的冤假错案并造成巨大的恐慌和心理逆反。所以宗教型武装通常是相当令人挠头的存在。

苟晞在山东给阎王爷代言的结果，就是王弥每次战败后又迅速获得山东老乡的兵源补充，苟晞的兵却越打越少，越来越打不动如癌细胞般迅速扩张的王弥。

三月，王弥匪帮使出开花战术，四面出击劫掠，在青、徐、兖、豫来回扫荡，攻陷郡县，多杀守令，匪帮人数滚雪球般地滚到了数万人。

四月十三，王弥拿下了许昌，取器杖打开了豫州武库，完成了战力升级！这是一次关键性的升级，王弥因此有了改朝换代的想法。他将眼光瞄向了西面。

五月，王弥挺进轘辕关，在伊水之北再败晋军，洛阳大震，宫城门昼闭。出镇中原的司马越遣司马王斌率精兵五千人入卫京师，西凉张轨亦遣督护北宫纯率兵驰援洛阳。（出现凉州的事了，西凉张家后面会单独梳理。）

五月十九，王弥抵达洛阳，屯于津阳门，永嘉年间第一次洛阳会战打响。

对于第一次进攻洛阳，王弥明显比较紧张。西凉猛将北宫纯募勇士百余人突阵，王弥大败，烧建春门而走。左卫将军王秉追王弥于七里涧，再胜之。

战败后的王弥和同伙商量了一下："我在洛阳旅游的时候和当时还是人质的刘渊关系相当不错，现在他成了汉王，咱去投奔他吧。"

在做通下属的工作后，王弥联系了刘渊，表示小匪帮要入大组织，随后北渡黄河而去。王弥见了刘渊，刘渊拿他比孔明，还挺风趣地说了刘备当年的名句："吾之有将军，如鱼之有水也。"

一个流贼，和诸葛丞相比，他也配！

至此，刘渊聚齐了两大左右手——石勒、王弥。

七月，刘渊南下平阳，太守宋抽弃郡逃走，河东太守路述战死；上郡鲜卑陆逐延、氐酋单征渡过黄河归降刘渊。匈奴汉推进至上郡、河东！

王弥在高都、长平间大败司马越的淮南内史王旷、安丰太守卫乾等将，成功进入河北。

九月，王弥与河北分部的石勒合并攻破邺城，冀州危急。

同月，司马越诏令豫州刺史裴宪屯白马（今河南滑县）顶住王弥，车骑将军王堪屯东燕（今河南延津县东北）顶住石勒，平北将军曹武屯大阳（今山西平陆县南）防备刘渊，严禁匈奴汉渡过黄河。

司马越驻防的邺城自我崩塌，司马越移屯濮阳，没几天又移驻荥阳，做总指挥兼预备队。司马越用行动在表态：黄河以北我不要了。（见图4-5）

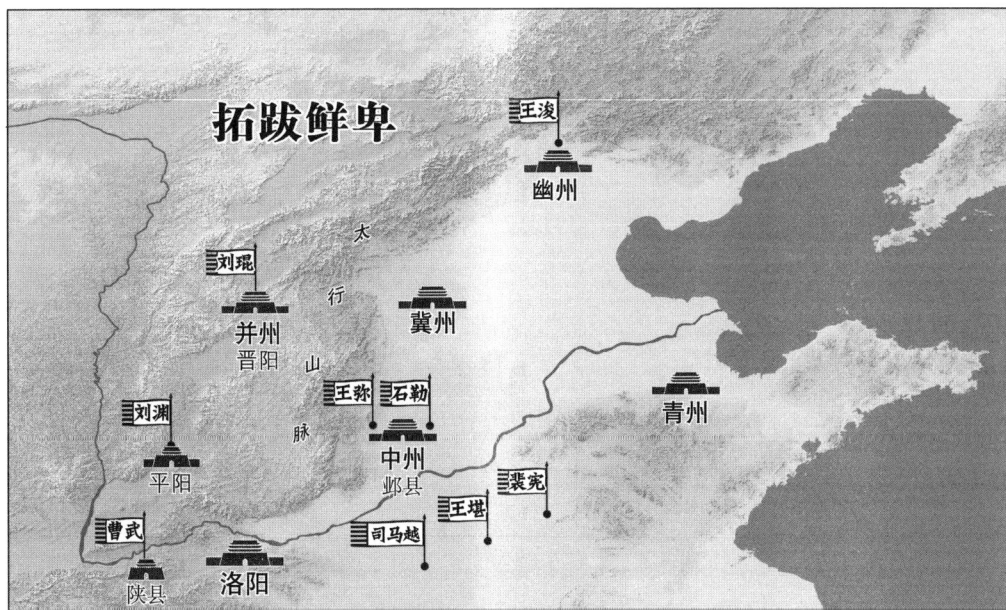

图4-5 司马越放弃河北

308 年十月甲戌，形势一片大好，刘渊即皇帝位。

时代的关键分野到来了。

很难讲，刘渊此时称帝的决定是否合适。因为天无二日，国无二主，一旦称帝后匈奴汉的首要任务就变成了要打掉晋王朝的政治符号洛阳。但洛阳盆地并无收益，而且不好打，烂船尚有三斤钉的晋王朝会和刘渊进行殊死一搏。

与此同时，刘琨插在太原，并州尚未统一，大河北更是需要刘渊去开拓、耕耘的物质根据地。

每个时代，成为最终胜利者的通道都会有时机上的选择成本。选了这个，就注定会错过另一个。

两种选择，注定两种结局……

五、石勒的招抚策略

308 年冬，石勒与刘灵等七将率众三万进军河北。

石勒军锋所指魏郡、汲郡、顿丘诸坞堡，望风而降者五十余座。石勒根据坞堡规模大小赐予印绶，都封了垒主将军或垒主都尉，并从中收编了五万精壮为军士，老弱继续在坞堡内安心生产。[①]

石勒对劫掠或者屠城的克制，相当神奇，因为胡汉间有着苦大仇深的民族矛盾。胡人终于有能力报复汉人了，但石勒的军队却没有发生暴虐掠夺的现象，史载"军无私掠，百姓怀之"，因此石勒也开始收获巨大民望。

中原大地上的人基本上就两种：一种是坞堡的人，一种是流民。各地的世家大族形成各种坞堡以自保，大量活不下去的老百姓在天灾人祸下变成了烧杀抢掠的流民。

这两种状态，都使得西晋政府很难再得到兵与粮的补充，但这种混乱与失序，却成为石勒和王弥军力滚雪球的天堂。

---

① 《资治通鉴·晋纪八》：石勒、刘灵帅众三万寇魏郡、汲郡、顿丘，百姓望风降附者五十余垒；皆假垒主将军、都尉印绶，简其强壮五万为军士，老弱安堵如故。

王弥是大土匪作风，走到哪里祸害到哪里，像一群大蝗虫一样，每到一个地方就将当地的秩序打乱，将所有物资搜刮、破坏完，并裹挟走已经没办法活下去的原住民去当土匪和流氓。随后，继续抢下一个地方。

石勒则走出了另一条截然相反的道路。

石勒在魏郡的招抚政策实验成功后，开始北上进攻巨鹿、常山，杀死两郡的晋朝守将，随后攻陷冀州百余个郡县与堡垒，部众达到了十多万。

说是攻陷，其实就是招降。石勒哪有那么大的本事在短短时间内接连打下百余个郡县与堡垒。

石勒起家时的主力中除了"杂胡"兄弟之外，还有大量的汉人。

每个高门大姓，在地方都会拥有大地主庄园来经营农业和手工业，耕种、放牧、丝织、工匠等样样具备。每逢天下大乱，大地主庄园便筑起壁垒，以防范外敌骚扰抢掠，而佃客、家奴及依附民则被武装起来成为部曲，这就是坞堡的自保经济体。

很多坞堡都是大地主庄园的战时升级版，有的坞堡则是依靠自然环境的易守难攻在乱世成为桃花源，以三国年间记载最详细的田畴坞堡组织来举例说明。

田畴是幽州牧刘虞的下属，刘虞被公孙瓒弄死后，田畴带着宗族和依附的人进入徐无山中避世，由于周遭环境险峻，腹地平坦广阔，几年间就吸纳了同样归附避难的五千余家。

田畴公布了法律法规和社区条例二十余条及婚姻嫁娶之礼，兴举学校传授知识，在北方相当有威名。①

---

① 《三国志·田畴传》：畴乃为约束相杀伤、犯盗、诤讼之法，法重者至死，其次抵罪，二十余条；又制婚姻嫁娶之礼，兴举学校讲授之业，班行其众，众皆便之，至道不拾遗。北边翕然服其威信，乌丸、鲜卑并各遣译使致贡遗，畴悉抚纳，令不为寇。

曹操征乌桓时，田畴决定出山，派了一支五百人的武装力量，可见平时在练兵上田畴也没落下，否则也不至于能够震慑住周边的少数民族。[①]

这是在乱世中活得最好的坞堡。这种类型的坞堡并不多，大量的坞堡由于没有名山大川的自然保护之力，防御能力和坞堡内的土地都是有限的，这也就意味着能够容纳的人口并不会太多，实力也有限。

但是，如果对每个坞堡都进行涸泽而渔式地攻打，那么成本就太高了。如果每个坞堡知道你来后都会殊死抵抗，这还不算什么，最关键的是你在杀鸡取卵，将来不会获得持续的物资支持了。

八王之乱开始后，战乱没完没了，大量地方高门自我拯救转型为坞堡，大量百姓投奔坞堡主。每个坞堡都有几百到几千户不等的力量。

根据《晋书·地理志》所载的太康初年（280）户口数，北方各州的县均户数如下：

司州	县均4910户	兖州	县均1488户	豫州	县均1374户
冀州	县均3928户	幽州	县均1741户	平州	县均696户
并州	县均1318户	雍州	县均2551户	凉州	县均667户

每个坞堡已经类似于太平时代"县"的存在了，具有地方行政系统和社会基层组织的职能。

石勒对于坞堡的招抚行为，说到底是为了从一个个坞堡中可持续地获得源源不断的人力、物力支持。[②]

后面一茬接一茬的胡人统治者都继承了石勒的这种做法，为了更

---

① 《三国志·田畴传》注引《先贤行状载太祖表论畴功》：王旅出塞，途由山中九百余里，畴帅兵五百，启导山谷，遂灭乌丸，荡平塞表。

② 《晋书·石勒载记》：分命诸将攻冀州郡县垒壁，率多降附，运粮以输勒。

好地从坞堡中薅羊毛，基本上都会采取优抚坞堡主的政策，承认坞堡的合法性，根据坞堡大小任命坞堡主为将军、都尉。

作为祖祖辈辈被凌辱鄙视的异族人，在突然间咸鱼翻身后能够控制报复的心理、懂得克制劫掠的冲动，这相当了不起。

这种姿态与见识，也给石勒带来了巨大的回报，让他在诸多流水般轮流转的大帅们当中脱颖而出，开始获得汉人的支持。

举一个石勒的谋主张宾的例子。

赵郡中丘人张宾是士族集团子弟，其父张瑶是中山太守。张宾自小好学，博涉经史，从不咬文嚼字，而是观其大略，为人豁达大气，常对其兄弟说："我总觉得我的水平不逊于张良，那我的刘邦在哪里呢？"

天下已大乱，张宾准确地找到了自己的定位：要利用自身的才华千古留名。

张宾最开始入仕时为中丘王帐下都督，觉得没劲就请病假了。等到永嘉大乱后刘渊派了大量将领进入河北，张宾从中发现了石勒，从他的做事风格和人格魅力中品出了刘邦的味道，他对亲近说："这些年我看的人太多了，只有这个石勒能成大事！"

于是张宾提前去石勒那里毛遂自荐上岗，最开始张宾的自荐并没唬住石勒，直到张宾在参谋会上一次又一次地说进石勒的心坎，石勒才最终决定拜张宾为军师。

石勒在扫荡河北后把其中的名人贤士集中在一起做自己的智囊团，称为"君子营"，引张宾为谋主，并开始设立正规政权才有的功曹等官吏，将自己的核心十八骑分别授予了将军之职。[1]

---

[1] 《晋书·石勒载记》：其衣冠人物集为君子营。乃引张宾为谋主，始署军功曹，以刁膺、张敬为股肱，夔安、孔苌为爪牙，支雄、呼延莫、王阳、桃豹、逯明、吴豫等为将率。

石勒虽然为"汉将"，但其组织已经颇具一个政权的雏形了。

石勒出身低微，羯族内迁也晚，他本身并没有机会从小接受屠各刘渊、刘聪所接受的那种汉文化教育，但他却在这个时代最终空手套白狼而成就了相当吓人的功业。

除了独特的时代机遇外，石勒本人所拥有的气场、魅力与军事天赋，还有那活到老学到老的人生态度以及超强的人性洞察力，都是他成功的因素。

石勒自打开始军旅生涯，就恶补文化课。在诸多文化课中，石勒选择了历史。他在观察、总结前人犯的错误。

石勒在打仗之余经常让儒生给他读史书，然后评论古今帝王的好坏善恶，其中最爱听的就是《汉书》。有一次在听楚汉争霸时，听到郦食其劝刘邦重立六国后裔，大惊道："这不是脑子有病吗！刘邦怎么拿下来的天下？"

紧接着儒生们读到刘邦的"知心哥哥"张良赶来阻止，石勒叹道："我说呢！"①

郦食其要是没死，那么他就是"灭楚四英"的级别，为刘邦立下了汗马功劳，是顶级大才。但即便大才如此，他出的这个主意，不仅他没意识到是败笔，其实悟性极高的刘邦也没看出来，非得是张良才能高屋建瓴地给刘邦掰扯明白。

石勒没上过学，却能看明白，其天资英达如此。回顾石勒的每一次壮大，其实都是源于他对人性的洞察。

说得再细致点儿，就是通过恐吓、安抚、划成分等技巧让你两害相权取其轻地为他所用。

---

① 《晋书·石勒载记》：尝使人读《汉书》，闻郦食其劝立六国后，大惊曰："此法当失，何得遂成天下！"至留侯谏，乃曰："赖有此耳。"

石勒在河北大胜后，又派将领张斯率骑兵到并州北山诸县去劝说仍然松散没组织的胡羯部落："咱们都是一个族的，你们不跟石勒混还能跟谁啊，好话说完要是不开眼可别怪我们翻脸。"①

这些并州北部的"杂胡"，最终也被石勒整合了起来，其他"杂胡"害怕石勒的威名，也多来归附他。②

石勒并没有因为都是同族人就无比温情地采取什么优厚待遇，而是"晓以安危"，"杂胡"最终归附的原因也是"惧勒威名"。

心甘情愿这东西，属于奢侈品，需要时间和巨大的成本投入。威胁与抚慰，二者一定要双管齐下。

乱世中效率为王，先把你拿下，再发"身份证"培养感情。

石勒聚起十多万大军再次北进常山，分别派遣诸将领进攻中山、博陵、高阳诸县，又收降了数万人。

整个308年，西晋的形势急转直下，中原被王弥一通祸害。王弥居然还打到了洛阳，随后他又跑到了山西与刘渊会合。

石勒在河北获得了很高的民望，队伍也在这一年完成了蛇吞象般的扩张。

刘渊在并州称帝，正式另立山头。

总体来讲，西晋的黄河以北除了幽州外基本上残了，中原大地满目疮痍。

转过年来的309年，比308年还惨！

正月，因王气十足，刘渊迁都平阳。

三月，戊申，司马越的又一个兄弟，镇守襄阳的司马略死了。司

---

① 《晋书·石勒载记》：使其将张斯率骑诣并州山北诸郡县，说诸胡羯，晓以安危。

② 《晋书·石勒载记》：诸胡惧勒威名，多有附者。《资治通鉴·晋纪九》：并州诸胡羯多从之。

马越又折了一条胳膊。

司马越这两年出镇中原，洛阳的皇帝司马炽一直很有自己的想法，只不过实在是手上没有一丁点儿实力了，搞不出来八王之乱时的动静。

随着苗头不断出现，三月丁巳，司马越这位八王之乱的守擂者防患于未然，自荥阳突然回到洛阳发动政变，杀了司马炽的所有心腹。

与此同时，因为殿中武将这些年搞了太多次政变成为危险分子，司马越于是强势将禁军中被封侯的武官全部罢免赶了出去，派右卫将军何伦、左卫将军王秉领东海国兵数百人宿卫皇宫，彻底架空了不太听话的皇帝。

被裁的禁军中，左积弩将军朱诞投奔刘渊，说现在洛阳非常虚弱，抓紧攻打效果肯定好。刘渊于是令灭晋大将军刘景为大都督，攻打黎阳。

刘景拿下黎阳，又败王堪于延津。司马越两路防匈奴汉匪南下的据点全被刘景拔掉了，但刘景大胜后狂杀乱抢，沉男女三万人于黄河。

刘渊知道后大怒："我要除的是司马家，跟老百姓有什么关系！"他就给刘景降了级。

刘景是刘渊的亲戚，按理讲是受过高等教育的，至少比石勒的佃农出身要强得多，但两人水平的差距有多大，一眼就看出来。

那一年天下大旱，史载，入夏后居然长江、黄河、汉水、洛水全部枯竭徒步可过。旱到了这个地步，不要指望老百姓还能有什么粮食吃了。

"宁为太平狗，莫作离乱人"，太苦太难了。整个社会的秩序开始进一步恶化。

309年夏，刘渊给已经折腾了很大动静的王弥封了个罕见的大官——都督青、徐、兖、豫、荆、扬六州诸军事，征东大将军，青州牧，俨然是东部的总指挥，并调集他与刘聪再攻壶关。

半年前，308年十月，刘渊曾经命刘聪猛攻壶关，命石勒所统七千人为前锋都督。刘琨派了护军黄秀等救壶关，石勒在白田大败黄秀，成功拿下壶关。但十一月初一刘琨请来了鲜卑外援，卷土重来，攻打壶关，打跑了屁股还没坐热的守将匈奴汉镇东将军綦毋达，再次拿回了上党这个枢纽重地。

时隔半年匈奴汉军再次大举进攻，司马越也遣王旷等将率数万人渡黄河北救上党，壶关万不能丢！结果晋军在长平古战场被刘聪狂杀一万九千人。晋上党太守庞淳看到大势已去，以壶关降匈奴汉。

刘渊拿下黎阳、上党后，于八月令刘聪自上党转兵袭破大阳曹武等，渡河疾驰攻下宜阳。

洛阳周边的险阻已经全被匈奴汉扫荡干净了。

九月，弘农太守垣延诈降，刘聪被接连的胜利冲昏了头脑，没设防备，被垣延夜袭，大败。洛阳短暂地松了口气。

十月，刘渊在第一次南下洛阳失败后仅仅一个月，再派刘聪、刘曜、刘景率精骑五万会同王弥匪帮再攻洛阳，大司空呼延翼率步兵随后跟上。

刘渊这是拿出匈奴汉的家底来跟司马越争夺天命所归了！晋军方面根本没有想到对方会这么快卷土重来，大惧。

十月辛酉，刘聪屯兵洛阳西明门外。晋军的第二次洛阳保卫战打响。

同样的配方，同样的味道，又是西凉军猛将北宫纯率兵夜袭匈奴汉军营，斩杀将领呼延颢取得开门红。

一天后，刘聪南屯洛水。三天后，刘聪的步兵军团出现军变，呼延翼为其部下所杀，其众自大阳渡溃退。刘渊下令刘聪班师。

刘聪收到命令后对刘渊说："现在晋兵微弱，不能因为死了几个人就班师啊，再让我试试吧！"刘渊同意了。

恼羞成怒的刘聪再次卷土重来进屯宣阳门，刘曜屯上东门，王弥屯广阳门，刘景攻大夏门，从四面八方主攻洛阳，但还是没打动。

刘聪比较郁闷，决定"浪漫一把"，去嵩山祈福，留下大将刘厉、呼延朗等督留军。

真是神奇的操作啊！

司马越知道刘聪去山神那里祈福了，于是命参军孙询，将军丘光、楼哀等率帐下劲卒三千出击宣阳门，大败匈奴汉军并斩杀督将呼延朗。

刘聪听说后赶紧往回赶，刘厉害怕刘聪追责直接投水而死。匈奴汉军士气降到冰点。

王弥对刘聪说："现在洛阳还是不好打，粮食已经支持不了几天了，不如先回平阳吧，我去中原再闹腾闹腾，咱们将来再杀回来！"

刘聪因为是自己要求留下的，所以不敢回军，只好继续挺着。最终是平阳朝堂上的几位老臣在算命后得出结论：该回军了。

刘宣对刘渊说："根据天意，当在两年后我们才能拿下洛阳，现在晋朝气数还在，大军不归必败！"刘聪得到了救赎。

早干什么去了？如果拿着这些家底去打太原的刘琨，刘琨都死八回了！

刘宣的那句"岁在辛未"，是指两年后的311年。所谓的天意还是很准的。但是，每个人的寿命也是有数的，刘渊还看得到"辛未年"吗？

六、匈奴版"八王之乱"开打

代号"嵩山祈福"的灭晋行动在刘渊"岁在辛未，天下大吉"的自我安慰下收兵结束了。

这一次匈奴汉倾国前来攻打洛阳，连打了一个月，损兵折将又没打下来。

刘渊开始转变思路，将刘聪等匈奴本部力量召回平阳，令王弥侵掠兖、豫二州，令石勒对冀州继续展开攻势，派这两个乱世搅屎棍削弱中原实力，孤立洛阳。

刘渊的意思是：反正天老爷说"岁在辛未"，我两年后再来补那最后几脚。

王弥和石勒分别在河南、河北的军团继续野蛮生长。

309年十一月，王弥出轘辕关入豫州，司马越派薄盛等追击，打败了从洛阳撤退的王弥。人家撤退了他想起来踹一脚了。能理解，扬大晋雄风，"犯强晋者虽跑必踢"嘛，但他怎么不敢追西面刘聪的骑兵军团呢？

其实，这波面子工程纯属多余，空耗兵饷，还不如保守治疗想吃点儿什么吃点儿什么呢。

大旱蝗灾下的王弥属于癌细胞，有大规模腐化正常细胞的能力。被踢了一脚的王弥很快得到了一股新生力量。一伙在颍川、襄城、汝南、南阳、河南流窜的数万家流民，总是被当地人所欺负。

没办法，天下大乱，谁比谁有饭吃？你们逃我们这里来了，我们也活不好！流民和当地百姓产生了巨大的矛盾。

每当天下大乱，永远是土匪最吃香的岁月，这伙流民在看到王弥匪帮过来后迅速找到了主心骨，烧城邑，杀官员响应王弥。

哪有什么未来，还当什么良民，能多活一天都是赚的！行尸走肉，没有牵挂才算是痛快！

王弥匪帮声势更加浩大，分出兵来令小弟曹嶷带着一个小分队东略老家青州当自己的大后方。

黄河以南一片鸡飞狗跳。

来看大河之北。九月，整合了上百个坞堡的石勒开始往北进发，去找幽州的最强私生子王浚过过招，看看谁才是华北一哥。

王浚派将领祁弘带着鲜卑姑爷段务勿尘率十余万骑兵迎战石勒，双方会战于飞龙山（今河北石家庄鹿泉区南）。

石勒大败，死了一万多人，退守黎阳（今河南浚县东），并命令各将攻击尚未攻下和叛变了的坞堡，收降三十余座，稳住了阵脚。[①]

石勒稳住黎阳后继续北上入侵信都，杀了晋冀州刺史王斌。幽州的王浚由此开始自领冀州，准备布局整个河北。

司马越看到石勒在河北受挫以为能占到便宜，于是派车骑将军王堪、北中郎将裴宪自洛阳支援河北，准备夹击石勒。石勒听说后回军，沿途又受降了魏郡太守刘矩。

---

① 《晋书·石勒载记》：勒退屯黎阳，分命诸将攻诸未下及叛者，降三十余壁，置守宰以抚之。

此时，司马越在河北的政策也清晰地呈现出来了。司马越和刘渊募股石勒、王弥的政策其实一样，同样是在空手套白狼，看谁能拉来队伍就给谁册封文件。

魏郡太守刘钜是当地的坞堡堡主，因为史载刘矩投降后石勒命他带着自己的"垒众"为中军左翼。[①]

等石勒赶回黎阳，裴宪吓得直接弃军逃奔淮南，王堪逃过黄河退守仓垣（今河南开封西北）。黄河以北只剩下王浚和石勒两股势力了，没司马家什么事了。

309年，是王弥和石勒壮大的一年，司马家在整个关东的政府系统已经全部失灵。

310年正月，石勒渡黄河攻下白马，王弥也带着三万匪帮来了。南北两大匪帮胜利会师，组团扫荡兖、豫、徐三州！

二月，石勒袭鄄城，斩兖州刺史袁孚，进拔仓垣，杀了去年年底一枪不放就跑了的王堪。

完成黄河沿线扫荡的石勒再次北渡黄河继续收服冀州诸郡，河北大批量的坞堡投降石勒，又有九万余口加入石勒集团。

同月，之前王弥派出的曹嶷小分队一路向东，所至皆平，克东平国后进攻琅邪，山东开始遍插王字旗。

夏四月，王浚部将祁弘推进至广宗（今河北威县东南），杀了匈奴汉冀州刺史刘灵，又和回到河北的石勒接了壤，双方即将针尖对麦芒。

石勒选择了退让。打不过，跑！不丢人。

石勒率骑兵主力南下和刘聪相会，共攻河内。河内是洛阳的北部屏障。司马越派兵前来救援。

石勒分兵守武德（今河南武陟县大城村），自己与王桑迎战冠军将

----

① 《晋书·石勒载记》：魏郡太守刘矩以郡附于勒，勒使矩统其垒众为中军左翼。

军梁巨。梁巨有点儿对不起他这个威猛的将号，听说石勒来了主动投降。石勒不许，梁巨翻城逃跑被抓。石勒把在王浚那里吃瘪的怒火都撒在了河内，坑降卒万余，历数梁巨之罪后杀之。

这是石勒杀人之前的一个习惯：数落你一大顿，从思想上给所有人上一课。杀人诛心，石勒有很多无师自通的做法，相当神奇。

晋军北渡黄河支援河内大败，使得黄河以北的众堡垒彻底坚定了投降石勒的打算，开始纷纷给石勒送人质。①

中原、河北的两大悍匪王弥与石勒所向披靡，西晋除了王浚之外已经再也听不到胜利的消息了。与此同时，310年夏天，整个黄河以北遭遇了超级蝗灾。

为了形容此次蝗灾的严重性，史书中用了相当惊悚的字眼：幽、并、司、冀、秦、雍六州大蝗，食草木、牛马毛皆尽。牛马的毛都被蝗虫啃光了，整个北方的畜生相当性感。

虽然伟大的母亲河和巍巍秦岭为南方挡住了铺天的巨蝗，但是，洛阳也不会再有转机了！

310年刚入秋，七月，刘渊再次召集黄河以北的军团，令刘聪、刘曜、石勒共攻河内太守裴整于怀县。

司马越派征虏将军宋抽救援，宋抽被石勒干掉，河内人造反抓了裴整投降，但河内督将郭默比较硬，收敛余兵，不降刘汉，自为坞王，也成了一伙野势力，北边的刘琨封他为河内太守。

就在刘渊刚刚发布会攻河内的命令后，他就走到了生命的尽头。

七月初九，刘渊卧病不起。

初十，刘渊进行了最后的权力分割与安排：

政治系统：以陈留王刘欢乐（好喜感的名字）任太宰，长乐王刘

---

① 《晋书·石勒载记》：王师退还，河北诸堡壁大震，皆请降送任于勒。

洋为太傅，江都王刘延年为太保，齐王刘裕任大司徒，鲁王刘隆为尚书令，光禄大夫刘殷为左仆射，王育为右仆射，朱纪为中书监。（宗室控制政务中枢。）

禁军系统：护军马景兼左卫将军，永安王刘安国兼右卫将军，安昌王刘盛、安邑王刘钦、西阳王刘都兼任武卫将军，分别统领禁兵。（宗室控制禁军。）

野战军系统：楚王刘聪为大司马、大单于兼录尚书事，在平阳西侧设置单于台，始安王刘曜为征讨大都督兼单于左辅，廷尉乔智明为冠军大将军兼单于右辅，北海王刘乂为抚军大将军兼司隶校尉。（儿子们控制各野战军，刘曜为刘渊自幼抚养大的侄子。）

七月十八日，刘渊去世，太子刘和继位。

刘渊的安排，从理论来说没什么问题，肥水没流外人田。但是，刘渊家挺"黑色幽默"的，算是成也汉化，败也汉化。

没有刘渊、刘聪等一系列屠各高层在洛阳时的深度汉化，匈奴汉是无法如此迅速地率先组建出一个异族政权登上历史舞台进行试错的。

但是另一层面，他家汉化的大成阶段在西晋，目睹了司马家族如教科书般互砍的全过程，这就导致了本来哥几个应该像葫芦娃一样抱一起，风吹雨打都不怕，但他们都没看到好的方面，看到的却是一群争权夺利之人。

结果刘渊前脚走人，后脚"匈奴版八王之乱"开打。

刘和是呼延皇后的嫡子，宗正呼延攸是刘和的表兄弟，他爹呼延翼是刘和的舅舅，跟着刘聪打洛阳时死了。呼延翼是步兵总指挥，位高权重，打洛阳时带着步卒压后阵的。对于他的死，官方说得很含糊：呼延翼为其下所杀，其众自大阳溃归。

攻打洛阳的总指挥刘聪是普通嫔妃所生，这很难不让人联想：是不是刘聪在借机剪除太子刘和的羽翼呢？

刘聪因常年在外面征战，积累了太多的猜忌和不满。

刘渊刚死，呼延攸和侍中刘乘、卫尉西昌王刘锐等就开始密谋。他们对刘和说："先帝最后实在是欠考虑，现在三王在皇城里统领强兵，大司马刘聪拥兵十万在近郊驻扎，这样陛下不过是寄人篱下罢了，咱得赶紧想办法啊！"

刘和觉得他们说得太对了，这世道，兄弟哪有好人呐！

刘渊死后的第二天，七月二十日夜，刘和宣召禁军中的武卫将军安昌王刘盛、安邑王刘钦前来议事，然后公布了他的灭弟计划。

刘盛说："先帝的棺椁还没有安葬，四王刘聪也没有变节，一旦自相残杀，天下会怎么说陛下？内耗哪成啊！不要听信挑拨离间的谗言，猜忌你兄弟，兄弟都不能信谁还能信？"

这话如果让地底下的司马家族的人听到，他们肯定会乐。呼延攸等人怒道："今天商议，没有别的道理可讲，将军立场不坚定，左右赶紧把他杀了！"刘盛死了，刘钦害怕了，说："别生气，咱要弄死谁？我等不及了。"

刘渊死后的第三天，七月二十一，刘锐率左卫将军马景赴单于台攻打楚王刘聪，呼延攸率武卫将军刘安国到司徒府攻打齐王刘裕，刘乘率安邑王刘钦攻打鲁王刘隆，派尚书田密、武卫将军刘璿攻打北海王刘乂。

刘和没有司马家的命，先得了司马家的病，非得一口气弄死这四位兄弟彻底安心再说。他也不想想，要是都弄死了，谁替他打天下呢？

兄弟里没有好人，那外人就能信得过吗？

再说一下刘和没脑子的问题，他这个皇帝刚刚登基了两天，还没有权威性呢，就算禁军能打，但刘聪的野战军人多啊，最关键的是这些野战军跟着刘聪这些年没少打仗，在战火中与刘聪结下了相当真挚的友谊。

司马家的孝子贤孙给全世界打了样，这个世道已经被司马家弄得彻底崩坏了，陷入了彻底的末日内卷：不把有威胁的人杀了，谁也不会安心！

一天后的战报：刘裕、刘隆被杀，刘聪、刘乂反攻。

二十三日，刘聪攻克西明门。

二十四日，刘聪在光极殿西室杀了刘和，将刘锐、呼延攸、刘乘等全部斩首。

此战之后，刘渊的孩子还剩下三人：二子刘恭——刘和的亲弟弟，一个窝囊废；四子刘聪，这些年一直对外征战手握兵权，控制单于台；幼子刘乂，单皇后之子，属于继承的优先序列。

大臣们请刘聪登上皇位，但刘聪假惺惺地要把皇位让给刘乂。刘乂年纪尚小，流着泪坚持请刘聪即位，刘聪推辞了好久同意了，说："你们非得让我干，其实不过看重我年纪大几岁罢了，为了国家大业，我确实义不容辞，等刘乂长大，我自然将国家交还于他。"①

刘聪继位，尊奉单氏为皇太后，以刘乂为皇太弟，兼大单于、大司徒，立自己的妻子呼延氏为皇后，封儿子刘粲为河内王、刘易为河间王、刘翼为彭城王、刘悝为高平王，算是完成了这一轮的权力更迭。

这次权力的交接，有必要专门说一下，先看刘聪的表现：他哥哥刘恭在顺位上本该在他之前，但兵变全程无存在感，没什么实力。但即便如此，刘聪几个月后就杀了这个哥哥。他比他哥刘和心眼其实大不到哪里去。

但刘聪比刘和有脑子，他对幼弟刘乂表达了极高的尊重，又说将

---

① 《晋书·刘聪载记》：乂及群公正以四海未定，祸难尚殷，贪孤年长故耳。此国家之事，孤敢不祗从。今便欲远遵鲁隐，待乂年长，复子明辟。

来会还位，又立了刘义为皇太弟，那叫一个兄友弟恭。

真的仅因为刘义他妈单后是皇后吗？皇后其实不叫事，但皇后的娘家很有实力。最关键的原因，单皇后是氐族大酋长单征的女儿，单征在羌、氐两族有着相当大的影响力。

308年七月，上郡氐族酋长单征归降刘渊。[①] 当年十月甲戌，刘渊即皇帝位。

这里面很可能有单征的参股给刘渊提气的原因，因为仅仅单家归附一年半之后，310年正月，刘渊便立单家闺女为皇后，长子刘和为皇太子，单后嫡子刘义为北海王。

刘义能流泪让权说明已经有了表达能力，绝对不是这三年才生出来的孩子，这说明氐族单氏早就和刘渊通婚了，刘渊很早之前就很重视氐族单家，早早进行了婚姻捆绑。

刘渊在单后并非皇太子刘和嫡母的情况下，如此迅速地提高单后的地位，意味着此时单氏的势力相当大，刘渊要进行安抚。

刘渊托孤时封刘聪为大单于，是负责"六夷"（氐、羌、鲜卑和"杂胡"势力的统称）的统领，而不是直接让单皇后的嫡子刘义当大单于，这也算是顾忌单家在"六夷"中的重要势力而做的制衡。

刘义背后的单家势力，是刘聪上位的巨大后盾。所以心眼并不大的刘聪又是封单皇后为太后，又是明确了刘义皇太弟的统序，又是把大单于的位置给了刘义，对单后进行了巨大的政治讨好。

但是，这听上去很复杂的权力算计，在这个内卷到极致的时代，早晚都会出问题的。

"朕不给，你不能抢"，这话出自正常的时代；而这个崩乱时代的主旋律则是"足下不死，孤不得安"。

---

① 《资治通鉴·晋纪八》：秋，七月，上郡鲜卑陆逐延、氐酋单征并降于汉。

刘渊作为匈奴汉的开国之主，算是乱世中的第一代人杰豪雄。他用了大半辈子去当好人质，去学习汉文化，努力汉化，去团结五部匈奴，不断地等待时机，并在天下大乱之后出手，成为第一个左右中原政权的北方异族人。

他的本部匈奴力量，一直在攻略山西。他派出去的南北大盗王弥和石勒，也极好地完成了他的预计指标。

他在二度攻不下洛阳后调整战术，扫荡周边州郡，也算是开辟了孤立战的先河。但他临终的收尾却并不那么漂亮，这也不能怨他，因为崩乱纷飞的"五胡"之初实在是太复杂了。

刘渊的帝国体制是胡汉分治的两套系统，他遗命时是两套官职：中央的尚书台那套，是面对汉人的；刘聪的单于台那套，是面对"六夷"的。"六夷"，包括氐、羌、鲜卑、"杂胡"等游牧民族。五部匈奴算是高级群体，主掌禁军和各关键位置，领导"六夷"和汉民。

刘渊算是开创了胡汉两制的先河：汉民主生产，五部匈奴和"六夷"主战斗。

在刘渊治下，并没有看到民族歧视政策的出现，毕竟刘渊称帝打的旗号仍是汉。他算是整合了过去一直被汉人踩在脚下的少数民族，使他们摆脱了以往的奴隶或依附民地位，获得了正常的国民身份。

这也使得匈奴和"六夷"成为匈奴汉国的军事核心，在这风云激荡中成为终结中原王朝的第一支政权力量。

但在天下大乱中，前浪注定要被抛在沙滩上，并州这片土地太复杂了。

由于刘琨在刘渊起兵之初成功地楔在了并州中部，联合了鲜卑拓跋部，再加上巍峨耸立的太行山的存在，使得刘汉政权自始至终也没有统一山西高原。

与此同时，在五部匈奴和"六夷""杂胡"之间，他们之间在某种意义上也是"非我族类，其心必异"。

早已内迁的匈奴人和几十万匆忙南附的塞外"杂胡"在身份上注定不同。

既然不同，就注定有一天会见真章。时代的大幕刚刚拉开，很多需要时间去试错与解决的问题永远不会一蹴而就。

刘渊的剧本演完了，很多未竟的事业注定要那些更年轻、更聪明、更雄烈的棒小伙子去完成。很可惜，不是刘渊的后人。

刘渊的族群，刘渊的汉国，将在刘渊当年封的"辅汉将军"手上被屠灭殆尽，断子绝孙。

欢迎来到这个血肉横飞，只有一直胜利才能活下去的末日修罗场……

七、第三次会攻洛阳

公元 310 年十月，赢得皇位的刘聪拉开了第三次会攻洛阳的序幕。

刘聪派刘粲、刘曜、王弥率众四万攻洛阳，石勒留辎重于重门（今河南辉县西北），率骑兵两万会刘粲于大阳，败晋监军裴邈于渑池，长驱直入攻打洛阳。

石勒等与司马越战于西明门，不胜，本着打不动就走的策略，群胡出关继续扫荡：刘粲出轘辕关劫掠略梁、陈、汝、颍；石勒出成皋关攻陈留太守王谢于仓垣；王弥以两万人会合石勒攻陈郡、颍川，又转战徐州、兖州。

中原大地的秩序全乱了，匈奴汉的匪帮走到哪里就抢到哪里，活不下去的当地人就只能加入这伙匪帮。

为什么土匪和流民集团如此适应这个时代，朝廷中央政权却在天下大乱后通常束手无策呢？因为两者的操作系统不同。

中央政权是从上向下汲取资源，汇总后再分配；土匪和流民军则没有层层官僚系统这个赚差价的中间商。

每逢天下大乱，底层人民率先活不下去，国家的税收源头通常第一个崩掉。中央从上往下抓不到资源了，可利用的就只有追责系统了。

在天下大乱初期，处于庙堂之高的官僚集团还不能准确地感受到处于江湖之远的底层人民的生活已经恶化到了什么局面，所以并不会对国家调控产生变化。官僚集团的反应是极其迟钝的，只知道考量基层官员的任务完成情况。

这个时候，基层的官僚通常有两条路：

1. 要么继续涸泽而渔，去完成税收或平叛任务，从而逼反更多的人。

2. 要么直接从贼。

此时基层的官僚是打不过流民和土匪的，因为他们手里的权力有限。出于稳定性的考虑，中央需要制衡地方，注定会集中权力以分割基层的权力。这也就意味着当地方官面对着被天灾人祸逼得活不下去的大规模流民队伍时，既没有资源也没有能力去进行分化和平叛。等到一个个基层官僚被流民军滚雪球般地推倒后，中央虽反应过来但已经晚了。

王朝崩塌的本质，是庞大的中央帝国根本无法从百年承平的操作系统突然转型为天下大乱的操作系统。

两汉之所以能够在天下大乱后没几年就诞生头部玩家并恢复秩序，本质上是藏武于地方以及天降大神。当然最后的红利也都让刘秀和曹操两位大神收割了。

西晋则什么都没有了：兵都被自家人打没了；王衍领衔的官僚系统又无法筛选出救世的大神。晋帝国被这无药可救的癌细胞折腾的，就剩一口气了。

在石勒、土㐨两人不断祸乱中原后，洛阳城中的饥饿现象也越来越严重，因为中原和河北的粮食不会再运过来了。

司马越不断遣使征召天下官员前来勤王。皇帝司马炽对使者说："替我告诉各地的将军们，现在还有救，再犹豫就看不见我了。"

话说得好悲凉，现实则更悲凉，各地将军基本没搭理他的，仅征南将军山简（驻襄阳）和荆州刺史王澄打算引兵入援，却被自雍州流窜到南阳的四五万流民所阻拦，山简被打得只好自襄阳徙屯夏口。

各地将军自己还都一脑门子官司，哪顾得上在洛阳的皇帝。整个长江以北，再无朝廷可用之兵。

也是在这个时候，石勒见南阳又乱起来了，于是决定南下。哪里有流民，哪里就是土匪团伙的兴奋点，在那样混乱的局势下，去了就容易获得大量的兵源，最容易抢一把。除此之外，这次南下更重要的原因是石勒确实打不过北面的王浚。

石勒一度准备重返河北与王浚决战，但王浚的手下王甲率段部鲜卑万余骑败石勒的先头部队于黄河渡津之北，石勒烧船弃营去另一个渡口回重门迎了辎重，彻底不打算在河北混了。

晋末的天下兵王，是鲜卑姥爷王浚，逮谁干谁！

在河北受到高水平洗礼的石勒南下后那就是摧枯拉朽，各地土匪被石勒相继击溃，具体过程不说了，说说结果：一路滚雪球，杀到长江边。

在西晋的癌细胞已经全身扩散到"想吃点儿什么就吃点儿什么"的时候，十一月，司马越终于在洛阳坐不住了，留下了王妃裴氏、世子司马毗、心腹何伦等守洛阳，自率文武班子和最后的家底四万将士前往项城。

司马越此次逃离，实际上已经是对洛阳的放弃。因为他将所有的行政班子和名将劲卒都带走了，史载"越表以行台自随，用太尉衍为军司，朝贤素望，悉为佐吏，名将劲卒，咸入其府"。

洛阳的文武大臣只剩了个空架子，饥荒日益严重，连皇宫大殿中都是死人遍地，城内城外盗贼流民开始公然抢劫，仅剩的各府、寺、营、署，都挖掘壕堑自卫。这哪里还是天下京师，已经是退回到了原始社会。

当时的景象，基本就是丧尸片中丧尸爆发后的世界末日，彻彻底底地失去了所有希望。

时间来到了辛未年，公元 311 年。

正月，在近一年的山东保卫战中，大本营在青州的苟晞被王弥的小弟曹嶷击败，苟晞投奔高平郡。

石勒来到江汉平原后产生了要拿此地当大本营的想法，但参军都督张宾投了反对票。张宾反复对石勒说："黄河以北的冀州才是我们真正要攥在手里的根据地！"石勒没同意。

石勒为什么不想回河北了呢？

1. 远离刘聪的领导能自立门户。

2. 王浚的骑兵队实在是太厉害。

3. 江汉地区的军力对于他来讲实在是太弱太菜，他在降维打击。

但是，每个人都是有自己剧本的，不能因为怕游戏难度高就不去通关。石勒似乎想当刘表，但他的匪帮各种水土不服，军粮也跟不上，军士因瘟疫而死了大半。

石勒一看再待在这里军士就全死了，听了张宾的话，烧了辎重，轻军渡沔水袭击江夏，又抢了一通暂时活了下来。

二月，在南边活不下去的石勒开始北返，北攻新蔡，杀新蔡王司马确于南顿（今河南项城县北），朗陵公何袭、广陵公陈眕、上党太守羊综、广平太守邵肇等纷纷率众投降。

石勒又打下了司马越本来想去的许昌。只要过了淮河，石勒的人生就迅速换了天地：你自有你的剧本和用武之地，不要瞎溜达。

晋怀帝司马炽对司马越专权拿自己当傀儡的做法非常不满，尤其在司马越"抢了"洛阳离开后，留下来的何伦仍然拿他不当人，抢掠公卿，逼辱公主。司马炽下密诏给苟晞，让苟晞征讨司马越。

司马越的手下潘滔、刘望等人也挑拨他和苟晞的关系。苟晞知道后大怒，表奏索求潘滔等人的头颅，扬言道："司马越身为宰相而不公正，造成天下混乱，我难道能够不坚持正义而听任他这样做吗？"苟晞向各州传布檄文，称颂自己的功绩，列举司马越的罪状。

司马越也下达檄文公布苟晞的罪状，表示必讨此巨贼！国家已经到了这般田地，但大臣们仍然在内斗。

以内斗上路，自然以内斗结局。斗吧，斗吧，都斗死了，黄泉路上结伴才不会孤单。

三月，司马越忧愤成疾，即将走到生命的尽头，他把后事托付给了老搭档王衍。

丙子日，司马越死于项县，找他的家族报到去了。大家共同推举王衍为元帅，王衍不敢接受，辞让给襄阳王司马范（司马玮子），司马范也不敢接受。最终得出结论：秘不发丧回东海老家。

这帮无头苍蝇开始抬着司马越的灵柩送往东海郡安葬。没有一个敢担事的，最终，也将全部被压死！

洛阳的何伦等人听说司马越去世，也开始撤退，护送司马越的裴妃及长子司马毗从洛阳东归，大量的士人百姓跟随逃难。

虽然秘不发丧，但怎么可能捂得住！司马越的儿子和王妃以及洛阳的士人和百姓都开始大规模撤退了，还能蒙得了谁！

311年四月，石勒率轻骑追上了司马越的送葬队，于宁平城（今河南鹿邑县西南）大败无主的西晋正规军的最后一支力量。这股无主扛事、无人担责的晋军就不要再谈什么战斗力了。

石勒仅仅是决堤者，派骑兵队围而射之，夺命的大水是晋军自己。在自相踩踏中，晋王朝最后的精锐全军覆没。[①] 整个晋朝的骨干被一网打尽，包括太尉王衍和那群司马们。

以王衍为首的包括襄阳王司马范、任城王司马济、西河王司马喜、

---

① 《资治通鉴·晋纪九》：将士十余万人，相践如山，无一人得免者。

梁王司马禧、齐王司马超、吏部尚书刘望、豫州刺史刘乔、太傅长史庾颙等被石勒叫过来，问："晋朝是怎么亡的呀？"

王衍率先发言："计策不是我定的，我从小就没有当官从政的愿望，石勒大人您要抓紧称帝呀。"

石勒说："你年纪轻轻就身居高位名满天下，怎么能说从小就没有从政的欲望呢？把天下搞砸了的不是你又是谁呢？"

王衍被架出去后，基本上所有人都在说晋朝灭亡和自己无关、求饶命，只有襄阳王司马范表情严峻，对众人喝道："怎么那么多废话！"

石勒回头对孔苌说："我在天下行走的地方多了，从未见过这样的大臣，该怎么处理他们呢？"没错，石勒这辈子都在底层摸爬滚打，哪里见过这么高级的人渣！

孔苌说："他们都是晋朝的王公大臣，肯定不会为我们所用。"随后这帮人被拉出去要全部弄死。到王衍的时候，他到底是西晋清谈总冠军，享受的待遇不一样。

石勒说："王衍太能扯了，那个司马范倒是有点儿骨气，不要用刀杀了他们俩。"当夜，派人推倒墙把他俩给压死了。①颇有浪漫主义的色彩。

石勒随后对司马越开棺焚尸，继续做杀人诛心的老动作，怒吼道："搞乱天下的就是他，我为天下人报仇，烧他的尸体通告天地！"把司马越挫骨扬灰后，石勒又去堵跟随司马越世子的那支洛阳逃难队伍了。

逃难队伍的动静那么大，石勒怎么会堵不到！在洧仓，石勒把司马越的长子以及宗室四十八个亲王等全部弄死，司马越的媳妇在大乱中被拐卖了。②

---

① 《晋书·石勒载记》：勒重衍清辨，奇范神气，不能加之兵刃。夜使人排墙填杀之。

② 《资治通鉴·晋纪九》：何伦等至洧仓，遇勒，战败，东海世子及宗室四十八王皆没于勒……裴妃为人所掠。

至此，洛阳城中除了还有根正苗红的晋怀帝司马炽之外，晋王室几乎全部覆灭。

早在司马越出走后，苟晞就建议司马炽迁都仓垣了，他曾派从事中郎刘会带领几十艘船、五百禁卫兵、一千斛谷子去接司马炽。

但是，当时仍在洛阳的公卿大臣们犹豫不决，贪恋家资财产舍不得走，最终没有成行。不久洛阳城的秩序彻底崩塌，饥困到了人吃人的地步，司马越死后又出现了集体大流亡，百官流亡者十之八九。

晋怀帝司马炽再想跑时，发现连护卫队和车辇都凑不齐了。司马炽派傅袛出城到河阴县置办逃跑用的船只，朝廷官员仅有几十人充当前导和随从，司马炽步行走出西掖门，到了铜驼街就走不了了。因为有强盗拦路过不去，司马炽一行人只好回宫。

石勒消灭晋军的最后一支力量后，刘聪派前军大将军呼延晏率领两万七千兵士再攻洛阳，刘曜、王弥、石勒都带兵开始往洛阳赶，要参加这最后的"端门盛宴"。

五月二十七，呼延晏到达洛阳城下。五月三十，克平昌门，烧东阳门以及各府寺。六月初一，呼延晏因为外面援军还没有到，大抢一通后退出了平昌门，顺便烧了司马炽准备逃跑用的船只。

六月初五，王弥到达宣阳门。

六月初六，刘曜到达西明门。

六月十一，王弥、呼延晏攻克宣阳门，司马炽被抓，囚于端门。

匪帮入南宫，登上太极前殿，开始烧杀抢掠，所有的宫女、珍宝、财物都被抢光。

六月十二，刘曜杀晋太子司马诠、吴孝王司马晏、右仆射曹馥、尚书间丘冲、河南尹刘默等人，杀士人百姓三万余人。刘曜又遍挖诸陵，把司马家的宗庙社稷和官府全部焚烧，抢走了惠帝的羊皇后，把司马炽以及皇帝专用的六方玉玺都送往了平阳。

守蒲坂的司马模的牙门将赵染因为没有当上冯翊太守，于是率众降匈奴汉，刘聪以赵染为平西将军，派他与安西将军刘雅率骑兵二万攻司马模于长安，刘粲、刘曜率大军继之。

赵染败司马模兵于潼关，长驱直入，凉州将北宫纯自长安率其众降匈奴汉。匈奴汉兵围长安，司马模遣淳于定出战而败。司马模府库空、士卒散后投降，九月被杀。

刘聪以刘曜为车骑大将军、雍州牧，更封中山王，镇长安。

此时的关中大地，史载："关西饥馑，白骨蔽野，士民存者百无一二。"

庙堂无德，祸害天下！华夏百姓跟着司马家遭受了无边的摧残，有法律文件和印章的西晋，灭亡了。

公元 249 年，司马家发动高平陵之变，开始了整个家族的腾飞，司马懿指洛水发誓善待曹爽。

公元 254 年，司马师铁腕屠杀李丰、夏侯玄一党，废魏帝曹芳。

公元 260 年，司马昭光天化日之下弑君。

公元 265 年，司马炎篡魏。

司马家族完成了中国历史上非常罕见的，在一个相当健康的国家政权下谋国的神奇壮举。随着这个壮举的完成，司马家也一步步地种下了太多可怕至极的孽因。

司马懿指洛水发誓放空炮。司马师心狠手辣铲异己。司马昭路人皆知杀皇帝。司马炎兄弟明争暗斗埋祸根。八王之乱，子孙败家兄弟阋墙。

仅仅六十三年啊！三代四人谋国的司马家，便灰飞烟灭了。历史的权柄，转到了千里之外的江东，东晋开启了门阀政治并继续了百年的苟延残喘。

非常有意思的是，开启东晋的琅邪王司马睿，身世相当存疑。

史书中记载：司马懿时代，有本大名鼎鼎的谶书叫《玄石图》，上面记有"牛继马后"的预言，司马懿随后开始关注有威胁的姓牛的人，并最终毒死了手下大将牛金。

时光荏苒，岁月穿梭，司马懿三子司马伷之子司马觐袭封琅邪王后，其妻夏侯氏（多巧啊，曹家本家）和府上一个牛姓小吏通奸，生下的孩子就是司马睿。①

比较有意思的是，这件丑事不仅仅记载于晋书，《魏书》和宋朝的《鹤林玉露》《容斋随笔》《宾退录》等书也有相关描述。

《魏书》成于南北朝，《晋书》成于唐，再加上宋朝人的文献记载，基本上代表着后世的态度：愿意相信司马家在西晋一朝的统治后，就彻底断根儿了。

虽说史书服务于政治，会有诋毁前朝的倾向，但官方史书中对于开国之君血缘的诋毁能够达到东晋这样的，古往今来，司马家算是独一份了。

史书中之所以敢如此无压力地落笔，更多的是考虑到了不会被后人指摘和追责。因为这片土地的所有子孙都会认同：作为司马家机关算尽的结果，确实应该有这样的一个"牛继马后"结尾来进行升华。

是不是事实，已不重要。最关键的是，后世的人们愿意相信它是真的。

因为，公道自在人心！

此时此刻，中原大地盗贼纵横，满目疮痍，白骨露于野，千里无鸡鸣。

白茫茫大地真干净！

---

① 《晋书·元帝纪》：初，玄石图有"牛继马后"，故宣帝深忌牛氏，遂为二榼，共一口，以贮酒焉，帝先饮佳者，而以毒酒鸩其将牛金。而恭王妃夏侯氏竟通小吏牛氏而生元帝，亦有符云。

第 **5** 战

石勒霸北：团结诸少数民族的密码

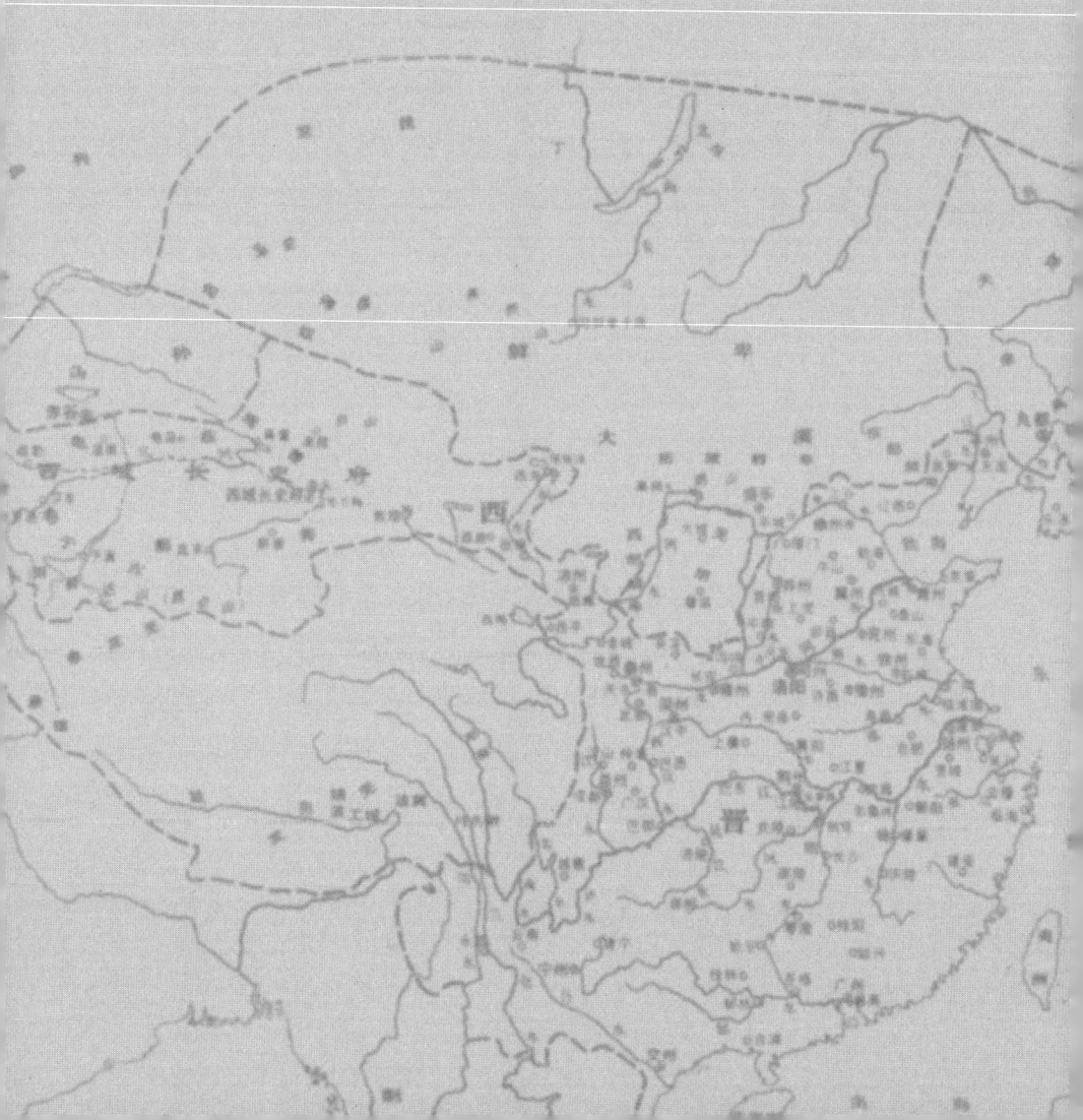

一、改变 4 世纪历史走向的三个月大雨

公元 311 年六月，永嘉之乱，洛阳又一次成为人间地狱。

听往昔，迎来笑声，羡煞许多人；那史册，温柔不肯，下笔都太狠。这汉魏洛阳城啊，这斑驳的城门啊……

永嘉之乱后，西晋的国祚事实上已经尽了。

晋怀帝司马炽连带着传国玉玺等所有"天命"的材料文件和印章认证被打包送到了平阳的刘聪那里。

司马炽和刘聪是老相识。刘聪在迎新晚会上问司马炽："你当年为豫章王时，我曾经和太原王济去你那里串门，你给我看了你的创作，还让我给你写了一首《盛德颂》，然后咱们还搞了射箭比赛，我得十二筹，你和王济都是九筹，你输了后赠我柘弓和银研，这些往事你还记得吗？"

当时的司马炽是个路人甲级别的顺位皇子，太原王济居然都带刘聪串门串到他那里了。这洛阳城，还有什么人是刘聪不认识的？还有什么地方是刘聪没去过的？

无论西晋还是东晋，很神奇的是，太原王氏都是司马家覆灭前期的隐藏开关。

司马炽道："我哪里敢忘啊，只是很遗憾我没早早看出来您是真龙天子啊！"

刘聪问："你家骨肉相残，怎么打成了那个德性呀？"

司马炽自洛阳被打包快递到平阳的路上估计就想好了怎么回答刘聪的问题，因此他说得相当有水平："这是上天的旨意，您家将受命于天，所以我家自己抓紧互杀给您腾地方，况且要是我家能继续武帝当年的事业，家族和睦，您怎么能得到天下呢？"既表达了自己已经怂的认输态度，又表达了不卑不亢的尊严。

但不管怎么低调，怎么会来事，怎么找遮羞布，亡国之君的性命永远在人家的一念之间。两年后，司马炽在宴会上完美地扮演了斟酒的酒仆角色，却因为晋旧大臣痛哭，不久他就被刘聪毒死了。

312年，安定太守贾疋迎立司马邺（司马炎孙，司马晏子，司马炽侄）为太子，听说司马炽死后，司马邺即位为帝，后来在关中又苟延残喘地撑了几年，在316年被刘曜推平。

司马邺的死法跟司马炽差不多，在完美地完成了斟酒、洗酒杯、伺候刘聪更衣等一整套专业服务后，又被刘聪听见晋臣的哭声，然后就被弄死了。

这世间最变态的享受，是凌辱曾经远比自己强的失败者。尊严、欲望、亢奋等情绪都将在这巨大的落差中将人的志得意满烘托至巅峰。

这个诱惑极难抵御，但如果能克制，还是别这么做。人厚则多福，你已经赢了，就可以了。物不可极，刚则易折，你知道你的身后事是怎样的吗？

至此，西晋的官方政权在整个中国北方算是彻底连灰都没了，国运流转到了淮河以南，后面就是东晋的事了。

316年，整个淮河以北，唯一还承认"晋"这个统序的，只剩下凉州的张家、并州北部孤岛般坚持的刘琨，以及后面加入的段氏一部。

（此时王浚已被灭。）

总体来说，无规则、无统序、无样本的三无大乱世彻底到来了。汉民族在摸索了上千年之后的一整套统治手段，在仅仅十多年间被彻底轰塌了。

淮河以北权力出现真空，淮河以南门阀出头。无论是北方的"五胡"还是南方的"东晋"，都迎来了前所未有的新局面。

双方都在崩塌的秩序中寻找新的重建方法。

这一南一北的重组权力结构，成为后面三百年真正意义上的历史主线。这一战，主要讲西晋被轰塌后北方的第一轮权力结构的试错重组。

匈奴人拔得了头筹，却最终成了第一轮试错的失败样本。历史上第一位胡人统一中国北方的功业，被一个小部落的天纵英才完成了。虽然是短暂的，但他流星般横空出世后的短暂统一仍然给后来者提供了一次深刻的思考样本。

我们来看一下石勒是如何成为这个时代的"曹操"，一步步统一中国北方的。

311 年，各方人马攻下洛阳后，石勒作为小股东将功劳归给王弥、刘曜后，没有再回自己风生水起的河北，而是去了许昌。

因为这里的剧本难度明显要比河北低很多。在这里，他要解决一个老对手：苟晞。

苟晞在洛阳被攻破、怀帝司马炽被俘后，作为中原唯一还算成建制的官方力量，立了逃出洛阳的司马端为皇太子，司马端又空口白牙地命苟晞为太子太傅、都督中外诸军、录尚书事。

本来是国破家亡的悲凉事，但这种嘴炮性质的互嗨却让出身寒微的苟晞丧失了进取心，并犯了很多人突居高位后的毛病：开始不知道自己姓什么了，蓄养婢女千人、侍妾数十，苛政严罚，纵欲享乐。

很遗憾，这不是歌舞升平的二十年前，可以如石崇斗富般地享受人生。这里是乱世的中心，中原已经杀伐十多年了，所有的生灵都朝不保夕，最大的梦想是有一口饱饭和短暂的安全。

在这乱世之中，深处危险旋涡中心的苟晞犯了富贵病，让身边的人也开始寒心，并最终选择放弃了他，他的部将温畿和傅宣叛离了。

石勒是不会放过这个机会的，袭击了苟晞所驻扎的蒙城，一举拿下了腐化堕落的苟晞。苟晞在被捕后被石勒安排为左司马，一个多月后，苟晞图谋反叛，被石勒所杀。

曾经是让司马越脑袋疼的盟友，曾经是西晋最靠谱的中原守卫力量，被河北悍匪石勒轻松敲掉了。

败在哪里了呢？

从苟晞最后的这段时间来看，并非司马越死后他一家独大的兴奋，更多的是对看不到尽头的乱世的疲惫倦怠。

说到底，他的韧性用光了。

乱世中，你坚持到底尚且命途多舛，更不要说你内心已经放弃了。

苟晞被敲掉后，中原此时有了两大势力：石勒和王弥。刘渊死了一年，这两个人的心思都开始活泛起来。

王弥这些年是本着拿匈奴人当爹的热情去毁灭自己的祖国。在打下洛阳后，王弥对刘曜说："洛阳天下之中，山河四险之固，城池宫室都是现成的，可以把都城从平阳迁到此处。"

刘曜因为王弥不等自己就率先打进洛阳而心存愤怒，听王弥这么说，刘曜直接不搭理他，烧了洛阳而去。

王弥受到了巨大的侮辱，怒道："这帮屠各傻老帽知道什么帝王事业！"[1] 王弥带队伍东屯项关（河南周口南顿镇），回到了中原。

---

① 《晋书·王弥传》：弥怒曰："屠各子，岂有帝王之意乎！汝奈天下何！"

由于石勒在灭西晋后没有回到黄河以北,这也就导致了他和王弥的生存空间受到严重挤压。两个匪帮出现在一个区域里,最终的结果只能是火并。

史载最早有想法的,是王弥。

王弥的手下刘暾劝王弥调回收割青州老家的曹嶷部来干掉石勒。王弥很认同,写信让刘暾去调曹嶷,然后还以友军的名义邀请石勒一起去青州发财。

王弥打算在老家青州会合小弟曹嶷玩一把火并石勒,但是令王弥比较郁闷的是,曹嶷还没调回来,手下的徐邈、高梁就率部曲数千人先回山东老家了。更悲催的是,王弥的"预谋电报"被石勒破译了。

刘暾到东阿时,被石勒派出四处巡查的骑兵抓获了,并搜出了王弥写的那封信。石勒秘密杀掉刘暾,决定向王弥下手。[1]

王弥还在演戏,对石勒说:"石大侠,您抓住了苟晞,太厉害了,他当您的左司马,我要是当您的右司马,咱不就能平蹚天下了吗!"

石勒的谋主张宾说:"王弥有雄踞青州之心,衣锦还乡雄踞老家此乃人情,您难道没有雄霸并州老家的欲望吗?他之所以迟迟没回山东,不过是怕咱们追击他而已。他已经准备暗算咱们了,只不过实力还不允许,如果咱们不先下手为强,等他小弟曹嶷带着山东帮前来,咱们就不好办了,现在正好趁着徐邈带走了他的一部分兵力,是他的军力最弱的时候,咱们诱而歼灭之。"

石勒正与乞活军(当年随司马腾东下冀州的并州流民武装)的陈午相攻于蓬关(今河南开封南),王弥亦与刘瑞相持甚急,王弥求救于石勒,石勒没搭理他。

---

[1] 《晋书·石勒载记》:先是,王弥纳刘暾之说,将先诛勒,东王青州,使暾征其将曹嶷于齐。勒游骑获暾,得弥所与嶷书,勒杀之,密有图弥之计矣。

这个时候，张宾又说："您常常担心没有杀王弥的机会，但现在上天赐给我们一个大好的机会。陈午不算什么，王弥才是人中豪杰，咱应该去除掉王弥！"

石勒在张宾的安排下扔下了陈午突然回军袭击，杀了没有防备的刘瑞。王弥大悦，认为自己给石勒戴高帽子这事成了，石勒已经落入自己的陷阱中。

石勒解围王弥后回军再战陈午，陈午对石勒服软了："好男儿志在四海，您应该去消灭跟您争夺天下的人，跟我们这帮要饭的较什么劲啊。"

石勒与乞活军和解、撤军，开始专心收拾王弥，于已吾县摆饭局请王弥前来赴宴。

王弥很高兴，认为自己服软认石勒当老大的计策奏效了，于是欣然前往。长史张嵩劝王弥不要去赴宴，王弥没听。

道上混的，最讲义气，人家帮你解围你怎么好意思连饭都不吃呢？更何况王弥还有大棋要下，他的剧本里还有回请石勒顺便置其于死地的戏呢！

结果王弥在酒局上喝得正高兴时被石勒亲手砍死，随后石勒兼并了王弥的队伍。杀王弥不难，难的是石勒杀完人后又兼并了他的队伍，这种个人英雄主义的魅力和对群盗的震慑力，纯属天赋。

至此，整个关东的最大匪帮诞生了，就是石勒的队伍。

石勒上报刘聪说王弥谋反，"将在外不受君命"，刘聪基本上沿袭了老爹刘渊对石勒的态度：中原河北你随便，反正现在我手也伸不过去。于是任命了石勒一大串的头衔：镇东大将军，都督并、幽二州诸军事，领并州刺史，持节、征讨都督、校尉、开府、幽州牧、公如故。

又一次壮大了的石勒发现队伍越大责任也越大，兄弟们的吃喝拉撒需要他去解决，于是石勒派手下去攻掠豫州诸郡，就像蝗虫过境般地扫荡到了长江边上,不听话的就连根拔起,肯交租愿意配合自己的,就如同当年的河北政策一样直接发委任状。①

总之,石勒此时的目标变成了养活这支队伍。

时间来到312年,没有诗和远方后,石勒又开始无头苍蝇般地乱撞了,他来到淮河边了。

石勒吃干净豫州后驻扎在葛陂(今河南新蔡县西北),制造船只,准备打过长江去江东讨生活。②

在这个时候,石勒收到了刘琨的示好。当年司马腾劫掠并州,率乞活军东进冀州时,石勒与其母走失,后来石勒的母亲到了刘琨的手上。

千里送石勒的母亲,刘琨以此进行示好,并写信分析了石勒打遍中国东部无敌手,但仍然没有根据地的原因。

刘琨说:"老石你这么能打却没家业是因为你的军队不是义兵,现在你应该幡然悔悟、悬崖勒马,我授你侍中、持节、车骑大将军、领护匈奴中郎将、襄城郡公,总内外之任,兼华戎之号,咱们干一番事业吧!"

石勒一边安顿好老娘,一边很不客气地道:"各有各的腾飞之路,不是腐儒所能理解的,你快好好给你的朝廷尽忠吧,我是异族,跟你共不了事。"随后石勒送给刘琨名马、珍宝作为回报,打发走了刘琨的使者。

这次刘琨送石勒之母,在历史上是具有里程碑意义的。

首先石勒彻底表明了晋夷不两立的态度。更重要的是,刘琨的快

---

① 《晋书·石勒载记》:以将军左伏肃为前锋都尉,攻掠豫州诸郡,临江而还,屯于葛陂,降诸夷楚,署将军二千石以下,税其义谷,以供军士。

② 《晋书·石勒载记》:勒于葛陂缮室宇,课农造舟,将寇建邺。

递包裹中，除了石勒的老娘外，还送来了石勒的一个侄子——石虎。这位"赠品"，后来成为华夏大地"五胡时代"的最大梦魇。

石勒送别刘琨的使者后继续造船，准备南下，没办法，整个中原已经让他们这伙蝗虫来来回回地啃秃了，如今队伍又壮大了，兄弟们要吃饭，只能往还没啃过的淮南和江南去。

结果，石勒又等来了他的剧本。

下了三月有余的大雨。

这三个多月的大雨，某种意义上，既是逼着石勒去完成他的剧本，也是上苍开始垂怜中原民族。因为在这三个多月的时间里，江东的"王与马"开始派所有能打的江南兵和淮南兵（兵源要分开说，下一战会讲原因）汇集到寿春准备迎战。石勒的军中则爆发了饥荒和瘟疫，死亡超过半数。[①]

进退维谷之际，石勒聚集诸将商议对策。

右长史刁膺劝石勒假意投降，请求替东晋扫平黄河以北地区，骗东晋退军。石勒听完不爽，不由得长啸！

中坚将军夔安则劝石勒撤到高处躲避积水。石勒说："你就这么怂吗？"

孔苌、支雄等三十余将则进言："趁晋军还未聚集，我们每人率三百敢死队乘船三十余艘夜登寿春城，火速夺城吃他们的仓米，缓解眼下窘境，今年必定破丹阳，定江南，全歼了司马家。"这是石勒比较欣赏的勇猛的计策。

从这次的参谋会上，基本上可以看出来石勒此时的领导水平相当一般。

---

① 《晋书·石勒载记》：会霖雨历三月不止，元帝使诸将率江南之众大集寿春，勒军中饥疫死者太半。

哪有每件事人家刚说完他就表态的呢？上司最忌讳的就是让人家摸到他的想法！只要摸到了，就不愁人家不会定制般地把他想听的话像灌迷魂汤般地说给他听。这还有什么意义呢？

所谓"兼听则明"，上司最起码得听到多种选择，才能谈得上"兼听"。

上司开会其实就一个宗旨：把你的脸绷住了，把你的嘴闭紧了，别让人看出你的好恶，让所有人把思路和想法原原本本地都说出来，你再进行参考。

上司开会时其实就几句关键话术："我在听，你继续说""还有吗""我知道了，我会仔细考虑的"……让所有人把想法说出来。

石勒这些年估计没开过什么优质的参谋会，全是跟着他自己的感觉走，当然他确实是天纵英才。

但是，人要顺势而为，而不是顶着麻烦上。天不得时，日月无光；地不得时，草木不长；水不得时，风浪不至；人不得时，利运不通。

这三个多月的大雨要是都浇不明白石勒，那就没什么可再说的了。

石勒在拍板后，又问了一个人，他的谋主张宾。按常理讲，石勒此时已经拍板，不该再有不同意见了。但石勒版《隆中对》，决定他一生命运的建议在不怕死的张宾口中给端出来了。

张宾说："您攻陷帝都，囚禁天子，杀害王侯，抢掠他人妃子、公主，即使是拔下您的头发也难数您的罪过，怎么能再跟司马家言和？第一个建议不靠谱！

"咱们去年诛杀王弥后就不应该在这里建大营。天降久雨在此数百里之中，是老天在示意您该走啦，不能再在这里耗下去啦！无论是登高避水还是渡江战役，都不靠谱，有违天意！咱们的方向，是一路向北，回到我们梦开始的地方！

"邺城有金凤、铜雀、冰井三台之固，西连平阳，四塞山河，有喉结之势，咱们应该回河北根据地，黄河以北平定以后，天下就是咱们的了。

"晋朝现在固守寿春，是害怕将军打过来，咱们撤军晋朝高兴还来不及呢，不会袭击咱们的。辎重先撤，大军殿后徐徐退回，不必担心。"

石勒开始深入思考一系列问题："怎么他一南下就没完没了地有大疫、下大雨呢？王浚的北方突骑真的有那么可怕吗？"

当年在茌平，那位给他看相的老者说："君鱼龙发际上四道已成，当贵为人主。甲戌之岁，王彭祖可图。"

算来"甲戌之岁"，还有两年就到了……

二、为什么这个时代的剧本和秦汉帝国比起来少了那么多滋味呢?

进入 4 世纪后,在十多年的"八王之乱"和"永嘉之乱"后,动荡的中原大地开始进入寂静的坞堡时代。不再有村落,取而代之的是一个个带有宗族性质的坞堡组织。

坞堡组织往往有同宗族或者近宗族的大量人口占据险要,或者在自我打造的坞堡进行自守,里面的人组成了自给自足、自我捍卫的生产军事性组织。领头者往往是当地的地头蛇士族或豪族集团。

时光似乎又来到了两汉末年的豪族自卫模式。但这一次,和前面两次又不太一样。

前面两次,官方的武装力量仍然有着一锤定音的效果。上谷、渔阳突骑在刘秀的河北"惊魂记"中扮演着极其重要的角色;黄巾起义声势如此浩大,各州郡兵剿灭叛乱也仅仅是几个月的时间;十几路士族集团下到州郡后能迅速收兵前去讨伐董卓;区区一个广陵郡,臧洪给张超盘算家底时账本上就能调来两万郡兵。

这一次,皇权政治结构与地方官府力量全部坍塌了,与此同时,前所未见的海量少数民族涌入了中原。

这也就导致了这个时代不会像两汉末年那样，士族集团会站队投票选择自己的命运，因为他们不知道把票投给谁。

传国玉玺都到了少数民族手里，刘秀、曹操这种级别的大神也迟迟不出现，取而代之的是王弥、石勒这样走到哪里就祸害到哪里的人。

各地方的士族集团面临前所未有的抉择问题：走，还是留？

留，是否能够继续在这前所未有的乱世中靠着坞堡和宗族延续自己的血脉？走，自己家族在地方上百余年的豪族统治就将终结，而且路在何方呢？

面对莫测的前途，以黄河为界的南北士人做出了截然不同的抉择。

1. 黄河以南的中原地区，大批量的士族开始投奔江东的司马睿政权。

有两个原因：

一是中原所在之处基本无险可守，这些年又被战乱和王弥等人祸害烂了，不具备自保的可能性。

二是因为八王之乱的胜利者司马越集团所聚集的士族名士基本上都是黄河以南的人，司马越的统治核心也在兖、豫、徐三州，江东的"王与马"与司马越有着巨大的渊源，这些士族过江后是能够凭借自己人的身份在江南占有一席之地的。

2. 黄河以北的普通士族，投奔了三个方向：凉州张家、太原刘琨、幽州王浚。

最终除了西北张家之外，两个北方大腕儿都没有留住人。晋阳和蓟城，都是有名的用武之地，却留不住人才和户口，这相当悲哀。

刘琨在永嘉之乱、两京覆灭后迎来了大量的人口进账，但每天来几千，又走几千，因为刘琨不知道怎样进行人才栽培与养育，还过着奢靡的生活，纵情声色，人们在这里看不到希望。

王浚也好不到哪里去，不知抚慰人心，赏罚不立，来多少人，就走多少人。①

比较讽刺的是，大量的衣冠人士扔下了这两位晋朝大佬，跑到了东北苦寒之地，去帮助另一个少数民族腾飞去了。②

经过苦难与挣扎后活下来的士族集团，眼光往往极其毒辣。他们通过短时间的观察，就知道眼前的这个政体能不能在乱世中活下来。因为他们见识过覆灭，亲历了崩溃，他们知道大厦将倾前的样子是怎样的。

他们来到了刘琨、王浚这貌似灯塔的希望之处，综合判断后，觉得希望破灭了，再度开始寻找未来。历史不是没给刘琨和王浚机会，只不过他们真的不是那块料啊。

3. 离开故土的士族有很多，同样也有大量的士族集团坚决选择留下来。

选择留下来的基本上都是当地的强宗大族，例如清河崔氏、范阳卢氏、博陵崔氏，甚至与司马睿关系甚深的河东裴氏。

这些留下的强宗大族，后来都历经了三百年的"五胡"和北朝时代，他们在超级乱世中维持着比较保守的门风，放弃了所谓时髦的玄学，重新抓起了两汉起家时的儒学，开始"返古"一般地朝东汉世家转型。

他们聚族而居，等级森严，传承家学，安土重迁，推出家族优秀人才尝试着融入胡人政权以保存自己的家族。

在两晋时代，我们基本上看不见北方的强宗大族有什么青史留名的大动作，和南边弄潮的琅邪王氏、颍川庾氏、龙亢桓氏完全就是两种

---

① 《资治通鉴·晋纪十》：初，中国士民避乱者，多北依王浚，浚不能存抚，又政法不立，士民往往复去之。

② 《资治通鉴·晋纪十》：唯慕容廆政事修明，爱重人物，故士民多归之。

曝光度，但北方大家族历经数百年不离根本之地，在大浪淘沙后家族基础也越来越巩固，从南北朝时期开始，逐渐登上历史舞台，分量越来越重，并于盛唐时期再登社会巅峰。

综上所述，自八王之乱开始，这十多年的大乱产生了如下的现状：

1. 人口大量锐减，无论是良民还是流民，这是一个大批量死人不叫事的年代。（类两汉末。）

2. 大量的幸存人口被逼到或被吸纳到了坞堡自卫体中，坞堡替代"县"，成为各地基层的唯一存在。（类两汉末。）

3. 由于司马家族的自我毁灭和石勒、王弥没完没了的扫荡，导致这个时代已经不再有被各地坞堡组织投票的汉族政治体，这也使得各坞堡之间无法整合为共同体，而是如沙漠中的绿洲那样独自存在。（这个时代不同于之前时代的最大区别。）

此时华夏大地上的坞堡组织，某种意义上更像是西域沙漠中的一个个绿洲小国。

也因此，石勒这种粗糙的流寇打法，幸运地在他出道近十年后居然还能够肆虐中原。

之所以说他幸运，是因为只要有一个政治体，哪怕是地方的，能调动组织起当地一种足够大的社会力量走向正循环，所有流寇性质的团伙都不会活得长久。因为流寇团伙无组织纪律，无持续的粮饷来源，无靠谱的人才供给。

石勒可以多年纵横中原，其实是沾了这个特殊时代的光。换到两汉末年，他就是赤眉和黄巾的首领。

张宾帮他指出要去河北兴建根据地，算是为无头苍蝇般乱撞的石勒指明了方向。

这个建议的含金量，类似于当年邓禹劝刘秀（拿下河北河内）和荀彧点曹操（坚定夺回兖州）。你只有完成了从流寇转为地方政权的过程，才有可能成为乱世的最后胜出者。

中原被夹在淮河与黄河中间，不仅属于四战之地，而且大量人口要么死亡要么南逃，这里绝对不是一个合格的根据地选项。

相反，河北地区不仅背靠太行，沃野千里，而且它因战乱而被破坏的程度也远较中原地区小得多。

攻打北方虽然难度高，但却是石勒未来能够可持续发展的最优解！石勒需要找北方那个最强私生子死磕，而不是打一枪换一个地方，无规则乱撞！

更重要的一个利好消息也传来了：王浚的女婿，段部鲜卑的老大段务勿尘在永嘉之乱的当年（311）死了。

随着时间的推移，局势开始起变化。

石勒率军从葛陂开始北返，派刚刚被刘琨送回来的侄子石虎率两千骑兵佯装攻打寿春，为自己主力北返放烟雾弹。

结果石虎碰到了东晋使计，数十艘货船一到，石虎的两千骑兵眼都绿了，争相抢夺，东晋伏兵大出，石虎军大败，死了五百多人，逃奔百余里，回到石勒军中。石勒匆忙列阵待敌，但如张宾所说，晋兵并没有追来。

石勒开始一路北返，所经过的地方都坚壁清野，坞堡纷纷将自己掩藏起来，整个中原大地变成了无人区。

石勒匪帮沿途无法通过抢劫得到给养，最后只好大规模地互杀而食。

军队艰难来到黄河边，听说汲郡的坞堡首领向冰有兵数千，在枋头（今河南浚县西南枋城村）坚守，石勒打算在棘津（黄河古渡，河南延津东北）北渡，但担心遭到向冰截击，于是召集众将商议。

张宾说："听说向冰的船都在河中，并没有停进枋内，可挑选精兵千人，偷渡袭击向冰的船，先下手为强。"

向冰听说石勒大军已到，想把船拖入枋内避敌，但石勒已经派支雄、孔苌等从文石津偷渡并成功抢下了三十余艘船运送大军渡过了黄河。之后，石勒设了三道伏兵，并派主簿鲜于丰挑战向冰。

向冰没沉住气，出战后被石勒三道伏兵击败，石勒匪帮靠着向冰的给养艰难缓过了生死攸关的那口气。石勒终于回到了河北。

一过黄河，石勒的运势瞬间就不一样了。

石勒军长驱邺城，攻北中郎将刘演（刘琨侄子），得到刘演部将临深、牟穆等人归降的数万部众。

在大好形势下，诸将打算趁机攻取邺城。张宾再次进言道："刘演的兵众还有数千，三台（金凤台、铜雀台、冰井台）险固，短期内拿不下邺城，咱们离去，他们自然瓦解。

"王浚和刘琨才是大敌，应该趁他们还没有防备的时候，迅速占领一个根据地，随后广运粮草加以储备，西靠平阳，扫灭并冀。

"现在天下鼎沸，战争方始，人无定志，除了土地之外，什么都是不靠谱的，得地者昌，失地者亡，邯郸、襄国是赵国旧都，依山凭险，形胜之国，可从这两座城池中选一个做都城，然后命大将四出，收服坞堡，这是咱们眼下最该干的事。"

石勒说："您说得是。"于是进据襄国为都。

什么叫知识改变命运呢？张宾就是。

张宾是赵郡南和（今河北邢台南和区）人，离定都的襄国（今邢台襄都区）不远。

这些知识分子啊，你最好期盼着他们的利益点是不违大局的。

张宾提醒石勒："要迅速做准备，我们现在城池未固，储备未丰，王俊和刘琨恐怕很快就会杀来，听说广平诸县秋天的农作物已熟，可分派诸将迅速收掠野谷，再派使者到平阳，跟刘聪说回到河北的意图。"

石勒于是向刘聪上表，并分遣诸将攻击冀州各坞堡。石勒毕竟是在河北混出来的，与很多坞堡都有过合作经历，各坞堡主一看是石勒回来了，普遍表示了合作态度，纷纷给石勒进贡粮草。①

有军队（河北并州诸胡 + 汉人流民）。

有文官群体（张宾为首的君子营）。

有财政收入（河北坞堡集团的定期供养）。

看上去非常粗糙简陋，但却有点儿正规的政权模式了，这已经是这个时代的政治结构天花板了。

没有百姓被统治了，不会再有所谓的州郡和民众，不会再有地主和雇农，取而代之的是一个个孤岛般的坞堡组织。

各地坞堡主，就是石勒能把手伸到的最后一层了。坞堡主挺他，就有人有粮；坞堡主叛他，就断奶断供。这也就意味着，石勒军团的未来成败，将很大程度上取决于河北的坞堡组织提供物质，以及散落在并、冀两州"杂胡"的兵源加入。

但是，这样的抗风险能力相当低。因为非常不稳定，只要石勒吃了败仗不再是当地老大，各坞堡组织非常容易地就会把石勒抛弃。

作为这个时代的"曹操"，石勒其实和真正的曹操差得不是一星半点。

差在哪里了呢？差在这个时代的人才素质环节。

举个例子，一百年前曹操去攻打徐州的时候，张邈、陈宫叛变，兖州只剩下三县之地，曹操都快被逼死了，但曹操仍在血战两年后翻盘回来，大家还记得关键功臣是谁吗？

总共就两位。

一位是荀彧，他保住了曹军家眷所在的鄄城，避免了曹操回来后

---

① 《晋书·石勒载记》：于是上表于刘聪，分命诸将攻冀州郡县垒壁，率多降附，运粮以输勒。

队伍四分五裂。

一位是曹魏的"袁隆平"枣祗。枣祗早早在东阿完成了屯田制的试点，在194年、195年这两年的史诗级天下大旱中以一县之力养活了曹操军团，并于196年在军队大规模地推广了许下屯田的超级大生产运动。

曹操最终以"许下屯田"这个大功率发动机为核心，征南逐北，拿下了中原，死磕袁绍，赢下了官渡之战。

当时曹操集团决定大生产有一个重要前提：颍川这些年在李傕这帮太师系军阀的破坏下，本土士族要么跑了，要么死了，标准的无主之地。[1]

其实石勒比曹操的条件好得多。

兖州之所以会背叛曹操，不过是因为兖州的地头蛇力量仍然强大，地盘仍然是有主的，兖州地头蛇不满曹操收编青州兵后变得一家独大去侵占兖州的地盘。

而现在整个华夏几乎都是无主之地，都是沙漠中的坞堡绿洲，就算石勒没有枣祗那种高水平的"分田之术"，哪怕仅仅是粗犷的管理，其实也应该组织进行军屯了。

但是，听上去挺简单的事情，等真正操作起来则有着巨大的难度。

当年刘邦在荥阳成皋一浪好多年，开国论功时规规矩矩地把萧相国排到榜首。

刘秀身边云台二十八将拱卫神龙，但荀彧给曹操上课时为什么举例"昔高祖保关中，光武据河内"，而不是说群星璀璨的"光武据河北"呢？因为刘秀这个铜马帝的背后是后勤大神寇恂在那里杵着。

曹操的颍川代表团星光熠熠，而物资只能靠发明屯田制的枣祗来提供。蜀汉之所以能打得曹魏"雍凉不解甲，中国不释鞍"，背后是诸

---

① 《读通鉴论》：许昌之屯，乘黄巾之乱，民皆流亡，野多旷土也。

葛亮治蜀的超强的生产能力。

懂生产的大神，老天如果没派给你，你就是守着金矿也得要饭吃。

石勒这些年的统治，不过是简单的定期收租而已，并没有自己稳定的军屯和募民屯田。

不过，也够用了，因为这个时代没有袁绍那种级别的世纪对手，石勒稀里糊涂地也挺过来了。

比如说并州的刘琨，不仅留不住人，在石勒重返河北后，连基本盘都保不住了。当然跟石勒半毛钱关系都没有，纯属他自己作的。

为什么这个时代的剧本和秦汉比起来觉得少了那么多滋味呢？秦汉之所以如此璀璨精彩，是因为创造英雄的所有环节都有着相当扎实过硬的实力背书。

楚汉争霸，那是萧何的后勤、韩信的汉中军改、张良的算无遗策、陈平的谍战运筹以及刘邦的分钱大局观来对战古来杀神项羽。

汉武扫北，那是国企缔造者、东亚通货膨胀操盘手刘彻榨干四海，随后培养了两位改良骑兵战法的不世出神将。

三国就更不必说了，从袁绍布局、汉末崩塌直到高平陵之变，六十多年每一年都是神剧本、神演员在搭台唱戏！

时代来到两晋，真的很可悲。司马家崩盘的全过程就是神剧本，但没人才，真的是再好的戏也演不出来啊。

比如刘琨，他从小就是门阀圈里混出来的公子哥，骨子里的那股子奢靡潇洒劲儿是改不了的，所谓"素奢豪，嗜声色，虽暂自矫励，而辄复纵逸"，让他在这个时代当灯塔，真是难为他了。

古今兴亡多少事，成由勤俭败由奢，时代精神永远要引领到做事创业的正道上来。吃喝玩乐奢靡的最终结果是整个时代大幅度的倒退与人才断档。

刘琨包养了一个精通音律的人叫徐润，还给他安排了晋阳令的重要差事。徐润仗着刘琨的宠爱，经常干预刘琨的政令。奋威护军令狐盛性子耿直，多次劝刘琨不要再用徐润了，刘琨根本不理。

徐润知道令狐盛劝刘琨不要用自己，这口气哪能忍得了，于是背后说令狐盛的坏话。事实证明，有音乐天赋的徐润说得比唱得还好听，刘琨随后把令狐盛这耿直汉子给杀了。

这可是刘琨的护军将军，是他的铁杆心腹啊，刘琨听曲儿把脑子听堵了吧！

刘琨的母亲说："你这孩子啊，没本事壮大事业、驾驭豪杰，专门把那些比你强的兄弟们除掉，你往后可怎么混呢，我将来非死你这孩子手上不可。"

令狐盛之子令狐泥投奔刘聪去了，把刘琨的虚实一五一十地全说了。刘聪大喜，心道："刘琨啊刘琨，每天那么多人去投奔你，看着挺热闹，闹了半天你小子是个纸老虎啊！"于是以令狐泥为向导，遣刘曜率大军攻打太原。

刘琨赶紧东出太行山去常山、中山二郡收兵，派其将郝诜、张乔前去阻击刘曜，遣使求救于拓跋猗卢。

郝诜、张乔在阻击战中被干掉，刘曜乘虚袭晋阳，太原太守高乔、并州别驾郝聿以晋阳降汉，令狐泥入城后杀了刘琨的爹妈。

刘琨的求救信传来，拓跋部确实挺够意思，拓跋猗卢遣其子拓跋六修和侄子拓跋普根，将军卫雄、范班、箕澹率数万骑为前锋南下反攻刘曜，拓跋猗卢自率众二十万跟上，刘琨带着他那可怜的几千散卒给他们当导游。[①]

拓跋六修与刘曜会战于汾水之东，刘曜兵败坠马，本人身中七创，

————————

① 《资治通鉴·晋纪十》：代公猗卢遣其子六修及兄子普根、将军卫雄、范班、箕澹帅众数万为前锋以攻晋阳，猗卢自帅众二十万继之，刘琨收散卒数千为之乡导。

逃回晋阳城，当夜劫掠晋阳百姓往南方本部撤退。

十一月，拓跋猗卢大军赶到，追击刘曜，双方战于蓝谷（今山西太原晋源区西南）。刘曜再败，拓跋大军斩邢延等三千余级，伏尸数百里。

拓跋猗卢大胜后会猎于寿阳山，把打猎的战利品剥皮后晾晒在山上，山都红了。

刘琨自营门下马步行进入拓跋猗卢军帐进行拜谢，请求进军给他爹妈报仇。

拓跋猗卢道："我来晚了，害得你爹妈让人弄死了，我挺不好意思，现在你已经恢复州境，我率军远来，人马疲敝，等将来再说吧，刘聪不是那么容易灭的。"

拓跋猗卢留其将箕澹、段繁等帮着刘琨守晋阳，留给了刘琨马、牛、羊各千余匹，车百辆。

刘琨满腔的那个怒火呀，看着自己兵力太弱又是那个无奈呀，最后只能接受现实，移居到没被破坏的阳邑城，招集亡散的士族与百姓。

此次拓跋部南下，基本上能看出来两点：

1. 拓跋部尚未完成突骑战法的升级。

刘曜身中"七创"而不死，这大概率是中了七箭。如果拓跋部全是突骑的话，刘曜早就被捅死七回了。拓跋部大胜后进行全军打猎，战果颇丰，这说明拓跋部此时仍以骑射为主。

2. 拓跋部并没有完成入主中原的准备，组织上还是传统游牧民族的框架，否则不至于南下有如此战果仍然要走。

总体来说，拓跋部虽然军力强悍，但要走的路还有很远。少数民族内部没完成"汉化"的集权整合，就无法入主中原搅动历史的进程。

此时距离拓跋部天降大神，还有六十年的时光。等等吧，这是个先胖不叫胖的时代。

刘琨被打成残废的312年，石勒也自淮河北归，开始死磕河北。

刘琨和王浚其实不算主角，真正的主角是他们背后的鲜卑诸部。

拓跋鲜卑已经亮相，南下展现了他们雄浑的美感；段部鲜卑此时也接到了王浚的召唤，踏上了南下的征途。

该你要面对的最高难度的剧本，终究要面对，石勒和北境最强私生子王浚的会战，就要打响了。

三、全程魔幻的河北一哥之战

刘琨被打残后，对石勒来说，西边瞬间没了压力，因此得以专心向北，他的势力发展到苑乡时，遇到阻力了。

当地的老大游纶、张豺拥数万众，当着王浚的官，给王浚上供，不买石勒的账。毕竟都是小买卖，只能给一个老大交保护费，给谁都上供，哪能伺候得过来呢！

石勒要为自己的饭碗而战。因为石勒要是不与游纶、张豺计较的话，那么整个河北给他交保护费的小弟就都会转头去给王浚交保护费。这是个零和博弈。

石勒派手下的夔安、支雄等七将去攻击苑乡，并成功破其外围壁垒。游纶、张豺向王浚求助。

王浚自然也不会眼睁睁地看着石勒这个新兴帮派来抢自己的生意，于是派督护王昌以及友军辽西公段疾陆眷和其弟段匹磾、段文鸯、堂弟段末柸率领段部鲜卑五万余兵南下，讨伐石勒于襄国。

虽说女婿段务勿尘已死，但王浚依然与段部维持着良好关系，此次段部又是倾国而来。

石勒所在的襄国是什么城防呢？秃城一座，护城河和防御沟堑还都没修，只能临时构筑栅栏来作为城防。①

石勒让张宾给坑了。定都定早了，现在连打不过跑都不行了，跑了就是怂，就别再想在河北抬起头来了。

段疾陆眷率军驻扎在渚阳，石勒派遣部队接连挑战，打算打段部一个立足未稳，结果却被段疾陆眷连续击败。②

坏消息源源不断地传来，段疾陆眷声势浩大，不断进逼，而且听说正在大造攻城器具。

石勒发愁了，问诸将："现在敌众我寡，我们困在城内，外援不到，城内粮绝，即使是孙武、吴起再生，也不能固守。我打算在野外列阵与敌决战，你们认为怎么样？"

诸将都比较心虚，忌惮段氏鲜卑的骑兵力量，说应该固守襄国以拖垮敌人，敌人疲惫了自然撤退，到时候再追击他们。反正中心思想就是别跟人家打野战。

石勒并不认可，避战毕竟不是个事，得支棱起来啊！因为所有人都看在眼里，他要是怂了就别指望再从河北坞堡获得支持了。更关键的是，襄国这城防没法跟段氏鲜卑打防守消耗战！

石勒又问张宾和孔苌："你们俩说说吧。"

张宾、孔苌都说："听说段疾陆眷约定下月上旬在北城决战，他们大军远来，连日战胜我们，必定以为我们不敢出战，精神上懈怠。

"段部各路兵马的实力，以段末柸最为强悍，段氏鲜卑最勇猛的骑兵都在段末柸处，咱们现在应该骄其兵不出战，在北垒挖突门（活动的门）二十余道，待敌人到来列阵未定时，我们出其不意直冲段末柸军帐，以迅雷不及掩耳之势拿下段部的最强军力，敌人必定震恐溃散，抓

①《晋书·石勒载记》：时城隍未修，乃于襄国筑隔城重栅，设部以待之。
②《晋书·石勒载记》：就六眷屯于渚阳，勒分遣诸将连出挑战，频为就六眷所败。

了段末柸，王浚就离死不远了。"①

因为对面是成建制的五万鲜卑骑兵，此时石勒既无城防，又无粮饷，也无外部援兵，本身又是匪帮式的乌合之众，真打起来肯定没戏。

避敌、骄兵、出其不意、擒贼先擒王，张宾为石勒几乎指出了最后的出路。

弱者的希望通常都是渺茫的，火光通常都是微弱的，不管你盘算得多好，容错率都是极低的。

但是，剧本的发展开始以所有人都想象不到的方式呈现了出来。

石勒命孔苌为攻战都督，在北城造突门，以待段部鲜卑。鲜卑军到后，石勒亲自登城而望，见他们阵势未定，士卒懒散，随后命孔苌指挥诸突门伏兵一齐出击直冲段末柸军阵，城上士兵拼命敲锣鼓呐喊助阵。②

结果并非如石勒预想得那么美好。

孔苌率军进攻段末波的军帐，根本打不进去，孔苌开始往回跑。所谓的妙计眼瞅就要现眼了，襄国城防本就垃圾，还改造了二十多个活动的突门，就等着被人家突成渣吧。

但石勒的偷袭不成反而产生了另一种始料未及的效果，就是段末柸看透了石勒的虚弱。这些年虐石勒就没输过，段末柸一兴奋直接来了个反追杀。

随后，神剧情出现了。

---

① 《晋书·石勒载记》：宾、苌俱曰："今段氏种众之悍，末柸尤最，其卒之精勇，悉在末柸所，可勿复出战，示之以弱。速凿北垒为突门二十余道，候贼列守未定，出其不意，直冲末柸帐，敌必震惶，计不及设，所谓迅雷不及掩耳。末柸之众既奔，余自摧散。擒末柸之后，彭祖可指辰而定。"

② 《资治通鉴·晋纪十》：既而疾陆眷攻北城，勒登城望之，见其将士或释仗而寝，乃命孔苌督锐卒自突门出击之，城上鼓噪以助其势。

段末柸冲猛了没刹住车，自己直接冲进了石勒大军的垒门，结果寡不敌众被石勒抓获，原文是："末逐之，入其垒门，为勒众所获。"

谁也没想到，石勒军的战力居然这么弱，打人家一个立足未稳都让人家给反推了。更是谁也没想到，段末柸居然把自己给送过来了。

双方主将都懵了。全程比较魔幻，要不是正史记载我都不敢落笔。

本来这场河北一哥的关键大战万众瞩目，怎么也得来点儿硬菜什么的。

瞅瞅一百多年前的官渡，汉末双神互相出招，又是劫粮，又是火攻，决战到最后一秒，曹操在袁绍援兵杀到屁股后面时击破了乌巢守军。

这一战，倒是有点儿像官渡前期刘备在徐州听说曹操来了一枪不放就蹿了的感觉。

石勒的运气比较神奇，在江淮有多么悲催，在河北就有多么幸运。

段部在头号战将被抓获之后，段疾陆眷等部开始撤退。游牧民族是尚武的、崇拜英雄的，自己部落的大英雄都被抓了，这仗还怎么打。

孔苌扭过头乘胜追击，杀得北军尸横三十多里，缴获铠马（重装战马）五千多匹，段疾陆眷召集剩余部众，退到渚阳驻扎。①

段疾陆眷退走之后，石勒遣使求和，段疾陆眷同意了，其弟段文鸯说："石勒就是垂亡之虏，一群乌合之众，何必因为一将被抓就得罪王浚呢？"段疾陆眷不搭理，随后用铠马金银去贿赂石勒，并用段末柸的三个弟弟作人质而请求换回段末柸。②

---

① 《晋书·石勒载记》：苌乘胜追击，枕尸三十余里，获铠马五千匹。就六眷收其遗众，屯于渚阳。

② 《晋书·段匹磾传》：勒质末柸，遣使求和于疾陆眷，疾陆眷许之。文鸯谏曰："今以末一人之故而纵垂亡之虏，得无为王彭祖所怨，招后患乎。"以铠马二百五十匹、金银各一簏赎末柸。

段末柸的手下是鲜卑最精锐的战士，这个人关系重大，段疾陆眷指挥不动这伙人，因此必须换他回来。

石勒的众将都劝石勒杀鸡儆猴，宰了段末柸以示自己不好惹，石勒大局意识相当棒，说道："辽西鲜卑武运昌隆，与我们向来没有仇，这是受王浚的指使罢了，现在杀一个人而去与一个国家结怨太不明智了，放了他，段部必然不会再为王浚卖命了。"

这个人，是瓦解王浚的最关键一环！

石勒接受了段疾陆眷的人质和赎金，派石虎去渚阳与段疾陆眷结盟，双方拜为兄弟。

段部鲜卑领兵北返，王浚的都护王昌独木难支，也跟着班师了。

后来段末柸认石勒为义父，石勒署其为使持节、安北将军、北平公，段末柸在北归辽西的路上，更是每天向南方遥拜石勒三次。[①]

段部鲜卑由此开始不再与石勒为敌。

此战是段部鲜卑易主的关键战役，王浚因此开始逐步衰败，史载"由是段氏专心附勒，王浚之势遂衰"。

战后，游纶、张豺也投降石勒换边站了，石勒趁机派兵进攻信都，杀了王浚任命的冀州刺史王象。

313 年的夏天，石勒派石虎打下了邺城，刘演逃奔廪丘，其将谢胥、田青、郎牧等率邺城流民全部投降石勒，石勒任命桃豹为魏郡太守抚慰邺城。

不久石勒又对恨入骨髓的乞活军展开了复仇。

当年跟司马腾来冀州的乞活帅乌桓人薄盛抓了渤海太守刘既，率五千户投降石勒。薄盛算是赶上了末班车，石勒没多久又攻乞活帅李恽

---

① 《资治通鉴·晋纪十》：勒召末柸，与之燕饮，誓为父子，遣还辽西。末在涂，日南向而拜者三。

于上白（今河北广宗县南），斩之，坑其降卒。

李恽投降，石勒都不允许：老子当初是被你们拐卖过来的，一天二地仇，三江四海恨。

石勒在河北风生水起！

王浚看到石勒越来越嚣张，开始组织第二次反石勒联盟，又召集了老盟友段部鲜卑，但这回段部鲜卑不搭理他了。于是王浚重金贿赂刘琨的好朋友拓跋鲜卑，并传令东北鲜卑三部之一的慕容部去攻打段部。①

王浚"以夷制夷"的手段着实高超。结果腹背受敌的段疾陆眷在西边击败了来犯的拓跋六修，但东边却被慕容部吃掉了一部分地盘。

段部鲜卑彻底和王浚翻脸。

段部撤回后，一直支持王浚的乌桓也开始背叛王浚，暗中归附石勒。②

王浚的势力进一步被削弱了。

王浚在各路外援纷纷与之断交后，自己的薄底子开始暴露出来了。

永嘉之乱后，王浚曾经假立太子，设立行台，自置百官，并在那句"代汉者当涂高"上又炒冷饭下功夫打算自立为帝。本来匈奴汉和石勒、王弥们祸乱中原后，有一部分士族豪强投奔到了没有战乱的幽州，但从这里看不到什么希望，其中很大一部分又流入了更东北部的开始汉化的慕容鲜卑。

乱世给了王浚好机会，但他除了跟鲜卑乌桓耍心眼外，根本没有苦练内功，将幽州打造升级，而是为政苛暴，贪污残忍。

---

① 《资治通鉴·晋纪十》：王浚使枣嵩督诸军屯易水，召段疾陆眷，欲与之共击石勒，疾陆眷不至。浚怒，以重币赂拓跋猗卢，并檄慕容等共讨疾陆眷。

② 《晋书·石勒载记》：乌丸审广、渐裳、郝袭背王浚，密遣使降于勒，勒厚加抚纳。

在段部和乌桓纷纷站队石勒后，又赶上了旱灾和蝗灾，王浚虚弱败象已现。[①]

石勒打算消灭王浚。谋主张宾再出招，让石勒假意投降王浚，石勒从其计，派王子春等为使劝王浚当天子。

王浚很高兴，但在段部和乌桓不再理他后，他也有点儿嘀咕，问道："石勒现在事业蒸蒸日上，为什么要称藩于我呢？"

王子春说："身份问题啊，胡人当不了天子，大家都明白怎么回事。韩信当年那么无敌都不敢称帝，因为他知道帝王是不看能力的，得有天命。石将军之比明公，犹阴精之比太阳，江河之比洪海，况且自古胡人为名臣是有的，从来没听说出过帝王呀。"

王浚高兴得身上每个汗毛孔都舒展开了，封王子春等为列侯，遣使和石勒建交。此时又赶上王浚的司马——镇范阳的游统派使节投降石勒，被石勒当了投名状，砍了使节的脑袋送给了王浚。

王浚便不再怀疑石勒。

314 年正月，王浚的外交大使到达襄国。

石勒在招待王浚来使时将实力都隐藏起来，并用最尊贵的礼节来对待，还朝夕下拜王浚赐给的拂尘，更肉麻地表示见拂尘如见王浚，还提出要去幽州"面圣"，亲自恭请王浚上尊号并聆听他的教诲。

把使者送走后，石勒问王子春的幽州考察见闻。王子春说："去年幽州闹灾，没有一粒米的收成，王浚屯粮百万，却不抚恤百姓，此时幽州已经内外离心，所有人都知道他要完蛋了，只有他自己还不知道怎么回事，反而大兴土木，设立百官，自认为刘邦、曹操都比他差一大截。"

---

① 《资治通鉴·晋纪十》：浚始者唯恃鲜卑、乌桓以为强，既而皆叛之。加以蝗旱连年，兵势益弱。

石勒正式决定消灭王浚。

二月，石勒整齐三军，准备偷袭王浚。但三军集结一天后，却没有出动。张宾问石勒："你在犹豫什么？难道还怕刘琨、拓跋和乌桓偷袭？

"放心去你的！王浚据幽州不过是仰仗北境外援，现在北境势力都已叛离，他本身又虚弱无比，更何况没人相信你会深入千里灭幽州，咱们一来一回二十天而已，等他们真作打算时也晚了。

"更重要的是，刘琨和王浚这些年掐得跟仇人一样，咱们送人质给刘琨，刘琨一定乐意看到王浚灭亡，绝对不会伸援手的。"

为什么张宾说刘琨和王浚是仇人呢？因为这些年刘琨和王浚作为北方的两座灯塔，不仅没有通力合作，反而内耗得相当严重。

刘琨和拓跋猗卢结拜为兄弟。刘琨为了讨好这位兄弟，表奏拓跋猗卢为大单于，还把代郡封给他，并封为代公。刘琨不光玩起了割地，还耍了贼心眼，因为他割的代郡属于幽州，是王浚的地。

乱世中最讲究的就是个咖位，这跟石勒为了收保护费必须要与王浚开战的道理一样，被欺负到头上的王浚派兵攻打拓跋猗卢，结果拓跋部给王浚送上了这些年来的首败，从此王浚和刘琨之间结怨了。[①] 本来北方就刘琨和王浚两根汉人力量的苗，还在这里互掐。

拓跋猗卢也觉得刘琨不厚道，因为封邑代郡距离自己本部很远，控制很费劲，于是率领部落一万多家从云中进入雁门，向刘琨索求陉岭以北地区。刘琨不敢得罪拓跋猗卢，就把楼烦、马邑、阴馆、繁畤、崞

---

① 《资治通鉴·晋纪九》：时代郡属幽州，王浚不许，遣兵击猗卢，猗卢拒破之。浚由是与琨有隙。

等五个县的百姓迁徙到陉岭以南，把这些地方给了拓跋猗卢。^①

当初刘琨把这块地方给人家不就完了吗，最后既割了地，又得罪了王浚。

作为中山靖王之后的刘琨又打起了老家中山郡的主意，派宗族刘希回中山收兵合众，代郡、上谷、广宁三郡人都归顺了刘琨这个"有出息"的老乡。但是在河北王浚的力量最强，石勒第一次远走河南是鲜卑姥爷打跑的，王浚一看刘琨又来占他便宜，就派了自己女婿带队把刘琨暴打了一通，刘琨根本还不了手，名声也越来越臭。^②

当然鲜卑女婿不是白干活的，刘琨的三郡人口都让段部赶出塞了。

当年袁绍、曹操在早期那真是背靠背肩并肩对战群雄，直到眉目大显后才慢慢同床异梦的。最后一次把刘琨、王浚和一百年前的袁绍、曹操比较，越比较，越觉得可悲。

石勒听了张宾的话，没有了疑虑，出兵的同时遣使送质于刘琨，表达了自己这些年工作没做到位，要灭了王浚做见面礼的意思。

这可把刘琨给乐坏了！

314 年三月，石勒进军到易水，督护孙纬坐不住了，怀疑石勒有诈，建言王浚不能再坐视不理了，但王浚不听，一心一意地等石勒来捧他当皇帝，并放话再有人挑拨离间就斩首。

所有人都不再搭理王浚了。赶紧毁灭吧，累了。

---

① 《资治通鉴·晋纪九》：猗卢以封邑去国悬远，民不相接，乃帅部落万余家自云中入雁门，从琨求陉北之地。琨不能制，且欲倚之为援，乃徙楼烦、马邑、阴馆、繁畤、崞五县民于陉南，以其地与猗卢；由是猗卢益盛。

② 《晋书·王浚传》：由是刘琨与浚争冀州，琨使宗人刘希还中山合众，代郡、上谷、广宁三郡皆归于琨。浚患之，遂辍讨勒之师，而与琨相距。浚遣燕相胡矩督护诸军，与疾陆眷并力攻破希。《晋书·刘琨传》：王浚以琨侵己之地，数来击琨，琨不能抗，由是声实稍损。

三月三日清晨，石勒到达蓟城。石勒叫守城人开门，担心城内有伏兵，谨慎地先放入了数千牛羊入城，说是贡品，实际上是利用牛羊阻塞城中交通，随后石勒率军一拥而入活捉了王浚。

比襄国战役还神奇，雄踞北方十多年的王浚，就这样幽默谢幕了。王浚见到石勒后，大骂："蛮狗，你敢戏弄老子！"

石勒则开始杀人诛心的老套路，对王浚进行临终教育："你作为高官握有重兵，据幽云骁悍之国，跨全燕突骑之乡，却眼睁睁地看着你们的帝国土崩瓦解，还想着自己当皇帝！你信任贪官污吏，残害百姓，诛杀忠良，荼毒幽州，你算什么东西！"

骂完后，石勒将王浚押回襄国斩首，并对王浚的官僚机构进行大清洗，除了裴宪和荀绰（名士有骨气，不投降）外，基本全部抄没家产，尽杀王浚手下精兵万人，随后烧毁王浚的宫殿，命刘翰行幽州刺史，并派定各郡郡守，班师襄国。

石勒回到襄国后，将王浚的首级送给刘聪，刘聪于是任命石勒为大都督、督陕东诸军事、骠骑大将军、东单于、侍中、使持节、开府、校尉、二州牧、公如故，加金钲黄钺，前后鼓吹二部，增封十二郡。

直到王浚的脑袋被送到了刘聪那里，刘琨才琢磨明白。然后，他居然感到害怕了。[①]

刘琨给朝廷上了一封表："东面八个州，石勒灭七个了，现在就剩我一个了，石勒据襄国跟我就隔了一座山，朝发夕至。我是真想攻打他啊，但我兵力薄弱，无法讨伐他，心有余而力不足。"[②]

---

① 《资治通鉴·晋纪十一》：琨知石勒无降意，乃大惧。

② 《资治通鉴·晋纪十一》：（刘琨）上表曰："东北八州，勒灭其七；先朝所授，存者惟臣。勒据襄国，与臣隔山，朝发夕至，城坞骇惧，虽怀忠愤，力不从愿耳！"

两年多以前，石勒在葛陂不客气地对刘琨说："事功殊途，非腐儒所闻。君当逞节本朝，吾自夷，难为效！"这句话，振聋发聩。刘琨千里护送石勒的母亲至石勒处，石勒都这么说，真就是心里话。

现在石勒名震河北，挫败段部，北讨王浚之前对你说的服软话，你怎么就这么天真呢？

与其说是你看不穿，倒不如说是没有王浚，对你更重要。王浚确实该死，但他却也是牵制石勒的一支重要力量。三角形的结构相对来讲是比较稳定的。

现在你成了独苗，三角形结构变成双方的拔河比赛了。

期待刘琨接下来的表演。

四、北方第一轮拐点出现

王浚倒台了，石勒痛斥他时相当大义凛然，但是，石勒在蓟城作为胜利者的姿态也不是个东西，比如石勒一边盘着王浚媳妇一边数落王浚，原文为证："勒召浚妻，与之并坐，执浚立于前。"

比如石勒杀降了王浚的精兵万人。天有好生之德，人家放下了刀，没有了抵抗能力，就不该再杀人家！杀降不祥，石勒杀了不止一次了。

石勒不懂敬畏，但没关系，很多规则不会因为你不懂就不存在，一撇一捺都给你记着了。你这辈子注定断子绝孙，为他人作嫁衣裳。

他看好的幽州刺史刘翰就不想跟他混了，石勒灭王浚后回军不久，刘翰就反水了，归附了段疾陆眷的弟弟段匹磾，段匹磾由此进驻蓟城。

段疾陆眷和石勒结盟了，但弟弟段匹磾从本心来说，就和哥哥段疾陆眷的意见不统一，他仍然认晋朝的牌子，引诱王浚的余党邵续效忠江东司马睿，还跟石勒集团干过几仗。

随着段匹磾进驻蓟城，公然与家族的外交政策对立，也为后面段部鲜卑的分裂埋下了伏笔。

刘聪于 315 年加封石勒为陕东伯，专掌征伐，石勒所拜授的刺史、将军、守宰、列侯每年年底将名字及官职上呈就行。① 刘聪很明白，石勒只要认他这个皇帝就行，太行山以东，石勒爱怎样就怎样吧。

时间来到了非常关键的316年。这一年发生了两件事。

1. 在长安又苟延残喘了四年的西晋朝廷，彻底被灭掉了。自此，淮河以北再无晋祚。

2. 在并州北部充当十年钉子户的刘琨终于被打出晋北了。都是他自己作的，本来他还能再钉几年的。

匈奴汉在攻灭洛阳后，这些年基本上就在干两件事：在晋北和刘琨撕，在关中跟雍凉代表团撕。撕来撕去总是没什么结果。但最终在316年这一年，全都消停了。

不过匈奴汉似乎也完成了"五胡乱华"阶段的第一棒历史使命：将整个淮河以北的晋朝嫡系势力全部打掉了。

总之，北方汉人靠边，乱世彻底开启。

311年永嘉之乱开启后，刘聪命刘曜和刘粲攻打关中，最终攻陷长安并杀南阳王司马模，刘曜据守长安。

不久，晋朝的雍凉势力冯翊太守索綝、安定太守贾疋和雍州刺史曲特等开始反击，刘曜兵败，困守长安。

312年，刘曜放弃长安，撤回平阳，长安随后被雍凉势力立的司马邺小朝廷占据。

因在西面受阻，匈奴汉开始寻找统一并州的机会，在312年年初，刘聪就派靳冲和卜翊围困晋阳，但刘琨搬来了拓跋猗卢率兵营救。

后来刘琨主力被屠，但刘曜也被拓跋猗卢差点儿反攻致死，第二次北上又失败了。

---

① 《晋书·石勒载记》：刘聪遣其使人范龛持节策命勒，赐以弓矢，加崇为陕东伯，得专征伐，拜封刺史、将军、守宰、列侯，岁尽集上。

313 年正月，刘聪在与群臣的宴会中命政治犯司马炽以青衣行酒，晋朝旧臣庾珉等见此忍不住心中的悲愤而号啕大哭。刘聪杀司马炽和庾珉等十多名晋朝旧臣。

四月，在长安的司马邺即位为帝，也就是西晋最后一任皇帝晋愍帝。

刘聪又派赵染和刘曜等再攻长安，一直打到长安外城，但最终因刘曜轻敌，被已经打哭多次的曲允偷袭，再次撤兵回平阳。

314 年，刘聪再派刘曜与赵染出兵长安，又是先胜后败，撤回平阳。

315 年，刘曜在襄垣击败刘琨后打算进攻阳曲，但刘聪又认为要先攻取长安，于是命刘曜撤军回蒲坂。

这些年，匈奴汉就一直在关中和晋北的取舍中不停地"翻烙饼"。谁都在打，谁又都打不死，白白浪费了多次的好机会，但关中和晋北，也确实在这一次次的打击中，火苗越来越弱。

316 年，让刘聪闹心多年的刘琨被石勒解决了，而刘琨的盟兄弟拓跋猗卢也死了，事情发生在一年前，拓跋部内乱，代王拓跋猗卢被其儿子拓跋六修杀死。原因是拓跋猗卢犯了当年赵武灵王的错误：在儿子接班问题上没拎清。

拓跋猗卢偏爱小儿子拓跋比延，想让他作继承人，便让长子拓跋六修出镇新平城，并废了拓跋六修的母亲。

拓跋六修有匹骏马，据说能日行五百里，结果拓跋猗卢把这匹马要过来送给了小儿子拓跋比延。

拓跋六修来朝见，拓跋猗卢让他给拓跋比延行礼，拓跋六修不答应。拓跋猗卢硬是让拓跋比延乘坐自己的辇乘出去巡游。拓跋六修远远看见，以为是父亲拓跋猗卢，便在路左边伏首拜谒，来了一看，原来是拓跋比延，拓跋六修感到奇耻大辱，愤怒而去。

爹当到这个份上，也是够可以了。

拓跋猗卢召见拓跋六修，拓跋六修不来，双方正式翻脸，拓跋猗卢率众打儿子拓跋六修，结果被儿子打死了。

戍边的侄子拓跋普根又掺和进来，黄雀在后，干掉了拓跋六修。拓跋普根继位后，双方在旧人（拓跋猗卢部众）和新人（拓跋普根部众）问题上产生了巨大的分裂与矛盾。[①]

塞北第一大集团又一次在上升的势头中戛然而止。

刘琨在拓跋部作为人质的儿子刘遵同拓跋猗卢旧部卫雄、箕澹等率晋人和乌桓部众三万余家，马牛羊十万头投奔刘琨。

刘琨又乐了，所谓"亲诣平城抚纳之，琨兵由是复振"。因为这笔横财，刘琨打算跟石勒死磕。起因是石勒攻打刘琨的势力范围，率兵围困乐平太守韩据，韩据向刘琨求援，刘琨决定不忍了。

其实这并不明智。刘琨之所以能够在晋北嘚瑟这么多年，很大一部分原因就是北边的拓跋鲜卑总是在关键时刻给他续命。这次却赶上了拓跋内乱，大变局出现了，刘琨应该先去整合他的背后金主拓跋鲜卑。

晋北这片大乱摊子，主要是胡人为主的地界，刘琨作为晋朝官员很难靠当地的汉人资源去实现自力更生，他本身又无法号召胡人加入自己，所以北面的拓跋鲜卑对于他的生死存亡几乎是决定性的，从多次的南下救援也可以看出来。

鲜卑内乱后南下了三万多户，看上去刘琨是发了笔财，但这也意味着他失去了后续再获得北方助力的可能。

按理说他应该靠着此时的三万股本北上参与扶持一个再次亲己的拓跋政权，尤其进入 316 年后，刚刚平定内乱的拓跋普根很快又死掉了，群龙无首，他几个月大的小儿子在他母亲的扶持下继位。

完完全全的主少国疑。

---

① 《资治通鉴·晋纪十一》：普根代立，国中大乱，新旧猜嫌，迭相诛灭。

刘琨作为拓跋猗卢的结拜兄弟，本有机会带领投奔他的队伍再杀回去，重新讨论并参股拓跋部的未来，而不是去跟石勒争锋。

石勒在河北的地盘已经经营多年了，众小弟们习惯向石勒进贡，尤其石勒又刚刚打败了最强地头蛇王浚，刘琨不可能在河北这片土地上得到什么支持的。

刘琨身边不是没有明白人，投诚的箕澹和卫雄全都不同意，说："这帮人都是刚投奔你的，对你还不放心，跟你没有感情，你得先让大伙融入你。现在我们应该高筑墙，广积牛羊，闭关守险，消停几年再提打仗的事。"

人家来投奔你，你恩义未立就逼着人家当炮灰，你觉得他们能有多少战斗力呢？但刘琨还是动用所有军力去攻打石勒，派箕澹率两万人为前锋，自己率余部殿后。

石勒听说刘琨非但不投降，居然胆敢还击，准备逆击打刘琨去，结果被手下劝道："箕澹兵马精强，其锋不可当，我们暂且引兵避之，深沟高垒以挫其锐，这是万全之策。"

石勒说："箕澹远来疲敝，号令不齐，有什么可精强的！他现在打过来了，我们怎能半路而退，再说撤退哪有那么容易的，大军一动，若箕澹乘我退兵撵上来了，我们逃还来不及呢，哪有机会深沟高垒！这是自亡之道，再说撤兵者斩！"

石勒命手下第一战将孔苌为前锋都督，传三军："后出者斩！"

石勒据险要，布疑兵于山上，又设两道伏兵，派轻骑故意战败引箕澹深入埋伏点，并亲率大军前后夹击箕澹，大败之，俘虏重装铠马万余。

刘琨可能命里担不住财，这些年都是半瓶子咣当，刚飞来点儿横财就不可一世，结果全都送给石勒了。

箕澹北逃到代郡，随后被石勒军干掉，韩据弃城走，刘琨的长史李弘更是在后方反水以并州降石勒。

刘琨进退失据，既没有北兵为援，也没有实力防守，更没有后路可退，在并州彻底混不下去了。

刚刚拿下蓟城的段匹磾因为自己是少数民族，入幽州总觉得名不正言不顺，于是看上了刘琨的政治招牌，对其进行招揽，最终刘琨经飞狐陉去幽州发展了，和段匹磾结为兄弟和亲家，开始了自己人生中的最后一段旅程。

从北面踢跑刘琨后，西边也开花结果了：刘曜攻取北地，进逼长安，在第三次围攻长安的作战中，终于攻破长安外城并围困司马邺于长安小城。

在爆发饥荒的小城内死守两个月后，司马邺出降，西晋彻底断根。刘曜镇守长安，关中正式易主匈奴汉。

至此，折腾匈奴汉多年的两大难题解决了，但是，匈奴汉自己也快不行了。

317 年，匈奴汉的权力中心发生了巨变，其灭亡的伏笔在这一年埋下了。就像刘琨失去拓跋部的支持后早晚会灭亡一样，匈奴汉在自己立国的关键问题上也犯了巨大错误。

准确地说，应该是刘聪日渐德不配位，使得匈奴汉走向了衰亡。

314 年十一月，刘聪主政五年后开始大撒把了，册立儿子刘粲为相国、大单于，把国事委托给了他，自己主抓后宫，基本不上朝了。

在把权力分给刘粲的同时，刘聪又宠信中常侍王沈、宣怀、俞容等人，群臣有事向王沈等人报告而不是上表送呈刘聪，而王沈等人也大多瞒着刘聪把很多事情就定了。刘聪每天在后宫嬉戏，经常大酒一喝就三日不醒。

创业未半而中道亨乐，匈奴汉在刘聪的手上，也照着"二世而亡"的节奏走下去了。

刘聪、苟晞都曾是精通汉学的能文能武之士，得势后却骄奢淫逸，谁也没能免俗。人性弱点太难克服了，也说明这个时代过于残酷了。

天命崩塌后，无论是哪一个群体，都会迷茫。在淮河南北的权力场上，大量的"演员"非常神奇地选择了鸵鸟心态，人生得意须尽欢。都是假的，今朝有酒今朝醉吧。

非常神奇的是，几乎所有受过良好教育的"文化精英"在这个时间段都是这种状态。这些年司马家族的"同室操戈传"跟下来，他们也许看得太明白了。

老大说的话都是为了让你当牛做马的，什么天命啊，都是假的！刘聪在骗百官，百官在骗百姓，所有人掉过头来也在骗刘聪。这个世界是个谎言与残酷的血肉横飞的大机器，痛快一天是一天吧！

这个时代，是底层奋斗者的时代，因为他们见识过世界上最痛苦的一面，见过屠杀，受过极寒，知道朝不保夕的感受，明白食不果腹的苦楚，每一天都在看着这千里无鸡鸣的中原大地。

他们更多的是思考如何活下去，如何活到这局游戏的最后一刻。比如石勒。

石勒每干掉一个对手，尤其是曾经的高位对手，都会大义凛然地把对手批评教育一顿，比如对王衍，比如对王浚。这里面有报复的快感，但更多的是发自肺腑的痛恨，对这帮大臣搞乱世道的极致痛恨！

石勒在踢走刘琨后，开始步步紧逼匈奴汉，遣石越率骑兵两万屯于并州进行招降纳叛。

石越进入并州后赶上了时代红利，河东闹大蝗灾，平阳大饥荒，石越敲锣打鼓地宣传移民政策，逃荒到冀州的老百姓有二十万户。①

---

① 《晋书·刘聪载记》：河东大蝗，唯不食黍豆。靳准率部人收而埋之，哭声闻于十余里，后乃钻土飞出，复食黍豆。平阳饥甚，司隶部人奔于冀州二十万户，石越招之故也。

石勒瞄准了乱世最关键的资源：人口！

刘聪派黄门侍郎乔诗责备石勒，石勒已经不当回事了，与此同时他暗结青州曹嶷，预谋鼎立之势。[①]

刘聪的未来，甚至触发了天象预言。史载："时东宫鬼哭，赤虹经天，南有一歧；三日并照，各有两珥，五色甚鲜；客星历紫宫入于天狱而灭。"

看不懂没关系，有专业人士给解读，太史令康相对刘聪说：

1. 今赤虹经天横贯东西，意味着许洛以南不可图。

2. 一歧南彻者，李氏当仍跨巴蜀，司马睿终据全吴之象，天下将三分。

3. 石勒鸥视赵魏，曹嶷狼顾东齐，鲜卑之众星布燕代，齐、代、燕、赵皆有将大之气，我们的对手是东面的"自己人"，吴蜀之不能北侵，大汉之不能南向，现在京师寡弱，石勒精盛，若石勒尽起赵魏之锐，合兵燕之突骑自上党而来，曹嶷率三齐之众以继之，陛下将何以抗之？

4. 陛下您应该全副武装起来，弄死他们。

刘聪看完康相的解读很不高兴。

不管他高不高兴吧，刘聪的王朝和他一样，就要完了。刘聪的儿子刘粲早就与他的亲信王沈等人勾结上了。

刘粲帮王沈等人封列侯，王沈等人帮刘粲扩大政治影响，匈奴汉经营多年的骨干忠臣被一个个打掉。

公元317年，刘粲团伙和皇太弟刘乂开战了。

刘聪当年政变成功后，假惺惺地要立刘乂当皇帝。结果刘乂死

---

① 《晋书·刘聪载记》：聪使黄门侍郎乔诗让勒，勒不奉命，潜结曹嶷，规为鼎峙之势。

活不同意，刘聪封刘乂为皇太弟，当了继承人，并表示等他长大后会还政。因为刘乂的母亲单后是氐族首领单征之女，刘乂的背后代表着"六夷"和"屠各"的联盟，刘渊立单氏为皇后，就是要巩固与他们的联盟关系。

刘聪的哥哥刘和当初非得弄死刘聪，重要原因就是作为大司马的刘聪手下的"六夷"系统有十万劲卒。①

结合后面刘乂死后"氐、羌叛者十余万落"，基本可以说明刘聪手中的"六夷"部队中，氐人和羌人的数量很多。

刘乂对于匈奴汉这个政体意味着很多，刘渊当初走钢丝般地平衡各方利益也有他的苦衷，刘聪继承了刘渊的遗产，就继承了他的责任。

面对这个迟早要炸的雷，刘聪这些年应该想办法去拆除、分化"六夷"系统。这些年却没见他和"六夷"系统有过什么通婚，高级层面也没见他引进过几个"六夷"的高官，不干事就算了，他反而在后宫纵容手下的宵小们去引爆这个太需要妥善处理的炸弹。

315年时，刘乂集团就已经准备要动手了。

当时东宫延明殿天降血雨，刘乂觉得不祥，问身边人，他们给他说了方案："当初立您为皇太弟，不过是为了安大家的心，刘聪是有儿子的，现在他儿子已经当了相国，大权独揽，诸子皆置营兵以为羽翼。您的大势已去，继承皇位悬了。

"现在禁军中四卫精兵五千人左右，相国刘粲轻佻，需要一个刺客即可；大将军刘敷没有一天不离开军营的，解除他的武装根本不叫事；其他王子年幼，都不叫个事。您现在夺取政权，两万精兵就够了，您鼓行入云龙门，禁军宿卫之士谁敢不倒戈以迎殿下？大司马刘曜您不要当回事，他不会有什么举动的。"

---

① 《晋书·刘元海载记》：大司马握十万劲卒居于近郊。

身边人把现状分析得不能再靠谱了：你的结局注定是死，现在漏洞极大，三分天注定，七分靠打拼，干吧！

瞅瞅，刘聪的内部建设是怎么搞的，都是大窟窿，匈奴汉甚至一度早在两年前就分裂崩溃了，如果是司马家的孩子们，早反八回了。

但刘乂没亲身经历过那些血肉横飞的战争，怂了。

两年后，317 年四月，刘粲下手了。

刘粲的党羽王平诱骗刘乂说，刚奉刘聪密诏京师将有变乱发生，应当内穿甲衣以备不测。

刘乂信以为真，令东宫臣属都内穿甲衣。刘粲派靳准禀报刘聪说刘乂准备作乱，手下已内着甲衣。刘聪令刘粲率军包围东宫，刘粲命靳准、王沈拘捕刘乂心腹的氐、羌酋长十多人，严刑拷问，最终屈打成招。[①]

这些族长们被打出证词后，刘粲诛杀东宫属官大臣数十人，废黜刘乂皇太弟的身份，改封北海王，不久刘粲又派靳准谋杀了刘乂，坑东宫士卒一万五千多人。

刘乂的被打倒和十多个氐、羌贵族的被迫害，导致了氐、羌十余万落叛离匈奴汉，史载："于是诛乂素所亲厚大臣及东宫官属数十人，皆靳准及阉竖所怨也。废乂为北部王，粲使准贼杀之。坑士众万五千余人，平阳街巷为之空，氐羌叛者十余万落。"

至此，匈奴汉由最初统一并州诸胡打着汉人名义建立国家的二元属性政权结构开始崩塌。过去是刘渊尝试统一匈奴人、汉人、"六

---

① 《晋书·刘聪载记》：乂以为信然，令命宫臣裹甲以居。粲驰遣告靳准、王沈等曰："向也王平告云东宫阴备非常，将若之何？"准白之，聪大惊曰："岂有此乎！"王沈等同声曰："臣等久闻，但恐言之陛下弗信。"于是使粲围东宫。粲遣沈、准收氐羌酋长十余人，穷问之，皆悬首高格，烧铁灼目，乃自诬与乂同造逆谋。

夷""杂胡"为一个整体，由匈奴屠各部为贵族建立一个国家。这实际上是两权并立的三条腿国家。汉人负责提供财富与粮食，匈奴和"六夷"负责提供军事力量。

刘义被杀，使得匈奴汉的政权结构中非常重要的"六夷"一环被拆掉了，并州的"杂胡"不再跟匈奴汉是一家子了。

匈奴汉的武力支持自此只有匈奴本部了，他无法再吸纳"六夷"来源源不断地加入自己的国家机器了。

这无主的"六夷"，最终都加入了石勒的国家机器，因为与石勒的民族成分更为接近，所谓的"羯"族，不过是普发公民权的海量"杂胡"！

五、石勒的无中生有，刘琨的千古流芳

公元 318 年七月，刘聪死了，儿子刘粲继位，但刘粲的不正之风比他爹还严重。

刘粲年轻时跟他爹一样，也是个综合素质相当高的好青年。

总体来讲，屠各汉化的配套教育水平确实挺高的，刘渊、刘和、刘聪乃至现在的刘粲在青年时期都是文武全才，但除了刘渊之外，剩下的这帮后辈上场后的表现全都一塌糊涂。

当然这也和年龄有巨大关系，刘渊上场时已经忍了大半辈子，算是活明白了，但这帮后来者却都是年少登天，随之而来的则是太多绕不过去的人性弱点陷阱。

刘粲做了相国后德不配位，开始恣意妄为，排场大，近奸佞，无恩惠，喜基建，好宫殿，不在乎百姓死活。等继位后，刘粲终于知道他爹为什么扎进后宫就不出来了。

皇太后靳月华还没到二十岁，那真是国色之姿啊，别怪刘粲不是人啊，他看见就活不了，在后宫与靳月华日夜玩乐。[①]

---

① 《晋书·刘聪载记》：靳等年皆未满二十，并国色也，粲晨夜蒸淫于内，志不在哀。

刚刚蹬腿的刘聪估计很不开心，雨血降平阳。

看到自己的闺女这么受宠，皇太后的爹爹靳准开始对刘家的家业有想法，他对刘粲说："听说你那帮兄弟现在都想当霍光，打算弄死你换刘曜当皇帝，你要是不先下手为强，咱们可是祸在旦夕呀！"

刘粲没搭理他，根本没工夫，天天多忙啊。

靳准一看不行就换了公关人员，对闺女说："现在诸公打算废了皇帝，咱家恐怕要被灭族了，你得吹吹风啊！"

果然枕头风一吹就好使，刘粲一口气诛杀了太宰、上洛王刘景，太师、昌国公刘顗，大司马、济南王刘骥，大司徒、齐王刘劢，车骑大将军、吴王刘逞等一群宗室。

跟他上一辈接班时一模一样，屠各大有把新皇上位杀掉所有兄弟的习惯巩固为一套规章制度。

消灭隐患后，刘粲任命靳准为大将军、录尚书事，军国之事全都归了靳准，自己又扎进后宫指导靳准的闺女工作去了。

刘粲继位后的表现宛如一匹种马，除了交配什么也顾不上了。靳准矫诏命堂弟靳明为车骑将军，靳康为卫将军，彻底架空了刘粲。

刘聪死后仅仅两个月，靳准政变成功，带领亲兵闯入后宫杀死刘粲，并团灭了在京城的所有刘氏皇族，刘渊和刘聪的墓双双被掘，刘聪的尸身被斩首，宗庙被焚烧。

靳准自号"汉天王"，置百官，匈奴内部开始大乱。

靳准是匈奴族裔，但并非屠各贵族，因为他称天王后，居然遣使告诉司州刺史李矩道："刘渊是屠各小丑，因晋之乱，矫称天命，使二帝幽没，你们赶紧把棺材迎回去。"

这彻底是个动物世界了，所有人只要有机会，都想过一把坐庄的瘾。

本来基本盘就不剩什么了，靳准还打算搞一次匈奴族裔间的分裂，讨好东晋，不过是为了从东晋那里得到一个合法的统序以及东晋出兵支援他。

冬十月，都督中外诸军事、镇守长安的刘曜开始即皇帝位，由长安出发赴平阳伐靳准，大赦天下，表示只有靳准一门不赦，其他都不追究，改元光初，封河北的石勒为大司马、大将军，加九锡，增封十郡，晋爵为赵公，共攻平阳。

石勒命张敬率五千兵作为前锋，自己亲率五万兵讨伐靳准，进据襄陵北原时，"六夷""杂胡"的四万多落就向石勒投降了。[1]

随后石勒一路推到平阳，先是平阳大尹周置等率"杂胡"六千降于石勒，后来又有十多万"杂胡"归顺于石勒。[2]"杂胡"找到自己人了！

刘家这帮兄弟打了半天，最后是为石勒做了嫁衣裳。

此时石勒和刘曜都盯上了平阳这块肉，等靳准被打得向石勒求和的时候，石勒耍了个心眼，把求和使者卜泰送给了刘曜，意思是：你快老老实实回关中吧，靳准要被我拿下了，人家上我这里投降来了。

卜泰去了就被刘曜策反了，毕竟亲不亲一家人，卜泰跟石勒又没交情。刘曜派卜泰回平阳安抚策反屠各各部，但平阳城外已经被石勒包围，卜泰回来后就被石勒看出来有问题。石勒打算杀了卜泰逼降靳准，结果又被手下劝阻了。

石勒的这帮"诸将"啊，这些年就没有选对的时候。石勒这回听劝了，卜泰回了平阳就暗中策反靳准部将乔泰、马忠等起兵杀了靳准，

---

[1] 《晋书·石勒载记》：勒命张敬率骑五千为前锋以讨准，勒统精锐五万继之，据襄陵北原，羌羯降者四万余落。

[2] 《晋书·石勒载记》：勒攻准于平阳小城，平阳大尹周置等率杂户六千降于勒。巴帅及诸羌羯降者十余万落，徙之司州诸县。

随后推靳明为盟主向刘曜投降，卜泰及卜玄又带着传国六玺到了刘曜那里。

石勒大怒，派主力急攻平阳，又调石虎率幽、冀州兵前来相会，吞并并州的心思开始露出来了。

靳明向刘曜求救，刘曜派人迎回了靳明，平阳一万五千人随靳明归于刘曜，结果靳明一到，全族就被刘曜弄死了。

石勒进平阳后焚平阳宫室，修复了刘渊、刘聪的陵墓，留兵戍守，迁城内浑仪、乐器返回襄国。

至此，并州除了河东地区名义上在匈奴汉手上，剩下的地方基本上落入了石勒的手中。

石勒在天下大乱后第一次统一中国北方的框架基本上搭建完毕。统一，仅仅是时间问题了。

此次西进中，石勒接手了匈奴汉的十五万落"六夷""杂胡"。这个以河北为根据地，以"羯"为名的"杂胡"共同体，在混一胡汉的尝试中比匈奴屠各往前又走了一步。

匈奴汉是以屠各为核心的"匈奴""六夷""汉人"三个族群分立。石勒政权则是"杂胡"和"汉人"并立，没有所谓的"屠各最豪贵，故得为单于，统领诸种"这么一说，不管你有多"杂"，都是羯族。

石勒发迹早期在并州靠个人魅力拿下"杂胡"坞堡时，就琢磨开发出了赐姓"石"这个动作，这标志着石勒在成长中开始靠发户口的形式来统一族群。

原来是什么民族都不要紧了，从今天起，咱们就是一家子。

石勒本身"羯"族的种群太小，在石勒的发迹壮大中并没有帮上什么忙，石勒这辈子最大的恩人其实是司马腾。

咦，司马腾？这不应该是他最大的仇人吗？

其实没有司马腾，也就没有石勒波澜壮阔的人生了。石勒之所以最终走出了自己"杂胡"的羯族道路，和一开始从并州被拐卖到河北有着巨大的关系。

石勒普发公民权到了什么地步呢，举一个极端的例子。石苞，作为司马师的嫡系，当年是配享太庙的高规格，不过由于寒门的成分问题，到了八王之乱时家族已经没落了。他的曾孙石朴，什么本事都没有，战乱后和"胡人"同是"天涯沦落人"，因为和石勒同姓，两人都是被拐卖到河北的，所以被石勒引为宗室，后来官至司徒。[①]

石朴是标准的汉人，但因为与石勒有着共同的"河北受难"经历，所以成为石勒的铁杆！

所谓的"俱出河北"，代表着一种新的地域联系和共同记忆，这种"河北战友情"已超越本籍、门第乃至民族的界限，成为凝聚整个石勒集团的重要纽带。

没有司马腾大规模人口拐卖的凌辱操作，是不会出现这种超越一切的地域情感的！

利用共同苦难凝聚、团结群众的思路，成为石勒搭建统治结构的重要法宝。这给石勒打开了一个新思路和一扇新大门，无论什么民族，哪怕是汉族，他都能够通过改姓对之进行同化和吸收！

更重要的是，石勒融合多民族的心胸大到了海纳百川的地步。比如后面争议巨大的冉闵，不仅祖上是魏郡内黄的汉人，而且更重要的是他爹冉良开始是跟拐卖石勒的乞活军混的。[②]（陈午为乞活帅。）

小小年纪的冉良勇冠三军，石勒专门命石虎收编冉良为养子，并

---

① 《晋书·石朴传》：苞曾孙朴字玄真，为人谨厚，无他材艺，没于胡。石勒以与朴同姓，俱出河北，引朴为宗室，特加优宠，位至司徒。

② 《晋书·石李龙载记》：闵字永曾，小字棘奴，季龙之养孙也。父瞻，字弘武，本姓冉，名良，魏郡内黄人也。其先汉黎阳骑都督，累世牙门。勒破陈午，获瞻。

改名为石瞻，等冉闵出生后，因为这孩子比他爹还猛，于是石虎又把冉闵当成自己孙子一样养。[①]

汉人甚至是石勒自己的仇人，都能无障碍地被赐予"石姓"入羯族，其他"杂胡"进入羯族就更不是个事了。

早在石勒重返河北后，刘聪就非常贴切地给了石勒一个官方称号：都督冀、幽、并、营四州杂夷，征讨诸军事。

刘聪授予石勒在并州辖区"营杂夷，征讨诸军事"相当有深意，因为石勒早已离开并州多年，而且五部匈奴百年来都是并州籍人，并州刺史又为匈奴人的本部乡官，但刘聪却绕过刘氏诸王和其他屠各贵族将此职授予了石勒。

这已经不仅仅是表明对石勒的讨好了，更重要的是说明石勒军团中确实有大量的并州"杂胡"，而且石勒也能源源不断地拉来并州北部"杂胡"兄弟们入伙，这个区域，匈奴本部插不上手。

还记得石勒在河北起家时就派人去并州北部收揽"杂胡"吗？[②]

石勒在灭王浚的同时，手已经伸到拓跋部了，拓跋猗卢控制的万余家"杂胡"就准备投奔石勒。[③]

都是塞北异族，拓跋部同样蒸蒸日上，为什么"杂胡"还是要跑呢？就因为石勒是"自己人"，石勒的民族政策棒！

后赵建国后，羯族人口激增，其实是大量的冀州、并州的"杂胡"撑起来的，尤其石勒在318年匈奴汉内乱后趁机拿下了胡人中心的并州

---

① 《晋书·石季龙载记》：时年十二，命季龙子之。骁猛多力，攻战无前。历位左积射将军、西华侯。闵幼而果锐，季龙抚之如孙。

② 《晋书·石勒载记》：使其将张斯率骑诣并州山北诸郡县，说诸胡羯，晓以安危。诸胡惧勒威名，多有附者。

③ 《资治通鉴·晋纪十一》：刘琨请兵于拓跋猗卢以击汉，会猗卢所部杂胡万余家谋应石勒，猗卢悉诛之，不果赴琨约。

大部，使得越来越多的"六夷""杂胡"可以聚拢在石勒的政权下，也构成了以河北为根据地，以羯为名的"杂胡共同体"。

石勒的"杂胡共同体"使得几百年来的不同民族、不同文化但却有基本相同的生活方式的塞北小部落们开始逐渐在一个权力中心下发挥合力。

石勒搭建起来的权力结构中，"六夷""杂胡"的人数要远远超过匈奴汉的五部匈奴，因此，石勒建立后赵所凭借的社会政治基础也比关中的刘曜更为广泛。

刘曜所代表的匈奴屠各在失去并州这个大后方后，基本上宣布"五胡乱华"中的"第一胡"匈奴要退出历史舞台了。以"羯"为代表的"杂胡"，开始接上第二棒。

319年二月，刘曜授石勒太宰、领大将军，晋爵赵王，加殊礼，出警入跸，如曹公辅汉故事。

刘曜听到身边人的建议后半路反悔，认为使者王修返回襄国后会把长安的虚弱报告给石勒，于是派人追杀王修，原本授予石勒的官位、封爵及礼遇也搁置了。

但王修的副手刘茂却成功逃脱了，回到襄国报告了王修之死。石勒正好没理由跟刘曜开撕，因此大怒道："我侍奉刘氏算是做到人臣的极致了，他家的基业都是我打下来的，今日刘氏得志了，竟想来谋算我！赵王、赵帝，我自己也能给自己，哪用得着他们赐予！"

至此，双方决裂。

319年十一月，石勒自称大将军、大单于、领冀州牧、赵王，于襄国即赵王位，称赵王元年。石勒正式立号了。

基本拿下冀州、并州的石勒开始迅速整合中国的北方，他先是指向幽州。

318年，辽西公段疾陆眷病逝，其子年幼，叔父段涉复辰自立，被段匹磾所阻。辽西本部的段末柸乘机杀了段涉复辰及其子弟、党羽二百余人，自立为辽西公，随后和西面占据蓟城的段匹磾开始了段部鲜卑的内斗。

段部第一猛将段末柸在互撕中多次打败段匹磾并俘虏了刘琨的儿子刘群。刘群得到段末柸的厚待，给刘琨写密信邀他共击段匹磾。结果密信被段匹磾截获，段匹磾找来了刘琨与之对质。

刘琨说："我与你同盟是为了雪国家之耻，就算这小子的密信送到我这里，我也不会因为他就废了国家大义！"

段匹磾本来挺敬重刘琨，都准备放他了，但其弟说："咱们是胡人啊，之所以能让这帮晋人臣服，是因为他们怕我们兵强马壮，现在段部兄弟内乱，正是他们图谋我们的好时机啊，要是放了刘琨，咱们就该被灭族了！"

五月癸丑，段匹磾谎称受司马睿诏书，杀了刘琨及其子侄四人。

刘琨其人，在西晋末年，是一个相当重要的人物。总体来讲，在西晋诸多高门子弟中，刘琨的表现已经算是第一档了。

他在八王之乱末期并州已乱之时，如钉子般楔入了并州，继承了司马腾与拓跋鲜卑的外交关系，并利用其高门圈子融入了太原本土，在北方坚持了十多年，矢志不渝，未见其有对国家不敬之处。

能力问题先放一边，他大节无亏！是否有功劳先搁一边，他有苦劳。

我们虽然强烈谴责了他在乱世中做的令人遗憾的事，却都是就事论事，我们只是拿他和一百年前的璀璨的将星做了比较而已。

刘琨，是足以作为民族英雄被铭记的！当然，历史也给了他相应光荣的后世之名。

后世提到刘琨时，通常会忆起一位闻鸡起舞的英雄少年。有历史常识的读者可能知道这个人是带领太原连续十年抗击少数民族入侵的英雄，通常是不会知晓他的那些操作黑点的。

历史是公允的。刘琨的黑点是能力问题，但当时又有几人能在那种环境下扶大厦之将倾、挽狂澜于既倒呢？

西晋已经烂透了，刘琨的毛病也是西晋世家子弟骨子里浸淫了几十年积弊的表现，以他的出身，他做了那个圈子中绝大多数人做不到的事情！

他比"一世龙门"的嘴炮之神王衍要强得多！

他比坐拥幽云突骑兵王却无一丝国家大义的王浚要强得多！

他比祸乱天下的司马诸王更要强得多！

316年关中的司马邺被刘聪断根，天下最大的官员是江东的司马睿，刘琨派姻亲兼下属温峤劝进。

六月丙寅，刘琨作为晋朝的司空，以排名第一的次序位列司马睿的劝进表榜首。[①]

他的下属温峤来到江东后，得到了司马睿的重视。温峤在东晋朝堂讲述了刘琨这些年在并州孤岛上的忠贞事迹，举朝瞩目！[②]

江东的这帮人，都是司马越的余党，是从北方逃出的门阀，他们听到北方的那些腥风血雨，就吓得两腿发软，听说刘琨在那群吃人的野兽中坚守十多年，感叹道："真是好汉子！"

温峤后来在东晋立有大功，时人以温峤为第二流中第一人（第二流是非高门大姓的士族），受司马睿器重，王导、周顗、谢鲲、庾亮、

---

① 《晋书·元帝纪》：六月丙寅，司空、并州刺史、广武侯刘琨，幽州刺史、左贤王、渤海公段匹磾，领护乌丸校尉、镇北将军刘翰，单于、广宁公段辰，辽西公段眷，冀州刺史、祝阿子劭续，青州刺史、广饶侯曹嶷，兖州刺史、定襄侯刘演，东夷校尉崔毖，鲜卑大都督慕容廆等一百八十人上书劝进。

② 《晋书·温峤传》：峤既至，引见，具陈琨忠诚，志在效节，因说社稷无主，天人系望，辞旨慷慨。举朝属目。

桓彝等东晋头面人物与之亲善，但温峤能够迅速跻身司马睿政权的核心圈层，其背后的关键因素是代表刘琨劝进这件事所赋予他的政治资本。

当然，刘琨之所以能成为"天皇巨星"，也和温峤立功于江东，不断为他在朝堂上说话有着巨大关系。

什么时候，朝堂上都要有自己人，因为话语权是争取来的，要有人为你说话！

刘琨死后，因为段匹磾尚有规模且称臣于东晋，所以刘琨并没有立刻得到东晋朝廷的追认。

段匹磾被杀后，刘琨的姻亲下属卢谌和崔悦纷纷上表为刘琨鸣冤，时任太子中庶子的温峤上疏为刘琨申诉。

司马睿没有了顾虑，下诏曰："故太尉、广武侯刘琨忠亮开济，乃诚王家，不幸遭难，志节不遂，朕甚悼之。往以戎事，未加吊祭。其下幽州，便依旧吊祭。"

刘琨被追赠侍中、太尉，谥曰愍，得到了追认。

英雄的事迹，永远会随着时间的流逝越加香醇。刘琨抗"胡"的事迹慢慢被神化，东晋一朝最强综合性巨星桓温的偶像就是司马懿和刘琨。

三十多年后桓温北伐，从北方得到了一个老婢女，曾经是刘琨"歌舞团"的工作人员。老婢女看到桓温就哭了，说他长得真像当年的刘司空。桓温高兴坏了，专门整了整衣冠，让老婢女再看。婢女说："面甚似，恨薄；眼甚似，恨小；须甚似，恨赤；形甚似，恨短；声甚似，恨雌。"

总之就是说桓温只可远观，不可近看，近看的话，哪里都比不上刘琨。其实这很无厘头，此时距离刘琨在并州听曲儿近四十年了，这个婢女在四十年后还能记清什么呢？但她仍然得出了桓温的男人气概比刘琨差得太远的相貌评价。

与其说刘琨是英雄好汉盖世无双，倒不如说整个时代赋予了他巨大的魅力与神话加成。不然，枭雄如桓温不会偶像般崇拜刘琨，婢女不会巨星化一个几十年前的主人。

无论何时，涉及国家、民族大义的，永远没有第二个选项，因为后世永不会忘记英雄！

六、两晋之交唯一能够逆天改命的晋将是谁？

刘琨被杀后，段匹磾也迅速地衰亡了。史书中给出的结论是刘琨死后段匹磾的名声臭了，无论胡人还是汉人全都离他而去。[①]

实际上，只能说在时间点上比较凑巧。

段部雄霸北方自始至终靠得都是自家的突骑，段匹磾衰亡于自家的内乱。段疾陆眷死后，段部第一战神段末杯靠武力做了段部的老大，随后段匹磾被段末杯和石勒联手打残了。[②]

段末杯被石勒俘虏后，段匹磾的弟弟段文鸯曾经劝段疾陆眷别管段末杯的死活，结果段末杯回来了，再也忘不掉这段过节。

这种"放弃自己人"的建议，什么时候都不要说。一旦"胡汉三"回来了，你这辈子都处于被动之中；就算人家没被救回来，你在别人的眼中也是个冷血分子。

---

① 《资治通鉴·晋纪十二》：于是夷、晋以琨死，皆不附匹磾。

② 《资治通鉴·晋纪十二》：末杯遣其弟攻匹磾，匹磾帅其众数千将奔邵续，勒将石越邀之于盐山，大败之，匹磾复还保蓟。《晋书·石勒载记》：孔苌讨平幽州诸郡。时段匹磾部众饥散，弃其妻子，匹磾奔邵续。

319年，段匹磾被打出了幽州，带着残兵投奔晋冀州刺史邵续据有的厌次（今山东阳信）。

邵续原本是厌次当地的坞堡主，被王浚收编了，后来渐渐收集亡散百姓成了一股势力。王浚被灭后，邵续算是有气节，没有归附石勒，而是跟着段匹磾奉晋朝为正朔。

321年，石勒派石虎和孔苌进攻厌次，段匹磾、段文鸯兄弟被擒，这股力量被彻底平定。

石虎带兵围攻孤城之时，段文鸯打算出击，段匹磾不许。

段文鸯说："我以勇烈闻名，所以百姓依附、仰仗于我，现在见人被劫掠而不救不是爷们，士众一旦失望，谁还为我效力死战呢！"说罢带着数十壮士出战，杀敌甚多，把马都累趴下了。

石虎起了爱才之心，又惦着给段文鸯发羯族户口，远远呼喊道："段大哥，咱们是一个阶级的，我早就中意你啦！好不容易见到你，咱哥俩还打什么啊，别打啦！"[1]

后人知道石虎是个顶级的人间恶魔，却很少观察到他也深深把握了石勒收揽少数民族豪杰的精髓。在民族问题上、在主要矛盾和次要矛盾上、在谁是我们自己人的问题上，石虎这辈子精明得不能再精明。

段文鸯大骂："你是大混蛋，我的傻哥哥不用我的计谋才让你活到今天，我死也不会被你抓到的。"

马累死后，段文鸯下马再战，把槊都冲折了，拖起大刀接着砍。

石虎命令解下战马的防护罩，四面围住段文鸯，跟斗牛一样，段

---

[1] 《晋书·段匹磾传》：季龙呼曰："大兄与我俱是戎狄，久望共同。天不违愿，今日相见，何故复战？请释杖。"

文鸯自辰时至申时苦战了七八个小时，力尽被抓。①

之所以专门写段文鸯最后的战役，是想从两晋史料为数不多的细致战争描写中还原一下当时的战争场景，这段战斗基本还原出了一个细节：双马镫极大概率已经发明出来并在北方被大规模地投入使用，突骑冲锋已经成为时代的最强战法。

1. 最后段文鸯的槊都捅折了，说明用的是突骑战法。

槊就是加长的重型长枪，槊锋刃通常长达半米，远远长于普通的枪，一寸长，一寸强，是突骑战法中的重要武器。

突骑战法是不太可能用方天画戟这种武器的，因为刺中敌人后武器非常容易卡在身体里拔不出来。一定要用那种非常容易拔出来的枪或槊。马冲锋时冲击力极大，只要捅中了人，对方就是必死的贯通伤，你根本不用在乎扩大创伤面，赶紧拔出来捅下一个人去就得了。

2. 段文鸯拿槊用突骑战法战斗了好几个钟头，最后把马活活累死了，这只有一种可能，就是战将在战马上是极度稳定的。

因为突骑战法的后坐力非常大，你捅死人家的同时自身也要受到巨大的反冲击力。没有双马镫固定骑手是不太可能连续高强度鏖战几个钟头的。

3. 石勒军也具有相当规模的突骑部队了。

两晋交接，天下兵王一直是段部鲜卑。段部所在之处战无不胜逮谁干谁，其实兵力加一起不过四五万骑兵。②十多年过去了，段部在多年征伐和自我内讧的损耗后开始出现颓势，与此同时，霸榜北方多年的

---

① 《晋书·段匹磾传》：季龙军四面解马罗披自郐，前捉文鸯。文鸯战自辰至申，力极而后被执。

② 《晋书·段匹磾传》：自务勿尘已后，值晋丧乱，自称位号，据有辽西之地，而臣御晋人。其地西尽幽州，东界辽水。然所统胡晋可三万余家，控弦可四五万骑。

突骑战法所需的要素，石勒军团也配齐了。

石虎的骑兵部队拥有大量的战马护甲（马罗披），这种东西是在骑兵大量冲阵步兵方阵时为了保护战马不被步兵阵射伤或捅伤时才会用的。

双方骑兵对战时是不会用护甲的，都是秃马上阵，因为加重的护甲对马力是一种巨大损耗，双方骑兵对战时，机动性更加重要。

双马镫下的突骑战法，对步兵那就是降维打击。在这个背景下，我们要引出的下一位英雄才会显得更加可贵。

320 年，石勒做了一件事，给幽州的一座坟进行了尽善尽美的维修，还专门设了守灵人。这是超级罕见的，因为石勒是专业刨坟的。

这座坟的主人，是"中原之光"祖逖祖豫州的祖上。

石勒给祖逖写了封外交文书，请求互市，祖逖没搭理他，但默认了互市，河南的官家有了油水，百姓有了收入，开始恢复元气。[①] 这意味着石勒官方承认祖逖是强者。

纵观石勒的一生，能够逼他做到这份上的，也就是祖逖了。来看看这位无双的国士吧。

祖逖是范阳遒县（今河北涞水）人，世吏二千石，为幽州豪族，父亲祖武是上谷太守。

祖逖出生于世家，但父亲早早就死了，这也导致了他的教育没抓起来，十四五岁的时候仍然没读书，他的哥哥们经常担忧："你不读书哪行呀？"但祖逖不当回事，史载"轻财好侠，慷慨有节尚"，在家里人看来就是败家子。

他经常假称兄长之意给穷人发救济物资，博得乡里的好名声。不是不能做好事，但不建议慷家族之慨，不当家不知柴米贵，我要是祖逖

---

① 《晋书·祖逖传》：因与逖书，求通使交市，逖不报书，而听互市，收利十倍，于是公私丰赡，士马日滋。

的哥哥，我就饿他几顿，再断他三个月的零花钱。

祖逖开始读书了，事实证明，读书这事不在早晚要看悟性，比如祖逖和吕蒙读书都很晚。祖逖学成后代表家族来往洛阳公干，洛阳的人才鉴定师给了他超高的评价。

祖逖成年后入仕司州主簿，碰到了另一个世家子弟：刘琨。哥俩关系好到"共被同寝"。中山靖王之后貌似都爱跟爷们睡觉。

有一天大半夜，听见鸡叫了，哥俩说："该起来练剑了。"

也不知这段故事是他们哪位泄露给世人的，反正他们两个以他们于南北分别立功的人生，背书了一个鼓励年轻人奋发努力的成语：闻鸡起舞。

祖逖和刘琨都属于游走于多位领导中间被重用的，祖逖先后跟过司马囧、司马乂、司马越。在跟着司马越北伐河北战败后回到了洛阳，过着韬光养晦的生活。

自此，祖逖和刘琨的人生开始分野了。因为刘琨紧紧抱住了司马越阵营的大腿，而祖逖则放弃了司马越多位兄弟及其本人的征召。[①]这种姿态，某种意义上决定了祖逖未来的人生剧本。

他本可能有着更大的舞台，但他放弃了司马越集团的征召，也就意味着他不会是司马睿集团的"自己人"。因为不仅"越府"和"睿府"的政治渊源极深，而且日后避乱于江左的司马越残党们也不会为他说话。

永嘉之乱，洛阳陷落，祖逖的老家已经成为王浚的地盘，在王浚和司马睿之间，祖逖选择了后者，开始率亲族乡党数百家南下前往淮泗避难。

在南下避难的路上，祖逖对各种危难应对自如，被同行诸人推为"行主"。走到泗水入淮的泗口时，司马睿任命祖逖为徐州刺史，后

---

① 《晋书·祖逖传》：大驾西幸长安，关东诸侯范阳王虓、高密王略、平昌公模等竞召之，皆不就。东海王越以逖为典兵参军、济阴太守，母丧不之官。

来不久又被征为军谘祭酒，带着队伍来到了不久后的传奇之地：京口（今镇江）。这个地方，在后来的历史发展中，成了东晋的脊梁。

313年，司马炽给刘聪做服务员时被杀，关中的司马邺即位，任司马睿为大都督陕东诸军事，命其率兵赴洛阳勤王。

司马睿接诏后想骂街，他自己就是个光杆司令，江南都搞不定，司马邺不就是在说便宜话吗！

得知西北的叫花子朝廷传来号召北伐的文件时，祖逖决定利用这个政治时机收复故土。

当年石勒攻打淮南失利，决定调整匪帮发展方向向河北转型的时候，兖州、豫州的大片土地出现了巨大的权力真空。一个个坞堡组织在兖州、豫州作为"绿洲"，并没有一个强力的、能产生合力的政权组织进行渗透，这让京口的祖逖看到了机会。

祖逖上表进言："世道乱成这样不是因为皇帝无道百姓造反，而是因为藩王争权自相残杀，给了夷狄可乘之机，现在北方百姓受尽蹂躏，让我北伐雪耻吧。"

司马睿刚想睡觉祖逖就给递枕头，说："你赶紧去，正好我对天下也有交代了。"于是命祖逖为奋威将军、豫州刺史，给了他一千人的物资，三千匹布，没有武器，没有士兵，你自己招募吧。

祖逖不气馁，心想："你给政策就行！"带着百余家部曲渡江，中流击水，祖逖击打舟楫而誓："我祖逖要是不能扫清中原，就如这滚滚长江般有去无回！"言辞壮烈，众皆慨叹！

过江后祖逖屯于江阴，开始招募流人，冶铸兵器，组织了两千多人后开始北上。

祖逖第一轮征伐的是豫州，因为豫州只能有一个老大，而现在的老大是张平。

刘琨的侄子刘演曾经任命谯地的流民坞堡主张平为豫州刺史、樊雅为谯郡太守，张平手下还有十几支几百人的小坞堡势力。^①几百人的规模都进史书了，被扫荡了十多年的豫州竟可怜如斯。

祖逖随后采取了内部分化战术，勾引小坞堡堡主谢浮杀了张平。

张平被弄死后，樊雅很紧张，率众夜袭祖逖。祖逖遣使求救于南中郎将王含和蓬陂（今河南开封南）坞主陈川，在两人的援助下，祖逖反攻拿下谯城。

石勒看到祖逖很猛的样子，于是派石虎带兵来围谯城，被祖逖打跑，司马睿高兴坏了，传檄天下，告知军民。^②

陈川派来帮祖逖客战的将领李头看上了樊雅的坐骑，眼馋又不敢说，被从小就给人免租子的祖逖看见了，直接就把马送给了李头。

李头回总部后开始"祸乱"军心了，经常叹息道："我要是能跟祖逖，死也值了！"^③

让你出去帮忙，你把心帮丢了不说，还在那里穷嘀瑟，陈川一怒之下就杀了李头。

李头的亲党冯宠等率四百部曲直接投奔祖逖去了，陈川大怒，随后派兵掠豫州诸郡，大获子女车马。祖逖派卫策阻击于谷水，救下了被劫掠的百姓，令各还本家。

陈川大惧，率众投降石勒。祖逖率众讨伐陈川，石虎领兵五万救援。

双方大战后，石虎被祖逖的伏兵杀得大败。这是石虎第二次被祖逖打跑。

石虎战败后将陈川部众迁徙到了襄国，留桃豹等守陈川故城蓬关

---

① 《晋书·祖逖传》：北中郎将刘演距于石勒也，流人坞主张平、樊雅等在谯，演署平为豫州刺史，雅为谯郡太守。又有董瞻、于武、谢浮等十余部，众各数百，皆统属平。

② 《晋书·元帝纪》：石勒将石季龙围谯城，平西将军祖逖击走之。己巳，帝传檄天下。

③ 《晋书·祖逖传》：头感逖恩遇，每叹曰："若得此人为主，吾死无恨。"

西台后自己就撤了。

　　祖逖驻扎在了蓬关东台，双方对峙了四十多天。祖逖使计，拿布装了土当作军粮运到城头上，堆得跟小山一样，又令几个人担米装作特别累的样子在路上歇着，结果引来了桃豹守军抢粮食。

　　赵军抢到军粮后以为祖逖还有很多粮食、晋军天天都能吃饱饭，而他们天天饿得眼睛都绿了，于是士气越来越低落。

　　蓬关并不挨着运河，运粮上有些困难，赵军只好以一千头驴驮着粮食回去，结果遭到祖逖的伏击，这一千头驴也让祖逖笑纳了。桃豹趁夜退据东燕城（今河南延津县东北）。

　　祖逖先锋军进屯封丘，祖逖镇雍丘（今河南杞县），开始不断派兵截石勒的粮道。石勒军就像炮楼里的鬼子，憋得那是相当难受。（见图5-6）

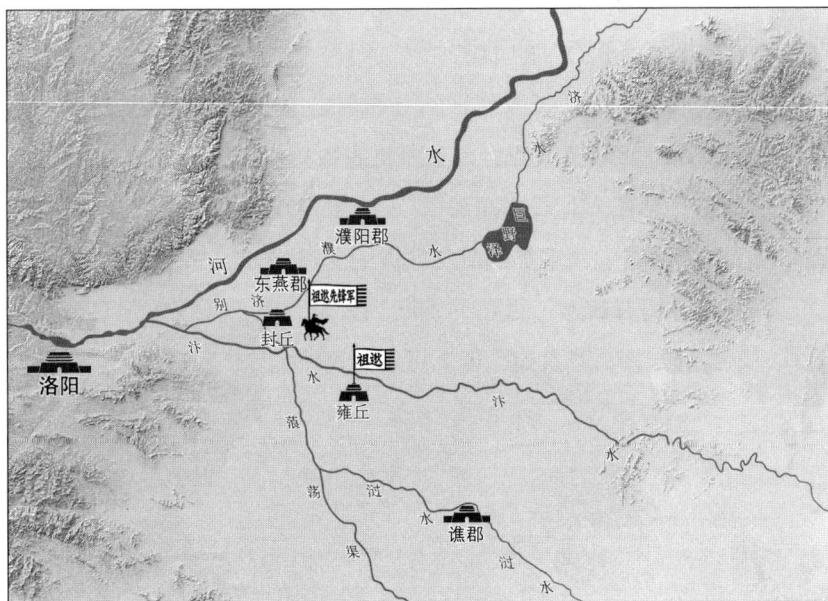

图 5-6　祖逖北上收复失地示意图

祖逖大军已经顶到黄河边上来了，侦察兵四处出击并宣传政策，濮阳坞堡主深感祖逖的恩德，率乡里五百家投奔祖逖。

石勒作为"杂胡"联盟首领，觉得祖逖就是个"汉人版的自己"，心想："汉人可比我们'杂胡'多，让他闹起来还了得！"因此派遣万人精骑军团打算教训祖逖，但是又让祖逖给击破了，边境上越来越多的石勒小弟来投奔祖逖。

自从祖逖北上后，在黄河沿岸互相攻伐的赵固、李矩、郭默等汉人坞堡堡主都被祖逖整成大联盟了。[①]

祖逖和刘琨比起来，两人最大的区别是什么呢？祖逖留得住人，刘琨留不住人。

准确地说，祖逖不光留得住人，还抢得来人。祖逖作为世家高门子弟，却对底层百姓极度关怀。形势对祖逖来说极好，黄河以南全都听他的号令。[②]

祖逖体贴下属和百姓到了什么程度呢？

就连黄河两岸已经将人质押到石勒那里的坞堡主也倾心祖逖，祖逖动不动就派抢劫大队去各坞堡主那里假装劫掠，表明坞堡主的清白，所有坞堡主都身在"石营心在祖"，一个个都成了祖逖的情报特派员，石勒南下的军事行动基本都被祖逖埋伏了。[③]（见图 5-7）

只要将士们有微功，祖逖的赏赐当天就到绝不隔夜，他自己生活俭朴，不畜资产，劝督农桑，带头耕作，收葬枯骨，发送祭祀。

---

① 《晋书·祖逖传》：时赵固、上官巳、李矩、郭默等各以诈力相攻击，逖遣使和解之，示以祸福，遂受逖节度。

② 《晋书·祖逖传》：逖爱人下士，虽疏交贱隶，皆恩礼遇之，由是，黄河以南尽为晋土。

③ 《晋书·祖逖传》：河上堡固先有任子在胡者，皆听两属，时遣游军伪抄之，明其未附。诸坞主感戴，胡中有异谋，辄密以闻。前后克获，亦由此也。

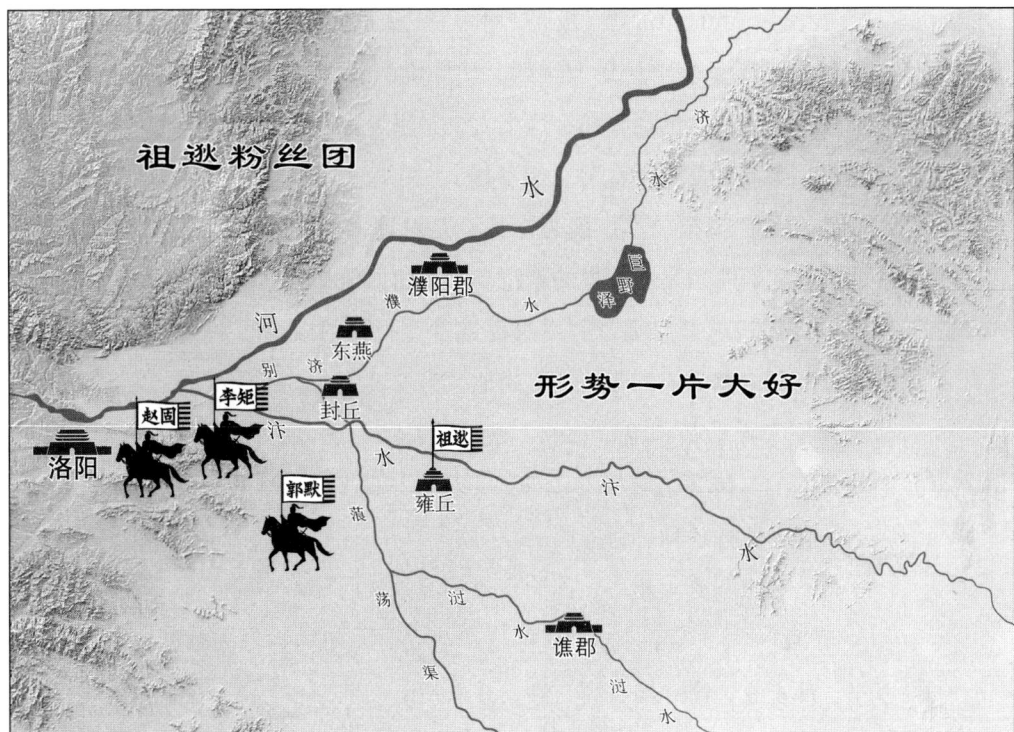

图 5-7　祖逖北伐形势图

　　祖逖还经常搞军民大联欢，老人们哭着说："我们都一把年纪了，现在见到了再生父母，就算死了又有什么遗憾呢！"

　　石勒对祖逖非常挠头，过了黄河就是祖逖的"铁道游击队"，因此根本不敢再动南侵的心思，派人去修祖逖祖坟和其母亲的墓，修书互市通好就是在这种情况下发生的。①

　　石勒对祖逖怵头到什么地步了呢？

　　祖逖手下出了叛徒并投奔了石勒，石勒直接砍了叛徒的脑袋送给了祖

----

　　① 《晋书·祖逖传》：石勒不敢窥兵河南，使成皋县修逖母墓，因与逖书，求通使交市。

逊，高调表示："我最恨的就是叛徒，将军恨的人也就是我石勒恨的人。"①

石勒迎来了人生中的最大挑战。如果说两晋之交晋将方面只有一个人能强行逆天改命的话，那么这个人就是祖逖。

祖逖面对石勒所有的优势全都不怵。

1. 他有见招拆招的军事能力，无论是对坞堡堡主的拉和打，还是对阵北国骑兵，哪怕是大规模的精锐骑兵军团，他都有办法破解。

2. 他有组织起最广大范围内汉民族群众力量的政治水平，黄河两岸的势力范围全都买他的账，甘心为他效力。

这在汉人圈里是相当罕见的。就是放眼所有民族，内斗都是极其残酷和普遍的，屠各怎么样？段部怎么样？拓跋部又怎么样？都一样。但祖逖就有本事把各种势力拧成一股绳。

不过石勒也不必太担心，因为顶梁柱都是从内部轰塌的。

公元 321 年，正当祖逖打算打过黄河之时，司马睿派来戴渊为征西将军，都督兖、豫、幽、冀、雍、并六州诸军事，假节镇合肥。戴渊并不是做将军的料，但他是司马越集团的旧人，又是本土的吴人。

司马睿是什么意思呢？祖逖太牛了，打算制衡他了。

司马睿安排的戴渊，让祖逖心中受伤了。②令祖逖忧心的不仅仅是受制于后方，而且他还知道了司马睿和王敦之间巨大的隔阂，他深感江东的朝堂山雨欲来，自己恐怕没机会北伐了，情绪不免波动，因此病倒了。③

---

① 《晋书·石勒载记》：祖逖牙门童建害新蔡内史周密，遣使降于勒。勒斩之，送首于祖逖，曰："天下之恶一也。叛臣逃吏，吾之深仇，将军之恶，犹吾恶也。"

② 《晋书·祖逖传》：方当推锋越河，扫清冀朔，会朝廷将遣戴若思为都督，逖以若思是吴人，虽有才望，无弘致远识，且已翦荆棘，收河南地，而若思雍容，一旦来统之，意甚怏怏。

③ 《晋书·祖逖传》：且闻王敦与刘隗等构隙，虑有内难，大功不遂。感激发病……乃致妻孥汝南大木山下。

虽然时局不济，壮志难酬，但祖逖仍然日拱一卒，他开始修缮北临黄河、西接成皋的武牢城。城未修完，祖逖已经病重。

祖逖之病，牵动了太多人的心。

王敦与司马睿的矛盾逐渐公开化，而祖逖作为中流击水的忠贞之臣在北面对打算逼宫建康的王敦起到了极大的制衡作用，因此，朝中的华谭、庾阐问术士戴洋："祖逖的病情怎么样？"戴洋说："祖豫州的寿过不去九月了。"

天有妖星见于豫州之分，会看天象的历阳人陈训也对人说："今年西北大将当死。"

祖逖是全才，也会望天象，他看到了当空妖星，叹道："现在刚打算平定河北，要我命的就来了，此乃天意，国运如此，不可强求啊！"[①]两晋之交的祖逖，其实也是个能逆天改命的低配版丞相诸葛亮。

321年九月壬寅，祖逖卒于雍丘，时年五十六。

华夏的中兴脊梁折了。豫州百姓如死爹娘，为祖逖立祠。

石勒这辈子最可怕的对手，被老天收走了。

王敦这辈子最顾虑的朝臣，被司马睿作没了，转过年来，东晋爆发了王敦之乱。[②]

祖逖，就是这个时代"汉人版"的石勒。他能拢住不同阶层、不同地域受尽压迫的汉人，成为他们的主心骨，带领他们去对抗肆虐华夏的"胡虏"。祖逖一死，"抗胡共同体"就散摊子了。

石勒是多机灵的人啊，祖逖一死，就开始派兵南下，相继攻下襄城、城父，围谯城。祖逖之弟祖约根本没本事抵抗，只好不断南撤，退

---

① 《晋书·祖逖传》：逖亦见星，曰："为我矣！方平河北，而天欲杀我，此乃不佑国也。"

② 《晋书·祖逖传》：王敦久怀逆乱，畏逖不敢发，至是始得肆意焉。

守寿春。

豫州再次进入后赵的势力范围，同时石勒又派兵侵扰徐、兖二州，东晋部队纷纷南退，当地坞堡堡主再次向石勒归降。

祖逖死，南北淮河为界，开始清晰！

323年，石勒派石虎率步骑四万攻打三面被围、一直割据青州的曹嶷。

山东地区是关东最终的胜利者轻松摘的最后一个桃子，赵军南下后如入无人之境，到了广固，曹嶷就投降了，石虎坑其降众三万，青州全郡坞堡势力易主。

至此，淮河以北，函谷以东，尽为石勒所有。（见图5-8）

整个中国北方，放眼望去，只剩下大分裂后退入关中的匈奴屠各了。

"杂胡"与屠各，"五胡时代"权柄的交接，该见分晓了。

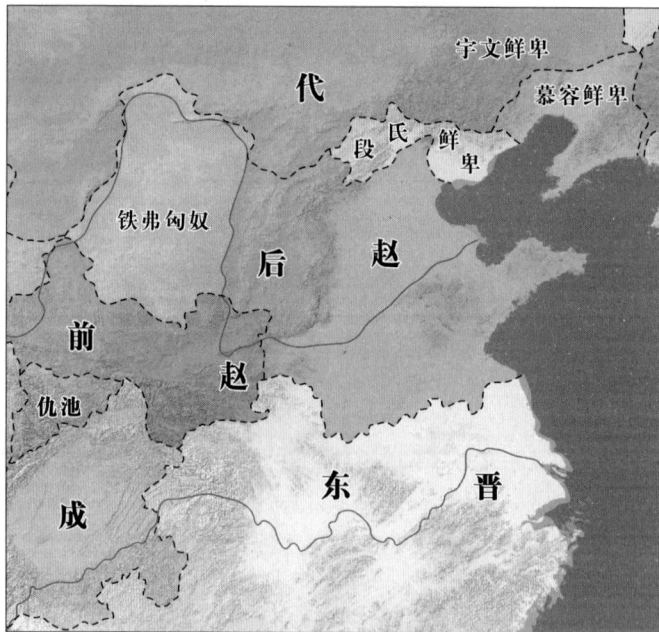

图5-8 后赵疆域图

七、六百年纠缠对手，从此退场了

325 年，屠各老大刘曜和"杂胡"老大石勒之间正式开打，两国边界的河东和弘农两郡成为双方的角逐战场。

匈奴汉的国号改成了"赵"，历史上非常无厘头的现象出现了：同时有两个"赵"政权。史称匈奴汉为"前赵"，羯赵为"后赵"。但实际上，从时间的角度来说，石勒应该是"前赵"。

早在 318 年靳准内乱之时，刘曜为了让石勒来帮架，就把石勒封为赵公了，战后还打算封石勒为赵王，但半路反悔了，派杀手追杀了使者。

319 年，刘曜觉得关中是自己打下来的，并州老家的政权也早就让人家灭了，再用不吉利，于是决定重新立号。结果他换了个更不吉利的。

刘曜问了一下官员们的意见，太保呼延晏等说道："您是亲手灭晋之人，功成后被封为中山王，中山是原赵国之地，该叫大赵。赵为北，北为水，晋为金德，水继金德超吉利（五行次序为金、水、木、火、土）。"

刘曜当年灭晋后被署为车骑大将军，开府仪同二司、雍州牧，封中山王。刘曜也觉得这个封号吉利，雍州牧为关中，为他立业之地，中山王。肯定也错不了，于是刘曜决定用自己龙兴时的"赵"为国号，以冒顿配天，刘渊又变成了"上帝"。

其实，任何时候讨嘴上便宜的"遥领"都是不太吉利的。没有这东西你偏说有，把美好愿望天天挂嘴边，是不吉利的。

《道德经》里讲："高者抑之，下者举之；有余者损之，不足者补之，天之道，损有余而补不足。"事办成之前，都是要尽量藏着掖着的，更何况"国号"这种国之根本。自古以来政权都是占着什么地方，叫什么名号，这都是扎根啊！

刘邦起于汉中，人家叫汉王。

曹操以古魏地邺城为都，人家叫魏王。

司马昭以晋之故壤十郡为封，人家叫晋王。

刘曜的关中政权叫"赵"，这不是找不痛快吗！

324年，前赵立国后，终南山崩了，有百姓于山崩处得白玉方一尺，上有文字："皇亡，皇亡，败赵昌。井水竭，构五梁，咢酉小衰困嚣丧。呜呼！呜呼！赤牛奋靷其尽乎！"说石勒要死了，群臣兴奋，刘曜更是斋戒七天，把白玉供太庙去了。

在所有人都自作多情时，中书监刘均站出来泼了冷水："自古国主对应的是山川，山崩川竭，这说明完蛋的是咱们啊！"

1. 终南，京师之镇，国之所瞻，无故而崩，其凶焉可极言！

2. "皇亡，皇亡，败赵昌者"，此言皇室将为赵所败，赵因之而昌。

3. 今大赵都于秦雍，而石勒跨全赵之地，赵昌之应，当在石勒，不在我也。

4. "井水竭，构五梁"者，"井"谓东井，秦之分也，"五"谓五车，"梁"谓大梁，五车、大梁，赵之分也，此言秦将竭灭，以构成赵也。

5. "咢"者，岁之次名作"咢"也，言岁驭作咢酉之年，当有败军杀将之事。

6."困"谓困敦,岁在子之年名,玄嚣亦在天之次,言岁驭于子,国当丧亡。

7."赤牛奋靷"谓赤奋若,在丑之岁名也。"牛"谓牵牛,东北维之宿,丑之分也,言岁在丑当灭亡,尽无复遗也。

总体上就两件事:

1.预言了未来:你家将被石勒吞并。

2.预言了时间:鸡年死大将,鼠年国当亡,牛年种当灭。

来看看匈奴人在中国历史主线上最后的活动吧。

石勒统一关东的这些年,刘曜在西边也没闲着,只是他比石勒更艰难。

石勒面对的状况是:看似地盘更广,人员成分更杂,但经历了二十年的大乱,早已整合成了地方坞堡势力;更重要的是,没有别的民族跟着掺和,石勒只需专注于汉人坞堡主这一个对手。

刘曜则头疼得多,因为关陇一带除了汉人和"杂胡"外,还有很多羌人和氐人。

羌、氐二族都是独立数百年的原生本土民族,像羌族跟武德爆棚的炎汉都能拍百年战争的连续剧。之前匈奴屠各在并州被打出来时晚节不保,刘义案后在民族问题上算是臭大街了。

320年,屠各内部出了叛徒,本族的路松多起兵于新平、扶风以附东晋司马保势力,秦陇地区的氐、羌也纷纷帮场。没多久,刘曜内部的禁军将领都造反了,勾结巴族酋长句徐、库彭准备造反,因为消息泄露未成。

刘曜因禁了谋反的五十多人准备开刀放血,光禄大夫游子远劝道:"不能多杀啊,杀了准出大乱子!"叩头至流血,刘曜不听,将叛乱分子全部诛杀。

随后,巴族全反了,推巴族酋长句渠知为主,自称大秦,改元叫"平赵"。各山头的氐、羌、巴、羯各族三十余万都闹起来了,关中大乱，城门昼闭。①

刘曜傻眼了，硬着头皮准备亲自去平叛。游子远再次劝阻道："民族问题要妥善解决，这帮'蛮夷'没有大志，就是害怕被您宰了，我去把不追究的政策说明白了，他们自然就降了。先礼后兵，如果他们还不听话，咱们再动手。您直接打的话，他们都在山沟里，不消耗几年，这战打不完。"

刘曜随后大赦，命游子远为车骑大将军带着政策去游说西戎诸部。

游子远屯兵于雍城时安抚说降了十多万人，到了安定，只有句氏宗党五千余家继续抵抗，被游子远灭了。

游子远又打败了氐、羌酋王权渠，随后公布优待政策，权渠投降，被封为征西将军、西戎公，并拆分其部落二十余万口，迁徙于长安。

西戎诸部中权渠部最强，权渠投降后，这次民族大乱算是被暂时压下来了。②

322 年，刘曜亲自南下攻打仇池氐王杨难敌，杨难敌退保仇池，仇池诸氐、羌及晋人残余力量全部归附。刘曜迁陇西万余户于长安，但因为军中大疫，刘曜染病而回。

原晋朝降将秦州刺史陈安反了，上一次投降游子远的陇西氐人、羌人又都跟着陈安闹腾起来了，陈安聚众十余万自称凉王准备攻打关中。

结果刘曜从疫情中挺过来了，和陈安开战。323 年，刘曜打败陈安，徙秦州大姓杨、姜诸族二千余户于长安，氐、羌又向刘曜投降了，但这次被要求送上人质。

---

① 《资治通鉴·晋纪十三》：尽杀徐、彭等，尸诸市十日，乃投于水。于是巴众尽反，推巴酋句渠知为主，自称大秦，改元曰平赵。四山氐、羌、巴、羯应之者三十余万，关中大乱，城门昼闭。

② 《晋书·刘曜载记》：西戎之中，权渠部最强，皆禀其命而为寇暴，权渠既降，莫不归附。

刘曜平定陈安后，乘胜西进，吓唬西凉张氏，排场超级大，史载："曜自陇长驱至西河，戎卒二十八万五千，临河列营，百余里中，钟鼓之声沸河动地，自古军旅之盛未有斯比。"西凉张氏吓得够呛。

诸将都劝刘曜速速进军，但此时的刘曜是清醒的，他说了些相当有价值的话：

1. 咱们军队规模虽然大，但是三分之二的人（近二十万）都是虚假归附的羌、氐仆从军。①

2. 咱们本族的中坚力量都老了，打不了硬仗。②

3. 张氏害怕咱们，不过是因为我们刚平了陈安，能让张氏称藩就不简单了。

西凉张家向刘曜献马一千五百匹，牛三千头，羊十万只，黄金三百八十斤，银七百斤，女妓二十人，以及大量珍宝和西域土特产，向刘曜称藩。

刘曜艰难地靠着武力整合了鱼龙混杂的关陇，但是他能这样一直靠武力镇压下去吗？如他所说，他自家屠各的"中军宿卫已皆疲老，不可用也"，震慑凉州，已经是屠各的末日余晖了。

他将大量不服的巴、氐部众迁到长安，效仿当年破洛阳后迁汉人于平阳的故事。但这样真的有效果吗？当年"匈奴、六夷、汉"分立的政治结构还能建立起来吗？

从刘曜的表现来看，他是个好将军，但并非好皇帝。他好喝大酒，听不进劝，陈安之乱未平就为其父母建陵，动用六万人，耗费过亿，为了建陵，挖古墓上千，骸骨露于野，缺德无极限。

匈奴啊匈奴，就到这里吧，东面的"杂胡"老大石勒不会给你们

---

① 《晋书·刘曜载记》：吾军旅虽盛，不逾魏武之东也。畏威而来者，三有二焉。

② 《晋书·刘曜载记》：中军宿卫已皆疲老，不可用也。

继续表演的时间了。

325 年，后赵石生进屯洛阳，劫掠河南，晋司州刺史李矩、颖川太守郭默多次兵败，只好遣使归附，后赵开始西进。

刘曜派刘岳、呼延谟共攻石生，刘岳克孟津、石梁，斩获五千余级，进围石生于金墉城。

石虎率步骑四万自成皋救援，与前赵军战于洛西，刘岳兵败，中流矢，退保石梁。石虎作堑栅围城隔绝内外，刘岳断粮杀马充饥，石虎不久又击斩了呼延谟。

刘曜亲自带队来救刘岳，石虎率骑兵三万逆战，刘曜前军将军刘黑于八特阪（今河南新安东）大破石虎先锋石聪，刘曜进屯金谷。

正在前赵势如破竹耀兵洛阳城时，神奇的转折出现了：当夜，刘曜军无故大惊，士卒奔溃，刘曜只好退屯渑池；在渑池，刘曜军又无故夜惊，大军溃散，刘曜无奈撤回长安。

六月，失去了希望的刘岳被石虎拿下，刘岳及其将佐八十余人，氐、羌三千余人全被送到了襄国，剩下的九千余人被坑杀。石虎乘胜攻王腾于并州，又杀了王腾，并坑其士卒七千余人。

从此次对羌、氐降卒的态度以及后面的民族政策看，石虎杀降的大概率都是匈奴人，非匈奴族裔的人都在团结范围内。

不久，司州地区仅存的几个晋坞堡主在此次石虎西征中也全部被打平，郭默被石聪打得抛妻弃子南投建康；长史崔宣率其余众二千投降后赵；李矩将士阴谋叛乱，李矩率余众南归，路上几乎全部亡散，仅百余人跟随，最终死于鲁阳。至此，以淮水为界，司、豫、徐、兖皆入后赵。①

---

① 《资治通鉴·晋纪十五》：郭默复为石聪所败，弃妻子南奔建康。李矩将士阴谋叛降后赵，矩不能讨，亦帅众南归，众皆道亡，惟郭诵等百余人随之，卒于鲁阳。矩长史崔宣帅其余众二千降于后赵。于是司、豫、徐、兖之地，率皆降入于后赵，以淮为境矣。

刘曜在两次抽风般地夜惊后接到了同胞被坑杀的消息，在长安城外服素服大哭，然后又病了。

刘曜进行了如下调整：以儿子刘胤为大司马、大单于，置单于台于渭城，其"左、右贤王以下，皆以胡、羯、鲜卑、氐、羌豪桀为之"。

什么意思呢？就是说刘曜恢复了当年的"六夷"制度，但和当年比起来，变化很大。

当年刘渊于平阳西建单于台，"六夷"系统的官员都是被紧紧控制在首都边上的。现在刘曜于关中平原最西面的渭城建单于台，不仅大量的高级官员岗位开放给了异族，所谓"左、右贤王以下，皆以胡、羯、鲜卑、氐、羌豪桀为之"，而且位置上也临近羌、氐的本部。

这是刘曜以超低的姿态讨好少数民族，也算是认命了，承认自己没能力再把各少数民族控制在自己身边。

328年，石勒派石虎率兵四万自轵关（今河南济源西北）西上蒲坂攻打河东，河东五十余县响应与归降石虎。石虎一路如入无人之境，迅速推到了黄河要津蒲坂。（见图5-9）

图5-9　石虎西征示意图

石虎都打到刘曜的家门口了，刘曜只好尽起精锐军队，水路、陆路赴之，倾全国之力亲自前来救援。

石虎心虚了，率军而退。刘曜在高候原（今山西运城东北）追上石虎，双方大战。刘曜干掉了石虎的骁将石瞻（冉闵的父亲），石虎军尸横二百余里，刘曜收其军资不计其数，石虎逃奔到朝歌（今河南淇县）。

刘曜乘胜进军，石勒的荥阳太守尹矩、野王太守张进等全都投降，襄国大震，刘曜自大阳渡过黄河，攻石生于金墉城，决千金堨以灌城。

石勒接到战报后下令各地兵将迅速归队，表示：刘曜是匈奴第一名将，我亲自去！

左右长史、司马郭敖与程遐等都劝石勒："石虎被虐，刘曜势头正猛，我们难与其争锋。金墉城粮食够用，刘曜攻不下来，他千里出击也撑不了多长时间。就算去攻打刘曜，也不该您御驾亲征，您要是再输了，咱们就土崩瓦解了。"

这话挺有道理的，石勒要是输了，整个河北的汉人坞堡会作何打算呢？

石勒大怒，根本不听，把这帮人都骂出去了，喊来徐光说："刘曜大胜后围洛阳，庸人都说其锋不可当，其实刘曜十万大军攻一城而百日不克，师老卒殆，我现在就去逮那老小子！"

徐光说："刘曜乘高候之势而不来襄国决战反而去打洛阳，由此可知这小子没什么能耐了，他们孤军深入已经多日，您去了，他们就得望风披靡，您赶紧去！"

石勒笑道："你说得真好。"石勒很高兴，内外戒严，谁再废话就杀谁。给石勒当参谋，这是我看史书后第一次觉得我也能干的差事。

石勒通常会第一时间把自己的想法扔出去，然后认为和他心思不一样的就是反动派。我觉得我还是有能力顺着石勒说的，反正你都对，你怎么想的你又都告诉我了。

十一月，石勒命石堪、石聪及豫州刺史桃豹等各统所部会于荥阳；命石虎进据石门；自率步骑四万尽起倾国之力救援洛阳。

过黄河后，石勒对徐光说："刘曜大兵据成皋，上计；阻洛水，中计；在洛阳跟我决战，他等着死吧。"

到了成皋，石勒见刘曜放弃了这块战略要地，举手指天，自指额头道："天助我也！"

从石勒所具有的战略眼光来看，他确实是天纵奇才。成皋这个地方曾是刘邦的防空洞，古来兵家必争之地。

三百年后，几乎是同样的剧本，一位二十三岁的千古神将带着三千五百骑兵抢占了此地，随后一战打败了河北十万大军。

诸军集于成皋，石勒拢了拢家底，共"步卒六万，骑二万七千"，随后全军开始奔袭洛阳。

刘曜在情报上算是输得一塌糊涂，直到石勒大军过了黄河，才想起来往荥阳派兵；等在洛水和石勒的前锋交上战了，才从抓来的俘虏中问来了石勒大军的真实状况。

刘曜问："'杂胡'老大亲自来了吗？规模有多大？"史料原文是："曜问曰：'大胡自来邪？其众大小复如何？'"石勒此时的代号"大胡"，着实搞笑。

俘虏说："我们老大亲自来了，军队规模吓死你。"

刘曜心虚了，终于意识到此战的重要性，于是撤了金墉城之围，将大军布阵于洛阳之西，南北长十余里。

刘曜布的这个阵，比较有意思。南北长十余里，相当于今天大约五公里左右，几乎等同于洛阳西城墙的总长度。（今魏晋洛阳城遗址西城墙残长约四千两百九十米。）

大军十余万，分布在四公里长的土地上，每列大约二十五人，相比于秦汉军阵的五十人列、百人列，薄了许多。

之所以这样排兵布阵，主要原因是应对此时已经威力极大的突骑战法。

过去的步兵方阵相对纵深比较大，讲究势大力沉，但突骑战法普及后，无论步兵方阵怎么发挥主观能动性，都不可能比骑兵军团劲儿更大。

如果步兵军阵纵深过大，如果被敌方突骑深入冲击，那么步兵阵就废了，步兵会四散奔逃而彻底失控。

所以从此时开始的战争记载中会发现步兵阵越来越如同一个大长条一样散开。其目的就是为了分散风险，并且被骑兵突阵成功后方便再次重组队形；甚至在骑兵突阵时散开，将对方骑兵放过去，待敌骑冲过之后重新合拢阵形，使得骑兵需要掉头进行第二次甚至多次冲击，起到消耗其马力的效果。

石勒听说刘曜大军列阵城西的时候，开始鼓舞士气，对身边人说："你们可以向我祝贺了。"

石勒率所有军队进入了洛阳城，并进行了三道布置。

还是那句老话，以正和，出奇胜。（"正"为常规军，"奇"为预备队之意。）

石勒派出的"正兵"是石虎率领三万步兵自城北而出，向西攻击刘曜的中军。[①]（见图 5-10）

石勒出招后，刘曜有什么反应呢？史书无载刘曜方面"正兵""奇兵"的部署是怎样的，有可能根本没布置，也有可能布置了但最终没发挥出来就大溃败了。

---

① 《晋书·石勒载记》：季龙步卒三万，自城北而西，攻其中军。

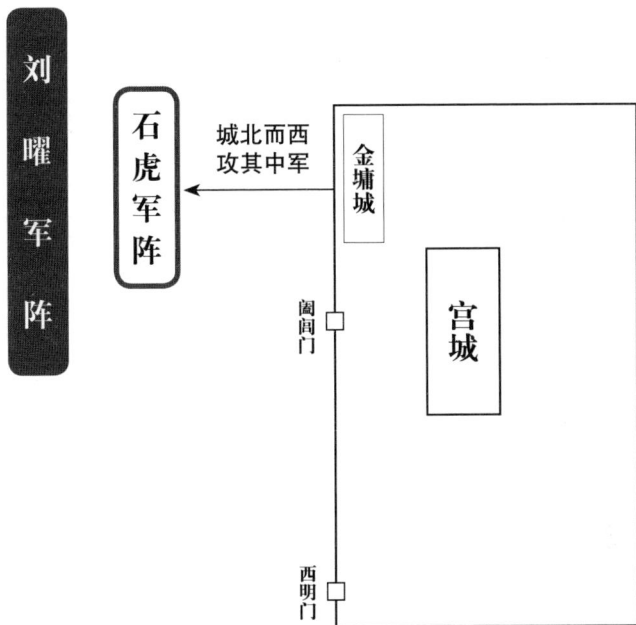

图 5-10　刘曜军阵

　　因为在决定生死存亡的大会战中，刘曜喝多了，饮酒数斗（一斗约为十二斤，咱也不知他哪来的那么大的肚子）。不知是刘曜的战马不愿意驼他怕吐一身，还是预感到了他要现眼，反正是玩命尥蹶子，于是刘曜骑了匹小马晃晃悠悠地就出来了。[1]

　　等大会战打起来以后，刘曜又喝了十多斤。[2] 作为最高指挥官，喝成这样了，要是还能看得懂战局那就见鬼了！

　　喝多了的刘曜似乎被段末柸附体，自己冲成了前锋，直冲到了洛阳正西的西阳门前，而且跑到了军阵的最南边。石勒立刻看到了刘曜的

---

　　① 《晋书·刘曜载记》：曜少而淫酒，末年尤甚。勒至，曜将战，饮酒数斗，常乘赤马无故局顿，乃乘小马。

　　② 《晋书·刘曜载记》：比出，复饮酒斗余。

软肋，放出了第二道布置，也就是"奇兵"，石堪、石聪等率一万六千精骑自城西南门冲了出来，直奔刘曜而来！①

石勒的命啊，不服不行，每到关键战役天必降大礼相送！

石勒的骑兵突然冲锋了，作为主帅的刘曜喝得都不知道自己姓什么了，也不知道刘曜战前是怎么布置的，总之，前赵大军被石勒军一冲就崩了。

石勒顶盔掼甲亲自率领总预备队自西阳门之北的阊阖门杀出夹击刘曜。②（见图 5-11）

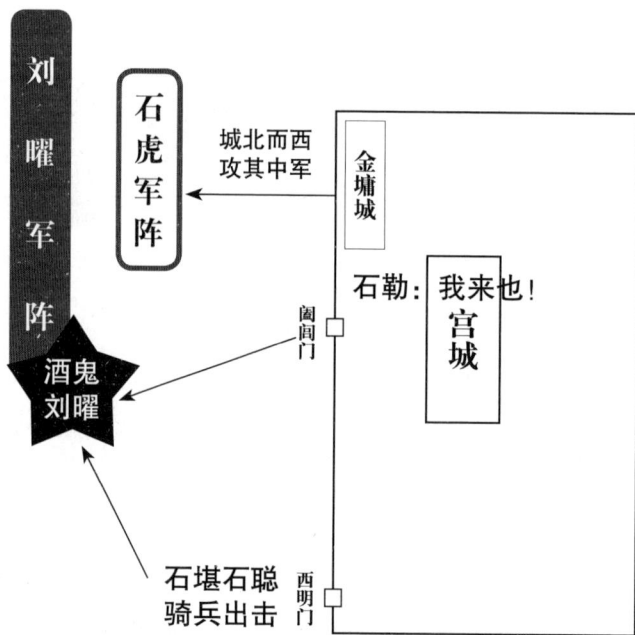

图 5-11　石勒军夹击刘曜

---

① 《晋书·石勒载记》：石堪、石聪等各以精骑八千，城西而北，击其前锋，大战于西阳门。《晋书·刘曜载记》：（曜）至于西阳门，捺阵就平，勒将石堪因而乘之，师遂大溃。

② 《晋书·石勒载记》：勒躬贯甲胄，出自阊阖，夹击之。

前赵军大溃,石堪在乱阵中抓到了刘曜。

石勒下令:"别杀了,已经搞定刘曜了,将士们追杀得差不多就得了,他们跑就跑了吧。"即便如此,此战仍然斩首前赵军五万余级。刘曜是完完全全的毁灭级大溃败。

未见石勒有多么出彩的布置,全靠刘曜的衬托。

刘曜见了石勒,腆着大脸问了一句:"石王,忆重门之盟不?"

"重门之盟"是什么,史书无载,但我们从史书记载的对话中大致能猜出来这哥俩在重门做过"盟誓"。内容是什么呢?大概率就是无论日后是否拔刀相向,刘家和石家永远厚待对方的宗室成员。

石勒将刘曜送回了襄国,待遇还挺高,管他吃喝,还给了女人。在襄国,刘曜见到了之前被俘虏的屠各宗室刘岳、刘震等人。刘曜说:"我以为你们坟上的草已经很高了,没想到石王如此仁厚,让大家都体体面面地活下来了,我当年却在大战中杀了石佗,实在对不起石王,今日之祸,我咎由自取啊!"①

石勒命刘曜给他儿子刘熙写信命其投降,刘曜有恃无恐地写了句"匡维社稷,勿以吾易意也"。石勒看完很生气,过了很久,还是背盟杀了刘曜。

石勒开了头,石虎也就肆无忌惮地展开了屠杀。

329年,留守长安的前赵太子刘熙弃长安西奔上邽,各征镇都弃守防地跟随刘熙,关中大乱。

前赵将领以长安城归降后赵,石勒派石虎入关进攻前赵的残余力量。

329年九月,刘胤率军反攻长安被石虎击败,石虎乘胜追击,横尸

---

① 《资治通鉴·晋纪十六》:曜曰:"吾谓卿等久为灰土,石王仁厚,乃全宥全今邪!我杀石佗,愧之多矣。今日之祸,自其分耳。"

千里，刘熙等最后的匈奴核心力量三千余人被石虎杀掉。①

关中屠各力量被剿灭的同时，在洛阳一战中俘虏的屠各五千余人也被坑杀。② 以屠各为首的匈奴汉帝国，在享国二十七年后，以一种近乎灭种的结局，合上了自己的历史剧本。

这个古老的民族，在与汉民族纠缠相杀了六百年后，终于彻底结束了自己民族的历史旅程。

之后屠各还会有少数的残余势力参与到历史进程中，和鲜卑混血的铁弗匈奴甚至又一次拿下过关中，但都是来去匆匆，没有什么建树。正如皇皇炎汉再怎么雄浑壮烈，也终要给别人留下上场的机会。

匈奴不仅贯穿秦汉，还是"五胡"入中原的第一棒，已经占据太多的历史篇幅了，总要给别的少数民族留下些机会。

"杀降者必不祥""刨坟掘墓者断子绝孙"，屠各的悲凉结局，真是"可怜之人也有可恨之处"。

屠各自刘渊以下，无一位首领是无辜之人，且不说别人了，单单刘曜入洛阳后就杀了已经投降的晋朝王公及以下三万余人，还在洛水北造了京观。

刘曜给爹妈修陵，长安周边上千古墓惨遭毒手，"役夫呼嗟，气塞天地，暴骸原野，哭声盈衢"。屠各族大运在时，京观上的每一个头骨也都挺可怜的。

当年陪刘曜一起虐华的族人们，大概率也跟着刘曜被灭了。当然，此时杀降灭屠各族的人，将来也被自己养出来的狼灭种了。

这虽是个无敬无畏的时代，但却不是个算不明白账的时代。

---

① 《资治通鉴·晋纪十六》：虎执赵太子熙、南阳王胤及其将王公卿校以下三千余人，皆杀之。

② 《资治通鉴·晋纪十六》：又坑五郡屠各五千余人于洛阳。

330 年，代国拓跋部和西凉张家称藩于后赵。

至此，除东北一隅，石勒统一中国北方。

330 年二月，石勒称大赵天王，行皇帝事，并设立百官，分封一众宗室。

九月，石勒正式称帝。

自 301 年赵王司马伦政变成功废司马衷杀贾南风，天下开始了倾轧互杀，顿时腥风血雨。三十年过去了，整个中国北方看上去被再次整合在了一起。

瓷实吗？差远了！任何短暂的成功，基础都是不坚牢的。

东汉花了三代人七十年才算彻底安排明白。光武中兴的发动机刘秀以其长时间的执政为保障，使东汉一百多年的余烈成为可能。汉末崩塌后直到司马炎这里，天下才迎来了短暂的"太康盛世"。

上述雄主无不天降大任，但亦无不励精图治数十年。

更何况石勒是"杂胡"出身，太多民族的矛盾，天下的满目疮痍和坞堡中一双双不信任的眼睛射来的寒意都将让他的统治面临巨大的困难。

大乱了三十年，看似渐渐平静，实际上，汹涌的暗流才刚刚开始！

数千年之未有的大变局，胡、汉的艰难磨合将贯穿后面整整三百年的凛冬时光！

石勒继"匈奴汉"的三权分立后，靠着普发公民权，将"杂胡"变为"国人"，算是接过了棒，往前又走了一步。

这个中国史上出身最卑贱的皇帝，在纷乱的时代，靠着自己极强的军事天赋和特殊的历史机缘，几乎摸到了这个时代所有能摸到的最高天花板。

中国北方，开始了一次次血泪痛楚的迭代实验。

这三十年中，淮河以南的中国在忙些什么呢？

在石勒打平前赵的关键年份 328 年，南方同样上演了大戏，江左又一次经历了皇权的生死存亡：东晋艰难地平定了苏峻之乱。

所谓的东晋皇权，像一个可笑的木偶一样，被权臣随意把玩、凌辱。中国历史第一次在中国的局部地区发展出一种前所未有的政治状态——门阀政治！

一个个世家大族开始凌驾于皇权，成为权力场上角逐的中心人物。

北方的故事，在三十年大乱后要缓一缓了，视角，由北方的"黑渡鸦"，转到了王谢的"堂前燕"。

该把时间，交给南方了。

两晋悲歌

渤海小吏 著

中

中国大百科全书出版社

图书在版编目（CIP）数据

两晋悲歌：全三册 / 渤海小吏著 . -- 北京：中国
大百科全书出版社，2023.9
　　ISBN 978-7-5202-1429-2

　　Ⅰ . ①两… Ⅱ . ①渤… Ⅲ . ①中国历史—晋代 Ⅳ .
① K237

中国国家版本馆 CIP 数据核字（2023）第 171471 号

出 版 人	刘祚臣
策 划 人	赵　易
责任编辑	赵春霞
责任印制	魏　婷
出版发行	中国大百科全书出版社
地　　址	北京市阜成门北大街 17 号
邮政编码	100037
电　　话	010-88390767
网　　址	http://www.ecph.com.cn
印　　刷	三河市宏达印刷有限公司
开　　本	710 毫米 ×1000 毫米　1/16
印　　张	83.75
字　　数	1081 千字
印　　次	2023 年 10 月第 1 版　2024 年 4 月第 6 次印刷
书　　号	ISBN 978-7-5202-1429-2
定　　价	218.00 元（全三册）
审 图 号	GS（2023）3168 号

总目录

第 **6** 战

东晋立国："光腚北士"与"散装江东"

博弈下的门阀政治

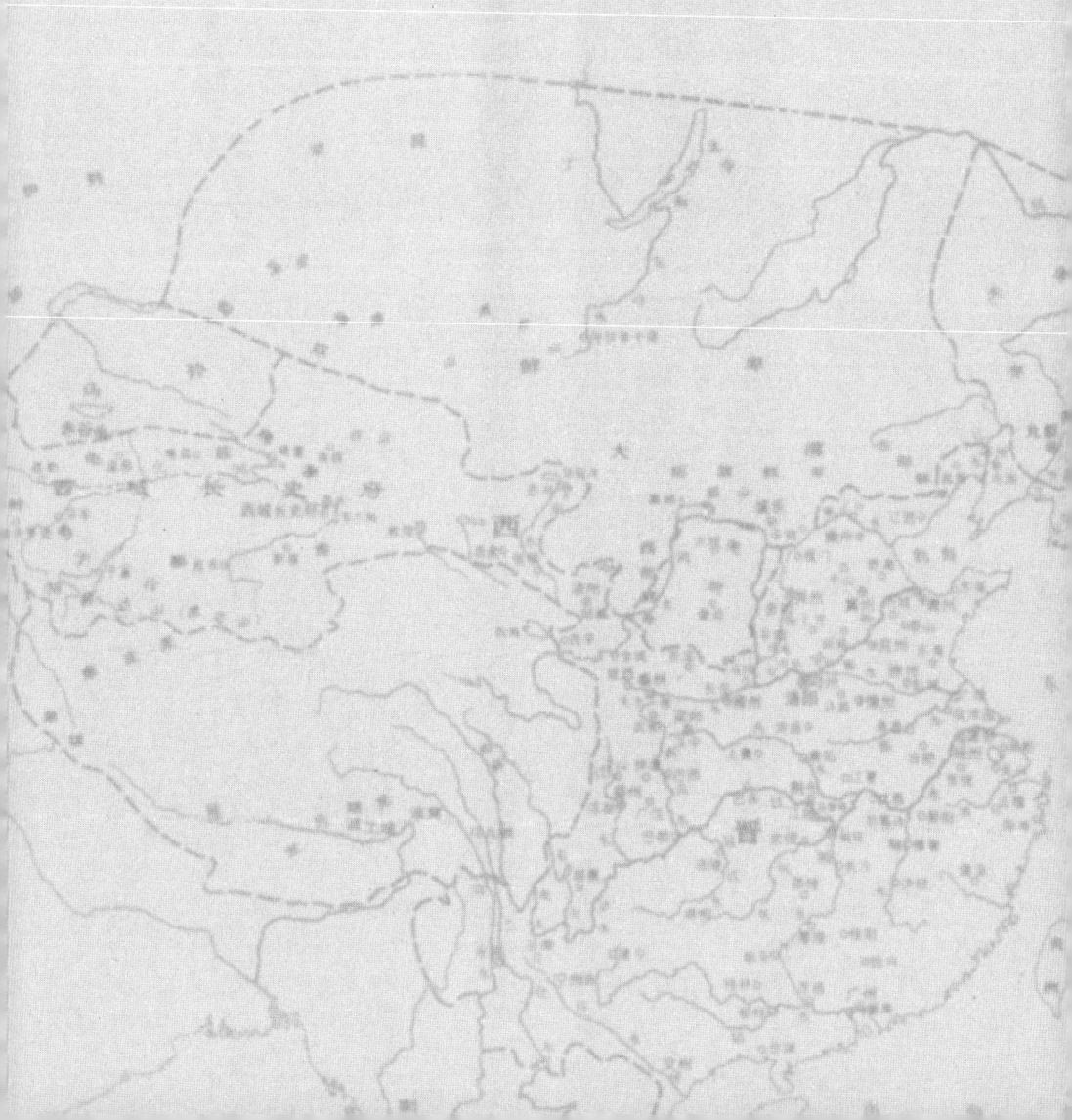

一、时间紧、任务重、无资源的"诺亚方舟"

八王之乱后，北方诸胡开始登上历史舞台。永嘉之乱后，北方诸胡取得了阶段性胜利，就是说淮河以北的中国北方，汉民族的政权立不住了。

胡马南下后，北方的汉族人民开始了中国历史上第一次数量巨大的人口迁徙，主要分四个方向。

前面我们说过三个：西北张家、太原刘琨、幽州王浚。

凉州由于地处偏远、人口体量一般，在政治和军事上的影响力注定不大，因此前往大西北的士族人数也最少，但这片土地却对未来中华文明的存续和融合起到了极其关键的作用，我们会在合适的时候让其登台亮相。

前往投奔太原刘琨和幽州王浚的，主要是黄河以北的青、幽、并、冀的士族，但刘琨和王浚都没能留住人，大量中下层的士族跑到了更边缘的地方去"闯关东"，最终和另一个率先汉化的游牧民族展开了合作，接了"五胡"的第三棒。

无论东北还是西北，往北跑的人，总体上还是少数。大量的强宗大族和下不了狠心的地方士族仍然选择了扎根本土以求自保。

真正大规模的人口迁徙，是往南方。大量有关系和跑得动的两京与河南的世家大族开始举家南迁，史称"衣冠南渡"。中国历史上，第一次往南方的人口大迁徙，就此启动。

为什么要往南跑呢？两个原因：

1. 淮河、长江天险，可以挡住诸胡的马蹄。

2. 在南方，有东晋王朝。

公元 311 年，中原唯一还有抵抗能力的司马越军团在石勒的追击、骚扰下崩溃，相互践踏，死亡如山，大量的司马诸王和高门首领被杀。石勒又在洧仓逆击干掉了从洛阳有组织逃跑的司马越世子集团。[①]洛阳失陷。

公元 312 年，已经混成中原第一大盗的石勒在葛陂大举造船，准备南下打到南京去。

在这个历史关头，天降三个月大雨，江南所有能调动的军队云集寿春，使得天助与自助齐聚，以司马睿为名片、王导为核心的"王与马"，在这千年未有之大变局中，用了非常短暂的时间打造了华夏文明堪堪能用的"诺亚方舟"。

如果诸胡成功南下，整个华夏文明上千年的积累有可能毁于一旦，进入中国版的"黑暗的中世纪"。

东晋在大江之南成功站住脚，使得北方和南方在这千年未有之大变局中都得到了难得的反省时间。

这种情况，使华夏文明在北方的实验场中尝试并迭代"混一胡汉"的统治方式，也使南方能够有机会对之前的政治文化积弊进行反思。南

---

① 《晋书·石勒载记》：衍军大溃，勒分骑围而射之，相登如山，无一免者……左卫何伦、右卫李恽闻越薨，奉越妃裴氏及越世子毗出自洛阳。勒逆毗于洧仓，军复大溃，执毗及诸王公卿士，皆害之，死者甚众。

北两条线三百年平行不相交，使得中华文明成功挺过了本来的"凛冬长夜"。

大江南北最终在文化、艺术、科技上收获了双丰收的大融合。中华文明没有断档，文化上有了升华，民族进行了大融合。

传统意义上人们认为东晋的建立理所当然，北方待不住了，肯定要往南走啊，但实际上，东晋的建立比想象中要艰难得多。

首先，要了解司马睿是什么人？

他不仅离司马师、司马昭、司马炎的黄金家族统序差得实在有点儿远，而且他之前也没有什么政治光环和积累。

无论南下的北士，还是江南的土豪，都在思考一个问题：大哥，你原来是干什么的呀？

其次，一群没有实力的外地人居然成功打入了南方人土生土长的市场。更神奇的是，并没有出现南北内战。最神奇的是，这群两手空空的外地人最终成功站在了本土地头蛇的头上，成为最上等的人。

听着就觉得不靠谱，但是，北方的世家高门就是做到了。

我们一直在说实力决定一切，但本战的思路和手法比较特殊，也极其宝贵，因为成果是通过高质量的巧取与豪夺获得的。

好神奇，这种巧取豪夺的范例还得是司马家和他的小伙伴们来演。

280 年，晋灭吴。

307 年九月，司马睿跟王导渡江至建邺。此时西晋平定江南也仅仅过去了二十七年，在这之前，江南地区脱离中央的控制已经接近百年了。

伴随着立业江东的淮泗军团的老底子渐渐褪去，孙吴最终向江南大族妥协。孙权称帝后，江东的权力开始向大豪族大地主手上集中，晋灭吴和八王之乱又远远没有伤害到江东权力板块的结构，因此，江东这片土地，对还剩半口气的晋王朝来讲，尤其是对名望与实力全无的司马睿来讲，更像是另一片群狼环伺的陌生之地。

无论从哪个方面来看，江东都不像是会配合司马家的后援团。但另一方面，对司马家来说，却是时间紧、任务重。

因为司马睿南渡四年后的 311 年，永嘉之乱到来，司马越死，两晋在中原的所有力量被石勒像包饺子一样地干掉了。

不仅北方的难民团要来了，更可怕的是，石勒也开始饮马江淮了。在这个历史关头发生了什么，使得司马睿最终成功地在江东站稳脚跟乃至成功建立东晋呢？

这是段长长的演化逻辑，少了中间任何一个环节，结局都不会如此。

让我们拉开这环环相扣的一幕幕的历史画卷吧。

孙权称帝后，一方面向江东大族妥协，一方面鼓励官员内斗，吴国的党争围绕太子党和鲁王党，达到了"中外官僚将军大臣举国中分"的地步。

政坛内部不仅剑拔弩张，皇帝也一个比一个不正常，到了末代皇帝孙皓，所谓"皓之淫刑所滥，陨毙流黜者，盖不可胜数。是以群下人人惴恐，皆日日以冀，朝不谋夕"。

虽然孙吴政权本土化了，大族们得到了相应的政治待遇和地区保护红利，但江东人民过得相当痛苦与无奈。

孙家的为非作歹，其实也是司马睿能够顺利得到江南豪族们出手援助的第一个重要原因。

晋灭吴后，司马炎曾提出一道"申论题"："吴人轻锐，难安易动，咱们该怎么办？"

广陵人华谭因地制宜地给出了对策："吴地因为离得太远，所以风俗水土与我们不同，又因为有长江在那里隔着，当地的豪族都比较彪，所以最好的办法是先把他们那里的头面人物请来，使他们融入咱们的朝堂，对江南人才给予特殊优待的政策，然后轻其赋税，这样江东就不会出问题。"

司马炎平吴本来就是为了跟他弟弟司马攸做政治大比武而开展的面子工程，拿下荆、扬二州后，根本就没指望从这两块土地得到什么，宗旨就是千万别惹乱子，他要跟他弟弟对掌了，别耽误他扶傻儿子上位的千秋大计。

所以华谭一切从简的策论，基本成为司马炎对吴的政策。

孙皓投降不久，司马炎迅速对吴国的官僚展开了政治思想工作，派很多人南下宣讲政策，州牧和太守以下所有人的任命全都没有动，还废除了孙家的大量苛政，这些举措得到了吴人的巨大欢迎。[①]

司马伷把孙氏的所有宗族送到了洛阳，将伐吴之战中战亡的吴将的家属迁徙到寿春，从源头上减少了统治江东的阻力。[②]

像顾荣、陆机等江东豪门的才俊，被吸收到了洛阳的中央系统，两晋朝廷还公布了吸引南方人口的政策：孙吴的官员，凡是渡江北上的，取消十年赋税；非孙吴官员的，取消二十年赋税。

司马炎对江南基本上没实行什么汲取政策而是一种放置，所以从吴亡的280年到公元4世纪初的二十多年间，荆、扬二州从孙吴的苛政和战备中解放出来，无为而治，得到了巨大的生态红利，江南豪族开始无拘无束的野蛮生长。

进入4世纪后，八王之乱开启，大河没水小河干，国没了，家也别想好，江东豪族自我发展的好日子也到头了。

---

① 《资治通鉴·晋纪三》：遣使者分诣荆、扬抚慰，吴牧、守已下皆不更易。除其苛政，悉从简易。《晋书·武帝纪》：其牧守已下皆因吴置，除其苛政，示之简易，吴人大悦。

② 《资治通鉴·晋纪三》：琅邪王伷遣使送孙皓及其宗族诣洛阳。《晋书·武帝纪》：孙氏大将战亡之家徙于寿阳。

公元 303 年，江东爆发了石冰之乱。起因是流贼张昌反于荆州，其部下石冰率领的流民军顺江而下来到了江东打砸抢烧。

江东已经二十多年没经兵火了，更重要的是扬州根本就没有正规军。石冰顺江而下，所向披靡，政府军根本不是对手，荆、江、徐、扬、豫五州之地一度成了张昌匪帮的地盘。张昌开始在各地设立自己的伪政权，但由于是土匪出身，水平极低，南方五州变成了土匪劫掠的天堂。①

洛阳正如火如荼地展开着司马乂和司马颖、司马颙的三王会战，西晋朝廷根本没工夫搭理南方。这也就意味着，要平定张昌之乱，朝廷是指望不上了。

不过没关系，南方豪族们这些年不是白发展的，看到漫山遍野的土匪妄图颠覆他们的美好生活，江东大族纷纷出人出钱组成地方军。

以超级土豪阳羡周氏为核心，会稽贺循、广陵华谭、丹阳葛洪、甘卓等各地豪族纷纷到来，推举出吴兴太守、吴郡大族的顾秘为都督扬州九郡诸军事，领导南方"复仇者联盟"去和土匪军开战。②

阳羡周氏的掌门人周玘斩杀石冰委派的官员，并打败了石冰派遣过来的数万流贼，周玘临阵斩其大将羌毒。③

石冰觉得江南惹不起，亲自带着队伍来到了江北重镇寿春，把都督扬州军区的刘准给愁坏了。

---

① 《资治通鉴·晋纪七》：于是荆、江、徐、扬、豫五州之境，多为昌所据。昌更置牧守，皆桀盗小人，专以劫掠为务。

② 《晋书·周玘传》：玘密欲讨冰，潜结前南平内史王矩，共推吴兴太守顾秘都督扬州九郡军事，及江东人士同起义兵。《资治通鉴·晋纪七》：于是前侍御史贺循起兵于会稽，庐江内史广陵华谭及丹阳葛洪、甘卓皆起兵以应秘。

③ 《晋书·周玘传》：斩冰所置吴兴太守区山及诸长史。冰遣其将羌毒领数万人距玘，玘临阵斩毒。

也是在这个时候，来扬州负责南粮北调的陈敏表示要为国分忧，请求已经怂了的刘准把兵给他去平叛。

在陈敏为首的江北官军和周玘为首的江东土豪军的联合下，仅用一个季度的时间，于304年三月平掉了石冰之乱。[1]

比较有意思的是，平贼是大功，太平年代是摸不到这种功勋的，陈敏因此被封为广陵相进入中级官员行列，但江南的土豪军却"散众还家，不言功赏"，解散武装回家过日子去了。

说到底，他们打的这仗不是什么"国仗"，而是"乡仗"，保卫的也不是什么国家，而是保卫自己的地盘不被瓜分，保卫自己有自由的生活方式。

他们最关心的是其在本乡本土根深蒂固的统治根基，至于通过战功获得政治权力并不在他们的规划与考虑范围之内。因为在九品中正制盛行的时代，高级官员永远不会有江东豪族的事，他们毕竟属于战败国，要有自知之明。

作为江东首望的顾荣，在朝廷号称"洛阳三俊"，这些年混迹于各位掌权者的幕僚中做个长史。他们家族产业那么大，对顾荣来说，冒那么大的风险去搞政治，简直是有毛病啊，又搞不出什么大名堂！

他们在本乡本土的力量非常强劲，朝廷下派的官员也不太敢跟他们闹不愉快，只要整个社会能够安定下来，他们的利益就是最大化的。

这其实也说明了一个问题：对于平定石冰之乱，江东大族们普遍高风亮节的更深层原因，是江东的经济发展水平很高，当巨大的经济收益和地方红利在面前的时候，从政的欲望通常就会有相当程度的下降。

后面我们在仔细分析江东各大族的行为动机时，穿越一千多年仍

---

[1] 《资治通鉴·晋纪八》：冰众十倍于敏，敏击之，所向皆捷，遂与周玘合攻冰于建康。三月，冰北走，投封云，云司马张统斩冰及云以降，扬、徐二州平。

然会看到今天"散装的江苏"的影子，而一千多年前"散装的江东"，是司马睿等北方人最终能够立足江东的第二个重要原因。

平定石冰之乱后不久，周玘等江南土豪们就发现，时代变化得有些快，一波还未平息，一波又来侵袭，过去单纯美好的小幸福回不来了。

在平定石冰之乱中表现不错的陈敏，在和司马越合兵讨伐关中司马颙的时候，被翻脸的豫州刺史刘乔击败于萧县，随后陈敏看透了司马越的虚弱，动了"做孙策"的野心，收兵于历阳开始正式造反。

八王之乱后期，江东的士族们深感跟中原的这帮爷爷们折腾不起了，早在中原士族南下就返乡了。

陈敏造反之时，恰逢司马越的参军甘卓弃官返乡，陈敏为儿子娶了甘卓的闺女，随后教唆甘卓假传朝廷命令拜陈敏为扬州刺史，驱逐了扬州刺史刘机和丹阳郡太守王旷。

陈敏是个没脑子的人，打算诛杀江东士人打造寒门王朝。世家大族大多有百年的根基，他杀了人家，整个江东就是断了线的风筝，兵、粮、钱，他都从哪里来呢？

陈敏最终被顾荣劝阻，开始与江南豪族展开合作。陈敏任命顾荣为首的江南四十余大族之人为将军、郡守。[1]

西晋在江南的官方势力基本上不复存在，谁来都是被平推掉，陈敏弟陈恢南侵江州，刺史应邈跑了；弟陈斌东略诸郡，又顺利拿下吴越之地，随后陈敏自封都督江东军事、大司马、楚公，封十郡，加九锡，还声称自长江入黄河奉迎天子。

一开始，江东士族并不反对陈敏，但是与其共事后不久，江东士

---

[1] 《晋书·顾荣传》：荣说之曰："……若能委信君子，各得尽怀，散蒂芥之恨，塞谗谄之口，则大事可图也。"敏纳其言，悉引诸豪族委任之。

族发现了一个问题：陈敏不是那块料。

他有当孙策的想法，却根本没有当年小霸王的本事，而且还有一大堆孙策的毛病，纵容子弟横行，侵占了很多地头蛇的既得利益。[①]

他既然动了江东士族的财路，那么江东士族注定要动他的生路了。

陈敏昙花一现的政治生涯剧本开始上演。

陈敏嘚瑟没多久，顾荣等人接到了时任司马越军谘祭酒的广陵华谭的来信，内容极为高妙：

1.当年的孙坚多么武烈啊，但死在襄阳了，孙策天纵奇才，但仅仅靠他自己取得的功绩吗？不是，要靠老天开恩，母亲明理，诸葛、顾、步、张、朱、陆、全等南方大族力挺，所以能够称雄南方，但即便如此，他家纯粹以兵家兴起，最终不过三世就完蛋了。[②]

结论一：陈敏的武运比孙家还牛吗？

2.你们保的那个陈敏，论本事有老孙家那爷仨厉害吗？陈敏是个不入流的"七第顽冗，六品下才"！[③]

九品中正制里真正管用的是哪几品？二到六品。陈敏是最次的那档评级，完全上不了台面，无论家世还是能力，要什么没什么。

结论二：他跟咱们完全不是一个等级。

3.你们在他手下不仅没发展，而且已有受辱的趋势了，如果哪天

---

① 《晋书·陈敏传》：敏凡才无远略，一旦据有江东，刑政无章，不为英俊所服，且子弟凶暴，所在为患。

② 《晋书·陈敏传》：昔吴之武烈，称美一代，虽奋奇宛叶，亦受折襄阳。讨逆雄气，志存中夏，临江发怒，命讫丹徒。赖先主运，雄天挺，尚内倚慈母仁明之教，外杖子布廷争之忠，又有诸葛、顾、步、张、朱、陆、全之族，故能鞭笞百越，称制南州。然兵家之兴，不出三世，运未盈百，归命入臣。

③ 《晋书·陈敏传》：今以陈敏仓部令史，七第顽冗，六品下才，欲蹑桓王之高踪，蹈大皇之绝轨，远度诸贤，犹当未许也。

朝廷的平叛大军杀过来，你们这帮江东士族有什么面目见中原的士族呢？^①

结论三：你们不仅没有现在，也没有未来，将来家业不一定保得住。

4. 咱们才是一类人啊，你们怎么能跟小贼混呢，此时回头不晚，兄弟们，想想未来啊！^②

结论四：回头不晚。

这封信，算是从大数据上把江东士族们骂醒了。

江南土豪们比较后发现，无论是土匪当道，还是军阀割据，都比不上一大家子内卷了二十多年根本没工夫搭理他们的司马家的政策好。

---

① 《晋书·陈敏传》：诸君垂头，不能建翟义之谋；而顾生俯眉，已受羁绊之辱……威震丹阳，擒寇建邺，而诸贤何颜见中州之士邪！

② 《晋书·陈敏传》：小寇隔津，音符道阔，引领南望，情存旧怀。忠义之人，何世蔑有……昔为同志，今已殊域；往为一体，今成异身。瞻江长叹，非子谁思！愿图良策，以存嘉谋也。

二、阴差阳错的登陆时机，垂死病人的特殊疗法

跟着陈敏不可能有未来，周玘、顾荣等人其实早就开始思考出路了，华谭的那封信成为他们下定决心的催化剂。[①]

最终江东的豪族派使者密报镇寿春的扬州都督刘准，劝其派兵灭陈敏，江东豪族作为内应准备反水了。

刘准随后派扬州刺史刘机等领兵攻打历阳郡，陈敏派弟弟陈昶及将军钱广到乌江对抗刘机。结果周玘策反老乡钱广杀了陈昶。

虽然南人已经出现策反苗头了，但陈敏仍然相信自己的亲家甘卓，给他配备了大量的军备物资讨伐钱广。结果甘卓被顾荣和周玘也策反了。[②]

不再相信任何人的陈敏亲率万人来战倒戈的甘卓。顾荣阵前挥羽扇下达总攻命令，陈敏部被打得溃不成军，陈敏单骑北逃，途中被杀，陈氏被灭族。

---

① 《晋书·陈敏传》：周玘、顾荣之徒常惧祸败，又得谭书，皆有惭色。

② 《晋书·顾荣传》：敏仍遣甘卓出横江，坚甲利器，尽以委之。《晋书·陈敏传》：玘、荣又说甘卓，卓遂背敏。

南方豪族凭自己之力搞定了咋咋呼呼的陈敏割据势力。

在策反甘卓的过程中，史料中记载了江南土豪们的想法，顾荣是这么说的："本来我们的打算是，如果江东有希望立国，咱们就共同成就这个事，但现在你看这事有戏吗？①

"陈敏不是这块料，而且其子弟也不尊重咱们的既得利益，必败无疑。我们现在跟着他混，他日江西诸军将我们的首级送到洛阳时写着反贼'顾荣、甘卓之首'，咱们就失足千古啦！"②

顾荣表达的潜台词其实是：江南确实有过闹独立的心思，所谓"若江东之事可济，当共成之"，但是，要看形势，也就是"然卿观事势当有济理不"？

这个形势有赖于两点：

1. 领头的人是不是那块料。

陈敏明显不是，既不是乱世英雄，又没有豪族出身的政治号召力。

2. 我们能不能得到比二十年前更多的利益，有更好的出路。

陈敏的家族在利益上和江南豪族是零和博弈，陈敏并不尊重他们。

这也就意味着"事势不当济"。

陈敏被干掉后，江东豪族们面临"敢问路在何方"的关键抉择。摆在他们面前的关键利益点实际上只有一个，就是固有的江东豪族利益不能受损害。

达成这个关键利益点需要两方面的保证：

1. 江东不能出现大规模的战乱，所有的斗争级别必须局限在江东

---

① 《晋书·顾荣传》：荣私于卓曰："若江东之事可济，当共成之。然卿观事势当有济理不？"

② 《晋书·顾荣传》：敏既常才，本无大略，政令反覆，计无所定，然其子弟各已骄矜，其败必矣。而吾等安然受其官禄，事败之日，使江西诸军函首送洛，题曰逆贼顾荣、甘卓之首，岂惟一身颠覆，辱及万世，可不图之！

各地豪族所能控制的范围内。

陈敏被平的 307 年，石勒和王弥已经开始大规模进攻了，司马越出镇许昌，中原乱成一地鸡毛，大量的坞堡组织开始出现，河南、河北各地的旧有士族势力被伤害，这是江东贵族们不愿意看到的。

2.江东的权力结构不能出现巨大变动，绝不能允许一股新的力量兴起并做大，以免将来损害其他贵族的固有利益。

陈敏这种不讲规矩的"寒门"绝对不能再给机会！

还没等这帮江东士族有下一步的想法，司马越已经出招了，他对这帮投诚的江南人并不信任，因此征调顾荣等人入朝，其实就是扣江东豪族去做人质。

江东士族本来都同意了，决定用自己的实际行动去感动司马越，洗刷一下自己从贼一年的污点，但到彭城后不断收听到各种消息，说天下已经崩盘，司马家每年过的都跟王小二一样，因此他们决定停下来再看看形势。

裴盾收到了妹夫司马越的来信，说要是顾荣这帮人再观望犹豫，就都绑了给他送过来。

得到小道消息的江东士族纷纷扔了辎重行李乘坐小船一日一夜狂奔三百里回了老家。[①] 他们的政治表态很不好，相当于与司马越撕破脸了。

仅仅三个月后，江东士族迎来了一个很敏感的政治信号：司马睿得到都督扬州江南诸军事的官方任命。

九月一日，司马睿、王导等人渡江至建邺[②]。

---

① 《晋书·纪瞻传》：乃与荣及陆玩等各解船弃车牛，一日一夜行三百里，得还扬州。

② 229 年，孙权在石头城建都，名建业。晋灭吴后，于太康三年（282）改建业为建邺。建兴元年（313），为避司马邺之讳，改为建康。因此本书从 313 年统一用建康。

司马睿是不是瞄准他们来的呢？开始一段时间，江东群豪极度紧张，根本不和司马睿有任何的接触。①但在仔细观察一段时间后，江东群豪得出了一个结论：司马越的这个部署不是冲他们来的！

这哥俩南渡是因为自身难保，司马越现在根本顾不上找江东士族不听调遣的把柄，而是要将眼光对准镇寿春的镇东将军、都督扬州诸军事的周馥。

周馥是当年协同平吴的扬州刺史周浚的堂弟，江东群豪准备叛变陈敏时是给扬州一把手刘准报的信，但因为刘准实在太无能，没多久，周馥接替刘准来处理扬州的乱摊子。②

周馥协同江南群豪平灭了陈敏之乱，手里有了兵后开始暴露出真面目。

司马越很快收到消息：周馥对自己独揽朝政很不爽，经常发表不满言论，而且情绪相当激动。因此司马越颇为忌惮镇寿春的周馥。③

在周馥公然不满自己、江南高门的人质又没有抓到的情况下，司马越非常担心南方再次独立出去，于是赶快派司马睿过江，抢在周馥和江东士族之前填补江东的权力空白。（见图6-1）

我们再捋一下江东士族的心理动态：

1. 他们的终极目标是使自己的本土利益不受损并继续扩大。

2. 他们缺乏独自建立政权的底气，不然不会跟陈敏混在一起，也不会一度答应司马越的征召。

---

① 《晋书·王导传》：及徙镇建康，吴人不附，居月余，士庶莫有至者。

② 《晋书·周馥传》：帝还宫，出为平东将军、都督扬州诸军事，代刘准为镇东将军，与周玘等讨陈敏，灭之，以功封永宁伯。

③ 《晋书·周馥传》：馥自经世故，每欲维正朝迁，忠情恳至。以东海王越不尽臣节，每言论历然，越深惮之。

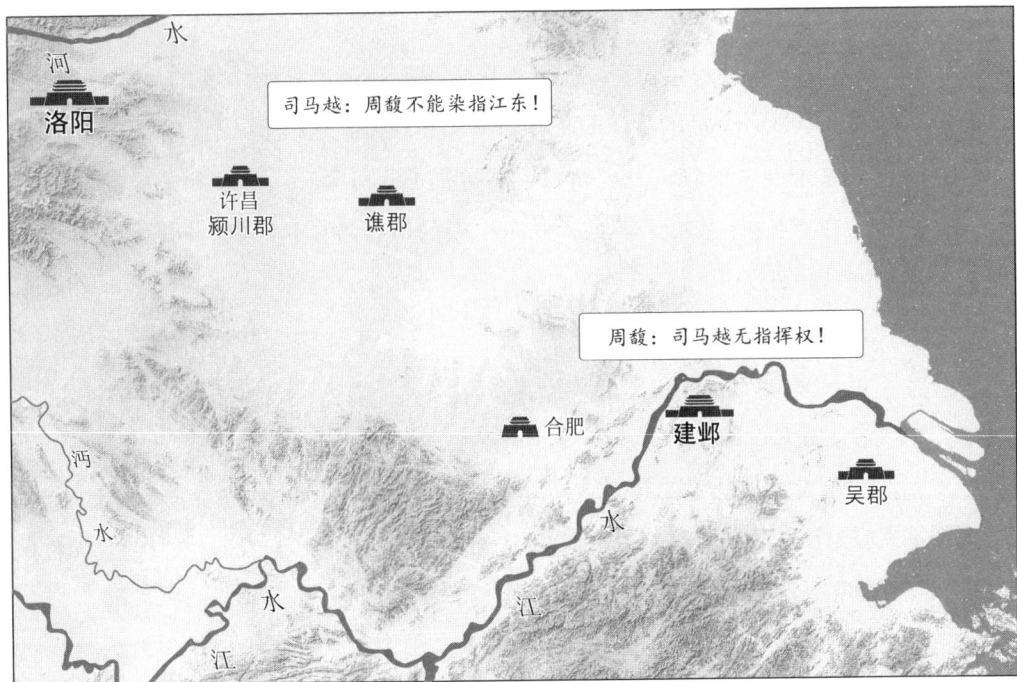

图 6-1　司马睿南下时局图

　　无论是面对西晋将来的讨伐，还是自己建立政权后"散装江东"
难以整合的局面，江南士族圈都没有足够的底气，他们最好的出路是借
助传统权威的西晋招牌凝聚人心，让本土局势稳定下来。

　　像陈敏这种自封的都督江东诸军事、大司马、楚公的形式，在社
会号召力、公信力上都是不够的。华谭的那封鄙视信简直是不带脏字地
通篇骂街。

　　但是，像西晋官方授予的、社会公认的"镇东将军、都督扬州诸
军事"地方实权派的官职，西晋又绝不可能授予江东士族，这都是保留
给宗室和北方高门的岗位。

　　江东士族永远不是司马家的自己人，所以，他们最好的出路是拥
戴上述拥有这种政治资源的宗室和北方高门，然后继续自己江东自治的

路线。

扬州有两个西晋朝廷委派的地方代言人：一个是镇寿春的周馥，手里有部队；一个是刚渡江的泥菩萨司马睿，几乎是光杆司令。

江东士族一比较，发现司马睿弱得是那么可爱！司马睿和王导的"王与马"组合，基本上满足了江东士族的所有潜在利益点：同阶级、弱实力、好态度。

1. 先说同阶级。

司马睿和王导都是上品中的贵族，家族名号扔出来都是一大串，在成分上算是全国第一等。

江东士族虽然是当地第一等，但放在全国就谈不上顶级了，通常不太好意思张嘴。不过双方有交集。

280 年晋刚刚灭吴时，代表人物顾荣就与陆机、陆云兄弟进京，时称"洛阳三俊"，在洛阳曾历任尚书郎、太子中舍人等官职。非常关键的南北调和点之一的纪瞻曾被司马冏起用为东阁祭酒。虽然他们混得不算太成功，但和北方高门是有大量交集的。

广陵人华谭在那封鄙视信中写的重要论据是："威震丹阳，擒寇建邺，而诸贤何颜见中州之士邪？"看似南北间是不同国家，双方老死不相往来，但实际上，南北方都有世家大族，都有同样的家族利益。这也导致了长江两岸的隔阂并没有那么大。

这一点就好比今天各国间哪怕语言不同，人种不同，但顶层精英家庭间的共同利益，实际上远远比跟本国中产和底层要多，比如李嘉诚和比尔·盖茨的共同话题与合作机会，绝对要比中国百分之九十九点九九的人要多。

再加上西晋的谈玄论道和奢靡浮华的风气特别直击人性的弱点，所以江东士族从心底对洛阳的顶级贵族是神往的、是羡慕的，乃至很多生活做派都在效仿他们：也嗑药、也炫富、也奢靡、也玄谈。

比如在平灭陈敏后，顾荣等人被司马越征召，在去洛阳的路上，江东士族大开洛阳最流行的清谈辩论会来打发时间。[①]

价值观一旦能够调和，也就意味着双方是存在着巨大破冰空间的。

再说句题外话，文化和价值观的引导真的超级重要，那些直指人劣根性的嗑药、奢靡、赌博的社会风气是一定要彻底打掉的，这样的风气只要放开了，就是洪水猛兽！

西晋的那堆"炉灰渣子"又全都移植到江东了，而在西北凉州，由于没有顶层士族的"时尚引领"，本着务实的态度缓缓发展，小小的体量在百年后孵化出太多令人感动的文明成果。

2. 再来说弱实力。

司马睿虽然是司马家的人，但并非司马昭一脉的，他的影响力因此有限，尤其是号召此时的江东。琅邪国虽然不小，但实力非常一般，而且司马睿之前干的是镇守徐州的岗位，徐州兵都被司马越收走了。

王导是顶级高门琅邪王家的代表，但他跟司马睿一样，并没有什么硬班底跟他过江。

"王与马"组合徒有其名，使得他们在江东士族面前客观地展现了自己人畜无害的一面："你们不要担心，我们仅仅是司马家在江东的代言人。"

3. 最重要的一点：好态度。

"王与马"组合来到江东后，迅速让所有人感受到可以合作的政策开放性。

要特别说说东晋开国的王导。

---

① 《晋书·纪瞻传》：召拜尚书郎，与荣同赴洛，在途共论《易》太极。荣曰："太极者，盖谓混沌之时蒙昧未分……"瞻曰："昔疱牺画八卦，阴阳之理尽矣……若必有父母，非天地其孰在？"荣遂止。

琅邪王氏一门人才甚多，王导是王览的嫡孙，这孩子年少时就风姿飘逸，自带家传渊源的玄学气质。十四岁时，陈留高士张公见到他后大奇，对他哥哥王敦说："看这孩子的容貌气度，将来是当宰相的材料。"

王导成人后被朝廷多次任命官职，但都不去上任，直到司马越在八王之乱中撑到了最后，王导才出仕，参了司马越的军事。

八王之乱后，王导在洛阳被家族安排跟定琅邪王司马睿，随后王导劝司马睿就任藩国，以巩固老家的基本盘。从此，司马睿人生发迹的每一步，无论是出镇下邳还是渡江建邺，王导全部参与并担纲了总规划师。

王导来到江东后，从三个方面表明了自己的态度。

1. 合作共荣。

史书上说"王与马"登陆建邺后，连着一个多月没人搭理，王导比较担心，恰逢王敦来扬州，于是王导和王敦商量。王敦说："琅邪王没什么名气，哥哥您已经海内知名，实力雄厚，应该给背背书。"随后王导攒局，搞了次大游行，给司马睿安排了威严盛大的仪仗，王导和王敦等名流骑马在旁边侍奉，唬得纪瞻、顾荣等江东贵族纷纷在道边行礼。①

打完广告后，王导跟司马睿说："现在我们应该降低姿态，拿下顾荣、贺循两人，他俩都是地头蛇，咱们要结交示好，收买人心，如果他们两人来了，就没有不来的了。"

---

① 《晋书·王导传》：及徙镇建康，吴人不附，居月余，士庶莫有至者，导患之。会敦来朝，导谓之曰："琅邪王仁德虽厚，而名论犹轻。兄威风已振，宜有以匡济者。"会三月上巳，帝亲观禊，乘肩舆，具威仪，敦、导及诸名胜皆骑从。吴人纪瞻、顾荣，皆江南之望，窃觇之，见其如此，咸惊惧，乃相率拜于道左。

司马睿派王导去请顾荣、贺循，自此司马睿集团慢慢在江东站稳脚跟了。① 这是司马睿集团立足江东最脍炙人口的一个故事。

很遗憾，这个故事是编出来的。

都是士族，什么场面没见过，你们簇拥他，我们就傻了？还路边相拜？我们没有面子吗？

《王导传》中的记载是编出来的，原因有二：

1. 时间对不上。史书记载，司马睿到了建邺"居月余"，仍然"士庶莫有至者"，随后就"会三月上巳"了。

司马睿是307年九月初一到的建邺，"居月余"后应该是十月，三月上巳节是半年后的事了。

2. 人物对不上。308年三月，王导向王敦求救，所谓"威风已振"的王敦此时并不在扬州，而是在洛阳。

永嘉初年，王敦由青州刺史任上回到洛阳做中书监。309年三月，司马越从荥阳突然来到了洛阳，此时"半仙儿"的王敦还发表了司马越要杀人的预言，司马越在洛阳搞完小型政变后才把王敦封为扬州刺史，而且王敦早年间也根本谈不上"威风已振"，一年后还差点儿让人家当鸡宰，一看就是后面牵强附会写上去的。②

史书中用权倾荆州的王敦做背书，又是司马睿和王导导演公关事件，无非想说明两个问题：

1. 司马睿真的是光杆司令，什么都没有。

---

① 《晋书·王导传》：帝乃使导躬造循、荣，二人皆应命而至，由是吴会风靡，百姓归心焉。自此之后，渐相崇奉，君臣之礼始定。

② 《晋书·王敦传》：永嘉初，征为中书监。于时天下大乱，敦悉以公主时侍婢百余人配给将士，金银宝物散之于众，单车还洛。东海王越自荥阳来朝，敦谓所亲曰："今威权悉在太傅，而选用表请，尚书犹以旧制裁之，太傅今至，必有诛罚。"俄而越收中书令缪播等十余人杀之。越以敦为扬州刺史。

2. 王导在这段关系中起主导作用。

史书记载，王导劝司马睿放低姿态，以及王导亲自去请顾荣与贺循大概率是真的。因为在顾荣、纪瞻等人的本传中有很多"王与马"低姿态的描写，以顾荣举例：司马睿镇江东后以顾荣为军司加散骑常侍，凡所谋划，全都要咨询顾荣。[①]

这还不算什么，仅是顾荣一封推荐信，司马睿就接纳了陆晔、甘卓、殷祐等八位大族子弟，为其安排官职，基本上是顾荣说什么司马睿听什么，很给顾荣面子。[②]

王导在南北和衷共济上可不仅仅是表姿态那么简单，他非常识时务地尊重了双方各自的利益，作为超级黏合剂把南北两方拢到了一起。

王导出任扬州刺史时，数百宾客前来道贺，王导长袖善舞，人人尽欢。只有临海郡一位任姓客人和几位胡僧到最后仍未得到招待。王导发现后找机会走到任氏身边说："您今天来我这里了，那临海无贤人了。"一句话搞定任氏。王导又走到胡僧面前，弹着手指说："兰阇，兰阇！"（梵语音译，表示赞美）胡僧欣然而笑。

王导任扬州刺史时，曾派遣八部从事到各郡任职考察，回来以后，大家一起向王导汇报工作。各部从事纷纷汇报各地郡守的优劣，轮到顾家的顾和汇报时，他却没有发言。

王导问顾和："你怎么不说话呢？"

顾和回答说："大人你辅政，最好宁让吞舟之鱼漏网，也别满世

---

① 《晋书·顾荣传》：元帝镇江东，以荣为军司，加散骑常侍，凡所谋画，皆以谘焉。

② 《晋书·顾荣传》：时南土之士未尽才用，荣又言："陆士光贞正清贵，金玉其质；甘季思忠款尽诚，胆干殊快；殷庆元质略有明规，文武可施用；荣族兄公让明亮守节，困不易操；会稽杨彦明、谢行言皆服膺儒教，足为公望；贺生沈潜，青云之士；陶恭兄弟才干虽少，实事极佳。凡此诸人，皆南金也。"书奏，皆纳之。

界瞎八卦去！"①瞅瞅，多狂的话啊！王导却"咨嗟称善"，表示他说得对。

顾和作为下级，在用一种非常没有礼貌的方式提醒王导要注意权力的边界：各地自有各地的土皇帝，底下的事跟你有什么关系！

可贵的是王导赞赏顾和，这种气度是很难得的。东晋门阀政治接第二棒的掌门人颍川庾亮就没这种气度。王导夏天看庾亮办公太玩命，于是对庾亮说："大热天的，可以大略从简。"庾亮说："从简了，对天下不见得是好事。"庾亮后来就因为性格刚强，管得太宽，逼反了苏峻，闯了大祸。

王导在刚刚建立的东晋政权中意味着什么呢？史载王导辅政，主旨就是无为而治，不得罪人，朝野上下将王导比作管仲。②

这并不是说管仲也施行"政务在清静，每劝帝克己励节"的政治方针，毕竟管仲在治国上甩王导好几条街，是和诸葛丞相一样的高级别治国人才。

王导和管仲比较相似的地方在于两人对人性的把控都相当精准，而且将他比作管仲的最重要原因是说他的历史贡献。

孔老夫子曾说："如果没有管仲尊王攘夷维护天下，咱们现在早就文明断绝，披发左衽，做野人了！"王导在一定程度上也是这样的文明保护人角色。

王导晚年时，很多事情就是签字挑勾，一边挑勾一边叹气道："都说我得过且过，糊里糊涂，将来你们会怀念这种糊里糊涂的。"

王导的做法对吗？

---

① 《晋书·顾和传》：明公作辅，宁使网漏吞舟，何缘采听风闻，以察察为政。

② 《晋书·王导传》：时荆扬晏安，户口殷实，导为政务在清静，每劝帝克己励节，匡主宁邦。于是尤见委杖，情好日隆，朝野倾心，号"仲父"。

如果从正统上看，他谈不上是什么能臣，各种妥协而已。

但时代到了风口浪尖上，北方一片糜烂，南方的地头蛇们警戒心极高，在那个畸形的乱世，王导的做法却堪称唯一的正解。

如果北方皇室和士族不放低姿态主动与南方士族和衷共济，南人不一定让司马睿顺利过江形成政治号召力。

如果司马睿进入江东后无法形成政治号召力，南方地头蛇散沙化，南方也很有可能和北方一样走进坞堡时代。

如果北人南下，对南人颐指气使，那么在"胡马"渡江前，也许江南就爆发"南北"大内战了，根本谈不上整合多方势力守住淮河一线了。

当人已经病危时，治疗就不能按照常理出牌了，需要让他先缓过这口气，集中所有生命力面对最危险的敌人。

王导尽了最大的努力调和南北间的利益差距，为司马睿这杆风雨飘摇的小旗聚拢了几乎所有当时能团结过来的力量，并分门别类地做了精心安排。

北士桓彝（东晋中期主角桓温的父亲）逃到江东时，看到司马睿势力单薄几乎绝望了，对周顗说："我因为中原大乱，所以想到江南寻个安身立命之地，不料朝廷在这里也是个要死的节奏，怎么弱成这样了啊！"但当他见到王导后，又生出信心，道："我见到了江左管仲，就不再忧虑了，我又能喝酒谈玄了。"①

桓彝的态度，是很多北人的态度，在没有希望的时候，看到了灯塔。但是，桓彝又说出了现实：司马睿与王导的实力弱到了几乎可以忽略不计的地步。

---

① 《晋书·王导传》：（桓彝）谓周顗曰："我以中州多故，来此欲求全活，而寡弱如此，将何以济！"忧惧不乐。往见导，极谈世事，还，谓顗曰："向见管夷吾，无复忧矣。"

任何时候，都是腰包鼓拳头大的人才有话语权，王导讨好江东豪族的原因也源于此。

但是疑问来了，所谓的东晋门阀政治，执牛耳的全都是北方高门，这就相当神奇了。不应该是地头蛇的南人最终控制住东晋这个花架子的朝廷吗？

怎么成就了琅邪王氏、颍川庾氏、龙亢桓氏、陈郡谢氏、太原王氏这帮北方南下的高门呢？

两手空空的北人是如何完成对地头蛇南人的阶层逆转的呢？

三、“散装”的江东是怎样被一步步拿下的？

准确地说，一开始事情的发展趋势是朝着江东豪族们的思路走的，拥戴司马睿获得政治名分的江东豪族为了保卫这个傀儡政权鞍前马后冲锋陷阵。

几乎没有任何军事力量的司马睿在登陆建邺的前几年全靠江东豪族的战斗力。

310年二月，江东又闹了一次风波，吴兴钱璯发动叛乱。起因是钱璯在起兵讨伐陈敏时表现不错，司马越授予他建武将军的称号，命他率兵前往中原共赴国难。

钱璯到了广陵就听说北面已经打得乱成一团了，刘聪一次次拳打脚踢洛阳，于是不敢往前走了。司马睿替司马越不断催促钱璯北上，最终因为军期问题，钱璯造反了。

被派到江东当扬州刺史的王敦又被司马越征为尚书，与钱璯一起北返。实际上王敦大概率是钱璯的监军，因为钱璯造反时决定杀了王敦。王敦的情报工作做得不错，提前得到了消息，迅速逃回了建邺，将钱璯造反的信息汇报给司马睿。①

钱璯杀了度支校尉陈丰，烧了广陵邸阁，自号平西大将军、八州都督，劫孙皓之子孙充立为吴王，没几天又给杀了，觉得还是为自己代言合适，随后渡江南下准备攻打阳羡（今江苏宜兴）。

司马睿派官军前来征讨，结果因为兵少，司马睿先怂了。②

他怂了不要紧，江东自有话事人。钱璯南下进犯的阳羡是之前两次高光出镜的周玘的地盘。吓怂司马睿的钱璯，被周玘带着小弟干平了，钱璯的脑袋被送到了建邺。③

这次叛乱说明了三件事：

1. 钱璯的武装实力不小，司马睿不用担忧司马越的追责了。

2. 司马睿的官兵没有一丁点儿威慑力，钱璯不仅反了，还自号平西大将军、八州都督，居然还敢立孙皓的儿子当吴王。截至310年，司马睿的军事实力就是零，后来风光无限的王敦此时也毫无实力，人家想杀他跟宰鸡一样，王敦仗着情报及时加腿快，跑了。

钱璯叛乱也产生了一个蝴蝶效应，就是王敦最终没能北返，北方很快就完了，王敦作为安东将军、司马睿府的军谘祭酒就此留在了江东。

3. 阳羡周氏的军事力量很强。灭石冰、灭陈敏、灭钱璯，周玘居功至伟，史称"三定江南"。④

这个功绩，跟司马睿集团没半点儿关系。史书中很罕见地将"三

---

① 《晋书·周玘传》：时王敦迁尚书，当应征与璯俱西。璯阴欲杀敦，藉以举事，敦闻之，奔告帝。

② 《晋书·周玘传》：帝遣将军郭逸、郡尉宋典等讨之，并以兵少未敢前。

③ 《晋书·周玘传》：玘复率合乡里义众，与逸等俱进，讨璯，斩之，传首于建康。

④ 《晋书·周玘传》：玘三定江南，开复王略，帝嘉其勋，以玘行建威将军、吴兴太守，封乌程县侯。

定江南"这种级别的功绩放在一个地方豪族的身上。在风雨飘摇的 4 世纪初，整个江东最大的定海神针是以阳羡周氏为核心的江东群豪。

司马睿掌权已经三年了，从军事上看不出他有任何的过人之处，他完完全全地仰仗江东的豪族。

311 年正月，驻扎寿春的镇东将军周馥和司马越彻底撕破脸的时候，司马睿的情况依然如此。

起因是周馥越过了司马越上书朝廷激怒了司马越，于是司马越命周馥和淮南太守裴硕来找他谈话，周馥不动，命裴硕率兵先走。

裴硕和司马越是亲戚，于是声称奉密旨干掉周馥并率兵偷袭了周馥，但被周馥所败，裴硕退保东城，随后向司马睿求救。

司马睿派纪瞻、甘卓、郭逸等攻周馥于寿春，最终击溃并剿灭了周馥集团。

直到这个时候，司马睿和江东群豪之间的关系依然是没什么变化的，他弱得远近闻名，江东群豪通过武力拥戴司马睿得到了巨大的政治和本土红利，比如阳羡周氏，司马睿为了答谢周家出人出力，专门划出六个县成立一个郡给周家当酬谢，名字叫"义兴"。[①]

但也就是从这个时候开始，事情起了变化。

311 年三月，司马越在内忧外患中死去，河南地区出现权力真空。

四月，石勒追上了司马越送灵团，团灭了十多万人，河南地区崩盘。

五月，朝廷封司马睿为镇东大将军，兼督扬、江、湘、交、广五州诸军事。司马睿的政治身份第一次大飙升。

六月，洛阳陷落，晋怀帝被抓。

---

① 《晋书·周玘传》：帝以玘频兴义兵，勋诚并茂，乃以阳羡及长城之西乡、丹阳之永世别为义兴郡，以彰其功焉。

司空荀藩传檄四方，推琅邪王司马睿为盟主，司马睿突然间由江左的一个边缘宗室头领成为天下的众望所归。司马睿的政治身份第二次大飙升。

这就像一个信号弹一样，整个黄河两岸纷纷开始了避难之旅，黄河南岸的关东人士无论士人还是庶民，都开始投奔江左的司马睿，前来过江的人数急剧上升，史载，"时海内大乱，独江东差安，中国士民避乱者多南渡江"。

短短几个月的时间，司马睿的人生有了三级跳，与此同时，江南的局势也出现了巨大的变化，因为北方大规模南渡的士族和难民对南方的政治、经济生态造成了巨大的冲击。

举一个大家最熟知的例子，兴复中原的祖逖。

祖逖被推为"行主"，一路带着难民避难到江东，最终在京口落住了脚。

逃难的人想要过上原来的好日子，通常只有一个办法：干没本的买卖——抢劫。最重要的是，能在乱世从家乡一路逃出来的人，通常都有从良民变土匪的心理建设过程。这帮土匪被祖逖当作亲兄弟，史载："宾客义徒皆暴桀勇士，逖遇之如子弟。"

这帮土匪到了南方后也不参与地方的建设，来了就抢，向来分得清谁是自己人的祖逖不仅不管，反而对他们说："兄弟们抢过瘾了吗？咱们今晚上去南塘富人区再干一票？"①

祖逖与兄弟们的抢劫一度让江东风声鹤唳，就算抢劫团伙被官府抓了也不要紧，祖逖会组织土匪前往救援，因此祖逖在江东的口碑非

---

① 《晋书·祖逖传》：时扬土大饥，此辈多为盗窃，攻剽富室，逖抚慰问之曰："比复南塘一出不？"

常差，但他很不当回事。①祖逖认为："乱世嘛，政变嘛，有舍就有得，我得分清谁是自己人！"

当然，北人南下对于南方土豪们也是有巨大好处的，他们可以源源不断地得到人力资源，吸收北人为家奴，壮大家族，但如果北方崩溃太快的话，坏处就显现出来了，因为在战火中结交、斗争中成长、夷狄肆虐下冲出重围的大大小小的"祖逖"们对于江东的豪族们来讲是巨大的冲击！

一面是自己的大土地庄园利益和土皇帝般自由的日子，一面是越来越不安定的社会秩序以及为了维护社会秩序所要不断投入的军备、政治成本。

对南方豪族来讲，如果想对突然涌入的大量北人加以控制，最经济的方式并不是和一波波北面流民军开战，而是利用同为北人的司马睿和王导以朝廷的名义控制住这股无序的力量。

比如说成为"南塘梦魇"的祖逖就是司马睿的军谘祭酒，来了就组织大规模的抢劫，能与祖逖谈判、对上话的是王导和庾亮这种北方高门人士。

有一次这哥俩来探望祖逖，发现祖逖的总部由原来的一穷二白变成了炫富陈列馆，比较奇怪，就询问了一下。祖逖道："我这人实在，不糊弄两位兄弟，我昨夜又去了趟南塘。"

司马睿突然间变成天下盟主，威信爆棚，以及大规模的北人南下，这让司马睿对南方豪族开始有了话语权。（见图6-2）

对北面南下的流亡军阀来说，司马睿是中央，是他们的后盾，他们为国守边，在淮南屯田，中央再给他们补贴，就不会再闹了。

对江东的豪族来说，司马睿是沟通平台，他们不用担心，司马睿

---

① 《晋书·祖逖传》：或为吏所绳，逖辄拥护救解之。谈者以此少逖，然自若也。

图 6-2　司马睿特殊生态位示意图

不让北面军阀骚扰他们，他们的既得利益不会受损，但司马睿要求他们也要听话，毕竟能和这些军阀对话的只有司马睿，江东豪族可没办法让军阀们安安分分地停在淮南。

特殊的时代背景，让北方高门这个赚差价的中间商开始发挥自己的政治能量。

祖逖主动申请去北国创业了，后来大量的北方流亡军阀如苏峻、刘遐等也被司马睿以朝廷的名义安放在了长江以北，不让他们南渡长江，担心他们骚扰富庶的江东，这种实实在在的贡献让北方士族们在南方豪族面前硬气了起来。

与此同时，司马睿政府也开始督导、驱使中小型南方豪族了。

面对荀藩拥护司马睿为盟主的呼声，江州刺史华轶并没有响应，而是把司马睿委任到江州的官员全都赶了出去。

311年六月，司马睿派出了讨伐军讨伐华轶，作战的主力仍然是周访、甘卓等南方豪族兵团。[①]但这次和上一次平定钱璯之乱不同，司马睿派王敦作为总司令去都督这帮南人军阀前去平叛。[②]

司马睿的部将宋典、王敦的参军赵诱以及王敦本人根本没有任何作战表现。一年之前王敦还被钱璯追杀，司马睿派的讨伐军不敢上前攻打钱璯，现在却能出工不出力地督导周访和甘卓等人为他们拼命了。

战后寻阳豪族周访被封为寻阳太守，甘卓被封为湘州刺史，这两位普通的江南豪族得到了自己相应的政治回报。

与此同时，司马睿集团开始淡化与阳羡周氏这种超级地头蛇的合作，并针对江南的土豪圈展开了"吴人治吴"的阶级斗争分化活动。

之前三定江南的周玘，司马睿对他的封赏是什么呢？封的是吴兴太守，这是另一个地方豪强势力强大的地盘。

东晋初期，史书中所谓"江东之豪，莫强于周沈"，周指义兴周氏，沈指吴兴沈氏。

造反的钱璯也是吴兴人，但根本排不上号，被周玘轻松干掉，吴兴真正的超级地头蛇是和周氏齐名的沈氏。

从司马睿授予周玘为吴兴太守的这个安排中可以看明白一个套路：北方高门在挑拨南方地方土豪之间的矛盾，让他们进行内耗。

有效果吗？

当然有啊，后来王敦逼宫成功，突然袭击并屠灭了阳羡周氏，当

---

① 《晋书·华轶传》：武昌太守冯逸次于溢口，访击逸，破之。《晋书·周访传》：访与甘卓等会于彭泽，与轶水军将朱矩等战，又败之。轶将周广烧城以应访，轶众溃，访执轶，斩之，遂平江州。

② 《晋书·华轶传》：既而帝承制改易长吏，轶又不从命，于是遣左将军王敦都督甘卓、周访、宋典、赵诱等讨之。

时王敦的重要谋主兼合伙人就是吴兴沈氏的沈充。

其实江东大族们一直是谁也不服谁，有着悠久的轻家国重乡土的地域歧视传统。比如，吴亡之前会稽大族贺邵去吴郡上班，吴郡的豪强们直接在贺邵的门前写了句"会稽鸡，不能啼"，说贺邵是鸡。

贺邵一看就急眼了，在后面补了个对联，大意是：我这鸡一叫就该杀你们这帮王八蛋了！

随后贺邵开始安排巡回人员，来回来去地在吴郡排查，吴郡被查了个底儿掉，各大族损失惨重，一度逼得作为吴国柱石的陆抗因为家里的事亲自来南京跟孙皓求情。[①]

后来贺邵因为得罪了太多人被孙皓干掉了。

江东各郡离得不远，但历史遗留问题相当多。

总体而言，江东地区由于富裕，因此地方保护主义比较盛行。吴郡的豪族、义兴周氏为什么会在东晋立国的过程中鞍前马后地冲锋陷阵，付出相当多呢？因为他们的土地围绕江东水网和太湖，相当肥沃，又很值钱，但却离长江太近，非常容易受到北来流亡势力的侵袭。（见图6-3）

他们对一个稳定政府的需求更直接也更迫切，在参政议政上相对比较积极。

即便如此，周玘死后周家就被各个击破了，周玘的弟弟周札根本没有更大的意愿去博得政治资源，相反，他更看重自己家产的有序经营。

更南边的会稽郡也是如此，豪族唱过春歌唱秋歌，唱过茶歌唱酒歌，唱不尽满眼的好风景，好日子天天都在歌里过，根本没什么参政的动力。

石冰作乱波及平静了二十多年的江东全境，贺邵的儿子、会稽大

---

① 《世说新语·政事》：于是至诸屯邸，检校诸顾、陆役使官兵及藏逋亡，悉以事言上，罪者甚众。陆抗时为江陵都督，故下请孙皓，然后得释。

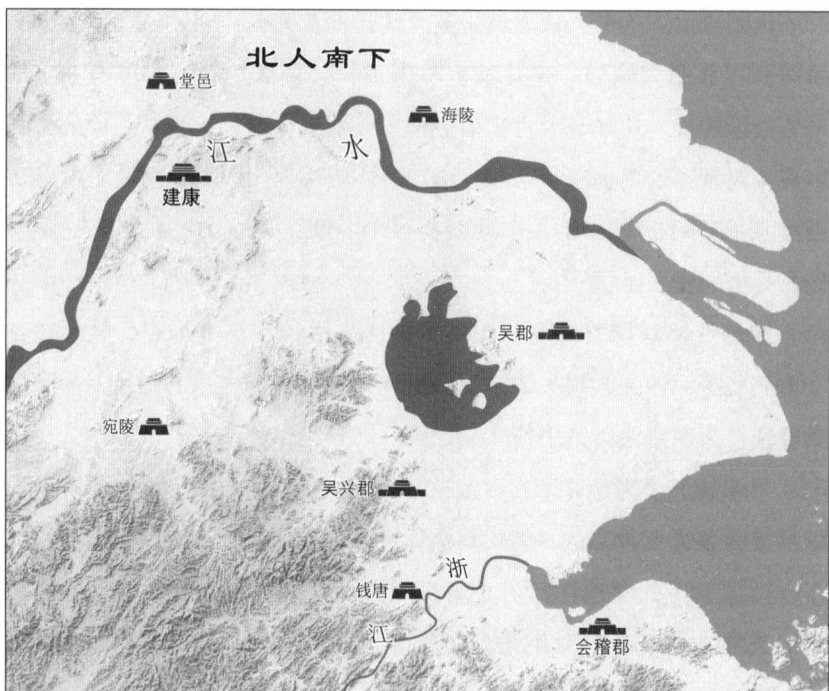

图 6-3　北人南下对三吴冲击示意图

族的领头人贺循也站出来保护自己的家乡了。①

　　平定石冰之乱后，贺循迎回了被乱军赶走的会稽国相张景，然后就解散了乡军，闭门不出，也不参与论功行赏。②

　　迎回被赶跑的张景，因为张景是朝廷正式任命的官员，这些年贺循没少在他身上砸钱，张景这面保护伞他还得接着用，仗打完了赶紧解散，懒得掺和政治，是因为家乡的产业更重要，他犯不上。

　　贺循在陈敏之乱时，谢绝了陈敏对他丹阳内史的任命。司马越后

---

　　① 《资治通鉴·晋纪七》：十二月，议郎周玘、前南平内史长沙王矩起兵江东以讨石冰……于是前侍御史贺循起兵于会稽。

　　② 《晋书·贺循传》：循迎景还郡，即谢遣兵士，杜门不出，论功报赏，一无豫焉。

来任命贺循为参军，征拜博士，贺循更是不搭理司马越。

江东首望顾荣死了以后，司马睿希望贺循能接替顾荣的职位，贺循还是不搭理，司马睿怎么写信也没用。[①]

司马睿拉下脸逼贺循上班，贺循才去。史书中记载他上班也就是几十个字，然后就看到他递的辞职报告了。[②]贺循的一生，就是别让他离开会稽的一生。

贺循之所以没什么欲望，不仅因为老爹贺邵在政治斗争中死得很惨让他有了阴影，也因为会稽离江北较远，不太受西晋末年北人南下大潮的影响，地方上也较为安定。

江东地方不大，但是太容易被大政治家分门别类地各个击破了。说到底就是太富裕了，各有各的利益要考虑，富裕安定之地诞生更多的是大豪族，而并非大政治家。

政治家的本质是什么呢？就是抓住你的弱点和利益诉求，在眼前和长远的利益上来回切换做文章，最终让你定期出人出钱去为他买单。

南方的高门很快被司马睿拉拢、拿下了，"九品中正制"成为北人对南人进行阶级分层与制造矛盾的好办法。

像江南的高级士族尤其是当年去过洛阳的宗族，都是和北方士族有过交集的，在朝廷看来，是属于可发展的"自己人"，他们的人，基本上都先后担任了地方中正官的职位。

中正官这个职位是对官员的未来仕途进行评级分级的，比如，吴郡望族的陆晔就是吴郡的大中正，丹阳郡张昭的曾孙张闿就是丹阳郡的大中正。

---

① 《晋书·贺循传》：及帝迁镇东大将军，以军司顾荣卒，引循代之。循称疾笃，笺疏十余上。帝遗之书曰……循犹不起。

② 《晋书·贺循传》：因谘以政道。循羸疾不堪拜谒……循辞让，一无所受……元帝在镇，又表为侍中，道险不行。以讨华轶功，将封乡侯，循自以卧疾私门，固让不受。建武初，为中书令，加散骑常侍，又以老疾固辞。

丹阳的落魄豪族葛洪，参加过讨伐石冰之乱的行动，314 年回到老家丹阳开始写作《抱朴子》，他对九品中正制进行了如下抨击：

> 持乡论者，则卖选举以取谢；有威势者，则解符疏以索财。或有罪人之赂，或枉有理之家；或为逋逃之薮，而飨亡命之人。或挟使民丁，以妨公役；或强收钱物，以求贵价；或占锢市肆，夺百姓之利；或割人田地，劫孤弱之业。愡恫官府之间，以窥掊克之益。

意思就是这种制度真不是东西！葛洪说的这位"持乡论者"，大概率是家乡的大中正张闿。

葛洪之所以这么埋汰张闿，就是因为看到了当地高门利用"中正权"对中下豪族及平民百姓进行种种欺负弹压的行为。

说句题外话，葛洪算是"道教"传播极其重要的关键人物，他不仅全面总结了晋以前的道教神仙理论，同时又将道教的修炼法术和儒家纲常思想进行了结合，突破性地提出了"欲求仙者，要当以忠孝和顺仁信为本。若德行不修，而但务方术，皆不得长生也"。

道教从葛洪开始，渐渐地将清规戒律和世俗纲常结合在一起，并把纲常名教与道教的戒律融为一体，表示修仙得积德。[①]

虽然说在东晋末期，五斗米教仍然爆发出毁灭社会的破坏力，但东晋之后，葛洪的思想开始慢慢被统治者接受，在社会中成为主流，道

---

① 《抱朴子·内篇卷六》：览诸道戒，无不云欲求长生者，必欲积善立功，慈心于物，恕己及人，仁逮昆虫，乐人之吉，愍人之苦，赒人之急，救人之穷，手不伤生，口不劝祸，见人之得如己之得，见人之失如己之失，不自贵，不自誉，不嫉妒胜己，不佞谄阴贼，如此乃为有德，受福于天，所作必成，求仙可冀也。

教也结束了自黄巾起义开始的那种毁灭万物的超强破坏力，成为维护社会良性发展的重要补充思想。

总体来讲，北方高门的手段是通过阶级分层拉拢一批南方豪族，挑拨他们的内部矛盾，削弱他们的力量的。

312年，南人首望顾荣死了，与此同时司马越大量的残余幕僚在衣冠南渡后进入了司马睿朝廷，南北士族的力量发生了巨大的逆转。

在王导等人的分裂策略下，曾经留学洛阳的第一高门吴郡的顾氏、陆氏等和北人有交集的南方高门被拉拢了进来，之前出兵出力的豪强武宗如义兴周氏和武兴沈氏等则被排除出了最高层的政策分红圈子。

因为武力强盛的地方豪族控制起来并不容易，比如周家，已经成立了一个郡给周家，还怎么满足周家的欲望呢？

这些地方的武力豪族和高门圈子间并没有历史过往，所以朝廷的思路很明确，他们必须在被排除在外。那么问题来了，难道朝廷不担心他们翻脸吗？

王导等人是有后招的。

还是那句话，虽然"江东之豪，莫强于周沈"，但只要你是豪族思维而不是政治家思维，你就大概率斗不过那帮老奸巨猾的政治家。

因为豪族关键的属性是地方家族利益，只要地方利益是豪族不可割舍的关键点，无论他们多么强大，内部都不会是铁板一块的。

司马家的"八王之乱"是怎么起来的呢？人人皆有可能嘛！

周家为什么强悍呢？不过也因为家族大、产业丰、兄弟多嘛！

北方高门几十年来有着丰富的内斗历史经验。在这个时代，只要对手的兄弟多，就一切都好说！

四、寒门是怎样出贵子的?

江东武力核心周玘不满足于义兴郡的家族势力,他是个有大想法的人。但是,周玘在永嘉之乱两年后就已经强烈感受到自己曾经的"三定江南"功勋白瞎了,北方士人大量南渡充斥于朝堂,作为元老他经常被司马睿的心腹刁协所轻视,因此他的不满情绪相当严重。①

周玘从北士集团的内部发现了破绽,时任镇东将军祭酒的东莱人王恢被周顗所侮辱,于是投靠了周玘,并打算发动政变除掉这帮执政的北方高门,推举周玘和戴渊与众位南方士族执政。②

南方士人真真切切是打算建立江东傀儡共和国的。

周玘和北士王恢合作是希望通过王恢联络北人军阀,以便合兵推翻司马睿政府,王恢也联络了流人帅夏铁等人起兵。③但还没来得及起

---

① 《晋书·周玘传》:于时中州人士佐佑王业,而玘自以为不得调,内怀怨望,复为刁协轻之,耻恚愈甚。

② 《晋书·周玘传》:时镇东将军祭酒东莱王恢亦为周顗所侮,乃与玘阴谋诛诸执政,推玘及戴若思与诸南士共奉帝以经纬世事。

③ 《晋书·周玘传》:先是,流人帅夏铁等寓于淮、泗,恢阴书与铁,令起兵,己当与玘以三吴应之。

兵，临淮太守蔡豹就干掉了北面打算作乱的这伙流民，王恢听说后以为东窗事发，逃奔到周玘处，结果被周玘杀了。

周玘以为灭口了，但没有不透风的墙，北人集团很快就知道了他与王恢密谋作乱的事，随后召周玘为镇东司马，周玘还没到任，又改授他为南郡太守。周玘南行至芜湖时又接到调令："周玘奕世忠烈，义诚显著，我一直钦佩，觉得南郡太守不合适您，现在改任军谘祭酒，将军如故，进爵为公，禄秩僚属一同开国之例。"

表面上是官越做越大，实际上就是不断折腾周玘。这招挺阴损的，万一周玘生气了呢？从后面的剧情发展来看，北人集团并不太担心，他们对周家早有预案。

周玘大怒后生病，没来得及报仇就气死了，死前对儿子说："杀我的就是这帮北方士人，你能给我报仇才算是我儿子。"[①]

周玘死后，南北集团的内部矛盾已经呼之欲出，史载"时中国亡官失守之士避乱来者，多居显位，驾御吴人，吴人颇怨"。

周玘之子周勰决定为老爹报仇，暗自结交吴兴郡功曹徐馥，徐馥也是吴兴豪族，家有部曲，周勰派徐馥诈称叔父周札的名义去聚合大众，以讨王导、刁协为名。

大量对朝廷不满的南方豪族和社会不安定分子开始聚集，孙皓族人孙弼也起兵于广德，响应徐馥。徐馥聚众数千，杀了吴兴太守袁琇，奉周札为主，公然反叛。[②]

周勰为什么要派徐馥诈称叔叔周札的名义扯起反旗呢？因为他叔

---

① 《晋书·周玘传》：玘忿于回易，又知其谋泄，遂忧愤发背而卒，时年五十六。将卒，谓之勰曰："杀我者诸伧子，能复之，乃吾子也。"吴人谓中州人曰"伧"，故云耳。

② 《晋书·周勰传》：勰使馥矫称叔父札命以合众，豪侠乐乱者翕然附之，以讨王导、刁协为名。孙皓族人弼亦起兵于广德以应之。馥杀吴兴太守袁琇，有众数千，将奉札为主。

叔周札是个"性贪财好色，惟以业产为务"，专门顾着自己一亩三分地的人，根本干不了什么事。他想把他叔叔拖下水。

周勰年龄还是小，阅历不够，他没想到他叔叔瞬间就跟他划清了界限。周札正在家养病，真是"人在家中坐，祸从天上来"，于是赶紧跟义兴太守孔侃汇报了反情，撇清了周勰跟自己的关系。①

周勰一看叔叔周札不同意，于是也没敢动弹，而早早跳出来的徐馥就被周勰给坑了，徐馥的同党一看周家不是那意思，就拿徐馥的脑袋当了投名状，然后草草散伙了，跟着起哄的孙弼一众也崩溃了，被宣城太守陶猷屠灭。

周札的儿子周续比较冲动，听说徐馥打着他爹的名义造反，瞬间就响应了，结果也蹦跶早了。

司马睿正琢磨怎么去平灭叛乱，王导表示："兵派少了拿不下，派多了朝廷里连站岗的都不够了，周家内部不是铁板一块，周续的族弟周莚跟咱们走得近，派周莚一个人去就能杀了周续，这种事不要脏了咱们自己的手。"②

最终老练的王导根据周家的豪族特性以及族内不团结的现状各个击破，几乎没付出成本就让周莚杀了周续。

事后，把表现良好的买卖人周札封为吴兴太守，让他继续制衡吴兴的沈家；对于打算给爹报仇的首恶周勰也既往不咎，继续抚慰给笑脸。因为周家实力太强，区区周续一个小小的分支的反叛，就让王导觉得剿灭需要举全国之力了，所以朝廷根本没能力去追责。③

---

① 《晋书·周勰传》：时札以疾归家，闻而大惊，乃告乱于义兴太守孔侃。

② 《资治通鉴·晋纪十》：王导曰："今少发兵则不足以平寇，多发兵则根本空虚。续族弟黄门侍郎莚，忠果有谋，请独使莚往，足以诛续。"

③ 《晋书·周勰传》：元帝以周氏奕世豪望，吴人所宗，故不穷治，抚之如旧。

但是，这事也让江东所有的豪族看到了周家所呈现出来的榜样作用：不是对手多强大，是自家兄弟太可怕。

每个房头都各怀鬼胎啊。只有大兵压境要夺走我们的地方红利时，家族的各个房头才能聚合起来！

一无所有才不怕倾家荡产，指着这帮富裕的房头去闯荡、去创业，根本没戏！

当年东吴的进攻"弱智"，防守天下无敌，这和地域基因是有关系的。踏踏实实当土皇帝吧，朝廷的事不掺和了，周家都没什么好下场，更何况我们呢。

自311年永嘉之乱开始，大批的北士南渡，这帮祸害中原的"衣冠"们利用自己旧有的社交网络，凭借大量北人流亡南下和胡马临江的社会矛盾点，巧妙利用并分化了"自保心理"极强的富裕江东豪族，使司马睿的"无根朝廷"最终完成了扎根江东并将江东豪族们排除出最高层决策圈的"壮举"。

不仅江东被拿下，311年杀了华轶后，王敦开始往上游的荆州开拓。干的同样是没本的买卖，总体思路也和拿下江东一样，是借鸡下蛋。

来复盘一下王敦拿下荆州的全过程：仅仅利用朝廷的权威，王敦在幕后杵着，真正冲锋陷阵的仍然是南人军阀。

王敦靠的主要是平定华轶后任命的武昌太守陶侃、寻阳太守周访和湘州刺史甘卓。这三位，都属于先天不足的南方武力豪族。

奋斗中的人是最容易被画饼吸引与被利用的，其中起步之低以陶侃为最。

陶侃，是需要专门说一下的人物，他的人生轨迹对我们今天的很多朋友都具有极大的参考价值。

陶侃家原来是鄱阳（今江西鄱阳县）豪族，其父为吴国的扬武将军，但由于死得早又赶上了吴国灭亡，因此陶家开始没落。

吴国被灭后，陶侃家迁徙到了江北庐江郡的寻阳（今江西黄梅县西南）。

为什么呢？因为司马炎给了北迁的南人免税二十年的好政策。史书中的"孙氏大将战亡之家徙于寿阳，将吏渡江复十年，百姓及百工复二十年"，是吴亡后研究家族发展轨迹相当关键的一句话。

比如，移民寿春的，就是抵抗分子家属；移民江北的，就是没落豪族和普通百姓。

陶侃家虽然属于没落的豪族，但靠着家里老母的见识，陶侃仍然有机会迈出改变命运的第一步。

他爹作为扬武将军，娶的不是普通人家的姑娘，否则他妈妈根本不会导演后面改变陶侃命运的剧本。

有一年冬天天寒地冻，长江地区居然大雪多日，鄱阳郡的孝廉范逵路过陶侃家，陶侃的妈妈知道这是一个机会，剪掉了自己的头发卖钱买酒招待了范逵。不仅范逵喝得非常高兴，连他的仆人都得到了这辈子没体验过的招待。等范逵告别时，陶侃又相送了百余里，给范逵感动坏了，终于问出了那句："你想到郡中任职吗？"①

陶侃心里都哭了，心想："终于张嘴了，菜也吃了，酒也喝了，我都跟出来一百里了，你心怎么那么大呢！"

陶侃说："想啊，就是没人引荐啊。"范逵随后拜见了庐江太守张夔，称赞并引荐了陶侃。②

张夔随后召陶侃为督邮，领枞阳令。陶侃开始走上仕途。

---

① 《晋书·陶侃传》：鄱阳孝廉范逵尝过侃，时仓卒无以待宾，其母乃截发得双髻，以易酒肴，乐饮极欢，虽仆从亦过所望。及逵去，侃追送百余里。逵曰："卿欲仕郡乎？"

② 《晋书·陶侃传》：侃曰："欲之，困于无津耳。"逵过庐江太守张夔，称美之。

陶侃的母亲看到"大能量"老乡范逵，能孤注一掷剪头发请客，这不是普通行为，那个时代身体发肤受之父母，剪头发代表着一种超高级的招待规格：你看为了请你吃饭，我豁出去了。陶侃能追出去百余里直到范逵不好意思主动问陶侃，你说陶侃"从 0 到 1"的这一步应该感谢谁呢？

要感谢他的有见识的妈妈。

他妈在家族即将没落之际，利用曾经的见识与套路，给孩子博出了一条路。

师傅领进门，修行靠个人。陶侃，你妈只能帮你到这里了。陶侃也没有辜负他妈妈的青丝白发，开始了向上的拼搏之路。

陶侃上任后工作优异迁主簿，后来又在一次人情世故中，陶侃成功破圈。

太守张夔的夫人生病了，需要到几百里之外接医生。也不知道那几年长江附近的天气是怎么了，又是大雪天寒，所有人都懒得去，只有陶侃表态："郡守是我们的爹，郡守夫人就是咱妈，哪有爹妈生病儿女不尽心的！"高调表示去接大夫。[1] 据说大家都佩服陶侃的仁义。

我不是质疑古人的气度和心胸，只是以一个中国人的视角来说一下剩下的人在对陶侃挑大拇指时的心理："你这儿子那么孝顺，显得我们都成孙子了。"

以人精陶侃的一生来看，他会不明白吗？显然不会。

他知道，这是个高能量维度决定一切的时代，身边人的拥护并不能帮他飞黄腾达。这张入场的门票，靠着同僚们的拥护是指定拿不到的。

---

① 《晋书·陶侃传》：夔妻有疾，将迎医于数百里。时正寒雪，诸纲纪皆难之，侃独曰："资于事父以事君。小君，犹母也，安有父母之疾而不尽心乎！"乃请行。

陶侃拿郡守当爹的行为让他在西晋"以孝治天下"的环境下开始有了名气。长沙太守万嗣有一次路过庐江专门见了陶侃，认为陶侃将来一定会名扬天下，随后还让儿子和陶侃认识了一下，并结为朋友。①

这位长沙太守也在打造人设，希望将来下属们也拿自己当爹。

陶侃由于态度良好，被张夔推荐为孝廉，因此得到机会来到了洛阳。

同僚们投票能给你去洛阳的机会吗？不能！但它只是太守一句话的事。

陶侃在洛阳的时候，多次去拜会大名鼎鼎的张华，但张华根本不搭理他，这是哪里来的小爬虫啊。②

仔细观察下，陶侃这辈子堪称向上钻营的超级大师。

洛阳那么多大咖，江东的大咖也不少，他为什么单单专门去拜访张华呢？张华不搭理他，他为什么还没完没了地去呢？

因为在洛阳位高权重的都是高门贵族，他们不可能看陶侃一眼的，只有张华是落魄起家的，娶了刘放的闺女才进了高门的圈子，即便如此，这些年张华仍然受尽了打压和排斥。因为有着同样的过往，张华对寒门兄弟是有着大力推荐的名声的。③而且，张华不像其他北士有那么深的"有色眼镜"，对南人也持开放包容的态度。④

在洛阳那么多的高级官员中，只有张华能和陶侃的阶级稍微沾上

---

① 《晋书·陶侃传》：长沙太守万嗣过庐江，见侃，虚心敬悦，曰："君终当有大名。"命其子与之结友而去。

② 《晋书·陶侃传》：至洛阳，数诣张华。华初以远人，不甚接遇。

③ 《晋书·张华传》：性好人物，诱进不倦，至于穷贱侯门之士，有一介之善者，便咨嗟称咏，为之延誉。

④ 《晋书·张华传》：初，陆机兄弟志气高爽，自以吴之名家，初入洛，不推中国人士，见华一面如旧，钦华德范，如师资之礼焉。

边，还不排斥南人，如果陶侃在洛阳有机会，也只能出在张华那里。

所以陶侃多次去拜访张华，不管张华搭不搭理他，他都是一副积极向上的态度，终于有一次张华跟他说了几句话，陶侃紧紧抓住这个机会，用自己的才华和气概惊讶到了张华，随后升为郎中。[①]

升职是需要思路的，是需要翻人事档案的。

伏波将军孙秀是吴国的宗室，中原士族都看不起他，也不愿意去他那里上班，陶侃去他那里当了舍人。

同乡豫章国郎中令杨晫名气很大，在九品中正制的规则下相当有影响力，是个能写评语的大咖。陶侃又去拜访了这位贵人，靠着张华和孙秀的背书，陶侃慢慢在洛阳混出了小名气。

杨晫给陶侃"忠诚吃苦能干事"的高级评价，又和陶侃一同乘车去拜见江东首望顾荣。顾荣也看上了陶侃这个小伙子。

吏部郎温雅比较疑惑地问杨晫："你怎么和那么低贱的人一同乘车呢？"杨晫说："此子非寻常之器啊！"

陶侃拜见顾荣后，才算是摸到了南方士族的门槛。后来南北士人搞清谈比赛，尚书乐广打算跟南方士人一比高下，武库令黄庆推荐了陶侃。[②]

推荐陶侃，被很多人认为是看不起北方人。黄庆力挺陶侃，说："此子前途终将远大，哪那么多废话！"[③]

黄庆后来任吏部令史，掌握人事任命大权，又推举陶侃为武冈县令。陶侃回到地方后和太守吕岳不和，于是弃官回家，做了郡中的小中

---

① 《晋书·陶侃传》：侃每往，神无忤色。华后与语，异之。除郎中。

② 《晋书·陶侃传》：尚书乐广欲会荆扬士人，武库令黄庆进侃于广。

③ 《晋书·陶侃传》：人或非之。庆曰："此子终当远到，复何疑也！"

正官，在老家踏踏实实地当人事干部。^①

八王之乱轰轰烈烈上演，荆州张昌闹起来了，宰了镇荆州的司马歆，刘弘代司马歆为镇南将军，都督荆州诸军事，喊来了陶侃做自己的南蛮长史，作为先锋去襄阳讨贼。

刘弘是司马炎的发小、好哥们，为什么用陶侃我们不得而知，未找到两人在洛阳的交集，只知道刘弘深得张华的器重。^②

也许是张华夸过陶侃，也许是陶侃在洛阳给刘弘留下了相当好的印象，总之，陶侃在洛阳的那几年对他人生的腾飞有着巨大作用。

陶侃顺利打跑张昌拿下襄阳，打开了南下大门后，刘弘来到了前线对陶侃说："小陶啊，过去我的老上司羊祜对我说，将来接替他的是我，现在依我的观察，将来我的接班人，是你啊！"

陶侃在战斗中多次战败张昌，先后斩首数万，等刘弘就任后，张昌逃跑，余众投降，荆州平定。

平定张昌之乱后，陶侃以军功封东乡侯，邑千户，后来陈敏之乱时刘弘又以陶侃为江夏太守，加鹰扬将军。

陶侃终于混出来了，到太守级别了，光宗耀祖了，就锣鼓喧天地将老家的妈妈接了过来。

一般来讲，提到陶侃总会说他是门阀时代的一股清流，寒门出身却最终混成了第一档人物，却总说不明白为什么他在盘根错节的既定体制下一步步混到了台面上的。

再回顾一下陶侃的发迹史，看我们能学到什么呢？

---

① 《晋书·陶侃传》：庆后为吏部令史，举侃补武冈令。与太守吕岳有嫌，弃官归，为郡小中正。

② 《晋书·刘弘传》：与武帝同居永安里，又同年，共研席。以旧恩起家太子门大夫，累迁率更令，转太宰长史。张华甚重之。

首先，陶侃确确实实是有才干的，没有才干是不会被各层级官员看重的。

他从领枞阳迁郡守主簿乃至一系列的具体工作被赞扬，靠的是执行能力；他和张华谈话后被提拔为郎中，靠的是见识水平和沟通能力；他得到乡贤高级评语和顾荣的看重及黄庆的推荐，靠的是清谈的功底和讨人喜欢的人缘；他在天下大乱后被刘弘选中并崭露头角，靠的是无师自通的军事能力。

上面所说的都是硬件标配，此外陶侃还有什么呢？他一直向上，瞄准并经营自己的贵人。

什么样的贵人帮扶你的概率更大呢？同乡、同师、有"共同爱好、共同奋斗经历、曾经共同阶级"的人，是我们进行规划的重要参考。

当然，最重要的，还是冥冥之中不可描述的莫名好感。这就看运气和缘分了。老话说"三分能耐，六分运气，一分贵人扶"，"三分能耐"能自己耕耘，"一分扶持"能精准规划，但"六分运气"实在不好说运气。占六分，所以说，尽人事，知天命，对人生别太纠结，因为人生是长跑。

陈敏作乱江东，派其弟陈恢来打武昌，江夏内史扈瑰去刘弘那里打起了小报告："陶侃和陈敏是老乡，现在他居大郡，统强兵，要是有想法咱荆州就没有东门了。"

刘弘说："根据陶侃的为人和我们俩多年的情分，你少跟我扯。"

世上没有不透风的墙，陶侃很快就从别的渠道知道了，随后将儿子陶洪和侄子陶臻送到刘弘那里当人质去了。[1]

陶侃在统兵过程中军容严肃齐整，所有缴获的物资自己一点儿不留全都给弟兄们分了，因此士兵的战斗力很强，很快就退走了陈恢的侵

---

[1] 《晋书·陶侃传》：侃潜闻之，遽遣子洪及兄子臻诣弘以自固。

袭，陈敏的叛军根本就没进荆州的大门。

但是在306年，刚刚处于上升期的陶侃比较郁闷，老上级刘弘和他妈都在这一年死了。

西晋是以孝治天下，陶侃去守孝了。等他守孝回来，西晋就还剩下一口气，陶侃就去司马越那里上班了。[①]

江州刺史华轶表陶侃为扬武将军，派他率兵三千屯夏口。陶侃听从华轶的安排，率兵去了有基础的江夏。

老规矩，陶侃把侄子陶臻留在华轶那里当人质，没多久，作为人质的侄子陶臻在第一线对时事的发展比较敏感，看到华轶和司马睿不对付，于是假装有病跑回了陶侃那里。[②]

陶臻对叔叔陶侃说："华轶有忧天下之志却没那个本事，现在跟江东的司马睿政府很不对付，咱得早做打算。"

陶侃大怒，说："我岂不成了反复无常的小人，将来还怎么混！"因此，派人遣送侄子回华轶那里！[③]

接下来的剧情相当有意思。

因为陶臻并没有回到华轶那里，而是直接到了司马睿那里表忠心，并为陶侃要来了奋威将军和赤幢曲盖轺车、鼓吹等一大堆待遇，随后陶侃就和华轶划清界限了。[④]

下面的推测，仅仅是我个人的观点：

1. 当时洛阳已经失陷，怀帝都去平阳给刘聪当服务员了，司空荀藩号召天下以司马睿为盟主。

---

① 《晋书·陶侃传》：服阕，参东海王越军事。

② 《晋书·陶侃传》：轶与元帝素不平，臻惧难作，托疾而归。

③ 《晋书·陶侃传》：侃怒，遣臻还轶。

④ 《晋书·陶侃传》：臻遂东归于帝。帝见之，大悦，命臻为参军，加侃奋威将军，假赤幢曲盖轺车、鼓吹。侃乃与华轶告绝。

士人开始大量南渡，无论"高门们"还是"祖逖们"都往江东奔，此时的司马睿明显是最有希望的政治人物，而陶侃不是不知道这种天下大势的。

2. 陶侃是不知道华轶和司马睿的过节吗？并不是。

华轶是顶级高门，他的曾祖是曹魏时期的元老华歆，爷爷是太中大夫，父亲是河南尹，他认为自己是洛阳的官，司马睿是个什么东西，根本不搭理司马睿，谁劝他，他都不听。司马睿也很早就令周访屯兵扬州、江州边界防着华轶。①

华轶早早就和司马睿有巨大过节，江南人都知道。

3. 陶臻是否有那么大的胆子敢背着他叔叔去决定家族的未来呢？极大概率不敢。

综上所述，这出戏的导演，极可能是陶侃。

他能背叛华轶吗？不能，华轶对他有知遇之恩，还给了他三千士兵，如果背叛华轶，他的名声也就臭了。

他能跟着华轶对司马睿开战吗？不能，此时司马睿是天下盟主，你说跟随哪个人更有未来呢？他奋斗那么多年，难道会愚蠢地跳上一艘正在下沉的船吗？

综上所述，陶侃此时最优的选择是什么呢？

是孩子不懂事，我已经强烈表态了，不是我不感谢华轶的知遇之恩，我把这孩子都骂回去了！但这倒霉孩子自己主意太大了，自己去了建邺，结果见了真的朝廷，朝廷还给了我正式的皇家任命，我这做臣子的要以大义为重啊！

---

① 《晋书·华轶传》：轶自以受洛京所遣，而为寿春所督，时洛京尚存，不能祗承元帝教命，郡县多谏之，轶不纳，曰："吾欲见诏书耳。"时帝遣扬烈将军周访率众屯彭泽以备轶。

无论陶侃是不是真的大怒以及阴差阳错，陶臻这个没有道德压力但又能代表家族诚意的棋子在这个关键的抉择上走出了一步漂亮无比的棋。

　　对您有什么启发吗？

五、政治游戏中，空手套白狼的借力打力算法

311 年，巴蜀地区的流民汝班、蹇硕等率领数万家逃荒到了荆、湘，被当地居民欺负得相当憋屈。[①]

在诸多博弈中，蜀郡成都豪族杜弢被流民们推举为首领，杜弢自称梁、益州牧，湘州刺史，开始造反。

荆州刺史是王澄（也是琅邪王氏的一支）在巴陵被打得大败，杜弢纵兵抢掠，越闹越大。313 年八月，杜弢向南攻破零陵，向东侵扰武昌，焚烧城邑，杀了长沙太守崔敷、宜都太守杜鉴、邵陵太守郑融。

荆、湘大乱。

司马睿命王敦前去解决荆州问题。在王敦总督诸军向华轶开战的过程中，陶侃出工不出力，是可以理解的，对前上司不能下手太狠，毕竟所有人都在看着。

人的一辈子是长跑，不能为了眼前的表态让大家看出来你是个畜生。

---

① 《晋书·杜弢传》：时巴蜀流人汝班、蹇硕等数万家，布在荆湘间，而为旧百姓之所侵苦，并怀怨恨。

王敦也没说什么，反正陶侃都站到司马睿这边了，日子还长，不在这一时。

等到王敦进军荆州的时候，巧妙利用了陶侃立功要向新上司示好表现的心态，命在荆州有根基的陶侃为先锋总指挥，率周访等将前去荆州剿匪。

王敦此时在干什么呢？在后面出工不出力，做预备队。[①]

简单说一下周访。

周访的家世和陶侃的家世基本类似，但祖上比陶侃的祖上混得好，爷爷周纂为吴国的威远将军，父亲周敏为吴国的左中郎将，吴灭国后迁到了庐江寻阳。

周访并不像陶侃那样少孤，所以家庭条件还不错，自己还混上了县功曹的官。

在此任上，周访看到了"埋在土里的金子"陶侃，陶侃被迁为主簿，其实就是周访在背后使劲的缘故，而且周访还和陶侃结为亲家，周访将闺女嫁给了陶侃之子陶瞻。[②]周访这位亲家，几乎是陶侃这辈子最伟大的投资。

周访也被举孝廉，但没去洛阳发展，一直扎根在庐江，直到司马睿渡江后开始参与政治。他是一个很能打的人，帮着王敦杀了华轶，平江州之乱立了首功。

313年，荆州刺史周顗被杜弢围困在浔水城，陶侃大破杜弢，缴获大批辎重，杀伤众多敌兵，杜弢败军退入长沙。

---

① 《晋书·王敦传》：蜀贼杜弢作乱，荆州刺史周顗退走，敦遣武昌太守陶侃、豫章太守周访等讨弢，而敦进住豫章，为诸军继援。

② 《晋书·周访传》：县功曹，时陶侃为散吏，访荐为主簿，相与结友，以女妻侃子瞻。

陶侃派遣参军王贡向王敦报捷，王敦说："要不是有陶侯，荆州咱就丢了啊。"随后上表拜陶侃为使持节、宁远将军、南蛮校尉、荆州刺史，领西阳、江夏、武昌等郡，镇沌口，入沔江。

被陶侃派去汇报工作的王贡在返程路上听说贼寇王冲自封荆州刺史占据了江陵，于是竟然假传陶侃的命令委任了竟陵的杜曾为前锋大督护，杜曾进军杀了王冲，收降其众，但占据江陵后的杜曾不听陶侃的招呼。王贡心虚，害怕被陶侃追责，于是与杜曾一起造反了，陶侃被自己人背叛后一度被打得相当狼狈。

陶侃被免职，不过王敦还是上表请陶侃以布衣身份领职。在王敦看来，没有陶侃他可打不赢这仗。紧接着陶侃在一场大胜后，王敦赶紧给陶侃官复原职。

又打了一年半，前后数十战，匪首杜弢一度投降，但再度反叛，直到315年八月，陶侃终于歼灭杜弢，受降王贡，平定了荆州和湘州的叛乱。

在整个过程中，没看见王敦有任何表现，全程都是陶侃、周访、甘卓等人在前线搏杀。[①]

在平乱荆州后，总督西线的王敦被授予镇东大将军、开府仪同三司，加都督江、扬、荆、湘、交、广六州诸军事，江州刺史，封汉安侯。

都督六州的头衔看起来挺猛的，其实江州刺史的职位相当重要，类似于都督六州的放大器。

江州是西晋新成立的州，291年，司马衷登基不久后割扬州的豫章

---

① 《资治通鉴·晋纪十一》：王敦遣陶侃、甘卓等讨杜弢，前后数十战，弢将士多死，乃请降于丞相睿……三月，周访击彦，斩之，弘奔临贺……陶侃与杜弢相攻……弢众溃，遁走，道死。侃与南平太守应詹进克长沙，湘州悉平。

郡、鄱阳郡、庐陵郡、临川郡、南康郡、建安郡、晋安郡，割荆州的武昌郡、桂阳郡、安成郡，合成十郡，因江水之名而置江州。

西晋永兴元年（304），又分庐江郡之寻阳县、武昌郡之柴桑县合立寻阳郡，属江州。

江南别看那么一大片土地，在古代，贯通东西的就只有长江，而江州，把长江的上下游给割裂了。

作为江州刺史的王敦卡在了长江的中游，扬州、荆州的所有报告，他先看一遍。朝廷下发的文件，他统统第一时间知道，如果对他不利，他可以找在朝廷的兄弟王导去干预朝政，甚至扣下朝廷文件，自己想干什么就干什么。

最关键的是，长江上游的机要文件和概况，朝廷看不到，也不知道。"狗掀门帘子，全凭那张嘴"，王敦说什么就是什么。

权力核心的关键之一是信息，朝廷对长江上游两眼一抹黑，所督六州的官员向上的渠道只能通过王敦，那么王敦跟割据就没什么区别了，这其实也是王敦之后有能力翻云覆雨的关键。

王敦就此在名义上成了西线的土皇帝，开始掌控人事大权。[1]

陶侃成就大功后，王敦对陶侃下手了。

王敦最开始给陶侃画饼的时候，陶侃的官职是荆州刺史，等陶侃准备回江陵与王敦道别的时候，王敦要办他的消息就泄露出来了，他的手下劝他千万不要去。

陶侃不认可，官大一级压死人，如果不去就是给王敦落把柄了，还是去了。结果王敦就把陶侃扣住了，并临时宣布调令，让陶侃去做广州刺史，荆州刺史的职位给他的堂弟王廙了。[2]

---

① 《晋书·王敦传》：敦始自选置，兼统州郡焉。
② 《晋书·陶侃传》：敦果留侃不遣，左转广州刺史、平越中郎将，以王廙为荆州。

消息传来后，陶侃的将吏士兵全都挽留陶侃，王敦大怒，不答应。陶侃部将郑攀、苏温、马俊等人不愿南下，就到西边迎接杜曾，发生了兵变。①

王敦觉得陶侃的手腕太高了，难道荆州就陶侃能调得动？大怒之下，披甲持矛，打算捅死陶侃。②但王敦毕竟是个政治家，还是有理智的，拿起矛后又后悔了，来来回回好几次，僵那里了。

陶侃多机灵啊，赶紧给王敦缓和的机会去厕所了。王敦的谘议参军梅陶、长史陈颁给王敦下台阶，说："大人啊，周访和陶侃是姻亲，关系好，跟左右手一样，哪有人家左手被砍而右手不来帮忙的？"

王敦顺坡下驴，设宴为陶侃饯行。陶侃面对这个局面，隐忍了下来，把儿子留给王敦当人质，连夜离开了王敦军营，到了豫章，看见老兄弟周访后哭道："亲家啊，要不是因为你，我就死王敦那里了。"③

陶侃旧将郑攀、苏温等因为陶侃被王敦阴了而群情激奋，又因为王廙恶名在外，也率本部三千人投奔杜曾了，结果荆州再乱，王廙根本没本事平叛。

折腾了一年多，317年八月，荆州刺史王廙督护征虏将军赵诱、襄阳太守朱轨、陵江将军黄峻在女观湖与叛军会战，大败，赵诱、朱轨战死。

这次大会战后，杜曾威震江沔，局势又要压不住了。

由于王敦阴了陶侃，因此名声已经臭大街了，他也使不动南方的豪族武装，自己的队伍上去打仗就一次又一次地现眼。最终是司马睿下

---

① 《晋书·陶侃传》：侃之佐吏将士诣敦请留侃。敦怒，不许。侃将郑攀、苏温、马俊等不欲南行，遂西迎杜曾以距廙。

② 《晋书·陶侃传》：敦意攀承侃风旨，被甲持矛，将杀侃。

③ 《晋书·陶侃传》：侃便夜发。敦引其子瞻参军。侃既达豫章，见周访，流涕曰："非卿外援，我殆不免！"

了命令，让周访带队平叛。

恶心王敦集团两年、威震汉沔的杜曾叛军，被周访击溃，而且周访仅仅带了八千人的武装。[1]

杜曾等逃进了武当山，周访因功迁南中郎将、督梁州诸军、梁州刺史，屯兵襄阳。周访又进行了武当山"剿匪记"，本着"今不斩曾，祸难未已"的态度，最终剿灭了这伙乱军，抓到了匪首杜曾。

成功平乱之后，周访跟王敦也决裂了。因为王敦又跟周访说话不算话了。司马睿让周访平乱，王敦对周访是这么说的："你要是抓了杜曾，你就当荆州刺史。"

原荆州刺史王廙被调回扬州当辅国将军了，他已经很好地完成了家族使命。

王廙在周访的帮助下打跑了叛军才顺利来到荆州上班，结果他到荆州的任务就是大批量地清算与诛杀陶侃的将佐和手下，弄得荆州骂声一片。等用完他这幅脏手套，王敦就给他调岗了。[2]

荆州刺史空出来，又成了钓周访的鱼钩。

周访发扬了极大的热情将杜曾抓了之后，王敦又耍赖，自领了荆州，周访仅仅进位安南将军、持节，都督、刺史如故。[3]

周访得到消息后大怒，吓得王敦赶紧亲自写信解释"全局一盘棋"

---

① 《晋书·周访传》：访有众八千，进至沌阳……贼未至三十步，访亲鸣鼓，将士皆腾跃奔赴，曾遂大溃，杀千余人。访夜追之，诸将请待明日，访曰："曾骁勇能战，向之败也，彼劳我逸，是以克之。宜及其衰乘之，可灭。"鼓行而进，遂定汉沔。

② 《晋书·王廙传》：廙在州大诛戮侃时将佐，及征士皇甫方回。于是大失荆土之望，人情乖阻。帝乃征廙为辅国将军，加散骑常侍。

③ 《晋书·周访传》：至王廙去职，诏以访为荆州。敦以访名将，勋业隆重，有疑色。其从事中郎郭舒说敦曰："鄙州虽遇寇难荒弊，实为用武之国，若以假人，将有尾大之患，公宜自领，访为梁州足矣。"敦从之。

的理念，还送了一大堆手镯碟子碗儿的礼物来安抚周访。

周访拿起碗就给摔了，大怒道："当我是做买卖的人了吗，以为这仨瓜俩枣就能收买我吗？"此后周访和王敦就处于对峙状态了。

周访开始积攒实力打算干掉王敦，梁州的官员任命也是自己先定人选，定完了直接往上汇报。王敦因为周访胳膊粗，也不敢驳回。[①]

无论是江州的华轶集团，还是荆州的二杜之乱，王敦集团要么是杵在后面通过给别人画饼而坐享其成，要么就是自己上阵对垒后而一败涂地。

整个西进的拓展，是以陶侃和周访为主力完成的。用完这两人之后，王敦又利用政治话语权耍手段分化压制他俩。

射人先射马，王敦先控制住陶侃，这逼反了陶侃集团中的不服势力；王敦又趁周访平乱，利用王廙根除了陶侃的旧有势力，完成了对陶侃集团的肢解。

周访的势力相对较弱，仅仅有八千兵，还打了两年多的仗，王敦在用完周访之后选择了直接翻脸。这和王导前些年对"三定江南"的阳羡周氏的手法颇为相似。

不过北人集团看上去手腕很高超，实际上他们也是在走钢丝。

周玘死后周家一度叛乱，但朝廷最终的处理结果是"以周氏奕世豪望，吴人所宗，故不穷治，抚之如旧"。

陶侃被阴后，手下的猛将马上叛变了，陶侃去了广州，也断绝了和王敦的合作，保持半独立状态。

周访被放鸽子后公开撕破脸，又摔东西，又自任官职，王敦一句

---

① 《晋书·周访传》：访大怒。敦手书譬释，并遗玉环玉碗以申厚意。访投碗于地曰："吾岂贾竖，可以宝悦乎！"阴欲图之。既在襄阳，务农训卒，勤于采纳，守宰有缺辄补，然后言上。敦患之，而惮其强，不敢有异。

话也不敢说。

让一个政治家对几乎公开的隐患选择默认，通常只有一个原因：实力不够。

王导和王敦根本没有追责到底的力量。说到底，他们只能做高级的寄生虫，利用南人各豪族间的弱点和欲求来进行各种操作的木偶牵线。

有的木偶加入了牵线的队伍，做了北人的棋子，如与北人集团有交集的南方高门士族陆家、顾家等。

有的木偶势大力沉，是办大事的好材料，但通常用过一次后就断线了，再想修复就很艰难，双方打明牌，各过各的日子，比如义兴周氏，陶侃与周访。

所谓的门阀政治开端，是在琅邪王氏精准走钢丝的表演下谋篇布局完成的。

琅邪王司马睿并不具有在江东独立运转皇权的条件，因为他不在司马师、司马炎家族黄金统序之列，也没有政治威望和实力，最早来到江东时根本没人搭理他。

他之前没有政治威望和从政经历，也就不可能培养出自己的行政班子，根本没有自己人，也没有自己的军队。是琅邪王氏的王导一步步牵线搭台，不断招揽原来司马越府的众多门阀士族的加入，增加了政治号召力和砝码，还不断挑拨与利用南方豪族，让无名望、无根基的司马睿政权渐渐有了立足于江东的机会，"王与马，共天下"的政治童谣一开始就成为时髦口号散播江东了。

永嘉之乱中，司马炽被抓到平阳后不久，司马炎之孙司马邺在长安被立为皇帝，由于他是正统的血脉，在江东已经被视为天下盟主的司马睿也要乖乖地听长安司马邺的领导。

直到 317 年四月，司马邺也被抓到平阳都快半年了，司马睿才敢在江东称晋王。又过了一年，司马邺被刘聪所杀，在以刘琨为首的北方抗胡联盟再三劝进后，司马睿才又进一步做了皇帝。

在司马睿即位的时候，史书中惊人地出现了历朝历代开国记载中唯一一次神奇到离谱的剧情：司马睿居然命王导升御床共坐，王导来回来去推让了好几次！

这段记载，出于《晋书》。真假不好说，但又没得选，不信它就没别的资料了。

无论真假，此时"王与马，共天下"的名头几乎达到顶点。王导控制扬州和朝廷，头衔为骠骑大将军、仪同三司，扬州刺史、监管江南诸军事、侍中、司空、假节、录尚书事，领中书监。

王敦控制扬州上游，头衔为大将军、开府仪同三司，加都督江扬荆湘交广六州诸军事、荆州刺史。

琅邪王家成为门阀士族中的"航空母舰"，整个朝堂近四分之三的官员是王家任免或与王家有关的。

从307年王与马登陆江东时所遭受的窘迫，到311年中原崩盘后所起到的诺亚方舟般的作用，成功将局势巩固到了淮河一线，再到316年江北彻底沦陷建立东晋，这十年间的经营，司马睿政府暂时摆脱了政权存续上的窘境。

北方已经渐渐明朗，石勒开始发力成为北方霸主，祖逖也把大河之南的坞堡体打造成了"铁道游击队"，对东晋来说，国防安全暂时没有什么问题。

人无远虑，必有近忧。当关乎生死存亡的近忧渐渐缓解后，司马睿的远虑开始出现了：他的位置该如何自处？

整套政权班子几乎都是王导搭建起来的，王导的兄弟王敦也掌控了荆州、江州的上游。这哥俩的威猛程度很难不让人联想到司马家还不算遥远的上位历史。

解决完生存与立足问题后，司马睿无可避免地要和琅邪王氏对决了，他开始提拔刘隗、刁协等和琅邪王氏关系并不那么密切的士人。

司马睿在寻找一些新派系，来制衡权力结构中已经盘根错节到极致的琅邪王氏，他开始和王导争权了。

由于王导死的时候，司马睿给了超高规格的葬礼，因此王导本传中对这段历史是这么描述的：王导对于司马睿削弱琅邪王氏相当淡泊，有识之士全都夸王导心胸宽广，看淡兴废。

实际上，王敦的传中明明白白地写王导也愤怒了，但王氏家族的爆发点选择了王敦。①

自从司马睿引刘隗、刁协为心腹，王敦就相当不爽了，经常酒后唱曹操的成名曲《龟虽寿》，一边唱"老骥伏枥，志在千里。烈士暮年，壮心不已"，一边拿如意打痰盂伴奏，每次唱得都很激动，痰盂都让他打崩了。②

320年八月，梁州刺史周访死了。王敦心情大好，因为周访一直憋着要干掉他呢。周访太能打，因此周访在的时候王敦一直没敢有任何动作。③

周访死后，王敦派心腹郭舒监襄阳军，但司马睿开始驳王敦的面子了，跟王敦抢襄阳，命湘州刺史甘卓为梁州刺史，督沔北诸军事，去镇守襄阳，又征王敦的心腹郭舒入朝。王敦强留郭舒，不搭理司马睿的

---

① 《晋书·王敦传》：时刘隗用事，颇疏间王氏，导等甚不平之。敦上疏曰……表至，导封以还敦，敦复遣奏之。

② 《晋书·王敦传》：初，敦务自矫厉……遂欲专制朝廷，有问鼎之心。帝畏而恶之，遂引刘隗、刁协等以为心膂。敦益不能平，于是嫌隙始构矣。每酒后辄咏魏武帝乐府歌曰："老骥伏枥，志在千里。烈士暮年，壮心不已。"以如意打唾壶为节，壶边尽缺。

③ 《资治通鉴·晋纪十三》：访善于抚士，众皆为致死。知王敦有不臣之心，私常切齿，敦由是终访之世，未敢为逆。

调令。

甘卓原来是湘州刺史，等甘卓换防襄阳后，王敦又打算派另一个心腹陈颁去替甘卓。司马睿又不同意，派了宗亲谯王司马承去镇守湘州，打算在王敦的后方打入一颗钉子。

司马睿削弱王敦的意图相当明显。王敦上表说自己是忠臣，被君主猜疑是因为中间有苍蝇在君主身边嗡嗡叫，相当直白地跟司马睿抬杠，吓得司马睿又是一哆嗦，赶紧加王敦羽葆鼓吹，增从事中郎、掾属、舍人各二人等，来安抚王敦。

321年五月庚申，司马睿的脑子被驴踢了，他用刁协之谋，下诏免南下避难流民为扬州诸郡僮客者为平民，以备征役。

这是个极为愚蠢的方案，触犯了几乎所有阶级的利益。[①] 由此也可以看出来，司马睿的政治水平不是一般的低，比王导、王敦差了不止一个量级，因为他根本不懂什么叫团结所有能团结的人去帮他打击敌对势力。

"以备征役"的"僮客"是什么意思呢？僮，指未成年人。客，指外地成年人，总体来说就是那些南下逃难的北方散户们。

他们南下后没有资本，没有声望，势力零散，基本上都投奔了当地的吴人，在豪强家族中做家奴。

刁协等人的"废奴运动"直接将刀砍到了江东豪强身上，让豪强把"便宜人"都吐出来，司马睿要收编成自己的力量。

让逃难的北方散户进入南方豪族做家奴，本来是朝廷默认的南方豪族享受的好处，这也是他们为司马睿的朝廷出钱出粮所得到的利益分红。

---

① 《资治通鉴·晋纪十三》：诏免中州良民遭难为扬州诸郡僮客者，以备征役。尚令刁协之谋也，由是众益怨之。

司马睿现在和琅邪王氏争权，本应该团结南方豪族和北方流民军去帮他的，他怎么还能一刀砍过去，把南方豪族都得罪了呢？

与此同时，刘隗撺掇司马睿派心腹外镇江北，增加己方实力。

秋七月甲戌，司马睿又派戴渊镇合肥，派刘隗镇淮阴，这两位成了北方流民军的最大将领，也把从扬州豪族家里解放出来的那帮家奴以征兵的名义调走了，名为讨胡，实际上是防备王敦。①

此时此刻，河南最大的将领是谁呢？祖逖呀。祖逖看到司马睿和王敦已经势同水火，知道自己北伐再无希望，心灰意冷之下生了病。②

这是司马睿第二个没脑子的地方。因为从中原不断南来的流民军力量，本质上和北方高门集团不是一个阶级，现在祖逖能够统领起这股力量，而且又对王室忠心耿耿，司马睿应该封祖逖为江北总指挥，靠他整合北军来制衡自己越来越不满的王敦。

九月壬寅，祖逖因病卒于雍丘，豫州百姓如丧父母，谯、梁间皆为祖逖立祠。祖逖去世，实际上是悬在王敦头顶让他最担心的一把剑消失了。③

如果司马睿仔细想想就会琢磨明白，王敦真的可怕吗？这些年王敦打了什么硬仗？周访的八千劲旅就解决了王敦两年都搞不定的事。

司马睿政府之所以能够在江东立住脚，靠的是司马睿和所谓的北方高门集团吗？根本就不是！靠的是在南方豪族和北方流亡军之间来回走钢丝。

陶侃、周访、祖逖，都是王敦害怕而且没有能力降服的人，司马

---

① 《晋书·王敦传》：帝以刘隗为镇北将军，戴若思为征西将军，悉发扬州奴为兵，外以讨胡，实御敦也。

② 《晋书·祖逖传》：又闻王敦与刘、刁构隙，将有内难，知大功不遂，感激发病。

③ 《晋书·祖逖传》：王敦久怀逆乱，畏逖不敢发，至是始得肆意焉。

睿应该重用这三个人来与王敦抗衡。结果可倒好，王敦本来是个纸老虎，让司马睿的一顿操作猛如虎后，王敦现在变成真老虎了。

北方高门、江东豪族、江北流亡军，这三个群体，没有一个是司马睿能指望上的了。

六、琅邪王氏的历史顶点

司马睿在 321 年进行了"废奴运动"，意图伸张皇权，重振朝纲，但现状却根本支持不了他这个不切实际的梦想。

自从司马睿只身南渡后，就意味着他的历史角色只可能是汉献帝和曹家三少帝而已。

中央的权威沦丧，司马家的中原正统被胡人踩在脚下；他手中没有兵，所继承的司马越体系早已将兵源打没了；他手中没有财权，整个南方的财政基础就是江东豪族经济体；他几乎没有使得上劲的地方，连行政班子都是王导一手搭建出来的。

王导是能臣，登陆江东后的一系列政治策略其实都是在维护南人的既得利益并劝南人接受北人领导，双方共同在南方活下来，共同顶着名义上的"晋朝廷"名声，巩固住自己的既得利益。

北方大族虽然失去故土，但在南方还能当高级官员，还能找一片没开发的地方重新圈地当老大。

别看北方大族来了，占地、占资源，其实南方豪族一点儿也不吃亏，因为大量的南下流民军阀，是北方大族给拦住了，大量南下的底层民众给他们做家奴了，北方大族并不侵占南方豪族们的固有利益，双方还能互相妥协，在一起过日子。

南北方大族一起发财，防着北方的胡人打过来。司马睿是个符号，是个装钱的壳子。你听话，就能享受荣华富贵，成为富甲一方的豪族。但是，如果司马睿想打破这种平衡，耽误大家发财，大家就会让司马睿明白，他这个皇帝到底值几斤几两！

王敦的叛乱，其实本来是不具有操作性的。因为司马睿的傀儡角色做得相当出色，大家都很满意，王敦敢来砸司马睿的场子，就是在破坏大家共同发财的生态平衡！

结果司马睿的"废奴运动"，却把自己给作死了。

北方的祖逖死后仅仅三个月，322年正月，王敦以"清君侧"为名在武昌举兵，"江东之豪，莫强周沈"，江东顶级豪族沈充在老家吴兴起兵响应，王敦之乱爆发。

王敦这个人，别看史上风评特别差，打仗水平不怎么样，但确确实实是个相当高端的政治家。

他凭借一个朝廷的头衔，空手套白狼，平定了江、荆、湘三州，封锁了长江。王敦不仅会借力打力，在扩大自己的盟友实力上，其手法也是相当高端的。

据可考的史料，早在315年，王敦准备阴陶侃时，背后出主意的是吴兴钱氏的钱凤。[1]

钱凤是谁引进来的呢？是吴兴的顶级豪族沈氏的沈充。[2]这说明至少在315年之前，吴兴沈氏就已经跟王敦混了。

来看看沈氏和王敦合作的过程，再品品琅邪王氏的政治手腕。

---

[1] 《资治通鉴·晋纪十一》：王敦嬖人吴兴钱凤，疾陶侃之功，屡毁之。

[2] 《晋书·王敦传》：沈充，字士居。少好兵书，颇以雄豪闻于乡里。敦引为参军，充因荐同郡钱凤。

周玘三定江南为江东的安定立下了汗马功劳，在第三次平叛中，周玘杀了匪首钱瑾。钱瑾是吴兴人，大概率跟钱凤是同宗。

义兴的周氏大概率从此和吴兴的豪族结了仇。周玘又被王导派去吴兴当太守，与沈氏的矛盾继续加深。

吴兴沈氏开始和王敦走动了起来。

周氏起兵被平定后，江东豪族都看到了自己的政治天花板。王敦又利用江东豪族圈对司马睿政府的不满，吸引吴兴豪族支持自己。

王敦给吴兴豪族画的什么饼呢？是透露出自己要当皇帝的打算，他们将来从龙有功，还是有很大机会实现政治抱负的。[1]

320年，周访死后，湘州刺史甘卓去了襄阳，王敦打算派沈充去接手湘州刺史，结果司马睿不同意。这不仅得罪了王敦，同样得罪了扬州的顶级豪族沈家。

321年司马睿大搞"废奴运动"后，整个扬州的本土豪族都怒了。322年，王敦于武昌起兵后，沈充几乎第一时间就在吴兴反了。

这个信号相当不寻常，因为王敦大军在武昌，吴兴却处于扬州的腹地，周围太多本土豪族了，沈氏非常容易被群殴。

但沈充却毫无顾忌，因为他很明白，在江东豪族的眼中，他响应王敦的"清君侧"是在为他们出头。他们巴不得赶紧抽司马睿几巴掌，要不司马睿都不知道自己姓什么了！

正月十四，王敦自武昌起兵，大军开到芜湖，又上表说刁协的罪过。正月二十一，司马睿下诏，是可忍孰不可忍，他要御驾亲征王敦，杀王敦者封五千户。

最开始的时候，司马睿集团一度是有希望的，因为梁州刺史甘卓

---

[1] 《晋书·王敦传》：凤字世仪，敦以为铠曹参军，数得进见。知敦有不臣之心，因进邪说，遂相朋构，专弄威权，言成祸福。

反水了。湘州刺史司马承在王敦造反后迅速起兵于后方，调走王敦的两万驻防军前去长沙平叛。

王敦的大本营武昌空了。因此甘卓的反水就相当要命。

王敦起兵的时候，是派遣使者跟甘卓约定一起东进的，甘卓也同意了，等到出兵的日子，甘卓不仅没到，反而派了手下来劝王敦别冲动。

王敦大惊道："甘侯之前口口声声说跟我去匡扶社稷，我这回兴兵仅仅是为了铲除奸佞，事成之后要封甘侯为公的！"

甘卓的手下回来向甘卓汇报，甘卓听了王敦的价码陷入了选择困难中。手下说："要不先假装答应王敦，等王敦大军开到建康，咱们再讨伐他？"

甘卓道："唉，我是有前科的，当年陈敏之乱，我就是先从贼后反水，现在又最后表态，将来这说不清啊！"

王敦看到甘卓没有回信，担心甘卓在后面捅他，于是又派参军乐道融去请甘卓，一定要甘卓跟着东来。

但历史的天平向司马睿那边倾斜了一下，王敦的参军乐道融一直对王敦不满，到了甘卓那里就叛变了，给甘卓献计去奇袭王敦大本营武昌，说："王敦大军必定不战自溃，这可是顶级功勋啊！"

甘卓因此下定决心，打出了一连串组合拳，先是传檄四方表态要讨伐王敦，随后派参军司马赞、孙双奉表去向司马睿报告，参军罗英去广州约陶侃出兵，参军邓骞、虞冲至长沙令司马承坚守。

由于王敦控制了长江，甘卓的奏表走的是淮河物流线，镇寿春的戴渊得到了甘卓的上表后迅速上报到建康，朝堂大臣高呼万岁。

司马睿下令迁甘卓为镇南大将军、都督荆梁二州诸军事、荆州牧，梁州刺史如故。王敦的大本营武昌仅仅是风传甘卓大军将至，众人就开始溃散，王敦集团顿时风雨飘摇。

对司马睿来说，形势简直是一片大好，然而神奇的事情发生了。

甘卓的讨伐大军到了猪口（今湖北仙桃东，古夏水入汉江之口）就不走了，几十天不动弹。①

甘卓怂了。

王敦一边往南京赶，一边派甘卓放在自己这里的人质、甘卓的侄子甘卬前去求和。王敦向甘卓表示："你这么做我完全能理解，你这是尽你的臣节，我一点儿也不怪你，你现在只要回襄阳，咱们就还是好兄弟。"②

王敦知道，甘卓嚷嚷得这么凶，不过就是提前表态忠于王室，到了猪口停滞不前，就是想看看前方动态，要是朝廷有一战之力挡住了他，甘卓就去补刀，万一他摧枯拉朽掌控了朝廷，将来甘卓还有回旋的余地。

王敦一边安抚甘卓，一边开始拼了命地往建康赶！他知道，甘卓犹豫了，这是老天给的可遇不可求的机会。

甘卓根本不懂政治的游戏规则，只要旗帜鲜明地表态了，就没有回头路了。王敦现在就是和时间赛跑，在甘卓琢磨明白之前迅速打下建康。

东线方面，司马睿除了愤怒表态，调两支训练了不到一年的部队参加建康保卫战之外，扬州和江北方面再无外援了。几乎所有的江东豪族都在观望，准备看笑话，他们都认为王敦在帮他们出这口恶气，再也没有当年"三定江南"的周玘替司马睿出头了。

刘隗带部队回建康后，司马睿给他超高的迎接规格，令百官迎于路旁，刘隗意气风发，表示自己对防御王敦胸有成竹。

---

① 《晋书·甘卓传》：卓虽怀义正，而性不果毅，且年老多疑，计虑犹豫，军次猪口，累旬不前。

② 《晋书·甘卓传》：敦大惧，遣卓兄子行参军卬求和，谢卓曰："君此自是臣节，不相责也。吾家计急，不得不尔。想便旋军襄阳，当更结好。"

等见了司马睿，刘隗与刁协一同进言，要诛杀建康的琅邪王氏，结果遭到了司马睿的拒绝，不久前还夸夸其谈的刘隗开始哆嗦了，因为他看到了司马睿在给自己留后路。

司马睿窝囊了一辈子，难得雄起一回，但发现根本抵抗不了王敦，也开始怂了。

王导一如既往地会做人，天天率中领军王遂、左卫将军王侃等宗族子弟高官二十多人至台城待罪，对司马睿说："历朝历代都有乱臣贼子，却怎么也没想到出在臣的家族里。"

司马睿是怎么表态的呢？

他光着脚丫子扶起王导说："老王啊，我正打算把国家托付给你，你怎么能这么说呢？"①

司马睿都怂成这样了，所有人可是都看在眼里的，司马睿铁杆的支持者也都有惧色了，他还指望打赢这仗吗？

鼎鼎大名的"王敦之乱"，其实更像是王敦利用天时地利人和，在一群猪对手的衬托下，摘取低垂的果实。

三月，王敦大军逼近建康。

司马睿先是任命王导为前锋大都督，还专门下诏说："王导大义灭亲，把我当年为安东将军时的符节授予他！"又进行了神仙布置，命之前周家叛乱时"大义灭亲"表现突出的周札守卫京师第一要塞石头城。

司马睿安排的这两位"大义灭亲"的人啊，真是一言难尽。他知道周札上回为什么要告密吗？因为周札是个贪财好色只知道惦着自己家产的人。

他抠门到什么地步呢？几年后要他命的大军来杀他的时候，他的

---

① 《资治通鉴·晋纪十四》：帝跣而执其手曰："茂弘，方寄卿以百里之命，是何言邪！"

兵器库里有一大堆精锐武器，却仍然舍不得给将士们用。[1]

这么一位守财奴，他可能给司马睿卖命吗？

周札把守的石头城有多重要呢？今天看石头城遗址，并不觉得有兵家必争的意义，这是因为长江后来西移了，当年长江是从清凉山下流过的。（见图6-4）

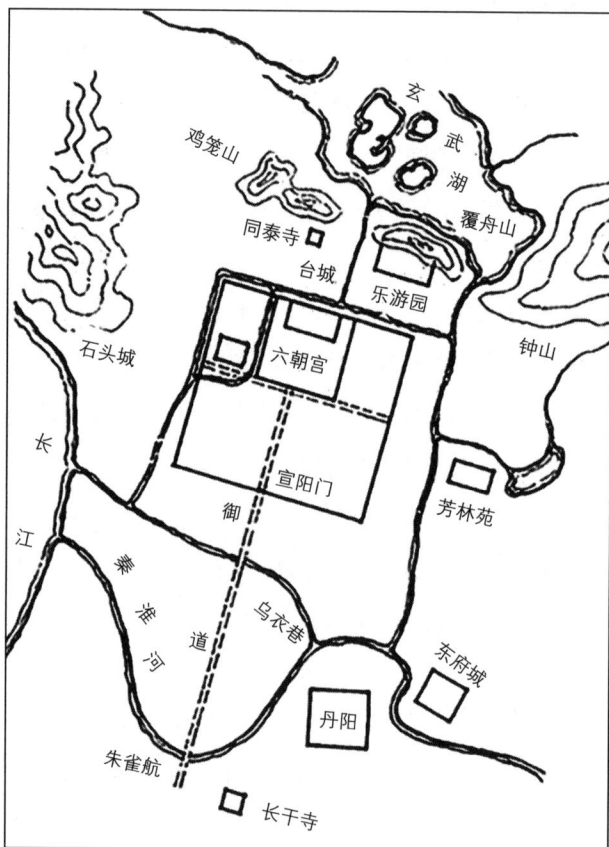

图6-4　孙权所建石头城示意图

---

① 《晋书·周札传》：兵至之日，库中有精杖，外白以配兵，札犹惜不与，以弊者给之，其鄙吝若此，故士卒莫为之用。

石头城堪称孙权这辈子最重要的国防安全建设，扼守秦淮河与长江的交汇口，以清凉山西坡天然峭壁为城基，环山筑造，周长六里，北缘长江，南抵秦淮河口，南开二门，东开一门，依山傍水，夹淮带江，所谓"因山以为城，因江以为池，地形险固，尤有奇势"，是建康的关键屏障，素有"石城虎踞"之称。

自王濬灭吴开始，此后几乎所有的南北战争，都是以能否夺取石头城来判断这仗的输赢。

拿不下来石头城，你根本不敢进秦淮河，就算陆军登陆了，后面的给养也面临被对方随时切断的窘境，建康根本别想拿下来。

军队到了石头城下，王敦本打算先向东进攻最可恨的刘隗，手下杜弘认为眼前的周札刻薄寡恩不得军心，攻之必败，拿下了石头城，大局就定了。

王敦刚一进攻石头城，周札就开门投降了。刁协、刘隗、戴渊率部反攻石头城，被暴打后大败而回。

大势已去。

司马睿给刘隗、刁协配备人马，让他们自寻生路。刁协因为平时人缘不好，经常得罪人，刚刚过江便被随从斩杀，把脑袋送给王敦了。刘隗则成功逃走，投奔了后赵。

司马睿放弃了抵抗，王敦纵兵四处劫掠，京师大乱。司马睿身边仅剩安东将军刘超和两名侍中随侍。

司马睿遣使向王敦求和，命公卿百官到石头城拜见王敦，同时大赦天下，宣告王敦的行为是无罪的，封王敦为丞相、都督中外诸军事、录尚书事、江州牧、封武昌郡公、食邑万户，把能给的基本都给了，来挽救因自己种种不成熟的做法而造成的损失。

但王敦不接受，根本不给司马睿面子。

司马睿对王敦撂了句话："您要是不忘本朝的恩义，就息兵吧，我绝对再也不敢了，您要是不愿意，我回琅邪老家给您让路。"

王敦继续不理他，着手做了以下几件事：

1. 准备废掉此次建康保卫战中表现勇烈的皇太子司马绍。[①]

司马绍在大势已去后，一度打算自己率兵出场，被温峤斩断了马套绳给劝了下来。[②]

王敦的眼光确实不错，他准备除掉的司马绍是人中俊杰。不过他起兵时颇为暧昧地看朝廷笑话的士族集团，却在温峤不卑不亢的坚持下，都强烈表示反对。[③]

为什么呢？因为教育司马睿的目的已经达到了，耽误大家发财的人都被铲除了，以后大家还需要共同发财，不要再有其他动作了。

王敦废掉太子后肯定会立他的傀儡，那么手握重兵的琅邪王家比眼下可爱的司马家可怕多了。

把司马睿和他的小团体明正典刑后，就没必要再动已经很孱弱的东晋政府了。这个招牌还是要继续使用的，北方的流民军还是要用这个招牌拦在外面的，该进行新一轮的权力划分了，士族集团不希望琅邪王氏抢走大家剩下的份额。

所有大族无论北派还是南派，需要的是在一个并不强大的傀儡领导下的高度自治的南方世界。

琅邪王氏太强了，王敦貌似要耽误大家共同发财了！可以说，自从王敦逼宫成功后，越来越多的矛头就已经对准他了。

因温峤等大臣的强烈反对，朝野上下的阻力太大，王敦最终没有

---

① 《资治通鉴·晋纪十四》：敦以太子有勇略，为朝野所向，欲诬以不孝而废之。

② 《资治通鉴·晋纪十四》：太子绍闻之，欲自帅将士决战；升车将出，中庶子温峤执鞚谏曰："殿下国之储副，奈何以身轻天下！"抽剑斩鞅，乃止。

③ 《资治通鉴·晋纪十四》：大会百官，问温峤曰："皇太子以何德称？"声色俱厉。峤曰："钩深致远，盖非浅局所量；以礼观之，可谓孝矣。"众皆以为信然，敦谋遂沮。

废掉司马绍。

2. 对对手展开清算，拥有名望的戴渊、周颛与王敦对抗，因此被杀。

甘卓还驻军在猪口，天天关注建康的动向。王敦发出官方驺虞幡，命甘卓退兵。

甘卓最后说了什么呢？他哭着说："皇帝和太子都没事，我拥兵于王敦的上游，他肯定不敢有什么动作，我要是现在打武昌，王敦肯定就把皇帝撕票了，我现在还是回襄阳再做打算吧。"

撤回梁州后，甘卓神经开始衰弱了，天天预感自己要死，然后就马放南山，解除一切护卫，谁劝他，他都不听。

什么意思呢？甘卓是在向王敦表态："我认怂啦，我多可怜啊，我连保镖都不要了，饶我这个窝囊老头子一命吧。"王敦展示了政治家心狠手辣的本色，指使襄阳太守周虑暗杀了甘卓。

没多久，王敦派去南方的部队攻破了湘州，俘虏了司马承，在解赴武昌途中杀了他。

王敦对朝廷官员及军镇将领进行了一番调整，贬降、罢黜的有上百人，司马睿花费几年时间辛苦调整的官员格局，又被王敦调回去了。

四月，王敦返回了武昌，遥控朝政，命被司马睿调整为湘州刺史的陶侃返回广州。

五月，王敦以周抚（周访之子）督沔北诸军事，镇襄阳。

我们不能不佩服王敦的手腕，周访极恨王敦，周抚开始也是跟司马睿混，但老爹死后，周抚去守孝，等守完孝后就跟王敦混了，而且成为王敦的心腹。①

---

① 《晋书·周抚传》：抚字道和，强毅有父风，而将御不及。元帝辟为丞相掾，父丧去官。服阕，袭爵，除鹰扬将军、武昌太守。王敦命为从事中郎，与邓岳俱为敦爪牙。

十月，王敦自领了宁、益二州都督，以王邃都督青、徐、幽、平四州诸军事，镇淮阴，以王含都督沔南诸军事，兼任荆州刺史，王谅为交州刺史。

323年四月，王敦更进一步，自领扬州牧，又进行了一轮大调整：王含为征东将军、都督扬州江西诸军事，堂弟王舒为荆州刺史，王彬为江州刺史，王邃为徐州刺史。

整个东晋被琅邪王氏霸屏了。（见图6-5）

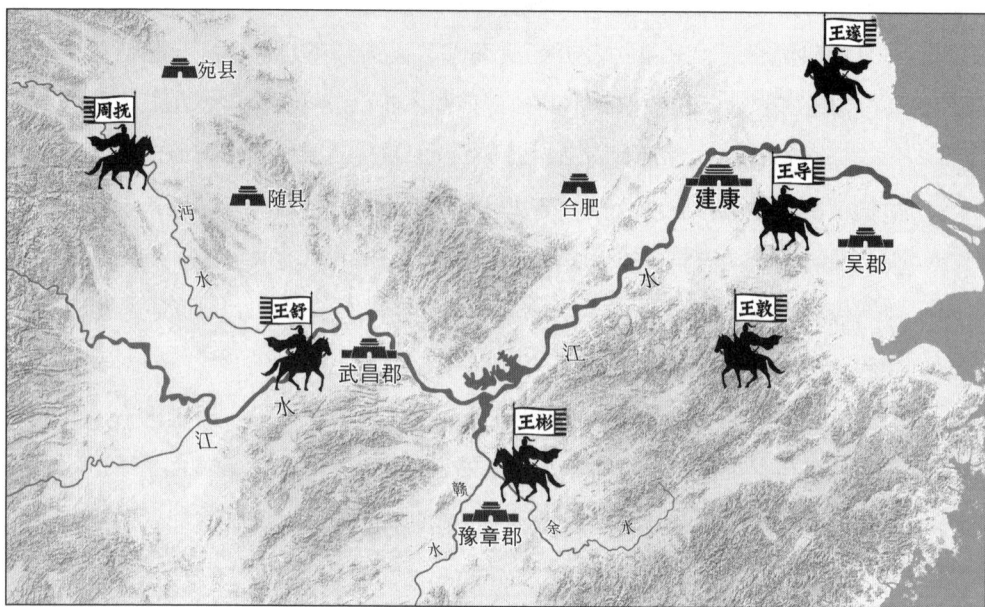

图6-5　琅邪王氏势力图

至此，琅邪王氏的权势达到了历史的巅峰。

王敦直到离京也没有去朝见司马睿，司马睿经此大辱后一病不起，于当年的闰十一月驾崩。被王敦打算废掉的太子司马绍继位。

堪称东晋帝王英明之首的短命皇帝——晋明帝上场了。

司马绍自小就因为聪颖而受到司马睿的喜欢，成人后为人孝顺，有文才武略，在王敦逼宫时表现得相当勇烈。

这是一个有脾气有脑子的皇帝。

老爹司马睿的试错让司马绍明白了前面的那套开源节流的方法不好使。士族坚决捍卫既得利益，根本不能动他们的利益，征调扬州奴为兵，实际上扬州奴根本没有战斗力。因为他们做家奴的时候不过是付出些劳动力，仅仅是逃难想活着而已。

朝廷把他们强抓出来组织成军队扔到淮北去打仗，他们由怕生恨，自然不可能跟朝廷一条心。时间短，无训练，一肚子怨气，将兵两不识，能有战斗力才怪。所以在王敦入侵，刘隗、戴渊率领的"扬州奴兵团"勤王时一战即溃。

王敦在逼宫之后打破了权力结构的平衡，王家权势熏天，这也意味着琅邪王氏开始盛极而衰。但是，这是理论上的。

众大臣虽然保下了司马绍的皇子之位，但如果王敦再来一次，他是否抵挡得住呢？

东晋的皇统已经到了最危险的时刻，晋明帝极需一股力量来遏制权力熏天的王敦，这股力量，既不能动固有阶级的蛋糕，否则会把原本刚刚倾斜到他这边的天平再度逼到王敦那边；同样也需要有一战之力的军队，而不是上次集结的那伙乌合之众。

明帝把眼光望向淮南，只有靠淮南的流民兵了。

淮南的流民兵首领，最靠谱的是祖逖，但被司马睿给气死了。剩下的淮南流民兵有以下特点：

1. 他们基本上没有上流阶层的入场券，在他们中间，中层士族都难找。

2. 他们大多数都有在北方抵抗胡羯的经历，往往是家园或坞堡被攻破后，一路退到江淮的。

3. 他们手中有一路浴血奋战保留下来的武装力量，战斗力没问题，但性质上基本属于私兵。

因为上述特点，导致东晋朝廷和南北大族对他们极度不放心。

1. 根本不是一个阶层的。

不是一个阶层就谈不上有共同语言，你说琉璃绸子，他说肩膀头子。

2. 他们手中的武装不可控，万一他们南下渡江打砸抢，怎么办？

北方高门和江南豪族交易的重要环节就是把北方流民军以官方的名义拦在大江以北。

东晋政府基本上按照流民帅原有的地位高低和兵力多寡给予太守、刺史、将军的名号，在江淮之间划分出大致的地盘，但拒绝他们过江，让他们做第一梯队抵抗北方胡虏的边防线。

如果明帝还希望在日益膨胀的王敦手下再过上几招，就必须将江淮间的这股军阀力量引导南下，去对付王敦。

但是扬州和江淮间的脆弱信任，又使得双方合作的可能性极低。

1. 东晋所有既得利益者无论是北方高门还是江东豪族，都不放心江淮军阀南下。

2. 你就算喊江淮军阀南下，他们还不一定愿意来呢！

为给朝廷打仗，凭什么让我们去抛头颅洒热血？我们有什么好处？

就在这个几乎无解的局面下，继王导后，第二个东晋得以立国百年的关键人物走到台前了。

名动后世北府兵的前身奠基人，该你上场了！

第 **7** 战

王敦、苏峻之乱：走火入魔的门阀的自救之路

一、该怎样解读史料？

按我国的史书记述惯例，在每个大人物的传记里，史官通常都会在他青少年时期给他安排一件或者几件神奇的事来说明这孩子将来成为大人物是有征兆的。

先来看一个"举目见日，不见长安"故事。

司马绍几岁的时候，有一天司马睿正哄他玩，有人从长安来，司马睿问了下洛阳的消息，听完之后司马睿伤心地哭了。司马绍问他爹哭什么呀？司马睿说："国家已经完蛋了，中原两京已经成了地狱。"随后问司马绍："你说是长安远呢？还是太阳远呢？"

司马绍回答道："当然是太阳远，从来没听说有人从太阳那里来的呀！"司马睿比较诧异，心想："这孩子在宽慰我祖宗基业并不遥远，将来一定能光复两京。"

转过天来，司马睿大宴群臣，说了下司马绍的回答，又喊来司马绍问了一遍，结果司马绍给出了截然相反的回答："日近！"司马绍没按套路出牌弄得司马睿有点儿蒙，问道："昨天你不是这么说的啊？"司马绍回答道："我天天抬眼看到的是太阳，没见过长安啊！"

这表示什么意思呢？当着群臣的面，司马绍表达了"不知道长安，老爹司马睿才是江东的权利核心"的看法。

这段故事，出自南朝宋的《世说新语》。从成书时间以及结合司马绍的成年表现，这段记载的真实性非常高。

由于这个故事的代表性非常强，三百年后，房玄龄团队在《晋书》的编纂过程中，把这则故事也节选进了史料中，却对这个故事的前半段做了几个字的删减。

把两段内容摘录过来做下对比：

《世说新语》：晋明帝数岁，坐元帝膝上。有人从长安来，元帝问洛下消息，潸然流涕。明帝问何以致泣，具以东渡意告之。因问明帝："汝意谓长安何如日远？"答曰："日远。不闻人从日边来，居然可知。"

《晋书》：年数岁，尝坐置膝前，属长安使来，因问帝曰："汝谓日与长安孰远？"对曰："长安近。不闻人从日边来，居然可知也。"

本来《世说新语》中的意思，是长安的一个普通人来了，说了首都的近况，惹起了司马睿对于国家前途的伤心，然后小司马绍安慰他爹。

《晋书》里根本没提洛阳的事，而是"属长安使来"。这一改，来者的身份就变了，变成司马邺朝廷派使者来到了司马睿这里，而且"元帝问洛下消息，潸然流涕。明帝问何以致泣，具以东渡意告之"这段表达国仇家恨的内容也被删除了。

这就简化为一个相当清晰的外交场景。司马睿也没哭，而是问司马绍"长安和太阳谁更远"？

《世说新语》的版本是"日远"，《晋书》中却改成了"长安近"。

一个是突出远，一个是表达近，味道全变了。

司马绍小小的年纪替他爹说出了无比高妙的外交辞令：我们坚决拥护长安的领导！别看我们远隔千山万水，但我们是长安政府最近的依靠！

几个字的改动和删减，表达的效果和潜台词就完全不一样了。政治语言的内涵太丰富，那是一个字都不能错的。

由于《晋书》成于唐代，与东晋隔着三百年，因此成书过程中可发挥的内容比较多。通常可发挥的内容在哪个时间段呢？童年。

成年后的事迹通常是改不了的，房玄龄团队对这个故事进行删减和改编的目的是什么呢？就是想告诉世人一件事：司马绍这孩子从小就是个政治天才！

政治家的本质就是抓住你的弱点和利益诉求，在眼前和较长的时间段上来回切换做文章，最终让你们定期出人出钱去为他买单。

什么叫政治天才呢？从小就明白"你的弱点和利益诉求"的人。

对长安的使者知道说什么，要达到攫取长安正统的政治能量和授权的目的；对群臣知道说什么，要烘托老爹伟大光荣正确的高大形象。

这孩子从小就思路清晰，知道什么人该团结，什么人该打，什么时候该说什么话。

公元 322 年闰十一月初十，司马睿活活气死了。转过天来，皇太子司马绍即皇帝位，大赦天下，史称晋明帝。

司马绍性至孝，敬贤爱客，文化课突出，和玄学大师王导、庾亮、温峤、桓彝、阮放等有共同语言，而且是能与这帮清谈大家过招的，曾和群臣辩论圣人真假之意，正反方辩手各执一词，王导等人根本拿不下司马绍。

司马绍武功也棒，还有武略，善于安抚将士，人望极高。做太子时东宫就人才济济，远近归心于司马绍。

司马睿窝囊了一辈子，司马绍是司马睿这辈子交出来的最好作品了。

不过，留给司马绍的时间似乎不多，因为嚣张的琅邪王氏已经到了接近摊牌的地步。

司马睿死的时候，王导受遗诏辅政。司马绍登基后不久，一次王导和温峤觐见，司马绍问了温峤一个很有深意的问题："我家的天下是怎么得来的呢？"

这个问题确实不太好回答，回答了就是一种政治表态，表明自己要向前辈致敬，努力干出一番事业。问题是，谁家得天下都有高光时刻，唯独他司马家，大臣想拍马屁都找不到角度拍。

温峤是铁杆的太子派，却半天没憋出话来。这个时候，王导站出来了，说："温峤年纪轻，老臣给你说！"①

随后王导就把司马懿在高平陵之变中的洛水盟誓，司马师血腥诛杀曹魏大臣，以及司马昭派人刺杀曹髦等全说了一遍，言辞相当劲爆。司马绍听到最后捂着脸趴在床上说："若如你所说，晋朝的国祚怎么可能长得了啊！"②

这件事通常都是被当作因果教材进行讲述的，但是，这则故事在当时的背景下却有更深层次的含义。

说这话的人是王导，王家的公关大使，以会做人、给人面子而著名，这辈子婉转圆通，没说过硬话。

王敦逼宫成功，导致朝廷大换血，王导这位唯一的辅政大臣面对刚上位的司马绍一点儿面子都不给，这其实说明了一个非常现实的问题：琅邪王氏已经权势熏天，连装都不装了。

二月，司马绍刚刚下葬完他爹司马睿，三月，王敦就出招了，暗示朝廷征召自己入朝，司马绍无奈，手诏征王敦入朝。与此同时，王敦拿到了加黄钺，班剑武贲二十人，奏事不名、入朝不趋、剑覆上殿的政治待遇。

王敦并没有入朝，而是于四月由武昌移镇姑孰（今安徽当涂），离

---

① 《世说新语·尤悔》：温未答顷，王曰："温峤年少未谙，臣为陛下陈之。"

② 《世说新语·尤悔》：王乃具叙宣王创业之始，诛夷名族，宠树同己，及文王之末高贵乡公事。明帝闻之，覆面著床曰："若如公言，祚安得长！"

朝廷仅百里之遥。

司马绍派侍中阮孚赍牛酒犒劳，王敦一点儿面子也不给，称疾不见，仅派主簿接受诏书，随后给朝中的兄弟王导又抬了一级，由司空变为司徒，自领了扬州牧。

这纯粹是逼死司马绍的节奏！

王敦为什么要进屯姑孰呢？因为姑孰北岸是重镇历阳，这是一个重要渡口，西面不远是淮河南下的寿春——合肥交通线。姑孰这个位置离朝廷足够近而且总扼北兵南下的交通。（见图7-1）

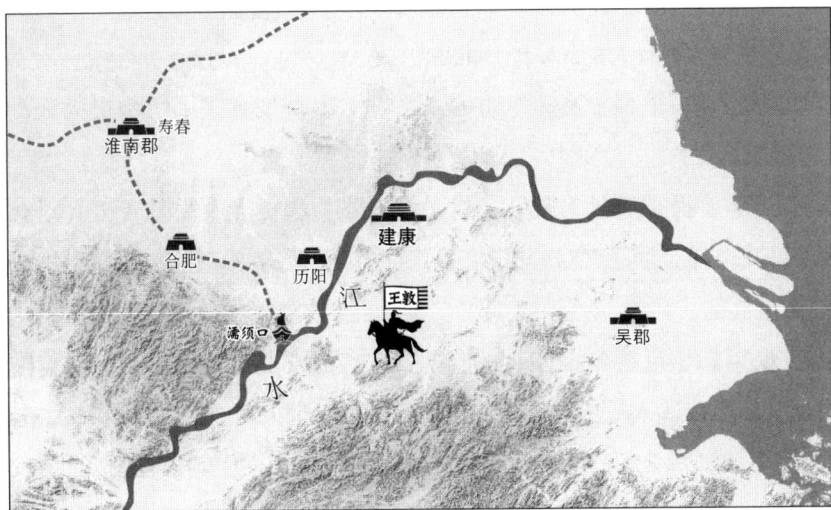

图 7-1　王敦驻防示意图

东晋第一权臣桓温在即将神功大成的时候也是选择由荆州移屯姑孰的。

明帝即位后不久，把各方面传来的王敦的消息汇总在一起：王敦准备另立司马越之继子司马冲，而且不臣之心已经丝毫不掩饰了，四方贡献多入其府，将相岳牧皆出其门。

在王敦的步步紧逼下，新登基的司马绍几乎没有还手的能力和准备的时间。

如果司马绍希望与只手遮天的王敦过上几招，那么就必须将江淮间的流民军力量引导南下来对付王敦。但是扬州和江淮间的脆弱信任又使得双方合作的可能性极低。

1. 东晋的所有既得利益者无论是北方高门还是江东豪族，全都不放心江淮军阀南下。

2. 就算司马绍喊江淮军阀南下，人家还不一定愿意来呢！淮南就是他们的天花板，为什么要给司马绍玩命呢？

就在这个时候，司马绍在极其苛刻的条件下发现了唯一一个破局点：北府兵前身的奠基人——郗鉴。

郗鉴，高平郡金乡（今山东金乡县）人，是东汉末年御史大夫郗虑的玄孙。

当年曹操被册封为魏公，就是郗虑作为御史大夫受献帝委托对曹操进行册封的，虽然曹操并没有重用郗虑，但好歹给郗鉴留下了一个高门的士族名头。

据说郗鉴虽然年少孤贫，但仗着家传的那些书能够"博览经籍"，干农活时仍不忘吟咏文章。郗鉴的学习劲头颇有点儿丞相诸葛亮年轻时的影子。

别信"孤贫"之说，郗鉴也许"孤"，但绝对不"贫"。

他家的图书馆足够他"博览经籍"的，当年诸葛亮"躬耕陇亩"大概率是在锻炼身体兼研发高产作物的种植手法，诸葛亮的老丈人是荆州一把手刘表最依赖的人，诸葛亮怎么可能靠自己干活来解决吃饭问题呢，郗鉴"躬耕陇亩"也是这个意思。

在九品中正制的规则下，郗鉴名声很大，以儒雅著称，而且郗鉴可以不理州中的征辟和任命，不想干什么就不干什么，就在家待着。

有的人很好地利用了自己的家境，在青年时代储备了极其深厚的理论与学术基础，等步入社会，在理论结合实际后一飞冲天。

郗鉴三十岁的时候，觉得在家"读博"读得差不多了，该入仕去实现理想了，就去找了个官做。刚一上班就赶上了一件糟心的事，征辟他的是赵王司马伦，他发现司马伦满脑子都在梦想向他爹司马懿、他哥司马昭致敬，于是赶紧请病假辞职了。

等司马伦把贾南风阴了自己做了皇帝，他的同党全都升迁为高官，郗鉴也不眼红，闭门自守，与司马伦划清界限。

郗鉴这就是把书读通了，能指导自己的人生了，他这辈子对事情的发展走向都展现出极强的预判力。

很快，司马伦被推翻后，郗鉴再度出山，参司空刘寔军事，后历任太子中舍人、中书侍郎。

在中书侍郎的岗位上，郗鉴遇到了领中书监的长官司马越。

八王之乱，身处朝廷的"司马们"展开混战，乱成一团，司马越统一清盘后出镇兖州牧，征辟老同事郗鉴来自己这里上班，郗鉴没答应。没多久，苟晞也邀请郗鉴跟着他混，郗鉴因为司马越和苟晞水火不容，所以也不搭理苟晞。①

骨子里，郗鉴是个忠臣，跟他太爷郗虑一样，朝廷在哪里，他就在哪里，但他所处的时代比他太爷那时更混乱，他的剧本也比他太爷精彩得多。

311 年，永嘉之乱，洛阳陷落，晋怀帝被抓。在世纪大乱中，郗鉴被乞活军的陈午部所抓，这伙流贼中有识货的，知道郗鉴是高平"玉麒麟"，打算拉他入伙。先是郗鉴老家的代表来劝，郗鉴不同意；最后陈

---

① 《晋书·郗鉴传》：东海王越辟为主簿，举贤良，不行。征东大将军苟晞檄为从事中郎。晞与越方以力争，鉴不应其召。

午亲自来逼郗鉴为山寨之主，因郗鉴及时逃脱而没遭到胁迫。①

郗鉴回到故乡，民不聊生，饿殍遍地，老家很多大族跟郗鉴这些年的关系非常好，都来接济他，帮他落下脚。郗鉴将所得的资助全都散给了宗族和乡里，有很多百姓因为郗鉴的救助而幸存下来。②

积德行善的郗鉴开始成为本地众望所归的人，百姓们纷纷开展乱世自救手段，喊出口号："现在天子完蛋了，中原无官员，我们应该归附仁德之人，才能免于乱世的灾难。"随后郗鉴被当地父老推荐为盟主，一千多户人跟随郗鉴到了鲁地的邹山中避难。

郗鉴成为兖州众多坞堡组织中的一股势力。

司马睿镇守江左后，封郗鉴为龙骧将军、兖州刺史，但当时有兖州刺史官职的人一抓一大把，苟晞和刘琨都分别派了兖州刺史。

三个兖州刺史充分展开了内斗大比拼，各据一郡，各自为政，互相对立。这三位刺史又不时受到青州徐龛与河北石勒的侵袭。

在天灾兵灾下，恢复生产极其困难，大饥荒来临时，郗鉴的团队即便吃田鼠、抓燕子都不叛离郗鉴，在严酷的条件下，这三个兖州刺史，最终只有郗鉴挺了下来。③

在蝗祸、旱灾、饥荒、兵难威胁的情况下，郗鉴充分展现了自己的能力，完完全全凭自己的经营，在这个乱世越混越强，三年间部队由千户发展成了数万人。司马睿因而加授其为辅国将军、都督兖州诸军事。④

---

① 《晋书·郗鉴传》：午以鉴有名于世，将逼为主，鉴逃而获免。

② 《晋书·郗鉴传》：于时所在饥荒，州中之士素有感其恩义者，相与资赡。鉴复分所得，以恤宗族及乡曲孤老，赖而全济者甚多。

③ 《晋书·郗鉴传》：时苟藩用李述，刘琨用兄子演，并为兖州，各屯一郡，以力相倾，阖州编户，莫知所适。又徐龛、石勒左右交侵，日寻干戈，外无救援，百姓饥馑，或掘野鼠蛰燕而食之，终无叛者。

④ 《晋书·郗鉴传》：三年间，众至数万。帝就加辅国将军、都督兖州诸军事。

322年，王敦逼宫成功后不久，郗鉴接到朝廷诏命："亲爱的辅国将军，不要在北方扛着了，南下吧，朝廷需要你！"

322年七月，郗鉴因此得以顺理成章地南归。此时距离永嘉之乱洛阳失陷，已经过去整整十一年了。

郗鉴这颗北方遗珠，在这个特殊的时刻，作为后浪终于卷入时代斗争的风口浪尖上了，而且一上来就屯兵于一个相当敏感、相当重要的腹心之地——合肥。

郗鉴之所以能够驻屯于此，是因为一个大贵人：纪瞻。

纪瞻，江东高门，祖父纪亮做到了吴国尚书令。纪瞻年轻时与顾荣、贺循等被称为"五俊"，在洛阳当过官，是平灭陈敏之乱的重要功臣，属于被北士集团划为需要争取的那一列。

在王导与司马睿的最早规划中，扬州最关键的四个人分别是顾荣、贺循、纪瞻、周玘。[1] 贺循什么都不掺和，周玘武力威胁太大，顾荣和纪瞻则对于北士集团相当重要。

312年永嘉之乱已经爆发一年，石勒于葛陂课农造舟准备登陆江东。在生死存亡之时，即便大量北士已经南下，即便王敦一年前就已经都督陶侃等人平叛江州，但司马睿仍然是派南人的纪瞻为总指挥，都督诸军去御敌。[2]

此时顾荣已死，团结最广大的南人豪族集团要靠纪瞻了。

司马睿称帝后不久，纪瞻开始长年生病，并没有太多精力参与到朝政当中，但是，他的威信一直都在。

司马绍把纪瞻再度请出来做领军将军，虽然纪瞻一直生病，但

---

① 《晋书·王导传》：顾荣、贺循、纪瞻、周玘皆南土之秀，愿尽优礼，则天下安矣。

② 《资治通鉴·晋纪十》：石勒筑垒于葛陂，课农造舟，将攻建业。琅邪王睿大集江南之众于寿春，以镇东长史纪瞻为扬威将军，都督诸军以讨之。

"六军敬惮之"，纪瞻仍然请求辞官，但司马绍根本不同意。

王敦再次作乱，司马绍对纪瞻说："纪大爷啊，我知道您身体不好，老生病，您就算在军中躺着，效果也是别人无法替代的！"①纪瞻的威望就大到这种程度。

当王敦已经威胁到东晋朝廷生死存亡的时候，是纪瞻情真意切地上疏，要求朝廷让郗鉴南归入朝！②

319年，一辈子都不想离开会稽的贺循死了，整个江东咖位最大、资历最老的就剩下纪瞻了。

纪瞻的态度和推荐信，某种意义上就是进入南方豪族圈的通行证！

此时此刻的郗鉴，拥有以下身份：

1. 出身于北方高门。

2. 有着忠于王室的履历。

3. 举荐他的纪瞻是南方最重要的豪族。

4. 有在北国独自掌舵十年的实力。

5. 手中有在北方扛十年的流民铁军。

6. 十年的北方抗胡经历，使得他在江北流民军中有着巨大的威信，与流民军有着共同语言。

郗鉴成为整个时代罕见的与三个圈子都有交集的人。郗鉴的独特经历和实力，在王敦的不臣之心愈加明显后，成为司马绍绝望下的最后希望！

---

① 《晋书·纪瞻传》：瞻才兼文武，朝廷称其忠亮雅正。俄转领军将军，当时服其严毅。虽恒疾病，六军敬惮之。瞻以久病，请去官，不听，复加散骑常侍。及王敦之逆，帝使谓瞻曰："卿虽病，但为朕卧护六军，所益多矣。"

② 《晋书·纪瞻传》：时郗鉴据邹山，屡为石勒等所侵逼。瞻以鉴有将相之材，恐朝廷弃而不恤，上疏请征之，曰："臣闻皇代之兴，必有爪牙之佐，捍城之用，帝王之利器也……"

二、生殖能力对于改朝换代的重大意义

司马绍刚刚继位的时候，就已经盘算好要靠郗鉴为外援了，因此拜其为安西将军、兖州刺史、都督扬州江西诸军、假节，镇合肥。[①]

王敦对司马绍任命郗鉴非常敏感，他是无法允许在离自己后方这么近的地方有这么一位摸不准的人物的，于是马上又表郗鉴为尚书令，让他离开合肥的部众。

郗鉴自合肥回建康时，要经过姑孰，因此去王敦处拜码头。在会谈中，王敦对司马遹政治案上表现截然相反的两个人进行了评价："乐广本事不大，名气不小，比满奋差远了。"

故事的背景是这样的：太子司马遹被打倒后关押至金墉城，贾南风诏令太子旧臣不得相送，别看太子在东宫天天"做买卖"，实际是相当得人心的，官员们全都违规相送。时任司隶校尉的满奋按规定对送别太子的官员签发了批捕令，但这些官员又被负责这事的乐广全部释放了。

---

① 《晋书·郗鉴传》：时明帝初即位，王敦专制，内外危逼，谋杖鉴为外援，由是拜安西将军、兖州刺史、都督扬州江西诸军、假节，镇合肥。

郗鉴到底是在北方混过的人，对王敦直接开怼："别扯没用的，司马遹被打倒时乐广为人忠义，满奋失节有亏，这一点就让满奋比不上了。"

王敦反驳道："愍怀太子已经明显不行了，抱着沉船而死那就是傻子，人不能认死理啊！"

郗鉴说："大丈夫洁身北面侍君，谨守三纲大义，怎可偷生变节，又有何面目居于天地之间！如果坚守的天道已终，那我辈也当继之死节罢了。"

王敦本来是想探探郗鉴的底，看他识不识时务，毕竟郗鉴是北方军阀，跟司马睿朝廷也没什么深度交集，是可以争取的。

这一通对话下来，王敦彻底明白郗鉴的立场了，他几句话差点儿把自己噎死，肯定不是一条路上的人了，于是就扣住了郗鉴。

王敦左右都劝他杀掉郗鉴以免除后患，郗鉴则镇定自若，脸上根本没有表情，王敦犹豫再三最终没动手。他对心腹钱凤说："郗鉴是儒雅之士，名望地位都很高，我们不能乱下杀手。"他最终放郗鉴回建康。

这些年王敦干掉的有名望的人着实不少，有明杀的有暗杀的，他杀人干脆着呢。

王敦上一次犹豫再三，没向谁下手呢？是陶侃。为什么呢？因为陶侃的亲家周访的胳膊相当粗。

这回也一样，王敦最后没杀郗鉴，是因为郗鉴在合肥的势力很强，他有抗胡的特殊人脉。

郗鉴的队伍在北方能杵十年，越混越强，跟谁打都不怵，带来的人都是在千死百难中活下来的山东猛汉子，眼下就在合肥盯着王敦呢，王敦砍郗鉴试试？

本来王敦也没打算跟郗鉴翻脸，这次会面只是希望能争取到这股力量，但没想到郗鉴见面就没给他留情面，弄得王敦下不来台，只能先扣下再说。扣完了又不敢杀，还让郗鉴表态成了铁杆保皇派，总之，王敦做的事让人相当恶心。

郗鉴回朝后与明帝商议平灭王敦之事。[①]郗鉴的当众表态使得司马绍相当意外地得到了这股势力的力挺，而且司马绍也发现，事情开始出现转机。

因为王敦并没有那么强大，内部并非铁板一块。两晋的"兄弟阋墙"定律在琅邪王氏达到巅峰后也开始发挥作用。

323 年王敦在领扬州牧后琅邪王氏达到巅峰。

但在那一大群领地方刺史的兄弟中，只有王含是王敦的亲哥哥。王敦此时最痛苦的就是自己这一支的生殖能力不行。

来看一下王敦的兄弟图谱。（王览生六子，在此只列了参赛的四支。）（见图 7-2）

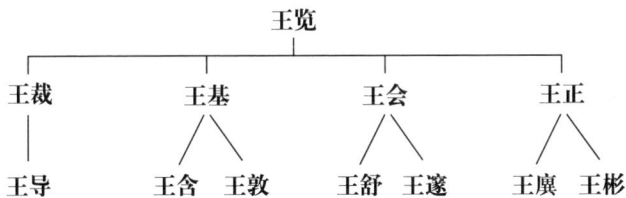

图 7-2　王敦的兄弟图谱

除了亲哥哥王含是铁杆外，其他的与王敦都是塑料兄弟情。

先来说狡猾的王导。

王导是家族的长房长孙嫡系继承人，和司马睿一起草创了东晋。

在 318 年长安陷落，司马睿要称帝的时候，王敦就跟王导商量，说："司马睿一肚子馊主意，咱要不换个人当皇帝？"王导不听。是在

---

① 《晋书·郗鉴传》：乃放还台。鉴遂与帝谋灭敦。

王导的坚持下，司马睿的帝位才稳住的。①

王敦逼宫成功后，王敦对王导说："你看看，当初我说换一个你不听，咱们家族差点儿都被灭了！"

王敦想趁着这个机会把司马睿废了，又是王导再三坚持，最终保住了司马睿的帝位。②

这仅仅是"敦惮帝贤明"，怕司马睿不听话的事吗？更深层次的，是皇统政治基因的问题。

司马睿就算再差劲，那也是王导扶起来的。换了皇帝，就是王敦扶起来的了。王导会想，他这么功高资历老的人，不知道王敦会不会铲除他？

王导为什么这么大胆地给司马绍讲司马家的历史呢？其实除了他已经强大到不想装之外，也是在教育司马绍："你别跟我吹牛，你们爷俩怎么坐上的这个宝座，心里没点儿数吗！"

再看王览二儿子王基这一支，也就是王敦的父亲。王敦这辈子太有能耐了，技能点都长别处了，却没能留给儿孙，因为他死活生不出个孩子。不仅生不出儿子，连闺女都生不出来，要不还能招几个女婿呢，这倒好，王敦根本无法打造最嫡系的班底。

王敦过继哥哥王含的儿子王应为嗣。自始至终，也只有他哥哥跟他算是一条心。很遗憾，他爹王基只给他生了一个亲哥哥。他爹要是像他爷爷王览那样一口气生六个儿子，王敦的苦恼就少多了。

再看王敦的三叔王会这一支，王会的两个儿子对王敦来说就是两个"特务"。

---

① 《晋书·王导传》：初，西都覆没，海内思主，群臣及四方并劝进于帝。时王氏强盛，有专天下之心，敦惮帝贤明，欲更议所立，导固争乃止。

② 《晋书·王导传》：导犹执正议，敦无以能夺。

王舒貌似王敦的自己人，从小就和他好，一直在家里学习，四十多岁才出山，刚出山投奔的就是王敦。①

王敦移屯姑孰准备改朝换代，这时候需要哥哥王含帮他总控江北诸军稳住形势，但王含坐镇的又是无比重要的大本营荆州。没办法，他就这一个亲哥，对于荆州刺史这个位子，王敦思前想后给了王舒。

他觉得王舒算是除了他亲哥外最信得过的兄弟了，但其实根本不是那么回事。

王敦相当喜欢王舒的儿子王允之，经常把他带在身边。有一天家族吃饭，王允之喝多了，提前撤了，王敦生活工作两不误，散局后跟心腹钱凤沟通造反的事，被醒酒后的王允之听见了，王允之随后开始吐。②

也不知道他是怎么吐的，王敦与钱凤两人密谋很久都没听见。钱凤走后，王敦突然想起来，屋里还有王允之呢，进屋发现王允之已经吐沫子了，王敦也就没多想。

不久，王允之请求回朝看老爹，他爹王舒听说王敦要造反这事后，便向明帝汇报了。③

王舒大概是什么时候向明帝投诚的呢？

这个时候的王舒为廷尉，他拜廷尉的时间，是太宁元年，当年王敦就表他去荆州当刺史了。④

---

① 《晋书·王舒传》：舒少为从兄敦所知，以天下多故，不营当时名，恒处私门，潜心学植。年四十余，州礼命，太傅辟，皆不就。及敦为青州，舒往依焉。

② 《资治通鉴·晋纪十四》：敦与钱凤谋为逆，允之悉闻其言；即于卧处大吐，衣面并污。

③ 《资治通鉴·晋纪十四》：会其父舒拜廷尉，允之求归省父，悉以敦、凤之谋白舒。

④ 《晋书·王舒传》：太宁初，徙廷尉。敦表舒为鹰扬将军、荆州刺史、领护南蛮校尉、监荆州沔南诸军事。

太宁元年是 323 年，王舒去荆州当刺史的时间是 323 年十一月。[①]这也就意味着，王允之回建康报信，王舒向明帝告密，是在司马绍继位没几个月，琅邪王氏的权力达到历史顶点的时候。

早在王敦拿他当心腹兄弟让他去镇守荆州之前，王舒就开始两面下注了。而且当时还有一个关键人物：王导。

王舒是和王导一起去向司马绍做政治表态的。[②]王舒跟王敦混了多年，作为王敦的嫡系，却和王导结成联盟了。

王舒两面下注不光是留后路的问题，也是不希望王敦这一支继续膨胀。王舒的亲兄弟王邃，也是电视剧《潜伏》中"余则成"式的人物。

王敦举兵造反时，司马睿加王邃为尚书右仆射，拿他当自己人。

王敦逼宫成功后，王敦又把王邃升为征北将军，都督青、徐、幽、平四州诸军事，也拿他当自己人。

王敦第二次造反的时候，王邃是唯一一个被司马绍征召勤王的在外镇守的王家人，司马绍也拿他当自己人。

王会的两个儿子王舒和王邃，更像是弱化版的王导。

再来看王正的两个儿子。

王廙就是在荆州帮助王敦杀陶侃故吏的那个人，前期表现不错，但 322 年死了，没看到他的"一生真伪复谁知"。他的弟弟王彬，可以说是最让王敦脑仁疼的一个兄弟，因为王彬即便在王敦权势熏天时仍然直接怼王敦。

最直接的原因，是王敦杀了王彬的好朋友周颙。

周颙，字伯仁，就是"我不杀伯仁，伯仁因我而死"的那个受害者。

---

① 《资治通鉴·晋纪十四》：冬，十一月，徙王含为征东将军、都督扬州江西诸军事，王舒为荆州刺史、监荆州沔南诸军事。

② 《资治通鉴·晋纪十四》：舒与王导俱启帝，阴为之备。

王敦起兵的时候，王导带着家族的人去向司马睿请罪，正在门口演戏呢，看到周顗要入朝，王导说："兄弟，我家这几百口人就靠你啦！"

周顗比较清高，在大庭广众之下和王导家族划清界限，根本不搭理王导就进去了。周顗到了司马睿那里，帮王导说了一大堆好话，然后还喝了一顿才出来。

周顗喝多了出来后，王导和家族的人还在门口，王导又喊他，估计是周顗喝多了，对身边小弟说："今年一定宰了这帮反贼换个大官做！"[①]

周顗这种处理手法相当不入流。你不理王导，能理解，这是划清界限，王导这种老牌政治家更能理解。

你去司马睿那里给王导求情，就是在给自己留后路，不想得罪王导，这事情处理得也没问题。

你出来接着不理王导，还是没问题。毕竟都是事上见，将来王导一定会知道你出过力的，政治这东西是无限游戏，只要还在牌桌上就永远不怕曾经的投资打水漂了。

但你喝多了目空一切就是你的不对了，你不仅不给王导面子，还当众表态了。

有的人会说，周顗这是在装，在表明他的忠臣立场。但问题是，装也不是这样装的。你既然已经帮王导说话了，就已经做选择了。你不说话就可以了，别人也不会因为你不说话而对你有什么解读。闭嘴是最好的选择。

对于周顗的这一番操作，王导作为老牌政治家就明白了：你事先没跟我沟通，张嘴就是对立的表态，那就是开战了。

---

① 《晋书·周顗传》：致醉而出，导犹在门，又呼顗。顗不与言，顾左右曰："今年杀诸贼奴，取金印如斗大系肘后。"

周顗酒醒以后又多次上表救王导，但王导不知道那些密奏，而且早就恨上了周顗。①

等王敦打进建康，是这么问王导的："周顗和戴渊是南北之望，要不安排他们做三公？"王导不说话。②王导真是聪明，不说话就表达了他不同意，别人什么证据都没有。

王敦又问："要是不安排三公，要不安排尚书台的工作？"王导还不说话，还是不同意。③

王敦最后说："那要不就杀了吧！"本来王敦就对他们俩没有好印象，因为王导跟他们走得近，自己才问问王导会不会保这两人，结果王导还是不说话。④这就是表示同意了。

于是周顗和戴渊两人就被王敦砍了。

等王导整理自己在皇宫门口演戏的档案时（多灵啊），发现了周顗救自己的上表，那是情真意切地在给自己求情啊。⑤

王导对诸子哭出了千古名句："吾虽不杀伯仁，伯仁由我而死。幽冥之中，负此良友！"

客观来讲这事也不能完全赖王导，周顗自己作的成分更大，但别管王导有多悲痛吧，他无意间用千古名句为一件事做了背书：政治家可以不用自己出手而借刀杀人的。

王导一句话没说，王敦杀了周顗和戴渊两人，最后这罪过是王敦的。周顗是王彬的挚友，王彬因为周顗被杀跟王敦急了，逼得王敦一度

---

① 《晋书·周顗传》：既出，又上表明导，言甚切至。导不知救己，而甚衔之。

② 《晋书·周顗传》：敦既得志，问导曰："周顗、戴若思南北之望，当登三司，无所疑也。"导不答。

③ 《晋书·周顗传》：又曰："若不三司，便应令仆邪？"又不答。

④ 《晋书·周顗传》：敦曰："若不尔，正当诛尔。"导又无言。

⑤ 《晋书·周顗传》：导后料检中书故事，见顗表救己，殷勤款至。

要杀了王彬，哥俩吵得相当激烈。①

做好人的是谁呢？又是王导！

王导劝王彬："兄弟赶紧给你敦哥道歉，哥俩别掐了。"②王敦要感谢王导帮他找台阶，王彬要感谢王导救他。

一般来讲，政治斗争更多时候是场零和博弈，有受益的就有吃亏的，所以各个阶级、集团之间通常是势同水火。

但王导却有一种本事，就是在各个利益集团之间来回游走，借东家的力去打西家，在达到自己政治目的的同时，还让各利益集团都念着他的好。

知道为什么王导在两晋之交的大变局下，在过江后能够空手套白狼，整合北方门阀、江东豪族、流亡军阀的力量，搭台组班子把戏唱起来了吧。

早在司马睿刚刚登陆江东的时候，"王与马，共天下"的政治童谣就传唱开了。这个"王"，说的就是王导。把"王"排在了"马"的前面，实至名归。

王导给了台阶，但王彬却继续硬刚王敦，说："我脚丫子有毛病吧，连天子都不想拜，怎么可能拜他！"王敦怒道："脚丫子疼？我看你是脖梗子疼！"王彬根本不怂，继续怼王敦。

即便这样，王彬仍然被王敦安排去做了江州刺史，因为没别的人可用。

综上所述，王敦领扬州牧、屯兵姑孰的时候，琅邪王氏貌似已经

---

① 《晋书·王彬传》：会周顗遇害，彬素与顗善，先往哭顗，甚恸……因勃然数敦曰："兄抗旌犯顺，杀戮忠良，谋图不轨，祸及门户。"音辞慷慨，声泪俱下。敦大怒，厉声曰："尔狂悖乃可至此，为吾不能杀汝邪！"

② 《晋书·王彬传》：时王导在坐，为之惧，劝彬起谢。

在王导的布局下隐隐分成了两派：一个是王敦兄弟俩的称帝派；一个是王导、王舒、王邃、王彬四人的"反敦者联盟"。

司马懿不是谁都能学的，毋庸置疑，司马懿有奠基王朝的大功，那么王敦和王导这哥俩到底谁的功业更大呢？

司马懿有七个亲兄弟，自己还生了九个儿子，在这十六个与司马懿最近的人中，有两个顶级接班人，一个特别长寿的兄弟。

王敦就一个哥哥，自己还一男半女都生不出来，遇到他自己的"高平陵之变"和"淮南三叛"时，他又该怎么办呢？

"篡天下"和"打天下"真不一样。"篡天下"是在存量上动大量既得利益者的蛋糕，必须有大量的自己人去布控那些关键岗位！

王敦要是仔细复盘了司马家换房本的全过程，再看看自己这一支的人丁数量，就该好好想想自己的退路了。更遗憾的是，王敦的寿命快到头了。

324 年初，五十九岁的王敦得病了，而且这回病得很重。此时，王敦却走了步臭棋，他在吴兴豪族的忽悠下，把潜在的隐患义兴周氏给灭了。

别管周札这人怎么样，当年在石头城可是投降王敦的，王敦这么做实在不讲究，将来谁还会向他投降呢？

周札在站队成功后一门有五人被封侯，王敦手下参军周莚的老娘出殡时送葬者达数千人，这都让王敦觉得威胁实在太大。

趁王敦病重之时，吴兴的沈家为了成为江东第一土豪，由钱凤出面，献计劝王敦灭了周家。①

---

① 《晋书·周札传》：及敦疾，钱凤以周氏宗强，与沈充权势相侔，欲自托于充，谋灭周氏，使充得威扬土，乃说敦曰："夫有国者患于强逼，自古衅难恒必由之。今江东之豪莫强周、沈，公万世之后，二族必不静矣。周强而多俊才，宜先为之所，后嗣可安，国家可保耳。"

王敦使了阴招，突然袭击，杀了在自己这里上班的参军周莚，又遣参军贺鸾去支援沈充突袭义兴，尽杀周札诸侄，随后派兵突袭时为会稽内史的周札，最终周氏被王敦的闪电战连根拔起。[1]

周家的风评虽然不高，但好歹是江东老牌大族，而且王敦这种偷袭的行径实在不可取，谁知道哪天别的豪族会不会被王敦实行斩首行动呢？

搞政治不是混黑道，谁最狠，谁最让人心惊胆战，谁就最厉害。

当你失去底线，也就失去了所有利益集团对你的长远预期与合作打算。

况且现在沈家变得一家独大，让江东的其他大族也开始相当不满。

本来王敦逼宫时站在王敦这一边的江东大族，又因为王敦做事不可控以及和吴兴豪族走得太近，现在都站到了王敦的对立面上。

自古以来想让江东地区安定下来，你就必须寄希望于自己一家独大，没有金刚钻，就别来江东揽这瓷器活儿！

病重的王敦并不知道，不仅自家人已对他相当不满，连江东豪族圈也开始把他放到敌对的群公告上了。

王敦屠灭周氏后病得越来越严重，司马绍意外地得到了解决最大威胁的机会。

司马绍一方面派侍中陈晷等人一批批地去王敦那里探病、问候起居，另一方面亲自微服私访王敦的芜湖军营。[2]

与此同时，郗鉴也给司马绍吃了定心丸："别担心，淮北诸军都已

---

① 《晋书·周札传》：时莚为敦谘议参军，即营中杀莚及脱、弘，又遣参军贺鸾就沈充尽掩杀札兄弟子，既而进军会稽，袭札。札先不知，卒闻兵至，率麾下数百人出距之，兵散见杀。

② 《晋书·王敦传》：及敦病笃，诏遣侍中陈晷、散骑常侍虞騑问疾。时帝将讨敦，微服至芜湖，察其营垒，又屡遣大臣讯问其起居。

被我搞定，手握精兵的苏峻和刘遐也会来。"

开战之后，郗鉴喊苏峻及刘遐入援京都，王敦也派人去争取两人，说："你们什么都不用干，就是大功一件，何苦前来送死。"但王敦的面子明显不如郗鉴的面子好使。

苏峻率众南下！

明帝在汇总多方信息后得出了三个判断：

1. 以琅邪王氏为首的北方高门集团此次不再支持王敦。

2. 江东豪族集团此次不再支持王敦。

3. 江淮流民军能加入己方战事。

虽然北方高门和江东豪族两个集团不再和王敦站在同一个阵线，但司马绍仍然没办法指望这两个集团为他能出多大的力气，他们不添乱就是帮忙，而且永远是谁赢，他们才帮谁。

江淮流民军集团虽然信誓旦旦能来，但他们说话算话吗？而且谁也不知道他们的战斗力是否靠谱。

所以，司马绍仅仅是比开始的伸脖子等死多了些跟王敦拼命的底气。他最好的选择，仍然是跟王敦不撕破脸，保持现状。

此时此刻，司马绍在等一个人。

这个人带来的情报将最终影响朝堂的预判。

是战是和，都要等他到来后才能最终做决定！

三、建康保卫战

温峤，字太真，出身于太原温氏家族，司徒温羡之侄，司空刘琨的外甥。

刘琨在并州混的时候，温峤是将领和参谋一肩挑的复合型人才。[①]等到刘琨被赶出并州投奔蓟城后，在长安的西晋朝廷被刘曜一锅端了，北方已无晋祚，刘琨要迅速和江东的司马睿建立关系，刘琨的原话是这样的："今晋祚虽衰，天命未改，吾欲立功河朔，使卿延誉江南，子其行乎？"

咱工作不能白干傻干，江东朝廷一定要有我们自己的人去帮我们"延誉江南"，想要完成这个任务，必须得是出身豪门能打进那个圈子的人，还得能文能武能宣传。刘琨挑来挑去，也就自己的外甥温峤了。

温峤带着刘琨的劝进表来到了江东，见到群臣后把刘琨这些年在并州做的事声泪俱下地讲了一遍，又说现在整个北方都希望司马睿登基

---

① 《晋书·温峤传》：琨迁大将军，峤为从事中郎、上党太守，加建威将军、督护前锋军事。将兵讨石勒，屡有战功。于时并土荒残，寇盗群起，石勒、刘聪跨带疆场，峤为之谋主，琨所凭恃焉。

即位。

温峤的演讲效果爆棚，史载"举朝属目，帝器而喜焉"，温峤被司马睿一眼就看上了。

温峤的人缘相当好，之后和王导、周顗、谢鲲、庾亮、桓彝等这帮北士高门都很亲近，随后被王导拉走做了长史。但司马睿从王导手中把温峤抢了过来，给他儿子司马绍做了太子中庶子，搭下一届班子用了。

温峤跟司马绍又混得相当好，他无论到哪里都招人喜欢。[1]在王敦第一次逼宫中，无论是司马绍脑子发热想要跟王敦决战被温峤拦住，还是王敦欲废司马绍时温峤据理力争，温峤都成为司马绍在关键时刻的中流砥柱。

等司马绍继位后，温峤就成了隐性的班子成员，执掌诏命文翰，参预机密大谋，深得明帝倚重。[2]

王敦相当忌惮温峤，于是一纸调令把温峤调到自己这里上班了。更为神奇的事情出现了：温峤这个地球人都知道的司马绍的中流砥柱，到了王敦这里后卖命干活，出谋划策，成功得到了王敦的认可。

温峤又巴结王敦的主谋钱凤，满世界地夸钱凤，让钱凤觉得也很爽。[3]

温峤不愧是从北方修罗场混出来的人精啊！

324年五月，王敦病重，快不行了，将哥哥王含调整为骠骑大将军、开府仪同三司，准备接自己的班。

---

[1] 《晋书·温峤传》：及在东宫，深见宠遇，太子与为布衣之交。数陈规讽，又献《侍臣箴》，甚有弘益。

[2] 《晋书·温峤传》：明帝即位，拜侍中，机密大谋皆所参综，诏命文翰亦悉豫焉。

[3] 《晋书·温峤传》：深结钱凤，为之声誉，每日："钱世仪精神满腹。"峤素有知人之称，凤闻而悦之，深结好于峤。

钱凤问王敦："要是您有个三长两短的，以后我们该怎么办啊？"

王敦说："非常之事，非常人所能为，王应这孩子年少，干不了改朝换代这种级别的大事，我死以后，解散队伍，归身朝廷，保全门户，此为上计；退还武昌，收兵自守，按时给朝廷上贡，此为中计；趁着我还活着，现在就反了，率众顺流而下搏一把，期待万一能够侥幸成功，此为下计。"

王敦在这个关键时刻，脑子既清楚又不清楚，他非常明白上中下三策的风险评级，但作为话事人却不定调。

钱凤什么也没说，但随后他的做法相当有意思。钱凤和其党人商议道："大人的下计，其实是上计。"随后和沈充定了计划，等到王敦一死就作乱，而且上表朝廷裁撤三分之二的宿卫兵。[①]

把多方的消息汇总后，扎在王敦内部的温峤做出了如下判断：王敦无论死活，这股势力都是要造反的了。

在这个时候，丹阳尹（即京都建康的长官）出缺。温峤对重病的王敦说："丹阳尹这个位子极其重要，一定要选文武全才之人前去布控，你抓紧抢这个位子，朝廷抢走了可就坏啦！"

王敦问道："你觉得谁行？"

温峤说："必须是钱凤啊！"

钱凤说："我觉得温峤行。"

温峤对钱凤说："我不行，能力有限，还得是你去。"

在温峤的推辞下，王敦做了决定：让温峤去补丹阳尹。[②]

就说温峤在王敦这里扎得有多深，戏演得有多好吧！

---

① 《资治通鉴·晋纪十五》：凤谓其党曰："公之下计，乃上策也。"遂与沈充定谋，俟敦死，即作乱。又以宿卫尚多，奏令三番休二。

② 《晋书·温峤传》：凤亦推峤，峤伪辞之。敦不从，表补丹杨尹。

温峤临行前仍然害怕钱凤不好糊弄，于是在王敦给他的送行宴上给钱凤敬酒，钱凤还没来得及喝呢，温峤马上装醉扔东西大怒道："你钱凤算个什么东西，我温太真敬你酒，你敢不喝！"

温峤临走时仍然在演戏，痛哭流涕的，来来回回好几次舍不得王敦，整得场面还挺伤感。等温峤走后，钱凤对王敦说："温峤和司马绍关系太近，与庾亮深交，未必可信啊！"

王敦说："温峤昨天喝多了怼了你几句，你今天就来说温峤的坏话，这可不好。"

温峤终于顺利回到了京都，随后把王敦内部的造反密谋统统汇报给了司马绍，又与庾亮谋划讨伐王敦的方案。①

温峤的回归使司马绍彻底确定了两件事：

1. 王敦重病，快不行了，他不会亲自指挥叛乱！

2. 王敦死后这伙武装一定会作乱！

综上所述，司马绍决定不再等王敦反迹已现了，提前宣布决裂，下令讨伐王敦。

六月丁卯，司马绍下诏加司徒王导为大都督，领扬州刺史；以温峤和卞敦守石头城，应詹守朱雀桥，郗鉴都督从驾诸军事，庾亮为左卫将军，另命临淮太守苏峻、兖州刺史刘遐、徐州刺史王邃、豫州刺史祖约、广陵太守陶瞻一同入建康助讨王敦。

这次王导并没有带兵，而是挂了个总指挥的衔，有点儿类似于当年贾充在平吴时的总司令一职。

司马绍的意图很明显：没指望王导多玩命，他不表态不添乱就是对镇压王敦的最大支持。因为王导心里到底怎么想的，谁也猜不准。

---

① 《晋书·温峤传》：由是凤谋不行，而峤得还都，乃具奏敦之逆谋，请先为之备。《资治通鉴·晋纪十五》：又与庾亮共画讨敦之谋。

就在几天前，王敦听说温峤返京后变脸把自己卖了，大怒，就给王导写了封信："温峤这小子两面三刀，你去找人把他给我活捉绑了送来，我要亲手拔了他的舌头。"

直到这个时候，病重的王敦仍然认为王导是他安插在朝廷的好弟弟。同样，司马绍也没办法确定王导这只老狐狸到底在心里盘算什么布局。

不过这次出乎所有人的预料，王导这回上来就放大招了！

王导作为大都督上任后的第一件事就是带领族人给王敦开追悼会，让族人知道王敦已经蹬腿了，不再可怕，他是率领大家取功名富贵的。族人都很振奋。①

王导这一波是神操作啊，正常人谁能想出来这样的招数。

王敦听说司马绍亮剑后大怒，但因病重而不能领兵，于是命王含为元帅，以诛杀温峤为名号，命钱凤与邓岳、周抚领兵攻打建康。

七月初一，王含等水陆五万军至江宁南岸。（见图7-3）

王导给王宁去了一封信，这封信透露出来一个铁证：上一次王导是通敌的。

王导在信中说："哥哥啊，您还想再复制一次王敦的神迹吗？当年是朝中有破坏大家利益的奸佞，我也是力挺敦哥的，但今天明显不是那回事，敦哥自从屯兵姑孰后已经失去人心了……"②

王导自始至终都是这个大乱世中最明白，也永远立于不败之地的人。

---

① 《资治通鉴·晋纪十五》：司徒导闻敦疾笃，帅子弟为敦发哀，众以为敦信死，咸有奋志。

② 《晋书·王敦传》：兄之此举，谓可得如大将军昔年之事乎？昔年佞臣乱朝，人怀不宁，如导之徒，心思外济。今则不然。大将军来屯于湖，渐失人心。

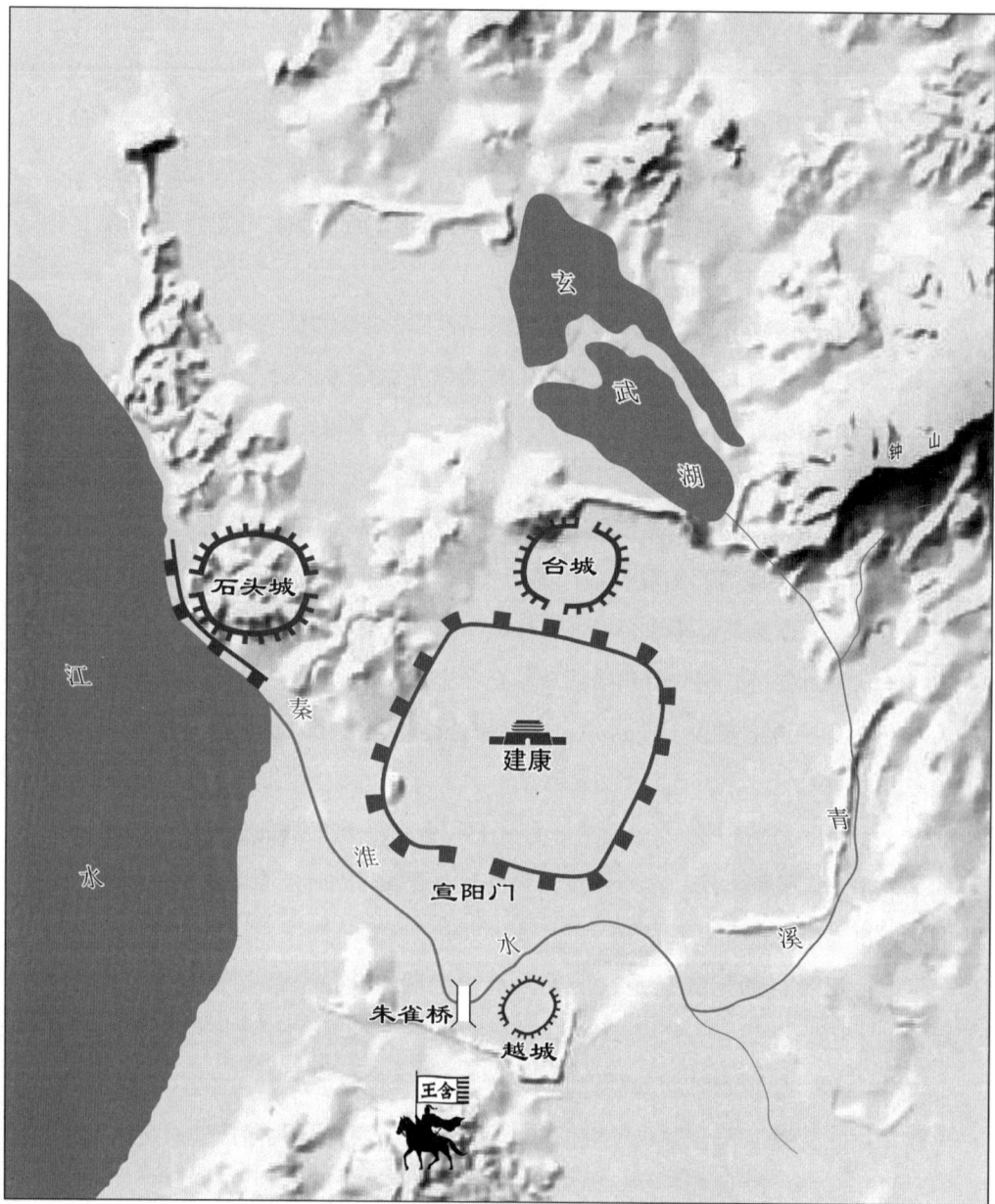

图 7-3 王敦逼宫示意图

对王导来说，皇权是摆设了，门阀和土豪变诸侯了，最重要的是，王家下一代的子弟都不成器，他岁数也大了，以稳为主，不要轻易挑起战端，维持这种平衡走下去最好。

上一次王敦逼宫，打的口号是清除刘魄、刁协等一批门阀大族的仇人，教训不懂事的司马睿，所以所有门阀和江东豪族几乎都在看热闹。

但仅仅两年时间，王敦的第二次逼宫就变成了众叛亲离。最关键的原因在于，王敦打破平衡了。

琅邪王氏是绝对成不了下一个司马氏的。王家看上去很强大，但是力量分散，没有一个绝对实力的房头能够统一王家这一族！

就算琅邪王氏成功了，也绝对顶不住后面各阶层的反扑！更何况北面还有"胡虏"窥伺，石虎已经一度兵临下邳了，也许大内乱后谁家的日子都不好过了。

所以"成事晴雨表"的王导在第一次王敦逼宫时暗通王敦来教训司马睿，在王敦第二次造反后王导又主动帮王敦出殡。说到底，两晋的第一明白人就是王导，心里有杆秤，永远算不错。

郗鉴喊来支援的淮南兵还未赶到，温峤移驻北岸以挫其锋，烧毁朱雀桥和王含隔秦淮河对峙。

司马绍年轻，性格比较冲动，总恨不得当冲锋队长，这次也是。本来他打算亲自带着冲锋队与王敦的大军厮杀，结果听说温峤把桥给烧了，顿时大怒。

但他却被温峤的一句话又给噎回去了："现在中央军寡弱，各地勤王的部队还没到，要是人家长驱直入了，我们连宗庙社稷都保不住，你跟我因为这座破桥瞪什么眼！"

这座桥为什么如此重要了呢？因为王含知道石头城有铁杆的保皇派守着，所以拿不来。石头城如果被拿下，上游的水军就能源源不断地在石头城登陆，并且由江入河封锁秦淮河对建康城实行反包围，后面这仗就没法打了，连跑都跑不了。

守住了石头城，烧了朱雀桥，就意味着叛军的势头被扼住了。（见图7-4）

是谁让司马绍这颗躁动的心给冷静下来的呢？是时任司马绍贴身卫队总指挥的"都督从驾诸军事"郗鉴。

司马绍身边的人持有一种论调：叛军人数是咱们的百倍，台城小而不固，最好要趁其军势未成，御驾亲征揍他们。由此可见，此时朝廷的中央军确实比较可怜。

郗鉴说："现在叛军势不可当，只能智取，不能力敌，别看王含的军队总量大，但番号众多，王敦不在，他没办法统一号令调度，而且来了以后劫掠不断，百姓人人自危，只要等下去，就不愁没有转机。况且叛军没有长远打算，就盼着咱们跟他们打呢，一旦论持久战，援军到了，咱们的机会就来了。现在以弱击强一把定胜负，就算后面的援军都是申包胥这样的忠义之士，那也于事无补啊！"

在兖州当钉子户当了十年之久，越钉越强的郗鉴给司马绍讲明白了一个浅显的道理：打不过的时候就不要打。

郗鉴的意思很明显：他要是像司马绍这样冲动，在兖州别说待十年，十天都撑不下来。

司马绍率诸军屯南皇堂，七月初三夜，招募敢死队，派将军段秀和中军司马曹浑等率千名精兵偷渡秦淮河以攻其不备，清晨在越城与王含交战，斩杀其前锋将领何康。

王敦知道王含兵败，大怒道："我哥哥太弱了，我家门户当衰，大事去矣！"

深感大势已去的王敦试图起身前往前线，但因病重实在爬不起来了，他知道自己将不久于人世，告诉接班人王应，在他死后先置文武百

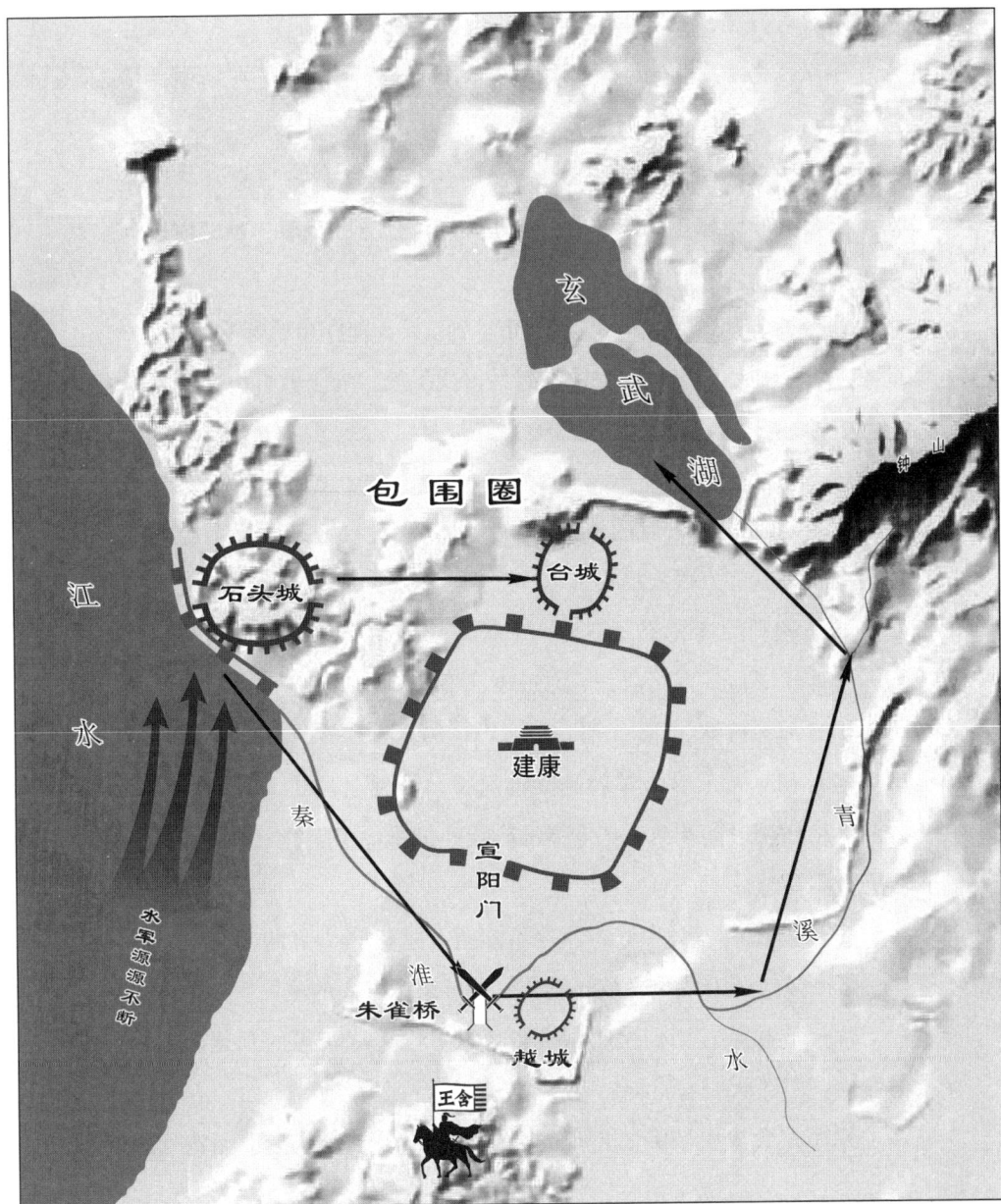

图 /-4　石头城战略重要性示意图

官称帝后再办丧事。

不久王敦病逝，王应秘不发丧，用蜡处理尸体并埋在屋中，然后就与诸葛瑶等开起了纵欲盛宴。[①]

王应认为，朝廷很弱，现在就是封锁王敦去世的消息，然后等他亲爹王含的好消息。不知愁的王应还不知道前方的战事早已变成所有人对王家的反扑。

在会稽养病的宗正卿虞潭听闻沈充起兵，即在余姚起兵讨伐沈充；前安东将军刘超和宣城内史钟雅起兵讨伐王敦；与王敦有仇的义兴周家的周蔤杀了王敦任命的义兴太守刘芳；祖约驱逐王敦任命的淮南太守任台。

王含也迎来了最后的资本入局，沈充从吴兴带来一万多兵与王含军会合，叛军势力再次抬头。

司马顾飏给沈充献了三计：上计建议他掘玄武湖，引湖水灌建康城；中计建议他集合兵众，全力进攻；下计为杀死钱凤归降。

沈充都不接纳。

七月初一，王含大军就到秦淮河了，直到七月二十五夜里，叛军才从竹格渚渡过秦淮河。把守秦淮防线的护军将军应詹、建威将军赵胤等迎战不利。

王含军貌似势头大好，但他不知道，这近一个月的等待，不仅仅错过了一鼓作气击溃司马绍的机会，还等来了淮南的流民生力军。

沈充等兵临宣阳门，刚刚准备攻城，淮南流民军的刘遐、苏峻突然自南塘率部队加入战场！

叛军在会战中被突然出现的淮南军击溃，被赶入秦淮河淹死的就

---

① 《资治通鉴·晋纪十五》：敦寻卒，应秘不发丧，裹尸以席，蜡涂其外，埋于厅事中，与诸葛瑶等日夜纵酒淫乐。

有三千人，随后刘遐又于清溪再破沈充，叛军一败涂地。

王含见大势已去，连忙烧营逃走，司马绍宣布大赦政策，唯王敦一党不赦，剩下的人，谁放下刀枪，谁就被赦免。

庾亮督苏峻等追击沈充，温峤督刘遐等追击王含、钱凤。以淮南军为主力，司马绍下达了总追击的命令。

王敦尸首被起出，焚毁衣服并摆成跪姿砍头示众。

王含与王应乘船到荆州，王舒派兵迎接，然后派人溺死了他们。

钱凤到阖庐洲时被周光杀死。

沈充被旧将吴儒所杀。

至此，王敦之乱尘埃落定。

战后，有人表示像王敦的亲戚王彬这帮人都得除名，但司马绍表示："王导大义灭亲，我当百世保之，王彬这帮人虽然是王敦的亲戚，难道不也是王导的亲戚吗？"

除了王敦兄弟那一支外，王导、王舒、王彬等王家其他房头全都获得了保全。

王敦的党羽本来应该被全部罢黜的，后经温峤求情，表示他在王敦那里上班的时候发现有很多官员是无奈屈从的，司马绍最终也网开一面，打击面没有那么广。

封赏分两档：

第一档就一个人，封司徒王导为始兴郡公，邑三千户，赐绢九千匹。因为王导又是写劝降信又是开追悼会，实在是辛苦了。

第二档：丹阳尹温峤为建宁县公，尚书卞壶为建兴县公，中书监庾亮为永昌县公，北中郎将刘遐为泉陵县公，奋武将军苏峻为邵陵县公，邑各一千八百户，绢各五千四百匹；尚书令郗鉴为高平县侯，护军将军应詹为观阳县侯，邑各千六百户，绢各四十八百匹。

安抚完功臣后追悼死人，这些年被王敦干掉的司马承、甘卓、戴渊、周顗、虞望、郭璞、王澄等人被封官追悼。

之前被王敦灭掉的义兴周家门生故吏向朝廷诉冤，请求对被王敦杀害的周札、周莛予以赠谥。以郗鉴为首的保皇党认为周札活该，当年开门投降的就是他，不能给。王导则再次和稀泥，认为周札和司马承、戴渊这帮勤王派虽然当时所见有异，但最后还是被王敦杀了，也都尽了人臣之节。

争论中，郗鉴怒了，说："王敦之所以嘚瑟那么多年，还不是因为周札开了石头城门。王敦要是正义的，那先帝就是周幽王、周厉王这样的亡国之君！"

但最终还是王导胜利了，司马绍追赠周札为卫尉。

王导这又是在干什么呢？是表示自己有人情味，对南方豪族是充满同情的，与南方豪族是可以长久合作的。

郗鉴这帮人想的都是皇帝的权威是不是能够得到稳固，将来是否能够以儆效尤。王导考虑的则并非皇权的长期性，而是门阀政治的长期性。

不过别替王导担心，王导可没和郗鉴这帮人结梁子，而且后来还跟郗鉴结了亲，请了病假专门为了送郗鉴上任，因为这事王导还被弹劾了。①

你永远不用担心王导的人际关系问题，只要你有用，就不愁与王导的关系。

最后一个岗位，司马绍瞄准了荆州。荆州的王舒虽然前期投诚，后来还干掉了王含、王应，但仍然被调整到了实力并不大的湘州当刺史。

---

① 《资治通鉴·晋纪十五》：司徒导称疾不朝，而私送郗鉴。卞奏"导亏法从私，无大臣之节，请免官"。

司马绍是明君就表现在对琅邪王家的制衡上，因为琅邪王家一家子都是活泥鳅，每个人都八个心眼，司马绍实在拿不准，还是搞制衡吧。

最终，时年六十六岁，跟王家有仇，在广州待了十年的陶侃被任命为都督荆、湘、雍、梁四州军事，征西大将军，荆州刺史，领护南蛮校尉，其他职务如故。

王家在西线近十年的势力，都被调整到陶侃手上。难道司马绍不怕陶侃成为第二个王敦吗？他还真不怕。

因为陶侃是寒门出身，不像王家那样有一大堆能干的兄弟，陶家的子弟多不成器，就陶侃一个人很强，而且他是奔七十的人了。

要说两晋的人谁跟丞相诸葛亮最像呢？就是陶侃。

陶侃聪明敏锐、恭敬勤奋，整日盘膝正襟危坐，对军府中众多事务检视督察，无所遗漏，没有一刻闲下来。[1]

陶侃到广州的时候都五十七岁了，要是别人都该退休了，都开始选棺材了，他在干什么呢？

他闲时总是在早上把一百块砖搬到屋外，晚上又都搬回来。有人问他缘故，陶侃说："我还惦着收复中原呢，现在天天太悠闲了，怕把自己待糠了。"[2]

他常对人说："大禹圣人，乃惜寸阴，至于众人，当惜分阴。岂可但逸游荒醉，生无益于时，死无闻于后，是自弃也！"就是天天劝身边的人要珍惜时间，寸金难买寸光阴！

---

① 《资治通鉴·晋纪十五》：侃性聪敏恭勤，终日敛膝危坐，军府众事，检摄无遗，未尝少闲。

② 《晋书·陶侃传》：侃在州无事，辄朝运百甓于斋外，暮运于斋内。人问其故，答曰："吾方致力中原，过尔优逸，恐不堪事。"其励志勤力，皆此类也。

陶侃还经常在军中整顿奢靡主义和享乐之风，对在工作时间喝酒赌博的将吏予以军法处置。

陶侃经常做演讲，苦口婆心地告诉军士："不要沉迷于游戏和那些消磨时光的东西，现在主流谈的'老、庄'玄学实在太浮华，都被那帮清谈的文人弄成浮华游戏了，不能成事。君子得有个爷们的样子，天天蓬头垢面地装着有个性，难道就是宏达之人了吗？"①

陶侃在洛阳的时候，演讲的水平很高，是能够代表南人参加辩论大赛的，他对玄学的研究也相当有造诣。陶侃知道，在门阀士族与清谈文人的游戏下，本来逍遥的老庄之言变成了浮华之术。

指着清谈是干不成事业的。干事业，归根结底是要扎根于土壤的。"天下难事必作于易，天下大事必作于细"，陶侃不管官居何位，都保持了对万事万物的最大恭敬。

有人来给他送礼，他一定问礼物是怎么来的，如果是自己挣得钱买来的，哪怕不是什么值钱的东西，他也相当高兴，三倍回礼，尊重对方的心意；如果是巧取豪夺之物，他就一定给你上课，骂一顿，再把东西退回去。

有一次出游，他看见一个人抓了一把没熟的稻子，就问道："你拿这个干什么？"

那人说："走路时看到的，随便摘下来而已。"

陶侃大怒道："你自己不干活却随随便便毁人家的庄稼来玩。"于是鞭打此人，以儆效尤。

在他的治下，家家户户都知道努力耕作，勤劳致富。

正能量是需要执政者身体力行去引导的，无论世道多么昏暗，无

---

① 《资治通鉴·晋纪十五》：樗蒲者，牧猪奴戏耳！老、庄浮华，非先王之法言，不益实用。君子当正其威仪，何有蓬头、跣足，自谓宏达邪！

论时代多么浮华，这片土地总会诞生那些勤勤恳恳力挽狂澜的华夏脊梁的，他们是民族的光芒，是民族的魂魄。

为什么这片土地会一直诞生这样的华夏脊梁呢？因为我们是"灵者为先"的民族。

总会有一些实践型的天纵英才，在摸爬滚打后发现真正能做成事的法门。

中国人做事的理念说到底是什么呢？是实事求是、踏实做事、好好做人。

四、"上寿"和"下寿"对于大才分别意味着什么?

司马绍在继位后短短两年多的时间里,不仅拆除了王敦这个巨大的炸弹,而且连后事余波都处理完毕。

虽说王敦这个炸弹自爆的成分很高,而且这两年王敦病重成为司马绍解题的关键钥匙,但不能不说,司马绍在这两年多的时间里执政方针是正确的。

1. 他扶植庾亮、郗鉴等作为心腹,对江东豪族进行了政治收买,与他们重建关系,以陆晔为首的江东大族开始进入朝廷最核心的圈层参政议政。

在之后东晋最大规模的内乱中,江东豪族们纷纷拿出了比王敦第二次叛乱要精神许多倍的勤王表现,这不能不说和司马绍的政治示好有着巨大的关系。

2. 他调整了王家一家独大的政治格局。

陶侃被调整到了荆州,都督荆、湘、雍、梁四州军事,并用极高的威望取代了王敦在西线近十年的经营成果;护军将军应詹代王彬为江州刺史;王舒被调整为湘州刺史,不久又被征回了中央。

3. 他拉拢了江淮流民军做平叛生力军,这对平灭王敦之乱几乎是决定性的。

王敦再怎么自毁长城，他的军队体量是摆在那里的，他多年的准备也是放在那里的，一开始王敦的声势相当吓人，在北方经历过腥风血雨的郗鉴和温峤也都做出了预判，摁住了司马绍，说这仗没法打，先蔫着。

王含就算再不是统帅的料，但还是击败了秦淮防线的驻防军，最终是一度打到宣阳门的。

各地起义军虽然不少，但都是在老家干掉了王敦任命的官员，真正敢来京师掺和的不过是刘遐和苏峻这两股北方势力，朝廷的禁卫军除了那次偷袭之外，全程并没有什么亮眼的表现，反而让王含兵临城下了。

最终扭转战局的是淮南军，最终追杀逃军的也是淮南军。

战后调整江北格局，郗鉴都督徐、兖、青三州诸军事，兼兖州刺史，镇广陵；

刘遐监淮北军事、北中郎将、徐州刺史、假节，代王邃镇淮阴；

祖约为镇西将军，镇寿春；

苏峻为冠军将军、历阳内史，镇历阳。（见图7-5）

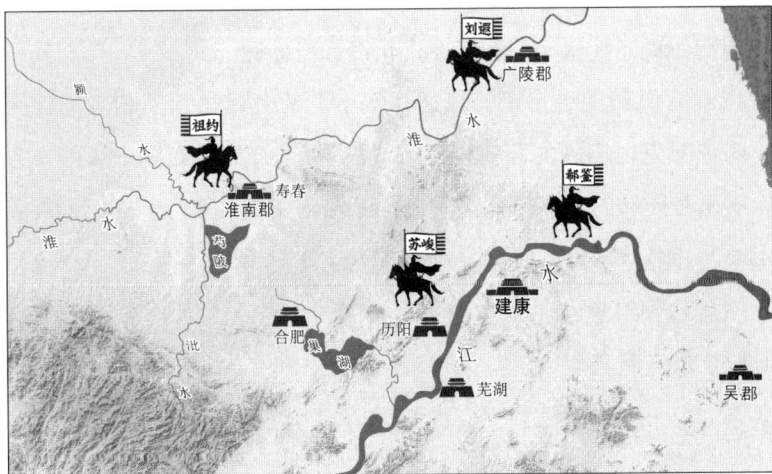

图7-5　王敦之乱后江北驻防示意图

郗鉴是司马绍的心腹，刘遐和苏峻也是和司马绍共过事的了，祖约是祖逖之弟，与朝廷也自有一份情谊。这个布局无论从关系上还是战力上，都是能够保证江北太平的。

总的来说，司马绍继位后的这两年多时间里，朝廷对江北流民军的控制、与其合作达到了东晋成立以来的最高峰。

说到底，司马绍是个明白人。但二十七岁的他，寿命也即将走向终点了。

人这辈子如果想干一番事业，最重要的是什么呢？其实就是寿命，再拓展下，是健康。这貌似有点儿片汤话，但是正确的道理似乎都是些片汤话。没有些知识和亲身经历，是吃不出这碗片汤的味道的。

王敦五十九岁死了，他要是晚死两年亲自带队逼宫，司马绍是否顶得住呢？王导也许就该给司马绍开追悼会了。

还记得当年准备攻打王敦的周访吗？率领八千兵就能平乱荆襄的大才，但做了一年多的梁州刺史就不行了，年六十一而卒。

其实周访这个岁数和所在的这个职位，对于一个奋斗一生的男人来讲，也没什么可遗憾的了。

但陶侃呢？他这个岁数还在广州锻炼身体呢。

当年陶侃和周访年纪轻轻还都做小吏的时候遇到了相者庐江人陈训，陈训看完他们俩的面相说："二位爷将来都能做到刺史级的　方高官，本来是同样的功名格，但陶侃是上寿，周访是下寿，你俩最终盖棺论定时的功名级别是要跟寿命走的。"①

周访死的时候，是梁州刺史，司马睿赠他一个征西将军。陶侃死的时候，是太尉，荆、江二州刺史，都督八州军事，加羽葆、鼓吹，长

---

① 《晋书·周访传》：初，访少时遇善相者庐江陈训，谓访与陶侃曰："二君皆位至方岳，功名略同，但陶得上寿，周当下寿，优劣更由年耳。"

沙郡公，死后追赠为大司马，赐谥号"桓"，以太牢礼祭祀。

周访死的时候，与陶侃是一个级别的，都是刺史，但陶侃多活了十五年，最终级别比周访高出了很多。

有的人这辈子是认真活了三万天，有的人却是把一天活了三万遍，寿命这东西，对普通人其实不算稀缺资产，但对"开了窍"的大才来讲，就是最神奇的复利加速器。

诸葛亮死的时候是五十四岁，司马懿死的时候是七十三岁。

司马懿在五十四岁的时候命令张郃去木门道追击蜀军，他此时也仅仅是曹叡心中的一个高级救火队员。但比诸葛亮多出来的十九年寿命，最终将司马懿由舞阳侯变成了晋宣帝。

"寿命"挺玄的，有天生的因素，有后天的积累。袁了凡在《了凡四训》中说多救别人的命，就能改变先天的因素，自己就会增寿，哪怕短命之人也会增寿。

司马懿年幼时被人算命，说他前半生无有不中，寿是五十三岁，但他天天琢磨行善救人，最终活到了七十三岁。

有人说司马懿在辽东杀十五岁以上男子七千多人筑京观，却也活到了七十三岁，问题是司马家的基因就超级长寿，他活了七十三岁算很长吗？他要是不作也许可以活得更久，他兄弟司马孚可是九十三岁才作为大魏纯臣去找老曹家报到的。

从历史的长河来看，你获得的成功更多不是你在短期内能爆发出怎样的小宇宙，而是在你开窍后，在正确的路线上越走越远，势能会产生复利效应，最终将你带到那个高高的山尖上。

所以一个聪明人，尤其是开了窍的聪明人，要超级重视自己的身体和寿命，多用智慧去救人。你救的那些人最终都会通过你的寿命体现在你的功成名就上。

司马绍堪称东晋最有明君样的皇帝了，但不知是因为祖宗作孽太多报在了他身上，还是东晋的国运就这样，老天不想给他更多的时间了。

他的历史任务似乎仅仅是祭起皇权的脆弱大旗，消灭掉打算破坏南方权力平衡的王敦，让南方门阀政治继续维持下去，去对抗北方的胡虏，而不是治理分崩离析的东晋朝廷，让南北的平行线继续平行下去，给中华文明的融合与涅槃争取时间。

325 年八月，司马绍病重。

掌握殿中宿卫的是抚军将军司马宗及右卫将军虞胤（其姐虞妃为司马睿的结发妻子，抚养司马绍长大），还有太尉司马羕，这三个人算是一个阵营的。

司马绍已经被隔离了，群臣想见却进不了殿。[①]貌似司马皇族因为司马绍病重要趁机夺权了。

对于北方门阀来说，又一个突发情况来了：司马绍走后如果司马宗搅和进来，所有集团的利益格局将再次出现巨大动荡，届时又是一波大内耗。

但是，现在的问题又很尴尬，殿中禁军在司马宗手中控制着，大臣见不到皇帝，又不能明闯大殿，因为明闯就是造反。

在这个时候，门阀时代的第二代接棒人站出来了，司马绍的大舅子：庾亮。

庾亮是颍川士族，但庾家并非王家那种超一流门阀，在颍川属于一般家族，南来后异军突起有好几个方面的原因。

1. 硬件够。

庾亮姿容俊美，善于清谈，喜好老庄之学。他的玄学专业水准是

---

① 《晋书·庾亮传》：及帝疾笃，不欲见人，群臣无得进者。抚军将军、南顿王宗，右卫将军虞胤等，素被亲爱，与西阳王羕将有异谋。

得到王敦的认可的。王敦有一次和庾亮谈事，被庾亮吸引得都离席往前凑了，听庾亮讲完后，王敦叹道："庾亮的水平比裴頠强太多了！"①

裴頠也是个玄学大咖，提出过自己的玄学理论"崇有论"，以反对王弼和何晏的"贵无论"。

貌似庾亮是个玄学派的领头人，但他在行动上又很不"正常"。

由于浮夸之风流行了好几十年，再加上艰难的乱世，士族名士们普遍奉行"今朝有酒今朝醉"的人生信条。他们往往不拘礼法，喜好清谈，不经世务，仗着高门大姓的特殊地位天天过着醉生梦死的生活。

庾亮为人则严肃庄重，一举一动都遵礼而行，即使在家中独处也是规规矩矩。②

庾亮十六岁时，司马越要征辟他为掾属，但庾亮没有接受，随其父会稽太守庾琛在会稽嶷然自守，当时人们都忌惮他方正严峻，不敢对他开玩笑。

庾亮的行为做派，又俨然是一个儒学大家。从他办公时的勤奋状态来看，他和陶侃挺像的。

两个人都是披着玄学外衣的儒家学者，都是重事功干实事的。但是，在落地能力上，相比陶侃，庾亮就差得远了。

总之，庾亮在这个背景下显得弥足珍贵，他有北方士族的基本入场券，又及时带领家族"由儒入玄"闯出了玄学名头，像个能做事的正常人。

2. 关系硬。

307年，司马睿任镇东大将军时，听到了当时在会稽的庾亮的名

---

① 《晋书·庾亮传》：时王敦在芜湖，帝使亮诣敦筹事。敦与亮谈论，不觉改席而前，退而叹曰："庾元规贤于裴頠远矣！"

② 《晋书·庾亮传》：风格峻整，动由礼节，闺门之内不肃而成。

声，征辟他为西曹掾。

司马睿第一次见到庾亮就大喜过望，对他的谈吐、外表、才学称赞有加，还因此聘了庾亮的妹妹为世子妃，给司马绍定了亲。庾亮怎么推辞都不行，司马睿坚持让儿子司马绍娶庾亮的妹妹。[①]

虽说这个时候的司马睿当皇帝的影子还没有，只是皇族中的小字辈，但两个家族间互相认可的唯一标志就是联姻。司马睿因为庾亮，认可了庾氏家族。

庾亮也成为司马睿的自己人，参丞相军事，掌书记。司马睿登基后，又拜庾亮为中书郎，领著作，侍讲东宫，和温峤两人俱为太子心腹。

等司马绍继位后，庾亮开始进入第一梯队，当上了中书监，平定王敦叛乱后转任护军将军。

从皇族角度看，庾亮是司马睿一手征辟的，又是姻亲，庾亮的父亲庾琛还在会稽当过父母官，在南方有影响力，所以在众多北方士族中，庾亮是司马绍最信任的人。

3. 兄弟多。

庾亮他爹给他生了四个同母弟：庾冰、庾怿、庾条、庾翼，除了庾条之外，其他都是人才。庾亮有着强大的左膀右臂。

4. 粉碎了司马宗妄图颠覆门阀政治的企图。

司马睿开始用刘隗、刁协打压琅邪王氏时，庾亮这个亲家作为司马睿的"自己人"就不支持，而是主张维持门阀政治的格局。

庾亮虽然是皇亲，但能拎得清到底哪头才是自己的主场。这次司马绍病重，庾亮对稳固门阀政治的格局堪称起到了决定性的作用。

———————

① 《晋书·庾亮传》：及引见，风情都雅，过于所望，甚器重之。由是聘亮妹为皇太子妃，亮固让，不许。

司马宗使皇宫内外隔绝，庾亮站出来找司马宗要殿门钥匙，表示他要进殿。司马宗根本不搭理他，朝庾亮吼道："你当这是你家啊！"

拿不到钥匙的庾亮强闯宫禁，撞开宫门来到了司马绍面前。①

庾亮敢这样做，和他是护军将军手中有兵以及皇帝大舅子的特殊身份有着巨大的关系。放眼江东政坛，只有他能做这个动作，换第二个人这么做，那就是造反。

庾亮入寝宫见到司马绍，痛哭流涕，说司马羕和司马宗等人谋议废黜大臣，自己请求辅政并废黜司马宗等人。②

庾亮比较直接：我选我。

照圆滑度来说，庾亮与王导差得实在有点儿远。当然，庾亮和司马绍两人和大泥鳅王导比起来，差得都有点儿远。

由于庾亮的要求太露骨，司马绍没有答应。

几天后，也就是八月十九，司马绍改主意了，在生命的最后时刻做了决定，召太宰司马羕、司徒王导、尚书令卞壸、车骑将军郗鉴、护军将军庾亮、领军将军陆晔、丹阳尹温峤一起接受遗诏辅政，辅政者轮番入殿领兵当值宿卫。这七人，最终成为东晋王朝第三代朝廷辅政者。

为什么司马绍在生命的最后时刻改变主意了呢？因为他的儿子司马衍此时才五岁。他死了以后，司马衍能指望谁呢？

那帮宗室？自己家的历史还不够"动人"吗？庾亮再怎么露骨地提要求，直白得让人不舒服，他也是外戚，他仍然是与皇权休戚与共的。不指望庾亮，就实在是没别人了。

司马绍驾崩后，五岁的成帝司马衍继位。

---

① 《资治通鉴·晋纪十五》：及帝疾笃，不欲见人，群臣无得进者。亮疑宗、胤及宗兄西阳王羕有异谋，排闼入升御床。

② 《资治通鉴·晋纪十五》：见帝流涕，言羕与宗等谋废大臣，自求辅政，请黜之。

九月，庾太后临朝摄政，史书上又一次出现了那句让人怀念的"咸决于亮"了。① 当然，此亮非彼亮（丞相诸葛亮），差得实在太远。

东晋建国后，东晋皇权对门阀政治进行了两次重大的反抗。

一次是司马睿用刘隗、刁协等人打击琅邪王氏，结果得罪了所有北方士族和南方豪族，被王敦平掉了。

第二次就是司马宗等人利用禁卫军预谋政变，被庾亮靠着门阀和皇亲的双重身份"逼"司马绍想清楚了。司马绍最终托孤辅政的人中，除了司马羕之外，全部是门阀中人。

王导是万年不倒翁，但王氏已经被调整，由于王氏的历史原因也被防范，子弟也并没有特别显眼的，因此，王氏不会再出现像王敦这样的人物了，这个老狐狸现在资历最老，也最能搞平衡，他是一定要在辅政人员名单的。

卞壶和温峤是北方高门，卞壶的老爹卞粹及其兄弟六人，号称"卞氏六龙"，卞壶和温峤两人都是司马绍做太子时的左膀右臂。

陆晔作为江东第一档的门阀进入了辅政班子代表着皇室对本土豪族的态度；郗鉴就不用说了，实力派兼江南江北的联络人。

门阀政治开启和发展的顶点是琅邪王氏，第一次波谷在王敦被杀，司马绍调整格局，皇权开始渐渐抬头；门阀的第二次抬头，标志是庾亮以特殊身份和阶级属性浇灭了司马家族中的野心人物。

至此，司马家的皇权力量再抬头要等到东晋快要被灭的前夕了。

东晋这个王朝堪称华夏五千年历史中的奇葩：开国皇帝司马睿的权力小到让人家活活气死，王朝末年皇权反而开始抬头。

别的南方政权基本上都是偏安江左，东晋倒好，北伐那是一波接

---

① 《资治通鉴·晋纪十五》：九月，癸卯，太后临朝称制。以司徒导录尚书事，与中书令庾亮、尚书令卞壶参辅朝政，然事之大要皆决于亮。

一波。为什么呢？说到底，因为这个王朝所处的是罕见的门阀政治为主的时代。

门阀掌控了近百年的皇权，直到门阀在近亲结婚和家运衰退导致的大规模人才断档后，皇帝才开始有机会再度掌控最高权力，但那时候整个国家已经朽烂不堪。

因为门阀都有着一家独大的梦，需要功业去给自己加码，所以不管北方胡人多么嘚瑟，门阀仍旧要北伐。

庾亮执政后和前任王导的手法出现了巨大差异，王导请客吃饭能让几百人都觉得自己是上宾，庾亮则生硬很多，官员们开始不买他的账。[①]

司马绍公布辅政成员的时候漏下了老资格的两个人，一个是陶侃，一个是祖约。这两人因为手中的实力和阶级成分不进班子是正常的，但是他们心里也是不爽的。

面对这种情况，庾亮辅政后就应该去安抚、封赏，但他忽略了这两位与他相交不多的实力派，而且庾亮也不擅长沟通，导致陶侃和祖约这两位大佬都怀疑是庾亮把他们给阴了。[②]

庾亮辅政一年后，朝廷内外出现了很多异动。当年在遗诏争夺战中败下阵来的司马宗和苏峻等外兵勾搭上了。[③]

苏峻本人也开始招纳亡命之徒扩大战备，对朝廷送来的给养军粮

---

① 《资治通鉴·晋纪十五》：初，王导辅政，以宽和得众。及庾亮用事，任法裁物，颇失人心。

② 《资治通鉴·晋纪十五》：及遗诏褒进大臣，又不及约与陶侃，二人皆疑庾亮删之。

③ 《资治通鉴·晋纪十五》：南顿王宗自以失职怨望，又素与苏峻善；庾亮欲诛之，宗亦欲废执政。

不再感恩，稍不如他的意，他就满口怨言，极为愤慨。[①]

陶侃、祖约、苏峻，这本都应该是庾亮在辅政后第一时间去结好并拉拢的政治力量，因为他们手里有兵。

陶侃和祖逖都是出了名的忠义之人，祖约这些年一直顶在第一线为国戍边，苏峻也有过勤王的经历。作为辅政者的庾亮继续维护好这三方的关系其实并不是难事。

但是，庾亮上任仅仅一年，就把这三人全都得罪了。

庾亮是怎么处理的呢？

他为了防范这三个人，派温峤做江州刺史，都督江州，镇守武昌；派王舒做会稽内史以为声援，然后修石头城做战备。（见图7-6）

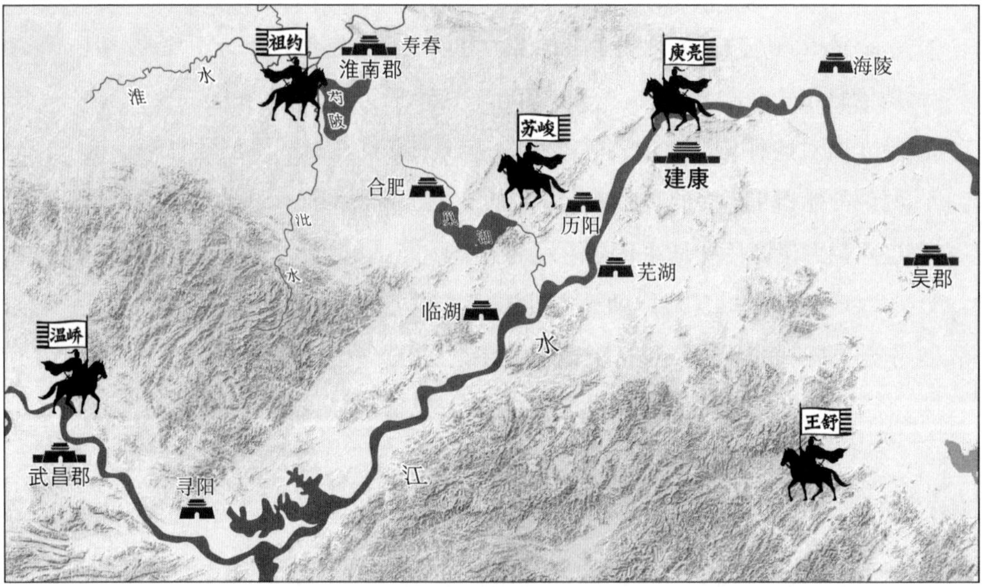

图7-6　庾亮布局示意图

---

① 《资治通鉴·晋纪十五》：而峻颇怀骄溢，有轻朝廷之志，招纳亡命，众力日多，皆仰食县官，运漕相属，稍不如意，辄肆忿言。

他的这个布局正确吗？温峤完完全全就是在防陶侃，庾亮忽略了近在肘腋的祖约和苏峻，尤其此时威胁最大的明明是和司马宗勾结的苏峻。

就在庾亮布局后的一个月，即 326 年十月，庾亮与已经势同水火的司马宗开战。庾亮利用妹妹皇太后和辅政的政治优势，命御史中丞钟雅弹劾司马宗谋反，派右卫将军赵胤逮捕司马宗。司马宗率兵抵抗，被赵胤所杀，哥哥司马羕受到牵连，这位唯一进入辅政名单的宗室也被罢免，降封为弋阳县王。

庾亮做事就没有政治艺术手腕，王导把什么事都办了，最后好人是王导自己，坏人是别人，受害者被卖了还在帮王导数钱。庾亮呢，干什么都直接摊牌，这次废了两个宗亲，弄得天下之人都说他要铲除宗室势力。[①]

庾亮在剿灭司马宗后，又对下一个潜在对手——苏峻展开了围剿。因为司马宗的余党逃到了苏峻那里，庾亮命令苏峻给送过来，苏峻不理。[②]

按理讲，苏峻是庾亮下一个要干掉的人，最好的办法是通过朝廷的政治优势和利益许诺，挑拨时驻寿春的祖约去干掉苏峻。如果不让祖约干掉苏峻，但至少不能得罪祖约。但当年十一月，后赵石聪攻打寿春，祖约的求援信一封接一封地送过来，庾亮就是不搭理。[③]

石聪连掠逡道、阜陵，杀掠五千余人，建康大震。庾亮加王导为大司马，都督中外诸军事，于江宁御敌。连长江都没过。最终苏峻派部

---

① 《晋书·庾亮传》：宗，帝室近属，羕，国族元老，又先帝保傅，天下咸以亮翦削宗室。

② 《资治通鉴·晋纪十五》：宗党卞阐亡奔苏峻，亮符峻送阐，峻保匿不与。

③ 《资治通鉴·晋纪十五》：十一月，后赵石聪攻寿春，祖约屡表请救，朝廷不为出兵。

下韩晃打跑了石聪，庾亮又撤了战备，王导的大司马一职也被收回了。

庾亮不仅伤了祖约的心，给了苏峻与祖约结下战友情的机会，还在战后开始了又一项神奇操作：准备在涂塘兴工事以御"胡虏"。

上一次这样的操作是什么时候呢？

公元250年，吴国太子和鲁王双双被废，政局极度动荡，孙权为了踏踏实实地搞内斗，于是"遣军十万，作堂邑涂塘以淹北道"，彻底打消了北兵想要南下的念想。

庾亮打算把江北变成泽国去抵御"胡虏"南下，这在祖约看来，就是他要被朝廷抛弃了，因此他要思考他的未来了。①

祖约在能力上比不上祖逖，但他这些年北上"抗胡"不容易，劳苦功高，在朝廷调整官员时抱怨一下又怎么了？祖约这些年没有对不起东晋朝廷，庾亮为什么这么挤兑祖约呢？而且关键问题是，祖约手里有兵啊！

在司马宗被杀的前一个月，丹阳尹阮孚对亲信说："东晋草创不久，皇帝年幼，庾亮年轻，办事不力，祸乱将启。"于是自请出任广州刺史去了。

阮孚是个出了名的酒鬼，为了喝酒给我国文化事业贡献了"金貂换酒""囊中羞涩"两个著名成语。天天处于半梦半醒状态的阮孚在庾亮辅政后的短短一年时间就做出了预言。

东晋立国后的第三次武装上访即将上演了。

---

① 《读史方舆纪安·南直一》：议欲作涂塘以遏北寇，祖约闻之曰："是弃吾也。"因谋为变。

五、庾亮的"惊人天赋"与苏峻反叛

苏峻，长广郡掖县（今山东莱州）豪族，父亲苏模为安乐相，苏峻年少好学，担任长广郡的主簿，十八岁举孝廉。

按正常的剧本，苏峻这辈子所走的应该是中层官员的人生之路，但是发生了永嘉之乱，苏峻返乡，无可奈何地扔了笔杆子开始走上了豪族的自保之路，于本县聚了数千家结成坞堡，在全郡的坞堡势力中，数他最强。[①]

苏峻还派长史徐玮上各坞堡宣传忠君爱国口号，又收敛、埋葬骸骨，山东大地最讲究忠臣仁义，于是远近各坞堡推苏峻为盟主。司马睿听说了苏峻这股势力后，给苏峻开了张安集将军的空头支票。

这张空头支票还是很管用的，因为王弥的小弟曹嶷占领青州，表苏峻为掖令，苏峻称病不受，被曹嶷列为重点打击对象准备讨伐苏峻。苏峻觉得这仗没法打，于是带领自己的嫡系数百家走海路来到了广陵。

司马睿对这种远来投奔的北方豪族相当肯定，转苏峻为鹰扬将军，

---

① 《晋书·苏峻传》：永嘉之乱，百姓流亡，所在屯聚，峻纠合得数千家，结垒于本县。于时豪杰所在屯聚，而峻最强。

恰逢周坚反于彭城，苏峻就被派去征讨周坚了，后来被安排做了兰陵（今山东枣庄峄城区）相为国戍边。

苏峻真的是人才，当年跟他泛海南渡的是几百家，几年后就变成了精兵万人，并且兵器精良。王敦第一次反叛的时候，朝廷征召苏峻前来支援，但他没来。

王敦第二次反叛的时候，在山东老乡郗鉴的沟通和征召下，苏峻南下勤王，立下了大功。

战后，苏峻的驻防地以及朝廷一系列的人事安排相当有意思。

苏峻屯兵历阳，离建康实在太近了。他手上有精兵万人，这是一股相当可怕的势力。这么重要的地方屯着一支非北方高门和非南方豪族的力量，是什么意思呢？

表示朝廷对苏峻的信任吗？并非如此。因为表示信任更好的做法是安排去地理位置更重要、更具有政治意义的合肥。

将苏峻摆在这么近的地方，从政治角度考虑，就是司马绍打算以苏峻为援。

后来从苏峻上表中的一句话可以琢磨出来更深的意味：昔明皇帝亲执臣手，使臣北讨胡寇。就是说当年皇帝曾经牵着我的手跟我谈理想。

司马绍最开始的战略布局，其实是希望慢慢将苏峻打造成自己的铁杆班底，从北士和南豪手中慢慢夺回大份额的皇权。但是，寿命太短，最终影响了他的构想。结果事态的发展开始出现了蝴蝶效应。

庾亮当政，史书中未记载发生了什么，只知道司马宗和苏峻搭上线了，司马宗作为王室代表，恢复了跟苏峻的合作。

司马宗一直想干掉庾亮，因此苏峻开始走到了庾亮的对立面。

庾亮作为正牌的皇权代表，本来牌面很大，却在辅政后的短短时间迅速失去了太多选票。

在庚亮和司马宗斗争的关键时期，苏峻力挺司马宗，招降犯罪亡命之人，动不动就大骂朝廷的军饷运送不及时。

司马宗被庚亮干掉后，其党人卞阐逃奔苏峻，结果苏峻把卞阐藏起来，庚亮明令要人苏峻都不给。

327年十月，庚亮灭司马宗一周年后，准备对苏峻下手了：征苏峻进京。从时间的角度来讲，庚亮貌似做好了准备才下手的。但从事情的发展来看，庚亮除了写好了搞笑的行动方案，正经的事情什么都没干。

庚亮开始是向王导咨询的，王导说："苏峻为人阴险，肯定不会搭理你的，你先忍忍。"王导心想："这才多久你就忍不了了，老哥我都是十年八年地忍着。"庚亮则认为王导一如既往地怂，于是把征苏峻进京的事提到了朝堂上。

庚亮公然表示苏峻狼子野心，将来一定为乱，现在征他，纵然叛乱也不是什么大祸，要是再过上几年，就压不住他了。[1]庚亮给苏峻下了个政治宣判：犹七国之于汉也。

也不知是庚亮太自信了还是他的脑子让驴踢了，他征召苏峻就征召，怎么能在最高场合公开说一个手握重兵的将军狼子野心将来一定为害呢！

庚亮公然表态，就是与苏峻撕破脸了。之后庚亮再怎么示好苏峻，苏峻也会觉得他笑里藏刀，他俩算是永远无法拼凑在一起了。

上来就摊牌，这是什么套路？朝廷大员们都蒙了，史载：朝臣无敢难者。

庚亮已经树立了"一言堂"的辅政风格，朝臣们基本都不说话，最终只有辅政的卞壸说："苏峻兵强，又靠近京师，行军用不了一个早

---

[1] 《资治通鉴·晋纪十五》：亮言于朝曰："峻狼子野心，终必为乱。今日征之，纵不顺命，为祸犹浅；若复经年，不可复制，犹七国之于汉也。"

上便可到达，此事应该深思熟虑。"

庾亮不搭理卞壶。

卞壶看庾亮已经膨胀得都不知道自己姓什么了，于是写信给温峤说："庾亮征苏峻进京的主意已定，这决定着国家的未来，现在苏峻已有骄狂之意，此时如果征召他，必会加速祸乱的到来，狗急必跳墙。最关键的是，朝廷真不一定打得过苏峻，我也不知道庾亮怎么那么有底气，反正王导和我劝他都没用。现在我是真后悔当初同意把你派出去当外援，要是你跟我一起骂庾亮，也许他就听了。"

事实证明，卞壶想得有点儿多了，再来八个温峤都没戏，温峤没完没了地给庾亮写信，也不好使，满朝大臣皆以为不可，但庾亮就是不听。

苏峻听说庾亮打算征召自己，于是派手下去跟庾亮表态："您让我外出讨贼，指哪儿打哪儿，您让我进京，我实在没那个能力。"苏峻认怂，而且做了让步："讨贼外任，远近从命。"

如果庾亮按正常打法的话，要么像当年王导调动周玘那样来回折腾他，要么最起码应该把苏峻支得远远的，别离建康这么近。庾亮是怎么做的呢？他让郭默、庾冰统军防备苏峻，从这一点来看，他还是有政治觉悟的，既然撕破脸了就要干到底。

庾亮正式下诏征召苏峻为大司农，让苏峻的弟弟苏逸代领部曲。

苏峻又一次上表："昔日明皇帝拉着下臣之手让我北伐胡寇，如今中原未平，何以家为，乞求给我青州界内的一个荒远州郡，让我得以为朝廷做鹰犬之用。"①

其实至此苏峻的雷基本已经拆除了，他之前那么狂，不过是因为

①《晋书·苏峻传》：峻素疑亮欲害己，表曰："昔明皇帝亲执臣手，使臣北讨胡寇。今中原未靖，无用家为，乞补青州界一荒郡，以展鹰犬之用。"

朝内有司马宗的缘故。

现在司马宗被庾亮以霹雳手段搞掉，苏峻本没有颠覆政权的想法的，他连去哪里都选好了，远远地离开这里，不给朝廷添堵。

庾亮给出的方案是苏峻被征调，其弟和部曲仍在历阳，其实威胁仍在，但现在苏峻表示他要搬家，想到青州去。

庾亮的强硬态度已经取得了始料未及的好效果，他应该就坡下驴了。

但是庾亮继续不同意！

看到庾亮死不回头后，其参军任让对苏峻说："大哥，您想流放荒郡他都不同意，事已至此估计您是活不了了，咱们反了吧！"苏峻同意，严阵以待，表示他不去建康。

庾亮再派使者征召苏峻。苏峻说："既然辅政说我打算造反，我哪里还能活命呢？之前国家危如累卵没有我不行，现在狡兔已死，猎犬理应烹了。"最后表态："我就是死也要向准备搞我的那个人报仇！"随后喊上了被庾亮得罪的军阀祖约，相约一起举兵，以讨庾亮之名直奔建康而来。

327年十一月，祖约遣侄子沛郡内史祖涣、女婿淮南太守许柳率兵与苏峻会合。

苏峻正式与庾亮摊牌了。

在应对苏峻叛军时，庾亮犯了多个军事大错。

苏峻第一时间不奉诏的时候，江州温峤和会稽王舒就已经打算前来勤王了，但庾亮让两人都老实待着，尤其对温峤说："我担心陶侃可比担心苏峻多得多，你不要越过雷池（湖名，在今安徽望江县南）一步。"[①]

"不敢越雷池一步"这个成语在今天是褒义词，我们很难想象，这

---

① 《晋书·庾亮传》：峻遂与祖约俱举兵反。温峤闻峻不受诏，便欲下卫京都，三吴又欲起义兵，亮并不听，而报峤书曰："吾忧西陲过于历阳，足下无过雷池一步也。"

个词诞生的时候是一个笑话。

尚书左丞孔坦、司马陶回对王导说："趁现在苏峻未到之时，急速截断阜陵的通路，把守长江以西当利等路口，敌寡我众，咱们一战即可决胜。如果苏峻还未到，可以进军威逼其城。如果现在不先行前往，苏峻必会先行过江，一旦到江岸线的时候，人心惊骇，事情就难办了！"

这是什么方案呢？是当年刘繇封锁长江憋住孙家军一年多的战略操作。（见图7-7）

王导认为很对，庾亮又不同意，庾亮真没读过历史书。

十二月初一，直到苏峻派部将韩晃、张健等人攻陷了姑孰，夺取

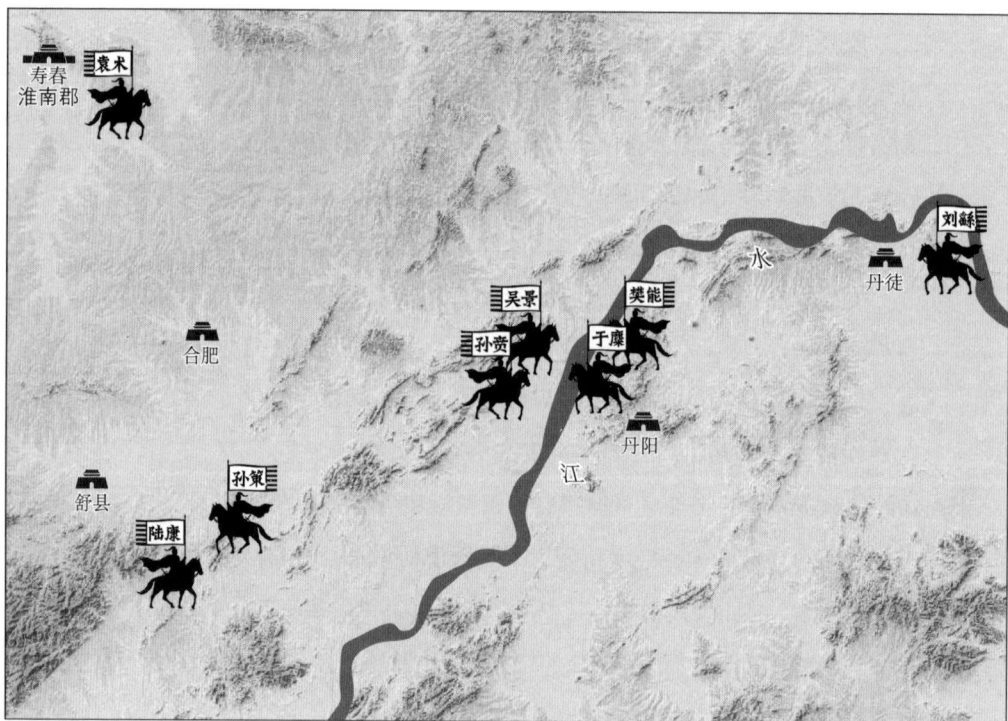

图 7-7　刘繇封锁长江示意图

了食盐粮米，庾亮这才后悔。①

十二月初二，彭城王司马雄、章武王司马休投奔苏峻。

十二月初十，京城戒严，庾亮作为总指挥，都督征讨军事事务；以前射声校尉刘超为左卫将军，侍中褚翜典征讨军事；任左卫将军赵胤为历阳太守。庾亮让平民身份的兄弟庾翼统领数百人守备石头城，让左将军司马流领兵据守慈湖（今安徽马鞍山慈湖街）抵御苏峻。

十二月底，徐州刺史郗鉴想率领所部赴国难，庾亮以防备北寇为由，不同意。②

328年正月，温峤率兵救援建康，但因为庾亮下达了严令，只能军屯于雷池以西的寻阳。

温峤如果顺江而下，将横栏大江，切断苏峻主力和南岸先锋的联系，对苏峻产生极大的战略压力。但是，苏峻却因为庾亮的神操作根本不用担心西线。

苏峻派韩晃袭司马流于慈湖，司马流就是个胆小鬼，打仗之前吓得吃饭都不知道往嘴里放了，最后兵败身死。

正月二十八，苏峻带主力率祖涣、许柳等士众两万人，渡过横江，登上牛渚，屯军于陵口。苏峻主力过江了，朝廷军队却屡战屡败。

二月初一，苏峻到达建康近郊的覆舟山。

陶回对庾亮说："苏峻知道石头城有重兵戍守，一定不敢直接前来，必定从小丹杨南道徒步前来，应当埋伏兵众截击，可以一战而胜。"

庾亮又不听。苏峻果然夜里从小丹杨前来，黑灯瞎火迷路了，部队全乱套了，变成了一群散兵，此时只要有伏兵，那就是牛刀宰鸡。

庾亮又后悔了。

---

① 《资治通鉴·晋纪十五》：苏峻使其将韩晃、张健等袭陷姑孰，取盐米，亮方悔之。

② 《资治通鉴·晋纪十五》：徐州刺史郗鉴欲帅所领赴难，诏以北寇，不许。

业余军事指挥家庾亮在苏峻之乱中以惊人的天赋屏蔽了所有正确选项。

庾亮下诏让卞壸都督大桁东诸军事，侍中钟雅率郭默、赵胤等军与苏峻战于西陵，死伤数千。

苏峻已经打到门口了，庾亮根本不知道不要野战，而是要凭城坚守、避敌锐气。明明知道苏峻的精锐步兵连战连捷，为什么还要跟他野战？在家门口都打输了，这仗还怎么打？

大势已去！

二月初七，苏峻进攻青溪栅，卞壸率领诸军拒敌，但军无斗志，一触即溃。苏峻乘风势纵火，烧毁台省及诸营寺官署，中央办公区荡然无存。

卞壸本来背伤未愈，撑着最后一口气率左右力战至死，两个儿子也随父战死，一门忠烈。

丹阳尹羊曼勒兵守云龙门，与黄门侍郎周导、庐江太守陶瞻全部战死。

庾亮作为最后的预备队，率众列阵于宣阳门内，结果队还没整好，士卒就一哄而散了。

同为辅政，卞壸力战而死一门忠烈。祸是庾亮惹的，庾亮倒是为国死社稷啊，他却坐小船逃跑了。

庾亮与其弟庾怿、庾条、庾翼，及郭默、赵胤逃奔寻阳的温峤。要跑的时候，庾亮回头对侍中钟雅说："皇帝那里就靠你了。"钟雅问："现在国家完蛋了，谁的问题呢？"庾亮觍着脸说："今天没工夫说这个了，我走了。"[1]

总之，苏峻轻易就拿下了建康城，乱军开始劫掠。建康多年积攒的布二十万匹，金银五千斤，钱亿万，绢数万匹，还有其他积蓄，被苏峻团伙全部瓜分，皇帝吃饭，是找遍各地搜来的几石余米。

---

[1] 《晋书·钟雅传》：雅曰："栋折榱崩，谁之责也？"亮曰："今日之事，不容复言……"

叛军冲进后宫，抢走了除太后外的所有女人，甚至驱役百官干活，光禄勋王彬这个级别的官员都被鞭挞。

史书中是这么说的："裸剥士女，皆以坏席苫草自鄣，无草者坐地以土自覆，哀号之声震动内外。"就是说乱军把百姓的衣服都抢走了，所有人都拿草盖着身子，没找到草的呢，就用土把自己埋起来，哀嚎声响彻建康城。

二月初八，苏峻大赦，唯庾亮兄弟不在大赦名单中。王导是什么待遇呢？官复原职，位在苏峻之上。王导真是万年不倒翁，能推倒他的只有死神！

祖约为侍中、太尉、尚书令，苏峻为骠骑将军、录尚书事，许柳为丹阳尹，马雄为左卫将军，祖涣为骁骑将军。

被打倒的弋阳县王司马羕恢复了西阳王、太宰、录尚书事的待遇。

苏峻遣韩晃入义兴（今江苏宜兴），张健、管商、弘徽等入晋陵（今江苏镇江丹徒），开始往江东内部拓展。

一通大调整之后，苏峻所有的亲党都位至高官，彻底控制了朝政。

庾亮来到寻阳后，假模假式地宣读了他妹妹的诏书，命温峤为骠骑将军、开府仪同三司，又加徐州刺史郗鉴为司空，拿空头支票向最后两位能靠得住的异姓兄弟求援。

庾亮还在拿他妹妹骗人的时候，三月丙子，他妹妹死了。史载："三月，丙子，庾太后以忧崩。"死法不详，估计不太体面。

温峤看到庾亮给他加官，说："现在以灭贼为首要之事，提什么加官的事。"然后还把自己的兵分给了庾亮，真是好兄弟。

庾亮和温峤互相推举对方为盟主。温峤的堂弟温充说："你们别互相选了，现在希望在陶侃那里，你们俩赶紧联名推举陶侃吧。"

温峤派督护王愆期到荆州，邀请陶侃同赴国难。

陶侃自打庾亮上了位，两个人就没有正常沟通过，而且庾亮还把温峤派到武昌防着陶侃，当陶侃不知道庾亮怎么想的吗？

陶侃回答王愆期："我是外将，可不敢越局。"实名讽刺庾亮的"不要越雷池一步"。

温峤派人游说了陶侃好多次，总之最终相当艰难地劝动了陶侃前来会合。温峤在苏峻之乱中的黏合剂作用堪称居功至伟！

五月，陶侃率众来到寻阳。所有人都说陶侃此来就是想诛庾亮以谢天下。庾亮很怕，温峤劝说庾亮赶紧去拜见陶侃，主动认错。

陶侃听说庾亮来认错了，都惊了。两人见面后，庾亮展示了自己高超的道歉水平，真诚有风度，把陶老爷子给拿下了，在陶侃一句"你修石头城来防我这老家伙，今天怎么还求见我了"的调侃后，双方开始坐下吃饭聊天了。

庾亮听说陶侃素来节俭，于是在吃薤菜时特地留下薤白，陶侃问："这是为什么啊？"

庾亮说："因为薤白可以再种。"这马屁一下就拍中了，陶侃赞道："庾亮不只是个绣花枕头，还是有为政之能的。"

在双方冰释前嫌后，陶侃增兵三万余，共合兵四万，旌旗七百余里，钲鼓之声震于远近，大军开赴建康。

陶侃、温峤军于茄子浦（今江苏南京西南长江中），截断了苏峻和江北的联系。

恰逢苏峻给祖约送米万斛，祖约遣司马桓抚等交接，结果被毛宝率千人偷袭，缴获了所有军粮，斩获万计，祖约的江北军开始陷入缺粮的困境。

随着陶侃加入战局，西线形势开始扭转，与此同时，东面战场也起变化了。

北府军的祖师爷郗鉴，将战略点指向了决定后面一百年历史走向的地方——京口！

郗鉴大人终于也入局了。

六、改变历史走向的两顿大酒

328 年二月，苏峻拿下建康后派兵东进，还没开始进攻，庾亮的好弟弟庾冰就弃郡逃到会稽了。

此时东部最大的军事领导是会稽豪族虞潭，时任吴兴太守，苏峻造反之初，虞潭被庾亮任命为督三吴、晋陵、宣城、义兴五郡军事。

不久战败的消息迅速传来，建康陷落，庾亮西奔，庾冰弃郡，虞潭上班的吴兴郡在上一次王敦之乱中是最大输家，所以虞潭得不到支持，只能固守以待转机。

身在中央的王导一度秘密传太后之诏，谕三吴吏士，希望江东的官员们起兵救天子。[①]但没有用，后来太后都"忧崩"了。

整个江东一片寂静。

直到四个月后，328 年五月，江东突然爆发了，镇吴兴的虞潭、镇广陵的郗鉴、镇会稽的王舒同时亮明旗帜讨伐苏峻。

---

① 《资治通鉴·晋纪十六》：初，苏峻遣尚书张闿权督东军，司徒导密令以太后诏谕三吴吏士，使起义兵救天子。

不是需要四个月才能做好准备，只是因为陶侃东来了。① 东晋的官员们站出来后，吴郡群豪也不再潜伏了。

早在苏峻攻陷建康后，义兴太守顾众就返回老家吴郡暗中准备后手了。② 吴郡领头人庾冰已经跑了，苏峻派蔡谟接任了吴国内史的岗位，派张悊在吴郡为他招募士兵。

顾众很快派人策反了张悊，又派小弟徐机告诉蔡谟他已经拿下张悊并准备好义兵只待时机到来。

等到陶侃东来，王舒、虞潭等宣布反攻，蔡谟迅速响应，授顾众为扬威将军、本国督护。在顾众的号召下，吴地士人纷纷响应义军。③

散装的江东在苏峻之乱中给出了众志成城的表现。

你们这群北境土匪是不会代表我们的利益的，把爱清谈的庾亮给我们还回来！

苏峻听说江东突然闹起来了，于是遣其将管商、张健、弘徽等迎战。江东诸军跟这帮叛军对战后互有胜负，虞潭诸军无法推进战线，东面陷入了僵局。

这个时候，相当关键的一个人入场了：镇广陵的郗鉴。（见图7-8）

在苏峻之乱还没有烧起来的时候，温峤及三吴诸郡就打算起兵保卫建康，但庾亮不同意，还强硬地来了句："妄起兵者，诛！"

郗鉴也打过报告，庾亮说："你的任务是在北边御寇。"不过郗鉴没完全听，还是派了手下司马刘矩领三千人去宿卫京都，结果援军还没到，庾亮就现眼，逃奔湖北了，刘矩带着队伍就回来了。④

---

① 《晋书·虞潭传》：会陶侃等下，潭与郗鉴、王舒协同义举。
② 《晋书·顾众传》：苏峻反，王师败绩，众还吴，潜图义举。
③ 《晋书·顾众传》：谟乃檄众为本国督护，扬威将军仍旧……吴中人士同时响应。
④ 《晋书·郗鉴传》：及祖约、苏峻反，鉴闻难，便欲率所领东赴。诏以北寇不许。于是遣司马刘矩领三千人宿卫京都。寻而王师败绩，矩遂退还。

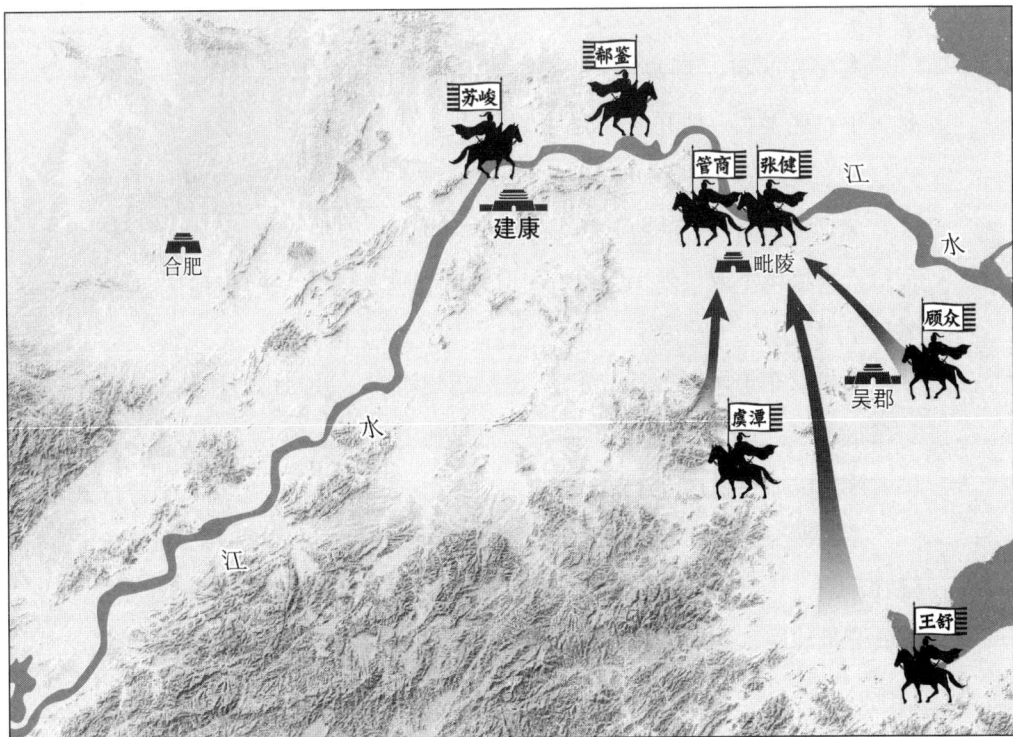

图 7-8　郗鉴出场示意图

　　庾亮、庾冰的双双逃跑意味着建康和吴郡迅速被苏峻拿下了，郗鉴的军心开始不稳。因为广陵的粮草都要靠江东运输，此时粮道已被切断。更重要的是，郗鉴军从成分上和苏峻是一样的，都是北方流民军，之前苏峻南下勤王还是郗鉴沟通的，双方有着良好的合作关系。

　　人有多种选择和退路的时候，心就容易乱，此时的郗鉴军"人情业业，莫有固志"。

　　庾亮逃到江州后，宣庾太后口诏，升郗鉴为司空。郗鉴接到诏命后，替兄弟们做出了选择，设坛场，杀白马，与三军对天盟誓，宣布忠

于王室，誓讨国贼！ ①

郗鉴作为可左可右之人，最终选择了忠于王室！但郗鉴此举仅仅是为了稳定军心，他并没有迅速入局。

郗鉴先是派人到江州对温峤说："今贼谋欲挟天子东入会稽，宜先立营垒，屯据要害，既防其越逸，又断贼粮运，然后静镇京口，清壁以待贼。贼攻城不拔，野无所掠，东道既断，粮运自绝，不过百日，必自溃矣。"

所谓"东道既断"的"东道"，是指建康到三吴的运河运输线。江东之富，核心在三吴，三吴的物资，主要通过浙东运河、江南运河以及破冈渎三段河道输送过来。

京口是建康和三吴经济发达地区（吴郡、吴兴、会稽）之间的关键物流点。卡死了这个位置（见图7-9），叛军就无法将势力蔓延到富庶的三吴地区，后续的粮草也一定会出问题，也就是"东道既断，粮运自绝，不过百日，必自溃矣"。

这是郗鉴最早准备南下的战略构想，他其实早就想好了如何为朝廷平叛，但他就是不动。因为势头不对，苏峻的战斗力他是见识过的。他也在等陶侃。

这么说吧，整个苏峻之乱的关键转折点，就是陶侃东下。

等到陶侃开始东下并委任了郗鉴都督扬州八郡军事，郗鉴成为东部军区总指挥后，才最终在关键时刻渡江参战。②

郗鉴渡江后也并没有按照最开始的打算据京口阻挡苏峻控制三

---

① 《晋书·郗鉴传》：中书令庾亮宣太后口诏，进鉴为司空。鉴去贼密迩，城孤粮绝，人情业业，莫有固志，奉诏流涕，设坛场，刑白马，大誓三军。

② 《资治通鉴·晋纪十六》：陶侃表王舒监浙东军事，虞潭监浙西军事，郗鉴都督扬州八郡诸军事；令舒、潭皆受鉴节度。鉴帅众渡江。

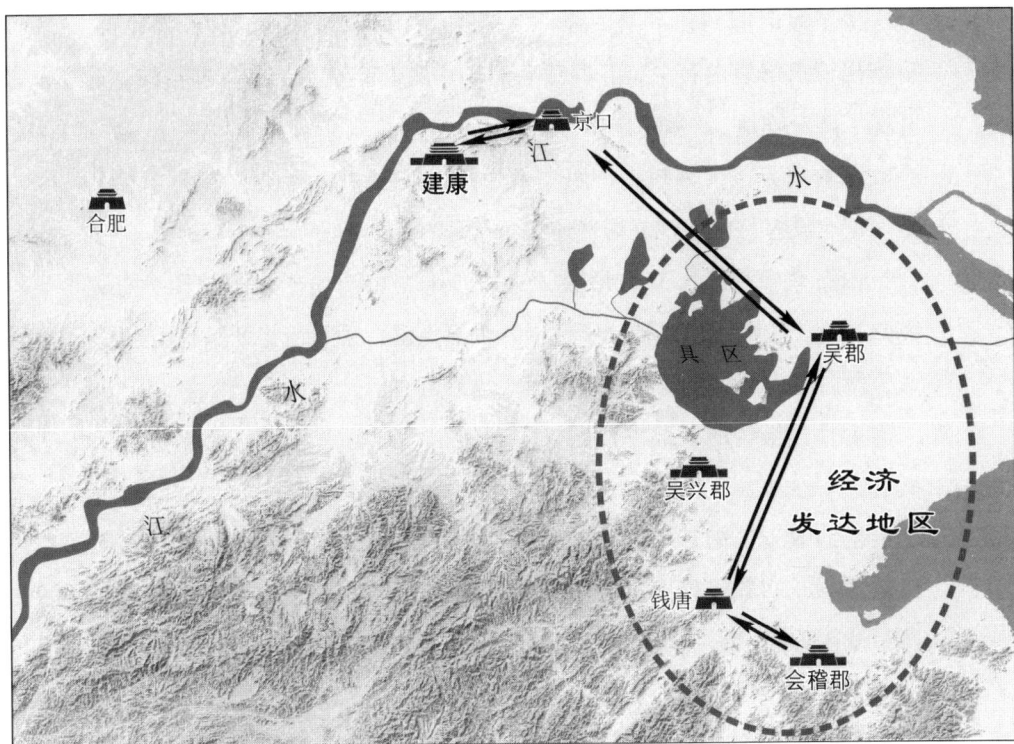

图 7-9　京口枢纽位置示意图

吴，而是展示了教科书般的办事水平，他去见了总指挥陶侃，听从他的调遣。

在陶侃的安排下，郗鉴顺流东下驻屯京口，立大业、曲阿、亭三垒，跟东线的管商、张健等苏峻诸将开战，开辟了第二战场。[①]

郗鉴东去后，联军兵临石头城下，温峤等人想与苏峻决战，被陶侃按住，陶侃说："叛贼气势正盛，难与争锋，我们要动脑子。"

---

① 《资治通鉴·晋纪十六》：王舒、虞潭等数与峻兵战，不利。孔坦曰："本不须召郗公，遂使东门无限，今宜遣还，虽晚，犹胜不也。"侃乃令鉴与后将军郭默还据京口，立大业、曲阿、庱亭三垒以分峻之兵势。

等了段时间，动了不少脑子，多次交战后联军无所建树，监军部将李根请求修筑白石垒，开辟敌后战场。陶侃同意了，联军连夜筑垒，开辟了滩头阵地。（见图 7-10）

苏峻率万人前来攻垒，庾亮带两千人守垒，并贡献了在苏峻之乱唯一一次没有怂的表现，居然还追斩了数百人。①

白石垒筑成后，双方形成了进一步的对峙。由于陶侃横阻大江，因此祖约江北军的粮道被断了，士气日渐低落，手下诸将开始找后赵投诚争做内应，石聪、石堪渡过淮河，攻打寿春。

七月，祖约的江北军溃败，投奔历阳，石聪率军掠寿春两万余户撤退。

祖约败于淮南后，苏峻的心腹路永、匡术、贾宁害怕最终造反不成被清算，劝苏峻将以王导为首的官僚全部诛杀，但苏峻因为尊敬王导，没有同意。

王导永不得罪人的属性保证了他永远不会下牌桌，等到王导听说苏峻不想杀自己后再秀骚操作，他派参军袁耽私下诱降了上一秒还打算弄死他的路永。在王导的字典里，没有永恒的敌人这一说。

王导紧接着又编导了一出惊悚片：打算让路永偷出小皇帝逃走。但因为苏峻守备森严，这事黄了。②

九月初三，暴露了的王导带着两个儿子和路永一同逃出了苏峻的控制，投奔了白石垒。

伟大的操盘手啊！善抓时机，敢想敢干，及时止损，瞬间跳车，

---

① 《晋书·庾亮传》：亮时以二千人守白石垒，峻步兵万余，四面来攻，众皆震惧。亮激厉将士，并殊死战，峻军乃退，追斩数百级。

② 《晋书·王导传》：导使参军袁耽潜讽诱永等，谋奉帝出奔义军。而峻衔御甚严，事遂不果。

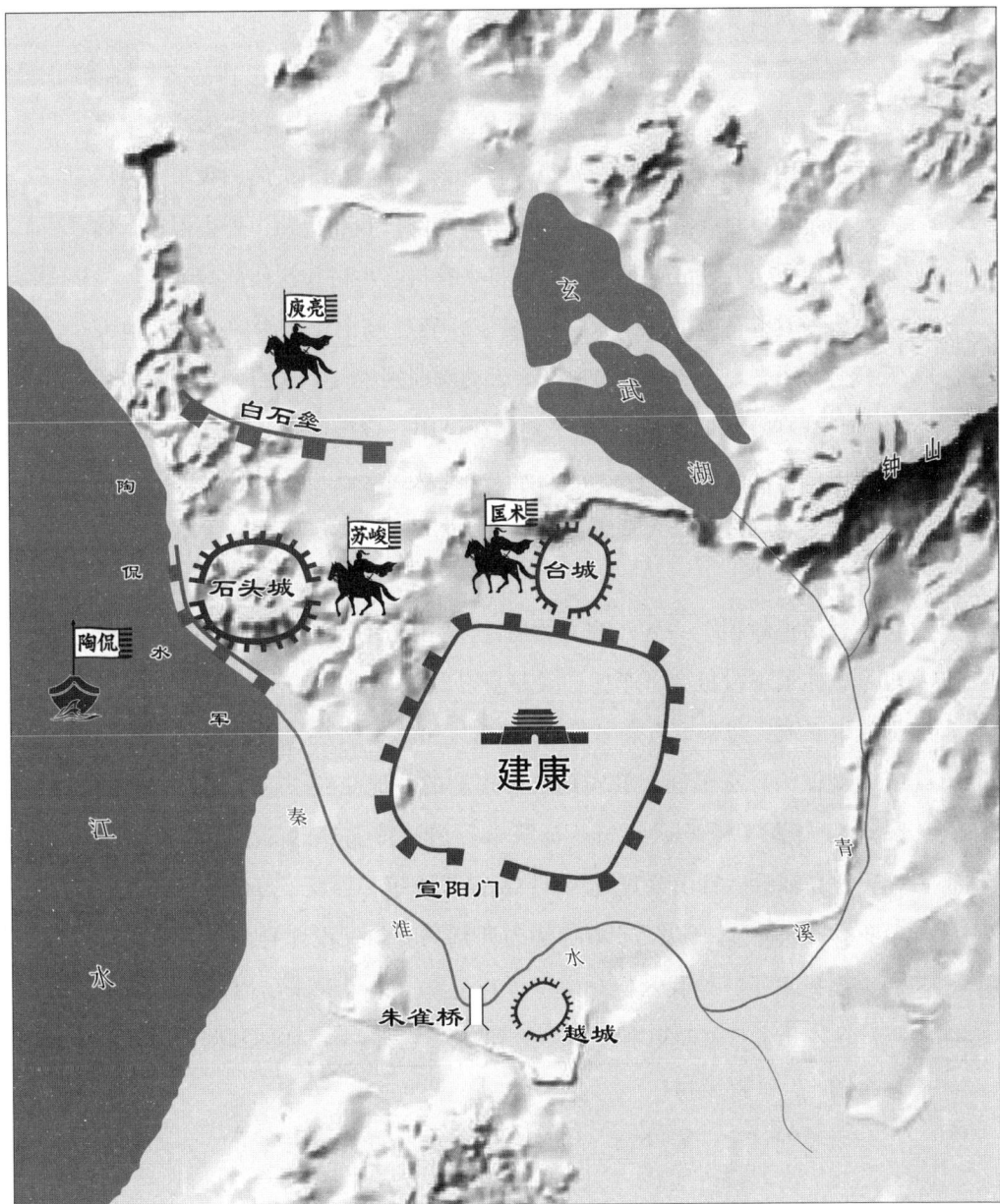

图 7-10　勤王军开辟敌后战场示意图

王导堪称两晋风投一条街上最靓的仔。

在僵局中，联军率先出了问题。

温峤断粮了，打算从陶侃那里贷款。陶侃怒了，说："你劝我来的时候说不用愁良将和兵粮，就是喊我这老家伙当个领头的，我来了以后就没赢过，良将在哪里？荆州接壤胡蜀二虏，我那边的担子也很重，你要是没粮了，我就先回荆州了，等将来有机会再讨伐这伙乱贼吧。"

温峤这个军师实在是太不容易了，庾亮脑子让驴踢的时候，他天天写信劝庾亮，等庾亮现眼后又天天劝陶侃别生气，这回又是给陶侃写了一封情真意切的回信，说："刘秀在昆阳，曹操在官渡，之所以最后以寡击众，都是靠个'义'字，苏峻那帮人都是小丑，就快被灭了，我和您都受国恩，如果大事成功，咱们伟大光荣，要是不成，大不了咱们死社稷罢了。"

最后温峤说了一句吓唬人的话："现在已经打到这个份上了，骑虎难下，你根本没机会下车，你要是自己跑了，那军心必乱，军心一乱，那战事必败，将来千古罪名可都是你的。"[①]

陶侃为什么愤怒，其实是很好理解的。他受够了这帮高门大姓的嘴炮功夫了："干啥啥不行，扯淡第一名；排除异己的手段是真的高端；庾亮辅政后就没拿我当回事；削藩没本事却逼反了苏峻；防着我也不犯什么神经病，逼反苏峻你倒是评判啊？却又没评判的能力。现眼后想起我来了，拉我入伙时说得天花乱坠，结果我来了以后你们赢过吗？这才几个月就断粮啦，你才七千兵，我三万多，你的基础建设都是怎么做的？一群废物！"

温峤的这封"恐吓信"送过去后，怕把陶侃整生气了，下属毛宝

---

① 《资治通鉴·晋纪十六》：今之事势，义无旋踵，譬如骑虎，安可中下哉！公若违众独返，人心必沮；沮众败事，义旗将迴指于公矣。

又毛遂自荐，给陶侃戴"高帽子"去了。

毛宝对陶侃说："您别生气，现在已经到这个份上了，确实回不去了，过去杜弢并非不强，您照样灭了他们，您弄死苏峻也是迟早的事。叛贼也是怕死的，并非个个勇健，请您分兵于我，我上岸断他的粮草，要是我没成功，您再撤，成不成？"

陶侃答应了他，分兵毛宝派他去断苏峻的军粮，竟陵太守李阳也在旁边打圆场说："要是大事不济，咱有米也吃不了。"最终陶侃给温峤分了五万石米做军粮。

毛宝的"火烧乌巢"行动成功，接连烧毁了苏峻在句容、湖孰的两座军粮大营，苏峻也开始面临断粮的风险，陶侃终于留了下来。①

西线刚刚渡过散伙的危机，东线同样也不容乐观。张健、韩晃等猛攻郭默把守的大业垒，壁垒断水，兵众只能喝粪汤，郭默怂了，悄悄地独自突围而逃，留士兵们继续守垒。②

这是眼瞅失守的节奏。

郗鉴驻扎京口，众将听说郭默逃走后大惊失色，参军曹纳说："大业是京口屏障，一旦失守，贼兵就将长驱直入，咱先退回广陵再做打算吧。"

郗鉴召开大会，面对一众僚属佐吏，斥责曹纳说："我受托孤重任，大不了为国捐躯，你是我的心腹兄弟却妖言惑众，我还怎么统三军，来人，把他给我砍了。"

大伙劝了半天，把曹纳给保下来了。

郗鉴跟下属的这出苦肉计实际是绝不退缩的表态，但面对苏峻之

---

① 《资治通鉴·晋纪十六》：毛宝烧峻句容、湖孰积聚，颇乏食，侃遂留不去。

② 《资治通鉴·晋纪十六》：张健、韩晃等急攻大业；垒中乏水，人饮粪汁。郭默惧，潜突围出外，留兵守之。

乱，截至此时，联军和叛军的战斗力水平高下已分。

苏峻从造反那天开始就是兵少的那一方，他也并非一直在固守死耗，而是四处出击，东西两线作战基本上胜多败少。

联军的声势已经越来越弱，从朝中逃出来的人都在说："苏峻狡黠有胆略，手下兵将骁勇所向无敌，若上天注定要讨伐有罪之人，那他终将灭亡，如果靠人力讨伐他，很难做到啊！"

温峤大怒道："你们怂就怂了，怎么还夸上反贼了。"结果自打交战后就没怎么赢过，温峤也开始虚了。[1]

联军越来越怂而且后勤堪忧，苏峻那边也因为郗鉴卡死京口导致后续粮食不能运过来，双方大战半年多，就在都骑虎难下之时，破局点以一种谁也没想到的方式出现了。

陶侃听说大业垒要崩，于是打算派兵救援，长史殷羡说："咱们不擅长步兵作战，士兵的士气已经处于低谷了，救大业要是再拿不下则大事去矣，不如急攻石头城，大业自解。"

十月二十六，陶侃督水军开赴石头城，庾亮、温峤、赵胤率步兵万人从白石垒向南出兵，打响了平定苏峻之乱的最大规模会战。

苏峻率八千人迎战，派儿子苏硕和部将匡孝分军先战赵胤军。苏硕仅仅带着数十骑兵就把赵胤打哭了。[2]

由此可见，联军的士气低落到什么地步了，生生被苏峻打怕了。

但就在这个时候，神奇的事件发生了：苏峻喝多了！

苏峻正在做战前动员，喝得有点儿高，看到他儿子率数十骑兵就把赵胤给打崩了，实在是太兴奋了，豪气干云地说："我难道不如我儿

---

[1] 《资治通鉴·晋纪十六》：温峤怒曰："诸君怯懦，乃更誉贼！"及累战不胜，峤亦惮之。

[2] 《晋书·苏峻传》：峻遣子硕与孝以数十骑先薄赵胤，败之。

子吗？"于是带着几个骑兵向北突击敌阵而去。[①]

注意，是"数骑"！

对方是一万人出战，苏峻率几个骑兵就冲出来了，实在是太不拿庾亮一伙当人了。

苏峻没突动，准备回身奔向白木陂时坐骑失足了，公元328年的第一个时代赛点在南方率先出现：陶侃的部将彭世、李千等标枪健将对准苏峻投射，苏峻中枪坠马被斩首分尸，挫骨扬灰，三军高呼万岁。[②]

九天后，十一月初五，刘曜在决定北方命运的洛阳大会战中"酒后驾车"也被石勒扣下了。

南北的拐点相当神奇，两顿大酒决定了时代走向。

苏峻死后，叛军仍然坚持了两个多月，联军在军事上还是没什么办法，329年正月，敌后战场上的陆晔立功了。

作为辅政七大臣之一的陆晔和兄弟尚书左仆射陆玩劝说守卫台城的匡术献城投降，随后陶侃令毛宝和邓岳接手换防。

苏逸、苏硕、韩晃并力反攻台城被毛宝击退，焚太极东堂及秘阁后撤退。叛军也到了强弩之末。

正月二十五，看到江南大势已去的祖约乘夜率左右侍从几百人投奔后赵，部将牵腾率众出城投降。

二月十三，陶侃调各路军队进攻石头城，苏逸再次自信出城与陶侃军野战，但被建威长史滕含重创，苏硕更是在率数百敢死队冲锋的过程中被温峤阵斩。

---

① 《资治通鉴·晋纪十六》：峻方劳其将士，乘醉望见胤走，曰："孝能破贼，我更不如邪！"因舍其众，与数骑北下突陈。

② 《资治通鉴·晋纪十六》：不得入，将回趋白木陂；马踬，侃部将彭世、李千等投之以予，峻坠马，斩首，脔割之，焚其骨，三军皆称万岁。

石头城中的韩晃等人打算突围出城，带队投奔曲阿的张健，但石头城不是个大城，城门门道狭窄，士卒踩踏，死者上万，苏逸在逃跑中被杀。

滕含部将曹据趁乱抢回了晋成帝，抱着他逃到了温峤船上，群臣叩头号泣请罪，西阳王司马羕，其子司马播、司马充，其孙司马崧以及彭城王司马雄等投诚苏峻的司马宗室全部被杀，至此司马宗室的力量被斩草除根。

曲阿的张健看到西线失守，于是率领水军准备进入吴兴，但被王氏的最牛二代王允之率领的会稽军打败，王允之俘虏了一万多人，张健、韩晃等余孽被郗鉴派参军李闳于平陵山追上击杀。

二月十四，大赦天下。

苏峻之乱的罪魁祸首庾亮看见自己外甥晋成帝的第一眼据说哭得很伤心，但当天大家哭得都很伤心，没有显出他的悲痛来。

转过天来，庾亮玩了命地磕头谢罪，表态要自我免职，准备带全家回深山老林当"原始人"。九岁的晋成帝经过这一年多的风霜洗礼成为最成熟少年，给庾亮的回复是："此社稷之难，非舅之责也。"

什么意思呢？我作为皇帝把这事扛过去了。最重要的是告诉庾亮，你再差劲也是我舅舅，我娘死了，宗室也没了，我没有亲戚了，舅舅你快长点心吧。

庾亮再次上书说自己愚蠢，成帝说他不蠢。庾亮又打算乘船远离朝廷，又被晋成帝拦下了。想死的办法多着呢，咱也不知道庾亮怎么有那么多的行为艺术。

最终，庾亮给出了自己的流放条件：请求离朝出镇当诸侯，而且给自己选了块战略要地，都督豫州、扬州之江西宣城诸军事、平西将军、假节、豫州刺史，领宣城内史，出镇芜湖。

离姑孰不远，他这是拿自己当第二个王敦了。

三月初十，论平苏峻功，陶侃为侍中、太尉，封长沙郡公，加都督交、广、宁州诸军事；温峤为骠骑将军、开府仪同三司，加散骑常侍、始安郡公；郗鉴为侍中、司空、南昌县公；陆晔进爵江陵公。

其他出力的文武大臣也都得到了应有的回报，"自余赐爵侯、伯、子、男者甚众"。

卞壶及二子、桓彝、刘超、钟雅、羊曼、陶瞻这些为国死难的大臣分别得到了赠谥。

路永、匡术、贾宁这些最后时刻投奔过来的苏峻余党，王导也惦着给他们加官晋爵。在此次勾搭他们反水的过程中，王导又结下了新朋友。但被温峤怼了，表示不追究已经是好大面子了，老王你差不多就得了。你说你打算劫皇帝出逃，结果你自己跑出来了，狗掀门帘子全凭你那张嘴，谁知道你是真打算救小皇帝，还是自己跑出来后编的剧本呢？

反正司马光就没信，在《资治通鉴》里就把那句他打算救小皇帝的话给删了："永等更贰于峻，导使能参军袁耽潜诱永归顺，九月，戊申，导携二子与永皆奔白石。"

《晋书·王导传》载："故永等贰于峻。导使参军袁耽潜讽诱永等，谋奉帝出奔义军。而峻衔御甚严，事遂不果。导乃携二子随永奔于白石。"

温峤一句话就拒绝了王导的提议。估计王导是怕被系统清查当时的细节，这事他就没再提。

但是，王导的目的仍然达到了，他成为给那些降将谋利益的人，之后这些降将帮王导完成了很多战略部署。

王导走的每步棋，无论成与败，总能达到他自己的目的。东晋是他草创的，东晋的门阀政治是他开启的，东晋开国的十年大乱也是在他的布局下走向和平演变的。这位权力场上的老艺术家，最终慧眼如炬，找到了一把终结十年内耗的终极钥匙。

七、门阀内战和平演变，十年大乱终见消弭

苏峻乱后，建康宫殿宗庙已被烧成了白地，温峤建议迁都到自己辖区的豫章，三吴豪族请求定都于会稽，打算趁此机会从北方高门那里抢走皇帝，因此双方争论得比较激烈。

王导总结性发言："建康为古之金陵，当年孙仲谋、刘玄德都说这里是帝王之宅，风水排第一。帝王不因穷富挪窝，现在北方胡虏随时窥伺，一旦我们往南走就是示弱，到时候万一人家打过江来了，我们就回天乏术了。"

王导最后说了句很实在的话，充满了大智慧："现在这种情况，最合适的就是镇之以静，一定要稳下来，不要再折腾了，这样整个国家就都稳下来了。"

最终，王导力排众议，确定继续定都建康，并开始了灾后重建。

当年受诏辅政的七大臣中，司马羕和卞壸已死，庾亮出镇豫州，温峤表示战后京师已经休克，他要回江州去经营、征调物资以供应朝廷，朝中只剩下了王导、郗鉴和陆晔。这三人都知道"稳"是什么意思的。

在随后几年的灾后重建与恢复中，建康再次渐渐振兴了起来，作

为重整秩序的顶级高手，王导的地位继当年受命江左后，再次到达了顶峰。

年幼的成帝每次见到王导都要下拜，中书省起草的诏书，都要开头写"敬问"，天下大旱，王导上疏请求退休以承担责任，朝廷数次下诏表示您老人家可千万不能走。

皇室对王导尊隆到了极致，但是这并不意味着在门阀间的斗争中琅邪王家再次取得了优势。因为王导现在仅仅是孤胆老英雄了，他的后面已不是当年那个叱咤风云的琅邪王家了。

王家当年出镇内外的第一波兄弟们基本上都离世了，在王敦乱后整个家族一直是被严密防控的，而且家族人才凋零，都是舞文弄墨的好手，却没有处理政务、治理地方的干才。在这个时间段除了王允之以外，基本上再无可用子弟。

像王羲之等人还是别提了，他们仅仅是利用了家族势力，无忧无虑地生活，为我国的艺术做贡献的人。

庾亮却有众多帮手，兄弟庾冰、庾怿、庾条、庾翼，都是能够独当一面的人。

此时虽然看似风平浪静，但王导心里最明白，没有实力却站在顶点，这是很危险的。鉴于此，王导急需寻找一个靠得住的盟友。

遍观朝野，西边的陶侃实力没问题，但他跟王家是仇人。江州的温峤实力一般而且跟庾亮的关系明显更好。淮北的流民军是另一个阶级的，根本不能做统一战线的联盟。

王导最终选择终结东晋开国门阀十年大混战的那把关键钥匙，是郗鉴。

早在明帝刚刚驾崩那年，王导就已经跟郗鉴好上了，王导称病在家的时候叫以个避嫌地送别郗鉴镇广陵，最终这事闹得挺大，都被卞壶弹劾了。[1]

王导为什么要这样做呢？因为王导在王敦之乱后艰难地摘清了自己的责任，出镇地方的王舒和王彬相继被调回朝廷，家族实力迅速萎缩，而庾氏开始兴起，温峤和卞壶都是东宫一党的人，庾亮的诸多做法也尽显专横本色。

面对这样的政局，王导再次展现自己长袖善舞的能力，最终郗鉴接过了王导伸来的橄榄枝。王导先是征辟了郗鉴之子郗昙，然后郗鉴又遣门生向王导求婿。

王导以极高的姿态，将王家后生都圈到东厢让郗鉴随便挑，郗鉴选中了光着肚子躺在床上一脸无所谓的王羲之。

王羲之是书圣，他媳妇郗璿被称作"女中笔仙"，这两口子一辈子生了七子一女，估计无论是情感还是志趣，两人应该都挺一致的。

哪有什么惊天动地、轰轰烈烈的爱情，完美的爱情大抵不过是优越的物质、相同的阶级、搭调的爱好以及爱情的结晶。如果说真地有"只羡鸳鸯不羡仙"，说的应该就是王羲之和郗璿这样的伴侣和这样的人生吧。

在苏峻乱后，郗鉴成为王导的坚强后援，作为一股极其重要的潜在力量，郗鉴为东晋开国十多年来的各种大乱收了尾。

由于他的存在，陶侃、庾亮都没能再挑起来继王敦乱、苏峻乱后的第三次东晋大内战，因为郗鉴在极其关键的位置上屯军：京口重镇。

起因是刘征聚众数千做了海盗，劫掠东南诸县，于是郗鉴加都督扬州之晋陵吴郡诸军事，出兵打平了这伙海盗，随后在京口筑城驻扎

---

[1] 《资治通鉴·晋纪十五》：司徒导称疾不朝，而私送郗鉴。卞壶奏"导亏法从私，无大臣之节，请免官"。

于此。①

京口是今天的镇江地区，在东晋初期属于地广人稀、田恶渠少的地方，一直没怎么开发，属于东晋的战略大后方，前面有合肥、历阳、建康挡着，不用太担心北边胡虏和流民军的袭扰，又属于建康和三吴之间过渡的城乡结合部地带。

由于永嘉大乱，京口开始作为一个未开发的地区迅速吸引来了大量的人口和资源，很多北方中下士族渡江后也聚居于此。

因为有大量的北士聚居于此，所以这里并非一盘散沙。

因为有大量流民在此，所以当地的兵源也得到了保证。

因为这里的特殊地理位置，所以它成为建康和三吴间的关键枢纽。

郗鉴在京口驻军后逐渐控制了三吴地区。三吴的物产给养可以支援京口的军队，并稳定地输送到京师。三吴要是有了任何风吹草动，郗鉴也能第一时间南下去平叛。

郗鉴在这关键的时间点，扎根在了京口，成为整个扬州地区最关键的军事力量。他既是建康最强力的后援团，也是平抚稳定三吴大粮仓的关键力量，同时还肩负起了打击沿海海盗的特殊职责。

因为郗鉴镇京口，之后门阀的第二阶段斗争才由之前的血雨腥风转变为了门阀暗战。

本来东晋的第三次内战是很可能打起来的。因为仅在庾亮出镇豫州一个月后，江州的温峤就去世了，江州问题成为下一个十年门阀间斗争的焦点。

东晋时的江州，兼括今江西、福建二省，自永嘉之乱后，大量的流民逃到了江州，所谓"自江陵至于建康，三千余里，流人万计，布在

---

① 《晋书·郗鉴传》：时贼帅刘征聚众数千，浮海抄东南诸县。鉴遂城京口，加都督扬州之晋陵吴郡诸军事，率众讨平之。

江州"。

人口永远是经济发展的核心因素，江州几乎成为南方诸州中发展最具爆发性的，豫章仓、钓矶仓在东晋立国后都已经是非常大的粮仓了，苏峻乱后，扬州一片废墟，建康的灾后重建和政府运转全是靠江州运漕资助的。①

江州东西有长江，位处荆、扬枢纽，南下有赣江，跨过分水岭的大庾岭就能抵达广州，地理位置相当关键。（见图7-11）

温峤之后的江州刺史刘胤靠着这片土地"大殖财货，商贩百万"。当然，这并不意味着江州就真的实力爆棚到哪里去，平定苏峻之乱时，温峤还找陶侃借粮呢。

江州仍然比不上荆州，更比不上扬州，但却已经不再像三国时代的"宁饮建业水，不食武昌鱼；宁还建业死，不止武昌居"那样无足轻重了。

温峤刚死，王导就让温峤的下属刘胤继任江州刺史。

刘胤最早跟过王浚，作为北方流民首领邵续劝进司马睿的使者留在了建康，是一个无根基的人，在很多方面和温峤很像，后来就跟了温峤。

陶侃和庾亮都对王导的任命表达了强烈不满，认为刘胤不是那块料，但王导不同意。对外，王导派儿子王悦给大家说是前任刺史温峤的意思。②你们能比温峤更明白江州的事？一句话就把反对的人给噎死了。

刘胤上任半年，就因"不恤政事，大殖财货，商贩百万，以私废公"被奏免，然后被他一直看不起的有流民军背景的郭默袭杀。比较有意思的是，王导立刻承认了这一既成事实，以郭默为江州刺史。③

---

① 《资治通鉴·晋纪十六》：今朝廷空竭，百官无禄，惟资江州运漕。

② 《晋书·刘胤传》：或问王悦曰："……江州，国之南藩，要害之地，而胤以侈忲之性，卧而对之，不有外变，必有内患。"悦曰："闻温平南语家公云……"

③ 《资治通鉴·晋纪十六》：司徒导以郭默骁勇难制，己亥，大赦，枭胤首于大航，以默为江州刺史。

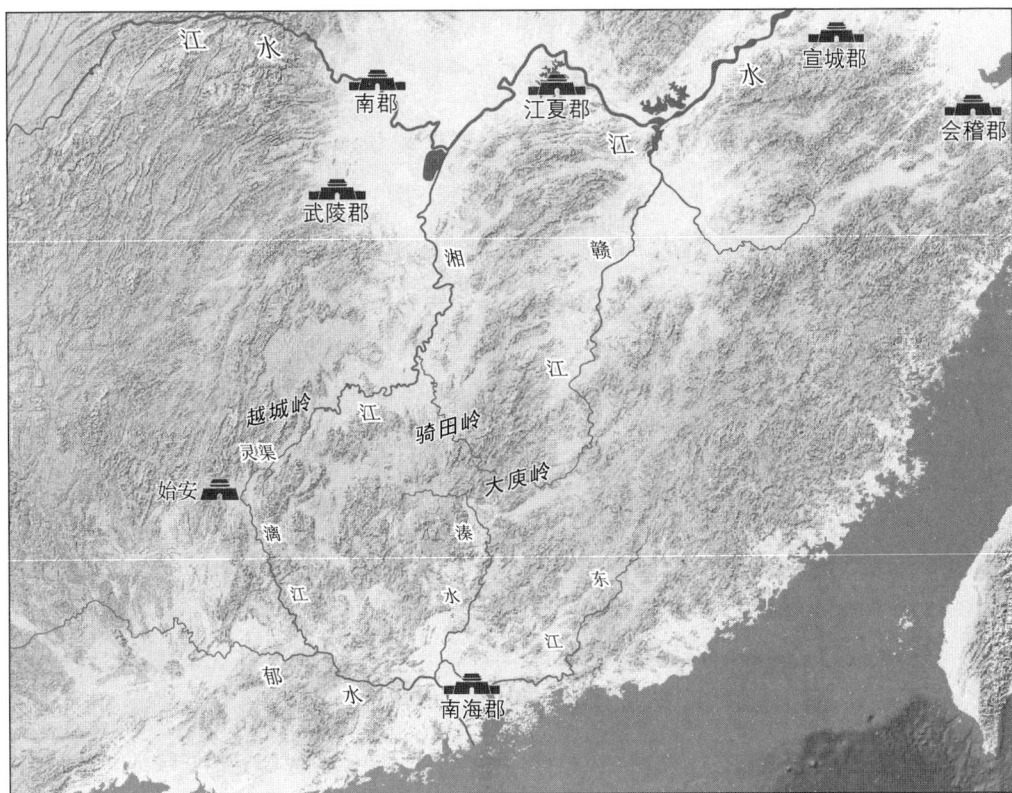

图 7-11　赣江水系示意图

陶侃一怒之下开始质问王导："郭默杀刺史你就让他当刺史，他杀你这个丞相你就让他当丞相吗？"

王导的回复是："我怕再出苏峻那样的乱子，先承认他，将来我再办他。"陶侃没搭理王导，起兵讨伐郭默，庾亮紧跟陶侃的节奏也带兵两万前来参与围剿了。

三月，庾亮兵至溢口与陶侃会合。

五月，郭默部将宋侯兵变，绑了郭默父子出降，郭默被陶侃斩于军门，传首建康，同党被杀干净。

王导对陶侃的"大力出奇迹"又迅速表示了高度认可，把江州刺史赶紧给了陶侃，至此陶侃变成了荆、江二州刺史。但是，陶侃并不买账。

此役之后，私门之仇加上国家之恨，陶侃打算废掉王导，但被郗鉴阻止了。①

庾亮一看陶侃怒了，紧跟着也嚷嚷着要废掉王导，但还是需要得到镇京口的郗鉴的支持。

郗鉴继续不同意。

庾亮有多想干掉王导呢？他先后两次写信游说郗鉴，但都被郗鉴拒绝了，最终庾亮放弃了废掉王导的打算。②

陶侃和庾亮，这两位先后占据荆州、江州上游的大佬，在苏峻之乱后都想废掉王导以控制建康，却因为王导的亲家、建康铁后援、掌控三吴总枢纽的郗鉴不同意，而最终隐忍不发。

自八王之乱开启后王与马南下，王导作为总军师稳定了江淮战线，

---

① 《晋书·庾亮传》：时王导辅政，主幼时艰，务存大纲，不拘细目，委任赵胤、贾宁等诸将，并不奉法，大臣患之。陶侃尝欲起兵废导，而郗鉴不从，乃止。

② 《晋书·庾亮传》：至是，亮又欲率众黜导，又以谘鉴，而鉴又不许。亮与鉴笺曰……鉴又不许，故其事得息。

团结了北方高门、南方豪族、北方流民等所有力量，使东晋政权有了凝聚力以抵抗北虏。

东晋在 318 年正式立国后经历了整整十年的开国大乱，先是司马睿出招架空王导并大搞"废奴"运动惹恼了所有高层，然后是王敦的两次大乱。

郗鉴疏通南北、消弭皇室的疑心，引北方流民军南下，平灭了想要打破平衡的王敦大乱。

庾亮在明帝司马绍病危时利用关键身份和铁腕做法消灭了司马宗族收权的企图。

平定王敦之乱，提高了北方流民军的政治地位，但随着庾亮不合时宜地着手解决司马宗亲和流民军隐患，苏峻顺江东下再次引发了整整一年的扬州大乱。

随后陶侃、郗鉴东西夹击，极其艰难地解决了流民军尾大不掉、难以控制的问题。

一波还未平息，一波又来侵袭，十年江左，狂风暴雨。

最终是王导与郗鉴的及时结盟使得东晋内部的剧烈斗争被逐渐安抚下去。长江中游和下游间的关系由前十年的大砍大杀变成了暗流涌动。

开创门阀政治的琅邪王氏和夯实门阀政治的颍川庾氏以及最强寒门的陶侃终于在郗鉴的"黄雀在后"下，开始了漫长的对峙。

这一切的一切，使得东晋的门阀政治趋向于和平演变。

长江后浪推前浪，人世间一代新人换旧人，老一辈长袖善舞的谋略家和忠贞豪杰在接住了这天崩地裂的永嘉乱局后，也要谢幕了。

332 年，陶侃遣子陶斌与南中郎将桓宣西伐樊城，击败后赵郭敬，派侄子陶臻、竟陵太守李阳等共破新野，收复襄阳。此战后，陶侃达到了人生巅峰，拜大将军，剑履上殿，入朝不趋，赞拜不名。

已经近乎无敌的陶侃开始谦退，情真意切地上书朝廷："别再给老夫加官了，我已经无欲无求了。"

话说陶侃曾经做过一个梦，梦见自己生了八个翅膀飞上了天，看到天门九重，于是他一层又一层地往上爬，到了最后一道门的时候，看门的人一棍子把他打下去了，等他摔在地上的时候，发现左翼折了。然后他就醒了，发现左边身子疼，上厕所的时候，看到一个神秘人过来跟他说："你将来是要做公的，位至八州都督。"

陶侃后来做到都督八州，兼荆、江刺史，占据了几乎东晋大半壁江山的时候，开始有往上腾飞的想法，但每每思虑自己梦中折翼这事，就劝自己月盈则亏。①

334年六月，陶侃疾笃，又一次上表，主要内容是向皇帝封讨，说圣上虽然英明，但工作还是要靠大臣们干，靠谱的大臣是以下三个人：

1. 很牛的王导，"司徒导鉴识经远，光辅三世"。

2. 很牛的郗鉴，"司空鉴简素贞正，内外惟允"。

3. 很牛的庾亮，"平西将军亮雅量详明，器用周时，即陛下之周召也"。

他说，国家给我的所有权力，我现在都交回朝廷了，"谨遣左长史殷羡奉送所假节麾、幢曲盖、侍中貂蝉、太尉章、荆江州刺史印传启戟"。

陶侃这辈子，凡所受之恩，无论大小，必定厚报。施恩的长辈和贵人如果不在了，陶侃则报恩于他们的子孙。②

在陶侃治下，所有的军资、器仗、牛马、舟船都有详细的账目，陶侃回封国前，封印仓库，把钥匙交给了王愆期，然后登舟离去，大丈

---

① 《晋书·陶侃传》：及都督八州，据上流，握强兵，潜有窥窬之志，每思折翼之祥，自抑而止。

② 《晋书·陶侃传》：侃命张夔子隐为参军，范逵子珧为湘东太守，辟刘弘曾孙安为掾属，表论梅陶，凡微时所荷，一餐咸报。

夫来去明白，朝野称为美谈。①

334 年六月十三，陶侃病逝于归封国的路上。门阀政治时代下的最强寒门子弟，结束了他的人生旅途。

无论在多么没有希望的时代，中国这片土地上也会诞生像陶侃这样忠贞、有为、恭谨、节俭、谦退的华夏脊梁！

十六天后，即六月二十九，加平西将军庾亮征西将军，假节，都督江、荆、豫、益、梁、雍六州诸军事，领江、豫、荆三州刺史，镇武昌。亲不亲，一家人，成帝最终还是信任自己的舅舅。

陶侃死后，继任的庾亮开始布局干掉陶侃诸子。陶侃的三个儿子陶夏、陶斌和陶称手中各有兵数千，互相有想法。陶斌先回长沙，把老爹封国中的兵器财物全卷走了，结果被陶夏干掉了。

庾亮第一时间就要求严惩陶夏。

陶家兄弟相争，庾亮着什么急啊。结果庾亮的奏表还没到，陶夏离奇病死了。②

好神奇，真的是病死的吗？陶夏前几天还有各种想法，还能杀了兄弟陶斌，这都不像病人能干出来的事。

别管陶夏怎么死的吧，四年后，庾亮又杀了陶侃的最后一个儿子：在荆州继承陶侃一定势力的陶称。

庾亮的手法极度阴损。

陶称最开始任东中郎将、南平太守、南蛮校尉、假节。

339 年，庾亮任命陶称为监江夏随义阳三郡军事、南中郎将、江夏相。

陶称调岗后要到夏口拜见上司庾亮，但根本没想到这是庾亮布置

---

① 《晋书·陶侃传》：及疾笃，将归长沙，军资器仗牛马舟船皆有定簿，封印仓库，自加管钥以付王愆期，然后登舟，朝野以为美谈。

② 《晋书·陶侃传》：庾亮上疏曰……亮表未至都，而夏病卒。

的一个想杀自己的局，仅仅带了两百人前去拜码头。庾亮见了陶称就翻脸了，数落了陶称一大顿然后就把他砍了。[1]

庾亮作为堂堂的三州刺史，杀个下属却用如此卑劣之计，当年陶侃不介意你惹出来的苏峻之乱让儿子陶瞻战死，不计较你从头到尾防着他，解你危难，给你面子，帮你复国，你却绞尽脑汁杀他子嗣。庾亮实在不是个东西。

比较有意思的是，庾亮的子嗣也会以同样的方式被另一只大老虎一个个咬死。

随后的几年，庾亮由于手握上游形胜之地，实力越来越强，朝廷的大权慢慢又被这位帝舅抢走了，但王导却能站在建康的城头上，看着西风扬起的尘沙，举扇挡之，缓缓地说道："'庾亮牌灰尘'又把人吹脏了。"[2]

王导之所以能说得那么优雅从容，归根到底，是因为他背后的京口郗鉴。

京口重镇，将在三十年后成为整个东亚的希望，某种意义上也是发生在公元4世纪尾声的那场超级大崩盘的最凶悍的引爆点。

庾、王两大顶级门阀的上下游对峙，在郗鉴这个关键砝码的作用下谁也吃不掉谁，终于在公元339年开始以一种谁也没有想到的方式向下一个阶段进行演化。

339年七月，王导病逝，终年六十四岁，朝廷举哀三日，遣大鸿胪持节监护丧事，礼仪照霍光及司马孚之例举办丧事。紧接着八月，郗鉴病逝，终年七十一岁，以太牢礼祭祀，追赠太宰，谥号文成。紧接着

---

[1] 《晋书·陶侃传》：庾亮以称为监江夏随义阳三郡军事、南中郎将、江夏相，以本所领二千人自随。到夏口，轻将二百人下见亮。亮大会吏佐，责称前后罪恶，称拜谢，因罢出。亮使人于阁外收之，弃市。

[2] 《晋书·王导传》：时亮虽居外镇，而执朝廷之权，既据上流，拥强兵，趣向者多归之。导内不能平，常遇西风尘起，举扇自蔽，徐曰："元规尘污人。"

340年正月初一，庾亮去世，终年五十二岁，追赠太尉，谥号文康。

东晋门阀政治上半场的三位关键大佬，几乎在同一时间走人了。

这很是巧合，但更巧合的还在后面。

庾氏开始遭遇死亡诅咒。庾亮死后，荆、江势力由其弟庾冰继承。342年，庾家兄弟中的庾怿毒杀王允之不成后自杀，不久，四十岁的王家顶梁柱王允之虽然没被毒杀但也于342年离世。

还是342年，六月，二十二岁的晋成帝病逝，其弟晋康帝司马岳上台。紧接着两年后，344年，二十三岁的晋康帝和掌权荆江时年四十八岁的庾冰也死了。

庾冰死后，弟弟庾翼继续掌权，但紧接着一年后，345年，庾翼也死了。

至此，在短短六年时间里，王家和庾家的顶级大佬全都死了。晋康帝司马岳死后，两岁的儿子司马聃继位，朝廷大权开始落入一个叫何充的人手中。

何充是王导姨姐的儿子，其妻是庾家的闺女，这位身兼王家、庾家两层姻亲关系的人在王导逝世后转为护军将军，并与中书监庾冰都录尚书事。

当年成帝死后，何充建议立皇子做储君，但庾冰因为皇子不再有庾家的血缘转而力挺成帝之弟司马岳上位。在第一轮交锋中庾家获得胜利，晋康帝司马岳继位。

晋康帝司马岳崩后，庾冰及庾翼打算立司马睿之子会稽王司马昱为帝，但何充再次建议立皇子。而有私心的晋康帝在彻底糠了之前将自己的儿子司马聃立为了下一任皇帝。因此，庾冰及庾翼非常憎恨何充，双方剑拔弩张。

但谁也没有想到，司马聃继位的当年庾冰就逝世了，转过年来庾翼也重病了，何充开始一人独掌大权。

345 年，四十一岁的庾翼临终前，上表朝廷请求将他的职位委托给他的儿子庾爰之。

至此，庾家的第一代人已全部落幕。别看年头不长，但庾家已经三人掌荆州了，眼瞅就要第四任连任了。在这个历史时刻，何充说："不行！"其理由是：荆、楚是国家的西大门，人口百万，北有强胡，西有劲蜀，地势险阻，绵延万里，所任得才则可平定中原，所任非人则国家社稷堪忧，当年陆抗存则吴存，陆抗亡则吴亡，怎能让庾爰之一个小毛孩子当此重任呢！

谁能担当此重任呢？何充指出了一个人。

话说近百年前，曹魏政权在曹爽之手。曹爽、曹羲兄弟屡次一起出游，一个老乡对他说："你们兄弟总揽大权，掌管禁兵，不宜一起出城。万一有人关闭城门怎么办呢？"

曹爽说："谁敢！"最终没听劝告。劝曹爽的老乡是谯郡龙亢人，叫桓范。

249 年，司马懿发动高平陵之变，在关键时刻，时任大司农的桓范带着大司农印冲出了戒严的洛阳城找到了曹爽，力荐曹爽兄弟把天子挟持到许昌，然后调集四方兵力围攻洛阳。

最终，在司马懿洛水盟誓下，曹爽放弃了抵抗，其心腹党羽被铲除干净。

时光荏苒，百年时光匆匆而过，何充推荐的这个人，阴差阳错地再次让所有人看到了历史的幽默与轮回：当年被司马家做过保证，结果却被灭了三族的桓范后人出场了。

王导、王敦、庾氏兄弟乃至后面大名鼎鼎的谢安，这些执掌东晋朝权的门阀掌门人有一个算一个，在综合能力排名上没有一个人可以跟这个人相提并论，东晋一朝的最牛权臣，没有之一。

桓大司马，该你上场了。

第 *8* 战

桓温灭蜀：桓家崛起的底蕴

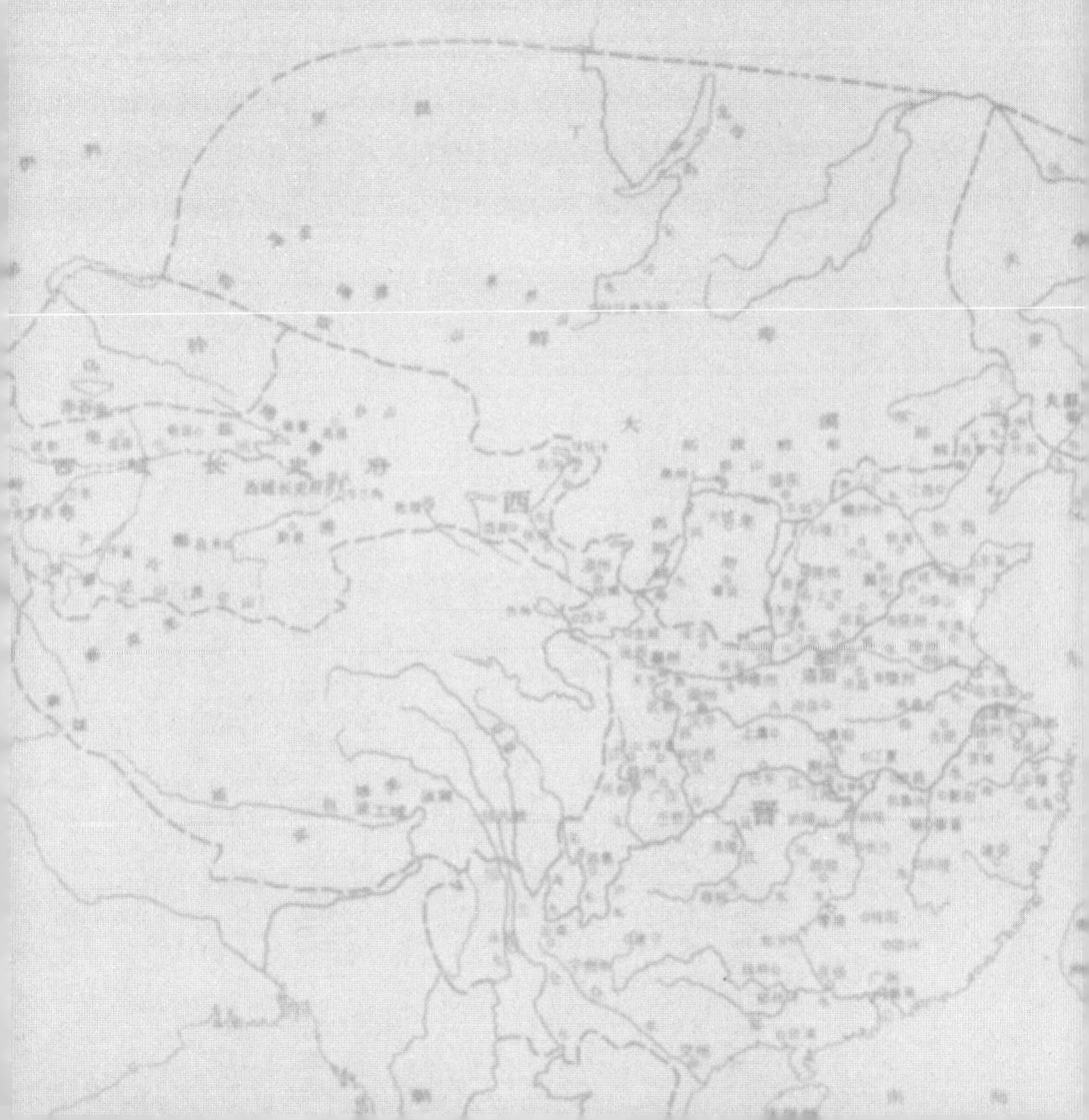

一、"血亲复仇"：千百年来对于古代社会的深远意义

自八王之乱开始，蜀地第一个脱离了晋朝中央政权，"天下未乱蜀先乱"的老话所言不虚。不过，"天下已定蜀未定"的魔咒却在公元347年被打破了。

在中国腹地的荆州，有一位小将继曹魏邓艾偷渡阴平后，时隔八十多年，再现了轻兵远袭的灭蜀神迹。这位小将经历的一切，都让人感慨宿命的神奇。这是一个家族十世腾飞的故事……

公元43年，已是东汉光武缝合天下多年了，光武帝刘秀不仅拯救了大汉天下，也拯救了被王莽搞臭了的儒家。那一年，刘秀为太子（后来的汉明帝）选老师，将已经六十多岁的儒家经学大师桓荣请了出来。

桓荣年少入关，拜九江郡人朱普为师在长安学习《尚书》，半工半读地在长安待了十五年没有回家，适逢王莽篡汉他才回到家乡。之后老师朱普在九江去世，桓荣不远千里去九江奔丧，自己为老师背土筑坟，并就此留在九江开班授课，徒众数百人。

后来王莽完蛋，天下打成了一锅粥，桓荣又带着学生逃入山谷，虽然饥寒交迫，但授业讲经不止。好在天选之子刘秀用五年时间缝合了

天下，桓荣走出大山带着徒弟们开始在江淮一带教学，直到名气大到被刘秀选入了东汉的中央学校。

由于桓荣搞了一辈子教育，讲课水平实在突出，再加上当时还是太子的汉明帝又是个尊师重教的好孩子，桓荣这位帝师后来受到了极大的尊崇。

每当桓荣生病，明帝必派使者慰问。后来桓荣重病，明帝还亲自来他家里探望，皇帝捧着经书抚摸着恩师在那里哭，弄得诸侯大夫来看望桓荣时都得拜倒在床下。

桓荣死后，明帝亲自为他变服，临丧送葬，在首阳山之南赐给桓荣冢茔，给其子弟补官。后来桓荣的门徒多数做到了公卿，到了他的孙辈桓焉时，以世传家学和人际关系官至东汉三公之首的太尉。

因为桓荣的超级大咖地位，桓氏家族在东汉一朝所受恩宠弥久不衰，到了桓荣的五世孙桓典时仍然具有学术霸主地位，凭借家传经学开班办学，门徒达到了数百人，之后还入仕成为何进的死党。桓典全程经历了东汉献帝的西去和东返，死前官职做到九卿之一的光禄勋。

到了桓典的儿子桓范时，靠着出身不凡及与曹魏皇室曹家同是谯郡人，桓范中规中矩地干到了大司农，受大将军曹爽所敬。桓范曾一度掌握了整个中国历史走向的钥匙。

当年，在曹爽左右为难的时候，命运曾经给了他一次绝地逆转的机会——桓范带着极其关键的东西和直击要害的方案逃出了已经戒严封锁的洛阳来投奔他。桓范拿着的那个东西，是调动天下粮草的大司农印；桓范带来的那个方案，是告诉曹爽他手中有皇帝、有粮草，他应该去许昌平灭不合法仅有空城的司马懿。

但最终曹爽选择认输，就因为当年跟他爹一个辈分的大佬们一个个出来做担保，说："咱们德高望重的老太尉（司马懿）指洛水发誓了。"桓范在最后时刻骂道："曹子丹一世英雄，怎么生了你这么个大傻子。"司马懿指洛水发誓后处置曹爽一党的手段极其残忍，据司马懿本纪记载：诛曹爽之际，支党皆夷及三族，男女无少长、姑姊妹女子之适人者，皆杀之！

历史在旁观完司马懿的食言和桓范的不甘后，将命运的手指指向了六十四年之后。312年，桓范的曾孙桓温出生。司马氏本就岌岌可危的皇位，将在桓温父子两代手上被打翻在地。

高平陵之变后，司马懿尽屠曹爽一党，桓范被杀，其子济北相桓楷被杀还是逃亡，历史记载不详。晋代魏后政治环境变得宽松，中间经历了天下大赦，桓范的孙子桓颢恢复了普通人的身份，又小心翼翼地端起了司马氏的饭碗，官至西晋公府掾、郎中。

可能有读者会想，当年曹爽的余党不是被司马懿赶尽杀绝了吗？这做官的资格审核是怎么通过的呢？司马懿当初下手那么狠，诛杀得那么干净，是为了防备后面可能出现的"血亲复仇"，现如今时过境迁，司马氏已贵有天下，曹爽余党已零落成泥碾作尘，不再具有威胁了，也就无所谓了。

比如东晋王敦发动两次大乱的合伙人沈充，本来是反皇室集团大头目，按理他的家族是要被灭族的，但其子沈劲被同乡人钱举给藏匿起来，过了几年也就没事了。最终的惩罚不过是沈劲不能入仕东晋。[①] 但沈劲后来仍然作为平北将军府的参军入了仕途，最终官至扬武将军，为东晋死节。

桓氏家族自桓荣开始绵延六世不堕，桓范受诛后开始没落，第七世、第八世门户不显。桓氏重新走向复兴，是从桓荣的九世孙桓彝这里

---

① 《晋书·沈劲传》：父充，与王敦构逆，众败而逃，为部曲将吴儒所杀。劲当坐诛，乡人钱举匿之得免。其后竟杀仇人。劲少有节操，哀父死于非义，志欲立勋以雪先耻。年三十余，以刑家不得仕进。

开始的。

桓彝年少孤贫，早期经历不详，入仕的起步官为豫州主簿。这个起步的官职很不简单，说明桓家在第八世时就有开始重新抬头的趋势了。对比一下真正的寒门陶侃，当年陶侃起步时钻营得那么费劲，在一系列高光工作后不过才迁了个郡主簿。

桓彝随司马冏攻打司马伦，拜骑都尉。在八王之乱中他都干了什么史书没有记载，只知道他在司马睿当安东将军的时候当了逡遒（今安徽肥东县龙城）令。桓彝在司马睿做丞相后正式过江成了丞相中兵属，随后累迁中书郎、尚书吏部郎，名显朝廷。①

桓彝的这三个官职看上去平平淡淡，实际上却是一个跨度非常大的时间轴记录。

307 年九月，安东将军司马睿过江抵达建康；311 年五月，司马睿为镇东大将军，兼督扬、江、湘、交、广五州诸军事，相当于在这四年中的某个时间段，桓彝开始担任逡遒令。

315 年二月丙子，司马睿做了丞相，相当于即便桓彝是在司马睿被封为镇东大将军的当月（311 年五月）做的逡遒令，他仍然在这小小的芝麻官岗位上干了四年。

逡遒位于江北，官位也相当低微，也就是说，桓彝绝对不是司马越和司马睿这一系的人，否则他绝对不会被如此忽略对待的。桓彝这辈子都令人看到了一种精神，一种不断向上的"有为"精神。

桓彝之所以在当了多年的芝麻官后能够渡江南下，是因为他交到了一位好朋友——周顗，也就是王导慨叹因他而死的那位"伯仁"。②

---

① 《晋书·桓彝传》：元帝为安东将军，版行逡遒令。寻辟丞相中兵属，累迁中书郎、尚书吏部郎，名显朝廷。

② 《晋书·桓彝传》：雅为周顗所重，顗尝叹曰："茂伦嵚崎历落，固可笑人也。"

桓彝刚过江的时候，曾经使劲拍了王导的马屁。他先是对王导的好朋友周顗感叹东晋没戏了，后来他被引荐给王导，两人交谈后，他又得出了结论：这位江左管夷吾没问题，一定能撑起大局。①

说这话的时间应该是在315年以后，"三定江南"的周玘已死了两年了，北方的压力也早就没了，陶侃都帮王敦平定完荆州之乱即将去广州喝凉茶了。所以桓彝此时说这种话，就是在拍如日中天的琅邪王氏的马屁。

桓彝不仅会来事，还会主动自我转型。他作为桓荣的九世孙，有儒家经学传家，但此时玄学大行其道，桓彝过江后主动脱儒入玄，满嘴玄谈，酗酒裸奔，与名士谢鲲、阮放、毕卓、王尼、羊曼、阮孚、胡毋辅之七人一起号称"江左八达"。

桓彝的玄学水平相当高，在玄学圈混出了大名堂。在司马绍登基之前，有人评价他玄学水平高，类比对象中就有王导、庾亮、温峤、桓彝、阮放这五个人。②

这个所谓的"江左八达"，除了谢鲲和桓彝外，剩下六个人基本上天天什么事都不干就是喝酒。桓彝却一边喝酒、裸奔挤入上流圈子，一边谋求为国家建功立业。说到底，裸奔只是一种手段，桓彝的心灵并不空虚。

桓彝在司马睿政府当上了中书郎、尚书吏部郎，成为司马睿的心腹之一。王敦在叛乱前夕，对桓彝相当看不顺眼，桓彝称病辞官才躲过一劫。

---

① 《晋书·王导传》：晋国既建，以导为丞相军谘祭酒。桓彝初过江，见朝廷微弱，谓周顗曰："我以中州多故，来此欲求全活，而寡弱如此，将何以济！"忧惧不乐。往见导，极谈世事，还，谓顗曰："向见管夷吾，无复忧矣。"

② 《晋书·明帝纪》：性至孝，有文武才略，钦贤爱客，雅好文辞。当时名臣，自王导、庾亮、温峤、桓彝、阮放等，咸见亲待。

晋明帝继位后，桓彝被征召回中央。这一次，桓彝因为多年积累的江北人脉和经验参与了平灭王敦的谋划，后因定策有功，被封为万宁县男爵。桓彝成了官封的贵族，也开始走向了帝国前台，后来经温峤推荐，明帝首肯，被派到关键位置宣城郡当太守，颇有民望。

但很快，苏峻之乱又来了。

得知苏峻叛乱，桓彝以很少的兵力在第一时间成为靖难的义军之一。当时，温峤手中只有七千人，他必须得没完没了地写信拉陶侃下水；郗鉴被升为司空，但他也必须得等陶侃顺江东下后才能渡江。所以桓彝属于比较早跳出来靖难的人，而且是在苏峻叛乱的情报传来后没经上疏就第一时间跳出来的人。

桓彝的长史裨惠劝他："现在咱们手里这点儿兵不够人家打的，不如先按兵不动等一等。"桓彝不同意，上来就冲出去了。结果被苏峻叛军打败，桓彝退据广德，等庾亮丢人现眼、建康失守后，他又辗转进驻泾县。

面对苏峻派来轮番招降的叛军代表，桓彝严词拒绝，表态大不了就是个死嘛！最后桓彝困守孤城半年，苏峻反复表示"只要你投降我就以礼相待"，将士们也纷纷说"咱们先伪降将来再想办法"，但桓彝拒绝妥协，最终在329年六月城破后为国死节。

桓彝的一生，为曾经有"黑历史"的桓氏解决了家族上升的两个关键问题：一个是"成分"，那个年代最看重门望和名声，桓彝跻身"江左八达"打入玄学圈子，又和太子搭上关系算是打破了阶层的牢笼；另一个是"功绩"，桓彝在"王敦之乱"和"苏峻之乱"中均表现出色，拿到了爵位并最终为国死难。

最重要的就是这个"忠"字，在司马氏这里太罕见了！纵观两晋历史，有太多两面倒的墙头草了，一个个都是算法大师。不管桓彝怎么裸奔，他家经学传家的儒学底子已经印入了家族骨髓，他太爷桓范就忠心耿耿，到他这里还是忠心耿耿！这两点，最终都成为他儿子桓温能够年纪轻轻站到历史前排的关键因素。

桓彝死后被朝廷追赠为廷尉，并赐"简"的谥号。"一德不懈"曰"简"，坚持德行操守不懈怠，评价相当高。

桓彝一共有五个儿子，虽无明确记载，但基本上可以推测，桓彝仍然是以家传经学为骨来教育孩子的。因为他的五个儿子桓温、桓云、桓豁、桓秘、桓冲全都成才。尤其是他的长子桓温，据说刚出生时就被温峤高度赞扬，说这孩子有奇骨，他听到哭声后更惊了，说这孩子长大后了不得，桓彝则因温峤的夸奖给孩子起名为"温"。[①]

实际上这又是史官对于注定不凡的大人物童年时的牵强附会。因为桓温生于 312 年，温峤这时候还在太原跟匈奴人互撕呢，根本见不到面。但是桓温的面相确实相当不俗，长大后的桓温豪爽有气概，姿貌甚伟，而且最关键的是脸上有七颗痣，呈北斗七星状排列。（见图 8-1）

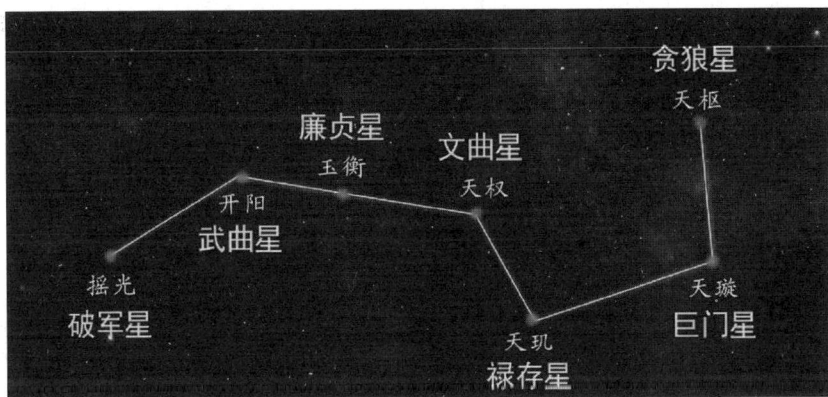

图 8-1　北斗七星

---

① 《晋书·桓温传》：生未期而太原温峤见之，曰："此儿有奇骨，可试使啼。"及闻其声，曰："真英物也！"以峤所赏，故遂名之曰温。

相传这种面相是北斗七星君降世，顶级的贵命格，同理，要是脚踏七星，那也是了不得的体相，传说能掌千军万马的。

桓温曾被沛国刘惔看相，刘惔说桓温眼如紫宝石般冒光，胡须像刺猬毛一样根根分明，这是孙权、司马懿级别的人物啊！①

杀害桓彝的主犯是叛军将领韩晃，此人后来死于战场，但导致桓彝城破并最终被杀的还有驻守的泾县县令江播。不过，为了维护东晋的稳定，朝廷大赦天下没有追究苏峻之乱中的大量降将，江播也没有被追责，但十五岁的桓温枕戈泣血，发誓要为父报仇。

桓温的报仇方案很特殊。小小年纪的他就知道要等待时机，等待江播被免官，因为江播如果仍是朝廷命官，那么就不能随便杀死他，而且自己的力量也还不够。桓温这辈子，一直在做算术题，基本每次出手都已是八九不离十了。

三年后的 331 年，江播病死。桓温曾早早放话出去说自己要为父报仇，于是早已听过这个消息的江彪三兄弟在为父江播守丧时，事先就在丧庐内准备好了武器。没想到桓温乔装成来吊丧的宾客进入了丧庐，他一进来就捅死了江彪，又追出去杀了江彪的两个弟弟。十八岁的桓温在仇人的白事上，完成了对仇家的团灭，因此名声大振。②

古代社会有"血亲复仇"的古老习俗，即当本族族人尤其是父母兄弟受到伤害或被杀后，其宗亲、子弟是有义务为其报仇的，而且这种义务甚至是不可推卸的责任。所以政治斗争结束后胜利方通常要对战败者诛族，其实也是担心自己及后人的名字被永远写在仇家的复仇名单上。

早在先秦时期，"血亲复仇"就基本约定俗成了，后来在西汉，因

---

① 《晋书·桓温传》：少与沛国刘惔善，惔尝称之曰："温眼如紫石棱，须作猬毛磔，孙仲谋、晋宣王之流亚也。"

② 《晋书·桓温传》：温诡称吊宾，得进，刃彪于庐中，并追二弟杀之，时人称焉。

为有了官方认可的理论基础——儒家成为国教，甚至出现放大效应。儒家讲究"三纲"，即"君为臣纲，父为子纲，夫为妻纲"，一个人如果连杀爹的仇都不报那就是个畜生。

在《礼记·檀弓上》中，子夏曾经问孔子："老师啊，身负父母之仇该怎么处理呢？"孔子他老人家说："你要天天枕着盾牌睡在草席上，不能出去做官，要时时刻刻以报仇雪恨为念：你的仇人就不能活着！即使在衙门口碰到他，也要搞死他！"

子夏又问："亲兄弟的仇该怎么处理呢？"孔子说："你不能和你的仇人在同一个国家当官，如果你奉君命出使和仇人相遇，要以君命为重暂时不和他决斗。"

子夏又问："堂兄弟的仇怎么处理呢？"孔子说："你不必自己带头去报仇，但如果堂兄弟家的亲人去报仇，你可以拿着武器在后面跟着协助。"

孔子的理论核心是"有差别的爱"。我最爱父母，其次妻子，再次兄弟，最后朋友，像击水所形成的涟漪一圈圈地释放出去，每个人做好自己本分的爱，这个世界也就充满了爱。

这个理论建立在人的天性上，因为永远不存在彻底的"平等"，爱自己爹妈永远比爱隔壁吴老二要多得多，这是永远不会平等的。

在《礼记·曲礼上》中，有一个简单易记的复仇概念：

1. 父母之仇是不共戴天的，虽远必诛！所谓"父之雠弗与共戴天"！

2. 兄弟之仇是不能见面的，随时携带武器碰见了就杀！所谓"兄弟之雠不反兵"！

3. 朋友之仇是不能同在一个国家的，凶手要是不逃到外国去，见到了还是要杀！所谓"交游之雠不同国"！

当儒家的"三纲五常"等伦理观念开始作为官学普遍流行，"血亲复仇"基本上被当作了理所应当的事,"孝"和"义"成为两汉法律的重要参考准绳。

西汉曾专门出台了法律进行明文规定"亲亲得相首匿",也就是说直系三代血亲或夫妻之间犯了罪可以相互包庇隐瞒,不向官府告发,法律也不追究其刑事责任。因为孔夫子曾发表过重要观点:父为子隐,子为父隐,直在其中矣。父子相互包庇这正直的体现。

汉宣帝于公元前66年发布的诏书中明确给出了"亲亲得相首匿"的理论依据:"父子之亲,夫妇之道,天性也。虽有患祸,犹蒙死而存之。诚爱结于心,仁厚之至也,岂能违之哉!"

不过这次的诏书也修改了漏洞,进一步在法律中进行了规定,但凡遇谋反这种直接危害皇帝统治的大罪,则引儒学另一观点"大义灭亲"为据,而不再适用"亲亲得相首匿",藏匿包庇亲属就是重罪。

说到底,都是为了方便统治。国家之所以推崇"血亲复仇"乃至它背后的理论依据"儒家学说",本质上都是为了统治方便着想的。别看汉宣帝说得那么动听,他其实是个明白人。这位宣帝是当年遍尝人间苦难的刘病已,是汉武帝、权臣霍光之后西汉一朝最杰出的政治家。

后来他儿子对他说:"陛下持刑太深,宜用儒生。"刘病已很正式地批评了这小子,说道:"咱们汉家自有制度,本以霸王道杂之,怎么能只用儒教,那些儒生满脑子之乎者也办事落不了地,难堪大任。"最后还叹了句:"坑我家的,就是我这个太子啊!"①

刘病已本质上是供着儒家但不认同儒家。这位明白人把"血亲复仇"写入宪法,是出于两方面的考虑。

---

① 《汉书·元帝纪》:(元帝)从容言:"陛下持刑太深,宜用儒生。"宣帝作色曰:"汉家自有制度,本以霸王道杂之,奈何纯任德教,用周政乎!且俗儒不达时宜,好是古非今,使人眩于名实,不知所守,何足委任?"乃叹曰:"乱我家者,太子也。"

1.降低社会统治成本。

举个例子，现在每天的诉讼案件量超过过去几千年来中国历史案件的总和，本质上就是因为今天的法律已做了相当程度的细分，并有足够的从业人员去解决这些问题。但即便如此，诉诸法律的成本仍然不低，法律在本质上仍然不提倡鸡毛蒜皮的小事也要去打官司。

我国古代都是"皇权不下县"，地方官编制有限，而且他们也没有那么多工夫去管张家长李家短，基本上都是地方长老、豪族自治。所有的矛盾都要地方进行自我消化，皇权只管调节那种地方上无法自我消化的矛盾。

皇权不是不知道"血亲复仇"是冤冤相报残害人口，对纳税基数有很大损害，但如果不允许民间"血亲复仇"，矛盾也还是在的，而且不让复仇，百姓就只能到官府去申冤。如果官府处理不了成千上万剪不断理还乱的伦理案件，最终就会转化为百姓对皇权的巨大不满。

生命会自己寻找出路，愤怒也需要找到途径去引导和宣泄。所以，你家让人欺负了，有本事你就报仇去，没本事就是你自己胆怯，总之跟国家没关系。

2.方便地方自治系统进行司法裁决。

地方上无论大到一族，还是小到一家，都是父父子子的组成体，其消化矛盾的准绳，也只能是儒家思想主导的"血亲复仇"理论。

杀人偿命，欠债还钱，以牙还牙，以眼还眼，这些理论方便进行大家公认的司法裁决。说到底，"血亲复仇"的古老习俗是古代皇权在相应生产力下统治社会的黄金分割点。

因为伤害税基，"血亲复仇"也曾被统治者以各种各样的规定禁绝过，但基本都成了一纸空文。比如东汉初年，针对已非常严重的复仇之风，大臣桓谭上疏说冤冤相报何时了，这样的社会成本太高了。①

当时刘秀没明确回复桓谭的上疏，汉章帝时（80 年），东汉政府制定出台了《轻侮法》，以法律形式规定从宽处罚为父报仇之人，算是开始认定"血亲复仇"是非法的法律试点。到了汉和帝时（97 年），《轻侮法》被废除，"血亲复仇"正式成为违法行为，但很快它就成了空谈。

那时，不仅社会舆论对复仇行为有着极力褒奖的宽松环境，而且地方上也基本不怎么执行该条款。尤其地方豪族的血亲复仇，甚至不仅不会得到惩罚，还会成为时代楷模，比如渔阳豪族阳球他妈被郡吏所辱，阳球带了几十个人杀了郡吏的全家，他后来成为感动渔阳的孝顺好少年，举孝廉进入官场。②

到了曹魏建国的时代，由于血亲复仇对于劳动力的巨大杀伤效应，人口已经极度滑坡，魏文帝曹丕在 223 年开始严令禁止血亲复仇，犯者诛族。这个规定看上去够凶吧，但没几年又成摆设了。曹叡继位后，发现黄河在疏不在堵，"血亲复仇"这种已经自我演化数百年的"法外之法"根本就不可能生硬禁绝，于是又做了调整，贼斗杀人，以劾而亡，许依古义听子弟得追杀之，即允许被害者子弟追杀逃亡凶手。

"亲亲得相首匿"这一刑法制度自汉代开始成为中国古代重要刑事法律原则之一，并一直为历代所沿用。这个约定俗成的法理其实一直到近代仍然是通行的，比如说民国侠女施剑翘为父报仇。

施剑翘原名施谷兰。1925 年，她的父亲施从滨在军阀混战中兵败被俘，获胜的军阀孙传芳下令枭其父之首悬于蚌埠车站并示众三日。二

---

① 《后汉书·桓谭传》：今人相杀伤，虽已伏法，而私结怨仇，子孙相报，后忿深前，至于灭户殄业，而俗称豪健，故虽有怯弱，犹勉而行之，此为听人自理而无复法禁者也。

② 《后汉书·酷吏传》：郡吏有辱其母者，球结少年数十人，杀吏，灭其家，由是知名。初举孝廉，补尚书侍郎。

十岁的施谷兰立誓为父报仇，原因是如果她爹是死在战场上，她绝对不追究，但是孙传芳杀俘砍头还示众三天，这仇就不共戴天了。

施谷兰为了报父仇与不肯出手的兄弟断绝了关系，与答应为她报仇却不行动的丈夫断绝了关系，在父亲遇害十周年的1935年写下了"翘首望明月，拔剑问青天"，并从此改名为"施剑翘"。最终，施剑翘于同年的十一月十三日，在天津的居士林佛堂开枪杀死了孙传芳为父报仇。

施剑翘杀完孙传芳后将事先准备的大字报《告国人书》和父亲施从滨的照片抛向人群，大声喊出自己的名字和目的，随后拨通警局电话自首。之后，天津法院一审判决施剑翘有期徒刑十年。这件为父报仇案引起了极大的轰动，成为当时的顶流，大量媒体和百姓请求政府特赦施剑翘。

1936年八月，经辩护律师申诉，施剑翘的刑期由十年变为七年。紧接着，全国妇女会、旅京安徽学会、安徽省立徽州师范等团体纷纷通电继续呼吁特赦，冯玉祥、李烈钧、宋哲元等大佬也出来为这位侠女站台。最后，1936年十月十四日，在施剑翘入狱的第十一个月，时任中华民国政府主席的林森向全国发表公告，赦免施剑翘。

孙传芳当时是直系军阀中的大佬，与张作霖、吴佩孚并称为"北洋三大军阀"，而且他曾严词拒绝日本人的收买企图，晚年还皈依了佛门，并不是那种名声臭大街的军阀。虽然有种种政治内斗掺杂其中，有人利用了施剑翘为父报仇的心理除掉了孙传芳，但当时全国一边倒地声援施剑翘，其核心仍然是这片土地两千年来印入骨髓中的"血亲复仇"理论。

施剑翘在法庭上说的话掷地有声："父亲如果战死在两军阵前，我不能拿孙传芳当仇人，但是他残杀俘虏，死后悬头，我才与他不共戴天！"在我们的这片华夏土地上，人们奉行的一个概念就是：万物皆有其道！

近百年来，人们对施剑翘的评价呈两个极端，要么说她是侠女，要么说她是法盲，很多人甚至从宏观层面上说她践踏了法治，无比自私野蛮。

我在这里只做一个推测：无论是为了避免"法网恢恢疏而不漏"，还是为了避免"杀父之仇不共戴天"，在这片土地上，永远会有"施剑翘"，"施剑翘"也永远会受到这片土地上的舆论偏爱。做事请有原则！做人请有下限！

时代从曹魏到了东晋，"血亲复仇"的"合法"程度到了什么地步呢？我们以本章开篇提及的沈充为例来看。

沈充在王敦之乱战败后逃回老家时迷路了，误入了故将吴儒家。吴儒假装答应藏匿沈充，却趁沈充放松警惕时将他控制住，并笑着说："我今日可得三千户侯了。"沈充道："封侯不算什么，你要是能想着咱们当年之义放过我，我的宗族必定会给予厚报，你要是杀了我，我的死必会令你灭族。"吴儒还是杀了沈充，并将他的头送去了建康。

同一时期，沈充的儿子沈劲则被同郡豪族钱家藏起来而幸免于难。后来，沈劲果然替父报仇灭了吴氏一门。沈劲并没有因为这件事被追究，最后在东晋北伐守洛阳时为国死节。

即使是跟随王敦造反的沈家的"血亲复仇"在东晋这个奇葩朝代都不叫个事，那么桓温这种光明正大替父报仇的在当时简直就成了时代楷模。靠着老爹打的封侯底子和自己的英俊外表，以及为父报仇的这股子英气，桓温成功娶到了东晋南康长公主为妻，加拜驸马都尉，并袭父爵。

这位南康长公主，是晋明帝和庾皇后的闺女。桓温他爹和庾亮自幼深交，他媳妇是庾家皇后的亲闺女，桓温也因此自带司马氏和庾氏的双重姑爷身份。而这层联姻关系，也成为桓温上位的最关键因素。

说了"血亲复仇"的历史意义和桓家的十世沉浮，最终在祖祖辈辈的努力与奋斗后，桓温来到了鲤鱼跃龙跃龙门的最后一层台阶：婚姻。

　　也许"血亲复仇"终有一天会式微消逝，但婚姻作为终极的联盟与认可手段，只要人类存在一天，就永不会消逝……

二、中国史上最阴差阳错的一通军鼓

公元335年，二十四岁的桓温出任琅邪内史。

343年，庾翼嚷嚷北伐，只有桓温响应，于是桓温被升职为徐州刺史，都督青、徐、兖三州诸军事。

345年，庾翼病逝，临终前请求让儿子庾爰之接掌荆州，而辅政的何充推荐了桓温。桓温脱颖而出有三个原因。

1.何充和庾氏的关系达到冰点，庾氏老一辈全部过世后，建康的很多门阀派系不希望庾氏世袭荆州。

2.桓温没有上一辈人的支持，力量不强。

3.桓温是司马氏的姑爷，同时又跟庾氏沾亲戚，和庾翼的关系还不错，他出镇荆州不会遭到庾氏的太大反抗。[①]

这三个原因，使桓温成为让庾氏交权的砝码。结果令那些门阀头头们没想到的是，这反而是驱狼引虎，庾氏自庾亮开始做的所有事，都没桓温后来做的事让人脑袋疼。

---

① 《晋书·桓温传》：温与庾翼友善，恒相期以宁济之事。翼尝荐温于明帝曰："桓温少有雄略，愿陛下勿以常人遇之，常啚畜之，宜委以方召之任，托其弘济艰难之勋。"

345年八月，三十四岁的桓温都督荆、梁等四州诸军事，任安西将军、荆州刺史、领护南蛮校尉、假节，出镇荆州。毫无意外地，从小就被看好的桓温迅速成功地接手了荆州。但比较出乎意料的是，在刚到任仅一年，桓温就做出了惊天的功业。

346年，到任荆州不久的桓温极其敏锐地从政治局势中发现了机会。

这一年，后赵石虎正在派兵攻打前凉，前凉君主张重华出动全国兵力抵御后赵，双方不断加大投入。

此时的石虎离他人生的终点不到三年了，他家从老子到儿子都一样残暴，在暴虐十多年后，后赵各方面力量都已呈枯竭之势，桓温面临的北边的压力很小。

同时，蜀地也经历了十多年内乱，这年冬天又发生了一次藩王造反事件，同样虚弱得不像样子。

于是在346年十一月，桓温上疏朝廷，请求伐蜀。

蜀地自从贾南风倒台后就开始走向半独立状态。296年，氐人齐万年造反后，关西一带兵祸扰乱，连年大荒，略阳、天水等六郡的百姓开始南逃，最后由略阳賨（cóng）人的望族李氏，在成都建立了"大成"政权。

賨人是历史上的少数民族，又称"寅人""板楯蛮"，是今天土家族的主源，主要分布于嘉陵江畔。当年刘邦在汉中准备发起战略反攻时，曾经招募賨人还定三秦，刘邦对这些少数民族兄弟相当感激，给賨人特设了免税政策。到了东汉末年地分三国，张鲁教主在汉中办教的时候，五斗米理念走入大山，深入賨人心中，李氏就是在这个时间段由巴西宕渠前往投奔张鲁的。

后来曹操拿下了汉中，李氏的宗主李虎带领族人投奔了曹操，曹操拜其为将军，迁于略阳，成为曹魏官僚系统中的一员。之后，李虎的儿子李慕成了曹魏的东羌猎将，他的孙辈也纷纷作为少数民族小贵族开始入仕州郡。

祖辈积累，部曲传家，子孙出众，又是一个家族腾飞的惯例公式。

李慕生了五个儿子，李辅、李特、李骧、李庠、李流，各个弓马娴熟有英雄气，故事就这样开始了……

296年，羌、氐被司马伦逼反，齐万年称帝，关西大乱后又出现了大饥荒，数万家凉州和关中百姓开始南下川蜀逃荒。李氏也带着族人南下，路上李家兄弟尽显大哥本色，"道路有疾病穷乏者，特兄弟常营护振救之"，得到了巨大人望。

路过剑阁时，李特看到如此天险后惊了，疯狂叹息道："刘禅有如此天险却投降于人，真是个庸才啊！"[①]

他可能不知道，几十年前有一个六十多岁的老头儿绕过了剑阁跨越了阴平险道完成了神兵天降。他更加不知道的是，剑阁不是被打下来的，而是被主动让出去的。

300年十一月，贾南风倒台，益州刺史赵廞作为后党姻亲被朝廷要求回去述职。结果赵廞不仅不回去，还打算"当刘备"直接反了，他开仓放粮收买流民学当年刘焉组建东州军。赵廞本身是巴西人，和李特祖上是同郡，随后李特的队伍就被收编了。

赵廞自称大都督、大将军、益州牧，自行署置僚属改易守令。李特的三弟，李氏此时最有出息的李庠被赵廞任命为威寇将军，封阳泉亭侯，被派去继续招募北方逃荒流民。李氏本就在南下的路上收获了巨大人望，其队伍迅速发展到了万余人。

李庠本就是东羌良将，声名在外、治军有方，接受招募军队的任

---

① 《晋书·李特载记》：特随流人将入于蜀，至剑阁，箕踞太息，顾盼险阻曰："刘禅有如此之地而面缚于人，岂非庸才邪。"

务后队伍扩张得很厉害，赵廞开始担心无法控制他。[1]

赵廞的心思被他的长史杜淑、司马张粲发现，就建议他弄死李庠，理由又是这个时代最时髦的八字真言"非我族类，其心必异"。[2]

赵廞听了这两人的建议，在李庠毫无防备地拜见他时杀之，并屠灭了李庠身边的李氏子侄宗族三十余人。由于李特等人还在外面带兵，赵廞担心李特翻脸，于是派人对李特等人说："李庠犯有死罪但祸不及兄弟，你们继续好好工作。"赵廞还把李庠的尸首还给了李特，又命李特兄弟为督将，以安其众。

但李特兄弟不干了，带兵悄悄逼近绵竹，又沿路收集了李庠的散兵使队伍达到了七千人。李特兄弟夜袭了赵廞派往北边断北道的万人军，在火攻的配合下，几乎全歼了赵廞的北军。随后李特兄弟进攻成都，赵廞手下尽散，他乘小船逃到广都时被杀，李特纵兵大掠成都。

李特打进成都时，朝廷已派了参加过平吴之战，做过十年梁州刺史的罗尚做益州刺史，让他带着牙门王敦、蜀郡太守徐俭、广汉太守辛冉等七千余人入蜀平灭赵廞。他刚南下不久，就发现这事已经自我消化了。

因为罗尚素有威名，所以李特这群刚抢了成都的军阀听说他来后有点儿害怕，赶紧派其弟李骧奉迎于道，送礼讨好，李特自己则与弟弟李流在绵竹摆宴迎接。

301年三月，罗尚到达成都，颁布了命北方流民回老家的政策。之前，留在老家根据地的李特长兄李辅看到家人们在益州混得那么好也南

---

[1] 《晋书·李特载记》：庠素东羌良将，晓军法，不用麾帜，举矛为行伍，斩部下不用命者三人，部阵肃然。廞恶其齐整，欲杀之而未言。

[2] 《晋书·李特载记》：长史杜淑、司马张粲言于廞曰："传云五大不在边，将军起兵始尔，便遣李庠握强兵于外，愚窃惑焉。且非我族类，其心必异，倒戈授人，窃以为不可，愿将军图之。"

下了，此时他刚从略阳赶到蜀地，听到这个政策后对李特说："中原现在已经乱了，司马氏宗室内部已经混战，打得难分难解，不要回去。"李特深以为然，并打算割据巴蜀。

李特多次让天水人阎式拜访并贿赂罗尚，请求通融北方流民回老家之事延期到秋天，暂时把这事给缓下来了。适逢朝廷命令蜀地上报讨伐赵廞的功劳，要求列出和李特一起讨伐赵廞的六郡流民将士名单以进行统一赏赐，结果广汉太守辛冉想把消灭赵廞的功劳贪为已有，没有如实上报，流民兵开始愤怒。

与此同时，之前答应流民可以待到秋天的罗尚，刚一入秋就派人催促流民上路。北方逃荒流民分布在梁、益二州，听说要被遣返原籍，人人忧愁愤恨，加之赶上了雨季，当年的粮食都还没有收，根本没有回去的干粮。[1]

李特再次送礼，请求罗尚宽限期限到冬天。但是罗尚集团比较贪，辛冉说流民军集团前面劫掠成都抢了好多财物，必须让他们吐出来。于是罗尚不仅不同意宽限期限，还明令梓潼太守张演在各路口要地设置关卡检查，让流民们缴纳高额的罚单。[2]

仕途上被欺负、回老家没干粮、自己的打工所得要被盘剥，在这三重困苦下，北方流民纷纷来到多次为大家请愿的李特那里，李特在绵竹建起大营来安置归附他寻求保护的流民，并写信给辛冉请求宽限北上的时限。

辛冉大怒，认为李特不识抬举，于是派人四处张榜开出了悬赏：

---

① 《资治通鉴·晋纪六》：罗尚遣从事督遣流民，限七月上道。时流民布在梁、益，为人佣力，闻州郡逼遣，人人愁怨，不知所为；且水潦方盛，年谷未登，无以为行资。

② 《资治通鉴·晋纪六》：冉性贪暴，欲杀流民首领，取其资货，乃与芯白尚，言："流民前因赵廞之乱，多所剽掠，宜因移设关以夺取之。"尚移书梓潼太守张演，于诸要施关，搜索宝货。

能抓住李特兄弟的重赏。李特见到后将榜文全部取回，把内容改写为"能送来六郡豪强的李、任、阎、赵、杨、上官及氐、叟的侯王之中任一首级的，赏布帛百匹"，随后又贴了回去。

六郡流民更为恐慌，在诸豪强的带领下开始加速归附李特。不到一个月，李特、李流兄弟就聚集了近三万同仇敌忾的愤怒者。

李氏这种外地的、低级的、异族豪强所点燃的星星之火能够最终成为燎原大火，与当年石勒在河北起家是凭借司马腾贩卖并州"杂胡"所产生的阶级仇恨一样，也是靠着晋朝官僚的神助攻。

永远不要得罪同一种背景经历的社会群体！因为这非常容易帮对方以阶级仇恨的名义形成凝聚力。

罗尚面对劫掠过成都、心已经"野"了的流民军，确确实实不能再用寻常手段对待他们了，也确确实实要想办法把他们遣返原籍。

对待他们要分化，要拆散，要有拉有打，要让他们自己斗自己。比如命令一半的人口必须北返，让他们内部决定哪一半留哪一半走，而不是生硬地一刀切，把他们逼得毫无退路。

如果罗尚想给对方要钱，也可以命令李特兄弟去收敛，然后他分红，而不是自己亲自去收敛。为官一任，要考虑社会总成本的问题，这总比让蜀地陷入兵火之中使生灵涂炭强得多。

在李特改了通缉令后，辛冉等地方官未经罗尚同意就派广汉都尉曾元，牙门张显、刘并等率兵去偷袭李特，结果被李特打败。双方正式撕破脸后北方流民军推举李特为盟主，开始和益州的官军开战。

303年二月，李特、李辅在新繁被罗尚击杀。三月，李特嫡子李荡在追击敌人时被杀。九月，李流病故，李特五兄弟此时仅剩下老三李骧。

李特的幼子李雄随后自称大都督、大将军、益州牧，接过了家族旗帜，并在艰苦战斗后于同年十二月攻克成都，罗尚逃往巴郡。

304年，将领们执意请李雄即尊位，于是李雄自称成都王。306年，李雄即皇帝位，改年号为"晏平"，国号"大成"。

这个政权能够建立，得益于蜀地的官方力量实在是弱，蜀地的战斗水平和别的地方比起来实在不值一提，但就是这样还几乎团灭了李氏家族。

这个政权能够存活下来，完全得益于蜀地的险峻和天下大乱的局势，因为它自身要人才没人才，要统治基础没统治基础。

大成皇帝李雄算是开国之主了，但他政治水平并不高，甚至连合格都谈不上。史载李雄治国无威仪，官僚系统无俸禄等级，排列位次没有区别，士人、平民服饰一样，行军无统一号令，抢夺战利品时本事大，战败了眼看着友军被消灭却不相救，战斗获胜了则不互相谦让，攻城略地，常以劫掠为先。①

一个少数民族建立起的政权，尤其领导人家族还是底层官僚出身，很难弄明白建立政权的那一套是怎么玩的。其实这个时候，首先是需要有强大的武力来保证自己的政权稳固，以武立国，然后再用时间去消化学习。

"大成"政权并没有武力条件，蜀地也不产马，立国最大的依靠还是"蜀道难"，所以这个政权的存在意义并不高，最大意义似乎就是让后面的桓温建功立业。

李雄在立接班人问题上出了重大问题。李雄的正妻皇后任氏没能生下孩子，他的妾倒是生了十多个，不过李雄都没看上眼。于是在324年的正月，李雄把兄长李荡的儿子李班过继给任皇后做了太子。

---

① 《晋书·李雄载记》：雄为国无威仪，官无禄秩，班序不别，君子小人服章不殊；行军无号令，用兵无部队，战胜不相让，败不相救，攻城破邑动以虏获为先。此其所以失也。

李雄的理由很感人："我哥哥李荡是先帝嫡统，是奇才，在基业将成之时英年早逝，我常常伤心挂怀，李班仁孝好学，必可继承先帝之基业。"

李雄这份无我的德行在中国历史上五百多个皇帝中属于凤毛麟角了，但他其实是做了件不符合人性和事物发展规律的"善事"。因为他不是没有儿子，而是有十多个儿子。他这样做会让他的儿子们怎么想？

太傅李骧、司徒王达就劝谏道："自古立嗣必立亲子，这是明确身份防止篡位夺权。"好人主义者李雄不听劝，李骧大哭并预言：祸从此至。

334年，在位三十年的李雄驾崩，年六十一，兄子李班继位。李雄之子车骑将军李越屯兵在江阳，闻父驾崩后迅速前来奔丧并与兄弟李期阴谋夺位。

李班的弟弟李玝已经看出来情况不对了，劝李班把李越遣还江阳，把李期封为梁州刺史出镇葭萌，把这兄弟两个先隔开。但李班却说李雄未葬，不忍心让他的亲生儿子连奔丧的机会都没有，他反而把提建议的亲兄弟李玝派到了涪城。

李雄是浪漫主义理想者，他选的李班是浪漫主义幻想家。须知，自古天家无父子亲恩！

李班把进言的亲兄弟调走后，几乎所有人都闭上了嘴。但太史令韩豹是个有良心的人，他做了最后的尝试，借口天上有两道白气用近乎于明码电报般示警：宫中有阴谋兵气，小心你们家亲戚！李班仍执迷不悟。

十月，李越和李期在李雄灵前杀了李班，假称有太后诏令，李班有罪故杀之。随后李期继位，封李越为相国，加封大将军李寿（李雄堂弟）为人都督、与李越共录尚书事，封李霸为中领军、镇南大将军，封李保为镇西大将军。（李期、李越、李霸、李保都是李雄的儿子。）

完成封赏后李期派叔叔李寿进攻涪城的李玝，李玝降晋。随后李寿被安排到梁州做刺史，屯于涪城，中央的政权则被李雄的四个儿子瓜分了。

李期上位后，开始了这个时代异族政权二代继位后几乎躲不过去的宿命——残暴。他大量诛杀臣属，没收家产，后来听说李寿要反，于是杀了李寿的弟弟安北将军李攸，却忘了李寿的儿子李势是管城门的。

李寿率步骑万余人自涪城袭成都。李势给他爹开了城门，李寿杀了李期的帮凶李越、李遐、李西等近臣，然后李寿也假称有太后诏，废李期为邛县公，追谥戾太子李班为哀帝。

李寿兵变成功后，算了一卦，得到的结果是：可当数年天子。他的下属任调开心得鼻涕泡都出来了："当一天皇帝都是大造化了，何况是能当好几年！"

长史解思明则说："别激动，当几年天子，怎么比得上当百世的诸侯呢？"李寿表示解思明可以到一边待着去了："早上做皇帝，晚上死都值了，更何况还有好几年的搞头呢，我要当皇帝！"

于是李寿即位，把国号由"大成"改为"汉"，改元为"汉兴"。这也是为什么历史上称这个国家为"成汉"的原因。

李寿称帝后对成汉的中央官僚系统进行了大换血，公、卿、州、郡全部委派了自己的幕僚接替，之前的旧臣、近亲及打天下的六郡士人都被疏远和贬黜。至此，成汉打天下时的核心基础已经被废掉了。

又过了段时间，李寿派李闳、王嘏去石虎那里拜码头，这两人从邺城回来后大夸邺城富庶，宫殿壮观华丽，并说石虎那里的刑罚最轻是砍头，国人被管理得服服帖帖。李寿于是开始意淫了，下令把邻近州郡中有三个以上壮丁的家庭都迁来充实成都帮他大修宫室，又引水入城大搞奢侈游玩，与此同时他也把刑罚调整为了最轻是砍头，很多忠臣因为劝谏被杀。

百姓都在骂大街，几乎整个蜀地的人都开始琢磨推翻这个政权，史载："百姓疲于使役，呼嗟满道，思乱者十室而九矣。"

这个时候，李家的败象已现。

跟谁学不行，跟石虎学！你有石虎的国力吗？有石虎的骑兵吗？有石虎那帮羌、氐雇佣兵吗？

343年八月，在位五年的李寿驾崩，成汉的最后一位皇帝李势继位了。345年九月，李势的弟弟大将军李广因为李势没有儿子，请求让自己当皇太弟。

这个傻冤家都对不起自己这名字！飞将军李广是有名的聪明人，一辈子没封侯是因为杀降以及没赶上突骑战法的改革红利。

要么你就发动政变，要么你就等着。

李势刚继位两年李广就说哥哥李势生不出孩子来了，这让李势情何以堪，于是派太保李奕率军进攻在涪城的李广，李广自杀。

346年冬天，去年帮着李势打李广的太保李奕在晋寿起兵造反攻打成都，蜀人大多归附，兵众多达数万。李家这些后生别看脑子不太正常，但确实胆气凶猛，李势登城亲自指挥阻击战，李奕更牛，表现过于英勇，单身匹马就敢冲击城门，结果被一箭射死了。

李势随后大赦，表示既往不咎——实际是因为李奕的叛军数量太多实在没办法进行追究。这个规模已经很说明问题了：李势不得人心。其实从他爹李寿那时就已经"思乱者十室而九矣"！

自成汉开国皇帝李雄死后，蜀地已经历了三次内乱和十多年的暴政，成汉实力大损。而李势则骄奢淫逸天天在宫里待着不见大臣，只信任身边的亲随，刑罚严苛泛滥，上下离心。

蜀地以前没有獠族人（壮族的先民），到了这个时代獠人开始走出大山，从巴西全犍为、梓潼，十余万落獠人布满了山谷，根本无法禁止。

獠人开始和蜀地百姓出现剧烈冲突，再加上常年兵乱内斗，无法安心生产，国内饥萧条百姓饥饿。[1]

种种迹象表明蜀地已成为低垂的果实。恰巧在这个时间段，桓温来到了荆州，经过一年多的观察后得出了结论：成汉一踹就塌！

起初，桓温准备攻打成汉，但手下将佐都不同意，桓温力排众议，于346年十一月正式上疏朝廷，请求伐蜀。

此时成汉刚刚经历完李奕攻打成都的内乱，国势处于最低点，桓温担心错失战机，于是不等朝廷回复，即命袁乔率两千人为前锋，由征虏将军周抚、辅国将军司马无忌率万余精兵西进。

东晋朝廷知道这件事后基本上就是在等战败报告了，带一万人就敢去灭别人的国，这不是孩子气嘛！他们忘了，万人精兵是能做很多事的。当年苏峻就是率万人精兵打得这些南方老爷们一年多脑子都回不过来弯。

朝中只有当初劝谏不让桓温去荆州的刘惔说桓温必能灭蜀。刘惔说："桓温打牌时没有必胜的牌面就不赌，此人做事总是权衡再三，但只要出手，必定成功，恐怕桓温今后要控制朝廷了。"

桓温入蜀，有一个巨大利好——整个三峡之险都在他的手中。桓温不仅不需要考虑如滟滪滩和黄龙滩一类恶浪翻滚、礁石密布的天然巨险，而且也不需要担心那段长江最险航道。（见图8-2）

桓温带着军队从容地观看了当年丞相诸葛亮在白帝城南岸摆的八阵图石垒，他还点评了一下，说："这是常山蛇势。"身边那些没文化

---

[1]《资治通鉴·晋纪十九》：势骄淫，不恤国事，多居禁中，罕接公卿，疏忌旧臣，信任左右，谗谄并进，刑罚苛滥，由是中外离心。蜀土先无獠，至是始从山出，自巴西至犍为、梓潼，布满山谷十余万落，不可禁制，大为民患；加以饥馑，四境之内，遂至萧条。

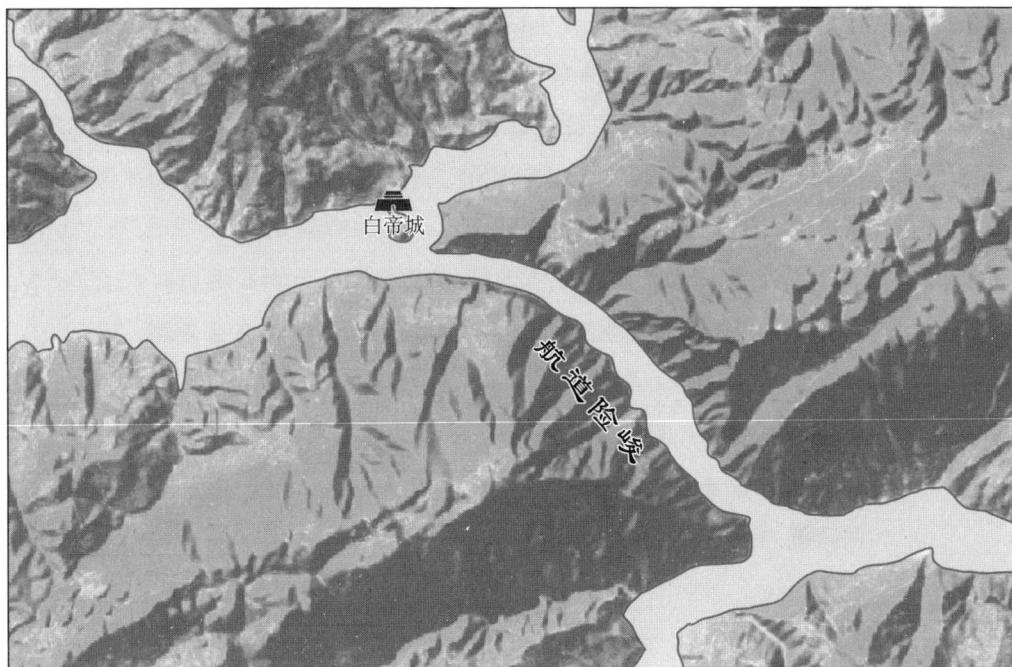

图 8-2　白帝城位置示意图

的文武官员没一个认识的。[①]

　　所谓"常山蛇"，出自《孙子兵法》："故善用兵者，譬如率然。率然者，常山之蛇也。击其首则尾至，击其尾则首至，击其中则首尾俱至。""常山蛇"用来形容首尾相救的阵势。

　　桓温其实也不认识，但他能看出门道，还能在众人都懵着的时候给出一个下得来台阶的解释，侧面也说明了他是怎么迅速接手与控制荆州的。

　　没有白帝城之险，东线入川根本就没有难度。347年二月，桓温沿长江一路速进到青衣（今四川乐山）。

---

　　① 《晋书·桓温》：初，诸葛亮造八阵图于鱼复平沙之上，垒石为八行，行相去二丈。温见之，谓"此常山蛇势也"。文武皆莫能识之。

桓温的判断没错，成汉此时的国防已经形同虚设，一路突进到了成汉的腹地，李势才反应过来急调大军前来抵御防守。（见图 8-3）

同时，李势又派李福和昝坚等数千人从山阳（今四川成都双流区牧马山南）去阻击桓温。成汉诸将认为桓温会从步道而来，将领们都想在江南岸设置伏兵来对付晋军。

昝坚不同意，他率领各部从江北岸的鸳鸯碕（今四川彭山县东北江口镇西北）渡江往犍为去，结果桓温确实走了众将判断的那条路。就这样，双方擦肩而过。

三月时，桓温已经狂奔到彭模（今四川彭山县东南、岷江东岸）了，距离成都已不远，桓温与众将商议进兵方略。有人主张分兵为二，两路挺进。

袁乔反对，说："我们孤悬万里之外，胜可立大功，败则全军覆没，咱们就一万来人，怎么能分兵呢！此刻已经到了赛点，咱们必须攥成拳头出击，全军只带三天粮草，破釜沉舟必定成功！"

桓温依袁乔计，只留参军孙盛、周楚带少数士兵守辎重，自己亲率主力直取成都。

成汉的李福在桓温走后袭击他的辎重大营，但被孙盛等人击退败走。桓温则带领主力部队三战三捷地击溃了成汉的李权，成汉的镇军将军李位都率部投降，桓温进逼至成都城下。

昝坚的阻击部队到了犍为，才知道和桓温错过了，于是再回头从沙头津往北渡江。昝坚追上来时，桓温已经到了距成都十里外的十里陌，昝坚的部众不战自溃。

无论是李福拿不下弱兵驻守的辎重区，昝坚找不着桓温的主力部队，还是成汉整体的脆弱国防让桓温仅率一万人就打到了成都城下，都说明成汉此时的国势确实如桓温所判断的那样一踹就塌了。

在面对桓温的兵临城下时，李势并没有固守成都城，而是集结所

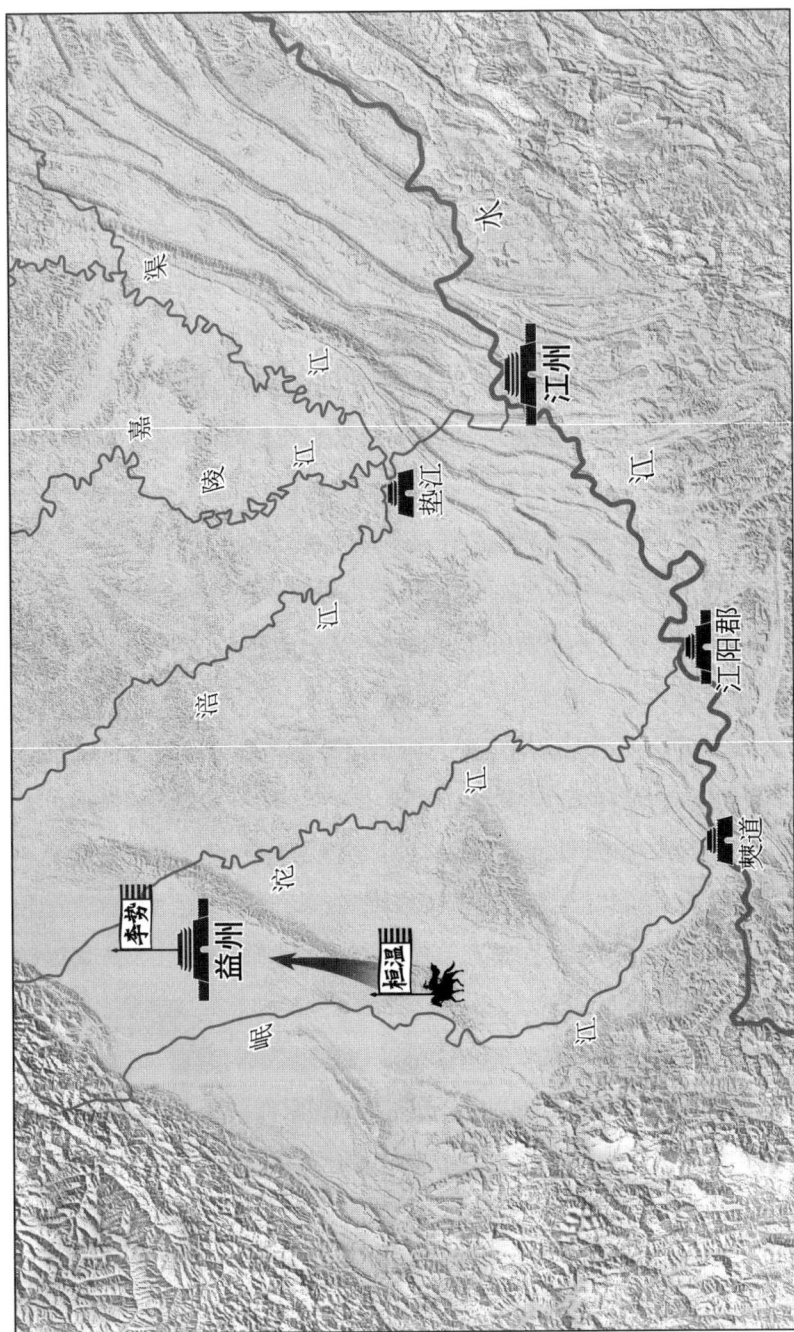

图 8-3　桓温入蜀示意图

有剩余兵力，在成都城外的笮桥和晋军决战。

很多时候，所谓的"识人"论其实并不准确。就好比刘惔之所以能在历史中露脸，就是因为他对桓温做的两次准确判断。刘惔在桓温出镇荆州时说桓温肯定能控制好荆州，不过将来会不臣；他又说桓温一定能拿下蜀地，因为这哥们不做没有把握的事。

他的第二次判断，其实一点儿意义也没有。再牛的赌神，也不可能是一辈子全胜战绩。

像出征灭国这种级别的大事件，其中所掺杂的因素实在是太多了：国力、君主、将军、参谋、民心、粮运等因素都可能会左右最终的战果。

得之我幸，失之我命，一切都在一念之间。

桓温看出了此时是灭蜀的最好机会，因为李氏频繁内乱、君主无道、百姓离心，但并不意味着这些就是一定能拿下成汉的理由。

桓温仅带一万人就去灭蜀，跟当年的邓艾一样，完全就是在大赌。因为这不是去平土匪的山头，而是在打整个中国地理条件最适合固守的蜀地。

虽然桓温一路顺利兵临成都城下，但是李势仍然有着非常大的主动权。桓温就一万来人，还没有辎重，有什么可怕的呢？他就这么点儿人，他能攻城吗？桓温轻装奔袭，李势拖他几天能怎样呢？但李势就是选择了出城迎敌。

不过即便是出城死磕桓温，李势的赢面也依然很高，因为李势总是高喊兄弟们跟我上，肉搏战时自带士气加成属性。

在最后决战的攻坚中，战况非常惨烈，晋军前锋失利，参军龚护战死，成汉军的箭矢甚至射到了桓温的马前。所有人都害怕了，认为应该退兵，桓温也是认可这个判断的，准备退兵了。

就在这一时刻，历史非常幽默地上演了戏剧性的一幕：负责向大军传递行动信号的鼓吏在关键时刻将撤退的信号误击成前进的鼓声！战场上的所有晋军在将领一脸懵的表情下发起了最后一次喋血冲击，破釜沉舟，彻底摧垮了成汉守军的信心。[1]

晋军击破成汉的最后防守，桓温乘胜攻入成都，焚毁了小城。

看到大势已去，李势乘夜逃走，远遁九十里，但最终扶棺出降。桓温赦免了李势，将他送往建康。

桓温平蜀后，在当地举贤任能，援引贤才为己所用，将成汉旧臣王誓、王瑜、邓定、常璩等人辟为参军。

一个月后，桓温班师返回江陵，半路上又剿灭了王誓、邓定、隗文等人的反叛，最终成功搞定了蜀地。

在一系列机缘巧合之下，桓温极其戏剧性地拿下了蜀地，将自己的地盘连成了一片。自此，桓温治下有八州之地，他自行招募军卒、调配资源，逐渐形成半独立状态，隐约大有当年二爷关羽失荆州之前的蜀汉模样了。

收复蜀地的大功，不仅帮桓温减轻了西线的防御压力，而且使天府之国变成了桓温的超级粮仓，成为之后桓温叱咤风云的关键物质保障。

西南在近半个世纪后重新被东晋收归国有，与此同时，在遥远的东北苦寒之地，有一个家族在众多汉流民的帮助下也开始了厚积薄发。这个家族的掌门人培养出"帝国双璧"，扛住了 4 世纪北方的"腰"，托住了北方的"尾"。

独占中国历史复国 IP 的慕容家族，即将登场。

话说江东乱成一团，百官成天勾心斗角，对北方来说，这么好的机会，怎么不"百万雄狮过大江"呢？

---

[1]《晋书·桓温传》：势于是悉众与温战于笮桥，参军龚护战没，众惧欲退，而鼓吏误鸣进鼓，于是攻之，势众大溃。

北方政权不是没有想法，甚至百万级别的大军已经集结起来了，但此时此刻，整个淮河以北正笼罩在有史以来最暴虐的混世魔王的阴影之下。

自 334 年到 349 年，中国北方经历了一次长达十五年的混战。这位混世魔王在肆虐神州后曾经开怀大笑道："我家父子如是，自非天崩地陷，当复何愁，但抱子弄孙日为乐耳！"

"天崩地陷"？也许还要可怕得多。

天道好还，中国有必伸之理；人心效顺，匹夫无不报之仇……

第 **9** 战

石虎肆虐： 超长待机的"狮驼岭"吃人算法之谜

一、"重剑无锋，大巧不工"的人生四重境界

政治人物在公开场合讲的故事，通常都是有寓意的。人越多，场合越大，他想表达的政治意味越浓。话里话外要么是在扶持或打压某个群体，要么就是在进行他未来方向的试探。

公元 332 年正月，五十九岁的石勒会见高句丽和宇文部来使，大宴群臣时，他问徐光："我可以跟古代哪一等开国君主相比？"徐光回答说："陛下英明神武超过汉高祖刘邦，水平能耐吊打魏武帝曹操，古往今来没人能比。"

石勒笑道："人哪有不知道自己的，你这话说得过头了。朕如果遇到汉高祖，应当向他北面称臣，与韩信、彭越同列比肩；如果遇上了光武帝刘秀，就得跟他拼拼了，与他逐鹿中原，看看鹿死谁手。大丈夫行事，应当光明磊落如日月明亮洁白，总之不能学曹操和司马懿，欺凌人家孤儿寡妇，靠卑鄙手段夺取天下！"[①]

群臣叩头顿首，山呼万岁。石勒为什么突然间在如此重要的场合

---

① 《晋书·石勒载记》：大丈夫行事当礌礌落落，如日月皎然，终不能如曹孟德、司马仲达父子，欺他孤儿寡妇，狐媚以取天下也。

来上这么一段呢？是他喝多了显摆自己很牛吗？

其实，是因为石勒知道他的身后，存在着巨大的威胁。他的继承人石弘此时年仅十七岁，而石勒已经五十九岁了，他在说这些话时看着的那位"狂魔杀神"石虎则是三十八岁。

千百年来，太多文人墨客认为石勒说这话时的关注点是在汉高祖和光武帝身上，他们反复琢磨石勒的"关公战秦琼"的历史排名问题。实际上，石勒这段话应该进行如下解读。

1. 石勒认为作为复国之君的光武帝永远比不上作为开国之君的汉高祖。他自己就是开国之君，所以他后面的国君再有能耐也比不上他。（石勒就是在暗示石虎不要有妄想。）

2. 曹操、司马懿欺负人家孤儿寡妇，这事是"狐媚取天下"，是顶级卑鄙的手段！他现在就给这两个人定性了。（石勒还是在敲打石虎。）

石勒戎马一生，活到五十九岁已经属于高寿了。他打下的这份家业大得惊人，几乎整个中国北方都落到了他的手中。这个"杂胡"小首领的儿子，在前所未有的乱世中开创了近乎传奇的功业。

羯族作为一个少数民族，出了石勒这样一位天选之子，不知该喜还是该忧。因为这个猛人将极小体量的羯族抬升到一个根本不应该达到的超高位置，而他看似已经高寿的人生，又无法解决蚂蚁吞大象的所有后续问题。最终等待他们的，将是豪门盛宴后的惨烈结局……

在石勒的一生中，他几乎已经做到了一个胡人接手中原后所能做到的所有事情了。

石勒重视教育。虽然他从未上过学，却喜欢让儒生们读书给自己听，活到老学到老。

他在襄国增置宣文、宣教、崇儒、崇训等十多间学校，选择部下和豪族子弟入学；他称帝后命各郡设立学官，每郡置博士、祭酒二职，学生一百五十人，他还亲自去学校考查学生们的学习成果。

他命饱学的士族去担当经学祭酒、律学祭酒、史学祭酒，对经、律、史都进行了专门的长远工作规划，他甚至有远见地着手进行史书修订编纂工作。

石勒重视北方高门和豪族。他下令僚佐及州郡每年都要举秀才、至孝、廉清、贤良、直言、武勇之士各一人，给了北方留守士族一条上升的通道。

石勒重视缓和胡汉矛盾。他责令各地政府收敛中原大地遗骸，各州郡如有坟墓被挖掘不修整安葬的会被追责查处。

他实行胡汉分治，因"汉官"不通胡语，也不了解胡人习俗，石勒专设审理胡人诉讼的官吏，并为胡人专门制定了法律，从而避免了一刀切的管理难度；他命令不得再说"胡人"，而要称"国人"，对"国人"欺负汉人的现象，也尽力妥善处理，尽量两面都不得罪。①

石勒重视经济，劝课农桑，重新确定度量衡，甚至为了节约粮食下令禁止酿酒……

石勒是位雄主，是个明白人，但个人英雄主义在这个大乱世中无论怎样璀璨夺目，终究是不够用的。因为一个人再怎么牛，也只有短短几十年的光阴。

如果他想把他的王朝千秋万代地传下去，那么他就必须解决两个重大难题，而这两大难题当时又是无法解决的。

1.胡汉矛盾问题。

后赵是以武力开国的，其中坚力量就是本族的"羯人"，或者说是归附后的"杂胡们"，也就是被石勒团结统一为一个称号的"国

---

① 《晋书·石勒载记》：中垒支雄、游击王阳并领门臣祭酒，专明胡人辞讼，以张离、张良、刘群、刘谟等为门生主书，司典胡人出内，重其禁法，不得侮易衣冠华族。号胡为国人。

人"——这是他统治的基础。但由于成百上千年的历史原因，"国人"与汉人之间有着巨大的矛盾。

汉人欺负了"国人"数百年，比如石勒本人就是当年被司马腾像动物一样地贩卖成奴隶的。他在奋斗前期对司马越集团的刻骨仇恨，包括挖棺曝尸等过激举动，本质上都是因为无法忘怀的惨痛记忆。这份深仇，不好化解。

"国人"入主中原后，汉人无可避免地成为"国人"的输血泵。石勒要靠汉人生产财富和粮食，将"国人"养起来以成为拥护他的武力根本。

此时北方已经进入了"坞堡时代"，散户体量没那么大了，基本上都是"坞堡户"。如何让坞堡户们乖乖地成为后赵的生产工具，这也是一个难题。

石勒已经颁布很多拥抱北方士族集团和坞堡壁垒的政策了，比如重视教育、推荐入仕、劝课农桑、禁止欺压汉人等。但所有的政策，都需要很长一段时间进行巩固、消化，并不断地修正。

"非我族类，其心必异"，这话中原王朝已经说了数百年，哪能是那么容易就改过来的。除非石勒能再活一百年，也许才有可能。但他现在快到站了，后面也没有再出现像他这样活到老学到老的明白人了。

"胡汉矛盾"是他遇到的第一个摆不平的问题。

2. 中枢权力结构问题。

石勒之所以大过年的说什么不能欺负孤儿寡妇，是因为他即将留下的权力结构就是孤儿寡妇式的。同时，石勒知道在自己死后，会有一个巨大的权力威胁——他的侄子石虎。

当年石虎极受石勒父亲的喜爱，是被石勒母亲养大的。石虎七岁时就有善相者说："此子貌奇有壮骨，贵不可言。"石勒和石虎都是从小就被看出来骨相惊奇的苗子。

石勒被司马腾拐卖后，石虎就与石勒失散了。直到 311 年十月，讨好石勒的刘琨才将石勒他妈王氏和石虎送到了葛陂，此时石虎已十七岁。

石勒再见到石虎的时候，发现这孩子已经成了为这乱世量身定做的一把大杀器。石虎性残忍，好驰猎，游荡无度，在石勒的军中迅速上了黑名单，被称为"毒患"。[①]

当时石勒的军队其实跟匪帮是差不多的，而在匪帮中被当作"毒患"，就知道石虎这小子有多能作。石勒打算宰了这小子，但被他妈拦下了，毕竟在这乱世中他妈曾经跟石虎患难与共。王老太说："好的牛犊子小时候总能把车搞坏，长大了就是好牲口了，你先忍忍。"

石勒这一忍，发现老妈的生活智慧是真棒，石虎十八岁时变成了一头好牲口，身长七尺五寸，善弓马，勇冠三军，诸将敬惮。石勒任命他为征虏将军，随后石虎在战场上展现出了天才的勇烈和骨子里的嗜杀。

石虎御众严而不烦，没有人敢挑战他的权威，因此攻伐征战所向无前。石虎在攻陷城垒后基本上就是大杀特杀，仿佛草原帝国蒙古人提前八百年降临人世间。[②]

石勒最开始给石虎娶了将军郭荣的妹妹为妻，结果他因为宠爱一个叫郑樱桃的歌妓直接把媳妇杀了。石勒又给他娶了清河崔氏的姑娘，崔氏是河北大户，按理说他得知道控制脾气吧，结果他又因为那歌妓吹风把崔家姑娘也杀了，而且手法极其残忍。

---

① 《晋书·石季龙载记》：性残忍，好驰猎，游荡无度，尤善弹，数弹人，军中以为毒患。

② 《晋书·石季龙载记》：军中有勇干策略与己侔者，辄方便害之，前后所杀甚众。至于降城陷垒，不复断别善恶，坑斩士女，鲜有遗类。

石虎极大概率是有心理疾病的，他不杀人、不见血、不虐待可能就活不下去。因为这种神经病般的暴虐，石勒苦口婆心地又劝又骂，但石虎根本不往心里去。

其实，并不是石虎不拿石勒当回事，石虎这人虽然暴虐，但却从来不傻。他这辈子软话也没少说，比如之前他劝降段文鸯时嘴甜着呢，"兄与我俱夷狄，久欲与兄同为一家。今天不违愿，于此得相见，何为复战！请释仗"，满嘴兄弟般的热脸贴人家冷屁股。

他和羌族老大姚弋仲和氐族老大苻洪说话时也都是相当有分寸的，姚弋仲驳斥他弄得他下不来台也没见他给老姚头放放血。

他不理石勒我行我素地杀人，是因为他知道石勒不会因为他杀人就把他怎么样。除了他之外，石勒对外征战指望不上别人。

来看看石虎的战绩吧：

313年四月，石虎攻打邺城赶跑了刘琨的侄子刘演，并从此镇守邺城；

316年四月，石虎到廪丘去暴打刘演，又把刘演打跑了；

318年十一月，石虎作为大后方的预备队率幽州、冀州部队前去与石勒会合进攻平阳；

319年，石虎在朔方重创河西鲜卑日六延，斩首两万，俘虏三万多人；

320年八月，石虎率步骑四万攻击反叛的徐龛；

321年三月，石虎攻打厌次的段匹磾，俘虏段匹磾、段文鸯兄弟；

322年二月，石虎率精卒四万再讨徐龛并将其成功拿下，东晋兖州刺史刘遐吓得从邹山退屯下邳，琅邪内史孙默以琅邪叛降于石勒，整个徐、兖间的坞堡主全都胆怯了，开始向后赵送人质请降；

322年八月，石虎统步骑四万攻打山东曹嶷获胜，坑杀其众三万，青州诸郡县垒壁尽陷；

325 年，石虎拿下了位于石梁的刘曜部将刘岳，又打败并杀死了并州的王胜，司州全部被拿下，徐、豫、滨、淮诸郡县皆降，于是司、豫、徐、兖四川都成为后赵之地，从此后赵可以淮河为边境了；

328 年，在洛阳大会战中，石虎作为先锋率三万人最先与刘曜的中军开战；

329 年，在前赵（即匈奴汉赵）国主刘曜被扣后，石虎率两万骑兵入关，大败前赵南阳王刘胤并乘胜追战攻克上邽，杀了刘胤、前赵太子刘熙及王公大臣将帅等三千多人，将前赵的台省文武官员、关东流人、秦州与雍州的大族九千余人迁到了襄国，又在洛阳坑杀了五郡的五千多屠各人，彻底剿灭了匈奴屠各政权。

几乎从 319 年前赵在并州崩盘、石勒自称赵王开始后，后赵的四方征讨就都是石虎在前线拼杀了。那么问题来了，为什么石勒不再亲临一线了呢？

这涉及一个移民消化的问题。石勒非常明白，这个时代人口才是第一生产力，所以不放过任何一个往自己核心统治区域移民的机会。

314 年灭王浚后，石勒徙平原乌桓展广、刘哆等部落三万余户于襄国；石勒部将述明破东燕、酸枣，徙降人两万余户于襄国。

316 年，刘琨被赶出了并州，石勒迁阳曲、乐平户于襄国。

318 年，前赵爆发靳准之乱，石勒发兵并州，巴、羌、氐、羯等族归降者十余万落，石勒全部接收到了河北。

319 年，河西鲜卑日六延叛变，石虎讨伐，斩首二万级，获牛马十余万，又掳走三万余人，相当于六千落左右。

短短的几年时间，以襄国为中心，石勒接手了胡汉近二十万户左右的人口，差不多相当于百万人的体量。其中的民族成分涵盖了汉、匈奴、羌、氐、鲜卑、乌桓，以及各种"杂胡"小部落……

不仅汉人与胡人之间有矛盾，胡人与胡人之间也存在着矛盾。比如前赵的靳准之乱，就是匈奴内部南匈奴族裔与屠各族裔之间巨大矛盾的体现。除此之外，还有河北大平原的留守士族以及诸多坞堡体呢！

无论石勒再怎么长袖善舞，再怎么普发羯族身份证，其中涉及的民族矛盾的协调都不是一个轻松的工作。

石勒不去征战四方，石虎大概率是能替他完成这个任务的。但是要压得住胡汉无比混杂的河北大平原，除了石勒，再没有任何一个人能有如此的威望和能力。

成为"刀"容易，成为"秤砣"则很难。成为"刀"经常会有高光时刻，但即便如此，《孙子兵法》中对于为将者的最高评价是"善战者，无智名，无勇功"，而成为"秤砣"更是如此，平时看不出来，但没了他就地裂天崩了。

貌似万事万物的境界都如同金庸先生写的独孤求败的那四柄剑一样：第一柄剑长四尺，锋利无比，剑下石片上写着"凌厉刚猛，无坚不摧，弱冠前以之与河朔群雄争锋"；

第二片石片上没有剑，只写着"紫薇软剑，三十岁前所用，误伤义士不祥，悔恨无已，乃弃之深谷"；

第三柄剑"重剑无锋，大巧不工，四十岁前恃之横行天下"——外表黑黝，剑身深黑之中隐隐透出红光，三尺多长，重六十四斤，剑锋都是钝口，剑尖圆圆的似个半球；

第四柄是木剑，石片上写"四十岁之后不滞于物，草木竹石均可为剑，自此精进，渐入无剑胜有剑之境"。

大多数人，这辈子能达到第一柄剑的水平，就已经很不简单了；再到用软剑的时候，知道拐弯，知道柔软，就到下个境界了。但或软或硬都是"术"，执迷于"术"者，通常会发生所谓的"误伤义士不祥"。

等到经历了前面两个阶段，一个人无论从经历、思考还是自身能量上都开始蕴含远超世人的强大力量，做事"开始重剑无锋，大巧不工"，万事万物在绝对的力量面前就都是微不足道的了。

石虎这辈子，是在第三境界。石勒这辈子，是在第四境界，活到老学到老，不滞于物，草木竹石均可为剑，他唯一搞不定的是死神。

北至幽、云，东到青、徐，西到雍、凉，石虎这些年基本就是在替石勒四处征讨。除了对刘曜吃瘪需要石勒亲征外，石虎在北方没碰到过对手。有这样一个拥有巨大军功和嗜杀性格的侄子，石勒自己死后，他的儿子能降得住这头猛虎吗？

石虎是石勒面临的一方势力威胁；而另一方威胁，则是外戚势力。石勒到河北后娶了程遐的妹妹，生了世子石弘。以程遐为首的汉人势力逐渐成为后赵朝堂中的另一股力量。

程遐对石勒说过："中山王石虎勇悍而有权谋武略，群臣中无人比得上，性格凶暴残忍，长期出任将帅，威震内外，他的儿子们年龄也都不小，还都握有兵权，陛下在世时他不敢怎样，但恐怕他不甘心做少主的臣子，为了国家稳定应当尽早把他除掉。"

石勒回答说："天下没有安定，石弘还年少，必须得有强大的辅佐，石虎是我的骨肉至亲，有辅佐王命的功绩，正应委付给他伊尹、霍光那样的重任，何至于像你说得那样！你只是担心不能行外戚之权罢了，我会让你参与辅政的，你不必忧虑。"

程遐哭道："我是一心为公啊！石虎虽然是皇太后养大的，您给他待遇就可以了，当年曹魏信任司马懿父子最后江山都没了，石虎将来就是下一个司马懿！咱们是亲戚我才敢说这话的，别人谁敢跟您提啊，您要是不除石虎，您将来在另一个世界是肯定享受不到祭祀的。"

石勒不听。其实，石勒是个天生的人精，当年他听人读《汉书》郦食其劝刘邦立六国的故事后，惊道："用了这个办法就完蛋了，刘邦怎么得的大卜？"后来又听到张良劝谏，说道："我说呢，幸亏了张良。"

他有一种对人判断的超级天赋。

石勒从奴隶一步步混成自由人、骑兵、土匪头子、一方军阀，最终成为北方皇帝。这个人做层级跃迁做了一辈子，阅人无数，经事无数，是"无剑胜有剑"的级别，他难道看不出来石虎的威胁吗？只不过是因为此时的威胁太多了，他唯一能做的，就是让各方互相牵制。

他此时的孩子都才十几岁，如果是在太平岁月也许继位没问题，但在这个乱世，让十几岁的孩子挑起大梁则根本不可能。

这世上能有几个霍去病呢？更何况就算璀璨如冠军侯，他十几岁的时候上面仍然也是有牛人在顶着，才会有他真正的光辉。

石勒很明白，石虎是威胁不假，但程遐就不是吗？尤其还有前赵这个"前车之鉴"在眼前。

前赵皇帝刘聪死后，他儿子刘粲即位，外戚靳准为司空，录尚书事。刘粲的皇后听她爹靳准的话怂恿刘粲杀掉他的兄弟们以防威胁，于是刘粲在一天之内将济南王刘骥、上洛王刘景、齐王刘劢、昌国公刘凯、吴王刘逞等十多个兄弟全部杀光。

但紧接着，靳准就发动了政变。他杀了刘粲并灭了所有刘氏皇族，掘了刘渊、刘聪的墓，将刘聪的尸体斩首，焚烧了宗庙。

在石勒眼中，谁的威胁更大呢？石勒认为石虎再残暴难以控制，那也是他老石家的同族同种，而这些汉人外戚就不 定了。所以他自始至终都在做着制衡，而且他对石虎也始终非常小心，一系列分寸拿捏得极好。

早在十年前的 320 年，在石勒刚刚建立后赵的时候，他其实就已经开始对石虎进行削权了，几乎可以说是连着削了十多年的权。但是，他终究搞不定死神。

在石勒这个"四级号"死了以后，石虎这个"三级号"重剑无锋的一力降十会，是谁也接不住的……

二、在绝对的力量面前，所有的套路都没用

公元319年十一月，石勒称大将军、大单于、领冀州牧、赵王，于襄国即赵王位，正式建立后赵，任石虎为单于元辅、都督禁卫诸军事。

石勒是大单于，石虎是单于元辅；石勒是赵王，石虎是禁军一把手。无论是"杂胡"主力军还是核心禁卫军，石虎都是石勒在建国时最信任的宗室。石虎此时是一人之下，万人之上，是国家妥妥的二把手。

但在建国后不久，石勒就把"都督禁卫诸军事"这个核心岗位拿回来了，命其子石弘为中领军。

这一事件的具体时间，需要我们破个案。在《晋书·石勒载记》中有如下记载：

> 寻署石季龙为车骑将军，率骑三万讨鲜卑郁粥于离石，俘获及牛马十余万，郁粥奔乌丸，悉降其众城。
>
> 先是，勒世子兴死，至是，立子弘为世子，领中领军。
>
> 遣季龙统中外精卒四万讨徐龛，龛坚守不战，于是筑室返耕，列长围以守之。

石勒把石虎封为车骑将军并支出去出征后就把禁卫军权拿回来了，随后又派石虎去讨伐徐龛。

在《资治通鉴》中，石虎讨伐徐龛是在 320 年的八月到十月之间，而石勒建国是在 319 年的十一月。相当于石勒在度过了后赵建国初的混乱期后，就迅速把石虎领导禁军的权力剥夺了。

石勒也曾听过程遐的建议。326 年十月，石勒让世子石弘接替已经镇守邺城十三年的石虎，并为石弘配备了万人的禁军，将车骑将军所统领的五十四营野战军全部配署在那里，还让骁骑领门臣祭酒王阳专门统领"六夷"部队辅佐石弘。①

这也就意味着，326 年石勒在前赵刘曜尚未被击败时，就已经下手"得罪"石虎了。对此，石虎给予的态度很干脆，派手下强奸了程遐的妻女。②

妹夫尚在且掌控大权，妻女却被强奸，程遐估计是史上最窝囊的国舅。石虎纯属白玩，因为石勒没做出任何反应。

接下来的两年，基本上后赵所有的征战石勒都开始安排别人。326 年十一月，石聪攻寿春，进攻东晋的逡道、阜陵，杀死、掠走五千多人；十二月，石瞻先是攻下河南太守王瞻所在的邳地，后又攻下彭城内史刘绩复据的兰陵石城；石聪与石堪又渡过淮水，攻陷了寿春，掠走二万多户。

直到和前赵对打时，石勒才再次祭出石虎这个杀器。等石虎一路向西彻底剿灭了匈奴屠各后，石勒又把石虎雪藏了。至此，直到石勒

① 《晋书·石勒载记》：勒既将营邺宫，又欲以其世子弘为镇，密与程遐谋之。石季龙自以勋效之重，仗邺为基，雅无去意。……勒以弘镇邺，配禁兵万人，车骑所统五十四营悉配之，以骁骑领门臣祭酒王阳专统六夷以辅之。

② 《晋书·石勒载记》：及修构三台，迁其家室，季龙深恨遐，遣左右数十人夜入遐宅，奸其妻女，掠衣物而去。

死，石虎再也没捞到一次征战带兵的机会。

330年二月，后赵群臣请求石勒即皇帝位，于是石勒称大赵天王，行皇帝事，立妃子刘氏为皇后，世子石弘为太子。对其他心腹、亲近人等，石勒也进行了封赏。

石勒任命其子石宏为骠骑大将军、都督中外诸军事、大单于，封秦王；任命石虎的儿子石斌为左卫将军，封太原王；任命自己另一个儿子石恢为辅国将军，封南阳王；任命中山公石虎为太尉、尚书令，进爵为中山王。

石虎诸子中的石邃为冀州刺史，封齐王，加散骑常侍、武卫将军；石挺为侍中，封梁王；石宣为左将军。

此外，石勒把自己的侄子石生封为河东王，养子石堪封为彭城王；大臣郭敖（石勒起兵时的十八骑之一）为尚书左仆射，程遐为右仆射、领吏部尚书，徐光为中书令、领秘书监。

石勒把接班人的位置给了世子石弘，把管"杂胡"的大单于和都督中外军事的军权给了次子石宏，几乎算是在最大程度上架空石虎了。

石虎也是在这个时候彻底怒的，他对儿子石邃说："主上自从定都襄国以来一直坐享其成，靠着我冲锋陷阵，二十多年来攻克十三州的是我，成就大赵功业的是我，大单于也应当授予我，现在却给了奴婢所生的黄口小儿，等到主上驾崩之后，我不会再让他的后代活下去了！"①

石虎的权力关注点，是统领"杂胡"的"大单于"，也就是后赵的武力立国之本。

---

① 《晋书·石季龙载记》：季龙自以勋高一时，谓勒即位之后，大单于必在己，而更以授其子弘。季龙深恨之，私谓其邃曰："主上自都襄国以来，端拱指授，而以吾躬当矢石。二十余年，南擒刘岳，北走索头，东平齐鲁，西定秦雍，剋殄十有三州。成大赵之业者，我也。大单于之望实在于我，而授黄吻婢儿，每一忆此，令人不复能寝食。待主上晏驾之后，不足复留种也。"

石勒此次的权力调整，并没有与石虎完全撕破脸，他还是把左卫将军的禁军军权给了石虎的第六子石斌。

此时很可能是石勒已取消了中领军这个岗位，只以都督中外军事的次子石宏兼领，而禁卫长官中兵力最多、职权最大的应以左卫将军为首。

此前的左卫将军是石虎的另一个儿子石邃担任，他被调整为武卫将军，这也是禁军中的岗位。

虽然石勒架空了石虎的军权，但他并没有动石虎诸子在禁军中的势力。

332年的某一天，大臣徐光看到石勒满脸忧愁，就问他愁什么呢。石勒说："现在吴蜀未灭，我怕后世不拿咱们当正统啊！"

徐光说："您快别想这些没用的了，吴蜀算什么。二都八州都在咱们手里，咱们不是正统谁是？您快想点儿有用的吧。现在石虎权威太重，性子残暴，见利忘义，他们父子都身居高位，上次东宫宴饮明显能看出来他们不把太子当回事，我怕您死后没人能控制得了他啊！"

于是石勒再次对石虎开刀，让太子拿走了尚书事的政务，命令中常侍严震把关，只有征伐砍头一类的大事才呈报石勒。[1]

石勒开始把军政所有大事交给石弘，扶上马送一程，为后事做准备。

两年前石勒行皇帝事的时候，石虎唯一还算有权力的岗位就是尚书令，现在连这个职位也被拿给太子石弘和严震了。石虎这时彻底门可罗雀了，已经被打压到开国来的权力冰点。[2]

知道石虎不高兴，石勒在打一棒子后再给个甜枣，安抚石虎说：

---

① 《资治通鉴·晋纪十七》：勒默然，始命太子省可尚书奏事，且以中常侍严震参综可否，惟征伐断斩大事乃呈之。

② 《资治通鉴·晋纪十七》：于是严震之权过于主相，中山王虎之门可设雀罗矣。虎愈快快不悦。

"皇城营建完毕后我要给你盖新府，你为咱们大赵流的血汗不会白流，国家不会让你吃亏的。"石虎假惺惺地谢，石勒假惺惺地回"当与中山王共天下"。

随后石勒又派石宏、石恢、石生、石朗等儿子及宗亲去分镇邺城、兖州、洛阳、关中等地。就这样，石勒在生前构建了一个人主几乎所能搭造的最好的政治生态框架。

在国家层面，他实行休养生息，缓和矛盾，开科取士；在政治层面，他扶正太子，将亲王放到地方以作为石虎的牵制。同时，他对最猛皇亲石虎进行了控制收权又予以安抚。

333年夏，天空出现巨大天象，史载："有流星大如象，尾足蛇形，自北极西南流五十余丈，光明烛地，坠于河，声闻九百余里。"

在当时来说，这么大的星星，只可能代表着石勒。紧接着又有奇事发生，据称有黑龙出现于邺城的井中。

龙于井中，意味着君权被困，也意味着下将犯上，通常更意味着君主不得好死。比如在曹髦的史书记载中，他死前的四年，年年井中见龙。

257年正月，青龙见于轵县井，六月，青龙见于元城县界井；

258年二月，青龙见于温县井；

259年，青龙、黄龙见于顿丘、冠军、阳夏县界井；

260年，两只黄龙见于宁陵县界井。

当年曹髦自己就很有觉悟，知道这不是好兆头，说："龙者，君德也。上不在天，下不在田，而数屈于井，非嘉兆也。"还专门写了一首潜龙诗去恶心司马昭。

石勒对"超级流星"和"龙见于井"这两个苍天示警没什么感觉，据说参观了高级动物后他还挺高兴。

333年六月，石勒突然不行了，召石虎、太子石弘、中常侍严震等在宫中侍疾。①

注意，石勒在他生命的最后时刻，并没有让外戚程遐进入宫中！一边是前赵皇帝刘聪死后外戚靳准屠灭刘氏的前车之鉴，另一边是暴力侄子的野心威胁。两相权衡，最终石勒选择已被削去全部兵权的石虎在身边侍疾。

石勒很可能是希望石虎能够慑服于他，以便儿子正式接班时可以像当年他开国时那样平稳过渡。

但也许是他倒下得过于突然，有两个关键岗位石勒还没来得及调整——此时的左卫将军是石虎的第六子石斌，武卫将军是石虎的长子石邃（推测此为最可能的情况，因为后赵的禁卫官员调整记录相当模糊，330年石勒称帝后再无禁卫官员调整记录）。

结果就是，石虎进了宫中后粗暴且直接地控制了权力中枢！史书就一句话，石虎矫诏断绝了石勒和所有人的联系，连太子等人都无法再见石勒了，随后又矫诏命秦王石宏、彭城王石堪回襄国。②

随后出现了相当有意思的情况：太子见不到石勒，石宏却见到了。

石宏在330年时本为大单于、都督中外诸军事，之后再出现时却已被石勒安排出镇地方，具体记录不详，他进入宫禁的原因同样是史书无载。

很有可能，这就是石虎的一力降十会让史官觉得根本没有详细记录的必要。

在绝对的力量面前，所有的布置与套路都没用。石勒没有弄死石虎的那一刻，一切就都注定了！

---

① 《晋书·石勒载记》：勒如其沣水宫，因疾甚而还。召石季龙与其太子弘、中常侍严震等侍疾禁中。

② 《晋书·石勒载记》：季龙矫命绝弘、震及内外群臣亲戚，勒疾之增损莫有知者。诈召石宏、石堪还襄国。

有一天，石勒的病情稍微见轻，他看到了石宏，什么都明白了。石勒近乎打开天窗说亮话："你怎么来这里了！让你在外面做藩王正是怕今天出问题，难道是有人喊你来吗？还是你自己想来的？谁叫你来的可以直接杀了他！"①

石勒点醒石宏，让他回去收拾兵马准备杀石虎。

石虎在旁边心虚了，赶紧说："是秦王太想您了，我这就轰他走。"②

随后，石宏被石虎扣住了。几天后，石勒又问石宏怎么样了，石虎说人已经走了很多天了。

七月，石勒来到了生命的尽头，他发布了最后的遗诏，主要说了三件事：

1. 诏令葬礼一切从简，民间百无禁忌，各地镇守不得前来奔丧。

2. 告诫儿子们，要团结起来，司马家就是前车之鉴。

3. 最后，石勒画龙点睛地提醒石虎，千万做个好人，追思好榜样周公和霍光，将来别遗臭万年。③

石勒是六月突然得的重病，七月二十一最终离世，他大约有一个月的最后时光。

这一个月，石勒这样的聪明人看到在外藩镇的儿子被喊回了朝廷，一个月没见到太子和群臣，其实已经知道自己被石虎架空了。

从未有任何一个皇帝的遗诏，如石勒这般直白且恳求：中山王深可三思周霍，勿为将来口实。石勒几乎就是在恳求石虎：求求你当霍光吧，哪怕废皇帝也行啊，但让我的孩子们都活下去吧。

---

① 《晋书·石勒载记》：勒疾小瘳，见宏，惊曰："秦王何故来邪？使王藩镇，正备今日。有呼者邪？自来也？有呼者诛之。"

② 《晋书·石勒载记》：季龙大惧曰："秦王思慕暂还耳，今谨遣之。"

③ 《晋书·石勒载记》：中山王深可三思周霍，勿为将来口实。

万物皆有其道！如果投降者已放下武器，那就应该给人家活下去的机会。

但石勒这辈子多次杀降，其中规模最大的一次，是灭王浚后一次性坑杀了投降的万余幽州精兵。他此时应该能体会到那成千上万放下武器的军人们渴求生命的心情。

在石勒去世当天，石虎就劫持了太子，并将右光禄大夫程遐、中书令徐光交付廷尉治罪，又让他儿子石邃带兵入宫宿卫，文武官员吓得纷纷逃散。①

石弘十四岁的时候，就已被石勒安排控制石虎的五十四营兵；十九岁的时候，又被安排全权处理国事。如今，石弘已经二十岁了，但在被石虎控制禁中近一个月的时间里，他却几乎没有任何反制措施，没有一丁点儿的抵抗力。

不要说唐太宗李世民十八岁的时候，已经率骑兵在万军中救他爹了；即使是没有什么历练的东晋皇帝司马绍，在二十四岁的时候也已经敢率总预备队去跟王敦拼命了。司马绍手中的筹码和石弘比起来，简直寒酸得根本不叫筹码。

再看石弘，他在他爹死的当天就要让位给石虎。

石虎说："君王去世，太子即位，我哪敢乱次序。"石弘流着泪坚决辞让，石虎怒道："如果你不能承担重任，天下人自有公论，哪里能事先就说自己不行！"石弘于是即位，大赦天下。

发动政变后的石虎在八月成为丞相、魏王、大单于，赐加九锡，划分魏郡等十三郡作为封国，总领朝廷大小政事。在石勒死后不到一个月，石虎变成了第二个曹操。

---

① 《晋书·石勒载记》：及勒死，季龙执弘使临轩，命收程遐、徐光下廷尉，召其子邃率兵入宿卫，文武靡不奔散。

石虎立妻子郑氏为魏王后；立世子石邃为魏太子，加使持节、持中、都督中外诸军事、大将军、录尚书事；任命次子石宣为使持节、车骑大将军、冀州刺史，封河间王；任命石韬为前锋将军、司隶校尉，封乐安王。

石虎又分别封了另外几个儿子为王，石遵为齐王，石鉴为代王，石苞为乐平王，徙平原王石斌为章武王。

原朝廷架构的所有文武官员都被派去了闲散部门，如今朝廷的关键部门全部变成了石虎的人。[1]

当年参与洛阳大会战的石勒的两个汉人养子石聪和石堪纷纷展开自救。

石聪及谯郡太守彭彪各遣使投降东晋，但东晋还没来得及救援，石聪就被石虎干掉了。

石堪则与石勒的刘太后密谋对策，石堪说："先帝旧臣已全被疏远罢黜，军权也被石虎收了，在朝廷咱们是一点儿戏都没有，我现在去兖州，逼南阳王石恢为盟主，占据廪丘，再宣太后的诏令于各牧、守、征、镇，让各地勤王，或许还能有最后的一搏之力！"

但最终事情败露，石堪在城父被石虎的人抓住，给送到了襄国做成了烧烤，刘太后也被杀，镇守兖州的石恢则被石虎征召回了襄国。石恢跟他哥一样，毫无抵抗能力。

此时石生（石勒侄子）镇守关中，另一后赵宗室石朗（血缘不详）镇守洛阳，两人皆起兵反抗石虎。

石虎命石邃守襄国，自己统步骑七万在金墉城攻打石朗。金墉城看到战斗狂魔石虎来了就自我崩溃了，石朗被残忍干掉。

石虎进军关中，派石挺为前锋大都督。石生派将军郭权率鲜卑涉

---

[1] 《晋书·石勒载记》：勒文武旧臣皆补左右丞相闲任，季龙府僚旧昵悉署台省禁要。

瓒部众两万为前锋抵挡石挺，石生统大军后发。

双方前锋部队在潼关大战，石挺及丞相左长史刘隗战死，石虎暂时退守渑池。

石虎使出招降计，给出的待遇明显更高、更可预期，于是鲜卑人反戈一击，石生单枪匹马逃回长安。

石虎听说石生逃了，而潼关天险已破，于是挥师入关，十多天后拿下长安，石生则被部下杀于鸡头山。

石虎继续派人西进，并迎来了两位异族老朋友热情洋溢的示爱。这两位老朋友，一个是羌人姚弋仲，一个是氐人蒲洪。

姚弋仲是南安赤亭（今甘肃陇西县）羌人，家中世为羌人酋长。他家在光武帝末年跳出来找东汉的麻烦，被云台二十八将之一的马武击败。又过了两代，族长迁那率族人内附而被东汉嘉奖，被封为西羌校尉、归顺王，迁徙至南安赤亭。

到了汉魏禅代时期，羌族的族长姚柯回成了魏国的镇西将军、绥戎校尉、西羌都督。姚家算是羌人中并不多见的始终与中原统治者走得很近的羌人。

姚柯回生了姚弋仲，这小子年少英毅，不经营产业，专门经营人，颇有威重，深得羌人之心。

永嘉之乱时，姚弋仲东迁榆眉（今陕西千阳县东），胡汉相随者数万人，姚弋仲自称护西羌校尉、雍州刺史、扶风公。这是祖祖辈辈跟汉人混久了，开始有想法了。

后来匈奴屠各被打出并州，刘曜在关中立住了脚，姚弋仲发现还是打不过，于是又当了刘曜的平西将军，率队伍迁回了陇西。

再后来石虎剿灭了屠各人，姚弋仲对石虎说："陇上坏人多，性子野，您最好把这里的豪强和异族不安定分子都迁河北去！"①

于是，石虎把前赵的文武官员、关东流民、秦州和雍州的大族九千余人迁到了襄国，又把氐族、羌族十五万落迁到了司州和冀州。

自陇西自河北，此行三千里，石虎是不提供粮食和其他物资支持的。姚弋仲知道这一路要死多少人吗？

姚弋仲随后成为后赵的安西将军、六夷左都督，镇守陇西。

姚弋仲通过出卖老乡和同胞，换来了掌控陇西的大量权力。其实不仅他一个人出卖同胞获取权力，蒲洪也是用这种手段。

蒲洪是略阳氐人，家里和姚弋仲一样，也是世代当酋长的，不过到他父亲时，其部落规模仍然不大。

与姚弋仲一样，到蒲洪这一代时，也是从永嘉之乱后开始大规模扩张。蒲洪散千金收买社会不安定分子，后被宗人蒲光、蒲突推为盟主。②

刘曜打来时蒲洪也怕了，成了前赵的率义侯。

刘曜败了，蒲洪又西保陇山，等石虎来了又降了石虎，成了冠军将军，被石虎委以西方之事。

从人生剧本看，蒲洪与姚弋仲就跟双胞胎一样。

又过了四年，石虎剿灭石生后，蒲洪与姚弋仲一样向石虎示好，劝说石虎迁徙关中豪杰和羌、氐去东方。③

结果这次石虎比较有意思，说："都说爱我是吧，那就都跟我走吧。"蒲洪和姚弋仲分别被石虎迁到别处了，挥别了他们动了很多年心

---

① 《晋书·姚弋仲载记》：及石季龙克上邽，弋仲说之曰："明公握兵十万，功高一时，正是行权立策之日。陇上多豪，秦风猛劲，道隆后服，道洿先叛，宜徙陇上豪强，虚其心腹，以实畿甸。"

② 《晋书·苻洪载记》：属永嘉之乱，乃散千金，召英杰之士访安危变通之术。宗人蒲光、蒲突遂推洪为盟主。

③ 《资治通鉴·晋纪十七》：洪至长安，说虎徙关中豪杰及氐、羌以实东方。

思的关中。蒲洪成为龙骧将军、流民都督，被移民到枋头（今河南浚县枋城村）；姚弋仲成为奋武将军、西羌大都督，率数万部众被移民到清河郡的滠头（今河北枣强县东南）。（见图9-1）

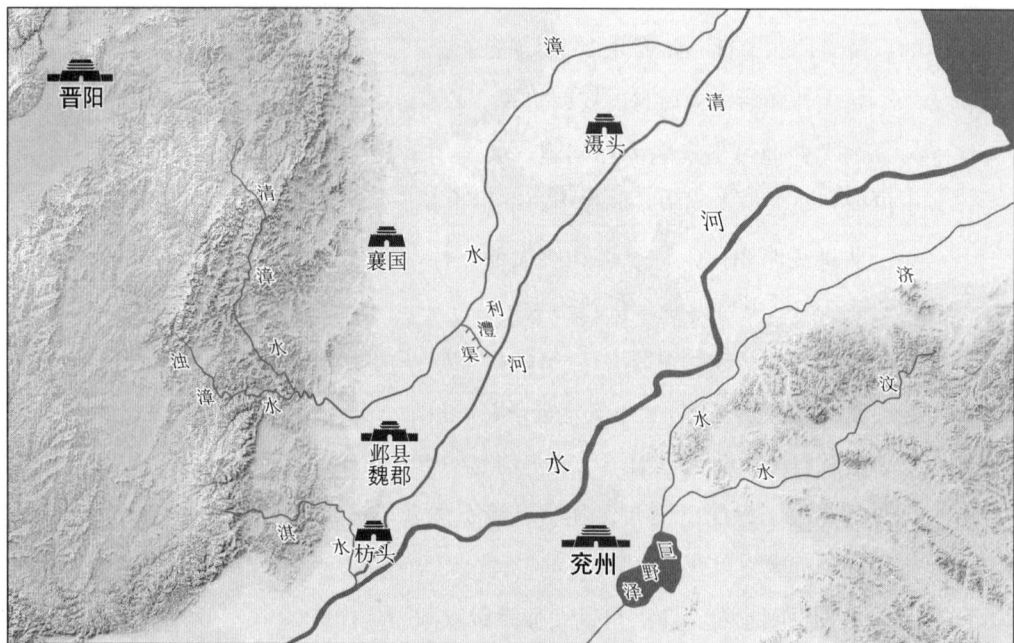

图 9-1　枋头与滠头位置示意图

石虎对这两位异族示爱者还是比较不错的，把他们安置在了清河物流线上，既可以让他们更好地支援中央，又可以让他们帮自己去四处平叛。

氐人和羌人被安排的这两个地方，貌似是随机安排的，其实都是在石虎的周围被严密控制的。

不过蒲洪和姚弋仲这两个老狐狸谁都没想到，十七年后，枋头的归属最终决定了关中的归属，也最终决定了"五胡时代"下半场的历史走向！

三、少数民族的爆发，是学习、模仿华夏的结果

从关中迁徙了蒲洪和姚弋仲后，石虎回到襄国建了魏台，完全仿制了曹操辅汉的旧例。

公元333年十二月，石生部将郭权再反，京兆、新平、扶风、冯翊、北地皆应之。石虎遣子石斌等率步骑四万讨伐，大军走到华阴还没到地方，上邽豪族就杀了郭权投降了。随后石虎又把秦州的三万余户迁到了青州和并州，熄灭了关中地区的最后一次反扑之火。

至此，石虎完成了对石勒遗产的全部消化。

334年九月底，石弘亲自到了魏宫，请求将皇位禅让给丞相石虎。石虎说："帝王大业，天下人自有公议，你又在这胡说什么！"

石弘更害怕了，心想："石虎想篡位已经三界皆知了，你不同意我禅让，那肯定就是想要我的命了。"他回家哭着对他妈说："先帝的骨肉真的不会再遗存了！"

没多久，尚书奏议说："魏王请依照尧、舜的禅让旧例行事。"石虎说："石弘愚昧昏暗，服丧无礼，应将他废黜，谈什么禅让！"

十一月，石虎派郭殷进宫，废石弘为海阳王，将石弘和太后程氏、秦王石宏、南阳王石恢幽禁在崇训宫，不久全部杀害。石虎完成了自己

四年前的承诺，把石勒的所有子嗣全部杀光了。至此，石虎从名义上把石勒的所有家业过户到自己手上。

自335年开始，中原大地上的汉人所经历的近千年来最黑暗、最无下限的十五年到来了。

从正月开始，石虎把一大部分政务分给了太子石邃，只有祭祀郊庙、选任地方官员、征伐、刑杀方面的奏事才亲自过目。

他自己开始了各种折腾，大批量地上马工程，营建宫室，鹳雀台崩圮后重修，规模要求扩大一倍。

336年，石虎下令把洛阳的钟虡、九龙、铜驼、翁仲铜人、飞廉神兽（鸟头鹿身神兽）等超级重的高级装饰品全都搬运到邺城。

为了运这些东西，耗费的民力不可胜数。举个例子，铜驼有两尊，每尊长一丈、高一丈、尾长三尺——这得多重啊，都不如就地重新铸一对！

再比如，在运输过程中有一口钟沉于黄河，为打捞这口钟招募了三百人潜入黄河，再用竹质的大绳捆扎，最后用一百头牛牵引起重滑车，这才把钟拉出水面。

为了运送这些"大玩具"，后赵专门建造了载重万斛的大船。在走完水路改陆运后，又制作了特质的专用四轮车——这还不算完，光有车是不够的，这么重的东西一定会把车压散的，还要配套宽四尺、深二尺的车辙，才最终运到邺城。

石虎肆虐了一年多时间，就把物价抬到了两斗米卖一斤金子的价格了。[①]

石虎又听了尚方令解飞的意见，从风水学的角度在邺城南面将石

[①] 《晋书·石季龙载记》：时众役烦兴，军旅不息，加以久旱谷贵，金一斤直米二斗，百姓嗷然无生赖矣。

块抛入黄河，以图建造凌空架设的高桥，这一工程耗费的人工、财力不计其数，最终也没有建成。①

紧接着，石虎又命人在襄国修建太武殿，在邺城造东、西宫，工程同时上马。其中的太武殿光基座就有二丈八尺高，穷奢极欲，史载："皆漆瓦、金铛、银楹、金柱、珠帘、玉璧，穷极技巧。"

此外，石虎又在显阳殿后面建了灵风台九殿，打造了一个女儿国，无论士、庶之女，只要长相看得过眼，都被石虎填了进来，高达万余人，所谓"后庭服绮縠、玩珍奇者万余人"。

石虎还在这里设置了十八个等级的女官，最搞笑的是居然置女太史于灵台，来仰观天象预测未来，又置女鼓吹羽仪。总之，石虎对女人的需求量相当大。

石虎这个疯子只是中原百姓遭遇大劫难的一部分原因，他残忍好杀的基因还变本加厉地传到了他的儿子身上。他的世子石邃骄奢残忍、荒酒淫色，经常半夜上大臣家串门，当场指导人家媳妇工作。

石邃荒淫之后还得彻底毁灭才痛快，他喜欢将美人装饰打扮后砍头，再将头洗好后盛放在盘子里与宾客们互相传览。石邃连出家人都不放过，有漂亮的尼姑他都要先奸后杀，然后和牛羊肉一起煮着吃。

石虎开始有美人陪伴，活得潇潇洒洒后更不正常了，神经病般的喜怒无常让人根本猜不透。他让石邃省视决断尚书奏事，结果石邃禀报时，石虎埋怨事小耽误他享受生活，石邃不禀报，他又大怒为什么不跟他沟通，对石邃的谴责斥骂乃至暴打也是时不时就来一顿。②

---

① 《晋书·石季龙载记》：又纳解飞之说，于邺正南投石于河，以起飞桥，功费数千亿万，桥竟不成，役夫饥甚，乃止。

② 《晋书·石季龙载记》：季龙荒耽内游，威刑失度，邃以事为可呈呈之，季龙恚曰："此小事，何足呈也。"时有所不闻，复怒曰："何以不呈？"诮责杖捶，月至再三。邃甚恨。

石邃非常憎恨他爹，就和身边人说："我爹神经病，我想当冒顿，你们跟我干吗？"吓得那些手下趴在地上一个字都不敢说。

除了石邃，石虎还很喜欢石宣和石韬，于是石邃对这两个兄弟恨不得杀之而后快。

有一次石邃喝多了，准备率领五百骑兵去杀石宣，但是吐完断片儿就回家了。他妈听说了这事就派心腹去教育他，结果石邃把这个心腹给杀了。

石虎听说石邃生病了，于是派自己的女技师去慰问，石邃说你过来看看我的病，结果等人一过来他就拔剑把人捅死了。

石虎大怒，我的女技师也敢杀！他命人将石邃的心腹都抓了过来，一拷问就知道了石邃有准备杀自己和弟弟们的想法，于是诛杀了石邃党羽，将石邃幽禁在东宫。

没多久，由于石虎还是喜欢这个凶残如己的儿子，就赦免了石邃的罪，在太武殿东堂召见他。

公元4世纪的两个顶级神经病间的巅峰对决上演了。

石邃朝见石虎时不谢罪，扭头就要走。石虎说："你应该去朝见皇后，你这是什么态度！"石邃继续硬刚，头也不回接着走。石虎狂怒，于是石邃又被抓了起来。随后石虎诛杀了石邃的门党二百多人，还把他妈郑皇后废为东海太妃。

这事还没完。当夜，石虎杀掉石邃全家男女二十六人，然后把这些人都合葬在一口棺材内，原话是："其夜，杀邃及妻张氏并男女二十六人，同埋于一棺之中。"史官至此就留白了……

看看这句史料，要怎么操作才能把这些人装到一个棺材里？正常途径肯定是不可能的，这二十六人不知道要被剁成几百块才能塞到一口棺材里。石虎父子在杀人虐待方面的创造力是有天赋的，正常人真的想不出来这些招数的。

就在石虎肆虐中原第一次弄死他儿子的时候，在中国东北部有一个部落渐渐发展明白了。

先胖不算胖，这个部落，开始在东北部混乱局势中崛起——慕容家族，该你们上场了。

当时中国的东北部，是鲜卑人的地盘。鲜卑人在东北有三股势力，即段部鲜卑、宇文部鲜卑、慕容部鲜卑。

最初段部鲜卑的势力最强，两晋前期，鲜卑人的历史篇幅基本都被段部鲜卑占据。在段部鲜卑被石勒拍在沙滩上之后，在更苦寒、更边远地方的慕容鲜卑开始登上时代的舞台。

虽然慕容鲜卑并非笑到最后的部落，但其仍然恰到好处地在4世纪的后半叶留下了浓墨重彩的一笔。

东汉晚期，慕容鲜卑的地盘属于当年"鲜卑联"盟主檀石槐分割的中部之地。

在檀石槐死后到轲比能崛起的这段时期，慕容部几经辗转，最终不在中部混了，在首领莫护跋的带领下向东迁徙，到达辽西郡。

俗话说"树挪死、人挪活"，到了辽西后，慕容部赶上了自己部落有史以来的第一波超级政治红利——司马大宣王此时被曹叡扔到东北去平定公孙渊。

莫护跋紧紧抱住了司马懿这条大腿，在剿灭公孙氏的过程中步调一致听指挥，随后因功拜率义王，始建国于棘城（今辽宁义县）之北，这个外地部落因此顺利扎根并开始发展壮大。

当时东北地区流行戴步摇冠。步摇冠顾名思义，就是一走路就满脑袋零件乱颤。

莫护跋也相当喜欢这玩意，于是束发戴上了步摇冠，鲜卑各部随后开始称莫护跋为"步摇"，后来音译慢慢以讹传讹，莫护跋的部落就被称为"慕容"了。[①]

莫护跋对这个称号也不反感，而且他还给出了更文化的解释——"慕二仪之德，继三光之容"，以后他的部落就叫"慕容"了！

"二仪"指阴阳，"三光"是日、月、星。有文化真的很重要，怎么说怎么有理。（见图9-2）

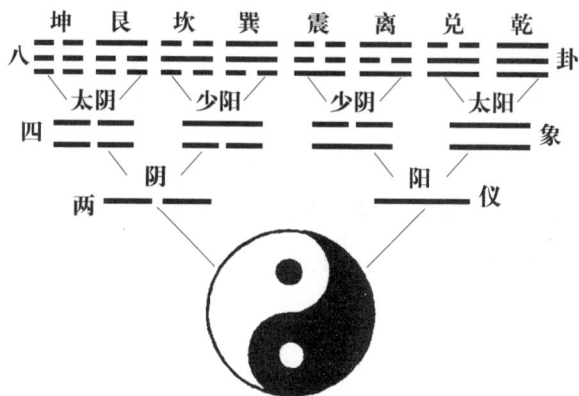

图9-2 太极、两仪、四象、八卦图

到了莫护跋的孙子慕容涉归继任首领时，他因功成为西晋的鲜卑单于，迁部众于辽东郡之北，至此"渐慕诸夏之风矣"。

到了慕容涉归的儿子慕容廆时，慕容部开始了腾飞。

慕容廆容貌俊美，身高八尺，雄伟出众有器度，年少时曾经拜见在皇储问题上答错后被踢到幽州的西晋大臣张华。张华作为此时的东北一把手见到慕容廆后惊为奇才，对其叹道："你成人后必会成为治世之才，匡救时难之人！"

慕容涉归死后，十七岁的慕容廆统领部众，因父亲和宇文部有仇

_____

① 《晋书·慕容廆载记》：时燕代多冠步摇冠，莫护跋见而好之，乃敛发袭冠，诸部因呼之为步摇，其后音讹，遂为慕容焉。

遂向西晋上表请求讨伐。

晋武帝司马炎正处于灭吴的统一四海时代，年年都有数十波北境"杂胡"的内附，那种天朝上国的自我感觉正良好着呢，认为天下都是他的子民，当然不允许这种打打杀杀。

慕容廆很愤怒，年轻气盛的他率军侵犯晋辽西郡，杀掠甚众。但很快，慕容廆就被司马炎派出的幽州军给打了一顿。慕容廆从此每年都去劫掠昌黎，表示自己不服输的小脾气。

就在被西晋打败的同一年，十七岁的慕容廆又率众东伐扶余国，打得扶余国王自杀，又焚毁了扶余国都，驱万人而归。

晋朝对此的反应是派东夷校尉何龛遣督护贾沈迎立扶余国的王子，干掉了慕容廆的部将孙丁，又帮扶余国复了国。

289年，二十一岁的慕容廆青春期过去，他想明白了，晋朝是如大象般庞大的存在，自己每年进犯就是在冒傻气，于是派使者向晋朝请降表态今后要当乖宝宝。[1] 司马炎表示改了就好，又授予慕容廆鲜卑都督的称号。

慕容廆激素退去后像变了一个人一样，开始忍让当时比自己强大的段部鲜卑和宇文部鲜卑的挑衅，与两家修好关系，每年给两家送礼息止干戈，与此同时还娶了段部鲜卑的闺女做老婆玩起了联姻。[2]

289年，慕容廆将部落迁到了徒河青山（今辽宁锦州境内）。

294年，慕容廆再次搬家，把部落迁到大棘城（又称棘城），开始了定居的农业生活。

---

① 《晋书·慕容廆载记》：廆谋于其众曰："吾先公以来世奉中国，且华裔理殊，强弱固别，岂能与晋竞乎？何为不和以害吾百姓邪！"

② 《晋书·慕容廆载记》：时东胡宇文鲜卑段部以廆威德日广，惧有吞并之计，因为寇掠，往来不绝。廆卑辞厚币以抚之。

在东北三鲜卑中，最初段部鲜卑是最强大的。这是因为段部鲜卑的地盘与西晋接壤，其部落附近的汉人多，而且段部鲜卑继承的乌桓遗产最多，人口基数大，能工巧匠多，先进的生产力产生了先发优势。

慕容鲜卑的迁徙路线，可以看作是慕容部由游牧部落渐渐尝试汉化的开始。史料记载，慕容廆移居大棘城后，其部落开始和广大汉人农业区接壤，并在部落的发展中加入农耕纺织元素，法律制度上也开始学习西晋。①

公元294年，是慕容部汉化之始。时间开始得刚刚好，此时距离司马氏的同室操戈还有七年，距离洛阳陷落天下崩盘还有十七年。

足够的时间意味着足够坚实的基础。慕容部早早开始搭建的汉化制度框架，开始一点点地将溢出到自己这边的汉人巩固住，将集团高层的文化教育成果开枝散叶，这是慕容部不同于段部和宇文部的发展轨迹。

这也使得中原崩盘后，慕容氏成为整个河北汉人众望所归的集团，并最终帮助慕容氏拿到了东北少数民族中唯——张进入中原的门票。

慕容部的汉化在八年后达到了什么程度呢？

302年，幽州发大水，靠着慕容廆的开仓赈灾，幽州才渡过难关。②

慕容部暴露物资上的实力后，紧接着又迎来了本部族的第一次大危机——宇文部向慕容部开战。

宇文部的首领宇文莫圭派他弟弟宇文屈云率军进攻慕容廆，慕容廆避其主力，反击重创了别将宇文素延。宇文莫圭大怒，出动十万人包围慕容廆所在的大棘城。

---

① 《晋书·慕容廆载记》：廆以大棘城即帝颛顼之墟也，元康四年乃移居之。教以农桑，法制同于上国。

② 《晋书·慕容廆载记》：永宁中，燕垂大水，廆开仓振给，幽方获济。

当时城内的慕容部已经傻了，他们哪里见过这么大的阵势！慕容廆不断鼓舞士气，告诉部众："宇文部就是蚂蚁，人多没有用，他们的军队无法过来，已经中我的计啦！你们只要听我的指挥就什么都不用愁！"

随后慕容廆亲自率兵出城打反击战，再度重创宇文素延的兵马，追击百里，俘斩万余人。

这是慕容鲜卑第一次喋血孤城。后面还有很多次，他们慕容氏打这种重兵围城的反击战向来有天赋。

311年，永嘉之乱爆发，洛阳陷落，到底是挺匈奴汉，还是挺已经完蛋的西晋，慕容廆面临重大抉择。

考虑到自己已经开始走上汉化道路，西面还有与段部鲜卑联盟的晋朝幽州刺史王浚盯着，慕容廆选择了站队晋朝，接受了晋愍帝授予的镇军将军及昌黎、辽东二国公的任命。

317年，长安的晋愍帝也被掳到平阳去了，于是慕容廆又接受了司马睿的任命，成为都督辽左杂夷流人诸军事、龙骧将军、大单于、昌黎公，随后遣长史王济渡海到建康劝进。

当时胡汉之间有着巨大的矛盾冲突，大量的北方士族和百姓宁作流民，也不想与刘聪、石勒合作，于是地处中国东北的幽州从而得到了大量的人口红利。

这些流民通常由大姓豪族带领，他们第一站来到了幽州的王浚这里。但是由于王浚不能很好地做安抚工作，政法不立，令他们失望，于是离开继续东去。

这些流亡的士族和百姓到了下一站段部鲜卑这里，发现段氏仍然不是那块料，段氏并不知道如何与士族交流。他们继续向东到辽东，发

现慕容部简直就是东北小中华啊！ ①

慕容廆直接在辽东划分了所谓的"郡县"来安置流民，冀州人被安置在冀阳新区，豫州人被安置在成周新区，青州人被安置在营丘新区，并州人被安置在了唐国新区。

慕容廆相当有创造性地通过创建新区对流民进行分别管理，减少了各州流民集团的矛盾，用很小的成本整合并巩固住这一波人口红利。

在慕容廆的麾下，中原高门云集，史载："于是推举贤才，委以庶政，以河东裴嶷、代郡鲁昌、北平阳耽为谋主；北海逢羡、广平游邃、北平西方虔、渤海封抽、西河宋奭、河东裴开为股肱；渤海封弈、平原宋该、安定皇甫岌、兰陵缪恺以文章才俊任居枢要；会稽朱左车、太山胡毋翼、鲁国孔纂以旧德清重引为宾友，平原刘赞儒学该通，引为东庠祭酒。"

以冀州、幽州为主，南到山东，西到河东，甚至安定、西河的士族都源源不断地汇聚到东北的慕容新区。

由于慕容廆既奉晋朝正朔打着拥晋的旗号，又有着近二十年汉化的老底子，因此慕容鲜卑成为整个东北移民大潮的最终受益者，随后开始了强烈爆发。

纵观整个两晋，所有少数民族的飞黄腾达，有一个算一个，都获得了汉民族馈赠的"意外之福"，匈奴屠各刘渊如此，"杂胡"石勒如此，"五胡"的第三棒——慕容鲜卑亦如此。

此外，前秦苻氏和后秦姚羌的先人们，也都是早早拥抱中原政权的先行者。他们的后人，一个将汉化进行到了极致，开创了大乱世时代

---

① 《资治通鉴·晋纪十》：初，中国士民避乱者，多北依王浚，浚不能存抚，又政法不立，士民往往复去之。段氏兄弟专尚武勇，不礼士大夫。《晋书·慕容廆载记》：时二京倾覆，幽冀沦陷，廆刑政修明，虚怀引纳，流亡士庶多襁负归之。

幅员最辽阔的帝国；一个即便南渡江左，在汉人堆里也是"雄武冠世，好学博通，雅善谈论，英济之称著于南夏"的天皇巨星。

再往后，给"五胡"收尾的拓跋鲜卑又是如何呢？同样是在长安，小小年纪的亡国之奴拓跋珪看到并系统地观察到了汉化对于国家机器的巨大威力，他在那位复国神仙的舅舅身边，耳濡目染地学习了太多华夏政治的屠龙秘技。

北方各少数民族爆发的原因，实际上是对华夏的学习与模仿。

后浪赶超前浪，一定会根据自身的优势，因地制宜地弯道超车，但如果不借前浪的势，后浪不可能随之被带到时代的风口浪尖上。

四、家族如何才能代有才人出？

在慕容鲜卑成为八王之乱和永嘉之乱的间接受益人之后，很多眼红的人开始出现了。比如王浚的小舅子——平州刺史、东夷校尉崔毖。

崔毖自认为王浚死后自己才应该是扛起整个北方大旗的人，却没想到被慕容廆拿走了最多的流民红利，于是他暗中勾结高句丽及宇文鲜卑、段部鲜卑，密谋灭慕容氏后分其地。

319 年，高句丽、宇文鲜卑、段部鲜卑三方联合讨伐慕容廆，貌似挺凶猛。

慕容廆对属下表示："这三方是被崔毖忽悠来的乌合之众，三方互不信任，最大的合作点是有利可图，咱们现在不跟他们打，让他们看不到打劫的可能性，冷他们几天，他们就会各自起疑心了。"

过了几天，慕容廆派使者送牛和酒去犒赏宇文部，然后大声对众人说："昨天崔毖大人的使者已经来了。"就是告诉众人：崔毖与慕容部和宇文部使了一出计，要把段部和高句丽引蛇出洞后再把他们团灭了。

本来这三方多来年经常有摩擦，再加上听说了这件事，段部和高句丽一琢磨赶紧带兵回家了。

宇文部首领宇文悉独官知道后表示："虽然他们两个撤回去了，但我自己也可以兼并慕容部，哪里用得着别人！"他派兵填补了另两方撤走后的围城空档，连营三十里。

　　像十七年前那次宇文部围城一样，慕容廆再一次消磨了宇文部气势后，挑选精兵，命嫡子慕容皝冲锋在前，庶长子慕容翰带领一路精锐骑兵为预备队从边路杀出直冲中军大营，慕容廆则总督主力军阵压阵杀出。

　　宇文悉独官仗着自己倾国之兵而来，且慕容部自打兵临城下就一直表现得很胆怯，根本没想到慕容部会突袭他，等到对方已经率军杀出来后才开始紧急布置。（见图9-3）

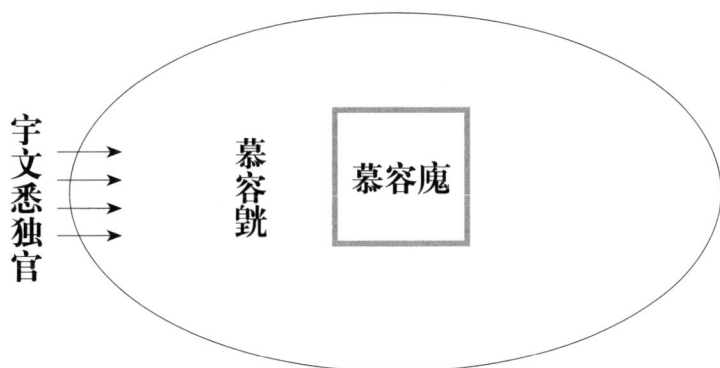

图9-3　慕容皝对阵宇文悉独官

　　结果刚刚对阵上慕容皝的先锋军，作为预备队的慕容翰就已经率骑兵突入其中军大营，然后四处放火了。（见图9-4）

　　这次突袭把宇文部的军队打蒙了，指挥部被端后全都不知所措，根本没怎么抵抗，除了宇文悉独官得以逃跑，宇文部兵众全部被慕容部吞并。

　　慕容家教科书般地展示了优质骑兵力量在守城战中的重要性。纵

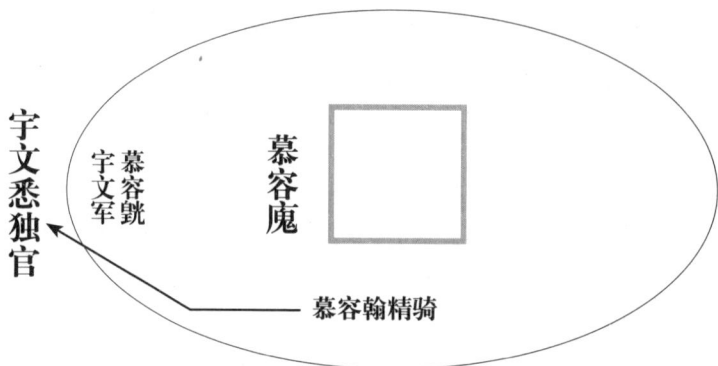

图 9-4　慕容翰火烧宇文悉独官大营

观历史上的众多战役，除了项羽那种大力出奇迹和兵仙韩信那种一万多个圈套绕死人的例子外，成功战例通常都有以下三个共通点：

1. 骄敌。

2. 避实击虚。

3. 以正合，出奇胜。

所谓"骄敌"，就是让对手放松警惕，自我松弛，从而无法发挥出全部的实力。

所谓"避实击虚"，就是绕开敌人实力强劲或者防守扎实的地方，选择一刀扎到对方的薄弱处完成单点突破。

所谓"以正合，出奇胜"，就是用常规部队将对手的主力引出来，等对方把牌都打出来后，找出对手"虚"的地方，派出预备队扎死对方。

慕容儁作为先锋军把宇文部仓促迎战的部队引出来，就是"以正合"；慕容翰作为预备队随后突然扎进宇文部薄弱的中军就是"出奇胜"。

在这里面，无论是"避实击虚"还是"出奇胜"，其实都有一个关键的考量因素——速度。

战场上的交战双方一旦开战，场面通常都是很混乱的。也许此时忽然出现了重大战机，对方军阵出现了漏洞，指挥中心暴露出来了，但如果过了半小时己方才组织队伍杀过去，那么就会发现对方早已重新整队填补好漏洞了。

发现敌方漏洞后一定要用最快的速度撕破敌人的阵型和防守，尤其是在当时突骑战法极大提高了骑兵战斗力的情况下，作为"奇兵"（读jī，预备队的意思）的骑兵几乎是最完美的设计。

纵观整个两晋"五胡时代"，对骑兵战术有着最高理解水平和最强操控水平的，是慕容氏。这一次，慕容氏就展示出优质骑兵力量在守城战中的重要性。

320年，慕容廆又击败了高句丽的入侵。

同一时期，段部鲜卑开始内乱，慕容廆派嫡子慕容皝袭击大乱后的段部，攻入其都城令支，收缴名马、珍宝而回。此时，慕容部已俨然有东北第一大部的模样了。

323年，石勒统一关东后派使者来找慕容廆通和，但慕容廆这些年始终受晋室的领导，此时的头衔是晋朝使持节、都督幽州东夷诸军事、车骑将军、平州牧，进封辽东郡公等一大串，巨大的红利是北方流亡士族和流民，而这些人就是为了躲石勒才来的东北。

慕容廆在政治问题上不含糊，把石勒的使者送到了东晋建康。

石勒大怒，派与慕容氏有仇的宇文部再次攻打慕容廆。结果慕容廆再胜，将宇文乞得龟的队伍全部俘虏，并乘胜打进了他的都城，收缴了宇文部这些年的积蓄，并迁其部众数万户而归。

一晃十年匆匆过去，333年五月初六，六十五岁的慕容廆去世了。

这些年来，已经成为东北第一势力首领的慕容廆一个劲地给陶侃和东晋朝廷写信，劝他们打石勒。慕容廆特别明白，自己是弄不过石勒的，必须得东晋配合他形成南北夹击。

不过东晋此时正陷入十年内乱中，王敦和苏峻两次大乱让本就屡弱的东晋根本腾不出手来。慕容廆只能等着天下有变，但天不遂人愿，石勒和他一样都是越老越稳。

330 年，祖约在苏峻之乱中战败，向北归降了石勒。

石勒这边通常是南方战败者的重要归宿。八年前王敦逼宫的时候，帮司马睿雄起的刘隗在战败后带着两百多人来石勒这里找工作了，刘隗还作为政治标杆当上了后赵的从事中郎、太子太傅。

但是这次，祖约归降后赵以后傻眼了。这位继承了抗胡第一人祖逖政治遗产的名将"弃暗投明"之后，并没有得到石勒的优待，而是直接被灭了满门。

按理来讲，如果石勒收下祖约给个好待遇养着，这对南边的东晋官僚系统将是一种巨大的政治勾引。

南方的东晋官员们可以尽情地斗争、内耗，可以尽情地搏一把，反正实在不行他们还可以投降北方换个皇帝继续吃饭。

八年前厚待刘隗的石勒并非没有打这个算盘，但这次他之所以灭了祖约满门，是因为有了新的政治诉求。

石勒在为自己的平稳着陆做铺垫，他是在向东晋示好，为自己前半生和晋朝的血海深仇做和解准备。

333 年正月丙子，石勒趁着大过年的时候，遣使送礼希望能与东晋修好。东晋方面的回答是直接烧了石勒的礼品，表示刨坟掘墓毁我国祚之仇不共戴天。

别管最后效果怎么样，石勒的脑子是相当清晰的：自己这辈子的奋斗成果已经到天花板了，死后尽量给接班人营造一个和平稳定的政治局势。

石勒晚年趋稳，慕容廆也是如此。最后十年慕容廆极度克制，并没有因为自己已经成为东北老大就不知道自己姓什么了，他知道此时自己的家底比石勒还是差很远的。

整个北方，石勒和慕容廆两个顶级老狐狸都在敌不动我不动的状态中。

知道狂飙突进很容易，知道赌越来越大的局很容易，但懂得克制、学会刹车很难。

慕容廆时常教育儿子们：司法，国之大事，人命所悬，要有敬畏，不可恣意而为。世家大族是国家之基，不可以不敬。农耕为国家之本，不可以不作为最首要的事情考虑。喝酒、淫乱、谄媚损友，这是败家之源，不可不戒！①

这哪里是少数民族说出来的话啊，这明明就是受中原文化教育、实事求是的"秦汉大政治家"。

大多数人只看到了慕容家族霸屏了 4 世纪的后半叶，但实际上，整个慕容家族的大业奠基人是慕容廆。

门阀世家垄断社会分层及以司马氏为首的上层集团信仰崩塌后，中原汉人的败家子们将汉文化的主流发展成了裸奔、清谈和嗑药，原本的那些文化精髓却被他人学走了。

少数民族为什么能学到中原文化的精髓，自然而然地屏蔽诸如嗑药、清谈的糟粕呢？因为他们要是学会了嗑药、清谈，在底层社会分分钟都活不下去。

随着不断吸收汉文化，慕容部高层慢慢发现了儒家伦理关系对于统治底层民众的巨大成本优势；发现了汉人农桑技术对于国家实力的巨大飞跃效应；发现了汉族官僚体系对于国家管理的制度优势。

这些才是好东西，绝不能像南边的文人士大夫那样天天喝酒玩乐，所以慕容廆专门嘱咐子孙，"酒色便佞，乱德之甚也，不可以不戒"。

---

① 《晋书·慕容廆载记》：狱者，人命之所悬也，不可以不慎。贤人君子，国家之基也，不可以不敬。稼穑者，国之本也，不可以不急。酒色便佞，乱德之甚也，不可以不戒。

诸如此类的人生经验与智慧，慕容廆"著《家令》数千言以申其旨"，并以此为家训传家。

天道好轮回！轮回的那条最宏观质朴的定律，就是"生于忧患，死于安乐"。忧患的环境、痛苦的人生，是磨砺人实事求是走向人生正循环的最好良药！

慕容氏的后人在整个4世纪交出了相当亮眼的成绩单，每一代都有数位精明强干子弟出现。虽然最终没能笑到最后，但论整个两晋时代的家族综合素质与续航时间，慕容家族都堪称是第一档的存在。

其核心原因，也许是老慕容廆在人生最后十年苦练内功做的这部家训。

自古能绵延数十乃至数百年不衰的家族，通常都是讲究"耕读传家"的：给子孙留田产保证生计；给子孙留家训和书籍，保证后世每一代都有出人头地的人才。

权势留不住，金银留不住，因为一个败家子就能都给祸害光。在物质财产中，田产自古属于不动产，交易起来最困难，也因此最容易保留；在精神财产中，只有后代知道怎样从底层混出来，才是家门不堕的根本保证。

慕容廆写的这部《家令》其实就是在给后代留精神财产。

"耕读传家"，是中国人的智慧。历史上，有很多家族甚至会专门规定划分某些特殊田产为永远不能卖的"族田"。族田每年的收益会以一种固定工资的形式分发到各宗族成员手中，在祭祖、赶考等专门事项上还会有家族补贴。

为了保证族田的可持续发展，祖训会专门规定：族田永不可交易！即便是族长或宗主，敢动这块地的也以大不孝论处，族人可诛之！

这种族田的补贴，不会让族人享受锦衣玉食，但却能够让每个族人都得到最基本的衣食条件，能够在家训的教导下进行正常的习武修文，然后通过一代代的大基数筛选，祈求宗族中每一代都会出大才或者出进士。

这个"祖宗保佑"下的孩子功成名就后，会再去反哺宗族成为家族的保护伞，甚至去创办更多的"族田"以泽被后代。

古代的这个"耕读传家"，其实就是今天的一种变相形式的"家族信托基金"。

龙生九子，尚且子子不同，何况是人？不是每个后代都能如愿培养成才。建立基业的那种奠基人通常是"命、运、德、阴功、读书、风水"等多维度的综合体，不是教育就能复制的。

成才可以教育，成大才要看天赋和时运。德不配位，必有灾殃，将所有产业传到下一代手上其实是个相当危险的行为。

"耕读传家"的思维相当重要。一个人无法祈求每个后人都像自己一样成功，但却可以期望后人能够重振自己的雄风。

人生是概率性游戏，而不是确定性游戏。一个人能为后代做的，是给他们一个稳定、基本的世面和教育平台，而不是跌落凡尘后再从零开始。如果这样的话，家族再度雄起的概率，也许就从百分之十跌到百分之一了。

耕读传家最关键的两点是：

1.将你的人生经验总结出来形成家训，或者将你人生中觉得最重要的几本书一代代传下去。

2.将一部分家产规定为子孙不能碰的形式而是定期派息，防止败家子将你的基业毁灭。

慕容廆去世后，嫡子慕容皝继位。

慕容皝像他爹一样，有着让人一眼就看出是大人物的长相，长得精神，一口好牙，一米八的个头，雄毅多权略，经学出众，更厉害的是还懂天文。

慕容皝一直是被当作接班人培养的，他带兵征讨四方累有功勋，被司马睿封为平北将军，进封朝鲜公。

慕容皝优点一大堆，但却有个很大的缺点：猜疑心太重，容不下兄弟们。

慕容廆是带孩子的一把能手，生的这一大堆孩子基本上个个成才。他的庶长子慕容翰骁勇有雄才，但自始至终都被慕容皝所猜忌；慕容皝的同母弟慕容昭和慕容仁因为受宠于老爹，也被他看不顺眼。

等慕容廆死后，慕容翰因为害怕被干掉出奔段部鲜卑投降了段辽，慕容仁则劝慕容昭起兵废了哥哥慕容皝。慕容皝很快知道了这件事并杀了慕容昭，慕容仁则率部反叛东归平郭（今辽宁盖州）。

慕容皝随后派其弟慕容幼与司马佟寿等人讨伐慕容仁，结果被慕容仁打败并俘虏，襄平令王冰、将军孙机也以辽东郡归附慕容仁。

慕容仁在此次内战后占有了整个辽东，和他哥划辽水对峙，自称车骑将军、平州刺史、辽东公。

宇文部、段部及其他鲜卑小部也都和慕容仁建交了。[1]（见图9-5）

334年，段部鲜卑首领段辽（此时段末柸已死，段辽杀段末柸之弟段牙上位）趁慕容皝新败劫掠徒河，段辽弟段兰与慕容翰劫掠柳城（今辽宁朝阳），这两路兵马被慕容皝艰难打退。

打退段部的慕容皝随后亲征辽东，攻克襄平（今辽宁辽阳）并杀了慕容仁设的地方官吏，把辽东大姓分迁到棘城。

336年正月，慕容皝冒奇险，从冰封的海道讨伐慕容仁。部将都劝谏他，说海道危险艰难，还是走陆路为宜。（见图9-6）

慕容皝说："以往海水从不封冻，但自慕容仁谋反三年以来已经三

---

[1] 《晋书·慕容皝载记》：仁于是尽有辽左之地，自称车骑将军、平州刺史、辽东公。宇文归、段辽及鲜卑诸部并为之援。

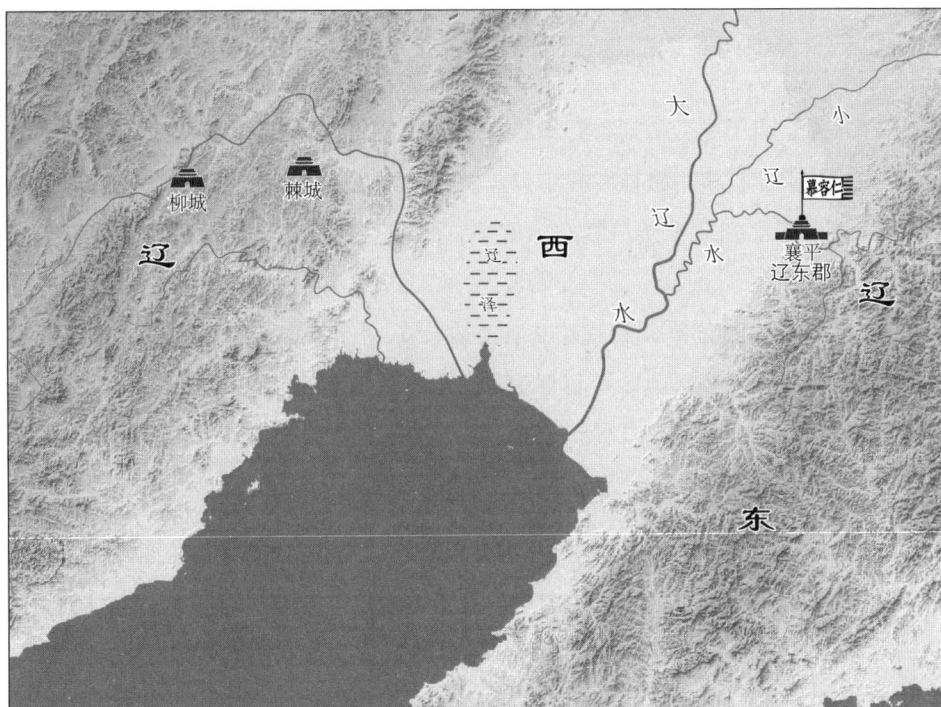

图 9-5　慕容部分裂示意图

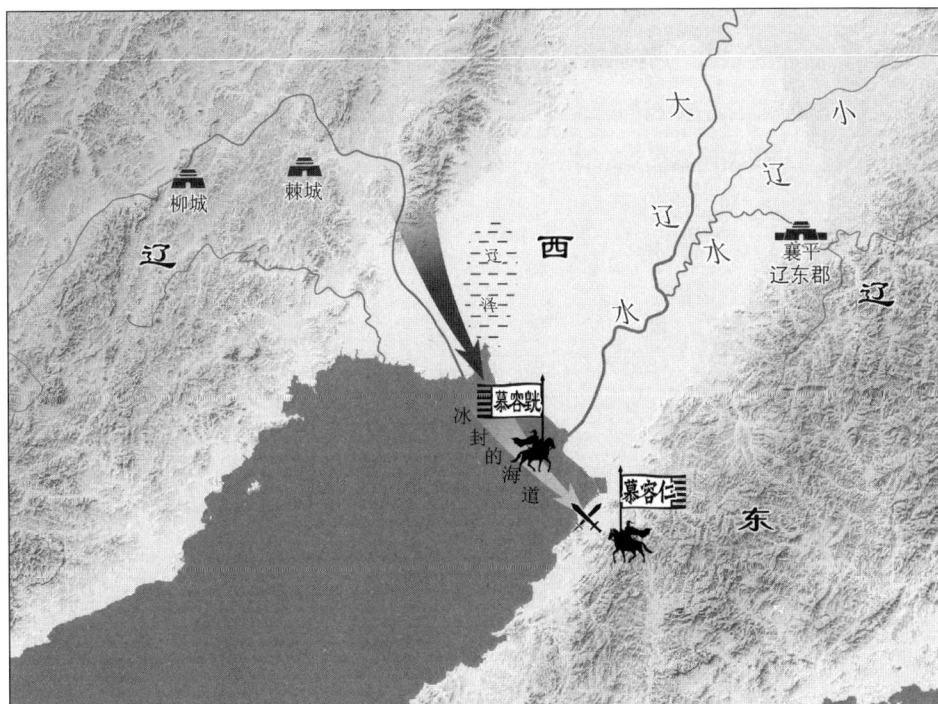

图 9-6　慕容皝踏冰奇袭示意图

次封冻！当年光武帝刘秀凭借着滹沱之冰躲过追兵成就大业，上天或许想让我乘此良机击败他！我主意已定，阻挠我者斩！"

然后率领三军从昌黎踏冰奔袭慕容仁，史上最浪漫的冒险主义踏冰远征开始了。

慕容仁根本没有料到慕容皝会踏冰而来，直到慕容皝距离平郭七里时，他才收到瞭望侦察的骑兵报告。慕容仁像百年前的蹋顿一样匆忙出击，被慕容皝擒杀。①

至此，慕容皝在三年内战后重新统一了慕容部。

虽然慕容部在慕容廆死后经历了分裂，但由于时间较短且核心并未受损，而且更重要的是，别看慕容皝杀了几个有能耐的兄弟，他自己却生了好多有能耐的儿子，所以宗族人才上并没有出现断档。

此后连续两年，慕容部在与段部及宇文部的交手中也全部获胜。

337年九月，慕容皝称燕王，设置百官官署；十月，即燕王位，史称"前燕"。

此时距最初的莫护跋东迁辽西抱司马懿大腿已过去百年，慕容部也在和段部、宇文部的东北"三国演义"中历经五世了。

成为燕王的慕容皝，着手进行东北部的统一。

---

① 《晋书·慕容皝载记》：仁不虞皝之至也，军去平郭七里，候骑乃告，仁狼狈出战，为皝所擒，杀仁而还。

五、独生子女没成才的根本原因是什么?

　　慕容皝统一东北的第一个目标是灭掉段部鲜卑。为了实现这个目标,慕容皝向石虎称藩,希望石虎派大军来讨伐段辽,自言将率领国内所有士兵会同讨伐,并把自己的兄弟慕容汗送到后赵当人质。

　　石虎大喜,谢绝了以慕容汗为人质,与慕容皝密约明年开春共灭段部。

　　公元338年,石虎命桃豹为横海将军、王华为渡辽将军,率领十万水军由漂渝津(今天津东)出发;又任支雄为龙骧大将军、姚弋仲为冠军将军,率领步兵、骑兵七万人为前锋,前往讨伐段辽。

　　三月,后赵长驱直入连下四十余城到达蓟城,段辽所任命的渔阳、上谷、代郡地方长官及左右长史刘群、卢谌、崔悦等人纷纷封存府库向石虎请降。

　　石虎派将军郭太、麻秋率领两万轻骑兵追袭段辽,在密云山抓获了段辽的母亲、妻子,斩首三千。慕容皝则率诸军攻打段辽的令支以北诸城,斩敌首数千,掠五千余户而回。

　　两面受敌的段辽单骑逃亡,派儿子向后赵呈降表并献名马,石虎接受了。

石虎进入令支宫室，对将士们论功封赏，把段部的两万多户口迁徙到了司、雍、兖、豫四州，段部鲜卑就此灭亡。

四月，石虎挟灭段部之威，以慕容皝不来会师为理由，挟兵锋带着灭段辽的数十万人自令支北上直杀而来。石虎一边围棘城，一边招降前燕郡县，先后有三十六城叛归石虎。

等到石虎带兵来到棘城城下的时候，慕容皝看到后赵如此庞大的兵力，人生中第一次心虚了，打算逃亡。[1]

他要是跑了，慕容鲜卑就会成为第二个段部，以石虎的断根习惯，慕容氏五代的百年积累会一朝化为乌有。

大将慕舆根给他算了一笔账："现在正当敌强我弱，您要是跑了赵军的气势就压不住了，要是让石虎把咱们的人口和积聚全都抢走了咱们更赢不了，人家现在正盼着你逃跑呢！咱们应该固守坚城，咱们的国都历经战火考验，就算被大军急攻也不至于守不住，咱们先坚持下看看有没有什么变数，实在不行再跑，哪能还没开打就先自我放弃了呢？"慕舆根终于把慕容皝劝住了，但慕容皝还是哆嗦，脸上还是害怕的样子。[2]

看到慕容皝怕了，玄菟太守、河间人刘佩说："现在强寇在外，人心恐惧，燕国存亡系于您一身，您可千万别哆嗦，得勇挑重担，赶紧去激励士气，不能示弱！现在我请战出击，纵然不会大捷，也足以安抚城内士气！"

于是刘佩率数百骑兵冲击后赵的先头部队，所向披靡，城内士气开始抬头。

虽然这是胡人的地盘，但汉人并非传统印象中的只能做后勤之类

---

① 《资治通鉴·晋纪十八》：戊子，赵兵进逼棘城。燕王皝欲出亡。

② 《资治通鉴·晋纪十八》：帐下将慕舆根谏曰："……如事之不济，不失于走，奈何望风委去，为必亡之理乎！"皝乃止，然犹惧形于色。

的，很多猛人其实都是汉人。比如当年"杂胡"和屠各的洛阳大会战，石勒派出去的三员大将分别是石虎、石聪、石堪，后两位都是汉人，而且，石堪和石聪都是被安排各领八千精骑去突击刘曜的！这说明当时后赵最牛的骑兵指挥官其实是两个汉人。

再比如此次会战，后赵阵营中唯一一名大放异彩的将领，是一名年仅十九岁的小将，他也是汉人。

慕容皝又向国相封奕问策，封奕可称之为慕容皝心中的秤砣，他出身于渤海豪族，也是汉人。

封奕给出了坚定的回答："石虎的凶残暴虐早已人神共愤，老天这就要给他降灾。现在他空国远来，再等些天他自己内部就该出现各种矛盾了，我们只要坚守，胜利一定会到来！"直到这时慕容皝才真正心安，然后也能很风趣地对劝降的人说："我正要夺取天下，说什么投降！"①

后赵军开始大规模攻城，慕舆根等昼夜力战，双方相持了十余日，后赵军仍未能攻下。石虎一看打不动，就下令退军了，但是没想到，貌似特别胆小的慕容皝居然敢还手。

慕容皝又使出了他老爹当年破宇文部围城的招数，放骑兵出去突击。第二天清晨，慕容皝遣其子慕容恪率两千骑兵突袭后赵军，石虎诸军惊扰，后赵大败，慕容恪斩获三万余首级。

此战中，两个不到二十岁的小将擦肩而过。

第一个是刚刚用两千兵力斩三万余首级的慕容恪，慕容帝国双璧之一。

虽然慕容恪之母高氏不受宠，但慕容恪十五岁时已身高八尺七寸，

---

① 《资治通鉴·晋纪十八》：皝问计于封奕，对曰："石虎凶虐已甚，民神共疾，祸败之至，其何日之有！今空国远来，攻守势异，戎马虽强，无能为患；顿兵积日，衅隙自生，但坚守以俟之耳。"皝意乃安。或说皝降，皝曰："孤方取天下，何谓降也！"

容貌魁杰，雄毅威严，每次跟老爹对话都表现得相当有韬略，由此得到了慕容皝的看重，年纪轻轻就已经掌兵。

从慕容家的教育中，能够看到一个相当引人深思的教子方略：慕容家从来不心疼孩子，早早就让孩子独当大任去锻炼。

慕容恪从十五岁开始被慕容皝安排掌兵，不到二十岁的他已能率两千骑兵去突袭几十万石虎大军了。

到了慕容皝第六子慕容霸（慕容垂曾用名），十三岁的他就被派为偏将跟四哥慕容恪攻伐高句丽去了，少年慕容霸的表现勇冠三军！

都是亲儿子啊！刀剑无眼，不心疼不害怕吗？慕容皝表示他真不怕！因为他足足生了二十个儿子，所有的儿子只要有点儿能耐就都扔出去锻炼，能活下来、锻炼出来的就都是他的好儿子，就都是他开拓大业的最好帮手。

所以，豪门家族的最优策略其实就是多生孩子。

对豪门家族来说，养育成本从来不是问题；但如果是"独苗"，那么这根"独苗"从小长大的过程对于家长的"精神成本"来说就相当是问题了。

孩子的健康是不是会受影响，骂孩子会不会造成他有心理阴影，孩子在学校会不会不合群挨欺负，孩子谈恋爱会不会留下情伤……不够一个家族操心的！

实际上，本质就一个：只有一个孩子，太金贵了！每个家庭都输不起，只要输不起，教育动作就一定会出现不同程度的变形！

要是哪个家族产出了慕容恪这样的好苗子，估计从他小时候起就得设立各种各样的"慕容恪计划"，再恒温、恒湿地悉心培养。然后在温室里的花朵出大棚的那一天，这朵花通常会被大风吹得不知道自己姓什么了。

到了慕容皝这里就根本没这回事，"是骡子是马给我拉出去遛"，十几岁的儿子当李云龙用。说到底，是因为他有二十个儿子！

优质的教育其实永远是一个人的底色，除此之外更要在最无情的社会环境中历练！一个人要经历的那些痛苦、悲伤、血泪，都不可能是无痛的，甚至残酷到可能会摧垮他，但那都是他的人生！

当然，平平淡淡才是真，这样的人生同样值得去追逐，看出来不是那块料的孩子就不要幻想他将来去接手大摊子，平平淡淡的人生就挺好。

只有那些能够在真实的社会磨练下脱颖而出的孩子，才是经受过寿命、智慧等市场实打实考验的孩子，才能够真正接得住班。

不到二十岁的慕容恪即将迎来他的壮丽人生，此时和他擦肩而过的另一个大放异彩的小将：十九岁的石闵（即冉闵）。

在慕容恪大杀四方斩杀三万余人的时候，石虎诸军皆弃甲而逃，但只有石闵这一路稳稳当当地退了回来。

沧海横流显英雄，这个小伙子在这个特殊时刻显示出了自己不俗的价值，让石虎高看了一眼，由此功名大显。[1]

此战是这两位小将初出茅庐的第一战，自此，他们开启了各自的攀爬之路。十四年后，命运将会让他们再度交手。

慕容皝的开国被包围战以坚守后的突袭告终，经此一战，前燕慕容鲜卑成为后赵大军第一次倾国而来后没有得手的地方势力。而后赵在撤军过程中辎重给养损失惨重，尤其是战马损失很多，后赵、前燕两国的国力由此开始渐渐逆转。

慕容皝待石虎败退后开始清算反叛诸城，在自己的地盘内统一了思路，树立了典型。

石虎则准备在夏天找回场子。他不顾冀州八郡的严重蝗灾，运送了三百万斛粮食给渡辽将军曹伏，让他带领青州之兵去守海岛，又用三

---

[1] 《晋书·石季龙载记》：季龙之败于昌黎，闵军独全，由此功名大显。

百艘船送三十万斛粮草到高句丽结盟,让典农中郎将王典率领一万多屯田兵在海滨拓荒,又下令让青州建造战船一千艘,准备进攻前燕国。

338年十二月,段辽被石虎灭国后本来是向后赵请降的,但后赵被前燕打跑,鉴于杀母灭族之仇,段辽又向前燕请降,并同慕容皝合伙算计了一把后赵。

当时石虎派大将麻秋率三万后赵兵去受降段辽,结果却被慕容恪埋伏在密云山的七千精锐骑兵打败,三万人损失了十之六七,随后慕容恪裹挟段辽及其残众返回。

339年十月,石虎命征东将军李农率兵三万会同征北大将军张举进攻燕国的凡城(今河北平泉南)。

慕容皝派猛将悦绾率兵一千增援凡城,挡住了李农大军十多天的进攻,李农最终无功而返。

此战之后,石虎因后赵辽西郡临近前燕国境,于是将辽西郡百姓全部迁到了冀州之南。

340年九月,石虎下令让司、冀、青、徐、幽、并、雍七州五丁出三、四丁出二,再加上邺城旧军凑了五十万人,并准备了一万艘船,由黄河走水路将军粮运到乐安城(今河北乐亭东北),又把辽西、北平、渔阳的一万多户民众迁徙到兖、豫、雍、洛四州,从幽州以东到白狼大举屯田,在宛阳(今河北临漳县西)进行大阅兵,准备再度伐前燕。

慕容皝一看,石虎怎么没完没了的呢,就准备趁石虎憋大招的时候先搞他一下子,于是对诸将说:"石虎自认为粮草汇聚的乐安诸城防守严密,现在蓟城南北必不设防,如果出其不意从小路出击,咱们就能将他们各个击破。"

同年十月,慕容皝先发制人,率两万骑兵出蠮螉塞(即居庸关),长驱直入到达蓟城。

后赵蓟城守将幽州刺史石光拥兵数万不敢出城,慕容皝因此渡过武遂津（今河北定兴县北易水渡口）进入高阳，所过之处焚烧积聚，劫掠并迁徙幽州三万余户而去，石光一动也不敢动。

也因为慕容皝这次深入敌境的大破坏，使得石虎第二次准备伐燕的攻势受挫，伐燕无时限延期。

在伐前燕数次碰壁后，石虎开始了四处备战的扩大化应对。

342年年底，石虎敕令司、兖、豫、荆四州做南伐东晋的前期军备，并、朔、秦、雍四州储备西讨前凉张家的军资，青、冀、幽三州为东征慕容氏做准备，都是五丁取三的动员级别。[1]

最终石虎集结而来的五十多万士兵、十七万船夫，被水淹死、被虎狼吃掉的高达三分之一。[2]

其实，哪里有什么"水所没"和"虎狼所食"，不过是往上报损耗的一个名目而已。这就是石虎在不顾客观条件粗暴集结人力过程中，因为病死、饿死及被地方官逼死的一个损耗比例。

在一定程度上，这也可以作为对当时"徙民"死亡率的一个参考。而真正的徙民，绝对要比三分之一的死亡率高。因为为战争而集结来的都是适龄的青壮年男性，抵抗力和耐受力都是最高的，但即便如此，仍然是大约三分之一的损耗率，被石勒、石虎这些年迁徙的各地百姓很可能是百分之五十的死亡率！

青史几行名姓，北邙无数荒丘，很多时候史书中一笔带过的徙民背后是无数的枯骨和哀号。

四处备战的同时，石虎这一年还在邺城营建了四十多所台观，又

---

[1]《资治通鉴·晋纪十九》：敕河南四州治南伐之备，并、朔、秦、雍严西讨之资，青、冀、幽州为东征之计，皆三五发卒。

[2]《资治通鉴·晋纪十九》：诸州军造甲者五十余万人，船夫十七万人，为水所没、虎狼所食者三分居一。

营建了洛阳、长安两处宫室，为这些工程征调之人多达四十余万。

还是这一年，青州上报了一个奇闻，说济南平陵城北有只石头老虎一夜间被移到城东南，沿途有一千多只狼狐的足迹，都踩出路来了！ [①]

青州官员估计是根据石虎的文化水平绞尽脑汁地想出了这么个寓言故事，给石虎乐坏了，说："这石头老虎就是朕，那群狼和狐狸就是你们，自西北迁徙到东南，这是老天让朕荡平江南，现在敕令各州军队明年全部会齐，朕将亲自统领六师以奉天命！"

随后石虎颁布诏令：被征调的兵丁不只要自己来，每五人还要出一辆车、两头牛、十五斛米、十匹绢，没有的要被斩首。

百姓卖子女凑军费仍然凑不齐，在路边树上上吊自尽的远近相望。 [②]

石头老虎的事出来以后，还有一百零七个无耻的人给石虎上了部《皇德颂》。 [③]

史书中对这段历史开始使用《西游记》式的体裁进行撰写：说石虎当朝时妖怪特别多，泰山石敢当都自己着火了八天才灭；东海突然冒出来了一块大石头，旁边有血流出来；太行山的石头也在哗哗流血；太武殿壁画上的古圣先贤都变成了胡人，十多天后，他们的脑袋全都缩进了肩中。 [④]

所谓石头自燃、石头流血，代表着石氏将不得好死；所谓的古圣先贤变成胡人脑袋缩入肩，代表着胡人将被屠灭。

---

① 《资治通鉴·晋纪十九》：青州上言："济南平陵城北石虎一夕移于城东南，有狼狐千余迹随之，迹皆成蹊。"

② 《资治通鉴·晋纪十九》：民至鬻子以供军需，犹不能给，自经于道树者相望。

③ 《晋书·石季龙载记》：群臣皆贺，上《皇德颂》者一百七人。

④ 《晋书·石季龙载记》：时妖怪尤多，石然于泰山，八日而灭。东海有大石自立，旁有血流。邺西山石间血流出，长十余步，广二尺余。太武殿画古贤悉变为胡，旬余，头悉缩入肩中。

隔了一年多，到了 344 年正月，后赵各州军队会集起来已有一百多万人了。

过年期间，石虎在太武殿请群臣吃饭，有一百多只白雁停在马道之南，石虎眼中不能有活着的动物，命人射雁，结果身边这些神射手们都挺无能的，一只雁都没有射中。

太史令赵揽悄悄对石虎说："白雁集结于宫廷，这是宫室将空的征兆，大军此时不宜向南进发。"于是石虎驾临宣武观举行了盛大的阅兵式，然后宣布罢兵。

赵揽这句话使他成为北方百姓的大恩人，避免了一场死亡率高达百万级的征战浩劫。

这年十一月，石虎不打仗了，他要在灵昌津建造黄河渡桥。用来作为桥墩的石料投下去后就被大水冲走，耗用了五百多万块石料仍未建成渡桥，石虎最终杀了匠人宣布停工。一夫一日为一工，就算干了五十天，那仍然是十万劳工。

345 年，石虎征发雍、洛、秦、并四州的十六万人营建长安未央宫，又征发各州二十六万人修建洛阳宫，征发百姓牛畜两万头调配给朔州的牧官。

荆州、豫州、扬州、徐州这些后赵边境线上的百姓几乎全部南逃了，边境地方官因为留不住人而被下狱、诛杀的有五十多人。

石虎喜欢打猎，晚年因身体沉重不能骑马，就建造了一千辆打猎用的车子，定期组织打猎锦标赛。从灵昌津向南到荥阳东境的阳都，全部划为他的私人猎场，还专门派了御史进行监察，如果有人敢伤害其中的禽兽，便会被处以极刑。[1]

---

① 《资治通鉴·晋纪十九》：虎好猎，晚岁，体重不能跨马，乃造猎车千乘，刻期校猎。自灵昌津南至荥阳东极阳都为猎场，使御史监察其中禽兽，有犯者罪至大辟。

石虎对女人有无尽的欲望，这辈子一直在扩大后宫，增设宫中女官，分置二十四等，东宫十二等，七十多个公侯封国分为九等。他大举征选民女三万多人，分成三等，配置各处。

为了迎合石虎，他的太子、各王公私下发令征选美女将近万人，下面各郡县也极力选取美女，强夺百姓妻女九千余人，这里面杀了人家丈夫和妻女被抢没脸活着自杀的人数高达三千多人。

石虎要求群臣完全听从他的命令不得上疏进谏，允许属吏告发君长、奴仆告发主人。自此公卿大臣，朝会觐见时只以目光互相示意，不再敢互相来往交谈。

石虎聚敛十州财富及番邦外国进贡仍嫌不够，还要把死人手里的东西抠出来，所有他能看见的前代陵墓都让他给刨了。①

石虎这个恶魔，是华夏走到这一历史时刻的一大超级劫数！他的暴虐程度，超过了他之前所有出场过的人王、地主，空前！绝后！他毫无争议地成为中华五千年的暴虐之首！

这个嗜杀、好色、好大喜功、暴虐四海的大魔王，把整个中国北方变成了人间地狱！

可能会有人奇怪为什么石虎如此肆虐，却没有人起义反抗他呢？因为这个大魔王是个顶级的民族斗争高手，他在他的"好叔叔"石勒身边的二十年一直在学习。

当然，石勒安民抚国的本事他没学到也永远学不会，但石勒当年搞民族斗争的精髓，他却一招一式地熟记于心了……

---

① 《资治通鉴·晋纪十九》：赵王虎据十州之地，聚敛金帛，及外国所献珍异，府库财物，不可胜纪；犹自以为不足，悉发前代陵墓，取其金宝。

六、顶级大魔王的施暴核心算法

自八王之乱开始近半个世纪的大乱世，已经将中国北方变成了一个个坞堡组织，单独的流民是不可能在这乱世活下来的。而因为地理的局限性，各地的坞堡组织注定是一个个体量并不庞大且互不相连的松散军事经济体。

石勒时期跟坞堡组织的合作是薅他们羊毛，这些坞堡组织日子还能过得去，但本质上是温水煮青蛙。

等石虎上位把火彻底开大后，各地"坞堡青蛙们"就发现自己蹦不出去了。他们在这乱世中，在石虎的暴虐中，由"地头蛇"逐渐变成了"地头虫"。他们单体实力不足，又无法自发整合，最终在石虎的一次次扒皮下不断萎缩。

石虎之所以能够肆虐到这种地步，是因为他有着一整套扒皮的核心算法。

千万别以为石虎只会祸害各族人民，他其实是个极其聪明的施暴者，他永远紧盯着自己的武力核心。比如他对国境内的特种物资——马匹极其敏感，严禁民间私人蓄养马匹，敢私藏马匹的要被腰斩，由此从民间收上来了四万余匹马全部充公。①

无论人们愿不愿意承认，石虎对国家暴力机器的理解程度其实相当高。

时代发展到这一时期，步兵想要对抗骑兵有两个前提：一是精良的兵器和铠甲；二是训练有素的步兵方阵。而这两点，被奴役的华夏坞堡组织根本不具备。

在石虎这边，只要所有的马都在他手里，哪里有造反他派骑兵队冲过去就是降维打击。

所以欺负就欺负了，敢闹事者就灭族！而且石虎绝不是全阶层、全民族地奴役，他永远是拉着一部分去奴役另一部分。

比如当年石虎首次攻打前燕失败回邺城后，第一时间罕见地将"都督六夷诸军事"这个极其重要的岗位给了氐人老大蒲洪。②

蒲洪并没有随石虎北上伐段部和慕容部，但在石虎回来后却被第一时间封赏。史书没有记载蒲洪这次的功劳是什么，不过他手下为石虎立下了汗马功劳，因为其部下被赐关内侯者竟然高达两千余人，石虎还专门为蒲洪设立了一个岗位叫作关内领侯将。③

石虎在那段时间根本没有什么其他方面的征战记录，由此基本可以推测，在石虎北上后各地不是没有民变，大概率是蒲洪帮他镇压了。

也是在这个时候，大放异彩的石闵对石虎说："蒲洪雄俊，得将士死力，他的儿子们皆有非常之才，且握强兵五万，又离咱们这么近，最好秘密除掉他，否则他将来会成为祸患。"

---

① 《晋书·石季龙载记》：季龙志在穷兵，以其国内少马，乃禁畜私马，匿者腰斩，收百姓马四万余匹以入于公。

② 《资治通鉴·晋纪十八》：虎还邺，以刘群为中书令，卢谌为中书侍郎。蒲洪以功拜使持节、都督六夷诸军事、冠军大将军，封西平郡公。

③ 《晋书·苻洪载记》：累有战功，封西平郡公，其部下赐爵关内侯者二千余人，以洪为关内领侯将。

石虎说："我正打算靠他们父子取吴蜀，怎么能杀了呢！"之后石虎给蒲洪的枋头团伙的待遇越来越好。

石虎再怎么暴虐，蒲洪手下的五万强兵和氐族部众，这些年肯定也是好吃好喝没受过他的荼毒的！

346 年，在石虎杀人暴虐已经罄竹难书的时候，有一次他做得实在太过分，被蒲洪上书斥责了。来看一下原文：

> 陛下既有襄国、邺宫，又修长安、洛阳宫殿，将以何用！
>
> 作猎车千乘，环数千里以养禽兽，夺人妻女十余万口以实后宫，圣帝明王之所为，固若是乎！
>
> 今又以道路不修，欲杀尚书。陛下德政不修，天降霪雨，七旬乃霁。霁方二日，虽有鬼兵百万，亦未能去道路之涂潦，而况人乎！
>
> 政刑如此，其如四海何，其如后代何！愿止作徒，罢苑囿，出宫女，赦朱轨，以副众望。

石虎的反应是他很不高兴但他也不治蒲洪的罪，而且还因为蒲洪的劝谏取消了长安、洛阳的工程项目，只是把那位蒲洪想保的尚书朱轨给杀了。

这就是石虎对氐人老大蒲洪的态度，他哪里像个神经病了，他是相当会"见人下菜碟"。

对羌族老大姚弋仲，石虎同样厚待。姚弋仲这些年跟他说话都不用敬语，石虎也从来没把他的神经病劲头雨露均沾到姚弋仲身上。[①]

---

① 《资治通鉴·晋纪二十》：弋仲性狷直，人无贵贱皆汝之，虎亦不之责。

姚弋仲死前对孩子们的最后一句话是这么说的："天下大乱，石氏待我甚厚，所以我想讨灭冉闵以报其德！"[1]

石虎上马的这些工程，强抢的这些民女，盘剥的这些民间财富，可以肯定地说对姚弋仲的羌人集团没有损害。不仅没有损害，而且姚弋仲应该得到了大量分红，否则很难想象他居然在临死之前说要报石氏之德！

更关键的是，千万不要以为所有汉人都在石虎暴虐下受苦，汉人中的优秀人才同样是石虎争取优待的重要群体。

后赵的汉官，比如石闵，比如后面被逼反的东宫高力都督梁犊等，他们都是石虎政权下的既得利益群体，其实都是石虎肆虐中华的麻木执行者与帮凶分红者。

这八百里狮驼岭，远不止石虎一个吃人的妖怪！"他手下小妖，南岭上有五千，北岭上有五千，东路口有一万，西路口有一万；巡哨的有四五千，把门的也有一万；烧火的无数，打柴的也无数：共计算有四万七八千。这都是有名字带牌儿的，专在此吃人。"

一个人是永远不可能祸害到那种人间炼狱的地步的！

就如同当年只有石勒能够镇得住北方各部和石虎这个恶魔一样，石虎这种高级玩法同样只有他这个魔王才能玩得转。

蒲洪、姚弋仲、石闵这些人都不是善茬，换了别人根本镇不住！但任何人终归都有要见阎王的那一天。

与此同时，整个后赵的国家实力和民间生态结构在石虎的肆虐中逐渐冰山化水，北方的民族矛盾开始前所未有地剧烈冲突起来。

这一切，都为后面的那场民族大屠杀埋下了伏笔。

就在石虎沉迷女色，大肆盖宫殿、大阅兵时，东北的慕容皝逼降

---

[1] 《晋书·姚弋仲载记》：吾本以晋室大乱，石氏待吾厚，故欲讨其贼臣以报其德。

了高句丽，并于345年彻底灭掉了宇文部，成为东北"三国演义"的最终胜利者。

在慕容皝治下，前燕注重农桑，发展经济，所有移民、流民都实行屯田搞大生产，政府配发耕牛发展农业，鼓励生产。

在慕容家族五代人的经营和打拼下，鲜卑慕容部由帝国东北角的小部落成长为汉化、善战、劝农的游牧农耕二元体强大政权，并即将迎来属于自己的历史舞台。

同一时期，继东北慕容氏击退石虎之后，前凉张氏也让肆虐北方的石虎再次吃了瘪。

346年，前凉文王张骏去世，石虎趁机派麻秋等率军攻打前凉。前凉将军谢艾率五千人夜袭麻秋，斩首五千，打退了后赵的第一次进攻。

347年四月，南面的东晋桓温拿下成汉，北面的后赵麻秋则率八万兵力再次攻打前凉的枹罕。麻秋使用了云梯、地道等多种攻城方式，但都被枹罕军民顽强抵抗住了，后赵军死伤数万。

石虎大怒，派中书监石宁为征西将军，征并州、司州两万多人支援麻秋。前凉方面则仍派谢艾率领步骑兵三万人与麻秋展开第二次会战。谢艾再次大败后赵军，斩杀后赵将领杜勋、汲鱼及兵众一万三千多人。

347年七月，麻秋率领石虎从各地征调而来的十四万大军，再次渡过黄河攻打前凉，但又一次被谢艾打败。

此次战败之后，石虎自己叹道："我没用太多的部队便平定了九州，如今我拥有九州的兵力却拿不下区区前凉，看来此地不可图谋啊。"于是他下令麻秋班师。

与前凉的这三战，后赵的核心军事力量基本没有参加，派去的都是西北部队。

这些西北部队几乎是一触即溃，被谢艾以劣势兵力反复吊打。后赵西北部队的虚弱，被很多人看在了眼里，尤其是被此时身在河北的两匹西北狼看在眼里。

时间来到了 347 年，中华民族的大劫难制造者石虎在生死簿上的日子仍然没到终点，华夏大地的生灵涂炭仍在继续。

有人向石虎进言说："胡人的国运不行了，晋朝的国运又要转回来了，应当让晋人服艰苦的劳役，把他们的国运压下去。"石虎随即又征发周边各郡男女十六万、车十万辆，运土到邺城以北修筑华林苑及围墙。

申钟、石璞、赵揽等人上疏，说："现在天文星象都已乱得不像样子，老百姓实在是活不下去了，暂停这些工程吧。"石虎大怒，说："这园子早晨建成我晚上死都没遗憾了。"

之后石虎变本加厉，让百姓夜以继日地劳作，时天降狂风暴雨，数万人遇难。石虎让太子石宣到各地的山川祈福，石宣比石虎摧残百姓那是一点不差，祈福队规模就有十六路大军十八万人。

石宣出发时，石虎登上陵霄观眺望，笑道："我父子如此，除非天崩地陷，还有什么可愁的呢！我只管去抱儿子逗孙子享受天伦之乐就行了。"[①]

石宣带着十八万人的"旅游团"去干什么呢？他每到一地停留，就让这十八万人结成一个大圈来驱赶禽兽，到傍晚时必须把动物赶到他的住所，然后让全体文武官员跪立，火炬把四周照得如同白昼。这时石宣再下令让一百多个特种骑兵围猎这些野兽，他和他的女人们则乘车参观，直到所有野兽都被干掉为止。

这是史上造价最昂贵的野外狩猎，没有之一！

---

① 《晋书·石季龙载记》：季龙从其后宫升陵霄观望之，笑曰："我家父子如是，自非天崩地陷，当复何愁，但抱子弄孙日为乐耳！"

石宣祈福经过的三州十五郡如同被蝗虫过境，各郡所有物资、储备被这个巨大的旅行团消耗殆尽。可就是这样，他的十八万人旅行团还冻饿而死了一万多人。这也是史上第一例能出现如此规模减员的皇家旅行团。

更可怕的是，石虎派出去的祈福队并非只有石宣这一个团，他的爱子石韬也被赋予了这一"神圣使命"。"石韬团"一路向西，从并州、秦州、雍州也来了这么一场巡回演出。[1]

石虎这种无差别的偏爱，让太子石宣异常恼怒。石宣自从当了太子，就跟被他爹弄死的哥哥一样，也经常跟他爹玩心眼，石虎曾经大怒道："真后悔当初没立石韬为太子！"

石宣当然知道这事，他打算干掉弟弟以保证自己的位置牢不可破。这明显是属于没读过书的想法，因为他要是想稳妥接班的话，动手的方向应该是引向他爹，让他爹来除掉弟弟。

石韬由于受到老爹的特殊关照，就敢在他那可怕的哥哥面前嘚瑟，反复横跳。有一次他在太尉府建造了一座横梁长达九丈的殿堂，将其命名为宣光殿。这是触犯了他哥的名讳了，石宣大怒，杀掉工匠并截断了横梁。但石韬一点儿都不怕，又把横梁加长到十丈。

就在这兄弟两个分别祈福后不久，石宣派手下杨杯等人杀了石韬，手段很是骇人听闻：石韬被剁掉四肢、刺烂双眼、开膛破肚。

石宣此时神经已经不正常了，连装都不装，在给他弟弟吊丧的时候带了千人的观光队，在丧礼上不仅不哭还呵呵窃笑，又让人把石韬的遮尸布拿开，去看那已经被大卸八块的尸体，看完直接大笑而去。[2]

---

[1] 《晋书·石季龙载记》：季龙复命石韬亦如之，出自并州，游于秦晋。

[2] 《晋书·石季龙载记》：宣乘素车，从千人，临韬丧，不哭，直言呵呵，使举衾看尸，大笑而去。

石虎虽然残暴但是不傻，迅速就破案了，人证、物证俱全。石虎一怒之下命人用铁环穿透了石宣的下巴并给上了锁，又拿来杀害石韬的刀、箭让他舔上面的血，石宣被虐待得哀嚎声震动邺宫。

石宣最后被拔光头发，抽掉舌头，砍断手脚，挖出眼睛，刺穿肠子，扔到柴堆中活活烧死。

石虎领着后宫数千人登上中台观看。就像石宣当初观看被他射死的那些动物一样，现世现报，何待来生！

石虎烧死了这个畜生儿子以后还不解气，他把石宣的骨灰散布到各道路口，让千万人踩踏。这哪是杀儿子啊，就是对不共戴天的仇人也没有这么狠的。

石宣被虐杀后，他的妻儿九人也全部被杀，其中石宣的小儿子才几岁，是石虎非常喜欢的小孙子，哭喊着抱着爷爷。

石虎打算赦免这个小孙子，但执法的大臣不同意，说："脏活儿都是我们干的，这孩子亲眼看着他全家被虐杀，他长大后我们就该倒霉了，更何况这孩子将来也一定会找你这个爷爷报仇的！"结果这孩子生生被大臣拉过来杀了。①

石宣的三百名心腹和五十名宦官都被车裂后抛尸于漳水，他的太子东宫被改成了牲口养殖场，他的东宫卫士全部被贬谪戍卫凉州。②

石虎这个当权者，对自己儿子的杀戮和虐待也有着如此巨大的热情及创造力，有史以来也是罕见的。

接下来，石虎又要定下一任太子了。太尉张举说："燕公石斌有武

---

① 《资治通鉴·晋纪二十》：宣少子才数岁，虎素爱之，抱之而泣，欲赦之，其大臣不听，就抱中取而杀之。

② 《晋书·石季龙载记》：又诛其四率已下三百人，宦者五十人，皆车裂节解，弃之漳水。洿其东宫，养猪牛。东宫卫士十余万人皆谪戍凉州。

略，彭城公石遵有文德，这兄弟两个您看着挑。"

戎昭将军张豺却说："石斌的母亲身份低贱，况且之前有过错；石遵和第一位太子石邃是同母兄弟，难保对您没有怨恨！另外，前面两位太子的母亲都是低贱出身，您看她们生的儿子都是个什么玩意啊！您现在应该立一位母亲出身尊贵的皇子。"

那么谁的出身够尊贵呢？当年，张豺和石虎西入关中剿灭匈奴屠各的时候，曾经俘获了刘曜的幼女——十二岁的安定公主。别看她年纪小，人却哪哪都挺好，后被张豺献给了石虎。石虎很开心，从此经常给刘公主布置工作，后来搞出了成果，生了齐公石世。

石虎宰了石宣后得了场大病，在大病中反思：我怎么生出了这么一群混蛋？他这次问群臣的想法其实就是个幌子，石虎心中早有答案，跟皇子母亲的出身和接班人能力都没有关系。

石虎对群臣们是这么说的："我应该拿石灰去洗洗我的肠子，我怎么专门生混蛋啊！儿子一过二十就想杀老子！现在石世才十岁，等他二十的时候，我已经老了。"[①]

石虎再次透过现象看本质，自己无论怎样生的都是凶残的儿子，他已经放弃幻想，接下来就是年龄问题了。他想："既然儿子都不怎么样，那还是立个年龄小的吧，至少顾不上杀我，先让我安生几年。"

348 年十一月，石虎立十岁的小儿子石世为太子。

只能说石虎想得挺美，别说十年了，他连十个月都没有了。上天似乎就是在等石虎亲自做出孤儿寡母做接班人的决定，然后就准备要带他走了。

349 年正月，石虎即皇帝位，大赦天下，将儿子们的爵位都晋升为

---

① 《晋书·石季龙载记》：吾欲以纯灰三斛洗吾腹，腹秽恶，故生凶子，儿年二十余便欲杀公。今世方十岁，比其二十，吾已老矣。

亲王。

原来石宣东宫号称"高力"的一万多太子军被贬到凉州,此时已行至雍城,这些人并没有被石虎赦免,石虎命雍州刺史张茂继续遣送他们。

张茂上任后第一件事就是继续黑了这些太子军一把,扣下他们的马匹,让他们推着小车前往凉州。

高力都督梁犊抓住了这些人的不满心理开始谋划作乱东归,大家听说后欢呼雀跃表示拥护。梁犊于是自称晋朝征东大将军并率众攻克了下辨,随后又击败了前来剿匪的安西将军刘宁。

这些太子军之所以被称为"高力",顾名思义就是一群以一当十的大力特种兵,虽然没有兵甲,但靠着民间的简易武器打起仗来犹如战神,所向披靡。①

随后这群原东宫武装攻陷郡县,杀后赵官吏,长驱向东,等到达长安时已经滚雪球般地裹挟了十多万活不下去的关中民众。

后赵乐平王石苞带领全部的关中军阻击,被一战击败,随后梁犊东出潼关,进攻洛阳。

石虎以李农为大都督、行大将军事,率领统卫军将军张贺度等步骑十万讨伐梁犊。双方战于新安,李农大败;二战于洛阳,李农又败,退往成皋。

仅两个月,梁犊已经从凉州打到洛阳了。

石虎在重病惊惧中发出最后的大招,派石斌统领姚弋仲和蒲洪等

---

① 《资治通鉴·晋纪二十》:高力皆多力善射,一当十余人,虽无兵甲,掠民斧,施一丈柯,攻战若神,所向崩溃。

前去讨伐。[①]

姚弋仲带了八千人到邺城，求见石虎。此时石虎病已重，没见他，而是赐了御膳给他。

姚弋仲怒道："主上召我前来击贼，我是来面授主上所赐的方略的，又不是为了这口吃的！况且主上不见我，我哪里知道主上是否还活着呢？"

姚弋仲这话比较冲，话里话外的意思是：我们是虎家军，不是赵家军！"瞅瞅虎爷的人格魅力！

石虎无奈，拖着病体见了姚弋仲。姚弋仲又斥责了石虎一顿："儿子死了愁得都病了吧，孩子小的时候不找个好老师教育，结果长大成了败家子。他既然谋逆被诛，你又有什么可愁的呢！你现在立的儿子年幼，你要是治不好病天下必乱，快好好养病吧，别忧虑什么叛贼，那帮乌合之众我帮你搞定！"[②]

石斌带着姚弋仲和蒲洪等在荥阳东击败了梁犊，斩杀梁犊及其余党，终于平灭了后赵东宫余孽之乱。

这次平乱，石虎派出了后赵的最强阵容。在这套全明星阵容中，有一名将领成为"星中之星"。此人表现出来的强悍战斗力震惊了所有的胡汉将领，史载："及败梁犊之后，威声弥振，胡夏宿将莫不惮之！"

这位星中之星，就是石虎非常宠爱的养孙石闵。

---

① 《资治通鉴·晋纪二十》：犊遂东掠荥阳、陈留诸郡，虎大惧，以燕王斌为大都督，督中外诸军事，统冠军大将军姚弋仲、车骑将军蒲洪等讨之。

② 《资治通鉴·晋纪二十》：虎力疾见之，弋仲让虎曰："儿死，愁邪，何为而病？儿幼时不择善人教之，使至于为逆；既为逆而诛之，又何愁焉！且汝久病，所立儿幼，汝若不愈，天下必乱，当先忧此，勿忧贼也！犊等穷困思归，相聚为盗，所过残暴，何所能至！老羌为汝一举了之！"

当年石勒击败乞活军陈午部后俘虏了石闵的父亲冉瞻，因冉瞻勇武，石勒不仅给他发了公民权还赐了石姓，更让石虎收他为养子。石勒的思路非常直接，看到能干的可造之材就直接当干儿子养。

石闵长大后善谋略，勇力绝人，十几岁就已经历任北中郎将、游击将军了，深得石虎嘉许，宠比诸孙。这个小伙子在后赵与前燕大战中全身而退，十九岁的他让石虎看到了自己当年的模样。

石虎十九岁的时候，也是"御众严而不烦，莫敢犯者，指授攻讨，所向无前"，因此得到了叔叔石勒的宠爱与信任。

回首当年，石虎十七岁之前只是个并州的喽啰，刚入伍时不过是个残忍的士兵，是他的好叔叔一步步给了他舞台，给了他机会，给了他飞黄腾达的人生之路。

结果他因为私欲上的不满足，残忍地夺取了他恩公叔叔的基业，还灭了叔叔家满门。

上天真的神奇，十二年后，他宠比诸孙的最像自己的养孙"长大后就真的成了你"——石闵也是他亲手给平台，亲手宠起来的灭族操刀手。

四月二十三，石虎结束了他暴虐的一生。他可能想不到，他的身后事已经不单单是他死以后哪怕洪水滔天了，两晋年间堪称最恐怖的报应就要到来了。

第 *10* 战

冉闵屠羯：少年闵的奇幻漂流

一、"为虎作伥"的汉人军团是如何打造的?

公元 349 年四月二十二日，中国历史上最暴虐的魔王石虎终于崩了。临终的安排，是让十一岁的太子石世即位。

当初石虎怎样欺负孤儿寡母灭了恩公叔叔满门，他死之后自然也会有同样的剧情重演。唯一的区别，不仅是欺负他家孤儿寡母的人更多，而且这些年帮他为虎作伥的整个部族，最终都得到了应有的命运审判。

太子石世的母亲刘后，是前赵皇帝刘曜的小女儿，在 329 年张豺打到上邽时被掳进而献给当时还是中山王的石虎。

四月初九的时候，石虎已病得很厉害了，留诏让彭城王石遵、燕王石斌及张豺辅政。同时，他任命彭城王石遵为大将军，镇守关右；任命燕王石斌为丞相，总领尚书职事；任命张豺为镇卫大将军、领军将军、吏部尚书。

石遵是石虎第九子，石斌是石虎第六子。刘后担心总领尚书事的石斌会像石虎当年对付石勒一家子那样对付他们孤儿寡母，于是跟张豺密谋除掉石斌。

当时石斌在襄国，刘后派使者告诉石斌说："主上的病情已逐渐好转，您刚刚带队归来辛苦了，该度假打猎您继续，不着急来哈。"

石斌生性好猎嗜酒，再加上刚刚督阵后赵全明星平灭了梁犊之乱，觉得自己需要放松，于是继续在襄国喝酒了。

他也不想想这都什么时候了，他爹重病了，他自己还被安排为总录尚书事，可他居然一点儿政治敏感度都没有！

刘氏和张豺随后假传诏令，称石斌无忠孝之心免官归家，张豺之弟张雄率龙腾卫士五百人突袭软禁了石斌。

四月十九，镇守幽州的石遵来到邺城，按惯例去镇守关中前要再看一眼他爹，但此时石虎就像当年的石勒一样，已经被控制起来了。

张豺给石遵配了三万禁军命他赶紧走，石遵大哭而去。石遵前脚刚走，石虎的病稍微有点儿起色，驾临西阁，龙腾将军、中郎二百余人列拜于前。

石虎问："大家想说什么啊？"这些人对他说："主上圣体欠安，应该让燕王石斌入宫宿卫，典掌兵马。"还有人说："希望立石斌为皇太子。"

石虎不知道石斌已经被张豺废了，喊道："燕王在哪里，喊他来！"左右回复说："燕王久病，来不了。"

石虎这时也明白自己变成了当年的石勒，于是开门见山地说："派我的车子去接他。我要把国家托付给他。"但身旁竟无人搭理他，过了一会儿石虎又头晕躺床上去了。① 张豺随后派张雄杀了石斌。

而石虎的最后时刻，和十六年前的石勒几乎一模一样。

四月二十二，石虎亡，刘后矫诏命张豺为太保、都督中外诸军，录尚书职事，加千兵百骑护卫，如霍光辅政。侍中徐统叹息道："大乱

---

① 《晋书·石季龙载记》：季龙曰："促持辇迎之，当付其玺绶。"亦竟无行者。寻惛眩而入。

就要来了，我还是提前死了吧！"随后服毒自杀身亡。

这是个明白人。滔天洪水马上就要来了！

石虎死后，张豺做的第一件事，是找太尉张举谋划诛杀政敌司空李农。张豺必须灭李农的原因是：李农手下有实力。但他信任的合伙人张举跟李农私交甚好，故李农知道消息后立即出逃至广宗，并率领乞活部众数万家固守上白。①

于是，刘后和张豺又派泄密的张举都督禁卫诸军前去捉拿李农。②

张豺是汉人，本是河北的广平豪族，他开始是王浚的小弟，后来在石勒襄国保卫战抓住段末柸后又调头抱了石勒大腿。那一年是312年，转眼三十七年过去了，此时的张豺大概率已经六七十岁，但一把年纪却活到了狗身上。

张豺辅政后做的第一件事暴露出来三个问题。

1.情报工作不到家。

张豺选择与之密谋的张举和李农有着相当深厚的私交，当年石虎攻打前燕失败后，曾命征东将军李农与征北大将军张举率兵三万一起攻打凡城。所以张豺的密谋第一时间就跑风漏气了，情报收集系统和档案辨别能力很一般。

2.政治站位和敏感度不够。

关键是，前不久张举是建议选立石斌、石遵之一为太子的。③最终被张豺换成了石世当太子。

国储问题向来都是表态后即从此势同水火，张举会一直担心刘后

---

① 《资治通鉴·晋纪二十》：豺与太尉张举谋诛司空李农，举素与农善，密告之。

② 《资治通鉴·晋纪二十》：刘氏使张举统宿卫诸军围之。

③ 《晋书·石季龙载记》：季龙议立太子，其太尉张举进曰："燕公斌、彭城公遵并有武艺文德，陛下神齿已衰，四海未一，请择二公而树之。"

和石世清算他。现在张豺居然让这位潜在政敌带兵围捕李农，这是什么样的脑回路？如果不是张豺倒下得太快了，很可能张举和李农这对好哥们直接就来"清君侧"了！

3.民族成分上根本拎不清。

李农率领的乞活军是什么背景？那是当年跟随司马腾自并州前来冀州逃命的民间军事力量。①

这些人在出身上就与胡人有着刻骨的仇恨，司马腾当年拐卖石勒的帮手中也有乞活军。

双方从开始就属于不共戴天的两个阵营。石勒始终因为司马腾的原因跟司马越集团开撕，最终几乎团灭了司马越集团，还把已死的司马越审了一遍然后挫骨扬灰；乞活军也为当年的老首领司马腾报了仇，杀了石勒的老大哥汲桑。②

但时隔四十年后，有意思的情况出现了。

身为后赵三公之一的李农逃奔的这个上白在哪里呢？在今天的广宗县南，这个位置可谓是腹心中的腹心。在后赵统治核心的地方居然有着数万宿敌的体量，简直是超级神奇！③（见图 10-1）

其实，李农这位乞活军的汉人老大，和蒲洪、姚弋仲一样，都是石虎肆虐天下时所团结的"自己人"。双方的破冰发生在 313 年，这两伙不共戴天的仇敌产生了神奇的化学反应。

---

① 《资治通鉴·晋纪八》：刘琨至上党，东燕王腾即自井陉东下。时并州饥馑，数为胡寇所掠，郡县莫能自保。州将田甄、甄弟兰、任祉、祁济、李恽、薄盛等及吏民万余人，悉随腾就谷冀州，号为"乞活"。

② 《资治通鉴·晋纪八》：乞活田甄、田兰、薄盛等起兵，为新蔡王腾报仇，斩汲桑于乐陵。

③ 《资治通鉴·晋纪二十》：农奔广宗，帅乞活数万家保上白。

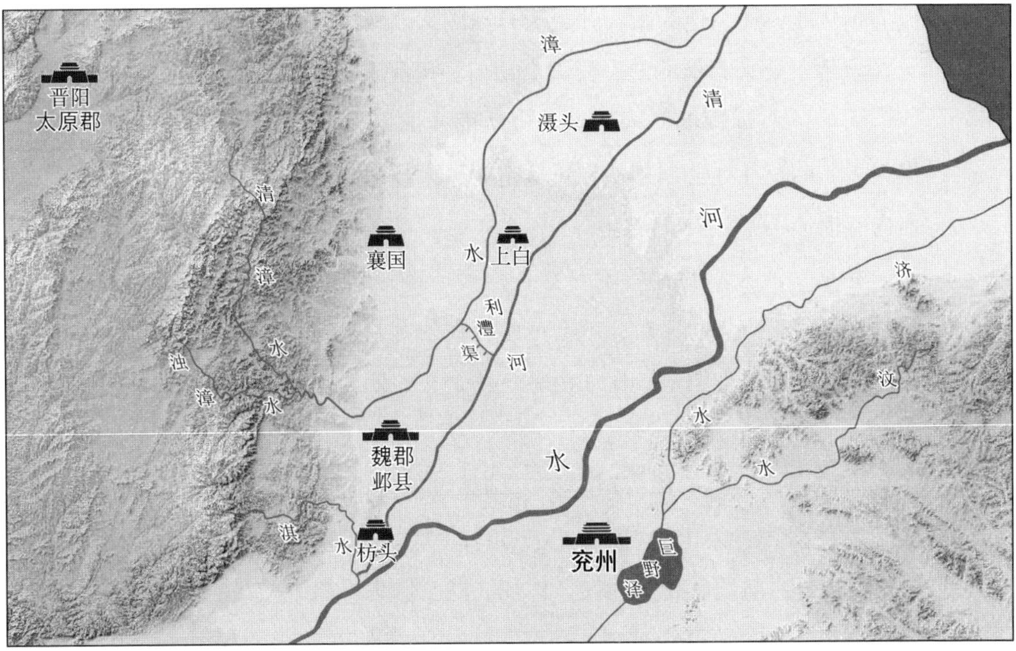

图 10-1　上白位置示意图

　　先是石勒在上白干掉了乞活老大李恽，准备坑杀乞活降卒的时候发现了当年的恩公郭敬，于是让郭敬为将，同时饶了这伙乞活军的命并交给郭敬统领。[①]

　　饶恕乞活军的消息传出去后，紧接着另一位乞活军的股东乌桓人薄盛就带着自己的五千户队伍化敌为友来入股了。

　　石勒是个干大事的人，只要有能化敌为友的可能性，他就能不计前嫌地尝试，他真的做到了团结一切能团结到的力量。

　　石勒利用对当年恩公郭敬的报恩，感化并收买了乞活军，使得这

---

　　① 《晋书·石勒载记》：攻乞活李恽于上白，斩之，将坑其降卒，见郭敬而识之，曰："汝郭季子乎？"敬叩头曰："是也。"勒下马执其手，泣曰："今日相遇，岂非天邪！"赐衣服车马，署敬上将军，悉免降者以配之。

股力量从此不再与他为敌，并成为自己的武装。

永远不要太相信朋友，要学会如何利用敌人。

人们的心理预期，永远是希望从朋友那里得到，而害怕在敌人那里失去。朋友往往会期望从你里这得到越来越多的好处，还会因为嫉妒而内心愤愤不平。

相反，敌人却对你并不存在任何奢望，一切都无所谓，但当他从你这里得到一点点恩惠时，就会产生巨大的落差从而感激涕零。如果是大恩惠则效果更加明显，比如说赦免一个人的死罪，他就会死心塌地追随你。

当你有着绝对的优势时，如果选择宽恕你的敌人，那么这个敌人是能够当一把好枪用的！因为大出意外的敌人为了向你示好，会尽心竭力地使出浑身解数。化敌为友，你往往能获取更可靠的"友谊"。

宽恕敌人并不是说你要当个老好人去养虎为患，"子系中山狼"的事从来不是少数。"化敌为友"的目的是要让"敌"为你所用、为你付出，而不是老好人似的宽恕他、养着他，让他有时间想起双方当初那些互撕的过往。

表达对你的爱，就得让对方付出。你的敌人为你越表现、越付出，他就越不记得当初的那些恨。牢靠的关系是在互相付出中巩固的，而不是你舍不得用他，把他养成不知感恩的"爷爷奶奶"。

大杀四方的石瞻石闵父子，其实也是乞活背景的。只不过石瞻因为年纪小是个可造苗子同化得更彻底，石勒直接就命石虎将他收养为儿子了。①

没有永远的敌人，只有永恒的利益。

---

① 《晋书·石季龙载记》：勒破陈午，获瞻，时年十二，命季龙子之。骁猛多力，攻战无前。

三十六年后奔回上白率数万户自保的李农，大概率是当年乞活创业元老李恽的亲属。乞活军的李农成为后赵统治集团忠实的战友。

333年石虎继位时，李农已经成为后赵的司空。[①]

李农很得石虎的信任，成了后赵的军事担当，经常率军去平定各种叛乱。跟石虎南下打东晋有他，北上打前燕有他，最近的梁犊造反，石虎第一次平叛也是派他总督诸军前去的。

这位李农，其实就是汉版的蒲洪和姚弋仲，而且比那两位老狐狸更得石虎的信任。

话说回来，张豺是汉人，李农也是汉人，此时张豺突袭拿下了最高权力，石虎的族人们会愿意吗？

不管以前是否和李农有积怨，张豺应该团结谁呢？难道石勒跟乞活军的血海深仇小吗？但石勒就做到了化仇敌为己所用，而张豺根本就不是这块料！

前去关中打仗的石遵行至河内时，收到了石虎驾崩的丧讯，马上就不走了，他与讨伐梁犊余党返回的姚弋仲、蒲洪、石闵等人在李城（今河南温县）相遇。

这些人集体劝说石遵："主上早就打算让你继承皇位，后来生病脑子烧糊涂了才被张豺所误。如今皇后当朝，奸臣揽政，上白僵持，京师空虚，您应该讨伐他。"石遵被说动了。

为什么这些人要劝石遵造反呢？因为姚弋仲是羌人代表，蒲洪是氐人代表，石闵是乞活背景的石虎养孙——此时张豺正在围攻乞活大本营。

这三方势力都不认可张豺这个汉人和屠各背景的太后当权主政。

---

① 《资治通鉴·晋纪十七》：及虎即位，奉之尤谨，衣以绫锦，乘以雕辇。朝会之日，太子、诸公扶翼上殿，主者唱"大和尚"，众坐皆起。使司空李农旦夕问起居。

因为他们不是自己人，将来无法代表己方的利益。

石遵带领这群利益共同体直奔邺城。石遵的讨贼檄文非常好使，洛州刺史刘国等第一时间就率洛阳之众会师李城，十多天后石遵盟军至荡阴，大军已经达到了九万人。

张豺吓得赶紧调回了包围上白的禁卫军，但没什么用。因为张豺是汉人，皇后是匈奴屠各人，还是那句话：非我族类，其心必异。

对于后赵上层来说，羯人才是国人，才是最值得信任的，所以是不会认可张豺、刘后这个统治核心的。

禁卫军主要由羯族士兵组成，迅速就反水投降石遵了。羯族人的呼声是："彭城王前来奔丧，我们应当出城迎接他，再也不能为张豺守城了！"

大量的禁卫军翻越城墙跑了出来，张豺一通乱砍但根本无法禁止。张豺倚为心腹的张离也率两千龙腾军斩关迎石遵去了。

由此可以看出来，后赵这些年的民族政策做得真到位，整个就是一个"赵利坚合众国"。羯人、氐人、羌人，甚至乞活人，都是自己人！

后世记住后赵的通常只有残暴，但请读者们一定记住石勒、石虎叔侄两个成功的底色，他们也算是团结各方力量的先行者了。

刘后召回了张豺，两人都没什么好办法，刘后是打算用加官进爵平息这事，张豺也没别的办法只好同意。

随后，刘后加封石遵为丞相、领大司马、大都督中外诸军、录尚书事，加黄钺、九锡，增封十郡，委以阿衡之任。但已经太晚了。

349年五月十四，石遵抵达安阳亭，光杆司令张豺出来迎接，石遵将其斩于闹市并夷灭三族。

五月十五，石遵假刘后诏令："嗣子年幼，先帝考虑问题实在自私，皇业至重，石遵能担重担。"石遵赶紧让位三次，大臣们赶紧不同意三次，最后迅速办了手续，没多久石遵杀了刘后和石世。

李农又从上白回来上班了，自己人嘛！[①]

石遵登基后，把被张豺干掉的六哥燕王石斌的儿子石衍立为皇太子，并加封自己的几个兄弟：义阳王石鉴（石虎三子）为太傅，沛王石冲（石虎十二子）为太保，乐平王石苞（石虎四子）为大司马，汝阴王石琨（石虎八子）为大将军，武兴公石闵（石虎养孙）为都督中外诸军事、辅国大将军、录尚书事，辅政。（石闵为何得到如此重用，后面详说。）

石家的政权貌似夺了回来，但四天后，邺城狂风拔树、雷电交加，盂钵大的冰雹从天而降，太武殿、晖华殿发生火灾，大量门观亭阁被烧毁，皇宫的车乘库存、金银玉石付之一炬，大火连烧了一个多月才熄灭，战争阴云随后又覆盖了邺城。

三年前石虎奴役百姓为自己造宫殿并咆哮道：早晨盖好了晚上死也值！这才没多久，上天就劈了他的杰作。国都被天灾毁灭，也预示着羯赵的国祚即将走到尽头。

石遵封哥哥石冲为太保，但石冲不干。当时石冲正在镇守蓟城，听说石遵杀掉石世自立后，就对身边的同僚们说："石世是先帝决定的继承人，石遵大逆不道，我要讨伐他。"

石虎当年就是这样得的国，他的子孙后代有样学样，也就不意外了，什么主持正义，不过就是打算自己当皇帝！

石冲自率五万兵自蓟城南下，并将讨伐檄文传至燕、赵。石冲的口号很有市场，各地势力云集而来，等他到达常山时，兵众已有十多万的规模了。

走到苑乡时，石冲看到了石遵大赦的诏书，他又后悔了："石世、石遵都是我的弟弟，人死无法复生，我们还是别自相残杀了。"这个扶不上墙的胆小鬼简直是在打他那坏事做绝的老爹石虎的脸。

[①]《晋书·石季龙载记》：于是李农归请罪，遵复其位，待之如初。

此时已是箭在弦上，由不得他不发了。手下都是跟他混的，将来他们被定性为叛军怎么办？

部将陈暹说："你弟弟杀君夺位，自立为帝，罪大恶极，您老人家要北返随便您，我们要继续南进，等平了你弟弟，我们再迎您的大驾。"石冲只能被裹挟着往前走。

石遵再派王擢送信劝说石冲未果，命石闵及李农率军十万讨伐石冲，双方大战于平棘。

石冲哪里打得过后赵全明星石闵，大败后于元氏县被擒。石遵赐其自杀，并坑杀了剩下的三万多蓟州兵。

这是后赵的第一次内耗，东北边境的边防力量经此一战被消耗掉大半。

石闵则再次展现出自己战神般的战斗力，加上他成名已久，因此成为石遵的武力仰仗。在帮石遵攻入邺城并成功平叛石冲后，石闵对石遵进言："蒲洪是大才，如今让他镇守关中，恐怕秦、雍之地就不再会归我赵国所有了。当初让蒲洪镇关中是先帝旨意，您应该换换政策。"

这不是石闵第一次给蒲洪捅刀子了，十年前石虎授蒲洪都督六夷诸军事时他就对石虎谏言过："蒲洪才智出众，得将士死力，儿子们又都不是凡品，而且拥强兵五万驻扎在我们身边，不安全，应该除掉他们。"当时石虎没听石闵的，但这一次石遵听了他的话，罢了蒲洪的都督官职，但其他待遇不变。

蒲洪大怒："支持你石遵上位就是希望你贯彻你爹的临终部署，你倒好，敢跟我来这个！"于是蒲洪率军回到老根据地枋头，秘密派遣使者向东晋请降。

后赵内乱，多方开始异动，天下终于有变化了。

四十年了，摆在东晋面前的机会，终于来了，但谁也没想到，结果是有多大脸，现多大眼……

二、北方混战的大幕拉开

石虎死后，东晋方面第一时间感受到机会来临的，是桓温。

桓温在后赵内乱后便出兵驻扎于安陆。后赵的扬州刺史王浃献寿春投降，桓温立即派手下的西中郎将陈逵去抢下寿春，随后多次上疏请求北伐，但均被朝廷拒绝。桓温这次并没有像两年前伐蜀一样，不等朝廷的旨意就先斩后奏了。

桓温这个人，就如同当年刘惔评论他的那样，没有绝对的机会是不会出手的。真要是想打，桓温是不会管朝廷意见的，他作势北伐多次上疏另有目的：他在逼一个人丢人现眼，这个人叫殷浩。

桓温灭蜀后，朝廷讨论嘉奖，打算把豫章郡（治所今南昌，属江州）封给桓温。尚书左丞荀蕤不冷不热地说："桓温将来如果再平定了黄河、洛水，那拿什么赏赐他呢？"

桓温已经下辖八州，不能再把东晋腹心的豫章郡给他了。朝廷最终的赏赐，是封桓温为征西大将军、开府仪同三司，并加封为临贺郡公（治所今广西贺街镇，属荆州），把他已经抓在手中的权力正式给了他。

桓温定蜀后，权威日盛，名声大振。辅政的会稽王司马昱为了平衡桓温的这股力量，在多方考察后，发现扬州刺史殷浩在朝野负有盛名，于是将殷浩引入中央，打算以其抗衡桓温。

那么殷浩的盛名是怎么来的呢？殷浩是当时玄学圈的标志性人物，他爹殷羡是陶侃的人。

他爹第一次在历史上露面是在苏峻之乱。当时东线告急，郗鉴那边都搞誓师大会誓与京口共存亡了，陶侃要去救大业垒，被时为长史的殷羡劝阻："陆战咱们打不过苏峻，救兵再败就完蛋了，赶紧急攻石头城，苏峻必然分兵来救，大业之围自解！"

殷羡的这个建议直接导致苏峻喝多后被标枪扎死，苏峻之乱就此转折。

从某种意义上说，殷羡其实比他那盛名难副的儿子殷浩对历史转折的重要性要大得多。陶侃病重的时候，是派殷羡去把自己这辈子的权力标志物送回建康的。①

等清正廉洁的老上司死后，殷羡憋了多年的贪污腐败之心终于压不住了。后来在主政长沙时贪出了风格，口碑极差，但是由于他上层关系走得好，作为陶家人的他很快又抱上了庾家的大腿，庾家哥俩写信沟通殷羡的腐败问题时专门提到要对殷羡网开一面，这里面的重要托词就是殷羡生了个好儿子。②

这个好儿子，就是殷浩。殷浩自幼就表现出超凡的见识与玄学天赋，在一次次清谈辩论中大获全胜，年少有美名，精通玄理，是东晋清谈界的超级巨星。③

殷浩比较著名的机辨是，有人问他："将要做官往往梦见棺材，将要发财往往梦见大粪，这是为什么？"

---

① 《资治通鉴·晋纪十七》：侃疾笃，上表逊位。遣左长史殷羡奉送所假节、麾、幢、曲盖、侍中貂蝉、大尉章、荆、江、雍、梁、交、广、益、宁八州刺史印传、棨戟。

② 《资治通鉴·晋纪十九》：殷君骄豪，亦似由有佳儿，弟故小令物情容之。

③ 《晋书·殷浩传》：浩识度清远，弱冠有美名，尤善玄言，与叔父融俱好《老》《易》。融与浩口谈则辞屈，著篇则融胜，浩由是为风流谈论者所宗。

殷浩的解释是："官本是臭腐之物，所以将要做官而梦见死尸；钱本就是粪土，所以将要发财就会梦见大粪。"

玄学清谈的最高状态，就是怎么说怎么有理，按照他的说法，他那贪污的爹就爱大粪，天天都在掏大粪。

成年后的殷浩和诸多玄学名士的处世态度一样，表示自己高卧深山，无意俗世。庾亮、庾翼曾经多次请他出仕，殷浩都表示自己不去。

所有高姿态的背后都有坚实的经济基础，他爹在长沙可劲地贪污，他在乡间别墅无忧无虑地做"时尚达人"。随后殷浩将自己这种高冷的风格整整保持了近十年。

东晋玄学圈里的王蒙和谢尚还时不时地问问他最近的动向，以此推断江东的未来。这哥俩还曾经一起去山里找过殷浩，看他是真还是真高冷，结果发现殷浩铁了心一辈子看山护林了，这两人比较伤感地说："殷浩不出山，如何对得起天下百姓啊！"

"捂盘惜售"的殷浩通过玄学圈的广告和自己隐居荒山的人设让世人感觉，这个人是下一个诸葛孔明。①

世道变了，标杆也变了，这简直是在给诸葛丞相抹黑！丞相一肚子儒家、法家的精华，高卧南阳能出隆中对，出山能治蜀搞北伐，个人的政务军事综合能力绝对能排在中国古代历史牛人的前三名。

如果有人问诸葛丞相："将莅官而梦棺，将得财而梦粪，何也？"丞相一定会告诉他："淫慢则不能励精，险躁则不能治性。年与时驰，意与日去，遂成枯落，多不接世，悲守穷庐，将复何及！"

别天天琢磨那些没用的了，爱梦见什么梦见什么。官是做出来的！事是干出来的！天天空谈有什么用！得实事求是！

到了东晋中期，玄学在江东仍然势头不衰，这对国家的发展是有

---

① 《晋书·殷浩传》：遂屏居墓所，几将十年，于时拟之管、葛。

极大腐蚀性的。

空谈误国，实干兴邦，只要东晋统治阶层仍然在天天打嘴炮，东晋就永远不可能将颓势扭转过来。因为把理论上的东西落到实践上，是有着巨大难度的，这需要法家的制度思想和儒家的统治精神相辅相成。

治国的政务工作最忌讳的就是"虚无"的思想，别总是就会说什么都没用，什么都是空的。让老百姓不被胡马掠夺，就是有用的！让东晋早日兴复故都，就是有用的！

实际上，殷浩并非真的高冷名士。他貌似不稀罕进入滚滚红尘，但在346年，征召了十多年都不上班的殷浩，经卫将军褚裒（穆帝司马聃的姥爷）推荐，出山当了建武将军、扬州刺史。

这个时间点很有意思，因为庾家断档了。

殷浩拒绝了庾家多次征召，在庾家衰落后出山，由此可以看出，他的政治抱负不小。他可不是什么无意俗世，他是要当最大的俗人。

不过即便出山，殷浩仍然是把人设玩得很足，从三月至七月辞让多次，才最终接受征召。他的姿态比诸葛丞相可高多了，东晋的"诸葛孔明"出山了。

在殷浩真正出山后，世人才看明白了：不是每一个"三顾臣于草庐之中"都能产出"此人不亡，则凉、雍不解甲，中国不释鞍"的传奇效果。

上班没多久的殷浩很快迎来了他的人生重大机遇。

桓温在347年成功灭蜀，下辖八州之地，极其风光。司马昱为了压制西桓温开始造星运动，利用殷浩巨大的声望要搞一个东殷浩来抗衡桓温。①

---

① 《晋书·殷浩传》：时桓温既灭蜀，威势转振，朝廷惮之。简文以浩有盛名，朝野推伏，故引为心膂，以抗于温。

桓、殷两人也开始起了摩擦。同为门阀子弟的艺术家王羲之，还一度秘密建议殷浩"不要和桓温作对，要心往一处想，劲往一处使"，但殷浩根本不搭理他。

殷浩的姿态是摆得很足的，但他的人生也给后人提了一个醒：年轻人上来真的别干大项目。

就算是诸葛丞相，刘备也是先让他从军师中郎将干起，使督零陵、桂阳、长沙三郡军粮赋税以充军实，一步步地做了十多年的具体事务的。

如果空谈理论好多年，刚参加工作就上马大项目，肯定是画虎不成反类犬。因为所有具体事物在实际操作过程中，都需要时间去一点点领悟和消化，根本搭不了空中楼阁。

比如说，殷浩知道怎样调集各方资源去做成一件事吗？这里面涉及的人事关系、税收明细、军粮调配、车马支持、士兵征发，以及水网物流的季节水量支撑等太多的环节，他调配得明白吗？

让殷浩不服不忿的桓温，看看人家的履历：

十八岁杀了仇人一家；

二十三岁做了国防前线的琅邪内史；

三十二岁成为北伐的前锋小督、假节，率部守临淮助庾翼北伐，同年十月，升徐州刺史，都督青、徐、兖三州诸军事；

三十四岁升任安西将军、荆州刺史，持节都督荆、司、雍、益、梁、宁六州诸军事，并领护南蛮校尉；

三十六岁率万人灭蜀。

同样是十多年的时间，桓温没有在山里天天跟一群非主流知识分子进行空谈，而是从基层做起，政务军队全都历练了一遍。

殷浩怎么跟桓温比！

不过还没等殷浩丢人现眼，举荐他的褚裒先坐不住了，他向朝廷上表，请求讨伐后赵。

349年七月，东晋朝廷授褚裒征讨大都督，督徐、兖、青、扬、豫五州诸军事，褚裒率领三万军队开赴彭城。

东晋挥师北伐，让已受苦数十年的中原百姓看到了希望，离国境线近的百姓们每天数以千计地归附东晋军队，最远的鲁郡五百多家百姓相聚起兵，请求褚裒接应。

褚裒派部将王龛、李迈率领精锐三千人去接应鲁郡，结果被跟石闵刚平完石冲的李农率两万骑兵在代陂打败，王龛被俘，全军覆没。

东晋的汉人政府去救另一波汉人，结果被一个汉人带队干掉了，多么讽刺啊！

此时的骑兵打步兵已经是降维打击，更别提还是打已经多年没打过硬仗的东晋兵了。

看到后赵仍然蹦得挺欢实，褚裒胆怯了，仅过了一个月就退驻广陵。桓温部将陈逵看到褚裒胆怯，于是焚毁寿春城后也撤了。东晋的第一次北伐，就这样草草结束。

但是，东晋丢人现眼的影响还不仅仅局限于此，最大的恶果是东晋政权令北方的百姓们再度失去了信心。

这时，黄河以北的后赵统治区已经历了石遵、石冲两次皇位争夺战，乱象已现，再加上听说东晋北伐，前朝开始接应遗民了，于是多达二十几万的北方民众渡过黄河要来归附东晋。

结果刚渡过黄河，褚裒就让李农给打回去了。这些在石虎肆虐下隐忍了多年的，或者在深山中躲藏了多年的偷渡遗民们，因为孤立无援或被杀或饿死，几乎全部灭亡。①

---

① 《资治通鉴·晋纪二十》：时河北大乱，遗民二十余万口渡河欲来归附，会裒已还，威势不接，皆不能自拔，死亡略尽。

时隔半个世纪，中原百姓们再次对晋政权失望了，司马家还是当年的那群人！同样失望的还有关中的老百姓。

此时镇守关中的是后赵的乐平王石苞，石苞听说石遵搏一把成功后也惦着来一把，打算集结关中力量去邺城造反，但还没等他出发，九月，东晋驻扎在汉中的梁州刺史司马勋就杀过来了。

因为雍州的汉人知道石苞没什么能力，终于找到挣脱后赵魔爪的机会，不跟他混了，所以请求司马勋过来解救他们。[①]

司马勋率兵出骆谷，前期打得相当不错，攻克了后赵的长城戍，在悬钩设置营垒，又派治中刘焕攻打长安，杀掉了京兆太守刘秀离，不久又攻克了贺城。

关中豪族们纷纷杀掉后赵官员响应司马勋，三十余垒五万余人起义，形势一片大好。[②]

就在石苞焦头烂额的时候，邺城的救兵到了。石遵派车骑将军王朗率领两万精锐骑兵杀了过来，既平叛，又顺便带走了不老实的石苞。

这两万骑兵把司马勋吓坏了，十月，司马勋放弃了悬钩，出武关突然攻克了宛城，杀了后赵的南阳太守袁景后回到了梁州。

关中的好汉们又白冒头了。关中百姓对东晋彻底失望，也为前秦建国铺垫了民心基础。

这一次北伐让东晋所有人都意识到一个问题，失去北方长达四十年的晋朝终于迎来了最大的苦果：他们和北方的马源地彻底隔离开了。

如果说早一百年，没有马的劣势还并不算大，那时双马镫尚未成型，成建制的骑兵尚未展现出如此巨大的战斗力，无论是官渡之战还是

---

① 《资治通鉴·晋纪二十》：苞性贪而无谋，雍州豪杰知其无成，并遣使告晋，梁州刺史司马勋帅众赴之。

② 《资治通鉴·晋纪二十》：三辅豪杰多杀守令以应勋，凡三十余壁，众五万人。

襄樊之战、夷陵之战，主力仍然是步兵。但马镫作为巨大的军事创新在这个关键的时代到来，从此成为南方政权北伐难以有所建树的关键原因之一。

没有马，就意味着无法对接这个时代最快速、最高效、最有杀伤性的战法。石虎当年的民间禁马政策相当釜底抽薪，民间的星星之火因此很难形成燎原之势。

更重要的是，骑兵除了能够突骑冲击外，还承担着"因粮于敌"的重要战略角色。

通常石虎南下，都是一通骑兵开路满世界地打砸抢，赶在各地还没来得及坚壁清野的时候就把物资控制了。

步兵就没有这个本事了，到任何一个地方都只能靠自家的后勤。这也就意味着将极度依赖水路运输。依赖水路，则可能有两个风险：

1. 自然或人为的淤堵会导致水道不通。

2. 春冬两季属于枯水期，水量下降会导致大船容易搁浅。

也就是说，由于南方没有马，北方少数民族政权将非常容易预判东晋的出兵时间及防备的关键。北上的水路问题，也成为后面困住南边那位实干家的终极困难。

东晋的东西两线试探被后赵轻松平定后，石虎的儿子们很快又进入到第三轮大内耗中。起因是石虎的亲孙子们看那个能打的干孙子不顺眼。

最开始，石遵在李城起兵讨伐张豺时，曾经对石闵说："努力吧爷们，事成后让你当太子！"当时石遵手中筹码并不丰厚，希望仰仗着石闵巨大的战斗力去帮自己争皇位。

结果石遵没有料到自己的招牌这么好使，邺城内部大量倒戈，几乎兵不血刃地就一路攻克"柏林"了。

石遵反悔了，没有立石闵当太子，但仍然给了他巨大回报。石遵让石闵督中外诸军事，录尚书事，辅佐朝政。也是在这个时候，石闵把持朝政的想法和野心开始显露出来。

石闵当军界一把手后，奏请让手下心腹全部出任殿中员外将军，封关外侯。[1]

石遵此时已经骑虎难下，手段相当生硬地把这些将士一通贬抑，并不认可石闵立大旗的举动，这惹怒了石闵手下众将。[2]

不赏就可以了，为什么要贬这些武将呢？石遵这不是把人往石闵那边推嘛！他比他参差太远了！

与此同时，中书令孟准、左卫将军王鸾等也开始劝石遵应逐渐剥夺石闵的兵权。对于这些消息，石闵不是不知道。

十一月，"四海皆平"后，石遵召石鉴、石苞、石琨、石昭这些兄弟们入宫，与郑太后商议石闵的问题。

石遵说："石闵要造反的迹象已经很明显了，我想宰了他，大伙怎么看？"兄弟们都说早就该杀！

石遵再一次表现出自己的政治幼稚：他怎么能和兄弟们讨论这种事呢？他家那些兄弟哪有好人啊！这可是要杀禁军大咖，得保密！

所幸石遵他妈妈郑太后明显是有脑子的人，她赶紧说："没有石闵哪有你们的今天，他现在不过就是小小地高调了一下，怎么能杀人呢！"

石遵幼稚的政治出招被他别有用心的兄弟石鉴钻了空子。刚刚喊完口号的石鉴中途借故外出，派宦官杨环迅速把石遵要杀石闵的消息报告给了石闵。

---

[1]《资治通鉴·晋纪二十》：闵素骁勇，屡立战功，夷、夏宿将皆惮之。既为都督，总内外兵权，乃抚循殿中将士，皆奏为殿中员外将军，爵关外侯。

[2]《资治通鉴·晋纪二十》：遵弗之疑，而更题名善恶以挫抑之，众咸怨怒。

石闵听说这件事后，立即胁迫李农和右卫将军王基动手废黜石遵，派将军苏彦、周成领兵三千在南台把石遵抓起来。

瞧瞧石闵的操作，深得石勒、石虎的精髓：如果要造反，得先划成分找到同盟军，然后用强硬手段拉人上车，绑着他们跟你干玩命的事。

石遵临死前问周成："造反的是谁？"周成说："义阳王石鉴应立为新皇。"石遵相当理性地说："我尚且如此，他石鉴又能撑多长时间！"石遵当场被杀，随后郑太后、张皇后、太子石衍、大臣孟准、王鸾及上光禄张斐等都被杀掉。

石虎的两任夫人郭氏和崔氏，都因这位郑太后郑樱桃吹枕边风让石虎虐杀了。郑太后给石虎生了两个儿子，一个当了太子，一个做了皇帝，结果也都是转眼的富贵，她和她两个儿子的结局比她当年诬毙的两个无辜女子更加恐怖可悲。

石遵说得没错，死前他已经看明白了，自从他爹死后，一切就开始由不得他们石家了！

三十七年前，石勒破陈午，俘获了一个叫作冉良的十二岁小将。冉良先祖发迹于汉黎阳骑都督，从此世代为牙门将。冉家的世代将种传到冉良这代，迎来了登上历史舞台的机会。

冉良骁勇多力，攻战无前，在战役中被石勒一眼看中，于是改其名为石瞻，命石虎收为养子。

石瞻士兵跟着他这残暴的干爹东征西讨南屠北杀，直到328年，石虎率军四万士兵和刘曜的倾国之军决战时被打败，石瞻被阵斩，随后引来了石勒，打起了决定北方命运的洛阳大会战。

那一年，石瞻的儿子石闵九岁，从此孤苦无依。

不过，石瞻骁勇的基因青出于蓝地传到了儿子石闵身上。石闵用他骁勇敏锐的天赋潜质继续打动了不养闲人的石虎，石虎抚之如亲孙。

石闵长大后，身高八尺，善谋多策，勇力绝人，在一次次的考验中威声弥振，胡夏宿将莫不惮之。

冉良父子虽然被改成了石姓，并被石虎如子如孙抚养，但所有人都知道，他们不过是石勒、石虎"请客、斩首、收下当狗"的一个环节。

石闵自幼生长在这适者生存的虎狼窝中，不可能不明白，但人的欲望是无限的，会随着位置的变化自动调整。石闵耳濡目染地从魔王爷爷石虎那里学习的时候不会想到，时代的风起云涌有一天会让他突然间置身于这潮头之上。

当你凝视深渊时，深渊也在凝视你。石勒和石虎也永远不会想到，当年自己养的一条狗，如今已经学会了他们的全部招式。石家起家的那些秘法招数，暴虐四海的那些权力支撑，最终在自家的"八王之乱"后变成了自己民族的掘墓人。

是时候做个了结了。

再回首，命运的伏笔早在三十七年前，就已经埋好了……

三、冉闵大开杀戒，慕容捡漏出手

石鉴即位后封武兴公石闵为大将军，加封武德王，封司空李农为大司马统管尚书职事。一个月后，石鉴教父般的阴谋第二次出手了。剧本颇有电影《教父》中柯林昂家的打法，但剧情并没有照着《教父》的节奏走下去。

石鉴派石苞、中书令李松、殿中将军张才去琨华殿夜袭石闵和李农，结果偷袭失败，宫中大乱。

石鉴想到石闵那可怕的战斗力害怕了，当夜就在西中华门杀掉了石苞、李松、张才灭口，想保持自己还是石闵心中那朵圣洁白莲花的人设。

这是石闵继石鉴阴谋后被第二次暗算，很快，第三波反扑又来了。石鉴的兄弟石祇此时镇守襄国，趁着这乱劲也闹起来。石祇联络了姚弋仲和蒲洪等势力，四处传递檄文，打着清君侧的旗号向邺城扑来。①

石闵、李农闻讯后以石琨为大都督，与张举、呼延盛等率七万步

---

① 《资治通鉴·晋纪二十》：新兴王祇，虎之子也，时镇襄国，与姚弋仲、蒲洪等连兵，移檄中外，欲共诛闵、农。

骑北上讨伐石祇。

军队刚开出去不久，中领军石成、侍中石启、前河东太守石晖作为第四波阴谋家开始谋划诛杀石闵和李农，再次被石闵反杀。

紧接着，第五波又来了！龙骧将军孙伏都和刘铢等聚集了三千羯族兵埋伏于胡天（祭天处，邺城城西），想诛杀石闵、李农。

当时石鉴正在铜雀台，孙伏都率领三十多人想挟持石鉴一起攻打石闵、李农，对石鉴说："李农等人造反，眼下已在东掖门，我想带队讨伐他，特地先来禀告您。"

石鉴说："你是朝廷的功臣，好好干，我就在这里看着，给你们加油，后面一定大大有赏。"石鉴比较狡猾，继续在给自己留后路，假装自己什么都不知道。

孙伏都、刘铢率兵攻打石闵、李农，失利后屯兵于凤阳门。石闵、李农率数千兵毁金明门打进了邺城。

石鉴看到石闵控制了城防后，马上打开了铜雀台大门让石闵进来以示自己的无辜，然后说："孙伏都造反，赶紧宰了他去。"

石闵继续爆发战斗力，杀了孙伏都等三千羯人，从凤阳门至琨华殿，横尸遍野，流血成渠。眼看这接二连三的阴谋兵变一波还来不及平定一波又来侵袭，石闵终于彻底与后赵撕破了脸！

石闵先是把"影帝"石鉴拘留，随后下严令："六夷如有胆敢拿起武器的一律斩首！"此令一下，大量的胡人开始疯了一样地冲破关卡，翻越城墙，从邺城逃出来的不计其数。[①]

石闵继续颁布政令：孙伏都、刘铢谋逆，乱党已经伏诛，剩下的都是同道之人，从今天起，凡是和国家同心的人留下，不同心的人想去

---

① 《资治通鉴·晋纪二十》：宣令内外六夷，敢称兵仗者斩！胡人或斩关、或逾城而出者，不可胜数。

哪里悉听尊便，开城门！

这段有必要看一下原文：

> 近日孙、刘构逆，支党伏诛，良善一无预也。今日已后，与官同心者留，不同者各任所之。敕城门不复相禁。

注意，石闵看到胡人跑后并没有说"与官同族者住，不同族者各任所之"，而是"与官同心者住，不同心者各任所之"。

石闵这个政令是在胡人斩关、逾城出逃后发布的，而上一个政令也是让"六夷"放下武器。也就是说，石闵的同心政策是出于以下两个目的。

1. 为了缓解胡汉矛盾，保留后赵的统治武力基础，让羯人为其所用。

2. 连续五波准备杀死他的阴谋让他深深地感觉到了威胁，明枪易躲暗箭难防，他在给这些阴谋杀死他的武装留出路，穷寇莫追，让外患自动消失。

但是，这产生了始料未及的效果！方圆百里的汉人开始蜂拥进城，而"六夷""杂胡"则争相离去，史载"于是赵人百里内悉入城，胡羯去者填门"，以至于城门内外交通开始大拥堵。

石闵根本没想到，自己居然会有如此巨大的民族号召力！之所以对"六夷"网开一面，故作大度，是因为他本来就没指望能够从同族那里获得力量，但现在居然有大量汉人开始涌入邺城。

同心令发布后的大数据让石闵迅速看明白了大势所趋：我这块汉人招牌相当好使，"六夷""杂胡"是彻底指望不上了，也没必要再指望了，这些"杂胡"如果逃出去，将来就是打回来的主力。

自幼浸淫在石虎骚操作下的石闵迅速琢磨明白了引爆点，发布了杀胡令："凡是斩下一个胡人的脑袋并送到凤阳门的汉人,文官晋升官位三等,武官全都升为牙门将!"①

石闵这条极其粗暴且直接的政令确实堪称两晋最佳广告,没有之一!

1. 他将后赵建国三十年来以他为首的汉人的罪责一笔勾销。

后赵政权中有很多能干的人才都是汉人,他们作为既得利益群体被石勒、石虎操控,整合起来,完成了对更广大汉人的奴役。

比如石闵、石聪、石堪、李农这些后赵的武力担当都是汉人,肘腋之地的上白有数万家乞活军驻扎,多年来他们带给汉人同胞的血债不一定比"六夷""杂胡"少。

石闵这个政策,瞬间完成了对民族的重新划分。将一些汉人骑墙者和汉民重新划分为一个阶级,轻松地为一些人卸下了三十年的包袱。

2. 利用国仇家恨完成民族的凝聚。

本来汉人骑墙者和汉民之间,是有着巨大隔阂的。但石闵这一招,通过对胡人的屠杀将所有的汉人强硬划分到了一个阶级,随后在铁血的复仇后双方成为战友,将这些年来受苦受难的所有罪责推到了胡人身上。

被当作牲口奴役猪狗不如,被不管死活地抢走家里的粮食,被不论时节地征调去干苦力,被轻描淡写地杀掉取乐,石虎是地狱恶鬼,但操刀的是羯族的这些"杂胡"!

被石虎欺压了近二十年的汉人终于等来了报复的一天,给石虎当狗的人也找到了一个心安理得的宣泄途径。没有石虎等人指使他们,他们能玩命地"咬人"吗?他们这些年当"狗"轻松吗?他们比广大汉人

---

① 《晋书·石季龙载记》:闵知胡之不为己用也,班令内外赵人,斩一胡首送凤阳门者,文官进位三等,武职悉拜牙门。

更希望灭掉羯族，因为"不杀光羯族人，他们怎么能忘掉并重新书写这些年来脏心烂肺的历史"？

石闵的"杀胡令"发布后，巨大的民族仇恨被彻底点燃了。

因为此时"杂胡"内附仅仅六七十年，民族矛盾和隔阂仍然巨大，并没有胡汉通婚，所以在外表特征上相当好辨认。

仅一天后，石闵就收到了数万个"杂胡"脑袋，他自己更是亲自执行，率领汉人诛杀"六夷"，无论男女老幼全部灭绝，几天内就杀掉了二十多万没有逃出城的"杂胡"。

石闵不仅屠杀邺城胡人，还把"杀胡令"传遍四方，命戍边军队的汉将将手下的"杂胡"兵统统杀掉。[①]

在这场大屠杀中，已经不知道有多少无辜的汉人，仅因为长得高鼻多须像胡人而死于此次浩劫。[②]

单于台所在之处，是羯赵的武力核心，也就是这些羯族国人。面对这次巨变，羯族人并没有得到被组织武装起来的机会，而是被石闵温水煮了青蛙。石闵开始假惺惺地给他们活路，然后突然变脸，"杂胡们"根本没有武器去进行抵抗。

整个邺城中，仅剩下一万多成建制有抵抗力的"杂胡"兵在太宰赵庶、太尉张举、中军将军张春、光禄大夫石岳、抚军石宁、武卫将军张季等带领下，从邺城全身而退，投奔了襄国。[③]

再除去大屠杀之前逃出去的"杂胡们"，石勒这些年招揽普发公民

---

① 《晋书·石季龙载记》：一日之中，斩首数万。闵躬率赵人诛诸胡羯，无贵贱，男女少长皆斩之，死者二十余万，尸诸城外，悉为野犬豺狼所食。屯据四方者，所在承闵书诛之。

② 《晋书·石季龙载记》：于时高鼻多须至有滥死者半。

③ 《晋书·石季龙载记》：太宰赵鹿、太尉张举、中军张春、光禄石岳、抚军石宁、武卫张季及诸公侯、卿、校、龙腾等万余人出奔襄国。

权的几十万"杂胡"大半被屠戮殆尽。

羯族几乎被灭绝，时间来到了350年。

整个河北已经变成了"战国"：石祗据襄国，抚军将军张沈屯滏口，张贺度据石渎，建义将军段勤据黎阳，宁南将军杨群屯桑壁，刘国据阳城，段龛据陈留，姚弋仲据滠桥，蒲洪据枋头，部众各数万，全都独立了。

很快，第一波"复仇者联盟"杀回来了。石琨和张举、王朗率领之前被派去打石祗的七万兵众反攻邺城，但在城北就被石闵仅率千余骑兵狂屠了。

石闵手持双刃矛带队突击所向披靡，斩首三千，石琨大败后退还冀州。石闵这战斗力确实堪称两晋第一猛人。

闰二月，石闵与李农率领三万骑兵去石渎讨伐张贺度。此时已被拘囚禁的石鉴秘派宦官给屯滏口的张沈等人送信，让他们趁石闵率兵外出后方空虚前来袭击邺城，结果送信的宦官把消息告诉了石闵。

石闵、李农急回邺城，杀了石鉴及石虎的二十八个孙子，彻底杀光了邺城中的石家血脉。

石虎生了十三个儿子，除了还在外面的石琨、石炳、石祗，其余已经被彻底断根了。别急，就快大团圆了。

石鉴被杀后，司徒申钟等人向石闵进献尊号。石闵要谦让给好战友李农，李农死活不肯接受。

石闵说："咱们本来都是晋人，如今晋王室尚在，我希望和诸君一起分州郡而治，各称牧、守、公、侯，然后上表迎接晋天子返回故都洛阳。"

尚书胡睦说："您别客气了，如今晋王室衰败，远逃江南，怎么能驾驭各路英雄统一四海呢？这皇帝就得是您老人家来当！"

石闵比较实在，根本连推三次这戏都没做直接就下坡说："胡尚书之言，真可谓识时务知天命啊。"

石闵就这样做了皇帝，改年号为"永兴"，立国号为"大魏"。自己恢复了冉姓，也就是后世所熟悉的那个"冉闵"了。

就在后赵大乱开始演变成冉闵屠羯，在后赵立国的武力之柱即将崩塌之时，东北方的鲜卑混战胜利者慕容氏终于出手了。

350年二月，燕王慕容儁派慕容霸率兵两万由东路出徒河，慕舆根于西路出塞，慕容儁自己走中路出卢龙塞，以慕容恪、鲜于亮为前驱，三路大军入塞幽云。

早在石虎死前半年，前燕的开国之主慕容皝死了，他爹慕容廆在石勒死前两个月也死了，慕容氏的两代英杰都被石氏的两位雄主等死了，貌似天不佑燕。

不过慕容皝闭眼时是含笑九泉的："因为我家身后有一个非常雄厚的梯队。"

慕容廆、慕容皝父子两代解决了慕容部前期最艰难的东北三国混战局面后，他们家的第三代顺利接过了大旗，世子慕容儁和四子慕容恪都非常英武。

慕容儁自小骨相不同于常人，被爷爷慕容廆早早就相中了，大笑后继有人。慕容儁长大后身高八尺，身材魁伟，博览群书，文才武略异于常人，是个能镇得住场子的接班人。

老四慕容恪则属于前燕武魂，前燕统一东北鲜卑和这位少年天才有着巨大的关系。

十二年前，石虎数十万大军围困前燕时，不到二十岁的慕容恪率两千骑兵于清晨出城冲杀后赵数十万大军，斩杀三万余人一战成名。

半年后段部受降时，又是慕容恪带精骑七千在密云山中再次埋伏偷袭麻秋，后赵军死亡大半，麻秋步行逃脱。

341年，二十岁的慕容恪镇守辽东，之前闹腾得很凶的高句丽从此不敢再入燕境。

344 年，慕容氏灭宇文氏，燕帝国三驾马车慕容恪、慕容霸和慕舆根三路并进大破宇文军，燕军乘胜追击，攻克宇文氏都城紫蒙川，宇文逸豆归败逃死于漠北，宇文部作为一个政权从此消亡。

虽然有如此结局，但宇文部亡散后的一个分支在数百年后再次崛起了。它的名字，叫契丹。

345 年，慕容恪大破高句丽。

346 年，慕容恪为先锋主力，灭扶余国。

慕容皝死前对慕容儁说："你弟弟慕容恪智勇双全，你当对他委以重任。"其实慕容皝不只给慕容儁留下一个名将弟弟，两晋排名前五的名将中，有他两个儿子。

中国历史上人生剧本最跌宕的少年英雄登上历史舞台了。

慕容垂，原名慕容霸，十三岁的时候就已经跟着哥哥慕容恪打宇文部了，年纪轻轻已勇冠三军。

342 年，十六岁的慕容霸作为先锋攻陷了高句丽都城丸都（今吉林集安西）。

344 年，在慕容氏灭宇文部的关键战役中，于双方僵持之时，慕容霸在侧翼击破宇文军，拿下了关键赛点。

345 年，石虎派邓恒领兵数万驻屯乐安（今河北乐亭），慕容皝派十九岁的慕容霸驻军徒河（今辽宁锦州）把守西大门。邓恒因为畏惧这个少年英雄，几年下来一点儿动静都不敢有。

一个民族在兴起的时候，经常会出现一个非常牛的首领，然后生一堆非常牛的儿子。

慕容皝对于慕容鲜卑，就是如此。他在位时，统一了本族，打开了局面，锻炼了儿子——亲儿子十三岁他就敢往战场上扔，这种勇气不是谁都有的。

他唯一的欠缺，就是对慕容霸太过于偏爱了。这让世子慕容儁跟这个能干的兄弟关系非常不好。[①]

在某种意义上，这甚至为后面一度鼎盛的前燕覆灭埋下了伏笔。当然，那都是后话了，我们先来看一下慕容鲜卑的伟大机遇。

在石虎死后他那群儿子穷折腾的时候，前线的慕容霸迅速给哥哥上书了，表示："石虎穷凶极恶残暴无比，现在南下正是好时机，咱们快出征吧。"

慕容儁以先帝大丧刚刚半年为由拒绝了。慕容霸一看被拒了，飞马来到龙城亲自劝说慕容儁："世上最难得到的是时机，最容易失去的也是时机，万一石氏喘匀了这口气，再出个英雄人物，咱们就将永远失去这么好的机会了。"

慕容儁说："邺城现在虽然已经大乱，但邓恒占据着乐安，兵强粮足，咱们东边过不去啊！东路走不通就只能走卢龙故道，但卢龙的山路险峻狭隘，后赵如果居高山之势把我们的部队拦腰截断，咱们怎么办呢？"

慕容霸说："邓恒虽然忠心于石氏，但后赵边防军成分有问题，大部分人都是被迫当的兵，咱们大军一到他们自然土崩瓦解！我请求率部作为前锋，东出徒河，暗赴令支，出其不意。

"等到他们知道我们神兵天降后必然惊慌失措，届时其上策不过是闭门固守而已，并有极大概率弃城溃逃，哪有工夫抵抗呢？陛下您可领大军殿后推进，这样就不会出现卢龙之灾了。"

不仅慕容霸请战，折冲将军慕舆根等诸将均请战，从事中郎黄泓还给出了天意指导："如今太白星中天可见，木星停留在毕宿之北，这正是北方之国必受天命的应验，您快禀承天意出师吧。"

---

① 《晋书·慕容垂载记》：恩遇逾于世子儁，故儁不能平之。

慕容儁因此任命慕容恪为辅国将军，慕容评为辅弼将军，左长史阳骛为辅义将军，慕容霸为前锋都督、建锋将军，练精兵二十多万，使之进入临战状态，随时准备进攻后赵。

然后出兵了吗？并没有。

慕容儁一直在等，直到年底时，慕容儁等到冉闵屠羯后才终于亮出长枪，南下捡苹果去也。

慕容儁先是在349年年底派使者到凉州，与张重华相约共同攻打后赵，然后在转过年来的二月，发兵三路伐后赵。

如慕容霸所料，后赵早就风雨飘摇，慕容霸先锋军抵达三陉时，邓恒就一把大火烧毁粮草武器弃乐安城逃走，让出了傍海道，和幽州刺史王午一起守蓟城去了。

但是，他这把火放得有点儿晚了。慕容霸前锋孙泳迅速开进乐安城并扑灭大火，缴获了大量的粮食辎重。慕容霸随后与慕容儁会师于临渠。

三月，前燕军队抵达无终（今天津蓟州区），王午、邓恒再次逃跑，仅留下数千人守蓟城（今北京）。

初五，慕容儁轻松攻下蓟城，与此同时后赵范阳太守李产被手下胁迫献出了所辖八县。

慕容儁终于走通了自帝国东北南下的咽喉之路，尽并幽州之地，拿下了拒天下之脊、控华夏之防的东北第一重镇蓟城。

慕容儁随后定都蓟城，表示今后就在这里过了，南方的大量士人、百姓开始北附前燕。

同月二十四日，慕容儁继续前进，率军前往鲁口攻打邓恒，部队行进到清梁时，终于迎来了后赵军的第一次抵抗。

邓恒派鹿勃早率数千人夜袭前燕营地，首要目标就是勇冠三军的慕容霸，偷袭的后赵军甚至杀进了慕容霸的军帐中，但被慕容霸砍翻了十多人后，被迫退走。

慕容儁经此偷袭后有些犹豫，对慕舆根说："人家看来还是挺猛的，咱们要不还是先避避锋芒？"

慕舆根对"一朝被蛇咬，十年怕井绳"的慕容儁说："敌寡我众，咱们有压倒性的力量优势，所以敌人才只敢乘夜偷袭，想当年他们有几十万军队什么时候偷袭过！向来都是咱们偷袭，现在这点儿小把戏算什么！咱们应该一口气打死他们。当年在大棘城，咱们虽然击破了后赵的包围，是不是仍然盼着后赵退兵？"

随后慕舆根仅率领数百精骑去追击，穷追猛打了四十多里，把邓恒布置的数千偷袭军全部歼灭了。

经此次偷袭后，慕容儁考虑到后赵军仍有战力，且此时襄国的石祗与邺城的冉闵仍在对峙，姚弋仲在滠头，蒲洪在枋头，各有数万精兵，局势仍不明朗，于是带兵返回蓟城。

慕容儁作为继承人，没有辜负他老爹立长的决策，他虽然在名气和武勇上似乎并不如他的两位弟弟，但在决策层面上却是无可挑剔的。知道什么时候停止，是非常重要的能力。

河北局面如此混乱，前燕已经拿下了幽州，自己随时想南下都可以，为什么不等局面再明朗些呢？事实也证明，慕容儁的等待是值得的，因为战神冉闵帮他做了很多事。

四、河北战国的飞速演化

冉闵杀了石鉴自己做皇帝的同时，石祗在襄国也即皇帝位，剩下没有死于冉闵屠羯的"杂胡"武装们全都响应归附了石祗。[①]

至此，汉胡在河北大地上划分出了界限，泾渭分明。

350年四月，石祗派石琨统军十万讨伐冉闵的魏国。这十万人可以说是羯赵的最后力量了。

六月，石琨进据邯郸，虽然加上了前来会合的繁阳王泰力量，但双方交战后却被冉闵砍死一万多人，石琨再次大败。

八月，张驾度、段勤、刘国、靳豚等会师后再度进攻邺城，又一次被冉闵在苍亭打了反击战，张贺度等大败，被杀者二万八千人。冉闵追击到阴安，杀了靳豚，尽俘其众。

此时，冉闵兵众已达三十多万，旌旗战鼓绵延一百多里，声势盖

---

① 《晋书·石季龙载记》：石祗闻鉴死，僭称尊号于襄国，诸六夷据州郡拥兵者皆应之。

过了石氏最盛之时。①

在冉闵基本屠灭了后赵的最后武装力量之后，慕容儁决定再拱一步，开始侵入冀州，拿下了章武、河间、渤海等地。

在这个时间点，氐族下了河北争夺战的牌桌，开始西进回关中老家了。

其实氐人本有可能让河北大平原更乱一些的，早在石鉴告密、冉闵杀了石遵的时候，大量原来被东迁来的秦、雍流民开始结伴西归，路经枋头时被蒲洪团结在一起，部众多达十余万。②

在"杀胡令"下达之前，蒲洪的儿子蒲健相当有眼光地看出浩劫将起，在邺城瞅准时机冲破关卡带了数千人投奔枋头。

在此，需要专门讲一下苻健（即蒲健）的事。

石虎身边有一个极被推崇与看重的大和尚——佛图澄，他曾经对石虎说："蒲氏有王气。"

冉闵怎么劝石虎杀蒲洪，石虎都可以不搭理，但预言家的提醒却让他很上心，开始琢磨怎么一步步搞死蒲洪一家。蒲洪也是耳目通天，从此就称病不回朝了。③

石虎继续厚待蒲氏，暗地里却找借口杀了身在邺城做人质的蒲洪长子和次子，打算慢慢断了蒲家的根，但石虎唯独没有杀这个蒲健。④

这是什么原因呢？史书中说蒲健生性豁达，好施舍，而且善于和

---

① 《资治通鉴·晋纪二十》：闵戎卒三十余万，旌旗、钲鼓绵亘百余里，虽石氏之盛，无以过也。

② 《晋书·苻洪载记》：后石鉴杀遵，所在兵起，洪有众十余万。《资治通鉴·晋纪二十》：秦、雍流民相帅西归，路由枋头，共推蒲洪为主，众至十余万。

③ 《十六国春秋缉补》：佛图澄言苻氏有王气，虎阴欲杀之。洪称疾不朝。

④ 《晋书·苻洪载记》：季龙虽外礼苻氏，心实忌之，乃阴杀其诸兄，而不害健也。

上级搞关系，深得石虎父子的喜爱。^①

事实真的如此吗？推测有两种可能：

1.石虎还没来得及下手，自己就先不行了。

2.蒲健被石虎拿下当了他的狗，或者蒲健实在太会演戏让石虎以为自己已拿下了这条乖乖狗，最终石虎杀了他的两个哥哥，让他成为蒲氏接班人的第一顺位。

后者的可能性非常高。因为蒲洪的幼子蒲雄始终跟在蒲洪身边且同样身负大才，而且蒲洪还有一大堆孙子，尽灭蒲氏只能等老妖精蒲洪死了以后才能实施，所以此时杀掉蒲健只会让蒲洪铁了心培养蒲雄。

这就不可控了，也并不符合收益，不如扶植与培养一个自己的人去接班，蒲洪将来死了以后，再慢慢对蒲氏军团下手。

再来感受一下石虎的政治手腕，他杀了蒲洪的两个儿子，而蒲洪这些年一直服从石虎的领导，还指哪打哪，帮着石虎满世界平叛。

石虎临死之前，因蒲洪平梁犊之功，封他为车骑大将军、开府仪同三司、都督雍秦州诸军事，任雍州刺史，加封略阳郡公，让蒲洪回老家。

这又是什么意思呢？石虎活得相当明白，肢解蒲氏势力要等蒲洪这个老妖精死，但自己没熬过人家，他死以后自己的这群傻儿子绝对压不住。既然如此，倒不如赶紧把蒲洪往远处派，大不了把关中送给他！

瞧瞧这算计和止损的水平，石虎之所以能够成为千年华夏魔王之首不是没有原因的。

石遵上位成功后听了中山狼冉闵的话，收回了蒲洪都督关中的任命，结果蒲洪很愤怒，派人搭了东晋的关系。

---

① 《晋书·苻健载记》：及长，勇果便弓马，好施，善事人，甚为石季龙父子所亲爱。

等石鉴干掉他兄弟石遵后，石鉴这个小机灵鬼特别明白他爹当年的用意，赶紧把都督关中的任命又给了蒲洪，希望蒲洪赶紧走。

但此时此刻，让蒲洪走人家也不走了！蒲洪已经预判出石氏之乱的趋势和冉闵这只中山狼的想法，于是与下属讨论该不该接受这个任命。

明显是个阴谋，这还用讨论吗？邺城已经打乱套了，石鉴在示好服软，大大方方拿着呗。结果主簿程朴傻傻地撞了枪口，说："咱们应该和后赵平起平坐如列国般分境而治。"

蒲洪很愤怒地说："我不配做天子吗？扯什么列国！"直接把程朴拉出去砍了。[①]

蒲洪在用一种夸张的方式向跟着他混的下属们表示：咱们要做最大的事业！

内部画饼表态完之后，已经修炼成精的蒲洪没有像冉闵那样急着称帝，而是继续等待。随后发生了如下事件：

1. 东晋东西两路北伐，双双丢人现眼，北方汉民从此不再对南朝抱有希望。

2. 羯人对冉闵展开五次阴谋攻伐，结果被冉闵五连杀。

3. 轰轰烈烈的冉闵屠羯开始了，二十多万"杂胡"被杀，民族斗争被彻底调动起来。

4. 慕容氏南下进入幽州。

5. 冉闵屠灭石氏称帝。

6. 东晋任命蒲洪做了征北大将军、都督河北诸军事、冀州刺史、广川郡公。

此时蒲洪已经六十六岁了，但人家可一点儿都没急。

---

① 《资治通鉴·晋纪二十》：主簿程朴请且与赵连和，如列国分境而治。洪怒曰："吾不堪为天子邪，而云列国乎！"引朴斩之。

石祗称帝后号召全体"六夷"攻打冉闵，但蒲洪和姚弋仲这两个老妖精都是口号喊得很响，却什么都没做。这哥俩都有着自己的宏大梦想，谁也不想跟着石祗拼掉自己的老底。

350年闰二月，姚弋仲派儿子姚襄率军五万出征，明面上是去讨伐称帝的冉闵，但实际上调转枪头去偷袭了蒲洪，结果被蒲洪迎头痛击，斩杀了三万多兵卒，姚襄军几乎是全军覆没。[①]

为什么姚弋仲要来打蒲洪呢？因为姚弋仲如果想要拿下梦想的关中，那么蒲洪的防区就是必经之路。两人都是关中出来的老狐狸，谁都知道自己怎么回事，"必须得证明我们羌人能打哭你们氐人，我才能顺理成章地回关中老家，也才能一呼百应！"

于是此次羌氐会战不可避免地发生了。（见图10-2）

十七年前，石虎对姚弋仲和蒲洪这两位异族示爱者的安排比较随机，让他们身处清河物流线以便更好地支援自己，以及帮自己去四处平叛。

姚弋仲可能永远想不到，决定自己一生事业成就的天花板最终就毁在石虎的这个随机安排上了。

枋头作为清河入黄河的关键物流枢纽，是南下的必经之路，蒲洪在这里已经经营了十七年。后赵大乱后，蒲洪由于把持住了枋头，因而收到大量的西归人口红利，人口暴涨至十多万。

这些年所有被迁徙来的羌人、氐人和"杂胡"，基本上都是从西面迁来的，落叶归根只可能向西，这就导致了在东边驻防的姚家根本没有从后赵大乱中获得什么红利。如果是姚弋仲在此经营十七年，是否被狂屠三万的就是客场来袭的蒲洪了呢？

---

① 《资治通鉴·晋纪二十》：姚弋仲、蒲洪各有据关右之志。弋仲遣其子襄帅众五万击洪，洪迎击，破之，斩获三万余级。

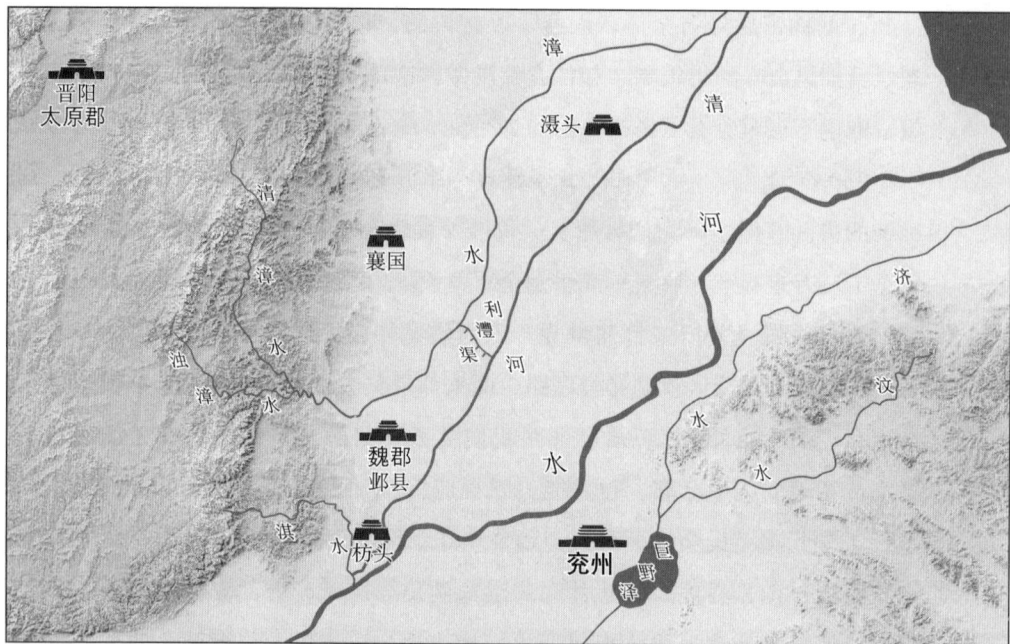

图 10-2　枋头战略位置示意图

　　这次枋头之战使姚家元气大伤，也直接决定了后面三十多年的关中归属，并最终决定了"五胡时代"下半场的历史走向！

　　这是枋头历史上第一次承担转折历史的作用，此战基本预示着关中第一阶段的归属是氐人的了。

　　战后，开始有人劝说蒲洪称王，蒲洪因为谶文中有"草付应王"的话，改姓了苻，自称大都督、大将军、大单于、三秦王。

　　这次改名理论上来讲是不靠谱的。因为自王莽篡汉刘歆改名刘秀想当天子时，就预示了谶语的一项规律：必须得天生就是才行，后期改名改姓一味迎合是没戏的。所以蒲洪这次改姓没什么意义，而且还很快就没命了，实在不吉利。

　　蒲洪英雄了一辈子，但最后这一哆嗦时敏锐度不高，他真没必要改姓的，因为他有一个孙子，这个孙子的背上莫名其妙地有两个字：草付。这个孩子，叫苻坚。

此时此刻，苻洪击败了他"异父异母的双胞胎"——一生简历复制粘贴的姚弋仲后，对博士胡文说："我现在有十万之众，据此枋头战略要地，冉闵和慕容儁都不是问题，姚弋仲那爷俩也被我盯得死死的，我取天下，看来比当年刘邦轻松多了。"

苻洪的野心比较大，他看重的并不仅仅是关中，而是整个天下。但很遗憾，他的人生到站了。

人老了，寿命不确定，改姓名真容易出事。

苻洪改完姓没几天，降将麻秋就劝他说："冉闵石祗正在对峙，中原之乱难以平定，您不如先攻取关中，等到大业的根基稳固以后，再东进争夺天下。"

麻秋属于十处敲锣九处有他，堪称后赵第一背景板。当年受降段部是他带着三万人去的，结果军队被慕容恪打死了十之六七；后来打前凉前后三次带队出征，结果被打得惨败丢脸到家。

等到冉闵"杀胡令"发布后，麻秋和一同镇守关中的王朗率兵从长安奔赴洛阳，途中接冉闵手书杀掉了王朗部队中的千余胡人。这其实比较无厘头，因为麻秋本人就是并州"杂胡"出身。[①]

麻秋大概率和冉闵是那种"穿越民族"的死党，他杀完军中胡人带队伍去邺城投奔冉闵，但是，他回河北需要经过苻洪的防区，结果被苻洪之子苻雄打败，收编为军师将军。

投降的麻秋劝苻洪去关中建国后没几天，就给苻洪酒里下了毒，想要吞并苻洪的部队，结果苻洪喝了毒酒，麻秋被砍了，两个做大梦的人一起走了。

苻洪在最后和毒酒做斗争时对接班人苻健说："我这一年没有马上

---

① 《朝野佥载·补辑》：后赵石勒将麻秋者，太原胡人也，植性虓险鸩毒。

入关，是因为我觉得最终能够拿到这场'河北锦标赛'的胜利，没想到被麻秋暗算，平定中原这事不是你们兄弟能办到的，我死后你要迅速进入关中！"①

苻健接班后放弃了苻洪自封的大都督、大将军、三秦王称号，改称东晋的官职，并派叔父苻安前往建康报丧，等待东晋指示。

除了接受东晋的领导，苻健还接受了后赵授予的官职，在枋头修建了宫室，命部众种上麦子，大有在这里过下去的打算。

史书上说，苻健种麦于枋头是为了让驻防关中的杜洪放松警惕，认为这段时间苻健一定不会动西去的打算。实际上，苻健这么做是在储备回关中的军粮。因为他是直到八月麦子收割后，才率众十万西行的。

此时占据关中的，是王朗的部将杜洪，他自称晋征北将军、雍州刺史，深得关中百姓拥护。

杜洪之所以受到拥护，是因为他奉晋朝为正朔，汉人自然归之；而冉闵的民族主义政策相当吓人，但东晋并没有"屠胡法案"，所以"六夷"也短暂抱团于杜洪治下。

苻健也相当高调地打着东晋的名义，自称晋征西大将军、都督关中诸军事、雍州刺史，开始一路向西，去和杜洪争夺东晋的政治红利。

苻氏军团走到孟津后起浮桥渡黄河，苻健派弟弟苻雄率兵五千为先锋前驱攻打潼关，派侄子苻菁率兵七千从轵关（今河南济源城西）入，自率大军随苻雄走豫西通道入关。（见图10-3）

苻健让苻菁走北路，本意是让侄子去分散关中的防守，但他十万大军仅给了侄子七千兵，其实就是让侄子去充当炮灰的。

临别的时候，苻健拉着苻菁的手说："如果大事不成，你死在黄河

---

① 《晋书·苻洪载记》：洪将死，谓健曰："所以未入关者，言中州可指时而定。今见困竖子，中原非汝兄弟所能办。关中形胜，吾亡后便可鼓行而西。"

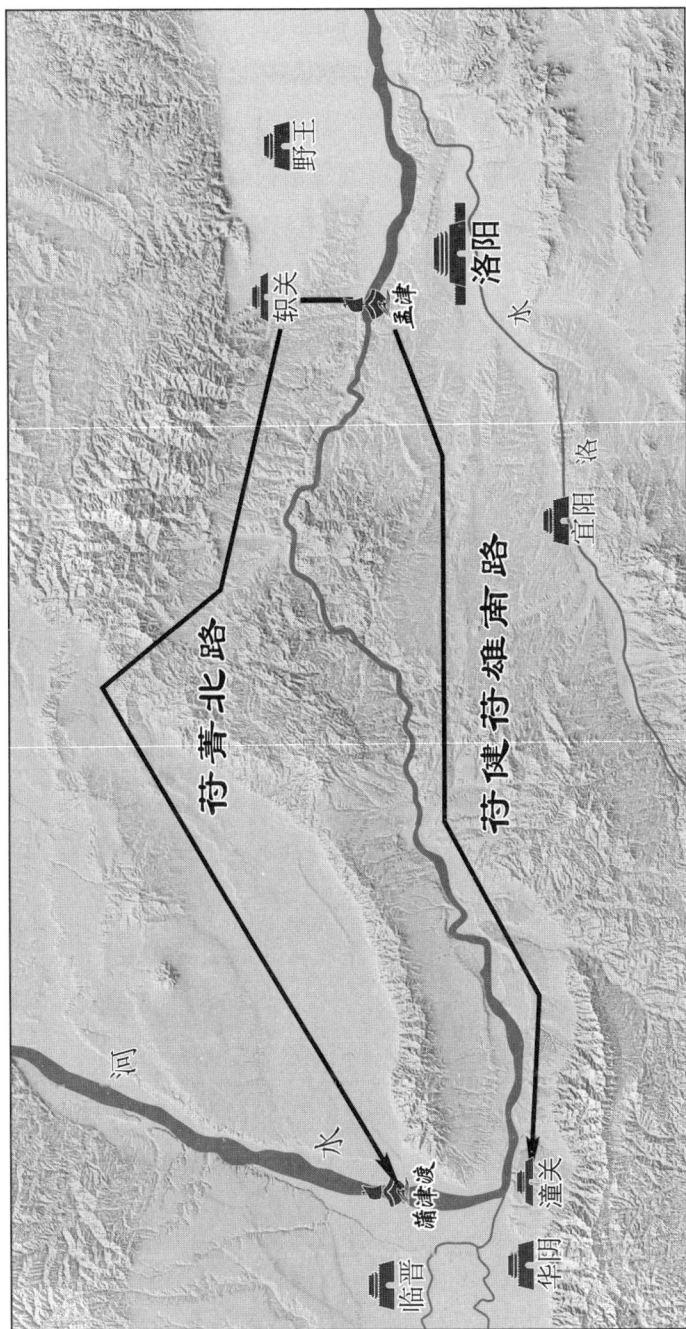

图 10-3　苻氏两路入关示意图

野王

洛阳

轵关　孟津

洛水

宜阳

苻菁北路

苻健苻雄南路

河

汾水

蒲坂　潼关

临晋　华阴

之北，我死在黄河以南，咱们就再不相见了！"

渡过孟津后，苻健烧浮桥以示再无归还之意，也断了后面打算跟来的其他势力的路。

杜洪在知道苻健西进后，给苻健写了一封信表示轻视，随后派张先率一万三千人在潼关以北迎战苻健，不料张先大败逃回长安，苻家军顺利进入关中。

苻健虽然胜了，但一点儿也不膨胀，写回信给杜洪，并送了名马珍宝，表示希望去长安给他老人家上尊号。

杜洪非常明白，苻家这群狐狸说的比唱的还好听，于是征召了关中当时所有能调动的部队前来参加会战。不过他弟弟杜郁已经看明白了，劝他迎接苻健，但杜洪不听，杜郁便带着本部去迎接苻健了。

等到苻雄的先锋部队入关到达渭水北的时候，关中的氐人首领毛受、徐磋，羌人首领白犊，也各带数万兵众向苻健投降了。[①]

北路军苻菁同样是兵不血刃地一路走过了豫北通道，所过之处，无不降附，并在渡黄河入关后击败了张先的最后抵抗。

十月，苻健到达长安，杜洪逃奔到司竹。

苻健入长安后，派人到建康进献俘虏和战利品，并与桓温修好，安抚东晋方面。

与此同时，苻健加紧了对关中的控制和消化，放宽了后赵横征暴敛的税法，开放了官方的工程和军事禁区，凡是后赵不利于百姓的苛政被一律废除。苦赵多年的关中百姓无论汉人还是羌人、氐人，全都归附了苻健。

十二月，苻雄率兵攻杀了石家最后的抵抗力量凉州刺史石宁，彻

---

① 《资治通鉴·晋纪二十》：健遣苻雄徇渭北。氐酋毛受屯高陵，徐磋屯好畤，羌酋白犊屯黄白，众各数万，皆斩洪使，遣子降于健。

底拿下了关陇地区。

转过年来，352年正月，苻健借助东晋的名头完成了对关中的控制，随后用完就扔，抛弃了东晋，自己即天王、大单于位，立国号为"大秦"，改年号为"皇始"。氐人在关中立国了。

苻健趁着后赵大乱，在关中抢下了根据地，这段时间已经乱成了一锅粥的河北怎么样了呢？

冉闵仍然在和各少数民族做斗争。

351年十一月，在苻健刚刚拿下关中忙着满世界慰问的时候，冉闵正带着十万人攻打襄国的石祗。

冉闵在"屠羯法案"即将一周年纪念日的时候打出了莫名其妙的牌：让他的儿子冉胤当上了大单于，还给他配了一千名投降的"杂胡"士兵。[①]

他的光禄大夫韦謏劝他："这些杂胡是我们的世仇，如今他们投降不过是为了活命，现在给他们武装，万一将来他们哗变怎么办？您还是继续干掉他们吧，也赶紧把那单于的名号去了，这都什么事啊！"冉闵的反应是大怒，杀了韦謏和他儿子。[②]

冉闵是希望通过这个姿态让"杂胡们"放下武器。

冉闵的这种表现相当天真。因为"杀胡令"早就把所有民族间的退路堵死了，摆在他面前的唯一一条路，就是鼓动起所有能动员到的汉人，消灭其他少数民族。

几十万胡人都被杀了，现在再想武装异族，胡人又不是傻子，会觉得这不就是一年前的翻版吗？先是通知胡人可以随便走，然后在胡人放下武器后开始干掉他们！

---

① 《晋书·石季龙载记》：闵率步骑十万攻石祗于襄国，署其子太原王胤为大单于、骠骑大将军，以降胡一千配为麾下。

② 《资治通鉴·晋纪二十》：闵方欲抚纳群胡，大怒，诛謏及其子伯阳。

冉闵这招并不能软化仇敌，而且又弄出来汉人非常仇恨的"大单于"，简直就是在给己方阵营泄气。

冉闵围困襄国三个多月，石祗坚持不住了，自己去掉了皇帝的称号改称为赵王，派太尉张举到前燕请求援军，并承诺送去传国玉玺，随后又派中军将军张春向姚弋仲求援。

冉闵听说慕容儁想要救后赵，于是派大司马从事中郎常炜出使前燕。

慕容儁见了常炜便骂道："冉闵是石氏养子，他背弃养育之恩大逆不道还敢妄称皇帝尊号，有什么可说的！"

常炜说："商灭夏，周灭商，有道伐无道，曹操是宦官之后，最终奠定魏国大业，如果不是天命，怎么可能成功？万般皆是命，半点不由人，我们不过是顺天命而已！"

随后双方的所有谈话，都是就传国玉玺展开的。

问：听说冉闵刚继位时想拿金子铸一个像来占卜成败，结果死活铸不成，有这事吗？

答：没听说过。

问：来我们这里逃难的人都说了，你别装不知道啦。

答：那都是造谣，我们有传国玉玺，天命所归，还有什么好说的。

问：传国玉玺在哪里？

答：在我们邺城。

问：又骗人，石祗说在他那里，只要我们打你们，他就把传国玉玺送给我们。

答：他那是胡说，我们宰他们的时候，邺城里高鼻梁的人几乎被一网打尽，极少数逃脱的人都藏在了臭水沟里，他们知道什么，还传国玉玺呢，张嘴胡说罢了，现在为了求救，他连他媳妇都能送给你！

问：你再不说实话，我可烤了你了啊！

答：石家人这么不是东西，当年几十万大军打你们，你们忘了？现在你们反而帮当初拆你们家房子的仇敌，也不知道你们是怎么想的。

谈话结束，慕容儁把常炜囚禁在龙城。

都是社会底层出身，冉闵这个同样战斗力爆表的牛人跟石勒的巨大差距体现出来了：没有见识啊。都想当皇帝，都惦记着那个破石头，为什么非得把自己打造成活靶子啊！

冉闵是武力加强版的袁术，就这样把乱世中本来有基础不错的一把牌给打烂了。当时北方的民族矛盾如此尖锐，汉人被压得这么狠，冉闵本有极大可能利用与调动汉人这股刻骨的仇恨去实现自己的欲望的！

此时东晋再无能，那也是有着正当合法性的，不然为什么杜洪要自称晋朝官吏来笼络关中民众？苻健为什么要打着晋朝正朔的旗号进入关中？

背靠东晋这棵大树，完全可以将东晋的人力财力引为后援，团结一切可用的力量！

冉闵打的是"民族主义"的牌，即汉人反抗各少数民族的欺压，与华夏正统的东晋对少数民族的政策根本不冲突。

结果冉闵这个前朝的养子突然自己当了皇帝，不仅说服力欠佳，而且给人的信心是不足的。

冉闵非要在这个乱世当这个烫手的皇帝，结果就是他向东晋请援北上灭胡，东晋根本不搭理他；前燕这个后赵的世仇现在的主要矛头也对准了他，因为都想当皇帝。

最关键的是，冉闵自己朝令夕改，上一秒还对斩胡人之首的人封官有赏呢，下一秒就让儿子当了大单于还砍了劝谏的自己人。大家不得不猜疑：他这位胡人的汉人养孙到底是什么意思？他到底站哪一边呢？

老百姓最怕思考，也没有思考能力，统治者也最忌讳有思考力的老百姓，对老百姓来说，一是一，二是二，一切都明确下来，心就定下来了。冉闵却偏偏让人们捉摸不透。

　　结果就是，冉闵闹出的这一大摊的最终红利，被另外两个政权拿走了。

　　后赵的并州刺史张平看到后赵就要完蛋，派使者向前秦苻家表示投降。

　　慕容儁被传国玉玺的诱惑打动了，尤其看到后赵石祗已经苟延残喘自去皇帝尊号，担心去晚了也许传国玉玺会被冉闵抢走，于是派三万兵前去救石祗。

　　前燕来救算是意料之中，石祗没想到两手空空光凭嘴也成功了。

　　没能去成关中的姚弋仲派儿子姚襄率骑兵二万八千人援救襄国。临行前，姚弋仲对姚襄说："冉闵不仁不义屠灭石氏，我受石虎大恩，应当为他复仇，你才能高他十倍，不把他的头带回来你就别来见我！"

　　两路外援前来的同时，石琨也自冀州收兵。

　　三月，姚襄及石琨率先赶到了襄国战场，冉闵派出阻击的胡睦和孙威全军覆没。

　　冉闵陷入了腹背受敌的局面。

五、"兵霸"与"兵仙"的巅峰对决

石琨和姚襄击溃了冉闵布置的阻击会师襄国。

冉闵想要亲自出马,卫将军王泰劝谏说:"如今襄国尚未攻下,外边援救的部队云集而至,正盼着我们出战然后腹背夹击咱们呢,不如我们坚固壁垒挫其锐气,先看看啥形势。您要是当了突击队长,万一出了什么事则大事去矣。您先冷静,让我先率诸将替您灭了他们。"

冉闵觉得有理,本不想再出征,但道士法饶却进言:"我观天象,太白星入昂宿,当杀胡王之兆,出则必胜,机不可失!"冉闵听后撸起袖子咆哮道:"给老子打!谁再废话杀头!"

道士的话是冉闵亲自出兵的一方面原因,另一方面其实也因为冉闵认为石琨和姚襄根本用不着自己保存实力,于是尽起三军与羯羌二族决战。

冉闵应该再等一会儿的,因为就在他准备和石琨、姚襄开战之时,鲜卑人突然加入战局了。前燕主将悦绾率前燕军突然赶到襄国战场,投入了最可怕的武装——骑兵。

在离冉闵大军还有几里地时,悦绾将骑兵分散排列,再把树枝绑在马尾上扬起漫天尘土,营造出有大量骑兵的假象,把冉魏军队的士气给打到了谷底。[1]

姚襄、石琨、悦绾形成三面夹击，石祗则出城从冉闵背后发起冲锋，冉魏军四面受敌几乎被屠戮殆尽，冉闵仅带着十多个骑兵逃回邺城。[2]

之前投降冉闵的胡人栗特康等人把冉闵当大单于的儿子献给了后赵，被当作牲口一样地杀掉了。

经此一战，冉闵精锐尽毁，车骑将军胡睦、司空石璞、尚书令徐机、中书监卢谌等全部被处死，十多万将士被杀，武力支柱和官僚组织一战全都打光了。[3]

如果说此战之前冉闵统一河北还有希望的话，那么此战之后，他的衰亡只是时间问题了，因为“人物歼矣”！

当年垓下之战即便是输了，楚霸王项羽仍然奋力率领八百壮士突围，渡过淮河时还有百余人，此时霸王仍然没放弃。等到最后迷路再回头发现只剩二十八骑时，楚霸王才决定不活了，渡不渡乌江也没什么意思了。因为这些年积累下来的所有心腹和军队都打没了，即使渡过乌江，短时间内也无法组织起能抗衡刘邦的铁血之师。

冉闵如今也是这种情况。他手下的高层，都是这些年石虎下面的汉官。这些汉官的价值在于能够搭建一个政权结构的组织体系，国家的税收、粮饷、征兵、武器等基础链条都要靠他们，冉闵本身只是这个国家机器最锋利的一把开山斧而已。

---

① 《资治通鉴·晋纪二十一》：悦绾适以燕兵至，去魏兵数里，疏布骑卒，曳柴扬尘，魏人望之恟惧。

② 《资治通鉴·晋纪二十一》：襄、琨、绾三面击之，赵王祗自后冲之，魏兵大败，闵与十余骑走还邺。

③ 《晋书·石季龙载记》：司空石璞、尚书令徐机、车骑胡睦、侍中李琳、中书监卢谌、少府王郁、尚书刘钦、刘休等及诸将士死者十余万人，于是人物歼矣。

现在，这些"里子"都没了，面对那么多需要打持久战的强敌，冉闵这个"面子"怎么能源源不断地组织出力量去上战场呢？

如今盗贼蜂起，司州、冀州大饥荒，人皆相食，自石虎末年开始皇帝轮番换，频繁的赏赐开始出现八王之乱时的狗尾续貂效应，总之国库早就空了。

北方此时已经"诸夏纷乱，无复农者"，频繁战乱的结果之一是不再有耕种的人了。

汉胡相互攻杀，无月不战，百余万各地各族徙民开始踏上返回故乡的死亡之路。

在这次大迁徙中，仅有约二三十万人活着回到了故乡。史载："青、雍、幽、荆州徙户及诸氐、羌、胡、蛮数百余万，各还本土，道路交错，互相杀掠，且饥疫死亡，其能达者十有二三。"

所谓"五胡大融合"的第一步，它的底色是什么呢？是乱世无辜之人的哭泣与殒命。

这一时期，很多经过几百年积淀发展起来的少数民族政权在进入中原大舞台后，觉得自己终于攒够资本有机会来赌一把了，结果却发现在玩了几把牌之后，赌注突然超级加倍了，然后一愣神的时间，自己家几百年的积累就如烟消散了。

很多十万级的民族体量变成了万级甚至几千几百。在人口迁徙这个随机性、掉队性极强的社会流动状况下，传统的部族结构被打散打乱，最终弥散在了茫茫的北方。

解了襄国之围后，前燕和姚襄各回各家，石祇则将攒起的最后的家底七万人交给部将刘显，命其率军反攻邺城。

河北变成了修罗场，再无人从事生产。经过这一次致命性的大败，冉魏的军事危机、民心危机、给养危机开始全面出现。

冉闵潜回邺城时，民心已如受惊的兔子一样惶恐不安，直到射声校尉张艾请求冉闵露面参加了一次郊祀祭天活动，才算勉强安定。

此时，刘显的七万大军已经推进到距离邺城二十里的明光宫了。

就在这个几乎已经看出明显败局的时刻，冉闵再次用他爆表的战斗力绝地反击了。

冉闵紧急调动出邺城的所有军力出战并重创刘显，他一路追击到阳平，斩杀三万多人。刘显被追到穷途末路，派人秘密向冉闵投降，表示自己回去会杀了石祗，冉闵这才收兵回城。

刘显回去后确实杀掉了石祗和石虎的另一个儿子石炳，以及十几个后赵核心官员并将首级送到邺城。冉闵在路口将石祗的脑袋烧成了灰，随后封刘显为上大将军、大单于、冀州牧。

由于刘显手上还有三四万"杂胡"兵，因此冉闵再次骚操作，把他封为大单于，当初封的大单于儿子是怎么死的大概冉闵忘记了。

七月，冉闵新封的大单于就带队偷袭邺城攻打冉闵。不过刘显再次被冉闵击败，随后过把瘾就死地回襄国称帝了。

在一次次的对战消耗中，后赵和冉魏双方都成了强弩之末。特别是，冉闵的队伍开始在他的"大单于"骚操作后逐渐崩塌。

八月，黄河以南的郡县全都不跟他混了！冉闵的徐州刺史周成、兖州刺史魏统、荆州刺史乐弘、豫州刺史张遇、平南将军高崇、征房将军吕护，全部向东晋献城投降。东晋神奇地收获了大量平时想都不敢想的土地

慕容儁也开始收割后赵和冉魏两败俱伤后的红利，他派慕容恪攻打中山，派慕容评攻打鲁口。

冉魏赵郡太守李带率全郡投降，慕容恪厚赏安抚，领李带的军队去中山喊话，中山也投降了。

慕容恪进入中山后给当地将帅、数十家土豪都发了前燕的户口，然后把他们都带走了。

慕容恪的前燕军队纪律严明，秋毫无犯。大军每过一处，汉化多年的好处就开始强烈显现，已经遭受多年苦难的河北民众纷纷表示拥护，觉得慕容氏的汉化政权比冉闵政权靠谱多了，无论是豪族还是流民，这些年都在东北活得相当踏实。

冉闵败象尽显，明眼人都看出来后面的事态发展趋势了，比如七十三岁的姚弋仲。

姚弋仲在被苻家抢走关中后开始给家族规划新的道路，他告诫诸子说："石家对我甚厚，所以我本打算杀冉闵以报其德，现在石氏已灭，中原无主，自古以来没有戎狄做天子的，我死后你们便归降晋朝，当竭尽臣节，不要做不义之事。"给儿子们开完会，姚弋仲遣使请降东晋。①

老姚已经看明白，河北肯定是前燕的了，鲜卑本族体量庞大，自己肯定是卖不上高价的，投降东晋明显更有发展前途。

351年十月，老姚拿到了东晋官方授予的持节、六夷大都督、督淮北诸军事、车骑大将军、开府仪同三司、大单于、高陵郡公。

老姚有四十二个儿子，虽然数量上绝对没得说，但是质量上就差点儿意思了，他看上的接班人叫姚襄——这辈子战无不败。

不久姚弋仲死，姚襄秘不发丧，率六万户南攻阳平、元城、发干三城，一路杀掠三千余家过了黄河，屯兵于碻磝津（今山东荏平县西南古黄河南岸）。

过了黄河的姚襄以太原王亮为长史，天水尹赤为司马，略阳伏子成为左部帅，南安敛岐为右部帅，略阳王黑那为前部帅，强白为后部

---

① 《晋书·姚弋仲载记》：（姚弋仲）曰："吾本以晋室大乱，石氏待吾厚，故欲讨其贼臣以报其德。今石氏已灭，中原无主，自古以来未有戎狄作天子者。我死，汝便归晋，当竭尽臣节，无为不义之事。"乃遣使请降。

帅，太原薛赞、略阳权翼为参军，打算大干一场。

随后他碰上了前秦武装，结果，姚襄继续保持着对氐人的败绩记录，直接损失了三万户，一半的家底这就烧进去了。

南至荥阳，姚襄开始给他爹发丧。然后在麻田碰上了前秦军，姚襄继续丢人现眼，自己的马都被射死了，他的司马尹赤一看这仗没法打了，于是投奔前秦而去。[①]

姚襄继续南下，随后被东晋政府通知：你们的驻防地是谯城。

姚襄遣五个弟弟为人质（他爹生的这堆儿子成了他的抵押品，五个一组地往外扔），自己单骑渡淮河，在寿春见到时为豫州刺史的谢尚。两人一见如故，都认为是平生大慰之事。

很快，姚襄战无不败的重要参考原因出现了，他也喜欢空谈，而且在专业空谈的东晋都能占据一席之地，史载："襄博学，善谈论，江东人士皆重之。"

石家没气了，苻家入关了，姚家南下了。时间来到 352 年，河北终局开始清晰起来。

正月，刘显进攻常山，冉闵亲率八千骑兵救援，再次无例外地击败刘显，直追到襄国。

刘显的大将军曹伏驹打开城门投降，冉闵灭了这个可笑的政权，杀了这个可笑的皇帝，焚烧了襄国的宫室，将襄国的百姓迁到邺城。

石虎活着的最后一个儿子石琨只能逃跑，向没得罪过的东晋投降。东晋想睡觉来枕头，自己没本事报的仇，有人给送过来了——石琨被高

---

① 《资治通鉴·晋纪二十一》：南至荥阳，始发丧。又与秦将高昌、李历战于麻田，马中流矢而毙。弟苌以马授襄，襄曰："汝何以自免？"苌曰："但令兄济，竖子必不敢害苌！"会救至，俱免。尹赤奔秦，秦以赤为并州刺史，镇蒲阪（注：此处地名"蒲阪"，《晋书》通用"蒲坂"，因此《两晋悲歌》中统一用"蒲坂"）。

调斩于建康街头。

至此，"五胡"第二棒叱咤风云的石家，被彻底断根了。

当初石虎在的时候，谶语曾预言了一句话："灭石者陵。"石虎因此对一切带"陵"的东西极其厌恶，恰逢当时还是石闵的冉闵被封为兰陵公，石虎于是将"兰陵"改名"武兴"，石闵因此变成了武兴公。[①]

石虎不知道，他这嘴简直是给石闵开了光，自从冉闵变成"武兴公"后，"威声弥振，胡夏宿将莫不惮之"，成了后赵的顶级杀神。

灭石家的真的是"灭石者陵"吗？石虎生了十三个儿子，冉闵杀了两个，刘显杀了两个，东晋砍了一个，另外的八个是死在石家的自相残杀下的。

到底是谁灭的石家呢？与其说"灭石者陵"，倒不如说是"灭石者虎"。路怎么走，是石虎自己选的。上了这条路，就再不能回头！

冉闵攻克襄国后，开始在自己常山、中山的小王国周游吃喝。[②]

冉闵不是享乐主义作祟，其实他挺不容易的，而是因为到处都没有吃的了，只能吃完一个地方换一个地方。各地人心不稳，危机四伏，所以只能搞军事巡演。

冉闵在各地浪荡了三个月，前燕清盘了。

352年四月，慕容儁派慕容恪等人率兵南下向冉闵宣战。在魏昌县的廉台（今河北无极县西），两军接阵。

十四年了，当年的前燕生死战，双双一战成名的两位小将此时已经是前燕的霸王和兵仙。起点时的擦肩而过终究敌不过宿命，终局之战，又见面了。

---

① 《晋书·石季龙载记》：初，谶言灭石者陵，寻而石闵徙兰陵公，季龙恶之，改兰陵为武兴郡，至是终为闵所灭。

② 《资治通鉴·晋纪二十一》：魏主闵既克襄国，因游食常山、中山诸郡。

冉闵率大军迎战，他的大将军董闰、车骑将军张温劝谏说："鲜卑人正在胜势，咱们应该避其锋芒，等他们骄兵懈怠后再增兵攻击。"

冉闵比较愤怒，说："我打仗靠的就是个猛字！我要是避战，咱们的兵该说我怕了，我后面的招式就打不出来了，他来了正好！我非打死他不可！"

冉闵天生就是奔放型的，高山落大石，狂风扫落叶，除了之前前燕突然加入战局那次之外，他这辈子没输过。

随后冉闵十战十捷，冉闵的战神气质开始让前燕军心动摇。①

慕容恪巡视军阵，对前燕军做最后的战前动员：冉闵有勇无谋，如今已是强弩之末，现在他的军队已经饥饿疲惫难以为继，成败在此一举！

不光慕容恪这么说，其实冉闵也感觉到自己的内力在逐渐耗竭。最直观的，就是他的骑兵在多年的征战后已经快打光了。

冉闵也不是一味地猛冲，其实很有自知之明，连着十胜后，他将自己的部队开进林木茂盛之地，因为前燕的骑兵在林中使不上劲。②

慕容恪也看出来了，参军高开说："如果冉闵进入密林，咱们就再也无法控制他了！应火速派轻骑兵去拦截他，等到交战以后假装逃跑，把他引过来，咱们跟他决战。"③

慕容恪拿出了最新研制的杀手锏——铁锁连环马，选了五千鲜卑精锐，用铁链把马匹连接起来形成了铁骑方阵。

与此同时，他派出轻骑兵勾引冉闵回到了平原地带。慕容恪将军

---

① 《资治通鉴·晋纪二十一》：闵素有勇名，所将兵精锐，燕人惮之。

② 《资治通鉴·晋纪二十一》：闵以所将多步卒，而燕皆骑兵，引兵将趣林中。

③ 《资治通鉴·晋纪二十一》：恪参军高开曰："吾骑兵利平地，若闵得入林，不可复制。宜亟遣轻骑邀之，既合而阳走，诱致平地，然后可击也。"恪从之。

队分为三部，对诸将展开了决战总动员："冉闵轻敌，总觉得自己攻无不克，现在我们分军三部，我领一部作为诱饵亲自在中军阵地等他，冉闵骁勇，他知道咱们势大，看到咱们中军人少必定会万死冲击我中军，等他冲过来的时候，剩下两部迅速包抄夹击他，大功必成！"[①]

综上所述，此次会战，冉闵十战十胜的凶猛自不必说，其实真正让人印象深刻的是以下三点。

1. 慕容恪有极高的战略头脑。

五千连环马的大量铁索不是小数，肯定是事先准备的，绝对不是十战十败后才临时想出来的，因为根本没地方凑出那么多的铁索和专门的连锁工具，所以之前的十战十败大概率也是故意为之，目的是为了骄冉闵的兵，让他最后掉入圈套。

2. 慕容恪带兵水平极高。

通常战争中一两次战败后军心就崩了，兵卒看见敌人就吓得发抖，无论十战十败是否故意为之，连续十败后还能拢住部队的将领千年难有。

3. 冉闵的战斗力确实堪称"五胡"第一凶悍。

他可以打得一生侵略如火的慕容恪设下如此计谋，且从头到尾极其重视防守。"铁索连环马"在传统印象中似乎就是古代的坦克部队，是顶级冲锋型战队。但实际上，它出现的最初原因是为了结成铜墙铁壁来顶住冉闵的突击。

一般来讲，正面迎接敌人冲锋的通常是步兵，因为步兵可以用盾

---

① 《资治通鉴·晋纪二十一》：魏兵还就平地，恪分军为三部，谓诸将曰："闵性轻锐，又自以众少，必致死于我。我厚集中军之阵以待之，俟其合战，卿等从旁击之，无不克矣。"《通典·兵八》：闵勇而无谋，一夫之敌耳。虽有甲兵，不足忤也。吾今分军为三部，掎角以待之。闵性轻锐，又知吾军势非敌，必出万死冲吾中军。吾今贯甲厚阵以俟其至，诸军但励卒，从傍须其战合，夹而击之，必剋。

牌等有助于防守的武器来迎接对方的冲阵。但慕容恪根本不敢用这种方式，就是担心步兵被冉闵一冲就散了。

慕容恪罕见地以骑兵结阵来迎接冉闵的冲阵，并且选的是"善射鲜卑勇而无刚者五千"，全军最勇敢的五千人。

所谓的"铁锁连马"就是为了不让人跑。步兵结阵容易让冉闵一冲就跑了，把五千匹马分层次地拿铁索连起来，冉闵再牛也冲不动。

实际上，这五千铁锁骑兵在慕容恪的心里就是炮灰、是肉盾，就是为了陷住冉闵换取时间，是这场战役的"正兵"。

以正合，出奇（jī）胜，"吾今贯甲厚阵以俟其至"，先拿肉盾让敌人把牌打出来，然后打出自己的预备队，"诸军但励卒从傍须其战，合夹而击之"，去收割比赛。

冉闵被从树林中引出来了，他左手持两刃矛，右手拿钩戟，再次带队冲杀而来。斩首三百余人后，他望见慕容恪的司令部大帐，果然如慕容恪所料，冉闵认为发现了赛点，仗着自己无坚不摧开始直冲过去！①

等到冉闵冲到近前才发现自己上当了，前燕骑兵的马匹都连着呢，根本冲不出那种所向披靡的感觉！

与此同时，前燕军的另外两部从两翼夹击，彻底冲垮了冉闵大军。

这场决定河北归属的战役，与五百多年前的那场垓下之战何其相似。当年的战况如下：

1. 韩信将三十万自当之，孔将军居左，费将军居右，皇帝在后，绛侯、柴将军在皇帝后。

2. 项羽之卒可十万。韩信先合，不利，却。

---

① 《资治通鉴·晋纪二十一》：闵所乘骏马曰朱龙，日行千里。闵左操两刃矛，右执钩戟，以击燕兵，斩首三百余级。望见大幢，知其为中军，直冲之。

3.孔将军、费将军纵，楚兵不利。

4.韩信复乘之，大败垓下。

韩信和慕容恪都是把自己中军当诱饵，都是先拿肉盾把战神引出来，再两翼齐飞进行夹击。但项羽比冉闵要强，即使被三面夹击仍然没崩，直到韩信再杀回来才扛不住的。

在团团重围中，冉闵再次逃脱，向东狂奔了二十多里，即将再次突围成功。

可能是上天已经觉得冉闵完成了自己的历史剧本，总让他这么搅乱局势也不是个事。冉闵的坐骑——日行千里的朱龙突然倒地暴毙，推测是在肉搏后失血过多累死了，冉闵因此被前燕抓获，并被押送到蓟城。

慕容儁见到冉闵后醋意大起，骂道："你不过是一个奴才，也配称帝！"

冉闵道："天下大乱，你们这帮夷狄禽兽尚可称帝，何况我中原英雄？"

慕容儁大怒，打了冉闵三百鞭，不久就杀了冉闵。说到底，慕容儁最愤怒的就是冉闵把传国玉玺这棵好白菜给拱了。

冉闵死后，前燕发生了大旱蝗灾，慕容儁于是派人去祭祀冉闵，还给他追封了谥号，称"武悼天王"。多么务实的信仰，这种给敌人封王搞超度的现象后面经常发生。

总之，无论是鬼还是神，都需要展示自己的才艺。斗争中拿不到的东西，谈判桌上根本就别想，这同样贯彻在中国的神灵信仰中。无论是帮人办事造福，还是为祸人间，总之"灵"者为先。

短暂休整后，慕容评及中尉侯龛率精兵一万人进攻邺城，冉魏的太了冉智紧闭城门抵抗固守，但城外的兵众全都投降了前燕，邺城已是孤城一座，城里饥荒，以人为食。

冉魏最终派使者向东晋朝廷进奉降表请求投降，并向离东晋最近的官员谢尚求救。

原冉魏辖下的黄河以南地区早已归降东晋，在前燕清盘河北时，东晋也开始北伐了。

殷浩上疏请求北上许昌、洛阳，穆帝同意，东晋终于出手了。

此前，桓温已经多次上疏请求北伐，但朝廷根本不搭理。桓温早就清楚东晋朝廷在拿殷浩对抗自己，虽然不高兴，但由于他知道殷浩的水平，所以也根本没拿这个人当回事。[①]

351年十二月，桓温在上奏北伐后就立即行动，率五万人顺江而下驻扎在武昌。东晋朝廷吓哭了，殷浩也吓得想辞职躲桓温。大家都在想，桓温这是要北伐还是要东进啊？

最终经过司马昱的调停，向桓温表示东晋这就北伐，桓温你现在这个动作不合适吧？桓温假惺惺谢罪，率军返回了荆州。

被桓温挤兑够呛的殷浩则在352年二月赶紧启动了北伐计划。结果表现极差：出征前，殷浩就先堕马了。在这种不祥预示下，战事朝着东晋不利的方向迅速发展。

前锋谢尚对新降的军阀张遇没做好安抚工作，张遇再次反叛，占据许昌投降了前秦。张遇随后派兵进据洛阳并进攻晋军所据的仓垣，这个本不该成为问题的小军阀，却成为殷浩此次北伐的巨大障碍。

谢尚与新朋友姚襄一同进攻张遇，前秦苻健派出苻雄、苻菁率领两万步骑救援。双方在颍水的诚桥交战，谢尚等大败，死伤一万五千人。

谢尚逃回淮南，姚襄则丢弃军用物资殿后护送谢尚到了芍陂。谢

---

① 《资治通鉴·晋纪二十一》：温知朝廷杖殷浩以抗己，甚忿之；然素知浩之为人，亦不之惮也。

尚把所有事托付给姚襄后回朝廷谢罪，殷浩则退屯寿春。

东晋兵弱是正常发挥，姚襄也再次证明自己拥有只要遇见苻家人就失败的优良传统。

七月，苻雄把张遇及陈郡、颍川、许昌、洛阳的百姓五万多户迁徙到关中，任命右卫将军杨群为豫州刺史，镇守许昌。[①]

东晋的这次北伐，完全是给前秦作嫁衣。殷浩的北伐，就这样搁置了。

与此同时，前燕慕容儁派广威将军慕容军、殿中将军慕舆根、右司马皇甫真等人率领步、骑兵两万人协助慕容评攻打邺城。

前燕增兵，是不想让东晋插上手，因为邺城里面还有最关键的一样东西——传国玉玺。

谢尚的部将戴施收到冉魏的求救信后就从仓垣移师到棘津驻扎，向冉魏索要传国玉玺。邺城方面怀疑谢尚不能前来援救，犹豫不决。

六月，戴施亲率一百多名"特种兵"进入邺城帮助守卫三台，说道："如今燕寇陈兵城外，道路不通，你们把传国玉玺给我，我派'加急特快'禀报天子，天子听说传国玉玺归晋，必定发兵发粮援助邺城。"

就这样，戴施终于得到了传国玉玺，并秘派心腹将传国玉玺送到了枋头。

不论戴施是不是在骗人，邺城也等不到东晋援救的那一天了，因为邺城再也没有粮食了。邺城最后的五千人出城战斗，被慕容评彻底打败，四千多人被斩首。

八月十三，冉魏长水校尉马愿等人打开邺城城门投降。戴施等人系着绳子从城墙爬下来，逃奔到仓垣。

---

① 《资治通鉴·晋纪二十一》：七月，秦丞相雄徙张遇及陈、颍、许、洛之民五万余户于关中，以右将军杨群为豫州刺史，镇许昌。

最重要的传国玉玺，这个慕容儁心心念念的东西，他最后还是没得到。但慕容儁善待了冉魏的皇后和太子，因为他要编造谎言，说这娘俩献出了这东西，于是赐董后为奉玺君，封冉智以海宾侯的爵位。

北伐失败的谢尚却从枋头迎来了"顶级快递"传国玉玺，抵达建康后百官大庆。四十年了，传国玉玺终于回归大晋怀抱！

东晋这边偷着乐的同时，前燕也在忙着给慕容儁上皇帝尊号。慕容儁也是匆匆忙忙地同意了，即皇帝位，大赦天下，年号"元玺"。

352年是两晋时代比较有里程碑意义的一年，因为前秦、前燕这两强在这一年同时建国即皇帝位，就此拉开了东晋后半场的序幕。

两晋悲歌由司马炎对司马攸的种种算计开始，至八王之乱走向自我毁灭，再到永嘉之乱彻底崩盘，天下大乱，胡马南来，王与马立足江左开启门阀政治，这段时间，算是第一阶段。

自羯赵兴起暴虐为祸北方，到冉闵屠羯中原分崩离析，算是第二阶段历史的中章。这段时间同样也是东晋门阀政治在王敦之乱、苏峻之乱、王庾对峙走向平稳状态与形成僵局的时刻。

自前秦、前燕开国，算是走上了两晋的后半程。屠胡霸王和"五胡"兵仙的巅峰对决后，两晋悲歌的全明星时代才刚刚到来。

北方开始了第二次大融合的过程，南面也开始努力突破门阀政治的大均势。北方和南方，各有一个猛人，但各自功败垂成。

北方那个猛人还要等等，南方这个猛人先出招了。正如刘惔所言：此人一生不走一步废棋，不赌一次无把握的赌局。他开始利用手中的八州之势，使出了一招又一招击打司马氏和高门大姓的绵密拳术。

与此同时，北方另一位英雄，也在一步步的隐忍中，迈向了自己投鞭断流的宏大人生。

南北各路英雄交相辉映的时代，越来越精彩了。

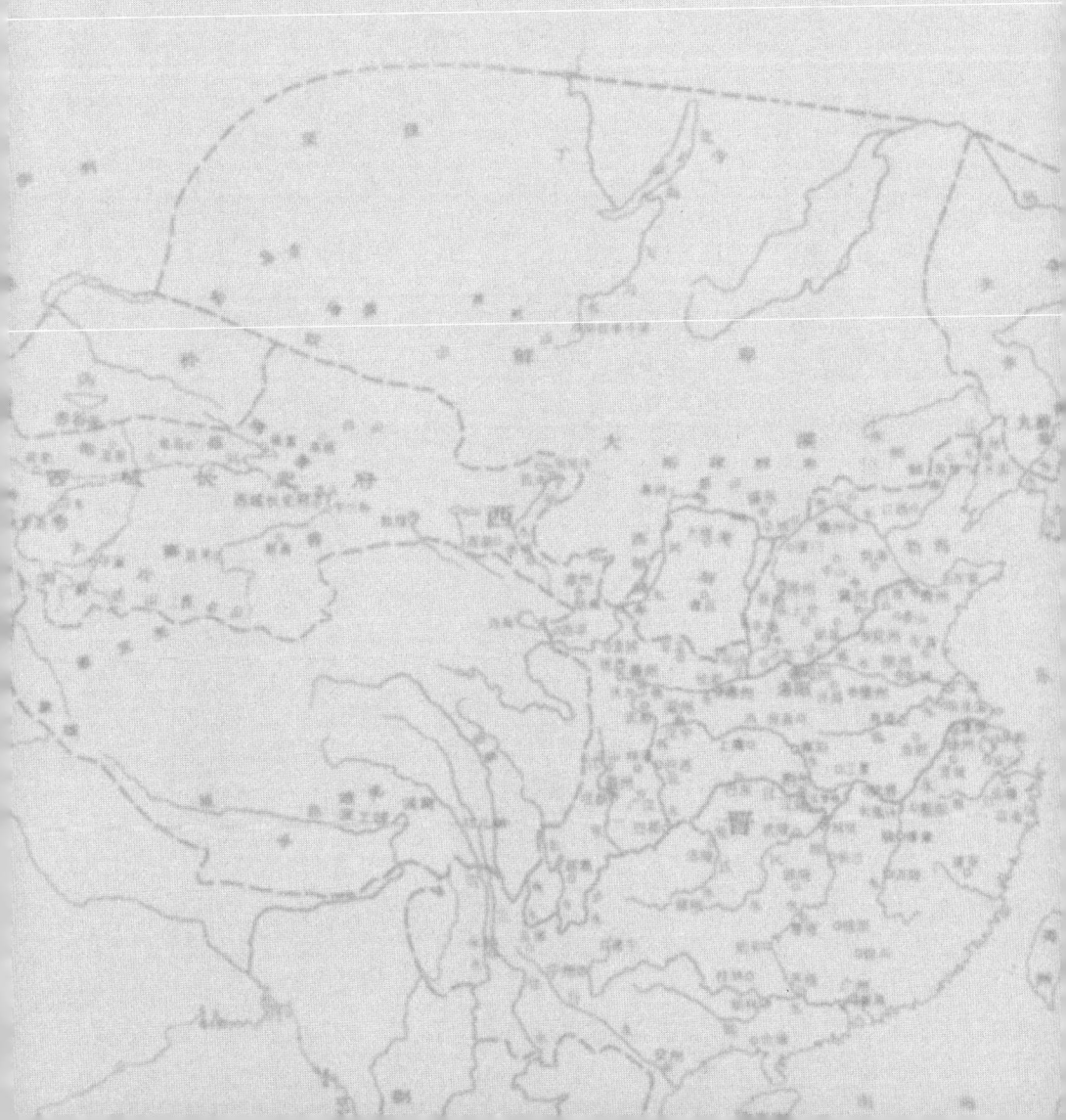

第 *11* 战

桓温北伐： 风云际会后的北国兴与衰，

时运锁死下的南国天花板

一、"灵者为先"的中国信仰逐渐成行

蜈蚣百足，行不及蛇；雄鸡两翼，飞不过鸦。

马有千里之程，无骑不能自往；人有冲天之志，非运不能自通。

韩信未遇之时，无一日三餐，及至遇行，腰悬三尺玉印，一旦时衰，死于阴人之手。

人生在世，富贵不可尽用，贫贱不可自欺，人道贵，非君之能也，此乃时也、运也、命也。

时来天地皆同力，运去英雄不自由，多大的人物，多牛的本事，也敌不过时也、运也、命也。

"时"为"天时"，排位最先。能耐是基本盘，红运来了能帮助放大十倍，天时到了会帮助放大百倍千倍。

个人仅仅是个人，一个人之所以站在了潮头，是得到了远非自己所能掌控的时运放大之功。莫膨胀，多谦卑，常思量。

一个被防范的门阀遗子赶上了国运衰到极致的时候，能够神奇地篡位代立；一个无门无第的英雄人物赶上了国运衰微的时候，能够气吞万里如虎。

前者是本战主角桓温的幼子桓玄，后者是干掉桓玄开启下一个时代的猛人刘裕。

终结两晋"五胡时代"的刘裕和北魏拓跋焘,与其说是天赋异禀的超常加分或个人英雄主义的巅峰表现,不如说是时运到来后的天选剧本。你能力确实很强,但很多时候时代发展到某一步需要一个人进行清盘,即时势造英雄,只是凑巧让你赶上了而已。

这一战,我们将会看到一个步步为营的权臣如何谨慎权衡地走好职业生涯的每一步,也会看到无论一个大神多么稳扎稳打常年积累,也最终捅不开时运锁死下的天花板。

桓温的三次北伐,成为后世诟病他的重要材料。普遍论调是:这个人胆小,这个人干大事而惜身,这个人就是两晋版的袁绍。

实际上,就算他不"胆小",就算他的一伐和三伐全都破釜沉舟成功了,他所迎来的后果大概率也是胜利后的迅速衰亡。对于桓温个人来讲,如果他北伐成功未见得是幸事。

天时本就不在,并未出现那种风云际会下的低垂果实,而且即使成功拿下了果实也巩固不住,多方都在伺机而动,还会把自己本来坚实的基本盘迅速耗散掉。

我们与其惋惜桓温三次北伐都功败垂成,倒不如从他的一生沉浮中看人生不如意的那些十之八九后,他是如何稳扎稳打、打出的每把牌无论输赢都有额外收益、永远稳稳坐在牌桌上的。尤其在万人灭蜀的人生第一战就收到了时运的巨大红利的情况下,他是如何抛弃赌徒的幸运算法,一辈子没有膨胀、没有被冲昏头脑稳步落子的。

桓温这辈子的内心纠结,更值得品味和研究。

毕竟,像刘裕遇到的天时和气运通常几百年出一次,绝大多数人遇不到,也就很难对人生起到什么参考价值。

时运不在时,我们可以边苦练内功边等待时运,就算时运不来,我们仍能稳稳地逐日向前。况且很多问题不需要我们出手,时间会帮我们解决问题，比如说江左第一清谈小能手殷浩。

羌人代表团在河北混战中惨败南下后，姚弋仲的接班人姚襄来到东晋，在殷浩发起的第一次北伐战役中打得比较丢人，保持了见苻家人就败的优良传统，但这都不耽误姚襄用自己的嘴皮子席卷江左。[①]

不能干却能说，这让殷浩相当讨厌，他仿佛在姚襄身上看到了自己。

后来姚襄由于收获了东晋上层的巨大好感而驻扎在了重镇历阳——这个位置比较特殊，容易让人联想起苏峻。

姚襄沿淮河两岸广开屯田、训练士卒，这也让殷浩感觉异常扎眼，随后殷浩仿佛庾亮附体，开始频出骚操作。

殷浩先是囚禁了姚襄的弟弟们，还多次派遣刺客刺杀姚襄。不过他派出的刺客无论是阶级觉悟还是能力水平，明显达不到他想达成目标的规格。这些刺客似乎更喜欢姚襄，他们不仅没动手，还向姚襄告了密。

问题是，殷浩也不想想，即使他刺杀姚襄成功，姚襄还有好几十个弟弟排队接班，姚弋仲这辈子生了四十二个儿子，殷浩要怎么收场呢？

安北将军魏统去世，他弟弟魏憬接班统领部曲家兵，殷浩又暗中指使魏憬率部曲袭击姚襄，结果被姚襄打败，魏憬被杀，连部曲都被姚襄兼并了。

于是殷浩越发讨厌姚襄，他派龙骧将军刘启守卫谯郡，把姚襄调到梁国的蠡台，上表请求授予姚襄梁国内史职务。后来殷浩又派谢万去征讨姚襄，被姚襄再次击败。

[①] 《晋书·姚襄载记》：襄少有高名，雄武冠世，好学博通，雅善谈论，英济之称著于南夏。

殷浩大怒，借口关中有变，亲自带队北伐！

这次北伐，殷浩安排姚襄作为北伐的前锋，大有（姚襄）打死敌人平外患，（姚襄）自己被打死平内乱的意思。

明明是挺好用的"一杆枪"，被殷浩一通折腾，最终这杆枪把枪口调转了。

姚襄率兵北进，预计殷浩部队快到时，他假意让士兵趁夜逃散，实际上是悄悄地埋伏起来准备偷袭。

殷浩听说姚襄的士兵逃散，觉得搞死姚襄的机会到了，大军追着姚襄来到山桑。

殷浩进入包围圈后，姚襄突然合围袭击，殷浩大败，死了一万多人，丢盔弃甲扔辎重总算逃回了谯城。

姚襄派哥哥姚益镇守山桑，自己又回到了淮南。

殷浩缓过神来，又派部将刘启、王彬之攻打山桑姚益，姚襄则从淮南出兵反击，结果刘启、王彬之全部战死，殷浩也被姚襄反攻，逃到了芍陂。

姚襄渡过淮河，屯兵于盱眙，招募、掳掠了大量流民，部众一时扩充到了七万。姚襄分置了地方长官，搞上了大生产运动，还派使者到建康去弹劾殷浩，自己谢罪表示这样做是逼不得已。[1]

殷浩轰轰烈烈的第二次北伐，就这样被在北方战国中淘汰出局的姚家军团搞熄火了。这辈子战无不败的姚襄居然在殷浩的衬托下打出了祖逖的感觉。

自后赵崩盘后，东晋的三次北伐除了那块传国玉玺，一无所获。东晋不仅没拿到后赵大乱后的红利，而且还因昏招频出将多年积攒的家

---

[1]《晋书·姚弋仲载记》：浩遣刘启、王彬之伐山桑，襄自淮南击灭之，鼓行济淮，屯于盱眙，招掠流人，众至七万，分置守宰，劝课农桑，遣使建邺，罪状殷浩，并自陈谢。

底统统耗光。朝野上下怨声频出："什么江左孔明啊，这小子不过就是个嘴上客！"

这个局面，正是西边那只大老虎（桓温）所希望看到的。桓温的想法是：我逼你北伐，就知道你会现眼。

借着朝野上下对殷浩的怨愤，桓温上书列举了殷浩的多项大罪。在巨大的政治压力下，朝廷罢免了殷浩，将他流放到东阳郡的信安县。①

至此，桓温无论是政治声望，还是手中实力，都成了东晋一哥。②

站稳了，才能伸出拳头打人。桓温用了四年的时间，仅通过口头嚷嚷北伐及作势施压就不费一兵一卒地彻底拿到了东晋大权，后方再无人捣乱掣肘，桓温开始了自己的下一步谋划。

354年二月，桓温北伐前秦。

丞相诸葛亮《隆中对》的那句："待天下有变，则命一上将将荆州之军以向宛、洛，将军身率益州之众出于秦川，百姓孰敢不箪食壶浆以迎将军者乎？"在一百五十年后，终于还原度极高地实现了。

天下确实有变，前秦刚刚拿下关中，立足未稳，中国北方乱成了一锅粥。如果说有区别，那就是反过来了，向宛、洛的这一路是主力，出秦川的这一路则并非上将军。

桓温统率荆州兵团的步、骑兵四万人从江陵出发，派水军从襄阳进入均口，抵达南乡，随后从淅川走武关道直奔关中。汉中的司马勋则从子午道出关中。（见图11-1）

三月，桓温的先锋已经打下上洛（今陕西商洛），俘获了前秦的荆

---

① 《晋书·殷浩传》：桓温素忌浩，及闻其败，上疏罪浩……竟坐废为庶人，徙于东阳之信安县。

② 《晋书·桓温传》：因朝野之怨，乃奏废浩，自此内外大权一归温矣。

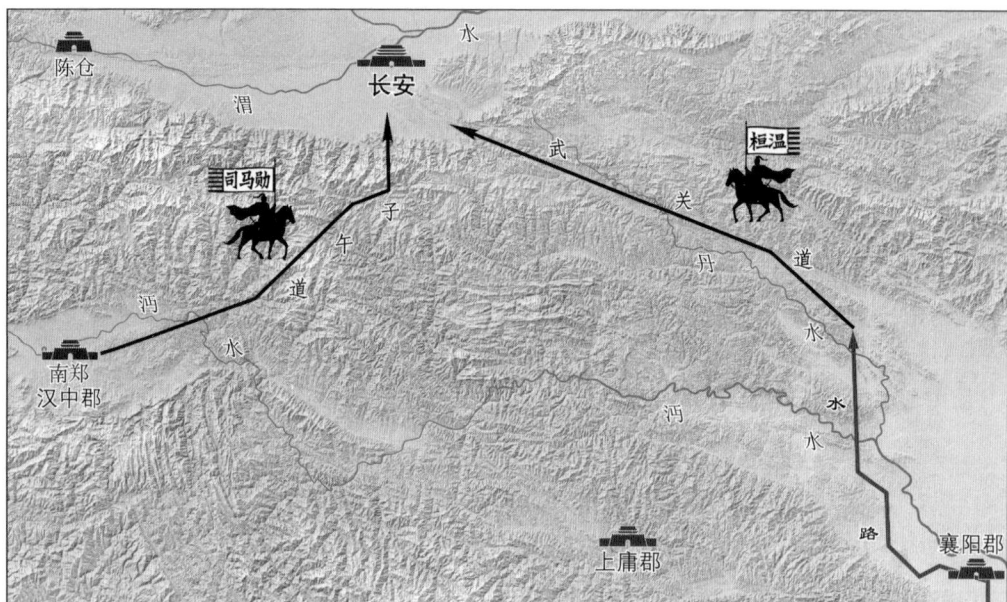

图 11-1 桓温伐秦示意图

州刺史郭敬，又继续突进，攻破了青泥（今陕西蓝田县南）进入关中。

司马勋出子午谷后开始袭扰前秦边陲，前凉的秦州刺史王擢也开始攻打陈仓以接应桓温。形势一片大好。

如果是在一百五十年前，也许关中真的能像丞相诸葛亮说的那样被攻打下来。但到了这个时代，骑兵升级后的恐怖速度和战力，开始成为南方政权的巨大噩梦。

前秦皇帝苻健派出了太子苻苌、丞相苻雄、淮南王苻生、平昌王苻菁、北平王苻硕的苻家全明星阵容，率兵数万驻扎在峣柳、愁思堆以阻击桓温。

四月，桓温与前秦全明星会战于蓝田。

勇冠三军只有一只眼的前秦淮南王苻生亲自率领骑兵部队突击桓温军阵，自己身先士卒冲入敌阵往返冲杀十多次，不仅杀死了晋将应庭、刘泓，造成晋军大量伤亡，还给东晋所有将士造成了巨大恐慌。①

桓温赶紧亲自出阵，督诸军奋力围剿苻生，终于将苻生的突击队打败，并击败了前秦太子苻苌，拿下蓝田。②

这是自祖逖死后东晋政权第一次在北境击败骑兵军团。随后，桓冲又在著名文化景点白鹿原打败了前秦丞相苻雄。③

四月二十五，桓温大军抵达灞上，与长安仅一河之隔。（见图11-2）

长安与关东之间有三条要道：渭水南岸的函谷道和武关道，渭水北岸的蒲关道。

灞桥为隔绝灞水的唯一桥梁，总收东方三路，自东方去长安都要走灞桥，属于枢纽位置。

当年张良劝刘邦不要膨胀，刘邦还军灞上，就是向项羽表示"这最后的底线我没突破哦，这姑娘我可没动哦"。

桓温安抚告谕当地百姓，让他们安居乐业。当地百姓自发夹道欢迎，带酒肉迎接桓温军队，不少百姓流下了激动的泪水，哭道："四十多年了，没想到还能看到我们晋国的军队啊！"④

东晋打到了灞上，形势已经极度不利于前秦，因为自古以来当敌方打到这里的时候，基本上长安城中就开始打铺盖卷准备跑路了。但此时，立国不久的前秦却展现出了自己的倔强！

太子苻苌等开始退屯长安城南，苻健则收拢了六千老弱固守长安

---

① 《晋书·桓温传》：遂大战，生亲自陷阵，杀温将应诞、刘泓，死伤千数。

② 《晋书·桓温传》：温军力战，生众乃散。《晋书·穆帝纪》：夏四月己亥，温及苻健子苌战于蓝田，大败之。

③ 《晋书·桓温传》：雄又与将军桓冲战白鹿原，又为冲所破。

④ 《晋书·桓温传》：居人皆安堵复业，持牛酒迎温于路者十八九，耆老感泣曰："不图今日复见官军！"

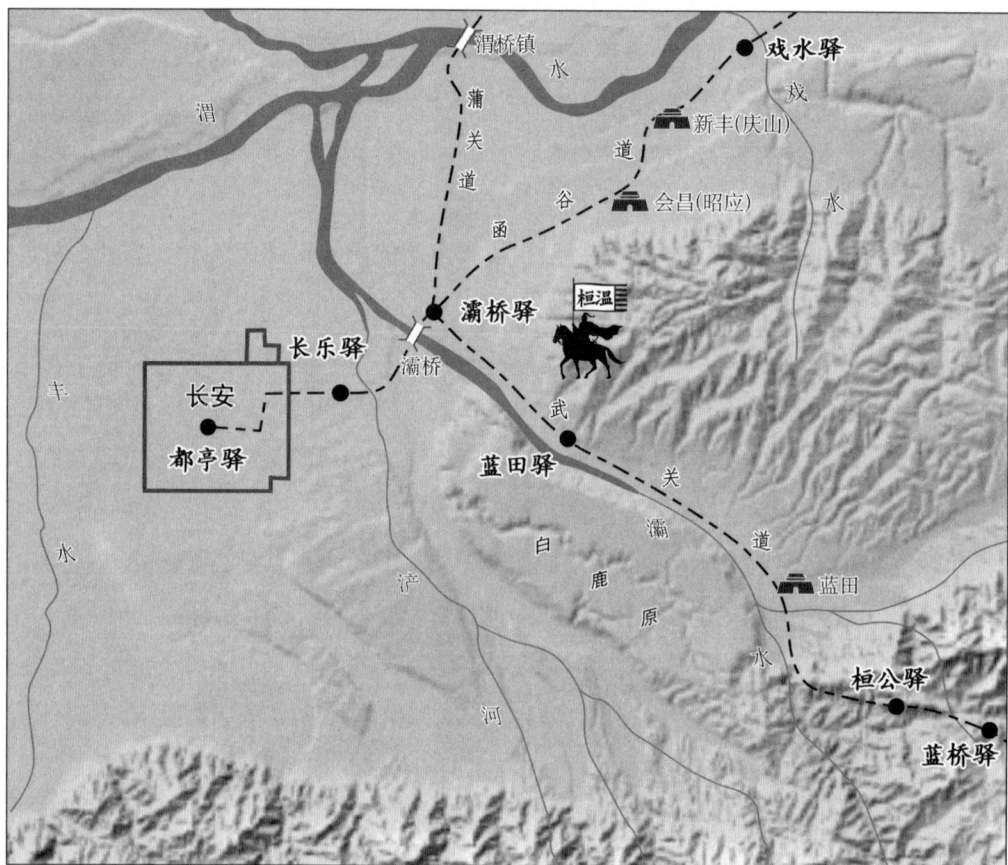

图 11-2　桓温进军灞上示意图

小城；同时，苻健还把手上最后的三万精锐交给大司马雷弱儿，让他带去与苻苌会合共同抵抗桓温。

苻家的拼死坚持，让灞水两岸陷入了僵持。

就在此时，桓温迎来了一位神秘的访客——一个身穿麻布短衣的年轻人到桓温大营求见。这个人，堪称后来前秦腾飞的发动机，他叫王猛，此时三十岁。

桓温请王猛谈谈他对时局的看法。王猛在大庭广众之下一面抓虱子，一面纵谈天下大事，滔滔不绝、旁若无人。

这份气概和才气让桓温暗自称奇，他问了王猛一个问题："我奉天子之命率十万精兵举大义讨伐逆贼，但关中的豪杰们却无人到我这里来响应，这是什么缘故呢？"

王猛一句话就戳中了桓温的心事："您不远千里深入北境，长安近在咫尺，而您却不渡灞水去把它拿下，人们都摸不透您的心思，所以不肯前来。"

桓温不渡灞水，原因很复杂。

1. 前秦仍有抵抗力。

桓温生性谨慎，此时晋军已经离国千里深入敌人大后方，但前秦并没有被自己打崩溃，也没有出现灭成汉时的那种戏剧性场面，仍然在有组织地与自己对峙着，而且前秦的军队体量更大，手中还有骑兵。

2. 军粮很成问题。

桓温自离开淅川之后就失去了汉水之利，武关道的粮运损耗和速率相当堪忧。桓温本来打算因粮于敌，等前秦的麦子熟后吃他们的。但前秦玩得更绝，自己也不过了，在桓温北伐后不久就坚壁清野，把还没熟的麦子全收了。[1]

---

[1] 《晋书·桓温传》：初，温恃麦熟，取以为军资，而健芟苗清野，军粮不属。

如果贸然渡过灞水，前方打不下来长安，当地的实力大户们也不帮忙站台，自己的粮草接济不上，那么非常有可能被前秦一网打尽。

3. 桓温北伐的最大目的，是建立声望和军功，以谋得在东晋朝堂上的更大权势。

之前殷浩出去一次失败一次，而他已多次战败前秦大军，还一路突破到前秦家门口，已经达成了此次北伐的战略目的。除非出现明显的战机转变，否则根本没必要再继续向前冒这么大的险。

万一输了呢？不就白来了吗？此时的最好选择，是借兵临灞水的兵锋威势等待变数。

最大的变数可能就是桓温口中最关心的"三秦豪杰"们。这些有实力的地方势力如果能够响应自己，就可以让前秦顾此失彼、人心尽散。

这是桓温僵持于此的最大希望，所以他向王猛询问了这个问题。可惜他晚来了两年。在石氏刚刚叛乱的时候，当地的"三秦豪杰"曾跳出来过一次，但最后被坑了。即使是在符家刚刚杀进关中的时候，如果桓温能出征关中，也很有可能会达到他想要的效果。

但这两年符健一直是"有道明君"，对关中豪杰们的既得利益很是尊重，再加上与前任——后赵统治者的强烈对比，关中豪杰们对东晋的需求已经不明显了。

"前秦已经很能代表我们的利益了，而你桓温现在就在灞水那边耗着也不过来，谁知道你是怎么想的呢？万一我们跳出来了，你再把我们要了呢？到时候你不过来了，或者说你被打败了呢？当年石虎死的时候我们可是蹦出来过的！结果石虎他们太没出息了，太叫人失望了！本来我们做土财主做得好好的，因支持你们还引祸上身了。"

所以王猛的一句话，让桓温深深地陷入了沉思，天时不在啊！

王猛说得没错，现在是桓温自己舍不得豁出去，当地豪杰更舍不得豁出去。双方都不往前迈一步，就只剩僵局了。

沉思许久，桓温慢慢抬起头对王猛说："你的才干，江东没有一个人能比得上！"随后任命王猛暂任军谋祭酒。

六月，前秦主动出击了，桓温与苻雄再战于白鹿原。苻雄率骑兵七千再冲桓温。这次桓温失利，损失了一万多人，随后苻雄又在子午谷击败了司马勋。

粮草也越来越成问题，终于在相持了两个月后，桓温挟关中的三千多户百姓开始撤退。临行前，桓温任王猛为高官督护，想让他一起南下。

这是关乎自己前途命运的决定，王猛回山咨询了自己的师父。他的老师对他说："舞台已经太小了，你和桓温岂可挤在一个舞台？在此自可富贵腾达，何必远去！"①

王猛因此放弃了南下的打算。

由于历史上将苻坚、王猛比作刘备、诸葛亮，所以对王猛不南下的原因，通常会往王猛的战略眼光上贴。比如会说王猛准确地看到了南方"出仕必看门第，论道必为清谈"，这两项不能尽其之才。但果真如此的话，他就没必要来桓温的军营了。

来了，其实就是有想法。王猛最终没跟着桓温走，是因为去深山中询问自己的师父，师父准确地告诉了他两件事：

1. 他跟桓温都是同在一个舞台折腾不开的主儿，到了南边没有他的舞台。

2. 他留在本地没问题，将来有他的富贵。

因为这两个理由，王猛才决定留下的。

时代发展到这个时候，在北国的历史视角下可以看到很多有意思

---

① 《晋书·苻坚载记》：温之将还，赐猛车马，拜高官督护，请与俱南。猛还山咨师。师曰："卿与桓温岂并世哉！在此自可富贵，何为远乎！"

的地方。

未卜先知的宗教大师们开始极大地影响最高权力者们的判断。

比如石勒、石虎都对佛门大师佛图澄极度推崇，并非因为这叔侄俩对佛法多么推崇，而是因为他们对这个大师的神通相当看重，因为佛图澄"善诵神咒，能役使鬼神"。

佛图澄最开始来到石勒这里，是为了劝石勒止杀，通过自己的神通救下了很多人。

石勒后半段人生的转型，又是收敛河北骸骨，又是修整被刨的陵墓，其实很难讲石勒是自己大彻大悟，还是这位大师用了什么方法帮这位魔王慢慢收敛杀心。

石勒之所以那么听话，是因为佛图澄能帮他预言未来。

当年段末杯在襄国攻打石勒的时候，其实石勒心里是没底的，是佛图澄准确地把抓到段末杯的时辰都预测了出来，并劝石勒放了段末杯，石勒获得了巨大的外交胜利。[1]

洛阳大决战前，石虎被刘曜暴打，石勒救洛阳之前下属都劝阻说不能打，但石勒态度极其坚决，也是因为石勒提前找佛图澄占卜了未来，大师告诉他没问题，一定能拿下！[2]

石勒几乎在做什么事之前都要咨询佛图澄。[3]

等石虎继位后，别看这个人恶事做尽，但他是明白佛图澄对于事

---

① 《晋书·佛图澄传》：鲜卑段末波攻勒，众甚盛。勒惧，问澄。澄曰："昨日寺铃鸣云，明且食时，当擒段末波。"勒登城望末波军，不见前后，失色曰："末波如此，岂可获乎！"更遣夔安问澄。澄曰："已获末波矣。"时城北伏兵出，遇末波，执之。澄劝勒宥末波，遣还本国，勒从之，卒获其用。

② 《晋书·佛图澄传》：及曜自攻洛阳，勒将救之，其群下咸谏以为不可。勒以访澄，澄曰："相轮铃音云……"

③ 《晋书·佛图澄传》：勒益重之，事必谘而后行，号曰大和尚。

业的伟大意义的，比石勒给佛图澄的待遇还高。[1]

石虎死前，佛图澄以假死而西去。后来石虎挖了佛图澄的墓，只发现一个石头，他颇有慧根地说："石头就是说的朕，葬我而去，看来我死期将至了。"

再回顾一下冉闵的盛极转衰。当初襄国大会战中，冉闵已经不打算出战了，却有一个道士预言了未来，告诉他一定会胜利，于是他才决定全军出击，出了最后一把牌把元气输没了。[2]

这样一个功勋卓著的战神，本来已经形成了自己的判断，但在这个时代，却抵不过宗教人士的一个预言。

王猛遇到决定自己前途的大事时，是自己进行了判断吗？他在桓温军营侃侃而谈，让桓温惊讶南国无此人才，虽然他实实在在地在最前沿体察到了政治第一手的时事，但在最终涉及命运的关头，还是去山中询问他的师父。

整个中国北方，在这超级大乱世中，开始重塑、融合信仰，灵者为先的中华信仰观开始在这无助的时代逐渐成形。

---

[1] 《晋书·佛图澄传》：及季龙僭位，迁都于邺，倾心事澄，有重于勒。下书衣澄以绫锦，乘以雕辇，朝会之日，引之升殿，常侍以下悉助举舆，太子诸公扶翼而上，主者唱大和尚，众坐皆起，以彰其尊。又使司空李农旦夕亲问，其太子诸公五日一朝，尊敬莫与为比。

[2] 《晋书·石季龙载记》：今陛下亲戎，如失万全，大事去矣。请慎无出，臣请率诸将为陛下灭之。闵将从之，道士法饶进曰："太白经昂，当杀胡干，一战百克，不可失也。"闵攘袂大言曰："吾战决矣，敢谏者斩！"于是尽众出战……诸将士死者十余万人，于是人物歼矣。

二、我若不为此，卿辈哪得坐谈？

桓温撤军后，前秦太子苻苌等人紧紧追击。不久前苻雄在白鹿原战胜并打跑了子午谷的司马勋，桓温自武关撤退的道路因此被封死，只能走函谷道徐徐东退，他们抵达潼关时，北伐士卒已损失了万余。

太子苻苌东去追击桓温，丞相苻雄则向西攻击陈仓的司马勋、王擢。司马勋撤归汉中，王擢撤归略阳。

前秦此次保卫战，以惨胜告终。之所以说惨胜，是因为桓温给前秦精锐造成了巨大杀伤。

桓温一路紧逼，逼得前秦自己将粮食全都毁掉了，导致第二年前秦发生了饥荒，米价飞涨。这是其一。

其二，在此次大战中，苻健最倚重的两个关键人物过早地离开他了。苻雄在六月底，即刚刚解了陈仓之围后就走人了，估计是战中受伤了。

苻健总是将苻雄比作他的周公，他直接哭吐了血，道："上天不想让我平定四海呀，要不然为什么这么快就夺去我的苻雄呢？"

不仅苻雄死了，他的接班人太子苻苌在追击桓温时被流箭射中，也于同年十月死了。[①]

在突骑战法成为主流后，骑兵军团突入步兵军阵会给步兵造成巨大的杀伤和震慑，但如果被突入的是训练有素的步兵，同样也会对突阵骑兵造成相当大的损耗，并非骑兵对步兵一边倒的碾压。

桓温的军队纪律性很强，战斗力很高，不然不可能在前期将苻生的突击队击败，也不会在白鹿原第一次击败了苻雄。桓温每到大战都是亲自顶盔掼甲督阵的。

桓温亲自压阵，前秦皇族同样身先士卒作为榜样极大地鼓舞了前秦军队。皇子苻生更是带领士卒十余次冲击桓温军阵。

一般来讲，战场上指挥官受伤的最大可能，就是身先士卒地指挥征战。苻雄和苻苌分别陨难战事，就说明了这一问题。

一面是训练有素不惧骑兵的步兵方阵，一面是身先士卒刚猛突击的骑兵军团——桓温一伐前秦，南北双方都交出了当世最好的答卷。

此战异常惨烈，令桓温军队损失近半，前秦核心层损兵折将，关中综合实力大降。而且，它的衍生效应仍在继续。首先就是第二年即355年二月，关中出现了严重蝗灾，连牲畜吃的草都没了，这也再次放大了前一年坚壁清野的损失。[②]

其次，到了六月的时候，前秦开国之主苻健不行了，前秦在接班人问题上面临巨大危机。

苻苌死后，苻健因为"三羊五眼"的谶语，认为自己一只眼的儿子苻生是天命所归，于是立苻生为太子。但这个安排令很多人不服，因为苻生自小就只有一只眼，而且性情暴烈，很多人不喜欢他。

他爷爷苻洪曾经问他："我听说瞎儿只有一只眼流泪，是真的

---

① 《晋书·苻健载记》：初，桓温之入关也，其太子苌与温战，为流矢所中死。
② 《资治通鉴·晋纪二十二》：二月，秦大蝗，百草无遗，牛马相啖毛。

吗？"苻生听后二话不说拔出刀就刺向了自己的瞎眼，瞬间鲜血直流，然后跟他爷爷说："这是另一只眼的眼泪！"

苻洪吓了一大跳，开始拿鞭子抽他。苻生威胁他爷爷说："我能够忍耐刀矛，但不堪忍受鞭打！"意思就是士可杀不可辱。

苻洪说："别以为我舍不得，我让你去当奴隶！"苻生说："我听说有个奴隶叫石勒！"

见多识广的老妖精苻洪被震慑住了，感觉这哪里是个正常的孩子说的话啊。就对苻健说："你这个儿子狂暴悖逆，趁早宰了他，不然咱们家准因为这小子倒霉！"

本来是苻洪不对，上来就说苻生是瞎子，苻生怼了他几句，他就让儿子杀了这个孙子，权力场上的人太可怕了。

在石虎手上活下来的"善事人"苻健正准备响应老爹号召时，他的好弟弟苻雄打圆场了："孩子大了就好了，怎么能随便杀孩子呢！"

这话熟不熟悉？当年石勒准备杀了石虎，他妈劝石勒手下留情时也说牛犊子小时候总把车拉坏，大了就是好牲口了。苻生的种种迹象，都像是石虎转世，或者说，后面被胜利者"打造"成了第二个石虎。

苻生长大后力举千钧，徒手能和猛兽搏斗，跑起来跟马一样快，击刺骑射各种武艺都成为前秦一哥。前文中提及的关中保卫战，苻生作为敢死突击队总队长单枪匹马冲入桓温军阵，搴旗斩将者前后十数人！

从侧面也可看出来，桓温的应战水平真的不低，面对这样一个疯子皇子在对面跟绿巨人一样乱砸，桓温都能将之击败。

但苻生的继位，却并不像他的武力那样有说服力，前秦内部暗流汹涌。

六月丙子，苻健不行了。

四天后，苻健的侄子平昌王苻菁率兵进入东宫，准备杀掉太子苻生自立。苻生正在西宫等着苻健咽气，苻菁扑了个空，随后以为苻健已死，便开始攻打东掖门。

苻健听说苻菁来偷袭后，强撑一口气，登上端门亲自布署兵力。苻菁的造反队员看见正主还在，全都跑了。苻健在死前先带走了苻菁，算是把苻生扶上马后送了最后一程。

苻健临终的安排，是太师鱼遵、丞相雷弱儿、太傅毛贵、司空王堕、尚书令梁楞、左仆射梁安、右仆射段纯、吏部尚书辛牢等人接受遗诏辅佐朝政。这是一个空前庞大的辅政团队。

临死前，苻健对苻生说："六夷酋长将帅这些实权派，如果不听从你的命令，将来应该逐渐把他们除掉。"[1]

前秦立国没几年，内部核心领导层尚未稳定，尤其前秦的第一波领导核心苻健、苻雄、太子苻苌几乎是同时走人，使继承人的归属太过于让人浮想联翩。

苻菁为什么敢在苻健要死的时候跳出来呢？因为当年苻菁是作为吸引火力的炮灰，率七千兵独带北路军入关的！

苻菁认为："前秦的天下是苻家宗族集体打下来的，老一辈都死了，多年培养的储君太子也没了，凭什么让苻生当太子？"

苻健非常明白这些人的想法，所以才让他儿子小心，实在不行就除掉这些人。但苻健说的是"若不从汝命，宜渐除之"，苻生可能没听清，把"渐"给漏了。

苻生刚即位时要改年号为"寿光"，群臣却上奏说即位不满一年就改年号不合乎古礼。苻生追查提议的主谋，在自己刚上台几天就杀了辅

---

[1] 《资治通鉴·晋纪二十二》：健谓太子生曰："六夷酋帅及大臣执权者，若不从汝命，宜渐除之。"

政之一的右仆射段纯。①

随后，苻生将大量亲信宗室封王并安排到了蒲坂、陕城等重要地区的岗位上。

中书监胡文、中书令王鱼对苻生进言："近来异星划过大角星，火星进入井宿。大角是指帝王，井宿为前秦分野，这天象的意思是不出三年国家就会出现国丧和大臣被杀的事情，陛下您得修德以避免丧乱的出现啊！"

苻生听完后表示："皇后与朕统治天下，足以顶上大丧之灾，毛太傅、梁车骑、梁仆射受遗命辅政，这就是国之大臣。"然后，他就杀了皇后和太傅毛贵（国舅）、车骑将军梁楞、左仆射梁安去应对天象之灾。

十一月，苻生任命他的宠臣太子门大夫赵韶为右仆射，太子舍人赵诲为中护军，著作郎董荣为尚书。

总之，苻生相当没有安全感地迅速开始了布局。

丞相雷弱儿性格刚烈耿直，对苻生宠臣赵韶、董荣有切齿之恨。但打狗是要看主人的，想弄死别人的狗，狗主人会怎么想呢？他会不会想："你是恨狗呢，还是恨我呢？"

赵韶、董荣向苻生进谗言诬陷雷弱儿，随后苻生杀了羌族大佬雷弱儿及其九个儿子、二十七个孙子。

雷弱儿是南安羌酋，雷弱儿死后诸羌全都反叛，苻家在各羌族部落开始失去选票。②

虽然还在苻健丧期，但苻生游玩酣饮如常，接见大臣时也总是佩

———————

① 《资治通鉴·晋纪二十二》：生怒，穷推议主，得右仆射段纯，杀之。

② 《资治通鉴·晋纪二十二》：韶、荣谮之于秦主生，生杀弱儿及其九子、二十七孙。于是诸羌皆有离心。

刀带箭，锤钳锯凿等刑具更是常备左右。①

司空王堕性格刚峻，和右仆射董荣、侍中强国这群太子党相当不对付，每次上朝见到董荣理都不理。有人对王堕说："董君贵幸无与伦比，您应该冷静点儿，不能这么不给人家脸。"王堕说："董荣就是鸡狗，我堂堂国士难道要和畜生说话吗？"

恰巧这时天象又有变故，董荣与强国便向苻生进言："现在天谴极重，应该派贵臣挡灾。"苻生说："够级别的只有大司马和司空呀。"董荣说："大司马苻安是王室至亲咱们可不能杀，就杀王堕吧。"

行刑前，董荣还专门跑去送行，问道："还敢把我比作鸡狗吗？"

没多久，王堕的外甥洛州刺史杜郁被苻生的心腹左仆射赵韶诬陷通敌东晋，也给弄死了。

356 年正月，苻生在太极殿宴请群臣，让尚书令辛牢做督促大伙喝酒的酒监。正喝到尽兴时，苻生愤怒地说："现在还有坐在那里好好的，这是没喝多啊，你这酒监怎么当的！"拿起弓箭就把辛牢射死了。群臣吓得赶紧自己灌自己，全都喝到吐沫子，给苻生乐坏了。

总之，苻生继位不久，后妃、公卿以下至于奴仆，被杀掉的有五百多人，而且死法骇人，锯腿、断肋、砍头、剖腹，比比皆是。②

后世关注的通常都是苻生残暴的"石虎第二属性"，但实际上仔细观察后可以发现，苻生在继位不到半年的时间里，当年他爹安排辅政的八位大佬除了鱼遵之外，丞相雷弱儿、太傅毛贵、司空王堕、尚书令梁楞、左仆射梁安、右仆射段纯、吏部尚书辛牢这七位已经全部被他干

---

① 《资治通鉴·晋纪二十二》：生虽谅阴，游饮自若，弯弓露刃，以见朝臣，锤钳锯凿，可以害人之具，备置左右。

② 《资治通鉴·晋纪二十二》：即位未几，后妃、公卿已下至于仆隶，凡杀五百余人，截胫、拉胁、锯项、剖胎者，比比有之。

掉了。

手段是相当果决干脆，比如灭皇后一族，眼都不带眨的，雷厉风行。

更重要的是，苻生杀的虽是辅政级的大佬，但除了雷弱儿背后的羌人势力明面上表示愤怒不合作了，剩下的所有利益集团都没有什么过激反应。

辅政杀了七位，被株连的不过五百多人，这个数量和司马氏、刘家、石家清算政敌时动辄数千人根本不是一个数量级。唐太宗李世民杀兄灭弟夺位的时候，一个齐王府被杀的都不止这个数。

也许苻生真的很残暴，但他做的这些事也客观地使他成功镇住了本来应该风雨飘摇的前秦建国初期的皇位交接现场。之所以说"也许"，是因为历史是胜利者书写的，真实的苻生是什么样子我们今天已经很难清晰地还原了。

因为得位不正的统治者总喜欢翻翻看看，随后删删改改。但只要涂抹过，就总会露出些蛛丝马迹。

就在这个时候，桓温开始了第二次北伐。

因为第一次北伐"三秦豪杰"不给力，这次北伐桓温放弃了关中，将矛头指向了软柿子姚襄。不仅是因为姚襄比较"软"，而且是因为姚襄最近闹的动静比较容易给桓温送政绩。

姚襄在打洛阳。姚襄和东晋撕破脸后，所辖诸部都劝姚襄北还，姚襄同意后北上占领了许昌。

356年五月，姚襄率众进攻洛阳，打算循序渐进地往关中打。姚襄也看出来前秦皇位交接后内部风起云涌，认为关中有机可乘。

结果姚襄连打了一个多月都没有攻克洛阳。王亮劝姚襄别再屯兵于坚城之下了，城不是这样攻的，容易被别人钻空子，姚襄没听继续打。

桓温随后出动了，遣督护高武据鲁阳（今河南鲁山县），辅国将军戴施屯兵黄河，自率水军自江陵走水路北伐洛阳，行至金城（今江苏南京东北长江南岸，东晋侨置琅邪郡治所），见到自己起初做琅邪内史时所种的柳树全都长成了十围大树，慨叹道："木犹如此，人何以堪！"折柳哭泣后北上淮泗出征北伐。[1]

这段故事留下了"金城泣柳"的著名典故，其实这个典故除了"金城"这个地名外，其他都是陪衬。真正有用的是桓温的北伐线路。

桓温自江陵顺流而下南京，在金城哭了一通后自中渎水道入泗水，随后走汴水入黄河，堪称中国古代的水路自驾游之最。（见图 11-3）

这个记录其实并不重要，重要的是此时长江和黄河之间的水道是通着的。

桓温与同僚们登上大船遥望中原，慨叹道："使我神州大地沉沦，百年基业变为废墟，王衍这群天天清谈的闲人必须承担责任！"

和桓温一直不太对付的小年轻袁宏说："时运有兴废，哪能这么肯定就是这几个人的过错？"

桓温脸色一变道："当年刘表有一头千斤重的大牛，吃的饲料是寻常牛的十倍，干的活还不如病牛、老牛多，却让刘表一直养着，等曹操拿下荆州后对这种废物的处理就是杀了犒劳诸军。"[2]

这是在说袁宏吗？听话要听音。桓温为什么要举刘表养吃货，曹

---

[1] 《晋书·桓温传》：温遣督护高武据鲁阳，辅国将军戴施屯河上，勒舟帅以逼许洛，以谯梁水道既通，请徐豫兵乘淮泗入河。温自江陵北伐，行经金城，见少为琅邪时所种柳皆已十围，慨然曰："木犹如此，人何以堪！"攀枝执条，泫然流涕。于是过淮泗，践北境。

[2] 《晋书·桓温传》：与诸僚属登平乘楼，眺瞩中原，慨然曰："遂使神州陆沈，百年丘墟，王夷甫诸人不得不任其责！"袁宏曰："运有兴废，岂必诸人之过！"温作色谓四座曰："颇闻刘景升有千斤大牛，啖刍豆十倍于常牛，负重致远，曾不若一羸牸，魏武入荆州，以享军士。"

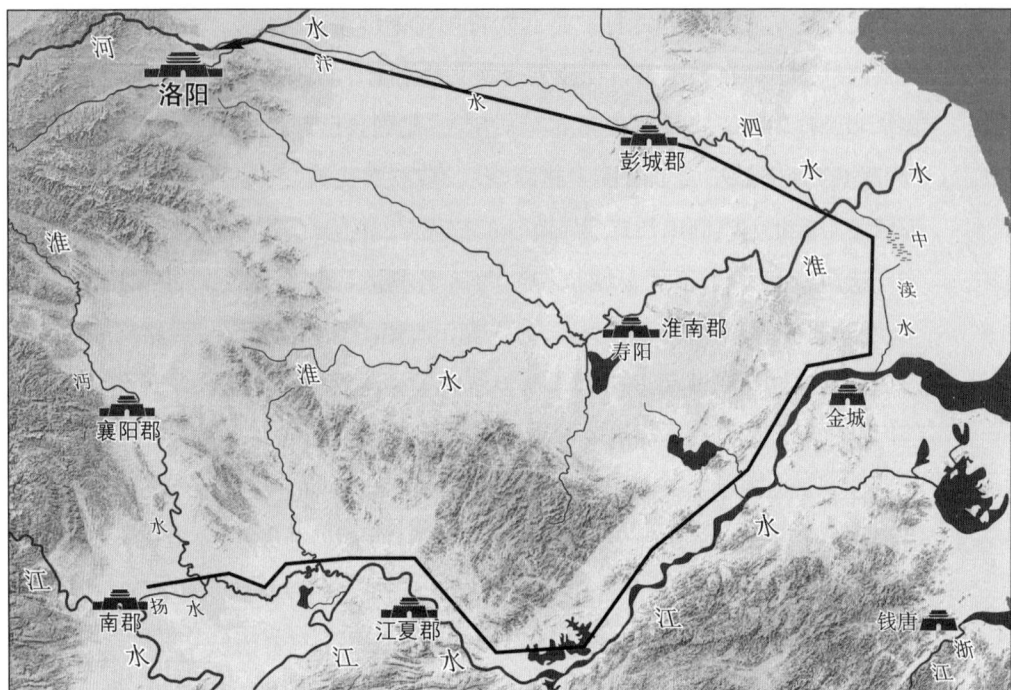

图 11-3　桓温第二次北伐水路行军示意图

操杀吃货的例子呢？刘表当年是"儒家八俊"之一，曹操的品牌是"唯才是举"。

刘表是名士，掌握话语权的，结果一辈子没做出什么大事，养的那头牛就是这群光知道清谈，什么本事都没有的座谈客。曹操唯才是举，实事求是，不在乎虚名，对清淡的那帮人根本不予重用，所以最终能挥鞭扫北。

此时玄谈仍然是东晋的主流，桓温说这话就是表个态："我这儿不养闲人！在我这儿少给我清谈！"他拿曹操杀牛讽刺袁宏，所有人都惊呆了，史载："意以况宏，坐中皆失色。"

这其实就是在一步一步地夺回属于自己的文化阵地，从精神高点上重塑东晋的精气神，与此同时将那些占据高位的高门清谈家逐渐挤出权力圈层。

桓温曾经在雪天打猎时遇到王濛、刘惔等人，这些人都是玄谈圈的大咖。

刘惔看见桓温一身戎装，问道："老贼欲持此何作？"桓温回道："我若不这样扛起这个国家，你们这些人哪可能坐在这里无忧无虑地清谈！"①

桓温攻打洛阳为什么要走水路绕这么一大圈呢？

1. 水路省钱。

2. 路过建康，震慑朝堂，增强政治影响力。

3. 考察中原水系，为下一次北上出击做准备。

八月初六，桓温抵达伊水。姚襄把包围洛阳的部队撤下来迎战桓温，并将精锐部队隐藏在伊水以北的树林中，随后，玩起了兵不厌诈。

姚襄派人去对桓温说："您带王师来了，我姚襄要归附天命，要不您往后撤撤，我们好夹道欢迎您呀！"

桓温说："让姚襄来，我不跟你们废话！我来光复中原拜谒皇陵，姚襄想来见面就自己前来，我近在咫尺随时恭候！"

发现糊弄不了对方，姚襄据伊水与桓温开战。桓温结阵向前亲自披甲督战，然后就是照常例把姚襄打败，姚襄方面死了几千人，他自己率手下数千骑兵逃到洛阳北山去了。

桓温打跑姚襄后，弘农杨亮从姚襄那里投奔了桓温。桓温问姚襄的水平，杨亮回答道："比孙策还要牛。"②

---

① 《初潭集·君臣三》：桓大司马乘雪欲猎，先过王、刘诸人许。真长见其装束单急，问："老贼欲持此何作？"桓曰："我若不为此，卿辈亦那得坐谈！"

② 《晋书·姚襄载记》：先是，弘农杨亮归襄，襄待以客礼。后奔桓温，温问襄于亮，亮曰："神明器宇，孙策之俦，而雄武过之。"其见重如是。

这就比较搞笑了，因为孙策这辈子的标签是"小霸王"，最突出的就是能打，但是杨亮可以把姚襄比作刘备，因为姚襄被打哭的当晚，抛妻弃子跟随姚襄的百姓有五千多人，姚襄驻扎阳乡后来投奔的人又有四千多户。

姚襄前后多次惨败，但每次被暴打后都有百姓打听他在什么地方，然后扶老携幼地去投奔他迎接下一次暴打。这次一度听说姚襄被打死了，被桓温军控制的军民们无不向北流泪。①

姚襄和刘备一样，都是手里有几万人就脑子蒙的得民心的人主。

困守洛阳的周成率兵投降桓温，桓温拜谒修复了司马氏诸陵，并分置了看守陵园的陵令，然后上表任命镇西将军谢尚为都督司州诸军事镇守洛阳。

因为谢尚还未到达，桓温留下颍川太守毛穆之、督护陈午、河南太守戴施以两千人的兵力戍守洛阳。安顿一通后，桓温把三千多户迁徙到了荆州，随即凯旋。

桓温的第二次北伐，考察了整个中原的北方水系，被改封为南郡公，原临贺公降为县公封给了次子桓济，又稳稳地往前迈了一步。

桓温扎稳马步的同时，被他打哭的姚襄来到了黄河以北的河东地区。姚襄不打算稳了，他看到前秦苻生的暴力执法后也想搏一把。

但姚襄除了能在殷浩那里占点儿便宜，他这个业余军事爱好者拿什么去搏呢？如果说他和孙策哪里像的话，只有一点能够高度还原，就是寿命。

二十七岁的姚襄即将迎来人生的最后一站……

---

① 《晋书·姚襄载记》：其夜，百姓弃妻子随襄者五千余人，屯据阳乡，赴者又四千余户。襄前后败丧数矣，众知襄所在，辄扶老携幼奔驰而赴之。时或传襄创重不济，温军所得士女莫不北望挥涕。其得物情如此。

三、历史是胜利者书写的

姚襄被桓温打跑后向北逃到了山西地界的平阳，在此收降了当年叛逃自己的老旧部——前秦的并州刺史尹赤。

姚襄据襄陵，然后又跟此时并州的土老大——名义上归附前秦的张平干了一架，不出意外地继续被击败，不过打输后姚襄继续施展魅力，跟张平结成了兄弟，双方罢兵休战。

罢兵后，姚襄没忘记自己的目标：要打回关中去。姚襄自己是羌人，在关中和陇西老家有着巨大的影响力、号召力，尤其此时前秦皇帝苻生还杀掉了羌族大咖雷弱儿，诸羌已经叛离前秦。

所以在357年四月时，姚襄从北屈（今山西吉县东北）出发，渡过黄河，进入关中，进据杏城（今陕西黄陵县西南），随后派从兄姚兰攻占敷城，派哥哥姚益生、下属王钦卢分别去招揽羌、胡各部族。

在苻生的恶名声和姚襄的好名声影响下，羌、胡各部及不少汉民共五万户归降姚襄。①

比较奇特的是，姚襄战无不败却永远不愁人入股，很遗憾他最终

---

① 《资治通鉴·晋纪二十二》：羌、胡及秦民归之者五万余户。

以失败者的结局离开历史舞台，不然真应该仔细挖掘下他集资的核心技能到底是什么。

面对姚襄的步步紧逼，前秦很快出动武力捍卫自己的势力范围，先是苻飞龙打败并俘虏了姚兰，然后苻黄眉、苻道、苻坚、邓羌等率一万五千兵抵御已经进据黄落的姚襄。

决定关中命运的会战即将打响。

苻家军到来的时候，姚襄本打算毕其功于一役进行决战，结果沙门智通死活劝阻不能打。姚襄怒道："二雄不并立，希望老天不会抛弃有德之人，让我来拯救万民，我已经决定了！"

一方是着急决战，一方是设套等着对方钻。前秦邓羌对主帅苻黄眉说："姚襄被桓温、张平多次打败，早就没有什么士气可言了，这个人争强好胜，最怕别人看不起他，咱们大张旗鼓地去挑战，他一定会憋不住出战，就他手下的兵，毫无战力，只要出来咱们就能逮着他。"

五月，邓羌率三千骑兵到姚襄的营垒门前骂街挑战，姚襄大怒，挥师全军出战。邓羌诈败，一路逃到三原，等姚襄追过来后，邓羌回头反攻，同时苻黄眉率大军加入战场，一万多前秦军就把姚襄团灭了。

姚襄在战役中被杀，其弟姚苌率众投降。

姚襄会战前说"冀天不弃德以济黎元"，他说得确实没错，他跟苻生比确实算是有德，但是，杀他的那位比他的道行大得多。

姚襄刚刚到并州的时候，希望借道前秦回陇西老家，苻生本来已经同意，却被一个人劝阻了，说姚襄是人杰，不能放他回陇西！①

如今杀他的这个人，就是当初说他是人杰不能放走的那位。这个

---

① 《晋书·苻生载记》：遣使从生假道，将还陇西。生将许之，苻坚谏曰："姚襄，人杰也，今还陇西，必为深害，不如诱以厚利，伺隙而击之。"

人，叫苻坚。[①]

羌族最能闹腾的姚家代表就此退下了历史舞台，不过这只是暂时的，他家后面还有一点戏份。

更准确地说，是很多前面混得不怎么样的民族，都在后面那场惊天大崩盘中迎来了自己的一点点戏份。

前秦拿下了自己潜在的最大竞争对手，羌人又一次被氐人按住了。这本来是件大喜事，但氐人的皇帝苻生的反应却很耐人寻味。

姚襄一直把他爹姚弋仲的棺材停在军中当护身符，这回被团灭后，依苻生的脾气估计要被挫骨扬灰了。没想到苻生却以诸侯之礼安葬了姚弋仲，以公爵之礼安葬了姚襄。

之后苻生对功臣苻黄眉等人不予封赏反而进行羞辱，苻黄眉因此被逼反，但被苻生干掉了，并因此牵连杀掉了大量的苻家亲戚。

经此役后，苻生背后的底层逻辑开始清晰：苻生就是对自己的帝位缺乏自信，打算干掉所有对他有威胁的人。

他不是不懂得缓和民族矛盾，比如安葬姚家那爷俩就是在收买羌人的支持。他要通过投降的姚苌来拉住羌人，当初杀雷弱儿是因为他根本控制不了这位羌族大佬。

他很会权衡，也相当有脑子，他杀苻黄眉就是钓鱼执法，先把人逼反，再迅速找碴儿把人弄死。

苻生因为自小只有一只眼，受到了太多的蔑视和不公，所以有着极大的创伤后心理反应。掌权后，产生了巨大的应激性反弹。他看谁都不放心，看谁都觉得这人不服自己，那就都杀了吧。

下面的事件，是按照史书中的描写来讲述的，当然，并不一定全部是事实。

[①] 《晋书·姚襄载记》：襄败，为坚所杀。

符生比较喜欢看动作片，经常在宫里搞大型淫秽色情表演，还喜欢活剥牛羊驴马，然后让它们在殿中痛苦地嚎叫，更爱剥去死囚的脸皮，然后让他们跳舞。①

三月，符生调集三辅百姓去修建渭水桥，光禄大夫程肱劝谏，说灾荒已经好几年了，得让百姓去耕种。符生于是把他杀了。

四月，长安起了妖风，掀屋拔树比较吓人，符生一度以为有人要造反前来闹事。

长安城门连关五天，光禄大夫强平说："天降灾祸，陛下应该关怀民众，侍奉神灵，缓施刑罚，崇尚德行，以此来应接天意，才能消除灾祸。"强平也是不长记性，忘记了同为光禄大夫的程肱被杀之事，符生随后把强平的头凿开了。

符生爱喝酒，酒量大，能一天天地连轴喝，连续几个月不理朝政，就杀人时签字盖章痛快，醒着找碴儿杀人，喝多了更要杀人。

他问别人外面对他的风评怎么样，对方说他口碑特别好，他就说这是向他献媚，要杀人；对方说他为了健康少喝点儿，他说这是诽谤，自己从来不喝酒也要杀人。

由于关中大饥多年，人口滑坡，从潼关到长安的数百里土地直接变成了关中"野生动物园"，虎狼不仅白天四处横冲直撞，甚至晚上都敢往人住的屋里闯，这已经严重影响百姓们的日常耕种了。②

群臣上表奏请符生祭天，求上天把这些动物都收走，符生的回答比较"幽默"："野兽饿了就要吃人，吃饱了它们自然就不吃了，这点

---

① 《晋书·符生载记》：又遣宫人与男子裸交于殿前。生剥牛羊驴马，活熖鸡豚鹅，三五十为群，放之殿中。或剥死囚面皮，令其歌舞，引群臣观之，以为嬉乐。

② 《资治通鉴·晋纪二十二》：自去春以来，潼关之西，至于长安，虎狼为暴，昼则继道，夜则发屋，不食六畜，专务食人，凡杀七百余人。民废耕桑，相聚邑居，而为害不息。

儿破事至于麻烦上天吗？你们觉得是虎狼为害，我倒觉得是上天降下这些野兽帮我吃坏人呢！"

符生晚上吃枣吃多了，第二天肚子不舒服，就召来太医令程延给他诊治。程太医水平实在是"太高"了，给出的医嘱是，今后少吃枣。符生大怒："你怎么知道我吃枣了？"又把程太医给杀了。

说符生傻吧，以他的敏感程度来看，他是个极其聪明的人；说他聪明吧，真正的祸患他却死活看不出来。

符生有一段时间梦见大鱼在吃蒲草，他家原来就姓蒲，这明摆着是有鱼精要来吃他啊，而且这段时间长安城里流传一首民谣："东海大鱼化为龙，男皆为王女为公，问在何所洛门东。"

不知道是某些阴谋家的阴谋走漏风声了被人刻意编成民谣，还是真的就那么凑巧。"东海大鱼化为龙"明显指向的就是东海王符坚，他的府邸位于洛门之东。[①]

这个民谣过于直白了，字字是杀人刀啊！但符生解读后却杀掉了太师、录尚书事、广宁公鱼遵和他的七个儿子、十个孙子。当初辅政的最后一位老臣也被符生干掉了。

符坚比较庆幸，幸好有个姓鱼的大官在前面挡着啊！其实还有一个原因，符坚此时年仅二十岁，符生认为自己的这个弟弟还小，算不上是个威胁。

但实际上，他不知道自己的位置早被这位小弟弟盯上了。

接下来符坚各种的"自有不凡"，我们也保留性地看。

据说符坚是符雄他媳妇在梦里面和神交配后怀孕整整十二个月生

---

① 《晋书·符生载记》：东海，符坚封也，时为龙骧将军，第在洛门之东。

出来的。①

符坚跟符生有一点很像，就是长得特别丑。符坚虽然丑，但自小却被很多高人看出了不寻常。

符坚的背上自带"草付"的谶语，相面者说此子臂垂过膝，目有紫光，日后有霸王之相，符生不被爷爷符洪喜欢，同样长得丑，符坚就很受符洪的喜欢。

不过原因并非什么霸王之相，而是符坚和他三叔符健一样自带"善事人"的技能包。符坚七岁的时候就去伺候符洪了，而且永远都是伺候得恰到好处。②

八岁，符坚求爷爷符洪给他请老师教他读书，这让符洪大为惊异："咱们家世代夷狄，从来都是只知道喝酒，你小子知道求学，好样的。"

350年，符健准备带部众入关，夜梦天神派使者拜符坚为龙骧将军。于是次日符健相当隆重地登坛拜符坚为将，激动得热泪盈眶，说道："当年你爷爷受此将号，你现在又被神明所命，一定要好好干啊！"③

那一年，符坚仅十三岁。

符坚的声誉在后辈中非常高，在符生的高压统治下，很多朝不保夕的大臣集结在了他的麾下，使他聚集到了一大群"王佐之才"。④

符生屠杀功臣之事愈演愈烈，符坚的团队开始劝说符坚篡位，不

---

① 《晋书·符坚载记》：其母苟氏尝游漳水，祈子于西门豹祠，其夜梦与神交，因而有孕，十二月而生坚焉。

② 《晋书·符坚载记》：年七岁，聪敏好施，举止不逾规矩。每侍洪侧，辄量洪举措，取与不失机候。

③ 《晋书·符坚载记》：健之入关也，梦天神遣使者朱衣赤冠，命拜坚为龙骧将军，健翌日为坛于曲沃以授之。健泣谓坚曰："汝祖昔受此号，今汝复为神明所命，可不勉之！"

④ 《晋书·符坚载记》：王猛、吕婆楼、强汪、梁平老等并有王佐之才，为其羽翼。

到二十岁的苻坚开始谋划这个事。

也是在这个时候，他的心腹、尚书吕婆楼推荐了曾经让桓温赞不绝口的王猛帮他谋划政变。[①]

至此，两晋最牛君臣组合组团成功。两人一见如故，苻坚自比这是刘备遇到了诸葛亮。看看刘备百年后的口碑有多好！拿刘备自比，要知道苻坚可是一个自视甚高的人啊！

按理说，苻生的运气是非常好的。因为无论他怎样胡闹，总有不长记性的人给他示警。

苻坚政变前夕，苻生的太史令康权对他说："昨天晚上同时出现了三个月亮，彗星入太微，又连上了井宿，而且自五月上旬以来一直天阴不雨，这是臣下要图谋主上的示警啊！"这段话很熟悉吧？霍光要废刘贺，夏侯胜拦着刘贺，不让他外出游玩，说："天久阴而不雨，臣下有谋上者，陛下出欲何之？"

苻生对待这个天象的反应是把康权摔死了。

其实在这个时候，苻生已经很危急了。苻坚的小团体开始怂恿苻坚要迅速下手，但苻坚考虑到苻生的勇猛，仍然不敢动。[②]

直到有一天夜里，苻生自言自语地说："苻坚、苻法这哥俩也是祸害，明天就得宰了他们。"这句话被服侍他的宫女传了出来，事出仓促，苻坚紧急发动政变，苻法则率领数百人潜入云龙门。

---

① 《资治通鉴·晋纪二十二》. 赞、翼密说坚曰："主上猜忍暴虐，中外离心，方今宜主秦祀者，非殿下而谁！愿早为计，勿使他姓得之！"坚以问尚书吕婆楼，婆楼曰："仆，刀环上人耳，不足以办大事。仆里舍有王猛，其人谋略不世出，殿下宜请而咨之。"坚因婆楼以招猛。

② 《资治通鉴·晋纪二十二》：特进、领御史中丞梁平老等谓坚曰："主上失德，上下嗷嗷，人怀异志，燕、晋二方，伺隙而动，恐祸发之日，家国俱亡。此殿下之事也，宜早图之！"坚心然之，畏生骁勇，未敢发。

苻坚和吕婆楼率麾下三百人进入宫禁后相当罕见地击鼓而进，随后禁卫军全部投降归顺苻坚。这其实说明了两个问题。

1. 苻坚的谋划渗透性相当强，他的团队水平相当高。

（1）苻生身边的宫人被他拿下了。

（2）宫禁被他拿下了，他可以顺利潜入云龙门。

（3）宿卫将士也被他拿下了，因为他敢敲锣打鼓地搞政变，这更像是集结信号，并非战斗号角，而且禁卫官兵也全部"舍杖归坚"了。

2. 苻生是前秦战神，真的猛。

即使渗透到了上述程度，即使民谣几乎曝光了苻坚的计划，即使苻坚心里知道该动手了，如果不是苻生要杀他，他仍然不敢动手，因为他担心苻生的生猛。这可是敢"单马入阵，搴旗斩将者前后十数"的"绿巨人"啊！

苻生被抓住的时候仍然大醉未醒。他先是被苻坚废为越王，不久就被杀掉了。

接着苻坚继位，去皇帝号，称大秦天王，除掉了苻生的宠臣中书监董荣、左仆射赵韶等二十多人，大赦天下，改年号为永兴。

苻坚继位后，史书中有一大堆的溢美之词，说这位爷有多么仁慈宽仁。结合他的人生，总体来看，苻坚也确实担得上这个评价，但他在篡位之初，其实和他的前任苻生一样，也是相当凶狠地打压自己的氐族老部下们。

他重用了心腹王猛，支持王猛和氐族老前辈们开战。

老资历的姑臧侯樊世不仅是氐族豪强，还是当年与苻家一起打进关中的老兄弟，看到王猛受宠很不爽，对王猛道："我们辛勤劳作，你小子想坐享其成吗？"

王猛说："我不仅要让你生产劳作，我还得让你给我做加工呢！"

樊世大怒道："你小子等着，我非把你的脑袋挂在长安城门楼子上不可，整不死你我就不活了！"① 樊世成竹在胸！

王猛把樊世的话告诉他的"知心哥哥"苻坚了。苻坚说："我非杀了这个氐族老家伙不可，这样百官才能对我恭敬从命！"②

恰好樊世进宫议事，直接就与王猛在苻坚面前打了起来，苻坚当场就把樊世给杀了。

这下氐族豪强们不干了，调集舆论火力狂喷王猛。苻坚大怒，谩骂鞭挞敢喷王猛的豪强们。至此，所有的氐族大佬们都不敢闹了，百官见到王猛后连大气都不敢出。③

取得阶段性胜利后，苻坚以王猛为侍中、中书令、京兆尹。王猛则继续开火。

光禄大夫强德是强太后的弟弟（苻健的小舅子），此人借酒逞凶，骄纵蛮横，据说是百姓的祸害，王猛一上任就相当粗暴地将强德捕杀并陈尸于街市。

作为苻坚的心腹，王猛与邓羌两人又在几十天内相继处死了二十多个贵戚豪强，才算彻底让所有的豪强都服了软。④

苻坚这时候感叹道："今天我才知道天下是有法度规矩的啊，也才知道天子是有多么尊贵呀！"从这一刻开始，苻坚才算踏踏实实地坐稳了皇位。

---

① 《资治通鉴·晋纪二十二》：王猛日亲幸用事，宗亲勋旧多疾之，特进、姑臧侯樊世，本氐豪，佐秦主健定关中，谓猛曰："百辈耕之，君食之邪？"猛曰："非徒使君耕之，又将使君炊之！"世大怒曰："要当悬汝头于长安城门；不然，吾不处世！"

② 《纲鉴易知录·孝宗穆皇帝》：猛以白坚，坚曰："必杀此老氐，然后百寮可肃。"

③ 《晋书·苻坚载记》：诸氐纷纭，竞陈猛短，坚恚甚，慢骂，或有鞭挞于殿庭者。《资治通鉴·晋纪二十二》：于是群臣见猛皆屏息。

④ 《晋书·苻坚载记》：其中丞邓羌，性鲠直不挠，与猛协规齐志，数旬之间，贵戚强豪诛死者二十有余人。于是百僚震肃，豪右屏气，路不拾遗，风化大行。

王猛和樊世的斗争，以及杀了强德等二十多个贵戚豪族，与苻生的心腹们跟辅政大臣们的矛盾有什么区别吗？

其实二者在本质上根本没有区别！都是狗在主人的指使下一通狂咬，随后狗被看不惯的既得利益者暴打，然后狗主人再灭了打狗者罢了。

苻坚和苻生一样，都是在巩固并不稳的皇位。他杀的两位代表人物樊世和强德，都是前任皇帝苻生之父、开国之君苻健的心腹。

苻健、苻生父子心虚"酋师、大臣不从汝命"，其实苻坚同样心虚苻健、苻生势力对自己的反扑，因为苻坚知道自己是篡位弑君得来的皇位，来路不正！

政变成功后，苻坚和他哥哥苻法来回让位。苻法是苻雄的庶长子，苻坚是嫡长子。苻坚要让位给苻法，苻法说："你是嫡子，又贤明，应该你当君主。"苻坚说："哥哥你比我大，应该你当君主。"

此时苻健还有一堆儿子呢，按理讲应该在苻健的儿子中挑一个继位，但苻坚、苻法兄弟两个来回这么一推，直接"我选我"地把帝位框在他们两个这里了。

紧接着苻坚他妈说话了："社稷事重，我儿子自知扛不起来，他日要是有什么不对的地方，可都是大家逼我们干的哈！"因此群臣才顿首请立苻坚。[①]

母子三人很生硬地演了一出戏，几乎是自己把皇冠戴到了自己头上。相当不体面！

苻坚的上位并没有皇帝、皇太后、皇后任何一个环节哪怕虚伪过

---

① 《资治通鉴·晋纪二十二》：坚以位让法，法曰："汝嫡嗣，且贤，宜立。"坚曰："兄年长，宜立。"坚母苟氏泣谓群臣曰："社稷事重，小儿自知不能，他日有悔，失在诸君。"群臣皆顿首请立坚。

场的权力交接，导致他的上位从法理上来讲根本不合法也不具有说服力。因此他继位后不敢称帝，而是降号为大秦天王，其实就是在缓和因继位造成的矛盾。

苻坚有多心虚呢？他哥哥苻法年长且同样有才得众人心，作为工具人被他们母子用完后，也被他迅速干掉了。[①]

此时苻坚二十岁，前任苻生继位时二十一岁。两个人的年龄虽然差不多，但苻生所处的波涛汹涌的环境是远非此时的苻坚所能比的。

虽然都是主少国疑，但苻健留给苻生的八位辅政大臣不是闹着玩的。实力不够就绝对不会被写进遗诏，写进去了就说明得罪不起。

苻生对这八位大佬的暴力狂屠，其实是变相地清除了苻家集权过程中的障碍。如果苻生不这么做，雄才大略如苻坚，也是会走上暴力集权的道路的。他确实也是这么做的。

即便苻生把大部分工作做完了，但苻坚上位后仍然派王猛进行了规模浩大的清洗去震慑跋扈的氐帅与贵戚豪强。

苻生成了苻坚集权的脏手套，而且苻坚大概率会变本加厉地将历史骂名甩给苻生，以此证明自己上位的合理性。

《晋书·苻坚载记》详细记载了这么一段话：

> 初，坚母少寡，将军李威有辟阳之宠，史官载之。至是，坚收起居注及著作所录而观之，见其事，惭怒，乃焚其书而大检史官，将加其罪。著作郎赵泉、车敬等已死，乃止。

也就是说，苻坚他妈在苻雄战死后比较寂寞，跟将军李威通奸，随后在苻坚的文化工程审查中，被从起居注上查出了性丑闻，苻坚马上

---

① 《晋书·苻坚载记》：初，坚母以法长而贤，又得众心，惧终为变，至此，遣杀之。

焚了史稿还追究史官的责任。

《魏书·苻健传》对此事也有同样记载："坚观其史书，见母苟氏通李威之事，惭怒，乃焚其书。"

后世修史的时候为什么专门挑了这么一段去记载苻坚改史呢？因为苻坚连母亲的起居注都专门进行了审核，所以他自己的所有记载又怎么可能有负面的呢？后世看到的前秦宫斗历史和苻坚的所有功绩与伟大形象，都是苻坚希望后人看到的内容。

苻生将"宗室、勋旧、亲戚、忠良杀害略尽"，随后"王公在位者悉以疾告归，人情危骇，道路以目"。苻坚派王猛咬人咬得"群臣见猛皆屏息"，随后"数旬之间，贵戚强豪诛死者二十有余人。于是百僚震肃，豪右屏气"。

苻生与苻坚本质上有什么区别吗？看起来就是，胜利者，巩固统治就是"百僚震肃，豪右屏气"；失败者，巩固统治就是"人情危骇，道路以目"。

如果参与了权力的游戏，千万别输！

四、祸兮福所倚，福兮祸所伏

苻坚继位后，并州的墙头草张平认为苻坚是软柿子，实力不行，就投降东晋了。

张平手下参与结盟的有新兴、雁门、西河、太原、上党、上郡等地，有三百多座坞堡营垒，夷、汉十万多户人家。他们夹在前秦、前燕中间不仅搞独立，而且还要发兵关中打苻坚。

苻坚派苻柳都督并、冀州诸军事，加并州牧，镇守蒲坂以保证关中本土安全，以邓羌为前锋督护，率骑兵五千进军汾上进行讨伐。

张平派养子张蚝出战。张蚝是并州第一骁勇之人，身强力壮能拽着牛随便走，城墙不论高低随便翻，他和邓羌相持了十多天，互不能胜。

358年三月，苻坚御驾亲征，张平也倾巢出动，张蚝如苻生附体般只身匹马冲杀前秦的军阵多次，场面非常骇人。

苻坚募勇士来战张蚝，鹰扬将军吕光出战。吕光是苻坚发动政变夺位的心腹吕婆楼之子，时年二十二岁，在张蚝耍威风时瞅准机会将其击下马来。吕光自此威名大震。

前秦政权有一个很有意思的现象：牛人出名都很早。

此时二十二岁的吕光还不知道，自己将来会在那场世纪崩盘前夕被安排一路向西，在知天命之年极其意外地得到了一帮人王地主的江山之报。

军中第一勇士被抓，张平军溃散，张平吓得再次投降。

苻坚任命张平为右将军，迁张平部众三千余户回长安，将此战表现极勇的张蚝提拔为虎贲中郎将，对其宠待甚厚，常置左右，变成了心腹保镖。

一个降将刚刚上班就被安排成了苻坚的保镖，这似乎有些超出常理。其实苻坚是在用千金买骨的方式表达一种态度：只要是人才，就是我苻坚的自己人，就有辉煌的前途。

张蚝本姓弓，上党人，虽是张平养子，但终究不是亲生的，这就可以争取！

苻坚在自己主政的第一战中就展示出了极其可贵的品质：大度的胸怀，万物皆可为我所用。这种气度最终帮助他在乱世中差一点儿就成了万世传说。

此时在前秦面前，留下的历史教训与经验是这样的：胡人想要入主中原，需要本族武力打底，但本族的武力往往是不够的。

匈奴刘汉通过五部屠各打底，最开始火了一把。当时刘汉权力结构是匈奴、"六夷"，加汉人。最核心岗位全是匈奴屠各自己人，刘渊又设立了大单于这个岗位负责统领"六夷"部落，汉人则是专业生产者。

这种三权分立的形式在华夏大地上算是首创。开国雄主刘渊能够摆平屠各本部和"六夷"与汉民间的关系，是因为他本身汉文化水平极高，对汉民族的安抚也比较到位，所以匈奴屠各在这千年未有之大变局中第一个站了起来，打开了局面。

但在刘渊死后，这种高难度的权力结构维系，刘聪明显接不住了。

首先，在皇位交接问题上，对"六夷"关系处理得相当草率，他杀掉了象征匈奴和"六夷"间纽带的刘义。

其次，对汉人的欺压激化了巨大的民族矛盾。

很快，匈奴刘汉在不断内乱和石勒的倾轧下，成了炮灰，交出了第一棒。

接下来的教训，是羯赵。羯赵分别给出了两个例子：石勒是积极意义的，石虎是毁灭性质的。

石勒的打法，是基于本族的弱小实力而打造的"混一诸胡"的民族融合模式，把各族牛人都拉到自己的族里来，这样就能在短期内把一个小族扩张成一个有实力的大族。

在他的有生之年，石勒一直在尽力地模糊羯族和"六夷"间的区别——将所有的"杂胡"统称为"国人"！石勒的终极目标是统一并融合各少数民族。

石虎的存在则让所有打算有点儿想法的胡人政权首领明白了：绝对不能像石虎那样做，不能过分欺压汉人，不能纵容本族人时刻存有的那种民族优越感，否则会被"冉闵们"利用。

"六夷"的力量很大，大家都是少数民族，谁也不比谁强到哪里去，这股力量一定要好好利用，石虎就是靠着"六夷"起家并完成军事扩张的。

匈奴刘汉和羯赵这两个试错样本给苻坚提供了以下三个方面的重要借鉴：

1.权力的核心一定不能出现第二个山头，匈奴刘汉和羯赵的覆灭从根本上看，就是顶层的本族人越来越欲壑难填。

2.汉人是一股非常强大的力量，他们能干，能创造粮食和财富，他们的基数庞大，一定要团结他们，千万不能让"冉闵们"再出现。

3."六夷"的力量非常强大，自己家就曾是"六夷"中的一小部，而现在都建国了，必须要团结好"六夷"。

匈奴刘汉和羯赵之所以能够统治中国北方近半个世纪，本质上就是团结了"六夷"武力。而这两个政权的崩盘，就是因为刘聪杀刘乂、冉闵屠夷叛离。

注意这点，才能理解后面苻坚的一系列民族政策。

历史的发展是滚滚向前的，都是不断演化的，都是站在巨人肩膀上的。只有将自己设身处地带入那个历史时代，才能体会到当政者的施政思路和真实想法。

苻坚继位当年关中大旱，于是下令减膳罢乐，命后妃以下简朴着装，开山泽之利公私共营，息兵养民不再折腾，使得大旱没有演变为大灾。

在轻徭薄赋的同时，苻坚还做出了如下的政治经济改革：恢复生产，劝勉农桑，抚恤贫困，礼敬诸神，团结各民族拉拢"六夷"，设立学校，表彰节义之人，恢复祭祀，讨好汉民。

因为前秦朝廷的（王猛式）严打，所以苻坚的一系列用人改革质量非常高。前秦中央下令州郡地方官吏分别荐举孝悌、廉直、文学、政事等科目的人才，对荐举上来的人加以考察。是人才的，举荐者有赏；是关系户大草包的，举荐者受罚。

这项唯才是举政策，开始使大量的新鲜血液进入前秦中央政府。破败衰落的朝廷在苻坚和王猛这对组合搭配下如鱼得水般走向了正循环。

在苻生、苻坚两代小年轻的暴力狂屠下，前秦的政治生态和官僚系统"无心插柳"地摆脱了异族政权起家后的重要问题：本民族利益的板结化。

没有本族核心及"六夷"大股东的入股，异族政权通常不可能完成开国的事业，但开国分红的时候，异族政权通常又要面临尾大不掉的权力僵化问题。

每个股东都在索要分红，他们还都是拳头大胳膊粗的大老粗，下一步的软化和梳理成本非常高。

苻坚上位后之所以能够快速地铺开这一系列"正确"的政策，是因为前任苻生做了他的脏手套，把他会面临的绝大多数阻碍全都提前清除了。

苻坚收割了苻生的隐性红利，大风起于青萍之末，"五胡时代"下半场的转折点来临了。

关中此时虽然一片破败，但核心机器已经开始高速运转。相反，东方实力雄厚的前燕政权，却最终没有克服异族创业成功后的利益板结僵化问题。

前燕自从入主河北就一直没闲着，堪称军功鼎盛。

350 年至 352 年，主要蚕食、消灭冉闵。

354 年，攻克鲁口，拿下冀州南部。

355 年至 356 年，灭青州段龛，占领青州。

357 年至 359 年，一直在跟前秦、东晋开战。

并州数百豪强壁垒纷纷脱离张平联盟降于前燕；东晋派谢万北伐，却被反攻，"许昌、颍川、谯、沛诸城相次皆没于燕"。

种种的胜利，让国主慕容儁开始飘了。

358 年年底，慕容儁甚至命令各州郡核实所有户籍男子，每户留下一人，其余全部征召充军。他要在明年春天聚集起一百五十万大军，进军洛阳跟那兄弟两个开打。[①]

大臣刘贵上书拼死劝谏，给慕容儁算账，说："咱们已经打了很多

---

① 《晋书·慕容儁载记》：儁于是复图入寇，兼欲经略关西，乃令州郡校阅见丁，精覆隐漏，率户留一丁，余悉发之，欲使步卒满一百五十万，期明年大集，将进临洛阳，为三方节度。

年的仗，不能再折腾了，百姓们现在快活不下去了，再这么折腾就该土崩瓦解了。"刘贵还扔出来十三件需要改革的事项。

慕容儁看完以后觉得挺有道理，交给核心大臣们研究并做了一定的接纳，改为三丁抽二、五丁抽三，并放宽征调的期限，改为359年冬群集邺城。①

慕容儁的种种做法，貌似感应了曾经的一个老前辈。一夜，慕容儁梦到石虎啃他胳膊，醒来以后很愤怒，下令挖了石虎的墓，把尸体拉了出来又踩又骂道："你这个死胡还敢梦里去打扰真天子！"又派御史中丞历数石虎的各种残酷之罪，还不解气，鞭尸后弃于漳水。

不知道是石虎被刨棺鞭尸后恶灵来索命，还是慕容儁踩石虎尸体时染上了传染病，总之慕容儁很快就不行了。

这一年慕容儁四十一岁，他的嫡长子慕容晔于三年前病逝，他的嫡次子慕容暐年仅十岁。

慕容氏在东北已经奋斗了近一个世纪，却是第一次遇到接班人未成年这种情况。慕容儁的爷爷慕容廆活到六十五岁，他爹慕容皝活到五十二岁，在他们生命终结时孩子们都已经成长起来，还各自生了一大堆儿子。

如果在早期遇到接班人没有成长起来的情况，也许慕容氏就没法从东北三国中杀出来了，任何时候接班人的年龄都是初创政权最重要的天花板之一。

苻坚的民族政策是站在前人的教训基础上制定的，慕容儁对于身后事的问题，其实也在不断思考前面政权的治乱兴衰。

---

① 《晋书·慕容儁载记》：刘贵上书极谏，陈百姓凋弊，召兵非法，恐人不堪命，有土崩之祸，并陈时政不便于时者十有三事。儁览而悦之，付公卿博议，事多纳用，乃改为三五占兵，宽戎备一周，悉令明年季冬赴集邺都。

摆在慕容儁面前的历史故事，是石虎欺负石勒留下的孤儿寡母最后灭其满门、石遵欺负自己的小弟弟石世、石虎养孙冉闵灭了石虎满门。

上面的故事中，有一个是侄子，有一个是养孙。无论你与他有没有血缘，无论你对他有多好，只要他能力足够强，貌似都会走上注定的那条道路。

周公辅政、诸葛治蜀，都是汉人的故事，夷狄出的却都是冒顿！

慕容儁看了看身边，发现自己有一个不逊于石虎和冉闵的牛人弟弟——慕容恪。

当年喋血孤城破百万后赵军的是他，去东方征讨打哭扶余国高句丽的是他，入关逐鹿河北打死杀神冉闵的还是他！此时的慕容恪是太原王，任大司马、侍中、大都督、录尚书事。一人之下，万人之上！

无论慕容恪再怎么兄友弟恭，慕容儁心中都是极度缺乏安全感的！

慕容儁病重后喊来了慕容恪，说："我这次的病估计是好不了了，命定寿短我也没什么可遗憾的，只是南北二寇未平，你侄子年龄尚小，我打算把社稷传给你。"

慕容恪说："太子虽然年幼，但天资聪慧，必能扫灭群凶，不能乱了正统。"

慕容儁很愤怒，表示："兄弟之间就别来虚的啦！我都要死了，别打太极啦！"

慕容恪说："陛下如果认为我能够承担天下重任，我又怎能不辅佐少主呢！"

慕容儁说："如果你如周公那样辅政，我还忧虑什么呢！"

慕容儁临死仍是不信任慕容恪的，因为他最后说的是"若汝行周公之事"。但他也很明白，除了祈祷慕容恪不成为石虎之外，他没有任何办法，因为根本没人能制衡住他这个弟弟。

慕容儁死后，前燕统治集团内部发生了大规模的内乱。

360 年正月，慕容儁驾崩，其子慕容暐继位。

关于慕容暐的继位，其实并非慕容儁的帝位多么有合法性，在慕容暐的载记记载中，慕容儁死后群臣本来是打算拥立慕容恪的，但在慕容恪的坚持下，最终立的慕容暐。①

换句话说，慕容暐的皇位实际上是慕容恪给的。

二月，慕容暐立其母可足浑氏为皇太后；以慕容恪为太宰、录尚书，行周公事；慕容评（慕容廆少子，慕容儁叔叔）为太傅，副赞朝政；领军将军慕舆根为太师；慕容垂为河南大都督、征南将军、兖州牧、荆州刺史，领护南蛮校尉，镇守梁国；孙希为安西将军、并州刺史；傅颜为护军将军；其余封授各有不同。

国政在慕容儁死后全部到了慕容恪手上，史载"暐既庸弱，国事缘委之于恪"。

慕容恪到底怎么想的，不好说，接下来的事很有意思。

辅政第三顺位的慕舆根很快开始活动脑子了，他先是向慕容恪示好说："皇帝小，太后干政，您得多加提防啊。况且这天下就是您打下来的，兄终弟及，这符合咱们鲜卑的传统。您为了天下社稷废了小皇帝自己当天子吧！"

慕容恪的回答是："你喝多了吧，瞎说什么呢，你忘了先帝的托孤之言了吗？"慕舆根道歉告退。

慕容恪面对这样的试探得到了两种可能的信息：

1. 慕舆根貌似是支持自己称帝的。

2. 慕舆根是皇帝慕容暐派过来试探自己的。

---

① 《晋书·慕容暐载记》：及儁死，群臣欲立慕容恪，恪辞曰："国有储君，非吾节也。"于是立暐。

一切还需要再观察，但慕容恪的反应相当有意思，他将慕舆根的这番话告诉了与他并称慕容氏帝国双璧的弟弟慕容垂，而慕容垂跟慕容儁有仇。

慕容垂原名慕容霸，自幼非常被老爹慕容皝疼爱，这让慕容儁相当不满。

慕容霸小时候因为打猎从马背上摔下来摔掉了门牙，他哥慕容儁继位后就给他改了名，叫慕容䎖（quē），官方的理由是让慕容霸以先贤郤䎖为榜样，实际上就是说他不是什么"霸"，而是"缺"。

后来整个北方都在流行"三羊五眼"的谶语，这又让慕容儁猜疑了："三只羊五只眼，这是缺一只眼啊！我弟弟现在就叫缺呢！"慕容䎖这个名字不能再用了，慕容儁又给他弟弟删了右边的偏旁，让他叫慕容垂。

慕容儁有多恨他这个弟弟呢？他曾经找碴儿想杀掉自己这位能干的弟弟，就派中常侍涅浩诬告慕容垂之妻段氏及吴国典书令高弼用巫蛊邪术诅咒皇室，随后慕容儁抓了段氏和高弼移送刑事监察部门审问。

结果段氏和高弼死活不肯把慕容垂牵扯进来，随着拷打越来越严酷，慕容垂心疼他媳妇，于是派人私下对段氏说："人固有一死，媳妇你把我招出来吧，咱们不受罪了。"

他媳妇叹道："谁不愿意活着啊！但我要是接了这屎盆子，上辱没祖宗，下连累夫君，我死也不能干！"[①]

最终段氏被打死在了狱中，慕容垂过关。

慕容儁和慕容垂之间的矛盾几乎是公开化的。

那么慕容恪把慕舆根想要推举他当皇帝的话告诉慕容垂是出于什

---

① 《资治通鉴·晋纪二十二》：段氏及弼志气确然，终无挠辞。掠治日急，垂愍之，私使人谓段氏曰："人生会当一死，何堪楚毒如此！不若引服……吾岂爱死者耶！若自诬以恶逆，上辱祖宗，下累于王，固不为也！"

么目的呢？只有一种可能：慕容恪希望自己这位能干的兄弟坚定地站在自己这一边，将来等政局稳固后方便"名正言顺"地办政权交接的手续。

慕容垂面对兄长扔过来的试探，同样展现出了装傻的狐狸气质，表示要杀了胡说八道的慕舆根。[①]

慕容垂为什么要这样回答呢？

首先，如果表态支持篡逆就没有了回头路，不能一上来就把自己扔出去。

其次，扔出这个极端的行动方案能测试出慕容恪的内心想法。

实际上，慕容垂测出来了。慕容恪回答道："现在刚刚国丧，秦晋窥伺，先皇尚未入土辅政大臣们就自相残杀，这样会让敌国有可乘之机，先忍忍。"

他的潜台词就是，慕舆根是挺我的、向我示好的人，不能杀！

慕舆根又出招了，他来到太后可足浑氏和慕容暐面前说："慕容恪和慕容评图谋不轨，臣请率禁军诛杀二贼。"

这就暴露出来了慕舆根背后布局的阴谋。他去慕容恪那里示好就是为了得到证据，然后再拿到官方任命去干掉前面辅政的两个顺位大臣。

史书对此事的记载有巨大疑点：可足浑太后同意了，但慕容暐没同意。[②]

慕舆根又对可足浑氏和慕容暐说："现在天下萧条，群狼环伺，国

---

① 《晋书·慕容暐载记》：恪以告慕容垂，垂劝恪诛之。

② 《晋书·慕容暐载记》：可足浑氏将从之，暐曰："二公国之亲穆，先帝所托，终应无此，未必非太师将为乱也。"

大忧深，不如咱们回东北老家去吧。"①

这件事很快就被手眼通天的慕容恪知道了。慕容恪和慕容评先是密奏慕舆根的罪状，随后又派右卫将军傅颜直接在慕舆根上班的时候把他杀掉了，接着尽诛其党。

这里面的疑点就是，十一岁的慕容暐表示慕容恪和慕容评不能杀，否决了慕舆根和他妈妈的决定。而这基本不可能，因为慕容暐在史书中的记载是"庸弱"，而且在慕容恪死后，慕容暐成年时其母可足浑氏仍然主政。②

此时，面对如此重大的政治斗争事件，可足浑氏怎么可能听从这个十一岁孩子的！

所以那段史料的真相大概率是，可足浑氏同意了，但并不同意慕舆根"臣请帅禁兵以诛之"的建议，不同意发禁军去诛杀慕容恪。原因在于，虽然慕舆根是领军将军，但他根本控制不了整个禁军。所以慕容恪后面直接就派右卫将军傅颜把他杀了。

看到可足浑氏虽然赞同自己的想法但暂时找不到办法后，慕舆根说现在"国大忧深"啊！国家太大了，忧患太深了，全都是慕容恪的人，不如把河北让给慕容恪，带着皇帝回东北老家吧。

可足浑氏之所以会同意慕舆根诛杀慕容恪的想法，就是因为慕容恪的权势已经太大了，遗诏都没什么用，自己爷们死后群臣是要推慕容恪当皇帝的。当时慕容恪不当这个皇帝，谁知道他是高风亮节，还是以退为进呢？

当初石虎在石勒死后就控制一切了，他也没有立刻就篡位而是等

---

① 《资治通鉴·晋纪二十三》：根又思恋东土，言于可足浑氏及暐曰："今天下萧条，外寇非一，国大忧深，不如还东。"

② 《晋书·慕容暐载记》：内则暐母乱政，评等贪冒。

了一年，彻底控制政局后，才杀了石勒后代满门的。

总之，太后可足浑氏的态度，代表了皇室的态度，甚至在一定程度上，她代表了死去的慕容儁的态度，那就是，对慕容恪极度不信任！

慕容儁死后，前燕的宫斗貌似结束得很迅速，实际上背后相当波涛汹涌。因为史载："是时新遭大丧，诛夷狼藉，内外恟惧。"这场诛灭慕舆根的宫禁内斗，最终的效果是"诛夷狼籍，内外恟惧"。

最终慕容恪用淡定如常的表现镇住了场子，平稳地完成了权力过渡。①

前燕大权从此彻底攥在了慕容恪手中，所谓"及暐之世，总摄朝权"。次辅慕容评沦为陪衬，慕舆根被杀，太后可足浑氏在慕容恪有生之年再未有一笔记载。

即便如此，慕容儁也仍然是幸运的。因为无论是寿命太短没来得及布局，还是出于对自己接班人的能力考虑，慕容恪最终并没有对他的窝囊儿子做什么。

慕容恪，成了前燕的霍光。慕容恪的胜利，也意味着军功集团的胜利。这些年慕容恪军功卓著，统掌六军，枝枝蔓蔓都是他的系统。

慕容恪用他的宏大宽仁保证了前燕的政局在随后的六年里风平浪静、水波不兴。但是，也是在慕容恪手中，慕容鲜卑军功贵族的强大既得利益群体迅速板结化，成为慕容氏后期亡国的关键因素之一。

所以说，祸兮福所倚，福兮祸所伏。

前秦出了个苻生当脏手套，使前秦只用短短两年时间就清除了大

---

① 《资治通鉴·晋纪二十三》：太宰恪举止如常，人不见其有忧色，每出入，一人步从。或说以宜自严备，恪曰："人情方惧，当安重以镇之，奈何复自惊扰，众将何仰！"由是人心稍定。

量历史遗留问题，让轻装上阵的苻坚捡便宜开启了自己的宏大人生。

前燕出了个慕容恪，稳住了主少国疑的政治局面，却也因为自己是军功集团的总代表，根本不可能去解决已经不适应国家发展的军队贪污和军封匿户问题。

看似东强西弱的北方格局，背后却是两台不同维度的核心发动机。十年后，双方将不再同日而语！

与此同时，南边的那只大老虎，也在紧紧盯着慕容恪的身体情况。

慕容儁死时，东晋朝堂上一度认为北方又要乱了，红利又要来了，只有桓温英雄惜英雄地能够看明白前燕根本乱不了。桓温说过："慕容恪尚在啊！"[①]

苻坚上位，慕容恪辅政，桓温继续练内功，历史走进了 4 世纪三强鼎立的最稳固的一段时期。

这个均势会在什么时候被打破呢？三强中，哪一方大神的大限先到，破局点就将如疾风骤雨般迅速降临。

[①] 《晋书·慕容暐载记》：初，建邺闻儁死，曰："中原可图矣。"桓温曰："慕容恪尚存，所忧方为大耳。"

五、九霄龙吟惊天变，风云际会浅水游

历史上，一个政权在暴发后通常会有一个比较平缓地衰亡发展曲线。而在出现本朝的巅峰大神后，这个政权通常会再延续几十年。

但中国历史上，却相当神奇地存在过这样一个政权：本民族的两位大神过世后不到三年就失去了江山。没有这两位大神，前燕和后燕这两个政权绝对不会如此震撼地留名于史书之上。

金鳞岂是池中物，一遇风云便化龙。慕容皝生下了他的"风"和"云"之后，就注定了他的部族将在中国历史上留下浓墨重彩的一笔。但他的部族的兴与衰、存与亡，也都牢牢地绑定在了慕容皝的"风"和"云"身上。

前燕，这个冉闵屠羯后的最大赢家，这个牌面上明显好于前秦和东晋的新兴政权，在入主关东后，仅仅用短短的十多年时间就打烂了手中的一把好牌。

论积淀，慕容氏是最早实现汉化的异族政权；论时运，原来的羯赵被灭族，被石勒、石虎迁徙过来的"六夷"返乡并损失大半，河北的汉人底子被前燕接收。

无论是人口、政权的成熟度，还是几十年来亲汉的好口碑，慕容

氏的前燕都算是这乱世中更有希望第一个摸到终结乱世命门的政权。

但很遗憾，慕容氏最终成为麻将桌上给前秦和北魏各自点炮的好上家。

让我们走入当时的历史现场吧！

早在永嘉之乱时，慕容氏腾飞的第一代创始人慕容廆就制定了各地豪族大姓统领各地流民的政策，并收揽了大量的汉人。慕容氏与汉人豪族、士族在战火中结交，在斗争中成长，双方互利共生，蓬勃发展，各地豪族和士人在前燕官僚系统中的占比非常高。

无论是在东北三国混战时期，还是在石虎大军围城时期，汉人势力都在前燕慕容政权的生死存亡时刻经受住了考验，并立下重大功勋。

比如，在石虎黑云压城、慕容皝准备逃跑时，最开始率数百敢死队突击后赵军拿下士气的是河间豪族刘佩。

再比如，促使慕容皝最终下定决心和后赵决战的，是在他爹慕容廆时代就执掌机要的渤海大族封弈。

337年，慕容皝被拥立为燕王时，核心成员几乎是清一色的汉人。[1]

直到352年慕容儁灭了冉闵即皇帝位的时候，前燕政权的七个核心成员中，除慕容恪之外，其余六人仍然都是汉人。[2]

汉人不仅在前燕朝廷担任了要职，在地方也分别担任各级官吏。像前燕这种汉人如此高比例担任官员的情况，在整个"五胡时代"二十多个政权中堪称孤例，几乎所有的华北士族都有过与慕容氏合作的经历。

---

[1] 《晋书·慕容皝载记》：封弈等以皝任重位轻，宜称燕王，皝于是以咸康三年僭即王位，赦其境内。以封弈为国相，韩寿为司马，裴开、阳鹜、王寓、李洪、杜群、宋该、刘瞻、石琮、皇甫真、阳协、宋晃、平熙、张泓等并为列卿将帅。

[2] 《晋书·慕容儁载记》：以封弈为太尉，慕容恪为侍中，阳鹜为尚书令，皇甫真为尚书左仆射，张希为尚书右仆射，宋活为中书监，韩恒为中书令，其余封授各有差。

慕容氏在发展过程中收获了汉人流民的红利，借助汉族世家大族的基层组织形式和管理经验迅速吸收并扩大了实力，最终成功从东北苦寒之地杀了出来。

但是，慕容部鲜卑在得到汉化之利的同时，也面临吸纳汉化之弊的考验，比如官僚机构人员数量在慕容皝时代开始急速攀升。

345年，在石虎即将崩盘的前几年，慕容皝为了扩大税基把牧牛租给贫家，让出了皇家田庄和林场给农人耕种，公私双方八二分成，自己有牛的则为七三分成。

封裕针对这个国策劝谏道："自古圣主在朝的时候都是轻徭薄赋藏富于民，收百分之十的税。治世之时，农官尽心竭力，通常三年之耕就能余下一年之粟，只要农事勤恳怎么可能出现公用不足的情况？

"自永嘉之乱，九州汉民千里迢迢前来投奔我们，现在流民数量比过去我们的人口多出来了十余倍，人多地少，有四成的流民是没有地的。

"您应该罢黜所有皇家园林留给流民开垦，没有牛的您直接就把牛赐给人家，人都是您的，有什么可怕的，口碑打出去以后将来咱们南下的时候，百姓将喜迎王师，石虎到时候就该一边待着去了。

"魏晋已经属于末世了，尚且六四分成，人家有牛的和朝廷五五平分，您这八二分成实在是下手太狠了。现在咱们的最大问题是官员太多，无业游民太多，这些不干活的人肯定就需要干活的人养着，财政出现问题就是这方面的原因。

"农业为国之本也！您要重新裁减官员数量，将冗余之官全都赶回去从事农耕，不能继续扩编官员啦！”①

封裕在这份上疏中提出了两个问题：

1. 流民太多并没有被利用。

2. 官僚机构已经出现了臃肿冗余的情况。

慕容皝听从了他的意见，取消所有苑囿并官赐耕牛扩大税基，裁撤了大量的冗余官员。

从奏疏反映出来的情况已经可以看出，慕容氏利用汉人士族豪族壮大自己势力的同时也存在一个问题，就是汉人会大量进入官僚体系并迅速出现官员冗余的情况。

在死前四年，慕容皝对前燕进行了一次中兴性质的自我改革。

这种极易得罪利益阶层的自我改革与净化其实相当伟大，通常只能由最有威望的国主在卸任之前去做，靠着自己的威望和能力扫除“垃圾”，将一个新的局面交到下一任手上。这种政治铺路与交接，因为种种原因，自古可遇不可求。

慕容皝死于349年，此时前燕政权的肌体仍然是相当健康的。既得汉化之利，又除汉化之弊。这份好底子留到了慕容儁时代，等消灭冉闵进入河北称帝的时候，慕容儁甚至直接做了彻底的帝制汉化。

---

①《晋书·慕容皝载记》：自永嘉丧乱，百姓流亡，中原萧条，千里无烟，饥寒流陨，相继沟壑。先王以神武圣略，保全一方，威以殄奸，德以怀远，故九州之人，塞表殊类，襁负万里，若赤子之归慈父，流人之多旧土十倍有余，人殷地狭，故无田者十有四焉。……宜省罢诸苑，以业流人。人至而无资产者，赐之以牧牛。人既殿下之人，牛岂失乎！善藏者藏于百姓，若斯而已矣。迩者深副乐土之望，中国之人皆将壶餐奉迎，石季龙谁与居乎！且魏、晋虽道消之世，犹削百姓不至于七八，持官牛田者官得六分，百姓得四分，私牛而官田者与官中分，百姓安之，人皆悦乐……今中原未平，资畜宜广，官司猥多，游食不少，一夫不耕，岁受其饥。必取于耕者而食之，一人食一人之力，游食数万，损亦如之，安可以家给人足，治致升平！……宜量军国所须，置其员数，已外归之于农，教之战法，学者三年无成，亦宜还之于农，不可徒充大员，以塞聪俊之路。

之前匈奴刘汉和羯赵都是设置单于台的，都是有大单于称号的。慕容儁接班的时候，东晋方面给予他的称号是持节、侍中、大都督、都督河北诸军事、幽冀并平四州牧、大将军、大单于、燕王，也有大单于称号。

由于冉闵屠羯的影响实在太过深刻，慕容儁直接取消了大单于台，慕容氏和鲜卑贵族全部出任汉式官吏，从制度上开始胡汉合一，极力避免激化胡汉矛盾。

冉闵屠羯后的"六夷"返乡大潮使得整个河北地区仅剩鲜卑族和汉族两大民族，客观上使前燕减少了对"六夷"方面的控制要求，大单于台这个团结"六夷"的机构也显得没有那么重要，可以取缔了。

当然，取消大单于台并不意味胡汉不再分治，汉兵和鲜卑兵仍然是分而治之的。

后期前燕政权崩溃的时候，慕容桓率万余兵屯沙亭作为最后的总预备队，前秦邓羌攻过来，慕容桓看到大势已去，迅速带着五千鲜卑兵去退保龙城了。[①]

慕容桓能够迅速地将汉兵和鲜卑兵分割并带走，证明军制并非胡汉混编的，而且极大概率是鲜卑人才能出任骑兵。

总体来讲，在缓解民族矛盾方面慕容氏做得相当棒，终前燕一朝也未看到剧烈的民族矛盾。

除了缓和矛盾外，由于冉闵屠羯实在太触目惊心，这也给了慕容儁另一个启示：与汉人合作再好也是需要提防的，这个世界永远是"非我族类其心必异"。

354年，慕容儁开始大规模分封诸王，一口气分封了二十三个王，将兵权几乎全部收到了慕容贵族手上。鲜卑贵族开始出任各地大员，出

---

① 《资治通鉴·晋纪二十四》：初，燕宜都王桓帅众万余屯沙亭，为太傅评后继，闻评败，引兵屯内黄。坚使邓羌攻信都。丁丑，桓帅鲜卑五千奔龙城。

任刺史的时候必兼将军之号，既管民又管军，总辖地方军政。

之前在东北老家时由汉人豪族士族担任的州牧全部被鲜卑贵族取代，即使还有汉人州牧，也不再授予将军之号。

自慕容儁建国后，史书上很少再见到对汉人大将的描写了，过去的汉人高官如封奕、阳骛等被封为太尉、司空尊养起来，军队被收权到慕容氏手上。

360 年，慕容儁死后，随着功勋卓著的帝国柱石慕容恪上位，前燕貌似避开了匈奴刘汉和羯赵的亡国祸根：既没有胡汉矛盾，又没有军功派的野心反噬，这个时代的本国军神还让所有敌国势力都瑟瑟发抖。

在慕容恪的治下，几乎所有阶层都在念叨他的好。但在他死后仅仅三年，前燕就亡国了。这真是令人匪夷所思，来抽丝剥茧地细看看吧！

先来看一份慕容恪死后的上疏。

史载燕国王公贵戚占民为荫户，在慕容恪死后，国家的账面户口已经相当难看了，国库空虚，根本收不上税来。[①]

在这个时候，尚书左仆射悦绾上疏道："太宰慕容恪为政太宽和，百姓们都入了私门，国家账面上的户口都快没了。目前三足鼎立，各有吞并之心，但国家政法不立，豪贵恣意妄为，国家的户口已经快全被吞并了，连官员的工资和兵士的粮饷都快发不出来，居然需要去赊账才能发工资。咱们现在是外强中干，这事千万不能让邻国知道，长此以往也不是办法，请彻底清理诸王荫户，尽还郡县！"[②]

---

① 《资治通鉴·晋纪二十三》：燕王公、贵戚多占民为荫户，国之户口，少于私家，仓库空竭，用度不足。

② 《晋书·慕容暐载记》：暐仆射悦绾言于暐曰："太宰政尚宽和，百姓多有隐附……"《资治通鉴·晋纪二十三》：悦绾曰："今三方鼎峙，各有吞并之心。而国家政法不立，豪贵恣横，至使民户雕尽，委输无人，吏断常俸，战士绝廪，官贷粟帛以自赡给；既不可闻于邻敌，且非所以为治，宜一切罢断诸荫户，尽还郡县！"

悦绾的上疏直接写到了"荫户"问题！慕容儁在分封诸王的时候跟宗室们耍了个心眼：西晋诸王是实封制，有封土，有官吏、军队，司马诸王每年都有一笔封地收入；而前燕诸王是虚封，并无实土，也没有封地的定期收入。

诸王心里也是有想法的："现在汉化得这么彻底，你自己当皇帝当得那么开心，我们这些王爷连封地都没有，只是名称好听，我们是不干的！"

由于皇帝信不过汉人，各地重镇是需要慕容诸王前去治理镇守的，每个大员手上都有兵权，因此王爷们也开始运用自己手中的权力去把本该有的封地好处拿回来。

诸王都开始在主政地方的时候侵占国家户口，将其圈入军营的控制和保护范围，每个慕容王爷都有着数量庞大的"营户"。

所谓"营户"，就是置于军队保护控制下的依附户，依附户是介于平民和奴隶间的一种部曲或佃客的身份。前燕诸王虽然没有封土可以收税，但可以在军队中吃这帮"营户"，当时把营户也称为"军封"或"荫户"。

由于国家账面的户口在诸王的侵占下越来越少，导致了原有的徭役和税赋越来越重，因此很多百姓为了逃避徭役赋税，也开始主动依附于诸王，在其羽翼下成为隐性的营户。国家开始越来越快地陷入堕落循环。

慕容恪死后，悦绾上疏指出问题，被慕容暐安排专办此事，朝野震惊，随后居然清查出来二十余万户，也就是百万级别的私藏人口！[①]

悦绾的这封奏折，简直就是他去地府报到的通知书，他干的这活儿得罪太多人了。《资治通鉴》中说他惹怒了所有利益阶层，最后累死

---

① 《晋书·慕容暐载记》：暐纳之。绾既定制，朝野震惊，出户二十余万。

在了工作岗位上。[①]

《晋书》中说他被之前和慕容恪共同辅政的慕容评干掉了。[②]

《资治通鉴》之所以会那么写，可能是司马光希望给忠臣一个好的结局，让后来者不要担心被打击报复，要忠言直谏，毕竟他修史的那个时代，北宋的党争已经轰轰烈烈展开了，王安石开启了"天变不足畏，祖宗不足法，人言不足恤"的无敬无畏时代。

真实历史中的悦绾，极大概率是被干掉的。要知道，悦绾是慕容氏的鲜卑本族，有超级老的资历，338年曾带兵一千喋血孤城，击败了李农的三万围城军。

351年，将冉闵的核心班子打败的羯、羌、慕容三家联军就是悦绾作为总司令的，他在冉闵全军出击后突然带三万燕军杀入襄国战场，最终击败冉魏军队。

358年，悦绾又作为西部柱石去受降并州壁垒。

他并不是个普通的无名小卒，他在慕容恪死后尝试做最后的努力希望挽狂澜于既倒，但已经太晚了，前燕已积重难返。

既得利益群体的阶层板结已经形成，悦绾想让人家把好处吐出来，简直就是痴心妄想。这个群体的力量太强大了，他动人家财路，人家就会断他生路。这事除了在最开始的时候不断调理刹住车之外，没有别的办法。

实质上，前燕算是成也慕容恪，败也慕容恪。没有慕容恪，前燕不一定会如此顺利地冲出东北，河北最终的走向也许还会混乱很多年。但也正是因为慕容恪这位前燕功高无二的太宰采取的放纵政策，让前燕的军队系统迅速朽烂。

---

① 《资治通鉴·晋纪二十三》：举朝怨怒。绾先有疾，自力厘校户籍，疾遂亟。
② 《资治通鉴·晋纪二十三》：慕容评大不平，寻贼绾，杀之。

慕容恪的执政风格概括来讲，就是厚道宽仁。史载慕容恪为将不崇尚威严，专以恩信御人，不爱使唤大伙。军中有人犯法，慕容恪通常秘密将其放掉，抓个贼人斩首充数号令其军。慕容恪的军营貌似号令不整，军容堪忧，但实际上防御相当严整，从来没出过岔子。①

慕容恪为将，没什么好指摘的。因为打仗这事属于白猫黑猫能抓到老鼠就是好猫，慕容恪一辈子没打过败仗，设局抓冉闵的时候即便"十败"于冉闵，但仍然拢得住部队，将士们在他的领导下会第十一次再抓冉闵。别管慕容恪怎么带兵，他能打胜仗。

但是慕容恪的这个性格和打法在他作为前燕最大的执政者的时候，几乎就成了前燕的灭顶之灾。

慕容恪虚心待士，和汉人集团关系很好，非常尊重汉人集团的建议和利益；无论胡汉，官员们如果出现了过失也从来不公开宣布，只是平级调动其职位以此为暗示，表示惩罚。②

官员们通常都不太好意思犯错，犯了错后会互相提醒：你又想让太宰调动你的位置吗？③

慕容恪为政，赏功不罚过。可以不怀疑慕容恪执政时真的会起到"时人以为大愧，莫敢犯者"的效果，但也因此产生了三个很坏的影响。

1. 整个官僚系统陷入了好人主义的氛围。

官僚阶层认可的是慕容恪这个人，所谓"莫敢犯者"也是因为对

---

① 《晋书·慕容暐载记》：恪为将不尚威严，专以恩信御物，务于大略，不以小令劳众。军士有犯法，密纵舍之，捕斩贼首以令军。营内不整似可犯，而防御甚严，终无丧败。
② 《资治通鉴·晋纪二十三》：虚心待士，谘询善道，量才授任，人不逾位；官属、朝臣或有过失，不显其状，随宜他叙，不令失伦，唯以此为贬。
③ 《资治通鉴·晋纪二十三》：时人以为大愧，莫敢犯者。或有小过，自相责曰："尔复欲望宰公迁官邪！"

慕容恪不好意思。但对这个国家，整个官僚系统没有感恩之心。

2. 整个官僚系统的骄纵情绪将迅速蔓延。

人类是很神奇的，当一个人始终被责任压得有忧患意识时，通常能相当厉害地正向做功。

压力太大不是好事，会使人崩溃，使团队产生离心力，使人身体素质大幅度下滑，使创造力整体枯竭；没有压力更不是什么好事，当一个人信奉所谓快乐工作没有惩罚时，整个团队会迅速变得心浮气躁，效率低下。

人们将一直并永远是生于忧患死于安乐，这也是世界的惯常之理。

当所有人都在私吞国家户口、往国家机器中安插白吃饭的关系户时，在这个没有惩罚的机制下，就会变得理所应当。

3. 官僚系统将变成毒瘤，谁也摸不得碰不得。

如果一个人听惯了好话，一直被吹捧，就会有一种强烈的优越感，会变得不知道自己是谁，听不进一句不好听的话。

"大燕立国的顶级元勋慕容恪他老人家都从来不说"，这句话成为前燕官员的一种借口，将来谁还碰得动这些既得利益群体呢？

悦绾居然敢在慕容恪死后清查诸营荫户，确实会产生举朝震惊的情况：敢跟我们较劲，他疯了吧！

慕容恪死的时候，前燕王朝的官僚负担已经令人瞠目结舌，前燕的军功贵族对于人口的吸纳与毒瘤效应已经无法改变。

如果说慕容恪死之前，前燕诸王和整个官僚机构还不敢太名目张胆的话，等到慕容恪死后，他们就肆无忌惮："之前我们是给太宰大人面子，太宰他老人家对我们有恩。如今太宰他老人家走了，我们谁也不欠！"

悦绾被搞死后不久，尚书左承申绍再次上疏，原文相当珍贵地留在了史籍中，再次从侧面说明了前燕末年的国家状况。

1. 自古治国主要靠皇帝和两千石级别的高官，所以国家对于高官的选拔相当重视，但今天各地军政长官要么是从匹夫兵将之中选上来的，要么就是一堆关系户，更可怕的是，各地大员的任命都不经由朝廷了。

2. 更重要的是，根本没有考核机制去罢黜不合格的官员，无论是贪污还是怠政，官员根本不必担心被追究责任，对勤政奉法之官也没有奖励机制。

3. 国家的风气已经败坏了，而且官吏众多，苛政扰民。户口比不过汉朝的一个大郡，但官员数量却比汉朝多得多。

4. 国家岂是兵多就厉害的，贵在三军用命！现在应该严定军制，让士兵们的服役有日期限定，为国戍边后休假的时间也足以经营自己的产业，效率提上来之后，才能真正使士兵愿意为国家效力。

5. 现在后宫人员四千有余，配备的衍生杂员更是魏晋的十倍，每天后宫的花费达到万金，宰相王侯全都攀比奢侈。[①]

综上所述，前燕有以下五个现状：

1. 中央皇室不掌握高级官员的任免权。

2. 政务没有考核系统，官员工作不好也不必担心被追责。

3. 官员数量极多，人浮于事，政出多门。

---

① 《晋书·慕容暐载记》：臣闻汉宣有言："'与朕共治天下者，其唯良二千石乎！'是以特重此选，必妙尽英才，莫不拔自贡士，历资内外，用能仁感猛兽，惠致群祥。今者守宰或擢自匹夫兵将之间，或因宠戚，藉缘时会，非但无闻于州闾，亦不经于朝廷。又无考绩，黜陟幽明。贪惰为恶，无刑戮之惧；清勤奉法，无爵赏之勤。……风颓化替，莫相纠摄。且吏多则政烦，由来常患。今之见户，不过汉之一大郡，而备置百官，加之新立军号，兼重有过往时。……兵岂在多，贵于用命。宜严制军科，务先饶复，习ँ教战，使偏伍有常，从戎之外，足营私业，父兄有陟岵之观，子弟怀孔尔之顾，虽赴水火，何所不从！……谨案后宫四千有余，僮侍厮养通兼十倍，日费之重，价盈万金，绮縠罗纨，岁增常调，戎器弗营，奢玩是务。今帑藏虚竭，军士无襜褕之赉，宰相侯王迭以侈丽相尚，风靡之化，积习成俗，卧薪之谕，未足甚焉。"

4. 军队管理一片混乱。

5. 奢侈攀比的不正之风已经刮遍了前燕的上上下下。

申绍在这封上书后面还写了一大堆应对解决之策，但没人搭理他。前燕没救了。

慕容恪死后，前燕崩盘进入了倒计时。因为再没有任何一个人能拢住这个乱摊子了，包括他的那个大神弟弟慕容垂。

慕容垂是雄武之才不假，但无论是资历还是威望，跟慕容恪这个前燕第一柱石都是没办法比的。

前燕的改革和起死回生，理论上只有慕容恪能完成。但作为帝国柱石、慕容首望、军中总代表，慕容恪选择了一团和气地包庇纵容，这也就意味着，后面谁也接不住这个朽烂的盘子了。

366年五月，慕容恪病重，这位前燕的实质缔造者望着自己身后的国家，开始害怕了。

慕容暐是个窝囊废，第一代开国燕王慕容儁的弟弟慕容评还健在且手握实权，但自己这位叔叔却不是个能挑起国家重担的人。

慕容恪先是对慕容暐的哥哥乐安王慕容臧说："如今南有晋，西有秦，两国都对我国有想法，只不过是看不到可乘之机罢了。大司马总管六军，这个岗位万不可错用他人。我死后，估计是你和慕容冲（皇帝的哥哥）当大司马，你们虽然能干敏锐，但年纪尚轻，没有经历磨难，听我一声劝，让你小叔叔吴王慕容垂当大司马，他天资出众一定能荡平四海，千万别因贪图这点儿权力而忘记了祸患，不为国家考虑。"

同样的话，慕容恪也对太傅慕容评说了。[①]

① 《晋书·慕容暐载记》：（慕容恪）曰："吴王天资英杰，经略超时，司马职统兵权，不可以失人，吾终之后，必以授之。若以亲疏次第，不以授汝，当以授冲。汝等虽才识明敏，然未堪多难，国家安危，实在于此，不可昧利忘忧，以致大悔也。"又以告评。

在慕容恪弥留之际，慕容暐亲临王府向他询问后事，慕容恪再次强烈推荐弟弟慕容垂："吴王兼具文武之才，才能堪比管仲、萧何，当年先帝只不过是考虑到了长幼次序才安排我在前面辅政，陛下如果把政务交给他，国家就能获得安定。不然，我怕西、南二敌肯定会有入侵我国的打算！"①

慕容恪死了，他这辈子战功无数，深受国人爱戴，居太宰之位而不篡，受举国之重而不骄，堪称楷模典范。

前燕所有阶层都爱慕容恪。

宗室爱他，因为他从来不拦着大家发财。

汉人士族、豪族爱他，因为他从来谦虚纳谏，尊重他们的利益，对于他们安插的各种各样的"闲人"也是睁一只眼闭一只眼。

整个官僚阶层爱他，因为这些年谁也没挨过贬，甚至谁也没听过一句批评。

百姓也都爱他，因为他从来不拦着大家跑到诸王和豪族那里去当荫户，以此逃离国家的徭役和赋税。

这些人，都爱慕容恪，但唯独不爱前燕这个国家。

---

① 《晋书·慕容暐载记》：临终，暐亲临问以后事，恪曰："臣闻报恩莫大荐士，板筑犹可，而况国之懿藩！吴王文武兼才，管、萧之亚，陛下若任之以政，国其少安。不然，臣恐二寇必有窥窬之计。"

六、步步为营，一辈子不出错

望着这个歌舞升平、一团和气的国家，慕容恪在死前用最大的努力推荐自己的好弟弟慕容垂。

为什么他要极力推荐慕容垂呢？因为他这个弟弟能打，从十三岁起就是军中杀神，这辈子和他一样没打过败仗。眼下能"救"这个国家的，也就只能靠战无不胜的慕容垂了。

公元 365 年，慕容恪带慕容垂去平洛阳，任命慕容垂为都督荆、扬、洛、徐、兖、豫、雍、益、凉、秦十州诸军事，征南大将军，荆州牧，镇守鲁阳。

慕容垂都督十州军事，总控黄河以南，南防桓温，西顶苻坚，这是慕容恪在逐渐打造下一任军界核心的信号。

也许慕容恪是想逐渐培养慕容垂接班，毕竟 365 年时他还亲自带队南下征战，身体好得不得了，没必要一下子就放权让慕容垂进核心班子。却没料到一年后自己的身体就不行了。

别管一个人多牛，只要他躺在了病床上，一切就都开始脱离他的掌控。

慕容恪觉得国家交到慕容垂手上出不了乱子，但不是每个人都这么想。年轻一辈中有人就会想："你这个老不死的好不容易死了，怎么可能再让一个老一辈的站在台前？而且这个叔叔辈的还这么年轻！他要是真的老而不死我们怎么办？"

慕容垂跟先皇慕容儁的关系几乎已是明面上的撕裂，慕容儁当年是想借着巫蛊之狱搞死慕容垂的。慕容垂涉险过关后娶了原妻子段氏的妹妹作为继室，时任皇后的可足浑氏又找碴儿把慕容垂这个新妻子给废了，并安排自己的妹妹长安君嫁给慕容垂做枕边间谍。皇帝这边的势力是绝对不敢让这么一个仇家做总统六军的大司马的！

慕容垂如果想要上位的话，只能指望慕容恪利用自己的政治力量和威望去实现。但现在慕容恪自己都不行了，怎么帮扶他这个弟弟呢？

前燕的生死存亡问题其实只有一把解决的钥匙，就是慕容恪。他过早地离世，前燕的剧本也就到头了。

慕容恪死后，年仅七岁的慕容冲被任命为大司马，慕容评毋庸置疑地成为政治一把手，被慕容恪禁锢了七年的可足浑皇太后也解开了封印重新参与朝政了。

367年至370年，慕容评做了三年的前燕一把手，然后前燕亡了。

其实在这三年的时间里，前燕面临的局面颇有点儿一念天堂一念地狱之感。别看前燕已经混乱成那个样子，但曾一度仍有机会去统一中国北方。

慕容评在历史上的风评非常差，说他既无能又腐败还昏庸。按理说，以他区区三年的执政时间，他并不至于有如此口碑。这哥们的名声之所以会臭大街，主要是在这三年赶上了三件事。

这三件事，都是决定中国历史走向的大事件。而慕容评，非常有水平地都搞砸了。

第一件事，就是前燕错失了自己民族在中国历史上最好的一次机会。

符坚继位后的第一波反叛在 367 年时扑过来了，四位把守重镇的王爷造反了。

早在 364 年时，汝南公符腾（符生弟）谋反被杀。当时王猛说符生的弟弟尚有五人，建议符坚除去这五人，否则终会为患，符坚没听。

365 年，北方匈奴铁弗部的刘卫辰和曹毅叛乱，符坚御驾亲征。

八月，符坚大军斩杀了曹毅的弟弟曹活，曹毅请降，符坚迁其豪贵六千多户于长安；万人敌邓羌讨伐刘卫辰，在木根山将其成功逮捕。

九月，符坚到了朔方，巡视安抚各杂胡部落。考虑到北方拓跋部的威胁，符坚宽恕了一辈子叛变成性的"五胡版吕布"刘卫辰，让他继续统领部众驻守北境。

这个时候，征北将军的符幼（符健第十二子）趁机领兵反攻长安，驻守长安的李威领兵斩符幼，成功平乱。但符幼起事时还暗中联结了自己的八哥征东大将军、并州牧、晋公符柳（符生弟）和征西大将军、秦州刺史、赵公符双（符坚弟）。

事后，符坚因为符双是自己的同母弟没能下狠手，放弃追究这件事，自己的亲兄弟没处理，符柳自然也就没办法清算了。兄弟互杀，在这个时代已是司空见惯了。

符坚也是没办法，由于继位时的铁腕镇压，周边的重要岗位也只能相信自己家的人。

他的哥哥符法被他妈弄死了，他的三弟符融此时是禁军将军，符双镇守秦州还参与了谋反，自己的孩子们又都还小——太子符宏此时也才十岁，所以他对这些兄弟们的任用也是很无奈。

权力的道路上是有很多无可奈何的死路的，符坚自己的亲兄弟都恨不得他死，更何况符生的那些兄弟呢！

就在前燕慕容恪死后不久，上次没被处理的符双和符柳又联合了时为镇东将军、洛州刺史的魏公苻廋（苻生弟）及安西将军、雍州刺史的燕公苻武（苻生弟）起兵作乱。

苻坚厚道的最终结果，就是所有兄弟都觉得自己可以搏一把。中国古代将谋逆作为"十恶不赦"之首，是有道理的。

所有有参赛资格或者有点儿资本的人，一旦觉得参赛成本不那么高的时候，就会对整个社会造成最大程度的损耗。

367年十月，苻双据上邽、苻柳据蒲坂闹起了叛乱，苻廋据陕城（今河南三门峡）、苻武据安定（今甘肃泾川县北）予以响应。（见图11-4）

苻坚再次呈现厚道本色，送去信物劝他们罢兵，答应一切如故，不予以追究。结果那兄弟四人没有任何动摇，铁了心就要搏一把。

368年正月，苻坚派后将军杨成世、左将军毛嵩分别讨伐上邽和安定，派辅国将军王猛、建节将军邓羌攻打蒲坂，派前将军杨安、广武将军张蚝攻打陕城。

苻坚命东路的王猛部和张蚝部均在离城三十里处坚守，避免摩擦，等平定西线后再开启东路战事。

苻坚为什么要这样安排呢？他的目的是想避免同时开战后处于四面受敌的窘境，防止因进逼太快而让蒲坂和陕城投降前燕。

这样安排貌似挺有道理的，但从战略上来讲，苻坚犯了大错：不是自己觉得逼得不紧对方就不会里通外国了，而是东西方潜在威胁谁更大的问题。

西面的前凉威胁很小，东面的前燕这个巨无霸明显是更大的敌人。东线这两路与前燕接壤，而且一个蒲坂、一个陕城，都是关中咽喉，是前燕西进关中的最大障碍。苻坚应该第一时间平叛东部，堵住前燕的前进之路，西面的前凉和陇西是掀不起多大风浪的。

结果最可怕的事情发生了，苻廋以陕城投降前燕，请求前燕出兵

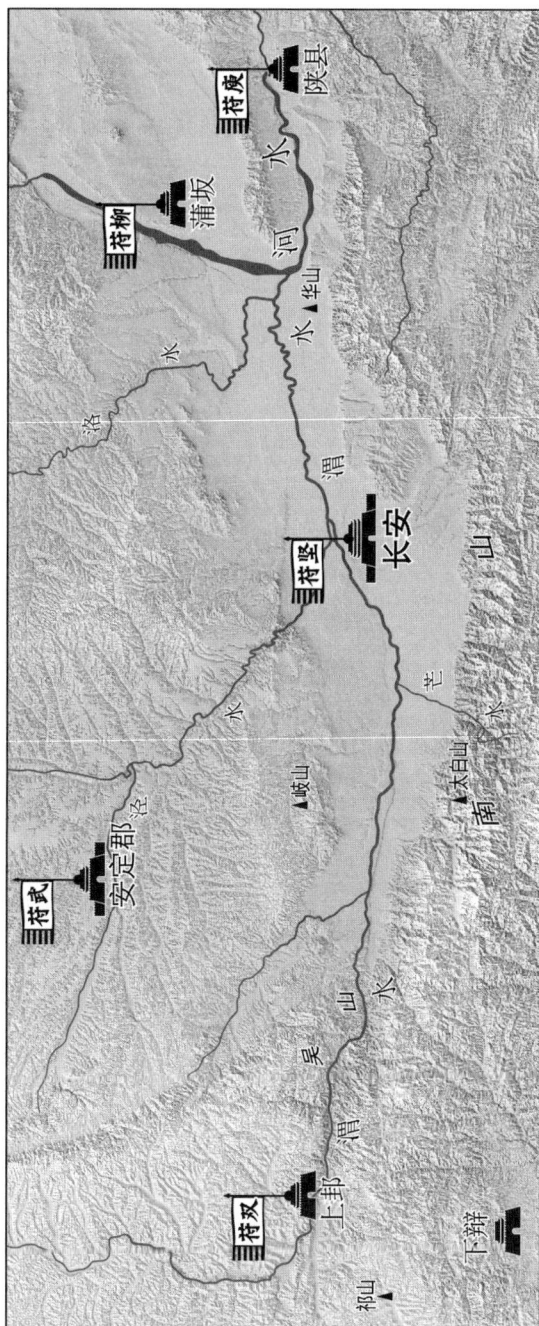

图 11-4 四公叛乱示意图

接应，前燕迎来了入主关中的最好机会。苻坚知道后吓得尽起所有精锐屯兵华阴，并派出大量间谍行贿慕容评。

慕容暐听说前秦乱了，在朝会上讨论救陕城这事，结果被没什么战略头脑且收了苻坚贿赂的慕容评给否了。他表示："前秦如今虽有危难，但也不容易图谋，主上虽然神明，但不如先帝，我们的能力又无法和慕容恪相比，咱们能闭关保国就行了，平定前秦不是我们该干的事。"①

慕容儁的幼子范阳王慕容德则上疏表示："此时秦土四分，可谓弱矣！时来运集，天赞我也！天与不取，必受其咎！好机会实在太难得。建议派皇甫真率并州、冀州的兵众直接开向蒲坂，吴王慕容垂率许昌、洛州之兵去陕城解救苻廋，太傅慕容评总领京师禁军作为后援，把檄文发往三辅地区，咱们大燕统一天下的时刻到了！"

慕容暐被慕容德说动了，但又被慕容评给按下了。②

这边慕容评拿了苻坚的钱在扮演和平老大爷，那边的战局则令后世的"慕容复们"无比扼腕叹息！

苻坚派去的西路军根本打不过对手，杨成世被苻双的手下苟兴打败，毛嵩被苻武打败，分别逃回长安。苻坚只得派宁朔将军吕光、武卫将军王鉴等率军三万再伐苻武、苻双。

战事拖到四月，东边二公已经反攻下陇山打到榆眉（今陕西千阳县东）了。

西线战场让长安开始风声鹤唳，四公叛乱已经持续半年了。

此前留给前燕大量的时间去抉择和准备，蒲坂和陕城能够不战而

---

① 《晋书·慕容暐载记》：慕容评素无经略，又受苻坚间货，沮议曰："秦虽有难，未易可图。朝廷虽明，岂如先帝，吾等经略，又非太宰之匹，终不能平秦也。但可闭关息旅，保宁疆场足矣。"

② 《晋书·慕容暐载记》：暐览表大悦，将从之。评固执不许，乃止。

得，如果这时出兵也许前燕就真的赢了！

在苻坚焦头烂额之时，当初单挑万人敌张蚝获胜的吕光再次起到了中流砥柱作用。

王鉴欲速战，吕光说："现在贼兵士气正盛，应该再等等，等他们下了陇山后勤会跟不上，等他们粮尽后，咱们追击必定大获全胜！"

吕光用拖字诀和西边二公对峙，二十多天后先锋苟兴退军，吕光等人开始追击，先是追垮苟兴，然后将苻双、苻武联军击败，斩首一万五。底子薄的苻武放弃了安定，和苻双逃归上邽。

西边有了突破，东边也开始出现转机。蒲坂的苻柳多次出来挑战，王猛均不应战。五月，苻柳认为王猛怂了，留长子苻良守卫蒲坂，自己率兵两万西进长安。

苻柳的这个预判错得离谱。因为蒲坂这个位置最重要，是河东跟关中的咽喉，所以苻坚派的也是前秦最强组合——王猛和邓羌。

苻柳开拔一百多里后，邓羌率精锐骑兵七千人趁夜奔袭，大败苻柳，苻柳撤军时再被王猛半路截击，除了数百骑兵跟苻柳逃回蒲坂外几乎全军覆没。王猛、邓羌跟进围城开始了猛攻。

七月，吕光等打下了上邽，斩杀了苻双、苻武，余罪不论，左卫将军苻雅（宗室成员，出身不详）接替为秦州刺史，长乐公苻丕（苻坚庶长子，年十五岁）接替为雍州刺史。

九月，王猛等攻下蒲坂，杀了苻柳全家。随后苻坚命令王猛驻扎蒲坂，派邓羌引兵与王鉴等会合攻打陕城。

十二月，邓羌、张蚝攻破陕城，苻廋被苻坚哭着赐死，却厚道地赦免了他的七个儿子，还让苻廋的长子袭任魏公，其余的儿子全都封为县公。苻坚给出的理由是："天下是高祖的天下，高祖的儿子不能没有后嗣。"

战后，范阳公苻抑（宗室成员，出身不详）为征东大将军、并州刺史，镇守蒲坂，邓羌为建武将军、洛州刺史，镇守陕城。

四公叛乱闹腾了整整一年，才算完事。这一年中，东边的前燕和南边的东晋只是在旁边看着。

前秦几乎是以一种罕见的姿势，在大乱世中的大内乱下，从从容容地完成了内部整合。

东边的慕容评确定自己辅政班子混吃等死定位的同时，南边的桓温貌似也只是天天仅局限于纵览政治时讯。但这并不符合桓温的套路，因为桓温向来是看到别人要掉井里时去推一把，看到别人要掉沟里时踹一脚的。桓温这次没有上前秦那里掺和一脚的原因主要有三个。

1. 伐前秦要走武关道，但前燕的慕容垂就在不远处的鲁阳，自己扎进关中后万一慕容垂捅了他的后门怎么办？（见图11-5）

2. 打前秦水路使不上劲，图11-6中的武关道是后勤噩梦的陆运，桓温第一次北伐实际上就是吃了粮草不济的大亏，成本太高。

更关键的是，即便将前秦打下来了，后续的保养费用呢？那么大的关中，要多少驻军去设防？要多少粮食养活这些驻军和兵荒马乱后的三辅大地呢？尤其是前燕一直没出手，万一自己给他人做了嫁衣呢？

3. 最重要的一点是，打关中对桓温本身的权势增长来说并不合算。

往西打，他需要不断向东面求援，需要扬州方面的粮草配合。他无法在北伐的过程中挤压掉长江下游的其他势力，从而形成一家独大。而往另一个方向征伐，则水路成本和政治目的都能够达到自己的预期，所以自从一伐前秦之后，这些年桓温的所有施压都用在了东边。

此时距离桓温第二次北伐姚襄已经过去了十三年。这十三年中，桓温发力的方向全部指向了长江下游，即豫州、扬州，以及兖、徐二州。

此时的东晋，从地图上看面积是相当大了。

在桓温一伐前秦的时候，他手中掌控着东晋西南江山的荆、益、梁、广等州。

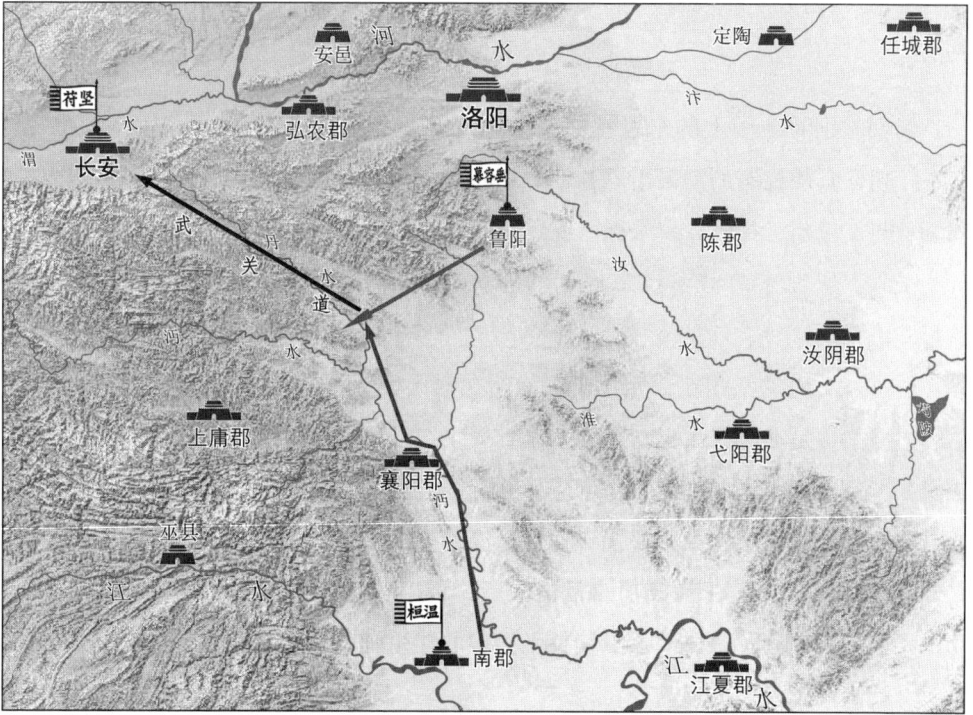

图 11-5　慕容垂驻防示意图

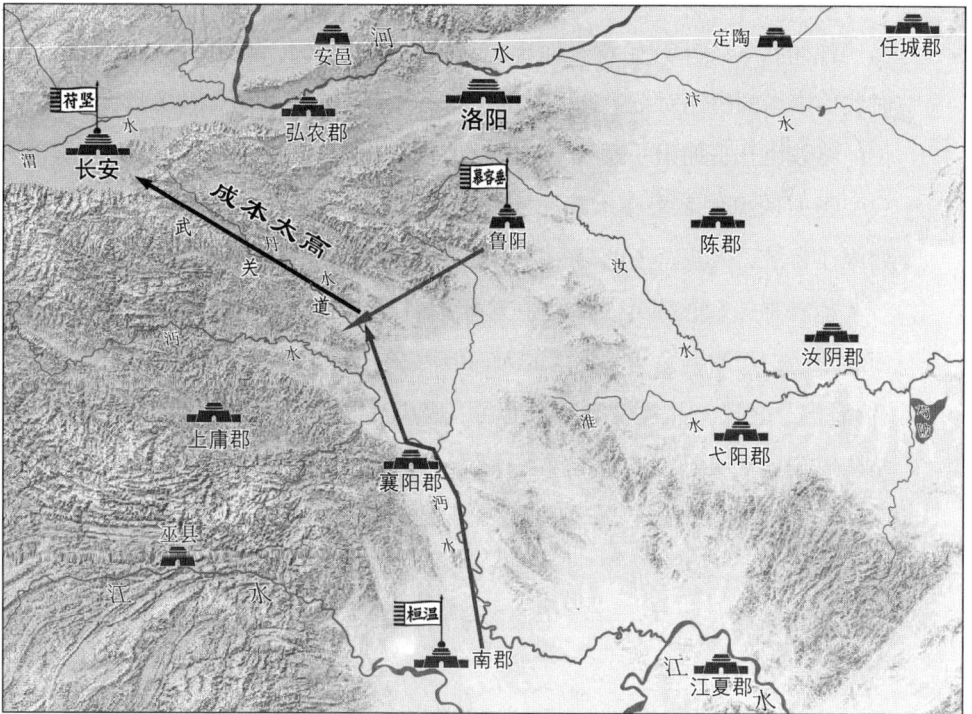

图 11-6　再伐前物流成本示意图

别看地图上的东晋貌似超级大，名义上的州有一大堆，但实际上朝廷真能控制的就是沿着长江的那一条经济带，也就是益州、荆州、江州、豫州、扬州，以及徐、兖二州。

所以东边桓温没掌控到的那块地方别看小，但实际上地皮相当值钱。

此时的江州在徐宁手上，豫州在谢氏手上，徐、兖二州比较复杂，但主体是在郗家手上，扬州基本上属于司马氏的自留地。

其中江州的位置比较重要，属于长江上下游之间一个重要的过渡地区，而徐宁本人则是当年通过桓温老爹桓彝举荐走上仕途的。

在第二次北伐成功收复洛阳后，桓温再进了一步，大约在 357 年前后，桓云（桓温二弟）接替了徐宁的江州刺史，拿下了江州这片本来就倾向于桓氏的地盘。

至此，整个东晋的西部、南部被桓温打通了，桓温也从此时开启了打通长江之路。桓温再往东走的关键阻力，是豫州和徐、兖二州。

豫州自 344 年开始就是谢氏的地盘。这个谢氏，开启了门阀政治时代后半场的桓谢对抗。这两家的上升路线其实非常相似，两家后人上位的路数也几乎如出一辙。

桓谢两家的名头在永嘉之乱前都比较一般，但在那之后，桓彝和谢鲲作为给后人搭台子的第一代开拓者均成功杀入"江左八达"之列。

桓彝在王敦之乱中立功，在苏峻之乱中死难，为桓温攒足了上台面的军功；而谢鲲最初是王敦的人，但因在首次王敦之乱时劝阻王敦的"清君侧"之谋，并且没完没了地在大庭广众之下劝王敦忠君爱民从而站队成功。

323 年谢鲲死了，其子谢尚在庾氏兄弟批量死的那几年和桓温一样上位成功。

桓温在庾氏最后一任家主庾翼死后拿下了庾氏的荆州果实，而谢尚则在一年多前庚冰病逝的时候，被朝廷任命都督豫州四郡军事，兼任江州刺史。

司马氏想趁庚氏出殡抢回江州和豫州，但被庚翼先发制人抢回了江州，谢尚最终改任为西中郎将、督扬州六郡诸军事、豫州刺史、假节，镇守历阳。

在 345 年这一年，谢氏掌控了豫州，谢尚死后堂弟谢奕接手，豫州成了谢氏的自留地。

到了 358 年八月，谢奕死了，此时已经北伐完洛阳的桓温开始对长江下游集中发力，运作出镇江州的桓云出镇豫州。结果被时任尚书仆射的王导侄子王彪之阻挠，琅邪王氏发表了意见，最终谢氏保住了豫州的地盘，谢万成为豫州刺史。

同月，徐、兖二州刺史荀羡生病，以郗鉴之子御史中丞郗昙为军司。年底，荀羡病重，郗昙正式被任命为北中郎将，都督徐、兖、青、冀、幽五州诸军事，任徐、兖二州刺史镇守下邳，徐、兖二州正式回到了郗氏手上。

359 年冬，慕容儁病重，两个新上位的小年轻开始北伐。

这位谢万，跟殷浩一个德行。谢万豪放自负，对人傲慢，擅长清谈啸吟，对真正的行军打仗却什么都不懂。

他哥哥谢安（门阀时代最后一位牛人）曾经劝他："你现在是军中主帅，万不可傲慢清高，哪有狂傲就能成事的啊！"于是谢万当着他哥的面召集众将，用如意指着诸将说："诸将皆劲卒！"[1]

诸将相当愤怒："我们是堂堂战将，你才是卒！你们全家都

---

[1]《资治通鉴·晋纪二十二》：万矜豪傲物，但以啸咏自高，未尝抚众。兄安深忧之，谓万曰："汝为元帅，宜数接对诸将以悦其心，岂有傲诞如此而能济事也！"万乃召集诸将，一无所言，直以如意指四坐云："诸将皆劲卒。"

是卒！"

谢安担心这个弟弟被兵变暗杀，就自己挨个去登门道歉，说："瞧我面子千万担待我这弟弟。"①

谢万率兵进入涡水、颍水开始北伐，但郗昙这个时候病了，于是也没跟谢万商量就退兵驻扎彭城了。

谢万一看郗昙退了，以为郗昙得到了什么消息胆怯了，就自己做出了判断：燕国大军即将来袭！于是他赶紧率领"劲卒"们退兵了。

就在撤退过程中，谢万高难度地完成了在前无堵截、后无追兵情况下的大溃退。谢万光杆司令一身狼狈地逃了回来，路上如果不是因为谢安的面子早就被干掉了。②

谢万仓皇逃回建康，晋穆帝下诏废谢万为庶人，把郗昙的封号降为建武将军。不久，许昌、颍川、谯、沛等淮北诸镇彻底看清了东晋的无能，纷纷北投前燕，成了慕容恪的政绩闪光点。

谢万的倒台，导致谢氏再无人能继领豫州，但这也直接导致了之前一直在家里养鸟遛狗的四十多岁的老小伙子谢安无奈出山。

谢安自小被王导、桓彝、王蒙等一大堆高官看好，说这孩子将来前途不可限量。

哪哪都好的谢安长大后爱好很多，就是不爱上班，入仕进了司徒府，辞职了；庾冰逼他来上班，他消极怠工一个多月又回家了；范旺做吏部尚书征召他时，他也修书谢绝。总之朝廷没完没了地喊他来上班，他就是不去。

---

① 《资治通鉴·晋纪二十二》：安虑万不免，乃自队帅以下，无不亲造，厚相亲托。

② 《资治通鉴·晋纪二十二》：万以为燕兵大盛，故昙退，即引兵还，众遂惊溃。万狼狈单归，军士欲因其败而图之，以安故而止。

后来朝廷觉得实在下不来台了，就表示对谢安永不录用。[①]

谢安真的是无意于仕途吗？其实不过是因为家族里面有人撑着台面，他堂兄谢尚，亲兄弟谢奕、谢万相继把控着豫州，所以他能够保证高贵的生活质量无忧无虑地天天玩而已。

要知道，谢安每次春游的时候，都是要带着女团助兴的。[②]这么好玩的生活，谁都懒得看那堆公务文书。

直到他兄弟谢万被废，家族的特权即将不保之时，玩了大半辈子的谢安终于没有办法了，以四十多岁的高龄出来上班。史书中明明白白地写道："及万黜废，安始有仕进志，时年已四十余矣。"

谢氏也因此进入了重建期。谢安出山后的第一站，是在桓温的帐下当司马，这也意味着谢氏就此被桓温拿下。

谢氏倒台后不久，郗氏的徐州刺史也没坐热多久就易主了。

361年初，郗昙病逝。二月，东晋任命东阳太守范汪（庾氏亲戚，做了十余年的庾亮佐史）都督徐、兖、冀、青、幽五州诸军事，兼任徐、兖二州刺史。

四月，桓温出招，以其弟黄门郎桓豁都督沔中七郡诸军事，兼新野、义城二郡太守，出兵取许昌，大败前燕将慕容尘。

桓豁打出名头后，桓温将沔中七郡交给桓豁，自己开始从荆州解脱出来。

五月丁巳，晋穆帝驾崩，无子，琅邪王司马丕（晋成帝嫡子）继位。

桓温趁着主少国疑之时宣称要北伐，命范汪出兵梁国。十月，范

---

① 《晋书·谢安传》：有司奏安被召，历年不至，禁锢终身，遂栖迟东土。
② 《晋书·谢安传》：安虽放情丘壑，然每游赏，必以妓女从。

汪大军未按时到达，范汪被桓温废为庶人。[①]豫州无主，桓温咄咄逼人。

东晋朝廷最终在 362 年的开春二月，以吴国内史庾希（庾冰子）为北中郎将，徐、兖二州刺史，镇守下邳；龙骧将军袁真（庾氏旧将）为西中郎将、豫州刺史，镇守汝南。

庾希是庾冰之子，袁真有庾氏背景，东晋朝廷对抗桓温的办法，就是用庾氏旧势力来对抗与牵制一招狠过一招的桓温。

362 年，桓温上疏请求迁都，并高调地说："自永嘉之乱，南来渡江逃难的流民现在是北徙中原的时候了。"

这个提案在桓温二次北伐洛阳后就曾提出来过，每次桓温一不痛快就把这事拎出来。大意就是："故都我都给你们恢复了，你们这帮不肖子孙倒是回去啊！天天君臣大义地谈故国，你们倒是拿出点儿真格的啊？"

在桓温大谈迁回北方的同时，前燕逐步紧逼。362 年底，庾希自守下邳退屯山阳（今江苏淮安），袁真自汝南退屯寿阳（今安徽淮南）。

每次桓温一闹，朝廷就得妥协，然后就得给桓温增封。

363 年五月，东晋朝廷向桓温交出了中央的所有控制权：加授征西大将军桓温为侍中、大司马、都督中外诸军、录尚书事，假黄钺。朝廷的意思就是"能给您的全给您了，桓爷您别闹了"，但桓温的部署仍在继续。

364 年五月，桓温将原扬州刺史王述调回中央做尚书令，自己给自己加官成了扬州牧。此时桓温面临一个问题，就是他不仅是扬州牧，他还是录尚书事，按理他应该入朝做官了，但桓温面对朝廷的征召表示"官我当，人不去"！

---

① 《资治通鉴·晋纪二十三》：徐、兖二州刺史范汪，素为桓温所恶，温将北伐，命汪帅众出梁国。冬，十月，坐失期，免为庶人。

七月，东晋再下诏令，再一次征召桓温入朝。

八月，桓温以此为由率军驻屯赭圻（今安徽繁昌西），辞让录尚书事职务，遥领了扬州牧。

365年正月，桓温以赭圻遭火为由，移驻姑孰（今安徽当涂），几乎重现了当年王敦逼宫的态势。

紧接着二月，桓豁监荆州、扬州之义城，雍州之京兆诸军事，领荆州刺史；加授江州刺史桓冲监江州及荆、豫八郡诸军事。

桓温把荆州、江州这长江中上游的大后方全都交给了两个弟弟，自己这个扬州牧要跟东边死磕了。

从当时局势来看，留给东晋的时间不多了。但接下来的剧本，却似乎让世人明白了人算和天算究竟有着怎样的距离。

七、公元369年，夏，中原大旱

时间到了365年，就在扬州牧桓温准备向下游发力的时候，西方发生了一件事打乱了桓温的计划。

365年六月，益州刺史周抚去世，他的儿子犍为太守周楚接替刺史之职。

没多久，镇守汉中的梁州刺史司马勋南下。司马勋这些年一直有占据蜀地当刘备第二的心思，只是因为害怕桓温和周抚才没敢发兵。

周抚是当年陶侃的亲家周访之子，却被世仇王敦的个人魅力吸引而成了王氏铁杆，随王敦谋逆一条道走到了黑，后来大赦，因祖辈功勋再度入仕，随后成了桓温的人。

周抚自桓温灭蜀后镇守益州二十年，平定隗文、邓定、萧敬文三寇，在蜀中很有威望。

桓温这些年在东边对扬州下手，已经驻防到了长江尾，而周抚一死，司马勋认为时机到了，自称成都王，打算当刘备了。

这真是一个无敬无畏的时代，无论胡与汉，所有有点儿资源的人都在琢磨着搏一把。这也是为什么开启这黑暗三百年的司马氏要永远被钉在历史耻辱柱上的原因。

十一月，司马勋带兵进入剑阁。当月中旬，司马勋兵临成都城下。大后方的蜀地谁也没想到，都是一个系统的，司马勋怎么还突然来了这么一招。

消息传来，桓温派江夏相朱序为征讨都护率荆州军入川救援。转过年来的三月，荆州刺史桓豁派督护桓罴自汉水上游攻打南郑，断司马勋退路。

不久，双线受敌的司马勋被朱序、周楚攻破擒获，桓温杀了司马勋及其全党。

由于司马勋的叛乱和之后的西方大整顿，桓温对下游东方消停了一年。

366年十月，前燕抚军将军下邳王慕容厉入侵兖州，攻下了鲁郡、高平等郡，设置守官而还。

367年正月，桓温以庾希坐失良机，不能抵御前燕、救援鲁郡与高平为由，免去了其徐、兖刺史之职。

九月，东晋朝廷选取了一个各方面都认可的人，即郗鉴的长子郗愔，去都督徐、兖、青、幽、扬州诸军事，任徐、兖二州刺史，镇守京口。

之所以说郗愔这个人选是多方面认可的，是因为郗愔像当年他爹郗鉴，具有多方关系的优势。

1. 司马氏方面认为，郗愔是郗鉴长子，郗家是京口大族，东晋皇族认为他可以像当年郗鉴挺王导一样，帮司马家在后面站场子。

2. 从门阀圈来看，郗氏跟琅邪王氏是联盟关系户，郗愔是王羲之的内弟，有望阻击越来越凶猛、想打破门阀平衡的桓温。

3. 从桓温的角度来考虑，郗愔是他帐下参军郗超的父亲，郗超是他的铁杆小弟，庾氏之前插进了京口，现在需要用郗氏拔出庾氏在徐、兖的势力。

368 年，前秦"四公之乱"，桓温一直在观望。

同年十二月，前秦内乱收尾，桓温面临的局势是：

1. 前燕慕容恪过世，国政混乱，外强中干。

2. 前秦刚刚经历了整整一年的鏖战，国力衰弱。

369 年四月初一，桓温人生中第三次出兵北伐。这一次，他带着徐、兖刺史郗愔和豫州刺史袁真一起北伐。他要打一把大牌，利用此次北伐达到如下战略构想：

1. 利用北伐成就大功，为自己的篡逆加码。

2. 利用北伐消耗豫州和徐、兖二州的实力，消灭自己多年来的绊脚石。

这次北伐刚一开始，其中一个重要的战略构想就"意外"达成了——因为桓温的铁粉郗超的神助攻。

桓温帐下有几个这样的心腹，用当时桓温府中的话是这么讲的：长胡子的参军和矮个子的主簿左右着桓温的喜怒。[1]

长胡子参军是郗超，矮个子主簿是王珣。桓温还有个长史，叫王坦之。桓温近几年有一步关键的上升，就是遥领了扬州牧，而原扬州刺史是王坦之的父亲王述。极有可能是桓温通过手下王坦之的运作，拿下的这个关键岗位。

桓温这辈子不走废棋。

郗超自幼卓越超群不受拘束，据说是旷世之才，善于清谈且怎么说怎么有理。看郗超的出场介绍，貌似他又是个纸上谈兵的家伙，但东晋玄谈圈还是出了几个能干实事的人才的。毕竟郗超是郗氏的后人，是有儒家家学功底的。

郗超最早被司马昱征辟为府掾，桓温灭蜀后他进入了桓温幕府担

---

① 《晋书·郗鉴传》：府中语曰："髯参军，短主簿，能令公喜，能令公怒。"

任征西府椽，后改任大司马参军。

桓温向来没有看得起的人，但在与郗超共事后，发现这小子深不可测，于是倾心礼遇，郗超自己也把桓温当偶像去追随。[①]

桓温曾不止一次地表达出对北府兵的防备与青睐，称："京口酒可饮，兵可用。"

这次郗愔收到桓温的北伐消息，回信表态说："要为国家献出自己的力量，打到黄河去。"[②]

郗超收到老爹的来信后，把信撕碎了，重新以他爹的名义给桓温写了封信，说："我郗愔非将帅之才，岁数大了折腾不动了，想退休了，请求桓将军统领麾下军队。"

桓温见信后大喜，当即就把郗愔调任为冠军将军、会稽内史，自己兼任了徐、兖二州刺史，接过了郗愔手中的军队。[③]

这件事颇为儿戏。郗愔去信表示自己能打，结果得到的回复却是兵权被夺。但是，郗愔并没有什么表示，京口军也并没有什么反应，郗氏就这样认了。

这又颇为反常。可能和桓温遥领扬州牧的流程一样，应该是在漫长的沟通和运作中，桓温早已派郗超做通郗愔的工作了。这回就是走个过场，通过北伐让郗愔正式表态让位。但老郗临阵变卦了要自己上，结果儿子大怒："爹，你怎么就那么不懂事呢！"于是帮他老爹表决心了。

---

① 《晋书·郗鉴传》：桓温辟为征西大将军椽。温迁大司马，又转为参军。温英气高迈，罕有所推，与超言，常谓不能测，遂倾意礼待。超亦深自结纳。

② 《资治通鉴·晋纪二十四》：初，愔在北府，温常云："京口酒可饮，兵可用。"深不欲愔居之；而愔暗于事机，乃遗温笺，欲共奖王室，请督所部出河上。

③ 《资治通鉴·晋纪二十四》：愔子超为温参军，取视，寸寸毁裂，乃更作愔笺，白陈非将帅才，不堪军旅，老病，乞闲地自养，劝温并领己所统。温得笺大喜，即转愔冠军将军、会稽内史。温自领徐、兖二州刺史。

在搞定徐、兖后，四月初一，桓温率步骑五万从姑孰出发，正式北伐。

桓温此次北伐选在了夏季，因为东晋北伐关键中的关键，是水路。南方没有战马，无法像北方游牧政权那样派出骑兵提前烧杀抢掠，然后大军过来吃现成的。

《孙子兵法》中说："故智将务食于敌，食敌一钟，当吾二十钟；忌杆一石，当吾二十石。"只要在当地抢下了一钟粮食，相当于从大后方运上来二十钟粮食——大约百分之九十五的粮食都会在运输途中耗散掉。

骑兵其实是大军作战时的一个后勤作弊器。

在古代，大军出动后，沿途基本上是千里无鸡鸣，得到消息的人家能跑的都跑了，谁都害怕跑晚了全家被充军。

东晋由于后勤问题无法因粮于敌，所以基本上所有给养都要靠水路，只能通过船只一路航运，将海量的物资运送到前线。这也就意味着东晋能利用的水路通到哪里，哪里就是东晋的战略投放区域。

因对水路极端依赖，桓温出兵北伐只能选择初夏。夏天是雨季，中原的河流水量丰沛，航线最通畅。而且很多航道仍需采取修筑堰坝、引入别的支流等方式提高航道中的水位，以保障大军通航，所以也只能选在支流水量丰富的夏季。

桓温走中渎水道自长江进入淮河后面临诸多航道选择，此时通往黄河的支流众多，汴水、睢水、颍水都可以北上黄河。

但此时，这些航道却都无法使用，因为这些航道都是由一个地方——石门水口——自黄河分出来的。（见图11-7）

如果石门堵了，黄河水引不进来，仅依靠汴水、睢水等河道本身的水量是不足以支撑北伐船队通航的。

更关键的是，石门不通，东晋的水军便无法航行进入黄河。

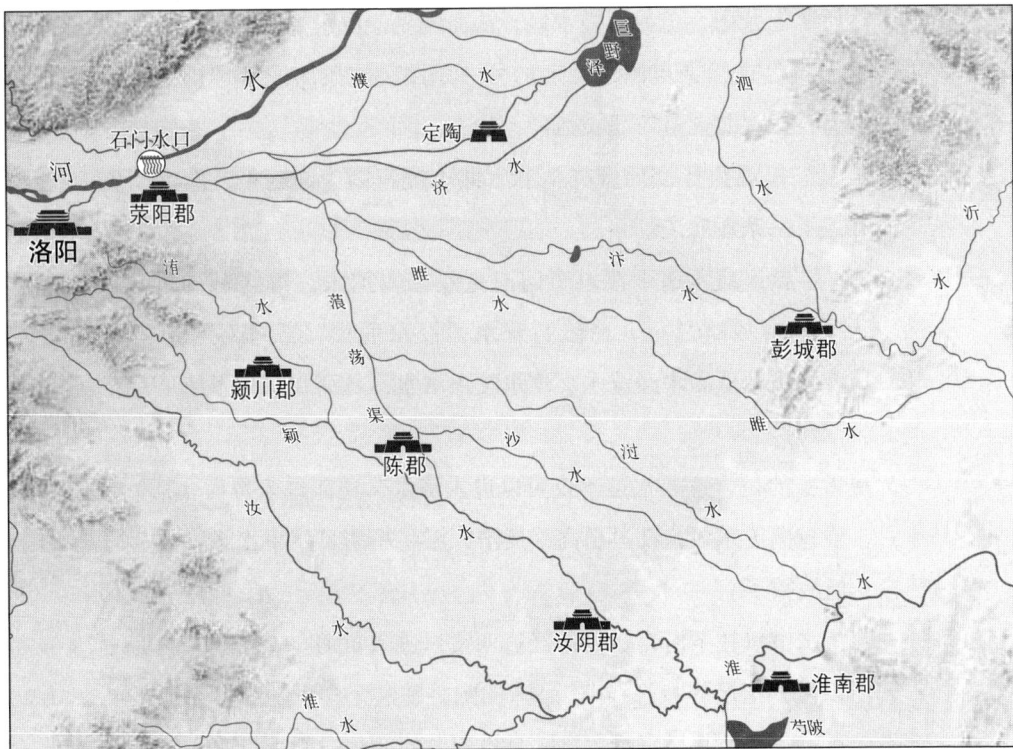

图 11-7　石门水口位置示意图

　　十七年前，戴施在冉闵闹腾河北的时候靠着汴水在黄河各种穿梭；十三年前，桓温第二次北伐时也是靠着自汴水经石门输送的军粮光复了洛阳。

　　黄河与淮河之间原本畅通无阻，但六年前，363 年夏，前燕控制了荥阳。荥阳这一兵家必争之地在这个时代最关键之处，开始变成了辖区控制下的水门水口。

　　前燕聪明地封死了石门水道，导致东晋大军自此因为水量问题根本运不过来。所以在此次北伐的大部队还没出发时，桓温就已经给豫州刺史袁真安排了一项极其艰巨的任务。

　　桓温命袁真率豫州军从寿春沿涡河北上，拿下谯郡、梁国的前燕军，然后北上荥阳，疏通石门水口，从而恢复中原水系的流量。①

桓温自己选择了自泗水北上的另一条路。这条路按常理讲是没戏的，因为自泗水北上进不了黄河。

那么，桓温为什么要选择从泗水北上呢？因为356年，徐州刺史荀羡开辟了一条新航道。

356年春，前燕南下渡过黄河向兖州方向扩张，荀羡率军北上御敌。为了达成战略目标，荀羡自洸水引汶水通渠，通过对水道的修整，荀羡的舰队从泗水经洸水、汶水驶入济水，从而在东阿干掉了慕容兰。②

更重要的是，这条水道不仅可以进入济水，还能进入黄河。359年十月，慕容儁侵东阿，郗昙出高平反击，派将军诸葛悠率水军进入黄河阻击，但战败了。③

自济水继续往下游走，可以经过四渎口进入黄河。（见图11-8）

所以说，桓温的梦想线路，是如图11-9这个样子的。因为这条水道不受石门水道控制，水量大概率是没问题的。桓温想得挺好，但上天开始了宏观调控。

六月，桓温进至高平郡，攻克前燕军关键交通点的湖陆县，抓住了前燕宁东将军慕容忠。然后，他就有些傻眼了。因为自从入夏，这边一滴雨都没有下。虽然没有人为堵塞，但洸水和泗水根本就没有足够的水量支撑水军继续航行。（见图11-10）

桓温随后采取了第二套方案，走荷水水系。

---

① 《晋书·桓温传》：先使袁真伐谯梁，开石门以通运。

② 《晋书·荀崧传》：羡自光水引汶水通渠，至于东阿以征之，临阵，斩兰。

③ 《宋书·志第二十一》：此冬十月，北中郎将郗昙帅万余人出高平，经略河、兖；又遣将军诸葛悠以舟军入河，败绩。

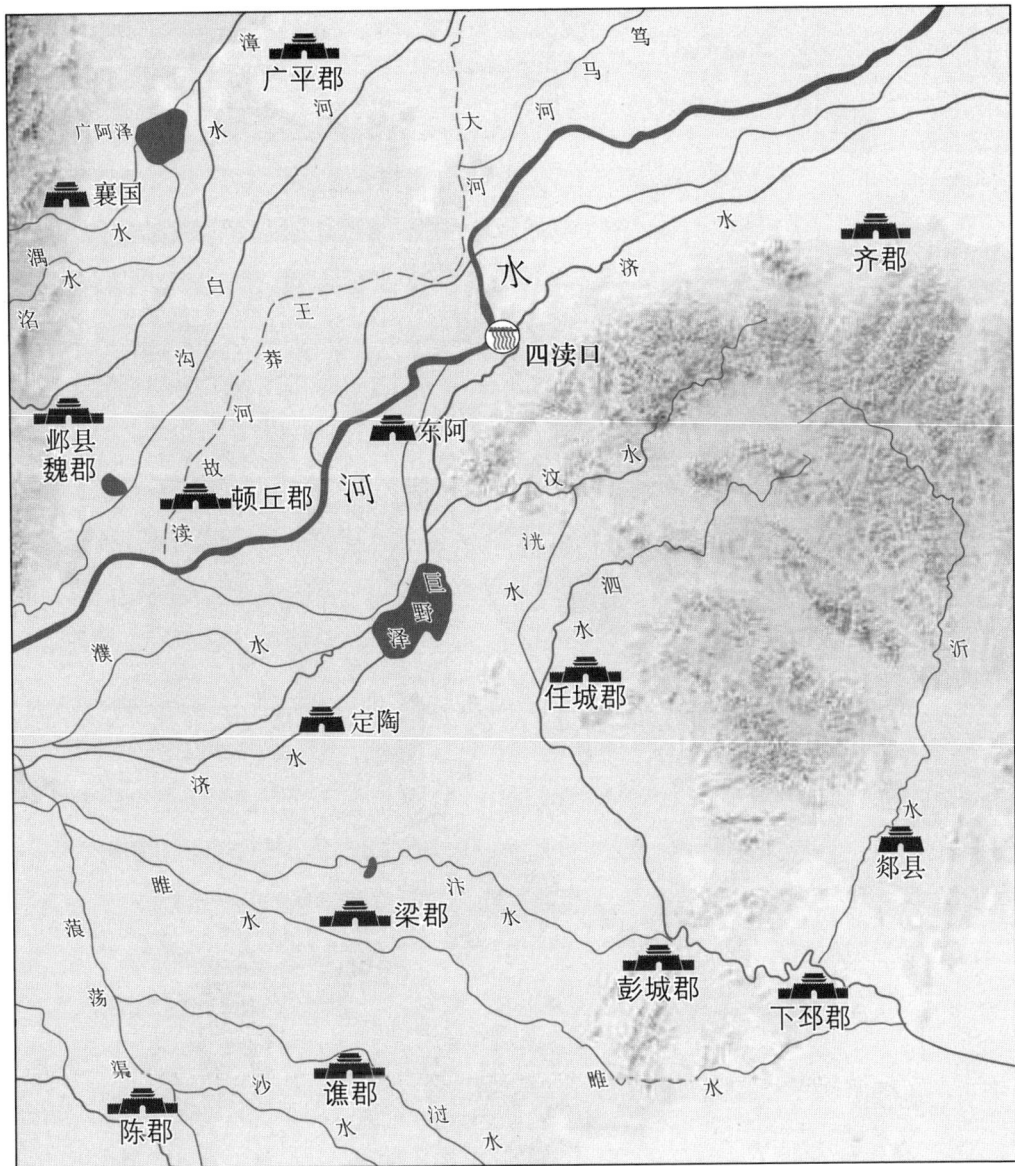

图 11-8 中原水系示意图

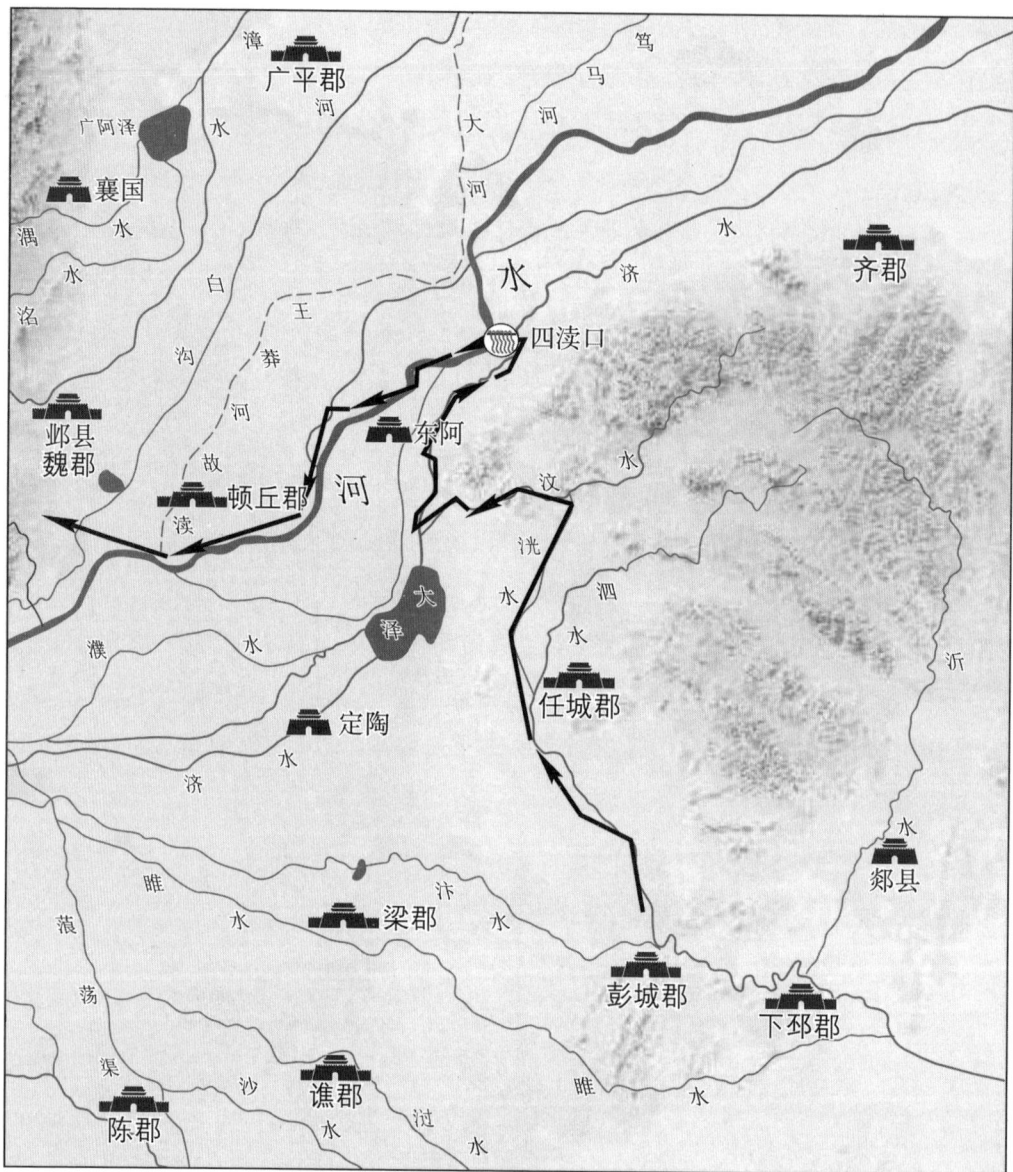

图 11-9　桓温预想北伐水路示意图

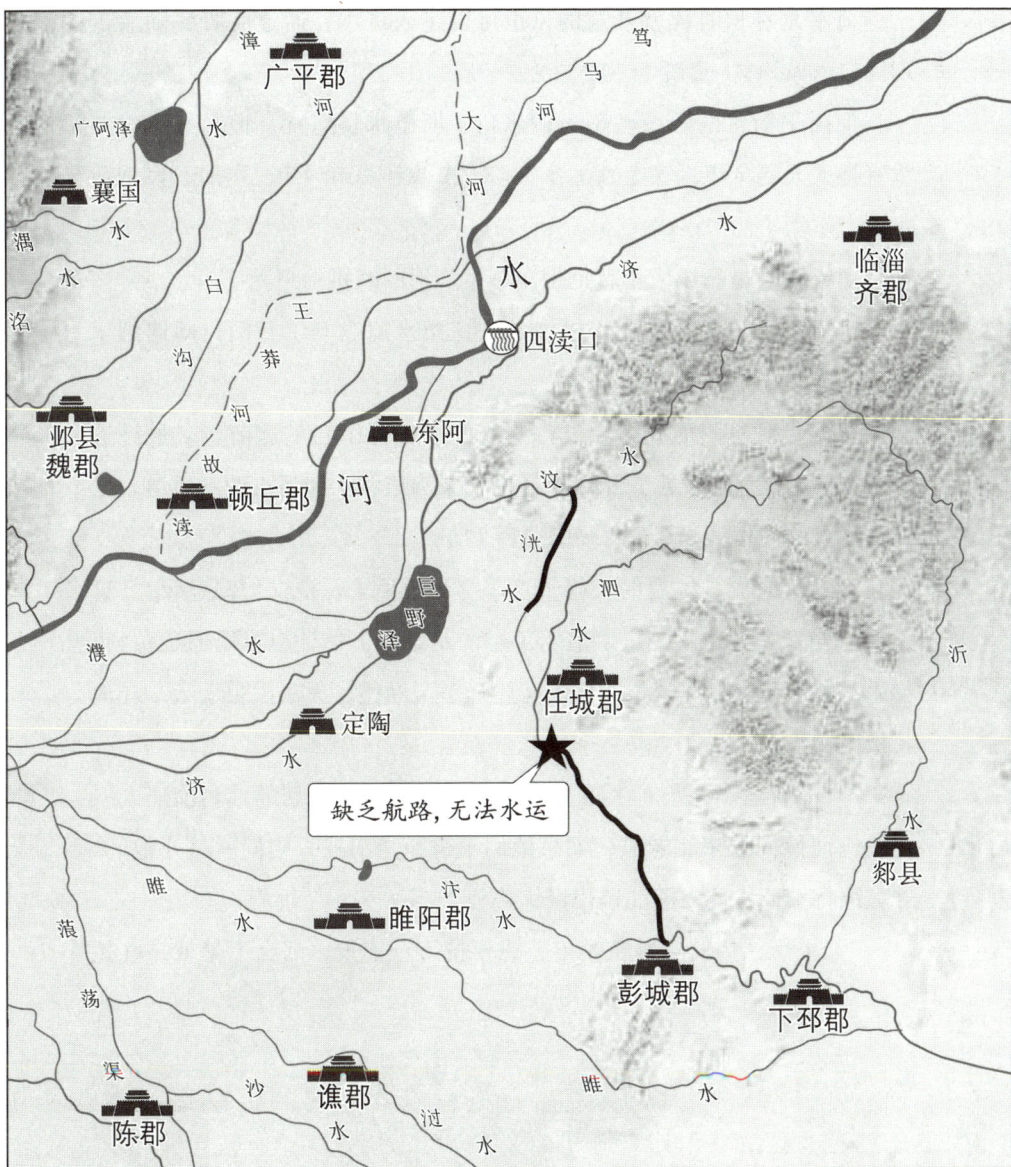

广平郡

漳水

广阿泽

襄国

滠水

渭洛

邺县
魏郡

顿丘郡

白沟

王莽河
故渎

河

大河

笃马河

济水

水

四渎口

东阿

巨野泽

汶水

洸水

泗水

临淄
齐郡

水

汶水

定陶

济水

任城郡

★

缺乏航路,无法水运

濮

睢水

睢阳郡

汴水

彭城郡

下邳郡

郯县

水

沂

陈郡

蒗荡渠

沙水

谯郡

涡水

睢

水

图 11-10 桓温北伐航道受阻示意图

荷水是春秋时代就开凿的，也可以进入济水，通过巨野泽随后走四渎口入黄河。（见图 11-11）

但由于荷水的源头也是石门水口，所以水量堪忧，桓温开始时并没有抱太大的希望，等走到金乡（今山东嘉祥县南四十里）时，发现荷水也走不动了。[①]

上天仅通过一场大旱就把桓温毕生难遇的时机给憋死了。

生死有命，成败在天！桓温选的这条水道避开了石门，却遇到了罕见的中原大旱。

桓温走到这里时，开始发挥主观能动性开凿新航道前行。最终选定的方案，是废弃洸水，从巨野泽挖一条沟通泗水和济水的新航道，也就是后世的"桓公渎"。[②]（见图 11-12）

在这个时候，桓温的长胡子参军郗超说话了。他向桓温建议："这条渠工程量太大，就算进入清水（今济水上游）估计也难以通运黄河。如果敌人不与我们交战，咱们的运输通道又断绝，无法因粮于敌，局面将极其危险。[③]

"现在有上下两策：上策是全军奔袭邺城，听到您的威名前燕人一定会逃回他们的东北老家；如果他们不逃而是出战，咱们就杀死他们，守城顽抗咱们也能在河北搞出巨大声势。

"如果您认为此计胜负难定，想要持万全之策，那么下策就是驻扎

---

① 《资治通鉴·晋纪二十四》：六月，辛丑，温至金乡，天旱，水道绝。

② 《晋书·桓温传》：乃凿钜野三百余里以通舟运，自清水入河。

③ 《资治通鉴·晋纪二十四》：郗超曰："清水入河，难以通运。若寇不战，运道又绝，因敌为资，复无所得，此危道也。"

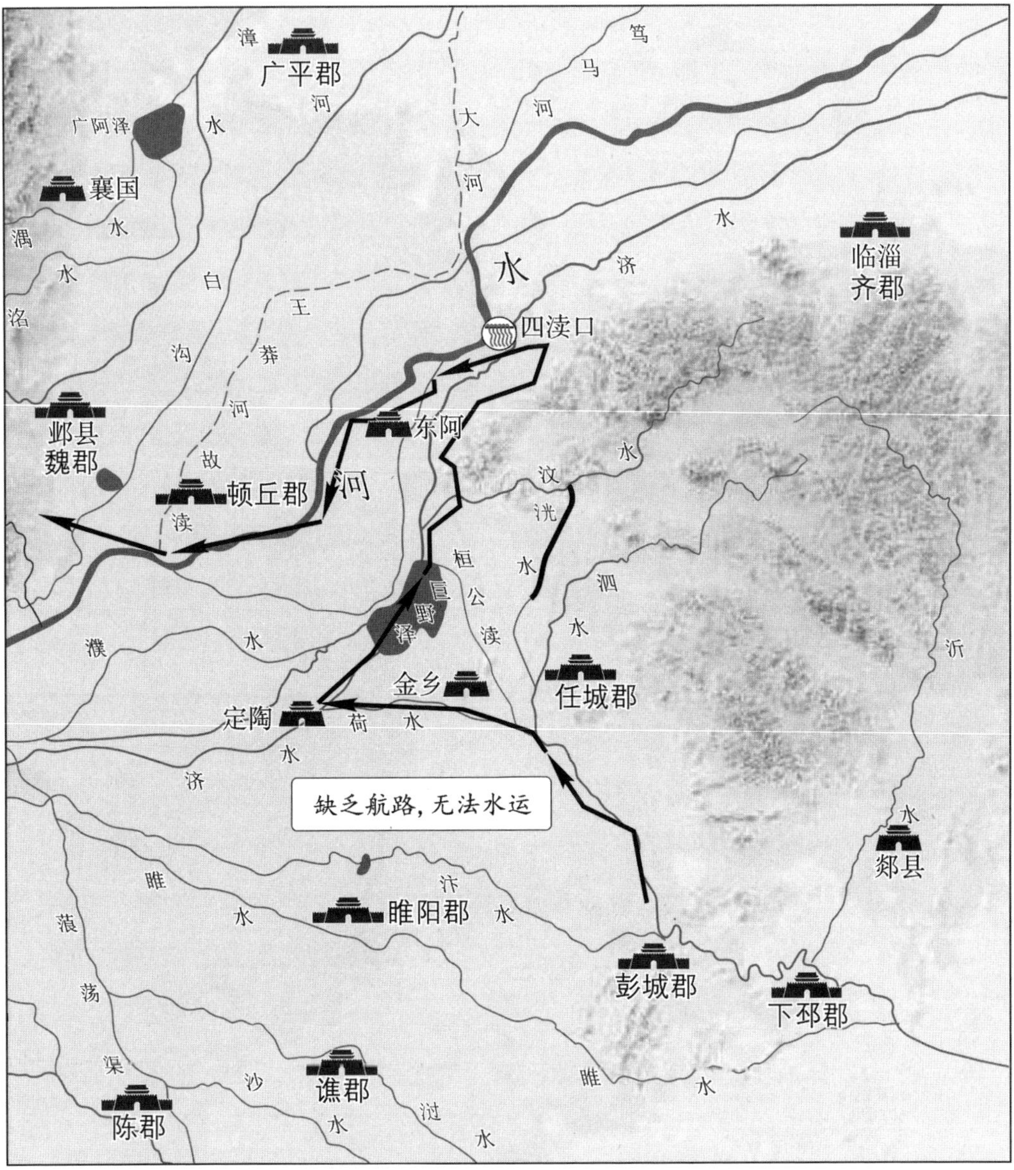

图 11-11　桓温备用水路方案示意图

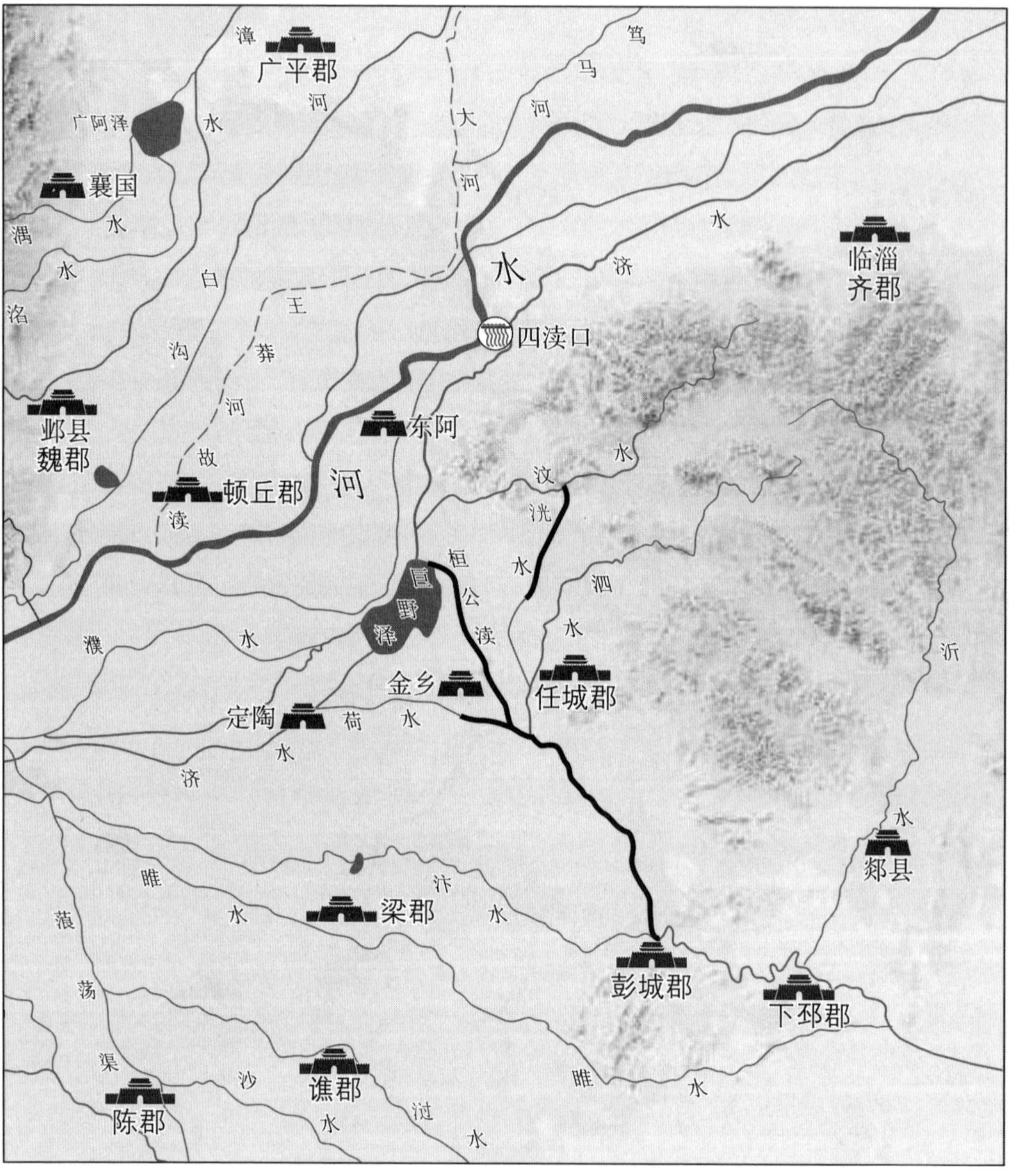

图 11-12 开凿桓公渎位置示意图

于此处，控制水路运输，咱们歇一年，到明年夏天再进军。[①]

"明年还会继续大旱吗？咱们等一年呗！如果现在继续开渠北上，进不能速胜，等渠开通也入秋了，一旦敌人与我们耗下去，再过两个月就是秋冬枯水期，不仅水量更少，而且将士们也没准备冬衣，到时候咱们就不光是军粮不够了，在天时上也不具备可行性了啊！"[②]

桓温不听，指挥全军继续开凿"桓公渎"。桓温会这样做，有三个原因：

1. 前秦内部刚刚鏖战一年，再过一年的话就缓过来了。

2. 万一明年仍然大旱，水量仍然不足，要再等一年吗？

3. 反正闲着也是闲着，开此渠算是日拱一卒，将来北伐仍然能用。

此时前燕方面的第一波阻击，由下邳王慕容厉带队，率兵两万在黄墟迎战，结果被桓温打得只身匹马逃回邺城，随后高平太守徐翻率郡向桓温投降。

前燕再派乐安王慕容臧统领众军抵抗桓温，再败。前燕无奈，派散骑侍郎乐嵩去前秦请求救援，许诺割地虎牢以西。

收到前燕的求援申请后，前秦群臣纷纷表态："当年桓温打我们打到灞上，燕国不来救我们，而且又不向我们称藩，凭什么要救他们！"

王猛则在跟苻坚开小会时说："燕国虽然强大，但慕容评打不过桓温，如果让桓温拿下了中原，咱们一统天下的大业就全完了。慕容评这

---

① 《资治通鉴·晋纪二十四》：（郗超）曰："不若尽举见众直趋邺城，彼畏公威名，必望风逃溃，北归辽、碣。若能出战，则事可立决。若欲城邺而守之，则当此盛夏，难为功力，百姓布野，尽为官有，易水以南必交臂请命矣。但恐明公以此计轻锐，胜负难必，欲务持重，则莫若顿兵河、济，控引漕运，俟资储充备，至来夏乃进兵。"

② 《资治通鉴·晋纪二十四》：（郗超）曰："……合此二策而连军北上，进不速决，退必愆乏。贼因此势以日月相引，渐及秋冬，水更涩滞。且北土早寒，三军裘褐者少，恐于时所忧，非独无食而已。"

个草包还是留着好！眼下与燕国会合兵力来打退桓温，等燕国战后疲惫，咱们再打这个草包，您看多好。”

八月，苻坚决定派邓羌等率兵两万前去救援前燕。桓温没想到，刚刚大伤后的前秦居然入局了。

回看东边，这个时候前燕的兖州刺史孙元率领他的亲族同党起兵响应桓温，前燕在黄河以南基本失控，派出的所有阻击力量全部被桓温打了回去。

九月初一，桓温裨将邓遐、朱序再破前燕傅末波于林渚。

九月十一，桓温来到了枋头，距离邺城不到百里！（见图11-13）

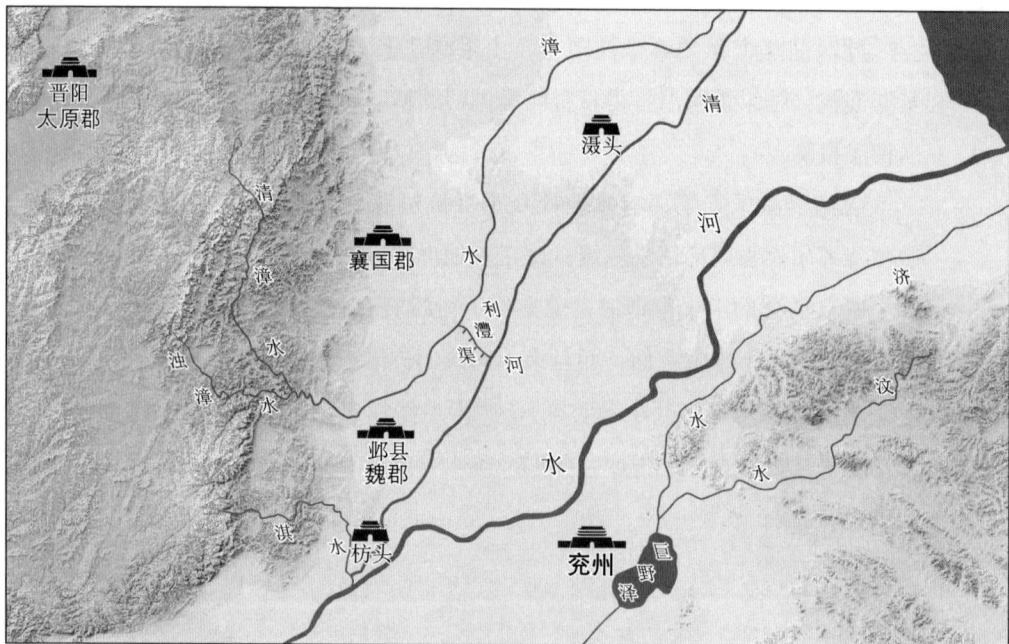

图11-13　枋头与邺距离示意图

前燕方面，太傅慕容评已经准备回东北老家了。①

在巨大的天时不利的情况下，桓温连战连捷几乎就要吓跑前燕的这些胆小鬼了。

在前燕的危亡时刻，已经坐冷板凳多年的慕容垂说："让我去试试吧！我要是再输了，咱们再逃也不晚。"

这位大燕最后的帝国柱石终于代替慕容臧成为南讨大都督，率领范阳王慕容德等五万人前去抵御桓温。

此时已是深秋。

慕容垂掌兵后第一时间派慕容德率骑兵一万、兰台侍御史刘当率骑兵五千驻防石门，坚决不能让晋军拿下石门，与此同时命前燕豫州刺史李邦率州兵五千断掉桓温东来的航运粮道。

桓温这边吸引了巨大火力，然而西线的袁真用了半年多的时间仍然没能拿下石门水口。②（见图 11-14）

与此同时，苻坚的两万援军也即将赶到。天时已变，多方不利，粮草也断了，桓温决定撤军。但撤军时，桓温迎来了巨大的悲剧。

来时的路已经被前燕切断，石门水口也没有打开，想要争夺这两条路需要时间，但粮草已经不足。

这也就意味着，从水路跑不了了。桓温面临逃不出去的尴尬。

九月十九，桓温决定焚毁所有舟舰，走陆路南撤。

桓温南撤后，前燕将士纷纷请求追击。慕容垂说："不行，桓温为人谨慎，一定会严加戒备以精兵殿后，不如暂缓，当他看到我们没有追击后一定会昼夜急行地逃回，等他的军队没力气跑了，咱们再追击，别

---

① 《资治通鉴·晋纪二十四》：啴及太傅评大惧，谋奔和龙。

② 《资治通鉴·晋纪二十四》：初，温使豫州刺史袁真攻谯、梁，开石门以通水运，真克谯、梁而不能开石门，水运路塞。

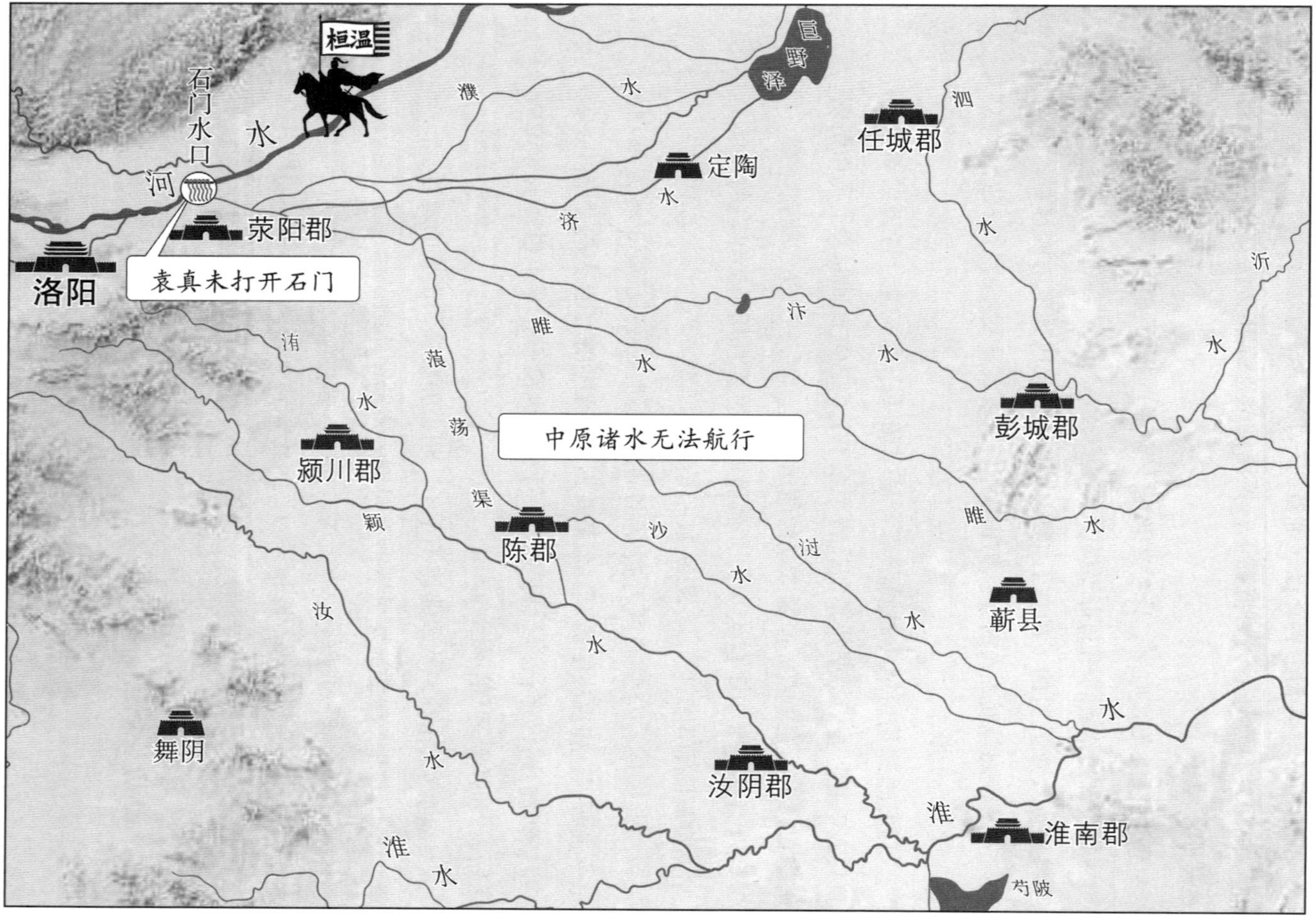

图 11-14　袁真方面未达成战略构想示意图

沂
水
泗
水
任城郡
鉅野泽
定陶
济水
濮水
菏水
睢水
汴水
彭城郡
睢水
水
蕲县
淮南郡
芍陂
淮水
泗水
汝阴郡
中原诸水无法航行
陈郡
沙水
涡水
汝水
渠水
蒗荡
睢水
颍川郡
颍水
汝水
消水
荥阳郡
袁真未打开石门
石门水口
河水
洛阳
桓温
舞阴
淮水
淮水

忘了咱们可是骑兵！"

果如慕容垂所料，桓温自南逃后极其谨慎，怕上游前燕军投毒，连喝的水都是即时掘井开采。

在桓温南逃了七百多里后，慕容垂放话："可以打了！"

九月二十四，慕容垂率八千骑兵在襄邑（今河南睢县）追上了桓温，慕容德率精骑四千埋伏在襄邑东面的山涧中，与慕容垂夹击桓温。桓温大败，晋军死亡三万多人。

桓温再跑，在谯郡被前秦大将苟池攻击，又死了一万多人。

直到十月底，桓温才终于在山阳收拢住了溃散的败兵。桓温丢了人生中最大的一次脸。

桓温把此次失败的罪过全部推给了袁真，奏请黜免袁真为庶人。

实事求是地讲，桓温此次北伐在前中期打得是非常棒的。他不仅开通了新航道，而且打退了前燕的多次阻击，赢得了黄河两岸大量百姓的响应，吓得前燕要迁都，还向前秦求援。

哪怕最终局势不利，桓温其实也有退路——坐船走呗。但他败就败在了退路上：

首先，自己来时的水道没有看守好，被人家断了粮道。

其次，过于相信西线袁真能够打开石门，只要能上船，前燕的骑兵是不会有什么作为的。

袁真收到弹劾后不服，上表反弹劾桓温。东晋朝廷明显知道谁胳膊粗，于是力挺桓温，袁真最后据寿春反叛，投降了前燕，与此同时又向前秦求援。

八、袁真反叛幕后推测

回看一下桓温撤退的记载：

1.九月……丙申（九月十九），焚舟，弃辎重、铠仗，自陆道奔还。

2.温自东燕出仓垣，凿井而饮，行七百余里。燕之诸将争欲追之……数日，垂告诸将曰："温可击矣。"乃急追之，及温于襄邑。范阳王德先帅劲骑四千伏于襄邑东涧中，与垂夹击温，大破之，斩首三万级；辛丑（九月二十四），慕容垂追败温后军于襄邑。

3.秦苟池邀击温于谯，又破之，死者复以万计。

4.冬，十月，己巳（十月二十二），大司马温收散卒，屯于山阳。

再看看桓温的撤退路线。

桓温跑得非常快，九月十九从枋头跑，六天以后已经跑了七百余里来到了襄邑，随后被暴力狂屠，紧接着又在南面的谯郡被追杀。

这里面能清晰地说明一件事：负责打通石门的袁真早就跑了，将整个东线空了出来。（见图11-15）

如果同时撤退的话，袁真很难跑得过桓温，而且屯兵石门的慕容德不会从容来到襄邑搞埋伏。桓温回军后，袁真反了。

原因是桓温把责任推给了袁真，袁真也上疏弹劾桓温，但朝廷没

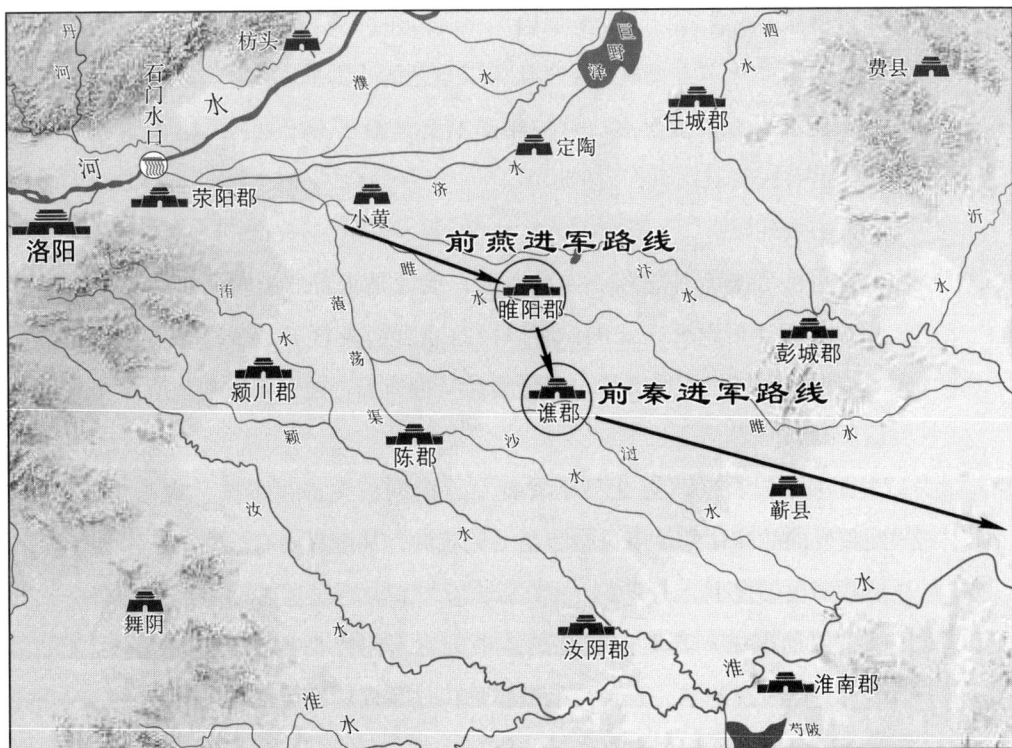

图 11-15 桓温撤退路线图

搭理，随后袁真叛降前燕。①

《晋书》中的时间线是这样的：冬十月……己巳，温收散卒，屯于山阳。豫州刺史袁真以寿阳叛。十一月辛丑，桓温自山阳及会稽王昱会于涂中，将谋后举。

这就意味着在十月二十二桓温刚到淮安不久，袁真就人人方方地反了。桓温这辈子废了太多人，袁真是唯一一个有胆子反叛的，而且反

———————————

① 《资治通鉴·晋纪二十四》：温深耻丧败，乃归罪于袁真，奏免真为庶人；又免冠军将军邓遐官。真以温诬己，不服，表温罪状；朝廷不报。真遂据寿春叛降燕，且请救；亦遣使如秦。

得非常迅速，可能有以下两个原因。

1. 桓温此战实力大损，袁真认为以自己的实力根本不用惧怕桓温。

从侧面可以推测出袁真这一年基本上是出工不出力，实力丝毫无损，让他有底气对抗重伤后的桓温。

2. 心委屈了。

有可能袁真就是想存心弄死桓温，或者是东晋的门阀圈子指望通过此次北伐让桓温死在北国，所以授意袁真消极怠工，撤退时釜底抽薪。结果桓温居然跑回来了，东晋朝廷又害怕了，抛弃了袁真，所以袁真造反投降前燕。

史书中没有一丁点儿关于袁真在石门的战斗描写。按常理来讲，如此重要的战略任务，应该会有相关记载的，甚至只要有战斗就一定会被记载于史书之上。

按照前燕末年那股子混乱劲，很难对石门提高到什么战略角度，前燕对石门重视的唯一表现，是慕容垂接过兵权后，命慕容德带着一万五千人去夺回石门！ ①

所以袁真此前的任务难度极大概率不会太高，他甚至早早就到了石门，否则桓温怎么会在九月还敢开进黄河进逼枋头呢？

最有可能的就是桓温有底气，因为航道是通畅的，是有退路的，甚至有可能桓温收到了袁真已经搞定石门的虚假情报！

但无论怎样，这个"石门"最终没有开通。桓温能够开渠三百里入黄河，袁真却通不开这个石门。

桓温两次北伐的时机都极佳，有个问题：如果第一次北伐提前几年，桓温带兵先直接上，胜算是否更大？虽说权臣在内，但桓温是封疆

---

① 《晋书·慕容暐载记》：乃以垂为使持节、南讨大都督，慕容德为征南将军，率众五万距温……慕容德屯于石门，绝温粮漕。

大吏，兵粮自给自足，不是可以吗？

分析袁真叛乱的内幕，对这个问题，你有答案了吗？

灭掉殷浩，桓温才能无后顾之忧地北伐，不然前脚走了，朝廷那帮自以为是的清谈官员们不知道会鼓捣出什么幺蛾子。

桓温一辈子机关算尽，他本心是想让袁真当炮灰的，自己选了一条并不被关注的航道，但最终算漏了一招。这一招错的代价，就是差点儿死在北国！

政治这东西，不彻彻底底掌控好一切，是很难集中力量办大事的！奔跑路上可怕的不是远方的险阻和高山，而是鞋里的沙子。

桓温看到袁真反了，迅速命手下毛虎生兼淮南太守，戍守历阳，堵住了袁真南下的道路。

十一月二十五，丞相司马昱来到涂中与桓温会合，商量如何解决袁真谋反的问题。桓温终于从名义上拿到了豫州，其子桓熙被任命为豫州刺史。

年底，桓温征派徐、兖百姓修筑广陵城，自己亲自前往战前拿下的徐、兖二州去压平当地的不服势力，连续一年的征战、劳役再加上瘟疫流行，徐、兖百姓损失近半。[①]

桓温就此彻底完成了对徐、兖二州的掌控。

370 年二月，袁真病死，陈郡太守朱辅立袁真之子袁瑾为豫州刺史，继续抵抗桓温，并向前燕和前秦求救。

三月，前燕、前秦皆遣兵助袁瑾，桓温派督护竺瑶等阻击。前燕兵先至，竺瑶等人于武丘大破燕军，桓温的侄子南顿太守桓石虔攻克寿春南城。

---

① 《资治通鉴·晋纪二十四》：大司马温发徐、兖州民筑广陵城，徙镇之。时征役既频，加之疫疠，死者什四五，百姓嗟怨。

八月，桓温搞定徐、兖后从广陵出发，率两万兵众讨伐袁瑾，同时任命自己的跟班小弟襄城太守刘波为淮南内史，率兵五千镇守石头。至此，桓温控制了建康最后的战略要地石头城！

八月十一，桓温在寿春亮相后打败了袁瑾，随后围城。

371年正月，袁瑾、朱辅向前秦求救，苻坚派全明星级别的武卫将军王鉴、前将军张蚝率步骑兵两万前去救援，诚意不可谓不足。但桓温派桓伊和桓石虔等在石桥大败前秦的万人敌王鉴、张蚝。

桓温不仅自己牛，内部的人才选拔和队伍建设也相当棒，子弟皆多才。

正月十七，桓温攻下了寿春，生擒袁瑾，并将其宗族数十人送去建康斩首。至此，桓温拿下了豫州。

桓温的第三次北伐，虽然大败于中原，却大胜于江左。徐、兖二州和豫州以及重镇石头城在桓温的第三次北伐中都被桓温收割。

东晋所有地盘，已经尽入桓温之手。

时年五十七岁的桓温，在东晋立国半个世纪的分水岭，终于几乎打破了门阀政治的束缚，彻底形成一家独大！

他似乎就要完成对司马氏的命运复仇，命运之神确实是安排给了他家这个任务，不过最终的操刀手，却并没有安排给他。

因为南北对峙的剧本还有很多，门阀政治仍然有它的意义和华彩的世纪对决，桓氏和另一位老小伙子还有更为重要的任务。西边的那位雄主，就要横扫六合八荒了。

两晋悲歌

渤海小吏 著

下

中国大百科全书出版社

图书在版编目（CIP）数据

两晋悲歌：全三册/渤海小吏著. -- 北京：中国
大百科全书出版社，2023.9
　　ISBN 978-7-5202-1429-2

　　Ⅰ.①两… Ⅱ.①渤… Ⅲ.①中国历史—晋代 Ⅳ.
①K237

中国国家版本馆 CIP 数据核字（2023）第 171471 号

出 版 人	刘祚臣	
策 划 人	赵　易	
责任编辑	赵春霞	
责任印制	魏　婷	
出版发行	中国大百科全书出版社	
地　　址	北京市阜成门北大街 17 号	
邮政编码	100037	
电　　话	010-88390767	
网　　址	http://www.ecph.com.cn	
印　　刷	三河市宏达印刷有限公司	
开　　本	710 毫米 ×1000 毫米　1/16	
印　　张	83.75	
字　　数	1081 千字	
印　　次	2023 年 10 月第 1 版　2024 年 4 月第 6 次印刷	
书　　号	ISBN 978-7-5202-1429-2	
定　　价	218.00 元（全三册）	
审 图 号	GS（2023）3168 号	

本书如有印装质量问题，可与出版社联系调换

第 *12* 战

雄主的膨胀之路： "开其慧" "助其狂" 的

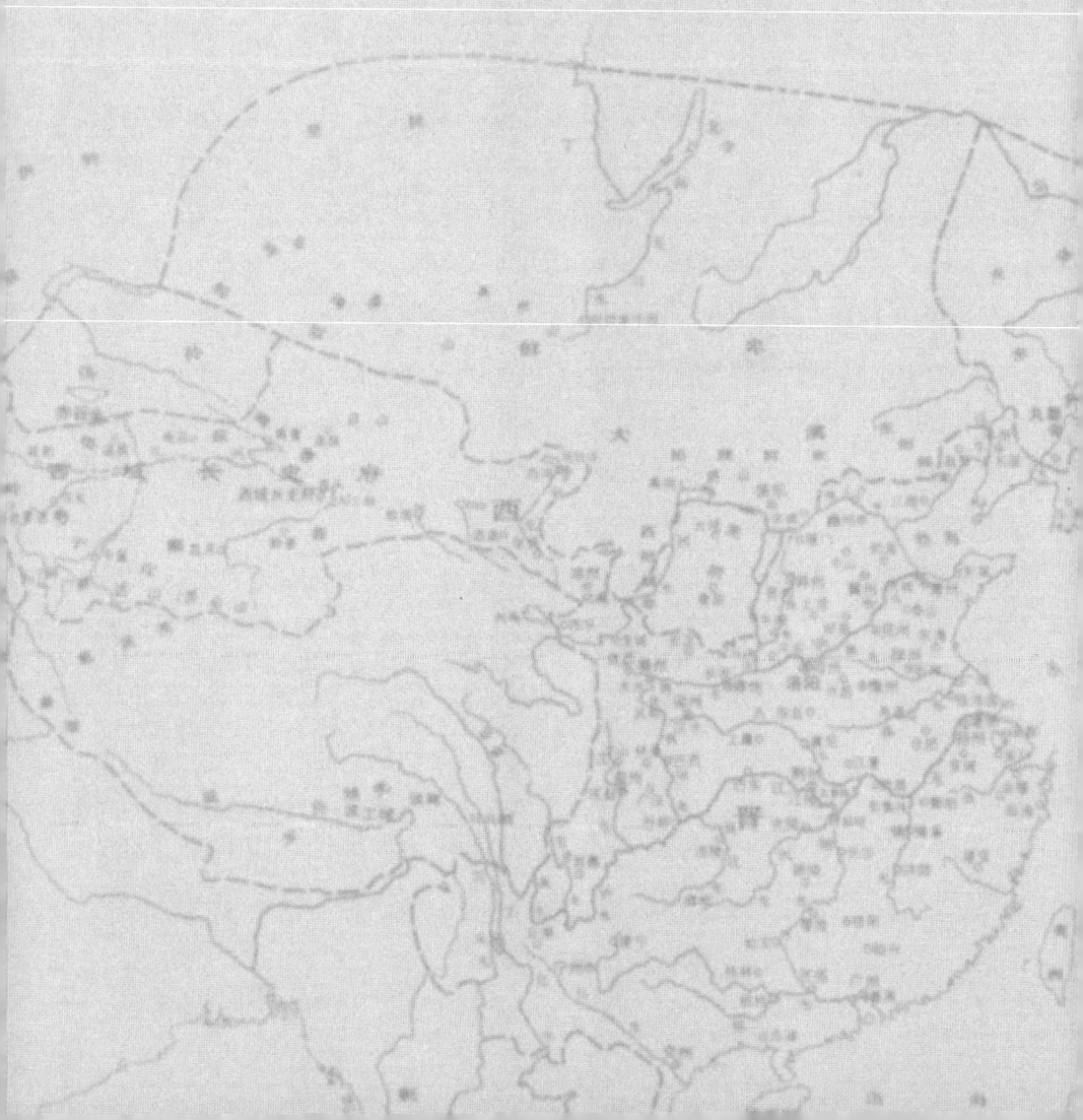

两种选择

一、笑你我枉花光心计，为贪嗔喜恶怒着迷

金庸先生在自己的武侠世界中写活了很多少数民族的姓氏，比如独孤、慕容、耶律……有些高手的姓氏跟历史有一定的关系，比如大理的段氏、契丹的萧氏，这都是本国本族的大姓；有些姓氏则跟这个家族的历史轨迹有着巨大的符号借用效果。

在金庸老先生写活的诸多姓氏中，有一个姓氏已经难以用普通的武侠情节概括了，它的层面更加复杂。这个姓氏，就是慕容。

一提到这个姓氏，人们的脑海中浮现的就慕容博、慕容复父子苦心孤诣、念念不忘复兴大燕，一辈子如痴如幻地做着皇帝美梦。

"慕容"这个姓氏与其国运，掺杂的元素太多，分不太清。

金庸先生在《天龙八部》这部巅峰之作中，将国家、民族、佛法等宏大体系融在一起，其主旨之一在于说明众生皆苦。佛门八苦："生苦、老苦、病苦、死苦、爱别离苦、怨憎会苦、求不得苦、五阴炽盛苦。"大师将这"八苦"揉进了文中所有角色中，无论是主角还是配角，每个人都深深陷入这八苦之中。

什么叫巨著，就是用枝繁叶茂的情节来述说人生中的那些无形大道。

乔峰这位天生英雄的初衷是"侠之大者为国为民",但最后因为民族身份问题没有得到任何一方的理解和挂怀。虚竹从小梦想成为得道高僧,参透生死,但命运找上他后,是他亲手一条条地破掉了那些清规戒律。

在乔峰寻找真相的过程中死了那么多人,这些人无非是希望保住那位带头大哥,但带头大哥却最终在全武林的面前被揭开了陈年伤疤,自裁谢罪而死。

无论是四大恶人,还是少林方丈,各有各的业,各有各的苦。

金庸先生晚年重新修订了一遍王语嫣的结局,把表妹又还给了表哥,很多人觉得大师老糊涂了,这不是往金字招牌上泼粪吗!实际上,王语嫣要是真跟了段誉这小说才不完美,因为段誉自开始就是"贪嗔痴慢疑"这人生五毒中的顶级"痴"。

"五毒"中"痴"的最终结局,当然就是"八苦"里的"求不得"。段誉是情"痴",慕容父子是功业"痴"。为了突出这份执着,金庸先生在《天龙八部》中给慕容氏的复国安排了相当重要的剧情。

历朝历代中,复国的情况并不常见。一个国家之所以灭亡,很大程度上是因为这个政权确实没法要了,如果连宗庙社稷都被他人连根拔起了,那么所有统治的根基都已不复存在。

最成功的复国案例,是东汉的光武中兴,光武帝刘秀重新拽回了大汉的两百年国祚。不过,金庸先生却没有把老刘家作为复国的大样本来进行打造。

首先,戏剧性不强,刘秀除了在河北当过几个月的叫花子之外,后面一路都是天选之子的开挂之旅。

其次,老刘家的故事实在是太多了。刘秀这么牛的历史地位,在《两汉风云》中几乎用了三十万字来写光武中兴及其绵延百年的历史影响,但在整个东汉之外,刘秀的存在感仍然很低。

老刘家的顶流不是复国，而是刘邦开国 PK 项羽这个大魔王、太阳王刘彻烤干整个东亚五十年。

讲复国，就要先找这项运动的顶流时代。

中国历史上曾有一个时期是复国大业盛行的年代，也就是本章即将展现的淝水大战之后。偌大的前秦帝国分崩离析，许多曾经存在过的少数民族国家的后裔纷纷开始了复国之旅。

其实同时代的拓跋氏复国运动同样跌宕起伏，但远没有慕容氏那种苦心孤诣却得而复失的悲苦落差。

金庸先生把"复国"剧本安排给了慕容氏，其实就是因为一个人——慕容氏最后的大才——慕容垂。

慕容垂在前燕朝野上下准备打铺盖卷回东北老家时，最后申请坚持了一把，终于拿到了部分军权，组织起对桓温北伐的阻击。

在天时来到和对石门的战略眼光布防下，慕容垂大败桓温，前燕也从差点儿回东北老家的危局中再次变成"貌似"的东亚老大。

不过慕容垂这个挽救危亡的社稷之臣却深深刺痛了某些人。一个劲儿嚷嚷着回东北老家的慕容评非常嫉恨慕容垂，这个大侄子的英勇让他觉得自己被衬托得太无能了。

慕容垂回朝后，要求对将士们进行封赏。这种挽救国家危亡的军事行动，通常来讲要给予最高规格的荣誉和物质奖励的。既是榜样，又是收买。

榜样是给所有将士们的一个承诺，好好干，榜样就在身边，国家什么时候都不会亏待兄弟们。

收买是因为既然已经被逼到打这种"存亡战"了，说明该国很多层面上已经不行了，后续的麻烦会更多，这种收买人心也是为了下一次"存亡"逼近时，能够调遣更多的人。

结果慕容评全都压着不批。慕容垂多次跟慕容评争论，于是慕容评找来了同样与慕容垂有仇的太后可足浑氏当战友，两人密谋要杀了这位帝国柱石。①

慕容恪的儿子慕容楷和慕容垂的舅舅兰建先后从某些渠道得知了这个消息，透露给了慕容垂并表态："你应该先发制人，只要除掉慕容评及慕容臧（慕容儁庶长子），大事必成。"②

慕容垂非常谨慎，说骨肉相残而首乱于国，宁死也不能干。没多久，两人又来信了："太后已经下决心要杀你，你必须要做决定了！"慕容垂回答："我宁愿躲在外面也不会骨肉相残的。"③

其实慕容垂已经给出自己运筹后的答案了："吾宁避之于外。"结果那几人没理这回事。

在慕容垂满脸忧愁的时候，作为长子的慕容令看出了他爹的心事，问道："您是不是觉得现在功高震主已经很危险了。"

慕容垂说："没错啊，我一心为国，现在却要兔死狗烹，你既然看出来了，有什么好办法吗？"

慕容令说："主上暗弱，慕容评总掌一切，咱们现在很危险，如今想要保全宗族不失大义，不如逃到龙城，咱们谢罪后看主上的反应，如果能够容得下您，不追究，那是大幸，如果容不下您，您对内可安抚燕、代之地，对外可怀柔群夷，守幽州之险以自保。"

慕容垂表态："说得好！"这也就是慕容垂心中的打算。

慕容垂之所以不发动政变，是因为这个人心思缜密，很多方面他

---

① 《资治通鉴·晋纪二十四》：垂数以为言，与评廷争，怨隙愈深。太后可足浑氏素恶垂，毁其战功，与评密谋诛之。

② 《资治通鉴·晋纪二十四》：太宰恪之子楷及垂舅兰建知之，以告垂曰："先发制人，但除评及乐安王臧，余无能为矣。"

③ 《资治通鉴·晋纪二十四》：顷之，二人又以告，曰："内意已决，不可不早发。"垂曰："必不可弥缝，吾宁避之于外，余非所议。"

和桓温都很像，都是不见兔子不撒鹰。

慕容垂很明白，发动政变的变数太大，自己完全处于劣势，能利用的势力太少。但回到老家就不一样了，他曾经做过平州刺史，出镇辽东，而且当年镇守信都时整个东部北部都是他的控制范围。[①]

慕容垂父子敲定方案后，声称去打猎，带着嫡系们换上便装出了邺城，准备去抢占龙城。当他们走到邯郸时，很多人都明白了慕容垂的意图：这哪里是去打猎，这是去造反。

小儿子慕容麟因为慕容垂平时不喜欢他，就逃回了国都并举报他爹自绝于朝廷，慕容垂周围的人也都开始作鸟兽散。

慕容评立即派慕容强率精锐骑兵追赶，在范阳追上了慕容垂，但被殿后的英武的慕容令唬住，不敢逼近。

入夜，慕容令对慕容垂说："现在事情泄露，回不去龙城了，前秦苻坚正在广招英杰，不如前去归附他吧。"慕容垂说："事到如今，还能去哪里呢？"

于是慕容垂遣散手下，让大家分头走，消灭痕迹，自己沿着太行山麓又返回了邺城，藏在了石虎的显原陵。

正隐藏间，突然有数百猎者由四面而来，这个级别的狩猎团肯定是前燕勋贵，既打不过又逃不了，慕容垂一行人准备接受命运的审判。

就在这个时候，命运之神挥了挥衣袖，那个狩猎团的猎鹰全都飞起来了，这些人以为猎鹰发现了新目标开始散去。得到天佑的慕容垂杀白马祭天，对他此时身边的所有人盟誓，表示永不相负！

一路有金点子的慕容令又向慕容垂进言说："慕容评嫉贤妒能，自从谋划杀您以来众叛亲离，如今邺城没有人知道您的去向，人们呼唤您

---

① 《晋书·慕容暐载记》：及僭僣称尊号，封垂吴土，徙镇信都，以侍中、右禁将军录留台事，大收东北之利。

的回归，若顺众心，袭其无备，取之在股掌之间。今天这种机会万不可失啊！您给我几个人我就能把这事给办了！"

慕容垂道："如你所说，要是成功了最好，要是失败了悔之不及，还是往西跑吧。"

慕容垂向西行进到河阳后被管理渡口的官吏挡住，慕容垂杀掉了官吏，渡过黄河，前燕一直追击到了国境边，在乙泉（今河南宜阳县西）时仍有当地坞堡主追杀慕容垂，但再度被慕容令击退。

慕容垂带着段夫人、长子慕容令、其余的儿子们（慕容宝、慕容农、慕容隆）、侄子慕容楷、舅舅兰建及郎中令高弼成功逃到了前秦。慕容垂带走的人员阵容相当豪华，可以说前燕宗室的精华大部分都在这里了。

慕容垂的这些儿子都很棒，后面在他复国的时候发挥了很大作用、水准最高也是慕容垂一直当作接班人培养的慕容令，在此次逃离邺城的谋划中堪称一号人物。无论是韬略，还是多次断后、退敌的表现，都证明他是才堪大用的好苗子。

其实慕容令要偷袭慕容评的计划可行性是比较高的，而且成本很低——仅带几个人去就可以。但是慕容垂没有同意，他所说的"不成悔之何及"，很大程度上是因为这个文韬武略的宝贝儿子是他不能冒的风险。

甚至可以说，慕容令如果能够一直在慕容垂身边的话，慕容氏后面那场轰轰烈烈的复国很可能不会像烟花一样，绚烂后迅速归于了沉寂。

还要专门提一下慕容楷——慕容恪的长子，他也来蹚了慕容垂的这摊浑水。

慕容恪死后，其太原王的爵位史书没有写明归属，极大概率是在慕容恪死后就被收回了，因为这种级别的高官死后都会写明"子某，袭其爵"，没写，应该就是没下文了。

史书中是直到公元 384 年，当慕容垂开始复国大业的时候，才重新记载慕容楷被封回了太原王的爵位。

慕容恪有三个儿子，但却没有人能继承他的爵位，这基本可以说明，这三个儿子都不是嫡子。但即便如此也不应该，毕竟慕容恪不是一般人，大咖位的慕容恪死后儿子居然不能承其爵位，朝廷也是相当冷血人走茶凉了。

这就将慕容恪的儿子们逼到了慕容垂这边，甚至他的长子慕容楷居然会和慕容垂做这玩命的事！慕容恪的长子慕容楷、次子慕容绍后来都成了慕容垂的铁杆，都在慕容垂的复国过程中立下了汗马功劳。

前燕的政体此时已不仅仅是朽烂了，而且从根本上也看不到什么未来。

因为无论政治这个东西有多么理性，但看上去还是需要有人情味的，而这牵扯到了政治这种无限游戏能否更久远地玩下去。

慕容恪这种图腾符号都能弃之如敝屣，前燕内部还能有什么长远的政治建设？

另一边，苻坚想睡觉有人递枕头，本来就打算吞灭前燕，一直以来最担心的就是慕容垂，听到慕容垂来投，欣喜若狂，亲自到郊外迎接。

他拉着慕容垂的手说："人杰一定会凑到一起来携手成就大业，这是上天自然之理，我要和你共平天下，告慰泰山后再把你的故国还给你，把幽州世世代代封给你，让你离故国不失为子之孝，投奔我不失事君之忠，不亦美乎！"

苻坚对慕容垂以英雄相惜，他不仅大爱慕容垂，还看重慕容令、慕容楷之才，全部厚礼相待、赏赐巨万，每次这兄弟两人觐见时，苻坚都欣喜地看着他俩。①

因为苻坚的看重，慕容垂父子迅速成了关中地区的大人物，所谓"关中士民素闻垂父子名，皆向慕之"。而且苻坚、慕容垂这哥俩还创造了一个成语，叫"一见倾心"。②

和学历史的女孩表白时不要用这个词，因为原型是俩老爷们。

慕容垂之于苻坚，相当于一个人正要打比赛，然后对手把最佳选手送过来了。

在苻坚和王猛的计划中，桓温退兵后去偷袭前燕，但慕容垂的大杀四方重整了前燕将士的士气和意志品质，让苻坚比较为难。③

明明对面已经腐烂，但蹦出来了个大神逆天改命。慕容垂的到来消除了苻坚的最后疑虑，他决定灭燕！

早在 367 年慕容恪死的时候，苻坚就派西戎主簿郭辩打着匈奴左贤王曹毂的名义去邺城探查底细搞外交。

郭辩遍访公卿，如入无人之境，将前燕底细摸了个遍，最后只在太尉皇甫真那里才差点儿被拆穿身份。

郭辩在这次前燕政局查探中给苻坚的调查报告是这么写的："燕朝无纲纪，实可图之。鉴机识变，唯皇甫真耳。"

从郭辩外交侦察后，苻坚开始暗中调集大量粮草辎重屯储于东方重镇陕城（今河南三门峡）。正准备攻前燕的时候，不料祸起萧墙，他那四个弟弟闹起来了。

前燕大搞精神管制，前秦忙着平乱，桓温比苻坚更早出手了。当

---

① 《资治通鉴·晋纪二十四》：坚复爱世子令及慕容楷之才，皆厚礼之，赏赐钜万，每进见，属目观之。

② 《资治通鉴·晋纪二十七》：主上与将军风殊类别，一见倾心，亲如宗戚。

③ 《资治通鉴·晋纪二十四》：初，秦王坚闻太宰恪卒，阴有图燕之志，惮垂威名，不敢发。

时的前燕貌似很强大，但在苻坚和桓温这两个高段位选手眼中，却都是去晚了生怕就没了。

前燕到了秋天扛不住来向前秦求救了。前秦半年多前刚刚平定闹了一年的内乱，还在喘着粗气，但王猛给出了关键建议："必须得救！千万别到桓温手中！慕容评那大傻子实在不好找！"

慕容垂大败桓温后，局势的剧烈演变甚至让苻坚产生了错觉：他那几个弟弟突然窜出来造反简直就是在帮他。因为他纵观此时政治风云，发现了以下局势：

1. 桓温被重创后忙于剿平豫州袁真整合南方士族势力，朝他的终极目标迈进最后几步，根本没空再管北边的事。

2. 前燕被桓温的五万人打得几乎尿裤子，在军政的任何方面，已越来越虚弱。

前秦帮前燕打退桓温后，双方开始了正式的使者外交往来。前燕散骑侍郎郝晷、给事黄门侍郎梁琛相继入前秦进行外事访问，结果郝晷和王猛是有旧交的，很快就把前燕的底细给卖了。[①]

梁琛则没被公关动，梁琛回去给慕容评带去了相当重要的外交情报，上天给了前燕最后一次示警的挽救机会。

梁琛说："苻坚在前秦内部开始频繁调动部队，大量粮草开始汇聚至陕城，现在慕容垂都跑那边去了，咱们要早早做准备啊！"[②]

慕容评自我感觉良好，表示"前秦不会傻到敢跟我们开战"，随后又问苻坚和王猛是什么样的人。

梁琛道："苻坚明而善断，王猛名不虚传。"慕容评听完依旧认为

① 《资治通鉴·晋纪二十四》：晷见燕政不修而秦大治，阴欲自托于猛，颇泄其实。
② 《资治通鉴·晋纪二十四》：琛言于太傅评曰："秦人日阅军旅，多聚粮于陕东；以琛观之，为和必不能久。今吴王又往归之，秦必有窥燕之谋，宜早为之备。"

前秦都是乡巴佬，不以为然。

前秦借着这个机会也派了大量的探子去收集前燕的情报，散骑侍郎姜抚和黄门侍郎石越等使节一次次地传回调查报告：快打吧，前燕就是纸老虎！

慕容评接待石越等前秦使者的方式是尽显奢华，他大概是想表现前燕民众尤其是前燕高层的优越生活，以此突显前燕的家底厚实。

大臣高泰等人向慕容评进言说："石越嘴里说着荒诞之词，眼睛满世界乱转，他不是来跟咱们结好的，是来观察虚实的！您应该给他看我军威武，怎么能给他看大酒店呢？"慕容评不听。

其实前燕朝廷中哪怕是慕容垂出走后，仍然是有明白人的，让郭辩给出高度评价的皇甫真就曾建议增兵洛阳、并州、壶关，防范前秦军。慕容评还是不听。

慕容评牢牢占据着本民族最大败家子的榜首两千年不动摇：在前秦出现四公之乱时力排众议什么也不做，然后逼跑了最后一位军国大才慕容垂，紧接着在情报问题上又极度不负责和不重视，并再次给前秦送出了一份大礼：慕容评给苻坚送去了出兵的理由。

这就是前燕的国运！

一个国家要多少年才能碰上这么一位总揽大权、以一己之力做错所有重大抉择的人呢？

之前桓温把前燕打得快要跑回老家，慕容评向前秦求救时给出的许诺是割让虎牢关以西之地。桓温被慕容垂击败后，慕容评看到前秦并没怎么出力，觉得不能把那么好的一块地给出去，于是对前秦的使臣说："之前我们派出去的使臣说话不着调、不算数，再说都是大国，分灾救患都是常理，你们怎么能乘人之危呢？"

十二月，苻坚派王猛为主帅、邓羌为副手，率领三万步骑杀出陕城，一路摧枯拉朽，迅速包围了洛阳。

王猛根本就没开打，只写了封劝降信给前燕荆州刺史武威王慕容筑："我们已经塞虎牢之险，绝盟津之路，虎师百万准备取邺都，你这工事虽然坚固，但底细我清楚，没多少人，而且外援断绝，快投降吧。"

慕容臧率十万前燕军来救，结果邓羌和梁成仅率万人精锐赶到交战，慕容臧就打不过了，被杀了一万多人。不久梁成再败慕容臧，斩首三千余人，抓获其将军杨璩。

前燕本来答应的虎牢以西被前秦彻底拿下，顺便还占了虎牢、拿下荥阳，把通往中原的防盗门给踹开了。

慕容筑等了半天看到救兵不来就投降了。

拿下河南后，王猛留下邓羌镇守金墉，以辅国司马桓寅为弘农太守代邓羌戍陕城，自己回师长安。毕竟大内乱刚过，还是得缓缓，王猛先回去跟苻坚再准备准备。

这次洛阳之战，作为灭前燕的垫场赛，在史上并不出名。但在这次出征的过程中，"算天星"王猛留下了自己的历史代表作。

真正高手做的局，是利用自身的优势给对方几个选项，无论对方选哪个，都逃不过被推下悬崖的结局……

二、由金刀计拆解做局的本质

本节通过前秦最强军师王猛的阴谋，来拆解一下"做局"的概念与步骤。

慕容垂来到前秦后得到苻坚的高度礼遇，很快在关中俘获了巨大人望。

王猛对这位大神看得很明白，他对苻坚说："慕容垂是燕国贵戚，世雄东方，宽仁惠下，恩结士庶，燕、赵皆有推崇拥戴之意，观其才略权智无方，兼其诸子明毅有才干，父子皆是龙虎根骨，非可驯服争取之人，他日若是给了机会将风云再起，不可控制，不如早早除掉以免后患。"

苻坚说："我正打算树立慕容垂为标杆拉拢天下英杰呢，绝对不能杀他！"

苻坚要通过慕容垂给其他各国的"受气包们"做示范，王猛则认为慕容垂有着巨大的喧宾夺主风险，君臣二人站在各自的立场上思考都没问题。从宏观角度来考虑，苻坚的思路是对的。

当时北方的局势并不友好，强敌环伺，北面是铁弗匈奴和拓跋鲜卑，西面是前凉和"杂胡"，东面、南面是体量上远比前秦大的前燕和东晋。

符坚想要建功立业，希望总成本最低，总阻力最小。他可以把慕容垂养起来，可以包装成形象大使，只要不给慕容垂兵权，圈在手下就不担心控制不了。

慕容垂作为广告的价值太高了，说明符坚是怎样的虚怀若谷和求贤若渴啊！

即使要杀慕容垂，那也要等天下大定的时候再下手。毕竟兔子死了才能烹狗，眼下都是兔子，所以还是要先把狗都挖过来。哪怕让狗来了不干活光鼓掌，也比抓兔子时还得防着狗咬强呀。

但王猛则展现出了他的倔强。对于王猛来说，看到了隐患不除掉不是他的风格，于是他决定自己动手。

符坚是在完成霸北大业后才膨胀起来的，而王猛其实早在灭燕之前就已经收不住了。他开始按照自己的意志行事，忽略符坚的最高决策。

为了除掉慕容垂，王猛做了一个局，阴谋界的经典案例——金刀计出现了。

从概念上来说，所有做局在本质上是一个人知道自己的真正目的以及要兜售产品的价值，但要通过种种方式弄晕对手，使其不明产品价值，自己再来赚这个差价，以达到自己的目的。即做局的本质，是利用自己和对手的信息不对称达到己方目的。

王猛想除去慕容垂，是在和符坚开小会的时候透露的，慕容垂应该完全不知道，否则后面他不会把重要的信物给王猛。这是第一层信息不对称。

当时慕容垂的情况是，初到敌国，被符坚"一见倾心"任命为了冠军将军，封宾都侯，食华阴五百户。慕容垂在幸运登陆关中后，大概率会做如下分析：

1.苻坚对自己是真爱吗？

怎么可能！自己就是个名片广告罢了，因为现在对苻坚还有用，目前大概率是安全的。

2.前秦的官僚系统对自己是什么态度呢？

绝对是嫉妒！不会再有第二种可能。

而从王猛对慕容垂的态度可推测出：慕容垂在前秦的算法只会是：首先约束所有嫡系，夹紧尾巴做人；其次尽最大的可能不得罪人，尤其是以王猛为首的权臣。

进一步拆解这第一层不对称的信息可知：

1.王猛准备搞死慕容垂，而且知道慕容垂的现阶段算法，目标几乎没有任何可隐藏性。

2.慕容垂知道虽然自己此时貌似花团锦簇，但处境着实危险，但是谁会对他开枪，什么型号的枪，什么时候打过来，他两眼一抹黑什么都不知道。

这是做局的第一个条件：对方云里雾里，自己掌控所有信息。无论多聪明的人，当他不能掌控所有信息时，都是谈不上什么做局的，因为一旦掌控不了的环节失败或被拆穿，他都将极其被动。

王猛决定利用这层信息不对称，在出征前燕之前找苻坚申请安排慕容垂的嫡长子慕容令为参军向导。[①] 这也是被王猛算定结果的一次出招。

王猛先是冠冕堂皇地给慕容垂家戴罪立功的机会，慕容垂无法反驳，答应一定把慕容令调过来。

苻坚也不会有什么疑问，因为慕容垂就在他身边，王猛不可能借着出征的机会把自己树立的标杆找理由阴了，而慕容垂儿子的死活其实

---

① 《资治通鉴·晋纪二十四》：王猛之发长安也，请慕容令参其军事，以为乡导。

不重要。

王猛将慕容垂最有能力的接班人从他身边调开，有以下后手：

1. 创造目标内部的信息不对称。

慕容令他爹在长安，他自己在出征的路上，爷俩的信息渠道开始出现不对等，方便王猛进一步下手。

2. 为接下来去慕容垂家拜访创造由头。

调动慕容令后，王猛走出了第二步，他在出征前有理由去亲自拜访慕容垂了。

王猛的第二步，结果也是确定的，因为王猛的咖位摆在那里。

王猛在前秦享受什么规格的待遇呢？君臣两个曾有过一段对话。

苻坚深情地对王猛说："你天天太累了，我这是周文王得了姜太公啊！天天只是玩都可以了！"

王猛说："您对我评价太高了，我可不敢比姜太公。"

苻坚坚持道："就这我还压着说呢！姜太公都比不上你！"

苻坚不只是嘴炮，他还经常对自己的儿子们说："你们对王猛先生，要像对我一样恭敬！"

慕容垂看到王猛来拜访后会有什么想法呢？可能如下：

1. 我现在受宠，王猛可能嫉妒我，找理由要害我。

2. 王猛调走了我大儿子当人质，这是让我老实点儿，出征前吓唬我来了。

3. 王猛也有可能是英雄惜英雄来与我结好。

慕容垂的这三条推测都指向了一个结果：来了高手，不能怠慢，要尽心尽力争取这位前秦"孔明"的好感。

第二步走完总结起来就是：王猛推测到了慕容垂的应对算法，他仍然掌控着全部信息；慕容垂不知道王猛要来做什么，只能从可能性中去猜测并得出自己的算法，却被王猛轻松地算定。

王猛到慕容垂家后两人就开始了无限畅饮，临走时王猛说出了此行的目的，也就是走出了第三步。

他从容对慕容垂道："咱哥俩惺惺相惜，喝完这顿大酒更觉得酒逢知己，今当远别，你能不能给我点儿念想让我睹物思人，在某个深夜更好地思念你呢？"①

慕容垂经过一晚上的绞尽脑汁、小心伺候、酒精麻醉后，面对王猛抛过来的这个问题极可能会想：王猛要通过信物来证明今晚结交的关系；这是个聪明人，不能拿普通的东西糊弄他，不然会得罪这位大神，这一晚上的酒也就白喝了。于是，慕容垂把自己随身佩戴的金刀给他了。

至此，王猛通过三步走，稳稳地得到了早就知道一定会到手的撒手锏：慕容垂的贴身信物。

这种信物通常有三种作用：表白彼此间的关系；吹牛用，用来证明自己和信物主人的关系；信物出现，通常会让信物主人的社交圈子意识到事情的分量是极其重的。

慕容垂在酒醒后会不会后悔呢？有可能，他可能会想"万一王猛拿我的金刀去贷款了呢"。

这把金刀在什么时候能起到"信用贷款"的作用呢？有两种可能性：一是这把金刀被作为凶器嫁祸给慕容垂；二是这把金刀可以从慕容垂儿子慕容令那里贷款。

慕容垂此时会担心吗？并不会，原因如下。

第一种可能性极低，金刀作为凶器嫁祸于人的手段太低劣，而且慕容垂一定会在转过天来就大功率地宣传："这把金刀我已经郑重送给

---

① 《资治通鉴·晋纪二十四》：将行，造慕容垂饮酒，从容谓垂曰："今当远别，何以赠我？使我睹物思人。"

了王猛以表达我们情比金坚的友谊。"

第二种可能性也不足为虑，慕容垂觉得王猛就算拿着金刀去儿子慕容令那里搞诡计，自己那聪明的儿子也一定会看出有问题。

所以慕容垂认为王猛拿着这把刀只能起到信物的前两种作用，即表白彼此间的关系和吹牛用，而第三种作用——信物出现会让信物主人的社交圈子意识到事情的分量极其重的情况不会发生。因为王猛不是慕容氏的自己人！

信物在外人手上只能够让外人有面子，提高其待遇；信物只有在自己人手上才会让自己人推心置腹。

慕容垂知道，王猛拿出这把金刀也绝对不会套出来自己那聪明儿子的话，得到他的信任。

但慕容垂还是算漏了一招，如果那把金刀落到了自己人手上呢？那样就会在慕容令那里起到信用贷款的作用！

遗憾的是，他的内部出现了叛徒，跟他杀白马为盟一路从邺城逃到长安的亲信金熙叛变了。

慕容垂认为自己内部是铁板一块的，毕竟大家跨过山和黄河跟着他只想永远地离开，但他忽略了一种可能：有人是迫不得已才被他绑到他这艘叛变的船上的，有可能想跑但没机会，也有可能担心留在前燕会被作为余孽清洗。所以并非所有人跟他一定是情比金坚的。

这一可能性没考虑到，让慕容垂永远地失去了自己这辈子最好的政治接班人。

如果他在把金刀送给王猛后，第一时间就将这个消息送到慕容令那里，那么这把金刀就失去了"信息不对等下的巨大威力"！

慕容垂是有这个时间的，因为王猛不可能在大军刚开拔就去算计慕容令，他需要等大军走得更远一些，让时间拖得更长一些，好让这个计谋的真实性更高。

当然还有一种可能，就是慕容垂意识到了这个危机，于是派自己的亲信金熙去给慕容令送信，但金熙被王猛截击后拿下并反水了。但这个可能性又很小，因为王猛既然想好了计谋怎么走，就一定提前拿下了慕容垂的这个"自己人"。

总之，慕容垂失去了救自己儿子的唯一机会。

王猛到了洛阳前线，安排慕容垂的亲信金熙迅速从长安赶来诈称是慕容垂的使者。[1]

金熙拿着金刀作为信物对慕容令假传慕容垂的话："我们父子来前秦是为了逃命的，但王猛阴谋害我们父子，秦王虽然看着厚道但其心难知，我们逃活路最后却走入死地将来会被天下人嘲笑。我听说大燕朝廷自我们逃亡后已经后悔了，我已经在回国的路上了，现在通知你，你也抓紧跑吧。"[2]

慕容令不愧是慕容垂寄予极大希望的接班人，王猛如此环环相扣阴谋下的"金刀计"在慕容令这里仍然没有完成必杀的目的。

一般人看到自己老爹的金刀信物和老爹亲信带来的口信早就跑了，但慕容令仍然充满疑惑，进行了反复的复盘：毕竟他爹和前燕朝廷的关系已经堕入冰点了，怎么可能回去呢？逃也应该是往东晋方向啊！

但这一环节也被王猛算到了。金熙是偷偷来送信的，所以只可能速来速去，不会留给慕容令反复盘问的机会。

慕容令陷入了巨大的怀疑中，却没有办法去盘查和印证。[3] 如此英才，实在是太可惜了。

---

[1]《资治通鉴·晋纪二十四》：猛至洛阳，赂垂所亲金熙，使诈为垂使者。

[2]《资治通鉴·晋纪二十四》：（金熙）谓令曰："吾父子来此，以逃死也。今王猛疾人如仇，谮毁日深；秦王虽外相厚善，其心难知。丈夫逃死而卒不免，将为天下笑。吾闻东朝比来始更悔悟，主、后相尤。吾今还东，故遣告汝；吾已行矣，便可速发。"

[3]《资治通鉴·晋纪二十四》：令疑之，踌躇终日，又不可审覆。

慕容令在极其有限的信息条件下只能被"金刀贷款"，带着嫡系以出猎为名逃回了前燕。[1]

前几步顺利完成，王猛走出了最后一步——迅速上表报告慕容令叛逃。接下来的结果仍是被王猛算到的：慕容垂一定会逃！

理论上来讲，儿子叛逃了跟当爹的没有太要命的关系。慕容垂老家都是仇人，回去就是个死，在前秦继续苟且下去的结局可能还是要比回去强的。

但是为什么慕容垂一定会逃呢？因为他的亲信已经被王猛拿下了。

当亲信金熙消失不见，而且不久慕容令叛逃的消息传来，慕容垂很快就想明白了王猛的整个杀人链条。

对慕容垂来说，金刀不重要，慕容令叛逃其实也不太重要，但他的亲信却可以诬告作证自己投靠前秦是前燕派来搞暗杀的预谋行为！此时儿子叛逃，亲信叛变，慕容垂已经说不清楚了，只能跑。

至此，王猛做局的这个毒计完美闭环。

这次做局的全程他都料到了慕容垂的每一步行动。他每往前逼一步，慕容垂就只能按照他预定的方向被逼到他指定的地点，最终被推下悬崖。

王猛做的这个局，其成功的核心不是他缜密的机关算尽，而是他在处于极大优势下进行全局性碾压后的轻轻一推。王猛的这个杀人计固然高端，但能成功的先决条件其实是慕容垂已经弱势到怎么选都是错的地步。

慕容垂逃跑后，在蓝田就被苻坚逮回去了。[2]

令王猛没有想到的是，苻坚真的是一个相当有定力的政治家，能

---

① 《资治通鉴·晋纪二十四》：乃将旧骑，诈为出猎，遂奔乐安王臧于石门。
② 《资治通鉴·晋纪二十四》：猛表令叛状，垂惧而出走，及蓝田，为追骑所获。

够牢牢守住自己的政治预期不动摇，他安抚慕容垂说："你与国家失和，前来投奔我，你儿子心不忘本也情有可原，人各有志不可强求，燕国眼看就要亡国了，不是慕容令这孩子能够扭转的，可惜了这孩子。父子兄弟罪不相及，你何至于惊惧到如此狼狈啊！"①

苻坚对慕容垂待之如旧。

苻坚知不知道慕容垂父子是被冤枉的呢？他也许不知道具体发生了什么，但怎么可能猜不到是之前就建议他除掉慕容垂的王猛搞的鬼呢？慕容垂与故国的矛盾已经大到那个份上了，慕容令作为嫡长子一路斩关殿后堪称慕容垂的第一合伙人，怎么可能会突然叛逃。

但苻坚不仅没落入王猛的设定中，反而将慕容垂这个标杆通过"金刀计"放大并传遍了各地：看见没有，我苻坚是多么地求贤若渴，多么地胸怀宽广，即使慕容垂这样我仍然爱他！

尽管王猛为达目的不择手段使用的金刀计如此厉害，但是只要面对的是比他优势的一方，他就没办法做到一定成功。

苻坚与王猛相比就是优势方，所以苻坚就有不选的权力，王猛也就无法料定最终的结局。

我写历史，其实每当写到这种阴谋诡计所谓的屠龙术时内心都极其复杂。学好不容易，学坏一出溜，《金瓶梅》对社会世情的描写在中国古代文学作品中能排进前十，但最终留在世人脑海里的却是那堆春宫画面。

周星驰在电影《九品芝麻官》中说，贪官奸，清官要比贪官更奸。这些招数，我希望所有正直善良的读者都看到，不为趋利，为避害。

---

① 《资治通鉴·晋纪二十四》：秦王坚引见东堂，劳之曰："卿家国失和，委身投朕。贤子心不忘本，犹怀首丘，亦各其志，不足深咎。然燕之将亡，非令所能存，惜其徒入虎口耳。且父子兄弟，罪不相及，卿何为过惧而狼狈如是乎！"

现在，再来复盘一下"做局"的要素和技巧。

1. 做局的本质是利用自己和对手的信息不对称达到目的。

2. 可行性在于做局者对比目标有着超出维度的优势。（比如高级领导对下属，庄家对散户，情场高手对情窦初开的新手等。）

3. 逼迫对手掉入做局者圈套的方式通常是利用恐惧和贪婪。

利用恐惧去做局的依据是做局者掌握着目标的生死（比如王猛挤兑慕容垂）、目标的名誉（比如裸聊、裸贷）、目标的利益（比如职场霸凌员工）等。

利用贪婪去做局的依据是做局者能通过钱和色，提供给目标一个远超他承受能力的巨大诱惑。（比如各种诈骗的本源。）

这对我们的生活有什么启发呢？

1. 当你发现彼此之间的信息是不对等的，尤其对方有意或"无意"地不提供给你这件事的全貌，这就是具备了被人做局的基础，要小心。

2. 如果能力、权力、金钱比你高一个维度的人突然找到你去合伙做一件事的时候，你可以参与，但别陷得太深，更不要搭上身家和自己。因为人家优势比你大太多，随便一出招就能把你挤下悬崖，你没有翻身的机会。

3. 这个时代没有人可以随意剥夺你的生命，也没有任何一份工作或事业值得你被恐惧所支配和凌辱。当你被人威胁着一步步走入别人安排的选项中时，记住你随时有机会跳出来，无论是换工作还是与人撕破脸，没有什么可怕的。

4. 时时刻刻牢记自己的实力水平，根据自己的能力去匹配自己的生活。如果你一个月挣一万元，就绝对不会有十万元的机会轻而易举地砸在你头上，更别指望美女会对你投怀送抱。但当这些出现的时候，就不仅仅是奔着你月入一万元去那么简单了。

上面的这些话适用于所有人。

王猛做得对吗？无论是为臣还是为人，他都不对。

为臣者，不忠君之事，符坚已经做完决策了，王猛却根本不当回事；相比于符坚的决策，他自己认为什么正确才更重要。这种人其实是组织的祸害。

为人者，王猛阴毒奸险，无冤无仇，仅是因为对方可能出现的隐患就打算置人于死地。

身为具优势者，王猛有很多种办法将这个所谓的"隐患"控制起来，他可以设计很多圈套和防患于未然的计谋，等慕容垂狗急跳墙时再大义凛然地处决他，而不是在占尽优势的时候强行罗织罪名把"隐患"扼杀在摇篮里。

有人说，符坚厚道，最后的结局却是被中山狼们活活咬死。但要知道，符坚并非死在了群胡口中，而是倒在了自己的欲望之下。

如果符坚能控制住自己的欲望，所谓的"关中民族园"他还真不是镇不住。而且，符坚又那么年轻，有那么多的时间去消化，他短短十年所取得的功业已经是整个两晋南北朝三百年的时代巅峰了，他的历史之名将配合着他的人品成为堪比刘秀的佳话。

天欲发达其人，未发其福，先发其慧。

此慧一发，则浮者自实，肆者自敛。

福有福始，祸有祸先，自古过于厚者常获福，过于薄者常近祸。

勿以己之长而盖人，勿以己之能而困人，不能容人，不敛才智，以能盖人，此皆薄福之相。

以此薄厚"庸"语，配此金刀"妙"计。

愿福者开慧，勿买椟还珠。

三、"若玄德之遇孔明"的真正底色

被王猛算计的牺牲品慕容令在回归祖国前燕后被流放到了世界的尽头——距离龙城（今辽宁朝阳）东北六百里的沙城，一竿子被杵到大兴安岭了。

即便如此，慕容令仍在发挥主观能动性，此时沙城中有数千被贬的失意之人，慕容令又把这群人发展成了自己人。[①]

370年五月，慕容令做好了准备，突然发动兵变，控制了沙城守将涉圭，随后慕容令向东袭击了威德城，招揽了周边全部的前燕边防军。[②]

慕容令下一步是打算偷袭龙城割据东北。结果又是他的弟弟慕容麟，慕容垂这辈子最垃圾的儿子，又一次告发了哥哥慕容令。[③]

慕容麟又能告发他哥，说明他这个之前告发亲爹的人并没有被慕容评优待，应该也被流放到了沙城，而这个人似乎永远也看不清楚

---

① 《资治通鉴·晋纪二十四》：慕容令自度终不得免，密谋起兵，沙城中谪戍士数千人，令皆厚抚之。

② 《资治通鉴·晋纪二十四》：帅谪戍士东袭威德城，杀城郎慕容仓，据城部署，遣人招东西诸戍，翕然皆应之。

③ 《资治通鉴·晋纪二十四》：镇东将军勃海王亮镇龙城，令将袭之；其弟麟以告亮。

问题。

镇守龙城的慕容亮紧闭城门，之前投降慕容令的涉圭看到慕容令无法成事，于是发动内部叛乱，慕容令最终被涉圭擒杀。慕容亮对慕容令这位堂兄弟非常钦佩，他杀了涉圭，收敛并安葬了慕容令。

其实慕容令再等上两三个月就不会是如此结局了，因为那时他会得到一个消息：前秦已经兴兵发动了灭燕之战，他就要和他参见面了。

公元370年六月十二，王猛统邓羌、杨安、张蚝等战将，率精兵六万，再击前燕。

苻坚亲至灞上为诸将饯行，他对王猛说："爱卿当先破壶关，平上党，以迅雷不及掩耳之势直突邺城，随后我亲率大军给你当后勤，不要有思想压力，放下包袱好好打，仅需忧贼，不需忧后方粮草给养之事。"①

王猛给苻坚的回答是："我带着陛下的战术和作战图，此去一定平此贼虏，您还是坐镇中央督促其他官员给鲜卑人盖收容所吧。"②

留意这两句话，后面会分析。

前秦并没有走上一次伐前燕的豫西通道，而是兵分两路自山西高原挥军东来。这两路军，一路由镇南将军杨安攻晋阳阻击该方向的援军，一路由王猛统主力挺进壶关。

壶关之所以在苻坚的战略眼光中如此重要，是因为它是太行八陉中滏口陉、白陉、太行陉的汇聚要道。壶关拿下后，前秦就能随时走滏口陉攻打前燕，邺城守军就睡不着觉了。（见图12-1）

---

① 《资治通鉴·晋纪二十四》：秦王坚送王猛于灞上，曰："今委卿以关东之任，当先破壶关，平上党，长驱取邺，所谓'疾雷不及掩耳'。吾当亲督万众，继卿星发，舟车粮运，水陆俱进，卿勿以为后虑也。"

② 《资治通鉴·晋纪二十四》：猛曰："臣杖威灵，奉成算，荡平残胡，如风扫叶，愿不烦銮舆亲犯尘雾，但愿速敕所司部置鲜卑之所。"

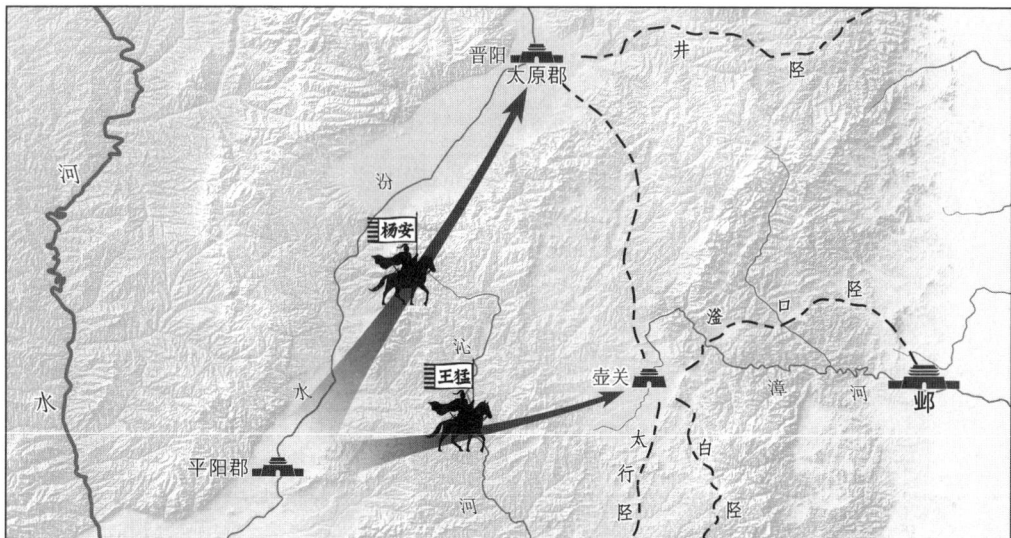

图 12-1　前秦灭前燕路线图

从史书上看，整个七月至八月，前秦方面是没有战绩的，但九月的时候王猛拿下了壶关，抓获了上党太守慕容越，途经郡县全部闻风归降。

东线顺利达到战略预期后，北线的晋阳则再次展现出了老牌难啃坚城的架势。

这个山西高原的中间枢纽几乎是前燕唯一下了血本的据点，此地兵多粮足，偏师的杨安久攻不下。

王猛留屯骑校尉苟苌守壶关，引兵助杨安攻晋阳。

在攻城中，王猛充分发挥了脑瓜灵的特点，将战事由地上转为地下，搭云梯拿不下来那就改地道战。前秦军队在短时间内成功挖掘了一条地道，由攻坚大队长张蚝率领数百精兵从地道冲入晋阳城内，并成功抢下滩头阵地，打开了晋阳城门。

九月初十，王猛、杨安进入晋阳城。自六月十二灞上出征到九月初十拿下晋阳，王猛用了三个月的时间完成了对山西高原的占领。

前燕那边是什么反应呢？

八月的时候，前燕已经完成了战争总动员，慕容评带领号称三十万的前燕大军阻击前秦。^①《晋书》中说是四十万。^②

八月的时候，壶关和晋阳都还在前燕手中。前秦兵力六万，远道而来；前燕兵力三十万，主场作战。

结果手握三十万大军的慕容评在壶关尚且控制在自己手上的时候，根本不敢渡过潞川（今浊漳水），屯兵河边后就没再动窝。^③慕容评就这样眼睁睁地看着王猛把壶关打下来了。（见图 12-2）

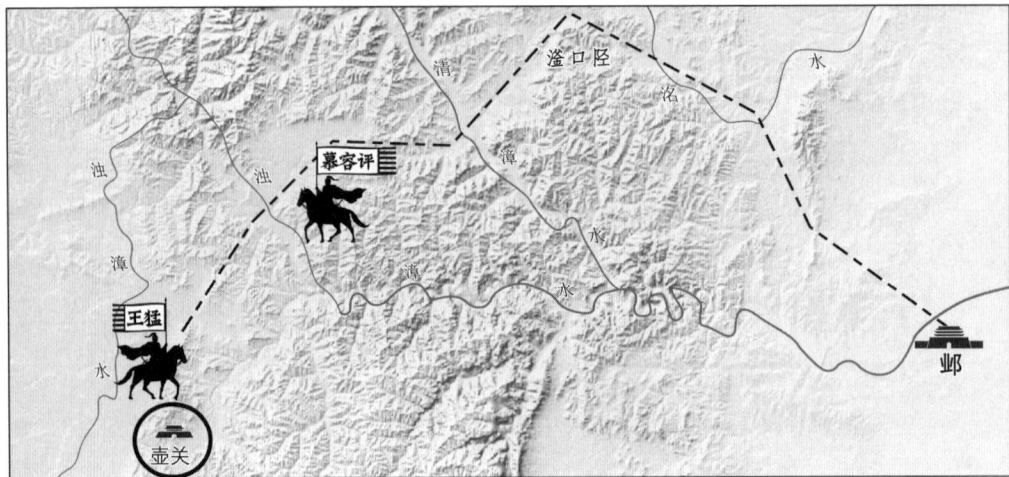

图 12-2 前秦与前燕对峙示意图

---

① 《资治通鉴·晋纪二十四》：八月，燕主暐命太傅上庸王评将中外精兵三十万以拒秦。

② 《晋书·慕容暐载记》：暐使慕容评等率中外精卒四十余万距之。

③ 《晋书·苻坚载记》：暐遣其太傅慕容评率众四十余万以救二城，评惮猛不敢进，屯于潞川。

又过了一个月，在王猛彻底完成后方的巩固工作并留毛当守晋阳，于十月初十来到东边前线时，慕容评仍然在潞川那边一动不动。

十月二十一，王猛派将军徐成去侦察前燕军队的布阵形势，要求他中午回来，结果徐成不知是因为睡了午觉还是因为阵形勘察难度太高，又或者是出于其他什么原因吧，直到黄昏才回来，王猛决定以军法论处杀将立威。

徐成是副总指挥邓羌的人。邓羌赶紧跑来求情："千万不能杀啊，这小子是员虎将！"王猛则表示："若不杀徐成，我这军法就是摆设！"①

摆设就摆设吧，反正邓羌是一定要保徐成的，他明明白白地说了关系："这是我的家将，虽然犯了军法应斩，但是我愿意带着徐成立功赎罪！"②

邓羌是个明白人，他知道王猛不过是为了立威以方便跟前燕拼命，于是就说自己要亲自带着这兄弟去立功赎罪，做出了战斗效果承诺。

按理讲王猛得到承诺后就应该借坡下驴了，毕竟邓羌都把话说到这份上了，而且邓羌和别人不一样，论资历比他还老，是前秦建国的老前辈，也是苻坚的心腹，后台也很硬。

况且王猛和邓羌已经共事很多次了，不是没交情的人。早在苻坚杀氏族旧势力时王猛和邓羌就是共事的"脏手套"。③

---

① 《资治通鉴·晋纪二十四》：邓羌请之曰："今贼众我寡，诘朝将战；成，大将也，宜且宥之。"猛曰："若不杀成，军法不立。"

② 《资治通鉴·晋纪二十四》：羌固请曰："成，羌之郡将也，虽违期应斩，羌愿与成效战以赎之。"

③ 《资治通鉴·晋纪二十二》：以骁骑将军邓羌为御史中丞。八月，以咸阳内史王猛为侍中、中书令、领京兆尹……与邓羌同志，疾恶纠案，无所顾忌，数旬之间，权豪、贵戚，杀戮、刑免者二十余人，朝廷震栗，奸猾屏气，路不拾遗。

平四公之乱时他们是一起出兵蒲坂，一伐前燕时他们又一起出兵洛阳。

此时作为总指挥的王猛有两个算法：

1. 从战略角度上讲，前秦军队已经害怕，知道王猛动真格的了，立威效果已经达到，邓羌还用自己的名声做了担保，此时出战前燕的效果最佳。如果杀了徐成，那就是打了邓羌的脸，很可能会开始产生内耗，并不合算。

2. 从王猛个人角度上讲，面子上他也满足了，唯一的缺陷，是他没有就此树立毋庸置疑的绝对权威。

于公，王猛应该借坡下驴保证军事效果；于私，王猛可以驳邓羌的面子打造个人权威。结果王猛从私人的角度出发了，表示"这人我杀定了，谁也救不了他，我说的"！

邓羌也有考虑："我打仗靠的就是兄弟们拼命，我绝对要保护跟着我出生入死的兄弟，要不然后面这仗没法打。王猛立威的后果，就是我的面子从此被彻底打掉，连个兄弟都保不下来，今后我说话谁还听，王猛这是砸我饭碗！"

邓羌一怒之下回营点兵，要跟王猛拼了。王猛害怕了，赶紧问缘故，邓羌怒道："我受诏讨贼，现在有自相残杀的近贼，我打算先为国除掉！"[①]

王猛一看马上胆怯了，展现自己小机灵鬼属性，说道："打住，我错了，徐成什么罪也没有。"

等邓羌事后来向王猛道歉的时候，王猛跟嘴里抹了蜜一样拉着邓羌的手说："老邓，你怎么还来真的呢，我就是试试你，看看你这人是

---

① 《资治通鉴·晋纪二十四》：羌怒，还营，严鼓勒兵，将攻猛。猛问其故，羌曰："受诏讨远贼；今有近贼，自相杀，欲先除之！"

否靠谱。这回我算是看明白了，你这人真是够意思，你对老乡都能豁出去，何况对国家呢！我彻底不担心燕贼了！"①

王猛在与前燕决战前差点儿丢人现眼，但好歹靠着自己的机灵劲糊弄过去了，反观另一边的慕容评，则再次扮演了慕容家的拖油瓶角色。

让我们暂时跳出前秦灭前燕这个事件，回顾本书前文后，我们可以确定的是，《孙子兵法》这部千古名篇的所有内容都是有道理的。这部兵法讲的不是战胜之法，而是不败之法。里面有一句非常核心且著名的话："先为不可胜，以待敌之可胜。"

能不能打赢敌人是不一定的，是拿不准的，敌人的规模、士气、将领、辎重、政局等，有太多不可控的因素在里面。你能控制的只有自己这边，你只能做到把自己打造成铁板一块，无法战胜，然后等着敌人可以被战胜。

韩信灭赵，陈馀先后在多个本来可以扼杀韩信的地方选择了送礼。刘秀战昆阳，七千破四十万，是因为遇到了千载难逢的猪对手王邑。

真正的史诗级狂胜，认真梳理下来，最终的胜算跟胜利者关系都不大。所谓"以少胜多"的超神之战，往往都有一个关键的因素——对手频频送礼。这次的王猛灭前燕，同样是如此。

首先，王猛和苻坚并非什么真正的刘备诸葛亮式关系。

王猛在身边时，苻坚能够用他打击氐族老权贵；但只要把王猛放出去，苻坚对他的提防是无处不在的。

为什么每次王猛出征，苻坚都要安排邓羌跟他一路呢？因为只有邓羌这个资历老的"万人敌"有本事制衡住王猛这位大才。

---

① 《资治通鉴·晋纪二十四》：成既免，羌诣猛谢。猛执其手曰："吾试将军耳，将军于郡将尚尔，况国家乎，吾不复忧贼矣！"

尤其在"金刀计"后，苻坚一定会通过种种渠道得知王猛在背后阴了慕容垂，苻坚很可能会想："呦！挺有主意是吧，拿我说话不当话是吧！"

此次灭前燕，苻坚仅给了王猛六万人，其中还有王猛根本控制不了的邓羌部——当邓羌点兵准备打他的时候，王猛是相当害怕的。哪怕后面灭小小的仇池国，苻坚派出的队伍也比给王猛的人多。

从某种意义上说，苻坚并不认为这六万人能最终成功灭掉前燕。再结合后面的动态也能看出来，苻坚自己作为第二梯队的主力，才是他真正准备灭前燕的胜负手。王猛的体量根本左右不了战局。

其次，双方的真正核心力量，都是骑兵。

这也就意味着，双方并不存在像打南方那样的维度优势，兵少其实是个巨大劣势。即使前燕政治混乱，但最终还是成功组织出了三十万人的军队上了前线。

第三，前秦是远道而来，前燕是主场作战，前秦军队的辎重给养不像前燕军队那样充足。

王猛这一路要经过堪称物流噩梦的山西高原，过了平阳到壶关根本没有水路可借。（见图12-3）

总体来讲，王猛这一路是苻坚的炮灰"正兵"，苻坚自己才是决胜的"奇兵"。

但是谁也没有想到，慕容评作为亲眼看到并参与了前燕起高楼的国家级元老，在最关键的时刻，却助攻王猛使之成就了千古之名。

慕容评在那里看着却不救壶关的原因，史书中说他是为了通过打持久战耗死千里而来的王猛，这纯属胡说。

对于大买卖家慕容评来讲，时间就是金钱，满眼都是商机，不能白白在这里待着，他把潞川周边的所有山林泉水都给严格看管起来了，军、民无论用水还是用柴，都得交钱！慕容评靠着"矿泉水生意"狂发

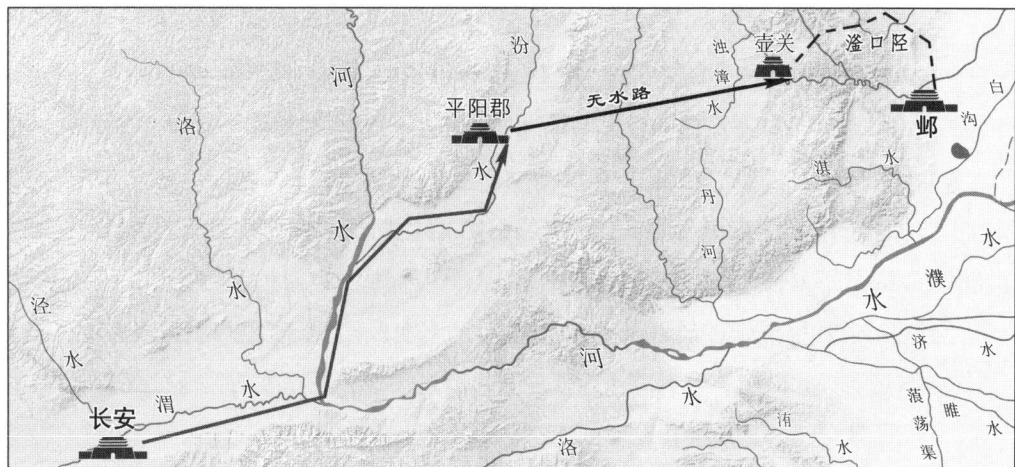

图 12-3　长安到壶关运输路线示意图

战争财，全军开始骂大街。①

　　作为敌人，需要花费大量精力，投入大量的间谍费用，投资多方的政治要员，有时候才能间接地影响到很小一部分战局。

　　前秦一分钱没花就做到了，因为慕容评以一己之力改变了整个战局，他在国家危亡时刻拿最不该惹的群体搞起了买卖。

　　王猛听说这个消息后欣喜若狂，大笑道："慕容评就算有亿兆之众又有何用？我吃定他了！"随后，他派游击将军郭庆率精兵五千在夜里由小路绕到前燕军后方，一把火烧了前燕军的辎重装备。

　　王猛的偷袭轻易得手，其中有多少是因前燕军心的问题不得而知，但辎重通常是需要有重军看守的，这次却被前秦如此容易摧毁，其实已很能说明问题：前燕军心已散，斗志已衰。

　　慕容暐在邺城看到冲天火光后终于坐不住了，派侍中兰伊去军中

---

　　① 《晋书·慕容暐载记》：评性贪鄙，鄣固山泉，卖樵鬻水，积钱绢如丘陵，三军莫有斗志。

责备慕容评："你是高祖的儿子，应当为宗庙社稷担忧，为什么不安抚将士反而投机倒把做买卖？咱们国家的财富我与你共享，你为什么怕缺钱花呢？国家要是亡了，你的钱又能往哪里放？赶紧把钱还给将士们，给我好好打！"

估计是辎重被烧后勤扛不住了，慕容评请战王猛，要打会战。王猛同意了，估计他这边也要断粮了。

十月甲子，王猛召开战前誓师大会，表示："我王猛受国家厚恩，与诸君深入贼境，咱们应当殊死一战，有进无退，共立大功！他日封妻荫子荣耀祖宗岂不美哉！"前秦军破釜弃粮，高呼前进。

来到会战阵前，王猛有些怵了，因为他看到了前燕扯地连天的兵势。王猛对邓羌说："老邓，今天非你不能破此劲敌，成败就在你了，爷们你加油吧！"①

邓羌临阵要价："老王，你要是能把司隶校尉封给我，这些前燕军都不叫个事。"王猛说："这不是我的权限能做到的，但我一定任命你做安定太守、万户侯，你看成吗？"邓羌不开心，居然带队伍走了。

这个时候，两军开战了。王猛那么点儿人明显不够打的，他召唤邓羌："老邓你赶紧来啊！"邓羌继续不搭理他。②

王猛战前要面子的雷现在炸了，邓羌就是没有那么高的觉悟！就是生他的气！就是要在这军国存亡大事上跟他较这个真！

如果王猛当初借坡下驴哪用得着现在这么尴尬呢？

王猛从战场上撤下来亲自来到邓羌面前许诺：咱就当那个司隶校尉！就这样，邓羌先是在军帐中畅怀大饮，把自己灌多了以后与张蚝、

---

① 《晋书·苻坚载记》：谓邓羌曰："今日之事，非将军莫可以捷。成败之机，在斯一举。将军其勉之！"

② 《晋书·苻坚载记》：俄而兵交，猛召之，羌寝而弗应。

徐成等跨上战马，挥舞战矛，率领精锐冲向前燕军阵。^①

从此处再次可以看出，前秦的另一位万人敌张蚝其实也受邓羌节制，邓羌不点头王猛使唤不动，由此可见苻坚对王猛的放权级别。

无意间，邓羌的"要挟兵"变成了"奇兵"。

邓羌喝多了之后亲身杀入敌阵的榜样效果巨大。邓羌四次往返穿透前燕军阵，斩将夺旗，旁若无人，杀伤甚重。

战至日中，前秦冲垮了前燕，前燕军当场被俘或被杀五万多人，王猛随后乘胜追击，被杀和投降者又有十万。^②

慕容评单身匹马逃回邺城。王猛则长驱东进，三天后，于十月二十六包围了邺城。

王猛一面上表苻坚报捷，一面安抚百姓，大军到后远近秩序井然，秋毫无犯。王猛简化政令法律，各安其业，河北百姓叹道：没想到今天又见到了"慕容恪"啊！

王猛听说后感慨慕容恪"古之遗爱"，以太牢规格祭奠了慕容恪。

就在形势一片大好的时候，王猛得到了苻坚率兵来的消息。苻坚听说王猛已经围下邺城，于是留李威辅佐太子苻宏守长安，以苻融镇守洛阳，自己亲率精锐十万向邺城出发，仅用七天就到了安阳！中间还路过枋头老家伤感地住了一宿。^③（见图 12-4）

苻坚专门给王猛写了一封信，说："将军不过三月已经攻克首恶，劳苦功高，前无古人，朕现在亲自率六军，星夜启程，火速赶赴。你先

---

① 《晋书·苻坚载记》：羌于是大饮帐中，与张蚝、徐成等跨马运矛，驰入评军。

② 《晋书·苻坚载记》：出入数四，旁若无人，搴旗斩将，杀伤甚众。及日中，评众大败，俘斩五万有余，乘胜追击，又降斩十万。

③ 《晋书·苻坚载记》：坚闻之，留李威辅其太子宏守长安，以苻融镇洛阳，躬率精锐十万向邺。七日而至于安阳，过旧闾，引诸耆老语及祖父之事，泫然流涕，乃停信宿。

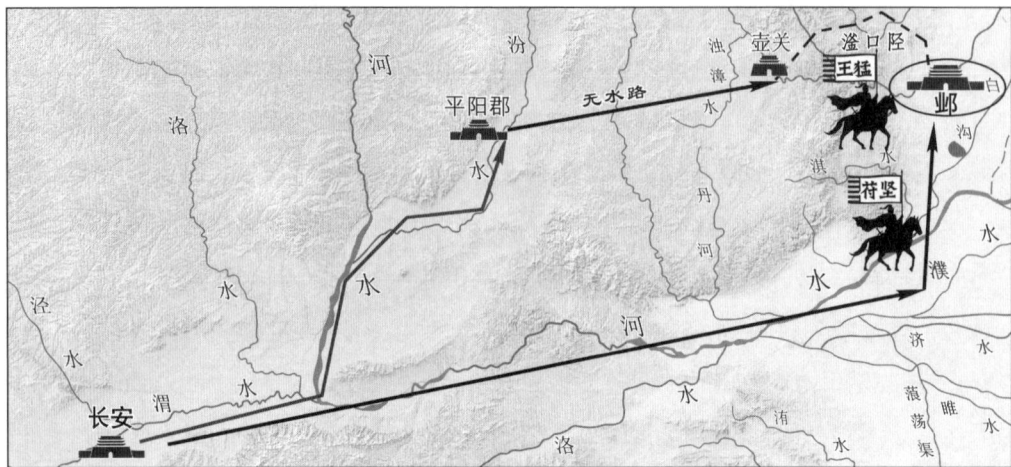

图 12-4　苻坚参与会战示意图

休养士卒，等我大军到后，再取邺城。"①

苻坚的行军速度和这封信，说明了很多问题。

所谓的"七日而至于安阳"是不可能的。长安距离安阳大约一千五百里，在那个时代根本不可能有这种行军速度。唯一的解释，就是王猛决胜慕容评之前，苻坚就已经上路了。

苻坚是有战略规划的，他计划用王猛的六万人绊住前燕主力，自己走豫西通道去直插空虚的河北平原。

写给王猛的那封信，则意味着苻坚对王猛这个汉人的有保留性的信任。他并不希望王猛最终成就攻灭前燕的大功，表示"最后的临门一脚由我来踢"！他更不希望灭前燕后只有王猛率军在河北。

但是王猛似乎并没有读出来这个意思，或者说继续没拿苻坚的话当回事，他悄悄地来到安阳迎接苻坚。

---

① 《资治通鉴·晋纪二十四》：秦王坚报之曰："将军役不逾时，而元恶克举，勋高前古。朕今亲帅六军，星言电赴。将军其休养将士，以待朕至，然后取之。"

符坚很不高兴，说："当年周亚夫治军严谨不出军营迎接文帝，如今将军面对敌人却抛下部队是为什么呢？"①

安阳离邺城不过四十里，放到现在就是一脚油门的事。但符坚却觉得：王猛你真的有必要过来吗？有什么话在邺城城下不能说吗？我说的话你又是当空气是吗？

注意，符坚举例说的是西汉平七国之乱后最终却被赐死的周亚夫。

王猛说："周亚夫是为了图名声，我一直就看不起他，现在我奉借陛下威名灵运，打前燕如同摧枯拉朽，哪里用得着您多虑。太子年幼，您率大军远行，万一咱们根据地有变，您的宗庙社稷可怎么办呢？"

对符坚来说，自己来都来了，还能让王猛劝回去吗？他让王猛别废话了，在自己的指挥下接着战斗吧，最终是符坚指挥了攻邺之战。

十一月初六，镇守信都作为总预备队的慕容桓率领五千鲜卑人逃奔龙城。

十一月初七，前燕的散骑侍郎徐蔚率领扶余、高句丽及上党丁零的人质五百余人，趁夜打开邺城北门放入前秦军。

邺城的前燕统治高层开始向北逃往龙城。前燕皇帝慕容暐逃出邺城时尚有一千多骑兵侍卫，没多久就只剩下十多个骑兵跟随了，跑到高阳后被符坚派去追击的郭庆抓住带回。

追击大队长郭庆随后一路追至龙城，杀掉了最后有点儿实力的慕容桓。大富翁慕容评最能跑，路子最野，一直逃到了高句丽，但转手就被高句丽送给了前秦。

至此，前燕所有高层被一网打尽。

符坚见到慕容暐后责问他为什么要逃跑，慕容暐回答得很艺术：

---

① 《晋书·符坚载记》：猛潜至安阳迎坚，坚谓之曰："昔亚夫不出军迎汉文，将军何以临敌而弃众也？"

"狐狸要死在自己的洞穴，我不过想归葬于祖坟罢了。"苻坚命他重新返回王宫率领文武大臣出来投降。

苻坚这个人的特点之一，就是很在乎体面。

十一月初十，苻坚进入邺城前燕王宫。随行的还有一个人，就是心情用笔墨难以描述的慕容垂。

四、苻坚、桓温的布局

慕容垂跟随苻坚回邺城后见到了除慕容令之外自己的所有孩子。慕容垂大哭，他知道自己失去了他这辈子最重要的接班人慕容令。

等见到过去的僚属官吏时，慕容垂并没给他们好脸色，说："当初你们全都背我而去！"

这时他的心腹高弼对慕容垂说："大王以命世之姿遭无妄之运，如今虽然宗族国家倾覆，却怎么知道这不是中兴之运的开始呢？况且高世之略必怀博大胸怀方当网漏吞舟，您对国家的故旧元老应该具有江海那样的宽广心量，要争取故旧之心作为他日光复大燕的基础，千万别因为一时痛快而得罪人。"

慕容垂随即悔过，这也为慕容垂兴复大燕打下了基础。

虽然慕容垂有想法，但他作为王猛眼中的不安定因素，也被苻坚盯得很死，几乎是走到哪里就带到哪里的节奏。此次平前燕，苻坚把他一起带过来了。

在这之后，慕容垂被任命为前秦的京兆尹——类似于首都市长的官职，彻彻底底地安排在了苻坚的眼皮子底下。

王猛一向认为自己聪明绝顶，那么他的决策就一定正确，他的上司苻坚是傻子吗？其实，从头傻到尾的是王猛本人。

来盘点一下苻坚灭前燕后的七步走，看看这位史书上以厚道闻名、几乎堪比"二傻子"的帝王是真傻还是假傻。

第一步，苻坚将前燕的宫女和府库的财宝赏赐给了众将，随后大赦天下。注意，这是苻坚自己赏的，不是假手王猛，人情都是自己收割了。

第二步，任命王猛为关东代理老大，持节、都督关东六州诸军事、车骑大将军、开府仪同三司、冀州牧，镇守邺城，晋升爵位为清河郡侯，将老鸡贼慕容评的所有家产都赐给了他。

临阵要价的邓羌最终没得到他想要的那个官，毕竟他这活儿干得不地道，大秦与前燕的买卖又是他主导的。不过苻坚也没亏待他，任命他持节、征虏将军、定安太守，赐封真定郡侯。

放火烧慕容评辎重、抓住慕容暐，收复辽东的郭庆被任命为都督幽州诸军事、扬武将军、幽州刺史，镇守蓟城。其余将士的封赏各有等级。这些都是苻坚在邺城亲手做的，亲自赏的官。

第三步，苻坚对前燕各地官员的任命保持了平稳过渡，除了邺城最近的魏郡和阳平郡的太守换了自己人之外，剩下从前各级州县官吏均得到了沿用。[①]

与此同时，苻坚派出了原前燕的常山太守申绍和散骑侍郎韦儒作为巡视特派员，叫了个很别致的名字"绣衣使者"，去巡视关东州郡，其主要工作是"察风俗民情，劝农耕蚕桑"，前燕政令中有不利于百姓的全部加以修改或废除。

这样苻坚又当了一次好人，整个关东的旧官僚得到了苻坚的贴心

---

① 《资治通鉴·晋纪二十四》：坚以京兆韦钟为魏郡太守，彭豹为阳平太守；其余州县牧、守、令、长，皆因旧以授之。

抚慰。

第四步，十二月，苻坚亲自作为押运大队长把慕容氏的所有高层连同四万多户鲜卑人西迁长安。

十二月十五，苻坚回到长安，对这四万多户鲜卑人给予了安抚和政治优待。

苻坚没有忘记最强助攻慕容评的恩情，还给了他给事中的官做，很多前燕的核心高层也进入了前秦的官场中，苻坚对前朝官员的宽大态度几乎成为历史之最。①

苻坚自己做了最要紧的鲜卑押运工作，随后打一棒子再给个大枣，再次温水煮青蛙地消化了这股力量。

第五步，转过年来的371年正月，苻坚趁着春运又迁徙了关东豪杰及"杂夷"部族十万户到关中地区，把乌桓人安置在冯翊、北地，把丁零人翟斌的部众安置在了新安、渑池，又把陈留、东阿约一万户迁到了青州。②

继羯赵迁诸夷于河北后，少数民族在关中的第二波超大规模民族迁徙又上演了。

注意，千万别被前面第三步的那句"其余州县牧、守、令、长，皆因旧以授之"给骗了，苻坚这位"厚道人"从来不傻，下手狠着呢！他先是用这招温水煮青蛙消除了前燕旧有势力的抵抗，没多久就把

① 《资治通鉴·晋纪二十四》：秦王坚迁慕容暐及燕后妃、王公、百官并鲜卑四万余户于长安。……至长安，封慕容暐为新兴侯；以燕故臣慕容评为给事中，皇甫真为奉车都尉，李洪为驸马都尉，皆奉朝请；李邦为尚书，封衡为尚书郎，慕容德为张掖太守，燕国平睿为宣威将军，悉罗腾为三署郎；其余封署各有差。衡，裕之子也。

② 《晋书·苻坚载记》：徙关东豪杰及诸杂夷十万户于关中，处乌丸杂类于冯翊、北地，丁零翟斌于新安，徙陈留、东阿万户以实青州。诸因乱流移，避仇远徙，欲还旧业者，悉听之。

慕容氏的所有鲜卑势力都转移走了。

苻坚并没有一刀切，而是分批次地搞拆迁！他为什么要让王猛做冀州的代理老大？其最大的功效，是要让这位猛人主持第二次移民。

来年正月的第二次移民，前燕的几乎所有既得利益群体"关东豪杰及诸杂夷十万户"全都被迁走了。

史书中说得挺好："诸因乱流移，避仇远徙，欲还旧业者，悉听之。"但看上面的这些迁徙，哪个不是苻坚的明确规划！最关键的一点，主持这事的是王猛，做了苻坚的脏手套，而苻坚此时已经在关中了。

第六步，371 年二月，苻坚开始了大调动。

刚刚当上魏郡太守的韦钟为青州刺史，中垒将军梁成为兖州刺史，射声校尉徐成为并州刺史，武卫将军王鉴为豫州刺史，左将军彭越为徐州刺史，太尉司马皇甫覆为荆州刺史，屯骑校尉天水姜宇为凉州刺史，扶风内史王统为益州刺史，秦州刺史、西县侯苻雅为使持节、都督秦晋凉雍州诸军事、秦州牧，吏部尚书杨安为使持节、都督益梁州诸军事、梁州刺史。

同时，苻坚重新设置了雍州，州治蒲坂，以长乐公苻丕为使持节、征东大将军、雍州刺史。

整个关东的刺史级高官全被苻坚安排成了自己人。

第七步，命王猛根据具体情况选拔征召俊杰之士充实几乎被他调动一空的官僚系统。史书中为了表达苻坚对王猛的信任，专门记载了王猛可以选拔关东六州的郡守县令先授官再上报朝廷正式任命。[1]

苻坚对王猛的信任是一方面，其实另一层面也说明一个问题：前

---

① 《资治通鉴·晋纪二十五》：坚以关东初平，守令宜得人，令王猛以便宜简召英俊，补六州守令，授讫，言台除正。

燕的官僚系统几乎被苻坚轮换一空，关东的官僚组织急需补充，所以时间上已经来不及一级级地审批了，让王猛看着办就成。但有意思的事情来了。

同年十月，苻坚没完没了地外出打猎，待在邺城不回去，史书中的原话比较委婉："秦王坚如邺，猎于西山，旬余忘返。"苻坚真的这么信任王猛吗？

十一月，王猛请求把镇守关东的重任交给比他更贤明的人。

苻坚说："你是我最亲密的好伙伴，我让你都督关东是想让你给我分忧啊！现在关东急需人才，你尽快选拔充实官吏，等到教化融洽大治后，我就以顶级待遇把你接回来。"①

苻坚相当明白地说明了王猛的任务：把官僚系统给我捋明白了。明明是官僚系统空了的"新政俟才，宜速铨补"，但用贴金的话就是宽厚宏大的"其余州县牧、守、令、长，皆因旧以授之"。

过了仅仅半年，王猛差不多把关东捋顺了。372年六月，苻坚迅速以王猛为丞相、中书监、尚书令、太子太傅、司隶校尉，特进、常侍、持节、将军、侯如故的高规格调回关中了，另派亲弟弟苻融去做了关东一把手，都督六州诸军事、镇东大将军、冀州牧。

王猛这个关东总督，仅仅当了一年半，苻坚给了他人事权却不给他培植党羽的时间。

苻坚真的拿王猛当"朕之于卿，义则君臣，亲逾骨肉"的异姓兄弟吗？骗骗容易上当的人罢了。再琢磨苻坚的手腕，这是传统印象上的

---

① 《资治通鉴·晋纪二十五》：坚报曰："朕之于卿，义则君臣，亲逾骨肉，虽复桓、昭之有管、乐，玄德之有孔明，自谓逾之。夫人主劳于求才，逸于得士。既以六州相委，则朕无东顾之忧，非所以为优崇，乃朕自求安逸也。夫取之不易，守之亦难，苟任非其人，患生虑表，岂独朕之忧，亦卿之责也，故虚位台鼎而以分陕为先。卿未照朕心，殊乖素望。新政俟才，宜速铨补；俟东方化洽，当衮衣西归。"仍遣侍中梁说诣邺谕旨，猛乃视事如故。

"傻实在、愚厚道"吗？

还是那句话，苻坚不是败在性格和能力上，而是败在欲望上。欲望这东西是很奇妙的，当巨大的欲望开始注入后，一个人会发生翻天覆地的变化。

此时的苻坚三十三岁，能力没得说，器量没得说。如果他的大运能够来得不那么汹涌，也许他在历史上的排名真的就是另一番光景了。他也没想到，自己的人生剧本会在短短的几年时间就远超出他的想象。

伟大的成功往往会开启一波长长的胜利浪潮，灭掉前燕后，苻坚开动了一连串征伐的齿轮。

371年三月，也就是苻坚刚回关中安顿完，他就命西县侯苻雅率领益州刺史王统、射声校尉徐成、羽林左监朱彤、扬武将军姚苌等步骑七万人讨伐仇池国。

这个仇池国与其叫一个国，倒不如说更像是一个超大的坞堡军事经济体。它是以仇池山为核心的一个小国，国土面积大约就是过去武都郡再加上阴平郡北面的一部分。

仇池国的核心据点仇池山海拔一千八百米，山势八百米，山顶是十五平方公里的平地，西汉水由西北绕山脚南下，洛峪河从东南沿山麓西来汇入西汉水，三面环水一面衔山，堪称天险。

仇池国的国主是略阳的氐人杨氏。杨氏最早在历史上露脸是曾经跟着马超打曹操，战败后宗族被曹操迁到了扶风、天水。

在西晋司马炎时期，杨氏的族长杨飞龙受晋封号，率部落从关中西迁，回了陇山，落脚在了略阳。

296年，八王之乱前夕，氐帅齐万年起义，杨飞龙的接班人养子杨茂搜没有掺和，而是相当聪明地率部众四千家迁到仇池，自号辅国将军、右贤王，建仇池国，称仇池公，控制了武都、阴平二郡。

仇池这块地方因为中原大乱而且地处偏远，无论是群胡、西晋还是南边闹腾的成汉，都有一大堆内部矛盾，根本没人理这块地方，再加上这里有山有水，仇池成为当时的标杆性坞堡体。

到了317年，西晋灭亡，仇池这块巴掌大的地方也玩起了分裂。杨茂搜长子杨难敌号左贤王，屯下辨（今甘肃成县西北），其弟杨坚头号右贤王，屯河池（今甘肃徽县），兄弟两个搞起了内斗。

320年，前赵刘曜追击西晋残余势力来到仇池吓唬人，杨难敌迎战不胜，退保仇池，当地诸氐、羌等皆归降刘曜。

刘曜进攻仇池，但因军中大疫给了杨难敌优惠政策，杨难敌于是遣使向前赵称藩。

同年，秦州刺史陈安自立为凉王，次年前赵灭陈安后又杀了个回马枪，杨难敌大惧，与杨坚头南奔汉中向成汉请降，结果前赵撤军后，杨难敌又跑回了武都据险自守，不再搭理成汉。

成汉兵分两路讨伐杨难敌，一路失败一路成功，杨难敌又投奔了前赵。

325年，杨难敌率众复仇，突然袭击仇池，夺回了自家的老根据地。这是仇池的第一次复国。

后来，仇池杨氏先后周旋在前赵、羯赵、成汉、东晋四个政权周围长达半个世纪。

按理来讲占据这个地理位置的杨氏政权绝不应该存活那么久的，因为仇池的核心区恰好卡在关中、陇西、汉中三地交界的枢纽上。无论是北兵南下还是两川北上，小小的仇池地区都属于前哨阵地。（见图12-5）

但是，神奇之处就在于，自从八王之乱后，整个西部中国就始终没什么戏份。南北的大戏分别在关东和江左，西部中国的关中、陇西和汉中益州始终是看客。所以谁都懒得搭理根本没什么油水，仅仅具备南下北上战略意义的仇池国。

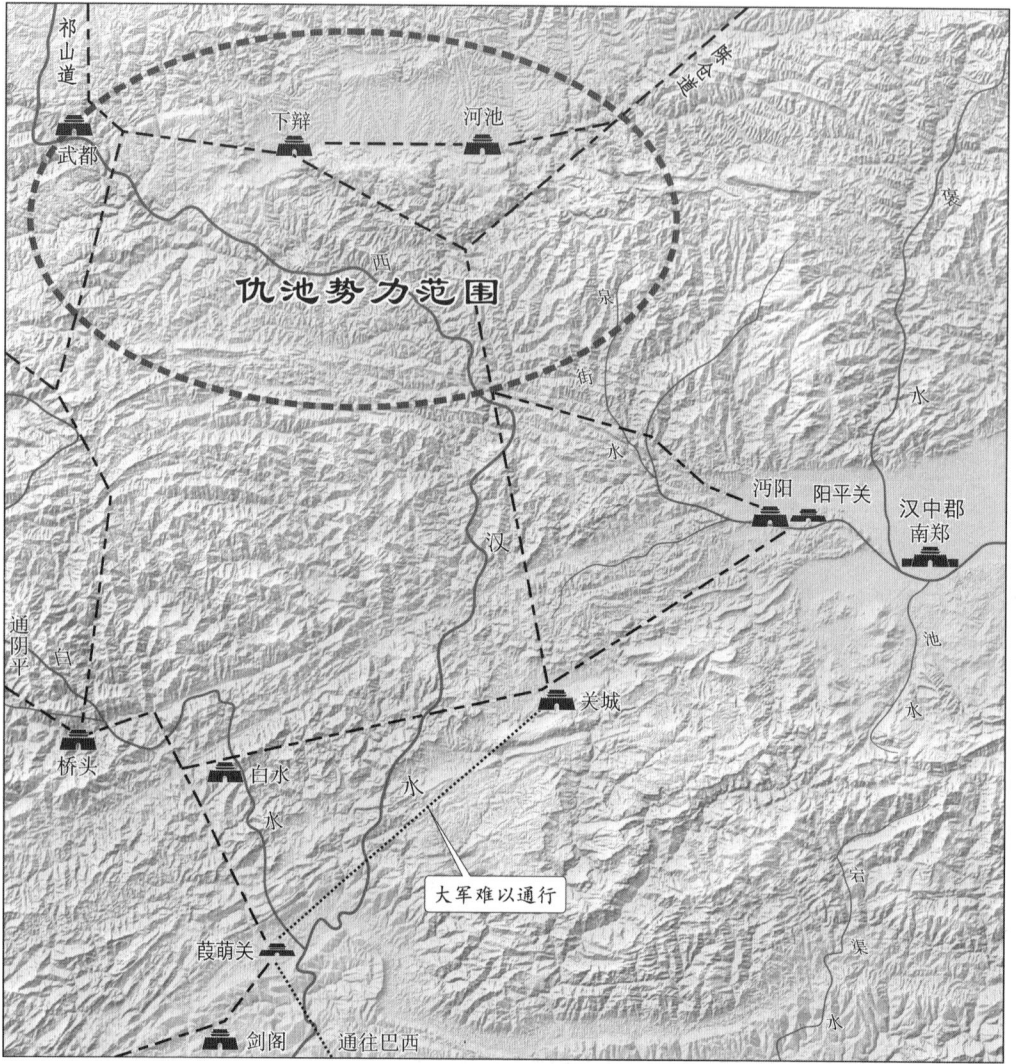

图 12-5　仇池国地势示意图

直到 371 年，苻坚已经灭了前燕，拿下了关东，他开始对南面的梁、益有想法了。

又是想睡觉有人递枕头，仇池杨氏掌门杨世在几个月前死了，其子杨纂代立后居然主动不认苻坚这个大哥，这给了苻坚出兵的借口。

更有利的是，巴掌大的仇池再度起内讧了，杨纂与其叔武都太守杨统因为继承权火并了。

随后苻坚的"大胖身子"就压过来了。前秦兵杀来后，杨纂举全国之众五万人前来阻击，东晋的梁州刺史杨亮还派出了千余骑兵助战。因为如果仇池没了东晋的西线也就被打开了，汉中的压力会非常大。

交战的结果是仇池和东晋联军被前秦军一通大屠杀，死了两万多人，东晋外援都被打死了，杨纂退保仇池山。

苻雅率军继续进攻仇池，跟杨纂搞内讧的杨统率武都之众投降，然后杨纂也跟着投降了。

苻坚轻松拿下仇池，尽徙其民于关中，将关中多民族变得更加多样化。同时，苻坚加封杨安都督南秦州诸军事，镇守仇池。

苻坚拿下仇池国就意味着前秦南下的通路被打开了，可以直面汉中和益州的"祸福之门"——阳平关和白水关了。（见图 12-6）

苻坚拉开雄霸北方序幕的同时，南边的桓温开始了自己最后的奋斗目标：篡晋。

前燕死前的回光返照，几乎彻底打乱了桓温一生的计划。

虽然借着第三次北伐解决了豫州和徐、兖问题，但是他也面临篡位接天命的巨大障碍，就是他没办法张嘴宣传自己的丰功伟绩，他有什么功劳呢？

当年王莽篡汉是全阶层投票，他以高票当选；曹丕代汉是曹操一手打下来的天下；三马食曹是三代人的共同努力，司马氏父子三人先后都立有大军功。

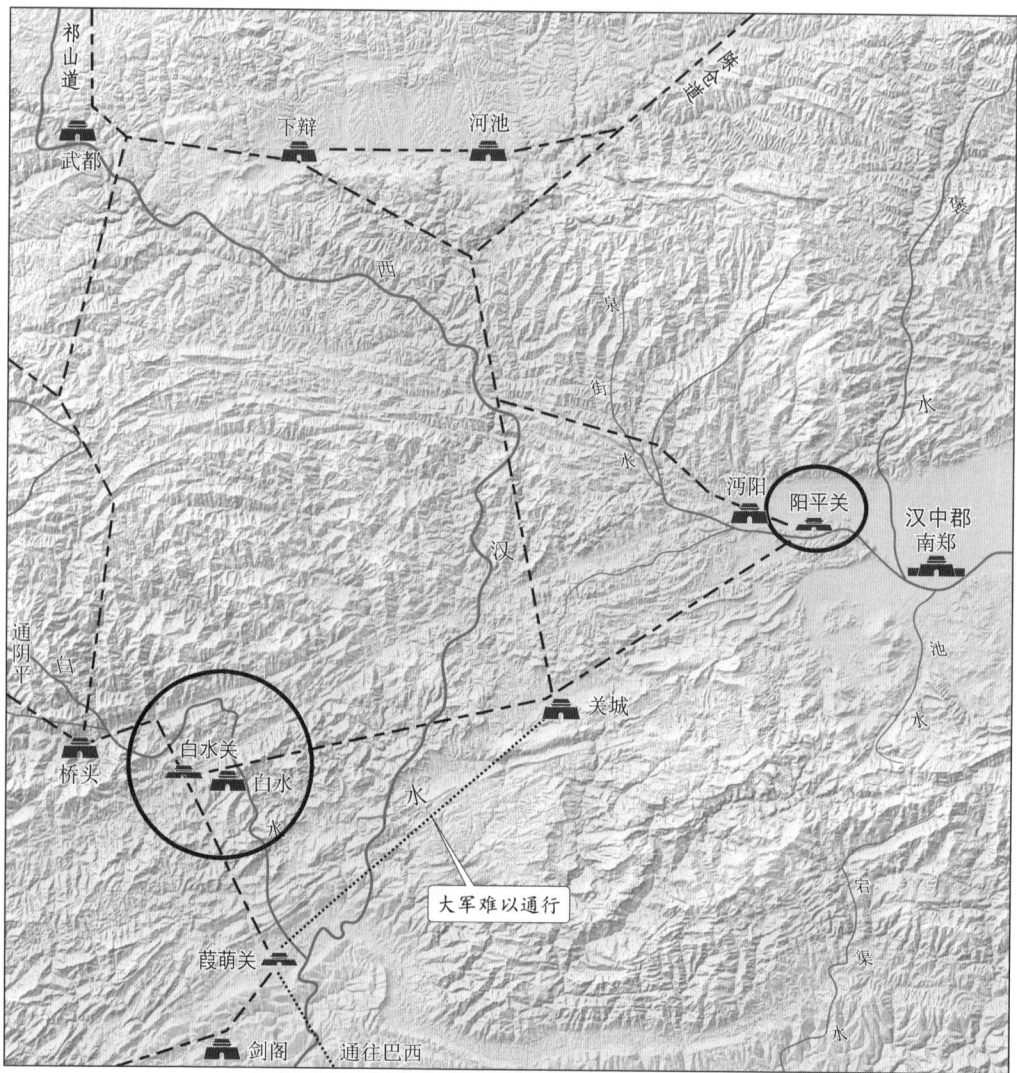

图 12-6　阳平关与白水关位置示意图

然而，桓大司马除了早年间灭蜀后，再也没有能拿得出手的军功了。

桓温的第二次北伐确实从"万人捏"姚襄手里抢回了洛阳，但那就是个摆设，而且没几年又丢了。

如今他虽然有着南方一哥的绝对实力，整个东晋都已被他控制住了，但是他却仍然没有能够移动晋鼎的功绩。也就是说，桓温更换法人出公示的时候，对天下百姓没法交代。

虽然司马氏已经无足轻重了，但不要小看"晋"这个代表着中原正统的符号的意义。"晋"这个符号，从某种意义上，代表着此时整个天下对于华夏正统的期待。

虽然两京不在了，而北边各族的胡人也都以各种各样的名义称帝，但是在天下人心中，他们在地位上跟被打到江左的东晋朝廷是没法比的。

北方汉人坞堡体的合作，某种意义上更多的是一种乱世求存的无可奈何，一旦有了机会，这些人还是会觉得东晋政权才是自己人。

桓温此时篡晋，虽然从技术上没问题，但是他将面临巨大风险。他不一定坐得住皇帝的宝座！

事实上，三十年后当他儿子最终把司马氏踢到一边后，很快就引来了根本想不到的巨大反噬。

"晋"的天命摆在那里，就是华夏对抗夷狄的关键号召力。

桓温篡位后，他能拿什么号召九州华夏呢？那么多家族，凭什么桓氏家族的人来当这个新皇帝呢！

桓温他爹桓彝当年过江的时候鼻涕一把泪一把，邋里邋遢得跟叫花子一样，在江北当了一个区区的浚遒令，当了至少四年，直到经周伯仁的推荐才有机会过江，然后看准机会高水平地拍了王导的马屁才上的台面。

如果桓温篡了天下，他势必要进一步对很多群体做妥协让出红利，就如同当年的司马氏那样，那么十年后的那场惊天动地的巅峰对决，江东孤舟能否抗住惊涛拍岸的前秦大浪就不好说了。

桓温对于自己的第三次北伐大败是颇为在意的。早先他曾经遇到过一个叫杜炅的算命大师，桓温问他自己的官位能到什么地步。杜炅说："您的功勋举世无双，能一直做到大臣的巅峰。"①

这个回答让桓温很不高兴，他的梦想显然更高。据史书记载，有一次，他躺着躺着突然对心腹们说了一句："再这么碌碌无为下去将来会被司马师、司马昭那哥俩取笑的！"所有人都不敢接话，桓温随后起身道："不能够流芳百世，难道还不能遗臭万年吗！"②

桓温攻克寿春，彻底扫平了袁氏，问他的心腹郗超说："这回足以雪枋头之耻了吧？"郗超说："雪不了，您这充其量就是个戴罪立功。"

这句话基本上算是给桓温定性了。因为此时的北方已经姓苻了，而且有王猛坐镇，前秦一副"爆款"的上升势头，再往哪里去找军功呢？天命如此，不可强求。

不过，郗超最终还是帮桓温找到了突破之路。郗超来桓温家商量事，半夜的时候郗超对桓温说："您今年六十了，这次大败对您的事业影响太大，如果无法建立不世的功勋，是很难引领舆论、民望的，更难镇服天下。"

桓温问他怎么办。郗超说："除了伊尹放逐太甲、霍光废黜昌邑那样的事情，应该是再也找不到第二种能助您完成更高理想的事了。"

---

① 《资治通鉴·晋纪二十五》：术士杜炅能知人贵贱，温问炅以禄位所至。炅曰："明公勋格宇宙，位极人臣。"

② 《晋书·桓温传》：然以雄武专朝，窥觎非望，或卧对亲僚曰："为尔寂寂，将为文景所笑。"众莫敢对。既而抚枕起曰："既不能流芳后世，不足复遗臭万载邪！"

郗超在退而求其次地帮桓温找解决办法。既然桓温没有功高盖世，也没有德被苍生，那就只有去除掉现有的天命了。

桓温和郗超因此开始了废帝谋划。不久，民间有了这样的花边新闻：皇帝身体有病，无法履行夫妇责任，现在这三个儿子全是他的宠臣给他戴的绿帽子，他们那圈子太乱了。①

桓温的宣传工作做得相当厉害，经舆论运作后老百姓开始认为这是真的。②

371年十一月初九，桓温自广陵要回到姑孰时，突然屯兵停在了当年苏峻之乱时的著名景点白石垒。

十一月十三，桓温入建康，含蓄地劝褚太后（即崇德太后）废黜皇帝司马奕，立丞相会稽王司马昱，同时直接把草拟好的诏令进呈给了褚太后。

褚太后表示我很心痛，你随便。

两天后的十一月十五，桓温召集百官正式废帝。但这个时候，比较无厘头的事情出现了。桓温他们只想着如何推动这件事，等到正式废帝时发现没有准备仪式预案，而且现场没人知道这活怎么干。③

场面一时比较尴尬，舵手桓温有些迷茫。这个时候，就看出来"知识就是力量"了！尚书左仆射王彪之站了出来，说道："天天就知道谈玄，历史书都不看了，没人看过《汉书》吗？把《霍光传》给我找来！"

---

① 《资治通鉴·晋纪二十五》：以帝素谨无过，而床笫易诬，乃言"帝早有痿疾，嬖人相龙、计好、朱灵宝等，参侍内寝，二美人田氏、孟氏生三男，将建储立王，倾移皇基"。

② 《资治通鉴·晋纪二十五》：密播此言于民间，时人莫能审其虚实。

③ 《资治通鉴·晋纪二十五》：己酉，温集百官于朝堂。废立既旷代所无，莫有识其故典者，百官震栗。

这些人不知道当年霍大司马脸不红心不跳地就把皇帝废了吗?

在《霍光传》的加持下，东晋朝廷制定了相关的礼节仪式，宣太后令将司马奕废为了东海王，把丞相会稽王司马昱拱上了皇位，改年号为"咸安"。

"咸"者"普遍"，"安"者"安定"，大意是"桓爷您别再闹了"。不过桓温没按他们的希望来，而是在一废一立后迅速开始了令人意外的大清洗。

桓温罢黜了喜好习武练兵的太宰武陵王司马晞与其子司马综、司马瓘的官职。桓温在诏书中很不客气地指明了一个问题，就是袁真造反事先和司马晞有联系。[1]

司马昱乖乖地将太宰司马晞及其诸子免官，随后桓温又安排嫡系毛安之率领所统领的军队宿卫皇宫。至此，桓温把禁卫军也换了，彻底架空了东晋朝廷的最后一块自留地。

两天后，桓温杀了废帝司马奕的三个"野孩子"。紧接着，桓温又逼新蔡王司马晃自首，称与司马晞、司马综、著作郎殷涓、太宰长史庾倩、散骑常侍庾柔等人谋反。

司马昱向桓温求情别杀这些人，但桓温言辞激烈，要求必须全部诛杀!

司马昱亲手下诏给桓温："如果大晋还有国祚，你就不必请示，尊奉执行以前的诏令;如果晋朝的大运已去，我就请求避让贤人晋升之路。"司马昱的意思就是:"我认栽了，你要是看我的面子就给我们司马家留条活路吧。"

---

① 《资治通鉴·晋纪二十五》:太宰武陵王晞，好习武事，为温所忌，欲废之……温表:"晞聚纳轻剽，息综矜忍;袁真叛逆，事相连染。顷日猜惧，将成乱阶。请免晞官，以王归藩。"

最终司马晞、司马晃等皇族被废为庶人徙边郡，庾蕴、庾倩、庾柔、殷涓、曹秀、刘强等人全族被诛。

庾氏涉案后，庾希与弟弟庾邈、儿子庾攸之逃入海陵（今江苏泰州）陂泽，但后来被桓温得知踪迹。庾希便在海边聚众抢夺船只，乘夜攻入京口，赶跑晋陵太守卞眈，并放出数百囚徒，发放兵器，宣称奉密旨除桓温。

卞眈逃往曲阿，征发乡兵两千人杀了回去，并打败庾希，桓温又命东海内史周少孙攻克京口，擒获了庾希等人，桓温将庾氏余党全部族诛。

最后，除了东阳太守庾友因为儿媳是桓豁的女儿未受难之外，庾氏的血脉几乎被全部诛杀。

通常，废帝不至于搞出如此腥风血雨的重大清洗，但根据桓温诏书所指及桓温的坚决行动基本可以表明：在北伐过程中，袁真消极怠工不打开石门，以及桓温差点儿死在北国的这件事不是偶然。

这事早有预谋。司马氏和庾氏联络了庾氏的旧部袁真，打算借着此次北伐联手做掉桓温。在对方的谋划失败后，桓温极端冷静地一步步开始了谋划。

桓温先是安抚朝廷，剿灭袁真势力，又足足用了近一年的时间去做舆论布局，在年底突然搞袭击迅速废帝。废帝后桓温迅速集中开始清算，在半个月的时间内就连根拔起了政敌。

桓温此人一生不走废棋，一生步步为营，一生不紧不慢、从容不迫，到了让人不寒而栗的地步。

三十多年前，庾亮入主荆州后对曾有恩于他的陶侃后人挥下了屠刀，手段极其阴险下作；如今，庾氏的女婿亲手干掉了庾氏的全族。（桓温的丈母娘是庾亮的妹妹庾文君。）

五、枭雄谢幕

桓温完成废帝及大清洗后，于公元 371 年十一月二十四，大赦天下，给文武官员各增加品位二等。

十一月二十五，桓温回到白石垒，上疏求归姑孰。

十一月二十六，司马昱下诏进桓温丞相，大司马如故，留京师辅政，桓温推辞后继续申请还镇姑孰。

十一月二十七，桓温启程。

372 年三月，司马昱遣侍中王坦之征桓温入朝辅政，桓温再辞。

同年七月，天天处于高压下担惊受怕的司马昱不行了，第三次急召桓温入朝辅政。

司马昱情真意切地说道："我要不行了，你赶紧来，争取君臣最后相见。"朝廷在一天一夜间接连发出四道诏令。[1]

桓温继续推辞不来。

司马昱生了七个儿子，前面五个儿子早已夭亡，后面这两个儿子

---

[1]《晋书·桓温传》：及帝不豫，诏温曰："吾遂委笃，足下便入，冀得相见。便来，便来！"于是一日一夜频有四诏。

的来历却颇有趣味。司马昱五个儿子夭亡后，他的姬妾已经连着十年肚子没动静了，无奈之下，司马昱找了一群相面的来给看看。大师们看了他的姬妾后给出诊断：别在她们身上费劲了，这些女人生不出儿子来。

司马昱又把家里的所有女仆都找来让大师进行海选，最终大师在看到一个叫李陵容的又黑又高的纺织女工时大吃一惊，说："这丫头能生小子！"①

司马昱后来和这个黑姑娘生了两个儿子。

这个李姑娘被称作"昆仑"。这个外号颇值得玩味，因为"昆仑"通常是古时对鬈发黑肤或东南亚土著的统称，由于李姑娘"黑而长"，所以很多学者猜测，司马昱很有可能搞了一把黑妞。

根据基因学的知识来讲，黄种人和黑人孕育的下一代往往会带有强烈的黑人基因。如果是这样，他的两个儿子司马曜和司马道子应该看上去都是黑皮肤。但史书对这一特征全都没有记载，所以，那位纺织女工可能就只是黑得有些过分。

司马昱觉得自己不行了，立下遗诏：立十岁的司马曜为皇太子，封小儿子司马道子为琅邪王、兼领会稽国，大司马桓温依周公的旧例，代理皇帝摄政。

此外，司马昱还加了句当年刘备的名言：这孩子你能辅佐就辅佐，如果不能辅佐，君可取而代之。②

按这个趋势来看，桓温极可能很快就该出台这孩子没法要了的认证报告了。但就在这个时候，当年给桓温算命的那个先生所说的命运拷

---

① 《资治通鉴·晋纪二十五》：又使视诸婢媵，有李陵容者，在织坊中，黑而长，宫人谓之"昆仑"，相者惊曰："此其人也！"

② 《资治通鉴·晋纪二十五》：遗诏："大司马温依周公居摄故事。"又曰："少子叩辅者辅之，如不可，君自取之。"

问来了：你没有皇帝命！

当年桓温帐下的长史，如今的侍中王坦之看到这封诏书大怒，当着司马昱的面把诏书撕了。[1]

从这里也能看出来，司马家的皇帝已经混到了谁都敢不把他当回事的地步了，官员连皇帝亲笔写的手谕诏书都敢撕。

司马昱明白王坦之的意思，叹道："大晋之天下，不过是当初因为好运而得到，你这又是何必！"

王坦之道："大晋之天下，是宣帝（司马懿）和元帝（司马睿）建立的，怎么轮得到陛下独断专行？"

司马昱无言以对，修改了遗诏，由桓温摄政改为由桓温仿效诸葛亮、王导旧例进行辅政。当天，司马昱驾崩。[2]

王坦之曾在桓温帐下当过长史，其父王述的扬州刺史也是在那段时间被运作给桓温的。

在桓温拿下禁卫军权后，王坦之是左卫将军，而且不久还拿到了本州大中正的人事权，更重要的是王坦之和桓温是儿女亲家，他的长子王恺娶的是桓温家二女儿。

从这个轨迹来看，王坦之应该是桓温的自己人。但是，王坦之在这个历史关头阴了领导兼亲家，代表太原王氏表达了自己的态度：我家不同意！

司马昱死后遗诏摆在那里，下一任皇帝哪怕司马昱确定了人选，群臣也没有敢接话认可的。毕竟，血腥的大清洗才刚刚过去没多久，人

---

① 《资治通鉴·晋纪二十五》：侍中王坦之自持诏入，于帝前毁之。

② 《资治通鉴·晋纪二十五》：帝乃使坦之改诏曰："家国事一禀大司马，如诸葛武侯、王丞相故事。"是日，帝崩。

们都在等桓温。①

继太原王氏的王坦之开了头炮之后，老牌门阀琅邪王氏、尚书仆射王彪之站了出来，说道："天子驾崩，太子代立，大司马怎能有资格提出异议？"②

在王彪之摆明揽责后，太子即皇帝位，随后崇德太后发布命令，虽然没说"君可自取"的话，但再次请桓温依据周公摄政的旧例行事。

命令已经公布，结果又是王彪之阻拦道："这是非常大事，大司马桓温一定会反复辞让，从而导致政务停顿，耽误先帝陵墓的修筑，我不敢遵奉命令，谨将诏书密封归还。"最终封堵住了桓温依周公摄政的政治待遇！③

王彪之已经跟桓温隐性对抗了一辈子。358年谢奕死的时候桓温就已在运作由桓云去接班豫州刺史，但王彪之插了一杠子，导致桓温又过了十多年才拿下豫州。④

此时王彪之已经六十九岁，几乎就是以一种活够本的姿态在为门阀政局贡献自己的光和热了。

司马昱死了，桓温很高兴，司马昱的儿子继位，桓温也没什么意见，但最终定稿的遗诏作为合法文件向百官宣布，却让桓温前面废帝的

---

① 《资治通鉴·晋纪二十五》：群臣疑惑，未敢立嗣，或曰："当须大司马处分。"

② 《资治通鉴·晋纪二十五》：尚书仆射王彪之正色曰："天子崩，太子代立，大司马何容得异！若先面谘，必反为所责。"

③ 《资治通鉴·晋纪二十五》：朝议乃定。太子即皇帝位，大赦。崇德太后令，以帝冲幼，加在谅闇，令温依周公居摄故事。事已施行，王彪之曰："此异常大事，大司马必当固让，使万机停滞，稽废山陵，未敢奉令，谨具封还。"事遂不行。

④ 《晋书·王廙传》：时豫州刺史谢奕卒，简文遽使彪之举可以代奕者。对曰："当今时贤，备简高监。"简文曰："人有举桓云者，君谓如何？"彪之曰："云不必非才，然温居上流，割天下之半，其弟复处西藩，兵权尽出一门，亦非深根固蒂之宜也。"

那一整套流程的白走了。

桓温面临的还是那个问题：没有大功，也没有大德行，现在连司马家的官方认可文件也没拿到。

司马昱要是说"您看着不行您自己来"，那桓温就有足够的法律依据和对天下的最终解释权。摄政意味着正式代理皇权，这就成为转正前的过渡。但司马昱的遗诏，是让他仿诸葛亮、王导辅政。

本来是让他当诸葛亮，如果他最后当了曹丕，那他对天下怎么交代？即便在桓温公开屠杀司马氏和门阀庾氏的时候，在这个门阀政治即将走向终章的时间点，这些老牌的门阀依然在做着自己最后的抗争！

太原王氏和琅邪王氏合力在遗诏环节和继位危机上给出了最关键的回应！

373 年二月，时隔半年，桓温再次回到朝廷。而这半年中，桓温始终没表态。

此次前来，建康人心浮动，舆论猜测，这是桓温要杀王坦之、谢安等阻力派。①

比较巧的是，朝廷诏令吏部尚书谢安、侍中王坦之到新亭去迎接桓温。这个试探类似于高考结束后的电话查分。

半年前撕遗诏的王坦之已经快吓尿了，沧海横流才能真正看出来谁是英雄本色，谢安则神色不变地说："晋朝国运的存亡，便取决于此行。"②

王坦之这个不争气的，见了桓温汗流浃背，连手版都拿倒了，半年前那牛气劲也不知道去哪里了。③

---

① 《资治通鉴·晋纪二十五》：是时，都下人情汹汹，或云欲诛王、谢，因移晋室。
② 《资治通鉴·晋纪二十五》：坦之甚惧，安神色不变，曰："晋祚存亡，决于此行。"
③ 《资治通鉴·晋纪二十五》：温既至，百官拜于道侧。温大陈兵卫，延见朝士；有位望者皆战慄失色；坦之流汗沾衣，倒执手版。

谢安则从容就座，对桓温说："听说诸侯有道，守卫在四邻，明公哪里用得着在墙壁后面安置人呀！"桓温笑了笑，撤了左右，开始和谢安虚伪对谈。

不久风吹开了帐子，露出了在偷听的郗超，谢安开玩笑道："郗超先生可以说是入幕之宾啊。"①

世人皆说王坦之与谢安齐名，这次高下算是正式分出来了。②

史书中的论调，是"时天子幼弱，外有强臣，安与坦之尽忠辅卫，卒安晋室"。在这次对谈中大心脏的谢安稳住了桓温保住了晋室。

其实吧，这是种糊弄人的春秋笔法。谢安一淡定就把纵横宦海四十多年，这辈子什么事都见过、什么人都杀过的桓温镇住了？桓温就不做篡位的事了？底气源于靠山，淡定源于实力。谢安此时有什么？

史书记载司马昱托孤事件时，谢安从头到尾唯一一次出镜，是作为大使在司马昱死后去桓温那里宣读诏书。

以谢安在后世的咖位，哪怕在这个事件中做了一丁点儿事，那都得记上一大笔的！但实际上就是什么都没有，而且谢安在桓温面前的形象那是近似于讨好的"小可爱"。

就在桓温弄死庾氏一党后，有一次谢安看见桓温，向桓温展示了自己最高规格的恭敬：他大老远地就开始遥拜桓温。

桓温道："小谢你这是干什么？"谢安说："哪能让君拜于前，臣

---

① 《资治通鉴·晋纪二十五》：安从容就席，坐定，谓温曰："安闻诸侯有道，守在四邻，明公何须壁后置人邪！"温笑曰："正自不能不尔。"遂命左右撤之，与安笑语移日。郗超常为温谋主，安与坦之见温，温使超卧帐中听其言。风动帐开，安笑曰："郗生可谓入幕之宾矣。"

② 《晋书·谢安传》：坦之与安初齐名，至是方知坦之之劣。

还礼于后的。"①

他称桓温为"君",自己是"臣",那么因家族衰落四十多岁才入仕的谢安,底色到底是忠贞清流还是明哲保身呢?

之前对于新登基的皇帝司马昱,谢安给的评价是什么的?他认为司马昱虽然智商正常,但没有济世大略,其引以为傲的清谈水平就比那个"何不食肉糜"的晋惠帝司马衷强那么一点点!②

杀伤性很大,侮辱性更强!谢安的意思,通俗点儿说就是司马昱比大傻瓜司马衷强那么一点点。这种政治骂街算是把新皇帝的脸踩到了尘埃里。谢安这是说给谁听的呢?桓温。"温爷您看我这立场"!

在桓温废帝后,郗超的权势也跟着达到顶点,此时被桓温留在朝中任中书侍郎,朝中人见到郗超全都哆嗦。

谢安曾经和王坦之去郗超家拜访,一直等到了太阳落山郗超都没搭理这哥俩。王坦之要回家吃饭了,谢安拉住王坦之说:"你为了性命难道不能忍忍吗?"③

综上所述,还会有人觉得谢安在那次新亭会谈中真的是沧海横流显英雄吗?不用怀疑,谢安依旧会很淡定,但淡定的根源很可能是他根本没做什么对不起桓温的事情,或者说谢氏当时已被桓温拿下了。

当然也有另一种可能,就是后世史官的曲笔。

因为谢安领导东晋打赢了淝水之战,挽救了处于危亡之际的东晋政权,当然要记录一笔才能反衬出桓温和王坦之。

---

① 《晋书·桓温传》:温多所废徙,诛庾倩、殷涓、曹秀等。是时温威势翕赫,侍中谢安见而遥拜,温惊曰:"安石,卿何事乃尔!"安曰:"未有君拜于前,臣揖于后。"

② 《晋书·简文帝纪》:帝虽神识恬畅,而无济世大略,故谢安称为惠帝之流,清谈差胜耳。

③ 《资治通鉴·晋纪二十五》:郗超以温故,朝中皆畏事之。谢安尝与左卫将军王坦之共诣超,日旰未得前,坦之欲去,安曰:"独不能为性命忍须臾邪?"

桓温的儿子桓玄后面篡了晋，王坦之的儿子王国宝是晋末著名奸佞，这两位的爹当然要被谢安衬托到尘埃里！

桓温此次入朝并没有发生什么重大事件，根本也不是什么谢安、王坦之的功劳，而是因为桓温得病了。

二月二十四，桓温到了新亭。三月桓温就开始生病了，总共在建康停留了半个月。

三月初七，桓温匆匆返回了姑孰。①

桓温此次来建康的目的，极大概率是要加九锡，因为桓温在病重时开始频频暗示朝廷给他加九锡，但因为健康问题而无奈作罢。②

这个时候，谢安、王坦之和王彪之三人开始了故意拖延。他们让袁宏草拟桓温加封的诏令程序，然后借口各种改动，就这样一直拖到七月份桓温走人。③

桓温的人生，最终失败了吗？这得分怎么看。

从拿下天命皇位的角度看，确实功亏一篑，算不上成功。但桓温的成功，千年下来又有几人做到呢？

如果从人生的起点和终点的成就来看，桓温毫无疑义是人生大赢家。他老爹仅给了他一个高级门槛，剩下所有的一切，都是他个人奋斗得来的。

桓温几十年的人生历程教科书般地展示了如何稳步取得成功。

他到荆州后迅速伐蜀，是看准了成汉内乱，结果意外成就大功。

对东晋朝廷对他的遏制，他忍了好几年，通过不断地调动、试探、

---

① 《资治通鉴·晋纪二十五》：三月，温有疾，停建康十四日，甲午，还姑孰。

② 《资治通鉴·晋纪二十五》：初，温疾笃，讽朝廷求九锡，屡使人趣之。

③ 《资治通鉴·晋纪二十五》：谢安、王坦之故缓其事，使袁宏具草。宏以示王彪之，彪之叹其文辞之美，因曰："卿固大才，安可以此示人！"谢安见其草，辄改之，由是历旬不就。宏密谋于彪之，彪之曰："闻彼病日增，亦当不复支久，自可更小迟回。"

施压让殷浩把江左的家底败光，最终兵不血刃地让殷浩主动滚蛋。

他北伐前秦，是看准了前秦立足未稳。

他北伐姚襄，是看准了软柿子好捏和洛阳的关键政治地位。

他向东方不断渗透，是以三年为单位不断前进的，从拿下江州，到插入扬州，再到第三次北伐拿下豫州和徐、兖二州。这十多年的向东渗透，上述藩镇的人事调动频繁，桓温秉承的思路基本上就是不断地调动，不断地削弱朝廷和其他藩镇的实力，直到自己最终不战而屈人之兵。除了对豫州最终动了干戈，剩下的所有地盘，全是他一步步稳稳拿下来的。

作为"保守主义"权力家，桓温的一生无疑是极其成功的。遗憾就是桓温人生中颇被人诟病的三次退缩：北伐前秦推进到了灞上，他退缩了；北伐前燕时，郗超劝他靠威名逼进邺城，他退缩了；面临跟门阀的最后抵抗撕破脸，他再次退缩了。最终，这三次退缩使得他的人生天花板没有再被突破。

其实准确来讲，他退缩了四次。

第一次偏师灭蜀打到最关键时，他同样在最后关头退缩了。

但命运之神选择了跟他开玩笑，撤退的鼓点打成了前进的，他意外成就了大功。

但说句实在话，这很有可能是后世史书上对他历史地位的篡改和泼粪。因为自古擂鼓前进，鸣金收兵。

撤退的鼓点打错了，这个错误的记录，很像是没见过战场是什么样的书生所写。

但无论怎样，史书上毕竟那么写了，桓温就是敲错了鼓，他就是怕了。自古成王败寇，谁让他儿子没弄过刘裕呢！

有人可能会说，桓温这辈子总是差最后一口气。如果他在每个历史关头最后都闯么一下，也许历史最终真的会大改道。但我们从客观公正的角度看，桓温的每次选择都没错。

先为不可胜，以待敌之可胜。敌一辈子不可胜，没关系，至少我同样一辈子不可胜，而且步步为营地越来越壮大。

桓温的几次退缩，其实都是：只要赌了，赢了回报巨大，输了可能被清盘下台。

北伐前秦，如果过了灞水关中豪族们还是不投票，而是静观输赢，己方万一最终粮草不济，输给前秦的精锐骑兵了呢？万一自己像刘曜一样直接在战场上就被人家逮着了呢？

北伐前燕，还是一样的问题，万一听郗超的激进计策迅速率轻兵过了黄河，但局势并没有摧枯拉朽地向自己一边倒呢？自己的孤军万一被对方团灭在了河北呢？

如果选择篡位与门阀开战，不用怀疑自己一定会当皇帝，毕竟整个东晋都已经落入了自己的手中。但是做了皇帝之后呢？

从桓温这辈子的人生轨迹来看，他这个一旦下注从来不输的人，最终从那封遗诏的依"诸葛亮王导"故事中看到了，门阀政治虽然已经被他的一生奋斗打到了谷底，但依然有着方方面面的潜在力量，在水面下不断制约着他，使他的最终梦想改天换地。

王坦之曾经是他的长史，他的亲家，谢安四十多岁出道找工作时是他的司马，这些人都是当年他非常看重的人才。但终归，高门大姓铁板一块，跟他一条心的仅仅是郗氏的郗超而已。

北方前秦上升迅猛，兵势浩大，桓氏改朝换代后各门阀将分崩离析，百姓将失去统一的华夏，中原民族的文明之光很有可能就此熄灭。

他短暂移鼎后的大动荡，南方很有可能彻底地分崩离析。

这个一生持重的奇男子，对自己人生的时时刻刻，几乎都做到了盘算拿捏准确。

373 年，桓温的对手是谁真的不重要，他最大的对手是他自己的那颗心。

当年王敦死前命其养子王应先继位登基再给自己举行葬礼，而其死前实际已被沈充等架空。但桓温死前，考虑到自己的世子桓熙能力有限，不是那块料，最终选定弟弟桓冲当接班人。①

桓温在人生的最后时刻，选择了理智的克制，并且还有克制的能力。他这辈子从生到死，都牢牢地掌握着自己人生的选择权，几乎一辈子没走错一步棋。

桓冲这些年一直在兄长身边历练，入仕时桓温已经掌权荆州，他初任鹰扬将军、镇蛮护军、西阳太守。

二十七岁，桓冲随桓温第一次北伐（目标前秦）在白鹿原击败了苻雄，因功迁督荆州七郡军事、宁朔将军、义成郡与新野郡太守，镇襄阳。

二十九岁，随桓温第二次北伐（目标洛阳），因功进号征虏将军。

三十六岁，迁振威将军、江州刺史、领镇蛮护军、西阳郡与谯郡太守。

三十八岁，因桓温迁扬州牧，桓冲监江州、荆州、豫州三州六郡诸军事、南中郎将、江州刺史、假节，其余如故，与二哥桓豁分掌江、荆二州。

四十二岁，随桓温第三次北伐（目标前燕）。

桓温一直在建设自家的人才梯队，此时的桓冲四十六岁，无论是资历还是年龄，都是最好的选择。

桓冲问桓温：“将来谢安、王坦之应该给安排什么职务？”桓温道：“他们不由你来安排。”

史书中对这句话的解读，是桓温知道自己在的时候，这两个人都

---

① 《晋书·桓温传》：熙字伯道，初为世子，后以才弱，使冲领其众。

是乖乖听话，自己死了以后，桓冲的能力是无法摆布控制那两人的；而且如果自己死前带走这两人，其实对桓冲的接班和桓家的声望会有不好的影响。[①]

这算是活了一个明明白白。桓温不是没能力杀谢安、王坦之，而是他明白自己寿命到了，如果自己或桓冲杀了他们，那就会成为桓冲平稳接班的威胁和阻碍。

桓温临终之时，将自己最小的儿子确定为政治遗产继承人——年仅五岁的桓玄继承了南郡公的爵位。当然，这是从桓冲的嘴里说出来的。[②]

这会是桓冲的阴谋吗？虽然有一定的可能性，但仔细想来，其实更可能是桓温为保存自己接班人而做的妥善安排，否则不会明确传位给自己的弟弟。

自己的长子桓熙承担不起来家族事业，传给他将来很可能是身死族灭，所以只能交给桓冲。作为自己的继承人，桓玄还小，不会对桓冲有威胁，所以大概率能够长大。等桓玄长大了，桓冲也老了。

373 年七月十四，使持节、侍中、都督中外诸军事、丞相、录尚书、大司马、扬州牧、平北将军、徐兖二州刺史、南郡公桓温，病逝。这位奇男子走完了他的人生旅途。

无论是弟弟还是儿子，他都没有看错。他的这个小儿子将在三十年后，完成他的最终梦想。他的这个弟弟，则非常好地完成了接替他这个顶级权臣的二代过渡。

---

① 《资治通鉴·晋纪二十五》：温弟江州刺史冲，问温以谢安、王坦之所任，温曰："渠等不为汝所处分。"其意以为，己存，彼必不敢立异，死则非冲所制；若害之，无益于冲，更失时望故也。

② 《资治通鉴·晋纪二十五》：冲称温遗命，以少子玄为嗣，时方五岁，袭封南郡公。

但老桓家的一些内部人士并不满意桓温的遗产分配，他的四弟桓秘和他的儿子桓济等就谋划要杀掉桓冲。

桓温死后桓冲先下手为强，派兵抓了桓熙、桓济，然后才去吊丧，之后桓冲废除了桓秘一切职务，并将这些人迁徙到了长沙养老。

桓温死后，桓冲任中军将军，都督扬、豫、江三州诸军事及任扬、豫二州刺史，镇守姑孰；桓豁为征西将军，督荆、扬、雍、交、广五州诸军事；桓豁的儿子桓石秀任宁远将军、江州刺史，镇守寻阳。

桓冲总领全局后听从桓温的话，并没有找王、谢等门阀集团搞对抗，而是采取了怀柔合作态度，像生杀等刑事权力重新交回朝廷并先汇报再去执行。①

对于集团内部劝说杀掉敌对门阀的建议，桓冲也牢牢记住兄长的临终教诲，选择了主动克制。②

桓冲的主动退让，让本已被桓温逼到死角的东晋朝廷终于有机会发挥主观能动性了。谢安走出了相当漂亮的一步棋，请崇德太后临朝处理国政。③

谢安通过引入太后的权力，重新加入了几乎被桓氏瓜分的东晋政局。王彪之没理解谢安的打法，表示："太后临朝是幼主在襁褓之时，现在主上已经十多岁了，反而让太后临朝，这不是自己示弱，说明皇权不振嘛！"

但是王彪之玩不过谢安，谢安还是把褚太后搬了出来达到了自己

---

① 《晋书·桓彝传》：初，温执权，大辟之罪皆自己决。冲既莅事，上疏以为生杀之重，古今所慎，凡诸死罪，先上，须报。冲既代温居任，尽忠王室。

② 《晋书·桓彝传》：或劝冲诛除时望，专执权衡，冲不从。

③ 《资治通鉴·晋纪二十五》：谢安以天子幼冲，新丧元辅，欲请崇德太后临朝。

的目的。[①]

桓温死前知荣知辱的一整套克制安排，使得东晋再次进入权力重新博弈划分的阶段。

南方罕见地开始出现集中力量办大事、同舟共济态势，因为北方的前秦巨浪就要拍过来了！

---

① 《资治通鉴·晋纪二十五》：安不欲委任桓冲，故使太后临朝，己得以专献替裁决，遂不从彪之言。

六、三年的时间，家里真有矿了

桓温死后，命运之神开始在南北方扔下了引爆世纪之战的剧本。南边的东晋开始了惊涛拍岸前的重组，北边的苻坚则开始了投鞭断流前的加速度发展。

前秦以远超汉高祖夺天下的速度，在短短五六年间就完成了统一北方，兼跨梁、益二州的霸业。在公元371年灭仇池后，前秦南下的大门已经被打开，苻坚也一直在为入蜀做准备。

蜀地自古易守难攻，从北方南下，除了六百多年前秦国大将司马错与秦国根本消灭的不是一个维度的古蜀国之外，打开历史书就会发现，唯一成功的例子，只有靠当年邓艾神奇地偷渡阴平而侥幸成功的曹魏军，而且，这次成功的根本原因在于蜀汉政权早已从内部崩塌。

自古入蜀，无论是自北南下，还是溯江而上，拿下这片土地的最关键因素，都必须是蜀中的政权自己作死过不下去了；但凡还有点儿竞争力，外面的力量都很难打进来。

苻坚的宏图伟业从客观来看，最关键的因素在于"五胡时代"已经走进了下半场，各少数民族政权的接班人水平普遍偏低，可以说遍地都是"低垂的果实"。灭前燕如此，入蜀也是如此。

就在苻坚灭前燕、平仇池后没多久，371 年，周家的第三代周楚病逝了，换上了"在州贪暴，人不堪命"的侄子周仲孙当老大。

周家的第一代，是跟王敦打擂台、和陶侃齐名的周访。

周家的第二代周抚，最早抱了王敦的大腿，后来成了桓温的人，桓温灭蜀后成为益州刺史，平定隗文、邓定、萧敬文三乱，镇蜀二十年。

周家的第三代周楚，在接班后不久平定了司马勋之乱，剿灭了打着成汉李雄旗号反叛的李高，"世在梁、益，甚得物情"。

371 年八月，周楚死了，接班人周仲孙不是那块料，益州的主心骨没了。桓温此时忙着废帝、忙着进步、忙着走向人生巅峰，也根本顾不上对蜀地进行更进一步的调整。

人的红运来了挡都挡不住，苻坚的灭蜀大计，最终以他想象不到的方式展现出来。

373 年八月，桓温刚死，东晋的梁州刺史杨亮突然袭击仇池，被前秦的梁州刺史杨安反杀，一路反推，东晋辖区的沮水诸戍所关隘守军纷纷弃关逃跑。

杨亮更牛，吓得连阳平关都不守了，直接一口气逃到了磬险城（今陕西洋县西）。

杨亮跑到这个位置就相当于给了前秦一句潜台词：我已经准备好往西三郡跑了，汉中你什么时候拿走？

在接到这个捷报后，苻坚当时就感觉，与当年司马错伐蜀一样的机会到了。因为不用再担心东晋汉中的守军断自己后路，前秦军能够直接扑向蜀地了！

更重要的是，时运千载难逢：桓温刚死，桓冲忙着接班，根本无暇西顾！

于是苻坚将前秦军兵分两路，由王统、朱肜率军两万出汉中，毛当、徐成率军三万直插剑阁。

王统和朱彤入汉中后大败杨亮，杨亮东奔西城（今陕西安康西），前秦军拿下汉中平原，紧接着天上再掉馅饼，徐成轻松拿下了剑阁。史书中一句"徐成攻剑阁，克之"，蜀地巨防天险就没了。估计和汉中的情况是一样的，大概率也是白送的。

十一月，前秦军轻松叫降梓潼。荆州老大桓豁在得知前秦兵进梁、益后，派遣江夏相竺瑶率军救援，竺瑶听到广汉太守赵长战死后立即判断没法救了，退了回来。

益州刺史周仲孙企图在绵竹跟前秦军会战，他刚跟朱彤对阵，毛当所部已经逼近成都，周仲孙最终率骑五千远逃南中，成都失守。

桓冲罢免了周仲孙，以冠军将军毛虎生为益州刺史，毛虎生之子毛球为梓潼太守，潜台词就是"益州打下来就是你家的地盘了"，命毛家统部去收复益州。

毛虎生到了巴西后借口粮草不济，退屯巴东（郡治鱼腹，今重庆奉节）。这也标志了东晋对梁、益二州彻底的无能为力。

仅仅两个月，前秦就拿下了华夏九州中征服难度系数最高的益州。

前秦灭前燕和灭蜀，都属于时代的低垂果实。

1. 当了三十年定海神针的桓温死了，东晋陷入复杂的权力重组旋涡中，宏观上对蜀地反应不及。

2. 在蜀地当了三十年定海神针的周家突然人才断档，"在州贪暴，人不堪命"的周仲孙根本没能力镇住蜀地。

3. "英勇的"杨亮拱手送出阳平关天险。

苻坚甚至都没想明白蜀地的统治思路，成都就已经拿下来了。这么一大片人口稠密的汉人区，怎么调控呢？一旦版图迅速扩大，很多问题就出来了，大有大的难处。

由于梁、益二州以汉人为主，苻坚并没有像拿下前燕那样大搞拆迁，仅在犒赏有功将士后将此次灭蜀的功臣们安排了一下，命杨安为益州刺史镇成都、毛当为梁州刺史镇汉中、王统为南秦州刺史镇仇池、姚苌为宁州刺史镇垫江（今重庆合川），除此之外，对蜀地的政治刑法等方面均无其他措施。

374年五月，蜀地爆发了张育和杨光领导的起义。一方面，东晋收到张育求援，派竺瑶和桓石虔合兵三万攻打垫江并打败了姚苌。另一方面，蜀地的少数民族也纷纷响应张育，起义军从最初的两万扩大到五万，张育自号蜀王，建元黑龙，杀向成都。

苻坚紧急派邓羌率五万人入蜀救援。四个月后，起义军被万人敌邓羌扑灭。

蜀地的起义，其实是在给苻坚提醒：你要歇歇啦。

准确地说，对于入蜀获得的胜利，苻坚根本没有预案。既然没有预案，就应该停下来冷静一下了，等着时间让潜在的问题浮出水面，然后去挨个解决；等着时间磨合后产生因地制宜的治理思路，再对征服地区进行消化。

苻坚这几年胜利拿下的区域，不是今天新疆、内蒙古那种地广人稀的地方，而是人口密度超高的关东和益州。

有人的地方就有江湖，这个史上最纷乱的时代比史上任何一个时期都更像是一个大江湖，太多新加入的生命体需要去安抚、消化，乃至吸收。

所谓的终结乱世，真的就是简简单单地在疆域上统一全国吗？苻坚确实应该静下来去掂量一下帝国突如其来的庞大体量了。眼下前秦的状况，是各民族"大团圆"在关中地区，剩下的地方主要是散乱的汉人坞堡体。

无论是民族融合，还是汉人归心，最关键的转化要素都是时间。但是，苻坚并没有意识到这一点。他的征服地仍然处于"乱哄哄，你方唱罢我登场"的状态。

这一年苻坚三十六岁。他在短短的三年时间里完成了吞并关东和梁、益二州的超级功业，把自己的地盘扩大了三倍有余。他的这个速度截至当时，仍是有史以来的第一名，吊打刘邦、刘秀。

在这"前无古人"功业的巨大冲击下，苻坚渐渐变得认不清自己了。

苻坚的执政思路，开始时更像是一个仁慈版的石虎。石虎靠着"六夷"暴虐天下，苻坚打算靠着"六夷"去征服天下。

苻坚对少数民族的一整套打法，基本上都是模仿石虎来的：把所有异族核心及部众迁到自己统治的核心区内，然后加以利用。

但这同样也有一个问题，就是异族只要不打散、不分化，就永远不可能跟他一条心。他们永远在等机会，等天下有变。

石虎死后的后赵崩塌，就已经完整地演过这么一出戏了。

而苻家能打回关中，就是在乱世中被征服了几十年后仍然始终不忘初心。苻坚的爷爷苻洪，当初的梦想甚至是接石虎的班统一天下。他爷爷不过是氐族一个部落首领尚且有此打算，更不要说很多曾经建国立社稷的民族首领了。

早在前秦灭前燕后就被人不断提醒复国的慕容氏，在潜在层面上的保密工作做得并不好；甚至说，很多人都看出了苗头。

373 年的时候，有彗星出现在尾宿、箕宿之间，长十余丈，经过太微宿，扫东井宿，从四月就开始出现，直到秋冬还未消失。

前秦的太史令张孟出具了相关分析报告："尾、箕二宿是燕国的分野；东井为我国的分野。如今彗星出现于尾、箕二宿而扫掠东井，看天象，十年后燕国要灭掉我秦国；二十年以后，代国要灭掉燕国。慕容垂父子兄弟是我们的世仇，现在却多在朝廷担任高官，身份尊贵显赫，您应该杀了他们以消除上天的灾变。"

别管天象这玩意靠不靠谱，反正张孟的这番解读堪称穿越的级别；但苻坚没听。

在这帮劝说诛除慕容氏的人中，最大牌的是苻坚的弟弟苻融。

符融上疏道："慕容氏曾经横跨六州南面称帝，您兴师动众多年才算拿下他们，慕容氏非自动归化而来，您如今让慕容氏父子兄弟林立朝廷，把功勋老臣都盖过了。我认为虎狼终究不能畜养，星象如此变化，您还是多加注意为好。"

苻坚给苻融的回复是："我要统一天下，所以把夷狄当儿子看待，你别瞎担心。只有修治德行才可以消除灾祸，自己无懈可击，怕什么外患！"

374 年十二月，有神秘人来到前秦的明光殿大喊："甲申乙酉之年，鱼羊吃人，太惨啦，没有人活下来！"①

"鱼羊食人"，合起来就是"鲜吃人"，而且"甲申乙酉"的年份预测则更加准确到如穿越般神奇，这几乎就差点儿指名道姓说是鲜卑人要作乱了。

苻坚应该对此并不陌生，因为当年他要发动政变时，关中民众以极高的悟性搞出了很多显而易见的字谜预言。

苻坚下令抓住这个神秘人，结果这个人神秘失踪，秘书监朱肜等因此向苻坚请求诛杀鲜卑人。苻坚还是没有听从。

别人劝他杀慕容氏，他说是为了天下大业不能动手，但更让人信服的理由却是他生活上更加离不开慕容氏。

早在 370 年刚刚灭前燕时，苻坚就搞出了新花样。年仅十二岁的慕容儁之子慕容冲和十四岁的姐姐清河公主被苻坚看中，全部纳入了后宫，史书中明明确确地写了这一事件。②

慕容姐弟的东北风情让西北汉子苻坚欲罢不能，这种后宫秘事很

---

① 《晋书·苻坚载记》：时有人于坚明光殿大呼谓坚曰："甲申乙酉，鱼羊食人，悲哉无复遗。"

② 《晋书·苻坚载记》：坚之灭燕，冲姊为清河公主，年十四，有殊色，坚纳之，宠冠后庭。冲年十二，亦有龙阳之姿，坚又幸之。

快传遍了大街小巷,智慧无穷的关中群众又编出了"一雌复一雄,双飞入紫宫"的流行歌曲。①

苻坚对慕容冲绝不是政务、生活分得开玩玩就算了,在373年的时候,他居然任命年仅十五岁的慕容冲为并州重镇平阳的太守!

苻坚和慕容垂的老婆也有不正当关系。

总体而言,苻坚对于征服欲有一种极其变态的极致需求。他对于慕容氏勋贵的安抚,尤其是对于慕容氏女色的迷恋,本质上更像是追求一种彻底将竞争对手踩到泥里的征服快感。

苻坚不仅在作风上开始不再检点,在生活上也呈现出了奢侈浮华的趋势,尤其在他的好丞相王猛病逝之后,再没人给他踩刹车了。

有王猛在,这个顶级人杰就可以让苻坚在膨胀之余还能保持一分清醒,比如慕容冲就是在王猛调回关中后被解救出来的。②

375年六月,王猛重病卧床不起。苻坚亲自为他到宗庙、社稷坛开坛求寿,并分派侍卫大臣前往黄河、华山遍祈诸神。王猛的病情稍有好转,苻坚又为此大赦天下。

无论是从对臣子的关爱角度来看,还是从公关榜样的角度来看,苻坚都做得无懈可击,不枉王猛跟随他这一回,够意思!

王猛上疏苻坚说:"您为我做的这些事是开天辟地以来前所未有的,我实在太感动了,临死前再跟您说下我最后的小建议。您现在八荒六合唯我独尊,九州百郡已经十有其七,但善于开创的人不一定善于守成,善始者未必善终,所以古之圣王知道建功立业的不易,都是战战兢兢,如临深渊。"

---

① 《晋书·苻坚载记》:姊弟专宠,宫人莫进。长安歌之曰:"一雌复一雄,双飞入紫宫。"咸惧为乱。

② 《晋书·苻坚载记》:王猛切谏,坚乃出冲。

王猛死前的最后一封奏疏最核心的观点，就是在劝说苻坚"千万别嘚瑟，要谨慎持国，现在太飘了"。

到了七月，王猛要死了，苻坚亲自询问后事，王猛提了两点：

1.晋朝虽然偏居吴越，但他们是正朔相承，现在上下安定，君臣和睦，臣死了以后，请不要把晋朝作为图谋的对象。

2.鲜卑、西羌，是我们的仇敌，始终是大患，应该逐渐消灭他们，以使江山安定。

撑着最后一口气说完这话后，王猛就走人了。①

王猛的意思是：晋朝实力还在，还不能图谋；鲜卑、西羌是心腹之患，一定要时刻放在心上。

苻坚最终听出来的意思却很有可能是，晋朝是你们汉人的父母之国，你身在秦国心在晋，临死让我给你个面子。你还真没这个面子，你担心鲜卑、西羌，却不知道我要靠他们灭亡东晋。

王猛死后，376年九月，苻坚对前凉开火。

苻坚以步骑十三万大举进攻前凉。仅仅一个月，前凉国主张天锡战败出降，前凉灭亡。苻坚掠徙凉州七千余户加入"关中民族村"。

对这个自301年开国，立国七十五年传九代国主的地方政权，很有必要讲一下战争之外的东西。前凉创始人张轨的张氏一脉，对于中华民族来讲，功劳甚大。

前凉张家，在胡马南渡的超级大乱世中，在中国北方充斥着兵灾与毁灭情况下，极大程度地保存了中华文明的大量文化和礼仪制度，为后面中华民族的再次统一几乎提供了最为关键的文化输出！

创始人张轨为安定大族，世代孝廉，在朝廷干到了散骑常侍、征

---

① 《晋书·苻坚载记》：猛曰："……鲜卑、羌虏，我之仇也，终为人患，宜渐除之，以便社稷。"言终而死，时年五十一。

西军司的岗位。

301年，张轨看到天下将乱，瞅准机会成功求任护羌校尉、凉州刺史。

到达凉州后，张轨先后打平了左右政局的张越、曹祛、麴佩、麴儒、贾龛等当地豪族，压服了拥众十余万的鲜卑若罗拔能部。

在实施军事铁腕后，对于归顺的少数民族，给土地、给政策，后来前凉的军队主力中，有相当大比例是氐人、羌人。

在控制住西凉后，张轨在姑臧城西北面划出专门的土地设置了侨郡县，置武兴郡，统武兴、大城、乌支、襄武、晏然、新鄣、平秋、司监等县，给流民分发土地让他们耕垦，与慕容氏在东北使的招数一样，都是通过土地对流民进行编户齐民。

解决了土地问题后，张轨开始对河西走廊的基础建设进行深度开发，一些高质量的水利工程在前凉统治期间开始兴建。

张氏在商业上也利用独有的丝绸之路开始了拓展，废除了关税改收市场税。

虽然大额关税取消了，但由于丝绸之路的关键外贸位置，大量沟通东西方的商人开始往来前凉，市场税收入开始大幅增多，前凉政府的财政状况也开始走向正循环。

在土地和财政两手都硬的情况下，前凉完成了对汉文化的拯救。

自创始人张轨开始，前凉就始终以晋室忠臣自居，靠着晋朝的政治招牌，成了士人、汉民在天下大乱时的三个投奔方向之一。

因为西北并不被顶级高门看重，没有成为他们避难的首选，所以前凉幸运地远离了高级士族那些"文化流氓"的掺和。前凉得到了大量中下层中并未掺和进玄学圈的士族人士，这使前凉的河西之地非常难得地走上了儒家文化立国的道路。

前凉利用"中州人士"避难凉州的有利条件，开始大规模地吸揽人才，兴办了大量学校，鼓励私人讲学，打破了汉魏以来学术逐渐地域化、家族化的趋势。

儒家文化开始在西凉打破壁垒产生融合之势，像京兆杜氏（后人有杜甫、杜牧）家族、陈郡谢氏（吊打后赵三伐的谢艾）、广平程氏、河东裴氏、弘农杨氏、河内常氏、南阳阴氏等家族开始在西凉开枝散叶。

大量儒家经典在此传承，大量古籍经文在此保留，前凉虽然地处偏远，但却成为当时中国北方甚至是整个中国儒家文化的核心地区！

佛法东来为我国留下最多佛经译本的高僧鸠摩罗什，就是在核心地区凉州待了十多年，在这十多年中吸收借鉴了大量的汉文化，才在后来入长安后能够有底蕴、接地气地进行佛经的大规模翻译。

鸠摩罗什及其弟子在长安用了八年的时间译出如今我们耳熟能详的《妙法莲华经》《金刚经》《大品般若经》《维摩诘经》《阿弥陀经》等经，以及《中论》《百论》《十二门论》《大智度论》《成实论》等论，其译经文义圆通，经义准确，字句流畅。如"无垢清净光，慧日破诸暗，能伏灾风火，普明照世间"，"一切有为法，如梦幻泡影，如露亦如电，应作如是观"。

如此美妙的佛经翻译，很大程度上要得益于凉州的文化繁荣与融合。可以说，如果没有前凉张氏，我们国家相当关键的两大思想支柱——儒家和佛法，很有可能将无法在关键的时间点完成融合与相互塑造，佛教思想最终无法嵌入到中华民族的文化基因中。

在那个万物毁灭的年代，张氏为中华民族文化的再次复兴保留了火种，并提供了金钱与粮食的关键催化剂。富庶的河西走廊在这个关键时间点成为中华民族的灯塔！

很难想象，如果前凉在公元4世纪初就落入诸胡之手，最终的历史走向将会是怎样。

张氏在保留了文化火种的同时，也早于此时的任何一个政权试出了民族融合之路。即倡导儒学之风，以宽松的文教政策吸收、容纳各族文化，逐渐形成以儒学为主的各种文化的融合体。

文化主导带动习俗融合：读儒家经典，慢慢就能接受礼义廉耻；知道对长辈抱拳拱手，就会抛弃继承老爹妻子的陋习；知道孔子是华夏圣人，慢慢就会和汉族民众共度春节。

民族融合永远无法靠血缘，永远要靠文化！

北魏入主中原后开始大力吸收儒家文化，其吸收发源地就是凉州。

陈寅恪先生评价道：秦凉诸州西北一隅之地，其文化上续汉魏、西晋之学风，下开魏齐、隋唐之制度，承前启后，继绝扶衰，五百年间延绵一脉。

其实开启所谓隋唐盛世的核心密码，起源就在凉州。

前凉的七十六年国祚并入前秦，其实是给前秦的一次巨大历史机遇。拿下这块土地，从某种意义上讲，比拿下前燕重要得多。

拿下前燕，只是土地大了、人口多了、财富总量大了，但这仅局限在同一个维度中。与此同时，征服者所面临的民族矛盾、统治难度、官僚成本、国防成本也相应大了。这就好比一个新兴的明星公司合并了一个巨无霸公司，但它也继承了巨无霸的那些积弊，很有可能最终两个公司都被拖死。

但是合并前凉，却能给征服者带来文化与民族融合上的升级。这是更高维度的变化。

命运在苻坚吞燕灭蜀后给了他一个算法技能包，如果他此时能够静下来修炼内功，吸收短时间内鲸吞的巨大体量，他也许真的有机会提早两百年终结这一眼望不到头的超级乱世。但苻坚并没有珍惜这个历史机遇，而是又接到了命运扔给他的最后一块大蛋糕——北方的代国。

天欲其灭亡，必让其疯狂！如此迅速地一路开挂，真的好吗？

七、公元376年，终结"五胡时代"的棋子被埋下了

自公元 316 年，东晋并州刺史刘琨的拜把子兄弟拓跋猗卢被他儿子拓跋六修杀了之后，时隔六十年，拓跋鲜卑这个民族又回到我们的视野里了。

拓跋鲜卑这个民族特别有意思，他们家似乎只要一出现雄主，就总逃不掉被儿子干掉的命运。

305 年拓跋猗卢统一拓跋三部，随后帮着刘琨跟匈奴汉政权刘渊开干，在 315 年时得到了晋朝认证的代王封号。

不过转过年来拓跋猗卢就因为继承人问题被儿子拓跋六修干掉了，随后拓跋鲜卑就进入了二十年的混乱重建过程中。

拓跋部的第二次雄起，是出了个叫作拓跋什翼犍的领导。

320 年拓跋什翼犍出生，第二年他爹代王拓跋郁律就死于一场超级大内斗中。在这次内乱中，代国经历了部落首领大面积被干掉的浩劫，各部大人死了数十人之多。①

---

① 《魏书·序纪》：桓帝后以帝得众心，恐不利于己子，害帝，遂崩，大人死者数十人。

后来代王的位子到了拓跋纥那手上，拓跋郁律的长子拓跋翳槐投奔了舅家贺兰蔼头的贺兰部。

327 年，拓跋纥那命贺兰蔼头交出拓跋翳槐，贺兰蔼头不从，随后拓跋纥那联合东北三鲜卑的宇文部攻贺兰部，没打动。

329 年，贺兰蔼头会同其他各部大人共立拓跋翳槐为代王，拓跋纥那投奔宇文部。

这一年，石勒在洛阳会战中扣了"酒后驾车"的刘曜，前赵灭亡，后赵正式成为北方一哥。刚刚夺回代王位的拓跋翳槐把十岁的弟弟拓跋什翼犍作为人质送去了后赵，表达臣服态度。

335 年，因贺兰蔼头日渐嚣张，拓跋翳槐准备干掉自己这位舅舅，但他忘了自己的王位是舅舅帮着拿回来的。随后各部叛变，拓跋纥那从宇文部返回，再度被拥立为代王，拓跋翳槐逃奔后赵。

337 年，拓跋翳槐在石虎派出的队伍保护下回到了首府大宁（今河北张家口）。在石虎大哥的背书下，拓跋旧部们纷纷再次成了墙头草，拓跋纥那则再次逃回了东北，拓跋翳槐随后重修盛乐（今内蒙古和林格尔县），并定都于此。

338 年十月，夺回王位没多久的拓跋翳槐病危，临终前遗命诸部大人，一定要迎立自己的弟弟拓跋什翼犍继位。[1]

此时拓跋什翼犍已经在河北度过十年的人质生涯了。拓跋翳槐死了以后，群臣拿国主遗命根本不当回事，决定从拓跋翳槐的弟弟中选一个当国主。[2]

随后很有意思的情况出现了，拓跋翳槐身边还有两个弟弟，一个

---

① 《魏书·神元平文诸帝子孙传》：后烈帝临崩，顾命：迎昭成立之，社稷可安。

② 《魏书·神元平文诸帝子孙传》：及崩，群臣咸以新有大故，内外未安，昭成在南，来未可果，比至之间，恐生变诈，宜立长君以镇众望。

叫拓跋屈，不好控制；一个叫拓跋孤，比较温柔。拓跋部的实权大臣们居然直接杀了拓跋屈，共推温柔的拓跋孤做下一任代王。[①]

接下来上演了可歌可泣的兄友弟恭的剧情。

拓跋孤说："这是我哥哥拓跋什翼犍的大位，我哪能越过我哥哥去继承！"于是亲自去邺城接他哥哥去了，他还向石虎表示愿意自己替哥哥留在这里当人质。

大魔王石虎觉得这小子够义气，就将兄弟两个都放回来了。随后拓跋什翼犍回到了代北继位，并分了一半江山给兄弟拓跋孤。[②]

看到这里大家觉得这个故事是温暖呢，还是替拓跋什翼犍捏把汗呢？大家大概已经看出门道了。

让我们来分析一下史书描写的这个事件后面的真实底色是什么吧。

1.拓跋翳槐快死了，但由于自己已经得罪了舅舅家，所以自己的后代是没什么势力可凭借的了，手下这些权臣都有想法和能力，身边的这两个弟弟都镇不住。

拓跋翳槐表示要迎有后赵背景的人质弟弟回来继位，拉来后赵的力量以保证能坐上代王之位，毕竟他自己复位成功就是因为石虎出兵给他撑的腰。

2.结果确实是拓跋翳槐没什么控制力，权臣们拿他的遗嘱不当回事，还弄死了比较有性格的拓跋屈，准备立一个废物当傀儡。

3.被立的拓跋孤不是傻子，知道自己很有可能会跟拓跋屈一样不知道什么时候就被弄死了，于是都不是派人送信去邺城了，而是自己逃

---

① 《魏书·神元平文诸帝子孙传》：次弟屈，刚猛多变，不如孤之宽和柔顺，于是大人梁盖等杀屈，共推孤。

② 《魏书·神元平文诸帝子孙传》：孤曰："吾兄居长，自应继位，我安可越次而处大业。"乃自诣邺奉迎，请身留为质。石虎义而从之。昭成即位，乃分国半部以与之。

命似的亲自当信使去了。

4. 其实，拓跋孤让他哥哥继承王位并不是什么高风亮节，而是因为他怕死，他甚至要替他哥哥当人质，也是因为在后赵做人质的安全系数更高。

拓跋什翼犍继位后的过渡是怎样的，史书并无记载，只知道其母广宁（今河北涿鹿县）王氏在其中起到了极其重要的作用。[①]

这位王氏，极大概率也是凭借河北娘家在后赵朝堂上的势力，从而震慑住了塞北的这些各部大人。

339 年春天，拓跋什翼犍开始设置百官，分掌众职。

十年的人质生活其实也是拓跋什翼犍的留学生涯，他用这十年的眼见耳闻所积累下的学识开始建设自己的部落国家，他以代郡人燕凤为长史，许谦为郎中令，模仿中原政权建立法制。

又是那个老生常谈的话题，又是屠各、石羯、慕容、苻氏壮大的那个核心要素：游牧民族的战斗力和国力如果想要放大，必须进行制度性的汉化！

代国人把前来归附的各少数民族都称为乌桓，拓跋什翼犍把他们分成两个部落，各自设置大人监察，令其弟拓跋孤监察北部，其子拓跋寔君监察南部。

同时，拓跋什翼犍向此时在东北已出现崛起之势的慕容皝求亲，慕容皝将其妹嫁与拓跋什翼犍做皇后。[②]

342 年七月，拓跋什翼犍在参合陂召开各部落大会，筑高台举行比

---

① 《魏书·皇后传》：烈帝之崩，国祚殆危，兴复大业，后之力也。

② 《资治通鉴·晋纪十八》：代人谓他国之民来附者皆为乌桓，什翼犍分之为二部，各置大人以监之。弟孤监其北，子寔君监其南。什翼犍求昏于燕，燕王皝以其妹妻之。

武大会，从此成为惯例。[①]

343年七月，拓跋什翼犍再次向前燕求亲，因为三年前慕容皝嫁过来的妹妹死了，慕容皝这次让拓跋什翼犍献马千匹作为聘礼。[②]

此时的拓跋什翼犍已经有点儿当年匈奴冒顿的意思了，哪里是什么求婚，就是明摆着找前燕要钱！

"我找你要钱你还敢找我要马？真当我稀罕你家闺女吗？"拓跋什翼犍对前燕的态度很傲慢。

不久，慕容皝派慕容儁率领后来的"大自然搬运工"慕容评攻打代国，拓跋什翼犍率众远遁。

344年，前燕在东北彻底干掉了宇文部，拓跋什翼犍也不敢再狂了，乖乖服软又向慕容皝求亲去了。

慕容皝之前把妹妹嫁给了拓跋什翼犍，也就是拓跋什翼犍的大舅哥。这回看到拓跋什翼犍态度变乖了，就把自己闺女嫁了过去，变成了拓跋什翼犍的老丈人。而拓跋什翼犍亲上加亲地把自己的侄女嫁给了慕容皝，拓跋什翼犍又成了慕容皝的大伯。

这里面的一堆伦理关系暂时忽略，我们要记住的一个环节是拓跋什翼犍这次娶的昭成皇后慕容氏生了个儿子叫拓跋寔（注意，拓跋寔君是拓跋什翼犍庶长子，是拓跋寔的哥哥），这个拓跋寔十五岁时死了，有一个遗腹子，叫作拓跋珪。这位昭成皇后还有一个兄弟，叫慕容垂。

351年冉闵屠羯后，拓跋什翼犍打算总领各部南下加入中原的轮盘大赌，结果被各部酋长劝阻：如今中原大乱确实应该进取，但眼下豪强并起无法一举而定，征战持久恐怕不会获得一劳永逸之利，还会有亏损

① 《魏书·序纪》：五年夏五月，幸参合陂。秋七月七日，诸部毕集，设坛埒，讲武驰射，因以为常。

② 《资治通鉴·晋纪十九》：代王什翼犍复求婚于燕，燕王皝使纳马千匹为礼。

之忧。①

拓跋什翼犍最终放弃南下。从这件事上来看，拓跋鲜卑的各部力量尚未被拓跋什翼犍完全整合。

拓跋鲜卑的政权虽然已经开始汉化，从制度上、法律上逐渐向汉政权看齐，但各民族之间的合力仍然较松散，中枢并未完成全部国家力量的整合，民族习性仍以趋利避害为主。

356 年正月，拓跋什翼犍的女婿、铁弗匈奴的首领刘务桓去世，其弟刘阏头上位，刘阏头后来又被刘务桓长子刘悉勿祈取代，但没多久刘悉勿祈也死了，最终刘务桓的次子刘卫辰杀了侄子后上位。

刘卫辰，这位"五胡时代"的"吕布"出场了。

359 年，刘卫辰背叛代国向前秦投降。

361 年，刘卫辰背叛前秦，依附了代国。

365 年正月，刘卫辰又叛变了，拓跋什翼犍率兵讨伐，刘卫辰逃跑。

半年后的七月，刘卫辰再叛前秦。

这回苻坚怒了，派邓羌讨伐刘卫辰并成功将其抓捕。随后苻坚封他为夏阳公，让他回老家继续统领自己的部众。

这很不"苻坚"，因为苻坚虽然厚道但却是拆迁狂魔。他之所以让刘卫辰回去，其实就是让他去做自己和拓跋什翼犍之间的缓冲屏障。

代国崛起之势已有些难以遏制。

363 年，拓跋什翼犍率军亲征，大破高车，俘虏万人和马牛羊百万

---

① 《魏书·序纪》：十四年，帝曰："石胡衰灭，冉闵肆祸，中州纷梗，莫有匡救，吾将亲率六军，廓定四海。"乃敕诸部，各率所统，以俟大期。诸大人谏曰："今中州大乱，诚宜进取，如闻豪强并起，不可一举而定，若或留连，经历岁稔，恐无永逸之利，或有亏损之忧。"

余头；转过年来拓跋什翼犍又讨伐了没歌部，这次战利品是马牛羊数百万头。

更重要的是，代国还与前燕联了姻，所以在苻坚眼中，此时此刻版图上的东部北部压力极大，如果刘卫辰被他拿下，拓跋什翼犍就会迅速填补进黄河以西，届时苻坚将两面对接强敌。

367年十月，拓跋什翼犍浮冰渡黄河偷袭刘卫辰，刘卫辰仓促西逃，大量部众被拓跋什翼犍收编。

刘卫辰逃奔到前秦，苻坚安慰了几句后派兵支持他继续跟拓跋部开战。

这种制衡手段实在高明，灭燕之前的苻坚，真是英主啊。

到了375年，已经被拓跋什翼犍暴打了八年的刘卫辰终于撑不住了，向苻坚求救。

苻坚曾经在战前对代国做了相当详细的预案调查。代国使臣燕凤来长安访问前秦的时候，与苻坚有过这么一段对话。

苻坚：代王是个什么样的人？

燕凤：宽和仁爱，经略高远，一时之雄主，常有并吞天下之志。

苻坚：卿辈北人，无钢甲利器，敌弱则进，强即退走，安能并兼？

燕凤：北人壮悍，上马持仗驱驰若飞；控弦百万，号令若一。军无辎重运输之烦苦，轻行速捷，因粮于敌。此南方所以疲敝，而北方之所以常胜也。

苻坚：你国人马，实有多少？

燕凤：控弦之士数十万，马百万匹。

苻坚：又吹牛。你说的人数差不多，马数就胡说了，哪有那么多！

燕凤：我们的过冬地云中自东山至西河二百里，北山至南山百余里，每年立秋前我们套马的汉子就都带着马儿到了，这么大的云中根本放不下那么多的马！就这我还克制着说呢。

从这次对话中，可以得到如下信息：

1. 苻坚对代国的人口有详细的了解。

2. 苻坚对代国的战术水平、军备硬件等情况有详细的了解，也就是那句"卿辈北人，无钢甲利器，敌弱则进，强即退走"。

从燕凤的话语中可知：每年入秋前，拓跋部几十万人会汇聚到云中过冬。

苻坚知道拓跋部有这个爱跑的毛病，所以想把对方一网打尽，就只能选择冬天！

376年九月，苻坚刚刚把前凉的七千豪族迁到关中就马不停蹄地安排了灭代之战！

此时，已经对统一北方充满使命感的苻坚派幽州刺史苻洛为北讨大都督，率领幽、冀二州的十万军队东击代国；派后将军俱难与邓羌、右禁将军郭庆率领步兵、骑兵二十万人，西出上郡，东出和龙，会击云中！

苻坚统一北方的最大阵仗，用在了和拓跋部的开战上。

拓跋什翼犍先派鲜卑白部和独孤部阻击前秦军，二部战败。拓跋什翼犍又派南部统帅刘库仁率十万骑兵在石子岭迎战前秦，再败。

拓跋什翼犍病重，于是率领国人避难于阴山之北。前些年被拓跋什翼犍打败的高车部各族全部反叛，拓跋什翼犍四面受敌，只好继续向漠南迁移。

前秦退后，拓跋什翼犍于年底返回云中郡。[①]

---

① 《魏书·序纪》：帝时不豫，群臣莫可任者，乃率国人避于阴山之北。高车杂种尽叛，四面寇钞，不得刍牧。复度漠南。坚军稍退，乃还。

但不久，拓跋什翼犍被其子拓跋寔君杀害。①

拓跋什翼犍被杀的消息传到前秦军中，前秦李柔、张蚝即刻发兵攻至云中郡，代国彻底被打残，部众四分五裂，代国灭亡。

苻坚对拓跋部实行了汉魏对南匈奴的管制方式，各部设都尉看管监督，并三丁取一、五丁取二地定期抽调劳力，令其各部首领年终都要去长安进行朝献，出入行踪受到了严格的限制。②

上面的版本，是《魏书》和《资治通鉴》的主流说法，拓跋什翼犍被儿子杀了。但《晋书》苻坚本传中却是另一种说法：拓跋什翼犍战败后被苻洛追得相当窘迫，在儿子发动政变后，于阴山投降了前秦。③

时年五十七岁的拓跋什翼犍不仅没有死，还被苻坚侮辱性极强地送到了长安的太学去学礼仪。④

苻坚还时不时地去太学提问拓跋什翼犍，比如问中原人爱学习所以活得久，你们天天吃牛羊肉都早死，知道为什么吗？⑤

到底哪种说法是真的？将会在后面章节的收尾阶段揭晓谜底。

无论真相是怎么样的，在被押往长安的路途中，拓跋什翼犍的一个五岁嫡孙也在此列。或者说，在名分上，这个孙子也是他的儿子。这看起来比较乱，但是，史书却写成了其母带着这个五岁的孩子逃回了娘

---

① 《资治通鉴·晋纪二十六》：时秦兵尚在君子津，诸子每夜执兵警卫。寔因说什翼犍之庶长子寔君曰："王将立慕容妃之子，欲先杀汝，故顷来诸子每夜戎服，以兵绕庐帐，伺便将发耳。"寔君信之，遂杀诸弟，并弑什翼犍。

② 《晋书·苻坚载记》：散其部落于汉鄀边故地，立尉、监行事，官僚领押，课之治业营生，三五取丁，优复三年无税租。其渠帅岁终令朝献，出入行来为之制限。

③ 《晋书·苻坚载记》：翼犍战败，遁于弱水。苻洛逐之，势窘迫，退还阴山。其子翼圭缚父请降。

④ 《晋书·苻坚载记》：坚以翼犍荒俗，未参仁义，令入太学习礼。

⑤ 《晋书·苻坚载记》：坚尝之太学，召涉翼犍问曰："中国以学养性，而人寿考，漠北噉牛羊而人不寿，何也？"翼犍不能答。

家。①

历史是任人打扮的小姑娘，胜利者总有些令人不忍直视、节操碎地的东西需要去掩盖，仿佛他们一生下来就牛哄哄闪闪放光芒。

这个五岁的孩子，像前面出场的"四胡"的首领一样，想要有所发展，就必须到当时全世界最发达的地方去深造。他爷爷看到后赵的强盛，于是将很多理念应用到了管理拓跋部的过程中。这个被押往长安的孩子，叫作拓跋珪。

从与匈奴刘渊对打以来，拓跋部的总体实力从来就不弱，但却始终无法完成量变到质变的最终进化。

拓跋什翼犍虽然雄健一世，但旧有部族的势力还是太过于强大，无法在拓跋部彻底地完成突破性改革。

代国被灭，诸部被监管，旧有势力被拆散，反而成为珍珑棋局中那个无意间被"自杀"掉的一大片棋子！自此天地一宽，既不必顾念这一大块白棋的死活，又不再有自己白棋处处掣肘，反而腾挪自如，不像以前那般进退维谷了！

更重要的是，这个五岁孩童此时在长安，还有一个苦心孤诣的牛人亲戚。

世人俗眼，难参兴衰，塞翁失马，焉知非福。福兮祸所伏，祸兮福所倚，上天将这"五胡时代"终盘的棋子，就此落下了。在不久的将来，会在这个五岁孩童手上，完成终结北方乱局的关键解锁。

此时的前秦，东至东海，北抵大漠，西通西域，南至四川，西南诸夷及高句丽纷纷遣使入贡。

370年灭前燕，371年灭仇池，373年兼跨梁、益，376年灭前凉和北代，短短六年时间，苻坚彻底完成了雄霸北方的大业！（见图12-7）

---

① 《资治通鉴·晋纪二十六》：珪母贺氏以珪走依贺讷。

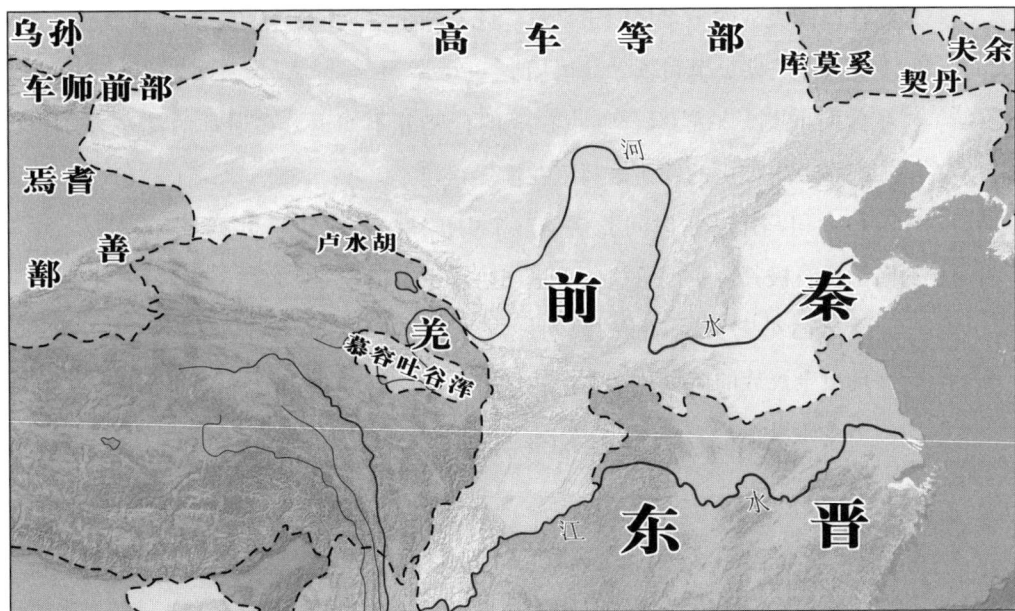

图 12-7　公元 376 年前秦势力范围示意图

这一年的苻坚，年仅三十九岁！他此时仅剩下一个对手——南边的东晋。

貌似留给东晋的时间不多了。上一次江南的众志成城，还是永嘉大乱后石勒兵临淮河，在江左"管夷吾"王导的长袖善舞下，散装的江东捍卫了华夏的尊严。

历史的车轮滚滚向前，在这极端的乱世中，七十年的血雨腥风过去了，北方的滔天巨浪将再次汹涌而来。

当年带着亡国灭种之恨、背着流离失所之苦的南逃北人们，在江东已繁衍数代。岁月的沧桑不仅没有带走那份苦难的伤痛，反而让那些远离桑梓无法落叶归根的流亡者们，越来越清晰地记忆起南下逃亡路上的累累白骨，以及宗族国家的血海深仇！

当年郗鉴作为北方流亡军的话事人坐镇京口，镇住了陶侃和庾亮，最终让门阀大战的上半场归于平息。几十年过去了，如今的京口已从气质上完成了升华，酒可饮，兵可用！

此时此刻，八荒六合唯我独尊的苻坚并不知道，在遥远的江左，一支气吞万里如虎的铁血雄师正在悄然组建。

桓大司马用一生时间囊括了整个中国南方，这位一生实干不犯错的南国柱石极其可贵地给这条千里江防注入了精干务实之气。

汉族面对史上最汹涌的浪潮，自夷陵到京口，在这千里江防上开始展现出全民族的同仇敌忾。

自投鞭断流，到草木皆兵。公元 4 世纪的最大一战，就要来了。

第 **13** 战

淝水之战： "摆拍仁主"与"网红门阀"的

春秋笔法

一、史书中的那些真真假假

有时正史对真相的偏离程度，甚至比演义还要大。

高手会调整词语的说法和性质，对一个人物进行曲解和包装，比如卖淫小姐和失足妇女说的是同一个群体，比如不明真相的群众和助纣为虐的乱徒说的是同一个群体，再比如本土资本家和民族企业家说的还是同一个群体。词语一变，味道就全变了。

高手通常不改事实，因为真实的历史通常牵一发而动全身，不可能全部隐瞒的，总会有些蛛丝马迹泄漏出来。他们最多会删一些不想加入的内容来以偏概全。真实的全貌，往往是另一种样子。

二流的写手和史官，通常在史料的编纂和摘录中，会针对某些特殊人物的戏份进行创作和加减，通常是很多无法证伪的生活小故事，或者创造出一些行为举止艺术。

之所以说他们是二流，是因为像曹雪芹那种具有一个人模仿上百人都恰到好处的、有着老天爷赏饭般的才华之人实在是太罕见了。这些二流写手和史官们，不知道自己的加戏和涂抹往往是荒诞的，甚至是可笑的。

比如正史《晋书·桓温传》中写桓温手握朝权后躺在床上越琢磨

越来气，对亲信道："再这么碌碌无为下去将来会被司马师、司马昭那哥俩取笑的！"见没人搭理他，就突然从床上起来恶狠狠地怒道："不能够流芳百世，难道还不能遗臭万年吗！"

如果这件事是真的，那么桓温早就会在不知哪个出了问题的环节被一个小毛贼干掉了，就像当年孙策那样。

桓温，这是个一辈子没出过错的人，这是个步步为营到了每走一步都能把对手挤出去的人，怎么可能这么没有城府，这么意气用事。

这就属于低劣的加戏。但是没办法，由于他儿子桓玄最终篡晋了，又被刘裕给打倒了，所以他的历史形象注定会被塑造成"老子反动儿混蛋"的典型代表。

史书对桓温不友好，即便是在桓温人生最枭雄时刻的废帝记载中，也是"温亦色动，不知所为""温兢惧，竟不能一言而出""温览之，流汗变色"，这种胆怯了的描述仍然是占了较大篇幅。这就是史官暴露智商的刻意涂抹了。

桓温在公元371年十一月十三入建康，十一月二十五还屯白石，仅仅在短短十余天的时间里，他几乎是霹雳手段地完成了废帝、立帝、诛杀政敌的全部操作。这样稳准狠的人会"色动"？会"兢惧"？会"不知所为"？会"流汗变色"？

历史是胜利者书写的，本质是服务于皇权和文官集团的。对于那些建功立业后交权的"人物"，史书中往往是通篇的溢美之词，无论做什么，都能被解读出无穷的魅力和成功的必然。

即便在桓温面前乖如小猫，桓温废帝后远远看到桓温就赶紧下拜完成高难度拍马屁的谢安，在史书的记载中那也得是"桓温惊了，'怎么能让这么牛的人大老远地拜我'"。[1]

---

① 《晋书·桓温传》：温惊曰："安石，卿何事乃尔？"

谢安服丧期间都要吹拉弹唱地听曲，然后就上行下效地成为朝野时尚了。

王坦之说："礼仪制度是天下至宝，咱们应当做个好表率，你要是丧期听曲，那民间就会坟头蹦迪。"谢安不搭理他。[1]

要知道，桓温在世的时候，谢安这老小子可是从来不敢听曲的。因为桓温在全国上下倡导节俭，他自己摆宴也不过七叠茶果招待宾客而已。

桓温一死，谢安的吹拉弹唱马上就安排上了，甚至丧期都不能耽误，实在是憋坏了。

谢安看见桓温就哆嗦，上上下下的细节都是乖乖听话，吓死他也不敢在那时候听曲，但即使事实如此，史书中也要写他不听音乐是为了纪念兄弟。[2]

史书中的曲笔体现在了方方面面，比如在写完桓温的好事后面。予以一定要贬低、挖苦，以起到先扬后抑的效果：

> 温性俭，每宴惟下七奠柈茶果而已。然以雄武专朝，窥觎非望，或卧对亲僚曰："为尔寂寂，将为文景所笑。"众莫敢对。既而抚枕起曰："既不能流芳后世，不足复遗臭万载邪！"（前褒后贬。）

谢安的那堆臭毛病一定要放在前面，然后安排个所谓的"识人"让整个自然段充满了人生的智慧之感：

---

① 《资治通鉴·晋纪二十五》：安好声律，期功之惨，不废丝竹，士大夫效之，遂以成俗。王坦之屡以书苦谏之曰："天下之宝，当为天下惜之。"安不能从。

② 《晋书·谢安传》：性好音乐，自弟万丧，十年不听音乐。

性好音乐，自弟万丧，十年不听音乐。及登台辅，期丧
不废乐。王坦之书喻之，不从，衣冠效之，遂以成俗。又于
土山营墅，楼馆林竹甚盛，每携中外子侄往来游集，肴馔亦
屡费百金，世颇以此讥焉，而安殊不以屑意。常疑刘牢之既
不可独任，又知王味之不宜专城。牢之既以乱终，而味之亦
以贪败，由是识者服其知人。（前贬后褒。）

　　甚至连谢安不顾其他人的建议非要盖宫殿，史书中都要加上老天
爷的背书，还专门说上一句服劳役的百姓都没有丝毫怨言。①

　　谢安这个人的真实底色，被史书中那些玄之又玄的包装弄得已经
失去本来面目了。本书，将让大家知道谢安真实的成功之路是什么，以
及他的那些所有神仙故事，哪些是真正的智慧，哪些则纯属炫耀的。

　　盲目学他的做派，学他所谓的"从容淡定"，其实是有着巨大风
险的。

　　如果一个人只看到了谢安去跟桓温谈判，从容不迫，谈笑风生，
就以为学他的做派也会在大人物面前得到尊重，那么等自己真这么模仿
的时候，结果要么都不知道自己是怎么死的，要么错失了终生再难复制
的好机会。

　　桓温死后，八月，谢安搬出了辈分上是现任皇帝嫂子的崇德太后，
临朝听政，王彪之当众反对。史书中帮谢安找的理由，是他不想桓冲专
权，才搬出来了太后制衡桓家，最终否了王彪之的建议。②

---

　　① 《晋书·谢尚传》：是时宫室毁坏，安欲缮之。尚书令王彪之等以外寇为谏，安不
从，竟独决之。宫室用成，皆仰模玄象，合体辰极，而役无劳怨。
　　② 《资治通鉴·晋纪二十五》：安不欲委任桓冲，故使太后临朝，己得以专献替裁决，
遂不从彪之之言。八月，壬子，太后复临朝摄政。

貌似谢安又充满了智慧吧，但史书中却没加上这句："崇德太后，安之甥女也。"

这位崇德太后名叫褚蒜子，其母是谢鲲之女谢真石，她是谢安的外甥女，只比谢安小四岁。

桓温的发迹在于娶了明帝和庾皇后的闺女，谢家的发迹则在于褚蒜子成了康帝的皇后。

两家的唯一区别，在于桓温一辈子打造出了自己的算法和系统，权力在己；而谢氏的整个家族兴衰，却和这位自家太后牢牢绑定着。

崇德太后在，谢家就在；崇德太后没了，谢家的剧本也就到头了。谢安背后的这位外甥女，是他这辈子从容不迫的真正底牌。

褚蒜子"聪明有器识，少以名家入为琅邪王妃"，342年十二月底，被晋康帝封为了皇后。谢氏因为这层外戚关系开始腾飞。

344年九月，晋康帝去世，褚蒜子升为了皇太后，儿子晋穆帝仅仅两岁，褚蒜子开始临朝听政。[1]

也是在这一年年底，庾冰死后，谢氏正式拿到了豫州的地盘，太后的舅舅谢尚被任命为西中郎将、督扬州六郡诸军事、豫州刺史、假节，镇守历阳。

357年，临朝了十三年的褚蒜子还政。

359年，谢万北伐丢人现眼，同时由于外甥女还政了，谢氏马上就不行了，逼得老顽童谢安开始找工作。

360年，谢安去桓温那里上班做帐下司马。

361年，谢安从桓温那里"逃跑"了，正史给的理由是谢万病逝了，谢安趁机以奔丧为由跑了，随后就没再回去，没多久就神奇地当上

---

[1] 《资治通鉴·晋纪十九》：尊皇后褚氏为皇太后。时穆帝方二岁，太后临朝称制。

了吏部尚书兼中护军，这可是官职中的核心岗位。[①]

真的是谢安有这么大的才吗？牛到了要把人事权和禁军权都给他？牛到了他敢套路桓温？其实是因为他外甥女又回来了。

这一年晋穆帝死了，由于无子，褚蒜子做主迎立了晋成帝的长子琅邪王司马丕即位。[②]

司马丕已经二十一岁了，但政权却相当有意思地把控在了褚蒜子之手。理由是司马丕的专业是修仙，嗑药嗑得中毒了，什么也干不了。[③]

结果没几年司马丕就死了，他的弟弟、时年二十四岁的司马奕被褚蒜子立为了接班人。[④]

结果除了有"阳痿"疾患，别的方面都正常的司马奕却仍然要让褚蒜子临朝。[⑤]

体会一下这位太后的政治手腕。自344年康帝死到371年司马奕被废，整整二十七年中，褚蒜子临朝听政了二十三年。

为什么上一战中我们要推测谢氏已经被桓温拿下，谢安极大概率不可能在新亭会谈中起到什么力挽狂澜的作用，其实全是史官在加

[①]《晋书·谢尚传》：温当北征，会万病卒，安投笺求归。寻除吴兴太守。在官无当时誉，去后为人所思。顷之，征拜侍中，迁吏部尚书、中护军。

[②]《晋书·哀帝纪》：穆帝崩。皇太后令曰："帝奄不救疾，胤嗣未建。琅邪王丕，中兴正统，明德懋亲。昔在咸康，属当储贰。以年在幼冲，未堪国难，故显宗高让。今义望情地，莫与为比，其以王奉大统。"于是百官备法驾，迎于琅邪第。

[③]《晋书·哀帝纪》：帝雅好黄老，断谷，饵长生药，服食过多，遂中毒，不识万机，崇德太后复临朝摄政。

[④]《晋书·海西公纪》：皇太后诏曰："帝遂不救厥疾，艰祸仍臻，遗绪泯然，哀恸切心。琅邪王奕，明德茂亲，属当储嗣，宜奉祖宗，纂承大统。便速正大礼，以宁人神。"于是百官奉迎于琅邪第。

[⑤]《晋书·康献褚皇后传》：及哀帝、海西公之世，太后复临朝称制。

戏呢？

因为不仅谢安在桓温废帝的过程中一丁点儿表现没有，而且褚蒜子这位实际掌权的太后也在和桓温的正面交锋中乖乖同意废帝。

更重要的是，在司马昱死后，褚蒜子在司马昱的遗诏后又加了个补充条款，希望桓温学周公辅政。[①]

谢氏已经向桓温认输了，甚至桓温如果真的走了改朝换代这一步，谢氏还会是从龙功臣。新亭会谈中真正起到作用的是太原王氏的王坦之和琅邪王氏的王彪之。"王与马，共天下"，这句话几乎持续到了东晋的最后一刻。

桓温死的这一年，谢安五十四岁。他搬回了自己的外甥女，终于迎来了自己的"政治青春期"。

桓温死后十天，桓冲被任命为中军将军，都督扬、豫、江三州诸军事，任扬、豫二州刺史，镇守姑孰；

荆州刺史桓豁任征西将军，督荆、梁、雍、交、广五州诸军事；

桓豁之子桓石秀为宁远将军，任江州刺史，镇守寻阳。

桓氏的份额当中，徐、兖二州被拿了出来分给了刁彝。

朝廷权力中，三族鼎立：王彪之为尚书令，谢安为尚书仆射并领吏部，两人共掌朝政；王坦之为中书令，领丹阳尹。

374年正月刁彝死了，二月初一，王坦之又被任命为徐、兖二州刺史，出镇广陵，谢安又兼领了中书令。

375年五月初二王坦之死了，褚太后又调整桓冲为都督徐、豫、兖、青、扬五州诸军事，任徐州刺史，镇守京口，从桓冲手上要回了扬州刺史给了谢安。

---

① 《资治通鉴·晋纪二十五》：崇德太后令，以帝冲幼，加在谅闇，令温依周公居摄故事。

376 年正月，褚蒜子还政，正式走向幕后。

皇帝亲政后的第一件事，是把徐州刺史桓冲升为车骑将军，但进一步缩小了他的职权范围，把桓冲的徐州刺史也给要了过来，随后谢安录尚书事，名正言顺地做了当家人。

377 年八月，镇守荆州的桓豁死了，由于桓氏第二代人中尚无靠谱人选，桓冲不得不回到上游去督江、荆、梁、益、宁、交、广七州军事，任荆州刺史，回到了自家的大本营荆梁故地，其子桓嗣为江州刺史。

桓冲再次让出了豫州，谢安随后都督扬、豫、徐、兖、青五州诸军事，领扬州刺史。

桓冲回荆州后，朝局基本回到了桓温第二次北伐前的状态。

桓冲在这几年中始终秉承了克制的态度，没有和谢安针尖对麦芒地争权，为最终的那场世纪大战给东晋留足了空间。

桓豁死前五个月，377 年三月调自家的嫡系兖州刺史朱序为梁州刺史去镇守襄阳，这是一次关键的人事调动。朱序将在未来的两场大战中有着极其关键的表现，而且朱序的兖州刺史还让给了谢安兄长谢奕之子谢玄。

谢玄是谢家二代中最有经国才略的，别人征辟他都不理，直接去了桓温那里上班，深得器重，后来转到了桓豁帐下为司马，领南郡相，监北征诸军事。

谢玄的才干是得到了郗超的认同的，当时谢安举荐谢玄，举朝以为谢安任人唯亲，唯独郗超说："我在桓公府上的时候是亲眼见识过谢玄的能力的，虽细小之事也能办得条理清晰。"①

---

① 《晋书·谢安传》：中书郎郗超虽素与玄不善，闻而叹之，曰："安违众举亲，明也。玄必不负举，才也。"时咸以为不然。超曰："吾尝与玄共在桓公府，见其使才，虽履屐间亦得其任，所以知之。"

从这句话郗超可以看出来，谢玄是在桓温手下进行过相当具体的政务历练的。

放眼望去，除了桓温、桓冲、桓豁这三个老一辈的桓氏高品质兄弟外，当时有名有样的将领如毛虎生①、桓石虔（从温入关。冲为苻健所围，垂没，石虔跃马赴之，拔冲于数万众之中而还，莫敢抗者）、桓伊（频参诸府军事，累迁大司马参军）、朱序（序世为名将，累迁鹰扬将军、江夏相。兴宁末，梁州刺史司马勋反，桓温表序为征讨都护往讨之），乃至谢玄这一大批将领，都是"桓氏军校"出来的。没有这群"桓家将"，单指着谢安在那里下棋，苻坚是不会走的。

377 年十月，谢玄被任命为兖州刺史，领广陵相，监江北诸军事，重新组建起了一支武装。

大名鼎鼎的北府兵就此登上历史舞台。

谢玄镇广陵后开始大批量地招募劲勇，彭城刘牢之与东海何谦、琅邪诸葛侃、乐安高衡、东平刘轨、西河田洛及晋陵孙无终等以骁猛应选，谢玄以刘牢之为参军领精锐为先锋，百战百胜，号为"北府兵"。②

这支北府兵，史料记载的仅是选将，并未见载如何组建军队，而且北府成军后没多久就拉上前线了。

从北府兵巨大的战斗力基本可以推测出来，被谢玄挖掘的北府诸将应该自有兵众和建制，只需授予军号和官职，给上军器给养就能用。

377 年十月，谢玄的北府建军，成了东晋立国后即将面临的最困

---

① 《晋书·毛宝传》：从温平蜀……随温平洛……升平初，迁督宁州诸军事、扬威将军、宁州刺史。以桓温封南郡，徙穆之为建安侯，复为温太尉参军，加冠军将军，以所募兵配之。温伐慕容暐，使穆之监凿钜野百余里。

② 《晋书·刘牢之传》：太元初，谢玄北镇广陵，时苻坚方盛，玄多募劲勇，牢之与东海何谦、琅邪诸葛侃、乐安高衡、东平刘轨、西河田洛及晋陵孙无终等以骁猛应选。玄以牢之为参军，领精锐为前锋，百战百胜，号为"北府兵"，敌人畏之。

难、最危险时刻的最关键动作。因为前秦真的不会再多给时间了。

在一年前的 376 年冬十月，东晋听说前凉被苻坚吞并了，随后将淮河以北的所有百姓迁到了淮河以南。

没过两个月，代国也被前秦灭了，东晋的北境压力越来越大。

北府建军后不久，378 年春二月，苻坚任命苻丕为征南大将军、都督征讨诸军事，出兵近二十万，发动了襄阳战役。

襄阳地区自关二爷仙逝后时隔一百六十年，再次来到了时代的风口浪尖上。

襄阳是中国南北分界线秦岭淮河的中间点，是汉水的关键隘口。它的重要性如下：

1. 汉水自上游下来时，在襄阳向南拐弯，水势湍急，襄阳扼守了汉水南下的关键航道。

2. 南阳盆地的所有河流最后都神奇地汇集在襄阳然后进入汉水，只要大军想要南下，后勤给养的运输问题就永远绕不开襄阳，襄阳变成了水上"函谷关"。

3. 周围的武当山、绿林山、桐柏山等一系列山脉将秦岭、淮河这条南北地理分界线在襄阳地区完全合上了口子，只留下非常狭小的南下通道，襄阳又变成了陆上"函谷关"。

襄阳几乎成为中部中国南下的"唯一关键"。

苻坚派尚书令苻丕统武卫将军苟苌和尚书慕容暐等率步骑七万攻打襄阳，派荆州刺史杨安部将樊邓之众为前锋，派屯骑校尉石越率精骑一万出鲁阳关，慕容垂与姚苌率军五万出南乡，领军将军苟池、右将军毛当、强弩将军王显率劲卒四万从武当继进，诸军会合于汉水之北，合击襄阳。

四月，近二十万的前秦军抵达汉水北。

此时东晋镇守襄阳的是朱序。这位桓氏旧部，被调动到此还不到一年，兵力不足两万。

鉴于此，朱序根本就谈不上出城迎战，防守人手还不够呢，于是收缴了全部汉水沿岸船只，集中在了襄阳城内，打算以汉水为屏障让前秦军望水兴叹。

结果东路军的猛人石越直接率五千骑兵浮渡汉水，闪电般地扑到了襄阳城下，朱序根本来不及抵抗，只能聚敛所有兵众困守中城，襄阳外城被石越拿下。

朱序收缴的百余艘船只，被石越坐享其成，用这些船把后面的主力军队全部接了过来。①

前秦军主力到达后开始围攻中城。

襄阳那边已经开战，七月，前秦的兖州刺史彭超上奏请战："晋沛郡太守戴逯不过数千士卒守彭城，臣请率精锐五万攻之，愿更遣重将讨淮南诸城！"

如此豪言壮语苻坚必须批准，随后又遣后将军俱难率右将军毛当、后禁将军毛盛等步骑七万进攻淮阴、盱眙。

前秦襄阳、淮北两地开花，第一次灭晋之战开始了。

---

① 《资治通鉴·晋纪二十六》：既而石越帅骑五千浮渡汉水，序惶骇，固守中城；越克其外郭，获船百余艘以济余军。

二、慢一点儿，等等你的国家

在襄阳、彭城的战场上，第一次秦晋会战开打。

先说襄阳这边，苻丕打算对朱序进行猛攻，但苟苌对苻丕说："着什么急啊？咱们兵力十倍于敌，粮草给养充足，先围着呗，这段时间迁走汉沔的百姓，围点打援多好。"

苟苌的想法很好，但对面的桓冲却根本不理他这围点打援的计划。因前秦兵势正盛，桓冲带着七万大军在上明（今湖北松滋西北）按兵不动。[①]（见图 13-1）

很快，八个月过去了，前秦旷日持久地等着桓冲上套，但桓冲就是不动。苻坚也急了，什么情况？打了快一年，一座孤城拿不下来？

十二月，前秦御史中丞李柔劾奏："苻丕等拥众十万，攻围小城，日费万金，久而无效，请将他们下廷尉治罪。"

苻坚赐剑给苻丕说："开春你要是拿不下来就自裁吧，别让我再看

----

① 《资治通鉴·晋纪二十六》：桓冲在上明拥众七万，惮秦兵之强，不敢进。

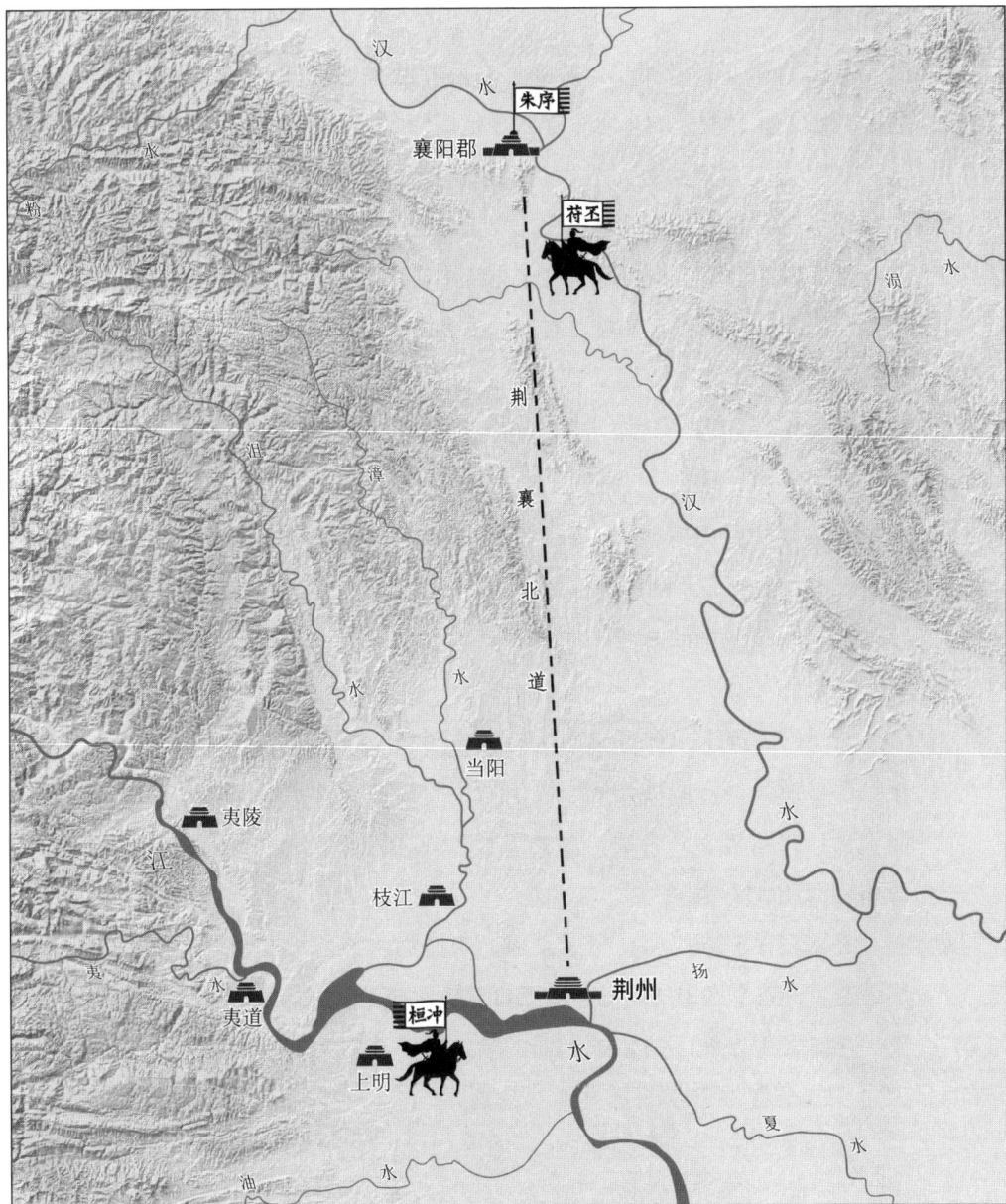

图 13-1 符丕兵临襄阳示意图

见你。"①

符丕吓得立即开始全力攻城，在内外断绝的情况下，东晋襄阳军民表现出了极其顽强的意志，连朱序他妈韩老太太都上阵了。

韩老太太深识兵势，战役初期亲自巡察城防，发现城西北角年久失修很可能会成为最先被集中火力攻击的地方。于是，在襄阳城所有男丁出动守城的情况下，韩老太太亲自统率府中百余女婢构筑新城墙，城中妇女们闻讯也来群起支援。靠着这支妇女民兵团，韩老太太构筑了长二十余丈的新城墙。

前秦军好不容易攻塌了西北角，却发现还有一堵新城墙，无奈退去，这堵城墙因此被后世称为"夫人城"。②

在这一年的围城战中，襄阳城军民展现出了前秦历次战争中从未见识过的上下一心和同仇敌忾！

恐惧于符坚威胁自裁的批示文件，符丕连续不断、不计成本地扑向了襄阳。

符丕的主簿王施进言说："您应该缓攻，您需要让他们放松，一鼓作气，再而衰，三而竭，他们绷了一年的精神一旦松懈，就再也提不起来了！我愿请十天之期，以展三军之势，如果再拿不下来，请斩我头。"符丕依计后撤。

襄阳军民坚守一年，疲惫至极，朱序也认为前秦军师老兵疲，应该是退了，整个襄阳的防务开始无可避免地松懈下来。

这时，朱序帐下的督护李伯护暗送其子至前秦营做人质，表达了

---

① 《资治通鉴·晋纪二十六》：使黄门侍郎韦华持节切让丕等，赐丕剑曰："来春不捷，汝可自裁，勿复持面见吾也！"

② 《晋书·朱序传》：初，苻丕之来攻也，序母韩自登城履行，谓西北角当先受弊，遂领百余婢并城中女子于其角斜筑城二十余丈。贼攻西北角，果溃，众便固新筑城。丕遂引退。襄阳人谓此城为夫人城。

自己想归附想进步的想法。

苻丕趁襄阳防守泄了气，于379年二月卷土重来再度猛攻襄阳城。

前秦军在苟苌监制的高科技武器飞云车的帮助下翻越城墙，在李伯护的内部反水下，襄阳陷落，朱序被擒。

襄阳去年开打的同时，前秦梁州刺史韦钟也开始从汉中攻打东晋魏兴郡以配合襄阳战场。四月底，同样打了一年的魏兴郡终于被攻克，太守吉挹绝食而死。

西线已经够难打的了，东线的战事同样也在朝着战争的泥潭方向发展。

前秦攻打仅有数千守军的彭城时，同样也未能立即拿下，反而被拖了一年。相当于前秦378年全面攻晋的战役全线被拖了一年，根本没有成效。

379年三月，谢玄率北府军前去支援。谢玄声称要去打前秦军的辎重所在地留城，引彭超撤防。彭城守军弃城而出投奔了谢玄，谢玄随即退回了广陵。

彭超分兵把守彭城后，开始向南进攻盱眙。俱难在同一时间终于拿下了下邳、淮阴，与彭超在盱眙会师。

此时襄阳已被拿下，毛当、王显率领两万兵众从襄阳东进，与俱难、彭超会合后开始攻打淮河以南地区。

五月十四，前秦军攻下了盱眙。

前秦的六万军队继续南下，在三阿（今江苏金湖县东南）包围了晋幽州刺史田洛，此时前秦军距离广陵仅有白里。

东晋开始沿长江防线部署最后的力量，派谢石率领水军驻扎在涂水，派右卫将军毛安之等率领四万兵驻扎在堂邑（今江苏南京六合区北）。（见图13-2）

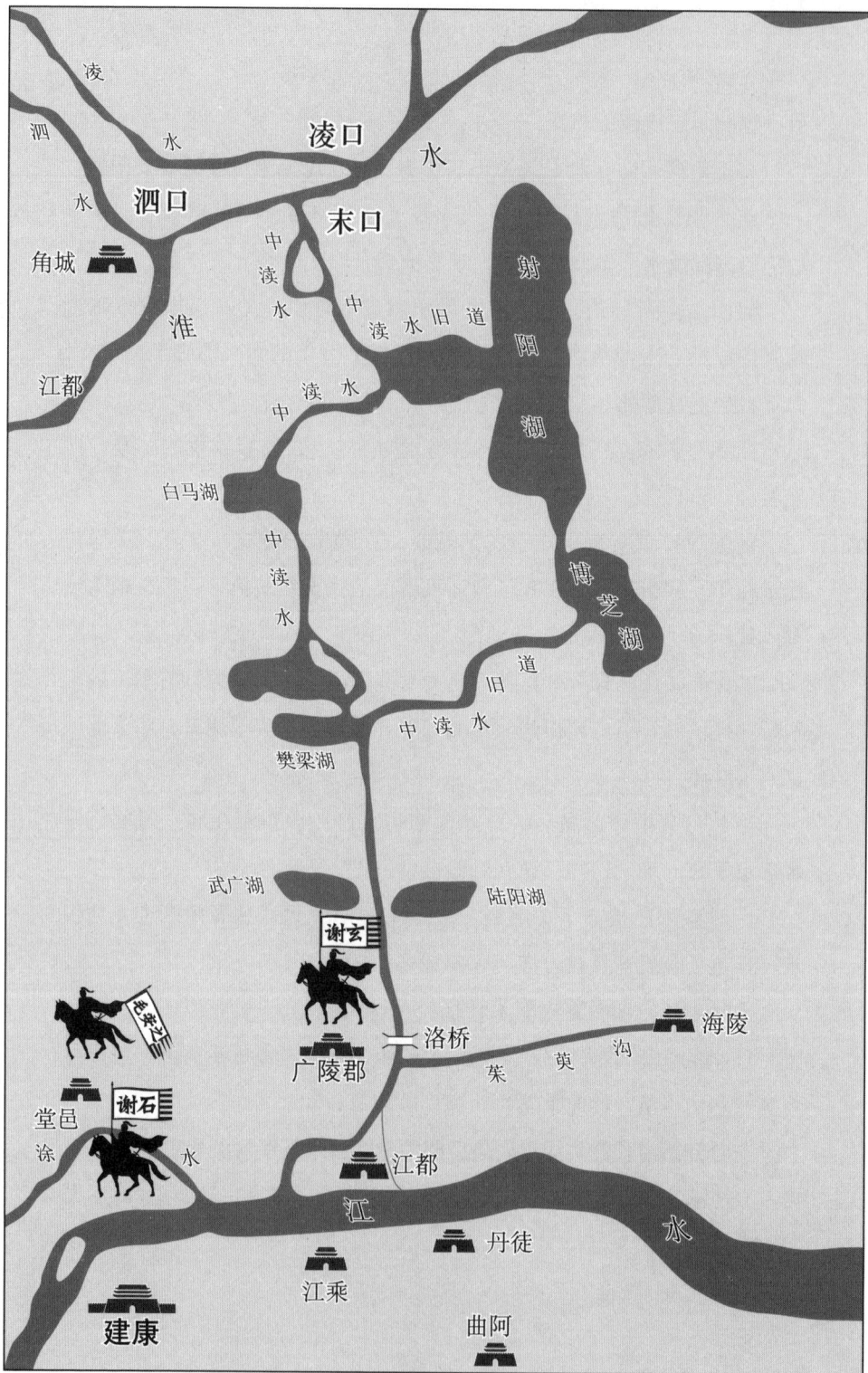

图 13-2　东晋江北布防示意图

当月，前秦毛当、毛盛率领骑兵两万攻袭堂邑，毛安之惊慌溃逃。[①]

东晋已经到了最危险的时刻！

就在万分危急之时，谢玄率北府军赶到三阿战场，击败前秦军，俱难、彭超退守盱眙。

六月，谢玄与田洛率领五万兵众开始反攻，东晋军至盱眙，俱难、彭超再败，退至淮阴。

谢玄派何谦等人率水军趁涨潮沿河而上，夜焚淮桥，邵保战死，俱难、彭超退驻淮北。谢玄与何谦、田洛等继续追击，在君川再战并大败前秦，俱难、彭超北逃，前秦全军覆没。[②]

这是苻坚军事史上前所未有的惨败。彭超和俱难互相推诿，最后俱难被削职为民，彭超羞愧自杀。

此次前秦伐东晋，打了整整一年零五个月。东西两线共出动三十万人，虽然最终拿下了襄阳和淮河以北地区，但是东晋除了朱序陷敌外几乎实力未损，前秦的东线却损失近十万人，实为惨胜。

此次伐晋所表现出来的很多方面的问题，是苻坚始料未及的。

除了桓温北伐外，东晋自立国后的战斗力就从未被北方政权正眼瞧过。

苻坚有点儿郁闷：不是说东晋不怎么样吗？不是天天只知道谈玄论道吗？怎么表现出来的却根本不是那回事呢？

襄阳和彭城都是以少量守军绊住了前秦十多万大军整整一年，而且这两座城还是前秦机关算尽后才艰难拿下来的。

---

① 《资治通鉴·晋纪十六》：右卫将军毛安之等帅众四万屯堂邑。秦毛当、毛盛帅骑二万袭堂邑，安之等惊溃。

② 《资治通鉴·晋纪十六》：玄与何谦、戴逯、田洛共追之，战于君川，复大破之，难、超北走，仅以身免。

东线谢玄已经展现出了力挽狂澜的战斗力，桓冲手中带着的是桓温当年留下的精锐，根本还没有进入战场亮相，而且桓冲军队此时已经休整一年了。

如果襄阳之战如东线般拖到了五月或者前秦拿下襄阳后继续深入，桓冲很可能也会如谢玄一样来个反杀前秦军。

更为关键的是，东晋开始出现一种不寻常的现象：忠臣开始大量出现。

襄阳、彭城、魏兴这三座城都被围困一年以上，看不到援军和希望，但主将却没有丝毫怨言地坚守到底。

朱序被俘后密谋要逃回东晋，是史上最著名的"身在曹营心在汉"；彭城一直坚持到了谢玄声东击西后突围成功；魏兴太守吉挹在城破后绝食而死。

连苻坚自己都慨叹："人家晋朝这团建是怎么做的呢，忠臣怎么那么多呢！"①

形成鲜明对比的，是前秦宗室又出现了叛乱。

在第一次伐晋之战开打时，前秦的豫州刺史苻重在洛阳谋反了，但被苻坚拿下。比较神奇的是，苻坚不仅没杀苻重，还在380年正月任命其为镇北大将军去镇守蓟城。

无论怎样，这都不是一个正常的政治决策。因为苻重有过前科，而且其弟苻洛现在统兵镇守辽东，苻坚这是把兄弟两人安排到一起去了。

两个月后，苻洛举兵反叛。苻洛当年自恃灭代有功，曾向苻坚请求开府仪同三司，但被苻坚拒绝了。

就在苻重被安排到蓟城后不久，苻坚开始调动苻洛，命其都督益、

---

① 《资治通鉴·晋纪二十六》：秦王坚叹曰："周孟威不屈于前，丁彦远洁己于后，吉祖冲闭口而死，何晋氏之多忠臣也！"

宁、西南夷诸军事，任征南大将军、益州牧去四川。

苻坚对苻洛的不信任有点儿明显，他甚至把路线都给苻洛规定好了，命令他接旨后不得进京，必须由伊阙至襄阳，然后溯汉水而上，辗转汉中，然后赴成都上任。

苻坚的这次人事调整，给东晋的备战又留出了一年时间。

苻洛接到调令后大怒，在占卜后自称大将军、大都督、秦王，率众七万发兵和龙（即龙城）。

简单算了下，苻洛想从龙城一路打入长安，需要连克邺城、金墉、潼关等多个重镇险阻，走上两千八百里。

这种兵力级别和距离对于前秦中央来讲甚至不能叫作威胁。但这么遥远的一次反叛，关中居然开始出现了骚动，盗贼并起。①

这是一个极不寻常的信号。这已经是在给苻坚敲警钟，水面之下的汹涌暗流已经按捺不住了。

苻坚对于苻洛的反叛非常紧张，屡屡遣使要求苻洛兄弟罢兵，表示愿意"以幽州永为世封"。

苻洛的回答志气比较大："你还是回去当东海王吧，幽州这点儿地方容不下万乘之尊！"

苻坚很愤怒，命令左将军窦冲及吕光率步骑四万讨伐苻洛，右将军都贵驰传诣邺，率冀州兵三万为前锋，以苻融为大都督，授之节度；使石越率骑一万，自东莱出石径走海路四百余里偷袭龙城。

380 年五月，窦冲等与苻洛在中山会战，苻洛大败、被擒，北海公苻重被吕光斩杀。泅渡汉水的石越再次展现水中龙的无敌属性，渡海成功攻占龙城。

---

① 《晋书·苻坚载记》：洛从之，乃率众七万发和龙，将图长安。于是关中骚动，盗贼并起。

仅仅三个月，苻洛之乱就被平息了，苻坚再次幸运地化险为夷。

总体来讲，苻坚是个命非常好的君王，每每在他倒大霉之前，常有很多示警。

苻洛此次迅速兵败的原因，跟内部失和有着极大的关系。苻洛手下除了极少数人外，几乎都不同意造反，王蕴、王琳、皇甫杰等人均因反对激烈被苻洛所杀。

此去关山远隔三千里，苻坚那边是中央敌一隅，苻洛不是汉人，无法在幽州河北树立号召力，怎么造这个反？所有人都看不到胜利的希望，所以十万之众一战即溃。

苻洛造反至少给苻坚提出了两个警示：

1. 关中暗流汹涌，要做内部整改了。

2. 众怒难犯，千万别打那种所有人都不同意的战争。

然而苻坚得到的启发，却是氐族核心大移民。

平定苻洛之乱后，苻坚和群臣讨论："我打算把三原、九嵕、武都、汧、雍这五处的十五万户氐人分置于诸方要镇，永封于各地当老大享福，你们怎么看？"①

大臣们认为这样的分封是周之所以有八百年国祚的原因。

380年七月，苻坚大封诸子和群臣。

苻坚任命庶长子苻丕为都督关东诸军事，封征东大将军、冀州牧，领三千氐户；任命儿子苻晖为都督豫、洛、荆、南兖、东豫、阳六州诸军事，封镇东大将军、豫州牧，镇守洛阳，配三千二百氐户；任命儿子苻叡为雍州刺史，配三千二百氐户。

---

① 《晋书·苻坚载记》：洛既平，坚以关东地广人殷，思所以镇静之，引其群臣于东堂议曰："凡我族类，支胤弥繁，今欲分三原、九嵕、武都、汧、雍十五万户于诸方要镇，不忘旧德，为磐石之宗，于诸君之意如何？"

苻坚任命姻亲抚军将军毛兴为都督河、秦二州诸军事，封河州刺史，镇守枹罕，配三千氐户；任命姻亲长水校尉王腾为并州刺史，镇守晋阳，配三千氐户。

　　苻坚在幽州分置平州，任命石越为平州刺史，镇守龙城；任命中书令梁谠为幽州刺史，镇守蓟城。

　　自苻坚上位后，前秦宗室就没完没了地出现各种叛乱，苻坚对此除了厚道对待外一直没什么太好的办法。

　　如果把这些族人都杀掉，他会担心"非我族人其心必异"，没有族人这个国家统治不下去；如果把这些族人都厚养起来，他又会担心他们每个人都做着搏一把的梦。

　　因此，苻坚所能想到的最好方法，就是把自己的儿子和姻亲都封到地方上去，希望在自己有生之年不要再有这类闹心的事了。

　　很多史论说这是前秦后面崩盘的根源，其实并不是。

　　前秦此次军事殖民中，冀州三千户，洛阳三千二百户，雍州三千二百户，河、并二州各自分配三千户。总殖民不过一万五千四百户，仅仅为全部氐人的十分之一，而且这只是个试点政策，苻坚并没有一次性地将所有氐人分散出去。

　　这次分封氐户的史料最大的价值在于，除了长安核心区的数据不详外，苻坚亮出了氐族人的家底，也就是他说的那句话"今欲分三原、九嵕、武都、汧、雍十五万户于诸方要镇"，总共是十五万户。

　　氐族在关中的人口数量上是根本不占优势的，这是有史料记载的。

　　十年前，苻坚灭前燕时从关东前后迁来了十九万户鲜卑、"杂夷"和汉人豪强。[①] 十年后，这该是一个怎样的数字呢？

----

　　① 《资治通鉴·晋纪二十四》：秦王坚迁慕容暐及燕后妃、王公、百官并鲜卑四万余户于长安。《资治通鉴·晋纪二十五》：秦王坚徙关东豪杰及杂夷十五万户于关中。

更重要的是，此时的关中也不仅仅是那十九万户迁徙户，另外还有姚羌、仇池杨家、前凉张家、拓跋鲜卑、铁弗匈奴……苻坚很快就会在自己帝国土崩瓦解后，看到漫山遍野窜出来的各族叛军。

4世纪的招牌大戏就要上演了，这种一战而天下崩的战例在中国历史上是不多见的。上一次这种级别的战役，是刘秀大战昆阳，王莽政权随后迅速土崩瓦解。时隔近四百年，这种级别的大战又要出现了。

这种经典大战的出现，往往有着一个非常关键的因素：被打崩的政权自身已经到了崩溃的边缘。

此时霸北、雄视天下的前秦，其实也是如此。在苻坚的统治下，前秦已经具备了大国崩盘的所有要素。

1. 连年的穷兵黩武。

367年至368年，内部爆发四公之战。

369年至370年，灭前燕。

371年，灭仇池。

373年，拿下汉中和蜀地。

376年，灭前凉和代国。

378年至379年，全面伐晋。

380年，苻洛叛乱。

这十三年，苻坚几乎年年不歇着。

自367年至375年，前秦吞关东，灭仇池，收汉中，下蜀川。

王猛此时还没死，再加上拿下这几个地方又颇有对方半卖半送的红利效果，所以前秦国力衰减尚不明显。

等王猛死后，苻坚的攻坚克难的大手笔之战就越来越多了：十三万灭前凉，三十万平代国，三十万伐东晋，其间还经历了苻洛的幽州叛乱，伐晋之战更是旷日持久没完没了。

2. 剧烈的民族矛盾。

前秦每征伐一个地方，其中伴随的固定曲目，就是对当地经济与人口的掠夺式破坏。

连年的征伐，导致前秦的关中政府根本无法如当年汉武帝打匈奴那样，在后勤方面有厉害的组织和官僚机构提供金钱去赏赐将士。于是作为补偿，大量的战后劫掠在所难免。

382年，淝水之战前期，苻坚再命吕光率十万之众远征西域，苻坚特别指示：那地方穷乡僻壤，战后别祸害得太过分。[①]

苻坚其实知道自己版图扩张的底色是什么，前秦连年打仗，自身虚耗的同时，就是以邻为壑！

将士们舍生忘死地跑成百上千里去玩命，苻坚自己掏不出腰包给赏赐，就只能让将士们去自寻出路。

十万级规模的军团一旦开过去，被破坏的征伐地区没有十年根本缓不过来，被征服地区的人会不恨前秦吗？

前秦的征伐方式，不仅对被征服地区的经济和秩序进行了破坏，而且也给前秦统治者带来了难题。现在苻坚要面对的，就是把海量的异族收拢到关中的后续处理问题。

如此巨量的少数民族再就业，苻坚是怎么安排的呢？被迁到关中的异族，无论是慕容鲜卑、姚羌，还是关东"杂夷"，大量曾经的统治阶级或自由民变成了"牧士"，甚至是"牧奴"。

苻坚的如意算盘，是把这些异族放在自己眼前看管，并让他们去放牧蓄养战马等战略物资，将来好为他所用；同时，他还可以抽调这些劳动力去为他打仗。

但苻坚的这一做法，极大地激发了异族的斗志。后来和苻坚"熊

----

① 《晋书·苻坚载记》：（苻坚）曰："西戎荒俗，非礼义之邦。鞬縻之道，服而赦之，示以中国之威，导以王化之法，勿极武穷兵，过深残掠。"

熊烈火燃烧你我"的慕容冲、姚苌,都带领本族人爆发出了对苻坚的刻骨仇恨。

令人奇怪的是,很多被征服的民族尤其是慕容鲜卑,曾经不是一盘散沙吗?曾经不是光顾着高层斗争吗?怎么来到关中后全族都这么猛了呢?其实,这与苻坚的移民政策有着很大的关系。

苻洛三千里外造反就出现了"关中骚动,盗贼并起"的情况,这也说明关中民族政策已经出现重大问题了。

3.苻坚膨胀腐化后的上行下效。

基本上可以说,王猛之死是苻坚人生的巨大转折点。自从王猛死后,当年那个艰苦创业的苻坚就彻底跟往事干杯了。

苻坚在历史上留下的生活方面的口碑非常不好,已经不仅仅单纯是好色的问题了。

苻坚把后赵专门做奇技淫巧器皿玩具的技师安排到前秦朝廷,各种各样奢侈华贵的东西开始源源不断地被造出来供他把玩。

到了382年三月时,苻坚还把后赵石虎从洛阳运到邺城的铜驼、铜马、神禽飞廉像、巨人翁仲像都运到了长安。

五月,幽州发生蝗灾,苻坚命散骑常侍刘兰发动幽、冀、青、并四州百姓去扑灭蝗虫。他不顾关东蝗灾大饥,仍然命人继续把铜驼、铜马、大钟等从邺城运到长安。[①]

从邺城到长安,可比从洛阳到邺城远多了。所谓的一代英主苻坚,此时又和当年的石虎有什么区别呢!

苻坚的奢靡带来的最大影响,就是前秦所有高层对他的效仿,"老大都这样了,我们也折腾吧"。

---

① 《资治通鉴·晋纪二十六》:秦王坚徙邺铜驼、铜马、飞廉、翁仲于长安……五月,幽州蝗生,广袤千里。秦王坚使散骑常侍彭城刘兰发幽、冀、青、并民扑除之。

举个例子，苻坚的侄子苻朗吐痰已经不往痰桶里吐了，也不用什么金的、银的痰桶，他吐痰时必须得有个男童张嘴接着。

福报不可享尽，欲望不可纵容。苻秦的最终灭亡，和匈奴汉、石赵、慕容燕的灭亡实际是一样的——江山还没坐稳，统治者就已经腐化堕落了。

只不过，苻坚闹得这摊比较大。他会打下如此江山，不过是占了出场晚，前面几浪已经被拍在沙滩上的便宜。

仅此而已。

苻坚梦想统一天下的时候，东晋始终在展现自己的顽强，这也算是最后给苻坚的提醒了：别作死！

但苻坚却怎么也看不清……

三、苻坚的"摆拍"人生

公元382年九月，车师前部王弥寘、鄯善王休密驮来前秦朝见，表示虽然西域诸国表面上服了，但心里面不纯洁，请求苻坚效法两汉设西域都护，自己愿做向导！①

苻坚随后命骁骑将军吕光为使持节、都督西域征讨诸军事，发兵十万征讨西域。

领尚书事的兄弟苻融劝谏说："哥，那地方荒远无用，当年汉武帝征伐他们得不偿失，咱们还是别出征了。"

苻坚回答说："两汉连匈奴都收拾不了，还出师西域呢，我都灭了匈奴了，虽然劳师远征但可传檄而定，这是流芳千古之事，我得安排上！"苻坚为了"垂芳千载"，在方方面面不遗余力，简直到了入魔的地步。

两汉伐西域本质上是为了剪灭西域各小国与匈奴的联系，是有战略动机的，即便汉武帝为了玩马伐大宛，那也有为了改良马种的说辞。

---

① 《晋书·苻坚载记》：寘等请曰："大宛诸国虽通贡献，然诚节未纯，请乞依汉置都护故事。若王师出关，请为乡导。"

而苻坚伐西域的根本原因，就是为了"垂芳千载，不亦美哉"！

378年，苻坚命凉州刺史梁熙遣使入西域宣扬大秦威德，结果大宛为了拍马屁给他送来了汗血宝马。

苻坚高调表态："我的偶像是汉文帝，我要这汗血宝马有什么用！"不仅要把汗血宝马退回去，还专门启动了前秦"反高端玩具作文大赛"，命群臣作《止马诗》宣扬前秦"军国主义"，要求上下抵制不正之风。①

这次征文比赛，前秦朝堂写出了四百多篇《止马诗》，都给送大宛去了。

通过这次征文大赛，除了大宛国不太配合之外，整体效果是很好的，苻坚在史书上又留下了一大笔美名记录。

如果苻坚来到现代社会，做不了皇帝，那也会是个深谙传播之道的顶级网红。

按这些《止马诗》中苻坚的"为人"，他应该是克勤克俭的，但其实都是他的自我标榜而已。且不说他奢靡的生活了，活的千里马他不要，死的铜驼、铜马那堆死沉死沉的玩具倒是被他从邺城千里迢迢运来长安了。

再看一下"秦王坚徙邺铜驼、铜马、飞廉、翁仲于长安"，这句话看起来没什么感觉，实际上分量极重，我来拆解一下。

当年后赵皇帝石虎为了把这堆玩具从洛阳运回去，专门做了四轮铁辙车，车辙宽四尺，深两尺，而且是要专门为这破玩意修路的。②

---

① 《资治通鉴·晋纪二十六》：秦王坚曰："吾尝慕汉文帝之为人，用千里马何为！"命群臣作《止马之诗》而反之。

② 《资治通鉴·晋纪二十七》：使牙门张弥徙洛阳钟虡、九龙、翁仲、铜驼、飞廉于邺，载以四轮缠辋车，辙广四尺，深二尺。

走水路运输的时候，则需要万斛级别的大船进行专门运送。①洛阳到邺城的物流条件还算不错，因为出了洛阳走洛水入黄河，再进清河与漳河，最后进入邺城，基本上水路全程都能发挥作用，但即便如此，为了运这几个破玩具还是弄得天怒人怨。

从邺城到长安就没那么简单了。自河北平原到长安，无论走豫北通道还是豫西通道，都是物流噩梦。（见图13-3）

豫西通道看上去能借助黄河走水路，但还记得函谷关为什么这么值钱吗？因为三门峡。

黄河的航道到了三门峡后，水流突然九十度大转向，与此同时还有鬼门、神门、人门三岛突然出现，导致此处不仅水流湍急；而且由于三门凶险，根本就无法行船。

所以走黄河水路送这堆玩具入关中，到了三门峡就只能上岸了。（见图13-4）

石虎确确实实是顶级暴虐的妖魔，但其实论做的事来讲，苻坚除了不乱杀人和没有盖那么多宫殿之外，可以说是石虎的加强版。

苻坚这辈子徙民的规模比石虎大，穷兵黩武的次数比石虎多；私生活与石虎比起来也没什么太大区别，石虎"性致"上来爱杀人，谁跟他交配都担心害怕，但苻坚胜在花样众多，没有玩不到的人。

灭前燕的时候，苻坚在王猛临门一脚要破门的时候赶到，在前燕上下已经被俘的时候又把人放回去，让对方再投降一遍，他要完成他的摆拍。

海量的《止马诗》征文大赛，是要极度突出苻坚远离奇技淫巧的仁君形象，为后世留下好形象。

征西域，更是苻坚要在功业上盖过两汉，意思是"两汉都有的，

---

① 《资治通鉴·晋纪二十七》：造万斛之舟以济之。

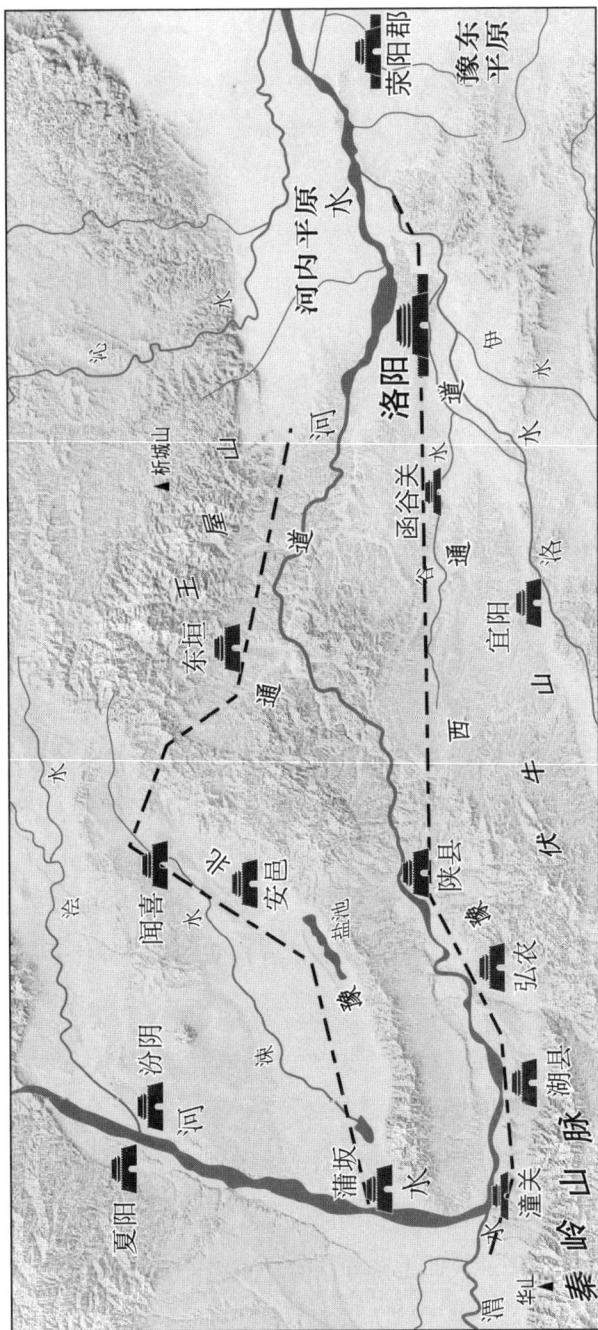

图 13-3 豫西通道豫北通道示意图

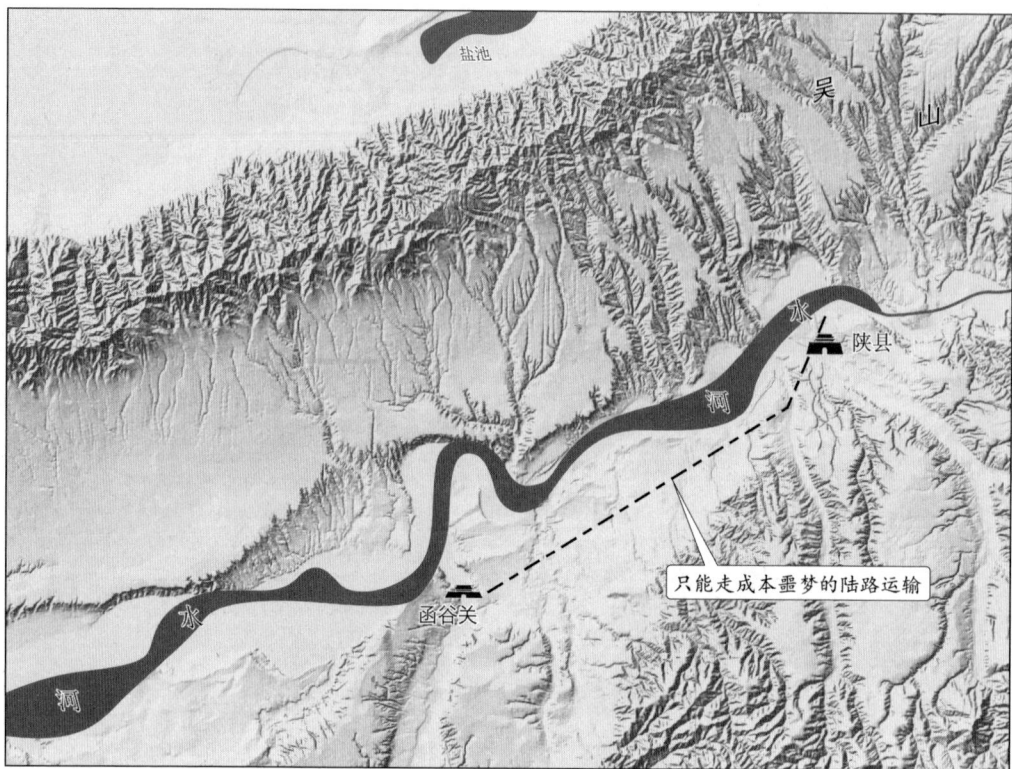

图 13-4　陕县到函谷关运输示意图

我不能没有"。

　　苻坚其人，对于后世之名的贪念和执着，堪称中国历史上的第一档。他的种种行为逻辑，在极度膨胀后开始演变为一种什么都想要的摆拍网红心态。

　　这世间大多数人都是被引导前行，随波逐流，真实的历史是什么样子的，没有多少人能参透。

　　眼下，迈向顶级艺术家的最后一步在向苻坚招手。来呀！造作啊！反正有大把风光！投鞭呀！断流呀！反正有……

　　381 年冬，前秦都贵南下威逼江陵，命令部下阎振、吴仲统步骑两万进攻竟陵（今湖北潜江西北）。

桓冲遣南平太守桓石虔、卫军参军桓石民等率水陆军两万拒之。相持月余。

十二月初八，桓石虔夜袭前秦营，阎振、吴仲败退管城（今湖北钟祥北）。

十二月二十七，桓石虔攻克管城，斩杀、俘虏前秦军一万七千余人，主帅阎振、吴仲当场被杀，辎重被全部缴获。

两万前秦军都没来得及跑回襄阳，就几乎被团灭了。这是前秦继一伐东晋后的第二次全军覆没，东晋的强硬似乎在给苻坚提醒："不要跟我小打小闹，把筹码都压上来吧！"

这启发了苻坚，他本来就想玩一把史上最大的动作："谢谢东晋给我营造了垫场赛的气氛。"

382年十月，苻坚在太极殿会见群臣。

苻坚热情洋溢地跟群臣说了自己的打算："咱们大秦开国三十多年了，我继位也快三十年了，咱们要不要搞个大事为我和国家祝贺一下？

"我环顾四方，只有东南一隅，还没有投入大秦怀抱，南方的百姓无法聆听到我的旨意，这种情况怎么能存在！我扒了扒账本，咱们能出动的大军有九十七万，我想带着这震古烁今的九十七万人御驾亲征，你们怎么看？"①

秘书监朱肜说："陛下您是遵天命南下，您要是远征，这仗肯定打都打不起来，晋朝那个伪帝要么口含玉璧出降，要么仓皇出逃死在海上。您让中原士人回归本土，让百姓重建家园，这是大功德啊！依我看，您回程时正好冉去泰山跟上大汇报一卜才成。"

苻坚大悦道："此乃吾之志也。"

---

① 《晋书·苻坚载记》：（苻坚）曰："……今欲起天下兵以讨之。略计兵杖精卒，叵有九十七万，吾将躬先启行，薄伐南裔，于诸卿意何如？"

符坚又是摆年头，又是摆账本，还让一个心腹把成功后打算封禅的伟大畅想都给一股脑地扔出来了，就是想将大会气氛烘托到顶点，让所有人在群情激昂中嗷嗷叫地赞同伐晋，然后像以前一样，再玩个摧枯拉朽。

但他收到了自继位后群臣的最强反对，几乎包括所有系统的心腹，大家都不赞同伐晋。

尚书左仆射权翼先说："当初商纣无道，但因为微子、箕子、比干这三老在朝，周武王就规规矩矩在家里待着没有去讨伐，直到三老都被干掉，武王才最终开始灭商之战。如今晋朝虽然衰微，但是没有大罪，谢安、桓冲又都是顶级人才，江左君臣和睦、内外同心，这仗不能打啊！"

符坚以沉默表示自己的态度，过了好久才接着说："你们都接着说说看。"

很能打的太子左卫率石越说："今年的天象是木星、土星居于斗宿，福德在吴地，如果讨伐他们必有天灾。东晋有长江之险，朝中无昏贰之衅，咱们现在最好按兵不动，积聚粮草，等他们缺德了咱们再过去灭了他们！"

符坚反驳道："武王伐纣时占卜结果也不行，但武王就是逆天而行，改朝换代了！夫差、孙皓全都是据守江湖，结果照样灭亡。现在我们大军的规模投鞭都能断流，东晋还拿什么天险跟我对抗！"

权翼和石越相继开完炮后，群臣彻底放开了，都说东晋现在是如何如何，不能打。①

符坚大怒，散会。

"阳平公苻融留下。"符坚等群臣退下后对他弟弟说："自古定大事

---

① 《晋书·符坚载记》：群臣各有异同，庭议者久之。

者一两人而已，这些人乱说一通，这事还得咱们兄弟定！"①

一个月前就反对他出兵西域的苻融这次的反应更加强烈，给苻坚罗列出了伐晋有三难：

1."岁镇在斗牛，吴、越之福"，老天爷不同意。

2.晋国上下用命自身无灾祸。

3.我们频繁征战，兵疲将倦，已经是强弩之末了。

苻融还告诉苻坚："群臣当中说不能讨伐晋朝的人，都是忠臣，希望陛下听从他们的意见。"

前秦众臣反复说的"天道不顺"和"晋无灾祸"，总体来说，是指以下两点。

1.东晋权臣之间无冲突，桓冲谦让谢安，恢复了上下游的平衡态势，东晋此刻没有内耗。

378年桓冲镇荆州不久，第一次前秦伐晋之战就开打了。那一年荆州水旱饥荒，谢安并没有放任桓冲自生自灭，每年给桓冲运米三十万斛作为军粮，直到桓冲方面走向正循环。②

2.全民抗战。自375年开始，东晋大规模释放爱民信号，凝聚全体民心。

375年，三吴水灾、旱灾接连不断，东晋朝廷诏令开仓赈贷，免除义兴、晋陵、会稽三郡一年租税，其余各郡免除半年。

376年，将淮北民众徙于淮南，规定王公以下每口税米三斛，免除士兵全部赋税、徭役。

---

① 《晋书·苻坚载记》：群臣出后，独留苻融议之。坚曰："自古大事，定策者一两人而已，群议纷纭，徒乱人意，吾当与汝决之。"

② 《晋书·桓冲传》：诏以荆州水旱饥荒，冲新移草创，岁运米二十万斛以供军资，须年丰乃止。

379 年，诏令御用供养一律俭约，皇亲国戚及百官俸禄全部减半，劳役及其他开支非军国所需者，一切节省从简。

380 年，废除 378 年以来百姓所拖欠的所有赋税、徭役、债务，赈济孤寡穷困。

东晋上上下下因为前秦这个大外患，害怕被亡国灭种也变成惨不忍睹的北方而全民抗战，前秦这仗怎么打？

从前秦一伐东晋时襄阳、彭城、魏兴军民能够孤城抵抗数十万大军一年多，到淮南战役前秦军被血洗，乃至最近的一次东晋再破前秦两万襄阳军，都说明了此时东晋无论是达官显贵还是普通百姓，所有人都同仇敌忾、凝聚内力，准备迎接巨浪袭来。

但苻坚已经被这最后的目标彻底蒙蔽了双眼："美色宫室我要享受！""四方来朝我要排场！""统一天下我要达成！"

这一个个欲望的符号让苻坚对这个自己最亲近、最有才气的弟弟大怒道："你都这样说了，我还能跟谁说。现在我有百万大军，钱甲如山，怎么就不能把已经快掉海里的贼寇推下去呢？我绝不能把这祸患留给子孙成为宗庙社稷之忧。"

苻融听后都哭了，说："我的忧虑还不止于此，您对鲜卑、羌族待遇优厚，都安排住在都城附近，一旦我们动用全国兵力南下，他们在我们内部作乱，宗庙社稷该怎么办呢？我智慧浅薄，但当年王猛一时英杰，您常把他比作孔明，他当年的遗言也是如此啊！"

苻坚还是不听。

太子苻宏也说不能打，理由是天象不好，晋朝无罪。

苻坚说："我灭燕时木星也不同意，秦灭六国，六国国君难道全是暴虐之君吗？"

僧人道安作为苻坚信任之人，在群臣做出努力无果后也被搬了出来。①

十一月，苻坚与道安同乘一车在东苑游览，苻坚说："朕将要与你南游吴、越之地，泛舟长江，亲临沧海，你说这有多好。"

道安说："陛下顺应天意统治天下，身居中原而控制四方，自身的昌隆就足以与尧、舜相比，何必栉风沐雨，经营远方呢？而且东南地区低洼潮湿，舜帝南下游猎就没回来，大禹也是如此，您何必南下呢？"

"最佳辩手"苻坚说："上天选了我，我怎么能害怕辛劳呢？我是为了南方的百姓回到故土才要打这仗的啊，我才不想穷兵黩武呢，我是个爱好和平的人。"

道安说："就算打，咱能不能别跑那么远？您去洛阳居中指挥，送一封劝降书就可以啦。东晋朝廷要还是冥顽不灵，那咱再打，您看成吗？"

苻坚仍然不同意。

苻坚收到的劝谏书继续如雪花般飞来，前后数十人劝谏，苻坚就是不同意！②

苻坚最宠爱的张夫人成为所有人的最后希望。

张夫人先是说了一大堆圣人之道该怎么样，还把苍天示警都搬了出来，引用俗谚说："鸡夜鸣不利出师，犬群嚎宫室将空，兵器响动，圈马蹶惊，军败难归。自入秋以来，众鸡夜鸣，群犬哀嚎，圈马多惊，武库里的兵器自己响动，这些都是不能出师的预兆啊。"

苻坚回答："打仗的事女人瞎掺和什么？"

忠臣、亲弟、孝子、宠妃、出家上师……几乎是前秦全体代表都

---

① 《晋书·苻坚载记》：先是，群臣以坚信重道安，谓安曰："主上欲有事于东南，公何不为苍生致一言也！"故安因此而谏。

② 《晋书·苻坚载记》：苻融及尚书原绍、石越等上书面谏，前后数十，坚终不从。

不同意对东晋开战。

之所以说"几乎"，是因为有同意开战的——关中异族代表们表示"这仗可以打"，比如慕容垂，比如姚苌。[①]

慕容垂对苻坚说："强并弱，大吃小，这就是自然法则！我们慕容氏就是被您这么吃的。您这么英明神武，拥有强兵百万，韩信、白起之类的良将遍布朝堂，江南弹丸之地，怎么敢跟您对战呢？您完全倾听自己的内心就可以了，当年晋武帝平吴，听的不过是张华、杜预等两三个人的意见而已，庸人之言千万别信。"

苻坚感动坏了："能跟我平天下的人也就是你了，赏！"于是，慕容垂被赏赐了五百匹帛。

苻坚也不想想，为什么所有亲近之人都反对，反而是当年的敌人全都赞成？他们难道比亲近之人的话还靠谱吗？他的亲弟弟、亲儿子，以及打天下的老兄弟们说的话难道都是害他的吗？

上天灭亡苻坚前确实让他疯狂了，但也不是没给过他机会，先是安排了前秦全体阶层反对，然后安排彗星扫东井及上林苑的竹林批量死亡，紧接着又是洛阳地陷。

老天爷也在表达一个态度：全方位给你示警了！一切都是你自己作的！将来别后悔！

苻融多次劝谏并最终说出了无可奈何近似于发狠的预言："知道满足就不会被羞辱，知道停止就不会出现危机，穷兵黩武之人没有不灭亡的！咱们立国本来就是'戎族'，'正朔'是不会归我们的，江东虽然半死不活，但有天相助，肯定不会灭亡！"

好在苻坚无论膨胀成什么模样，都没有改变他的厚道属性，并没

---

① 《晋书·苻坚载记》：时慕容垂、姚苌等常说坚以平吴封禅之事，坚谓江东可平，寝不暇旦。

有因此而追究苻融这番任何君王都可能会杀他的民族自卑失败论。

苻坚的伐晋之战已不可避免。

383年五月，在苻坚准备南下灭晋这个新闻早已传遍天下的时候，桓冲率领南方军团以有史以来最大规模的十万人先打了前秦一波。

桓冲分兵五路各自开花：他自率主力与桓石虔、桓石民攻打襄阳；前将军刘波攻打沔北诸城；龙翔将军胡彬攻下蔡；辅国将军杨亮攻蜀；鹰扬将军郭铨攻武当。

之后，杨亮连克五城推进到涪城（今四川绵阳东北），桓冲的别将攻下了筑阳。

苻坚很愤怒，说："我不抽你们东晋就算了，你们怎么还敢捋虎须呢？"于是，他派征南将军苻叡、冠军将军慕容垂和左卫将军毛当率步骑五万救襄阳，派兖州刺史张崇救援武当，派后将军张蚝、步兵校尉姚苌救援涪城。

郭铨及冠军将军桓石虔大败张崇于武当，掳掠了二千户后返回。但桓冲一看前秦动真格的了，就退回了上明；张蚝兵出斜谷后，杨亮也带兵返回了。

桓冲的冒头进攻并没有起到为江东分担军事压力的作用，因为苻坚最终将主攻点选在了江东。

七月，苻坚征各州郡兵，共征发步兵六十万，骑兵二十七万。

八月初二，苻坚命令征南大将军苻融、骠骑将军张蚝、抚军将军苻方、卫军将军梁成、平南将军慕容暐、冠军将军慕容垂率步骑二十五万为前锋。

八月初八，苻坚亲自从长安出发，此时前秦的南征军声势浩大，戎卒六十余万，骑二十七万，前后千里，旗鼓相望。

九月初二，苻坚御驾抵达项城（今河南沈丘县）时，他的凉州之兵刚到咸阳，他的蜀汉水军刚刚顺流而下，他的幽、冀之众到达了彭城，前秦大军东西万里，水陆齐进，运漕万艘，军需给养自黄河入石门再经汴水到达汝、颍前线。①

这种全国大调动物资的手笔，算是继长平鏖战、王翦灭楚后时隔六百年的壮举再现了。

苻坚兵分三路：主力自项城攻寿春，下历阳，入长江；蜀汉水军自嘉陵江、涪江顺流而下，与襄阳慕容垂部合击桓冲；幽、冀之兵自彭城、下邳沿泗水、睢水而下，扑广陵、盱眙、涂中。

三路大军都是一个目标：会师建康。

就在出兵前夕，慕容恪的两个儿子来到慕容垂的面前说："主上已经不知道自己姓什么了，叔父您建立中兴之业就在此行！"慕容垂道："没错，但没有你们两个相助，这大事成不了。"②

苻坚在羌人老大姚苌出征前，神经病般地将自己起家时的龙骧将军一职授予了他，并鼓励说："我当年就是以此名号开始建立大业，以前从没授予过别人，你要努力啊！"③

左将军窦冲道："君无戏言，您这话超级不祥啊！"苻坚也突然意识到了什么，随后默然无语。

上天欲其灭亡，必先令其疯狂，此时此刻的苻坚，除了自己的网红心态外，什么都顾不上了，走的每一步，都踏在了灭亡的鼓点上。

除了苻坚，几乎所有的前秦高层都已经看见一出悲剧正在上演，剧中没有喜悦，只有苻坚活在他自己的梦里面。

---

① 《晋书·苻坚载记》：坚至项城，凉州之兵始达咸阳，蜀汉之军顺流而下，幽冀之众至于彭城，东西万里，水陆齐进。运漕万艘，自河入石门，达于汝颍。

② 《资治通鉴·晋纪二十七》：慕容楷、慕容绍言于慕容垂曰："主上骄矜已甚，叔父建中兴之业，在此行也！"垂曰："然。非汝，谁与成之！"

③ 《资治通鉴·晋纪二十七》：以兖州刺史姚苌为龙骧将军、督益、梁州诸军事。坚谓苌曰："昔朕以龙骧建业，未尝轻以授人，卿其勉之！"

苻坚马上也要看见"那些前尘往事成云烟，消散在彼此眼前"了。

那些怂恿他的"知己们"所给他的一切，不过是在敷衍，就在一转眼，发现这些人的脸，早已经陌生，不会再像从前。

苻坚的心，等着迎接伤悲……

四、"陷阵"为什么会在战场上立大功?

前秦黑云压城,东晋山雨欲来。

八月,玄谈盛行的东晋在这场国运之战中派出了所有"经世"之才:桓冲领衔的桓家军顶住荆襄一线;淮河战场上,谢石为征讨大都督,谢玄为前锋都督,与辅国将军谢琰、西中郎将桓伊、建威将军戴熙等共八万人出征抗秦。

前秦大军已经渡过淮河,东晋朝野惊惧,气氛凝重至极。

谢玄入朝询问谢安破敌之策,谢安淡淡的一句"已有打算",然后就一句话也不说了。[①]

谢玄不敢再说什么,于是派和自己齐名的、号称"南北二玄"之一的张玄重新请教,然而谢安还是不理,并带着大臣们去山中别墅秋游了,还喊了一大群亲朋好友。秋游的关键项目就是和张玄下棋,拿自己

①《晋书·谢尚传》:坚后率众,号百万,次于淮肥,京师震恐。加安征讨大都督。玄入问计,安夷然无惧色,答曰:"已别有旨。"既而寂然。

的大别墅赌输赢。①

张玄师从"江左棋圣"周闳，谢安多少年来就没下赢过，结果不知是被前秦兵锋压境给吓住了，还是这大别墅的赌注让张玄心中失去了平常心，他输了。

"棋王"谢安非常开心，回头对外甥羊昙说："这别墅送你了。"②姿态相当高。

接着，谢安继续拉着大家秋游，玩到很晚，直到半夜回去后才"指授将帅，各当其任"，安排了诸将之责。③

谢安的这个"指授将帅，各当其任"，就是把征讨大都督、先锋都督的诸将岗位明确了一下，但还是没有谢玄请教的具体的"计"。谢安一辈子没上过战场，问计确实是难为他了。

桓冲听说苻坚大兵压境后，挤出了三千精锐来保卫建康但被谢安退了回去，说："朝廷处分已定，什么都不缺，还是回去防卫西线吧。"④

桓冲对手下参军将佐叹道："谢安有宰相之量，但却没有将帅之才，如今大敌临头还有心思满世界游玩，高谈阔论，派些年轻人上前线，看来大局已定，我们要受外族统治了！"⑤

事后证明，桓冲被打脸了。不过，在这个中国历史上最完美诠释

---

① 《晋书·谢尚传》：玄不敢复言，乃令张玄重请。安遂命驾出山墅，亲朋毕集，方与玄围棋赌别墅。

② 《晋书·谢尚传》：安常棋劣于玄，是日玄惧，便为敌手而又不胜。安顾谓其甥羊昙曰："以墅乞汝。"

③ 《晋书·谢尚传》：安遂游涉，至夜乃还，指授将帅，各当其任。

④ 《资治通鉴·晋纪二十七》：桓冲深以根本为忧，遣精锐三千入卫京师；谢安固却之，曰："朝廷处分已定，兵甲无阙，西藩宜留以为防。"

⑤ 《资治通鉴·晋纪二十七》：冲对佐吏叹曰："谢安石有庙堂之量，不闲将略。今大敌垂至，方游谈不暇，遣诸不经事少年拒之，众又寡弱，天下事已可知，吾其左衽矣！"

"每临大事有静气"的案例背后，有些故事要细讲。

所谓的"每临大事有静气"，是指遇到大事、要事后能够将心中的惊惶与情绪压住，该做什么做什么，而不是大事之前去放飞自我搞派对。

深被桓温看重的接班人桓冲在谢安秋游后已经极度悲观了，最重要的原因就是两点：

1. 大敌将至还每天在那里闲游玄谈。

2. 谢安作为江左支柱，应该亲自挂帅振奋士气，而不是让一群没有威望的年轻人顶着，万一这群年轻人失败了呢。

当我们遇到重大比赛和重大事项时，千万要提住一口气，要踏踏实实、如履薄冰般去应对，而不是学谢安那样什么都没做就先放飞上了。

从古至今每临重大战事，皇帝和主政大臣都是相当郑重严肃的。所有的弦都要绷着直到战役尘埃落定，要有一颗最高级别的恭敬心，因为"兵者，国之大事，死生之地，存亡之道，不可不察也"。

自古名将遇到夜惊都很镇静，这种镇静不是夜里营中乱了以后名将到处溜达，喜笑颜开地表示很轻松，而是保持军中大帐绝对的静默，和平时一样。

大家不要学谢安，他只是命好。他这种不是做事与创业的正确道路，事情不是这样运转的，从容淡定也不是这么玩的。

比如说，今天你正在前线抢决定企业生死存亡的大单子呢，一刷微博发现老板一点儿都不紧张，正在海上与网红一起冲浪呢，这对你的心情绝不是什么促进，而是一种负面的冲击。

有人会说谢安这是在安抚建康的百姓，但从实操上来讲这也是荒诞之法。都这个时候了，谢安应该既严肃紧张又轻松活泼！

生死存亡之战，舆论上要不断渲染敌人的残暴，不断凝聚抗战统一战线，要让军民上下一心，而不是街头巷尾都在议论宰相昨天还去秋游了呢。

如果对方大军真的兵临城下了，全城都没有紧张预案和应对措施，那么到时第一件事就是跑，就是慌乱，绝不会有人跟随谢安守城死社稷的。

舆论要引导，情绪得调动，这中间都需要时间，是无法等兵临城下时再赶鸭子上架振臂一呼的。

谢安的这个形象是史官们对于一个潇洒文人进行因果倒推的曲笔描写。打赢淝水之战的脊梁骨是谢玄和刘牢之，不是别墅里下棋赌博的谢安。

整个战役过程都是见招拆招的临场应变，跟建康的最高指示没什么关系。而且事实上，淝水之战前期打得极险，只是最后东晋赢了就都掩盖过去了。

让我们抛开史官笔法从时间线上捋一下。

383年五月，桓冲率兵十万攻襄阳；辅国将军杨亮伐蜀，拔五城；鹰扬将军郭铨攻武当。

六月，桓冲军别部拿下万岁、筑阳。

七月，郭铨和桓石虔在武当大败苻坚大将张崇，掠二千户返回。

同月，慕容垂抵达汉水以北，张蚝出斜谷，桓冲的夏季攻势告一段落，开始带兵回撤。事实上，从这个时候开始，苻坚的统一天下之战就已经拉开帷幕了，慕容垂此后就没从襄阳前线上下来。

八月初八，苻坚已率军从长安出发；九月，苻坚抵达项城。

在《晋书·武帝纪》中给出了这样的记载：八月，苻坚已经率众渡过淮河了，东晋朝堂也是在八月正式对谢石、谢玄这些人进行了任命。[①]

苻坚八月率军渡淮河不可能，因为苻坚是寿春城破的时候才从项

---

① 《晋书·武帝纪》：八月，苻坚帅众渡淮，遣征讨都督谢石、冠军将军谢玄、辅国将军谢琰、西中郎将桓伊等距之。

城出来。但是，这也说明八月时前秦的先锋军就已经开始军事行动，东晋的淮河国境线开始吃紧，谢玄已经慌得开始问计了，东晋朝堂也已经做出了选将应对，即谢安秋游下棋赌别墅，玩了一天以后，谢安开始进行军事任命。

然后整整过去了两个月，准确地说是十月十八日，苻坚之弟苻融已经攻克了寿春，但东晋还没有任何反应。

再来看下距离。

苻坚用一个月的时间走了大约两千里路，从长安赶到了项城。

前秦军早在八月份就对寿春展开了围攻，东晋于同月下诏应战。但短短不到四百里的救援路程，东晋整整两个月都没有任何动作，生生看着淮河第一重镇寿春被攻克。

东晋或者说是谢安，这心是有多大呢？

寿春有多重要，看图 13-5 就可以明白。

寿春总括了中原诸水系。

苻坚打算投鞭断流的"戎卒六十余万，骑二十七万"，如果真的想全部汇聚到长江边上，就只能指望拿下寿春后，再汇聚中原各地的辎重粮草来养活。

苻坚之所以选择夏秋季南下灭晋，是因为雨季水量大，方便大型航船运送物资给养。

但这个季节对围攻寿春的前秦也是不利的，因为每年雨季寿春城下都要迎接淮河的"洗礼"，攻城方根本不敢彻底围城。当年司马昭率大军围城时，守城的诸葛诞哈哈大笑，他是打算把北军淹死在寿春城下的。[①]

这也就是说，东晋本来是有极大的可能性可以将战局钉在寿春城下

---

① 《晋书·诸葛诞传》注引《晋纪》：初，寿春每岁雨潦，淮水溢，常淹城邑，故文王之筑围也，诞笑之曰："是固不攻而自败也。"

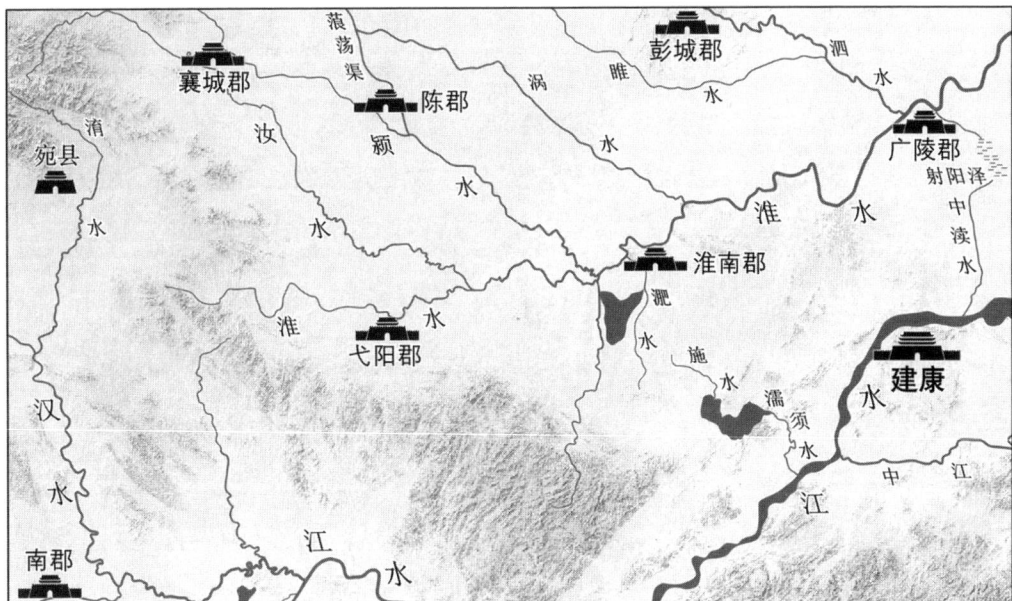

图 13-5　寿春周边水系示意图

的。但如此重要的战略之地，东晋方面却完完全全不重视，两个月没有任何反应，直到城池即将陷落才派胡彬去救援，而且援军仅有五千人。

前来驰援的胡彬听说寿春已被攻陷，于是退守硖石城。苻融进而开始围攻硖石，并命卫将军梁成等率众五万进屯洛涧（淮河支流，今洛河，安徽淮南东），用树栅截流阻于淮河之上，阻截东晋的后援军。[①]（见图 13-6）

谢石、谢玄等率军在距离洛涧二十五里的地方驻军，不敢再向前进。[②]

---

① 《资治通鉴·晋纪二十七》：胡彬闻寿阳陷，退保硖石，融进攻之。秦卫将军梁成等帅众五万屯于洛涧，栅淮以遏东兵。

② 《资治通鉴·晋纪二十七》：谢石、谢玄等去洛涧二十五里而军，惮成不敢进。

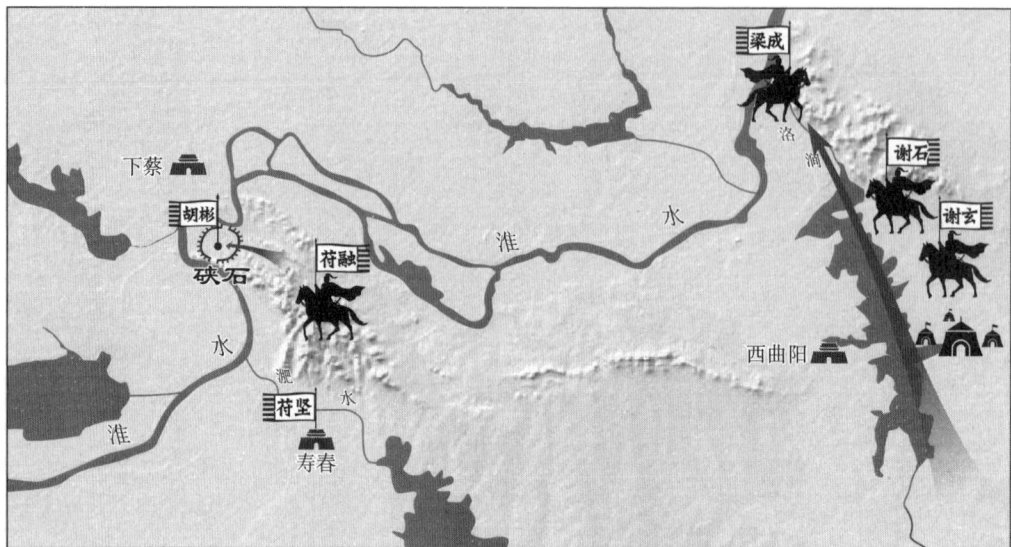

图 13-6 淝水之战前期秦晋争夺示意图

不久胡彬粮尽，遣使向谢石报告说："贼盛而我方粮尽，我恐怕是见不到咱们大军了。"

没想到这个信使被苻融抓住了，苻融就向苻坚请示说："现在寿春南贼力量不足，我怕他们的援军看到寿春已陷就吓跑了，我想赶紧攻打他们。"[①]

苻坚看到这个消息按捺不住了，他认为赛点到了，于是把大部队留在项城，自己只带了八千轻骑日夜兼程赶到了寿春。[②]

苻坚担心晋人知道他来以后吓得一溜烟跑回江南固守长江，命令所有人做好保密工作，一定要在江北把晋军主力全部消灭，敢泄露他

---

① 《资治通鉴·晋纪二十七》：胡彬粮尽，潜遣使告石等曰："今贼盛粮尽，恐不复见大军！"秦人获之，送于阳平公融。融驰使白秦王坚曰："贼少易擒，但恐逃去，宜速赴之。"

② 《晋书·苻坚载记》：坚大悦，恐石等遁也，舍大军于项城，以轻骑八千兼道赴之。

已到寿春者拔舌。因此谢石率领的晋军并不知道此时苻坚已经抵达前线。①

苻坚就这样急急忙忙地来到了前线。

其实可以理解苻坚的心情，毕竟这是要成为千古一帝的功勋，尤其是要灭掉汉人正朔，这件事一定得他亲手做。

他要从根本上打掉汉人的优越感，证明他的大秦这个异族政权也能成为天下正统，而且是苻坚亲手灭的东晋政权，证明他比汉人做的还要好。

苻坚要亲手向天下汉人证明，大秦远胜于大晋。

心情可以理解，但还是蹦得早了。御驾亲征通常能对前线士气给予巨大加成，但它同样也有一个致命弱点：可别输，输了己方就是土崩瓦解！

苻坚其实可以让苻融去追击，苻融手里有三十万人呢。②

"戎卒六十余万，骑二十七万"，投鞭断流，吓也能吓他们够呛，他完全可以等自己的水军舰队开到长江边时再亲自指挥。

这一次就算苻融输了，就算这三十万人被谢玄的七万人给灭了，但有他这个老大坐镇项城，仍然是能够起到秤砣的作用的，他也仍然能够选择带上主力作为第二梯队御驾亲征。

这样做，就相当于他至少有两次机会，可以稳稳地用前秦的"大胖身子"压死东晋。

截至公元383年十月十八日苻融拿下寿春，中国历史的趋势仍然是朝着对前秦有利的方向走的。

中原各地的粮草可以源源不断地汇聚到寿春城下，海量的军队将

---

① 《晋书·苻坚载记》：令军人曰："敢言吾至寿春者拔古。"故石等弗知。
② 《晋书·朱序传》：时坚大兵尚在项，苻融以三十万众先至。

要饮马长江、投鞭断流。

但是就在苻坚从项城赶来寿春的同时，东晋的转机开始出现。谢玄终于有动作了，他派刘牢之率五千精兵开赴洛涧。

虽然前秦的梁成扼守山涧要害部列阵，但是刘牢之率领的北府精锐毫无畏惧。慷慨激昂地过了河，并在上岸后迅速向前冲杀，大败前秦军。

最终，北府军斩杀了前秦主帅梁成及其弟梁云，刘牢之又分派队伍去断绝了前秦军归途的渡口，前秦军步骑全线崩溃，争先恐后逃向淮水。

此战前秦军被杀被俘万余人，所有军械都被东晋收缴。①

在这一战中，北府军展现出了一个相当令人意外的战术——"阻涧列阵。牢之率参军刘袭、诸葛求等直进渡水"，五千精锐结成军阵渡水，并在上岸后迅速扑向敌军，爆发出强大的战斗力。

这至少说明了两件事：

1. 此时已是十月底，进入了冬月枯水期，淮河及支流可以徒步渡过。

2. 北府军至少有五千特种兵，身体素质极其强悍，能够全副武装涉水，而且训练有素，在渡河过程中军阵不乱，上岸就能爆发战斗力。

但这份战役分析报告，大概率没有被放到苻坚的参谋桌上。

东晋的主力部队在前锋旗开得胜后开始向前逼近，驻扎于淝水东岸。

苻坚站在寿春城②上观望，只见晋军阵线严整，军容肃杀，又把八

---

① 《晋书·刘牢之传》：坚将梁成又以二万人屯洛涧，玄遣牢之以精卒五千距之。去贼十里，成阻涧列阵。牢之率参军刘袭、诸葛求等直进渡水，临阵斩成及其弟云，又分兵断其归津。贼步骑崩溃，争赴淮水，杀获万余人，尽收其器械。

② 《资治通鉴·晋纪二十七》："秦王坚与阳平公融登寿阳城望之，见晋兵布阵严整。"此处寿阳城即为寿春城。东晋太元十九年（394），孝武帝为其祖母郑阿春上尊号，"春"字正式成为国讳，寿春改为寿阳。淝水之战发生在 394 年之前，因此本战统一用寿春。

公山（寿春城北五里）上的草木也看成了是晋军，于是掉头对苻融说："你管这叫软弱之敌？这是劲敌啊！你怎么能说他们人少呢！"[1]（见图13-7）

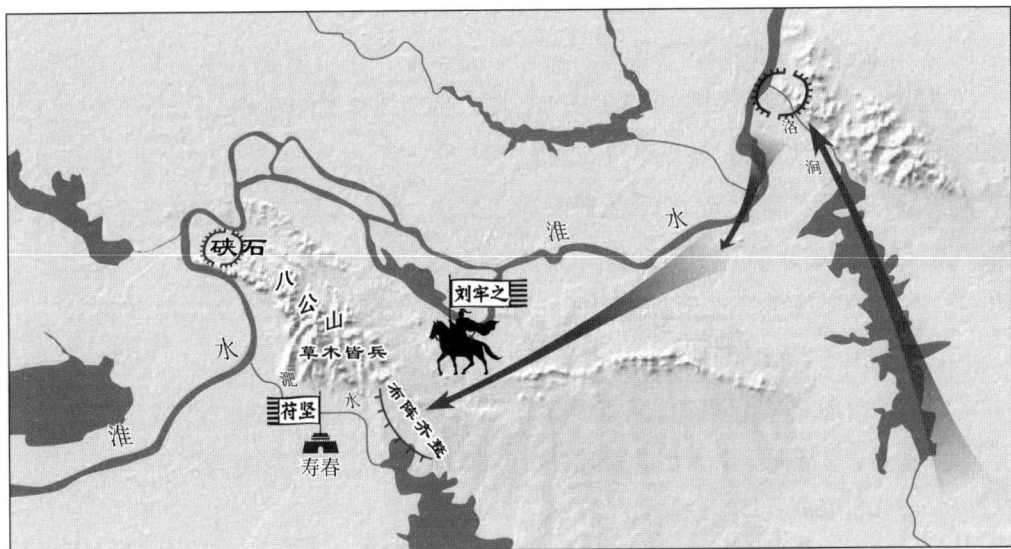

图 13-7 淝水之战示意图

苻坚"忱然有惧色"，坚定了好几年的心气在这一天开始打鼓了。他暗自琢磨："难道大臣们说得对，这仗真不能打？"

心虚的苻坚做出了影响整个 4 世纪历史走向的最关键决策，他让被俘的襄阳抗秦英雄朱序去劝降东晋。(《资治通鉴》的劝降时间在刘牢之斩梁成之前，此时间顺序有误，经《晋书》多人传记比对，朱序劝降在东晋大军亮相淝水之后。)

被派去劝降的朱序在东晋军营里并没有说自己的俘虏生涯多么美

---

① 《晋书·苻坚载记》：坚与苻融登城而望王师，见部阵齐整，将士精锐，又北望八公山上草木，皆类人形，顾谓融曰："此亦劲敌也，何谓少乎！"

好，包括苻坚还给了官做、给了待遇，也没有说其他的劝降话，而是给出了金子般珍贵的建议："此时寿春的前秦大军只有三十万，我们东晋尚有一战之力；如果等前秦百万之众抵达，我们肯定没法抵挡。但我们如果能趁着现在前秦各路大军尚未汇集提前发动进攻，消灭他们的士气，就有战胜他们的可能！"①

起初谢石不想听从这个建议，因为他知道苻坚到寿春了有点儿担心，于是打算继续拖延等对方疲惫再说。

但谢琰却劝谢石听从朱序的话，他认为再不决战等前秦大军到了，自己这边的天险就真不算什么了。②

谢琰是谢安次子。就凭这一句话，他在这场决定东晋命运的史诗之战中的贡献，比他那个老爹重要得多了！

寿春在前秦手里，东晋是无险可守的。如果想拖着对方，那么只能南下去合肥，但只要己方退军就会被前秦追死，前秦有骑兵，东晋这边是跑不掉的。

此时此刻，东晋方面的形势就如华山一条路一样，只能闯了。于是东晋遣使请战。

苻坚此时手握寿春，而东晋刚在洛涧狂屠了梁成，士气正盛。

正常情况下苻坚应该先避一下对方的兵锋，或者派多个部队进行袭扰东晋军，毕竟对方无城可守，也没有骑兵军团。

截至此时，苻坚仍然是超大比分领先的。

但是，苻坚选择同意谢石的请战。其实，即使他同意会战，也仍

---

① 《晋书·朱序传》：时坚大兵尚在项，苻融以三十万众先至。坚遣序说谢石，称己兵威。序反谓石曰："若坚百万之众悉到，莫可与敌。及其未会，击之，可以得志。"
② 《晋书·苻坚载记》：石闻坚在寿春也，惧，谋不战以疲之。谢琰劝从序言，遣使请战。

然没多大问题，因为他有三十万军队，可以对战只有七万人的东晋军，前秦仍然占有很大优势。

同一个竞争维度下，强者只要不作死，怎么选都是对的。

秦晋双方列于淝水两岸，苻坚在淝水岸边布下军阵。

谢玄遣使对苻融说："您走了这么远来到我国国境，现在临水设阵，明摆着是不愿意速战速决啊！请你们稍稍退后一些，让我们过去咱们再厮杀对决怎么样？"①

谢玄的使者一走，前秦召开战前会议，绝大多数将领反对后撤。②这其实是前秦的将帅们最后一次给苻坚示警。

即便到了这个时候，苻坚也还是有机会的，他的手下们已经说明了隐患，认为当下最好的办法就是阻击敌方于淝水，让他们过不来，自己这边人多而对方人少，这样是最稳妥的，肯定不会输。

因为数十万规模的大军后撤，哪里会那么轻松！在军阵的队列中，最前一排的士兵对敌方的动静看得很清楚，三四排以后的士兵，就只能看到自己前后左右的战友了。绝大多数士兵都是看不到周围状况的，他们的所有动作都要听从于附近队列中基层军官的口令。

当军阵前列或侧翼已经与敌军接战搏杀时，队列中的士兵可能还对战况进展一无所知，随后会产生巨大的恐惧感。

只要是战争，就会面临死亡的威胁，而且比起直面战场，等死其实最可怕！

这种恐惧感是队列中士兵的最大威胁，任何异动、变故或流言蜚

---

① 《晋书·谢安传》：坚进屯寿阳，列阵临肥水，玄军不得渡。玄使谓苻融曰："君远涉吾境，而临水为阵，是不欲速战。诸君稍却，令将士得周旋，仆与诸君缓辔而观之，不亦乐乎！"

② 《晋书·谢安传》：坚众皆曰："宜阻肥水，莫令得上。我众彼寡，势必万全。"

语都可能在极短时间内在军阵中发酵放大，从而造成局面失控。

之所以"陷阵"会和"先登"一样成为战争中顶级的两项功勋之一，就是因为"陷阵"是在敌阵队列中打开缺口，从而破坏敌军军阵指挥体系，统帅的军令无法通过军官传达到基层士兵。失去了军官指挥的士兵会出现巨大的茫然无措感，心理防线会迅速崩塌，士兵最怕的其实是自家的军法！

一旦阵线被撕坏，上级军官无法再进行有效监督，那么大军就会面临一哄而散的溃败局面。

如果统帅下令几十万大军后撤一定距离，基层的军官和士兵们是不会理解上面的战略企图的。这个过程难保士兵不会有什么想法，万一出现哗变或惊乱等突发状况呢？

数十万规模的大军，只要有一个军团在后退时出现问题，对大军来说都将是崩溃性的！

韩信带兵多多益善，但他给刘邦带兵的指标也就十万人，就是说刘邦在战场上只有指挥十万人的能力，数十万级别的军团指挥是难度极高的工作，不是每个人都是韩信。

韩信在和项羽的巅峰对决中，最有价值的地方在哪里呢？

在于韩信先带着主力迎战项羽，然后撤退了，但在撤退的过程中军阵没有崩。在左右两翼杀出来后，韩信又带着刚撤退的大军杀回来了！

韩信不是光会个背水一战就成为兵仙了，在汉中用军法打造大汉的军事实力，在垓下指挥大兵团硬刚巅峰项羽，古往今来，有几个韩信呢？

军阵已经列成，怎么还能全军后撤呢！

整场淝水之战，是苻坚亲手一个个地扔掉了自己的优势。在谢玄请求前秦后撤一定距离以便双方决一死战后，苻坚亲口下达了送礼指令，将自己的千古之名打包送给谢安去万古流芳。

符坚下令："退军，先让他们过来！然后再让我们大秦数十万铁骑直接把他们赶回水里杀掉！"[1]

这个命令理论上没错，但实操起来会那么轻松吗？用兵仙韩信的那句话谢幕吧："上问曰：'如我，能将几何？'信曰：'陛下不过能将十万……'"

符坚的打算挺好，但东晋早就准备好了此战的撒手铜。

谁说过河后就一定要列阵才能对打呢？东晋早已在初战中演练好了决战的打法，即士兵结成方阵过河后不经整队就直接冲杀过去。而且，东晋还有卧底！

符融指挥大军后撤，前秦军阵刚一动，史上最强卧底朱序突然在阵后高呼"秦兵败啦"。

前秦军顿时大乱，山崩海啸之势开始不可阻挡。[2]

谢玄、谢琰和桓伊抓住这个战机，率八千北府精锐强渡淝水。[3]

整个北府军，优中选优的就是这八千人，很可能也只有这八千人有能力全副武装渡水后成建制冲锋。

晋军前锋刚登岸就发起猛攻，七十年国仇家恨宣泄在了淝水对岸。前秦军前军被冲垮，再加上本来就后撤的命令，几十万大军如多米诺骨牌般节节倒下，全军各部彻底错乱，失去指挥。

眼看大事不好，总指挥符融率亲卫军想要杀出来以稳住阵脚。但他率领的小分队逆人流而上最终如泥牛入海有去无回，他的战马被乱军冲倒，他自己也死于乱阵，群龙无首的前秦军开始崩溃。

---

① 《晋书·谢安传》：坚曰："但却军，令得过，而我以铁骑数十万向水，逼而杀之。"
② 《资治通鉴·晋纪二十七》：秦兵少却，朱序在陈后呼曰："秦兵败矣！"众遂大奔。
③ 《晋书·谢安传》：于是玄与琰、伊等以精锐八千涉渡肥水。

本来就军心不稳没有上帝视角的后军也加入到了大溃退的行列中。

晋军乘胜追击狂杀三十里，一直杀到寿春城西的青冈才鸣金收兵。就这样，前秦几十万大军土崩瓦解，自相践踏而死者蔽野塞川。[①]

此一战，前秦军自相践踏被赶入水中淹死的不计其数，导致淝水都断流了。幸存的前秦军丢盔弃甲而逃，听到风声、鹤鸣都以为是晋军追来了。

在拼命逃跑的过程中，前秦军风餐露宿，精神高度紧张，再加上适值深冬，被冻死、饿死者十之七八。[②]

那些被苻坚带来的降将及征服国各国的首领，如朱序与张天锡等，纷纷投奔东晋怀抱。

苻坚的座驾云母车及其他御用之物、军械辎重、珍宝财物，以及十余万头牲畜都被东晋缴获。

战后，东晋并没有迅速挥师北上，而是很慎重地观望了一段时间。东晋主事的毕竟是谢安，做什么都得从容不迫。

战场捷报传来时谢安正和客人下棋，看完后他把战报放一边接着下，给对面的人急得啊，赶紧问他前线什么情况。

谢安微微一笑道："小儿辈已经破贼了，来来来，接着下……"等客人走了以后，谢安回屋跨过门槛时高兴得连脚上穿的木屐齿折了都没发觉。

谢安的这份喜怒不形于色，也将苻坚的所有时代红利收割到了自己这里，为这场淝水大战的落幕留下了华彩结局。

---

① 《资治通鉴·晋纪二十七》：玄等乘胜追击，至于青冈；秦兵大败，自相蹈藉而死者，蔽野塞川。

② 《晋书·谢安传》：坚众奔溃，自相蹈藉投水死者不可胜计，肥水为之不流。余众弃甲宵遁，闻风声鹤唳，皆以为王师已至，草行露宿，重以饥冻，死者十七八。

谢安没有迅速北伐，荆州方面也没有什么动作，因为淝水之战后桓冲不行了。

384 年二月，桓冲于荆州过世。据史书记载，桓冲病逝的原因有一部分是他本来就有病，另一部分则是他惭愧且愤怒。[①]

他的惭愧在于预判错了战果，他的愤怒则在于谢安的声望在战后达到顶点。

桓冲临死大概率还被史官黑了一把。没办法，这就叫"侄子反动叔混蛋"，谁让他的侄子桓玄后来败了呢。

总之不管是什么吧，还是要感谢五十六岁的桓冲坚持过了淝水之战。但凡桓冲早走几个月，特别是如果淝水之战开打前他走人了，那么很有可能荆州战区就将先行变成主战场了。

当然，荆州变成主战场也不一定是坏事，因为苻坚战前安排的益州方向和荆州方向的兵力在整个下半年会战中都没有看到什么动静，唯一的战绩记载，是慕容垂攻下了郧城（今湖北安陆）。

慕容垂放弃死磕荆襄北道和汉水道，而是走了随枣通道以避开桓冲。不管嘴上怎么说，身体还是很实诚的，慕容垂对荆州军的主力确实感到头疼。

同样还要替东晋感谢桓冲，他这一走，把本可能会剧烈放大的桓、谢矛盾化为了无形。

谢安把骁勇善战却又让他不放心的桓石虔封为豫州刺史，把桓石民封为荆州刺史，命与他们同乡不同支的桓伊改镇江州。

在稳定了政局后，谢安才开启了大规模的北伐。

东晋开启北伐之时，北方早已风起云涌。

苻坚在淝水大战中身中流矢，但总算单骑逃出生天。他逃至淮北，

---

① 《晋书·桓彝传》：冲本疾病，加以惭耻，发病而卒，时年五十七。

又饿又累，这时恰好有人来进献食物，苻坚大为感动，特赐帛十匹、棉十斤。

没想到人家来给他送吃的就是为了恶心他，看都不看这些赏赐，说："臣听说白龙厌倦了天池之快乐非得下凡来遭罪，现在这个局面陛下也看见了、听见了，今天这场大祸是天意啊！陛下就是臣的父母，哪有儿子养爹还求报答的呢？"①

这位高水平的"文化大流氓"，通过这顿饭表达了两个意思：

1. 让你嘚瑟让你作，丢人现眼了吧。

2. 你现在混得都需要我来养了，虽然我说你是我爹，但你看现在谁更像爹呢？

苻坚继续保持着厚道人的本色，没对进食的人怎么样，只是自己很羞愧。

在被世纪大耳光打醒之后他想明白了，他对宠妃张夫人说："当初我要是听了大臣们的话，怎么可能会有今天的事情。今后我还有什么脸统治天下啊！"

苻坚终于看明白了，确实天下不会再有他什么事了。自从他兵败的消息传来，凉州兵至咸阳者，川蜀兵顺流长江者，幽冀兵至彭城者，各地军队都自动回家了。

他说话不好使了还只是个初级阶段，很快，当初所有明白人劝他的那件事发生了。

各民族轰轰烈烈的复国运动开启，一生剧本如梦如幻的慕容垂，该兴复大燕了。

---

① 《晋书·苻坚载记》：辞曰："臣闻白龙厌天池之乐而见困豫且，陛下目所睹也，耳所闻也。今蒙尘之难，岂自天乎！且妄施不为惠，妄受不为忠。陛下，臣之父母也，安有子养而求报哉！"弗顾而退。

第 *14* 战

兴复大燕：燃烧的北境，爆炸的关中

一、忽如一夜春风来，千树万树梨花开

新兴政权统治者通常都会对前朝的后裔极度提防，比较狠毒的会灭其族裔，厚道点儿的会给个"政治犯"的待遇养起来。

总之，这种情况要么是斩草除根，要么是行住坐卧都要打报告，不能给一丁点儿的政治空间。

因为前朝后裔是有机会东山再起的，那套建立起一个政权的逻辑和套路其祖上跑通过，而且他家曾经是有巨大流量的，他家的政治大旗是有很多遗老遗少认同的。

随便一个军阀造反，对大众的说服力很低，但如果是复兴一个曾经的政权，就相当容易让人遐想。不只是他家本身的号召力，还会有很多别有用心的人去蹭他家的流量。

公元 372 年二月，前秦国主苻坚任命前燕慕容评去做范阳太守，并把前燕慕容诸王都安排到边郡做官。[①]

苻坚认为不给军权就没问题，对慕容氏的宽大处理会对南边的东晋起到很好的示范作用，但他却忽略了一个很大的问题：政治权力是世

---

① 《资治通鉴·晋纪二十五》：坚乃出评为范阳太守，燕之诸王悉补边郡。

界上最恐怖的，也最具有放大效果的。

一个普通人具有了巨大的政治能力并不太可怕，他顶多会变成一个大贪官；但一个世家大族拥有了巨大的政治权力就比较可怕了，经过十几年或二十年他们就会形成一个政治网络。

那么，如果是前朝皇族的一个人得到了巨大的政治权力，会有怎样的结果呢？他对于建立一个皇权及颠覆一个皇权的理解程度会比任何人都深刻，这样的人会带来什么样的"惊喜"呢？

早在 373 年，前秦就已经出现天象之变了，苻融劝他哥哥苻坚说，慕容氏是当过皇帝的，不能给他们太多的政治资源。[①]

之后，以王猛为首的各种各样的人都来向苻坚示警，他们都在说同一件事：应该逐渐除掉慕容鲜卑。但苻坚以绝对的自信和道德修养顶住了这群"小人"的揣测。

欲望这东西，是永远跟着现状走的。如果前朝皇族的一个人天天被当作"政治犯"看管，那么每天能吃好喝好晒太阳，他就会很满足；但如果让他做一方太守，他看到辖区内的人力税收等资源，那么他就会回忆起曾经的辉煌，他就会开始畅想。

在前燕的亡国夜空中，最闪亮的那颗星叫慕容垂，他在前秦都城长安的京兆尹岗位上一干就是十多年。

从司马家族的政变教训上来讲，他确实没有什么主观能动性，但从兴复故土的角度来讲，慕容垂的内功水平就不是司马师阴养三千死士那么简单了。

---

① 《资治通鉴·晋纪二十五》：有彗星出于尾箕，长十余丈，经太微，扫东井；自四月始见，及秋冬不灭。……阳平公融上疏曰："东胡跨据六州，南面称帝，陛下劳师累年，然后得之，本非慕义而来。今陛下亲而幸之，使其父兄子弟森然满朝，执权履职，势倾勋旧。臣愚以为狼虎之心，终不可养，星变如此，愿少留意！"

苻坚淝水战败后，即使命运曾经神奇地给过巨大诱惑，但是几乎地球人都知道要复国的慕容垂也并没有第一个开炮。属于老狐狸修炼成精的慕容垂在犯叛国大罪之前，先给自己捞足了道德资本。

　　淝水战败后，东晋展开战略反攻，随郡太守夏侯澄于漳口（漳水注入涢水之口，在今湖北应城东）斩了姜成，慕容暐直接弃众逃跑。

　　慕容垂则再次展现出一个伟大将领的顶级素质，在人心惶惶的大溃败下统军有方，所率三万人无一伤亡。苻坚带着千余骑残兵去投奔了慕容垂，才算真正把心放下一点儿了。[①]

　　这时，慕容垂的世子慕容宝对他爹说："当年家国倾覆，虽然咱们有天命人心，但时运未至无法成事；现在秦主兵败前来投奔，这是上天在给咱们兴复大燕的机会，机不可失！立大功者不拘小节，行大仁者不念小惠，秦主跟咱们有国仇家恨，您不能因为他对您有恩就忘了社稷之重！"

　　慕容垂说："你说得很对，但他现在一心投命于我，我不能害他，上天如果抛弃了他不愁他不亡！现在还是急人之难保护他，以报答当年他的收留恩德，他日也可义取天下。"

　　慕容垂的幼弟慕容德说："当年秦强而并燕，现在秦弱而图之，这是咱们报仇雪耻，跟负心没关系，如果兄长不肯杀他，至少这三万人不能给他！"

　　慕容垂的多个亲信党羽都劝他杀掉苻坚，但慕容垂不听，并坚持把兵权还给了苻坚。

　　这个过程中，唯一支持慕容垂的是他的三儿子慕容农。

　　慕容农道："险境不害人，道义足以感天动地。我听说图谶预言，燕国复兴应当在河阳，瓜尚未成熟而强摘和瓜熟蒂落往往只差十天，但

——————

　　① 《晋书·苻坚载记》：诸军悉溃，惟慕容垂一军独全，坚以千余骑赴之。

口感却差远了！”

慕容垂最后拍板，一锤定音：“当年我被慕容评追杀，逃亡于秦，秦主恩礼备至。后被王猛所阴，结果秦主仍以国士之礼待我，此恩绝不能忘！如果秦数已尽，大运在我，又何必担心这眼下得失。关西之地太乱了，肯定不是我们的用武之地，自有大乱扰之。我当先恢复关东，兴复祖业。君子不趁乱取利，不事先为祸，我们静观其变。”随后他把军队交还给了苻坚。①

慕容垂真的只是个大好人吗？实际上，时年五十八岁的慕容垂已经看明白了后面的发展趋势，他知道关中“民族园”里自有要苻坚命的人。一定要让苻坚回到长安，让他去牵制乱哄哄的关中“蛤蟆坑”，而关东才是他慕容垂的用武之地。

后面的发展，揭开了慕容垂这十多年暗自修炼内功后所埋下的一张张底牌。

苻坚一边撤退一边收拢离散的军队，到洛阳时已经召回了十余万人，行政和指挥中心也搭建起来了，算是缓过来了一口气。

慕容垂仁至义尽地随苻坚走到渑池，然后对苻坚进言道：“北方边远之地的百姓听说大军不利，已经开始有为祸作乱的人了，我请求尊奉诏书去镇抚招纳他们，顺便拜祭一下先祖的陵庙。”苻坚同意了。

大臣权翼劝谏说：“国家刚刚大败，四方离心，现在应该把名将都召集在京师，加强主干以镇枝叶，安定四方。慕容垂勇略过人堪称当世的韩信、白起，况且他的祖上就是关东豪杰，他只是为了避祸才来到我国，他的心思岂是当个将军就足够的呢。譬如养鹰，饿了才依附于人，但是每当听到狂风骤起就会有飞上云霄的志向，现在正该把它关到笼子

---

① 《晋书·慕容垂载记》：垂曰：“……关西之地，会非吾有，自当有扰之者，吾可端拱而定关东。君子不怙乱，不为祸先，且可观之。”乃以兵属坚。

里，怎么能放它飞走呢？"

苻坚已经被淝水大败彻底打成了天命论者，他叹道："我没听大臣的话，天怒人怨导致大败。天命有兴废，不是人力所能改变的。君无戏言，我已经答应他了。"

虽然苻坚没听权翼的劝告，但还是留了后手，他派将军李蛮、闵亮、尹国率众三千护送慕容垂。这个护送，其实也是监督。

苻坚知道此次大败后天下震动，于是派骁骑将军石越率三千精骑戍守邺城，派骠骑将军张蚝率五千羽林军戍守并州，派镇军将军毛当率四千兵戍守洛阳。

苻坚挤出了三路兵由三个"万人敌"去帮自己的孩子们守邺城、太原、洛阳三个关中重镇，并兑现自己的承诺放慕容垂东去。

他不知道，从某种意义上讲，前秦虽然没有亡在慕容垂手上，但却是从此时此刻开始正式大崩塌的。

关东幅员万里，但最终闹腾起来的只是慕容垂，他牵制并消灭了苻氏在关东的所有力量。

慕容垂抵达安阳后，遣参军田山修书给驻守邺城的苻丕表明来意。虽然苻丕怀疑慕容垂有想法，但还是亲自去迎接了慕容垂。他想先下手为强，但他的侍郎姜让劝说道："您别忙动手，先派人把他看守起来随时向长安汇报，听从君主的安排。"[1]

慕容垂非常幸运地躲过了一劫。

双方在邺城西面的宾馆相见后，慕容垂给苻丕讲了淮南败状。

慕容垂的参军赵秋私下里劝慕容垂摆个鸿门宴，喝酒时把苻丕拿下，顺势占据邺城起兵，但慕容垂没有听。

---

[1] 《资治通鉴·晋纪二十七》：丕谋袭击垂，侍郎天水姜让谏曰："垂反形未著，而明公擅杀之，非臣子之义；不如待以上宾之礼，严兵卫之，密表情状，听敕而后图之。"

恰好这时丁零首领翟斌起兵叛秦图谋洛阳，苻坚通过驿站传令，命慕容垂统兵去讨伐丁零人。

慕容垂没有背叛苻坚的红利开始出现：苻坚没有忘记这员"忠心耿耿"的虎将，在慕容垂被苻丕防得很死的时候给了他军权。

苻丕也非常高兴，心想："正好把他安排远些，省得他在身边我天天睡不好觉！"

但辅镇邺城的虎将石越对苻丕说："我国新败，民心未定，负罪逃亡闹事的人很多，所以听说丁零人一带头，仅仅十多天就已有数千人响应。慕容垂是前燕德高望重之人，给他军队相当于如虎添翼啊！"

苻丕说："慕容垂在咱们身边才是肘腋之患，还是把他派到远处去好，况且丁零翟斌为人凶悖，必不肯在慕容垂之下，让他们互掐去吧！"最终苻丕给了慕容垂两千弱兵，派苻飞龙率一千氏族精骑协助慕容垂。①

苻丕对苻飞龙说："你的目标是慕容垂，盯好他。"

慕容垂走前请求进入邺城拜谒宗庙，苻丕不同意，慕容垂就想偷偷进邺城去拜庙，但被守卫拦住，慕容垂愤怒地杀了守庙官吏，还烧了人家的办公室。②

慕容垂用夸张的人设造型表明：老子看祖宗的心情是强烈的、迫切的，挡我者死！潜台词是：我为了看祖宗跟老苻家闹掰了，你们该站队了！

石越听说后马上向苻丕进言："慕容垂这是不拿你当回事啊，反迹很明显了，动手吧，这是个绝佳的机会，扣上个帽子弄死他就行！"

---

① 《资治通鉴·晋纪二十七》：乃以羸兵二千及铠仗之弊者给垂，又遣广武将军苻飞龙帅氏骑一千为垂之副。

② 《资治通鉴·晋纪二十七》：垂请入邺城拜庙，丕弗许，乃潜服而入；亭吏禁之，垂怒，斩吏烧亭而去。

之前还打算先动手的苻丕现在又没有反应了，他开始温情地说："我爹在淮南大败时，慕容垂鞍前马后地伺候、守卫，冲这个就得高看他一眼，此功不能忘！"

苻丕只是害怕慕容垂待在他身边，为避免冲突，想赶紧轰走他，但他对这位历经半个世纪风霜的枭雄认识得太浅了。

石越说："慕容垂对故国尚且不忠，怎么可能对我们忠呢？过了今天就再也没机会除掉他了！"

苻丕还是说那样不合适，气得石越私下大骂："这爷俩都是看小不看大的二百五，我肯定要当鲜卑人的俘虏了！"

苻丕没有再往深一层想，为什么慕容垂敢在他眼皮子底下搞这种政治秀呢？说明他必定有恃无恐！苻丕应该再往后想一层，他的周边安全吗？

慕容垂把三儿子慕容农及慕容恪的两个儿子慕容楷、慕容绍留在邺城当人质后出征，走到安阳的汤池时，闵亮、李毗从邺城赶了过来，把苻丕安排苻飞龙的目的告诉了慕容垂。①

继大闹前燕宗庙后慕容垂再次愤怒，把苻丕监军企图暗害他的丑陋行径揭发了出来："我尽忠于苻氏，但苻丕却图谋我们父子，我岂能善罢甘休！"②

注意慕容垂再次愤怒的地点：汤池，这里离邺城太近了，他真的是有恃无恐。

慕容垂借口兵力不足，停在河内招兵，十天就招到了八千兵众。③

---

① 《资治通鉴·晋纪二十七》：垂留慕容农、慕容楷、慕容绍于邺，行至安阳之汤池，闵亮、李毗自邺来，以丕与苻飞龙所谋告垂。

② 《资治通鉴·晋纪二十七》：垂因激怒其众曰："吾尽忠于苻氏，而彼专欲图吾父子，吾虽欲已，得乎！"

③ 《资治通鉴·晋纪二十七》：乃托言兵少，停河内募兵，旬日间，有众八千。

看到慕容垂在河内不动，洛阳的苻晖遣使催促慕容垂进兵。慕容垂对苻飞龙说："现在离贼军已经不远，咱们昼夜兼行杀过去怎么样？"苻飞龙同意了。

383年十二月二十七日夜，慕容垂派嫡子慕容宝统前军，自己和小儿子慕容隆领后军，苻飞龙走中间。随着一声鼓响，苻飞龙的一千氐族精骑突然因兵变被暗杀了。

随后慕容垂下令，家在长安的军官都可以回去，并带给苻坚一封信，说明自己动手的原因。

十二月二十八日，慕容垂渡过黄河后烧毁了渡桥。此时，慕容垂已拥兵三万，他留下辽东鲜卑可足浑谭在河内的沙城招兵，派田山到邺城密告慕容农等起兵响应。[①]（再次注意慕容垂的招兵速度。）

慕容农等收到慕容垂来信后天已入夜，于是慕容绍先出城到了不远处的蒲池，偷了苻丕的数百匹骏马等待慕容农、慕容楷越狱。

十二月二十九日清晨，慕容农、慕容楷率数十亲信身着便服出邺城，奔赴列人县（今河北邯郸肥乡区东北）。

直到384年的正月初一，苻丕欢欢喜喜过年大宴宾客的时候才发现慕容农几人都跑了，三天后的正月初四才知道慕容农在列人县起兵造反了。[②]

一个需要被高度警惕的群体，苻丕却放松到了这个程度！

仔细回顾慕容垂的所谓"复国大业"，是件概率极低的再创业事件。慕容垂起步的这些环节极度幸运，这也是为什么古往今来能复国的

---

① 《资治通鉴·晋纪二十七》：慕容垂济河焚桥，有众三万，留辽东鲜卑可足浑谭集兵于河内之沙城。垂遣田山如邺，密告慕容农等使起兵相应。

② 《资治通鉴·晋纪二十七》：春，正月，乙酉朔，秦长乐公丕大会宾客，请慕容农不得，始觉有变；遣人四出求之，三日，乃知其在列人，已起兵矣。

案例属于绝对的小概率事件。

抛开慕容氏在河北的所谓"人望"和"底蕴"，再抛开苻坚在大败后北方天下大势土崩瓦解的"合不久就分"，单论慕容垂在早期复国走的前几步来讲，都是极险的。

苻家接二连三地犯下了致命错误。

苻坚放了慕容垂，没问题，因为慕容垂对他够意思。

从慕容垂的角度看，他的胃口大到了可以在苻坚毫无抵抗能力的时候把兵权都交出去，以此招揽人心占领道德制高点。

从苻坚的角度看，慕容垂是个不离不弃的忠臣，放了自然没问题。

但到了苻丕这里，他几乎应该为他们苻家失去关东负最重要的责任，原因如下：

1. 慕容垂在的时候他没有做任何动作，他还敢去赴宴，慕容垂跟他爹有交情，跟他有什么呢？万一宴是鸿门宴呢？

2. 慕容垂杀守庙官吏的时候，他没给反应。此时北方天下已经出现了崩盘之势，整个河北对于他的无动于衷会被解读为他怕了，而这会极大地助长蠢蠢欲动之人的叛离之心。

3. 慕容垂杀苻飞龙，私自在河内招兵折腾得风生水起，但他的情报系统为零。

4. 慕容垂的三个人质从他眼皮子底下溜走，并且跑出去了六天，他才知道这几个人的行踪，他对人质的看管形同虚设。（见图14-1）

这四个环节，只要任何一环苻丕有了相应的动作，都不会眼睁睁地看着慕容垂壮大成河北的最强力量。苻丕的轻信麻木与无能，最终让苻家失去了本不应该失去的万里河东。

慕容垂渡过黄河焚烧了渡桥后，开始喊出自己复国的口号："我忍辱负重多年，如今要兴复祖业，乱我法者必罚，奉我命者必赏，天下大定之日封爵荫子，必不相负！"

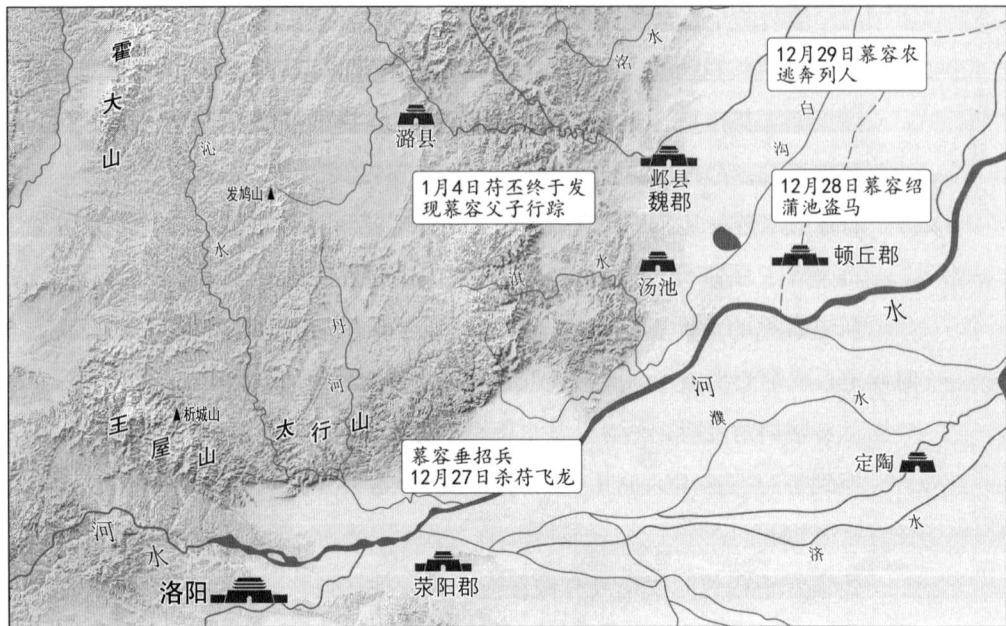

图 14-1　慕容垂起兵时间示意图

　　丁零人翟斌冒头站出来反叛前秦后，慕容凤及前燕故臣之子王腾、辽西段延等各率部曲前去投奔。

　　不久，苻晖派毛当征讨翟斌。慕容凤请求翟斌派他出战，称"雪先王之耻，为将军斩此氐奴"。随后慕容凤斩杀了毛当并攻克陵云台，收缴了万余人的兵器。

　　慕容垂杀掉苻飞龙的消息传来，慕容凤等人劝翟斌奉慕容垂为盟主。

　　此时的慕容垂也打算以救援的名义偷袭洛阳，但苻晖听说他杀了苻飞龙坚决不让他进城。慕容垂见没忽悠成功，于是接受了翟斌等人的加盟，并被翟斌等人劝加皇帝尊号。

　　慕容垂说："慕容暐是国主，以诸君之力平定关东后，咱们再把他接回来，我是不能当这个皇帝的。另外，洛阳这位置四面受敌，北阻大河，难以控驭燕、赵，没有形胜之便，不如北取邺都，据之而制天下！"大家都高票赞同。

就这样，慕容垂挥师向东，派王腾在石门搭起浮桥，渡过黄河。

走到荥阳时，前秦的荥阳太守原扶余王馀蔚和昌黎鲜卑卫驹各率其众前来加盟，随后大家再次请慕容垂称帝。

众望所归之下，慕容垂依照司马睿江左故事，自称大将军、大都督、燕王，承制行事，群下称臣，文表奏疏，封拜官爵。

弟慕容德为车骑大将军，封回原范阳王之爵；慕容恪长子慕容楷为征西大将军，袭其父太原王之爵；翟斌为建义大将军，封河南王；馀蔚为征东将军、统府左司马，封扶余王；卫驹为鹰扬将军；慕容凤为建策将军。其余人等也各有封爵。

此时，慕容垂已经聚集二十多万兵众，自石门渡过黄河直奔邺城而去。①

慕容垂迅速扩充实力开始北进的同时，慕容农的复国小分队也在列人县成功打开局面。慕容农逃离邺城后并没有走南下的道路，而是北上去了列人县，来到了乌桓首领鲁利家。

鲁利给慕容农备宴，慕容农笑了笑没有吃。鲁利对他媳妇说："贵人来了，但咱家穷没有什么好吃的，怎么办？"

原话很重要："谓其妻曰：'恶奴，郎贵人，家贫无以馈之，奈何！'"注意这句古语的原文，鲁利对他媳妇说"恶奴，郎贵人"。

这个"恶奴"不是骂他媳妇倒霉娘们儿的意思，而是指慕容农的小字叫"恶奴"，这意味着鲁利对慕容农相当熟悉。

他媳妇说："贵人有雄才大志，如今突然来到，必有非常之事，肯定不是为了吃喝，你先去外面安排好探哨，做好防备，再来听听贵人来

---

① 《资治通鉴·晋纪二十七》：帅众二十余万，自石门济河，长驱向邺。

做什么。"

把吃的撤了以后，慕容农说出了此行的目的："我想起兵于列人，你愿意跟我干吗？"鲁利道："生死相随！"①

慕容农随后又去找了乌桓张骧，说："我家大王已经起事，丁零翟斌等都加盟了，远近响应，对你有什么启发吗？"②

张骧道："得旧主而奉之，怎敢不尽死力！"

慕容农离开关东已经十四年了，他当初离开关东的时候不会超过十五岁。（369 年时，慕容农二哥慕容宝是十五岁。）

鲁利一下子就认出了慕容农，并对妻子喊出了慕容农的小名，这极大概率说明他在慕容农成长的这些年见过他。

慕容农逃离邺城后目标非常明确地来到了列人县，单刀直入地向鲁利说明了此行的来意，也非常顺利地得到了列人的两个乌桓老大的铁心承诺和加盟。这基本说明，列人县是慕容垂早早就阴养在这里的"死士三千"之一！

那么下个问题来了，371 年正月时，苻坚迁徙了关东豪杰及"杂夷"部族十万户到关中地区，把乌桓人安置在冯翊、北地，把丁零人翟斌的部众安置在了新安。③

史书中明确写了"处乌丸杂类于冯翊、北地"，乌桓是被苻坚明文迁到关中的族类，怎么现在在列人县出现了？这个问题先放着，后面的惊喜会越来越多。

---

① 《资治通鉴·晋纪二十七》：农谓利曰："吾欲集兵列人以图兴复，卿能从我乎？"利曰："死生唯郎是从。"

② 《资治通鉴·晋纪二十七》：农乃诣乌桓张骧，说之曰："家王已举大事，翟斌等咸相推奉，远近响应，故来相告耳。"

③ 《晋书·苻坚载记》：徙关东豪杰及诸杂夷十万户于关中，处乌丸杂类于冯翊、北地，丁零翟斌于新安。

将这两个乌桓大佬搞定后，慕容农带着收编的列人乌桓的民众起义了，并派慕容垂的参军赵秋去游说屠各人毕聪。^①注意，这是又一个地址、人物明确的招募！

　　毕聪随后带着屠各的兄弟们和东夷的馀和、敕勃部及易阳（今河北邯郸永年区）乌桓的刘大部，各率部众数千前来响应。^②

　　很明显，这是一场早有预谋的起事，根本没人废话，慕容垂这个符号一出现就都揭竿而起响应了。

　　慕容农被众人推举为"持节、都督河北诸军事、骠骑大将军"。由于慕容垂还没到，慕容农不敢封赏将士，但被赵秋劝阻。

　　赵秋认为此时正值做事创业的黄金阶段，军中无赏赐，士卒不英勇，大家现在来投奔就是想立战功在下一次创业大潮中分红的，应该现在就对他们封爵授官，扩大自己的基本面。

　　慕容农封张骧为辅国将军、刘大为安远将军、鲁利为建威将军，并率兵偷袭了馆陶，收缴军械将自己这些杂牌军武装起来，然后又派兰汗（慕容垂从舅）等将收取了康台的数千匹牧马。^③

　　成功迈出第一步后，慕容农的起义军迅速达到了数万人。^④再次请大家注意慕容农的招兵速度。

　　打出规模后，慕容农又西招乌桓库辱官部于上党，东引鲜卑乞特部于东阿，两个部落又各率众数万响应。慕容农的士兵数量在短短几天

---

①《资治通鉴·晋纪二十七》：于是农驱列人居民为士卒，斩桑榆为兵，裂襜裳为旗，使赵秋说屠各毕聪。

②《资治通鉴·晋纪二十七》：聪与屠各卜胜、张延、李白、郭超及东夷馀和、敕勃、易阳乌桓刘大各帅部众数千赴之。

③《资治通鉴·晋纪二十七》：农自将攻破馆陶，收其军资器械，遣兰汗、段赞、赵秋、慕舆悕略取康台牧马数千匹。

④《资治通鉴·晋纪二十七》：于是步骑云集，众至数万。

内已经达到了十余万。①（见图 14-2）

这些都是在邺城的眼皮子底下完成的，现在大家知道为什么慕容垂在邺城有恃无恐了吧！

十二月二十八，慕容农潜逃。

正月初七，等苻丕派石越率兵前来讨伐的时候，慕容农已经势不可挡。

短短十天的时间，慕容垂在河内，慕容农在邺北，父子两人同时爆发出了核裂变般的扩兵速度！

这些士兵的主力是哪些人呢？后面慕容垂攻打邺城时给出了主力配置，是丁零人和乌桓人。②

丁零人是意外收获，慕容垂这些年阴养的复国主力，是乌桓人。早期的时候，乌桓被拆迁到了冯翊郡和北地郡，丁零人被迁到了新安，起事的时候也是在新安，说明并非所有的异族都被允许回到河北故土。

那么慕容垂阴养的这些"死士"们是怎么回到河北的呢？

史书中对此并无记载。我们只知道，慕容泓（慕容垂侄子）是北地太守，冯翊太守不详，但"燕之诸王悉补边郡"。苻坚也许只是牢牢盯住了鲜卑人的动向，却忽略了其他边缘族裔的动向。

真正的枭雄，即便被拴上了链子，但只要获得发挥能动性的空间，他就会在不经意间"于无声处听惊雷"地让人感到绝望！

---

① 《晋书·慕容垂载记》：农西招库辱官伟于上党，东引乞特归于东阿，各率众数万赴之，众至十余万。

② 《资治通鉴·晋纪二十七》：燕王垂引丁零、乌桓之众二十余万为飞梯地道以攻邺。

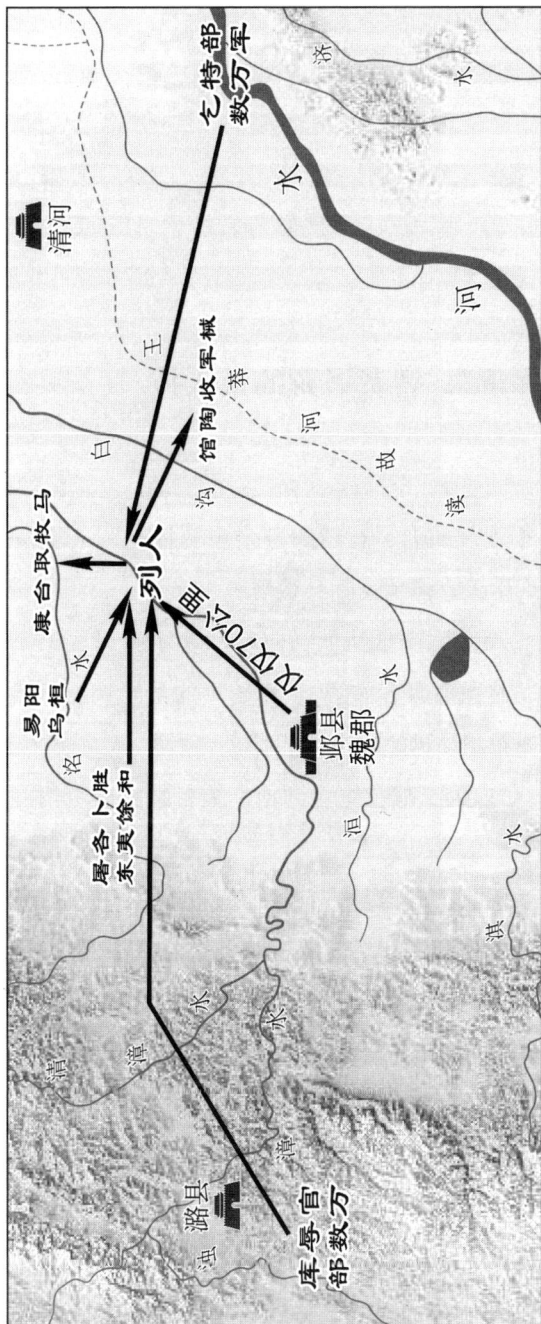

图 14-2　慕容垂收兵河北示意图

二、"礼遇弥重"，智者屠龙的杀人技

公元384年正月初七，石越率万余步骑抵达列人城西。此时距离慕容农越狱不到十天，但他已拥兵数万。

石越的先头部队刚刚抵达就被赵秋和参军綦毋滕（匈奴族）率先击败，随后参军赵谦对慕容农说："石越军的铠甲兵器虽然精良，但人心惊惧，咱们现在应该迅速攻击他们。"

慕容农说："白天交战我军看到他们装备精良会害怕，还是等看不清他们时再说吧。"

慕容农命令士兵严阵以待，石越那边也不进攻，只是修栅栏防守。慕容农看到这个情形哈哈大笑："石越装备精良却不趁着锐气来打我们，他们没戏了。"

现在的石越，与前秦全盛之时率五千骑兵泗渡汉水闪电战抢外城的心气完全不同了。

夜幕降临，石越的精兵被慕容农的牙门将刘木（匈奴族）仅率四百人就给冲垮了。慕容农在大军追击时不仅大败前秦军，还斩杀了石越。这位虎将以一种近乎屈辱的方式谢幕，人心已散，队伍不好带了。

石越作为前秦的勇力担当，作为苻坚钦点的邺城守护神，他的阵

亡使河北各势力开始按捺不住了。[①]

正月二十六，慕容垂率大军抵达邺城，慕容农也带领军队前来会合。

慕容垂在邺城下进行了第一波大分红，改前秦建元二十年为燕元年（史称后燕），官员服饰及朝廷礼仪均如前燕旧制，以前燕原岷山公库傉官伟为左长史，前燕原尚书段崇为右长史，立嫡子慕容宝为太子，封堂弟慕容拔等亲戚十七人为王，其余宗族亲属及有功之臣被封为公的有三十七人，被封为侯、伯、子、男的有八十九人。

不久，在河内招兵两万并攻下野王的可足浑谭引兵会于邺城。原前燕旧臣平幼、平睿兄弟等，也率数万兵众前来参与邺城合围。

在这种大兵压境的情况下，苻丕的应对措施是派姜让强烈谴责慕容垂，并劝他犯错改了就好，现在还不晚。

慕容垂对这种幽默言论给予了尊重，对使臣表示："我还记得他爹的恩德，他可以带部队返回长安，大家今后睦邻友好，他要是不识时务，我就动用全部兵力攻打，到时他想跑也来不及了。"

姜让非常愤怒，当场就发飙，说了一大堆，还替苻丕表了态，中心思想就是："你挺大岁数的，倒成了反动派，咱战场上见吧！"

送走姜让后，慕容垂又给苻坚写了一封信，希望苻坚能下令让苻丕弃邺城回长安，信中说了八件事：

1.您当初丢人现眼的时候我没有落井下石，苍天都能作证。

2.您儿子苻丕的能力镇不住关东，他不仅不允许我进城而且连我祖上的庙都不让我拜祭。

3.是您儿子苻丕先动的手，他只给我两千要饭的老弱残兵甚至连

---

① 《资治通鉴·晋纪二十七》：越与毛当，皆秦之骁将也，故秦王坚使助二子镇守；既而相继败没，人情骚动，所在盗贼群起。

兵器都没有，就让我去平叛，还派苻飞龙当刺客。

4. 您另一个儿子苻晖不让我进洛阳，让我在外面自生自灭。

5. 我进退都不是，里外不是人，被逼成为盟主，然后莫名其妙地各地都来响应我。武王伐纣、垓下会战都没见来那么多人，我就这么受欢迎。①

6. 我是多么想让苍丕去投奔您呀，但这小子非要跟我开战，然后没怎么对打石越就死了，单凭我一人之力就归者如云，这都是天意啊！②

7. 我只取关东，向您称藩，上成陛下待臣之意，下全愚臣感报之诚。

8. 快让您儿子献城吧，否则刀剑无眼弄死他咱俩谁也不好看，运有推移，去来常事，您别太执着。

苻坚回信的核心思想只有一条：你这个负心汉，当初你混不下去来投奔我时我待你什么样，现在你却忘恩负义。

这是一封双方事后都后悔了的政治沟通信，后悔在了时间上。

慕容垂要是晚两个月送上这封信，很可能将是另一种结果了。邺城的归属让他失去了相当宝贵的一年时间，并衍生出很多蝴蝶效应。

苻坚要是按住这封信给慕容垂以希望再拖上几个月，很可能自己的人生也是另一种结局了。

384年正月，关中火药库还在等待那根引线，苻坚尚不知道自己即便收缩回全部力量也不一定摆得平这次危机。

----

① 《晋书·慕容垂载记》：臣窃惟进无淮阴功高之虑，退无李广失利之愆，惧有青蝇，交乱白黑，丁零夷夏以臣忠而见疑，乃推臣为盟主。臣受托善始，不遂令终，泣望西京，挥涕即迈。军次石门，所在云赴，虽复周武之会于孟津，汉祖之集于垓下，不期之众，实有甚焉。

② 《晋书·慕容垂载记》：欲令长乐公尽众赴难，以礼发遣，而丕固守匹夫之志，不达变通之理。臣息农收集故营，以备不虞，而石越倾邺城之众，轻相掩袭，兵阵未交，越已陨首。臣既单车悬轸，归者如云，斯实天符，非臣之力。

慕容垂的这封来信其实表达了两个意思：

1. 我只兴复故土。

2. 您的恩情我认，您是老大我也认，我这边是您的藩国。

再过几个月，苻坚回顾这封信时，会有相当不同的看法。

正月二十八，慕容垂攻打邺城，一天时间就拿下了外城，苻丕退守中城。看到邺城外城失守，关东郡县的很多地方开始往慕容垂这里送人质请降了。①

关东坞堡体的政治走向，在经历了长达一个世纪血与火的烤打后，早已变成了只看风力的墙头草，送人质已经不算什么了，他们很多时候多生孩子就是为了送出去当人质的。谁也不得罪，苟延残喘地活下去，在这片多灾多难的土地上最重要。

慕容垂得到外城其实并不意味着什么，因为邺城太大了，外城是苻丕主动让出去的。

所谓邺城有三台之固，其城防最值钱的地方就是地势高、城墙高的西北角了。（见图14-3）

二月，慕容垂派二十余万丁零、乌桓大军全方位攻邺，但根本拿不下来。此时的邺城城防展现出了"只要我拼死抵抗，你就不可能拿得下"的华北第一坚城属性，于是慕容垂修筑长围开始围城。②

看到慕容垂拿不下苻丕，据守馆陶的东胡王晏部公然声援邺城。此时周边尚处于观望状态的各民族坞堡体数量也不少，于是慕容垂分派慕容楷、慕容绍兄弟前往征讨。

---

① 《资治通鉴·晋纪二十七》：燕王垂攻邺，拔其外郭，长乐公丕退守中城。关东六州郡县多送任请降于燕。

② 《资治通鉴·晋纪二十七》：燕王垂引丁零、乌桓之众二十余万为飞梯地道以攻邺，不拔；乃筑长围守之。

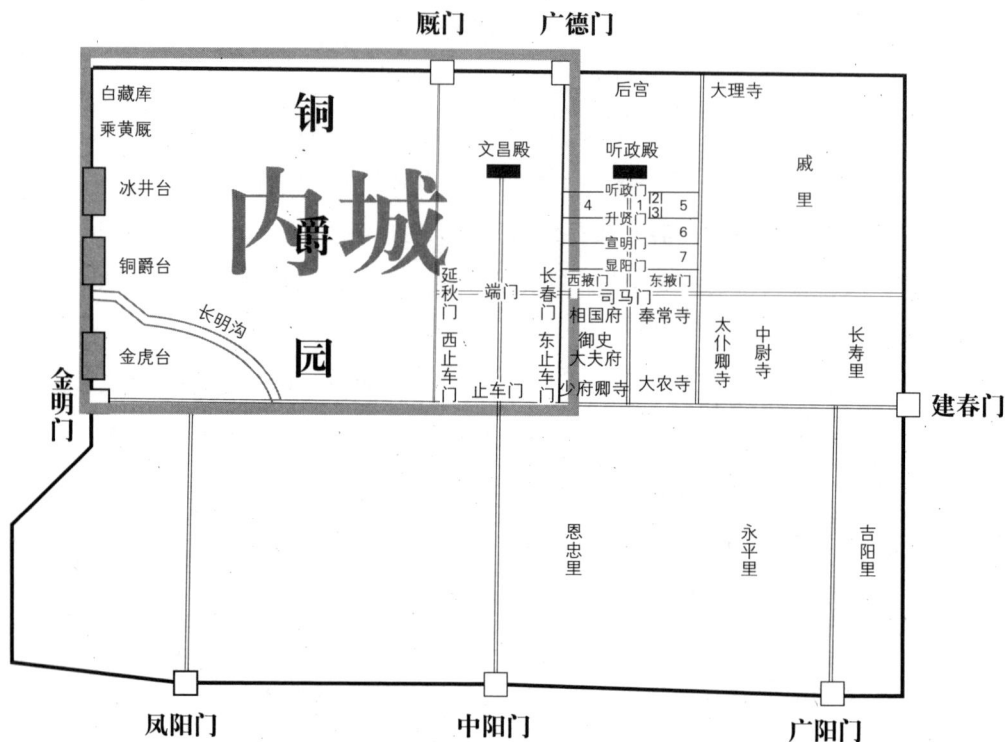

厨门　　广德门

白藏库
乘黄厩

铜

内城

爵园

冰井台

铜爵台

长明沟

金虎台

金明门

文昌殿

延秋门　端门　长春门

西止车门　止车门　东止车门

后宫　大理寺

听政殿

戚里

4　听政门　⑴⑵⑶　5
升贤门　　6
宣明门　　7
显阳门

西掖门　司马门　东掖门

相国府

御史大夫府

少府卿寺　大农寺

奉常寺

太仆卿寺　中尉寺　长寿里

建春门

恩忠里

永平里

吉阳里

凤阳门　　　　　中阳门　　　　　广阳门

1. 听政阁　2. 纳言闼　3. 崇礼门　4. 顺德门　5. 尚书台　6. 内医署　7. 谒者台阁、符节台阁、御史台阁

图 14-3　邺城城防示意图

　　慕容楷对弟弟说："这些本来都是咱们大燕的子民，现在我们刚刚开始复国大业，人心还都没有被唤醒，应该用软化的方法，不能强硬吓唬，我屯兵于辟阳以壮声势，你去说降这些不合作的。"

　　随后慕容绍率数百骑兵游说王晏，王晏被说动了，剩下观望的坞堡主也都交了租子，史载"鲜卑、乌桓及坞民降者数十万口"。

　　慕容楷从这些新入伙的队伍中拉来了十余万的兵源，带着新归降的王晏部一起会攻邺城。

　　四月，久攻不下的慕容垂听从右司马封衡的建议引漳水灌城。

　　五月，信都守将苻定、高城守将苻绍皆降于后燕。

六月，慕容麟攻常山，守将苻亮、苻谟投降。

七月，慕容麟攻克中山，声威高扬。

慕容麟又出现了，这个坑爹害兄的人在苻坚灭前燕后被慕容垂抓住，但虎毒不食子，最终慕容垂杀了慕容麟的母亲没忍心杀他，只把他放逐在外，很少再见。

十多年过去了，慕容垂对这个逆子的恨开始慢慢消失。慕容垂这次谋划大业，慕容麟终于不再胳膊肘往外拐了，给慕容垂出了很多主意，慕容垂也因此开始给这小子机会。[①]

对于不可承受之重的背叛，不能再给第二次机会，改了也不是好同志！江山易改，本性难移。人性中的那些劣根，是改不掉的。

八月，由于邺城久攻不下，出了血本的丁零翟斌开始不断向慕容垂要待遇。[②]

太子慕容宝继给出弄死苻坚的建议后又开始劝他爹弄死翟斌，这位小可爱可能忘了他爹曾在河南当着苍天厚土发过誓。

翟斌要待遇要好处，他就要把人家弄死，在他眼中这政治游戏也太简单了吧。

慕容垂此时此刻一定很想自己死在东北的大儿子慕容令，他无奈地教育慕容宝道："河南之盟，不可负也。杀了他的前提是他自己作死，现在捕风捉影就干掉他，别人会离心离德。咱们正处于做事创业阶段，眼光要放长远些。就算他有预谋，我也有碾压他的智慧和收拾他的手段。"

----

① 《资治通鉴·晋纪二十七》：及杀苻飞龙，麟屡进策画，启发垂意，垂更奇之，宠待与诸子均矣。

② 《资治通鉴·晋纪二十七》：燕翟斌恃功骄纵，邀求无厌；又以邺城久攻不下，潜有贰心。

不久，慕容德、慕容绍、慕容农也都看出来丁零人有异动，开始提醒慕容垂早做防范。

这时慕容垂祭出了他一生总结出的浓缩智慧："骄则速败，怎能为患。他有大功，要让他自己膨胀自己找死。"随后慕容垂给翟斌的待遇和恩礼越来越厚了。[①]

什么叫智慧，这就是。天欲其亡，必让其狂。在某种意义上，慕容垂在扮演老天的角色。

领导有时候会给某人不适合他能力和底蕴的恩赏与待遇，静静地看着他膨胀骄纵，自绝于大众，然后"替天行道"拿掉他。

"德不配位，必有灾殃"是个永远躲不过去的命题。它不仅是可以时刻提醒自己的座右铭，还是智者屠龙的杀人技。

恃宠而骄的翟斌有一次暗示丁零势力及其他同党，让他们请求慕容垂让他出任尚书令。

慕容垂说："以翟王的功劳应该位居宰相，现在尚书台省尚未建立，此官不可仓促而设。"慕容垂在点了太多次头之后，开始摇头。

这话按理讲没问题，但已骄纵到头脑不清醒的翟斌大怒，进而开始和苻丕通谋，并决开了灌邺城的堤防，把漳水泄掉了。[②]

当初翟斌第一个挑头反秦，他在慕容垂这里是从龙元勋，在邺城已经下了大本，结果现在因为一个要求没满足就开始反叛慕容垂，要是突然一盆凉水浇浇他，他的脑子会清醒些吗？

估计很难。

"礼遇弥重"这招是相当好用的。有的人吃上几顿饱饭就能被冲昏

---

① 《资治通鉴·晋纪二十七》：垂曰："骄则速败，焉能为患！彼有大功，当听其自毙耳。"礼遇弥重。

② 《资治通鉴·晋纪二十七》：斌怒，密与前秦长乐公丕通谋，使丁零决堤溃水。

头脑，有的人得到几百万几千万就会觉得自己天下无敌。苻坚就是如此，在上天级别的"礼遇弥重"下同样开始不知道自己姓什么了。

每个人都会膨胀，都会有不知道自己姓什么的时候，但区别在于根器不同，承受能力和自省能力不同。

我们需要多多修炼自己，多多提升自己的级别，避免有一天当"礼遇弥重"砸过来的时候自己被有意或无意的捧杀。人有多大器量，就接多大福报。一个小马扎上放一吨的物品，那马扎肯定粉碎。

事情后来败露，慕容垂杀掉了翟斌及其弟翟檀、翟敏，但赦免了其余的人。

翟斌的侄子翟真夜里率丁零部向北逃到了邯郸，后来打算带兵救邺城之围正式和慕容垂开战，但被慕容宝击败，还是屯驻在了邯郸。

后来，这些丁零人就在河北大地上与后燕进行了长达数年的撕扯相杀。

八月的时候，邺城已无饲料，只能削松木喂马，而慕容垂这边围城大半年后也变成了强弩之末。慕容垂说："这城不围了，放开道路让苻丕西归就当报他父亲之恩了，腾出手来我们先解决丁零问题吧。"①

慕容垂这一撤，十月，苻丕就联盟了丁零翟真，又遣阳平太守邵兴率数千骑兵招集冀州故郡县的人手。

这个时候，河北各地又以为前秦缓过来了，后燕不行了，就开始观望成败又都不听慕容垂的话了，其中赵郡人赵粟等就在柏乡起兵以响应邵兴。②

---

① 《资治通鉴·晋纪二十七》：邺中刍粮俱尽，削松木以饲马。燕王垂谓诸将曰："苻丕穷寇，必无降理；不如退屯新城，开丕西归之路，以谢秦王畴昔之恩，且为讨翟真之计。"

② 《资治通鉴·晋纪二十七》：是时，燕军疲弊，秦势复振，冀州郡县皆观望成败，赵郡人赵粟等起兵柏乡以应兴。

慕容垂派慕容隆和慕容农这两个儿子去平叛，慕容农抓了邵兴，慕容隆击溃了赵粟等人，河北诸郡又归顺了后燕。

在这百年乱世后，对于整个河北地区来说，邺城、中山、襄国、信都这几个关键城市掌握在谁手上谁就拥有了所属权，整个华北大地上几乎没有什么政治黏性，政治土壤极差，根本存不住"水"。即淮河南北产生了截然不同的两种政治土壤，南方变成了寸土必争的众志成城，北方则是墙头之草的随风摇曳。

天下大乱虽然已经演化了近百年，但距离重组成功还是差得太远。滚滚长江东逝水，浪花淘尽英雄，百年沧桑匆匆过，此时挥斥方遒的慕容垂尚不知道，这个前赴后继的"五胡时代"，即将走向终章了。

邺城争夺战僵持了一年后，385年三月，苻丕向东晋请降，联系上了已经打到黄河以南的刘牢之。[1]

刘牢之率北府军援救邺城。在邺城外与北府军对战的慕容垂貌似输掉了当世第一战神的桂冠，撤围退屯新城。[2]

刘牢之拿出了淝水战场的劲头，都没来得及搭理苻丕就追击慕容垂去了。苻丕看到淝水英雄赶跑了大魔王，于是也带兵跟着追出去了。慕容垂继续跑，刘牢之继续追，后燕军连战连败。

刘牢之一路狂追二百里。在五桥泽，北府军发现了大量辎重，将士们开始争夺战利品，阵形出现了松动。

这时，慕容垂于电光火石间收网，伏击的后燕军齐出，几乎全歼了刘牢之的北府军。[3]

---

① 《晋书·刘牢之传》：时苻坚子丕据邺，为慕容垂所逼，请降，牢之引兵救之。

② 《晋书·慕容垂载记》：晋龙骧将军刘牢之率众救苻丕，至邺，垂逆战，败绩，遂撤邺围，退屯新城。

③ 《晋书·刘牢之传》：牢之与沛郡太守田次之追之，行二百里，至五桥泽中，争趣辎重，稍乱，为垂所击，牢之败绩，士卒歼焉。

慕容垂的胃口比较大，连刘牢之逃跑的退路都被他派慕容德和慕容隆给堵死了，刘牢之最后仗着马好，艰难跳过了五丈涧，又赶上了苻丕救援才得以幸免。[①]

北府军和后燕军谁的战力更强呢？肯定是北府军，不然慕容垂就直接在邺城下逆战狂屠了，哪用得着这么费劲。

那么，刘牢之和慕容垂谁的能力更强呢？这就不用问了，慕容垂"礼遇弥重"这招已经使得出神入化了。

让你骄傲，给你诱惑，让你自己露出破绽，你随时可以停住脚步，但你为什么没停住呢？为什么还被牵着走呢？刘牢之和慕容垂的差距，可不是一句"大意了"就能盖过去的。

慕容垂击败北府军后，与东晋在黄河一线的对峙趋于稳态。苻丕后来又坚持了半年，在385年八月终于撤出了邺城投奔晋阳。

385年冬，慕容农光复龙城。虽然河北大地仍然有丁零等顽抗势力作对，但慕容垂的复国大业在两年后基本完成。

386年，慕容垂定都中山，即皇帝位，改元"建兴"。

388年四月，慕容垂立夫人段氏为皇后，太子慕容宝领大单于。

慕容垂在全部恢复祖制的同时，重新设立了前燕入主中原后取消的大单于这一岗位。因为股东占比变了。通过第十三战和本战，我们也能清晰地看到慕容垂复国的底色。

前燕入关拿下关东，靠的是自家百年积淀的老底子，兵是自己族人部落，政治结构是宗亲为骨兼以大量汉人参与，基本上没有什么"杂胡""杂夷"的事。所以，终前燕一朝，基本没有看到其他少数民族势力为前燕卖命。

---

① 《晋书·慕容垂载记》：德及隆引兵要之于五丈桥，牢之驰马跳五丈涧，会苻丕救至而免。

后燕兴起，靠的则是以乌桓为主的关东"杂夷"。

慕容垂在前秦当官的这十四年收揽了大量郁郁不得志的"杂胡"部落为己所用，在前秦淝水战败的大背景下，利用自己流量极强的战神符号几乎是凭一己之力搅动起了整个关东大地。慕容垂的成功，更像是"重走石赵路"。

各部"杂胡"在后燕的政权中占据了较大的比重。在兴复大燕的过程中，除了慕容垂的宗族子弟外，大量的各部首领参与其中。

在建国分封后，诸胡也构成了后燕的最高统治阶层，后燕给予这些杂胡极高的政治地位，二者结成了紧密的政治同盟。

诸胡梦回石赵的同时，却怎么也没想到，这个梦会如此短暂。

没过多久，后燕就又一次面临生死存亡。当考验来临之时，很多"杂胡"势力表现出了整个"五胡时代"从未见过的为他族卖命的忠诚。

最早被慕容农招募于上党的库辱官部，其族长库辱官伟官至后燕的太师，其部在后燕都城沦陷退出河北时仍然顽强不降，并于398年的三月和七月分别爆发了大起义。

作为慕容农在列人县招募的乌桓头领，张骧后来虽然迫于形势投降北魏，但却最终叛逃而归继续参加后燕的抗魏活动，其子张超后来仍然聚集党众三千余家，占据南皮，和北魏顽强开战。[1]

最鲜明的对比，当年前秦打来后开城门背叛前燕的夫余国势力[2]，在后燕首都中山告急的时候，与后燕紧紧捆绑在一起，面对强悍的北魏，龙城的部队都不敢南下，馀崇坚决表示要为国死社稷，并作为先锋

---

① 《魏书·太祖纪》：乌丸张骧子超，收合亡命，聚党三千余家，据勃海之南皮，自号征东大将军、乌刃王，抄掠诸郡。

② 《资治通鉴·晋纪二十四》：燕散骑侍郎余蔚帅夫余、高句丽及上党质子五百余人，夜开邺城北门纳秦兵。

部队在渔阳击破了北魏的千余骑兵，振奋士气。[①]

说到底，没有永恒的朋友，只有永恒的利益。

与关东地区的清晰主线不同，关中地区在苻坚回归后最终变成了极其混乱的地狱修罗场。

苻坚不知道，也许当初的关东，才是他应该败退的地方……

---

① 《资治通鉴·晋纪三十一》：时道路不通，伟欲使轻军前行通道，侦魏强弱，且张声势；诸将皆畏避不欲行。徐崇奋曰："今巨寇滔天，京都危逼，匹夫犹思致命以救君父，诸君荷国宠任，而更惜生乎！若社稷倾覆，臣节不立，死有余辱；诸君安居于此，崇请当之。"伟喜，简给步骑五百人。崇进至渔阳，遇魏千余骑。崇谓其众曰："彼众我寡，不击则不得免。"乃鼓噪直进，崇手杀十余人。魏骑溃去，崇亦引还，斩首获生，其言故中阔狭，众心稍振。

三、"火烧上方谷"的历史原型

公元383年十二月，苻坚抵达长安，痛哭安葬了他的好弟弟苻融后进城，并大赦天下。

雄狮倒地，群狼扑上，关中诸胡开始纷纷走上独立自由发展之路。

关西地区最早脱离苻坚统治的是鲜卑乞伏部。

乞伏鲜卑最早的根是在漠北，后南下太阴山；司马炎刚继位的时候该部首领乞伏佑邻率五万户迁居高平川，后来又辗转迁到苑川；石勒霸北后乞伏鲜卑南下迁徙到了陇西度坚山（今甘肃靖远县西）。这支鲜卑，又称陇西鲜卑。

再后来前秦爆发壮大，时任部族首领的乞伏司繁在371年兵败后投降前秦。

376年，乞伏司繁去世，其子乞伏国仁接替父职镇守勇士川（今甘肃榆中夏官营一带）。

又过了几年，苻坚在打淝水之战前夕，命乞伏国仁为前将军统先锋骑兵。

在苻坚动身前，乞伏国仁的叔叔乞伏步颓在陇西发动叛乱。苻坚对乞伏国仁说"先锋你先别干了"，于是派乞伏国仁回师讨伐他叔。

这次叛乱，其实是一次预谋。乞伏步颓听说大侄子回来后沿路迎接，乞伏国仁在接风宴上振臂高呼说出了预言："苻氏当年趁着石赵内乱窃取名号，穷兵黩武，占据八州。霸业达成后不用德政，疲敝天下骚扰百姓，现在中原民生凋敝，天怒人怨，怎么可能成功！物极必反，祸盈而覆，这是天道！我看他此次南下必定失败，我族成就大业的机会来了！"

乞伏国仁的话透露出了两个意思。

1. 苻坚的失败趋势已经很明显了。

苻坚崩盘的概率甚至大到了让他冒险在淝水之战前就蹦了出来。苻坚为人厚道不假，但前秦这些年如乞伏国仁所说的"勤心远略，骚动苍生，疲敝中国"，是真的谈不上什么德政的。

2. 时代的车轮走到现在，苻坚霸北时的摧枯拉朽让所有少数民族都看到了希望。

很多人都在想："他比我能强到哪里去？他不就趁着当年后赵大乱捡的便宜嘛！现在他的天下也要大乱了，他能做到的我也能做到！"

苻坚在淝水战败的消息传来后，乞伏国仁开始起兵，并胁迫不服的周边各部族，吞并部众达到十多万人，成为苻坚听到的第一个闹心消息。

很快，第二个让苻坚闹心的消息也传来了。其实乞伏鲜卑不算什么，可怕的是另一个鲜卑——慕容垂在关东反了。

十年前，有人闯入长安光明殿大喊："甲申、乙西，鱼羊食人，悲哉无复造！"这是多么神奇的预言啊！甲申、乙酉年，鱼羊吃人的惨象不可描述。

鱼、羊合起来正是"鲜卑"的"鲜"字。好巧，时间即将来到384年，这一年，是甲申年，慕容垂于这 年的正月在关东建立后燕。

不过，这并非"鱼羊食人"的正解，真正的"鱼羊食人"，是苻坚当年的枕边人——慕容冲。

384年正月，慕容垂围住邺城后曾给苻坚写过一封热情洋溢的信，把自己摘得很干净的同时还表达了自己的诉求——只复故国，还认大哥。但苻坚则表达了自己的鄙视，那时的他还没有意识到慕容垂的号召力有多么可怕。

384年三月，前秦的北地长史慕容泓听说慕容垂建立后燕，并且声势浩大地开始攻打邺城，于是逃向关东。但走了一半，慕容泓收拢了数千鲜卑牧奴后又回到了关中，驻扎在了华阴。

慕容泓都出关了，还带着股本，股本还是值钱的骑兵，他怎么不去叔叔慕容垂那里呢？

因为慕容泓是慕容暐的弟弟，他爹慕容儁给慕容垂改了名，他妈可足浑氏是坑害慕容垂的直接操刀手。慕容泓打算再看看，万一关中有什么变化呢。

很快，苻坚派将军强永前来剿匪，但被慕容泓击败。当时苻坚没有意识到问题的严重性，他只想着一定要派最强的将领狠狠地把慕容泓捏到泥里，从最大程度上杀鸡儆猴震慑住大败后的北方局势。

结果慕容泓这一胜不得了，很多力量不再潜伏而是来投奔他了，慕容泓的星星之火开始燎原。[1]

此战后，慕容泓自称使持节、都督陕西诸军事、大将军、雍州牧、济北王，推慕容垂为丞相、都督陕东诸军事、领大司马、冀州牧、吴王。

其实这很不理智，因为早在两个月前，慕容垂已经在荥阳自称大将军、大都督、燕王，承制行事了。慕容泓刚刚赢了一战就自封为已被慕容垂占上的大将军之职，还私自做主让慕容垂的燕王变成了吴王，这

---

① 《晋书·苻坚载记》：坚遣将军强永率骑击之，为泓所败，泓众遂盛。

就堵死了自己的东归之路。

慕容鲜卑的人才储备堪称整个两晋"五胡时代"的第一档，但这个家族内卷的习惯也如附骨之疽般深深地印在了他们家的基因中。

苻坚已不像两个月前那么得理不饶人了，他对权翼说："我没听你的话，让鲜卑猖狂到了这个地步，关东我已经放弃了，现在慕容泓这边怎么办呢？"

权翼道："慕容垂不用担心，他远着呢，现在燕王室全在京师，鲜卑之众尽在近郊，赶紧派大将讨伐消灭他们！"

随后，苻坚以苻叡为都督中外诸军事，以左将军窦冲为长史，龙骧将军姚苌为司马，配兵五万讨伐慕容泓。

慕容泓听说前秦五万大军来了，两边一权衡，觉得可能慕容垂那边正是用人之际，不会跟他一般见识，看起来还是前秦这边更可怕，于是决定向关东逃跑。①

苻叡对这些鲜卑反贼比较气愤，但是更生他爹的气，早就告诉他得打，非得等这些鲜卑反了才动手。憋了这么多年终于能打了，想跑？没门！

姚苌劝苻叡说："鲜卑人在关中蹲那么多年，现在都想着回家，正好把他们赶出去。关中现在能省点儿心就省点儿心吧。他们自知陷于穷途末路，必定与我们拼命，万一再战败了咱们就全完了。现在只能击鼓紧随，吓唬他们出关中，千万不能打！"

苻叡不理，也可能他的使命感比较强，怕给关东的哥哥们添麻烦，于是堵住了慕容泓的退路逼他在华泽交战。

这一打，慕容泓觉得自己草率了，走什么走啊！因为慕容泓短暂聚集的乌合之众不仅大败前秦军，还阵斩苻叡。

---

① 《晋书·苻坚载记》：泓闻其至也，惧，率众将奔关东。

姚苌派他的龙骧长史赵都到苻坚那里谢罪，苻坚大怒杀了报丧的人。这一杀不要紧，吓得姚苌也回渭北了。[1]

姚苌来到了渭北，在这儿碰到了自己的"王猛"。渭北的羌人尹纬自小有大志，魁梧豪爽，每次看书看到出将入相的环节就扔书长叹。因为他的族人并州刺史尹赤曾经投降过姚襄，所以尹家人从此都被苻坚取消了官员录取资格。

尹纬直到晚年才通过"走后门"当了个吏部令史，但老骥伏枥依然志在千里，后来终于在淝水之战前夕看到彗星见于东井，尹纬预测出苻坚要灭了，大喜拜天，流涕长叹。

他的好朋友略阳桓识纳闷，说："大哥你这是怎么了？又哭又乐的。"

尹纬说："天时如此，正是霸王龙飞之秋，但咱们没有名头立不起号来，无法加入这即将到来的风起云涌的时代大潮啊！"

听说姚苌逃奔渭北了，喜从天降的尹纬立刻和族人尹详、密友庞演等四处演说，召唤了西州亲族赵曜、王钦卢、牛双、狄广、张乾等，率羌、汉五万余户共推姚苌为盟主。

姚苌想客气客气，但尹纬已经厌倦了被寂寞追着跑，找个差不多的人就想托付终老，说道："现在秦亡之兆已现，以将军威灵命世，必能匡济时艰，所以我们都来归队以供您驱驰，您就是我们的老大，您不可看到生灵溺水而不救啊！"

他的意思就是：爷们别犹豫了，是否刻骨铭心并没那么重要，咱们抓紧在平淡中体会造反的快乐吧！终于等到你，还好我没放弃，就你了，快带我们创业吧。

---

① 《晋书·姚苌载记》：叡死之。苌遣龙骧长史赵都诣坚谢罪，坚怒，杀之。苌惧，奔于渭北。

姚苌之所以会成为羌族人心中的众望所归，是因为他和慕容氏一样，也是早有准备的。

姚苌总说，他哥哥姚襄没死的时候曾梦见他龙袍加身，各部酋长肃然侍立，他哥哥还亲口认证，说："这小子将来也许能兴我族裔。"

他伐蜀的时候，有一天在水边睡午觉（也不怕鳄鱼吃了他），突然出现神光附体，好多人都看见了。

他进军梓潼的时候又做梦了，梦见一个天神叫他早日回乡代秦为主。

淝水之战前夕，苻坚又以当年自己政变前的封号"龙骧将军"授予他，亲口鼓励他要好好干，他这是奉旨造反！

姚苌太擅长包装自己了，真是个品牌营销专家。

姚苌在羌族人的拥护下，自称大将军、大单于、万年秦王，大赦天下，改元"白雀"，史称"后秦"。

姚苌以天水尹详、南安庞演为左右长史，南安姚晃、尹纬为左右司马，天水狄伯支等为从事中郎，姜训、阎遵为掾属，王据、焦世等为参军，王钦卢、姚方成、王破虏、杨难、尹嵩、裴骑、赵曜、狄广、党删等为将帅。

羌人也加入关中大乱来了。

至此，慕容鲜卑、姚羌和苻氏的关中"斗地主"正式开打。

慕容垂抢先杀向了关东，占据了有利身位，同时也导致了关中的"西燕"开始跟苻坚死磕。尤其是当年那个和姐姐一起被苻坚抓进宫的十二岁小男孩慕容冲。

平阳太守慕容冲在平阳也起兵了，拥兵两万进军蒲坂。慕容冲的位置更好，其实他去投奔慕容垂更方便，但没办法他也是慕容儁的儿子，回关东的风险巨大，另外更因为自己少年时那段屈辱的记忆。

苻坚派窦冲去讨伐慕容冲，但慕容冲最后却率领八千鲜卑骑兵成功投奔到了哥哥慕容泓那里。

慕容泓此时已经聚众十多万了，他派使者告诉苻坚："天意兴复大燕，吴王慕容垂已经平定关东，你快把我哥哥慕容暐还给我们，我们这就回邺都，与秦国以虎牢为界，永远做友好邻邦。你儿子不是我杀的，是他自己冲猛了被乱兵所害。"

苻坚继续大怒，叫来还掌握在手中的慕容暐骂道："你们慕容家都是人面兽心！"

慕容暐叩头到流血后苻坚又原谅了他，说："父子兄弟无相及也，你还是好人。"随后命他写信劝降慕容泓、慕容冲及慕容垂，表示只要他们回了长安就一定宽恕他们的反叛之罪。[①]

在接二连三的挫败后，苻坚已经恼羞成怒失去判断力和决策力了。他完全可以把慕容氏的"正根"慕容暐放回去，他们可是慕容氏，慕容暐、慕容泓、慕容冲这三兄弟首先就会因为皇位打个你死我活；或者，他也可以创造条件让慕容三兄弟回去跟慕容垂闹，可以让他们互相伤害呀。

可是苻坚却让慕容暐写信劝降，而对方是不可能投降的！苻坚控制着慕容暐就是逼那兄弟两个攻打长安，借苻坚的手杀了他们的哥哥！

慕容暐这个时候已经活明白了，他秘密派出使者对慕容泓说："我是笼中之人，肯定回不去了，我是咱们家的罪人，你们别再想我了，加油干吧！让慕容垂做相国，慕容冲做太宰大司马，你做大将军司徒，秉承我的旨意封爵授官，听到我的死讯后你立刻即皇帝位！"

384年四月，慕容泓收到哥哥慕容暐大义凛然的自白书后开始进军长安，改年号为"燕兴"。

到了五月，姚苌进屯岭北，北地、新平、安定的十余万户羌人开始归附姚苌。（见图14-4）

[①]《晋书·苻坚载记》：命暐以书招喻垂及泓、冲，使息兵还长安，恕其反叛之咎。

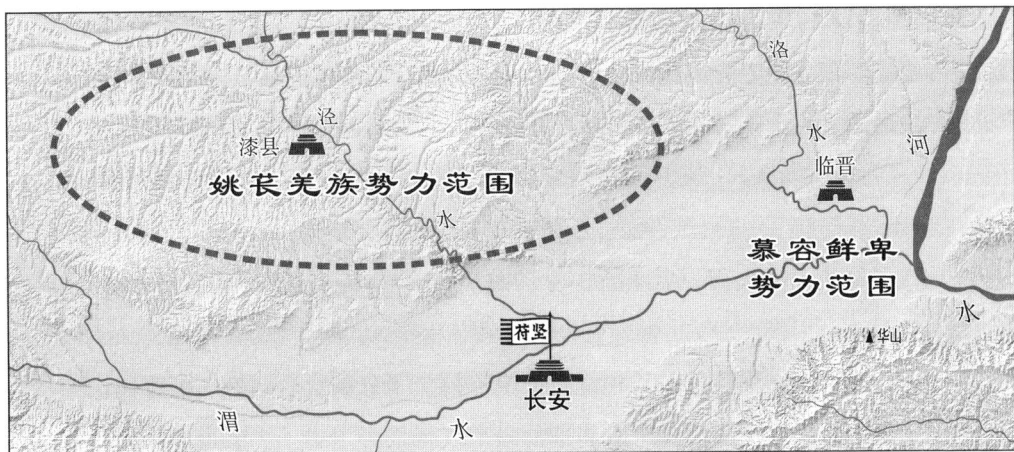

图 14-4　关中混战示意图

　　姚苌在北，慕容泓在西，苻坚最终做出决策，先灭姚苌！估计他是瞅准了羌族人历史战绩从来就没漂亮过的缘故。

　　苻坚这次统步骑两万御驾亲征，扎营在赵氏坞。羌族人一如既往地表现出了自己有史以来的少数民族最弱战力，十万之众被两万的前秦军给困死了。

　　苻坚派杨璧以三千骑兵横截姚苌归路，命徐成、窦冲等轮番冲击姚苌，羌军节节败退，被苻坚围在了死地冲不出来。苻坚在包围圈合围后又于同官水（今陕西铜川雷家沟一带）筑堰，截断了姚苌水源。

　　看样子，姚苌寄予厚望的"万年秦国"连三个月都熬不过去了。

　　姚苌军处北地势高，难以挖井。在被断了水源后姚苌命弟弟姚尹募集了两万精锐作为敢死队冲杀前秦军阵，然后被杀死了一万三千人，姚尹也被窦冲斩杀。①

---

　　① 《晋书·苻坚载记》：苌军渴甚，遣其弟镇北尹买率劲卒二万决堰。窦冲率众败其军于鹳雀渠，斩尹买及首级万三千。

被围了一个月，后秦军中出现了大量被渴死的士卒，眼看姚苌就要作为"五胡版马谡"成为历史的笑柄，而符坚将在史书上再以战神的身份添上一大笔——两万围死十万，韩信、白起再世！

这个时候，上天开始改戏了，或者说"符氏"真的天数已尽，而"姚羌"这个一打就趴下的"小强"却有着自己要演的一段剧本。

忽然天降大雨，后秦营中水涨三尺，营外却细雨濛濛，后秦军势大振！①

这种具有强烈反差的视觉效果最终摧垮了只剩最后一口气的符氏，让氏人彻底泄气了。符坚听说这件事后气得推翻了桌子大怒道："老天爷没有心啊！"②

符坚本来想拿羌人找回己方自信的，谁知道上天给他来了这么一出！

艺术来源于生活，高于生活，小说《三国演义》中的丞相诸葛亮在上方谷火烧司马懿桥段，作者罗贯中大概率就是借鉴的这段历史。丞相诸葛亮的那股悲壮，大概就是符坚此时的状态吧。

前秦军士气一落千丈，"万年秦"的七万大军则开始倾巢出动，击败了符坚，一举俘获了杨璧、毛盛、徐成等数十名高级将领。③

诸将请求乘胜追击夺取长安，但姚苌还是比较明白的，这一战胜得极其偶然，兔子急了还咬人呢，自己还是看着慕容家跟符坚耗耗再说吧。

姚苌给诸将上课："慕容家起兵最后肯定会东归的，因为他们都是

---

① 《晋书·符坚载记》：苌众危惧，人有渴死者。俄而降雨于苌营，营中水三尺，周营百步之外，寸余而已，于是军大振。

② 《晋书·符坚载记》：坚方食，去案怒曰："天其无心，何故降泽贼营。"

③ 《晋书·符坚载记》：姚苌留其弟征虏绪守杨渠川大营，率众七万来攻坚。坚遣杨璧等击之，为苌所败，获杨璧、毛盛、徐成及前军齐午等数十人。

关东人，怎么会总在秦川待着呢？咱们还是先移兵岭北，广收资实，积蓄实力，等燕灭秦东归后咱们再垂拱取之，兵不血刃夺取天下多好！可别再让咱们羌人打仗了，这活实在不太适合咱们干。"

在苻坚和姚苌对战的时候，慕容泓那边发生了内乱。高盖等人认为慕容泓的威望不如慕容冲而且执法严苛（主要是后面这点），于是兵变杀了慕容泓，共推慕容冲为皇太弟。

七月，慕容冲大军推进到距长安二百里处。

关中危急，镇守洛阳的苻晖开始放弃洛阳，率洛阳、陕城的七万大军回援关中；益州刺史王广也遣将军王蚝率蜀汉之众来救。

苻坚得到有生力量后派抚军将军苻方戍守骊山，命苻晖为都督中外诸军事、车骑大将军，率五万洛阳军阻击慕容冲，命苻琳为中军将军率兵三万接应苻晖。

两军会战于郑西（今陕西华县西）。

慕容冲玩了把邪的，他命军中妇女各自缝制一囊，里面盛满尘土，然后骑着牛马，身穿彩衣，竖起旗杆藏在阵后。

等会战之时，慕容冲命令后面的娘子军制造大量扬尘，前秦军以为对方来了好几十万军队，吓得够呛，前秦军大败。

苻晖败后，慕容冲挥军继续追杀，在灞上又战败了苻坚少子苻琳与前将军姜宇率领的三万阻击军团，姜宇阵前被斩，苻琳中流矢而亡，慕容冲部队推进至阿房城（秦始皇阿房宫遗址）。

九月，慕容冲杀到长安城下。苻坚登城观看兵势，叹道："这么多人都是从哪里冒出来的呢？"[1]

苻坚拿出皇帝的尊严在城楼上讥讽道："我不是让你们这些鲜卑奴

---

[1]《晋书·苻坚载记》：慕容冲进逼长安，坚登城观之，叹曰："此虏何从出也？其强若斯！"

去给我放牧吗？怎么过来送死了呢？"

慕容冲道："奴隶当够了，我们要做世界的主人！"

苻坚派使者送了个锦袍过去，递了个口信说："送你这件袍子，表明我的心意，朕对你恩情如何，怎么突然间负心如此！"①

不知道苻坚这是一种什么心态，是想表达他这些年没亏待慕容冲呢，还是想表达"看看当年你跟我玩角色扮演时穿的这件衣服，我还不知道你小子，再不退兵我可把硬盘公布了啊"！

看起来这里面是有故事的，因为慕容冲的回答很官方，话也软下来很多："我心在天下，一个袍子收买不了我，赶紧放了我哥哥，我就宽恕你们苻家人。"②

苻坚又大怒了："可恨我没听王猛、苻融的话，让这群白脸贼猖狂放肆到如此地步！"苻坚又说打脸自己的话了，他可不是个听劝的人，回去翻翻前秦历次的"会议纪要"吧。

在关中乱局中，苻坚、姚苌、慕容冲三方势力都想在信仰层面再寻新高地。隐居终南山的术士王嘉据说是活神仙，有异术，能预知未来，于是三方都请他出山。最终苻坚在此局扳回一城，十一月，王嘉进入长安。

王嘉入长安被关中人解读为天命开始再次眷顾苻坚，三辅地区又有四万多人归附苻坚，如雪中送炭般地给到了苻坚支持。③

---

① 《晋书·苻坚载记》：诏曰："……今送一袍，以明本怀。朕于卿恩分如何，而于一朝忽为此变！"

② 《晋书·苻坚载记》：（慕容冲）亦称："皇太弟有令：孤今心在天下，岂顾一袍小惠。苟能知命，便可君臣束手，早送皇帝，自当宽贷苻氏，以酬曩好，终不使既往之施独美于前。"

③ 《资治通鉴·晋纪二十七》：十一月，嘉入长安，众闻之，以为坚有福，故圣人助之，三辅堡壁及四山氐、羌归坚者四万余人。

十二月，慕容暐告诉苻坚说儿子刚结婚，请苻坚到他家坐坐。都这个时候了，苻坚居然又答应了，此时已经分不清楚苻坚是傻还是厚道了。

慕容垂、慕容冲当年都是乖如小猫的，现在呢？慕容暐和他们有什么区别吗？

慕容暐打算为城外的弟弟做出自己的最后贡献，在宴席中埋伏了士兵。结果那天下大雨苻坚没去成，随后事情泄露。

苻坚又一次发出了"祥林嫂"之问："你们家人怎么就这么狼心狗肺呢？你扪心自问我待你如何？"

慕容暐被问得大脸通红，说了几句车轱辘话，倒是慕容肃鼓起了最后的倔强："宗族国家事关重大，还谈什么感情义气！"

苻坚随后杀了长安城中的所有鲜卑人。[①]

此时民族间的仇恨已进入极端状态，在大饥荒的末世加成下，前秦军一个月后打退了慕容冲的攻城，并把八百多鲜卑人的尸体给吃了。[②]

氐人和鲜卑人之间的民族矛盾升级到了不死不休的地步。

放眼世界，古往今来所谓的民族融合，通常都是大迁徙、大离散、大火并后的文化统一。

过去是民族，此时是国家。过去是这样，此时仍然是这样，国与国之间永远没有例外。

别家吃肉，你顶多能喝汤，你要是也想改善生存方式，那就是不死不休的国运之战。

---

① 《资治通鉴·晋纪二十七》：坚先杀肃，乃杀暐及其宗族，城内鲜卑无少长、男女，皆杀之。

② 《资治通鉴·晋纪二十八》：冲遣尚书令高盖夜袭长安，入其南城，左将军窦冲、前禁将军李辩等击破之，斩首八百级，分其尸而食之。

四、一边在坠落，一边在升起

公元 385 年正月，苻坚的两个对手完成了巨大蜕变。姚苌在这个月基本拿下了岭北全境，成了俯瞰关中平原的岭北白眼狼；慕容冲则在阿房称帝，改元"更始"。

但凡慕容冲有点儿文化，就会知道这不是个吉祥的年号。上一个玄汉更始政权，只挺了两年零七个月；这次的慕容"更始"政权，甚至连玄汉的一半都没撑过来。

二十七岁的慕容冲做了皇帝后开始飘了，有自得之志，赏罚不均，政令不明。

年仅十三岁的慕容宝庶长子慕容盛对慕容垂的幼子，也就是自己的小叔叔慕容柔说："即便做十人之长，也必定是那十个人里能耐最大的，然后这位置才能坐得住，现在慕容冲本事没有，功业未就，骄奢傲慢却已十分严重，估计他没什么戏。"[1]

搞政治这东西，真的挺看天赋的。慕容盛他爹慕容宝，挺大岁数

---

[1] 《晋书·慕容盛载记》：谓叔父柔曰："今中山王智不先众，才不出下，恩未施人，先自骄大，以盛观之，鲜不覆败。"

的人了，说话还不怎么靠谱，但他这个十三岁的儿子看事情却看得这么明白。

慕容盛看出来因自己的血缘而在西燕阵营里相当危险，又对慕容柔说："咱们现在天天是在刀尖上跳舞，受人猜忌，表现得傻会被人怀疑，表现得有能耐更是自寻死路，咱们得跑，不能坐以待毙。"

慕容盛不是说说而已，在他十四岁时就带着小叔叔慕容柔和二弟慕容会开始了逃亡之旅。在逃亡路上他们遇到了盗贼，慕容盛说："我水里淹不死，火里烧不坏，你们是不是来送死的？"[1]

慕容盛还露了手弓箭，把群盗给镇住了，最后唬得土匪不仅没抢到他们的钱，还赔钱赞助了路费送他们走。[2]

那些没在慕容盛信任范围内的慕容垂同枝子孙们，因为没有逃跑，在一年多后都被西燕干掉了。[3]

慕容盛少年英武，骁勇刚毅，有他伯父慕容令之风，这让很多人想起了慕容垂当年的最牛接班人——慕容令。

慕容宝别看干什么都挺无能的，但他生了两个牛儿子，他的二儿子慕容会比慕容盛更牛，是慕容垂后来钦定的接班人。[4]

上天从来不吝惜赐给慕容家天才，但也总会恰到好处地在关键位置上安排个蠢材。

正月过年，苻坚在朝堂上大宴群臣。此时的长安已经到了人相食的地步，整整一年天天都是坏消息，群臣难得趁着聚餐吃了顿饱饭，

---

① 《晋书·慕容盛载记》：于是与柔及弟会间行东归于慕容垂。遇盗陕中，盛曰："我六尺之躯，入水不溺，在火不焦，汝欲当吾锋乎！"

② 《晋书·慕容盛载记》：盗曰："郎贵人之子，故相试耳。"资而遣之。

③ 《晋书·慕容盛载记》：岁余，永诛儁、垂之子孙，男女无遗。

④ 《资治通鉴·晋纪三十》：雄俊有器艺，燕主垂爱之。宝之伐魏也，垂命会摄东宫事、总录，礼遇一如太子。

但这顿饭也是过路财神，回家后还要把肉吐出来给家里的老婆孩子们吃。①

年后的长安城内，氐人和鲜卑人又拿起了大刀长矛互斗。

苻坚继去年被一场大雨浇灭了士气后再度御驾亲征，亲率部队在仇班渠和雀桑大败慕容冲，但随后又在白渠被慕容冲包围了，苻坚本人还差点儿成了战俘，多亏邓迈等冒死冲阵才把他给救了回来。

二月，苻坚和慕容冲再战于城西，前秦军大败慕容冲军并追击至阿房城。前秦诸将请求乘胜入城，但被打出了心理阴影的苻坚害怕有埋伏，鸣金收兵而还。这是上天最后一次给苻坚拿下慕容冲的机会。

慕容冲随后数次与苻坚的儿子苻晖交战，并多次打败苻晖。苻坚责备苻晖说："你是我最有才的儿子，带着这么多队伍却打不过那个白脸贼，生你是干什么用的！"

385年三月，苻晖愤怒自杀。

苻晖死后，苻坚再派左将军苟池和右将军俱石子与慕容冲战于骊山，苟池兵败被斩，俱石子逃奔关东。左右将军，一战也全折进去了。苻坚只得扔出了最后底牌，派领军将军杨定率两千五百铁骑冲击慕容冲并获胜。

杨定俘虏了万余鲜卑人，苻坚大怒之下将这些鲜卑人全部坑杀。苻坚作为"仁主"不会不明白"杀降不祥"，以及这对于他的后世之名意味着什么。

但此时两个民族已经到了不死不休的地步，如果他放了这些俘虏，那么这些人转过天来就会继续拿刀来杀他，苻坚也终于"活明白"了。

时来天地皆同力，苻坚大运在的那二十年太顺了；运去英雄不自

---

① 《资治通鉴·晋纪二十八》：正月，秦王坚朝飨群臣。时长安饥，人相食，诸将归，吐肉以饲妻子。

由，苻坚所有的路此时无论怎么走都是死路。

杀降的苻坚从此直到生命的最后一刻，再也没有打过一次胜仗。

同月，苻坚得到了之前派往西域的吕光的钱财的支持。

两年前苻坚派去镇服西域的吕光不负众望，把当地不服的小国都打了一遍，此时西域三十余国王惮于吕光威名尽皆遣使纳贡。

胜利后的吕光开始乐不思秦，西域富庶的异域风情让他打算待在这里不回去了。

上天让他此次西行的真正目的也显露了出来。一位天竺沙门对吕光说："此凶亡之地，不足留也；将军但东归，中道自有福地可居！"

吕光得到预言承诺后和将士们讨论，最终决定回归东土。苻坚当初告诉他"勿极武穷兵，过深残掠"，但看吕光"以驼二万余头致外国珍宝及奇伎异戏、殊禽怪兽千有余品，骏马万余匹"的战利品和他乐不思秦的态度，估计是没拿苻坚的话当回事。

苻坚安排的西征梦，随着他大一统梦想的崩盘并没有为他的名声锦上添花，但却对中国文化产生了不可估量的作用。

那位预言吕光"中道自有福地可居"的僧人，叫鸠摩罗什。中国史上第一次大规模外来文化大融合，就要开启了。

苻坚的有心栽花最终变成了无心插柳，但他没能等到这棵参天大树郁郁成荫的佛光普照，鸠摩罗什劝吕光东归的这个时间点非常有意思。

可能大师自有神通，等到西征军刚刚踏上凉州土地的时候，吕光已经彻底没有了道德压力。因为这场关中乱炖的三国杀，要见眉目了。

秦燕混战打到 385 年五月的时候，苻坚坚持不住了，氐族的老底子快被打光了。

慕容冲攻打长安，苻坚亲自督战，身上被乱箭射得鲜血淋漓。此时的关中，因为慕容冲纵兵烧杀抢掠，已经千里无人烟。[①]

由于军粮没有着落，慕容冲放纵军队掠夺。于是关中有三十多个坞堡营垒共同推举平远将军赵敖为首，互相结盟以自保。同时，他们还冒死派兵送粮去支援苻坚，但大多都被西燕军截杀了。

苻坚再次展现出厚道的一面，说："大家别冒死支援了，你们已经展现出你们的忠义，别再白白落入虎口了，你们为了国家要保重自己，蓄粮练兵，以待天时，善者终不会永远困顿，一定会否极泰来的！"

三辅各坞堡继续被苻坚感动，派使者向苻坚请命要放火为内应烧西燕军。

苻坚遣七百骑兵响应，结果放火后风向变了，大火开始反烧，这七百敢死队几乎全军覆没，苻坚为这七百勇士设祭哭奠。苻坚此时能拿出来的筹码要以百为单位计算了。

不久，苻坚最后的猛将杨定在城西被慕容冲生擒，苻坚失去了所有的指望。

苻坚开始依据谶书《古苻传贾录》中的"帝出五将久长得"做逃跑准备，他对太子苻宏说："这是老天在给我指路，你要好好守城，勿与贼寇争锋，我去陇地收兵运粮给你。"

苻坚率数百骑兵与张夫人、中山公苻诜带着两个女儿苻宝、苻锦奔往五将山（今陕西岐山县东北），并向各州郡约定在初冬时共救长安。此时的苻坚已经上天无路，遁地无门。

南逃东晋吗，这个脸往哪儿放呢，东逃关中吗？此时河北已经易主，邺城被围了一年，晋阳倒是还有希望，但被东西二燕夹击又能挺多久呢？

他最终逃的这个地方，离他亲口鼓励"创业"的姚苌有点儿近。

---

① 《资治通鉴·晋纪二十八》：冲纵兵暴掠，关中士民流散，道路断绝，千里无烟。

符宏在符坚走后不久就率数千骑兵与母亲、妻子、宗室向西逃到了下辨，南秦州刺史杨璧拒绝接纳。符宏又逃到武都，投靠氐族豪强强熙，最终借道投降了东晋，前秦百官全部逃散，司隶校尉权翼等数百人投奔了后秦。

慕容冲杀入长安，纵兵大肆抢掠，长安又一次成为死城。[①]

由于符坚的逃跑目的地众所周知，在他抵达五将山时，姚苌派骁骑将军吴忠包围了他。符坚的所有亲卫都已逃散，符坚被抓，囚至新平。

符坚被囚的这个月，他一生中真正意义上唯一败北的"对手"——谢安，也不行了。

384年符坚在长安开始反击西燕的时候，谢安起兵北伐。东路由谢玄率北府兵自广陵北上，一路收复了兖州、青州、司州、豫州；中路和西路由桓氏出兵攻克了鲁阳和洛阳，收复了梁州和益州。整个黄河、秦岭以南回归了东晋怀抱。

随着谢安达到人生巅峰，皇帝的弟弟——二十二岁的会稽王司马道子开始弄权，并陷害谢安。[②]

385年四月，六十六岁的老政治家谢安借口救援符坚，主动交出手上权力，自请出镇广陵的步丘，建新城远离建康以求避祸。

比司马道子年长四十多岁，在威望达于顶点之时被排挤走，谢安成为第一个被已孱弱了七十多年的东晋皇权挤跑的门阀掌门人。

这是因为皇帝司马曜和他弟弟司马道子有多么厉害吗？从后面的事态发展来看，绝非如此。

---

① 《晋书·符坚载记》：慕容冲入据长安，纵兵大掠，死者不可胜计。

② 《晋书·谢尚传》：时会稽王道子专权，而奸谄颇相扇构。《晋书·桓宣传》：而好利险诐之徒，以安功名盛极，而构会之，嫌隙遂成。

谢安在自己人生顶点时被挤出政治核心圈与一个人有着非常大的关系，这个人就是褚太后。

384 年六月初一，东晋后半程真正的皇权代表崇德太后褚蒜子病逝。

自 360 年谢安东山再起去桓温那里报到，到 383 年底打赢淝水之战，谢安的这位太后外甥女，也是他这辈子最大的贵人，帮助他在二十四年后终于完成了他的历史使命。

谢安的那份从容、淡定与潇洒，其实真的不适合刀光剑影的政治舞台。

权臣正面代表如丞相诸葛亮，权臣中性代表如霍光，权臣负面代表如桓温，这些处于权力巅峰多年而不堕的平稳着陆者，都是几十年如一日地如履薄冰、克欲克己。

在谢安秋游赌别墅的同时，司马道子就趁机分录了尚书事。[①]

一人之下万人之上的代价，是时时刻刻要盯着易躲的明枪和难防的暗箭。这是一份苦修的工作，不可能会有潇洒的生活。

谢安的小儿辈大胜前秦的背后，是宫内外甥女太后的坐镇和战场上侄子带着将士们的血肉横飞。

岁月静好的潇洒背后，永远有人在负重前行，谢安背后有太多替他买单的人了。

谢安其命、其运、其福，不可复制，谢安之后再无"谢安"。

褚蒜子的离世，意味着谢家的剧本到头了。随着谢家的谢幕，江左的百年门阀时代也即将走向终章。旧时王谢的堂前燕，真的要飞入寻常的百姓家了。

---

① 《晋书·孝武帝纪》：八月，苻坚帅众渡淮，遣征讨都督谢石、冠军将军谢玄、辅国将军谢琰、西中郎将桓伊等距之。九月，诏司徒、琅邪王道子录尚书六条事。

下一个轰轰烈烈的时代，那个气吞万里如虎的京口英雄，就要来了。

谢安携全家出镇新城后开始造泛海大船，准备天下大定后自水路回到当年自己梦始的东山。但不久，谢安病重。

谢安于病中返回建康，车驾进入建康的西州门时，叹道："从前桓温执政时，我常常担心自己不知哪天就被干掉了。有一天我突然梦到自己坐着桓温的车驾走了十六里地，然后看见一只白鸡停了下来。坐桓温的车驾，大概是预兆我将代他执掌朝政，十六里可能就是十六年吧。算来，我已经掌大权十六年了，白鸡属酉，如今太岁星在酉，此为大凶之兆，我估计是好不了了。"

谢安那句"昔桓温在时，吾常惧不全"，应该算是谢安谢幕前的内心独白了。

哪有什么谈笑风生后的"时天子幼弱，外有强臣，安与坦之尽忠辅卫，卒安晋室"，有的只是遥拜桓温后战战兢兢的"未有君拜于前，臣揖于后"而已。

说到底，这些都是权力场上的规则。

谢安这种几百年难遇的特殊人生，导致他的身后之名注定不由他控制，潇洒从容渐渐成为一种符号，一种后世"失败者"和"郁郁不得志者"讽刺权臣、叹息朝政时的文化符号。

庙堂之高的真相对于市井和江湖无足轻重，街头巷尾更愿意接受的是聪明潇洒碾压冷峻权威的自娱自乐。

天塌下来自有大人去顶，明天太阳照常升起。

385年八月二十二日，谢安病逝于建康，享年六十六岁。东晋朝堂哀悼三日，皇帝赐特制棺木、朝服一具、衣一袭、钱百万、布千匹、蜡五百斤，追赠太傅，谥号"文靖"，葬礼规模如桓温，追封庐陵郡公。

两日后，司徒琅邪王司马道子兼扬州刺史、录尚书、都督中外诸军事。

至此，司马道子代表的皇族，自东晋开国以来，终于第一次正式拿回了大权。

谢安这一生，前面玩了大半辈子，四十多岁才出仕，迎来了历史安排给他的剧本——他注定要撑起桓温死后的这段关键的衔接时期。

谢安这辈子好像始终在和稀泥，但每一次和稀泥的水平都相当高。比如司马家、桓家、北府军、门阀豪强，在他的治下从未有过内耗；再比如，谢安和桓冲这两位东晋大才很好地接过了桓温交过来的权杖，带领江左和荆州扛住了北方前秦帝国的世纪雷霆一击。

三十五年后，刘裕代晋称帝，东晋百年门阀中还有封爵的只剩下五家，分别是王导、陶侃、温峤、谢安和谢玄的子孙。

陶侃多次定乱有功，为臣有大功却不僭越，晚年封印归乡；温峤在王敦之乱中做卧底，在苏峻之乱中堪称盟军的总联络员，谥号"忠武"；谢玄组建北府军开启了下个时代，淝水之战再保南方百年平安。

这三位将首，立重勋于国，无暴虐之迹，子孙爵位绵延当之无愧。王导和谢安，均是在南朝最风雨飘摇之时起到稳定"船头"作用之人。这五人在间接中不知挽救了多少生灵，后代得到荫护也是冥冥中自有天意。

就在谢安过世三天后，两晋"五胡"的第一雄主苻坚也到达了自己人生的最后一站。

姚苌派人找苻坚要传国玉玺，说："姚苌按顺序应该承接天命，把玉玺交出来吧。"

苻坚怒目骂道："小羌胆敢威逼天子。玉玺已送去东晋，你们得不到的。'五胡'的次序中，没有你们羌族的名称。"

姚苌又派尹纬劝苻坚把君位禅让给他，苻坚道："禅让是圣贤的事情，姚苌是叛贼，他不配！"

苻坚与尹纬谈论了一番，最后说了自己的遗憾："你是王猛那样的宰相之才，我却不知道你，也是该灭亡了。"随后，苻坚杀了女儿苻宝、苻锦以免她们受辱，并多次大骂姚苌以求速死。

公元385年八月二十五日，姚苌派人把苻坚缢死在新平的佛寺内，张夫人、中山公苻诜均自杀。

这位"平燕定蜀，擒代吞凉，跨三分之二，居九州之七"的氐族雄才，这位《晋书》官方认证"虽'五胡'之盛，莫之比也"的"五胡"之首，就这样结束了跌宕起伏的一生。

苻坚死后，北方再次陷入群雄割据状态。

苻丕在邺城坚持不下去了，率领六万多人投奔了晋阳的张蚝、王腾，在听到苻坚驾崩的消息后即皇帝位，算是接过了前秦的国号。

此外苻家在河北、关中的残余势力仍拒绝认输，苻登更是在军中为苻坚立像，并与姚苌父子不死不休地闹到了十年之后。

苻坚的魂儿也没有就此退出历史舞台，而是和谋杀他的罪魁姚苌展开了"人鬼情未了"。苻登每次与姚苌作战前都会向苻坚的神像请示，姚苌数次大败。于是，输急眼的姚苌掘出了苻坚的尸体进行鞭尸，又扒了苻坚的衣服换成荆棘裹起尸体随便扔到了乱葬岗。[①]

后来姚苌被苻登打得实在抬不起头来了，也在军中给苻坚立像忏悔："陛下啊，是我哥哥让我杀你复仇的，不是我的罪过啊，是您老人家任命我为龙骧将军建业造反的，您别再缠着我了。"[②]

---

① 《晋书·姚苌载记》：苌复如秦州，为苻登所败……苌乃掘苻坚尸，鞭挞无数，裸剥衣裳，荐之以棘，坎土而埋之。

② 《资治通鉴·晋纪二十九》：（姚苌）曰："臣兄襄敕臣复仇，新平之祸，臣行襄之命，非臣罪也。苻登，陛下疏属，犹欲复仇，况臣敢忘其兄乎！且陛下命臣以龙骧建业，臣敢违之！今为陛下立像，陛下勿追计臣过也。"

但很快姚苌发现给苻坚立像不灵，自己还是老打败仗，军营里又大闹灵异事件，就把苻坚神像的头砍了给苻登送去，相当于又"杀"了苻坚一次。

还是那句话，"中国人的信仰灵者为先"，磕完头没有效果转天就翻脸。

姚苌临死前，梦到苻坚带着天兵天将突入营中，他带着宫人和鬼兵战斗，交战中自己人一矛捅进了他的生殖器。[①]

姚苌死前已经属于二级神经病了，他发狂道："杀陛下的是我哥哥，非臣之罪，饶了我吧！"[②]

姚苌以一个相当丑陋的姿态留在了中国的史书记忆里，因为"恩将仇报"和"刨坟掘墓"在华夏土地上永远不会被原谅。

在本质上干掉苻坚的慕容冲，则在中国历史上并没有留下什么黑暗的印象。因为"万恶淫为首"，相对于慕容冲，苻坚罪有应得。

这片土地，自有它的规则。

九月，乞伏国仁听说苻坚已死，于是自称大都督、大将军、大单于，领秦、河二州牧，改元"建义"，建立西秦。

十月，西燕皇帝慕容冲令高盖率众五万与后秦开战，姚苌罕见地打了大胜仗。西燕大败后，苻坚的猛将杨定逃奔陇右，重新聚集旧部。

十一月，杨定徙居历城，自称龙骧将军（造反专用将号）、仇池公，向东晋称藩，不久又攻取天水、略阳，自称秦州刺史、陇西王，恢复了仇池国。在这片土地上，永远是经验至上，灵者为先。

---

① 《晋书·姚苌载记》：梦苻坚将天官使者、鬼兵数百突入营中，苌惧，走入宫，宫人迎苌刺鬼，误中苌阴，鬼相谓曰："正中死处。"

② 《晋书·姚苌载记》：苌遂狂言，或称："臣苌，杀陛下者兄襄，非臣之罪，愿不枉臣。"

386年二月，为祸关中多时的慕容冲仍然不愿东归，但族人已经思乡心切，左将军韩延利用军民归乡的情绪杀掉了慕容冲。

慕容冲的"更始"大业燃烧一年后以身死收场，自此这个年号再无一政权敢用。

慕容冲死后，鲜卑贵族段随被共推为燕王，但不久因无慕容氏的威望也被颠覆。西燕左仆射慕容恒、尚书慕容永杀韩延和段随，立前燕宜都王慕容桓之子慕容颢为燕王。

三月，三十余万鲜卑人收拾行李离开长安开始了东归之路。

途中西燕内斗不断，先是慕容韬杀了慕容颢立慕容瑶为帝，然后慕容永又杀了慕容瑶，立慕容忠（慕容泓的儿子）为帝，后来慕容忠也被杀，慕容永被推为大将军、大单于、河东王。最后，慕容永在河东击败了逃到并州的苻丕，在山西南部立住了脚跟。

九月，苻坚被杀的消息传到凉州，此时吕光刚刚平定凉州的反叛割据势力。吕光哭号哀怒，下令三军缟素为苻坚服丧，并追谥苻坚为文昭皇帝。

十月，吕光宣布改元"太安"；十二月，吕光自称使持节、侍中、中外大都督、督陇右、河西诸军事、大将军、凉州牧、酒泉公，建立后凉。

此时中国北方并立了后燕、西燕、前秦、后秦、西秦、后凉、仇池等一大堆异族政权，又一次彻底乱了。

苻坚死前怒骂姚苌的那句"五胡次序，无汝羌名"，在历史上非常有名。所谓"五胡乱华"中的"五胡"也是自此而来。

那么，"五胡"究竟是哪"五胡"呢？真的是很多书中解释的"匈奴、鲜卑、羯、氐、羌"吗？

其实，苻坚说得没错，"五胡"次序确实是"无汝羌名"的，羌政权自始至终没有独自引领这个时代。继匈奴汉、羯赵、鲜卑慕容、氐符后，还有最后一胡没有登场。

这最后一胡，终结了中国北方长达百余年的胡马乱局；这最后一胡，成了鲜卑人的内战。

当年那个国家被灭后五岁入长安的娃娃，如今已经长大了。

拓跋珪复国之谜：揭开北魏被掩盖的历史

一、被掩盖、涂抹的"魏之先世"

本战的原文注引比较多，因为本战类似于破案的智力体操，相当精彩。我们将讨论寿命的长短对于顶级人杰一生功业大小的关键作用。

比如，刘邦、刘秀、曹操、司马懿、石勒、桓温这些天选之子，他们之所以站到了历史的最高峰，是因为有足够长的寿命去支撑他们完成那一桩桩省不了时间的基础建设和人性试错。而最遗憾的，是丞相诸葛亮。

如果公开投票给一位历史人物增寿，那么丞相将高票当选。丞相要是能再活二十年，整个中国历史的走向会怎样转舵将会是中国史上的最大猜想。

对作为"上寿"和"下寿"所建立的功业进行比较，比较典型的是陶侃和周访。（见本书第7战，做了详细讲述。）

我们曾无数次地讨论寿命的重要性，但实际上，寿命对于有些大才，反而是要命的刀。这类大才通常"才过外露"。

苻坚的"孔明"——被他明面捧着里外防着的王猛，最终活到了五十岁。这是苻坚的不幸，却是王猛的大幸。以王猛那种人才级别和自作主张、压抑不住的个性，活到后面其实就是逼着苻坚去杀他。

陶侃做到都督八州兼荆、江二州刺史的时候，占据了几乎东晋的大半壁江山，也开始有往上腾飞的想法，但最后能够知进退，劝自己月盈则亏。王猛真没有这个内功，比如他的金刀计，比如他在平燕过程中的表现。

有的时候，"早走"对于那些锋芒太露的大才来讲，其实未见得是坏事。

很多人叹息，要是王猛再多活二十年，前秦会是什么样的剧本呢？苻坚会不会统一天下了呢？不必遗憾，这个剧本历史在几十年后就给世人演了一出。

王猛死后六年，河北清河崔氏出生了一个男孩，叫作崔浩。

这位"王猛投胎"的崔浩自比张良，伺候了北魏开国三代雄主，是太武帝拓跋焘最重要的股肱之臣，屡次力排众议抓住时机，帮拓跋焘灭亡胡夏、北凉等国，并打开了通往西域的商道，击破柔然，镇服北境，官拜司徒，封东郡公。

如果崔浩也像王猛一样五十一岁就死了，其一生绝大部分功业此时已经完成，他的一生是善终的，北魏给他的待遇也一定很好，但老天多给了他二十年。

崔浩到了晚年极度受宠，拓跋焘曾经深情地对崔浩说："卿才智渊博，尽忠我家三世，所以你是最重要的忠臣。你凡有所思所想一定直言相告，别藏着掖着。我有时虽然会生气或不听，但事后也能明白你的深谋远虑和良苦用心。"①

当上司说出"我虽然会恨你，但我还是知道你对我好"这句话的

---

① 《魏书·崔浩传》：世祖从容谓浩曰："卿才智渊博，事朕祖考，忠著三世，朕故延卿自近。其思尽规谏，匡予弼予，勿有隐怀。朕虽当时迁怒，若或不用，久久可不深思卿言也。"

时候，千万别再对他推心置腹，这句话本身已经说明他听到不同意见时会对你产生怒气。

道理他都懂，但他最后仍然会对你形成一种不爽的印象符号，不一定什么时候就会找碴儿把怒火发泄到你身上。

坏消息尽量不要由你去公布，就算是你责任所在、义不容辞，那也要直话拐个弯儿说，冷话焐热了说。或者准确地说，任何人都不值得你去冒风险直来直去，涉及人性层面的时候，多些下限思维。

崔浩助拓跋焘平柔然后，拓跋焘对归降诸部酋长说："你们别看此人柔弱，但他胸中所怀谋略却远超甲兵之力，我早就想征讨你们了，但迟迟不能决定，最终帮我下定决心并谋划打败你们，就是他的功劳！"拓跋焘召集众尚书下令道："日后凡军国大计，你们拿不准的都应先征询崔浩的意见然后方可施行。"①

拓跋焘有时遇到事了，心急火燎的，等不及了，就去崔浩家找他商量。崔浩善于根据天象预测未来，拓跋焘常去崔浩家问询有关灾异天变的情况，有时崔浩来不及准备精美食物，拓跋焘也不嫌弃直接就吃。拓跋焘对崔浩宠爱到了这种地步。②

但人的关系总是好好坏坏，今天爱你入骨，明天也会吗？明年呢？崔浩在这种恩宠下开始慢慢摆不正自己的位置了。

太子拓跋晃监国时，崔浩自恃朝堂第一人开始专制朝权，曾推荐

---

① 《魏书·崔浩传》：世祖指浩以示之，曰："汝曹视此人，尪纤懦弱，手不能弯弓持矛，其胸中所怀，乃逾于甲兵。朕始时虽有征讨之意，而虑不自决，前后克捷，皆此人导吾令至此也。"乃敕诸尚书曰："凡军国大计，卿等所不能决，皆先谘浩，然后施行。"

② 《魏书·崔浩传》：世祖每幸浩第，多问以异事。或仓卒不及束带，奉进疏食，不暇精美。世祖为举匕箸，或立尝而旋。其见宠爱如此。

冀、定、相、幽、并五州的数十位关系户直接做了郡守。①

北魏共一百三十九个郡，崔浩玩圈子文化猖狂到了一下子安排数十人当官，而且关键是起始就做郡守。这就相当于北魏朝廷的官员刚被录取就给安排去做郡守了。

监国的太子不高兴了，认为崔浩太不拿自己当回事了，就对崔浩说："早先录用的人也都是候补州郡的人选，他们在职已久，辛劳未抚，应该先递补这些人，你新推荐的那些人代替他们做小官，先从基层干起，而且郡守是要管理百姓的，应该让那些做过实事久经考验的人来担当。"②

结果崔浩开始和太子正面对决，确实他的翅膀已经硬到了一定地步，太子没争过他，最后还是按崔浩说的办了。

中书侍郎高允知道后对东宫博士管恬说："崔浩这是要找死啊，为了自己的私心而与太子争锋，他将来不怕自己没后路吗？"

公元439年十二月，拓跋焘命崔浩以司徒监秘书事，中书侍郎高允、散骑侍郎张伟参著作事，续修本朝国史。

拓跋焘特别叮嘱崔浩："自从我们家称帝以来，一直广积仁德，四海皆知，比如我爷爷道武皇帝的功绩，但是史书上都没有记录，我很担心这些事最后都没人知道了，你是朝廷大臣的典范，希望你带领大家把国史修好，一定要实事求是，不能用曲笔。"③

---

① 《资治通鉴·宋纪七》：魏司徒崔浩，自恃才略及魏主所宠任，专制朝权，尝荐冀、定、相、幽、并五州之士数十人，皆起家为郡守。

② 《资治通鉴·宋纪七》：太子晃曰："先征之人，亦州郡之选也；在职已久，勤劳未答，宜先补郡县，以新征者代为郎吏。且守令治民，宜得更善者。"

③ 《魏书·崔浩传》：乃诏浩曰："昔皇祚之兴，世隆北土，积德累仁，多历年载，泽流苍生，义闻四海。我太祖道武皇帝……而史阙其职，篇籍不著，每惧斯事之坠焉。公德冠朝列，言为世范，小大之任，望君存之。命公留台，综理史务，述成此书，务从实录。"

崔浩按照拓跋焘的要求办了，写出了北魏的历史真相。

等《国书》修完后，参与其事的著作令史闵湛和郗标建议把《国书》刊刻在石上，以彰显崔浩的秉笔直书，同时刊刻崔浩所注的《五经》。①

他们这是拿崔浩当爱名声的苻坚了。

崔浩当时已经七十岁，按道理讲，这么智慧、一辈子做什么都行的人精，不会不知道这是要他命的建议，但崔浩竟然相当开心地同意了。更重要的是，太子拓跋晃也表示这样做特别好。②

太子二十三岁了，开始玩慕容垂捧杀的那招了。二十三岁的太子可以算计七十岁的老人精，这说明了什么呢？不是二十三岁的人有多牛，而是人在膨胀起来以后，智商和判断能力会出现重大问题，很多事开始看不清了。

崔浩最终选择在都城天坛东三里这个很有政治寓意的地方建造了《国书》和《五经》的碑林，占地一百步见方，用功三百万才告完成。（一夫一日为一功，相当于一万人干了三百天的工程量。）

崔浩这部真实到了血淋淋的史书刊刻完毕后，引爆了京师的舆论，所有鲜卑贵族都充满了愤怒，开始拿这件事攻击崔浩。③

早就被崔浩得罪的鲜卑贵族开心了："崔浩这个汉人这些年玩命地安插自己的势力，这国家到底谁是当爷的！早就想收拾你了，现在你终于自己把死路作出来了！"

一贯宠爱崔浩的拓跋焘是什么态度呢？"早就受够这个狂老头

---

① 《魏书·崔浩传》：著作令史太原闵湛、赵郡郗标素谄事浩，乃请立石铭，刊载《国书》，并勒所注《五经》。

② 《魏书·崔浩传》：浩赞成之。恭宗善焉。

③ 《资治通鉴·宋纪七》：浩书魏之先世，事皆详实，列于衢路，往来见者咸以为言。北人无不忿恚，相与谮浩于帝，以为暴扬国恶。

了！"拓跋焘大怒道，并下令严查崔浩的反北魏案。

太子赶紧补刀，一边救自己看上的高允，一边把所有罪过推到崔浩身上。[1]

最终，拓跋焘对崔浩一案的处理结果是将清河崔氏及与崔浩联姻的范阳卢氏、太原郭氏、河东柳氏这四大族全部诛杀，其他涉案人则只诛杀本人。[2]

这个政治判决，其实就是清剿以崔浩联姻网络为主的崔浩几十年来培植的同党，将崔浩这棵大树借助这次《国书》事件连根拔起。

为北魏立下大功的崔浩最终被游街示众，数十个卫士一边走一边朝他身上撒尿。崔浩悲惨号叫，声闻于路。[3]

王猛是功业未著之时就敢私自做主忽视皇帝决策搞"金刀计"的主儿，他要是也多活二十年真的好吗？对于苻坚来讲，也许是真的好。但对于王猛，未见得会比崔浩的下场强到哪里去。

北魏皇权打掉崔浩集团的这次事件，史称"国史之狱"。

这种看不得自家脏心烂肺的玩不起态度，也就导致了北魏出品的史料可信度不高，对其全部内容得持怀疑态度，所有重大历史事件都要根据同时代的其他史料进行比对后才能得出结论。

其实，北魏朝廷对露脸的事锦上添花大书特书没什么，都能理解，也不影响对史料的理解和研究。比较有影响的，是这一朝几乎所有的脏事都尽可能地被抹掉了。

---

① 《资治通鉴·宋纪七》：及崔浩被收，太子召允至东宫，因留宿。明旦，与俱入朝……太子见帝，言"高允小心慎密，且微贱；制由崔浩，请赦其死"！

② 《资治通鉴·宋纪七》：诏诛清河崔氏与浩同宗者无远近，及浩姻家范阳卢氏、太原郭氏、河东柳氏，并夷其族，余皆止诛其身。

③ 《资治通鉴·宋纪七》：縶浩置槛内，送城南，卫士数十人溲其上，呼声嗷嗷，闻于行路。

崔浩是因为哪件魏国祖先创业的故事写得太真实了，让北魏自己人看不过去，认为是宣扬国之伤疤的呢？

历史上所有的当权者和胜利者，都不希望自己早年起家的背后故事被人爆出来。

比如，比尔·盖茨从来不提自己妈妈对他起步的帮助有多大；比如，巴菲特更愿意说他从小就卖可乐一分钱一分钱地赚，却从来不提他父亲在人生道路上的重要性，更不提 20 世纪 60 年代他父亲去世后给他留下的五十六万美元遗产（当时美国的人均年收入是一千八百美元）；再比如，从来不行贿的某企业家多谈自己的人生信条，但从来不提自己曾经的老丈人是谁。

让我们推开层层迷雾后的那扇历史之门吧。

《魏书》记载，公元 371 年七月初七，北魏太祖拓跋珪出生于参合陂北，出生时伴随着如外星人降临似的闪闪放光芒的特效。

史书中的下一幕就到了 376 年，拓跋珪六岁的时候代国被前秦覆灭，他爷爷拓跋什翼犍死了，苻坚打算把拓跋珪迁到长安，但因为燕凤劝阻的原因，拓跋珪最终没有离开故土，没有成为前秦的俘虏。[1]

注意：人家政治清白，没有当过俘虏。

战后苻坚命刘库仁和刘卫辰瓜分了代国，拓跋珪随后去了刘库仁的独孤部。[2]

拓跋珪再露面，就是将近十年后了。此时距离淝水之战已经过去一年半，苻坚被姚苌逮捕。

---

[1] 《魏书·太祖纪》：年六岁，昭成崩。苻坚遣将内侮，将迁帝于长安，既而获免。语在《燕凤传》。

[2] 《魏书·太祖纪》：坚军既还，国众离散。坚使刘库仁、刘卫辰分摄国事。南部大人长孙嵩及元他等，尽将故民南依库仁，帝于是转幸独孤部。

385 年八月，拓跋珪在独孤部遇险，随后逃到了贺兰部。①

386 年正月，十六岁的拓跋珪复国成功，继代王位。②

这就是代国复国的全过程。已经不是敷衍的事了，简直就是对读者的侮辱！没办法，"浩书魏之先世，事皆详实"已经被打倒了，成了"暴扬国恶"，能看到的就这么多，爱看不看。

但是，只要是涂抹，就一定会露出蛛丝马迹，藏不住的。让我们再回到代国覆灭的前夜，透过被刻意删改涂抹的历史迷雾，还原真实的历史吧！

故事要回到十年前……

---

① 《魏书·太祖纪》：九年，库仁子显杀眷而代之，乃将谋逆。商人王霸知之，履帝足于众中，帝乃驰还。是时故大人梁盖盆子六眷，为显谋主，尽知其计，密使部人穆崇驰告。帝乃阴结旧臣长孙犍、元他等。秋八月，乃幸贺兰部。

② 《魏书·太祖纪》：登国元年春正月戊申，帝即代王位，郊天，建元，大会于牛川。

二、"历史美照"的幕后真相

时间来到拓跋珪复国的十年前。

公元 376 年冬,前秦三十万大军压境,拓跋珪的爷爷拓跋什翼犍先派白部和独孤部阻击前秦军,二部战败。

拓跋什翼犍随后派南部统帅刘库仁率十万骑兵在石子岭迎战前秦,再败。

当时拓跋什翼犍重病,于是率领国人避难于阴山之北。俗话说"趁你病要你命",前些年被拓跋部征服的高车各部全部反叛,拓跋什翼犍四面受敌,只能继续向漠南迁移。前秦退军后拓跋什翼犍返回云中郡。①

但不久,拓跋什翼犍因为立储问题被其子拓跋寔君杀害,余子全部被杀。②

---

① 《魏书·序纪》:帝时不豫,群臣莫可任者,乃率国人避于阴山之北。高车杂种尽叛,四面寇钞,不得刍牧。复度漠南。坚军稍退,乃还。

② 《资治通鉴·晋纪二十六》:时秦兵尚在君子津,诸子每夜执兵警卫。斤因说什翼犍之庶长子寔君曰:"王将立慕容妃之子,欲先杀汝,故顷来诸子每夜戎服,以兵绕庐帐,伺便将发耳。"寔君信之,遂杀诸弟,并弑什翼犍。

拓跋什翼犍被杀的消息传到前秦军中后，前秦将李柔、张蚝立即发兵再次攻打云中。拓跋部众四分五裂被彻底打残，代国灭亡。

苻坚对拓跋部施行了汉魏对南匈奴式的管制方式，各部设都尉看管监督，并按三丁取一、五丁取二定期抽调劳力，令各部首领年终去长安进行朝献，出入行踪受到严格管理和限制。[①]

上面的版本，是《魏书》和《资治通鉴》的主流说法，都写拓跋什翼犍被儿子拓跋寔君杀了。但《晋书·苻坚载记》中却是另一种说法。

在《晋书》中，拓跋什翼犍战败后被苻洛追得相当窘迫，逃到阴山后被儿子拓跋珪发动政变并逮捕，拓跋珪随后代表代国投降了。[②]

注意，在《晋书》里，拓跋珪成了拓跋什翼犍的儿子，而不是《魏书》中的孙子。

随后，时年五十七岁的拓跋什翼犍不仅没有死，而且还被苻坚杀伤性不大侮辱性极强地送到了前秦太学去学礼仪；拓跋珪则因为叛父不孝被流放到了蜀地。[③]

这短短的史料，既有伦理大瓜，又有叛父卖国，貌似有崔浩被干掉那味儿了。

《晋书》和《魏书》到底哪个是真的呢？先不着急下判断，接着看别的史料作为对照。

《宋书·索虏传》和《晋书》态度一致，拓跋什翼犍和拓跋珪是父

---

① 《晋书·苻坚载记》：散其部落于汉鄣边故地，立尉、监行事，官僚领押，课之治业营生，三五取丁，优复三年无税租。其渠帅岁终令朝献，出入行来为之制限。

② 《晋书·苻坚载记》：翼犍战败，遁于弱水。苻洛逐之，势窘迫，退还阴山。其子翼圭缚父请降。

③ 《晋书·苻坚载记》：坚以翼犍荒俗，未参仁义，令入太学习礼。以翼圭执父不孝，迁之于蜀。

子关系，拓跋什翼犍没有死而是被抓回了长安，并给出了这对父子的后面剧情：拓跋什翼犍北归故国后死了，其子拓跋珪代立。[①]

《南齐书·魏虏传》也是同样态度，拓跋什翼犍被抓回长安，随后进了学习班，部族被分割，其各部首领每年年底来长安朝贡时才能见一次。

这和《晋书》是一样的，但《南齐书》随后曝光了一个更大的瓜，苻坚淝水之战败后，拓跋珪随舅爷爷慕容垂光复大燕，然后回到了代北复国。[②]

瓜越来越大了，不仅国家元首成了敌国俘虏，而且复国都不是原始股了。

让我们一点点捋，首先，综上所说，拓跋什翼犍曾被抓到长安是没有什么问题的，可以基本明确《魏书》造假了。

这段造假的原因，不是因为拓跋什翼犍当了俘虏，而是因为拓跋珪抓了拓跋什翼犍向前秦投降这件事，也就是那句"其子翼圭缚父请降"。

开国帝王的人设由"英明神武从小什么都懂"变成了"卖父叛国一心求苟活"，这风格落差有点儿大。这是崔浩的第一个死因。

接下来，有两个疑问：

1. 拓跋珪不是拓跋什翼犍的孙子吗？怎么在上述史书中成了拓跋什翼犍的儿子？

---

① 《宋书·索虏传》：卢孙什翼犍勇壮，众复附之，号上洛公，北有沙漠，南据阴山，众数十万。其后为苻坚所破，执还长安，后听北归。犍死，子开字涉珪代立。

② 《南齐书·魏虏传》：猗卢孙什翼犍，字郁律旃，后还阴山为单于，领匈奴诸部。太元元年，苻坚遣伪并州刺史苻洛伐犍，破龙庭，禽犍还长安，为立宅，教犍书学。分其部党居云中等四郡，诸部主帅岁终入朝，并得见犍，差税诸部以给之。坚败，子圭，字涉圭，随舅慕容垂据中山，还领其部，后稍强盛。

2. 代国灭亡那一年拓跋珪六岁，他怎么抓的拓跋什翼犍？

一个一个来看，先来解决拓跋珪的辈分问题。

拓跋珪他爹拓跋寔死于371年春，当时年仅十五岁的拓跋寔平定辅相长孙斤的谋反，伤重而死。拓跋珪生于371年的七月初七，是拓跋寔的遗腹子。

拓跋珪之所以被别的政权所写的史书认为是拓跋什翼犍的儿子，基本只有一种可能：在儿子保护自己而死后，拓跋什翼犍本着肥水不流外人田的习俗把儿媳妇给收了，拓跋珪是在他妈被公公领家里以后出生的。

这种伦理剧在拓跋部其实也不算什么，拓跋珪后来去贺兰部做客时看到自己的姨实在美貌，于是跟他妈说我姨太动人了，我要和她谈工作。他妈说不行，你姨是妖孽之美，你跟她谈不出什么好工作，而且人家有爷们了！①

既有人性扭曲又有道德沦丧的拓跋珪随后派人秘密杀害了自己的姨父，到底还是打破世俗偏见把他姨给推倒了。

拓跋珪他爹死后，他妈作为儿媳妇就被拓跋什翼犍收编了，然后过了大半年拓跋珪出生了。

这事很难说清，所以南朝史书认为拓跋珪是拓跋什翼犍的儿子。当然，别的国家也不会在乎拓跋什翼犍和拓跋寔这爷俩谁是这孩子的制造商，是你们家的能套牌就行。

不过也有一种可能，就是拓跋珪的生日或者他爹拓跋寔的忌日被有意无意地造假了，拓跋什翼犍趁着儿子拓跋寔刚死就抓紧时间安抚了一下儿媳妇，然后命中了拓跋珪。

---

① 《魏书·清河王绍传》：绍母即献明皇后妹也，美而丽。初太祖如贺兰部，见而悦之，告献明后，请纳焉，后曰："不可，此过美不善，且已有夫。"

这就不深究了，儿子、孙子都一样，总之拓跋珪他妈在"他爹"或"他哥"死后被"他爷"或"他爹"收编了。

"辈分疑问"解决完再来分析一下六岁的拓跋珪叛父投降问题。

年仅六岁的拓跋珪是没有行为能力的。拓跋什翼犍被拓跋珪抓住请降只有一种可能，就是拓跋珪是被挂名的。谁能挂名拓跋珪去干这事呢？其母贺氏。（这个女人在拓跋珪复国的道路上非常重要。）

拓跋珪的姥爷贺野干是代国东部大人，贺兰部权势非常大，是代国的重要政治组成部分，当年拓跋什翼犍的哥哥拓跋翳槐就是其舅贺兰蔼头拥立的。

所以当时的情况是拓跋部被前秦打败，拓跋什翼犍拼死抵抗，但这对代国贺兰部来讲成本上不合算。于是贺氏以儿子的名义及靠娘家撑腰，代表拓跋诸部的共同意志，发动了政变，抓住了拓跋什翼犍，并投降前秦。

开国帝王出卖自己爷爷（或爹）投降前秦这件事是没办法写进史书的。（后面统一按拓跋什翼犍为拓跋珪的爷爷叙述。）

综上，拓跋什翼犍和拓跋珪在代国灭亡后都被带到了长安，拓跋珪因不孝被流放蜀地。

接下来，《宋书》和《南齐书》关于拓跋珪的复国途径有冲突。

《宋书》记载：拓跋什翼犍被抓到长安，后来北归了，死后其子拓跋珪代立。[1]

《宋书》的说法意味着拓跋珪是后来站在他爷爷的肩膀上复国成功的。

---

① 《宋书·索虏传》：卢孙什翼犍勇壮，众复附之，号上洛公，北有沙漠，南据阴山，众数十万。其后为苻坚所破，执还长安，后听北归。犍死，子开字涉珪代立。

《南齐书》则说拓跋珪是在舅爷爷慕容垂的帮助下复国成功的。[1]

这两个复国成功的可能性都有一定说服力。

总之复国这种级别的事根本不可能是一个在敌国关押了十年的十六岁孩子能够做到的。李世民再怎么牛，十六岁的时候也得指望自己那个作为太原留守晋阳宫监的爹！

那么接下来判断一下，拓跋什翼犍死在了哪里？死在了代北，复国就是爷死孙继；死在了长安，复国就是仗着舅爷爷狐假虎威。

拓跋珪在《魏书》的本传记载中有一段经历相当重要：苻坚迁了所有被灭国皇室，圈养在了关中。拓跋珪本来也应该迁到长安，但因为燕凤的一段对话从而得以幸免。

拓跋珪因此成了苻坚时代唯一一个没被带走的接班人。

但这段非常重要的对话在《魏书·太祖纪》中居然没有正面描写，而是把责任推给了《魏书·燕凤传》，原文如下：

> 年六岁，昭成崩。苻坚遣将内侮，将迁帝于长安，既而获免。语在《燕凤传》。坚军既还，国众离散。坚使刘库仁、刘卫辰分摄国事。南部大人长孙嵩及元他等，尽将故民南依库仁，帝于是转幸独孤部。

在所有史书关于开国之君的记录中，这种情况可谓绝无仅有！事出反常必有妖，我们来看看《燕凤传》写了什么？

拓跋什翼犍死后，拓跋珪将要被迁去长安，燕凤因为拓跋珪还小，于是对苻坚说："拓跋什翼犍死了，最好任命互有深仇的刘库仁和刘卫

---

[1] 《南齐书·魏虏传》：坚败，子圭，字涉圭，随舅慕容垂据中山，还领其部，后稍强盛。

辰分统拓跋部，然后等拓跋珪长大后再派这孩子接掌政权做您的藩属，您这是兴灭继绝的大功德。"苻坚同意后，燕凤回了代国。[①]

这里面有三个漏洞。

1.苻坚如果打算将来安排拓跋珪接班，不可能放任这个六岁的孩子留在代北。

苻坚一定会把拓跋珪接过来，从小唱前秦歌，写《止马诗》，参加氐族的各种活动。他会像对慕容垂、姚苌这些人一样对小拓跋珪散发他的无穷魅力，绝不会听从燕凤的建议，不把拓跋珪带回长安。

2.燕凤建议代国交由刘库仁与刘卫辰二人分统，同时又建议等拓跋珪年长后"存而立之"，那么拓跋珪这个隐患又怎么可能在这两人手里活下来？谁不愿意永远地抓住权力呢？

刘卫辰的铁弗部与拓跋什翼犍相杀了十多年，算是世仇，绝不会放过拓跋珪。

刘库仁是独孤部首领，这个部落虽然是拓跋氏的盟部，但也是一直和拓跋氏争夺部落联盟首领地位的主要对手，很难容得下拓跋珪的，后来拓跋珪成年后在《魏书》上刚一露面就是在独孤部遇险，也说明了这个问题。

3.时间上对不上。

灭代国的是苻洛，苻坚并没有去一线指挥。[②]

这也就意味着苻坚和燕凤讨论拓跋珪未来的对话是在长安发生的。

---

① 《魏书·燕凤传》：及昭成崩，太祖将迁长安。凤以太祖幼弱，固请于苻坚曰："代主初崩，臣子亡叛，遗孙冲幼，莫相辅立。其别部大人刘库仁勇而有智，铁弗卫辰狡猾多变，皆不可独任。宜分诸部为二，令此两人统之。两人素有深仇，其势莫敢先发。此御边之良策。待其孙长，乃存而立之，是陛下施大惠于亡国也。"坚从之。凤寻东还。

② 《魏书·序纪》：苻坚遣其大司马苻洛率众二十万及朱彤、张蚝、邓羌等诸道来寇，侵逼南境。

但是，燕凤在代国被灭的时候人在代北，并没有在长安。

与苻坚的这次谈话前，燕凤曾经作为拓跋什翼犍的使节出使过前秦一次，那时苻坚还没有对代国下手，燕凤得到了苻坚的加倍馈赠后回到了代国。[①]

史书中明确地写了，燕凤第一次和苻坚谈话后回到了代国，并没有留在长安。所以，此次苻坚和燕凤的对话，绝不是在代国刚刚被灭的时候。苻洛也绝不可能隔着两千里地等着燕凤去长安和苻坚商量一个六岁孩子的去留，肯定是灭代国后第一时间就将代国王室和旧臣们一并押送到长安。

所以，综上所述，《燕凤传》中谈话的内容是在长安讨论的，是在代国君臣被俘虏到长安又过了若干时间以后发生的，绝不是在代国刚灭亡的时候。

而此时拓跋什翼犍已死。

这也就意味着拓跋什翼犍死在了长安，并没有再回到代北。所以说，《宋书》的史料是有误的，拓跋珪不是站在拓跋什翼犍的肩膀上复国成功的。

《燕凤传》的内容和《晋书》中的内容也并不矛盾，其前提是建立在拓跋珪被流放蜀地的时候。

这样再看，这段话就是另一番味道了。

原文：及昭成崩，太祖将迁长安。

注解：拓跋什翼犍死后拓跋珪要从蜀地被调动回长安。

原文：凤以太祖幼弱，固请于苻坚曰：代主初崩，臣子亡叛，遗孙冲幼，莫相辅立。其别部大人刘库仁勇而有智，铁弗卫辰狡猾多变，

---

① 《魏书·燕凤传》：苻坚遣使牛恬朝贡，令凤报之。坚问凤："代王何如人？"……凤还，坚厚加赠遗。

皆不可独任。宜分诸部为二，令此两人统之。两人素有深仇，其势莫敢先发。此御边之良策。待其孙长，乃存而立之，是陛下施大惠于亡国也。

注解：此前苻坚对拓跋部的处置是离散部落，但拓跋什翼犍死后，苻坚担心这种遥控的模式没办法再进行下去，于是和燕凤讨论拓跋部的未来，燕凤提出了刘库仁和刘卫辰分掌其国互相牵制，拓跋珪是值得培养的建议。

原文：坚从之。凤寻东还。

注解：燕凤因此东归代国去传达苻坚对刘库仁和刘卫辰的政治安排。

排除了《宋书》的可能性后，这也就意味着，拓跋珪的复国密码是《南齐书》中的内容。

拓跋珪投奔了慕容垂。也就是那句金子般的线索："坚败，子圭，字涉圭，随舅慕容垂据中山，还领其部，后稍强盛。"

拓跋珪的亲奶奶是慕容皝的闺女，而慕容垂是慕容皝第五子，所以慕容垂是拓跋珪的舅爷爷。

慕容垂自从投奔了苻坚就一直在前秦京兆尹的这个"首都市长"岗位上，所以拓跋珪在他爷爷死了被接到长安的时候，投奔了这个舅爷爷。

当然，与其说是拓跋珪投奔了慕容垂，倒不如说是老谋深算的慕容垂早早就盯上了身份特殊的拓跋珪。

前文有提及，慕容垂在关东复国的速度和规模都说明他是早有预谋的，不然也不可能如雨后春笋般十天时间就有十多万的人冒出来了。

慕容垂在关中的十多年时间里布局非常深，极大概率也是出于和苻坚同样"存而立之"的长远考虑，对具有代国继承权的拓跋珪的成长进行了特殊关照。

383 年夏，苻坚发动了伐晋之战，慕容垂出战前就看出来前秦大厦将倾，已经开始和慕容楷等人进行前期规划。①

正式出征后，作为荆州方向的前锋，慕容垂带上了拓跋珪这个外孙子。

十一月，苻坚在淝水之战后风声鹤唳。

十二月底，慕容垂杀苻飞龙，与苻坚决裂，拓跋珪随后目睹了慕容垂复国的全过程。

384 年七月，慕容麟拿下中山。

385 年四月，慕容垂击溃了刘牢之的北府援军，邺城的苻丕失去了最后的指望，慕容垂带兵北上中山。

这个时候河北的局面基本已经大定，苻丕败退只是时间问题。拓跋珪在 385 年四月慕容垂抵达中山后，被安排回了代北，在河北大魔王慕容垂的支持下前去复国，填补北方权力空白。

几个月后，385 年八月，《魏书》上终于出现了拓跋珪在代北的踪迹。

所以，删减版《魏书》抹掉的大致内容就是：

1. 拓跋珪有叛父卖国投降的黑历史。

2. 拓跋珪的复国是狐假虎威地在慕容垂的支持下起步的。

北魏开国皇帝最关键的政治面貌和复国翻身的功绩，既不伟大也不光芒四射，却是既有人性的扭曲，又有道德的沦丧。

可惜崔浩，让实录修史就实录修史，没明白就算让实录修史那也是"内供片"，不是能给所有人看的。崔浩倒好，在北魏最大广场公开展示当朝皇室的黑暗历史，人家诛你全族，你冤吗？

---

① 《资治通鉴·晋纪二十七》：慕容楷、慕容绍言于慕容垂曰："主上骄矜已甚，叔父建中兴之业，在此行也！"垂曰："然。非汝，谁与成之！"

北魏皇权再怎么混账，崔浩也不应该得意忘形自寻死路，自己把脑袋伸到屠刀下面。

当年苻坚对慕容垂"一见倾心"的时候，永远不会想到他的这位"意中人"后来会引爆整个关东产生蝴蝶效应，成为斩断自己命运的间接操刀手。

包养的出价很厚道，但慕容垂的要价更高。

十余年的前秦京兆尹生涯，慕容垂没有虚度光阴，布局了关东，储备了人才，他的眼光甚至长远到早早就看到了拓跋珪这个棋子。

慕容垂有着下棋走一步能看到十步之外的眼光，也难怪苻坚对他"一见倾心"。

但一饮一啄莫非前定，安排拓跋珪去复国的慕容垂没有想到，自己精于算计，却养了一匹得志便张狂的中山狼。复国大业最终在这匹中山狼的忘恩负义下，变成了昙花一现。

没有永远的朋友，只有永恒的利益。

三、拓跋珪的复国之路

在抽丝剥茧地捋清了北魏国史竭力掩盖的黑历史，弄清楚开国之祖拓跋珪叛父卖国并依附慕容垂后，再来详细地看一下拓跋珪复国的全过程。

公元 376 年，苻坚灭代国，随后对拓跋部施行了离散部落的政策，《晋书》和《南齐书》对此都有非常详尽的记载。[①]

所谓"离散部落"，就是将各部落编户齐民，安置在指定地点方便收租和徭役。

被离散的核心部众，是代国的"帝姓十族"。

当年鲜卑首领檀石槐死后鲜卑部落联盟随之解体，时为西部大人的拓跋邻与时俱进，不仅学着檀石槐玩起了世袭，还创意性地搞出了八部大人制度。

拓跋邻将整个拓跋部所控制的部落拆分成了七部，派遣自己的七

---

① 《晋书·苻坚载记》：散其部落于汉鄣边故地，立尉、监行事，官僚领押，课之治业营生，三五取丁，优复三年无税租。其渠帅岁终令朝献，出入行来为之制限。《南齐书·魏虏传》：分其部党居云中等四郡，诸部主帅岁终入朝，并得见犍，差税诸部以给之。

个兄弟各统摄一部，各为一姓氏，分别世袭罔替。七个兄弟部落拱卫主部落，这也是后世鲜卑八国的最早根基。

所谓的"帝姓十族"，分别为拓跋氏（后改为元氏）、纥骨氏（胡氏）、普氏（周氏）、拔拔氏（长孙氏）、达奚氏（奚氏）、伊娄氏（伊氏）、丘敦氏（丘氏）、侯亥氏（亥氏），后来又在编外加了乙旃氏（叔孙氏）和车焜氏（车氏）。

此次的拓跋邻改制，最大的意义是不仅确定了拓跋氏的世袭制度，还取消了原来那些异姓部落的酋长资格，将自己的兄弟换过去做了老大。

当然，拓跋氏也做了妥协："我这些兄弟改成你部落的姓。"不过，至此所有部落的控制权都掌握在有拓跋氏血缘的人手里了。

举个好懂的例子。某门阀有十个儿子，其中一个继承本家家产，剩下九个给其他九个大姓当上门女婿，连姓都改了，但是，这九个女婿带着对方家产入股本家来了，十家变成了一个巨大的抱团联盟。

这"帝姓十族"是拓跋部的核心，是自己人，随后也定下了"百世不得通婚"及"非十族不能参与国丧祭祀"的规矩。[①]

后来拓跋部继续兼并壮大，到了拓跋邻的孙子拓跋力微时，除了帝族十姓之外，又有原匈奴部、高车部、柔然部等诸多民族的部落加入了拓跋部的联盟，拓跋部的实力已经达到可控弦上马者二十余万了。

在一百多年前，拓跋部的权力结构就已经进化成如图 15-1 所示的状态了，各部落根据关系远近层层团结在以拓跋部为核心的代国周围。

随后的一百多年，拓跋部因为接班人问题经历了好几次由盛转衰，每一次都在腾飞前期突然熄火，最近的一次，就是苻坚灭代。

---

① 《魏书·官氏志》：凡与帝室为十姓，百世不通婚。太和以前，国之丧葬祠礼，非十族不得与也。

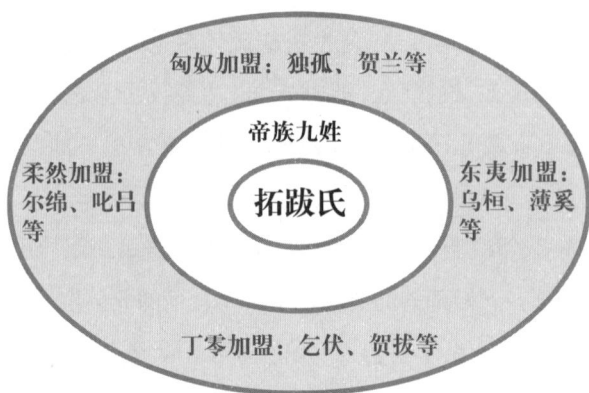

图 15-1 拓跋部的权力结构

代国战败后，像独孤部、贺兰部这堆"非轴心"的大部落纷纷脱离了拓跋部的领导，拓跋十部则被苻坚作为草原民族中原化的试点做了"离散部落"。（见图 15-2）

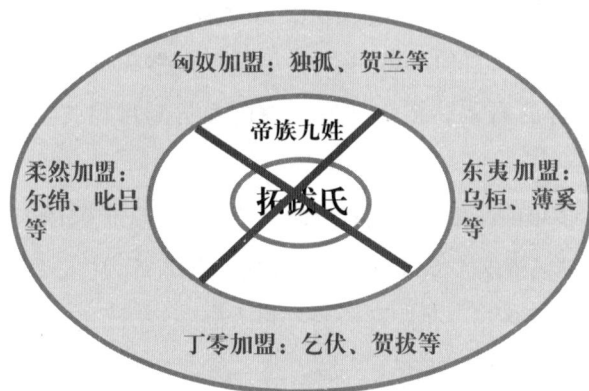

图 15-2 被离散的拓跋十部

拓跋什翼犍活着的时候，对各部还是能起到约束作用的，每年拓跋十部的首领还是要去长安报到并拜见老首领。①

后来拓跋什翼犍死在了长安，苻坚担心无法继续农奴化地控制拓跋部，就开始根据燕凤的建议从蜀地迁回了拓跋珪，并命令刘库仁与刘卫辰分代国部众而统之，黄河以西属刘卫辰，黄河以东属刘库仁。

刘库仁是独孤部首领，其部和拓跋部世代通婚，他本人则是拓跋什翼犍的外甥，拓跋什翼犍后来又将宗女嫁给了刘库仁，命其为南部大人。

刘库仁在拓跋什翼犍死后成为苻坚的重点培养对象，给了堪比诸侯的政治待遇，苻坚还将刘卫辰的职位安排在了刘库仁之下。②

之后这两人开始互掐，刘卫辰杀了苻坚的五原太守，然后正式反叛，攻刘库仁西部。

刘库仁反击了战无不败的刘卫辰，追至阴山西北千余里，获其妻子，尽收其众，把刘卫辰部几乎打没人了。

苻坚随后又安排失败的刘卫辰为西单于，屯代来城、督摄河西杂类以此牵制刘库仁。③

与此同时，苻坚把公孙氏之女赐给刘库仁做妻子，还给了好大一笔陪嫁，打算彻底拉拢住刘库仁。④

一晃几年过去了，苻坚淝水战败，慕容垂关东复国，局势在短短半年的时间内发生了巨大变化。

---

① 《南齐书·魏虏传》：禽犍还长安，为立宅，教犍书学。分其部党居云中等四郡，诸部主帅岁终入朝，并得见犍，差税诸部以给之。

② 《魏书·刘库仁传》：苻坚进库仁广武将军，给幢麾鼓盖，仪比诸侯。处卫辰在库仁之下。

③ 《资治通鉴·晋纪二十六》：久之，坚以卫辰为西单于，督摄河西杂类，屯代来城。

④ 《魏书·刘库仁传》：苻坚赐库仁妻公孙氏，厚其资送。

384年七月,慕容麟拿下中山,声威大震。

前秦幽州刺史王永、平州刺史苻冲率两州之兵南下伐燕,慕容垂派平规反击,双方在范阳开战,前秦军战败,平规打到了蓟城之南。王永随后向苻坚扶植的代北刘库仁求救。

苻坚没白培养刘库仁,前秦崩盘后,刘库仁没有落井下石。

384年八月,刘库仁派大舅子公孙希率三千骑兵救援,大破平规于蓟南,坑杀降卒五千多人,随后公孙希乘胜长驱,进据唐城。

刘库仁听说公孙希大胜后,征发雁门、上谷、代郡三郡之兵,打算南下攻燕,屯兵于繁畤(今山西浑源县西南)。[①](见图15-3)

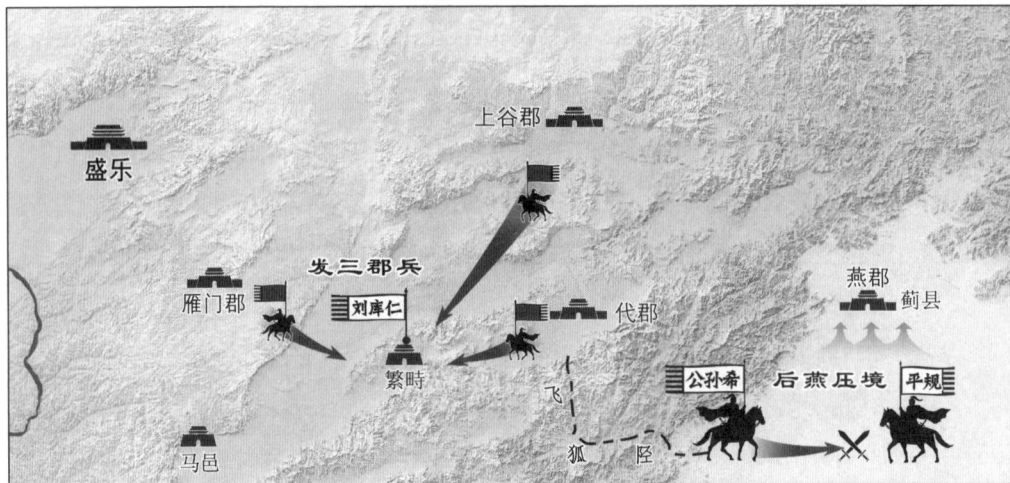

图 15-3　刘库仁征兵示意图

注意刘库仁要发的三郡兵,这里隐藏着大故事。

按常理来讲,刘库仁没有能力发州郡兵,因为草原民族是没有编

---

① 《魏书·刘库仁传》:库仁闻希破规,复将大举以救丕。发雁门、上谷、代郡兵,次于繁畤。

户能力的，顶多是命某某部前来会战。唯一的可能，这三郡兵是当年符坚已经离散后的拓跋十姓。

让刘库仁所谓的"分领其众"，实质就是独孤部作为监管方继续当年符坚"立尉、监行事，官僚领押，课之治业营生，三五取丁"的剥削政策。

拓跋什翼犍死后，符坚让"本是同根生"的独孤部监管拓跋部，让他们"相煎何太急"地内耗，以此转移统治区的民族矛盾。但哪里有压迫哪里就有反抗，这个机会被一个叫慕容文的燕国宗室抓到了。

当年燕国灭亡的时候，慕容文因为不想迁到长安就投奔了刘库仁，经常琢磨着逃跑，只是苦于一直没机会。现在慕容文看到慕容垂在河北已经成规模了，也知道三郡武装不想跟着刘库仁加入燕秦之战，于是联络并策反了三郡武装偷袭刘库仁，刘库仁被干掉了。[①]

上面这段话有两个信息点：

1. "至是役也，知人不乐"，三郡兵和刘库仁不是一条心，人家不愿意被使唤。

2. "文等乃夜率三郡人，攻库仁。库仁匿于马厩，文执杀之"，三郡兵的实力不小，有能力干掉刘库仁。

这两点也基本再次印证了此三郡兵大概率是拓跋部当年被离散的核心兵力。

刘库仁死后，河北的前秦失去了北部的外来支援。半年后的385年二月，前秦幽州刺史王永烧蓟城与和龙宫室，率众三万投奔壶关，放弃了幽、平二州，慕容佐等接手蓟城。

---

① 《魏书·刘库仁传》：先是，慕容文等当徙长安，遁依库仁部，常思东归，其计无由。至是役也，知人不乐，文等乃夜率三郡人，攻库仁。库仁匿于马厩，文执杀之。乘其骏马，奔慕容垂。

四月，慕容垂几乎全歼了北上支援的北府军刘牢之部，前秦南边的指望也被掐灭，河北大局已定。

基本复国成功的慕容垂开始将眼光投向周边。

刘库仁死后其弟刘眷代领了独孤部，紧接着独孤部也面临当年拓跋部战败后各部叛乱的窘境，鲜卑白部叛乱，刘眷打不过，喊来苻坚的并州刺史张蚝帮忙才顺利击破叛乱的鲜卑白部。①

随后刘眷又破贺兰部于善无（今山西右玉县南），击柔然别部于意辛山，获牛羊数十万头，基本上算是暂时接住了刘库仁死后的这一摊。

一个强大的、亲前秦的北方势力是慕容垂所不希望看到的，他更希望自己的亲戚重新填补北境空白。慕容垂在河北大定后，开始让外孙子拓跋珪打着他的旗号回代北复国。

拓跋部是有这个狐假虎威传统的。五十年前，即337年，内部斗争失败后的拓跋翳槐逃到后赵，在石虎派出的人员保护下回到了首府大宁（今河北张家口）。②

338年十月，拓跋翳槐临死前下令拥立在后赵当了十年人质的拓跋什翼犍为下一任代王。

之前也有提及，拓跋部的实权大臣们拿拓跋翳槐的遗命不当回事，居然直接杀了翳槐之弟拓跋屈，共推好摆布的拓跋孤做下一任代王，但拓跋孤却去邺城迎回了有后赵背景的拓跋什翼犍。③

相当于拓跋珪的大爷爷和亲爷爷，都是在石虎的帮助下夺回代王

---

① 《魏书·刘库仁传》：库仁弟眷，继摄国事。白部大人絜佛叛，眷力不能讨。乃引苻坚并州刺史张蚝击佛，破之。

② 《魏书·序纪》：烈帝出居于邺，石虎奉第宅、伎妾、奴婢、什物。三年，石虎遣将李穆率五千骑纳烈帝于大宁。

③ 《魏书·序纪》：烈帝临崩顾命曰："必迎立什翼犍，社稷可安。"烈帝崩，帝弟孤乃自诣邺奉迎，与帝俱还。

王位的。这事是有先例的，但也有区别，当时石虎威慑力极大，慕容垂此时的名头并不如当年的石虎那么好用。

虽然慕容垂后面进行了多次"出资入股"和"无息贷款"，但此时此刻，十六岁的拓跋珪来到代北后，远没有当年他爷爷的那种安全待遇。

拓跋珪作为慕容垂的特使来到了独孤部，和刘眷商讨未来代北的统治格局。但这个时候意外发生了，刘库仁之子刘显突然兵变，杀掉了叔叔刘眷自立，并准备杀掉刚刚回到代北的重大威胁拓跋珪。

事出突然，独孤部突然换了个不按正常套路出牌的首领。慕容垂的算盘眼看第一回合就要失算，但幸好，拓跋珪还有个门神级别的妈妈。门神妈妈的背后，是具有强大力量的贺兰部。

拓跋什翼犍当年为了讨好贺兰部而与之联姻，将拓跋珪的姑姑辽西公主嫁给了贺兰部首领贺野干。按理讲，拓跋什翼犍是贺野干的老丈人，但后来老拓跋觉得还不保险，又给儿子娶了女婿贺野干的闺女，儿子死后又收编了女婿的闺女。这关系可真乱！

拓跋珪他爹死后，拓跋什翼犍之所以要收编他妈的重要原因，其实也是要通过姻亲手段维系与强大的贺兰部之间的联盟关系。贺兰部的能量和分量大到了贺氏在前秦打来后可以发动政变胁迫拓跋什翼犍投降。

这个贺氏，成了帮助拓跋珪复国成功的二号人物。

刘显的弟弟刘亢泥之妻是拓跋珪的另一个姑姑，她把刘显要杀拓跋珪的消息告诉了贺氏。[①]

不仅拓跋珪的姑姑给贺氏带信，刘显的谋主梁六眷是拓跋什翼犍

---

① 《资治通鉴·晋纪二十八》：顷之，显果杀头眷自立。又将杀拓跋珪，显弟亢泥妻，珪之姑也，以告珪母贺氏。

的外甥，他也派手下穆崇、奚牧把消息密报给了拓跋珪。①

拓跋部、独孤部、贺兰部这几个核心部族之间常年通婚，彼此之间的关系环环相扣。（见图15-4）

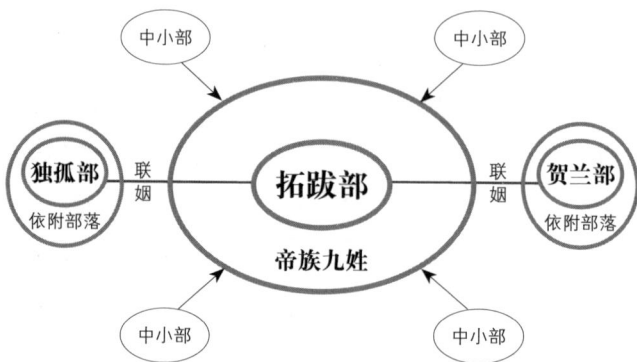

图15-4　三大核心部族联姻图

这一年，贺氏三十五岁，正值虎狼之年。见识过川蜀风光和长安繁华的贺氏充分发挥了自己的风情魅力。

史书中虽然没有明说，但下一个镜头就是贺氏和刘显在一个寂寞的夜晚喝上大酒了，贺氏把刘显灌多了以后，命拓跋珪与旧臣长孙犍、元他、罗结等骑马逃奔到娘家贺兰部。②

基于贺氏和慕容垂的双重面子，贺兰部首领贺讷见到拓跋珪后表示了欢迎并表态："复国之后，当念老臣。"拓跋珪笑道："诚如舅言，不敢忘也！"

贺讷不知道，自己养了多大一只中山狼。不光拓跋珪这个舅舅不

----

① 《资治通鉴·晋纪二十八》：显谋主梁六眷，代王什翼犍之甥也，亦使其部人穆崇、奚牧密告珪。

② 《资治通鉴·晋纪二十八》：贺氏夜饮显酒，令醉，使珪阴与旧臣长孙犍、元他、罗结轻骑亡去。……珪遂奔贺兰部，依其舅贺讷。

知道，老谋深算的舅爷爷不知道，甚至那个知子莫若母的妈也不知道。

贺氏的堂弟外朝大人贺悦听说拓跋珪现身贺兰部后也带领所属部众入股而来。①

拓跋珪现身贺兰部的消息传来后，刘显很气愤，要杀了贺氏，贺氏逃到了刘亢泥家。因为贺氏此时按辈分又是刘亢泥妻子的后妈，刘亢泥全家保贺氏，最终使刘显放过了她。②

不久，以前的南部大人长孙嵩率所部七百余家叛逃刘显投奔拓跋珪。过了一段时间，刘显部再次内乱，贺氏又策反了以前的中部大人庾和辰逃回贺兰部与拓跋珪会合。③

瞧瞧这手段。刘显部的内乱估计也是这位乘风破浪的"虎狼姐姐"搞的鬼。

看到拓跋珪的势力日渐壮大，贺讷的弟弟贺染干开始忌恨并准备杀掉他。贺染干先派杀手刺杀没成功，又亲自带兵来杀，但最终因为贺氏的翻脸阻挠和其母即拓跋珪的姑姑辽西公主的维护而没有得手。④

385 年底，拓跋珪的堂曾祖拓跋纥罗与拓跋珪之弟拓跋建及诸部大人，共请贺讷兄弟推拓跋珪为主。

这让贺染干相当不服，对他哥说道："不过就是待在我国的一个小

---

① 《资治通鉴·晋纪二十八》：贺氏从弟外朝大人贺悦举所部以奉珪。
② 《资治通鉴·晋纪二十八》：显怒，将杀贺氏，贺氏奔亢泥家，匿神车中三日，亢泥举家为之请，乃得免。
③ 《资治通鉴·晋纪二十八》：久之，刘显所部有乱，故中部大人庾和辰奉贺氏奔珪。
④ 《资治通鉴·晋纪二十八》：贺讷弟染干以珪得众心，忌之，使其党侯引七突杀珪……染干遂举兵围珪，贺氏出，谓染干曰："汝等欲于何置我，而杀吾子乎！"染干惭而去。《魏书·贺讷传》：讷中弟染干粗暴，忌太祖，常图为逆，每为皇姑辽西公拥护，故染干不得肆其祸心。

孩子，他凭什么当老大！"①

最终贺讷压住了弟弟，率领诸部奉拓跋珪为王。②

386年春正月戊申，十六岁的拓跋珪大会诸部于牛川，继代王位，改元登国。以长孙嵩为南部大人，叔孙普洛为北部大人，分治其众。

长孙嵩和叔孙普洛都是帝族十姓中的元老，"分治其众"也意味着拓跋部原来被离散的部众也开始渐渐聚拢，回到了拓跋珪的身边。

拓跋珪在险遭杀身变故后，靠着其母贺氏力挽狂澜挺过了最艰难的一步。

截至此时，在拓跋珪的复国道路上，其母贺氏堪称居功至伟！但这所谓的"居功至伟"，在她辛苦带大的儿子眼中，却如同干电池一样可以用过就扔。

拓跋珪离开故国时仅仅六岁，再次重返代北已经十五岁了，这段时间恰恰是一个人人生观形成的关键时期。

在这将近十年中，拓跋珪历经了颠沛流离的命运坎坷，看够了慕容家族的处心积虑和不忘祖业，深刻洞察了前秦能够称霸北方的汉化关键元素。

这乱世大舞台也最终让拓跋珪站在一个个巨人的肩膀上深刻明白了那个道理："没有永恒的朋友，只有永恒的利益！"

拓跋珪的整个童年在代北、四川、长安、中山等地游走，回到代北后，母亲贺氏又是陪酒又是与贺染干对峙，先是帮助拓跋珪摆脱了独孤部的控制和贺兰部反对势力的逼迫，又与舅舅贺讷一起扶持拓跋珪登

---

① 《魏书·贺讷传》：于是诸部大人请讷兄弟求举太祖为主。染干曰："在我国中，何得尔也！"

② 《魏书·贺讷传》：讷曰："帝，大国之世孙，兴复先业，于我国中之福。常相持奖，立继统勋，汝尚异议，岂是臣节！"遂与诸人劝进，太祖登代王位于牛川。

上了代国王位。

从整个复国过程来看，当年在长安搭上慕容垂这条线极大概率也是贺氏代表拓跋珪完成的。但如此有政治头脑和才干的母亲，却让拓跋珪从童年到青年成长的过程中形成了巨大的阴影。

当年，母亲贺氏发动政变胁迫爷爷投降了前秦，才导致拓跋珪因不孝被流放蜀地；但母亲又规划并一步步实施了拓跋珪的复国。

母亲部族势力对于代国王权的影响让拓跋珪对其有着相当高的警惕，最终导致了拓跋珪在其晚年创立了"子贵母死"的极端制度。

但任何想要通过极端制度来达到自己预期的人最终都会看到，历史的编剧总会狠狠地将这自作聪明的耳光抽回来。

拓跋珪无论如何也不会想到，他所建立的北魏，后来居然会出现比他妈妈的政治手腕还要高的女强人，利用这个防范后宫干政的政策长时间把持了北魏的皇权，并永远地影响了中国历史的走向。

慕容垂也想不到，自己这个玩了一辈子鹰的人，最后会让鹰啄瞎了眼。英雄如他，不会认为十几岁的拓跋珪能干什么，能布什么大棋局，能有什么危险性！但他却不知道他这个外孙子是万中无一的个例。

这孩子十年来的丰富阅历，使他堪称整个"五胡时代"的最沧桑少年！

最乱世道的最强高压锅将这个孩子锻造成了野心极大、手段极狠的吞并机器，在接下来的短短几年中，这个十几岁的毛头小子通过种种决策，在一个个阴差阳错下最终将慕容垂拉入了"忘记做制衡"的局中，亲手帮这匹喂不熟的中山狼剪除了一个个竞争对手。

北魏的娘胎底色，实际是姓慕容的。

四、最乱世道喂养出来的最毒中山狼

公元 386 年正月，拓跋珪复国。

刚刚复国成功的拓跋珪做了一件几乎不可理解的事情，他要离散部落。①

准确的时间，是 386 年二月，拓跋珪刚刚登基就徙居了盛乐（今内蒙古和林格尔县西北土城子乡），务农息民。②

所谓的"离散部落"，用《魏书·贺讷传》中的记载可以顾名思义地解释："讷从太祖平中原，拜安远将军。其后离散诸部，分土定居，不听迁徙，其君长大人皆同编户。"

"离散部落"的核心是两点：定居和编户，目的是方便控制、指哪打哪。

《魏书·高车传》做出了旁白解释，后来拓跋珪离散诸部后，只有

---

① 《魏书·官氏志》：登国初，太祖散诸部落，始同为编民。
② 《资治通鉴·晋纪二十八》：代王珪徙居定襄之盛乐，务农息民，国人悦之。

高车部因为实在难以使役，所以还保留着部落属性。[①]

也就是说，"分散诸部"的目的，是为了方便自己"任使役"。其实就是将草原民族中原化，在草原上实行中原政权统治的精髓——编户齐民。

这个政策在《贺讷传》中分三步走：离散诸部，分土定居，不听迁徙，其君长大人皆同编户。

第一步"分土"。确定土地后，才能"离散诸部"。

第二步"定居"。只有"分土"使部落离散后，才能让部民踏踏实实地"定居"从而"不听迁徙"。

第三步"编户"。只有"定居"后才能登记造册，达到"任使役"的目的。

386年二月，拓跋珪在初登王位一个月后，就在盛乐推行了"离散诸部"的政策。

"离散诸部"并不是拓跋珪的发明，十六岁的孩子怎么可能有这么高深的智慧，这是从苻坚那里学来的。准确地说，是"五胡时代"，少数民族入主中原后一代代人从汉政权那里总结借鉴过来的。

《晋书·苻坚载记》中说代国被灭后，苻坚对拓跋十族施行了离散部落，具体操作如下："散其部落于汉鄣边故地，立尉、监行事，官僚领押，课之治业营生，三五取丁，优复三年无税租。其渠帅岁终令朝献，出入行来为之制限。"

"散其部落于汉鄣边故地"就是"离散诸部，分土定居"。

"立尉、监行事，官僚领押"就是利用武力强制保证离散诸部的实施，保证其"其君长大人皆同编户"。

---

① 《魏书·高车传》：太祖时，分散诸部，唯高车以类粗犷，不任使役，故得别为部落。

"其渠帅岁终令朝献，出入行来为之制限"这就是"不听迁徙"。

"课之治业营生，三五取丁"就是达到"任使役"的目的。

《南齐书·魏虏传》中也基本和《晋书·苻坚载记》中说的一样："分其部党居云中等四郡，诸部主帅岁终入朝，并得见褴，差税诸部以给之。"唯一的区别，是《晋书》说的离散之地为"汉郓边故地"，《南齐书》说的是"云中等四郡"。

其实所谓的"汉郓边故地"也就是"云中等四郡"，除了云中外剩下的三郡极大概率是之前杀刘库仁的雁门、上谷、代郡三郡。（见图15-5）

拓跋珪"息众课农"的盛乐，属云中郡。推行"离散诸部"的拓跋珪，就是地地道道地学苻坚。

拓跋珪之所以要在继位后第二个月就迁都到盛乐去搞离散诸部，就是因为苻坚在这里有过试点的基础。

但是，这事靠谱吗？这个十六岁的孩子步子迈得太大了。自古改革都是要有威望和强制力保底的，拓跋珪有吗？

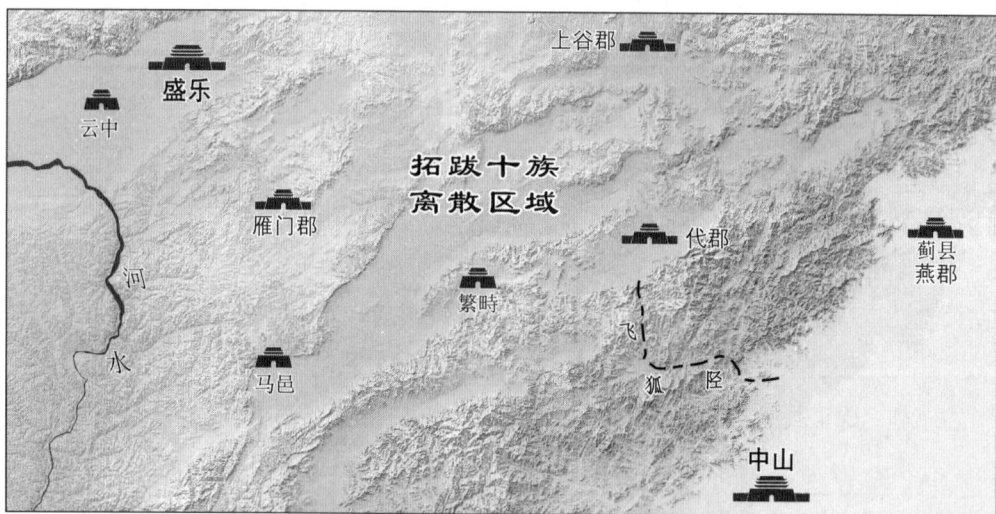

图15-5　拓跋十族离散区域示意图

仅仅三个月后，护佛侯部和乙弗部就叛逃了。①

对于这事，拓跋珪没有什么反应，表示现在制度草创，一切要忍。②

七月，拓跋珪回到盛乐后，乙弗部又来归降了，十几天后，其帅代题再次叛逃，拓跋珪命令其孙倍斤代领部落。③

为什么又来归降了呢？因为拓跋珪放弃了"离散部落"政策。

后面明说了，即便乙弗部帅代题再次叛逃，拓跋珪仍然令其孙倍斤代领乙弗部落。由此也可以知道，乙弗部并未被离散。这也就意味着，拓跋珪刚一试水就激起了层层巨浪，然后就收手了。

但是，拓跋珪的这次"愣头青行为"差点儿让他永远失去了再次试错的机会。因为毛毛躁躁的操作，让很多大佬并不认可拓跋珪。没过几个月，十六岁的拓跋珪迎来了几乎众叛亲离的危险局面。

386 年六月，开始东返的西燕内部发生了兵变，刁云等人杀掉了西燕国主慕容忠（慕容儁孙），推举慕容永（慕容宗室远支）为话事人。慕容儁的子孙不再是皇帝，西燕终于能有机会和慕容垂建交并开始向后燕称藩。

慕容永随后向苻丕借道东返，但苻丕不同意。苻丕率军倾巢而出，准备在襄陵（今山西襄汾县）拦截这些逼死他爹苻坚的燕贼。但慕容鲜卑是真的能打，苻丕军被彻底摧毁，左丞相王永、卫大将军俱石子全部战死。

苻丕担心被另一个长安逃奔过来的实力派人物苻纂迫害，率数千骑兵南逃东垣，打算袭击洛阳，但随后被东晋的**扬威将军**冯该斩杀，太子苻宁、长东王苻寿都被俘虏送到了建康。

---

① 《魏书·太祖纪》：五月，车驾东幸陵石。护佛侯部帅侯辰、乙弗部帅代题叛走。

② 《魏书·太祖纪》：诸将追之，帝曰："侯辰等世修职役，虽有小愆，宜且忍之。当今草创，人情未一，愚近者固应趑趄，不足追也。"

③ 《魏书·太祖纪》：秋七月己酉，车驾还盛乐。代题复以部落来降，旬有数日，亡奔刘显。帝使其孙倍斤代领部落。

苻纂与其弟苻师奴率前秦的最后数万兵马西渡黄河逃奔了杏城（今陕西黄陵县），其余的王公百官全都落入慕容永之手。①

慕容永拿下并州后，也不再提东归慕容垂的事了。

拓跋珪在慕容垂的支持下渐渐夺回了代北的声威，西燕慕容永拿下并州则让独孤部的刘显看到了新的机会。因为拓跋什翼犍的幼子拓跋窟咄此时也跟随慕容永东返了。②

这孩子就没有被慕容垂安排进代北的核心政局，或者说，拓跋窟咄并没有一个如贺氏般厉害的妈妈帮他去运作这些事。

刘显遣弟刘亢泥迎回了拓跋窟咄，随后出兵代北，拓跋诸部骚动。③

代国王位其实百年来一直没有明确的继承制度，一直是谁胳膊粗、谁背后的势力大谁上。

拓跋珪有着嫡长孙的名义，其实并不算什么，他仅仅十六岁的年纪则是个重大劣势。

拓跋部重臣莫题此时就给拓跋窟咄送去了示好信物，还带了话："三岁的牛犊子怎么能拉得动大车！"④

更关键的是，拓跋珪刚刚上位就忙着离散诸部，这惹怒了很多既得利益者："拓跋珪这个小毛孩子明显不顾我们草原民族广大代北诸部的根本利益！"

---

① 《资治通鉴·晋纪二十八》：纂与其弟尚书永平侯师奴帅秦众数万走据杏城，其余王公百官皆没于永。

② 《资治通鉴·晋纪二十八》：初，秦灭代，迁代王什翼犍少子窟咄于长安，从慕容永东徙，永以窟咄为新兴太守。

③ 《资治通鉴·晋纪二十八》：刘显遣其弟亢泥迎窟咄，以兵随之，逼魏南境，诸部骚动。

④ 《魏书·莫题传》：登国初，刘显遣弟亢泥等迎窟咄，寇南鄙。题时贰于太祖，遗箭于窟咄，谓之曰："三岁犊岂胜重载？"言窟咄长而太祖少也。

当刘显助拓跋窟咄来争王位时，拓跋诸部出现了巨大骚动，拓跋珪身边甚至出现了谋逆的卧底，于桓等亲随与诸部大人打算杀掉拓跋珪作为迎接新帝的投名状。①

当时的情况已经恶劣到什么地步了呢？同谋人单乌干向拓跋珪告密，但拓跋珪考虑到此时人心几乎已经失控，不敢翻脸。②

这很不像拓跋珪的风格，因为此人向来狠辣凌厉，反应极快。

于桓又对其舅穆崇说："现在拓跋窟咄已立，大家都打定主意去归附了，富贵不可失，舅舅您动手吧！"③

眼看叛离弑主几乎要成为明目张胆的事，拓跋珪终于下定决心诛杀了于桓等密谋者五人，但其余莫题等七姓都不再追究。④

此次诛杀乱党后，拓跋珪发现仍然控制不住局势，于是北越阴山，再次逃到了母族贺兰部。⑤

眼看着创业未开始就要中道崩殂，拓跋珪找他舅爷爷了。

各大版本的史书都记载拓跋珪向慕容垂张嘴了。先选立场最可笑的《魏书》：拓跋珪派使者告诉慕容垂表现的机会到了，随后慕容垂遣使朝贡已经成光杆司令的拓跋珪，同时派慕容麟带军队跟拓跋珪的使者一起去。⑥

---

① 《魏书·太祖纪》：八月，刘显遣弟亢泥迎窟咄，以兵随之，来逼南境。于是诸部骚动，人心顾望。帝左右于桓等，与诸部人谋为逆以应之。

② 《魏书·昭成子孙传》：太祖左右于桓等谋应之，同谋人单乌干以告。太祖虑骇人心，沉吟未发。

③ 《魏书·穆崇传》：窟咄之难，崇外甥于桓等谋执太祖以应之，告崇曰："今窟咄已立，众咸归附，富贵不可失，愿舅图之。"

④ 《北史·魏诸宗室传》：后三日，桓以谋白其舅穆崇，又告之，帝乃诛桓等五人，余莫题等七姓悉原不问。

⑤ 《魏书·太祖纪》：帝虑内难，乃北逾阴山，幸贺兰部，阻山为固。

⑥ 《魏书·太祖纪》：遣行人安同、长孙贺使于慕容垂以征师，垂遣使朝贡，并令其子贺驎帅步骑以随同等。

连《魏书》都有记载，由此看出这一关实在是过不去，也掩盖不过去了，毕竟北魏太祖又组建流亡政府去了。

情况相当凶险。拓跋珪派了两个心腹去求救，一个半路就直接投奔拓跋窟咄了，另一个心腹安同排除万难地来到了中山送信，最终慕容垂派慕容麟率步骑六千前来救场。①

贺兰分部的贺染干趁着这个机会，也开始响应拓跋窟咄去侵袭拓跋北部。②

十月，南北强敌开始逼近，拓跋部已经一盘散沙，北部大人叔孙普洛等十三位高级官员及诸乌丸逃奔刘卫辰。③

眼看着要崩，北魏的好朋友，拓跋氏历史上最重要的恩人慕容麟果断派安同先行回国，告知燕军就要到了。

在后燕的支持下，拓跋部终于暂时止住了颓势。④

看到舅爷爷派兵来了，拓跋珪才从母族贺兰部回到了牛川（今内蒙古集宁区），此时拓跋窟咄已经进军到了高柳（今山西阳高县）。（见图15-6）

拓跋珪再次派安同去见慕容麟，约定攻打拓跋窟咄的时间。⑤

最终双方约定了时间，拓跋珪带队和慕容麟会师于高柳，击败了

---

① 《北史·魏诸宗室传》：遣安同及长孙漫征兵于慕容垂。贺曼亡奔窟咄；安同间行，遂达中山。慕容垂遣子贺驎步骑六千以随之。

② 《魏书·昭成子孙传》：贺染干阴怀异端，乃为窟咄来侵北部。

③ 《资治通鉴·晋纪二十八》：燕赵王麟军未至魏，拓跋窟咄稍前逼魏王珪，贺染干侵魏北部以应之。魏众惊扰，北部大人叔孙普洛亡奔刘卫辰。《魏书·昭成子孙传》：人皆惊骇，莫有固志。于是北部大人叔孙普洛节及诸乌丸亡奔卫辰。

④ 《魏书·昭成子孙传》：贺驎闻之，遽遣安同、朱谭等来。既知贺驎军近，众乃小定。《资治通鉴·晋纪二十八》：麟闻之，遽遣安同等归。魏人知燕军在近，众心少安。

⑤ 《魏书·昭成子孙传》：太祖复使安同诣贺驎，因克会期。

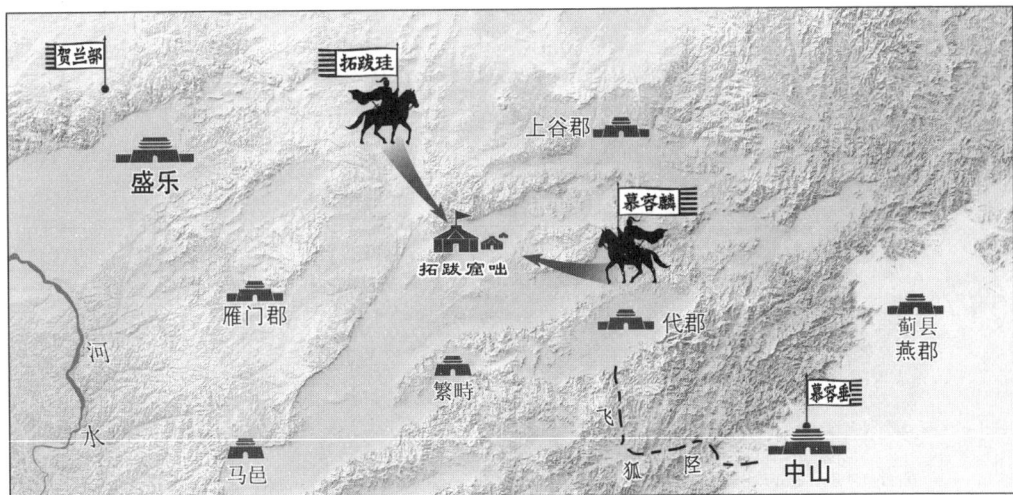

图 15-6　拓跋珪与慕容麟联合作战示意图

他的小叔叔，拓跋窟咄逃奔刘卫辰后被杀，拓跋珪悉收其众，打赢了这场王位争夺战。[1]

慕容麟帮拓跋珪打败拓跋窟咄后，回师中山。[2] 这是慕容垂第一次扶起来拓跋珪。

387 年，打赢了王位之战的拓跋珪着手处理始作俑者独孤部的巨大威胁。

刘显的独孤部作为苻坚扶植了近十年的代北代言人，地广兵强，雄于北方，但因为刘显弑叔争夺继承权问题，去年刘显之弟刘肺泥和族帅刘奴真相继叛离，投奔了拓跋部，独孤部开始出现衰弱之势。[3]

---

① 《魏书·昭成子孙传》：安同还，太祖踰参合，出代北与贺驎会于高柳。窟咄困迫，望旗奔走，遂为卫辰杀之，帝悉收其众。

② 《魏书·昭成子孙传》：贺驎别帝，归于中山。

③ 《魏书·太祖纪》：刘显自善无南走马邑，其族人奴真率所部请降于代；七月，刘显弟肺泥帅众降魏。

拓跋珪的长史张衮对他说："刘显胃口很大，现在要是不趁着他家兄弟不和而取之，将来必为后患，但咱们自己和他开战没什么戏，还是得找你舅爷爷。"①

恰巧刘显也不是个战略上的明白人，他并不清楚此时要安抚慕容垂，反而还勾搭了慕容垂的边地叛军。

387年三月，后燕上谷人王敏杀上谷太守，代郡人许谦逐代郡太守，各率郡归附刘显。②

五月，拓跋珪联盟慕容氏灭独孤部的求援信送过来了。③

慕容垂正还在琢磨的时候，刘显又作死了。七月，河西的刘卫辰为结好慕容垂，特意献马，马却被刘显给抢了。（见图 15-7）

慕容垂大怒，派北魏的老朋友慕容麟再次带兵西征。后来慕容垂还是觉得不解气，又调派了慕容楷率本部过来，大败刘显。

刘显率部逃到了马邑西山，这时候拓跋珪也来了，与慕容麟在弥泽（今山西朔州西南）会师并再次击破了刘显部。④

这次独孤部被打残了，部众牛羊被慕容麟全部拿下，刘显投奔了西燕。⑤

慕容垂随后直接将独孤部开除出鲜卑籍，立刘显之弟刘可泥为乌

---

① 《魏书·张衮传》：时刘显地广兵强，跨有朔裔。会其兄弟乖离，共相疑阻，衮言于太祖曰："显志大意高，希冀非望，乃有参天贰地，笼罩宇宙之规。吴不并越，将为后患。今因其内衅，宜速乘之。若轻师独进，或恐越逸。可遣使告慕容垂，共相声援，东西俱举，势必擒之。"

② 《资治通鉴·晋纪二十九》：燕上谷人王敏杀太守封戢，代郡人许谦逐太守贾闰，各以郡附刘显。

③ 《魏书·太祖纪》：夏五月，遣行人安同征兵于慕容垂。

④ 《资治通鉴·晋纪二十九》：燕主垂怒，遣太原王楷将兵助赵王麟击显，大破之。显奔马邑西山。魏王珪引兵会麟击显于弥泽，又破之。

⑤ 《资治通鉴·晋纪二十九》：显奔西燕，麟悉收其部众，获马牛羊以千万数。

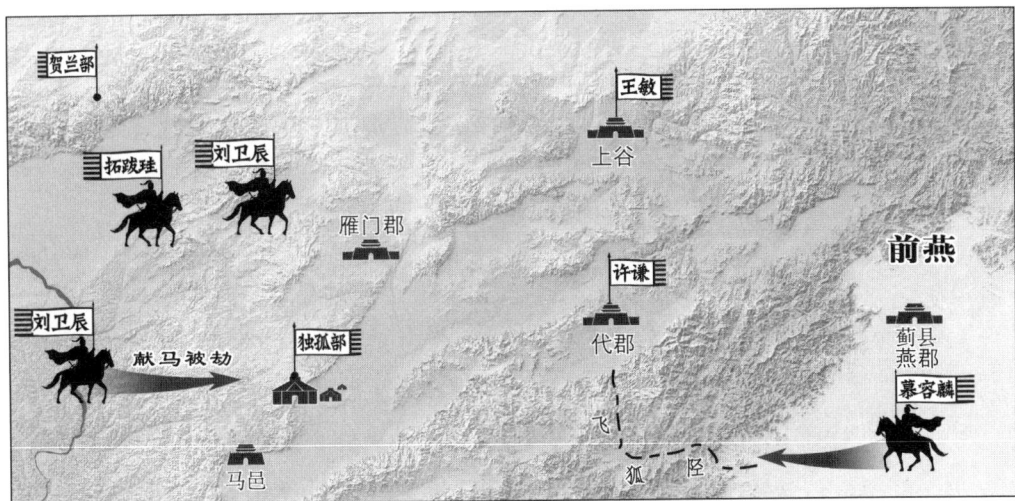

图 15-7 拓跋珪与慕容麟再次联合作战示意图

桓王，并将独孤部核心的八千余落迁到中山，编户齐民，进行看管。[①]

就这样，拓跋珪复国后最大的敌对势力独孤部被势大力沉的慕容垂给离散了。虽然独孤部的人口和牛羊全部被燕军笑纳，但最大的受益者明显是拓跋珪。拓跋部南面出现了巨大的权力真空，并且就此消除了一个心腹大患。

灭独孤部后一年，即388年八月，拓跋珪派弟弟拓跋仪去中山探慕容垂的底细。在这个时候，刚刚解除外患没多久的十八岁拓跋珪就已经有图谋舅爷爷的打算了。

拓跋仪回来后对拓跋珪说："舅爷爷更老了，他的太子还是那德行，他弟弟慕容德已经开始翘尾巴了，将来老英雄死后，燕必内乱，届

[①]《资治通鉴·晋纪二十九》：燕主垂立刘显弟可泥为乌桓王，以抚其众，徙八千余落于中山。

时可图之，现在还不是时候。"①

拓跋珪随后将目光瞄准了曾经的恩人，自己的母族贺兰部。

389 年正月，拓跋珪袭高车诸部，破之。很快，拓跋珪的真实意图显露出来，袭高车只是幌子，其意在贺兰部。

二月，拓跋珪突然袭击了贺兰部的小弟吐突邻部，大破之。拓跋珪正式将刀捅向了贺兰部。

小弟被打，贺兰部发兵救援，这次贺讷没再挺自己外甥，而是跟一直想弄死拓跋珪的贺染干尽起诸部前来救援了，这次战役未分胜负。

看到自己打不动贺兰部，拓跋珪又想起他舅爷爷了。

四月，远征回来的拓跋珪几乎是马不停蹄地来到赤城。

紧接着五月，就派"外交部长"拓跋虔去见慕容垂了。②

十月，慕容垂派人来跟拓跋珪密谋。

半年后，390 年三月，拓跋珪实施了自己的计划，还是和去年一样，先以暴打高车部当幌子，俘获人口牛羊二十余万。慕容垂派慕容麟也过来了。③

入夏，拓跋珪在意辛山与北魏的老朋友会合，随后与贺兰部及其全部小弟展开会战，魏燕联军大胜。④

纥突邻和纥奚二部降魏，贺讷率部西逃。

---

① 《资治通鉴·晋纪二十九》：魏王珪阴有图燕之志，遣九原公仪奉使至中山。……仪还，言于珪曰："燕主衰老，太子暗弱，范阳王自负材气，非少主臣也。燕主既没，内难必作，于时乃可图也。今则未可。"

② 《魏书·太祖纪》：五月，陈留公元虔使于慕容垂。

③ 《魏书·太祖纪》：五年春三月甲申，帝西征。次鹿浑海，袭高车袁纥部，大破之，虏获生口、马牛羊二十余万。慕容垂遣子贺驎率众来会。

④ 《魏书·太祖纪》：夏四月丙寅，行幸意辛山，与贺驎讨贺兰、纥突邻、纥奚诸部落，大破之。

六月，拓跋珪回师牛川，这时草原上永不落幕的"趁你病要你命"剧本如期上演，铁弗匈奴刘卫辰命其子再击贺兰部。贺讷无奈向自己的外甥拓跋珪请降求救。①

七月，拓跋珪救了他舅舅，随后将贺兰部迁到了魏燕边界。②

贺讷来到燕境后向慕容垂称臣，慕容垂任命贺讷为归善王。③

391年正月，贺兰部发生内乱，贺染干打算谋杀其兄贺讷，贺讷知道后和贺染干展开了内战。

这事怎么能少得了好外甥呢，拓跋珪赶紧又给他舅爷爷送信，说我给您当向导咱打他们去啊！④

二月，慕容垂又派了慕容麟来打贺讷，并派龙城守将兰汗带着东北军攻打贺染干。⑤

四月，兰汗击破贺染干。

六月，慕容麟在赤城抓住了贺讷，受降其部落数万。⑥

至此，拓跋珪忽悠慕容垂的条件也基本可以看明白了。

拓跋珪要地盘，给慕容垂人口和牛羊。第一次打败贺兰部后将贺兰部从阴山北的故地胁迫到了燕境，趁着贺兰部内乱，慕容垂出兵吞并了贺兰部。但从这时开始，拓跋珪对他有大恩的舅爷爷露出了獠牙！

———————

① 《魏书·太祖纪》：六月，还幸牛川。卫辰遣子直力鞮寇贺兰部，围之。贺讷等请降，告困。

② 《资治通鉴·晋纪二十九》：七月，刘卫辰遣子直力鞮攻贺兰部，贺讷困急，请降于魏。丙子，魏王珪引兵救之，直力鞮退。珪徙讷部落，处之东境。

③ 《魏书·贺讷传》：讷又通于慕容垂，垂以讷为归善王。

④ 《资治通鉴·晋纪二十九》：魏王珪告于燕，请为乡导以讨之。

⑤ 《资治通鉴·晋纪二十九》：二月，甲戌，燕主垂遣赵王麟将兵击讷，镇北将军兰汗帅龙城之兵击染干。

⑥ 《资治通鉴·晋纪二十九》：六月，甲辰，燕赵王麟破贺讷于赤城，禽之，降其部落数万。

拓跋珪在慕容麟拿下贺讷的时候又开始来救他舅舅了。①

其实明摆着就是来找慕容麟抢人口。此时慕容麟刚刚火拼了贺讷，最终慕容垂吃了哑巴亏，命令慕容麟归还贺讷部人口，将贺染干部迁到了中山。②

这次慕容麟回来后跟他爹说："我看拓跋珪这小子将来一定会成大患，不如把他抓过来命其弟监国。"但慕容垂没有听从。③

真的是慕容垂"不从"吗？可能慕容垂已经知道自己犯了个极大的错误。

仅仅一个月后，拓跋珪派弟弟拓跋觚觐见慕容垂，这一次慕容垂扣下了拓跋觚，找拓跋珪要马，但拓跋珪相当干脆地和自己的恩公舅爷爷直接断交了，随后迅速派使者和西燕建立了关系。④

慕容垂根本没想到，这个外孙子居然不按套路出牌，没有一_丝丝_犹豫也没有一_丝丝_顾虑地就把自己拉黑了，还转头与竞争对手结盟！

就这样，慕容垂在帮拓跋珪复国成功后，又相继帮拓跋珪干了三件大事：

1. 在拓跋珪与叔叔争王位的覆灭关头帮他成功续命。

2. 帮拓跋珪剪灭了南部最大的敌对势力独孤部。

3. 帮拓跋珪剪灭了北部最大的潜在敌对势力贺兰部。

至此，拓跋珪周边再无大的威胁势力，慕容垂也就失去了利用的价值成为该扔的干电池了。

---

① 《魏书·贺讷传》：太祖遣师救讷，麟乃引退。

② 《资治通鉴·晋纪二十九》：燕主垂命麟归讷部落，徙染干于中山。

③ 《资治通鉴·晋纪二十九》：麟归，言于垂曰："臣观拓跋珪举动，终为国患，不若摄之还朝，使其弟监国事。"垂不从。

④ 《资治通鉴·晋纪二十九》：魏王珪遣其弟觚献见于燕；燕主垂衰老，子弟用事，留觚以求良马。魏王珪弗与，遂与燕绝；使长史张衮求好于西燕。

拓跋珪冷血寡恩到了转过头就能和慕容垂翻脸，并且根本不在乎弟弟的死活。

贺兰部最终在被慕容麟缴械后成为拓跋珪"离散部落"的牺牲品，从此成为拓跋部的农奴编户。[①]

贺讷看着这个白眼狼外甥最终一刀捅向了自己。回想起六年前，这个十五岁的外甥鼻涕一把泪一把地腆着大脸投奔自己的时候，曾信誓旦旦地对自己赔着笑脸说"诚如舅言，不敢忘也"。

所有人，都被这个在"动物世界"长大的孩子骗了。

灭了贺兰部的拓跋珪在几个月之后，拔出了西向的屠刀。

有"五胡吕布"之称的刘卫辰一直不安分，从拓跋珪爷爷时代就没完没了地反复降、叛，后来也是这个刘卫辰给前秦做向导来灭的代国。

391年九月，拓跋珪突然偷袭刘卫辰部于五原，屠其部，收积谷。

十月，拓跋珪大破归附于刘卫辰的柔然部，受降了柔然部的东西二部帅。

十一月，刘卫辰遣其子直力鞮进攻代国南部，当月就被拓跋珪带队反击，大破直力鞮军于铁歧山南，获其器械辎重，收牛羊二十余万。

如果是他爷爷，这事也就到此为止了。但由于舅爷爷和自己的经历太过于深刻，拓跋珪对于"野火烧不尽，春风吹又生"这句话有着刻骨的理解！

六天后，拓跋珪不死不休地追过了黄河。又过了三天，拓跋珪追到了刘卫辰的藏身处悦跋城，刘卫辰父子接着逃。拓跋珪下令诸部继续追击。

在拓跋珪凡事做绝地穷追猛打下，闹腾了三十多年的刘卫辰终于

---

① 《魏书·贺讷传》：讷从太祖平中原，拜安远将军。其后离散诸部，分土定居，不听迁徙，其君长大人皆同编户。

没能再次逃跑成功，被其部下所杀。

十二月，拓跋珪见到了刘卫辰的尸体，斩其头并巡视诸部，随后诛杀刘卫辰宗党五千余人以斩草除根，自此黄河两岸全部归于拓跋珪，获马三十余万匹，牛羊四百余万头，复国仅仅五年的拓跋珪超越了自己的爷爷拓跋什翼犍，声威国势达到了拓跋部有史以来的最高点。[①]

时年六十六岁的慕容垂站在中山的宫殿前向西望去，无论如何也不会想到，当年自己身边的那个孩子，那个今年不过二十一岁的毛头小子居然会在短短的五年时间统一大漠南北。他更加不会想到，即便自己对这个孩子有着兴灭继绝的山海之恩，最终在这个孩子的眼里，却永远在盘算着自己利用价值的多寡和取而代之的时机。

慕容垂这一生，经历太多了。

十几岁即勇冠三军；二十多岁独挡西路震慑后赵；三十多岁征战河北，为兄所忌；四十多岁力挽狂澜救国，无可奈何投敌；五十多岁身在长安苦心孤诣、心心念念恢复祖业；六十多岁终于扬眉吐气重回关东之巅。

这样的人生剧本实在太精彩，上天实在不忍让如此天造地设的人杰以此种方式走下历史舞台。慕容垂的七十岁，剧本仍非人间编剧所能想象。上天注定要让这个几乎贯穿"五胡"剧本后半场的最大角色体会到最撕心裂肺的谢幕感觉。

在小说《天龙八部》中，姑苏城西燕子坞有一处庄园为慕容氏所居，名"参合庄"。自古所居之地必图呼名之吉利，金庸用"参合"这个名字，在小说的开始，就预言了慕容复注定失败的结局。

在下一章，即将迎来"五胡时代"的北方终局之战。

---

① 《资治通鉴·晋纪二十九》：十二月，军于盐池，诛卫辰宗党五千余人，皆投尸于河，自河以南诸部悉降，获马三十余万匹，牛羊四百余万头，国用由是遂饶。

第 *16* 战

参合陂之战: 北魏与后燕的终极对决

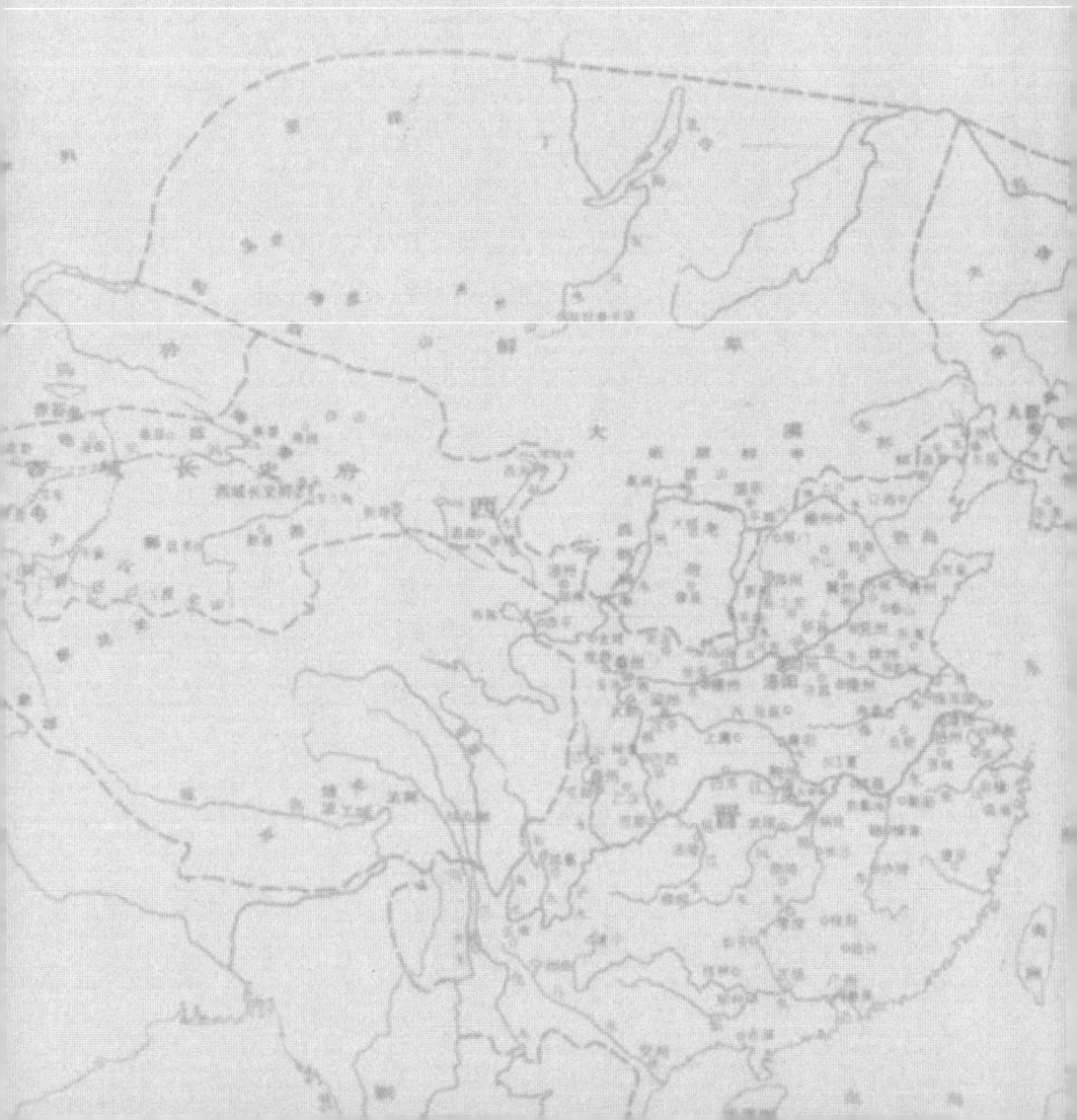

一、"五胡"兴衰的总密码

　　　　司马崩乱世界，五胡云扰中原。纵横百有余年，几度交
锋索战。

　　　　马过生灵齑粉，血流河洛腥膻。耳闻犹不堪言，有眼休
教看见。

　　轰轰烈烈的《两晋悲歌》北方剧情线，将在此战后落下帷幕。

　　在落幕钟声即将敲响之际，再回首这一百多年的"五胡乱华"。如
果这一百多年的血雨腥风只浓缩了一个道理，那么究竟是什么呢？

　　在前面的章节，已将南匈奴、屠各、氐、羌、乌桓、段部鲜卑、
宇文鲜卑、慕容鲜卑、内附"杂胡"以及拓跋鲜卑在内的几乎当时所有
北方少数民族的前世今生都细数了一遍。

　　在那个时代，北方各少数民族政权也都摩拳擦掌地做好了南下进
攻的准备。

　　或是因为小冰期，或者说是因为汉民族尚武之魂的衰落，又或者
说是因为司马氏的那些不肖子孙自毁长城，但是归根结底，北方各少数
民族政权之所以在公元 4 世纪初就开始荷枪实弹地对中原地区虎视眈

眈，其根本原因在于汉末三国的天下大乱和长达半个世纪的军阀混战让汉民族的北方人口数量跌到了历史冰点，而同时在小冰期造成的生存威胁下，北方各少数民族不得不开始"胡马南下"。

此消彼长之下，人口这个历史的核心元素，第一次对中原地区产生了巨大的思辨叩问。

历史的编剧神奇地将中原汉族人口的波谷与北方少数民族人口的波峰凑在了一起，引爆了随后三百年的血雨腥风。

早在公元280年西晋灭吴之后，晋朝的侍御史郭钦就曾在晋武帝司马炎高度兴奋的时候上了一份相当具有警示意义的"泼冷水"式报告，他在报告中提出了一个相当严峻的问题：胡人的数量太多了！

这也是一篇质量相当高的三段论式策论。

1. 发现问题：戎狄外族自古为患，魏初人少，西北诸郡都安排了内附之胡，甚至京兆、魏郡、弘农这种内部州郡也有外族之人移入。

2. 发出预警：虽然当前蛮夷服从，但百年之后，如果叛乱，胡骑自平阳、上党出发，不超过三天就可以来到孟津；北地、西河、太原、冯翊、安定、上郡，都将尽数沦为狄庭。

3. 解决问题：现在应该借平吴之威慢慢地将内郡杂胡迁移到边疆地区，同时严控四夷出入之防线，此为万世之长策也。

司马炎正忙着和弟弟司马攸进行政治大比武，需要塑造万邦归附的政治形象给自己加分，根本没工夫看这份写实且严峻的社会危机预警报告。

仅仅十几年后，郭钦的那篇策论预言开始逐步变为现实，北地、西河、冯翊、安定、上郡等整个西北逐渐沦为狄庭。

司马炎死后，西北大乱频发，氐人齐万年甚至开始造反称帝，即将引领下一个时代的口号"非我族类，其心必异"已成朝廷共识！

因为此次造反的主力，就是已被编户、汉化已久的氐人。

齐万年之乱被艰难平复后，陈留圉人江统给出了一个下世纪的节目预告——《徙戎论》。文中相当可怕地报告了两个现象：

1. 关中的戎狄人口已经过半，时间长了这不是个事啊！①

2. 现在不仅西北不让人省心，洛阳正北面的并州诸胡中的匈奴又一次成为心腹大患，而且要远比西北的威胁更为严重！②

这两个现象，归结起来就是，胡人的数量和规模太吓人了，汉人现在已经镇不住了。

中原王朝到了极其危险的时候。此时此刻放眼黄河以北，到处都是不同种不同俗的外族人。

长城塞外，拓跋鲜卑恢复元气开始，虎视阴山南北，东北鲜卑三部悄然崛起；中原内地，羌、氐大乱刚被平息，关中人口减少，羌、氐之众已占一半，屠各统一匈奴联盟成为并州大患，数十万"杂胡"遍布塞内，处处都像火药桶。

整个北方摩拳擦掌、战马嘶鸣。各就各位，预备！

在司马家族开启了前无古人的丑陋自爆后，诸胡鸣枪起跑了。

匈奴五部屠各引领第一棒灭亡了西晋政权，但在自家"低配版八王之乱"后也自爆了，所有的"杂胡"开始聚集在羯赵石勒周围。

石勒利用"普发公民权"的手段充分发挥了人数多的优势将第一棒匈奴人在洛阳会战后剿灭殆尽，自此，匈奴基本退出历史舞台，因为匈奴没人了。

整个匈奴族裔有影响力的仅剩北方草原上未参与中原角逐的铁弗

---

① 《晋书·江统传》：关中之人百余万口，率其少多，戎狄居半，处之与迁，必须口实。

② 《晋书·江统传》：并州之胡，本实匈奴桀恶之寇也……今五部之众，户至数万，人口之盛，过于西戎。其天性骁勇，弓马便利，倍于氐、羌。若有不虞风尘之虑，则并州之域可为寒心。（写明了匈奴现在的人口数量及战争能力。）

部和独孤部，其余基本都死了。

接下来的十五年是石虎肆虐期，石虎将当时北方的所有异族都圈到了河北。随后，他聚集羌、氐诸族和北方归附汉人对中原汉人展开了血腥暴政和肆意虐杀。

石虎相当明白民族斗争的核心指标是什么：汉人都被虐死了，天下自然就是胡人的。

但这招操作难度太高，石虎死后，羯赵开始镇不住各怀鬼胎的群胡场子。河北的"民族高压锅"爆炸了，石虎的汉族养孙冉闵团结起汉人对诸胡进行了报复性屠杀。自此，内附"杂胡"基本退出了历史舞台，因为"杂胡"没人了。

核心"杂胡"被屠杀殆尽，剩下的"杂胡"在人数上不再占据主流优势，再也无法出现像石勒那样有号召力的首领了。不过，这话有点儿绝对，下一个"杂胡联"领袖即将出现，他叫慕容垂。

冉闵屠羯后，之前一直低调发展的氐族和慕容鲜卑发力了，两族凭着自家的人口体量优势分别成了关中和关东的主人。

随后苻坚灭前燕，但并没有对慕容鲜卑进行血腥屠杀。十多年后，慕容冲带着三十多万鲜卑人乱长安，间接搞死了爱和自己玩角色扮演的苻坚。

慕容鲜卑消灭了大部分氐族人，剩余的氐族人则被后秦羌人消灭了。氐族就此退出历史舞台，还是那个原因——没人了。

淝水之战后，北方的台面上只剩下四大势力：完成布局并团结了关东"杂夷"的慕容垂，东归的慕容鲜卑，关中的羌人，北面的拓跋鲜卑。

前三股势力，都历经了多轮腥风血雨可谓百战余生。而作为最后一股势力的拓跋鲜卑，却在阴差阳错之下不得不"低调"了百年后，带着全部筹码即将清场！

百年战火燃烧到最后，就是朝着鲜卑人的内战方向演化。这一时代背景下的北方中国，马过生灵齑粉，血流河洛腥膻，沧桑百年匆匆过。"五胡乱华"的本质，就是人口体量最庞大的鲜卑族一路陪着各族民众撑到了"五胡"终章。

别人死了，我还站着，今后这片土地的主人就是我和我的后人！从宏观的历史角度来看，本战的故事是最悲壮的"为他人做嫁衣"。

在"五胡"剧本之神——慕容垂带着团结的"杂胡"精锐拼掉了同种的慕容鲜卑后，他又将这块"清理"干净的北国之地送到了"阴狠"集大成者——拓跋珪手上。

当鲜卑族成为这个时代北方的最终胜利者时，中原汉族也早已开始了血腥下的重生涅槃之路。

天堑长江保住了南方的华夏道统，在一座座的坞堡中，忍辱负重的汉人们传承着汉文化、繁衍着族裔。在一波波的胡马肆虐中，在百余年的血雨腥风下，汉族人口数量开始大幅回升。

人口！人口！无论是文明还是野蛮，无论是"礼义廉耻"还是"虽远必诛"，这一切一切的底色与支撑，都是人口！

现在，再来看看这场公元 4 世纪的巅峰收官战吧，且看慕容鲜卑和关东"杂夷"是如何清盘与退场的。

慕容垂人至暮年，打了好几个盹。就是这几个盹，浪费了后燕的最核心竞争力——慕容垂人老近妖的最后几年宝贵寿命。

387 年五月，慕容垂亲自统军南攻丁零人翟辽，慕容楷为前锋。翟辽势力范围内的百姓极为拥戴慕容楷，纷纷道："太原王慕容恪的儿子来了，我们的父母到了！"相继归附于慕容楷。

翟辽大为惊惧，请降，慕容垂命翟辽为徐州牧、河南公，并亲自到黎阳（今河南浚县东）受降，然后班师。

给对方一个投降的机会很正常，毕竟在乱世中树立一个接纳降将的招牌是相当降低统治成本的。

慕容垂这次没有使用铁腕政策迁移并离散丁零部众，很有可能是需要翟辽帮他防守黄河以南的东晋。

同年七月，慕容垂在帮拓跋珪灭了独孤部的刘显后，尽徙其部众于中山。[①]

北面有外孙子拓跋珪，那是自己人，所以不需要独孤部了，都带到中山来当编户吧；但南边毕竟还是要防着东晋的，所以给翟辽留下部众。

但很快，慕容垂就后悔了。当年十月，翟辽反叛，和当地的王祖、张申等势力再次作乱于河北南部。

388年二月，翟辽又要投降，但慕容垂不准，随后翟辽自称魏天王，丁零人自己建国了。

五月，翟辽因为害怕慕容垂，将都城由黄河以北的黎阳迁往了黄河以南的滑台。

十二月，之前配合丁零人作乱的张申、王祖等部被慕容隆等剿平。

之后的两年，慕容垂既没有管逃到河南的丁零人，也没有注意太行山以西的西燕，而是被外孙子拓跋珪牵着鼻子走。

390年，慕容麟配合拓跋珪打败了贺兰部，拓跋珪随后"迁"阴山以北的贺兰部到魏燕边境。

391年二月，慕容垂收网，打算吞并贺兰部人口，利用贺兰部内乱的机会，命慕容麟击贺讷，命东北军打贺染干。[②]

---

① 《资治通鉴·晋纪二十九》：燕主垂怒，遣太原王楷将兵助赵王麟击显，大破之。显奔马邑西山。魏王珪引兵会麟击显于弥泽，又破之。显奔西燕，麟悉收其部众，获马牛羊以千万数……燕主垂立刘显弟可泥为乌桓王，以抚其众，徙八千余落于中山。

② 《资治通鉴·晋纪二十九》：贺染干谋杀其兄讷，讷知之，举兵相攻。魏王珪告于燕，请为乡导以讨之。二月，甲戌，燕主垂遣赵王麟将兵击讷，镇北将军兰汗帅龙城之兵击染干。

四月，燕破贺染干于牛都。

六月，慕容麟在赤城生擒贺讷，降其部数万。但拓跋珪玩计谋摆了舅爷爷一道，慕容垂吃了哑巴亏，不得不放弃了贺讷部人口。

一个月后，燕魏翻脸。

这几年，尤其是在387年帮外孙子拓跋珪灭了南部大患独孤部的刘显后，慕容垂在战略上出现了巨大失误。他不仅没有让外孙子拓跋珪去帮他围剿他刚刚拿下的并州西燕政权，而且在自己西面南面都有明显敌对势力时，却去帮拓跋珪消灭了对其有潜在威胁的势力。

于是391年七月拓跋珪翻脸后，慕容垂突然发现形势有些不妙——自己被从西面、南面、北面三面包围了。

祸不单行，当年十月，丁零人翟辽死，其子翟钊上位后的第一件事就是北上找慕容垂麻烦，攻打邺城。[1]

坏消息不断传来。两个月后，即391年十二月，拓跋珪灭掉了刘卫辰，诛杀刘卫辰宗党五千余人以斩草除根，获马三十余万匹，牛羊四百余万头，自此黄河两岸全部归于拓跋珪，拓跋部实力再次大增，复国仅仅五年的拓跋珪超越了自己的爷爷什翼犍，实力达到了拓跋部的顶峰，一跃成为北方第一霸主。

自385年八月底苻丕放弃邺城，自己基本拿下河北后，慕容垂突然发现，在五年多的时间里，他的战略态势竟然在原地踏步中不断恶化！

究其最根本的原因，在于慕容垂根本没想到，拓跋珪这个十几岁的孩子居然会有如此厚黑的手段和如此精准的利益算法。

不过慕容垂认为问题不大，既然自己已经意识到了，那么扫除周边这些隐患就只是时间问题，毕竟，自己是"慕容求败"，是"五胡"

---

① 《资治通鉴·晋纪二十九》：翟辽卒，子钊代立，改元定鼎。攻燕邺城，燕辽西王农击却之。

之光！

但遗憾的是，慕容垂已经六十七岁了。在那个时代，活到这岁数的不败战神可以说就是最大的漏洞，百战百胜的背后都有点儿违背自然规律了。

人活七十古来稀，老天在寿数上对慕容垂并不苛刻。在慕容垂暮年的最后岁月里，他或许曾无数次地叹息自己打盹的那五年时光。

392年三月，六十七岁的慕容垂亲征南边的翟钊。

四月，翟钊看到慕容垂了，于是退到黄河以南的滑台大本营。

六月，慕容垂率大军驻扎于黎阳津，翟钊于南岸据守。后燕诸将比较头疼精干的丁零人，都说不能过河，但慕容垂笑道："这些宵小有什么能耐？看我杀他个片甲不留。"①

被慕容垂姑息了六七年后，丁零人已经成长为让后燕主力犯愁的势力了。还好，有大神慕容垂在。

慕容垂人生的最后三战，为后世教科书般地演示了《孙子兵法·虚实篇》的精髓——善战者，致人而不致于人。

慕容垂看到翟钊在黎阳津对面列阵，于是带兵去了黎阳西北四十里的西津，准备了百余艘牛皮船，做出要渡河的样子。

翟钊一看不妙，赶紧带军队跑去西津，而慕容垂则偷偷派中垒将军慕容镇趁夜带兵从黎阳津渡河，随后在黄河南岸筑营成功。②

慕容垂最初的目的，是将翟钊的人马调开以便己方在河对岸抢出滩头阵地就好，但局势朝利好方向发展却远超他的预期。

---

① 《晋书·慕容垂载记》：垂引师伐钊于滑台，次于黎阳津，钊于南岸距守，诸将恶其兵精，咸谏不宜济河。垂笑曰："竖子何能为，吾今为卿等杀之。"
② 《资治通鉴·晋纪三十》：垂徙营就西津，去黎阳西四十里，为牛皮船百余艘，伪列兵仗，沂流而上。钊亟引兵趣西津，垂潜遣中垒将军桂林王镇等自黎阳津夜济，营于河南，比明而营成。《晋书·慕容垂载记》：钊先以大众备黎阳，见垂向西津，乃弃营西距。

翟钊发现后燕的新情况后知道自己被要了，但他并没有回防滑台，而是急急忙忙地带兵回来攻打慕容镇新筑的营盘，但慕容垂早就下达了坚守不出的命令。

翟钊的军队来奔袭已经疲惫，又打不动慕容镇，只好撤军。

抓住这个战机，慕容镇引兵出战，慕容农也从西津渡河率兵赶来夹击，于是后燕军大破丁零。翟钊逃回滑台，收敛余众北渡黄河，逃到了白鹿山，凭险自守。

慕容农认为翟钊粮草有限，不可能在山里待太久，决定等他出来再打。不久翟钊果然率众下山，结果除了翟钊逃奔西燕外所有人都被后燕军俘虏。[①]

至此，南部危机解除。

一年后，393年十月，六十八岁的慕容垂与臣下商议平灭西燕。大家都说："慕容永没有挑衅我们，我国连年征伐，士兵已经疲敝，先别打了。"[②]

其实从上次南征翟辽开始，后燕的军事高层就已经露出厌战情绪了。既得利益已经拿到手，再打下来的地盘对于已享受胜利果实的军事高层来说意义不是那么大了。

这时慕容德站出来说："慕容永虽然也是宗室，和我们是一个家族的，但他只是旁枝而非正统，怎么能让他擅自称帝呢？必须把这个假冒伪劣的人打掉啊！"

---

① 《资治通鉴·晋纪三十》：钊兵往来疲暍，攻营不能拔，将引去。镇等引兵出战，骠骑将军农自西津济，与镇等夹击，大破之。钊走还滑台，将妻子，收遗众，北济河，登白鹿山，凭险自守，燕兵不得进。农曰："钊无粮，不能久居山中。"乃引兵还，留骑候之。钊果下山，还兵掩击，尽获其众，钊单骑奔长子。

② 《资治通鉴·晋纪三十》：燕主垂议伐西燕，诸将皆曰："永未有衅，我连年征讨，士卒疲弊，未可也。"

慕容垂心道："我兄弟和我是一样的心思，我虽然老了，但消灭这伙假冒伪劣的人还是没问题的，不能给后代子孙留下隐患！"

于是，出于不能给子孙遗祸的考虑，慕容垂按住了所有人的不满，定调西征。

十一月，慕容垂发中山步骑七万，遣慕容缵和龙骧将军张崇出井陉，攻打西燕晋阳的慕容友。而慕容永则在北上增援晋阳的同时，遣其尚书令刁云等率众五万守潞川防备滏口陉。

十二月，慕容垂来到邺城。

394 年二月，慕容垂做好了南部的战争动员，发司、冀、青、兖四州之兵，遣慕容楷出滏口陉，慕容农自白陉入壶关，自己屯兵邺城西南，却一个多月都没有采取任何行动。（见图 16-1）

慕容永听说后，派兵分道据守，聚粮于台壁（今山西黎城县上台北村），遣心腹带领万余人把守。

因为慕容垂方面一直没什么动作，慕容永比较纳闷，所以最终他判断，狡猾的慕容垂打算从太行八陉中最南端的轵关陉和太行陉出兵，其他都是烟雾弹。

慕容永将兵力全部调去封堵轵关陉和太行陉，滏口陉那里只留了台壁一军。①（见图 16-2）

四月二十，休整一个多月的慕容垂等着慕容永自己调走防守主力才引大军出滏口陉。

五月初一，后燕军至台壁，慕容永遣从兄太尉大慕容逸豆归前去救援，但被后燕平规击败。随后小慕容逸豆归出战，又被慕容农击败。接着西燕右将军勒马驹被斩杀，另一个将军王次多被活捉，台壁被围，

---

① 《资治通鉴·晋纪三十》：西燕主永怪之，以为太行道宽，疑垂欲诡道取之，乃悉敛诸军屯轵关，杜太行口，惟留台壁一军。

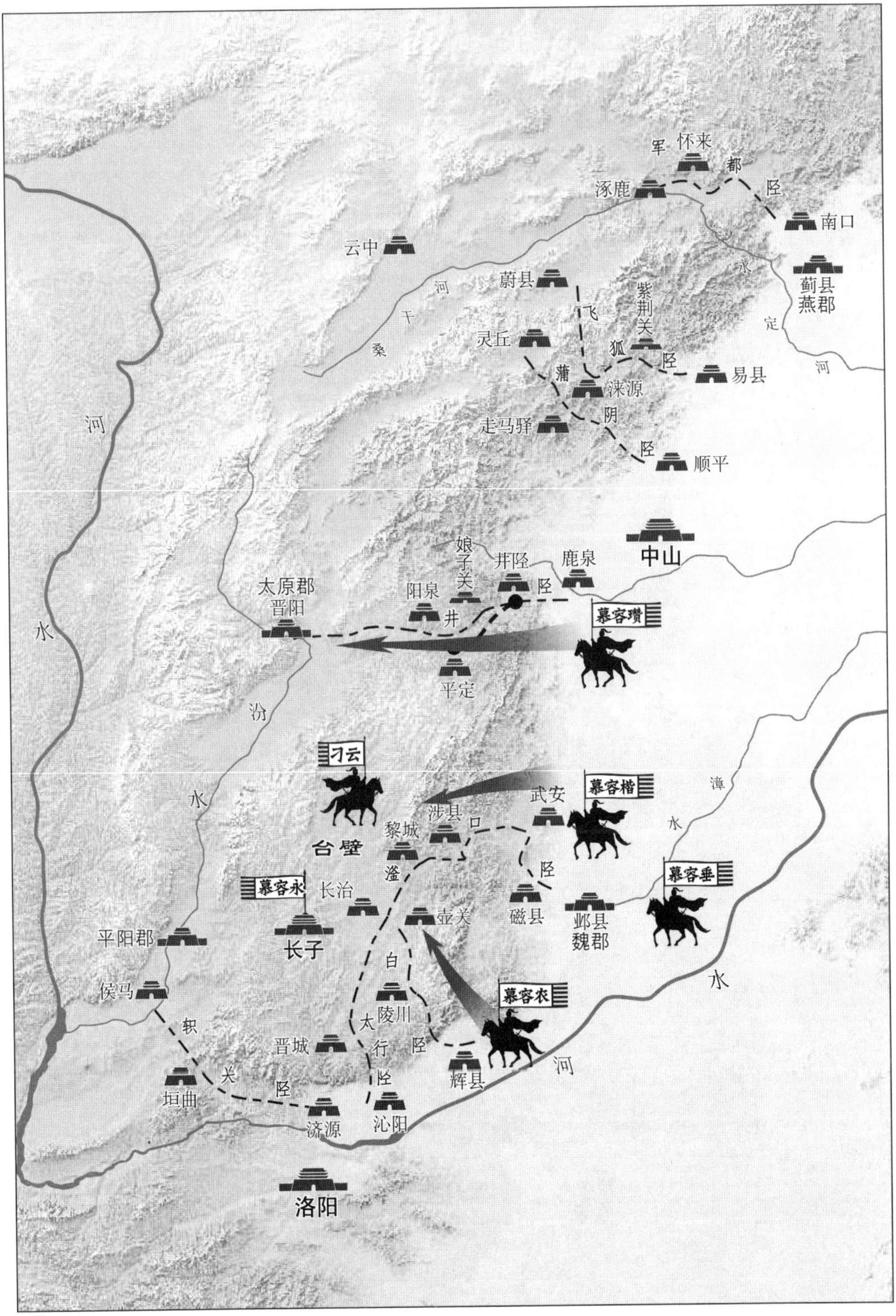

图 16-1　慕容垂出征西燕示意图

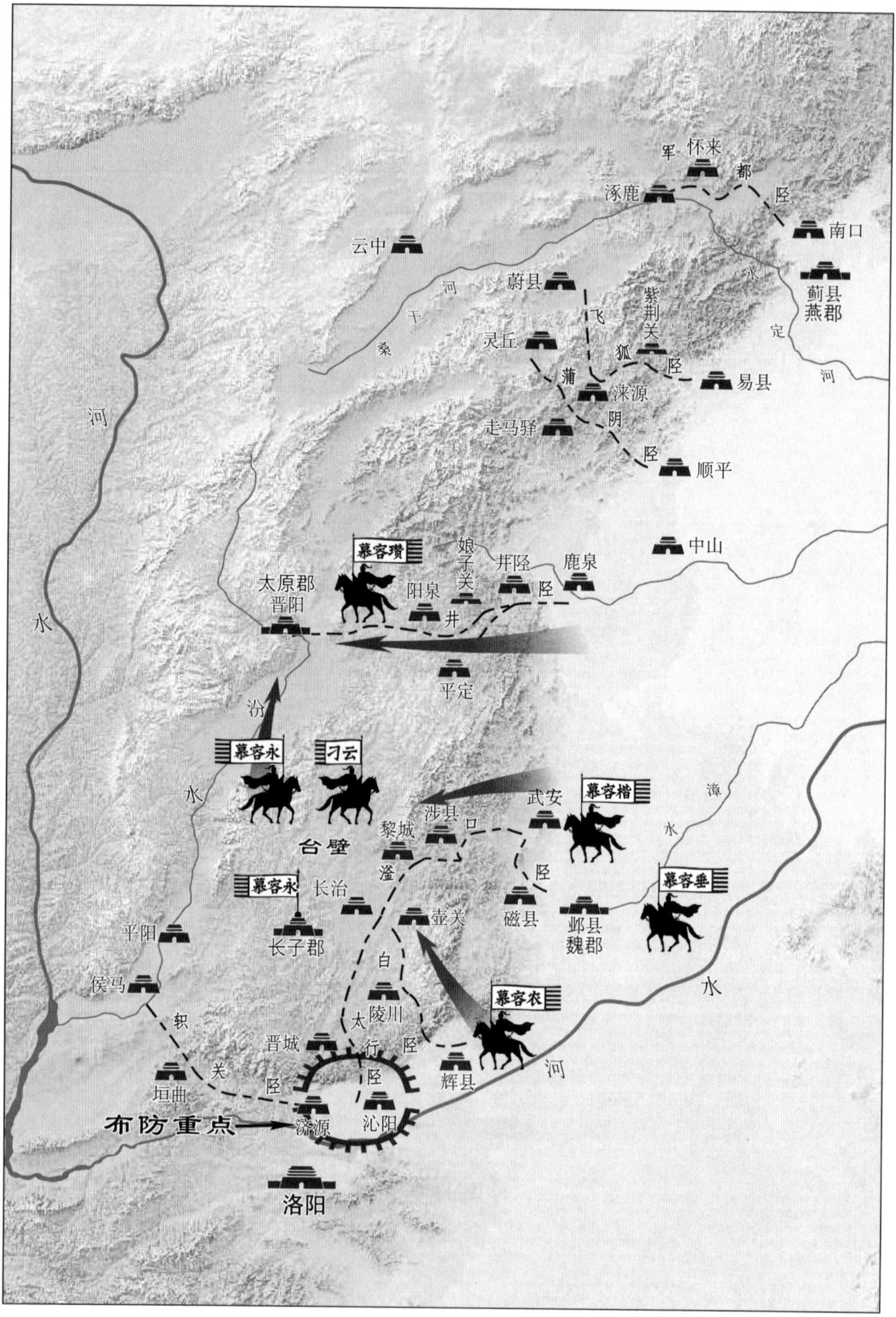

图16-2 慕容永布防重点示意图

刁云、慕容钟等台壁守军胆怯投降。

此战全程慕容永都在被慕容垂"调动"：太行八陉中的南面四陉都能攻击到西燕国都长子，所以慕容永四处都要布防，而慕容垂则可以用计使他疲于奔命，随后集中己方优势兵力进行单点突破，即兵法中的"我专为一，敌分为十，是以十攻其一也"。

也就是说，我方要打哪里对方不知道，那么对方要防备的地方就多，进而能和我方交战的人数注定少了，所谓吾所与战之地不可知，不可知则敌所备者多，敌所备者多，则吾所与战者寡矣。

所以对方无论防备哪个方向，都注定会有薄弱的一面露出来，所谓故备前则后寡，备后则前寡，备左则右寡，备右则左寡，无所不备，则无所不寡。

劣势者，是被调动的一方；优势者，是调动别人的一方。

所谓寡者，备人者也；众者，使人备己者也。

那么，为什么慕容垂一定能调动慕容永呢？为什么慕容永不能集中力量守都城，把慕容垂放进来打呢？为什么一定要御敌于太行山麓呢？

帝制时代，一国之都定在边境线是一柄双刃剑。优势的一方面在于边境线永远是国家最强力量所在；劣势的一方面则在于国运一旦不行或者出现强大对手的时候，国家在战略层面将非常被动！

因为战争是一种以国力为基础，人性、权力、信心等综合因素叠加在一起的游戏，根本就由不得人定！政治问题、经济问题、民心问题一旦通通掺杂进军事部署要考虑的决策环节时，很多兵法中的妙招将全部失灵，无法使用！

因为那里是国都！慕容永敢把慕容垂放进来吗？所谓"散地则无战"，不仅手下家眷都在国都里，而且慕容垂与西燕皇室又是同宗同族，也许周围的将士们就盼望着同一个大燕，早就不想打了呢。

从根本上来讲，慕容永的定都选择出现了巨大问题。长子作为国

都需要防备的干道太多了，他应该选择定都晋阳（今山西太原）。（见图16-3）

因为晋阳只有井陉一条路通着河北，可以专心布防，并把所有人质集中于晋阳看管，南面的上党高地则可以不用在意围城战，从而可以放弃封堵太行南四陉，把后燕放进来打。

一切都已经晚了，慕容永随后急召南面布防军回援，同时亲自率国都长子的精兵五万前去迎敌。

慕容永阻后燕军于浊漳水西，遣使请战慕容垂。

慕容垂列阵于台壁之南，暗中派慕容农和慕容楷为左右两翼，骁骑将军慕容国埋伏千余兵于涧下，随后打响会战。①

两军相接后，慕容垂还是用对付刘牢之的那招，打了一会儿装作打不过，开始带兵撤退。

慕容永玩命地追，等慕容永军追过去之后，慕容国骑兵突然杀出，截断后路，慕容垂也杀了回来，慕容楷、慕容农则形成夹击之势，西燕军被四面围歼。最终西燕军被斩首八千多，慕容永逃回国都长子。②

晋阳守将听说慕容永战败后弃城逃跑，慕容瓒结束了半年的北部之战，接手晋阳。

慕容垂随后挥师围困长子，慕容永打算投奔后秦，侍中兰英劝说："当年石虎伐龙城，太祖坚守不离，最终成就大燕之基。今慕容垂七十老翁而已，没本事屯兵于此连年攻我国都的，应当坚守城池以疲其军。"慕容永同意了。

---

① 《晋书·慕容垂载记》：垂列阵于台壁之南，农、楷分为二翼，慕容国伏千兵于深涧，与永大战。

② 《晋书·慕容垂载记》：垂引军伪退，永追奔数里，国发伏兵驰断其后，楷、农夹击之，永师大败，斩首八千余级，永奔还长子。

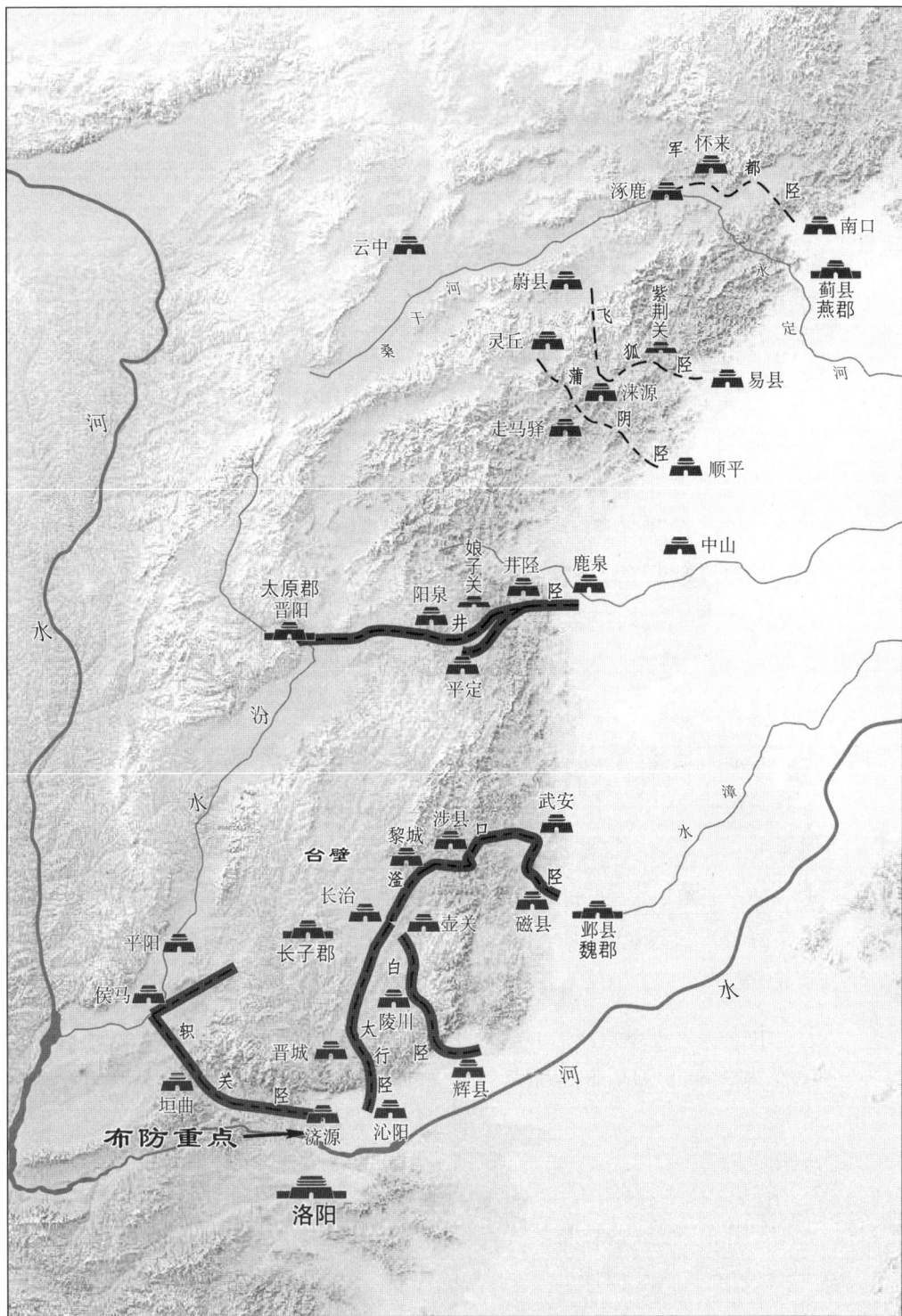

图 16-3　长子与晋阳对比示意图

这个案例本身是没错的，但慕容永忽略了一件事：石虎是异族人，慕容垂却是慕容鲜卑的同族同宗人，而且这位鲜卑族的英雄，在自家是很有号召力的。

八月，在守了两个月发现慕容垂并没有退兵的意思后，慕容永遣其子慕容弘向东晋的雍州刺史郗恢求救，并献玉玺一纽，随后又向拓跋珪告急。

东晋派出了青、兖二州刺史王恭和豫州刺史庾楷前来救援；拓跋珪则派陈留公拓跋虔和将军庾岳率骑兵五万驰援。

但很遗憾，西燕的基层与后燕的高层没有什么融合难度，晋魏救兵还没到，长子城门已从内部被打开了。

最终慕容垂杀掉慕容永及西燕大臣三十多人，获得慕容永的西燕八郡七万多户人口以及慕容永集团从前秦手里缴获的那堆战利品。[①]

慕容垂以丹阳王慕容瓒为并州刺史，镇守晋阳；宜都王慕容凤为雍州刺史，镇守长子。

慕容永原先的那堆技术型官僚，如尚书仆射昌黎屈遵、尚书阳平王德、秘书监中山李先、太子詹事渤海封则、黄门郎泰山胡母亮、中书郎张腾、尚书郎燕郡公孙表等这些出身于河北大族的人，全部拉拢接收，随才录用。

此战过后，慕容垂东巡阳平郡、平原郡，命慕容农渡过黄河拓地兖州、青州，相继拿下廪丘、阳城。

在慕容垂坐镇黄河边的战略威慑下，慕容农再发神威干掉了东晋的东平太守，随后高平、泰山、琅邪诸郡郡守不战而逃，慕容农挥师一

---

① 《资治通鉴·晋纪三十》：晋、魏兵皆未至，大逸豆归部将伐勤等开门内燕兵，燕人执永，斩之，并斩其公卿大将刁云、大逸豆归等三十余人，得永所统八郡七万余户及秦乘舆、服御、伎乐、珍宝甚众。

路打到东海边，并安排各地官员。①（见图 16-4）

十一月，慕容农进入临淄，拿下山东半岛。后燕此时达到了版图巅峰，虽然没有将战线推进至淮河，但基本上恢复了前燕时代的家族荣光。

十二月，慕容垂召慕容农等回军。

395 年正月，慕容垂自平原巡视广川、渤海、长乐三郡后回到中山。此时，七十岁的慕容垂还有一个对手。

这个对手不是南面的东晋，东晋那些人在淝水之战后又开始继续舞继续浪，重拾嗑药、大酒和裸奔。

对于东晋来讲，当国境线处在黄河时，全社会普遍在"浪"；当国境线被推进到淮河时，偶尔会有点儿危机感；只有当战火快燃烧到长江时，他们才会呐喊和彷徨。

慕容垂的这个对手，是在北方统一了草原的他的外孙子拓跋珪。

回到本章开篇：人口，是这个时代的兴衰密码。

一般来说，很难以占领土地的方式消灭一个草原政权，慕容垂需要再爆发一次，通过一次大歼灭战来打倒他那中山狼一样的外孙子。

其实这并不是什么难事，一直到此时，慕容垂仍然是这个时代独一无二的战神，谁都打不过他。

但就在慕容垂准备乘平灭丁零和西燕的胜势北上消灭最后一个目标对手时，上天拿走了后燕的最核心竞争力——慕容垂生病了。②

舅爷爷生病的这个消息，很快被拓跋珪知道了。他在考虑，是彻底等慕容垂死了以后再踏踏实实地和后燕决战呢，还是早点给自己这个

---

① 《资治通鉴·晋纪三十》：东平太守韦简战死，高平、泰山、琅邪诸郡皆委城奔溃，农进军临海，遍置守宰。

② 《资治通鉴·晋纪三十》：宝之发中山也，燕主垂已有疾。

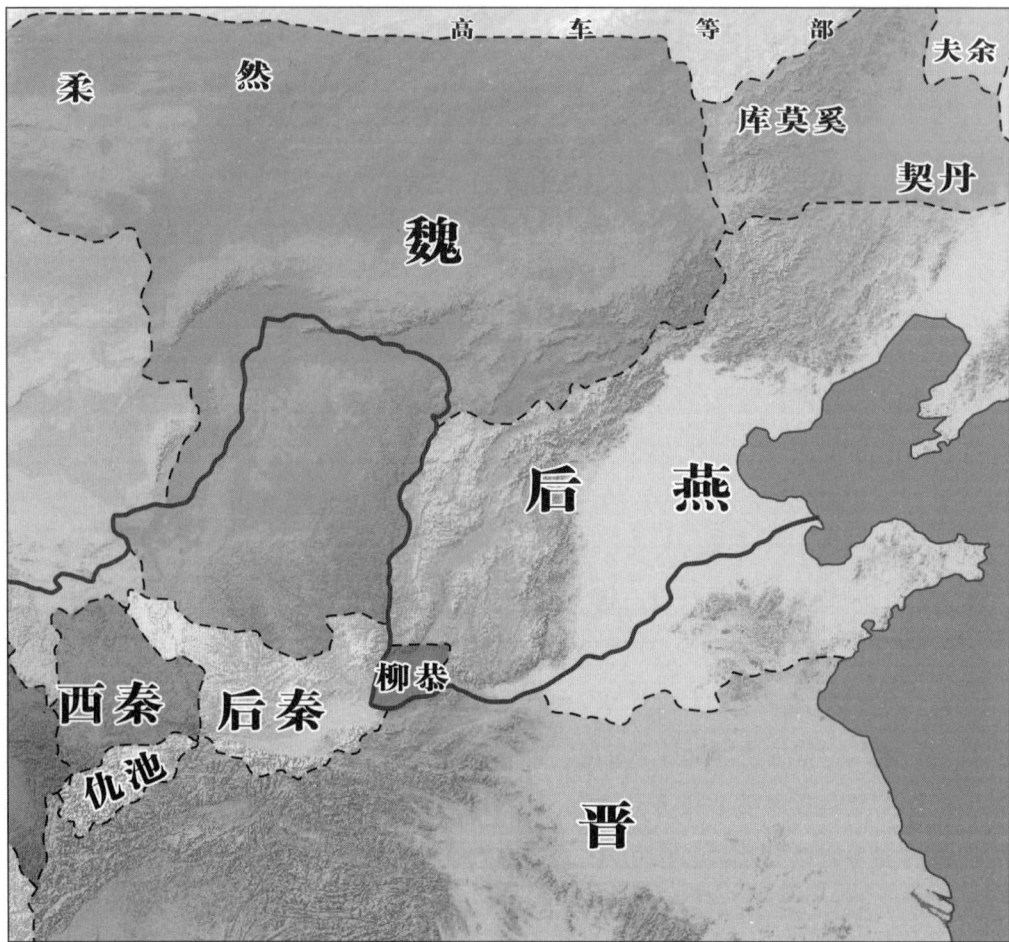

图 16-4 公元 394 年后燕势力范围示意图

战神舅爷爷送上一张急火攻心的催命符？这个老家伙戎马一生身体底子好得很，万一又恢复过来了呢！万一他是老夫聊发少年狂地拿我当下一个丁零和西燕了呢！

395年四月，拓跋珪南下侵逼后燕。病中的慕容垂部署了这辈子唯一一个错误的战术安排，小看了自己对于政权的决定性意义。

准确来说，公元4世纪末的北方总开关，就是慕容垂。后燕一切基业的开花与结果，也都是因为慕容垂这尊大神的存在。

当他亲临压阵时，各方势力就都会卖力表现出自己的竞争力；当他高龄病重时，各方势力就都会展现出人性之恶的自私劣根。

4世纪的终局走向，随着慕容垂的生病，开始以一种指数级裂变的速度朝着所有人都无法预料的方向急速演化……

二、"汉化军制"，"五胡"武运的总密码

395 年四月，拓跋珪侵逼后燕北境。

五月，慕容垂派太子慕容宝和两个最能打的儿子慕容农、慕容麟率精锐八万伐魏；弟弟慕容德和侄子慕容绍率步骑一万八千为后继，十万大军出塞。[①]

除了慕容垂本人这个"超级巨星"之外，此次西征，慕容垂派出了后燕的"全明星阵容"。

散骑常侍高湖对于这件事是这么劝慕容垂的："慕容氏和拓跋氏累世联姻，拓跋珪这小子有今天全是靠咱们提携，咱们对拓跋部施德之厚、结好之久，不是普通关系啊！之前因为找他们要马、扣下了拓跋珪的弟弟，这是咱们不地道，怎么现在还要兴兵攻打呢！[②]

"拓跋珪此人深沉果敢、勇武有谋而且自幼历经艰难磨砺，现在如

---

① 《资治通鉴·晋纪三十》：燕主垂遣太子宝、辽西王农、赵王麟帅众八万，自五原伐魏，范阳王德、陈留王绍别将步骑万八千为后继。

② 《资治通鉴·晋纪三十》：散骑常侍高湖谏曰："魏与燕世为婚姻，彼有内难，燕实存之，其施德厚矣，结好久矣。间以求马不获而留其弟，曲在于我，奈何遽兴兵击之！"

蛟龙入海，兵强马壮，不能轻视！咱们太子还年轻，心高气傲，我怕他轻敌不拿拓跋珪当回事，这万一要是失败了，他的威信扫地将来不好接班啊，陛下您再想想。"①

高湖这段话的前半部分比较随性，他不知道慕容垂为什么跟拓跋珪要马吗？拓跋珪南下侵燕还不能反击吗？还什么"曲在于我"，高湖到底端的谁的饭碗！

后半部分，则是打了慕容垂的脸。此时的拓跋珪二十五岁，慕容垂的太子慕容宝四十一岁。高湖夸了一通拓跋珪，又是"沉勇有谋"，又是"幼历艰难"，把慕容垂那四十多岁的儿子说得跟大棚里的菜似的，侮辱性极强。

慕容垂大怒，免了高湖的官。但无论高湖有多可恨，他说的话里面有一点是无法否认的：别看慕容宝此时已经四十一岁了，但他没有自己独立完成过任何一件大事。

虽然拓跋珪仅仅二十五岁，但他这些年灭独孤、并贺兰、屠刘卫辰，一步步亲手谋划并实施了统一草原的兼并之战。

高湖能看出拓跋珪这小子"沉勇有谋，幼历艰难"，难道慕容垂不知道吗？那么慕容垂为什么要北上去打拓跋珪？为什么不引蛇出洞等拓跋珪来犯河北时再迎头痛击呢？

因为慕容垂瞧不上拓跋部的军事实力。

如今一提起草原民族，貌似就是爆表的战斗力，就是打得汉人直不起腰，其实那都是宋代靖康之乱和蒙古人鞭笞世界后落下的印象。

实际上，即便是在"五胡时代"，草原集团的战斗力也一直处于

---

① 《资治通鉴·晋纪三十》：拓跋涉圭沉勇有谋，幼历艰难，兵精马强，未易轻也。皇太子富于春秋，志果气锐，今委之专任，必小魏而易之，万一不如所欲，伤威毁重，愿陛下深图之。

"五胡"鄙视链的最底端——因为草原集团的战斗力没被汉化整合升级过。

当年苻坚刺探代国军情时曾经有过这么一段记录。

苻坚问燕凤："代王是什么样的人？"

燕凤回说："是志向吞食天地的雄主。"

苻坚说："你们草原人没有钢甲利器，武器根本不入流，而且组织形式太落后，还是以敌弱就趋利、敌强就逃跑的利益为导向，代王也就吞食个寂寞吧。"①

燕凤随后从草原民族强悍的身体素质和庞大的人口数量，以及便宜的后勤成本来找回面子。

苻坚说这话的时候，是 373 年。这也就意味着，即便已经进入了"五胡时代"的后半场，草原上的拓跋部仍然是"无钢甲利器，敌弱则进，强即退走"的状态。

强汉开疆的太史公时代是这么描写匈奴的："其长兵则弓矢，短兵则刀铤。利则进，不利则退，不羞遁走。"

跟上面拓跋部的描写有什么不同吗？其实六百年过去了，无论是兵制还是武器都没什么变化，草原上的岁月仿佛停滞不前。

前面闹出过大动静的几股胡族势力之所以牛起来，本质是因为汉化。

匈奴屠各作为"五胡"第一棒最早火起来，那是因为有入塞后近百年的老底子。

早在曹操时代，并州刺史梁习就已经将南匈奴驯化成了这样一种状态：单于呼厨泉很温顺，部落长老们见到梁刺史要下跪行礼，部曲们指哪儿打哪儿，和汉人的编户一样。原话是："单于恭顺，名王稽颡，

---

① 《魏书·燕凤传》：卿辈北人，无钢甲利器，敌弱则进，强即退走，安能并兼。

部曲服事供职,同于编户。"

西晋开国后,屠各大首领刘渊的汉化程度高到了能让司马炎赞叹不已,并州匈奴无论是组织形式还是首领见识都处在那个时代群胡中的第一档,所以五部之众在被刘渊团结起来后,配合着马镫的发明与普及,开始刮起了第一波最炫民族风。

作为对比,同样是匈奴,同时代分化出去的南匈奴右贤王去卑后人的铁弗匈奴部,回到草原的战斗力都渣成什么样了。铁弗首领刘卫辰赢过吗?反复无常如吕布,战绩渣渣如袁术,堪称北方送温暖的第一达人。

作为"五胡"第二棒的石勒之所以牛起来,是因为傍着屠各匈奴起家,利用河北特殊的并州奴隶共同体的共命运情结,在一路的摸索中靠着"普发公民权"和逐渐汉化,升级了羯赵的战斗力。

但即便如此,单纯论战斗力而言,半路出家的后赵仍然比不上汉化更久的匈奴屠各。汉化程度的深浅,是能直接反映在战斗力的强弱上的。

匈奴汉赵的前期战斗力就不提了,因为那时候匈奴汉赵还有氐、羌等异族,所以无法客观体现,只看大分裂后单纯屠各血统的前赵刘曜政权。纵观刘曜和石赵的诸场战斗,在正面对决中基本上都是屠各击败石赵。

325年,石勒派石他出上郡攻打刘曜的小弟北羌王盆句除。刘曜大怒,急令刘岳追击石他。

刘岳与石他交战于河滨,后赵一千五百多人被斩,五千多人掉入黄河淹死,主将石他当场殒命。

326年,刘岳带着一万五千人攻打洛阳,连克盟津、石梁二戍,斩首五千余人,但随后被石虎的四万步骑打败。刘曜亲率主力支援刘岳,其屠各前军刘黑大败石虎部将石聪。

这次东征本来形势一片大好，但随后屠各军中无故两次夜惊，刘曜只好退回长安，而并非被"杂胡"军团打败的。[①]

328 年，石虎率军四万伐河东，一路顺利受降，结果被刘曜率精锐反攻，石虎大败，冉闵他爹于此役被阵斩，史载"枕尸二百余里，收其资仗亿计"，石虎一路逃回河内。

由洛阳大会战可以看出来，刘曜的战役战术水平其实相当一般，根本没什么"奇正之变"等虚实操作，而且还专门在战前喝大酒，所以之前这些战役的含金量更可以看作是屠各军力的战斗加成。

因为"杂胡"终究是部落种群太杂，汉化时间太短，组织行为模式一时难以更改，所以正面硬刚通常打不过汉化更久的匈奴屠各。

东北最早脱颖而出的战斗民族是段部鲜卑，因为段部接壤幽州，最早获得了汉化之便。

慕容鲜卑崛起，慕容恪的突骑战队击后赵、扫东北，更是因为早在 4 世纪初慕容家的祖先就开始了汉化改革，在晋永嘉之乱后获得了最多的汉人流民加成，最终在 4 世纪中叶凭借着五十年的汉化积累开始震惊世界。

按理来讲，氐族无论是民族历史悠久程度还是人口数量，都是比不过同样出身西北的羌人兄弟的，但整个 4 世纪的战斗记录羌人碰上氐人基本上就是被暴打的结局。

归根结底，氐人因为体量小反而比羌人的汉化要早得多，在 3 世纪齐万年称帝的时候，就已经是"编户之氐"了。[②]

---

① 《晋书·刘曜载记》：曜次于金谷，夜无故大惊，军中溃散，乃退如渑池。夜中又惊，士卒奔溃，遂归长安。

② 《徐陵集校笺·卷十》：齐万年编户隶属，为日久矣。《全晋文卷九十二·马汧督诔》：初雍部之内，属羌反未弭。而编户之氐，又肆逆焉。

还是那句话，汉化程度的深浅，能直接反映在战斗力的强弱上。

单兵骑射的作战能力，其实从一个军团战斗力的重要性上来讲并不是最重要的。正规军打仗是不需要舞出枪花的，组成方阵把枪一挺，往前有组织地冲锋就可以了。兵锋所指，挡者披靡！

军队想最大化地放大战斗力，需要通过由强大纪律性组成的军事方阵去放大集体的战争力量！

数十万人松松散散地各自为战搞骑射，永远比不上一个万人骑兵军团通过整齐划一地组成军阵冲锋所带来的杀伤性大和震撼性强。

战争中衡量战斗力的标准，本质上是看你对能量的使用能力和聚焦能力的整体水平。

一个人穿兽皮用弓箭，另一个人持长枪，弓箭不一定穿得透铠甲，但长枪捅过去就是个血窟窿，长枪的攻击力和铠甲的防御力是兽皮弓箭的好几倍。

制造出更高级的武器，这是能量的使用能力。

数十万人一通乱射，看见骑兵团冲锋就四散奔逃了，而整齐划一的方阵调动，擂鼓冲锋、鸣金收兵，指哪打哪，能够完成长官的战略构想，这样的能量聚焦能力就是几十倍大。

将兵力攥成一个拳头，这是能量的聚焦能力。

汉化所带来的最令人害怕的战争力量升级从来不是个体的天赋异禀，而是成百上千人旗帜鲜明整齐划一所聚拢后迸发出的恐怖力量！

自卫青开始，草原的军事力量就逐渐弱化了，中原兵团杀过去就属于降维打击。

汉军的骑兵战术开始发生变化，不再与匈奴人较量远射，而是将步兵的正面冲锋战术移植到了马背上，跟匈奴人玩肉搏来抵消掉匈奴人的骑射优势。所有的骑兵编队组成冲击方阵，如步兵军团般成建制地向敌人高速冲击而来！

来到 4 世纪，所谓"五胡乱华"能够成功的本质，是在整个东汉三国的两百多年中，胡人的不断内附和不断被奴役，使胡人们从组织行为模式上开始能够模仿汉人组织兵团了。

胡人在汉化后能够遵守纪律，能够被成功编队成方阵，能够打造出更强的能量聚焦编队，再配以高级武器和升级的战马，这才开始了 4 世纪的起飞。

慕容垂为什么看不上拓跋珪呢？因为拓跋珪在草原战例的表现确实不怎么样。在拓跋珪被刘显立起来的傀儡政权弄得人心惶惶快崩盘的时候，慕容麟仅带六千骑兵就帮他稳住了局面。[1]

慕容垂灭独孤部时，只是派了慕容麟部和慕容楷部就打败了刘显。[2]

击溃贺兰部时，慕容麟自己率部配合拓跋珪就搞定了。[3]

最终吞并贺兰部时，仍然是慕容麟和后燕东北军分别搞定的。[4]

拓跋珪从小收获了远超常人的汉化见识，慕容垂害怕吗？其实慕容垂并不担心，因为还是有先例的。

汉化不是草原民族派两个首领去中原留完学就能推行成功的。

拓跋珪的爷爷拓跋什翼犍，当年在后赵当了十年人质，喝了一肚子中原墨水，但是仍然没对拓跋部进行成功的汉化升级。

---

[1] 《北史·魏诸宗室传》：遣安同及长孙漫征兵于慕容垂。贺曼亡奔窟咄，安同间行，遂达中山。慕容垂遣子贺驎步骑六千以随之。《资治通鉴·晋纪二十八》：窟咄进屯高柳，珪引兵与麟会击之，窟咄大败。

[2] 《资治通鉴·晋纪二十九》：燕主垂怒，遣太原王楷将兵助赵王麟击显，大破之。显奔马邑西山。魏王珪引兵会麟击显于弥泽，又破之。显奔西燕，麟悉收其部众，获马牛羊以千万数。

[3] 《资治通鉴·晋纪二十九》：魏王珪会燕赵王麟于意辛山，击贺兰、纥突邻、纥奚三部，破之，纥突邻、纥奚皆降于魏。

[4] 《资治通鉴·晋纪二十九》：二月，甲戌，燕主垂遣赵王麟将兵击讷，镇北将军兰汗帅龙城之兵击染干。

拓跋什翼犍继位十二年后，后赵石家开始崩盘，中原大乱。拓跋什翼犍打算趁机南下掺和掺和，但因为收益问题，被诸部落长老们给否决了。①

即便已经稳住了权柄，拓跋什翼犍还是没办法做到汉化转型。

365 年，拓跋什翼犍打跑了刘卫辰，没有深追。

367 年，拓跋什翼犍再打刘卫辰，仍然是取得战利品后就到此为止了，根本没动力除恶务尽，因为没收益。

汉化的本质，是需要通过编户齐民进行农业生产，从而产生纪律性和协作性。

草原上的生活天生是不适应也很难转变的。草原上不需要遵守农时，不需要按时交租交粮上税，这就产生不了纪律意识；草原上不需要汇集海量人工去治水和建城，这就产生不了协作意识。

拓跋部只要继续占据着这片草原，就很难真正锻炼出入主中原的核心能力。

"祸兮福之所倚，福兮祸之所伏"，北魏的最初奠基人，是苻坚。

代国被灭后，苻坚离散拓跋诸部于汉边故地，立都尉，设监事，对拓跋部施行了编户定居的看管政策，定期收税并三五取丁进行了汉化的强制操作。②

拓跋什翼犍死后，苻坚将看管拓跋部离散部众并编户的任务交给了刘库仁。这也就意味着，拓跋部在代国覆灭后经历了长达十年的汉化

---

① 《魏书·序纪》：十四年，帝曰："石胡衰灭，冉闵肆祸，中州纷梗，莫有匡救，吾将亲率六军，廓定四海。"乃敕诸部，各率所统，以俟大期。诸大人谏曰："今中州大乱，诚宜进取，如闻豪强并起，不可一举而定，若或留连，经历岁稔，恐无永逸之利，或有亏损之忧。"帝乃止。

② 《晋书·苻坚载记》：散其部落于汉部边故地，立尉、行监事，官僚领押，课之治业营生，三五取丁，优复三年无税租。

过程，现在的拓跋部和十年前不一样了。

最直观的有两件事：

1. 刘库仁征发雁门、上谷、代郡三郡兵后，被征发的人翻脸了，三郡兵的战斗力强到了可以在临时组织下直接干掉刘库仁。①

2. 刘卫辰派儿子直力鞮率众九万来攻打拓跋珪，却被拓跋珪五六千人打得单骑逃跑，一路被追到刘卫辰势力范围内。在刘卫辰把部众辎重都留下来后，拓跋珪仍然能够命令部众继续追击，直到彻底追死了刘卫辰。②

如果是在拓跋什翼犍时代，拓跋部是没有如此纪律性和执行力去做成这件事的。那些年让刘卫辰成功逃跑太多次了。

为"五胡"收官的拓跋珪，在小小年纪极度幸运地集齐了苦难磨砺、战神教导和汉化部众这三件总冠军拼图。如今，站在苻坚和慕容垂两位绝代双骄肩膀上的拓跋珪，真的不一样了。

慕容垂认为，这次西征就是让太子带着两个最能打的弟弟去草原上继续降维打击一下，而且慕容垂不认为慕容宝的能力有多么差，他很早之前已开始布局安排慕容宝接班了。

早在 388 年三月的时候，慕容垂就已把朝政基本都交给慕容宝处

---

① 《魏书·刘库仁传》：库仁闻希破规，复将大举以救丕。发雁门、上谷、代郡兵，次于繁畤。先是，慕容文等当徙长安，遁依库仁部，常思东归，其计无由。至是役也，知人不乐，文等乃夜率三郡人，攻库仁。库仁匿于马厩，文执杀之。

② 《资治通鉴·晋纪二十九》：刘卫辰遣子直力鞮帅众八九万攻魏南部。十一月，已卯，魏王珪引兵五六千人拒之，壬午，大破直力鞮于铁岐山南，直力鞮单骑走。乘胜追之，戊子，自五原金津南济河，径入卫辰国，卫辰部落骇乱。辛卯，珪直抵其所居悦跋城，卫辰父子出走。壬辰，分遣诸将轻骑追之。将军伊谓禽直力珪于木根山，卫辰为其部下所杀。十二月，珪军于盐池，诛卫辰宗党五千余人，皆投尸于河。

理了。①

393 年四月，慕容宝已正式成为大单于了。

慕容宝本人也照着守成之主的人设打造自己，一直和慕容垂的身边人混得很好。慕容垂认为自己打天下、太子守江山的分工是没问题的，对慕容宝印象一直很好。②

慕容垂并不认为慕容宝控制不了局面，毕竟都已经当了七年的副国主和两年的军队副首领了，但慕容垂没有深层次地看到以下三点：

1. 慕容宝这些年没有自己完整地做成过任何具体事业。

2. 慕容麟这些年在草原上打过胜伏，但他是有过坑爹坑哥的背叛前科的。

3. 苻坚离散拓跋部这十年的蝴蝶效应。

儿子这边被高估了，孙子那边被低估了。此消彼长之下，慕容垂在大军西征后迎来了自己人生中最漫长的一次等待……

---

① 《资治通鉴·晋纪二十九》：三月，乙亥，燕主垂以太子宝录尚书事，授之以政，自总大纲而已。

② 《晋书·慕容宝载记》：及为太子，砥砺自修，敦崇儒学，工谈论，善属文，曲事垂左右小臣，以求美誉。垂之朝士翕然称之，垂亦以为克保家业，甚贤之。

三、垂过参合陂，见积骸如山

公元前 196 年，英布反。刘邦此时已病，打算让太子刘盈带队平叛。

吕后给儿子请来的商山四皓做出了准确预判：这孩子不是打仗的料，他去不仅太子之位危险，江山社稷也将出现巨大危机。

商山四皓找吕泽制定了对策，吕后去刘邦那里哭诉："英布是天下猛将，您手下这帮虎狼之将只有您才能使唤，要是派咱们儿子去平叛就是绵羊率领群狼——指挥不动的，英布听到这个消息后也会受到鼓舞，一口气打到关中来。您虽然病了，但您哪怕躺着到了前线，那帮虎狼之将也不敢不玩命。您虽劳苦，但这不是为了我们娘俩嘛！"

刘邦叹道："我就知道这兔崽子不是那块料，还是得老子自己去！"骂骂咧咧的老刘上了战场，击败了最后一个有能力造反的异姓王，但也耗尽了自己最后的燃料，在战场上被流矢射中，回来的路上就不行了。

六百年后，同样的剧情摆在了慕容垂面前。

后燕是慕容垂帝国，六百年前的大汉刘邦帝国都是有开挂剧本、绝对威望的老头子，都是人在的时候"诸将不敢不尽力"，一旦派自己儿子上就是"无异使羊将狼，莫肯为用"的结局！

其实很多人都看出来慕容宝不是那块料，但这话却只能是太子的亲娘来说。最好不过结发妻，吕后对于西汉政权就有重要意义。

大汉江山会有四百年的超长待机时间，其实更像是得到了冥冥中的苍天护佑。刘家每逢政权渡劫过关的时候，总会阴差阳错地出现关键剧情人物帮刘家缓过这口气。

刘邦、吕后、文帝、景帝，都是分别完成了自己的历史任务不给子孙遗祸，就这样将一个统一的、集权的、家底雄厚的大汉江山一棒棒地传到了太阳王刘彻手上，随后照耀、炙烤于世界东方。

七十岁的慕容垂也病了，但遗憾的是，他的结发妻子当年为了保护他而死。这些年慕容垂一直把慕容宝当作接班人培养，其实冥冥中也是为了报答当年亡妻对自己的这片忠贞深情。

假设段后此时仍在，会不会也一脚给慕容垂踹到战车上去呢？历史没有假设，慕容家对比刘家，缺少了太多诸如此类的天运眷顾。

面对慕容宝兴兵而来，张衮对拓跋珪道："后燕趁着灭丁零、西燕的盛势，举全国之力来找我们决战，我们应该避其锋芒，派弱兵迎战，以骄其兵。"

拓跋珪听从了他的建议，一方面把部落核心畜产西渡黄河千余里以避后燕锋芒，一方面将后燕的骄兵沿着阴山越引越远。

七月，燕军居然走了三千里来到了五原（约为今内蒙古巴彦淖尔），在这里收获了最大一批战利品，受降魏国别部三万余户，收粮食一百多万斛。

随后慕容宝兴筑黑城，大军推进至临河（今内蒙古巴彦淖尔临河区），造船准备渡过黄河。（见图16-5）

八月，拓跋珪在黄河南岸集结兵力。

九月，魏军集结完毕与慕容宝对峙。

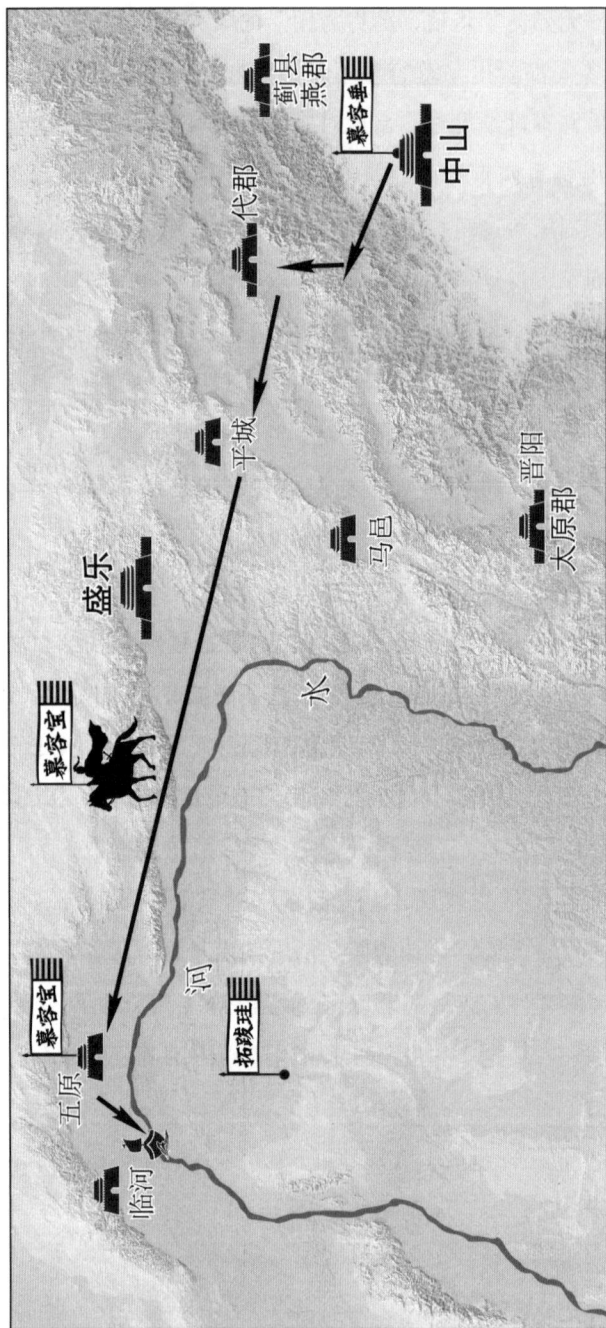

图 16-5　慕容宝西征拓跋珪示意图

此战是拓跋珪蓄谋已久的一盘大棋，思考极其缜密，做了如下设计：

1.开启这场战役就是因为看到了慕容垂生病，然后北魏南下入侵后燕。

2.等慕容宝发兵后又率主力远遁，拉长后燕补给线，并让后燕军远离自己国境。

3.在五原给后燕军留一百万斛粮食作为后面布局的物质基础。（留下这么多粮食其实根本不符合常理。一把火烧了很轻松，拓跋珪之所以留下，是因为想让后燕军踏踏实实留在五原和自己对峙，方便自己走下一步棋。）

4.早在后燕军西征后，拓跋珪就布下了"杀手锏"，派出特种部队专门阻截来往中山的信使。[①]

后燕军在五原滞留得越久，与中山中断联系的时间越长，他也就越方便祸乱后燕军心。

自从慕容宝出了中山，这几个月就再也没得到过慕容垂的消息，拓跋珪还让被抓的后燕使者临河喊话："你爹已经死啦！何不早归！"后燕全军开始士气大滑坡。[②]

拓跋珪布局的最后一步，是士气滑坡的后燕军如果渡河决战，则北魏将在黄河以南歼灭对方；如果后燕撤军，那么这一路三千里，总有办法在其撤退的路上追击对方。

拓跋珪前四步的成功实施使后燕军开始出现信仰崩塌。慕容垂

---

① 《资治通鉴·晋纪三十》：宝之发中山也，燕主垂已有疾，既至五原，珪使人邀中山之路，伺其使者，尽执之。

② 《资治通鉴·晋纪三十》：宝等数月不闻垂起居，珪使所执者临河告之曰："若父已死，何不早归！"宝等忧恐，士卒骇动。

对于后燕军队来讲，就是伟大的首领、伟大的英雄，是后燕将士心中的神。

军魂不在，一切都开始渐渐失控。首先是燕国术士靳安对慕容宝说："天时不利，燕必大败，速去可免。"慕容宝没有听。

靳安退下后开始惑乱军心道："咱们都要死在这茫茫草原上了！"①

双方在黄河边相持了二十多天，"慕容垂已死"的谣言开始发酵，慕容麟的部将慕舆嵩等打算趁机干掉慕容宝拥立慕容麟。

密谋泄露，慕舆嵩等被慕容宝干掉，慕容宝和慕容麟开始相互猜忌。②

后燕军自九月起就已做好了渡河的船只准备，但因为军心涣散、内部猜忌，慕容宝再也没能鼓起勇气渡河同拓跋珪决战。

进又不进，退又不退，慕容宝眼看着后燕军士气一天天走向冰点，却什么都没做！

直到十月二十五日，进退之间尴尬了近两个月的慕容宝终于决定当夜烧船撤军。

慕容宝随后再犯低级错误。当时黄河尚未结冰，慕容宝认为魏兵必然不能渡河，所以根本没设斥候。③

兵者，国之大事，死生之地，存亡之道，不可不察！慕容宝这是拿全后燕的家底玩侥幸，万一拓跋珪准备了船只呢？黄河那么长，怎么能确定每段河道都不结冰？

八天后，即十一月初三，天气突变，暴风乍起，气温骤降，黄

---

① 《资治通鉴·晋纪三十》：宝不听。安退，告人曰："吾辈皆当弃尸草野，不得归矣！"

② 《资治通鉴·晋纪三十》：燕、魏相持积旬，赵王麟将慕舆嵩等以垂为实死，谋作乱，奉麟为主。事泄，嵩等诛死，宝、麟等内自疑。

③ 《资治通鉴·晋纪三十》：时河冰未结，宝以魏兵必不能渡，不设斥候。

河冰冻，拓跋珪带军队过河了，留下辎重，选精骑两万开始疾追后燕军。①

这两万精锐，是拓跋珪号称几十万魏军的核心中的核心，也可以说是拓跋部这十多年来汉化改制指哪儿打哪儿的精髓部分。

慕容垂无论如何也想不到，自己一生的基业最终居然毁在了区区两万人手上。当年的苻坚也想不到，自己流芳百世的千秋大业会毁在强渡淝水的区区八千北府军上！

兵不在多，在精。

有这些精兵在，后面扩军的那几十万才有意义。只有明白这个道理，才会知道后面的惨剧对于后燕来讲意味着什么。

撤军半个月后，后燕军行至参合陂，突遇大风骤起，黑气如堤袭来，笼罩于上空。

慕容宝的随军谋士和尚支昙猛看到这种天象感到不详，赶紧对慕容宝说："风疾起，黑气至，这是魏兵将至的征兆，应列阵迎敌！②

面对天象示警，慕容宝却微笑不理。支昙猛反复劝谏，旁边的慕容麟怒道："以太子殿下的英明神武，军容之盛，谁敢来找碴儿！支昙猛妖言惑乱军心，应当斩首示众！"③

支昙猛大哭道："苻坚怎么样？百万之众败于淮南，正是因为恃众轻敌，不信天道的缘故啊！"

这时候老前辈慕容德出来调和了，表示有备无患，也没什么损失，

---

① 《资治通鉴·晋纪三十》：十一月，己卯，暴风，冰合，魏王引兵济河。留辎重，选精锐二万余骑急追之。

② 《资治通鉴·晋纪三十》：燕军至参合陂，有大风，黑气如堤，自军后来，临覆军上。沙门支昙猛言于宝曰："风气暴迅，魏兵将至之候，宜遣兵御之。"

③ 《资治通鉴·晋纪三十》：宝以去魏军已远，笑而不应。昙猛固请不已，麟怒曰："以殿下神武，师徒之盛，足以横行沙漠，索虏何敢远来！而昙猛妄言惊众，当斩以徇！"

慕容宝这才派慕容麟率三万骑兵殿后。[①]

　　慕容宝派了本就与自己互相猜疑且高调表明支昙猛妖言立场的慕容麟去殿后，这是打算让慕容麟当炮灰。

　　但慕容宝有点儿天真了，不管慕容麟事先是否知道部下阴谋造反要拥立自己这件事，慕容宝都应该对这个可能的竞争者保持最高级别防备。

　　慕容宝应该想一想，在这个世界上谁最希望他打败仗呢？恐怕慕容麟的野心一点儿也不比拓跋珪小。更重要的是，如果慕容麟带领这三万人突然发动兵变呢？

　　而慕容麟则认为支昙猛是在胡说，即使被安排了殿后的任务，也是纵情游猎根本不设防。[②]

　　慕容宝派骑兵向西打探北魏军的动静，但由于已经放松警惕半个月了，而且本来就军心低落，这些骑兵也只是应付交差罢了，出去十几里便解鞍卸甲休息。[③]

　　一边是后燕军军备松懈，一边是北魏军昼夜兼程。在狂奔六天后的十一月初九夜里，拓跋珪追到了参合陂西。

　　拓跋珪收到斥候报告：前方发现后燕军大营！

　　此时，后燕军筑营在参合陂东的蟠羊山南水上游。（见图16-6）

　　拓跋珪连夜下令部队人衔枚马束口悄悄登山。[④]

　　十一月初十，日出，北魏军登上蟠羊山，俯瞰后燕军营。[⑤]

------

　　① 《资治通鉴·晋纪三十》：司徒德劝宝从昙猛言，宝乃遣麟帅骑三万居军后以备非常。

　　② 《资治通鉴·晋纪三十》：麟以昙猛为妄，纵骑游猎，不肯设备。

　　③ 《资治通鉴·晋纪三十》：宝遣骑还诇魏兵，骑行十余里，即解鞍寝。

　　④ 《资治通鉴·晋纪三十》：魏王珪夜部分诸将，掩覆燕军，士卒衔枚束马口潜进。

　　⑤ 《资治通鉴·晋纪三十》：丙戌，日出，魏军登山，下临燕营。

图 16-6 拓跋珪追击慕容宝示意图

后燕军准备继续东归，却突然发现自己上方山上满是北魏军兵，全军顿时大乱。①（见图 16-7）

拓跋珪一声令下，北魏军居高临下向下冲击后燕军。此时的拓跋部，已经能够使用祖祖辈辈都没有整合成功过的突骑战法了！

后燕军四散奔逃，骑兵滑倒在冰面上造成了大量踩踏倾轧，伤者数万。②

在居高临下冲击后燕军的同时，拓跋珪战前安排的拓跋遵则率队包抄，横阻到了逃亡后燕军的前方，后燕军被包了饺子。

突如其来的惊惶恐惧使后燕军失去了斗志，纷纷放下武器束手就擒，最后只有数千士兵逃出了包围圈，慕容宝等人也独自逃跑了。③

此役，北魏军杀死慕容恪之子慕容绍，生擒慕容垂之子慕容倭奴、侄子慕容道成，俘虏济阴公尹国等文臣武将数千人，兵甲粮货数以万计。

对于俘获的后燕官吏，拓跋珪留下了一些用得上的，其余都释放回去了，以便日后招揽河北诸胡和汉人豪族。④

对于俘虏的数万后燕士兵，拓跋珪听从中部大人王建的建议，下令全部坑杀。⑤

---

① 《资治通鉴·晋纪三十》：燕军将东引，顾见之，士卒大惊扰乱。

② 《魏书·略阳氏吕光传》：太祖纵骑腾蹑，大破之，有马者皆蹶倒冰上，自相镇压，死伤者万数。

③ 《资治通鉴·晋纪三十》：略阳公遵以兵邀其前，燕兵四五万人，一时放仗敛手就禽，其遗迸去者不过数千人，太子宝等皆单骑仅免。

④ 《资治通鉴·晋纪三十》：魏王珪择燕臣之有才用者代郡太守广川贾闰、闰从弟骠骑长史昌黎太守彝、太史郎晁崇等留之，其余欲悉给衣粮遣还，以招怀中州之人。

⑤ 《资治通鉴·晋纪三十》：中部大人王建曰："燕众强盛，今倾国而来，我幸而大捷，不如悉杀之，则其国空虚，取之为易。且获寇而纵之，无乃不可乎！"乃尽坑之。

图16-7 参合陂之战示意图

此战并没有殿后的慕容麟部的具体消息，也不知道殿后到哪里去了，但极大概率也是被拓跋珪干掉了，因为据《晋书·慕容垂载记》的记载"士众还者十一二"，后燕远征的十万大军，仅仅回来了一两万人。光杆司令慕容麟自己倒是跑回来了，他的殿后有什么内幕吗？不得而知，但让人相当怀疑。

慕容垂这些年创业攒下的大半精华，一仗全输没了！

慕容宝回去以后没有纠结于自己的此次失败，而是向老爹请求再次击魏。慕容德也说："北魏因为参合陂之捷有轻视太子之心，哥哥您这回得亲自上，要不将来必成后患。"

于是，慕容垂任命自己看上的隔代继承人——慕容宝次子慕容会录留台事，领幽州刺史，代慕容隆镇守龙城；任命舅舅兰汗为北中郎将代替慕容盛镇守蓟城；任命慕容隆和慕容盛分别带着后燕的东北军和幽州军来中山会合，准备来年再攻打北魏。

396 正月，慕容隆带着后燕东北军进入中山后，后燕人的士气终于开始有所抬头。①

慕容垂随后命令平规发冀州兵汇聚于中山，但令他没有想到的是：二月，平规带着博陵、武邑、长乐三郡兵反于鲁口；平规之弟平翰也在辽西起兵响应。

平家在前燕时代就是慕容氏的高层，平氏兄弟更是早在 384 年慕容垂初举复国大旗时就起兵响应了。这样的功勋家族，在参合陂之败后开始跳出来了。

慕容垂命令镇东将军馀嵩攻打平规，馀嵩败死，逼得慕容垂只好亲自出征。战神的名号确实好用，慕容垂刚到鲁口，平规就慌忙弃部众

---

① 《资治通鉴·晋纪三十》：春，正月，燕高阳王隆引龙城之甲入中山，军容精整，燕人之气稍振。

带着妻子宗族数十人逃过黄河。①

战神一来，连部众都不要就逃跑了，瞧瞧慕容垂这战神效应。

辽西方面，反叛的平翰也被慕容会迅速剿平。

396年三月二十六，慕容垂留慕容德守中山，自己引兵突然出击，越过青岭（又称广昌岭、五回山），经天门（今河北涞源县南），凿山通道，出其不意直指北魏平城。

这一次，慕容垂并没有走传统太行八陉中的飞狐陉。（见图16-8）

从中山去平城，古往今来都是走飞狐陉出太行山，但由于是传统道路，只要出了太行山基本上平城就会得到消息，因此慕容垂选了一条新路。

大军到涞源后，慕容垂另辟新道，下令凿通了涞源至灵丘原本不通的山路，出其不意地走恒山道杀向平城。（见图16-9）

此时驻扎在平城的，是拓跋部第一勇将拓跋虔。拓跋珪此时在善无北陂春游。②

慕容垂行进到猎岭时，命慕容农和慕容隆率前锋军奇袭平城。此次的主力，是未参加过参合陂之役的慕容隆所率领的后燕东北军。③

拓跋虔因为自恃勇武素来没有设防的习惯。闰三月十二日，后燕军来到平城近郊时才被发现，拓跋虔仓促应战并战败身死，后燕军收其三万余落部众。

拓跋虔是拓跋部的第一勇士，作战时从来都是先登陷阵，勇冠当时。慕容垂亲自出山后第一战就打死了拓跋部的第一骁将，这老妖精太

---

① 《资治通鉴·晋纪三十》：垂自将击规，至鲁口，规弃众，将妻子及平喜等数十人走渡河，垂引兵还。

② 《魏书·太祖纪》：皇始元年春正月，大搜于定襄之虎山，因东幸善无北陂。

③ 《资治通鉴·晋纪三十》：是时，燕兵新败，皆畏魏，惟龙城兵勇锐争先。

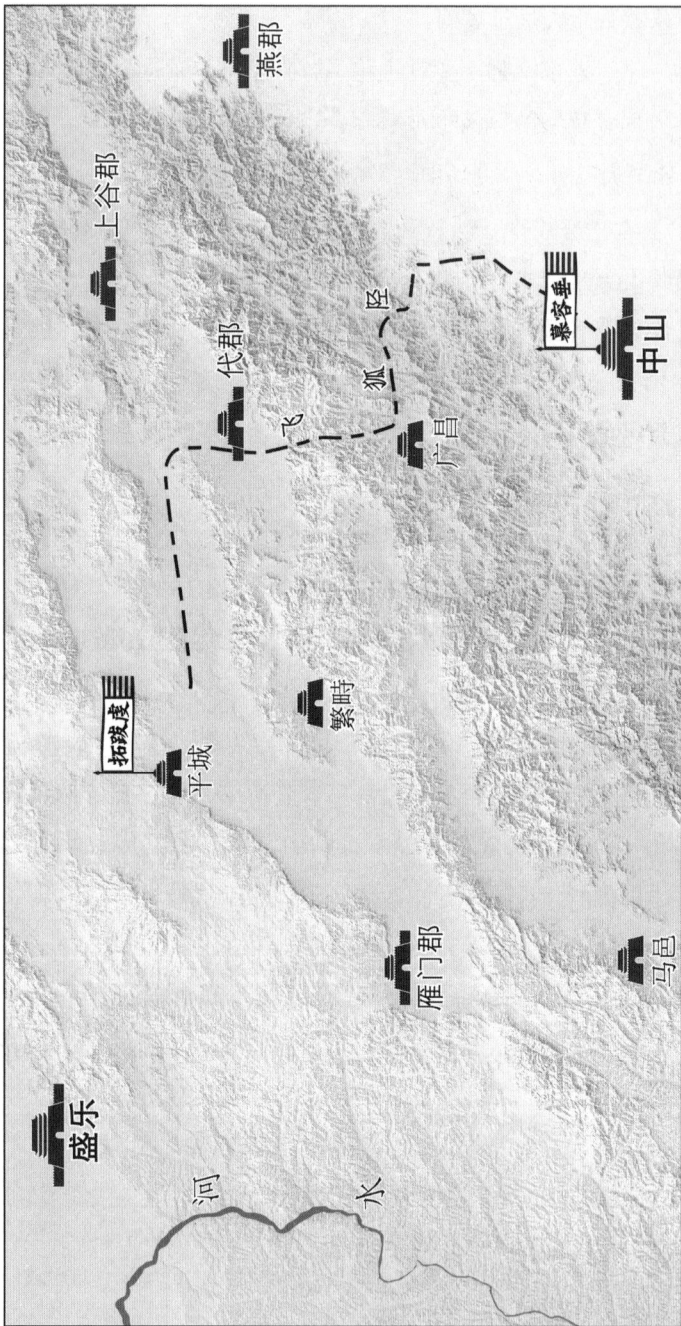

图16-8 飞狐陉示意图

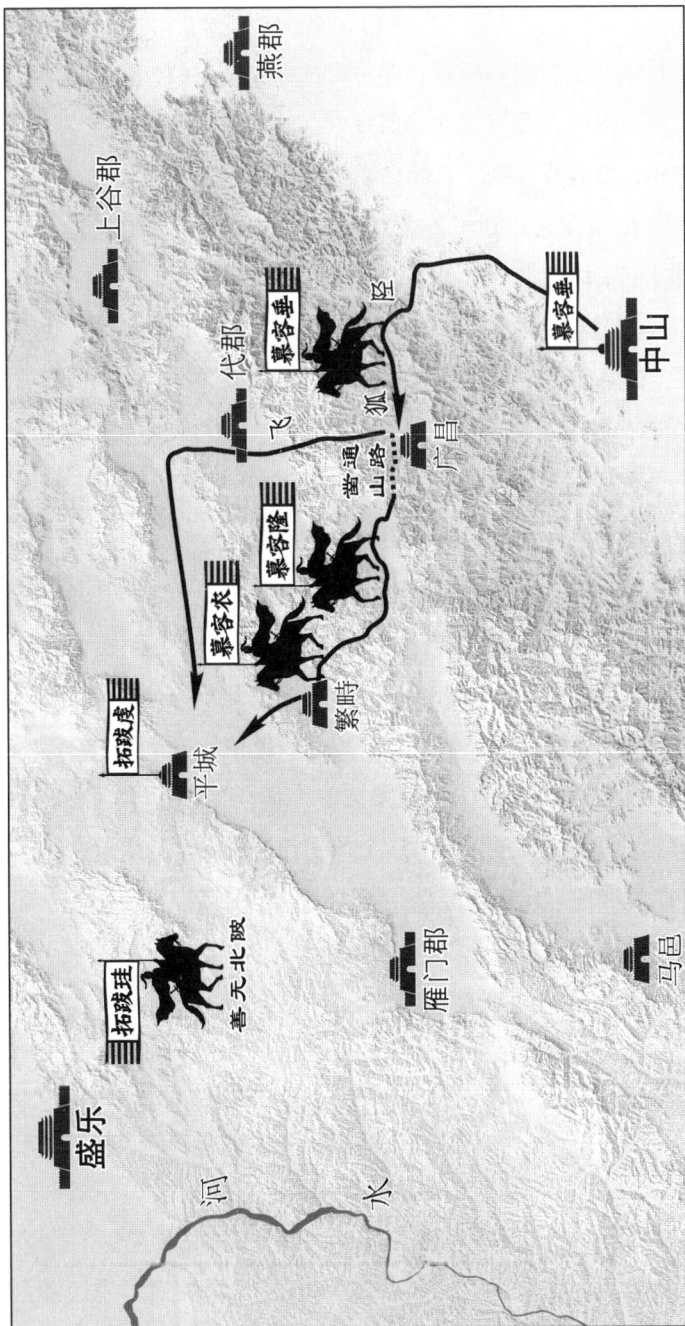

图 16-9　慕容垂偷袭拓跋珪路线示意图

可怕了！

诸部开始各有想法，拓跋珪即将再次面临塑料战友情的考验。[1]

干掉拓跋虔后，慕容垂继续前行，奔着拓跋珪而去。

就这样，慕容垂来到了自己命运的归宿之地——参合陂。

后燕军在参合陂看到了五个月前被坑杀士卒的如山尸骨，随后为同胞设祭，三军恸哭，声震山谷。[2]

强烈的视觉刺激和哭嚎音效让慕容垂的脑海里浮现出了一幕幕画面，随后一口鲜血喷了出来！

当年，十多岁的拓跋珪在他妈妈的公关下投靠自己，满嘴爷爷地喊着；淝水之战前夕，那个小孩作为天下分崩后的代北棋子被自己带上，从而得到了他人生启航的船票。

自河内起兵始，拓跋珪这孩子近距离地看到了自己如何立旗招兵，如何排兵布阵，如何调遣诸将。

河北大定之时，自己派这孩子回代北在自己支持下复国，随后就是帮他争王位，灭独孤，并贺兰，一步一步把他扶植了起来。

这个孩子，堪称自己一生最完美的杰作；这个孩子，比自己的所有孩子都强，而且强得多！如果这个孩子知道感恩，如果这个孩子能够继续保持在他爷爷时代就已经维持了半个世纪的慕容拓跋联盟，那该多好啊……

权力的游戏，永远没有一厢情愿；权力的游戏，永远是没有永远的朋友，只有永恒的利益。

慕容垂的爷爷慕容廆的正妻是段部鲜卑的宗女；他爹慕容皝的皇

---

[1] 《资治通鉴·晋纪三十》：魏王珪震怖欲走，诸部闻虔死，皆有贰心，不知所适。

[2] 《资治通鉴·晋纪三十》：垂之过参合陂也，见积骸如山，为之设祭，军士皆恸哭，声震山谷。

后是段部鲜卑首领段就六眷的孙女，段辽的姐妹；他自己的两任正妻都是段部名将段末柸的闺女。联姻结好如此，段部鲜卑却最终覆灭在慕容家手上。

慕容垂被拓跋珪恩将仇报不假，但慕容家当年的手上貌似也不那么干净。

既然玩了这局游戏，那么就要永远接受这无情的规则，永远不能打盹，永远要评估彼此双方的实力消长，永远要留足被对方背叛的后手和制衡对方的武器。

慕容垂不必遗憾，他的人生已经足够精彩，是时候说再见了。

慕容垂吐血后旧病复发，很快就不行了。慕容宝赶紧带队往回返，行至上谷沮阳，慕容垂病逝。

这位"五胡时代"的剧本之神，甚至堪称整个中国历史上人生剧本最跌宕起伏的传奇人物，就此谢幕。

年十三，为偏将，所在征伐，勇冠三军。

年十六，随父攻入高句丽国都。

年十八，会战宇文部，带队奇兵出击奠定胜局，克宇文国都，宇文部就此散亡。

年二十，为平狄将军，驻军徒河，震慑后赵，西疆宁。

年二十五，挥师入关助兄扫平河北奠定大燕霸业。

年三十三，功高震主被太子兄长猜忌，几乎被整死。

年四十，为兄太原王慕容恪所重，都督荆、扬、洛、徐、兖、豫、雍、益、凉、秦十州诸军事，成为军界二把手。

年四十四，于国家危亡之际，在最后时刻接过兵权战败桓温，扶大厦将倾，挽狂澜既倒；然而命运急转，兔死狗烹危机下，无奈西行投敌准备了此残生；接着人生再度反转，居然遇到了前无古人的摆拍雄主苻坚对自己一见倾心。

年四十五，接班人死于王猛金刀计下，为二十多年后的"灭后燕者亦王猛也"埋下了伏笔。

年四十六，故国灭亡，自己神奇地成为敌国的都城一把手。

年五十九，河内竖旗，反于关东。

年六十，复祖业，建后燕。

年六十九，灭西燕，统一全族，拿下并州。

年七十，收到了一生的大半积蓄灰飞烟灭的消息。

年七十一，亲眼看到参合陂战场上那如山的尸骨。

人生剧本复杂如此，精彩如此，跌宕起伏如此，已经很难再被浅薄地以成败论英雄了。

纵贯"五胡时代"中后期的剧本，慕容垂担当导演并撑起了淝水之战后北国的十年大戏，并最终将最后一棒交到了他亲手扶植、打造出来的兼并机器拓跋珪手上。

中国的北方即将迎来未来百年的真正主人。

四、送死的是悟空，背黑锅的一定是师父

公元 396 年四月初十，慕容垂死于上谷沮阳，秘不发丧。

四月二十三，大军回到中山；两天后发丧，谥号成武皇帝，庙号世祖。

四月二十九，慕容宝继位，大赦天下，改元永康。

五月初九，慕容宝进行了第一轮调整，以兄弟慕容农为都督，领并、雍、益、梁、秦、凉六州诸军事，任并州牧，镇守晋阳；叔叔慕容德都冀、兖、青、徐、荆、豫六州诸军事，封车骑大将军，任冀州牧，镇守邺城，总统南方诸事。对慕容德的安排，是慕容垂临终时下达的。[①]

这是慕容垂临终安排的诸件大事中唯一一件做对了的，避免了后燕军的全部精锐被慕容宝这个败家子败光。

五月十二，慕容宝做了第二轮调整，以慕容麟领尚书左仆射，慕容隆领右仆射，庶长子慕容盛为司隶校尉，从弟慕容凤为冀州刺史镇守

---

① 《晋书·慕容德载记》：垂临终，敕其子宝以邺城委德。宝既嗣位，以德为使持节……以都督专总南夏。

信都。

慕容宝的第三轮调整，是把他后妈调整到他爹那里去了——慕容宝逼死了自己的后妈段氏。

慕容垂这辈子娶了四个正妻，其中三个都是段家的闺女。

第一个段后，在 358 年时被慕容儁下套害死。当时慕容儁指使人诬告段氏和慕容垂的秘书高弼以巫蛊之术诅咒当朝，将段氏下狱并严刑拷打，想将慕容垂牵连进来。

慕容垂疼媳妇，派人递话给段后："人终有一死，别受罪了，咱们认命吧。"段后回："我死也不会牵连你！"不久，在严刑逼供中段氏被拷打身亡，慕容垂过关。

慕容垂复国成功后，将自己这个媳妇追谥为成昭皇后，并封其子慕容宝为太子，以示自己不忘当年的山海之情。

第二个正妻，是第一个段后的妹妹。段后死于牢中之后，慕容垂娶其妹为妃，但这事被慕容儁的皇后可足浑氏给否了，强行废了段妃并安排自己的妹妹给慕容垂当媳妇。

后来慕容垂西逃，偷偷带着段妃一起跑的，结果到了长安，段妃还是没保住，被苻坚给推倒了。段妃后面的事史书并无记载，大概率是死在了关中。

等慕容垂回关东后，与段氏接续前缘，娶了前两个段后的侄女——右光禄大夫段仪之女，即小段后，也称后段后。

慕容垂这辈子对段家的姑娘可谓痴迷，其实这也从侧面看出来这个人对感情和恩情的极度看重。

一切的一切，都是因为当年亡妻的那句叹息："吾岂爱死者耶！若自诬以恶逆，上辱祖宗，下累于王，固不为也！"

慕容宝被封为太子后，很多人并不看好，认为他不是那块料，为首的就是按辈分来说是慕容宝表妹的后妈小段后。

小段后对慕容垂说:"太子要是在承平之世,那肯定是个守成之主;如今创业维艰,恐怕太子并非济世之才。慕容农和慕容隆都是您的好儿子,最好从中选一个重新托付大业。慕容麟那小子始终包藏祸心,将来必成国家之患,应该早一点儿除掉。"

慕容垂听完以后就说了一句话:"你想让我做杀了太子申生的晋献公吗?"

小段后哭着退下,随后又和她妹妹范阳王慕容德之妃说:"太子不才,天下皆知,我为了社稷冒死劝谏,主上却认为我是挑拨奸佞之人,可憋屈死我了,我看太子必定会丢了江山社稷,你家范阳王器量非常,如果将来慕容宗室不绝,肯定是在你家兴盛起来。"慕容宝和慕容麟听说这事后,都记恨在心。[1]

那么,这个小段后真的那么慧眼如炬、大公无私吗?虽然她确实没推荐自己的孩子。

其实,这个小段后不过是个精明全都露在外面的傻子罢了。能看出来慕容宝不是当帝王那块料,真的很厉害吗?这世界能看出来的人可太多了。

创业圈里有句很著名的话:好创意一分钱都不值。

总有人梦想着凭创意入股,但实际上这样那样的好创意已经有成千上万人想出来了,关键是怎么让创意一步步落地并具有竞争力地生存下去。看出来和做成功之间,差着十万八千里。

如果小段后想挽救自己的国家,前提是真的能把慕容宝换成自己看好的慕容农或慕容隆。其间的政治博弈复杂程度超乎想象,最傻的举

---

① 《资治通鉴·晋纪三十》:段氏泣而退,告其妹范阳王妃曰:"太子不才,天下所知,吾为社稷言之,主上乃以吾为骊姬,何其苦哉!观太子必丧社稷,范阳王有非常器度,若燕祚未尽,其在王乎!"宝及麟闻而恨之。

动就是空在慕容垂那里表现自己的忧心忡忡，不仅起不到一丁点儿正向作用，还把自己的未来搭进去了，等真需要发力时，大概坟上的草都三尺五了。

小段后的错误在于以下几点：

1. 不清楚慕容垂对慕容宝生母、亡妻段氏的感情有多深。

她不知道段后那种牺牲是个什么级别。慕容垂这辈子再也不会有机会试出来一个女人能如段后般爱他、忠诚于他！

之所以娶小段后做皇后，不过因为她是段家姑娘，是亡妻的侄女，是自己人。小段后现在诋毁他心中最重要的亡妻之子，完全是不知轻重。

2. 推荐慕容农和慕容隆，自觉是为国选材，却没考虑到慕容垂第一反应会怎么想。

一个人的社会层级越高，拥有的资源也就越多，和他共享并继承资源的家人，自然也都是利益相关的高度机密。

历朝历代的立储问题都伴随着大量的反倒清算和斩草除根，原因也在于牵扯到的利益太大了。不管多亲多近的人，多一句嘴，传到利益相关方那里，就不知道会被怎样解读。

慕容垂的第一反应：小段后是关东复国后才娶过来的，跟慕容宝没有交集，从慕容宝这个太子这边得不到任何政治红利，所以这个皇后要扶植新的势力来实现自己的战略布局。

口口声声为了国家，小小年纪的妇道人家，知道国家机器是怎么运转的吗？怎么就知道慕容宝不行？还是说慕容宝不当太子对她很重要？她背后的黑手到底是谁呢？

3. 废掉一个太子，需要有很多轮政治布局。

首先，需要策划太子去做那些根本做不好的事，比如军事出征的国之司命，比如治水赈灾等复杂且影响巨大的民生工作，通过做这些事把太子的无能暴露出来。

其次，需要与慕容农、慕容隆通气，分别衡量各自的政治筹码和能量，考虑是否真的有实力扳倒太子；要确定这两位是否有胆子和水平一起做这玩命的事；还要确定这两位是否会感恩，否则就是冒着卖白粉的危险却在干卖白菜的活。

再次，需要去衡量梳理太子党的权力网络，看看力挺太子的都是谁，有没有弱点，哪些人是需要攻击打掉的，哪些人是需要收买当卧底的。

此外，还需要拿下慕容垂的近臣，持之以恒地说太子弱智，已达到潜移默化的效果。但事实上慕容宝做得非常好，他老爹身边的人都一致称赞他。

需要做的事太多了。

作为皇后，其态度是具有一锤定音效果的，是应该在最后关头出来表态的，而不是开局就把王炸砸出去。

如果慕容垂发现慕容宝已经众叛亲离内外失心，那么只有在这种情况下，皇后才应该表态：这个太子确实不合适，换了吧。

因为只要表态了，就一定会被知道，这就属于撕破脸，从此不再有调和的余地。比如小段后跟慕容垂说的这段悄悄话，就被慕容宝和慕容麟知道了。

更可怕的是，这个小段后还傻傻地对自己的妹妹说燕祚要完，唯一的希望是妹夫慕容德。慕容德仅比慕容垂小十岁。小段后说这话时慕容垂快七十岁，慕容德也快六十岁了。

说国家的未来在皇帝的亲弟弟——另一个糟老头子身上，这不是胡扯嘛！两个老头子，谁活得长还不一定！小段后这话其实可以被解读成要谋反。这事也会被别人知道，外面会认为这对姐妹预谋颠覆政权。

这件事慕容垂大概率是知道的，毕竟小段后诋毁太子和慕容麟这事大家都知道了。在慕容垂看来，小段后此次劝谏就是皇后和她妹夫慕容德对慕容宝进行政治攻击，皇后和亲王组成了政治联盟。

所以慕容垂要专门遗命将慕容德派到邺城总督南面。既是让慕容德去防卫南疆，又是把皇后和这位最厉害的亲王拆开，如果都留在中山就太危险了。

这位小段后从小就心高气傲，经常对她妹妹说自己绝对不会做普通人的妻子，还说她妹妹也不是庸人妇，当时街里街坊都笑话她。①

后来这对姐妹确实一个当了皇后，一个做了王妃。这也被后世人用作背书以说明这位小段后不是一般人，被慕容宝干掉就是国之将亡的预兆。

实际上，这位小段后飞上枝头变凤凰是得益于她自幼的鸿鹄之志呢，还是因为她姑姑当年为她的姑父而死的缘故呢？

精明这东西，不可外露。一是易遭嫉妒，二是易触碰他人利益。既什么都能看出来，又什么都改变不了，还满世界告诉别人自己能看出来的人，是最傻的。

五月二十三日，慕容宝继位半个多月后，派慕容麟去逼死段氏："你不是放出狠话说主上不能守大业吗？现在怎么样？为了你的族人赶紧自己去死，别让我废话！"

段氏怒斥道："你们兄弟逼死继母，能守什么大业！我岂是怕死的人！可怜国家不久将亡！"随后自杀。

小段后的死纯属自找，真要是凭那几句话把慕容宝从太子的位置上弄下来，将来慕容宝全家也都得死，哪有这样当妈的。

也不要讲为了国家为了社稷，从小段后的所作所为中只能看见她

---

① 《晋书·慕容垂妻段氏传》：少而婉慧，有志操，常谓妹季妃曰："我终不作凡人妻。"季妃亦曰："妹亦不为庸夫妇。"邻人闻而笑之。

的离心离德。后燕国亡，也不是亡在了这位"先知"被杀上。

小段后死了以后，慕容宝说："这是个挑事之人，无母后之道，这丧事就不办了。"大臣们都说好。

由此也可以看出来，这位段后根本没什么政治资本和势力，不知道这些年得罪了多少人。

中书令眭邃出来打圆场："她再不对，名义上也是你妈，没有子废母的道理，东汉皇后阎氏亲手把顺帝贬废，死了之后还能进太庙呢，差不多得了。"

最终为了体面，慕容宝才为小段后举行了丧礼。

那么，后燕究竟亡在了哪里呢？很多人说是亡在了慕容宝身上，他先是在参合陂把家底打光了，上位后又一通无脑操作，军事上娃娃抱金砖式地可劲送，堪称"五胡"第一散财老童子。

后燕亡国的直接原因确实是在于慕容宝，但究其深层本质原因，却是在于慕容垂，有以下两件事可以说明。

1. 慕容垂遗令慕容宝搞改革，核查户数记录人口，整编军营分属郡县，确定士族旧籍出身，明确他们的官仪。[1]

这样就动了太多利益阶层的蛋糕。校阅户口，就是动河北大族和军封功勋们的人口；整编诸军的队伍分属郡县，就是动军头们的实力根基；定士族的旧籍，就是稀释这些年奋斗者们的股权。

后燕之所以如前燕一样迅速灭亡，本质上都是因为慕容恪和慕容垂这两位顶梁柱没有在自己任内给下任皇帝打扫干净屋子。

慕容垂这位后燕世祖皇帝要为国家的迅速覆灭负最大的责任。因为能力越大，责任越大。

---

① 《晋书·慕容宝载记》：遵垂遗令，校阅户口，罢诸军营分属郡县，定士族旧籍，明其官仪。

前后燕政权在中国历史上非常特殊，当该族的两个大神过世后，这两个政权都是不到三年就失了江山。没有这两位大神，前燕和后燕绝对不会如此震撼地留名于史书之上。

金鳞岂是池中物，一遇风云便化龙。慕容皝生下了他的"风"和"云"之后，就注定了他的部族将在中国历史上留下浓墨重彩的一笔。但同样地，本族的兴衰与存亡也都牢牢绑定在了慕容氏的"风"和"云"身上。

在慕容氏统一东北三部即将腾飞之前，老慕容皝听从封裕的建议撤掉了以前圈占为牧场猎园的苑囿，改为农田并官赐耕牛以扩大税基，还裁撤了大量冗余的官吏。

当时慕容氏还没有入关，但利用汉人士族豪族壮大自己的同时已经出现了一个问题：汉人大量进入官僚机构并迅速出现官员冗余的情况。

在死亡前四年，慕容皝对前燕进行了一次中兴性质的自我改革。这种极易得罪利益阶层的自我改革与净化其实相当伟大，通常只能由最有威望的国主在卸任之前去做，靠着自己的威望和能力扫除"垃圾"，创造一个新的局面，轻装上路，交到下一任手上。

慕容皝死于349年，此时前燕政权的机体仍然是相当健康的。既得汉化之利，又除汉化之弊。但在前燕拿下关东后，因为继任者慕容恪这位具有最高威望的三军总司令的放任宽仁政策，军功集团疯狂抢占人口，国家已积重难返。

既得利益群体的阶层板结已经形成，要想让他们把好处吐出来，简直是痴心妄想。

这个群体的力量过于强大，如果具有最高威望的慕容恪不做这个坏人，那么谁也改变不了这个局面。

总体来讲，慕容恪的执政风格就是厚道宽仁、只赏功不罚过，这就产生了三个相当坏的影响。

1. 官僚系统陷入好人主义的氛围。

官僚阶层认可的是慕容恪个人而非整个国家，对国家没有感恩之心。

2. 官僚系统的骄纵情绪将迅速蔓延。

人类是很神奇的，当一个人始终被责任压得有忧患意识时，通常能相当厉害地正向做功。

压力太大不是好事，会使人崩溃，使团队产生离心力，使人身体素质大幅度下滑，使创造力整体枯竭；没有压力更不是什么好事，当一个人信奉所谓快乐工作没有惩罚时，整个团队会迅速变得心浮气躁效率低下。

人们将一直并永远是生于忧患死于安乐，这也是世界的惯常之理。当所有人都在私吞国家户口、往国家机器中安插白吃饭的关系户时，在这个没有惩罚的机制下，就会变得理所应当。

3. 官僚系统将变成毒瘤，谁也摸不得碰不得。

如果一个人听惯了好话，一直被吹捧，就会有一种强烈的优越感，会变得不知道自己是谁，听不进一句不好听的话。"大燕立国的顶级元勋慕容恪他老人家都从来不说！"将来谁还碰得动这些既得利益群体呢？

到了慕容恪临死的时候，前燕王朝的官僚负担已经令人瞠目结舌，前燕的军功贵族对于人口的吸纳与毒瘤效应已经无法改变。

前燕的改革和起死回生，理论上只有慕容恪一个人能完成。但作为帝国柱石、慕容氏首望、军队总首领，慕容恪选择了一团和气地包庇纵容，这也就意味着，后面谁也接不住这个朽烂的盘子了。

慕容恪死后不到三年，前燕就亡了。其实换算到如今的后燕，也是一个意思。

此时的后燕北有强敌，经济衰败，精锐尽失，正是最应该哄着既得利益群体团结一致向前看的时候，怎么能动既得利益群体的饭碗呢？

如果要动，也应该在灭西燕、定山东的时候，靠着慕容垂自己的极高威望推行改革，杀一批吓一片，去"校阅户口，罢诸军营分属郡县，定士族旧籍"。

然后慕容垂在自己死后，把好人留给儿子慕容宝做，让新皇帝慕容宝把那些"犯官"放出来给点儿好处，使他们感恩戴德，这样可以巩固住改革的既定政策。

但是现在，慕容垂把本该自己做也只有自己能做的事留给了儿子慕容宝，并遗令在这个危急存亡之际去做，相当于是给虚弱的病人吃虎狼之药，嫌死得不够快。

所以慕容宝开始执行慕容垂的遗令后，迅速使后燕上下离心离德，统治大厦变得摇摇欲坠，史载"法峻政严，上下离德，百姓思乱者十室而九焉"。

慕容垂做错的第二件事，是隔代钦点接班人的问题。

慕容宝这个废物，却生了慕容盛和慕容会这两个很牛的儿子。

慕容盛在十三岁时就表现出了极高的政治智慧和行动胆略，他带着小叔叔慕容柔和二弟慕容会一路逃回了关东。

回来后，慕容垂问他西边情况，慕容盛在地上把沿路地图绘了出来，慕容垂笑着说："当年曹操摸着曹叡的头随后封侯，这就是爷爷爱孙子啊。"随后封慕容盛为长乐公。①

慕容垂这句话不是随便说说的，曹叡是谁？他是曹魏的第三代接

---

① 《晋书·慕容盛载记》：盛既至，垂问以西事，画地成图。垂笑曰："昔魏武抚明帝之首，遂乃侯之，祖之爱孙，有自来矣。"于是封长乐公。

班人。慕容垂这句话有着巨大的政治含义，是几乎确立第三代接班人了。因为史书中随后专门说了句"慕容盛骁勇刚毅"，让很多人想起了死在王猛金刀下的慕容垂嫡长子慕容令（史书也有称慕容全）。[①]

如果是看准了这孩子也行，但慕容垂在涉及亲情的时候容易冲动顺嘴胡说，他很快移情别恋了另一个孙子——慕容宝的庶次子慕容会。

慕容宝伐北魏时，慕容垂直接命慕容会替慕容宝管理东宫一切事务，礼遇如同太子。[②]

在慕容垂最后一次征战前，他任命慕容会镇守龙城，把守住国家的东北重任交给他，配备的官员都是最好的人才梯队。病重弥留之际，慕容垂又立遗言让慕容宝把慕容会作为第三代国主。[③]

慕容垂临终这一锤子相当虎。如果说他立慕容宝为太子是因为慕容宝是嫡子，那么慕容垂隔代立一个庶出的孙子是什么意思。

就算立庶出的，那么慕容盛也相当优秀，又是庶长孙，慕容垂当年还拿话激励过这孩子，结果没几年他又看上了庶次孙。

无论是立嫡还是立长，立慕容会都说不过去。而且慕容垂没和儿子慕容宝沟通过，他不知道慕容宝爱的是十一岁的嫡子慕容策。[④]

慕容垂爱自己的正妻，慕容宝也爱自己的正妻。

在慕容宝看来，自己父亲慕容垂和伯父慕容恪两个都那么厉害，爷爷慕容皝立的却是慕容儁，而只是让他们两个去当爪牙，难道自己这两个能干的庶子就一定要立为接班人吗？

于是，在慕容垂死了以后，当年被他比为曹叡的慕容盛非常愤怒

---

① 《晋书·慕容盛载记》：骁勇刚毅，有伯父全之风烈。

② 《资治通鉴·晋纪三十》：宝之伐魏也，垂命会摄东宫事、总录，礼遇一如太子。

③ 《资治通鉴·晋纪三十》：及垂伐魏，命会镇龙城，委以东北之任，国官府佐，皆选一时才望。垂疾笃，遗言命宝以会为嗣。

④ 《资治通鉴·晋纪三十》：而宝爱少子濮阳公策，意不在会。

爷爷没选自己，本着"我得不到的你也别想要"的想法，和慕容麟一起劝慕容宝立小弟弟慕容策为太子，慕容宝同意了。①

之前被慕容垂钦点为第三代接班人的慕容会在被老爹放弃后，开始愤怒怨恨。②

九月，章武王慕容宙护送慕容垂及段后的灵柩到龙城安葬并带来了慕容宝的指示，诏命将之前给慕容会配备的幕僚官员、部曲及家眷等全部迁回中山。

慕容会开始不听他爹的话了，扣下大半部曲不发。

慕容宙是慕容宝的从兄弟，辈分高，但慕容会并不拿这位叔叔当回事，很多人已经看出来慕容会有割据东北的打算了。③

慕容垂临终前一年的这一隔代选择，又凭一己之力给他家本就历史悠久的内斗传统写好了剧本，搭好了舞台。

慕容垂晚年的一系列政治操作，因为涉及了亲情层面，显得相当业余。

1. 慕容宝是慕容垂自己选的，在天下大乱的形势下选了个守成之才。

2. 慕容垂没有在自己任内"打扫干净屋子"——帝位传承向来一切求稳，但他在这兵火连天时局不稳之时却遗命改革。

3. 慕容垂强烈干预了自己儿子的接班人安排，让孙辈早早埋下了巨大的不满，能耐最大的孙子在东北还控制着相当强大的军事力量。

4. 慕容麟既背叛过父亲慕容垂又背叛过自己的大哥慕容令，但仍

---

① 《资治通鉴·晋纪三十》：长乐公盛与会同年，耻为之下，乃与赵王麟共劝宝立策，宝从之。

② 《资治通鉴·晋纪三十》：乙亥，立妃段氏为皇后，策为皇太子，会、盛皆进爵为王。策年十一，素恭弱，会闻之，心愠怼。

③ 《资治通鉴·晋纪三十》：宙年长属尊，会每事陵侮之，见者皆知其有异志。

被慕容垂委以重用，慕容垂临终时管了那么多不该管的事，却不对这个有前科的儿子做任何特殊安排。

政治算法的第一考量，是远期利益和局面稳定。一旦个人感情与好恶穿插了进来，就一定不是最优解。

感情的补偿和结算，可以拿钱去处理，千万不要拿权力和资源去换。

五、慕容垂的野心抵不过不成器的儿子

公元396年六月，北魏拓跋珪派将军王建等攻打后燕的广宁郡（今河北涿鹿县），斩太守刘亢泥，徙其部落于平城；不久，后燕上谷郡太守慕容详弃郡而走。

慕容垂死后仅仅两个月，拓跋珪扫平了太行山麓以西。

这个时候，慕容农被封为并州一把手去驻防晋阳，带着自己的数万部曲来到了并州。①

这次慕容宝继位后的并州换防，将是后燕亡国多米诺骨牌倒下的第一块。

并州本来底子就薄，恰巧这一年还赶上了早霜减产，根本养不起慕容农带来的这几万大军。

慕容农又第一时间在并州推行了慕容宝"校阅户口，罢诸军营分属郡县"的改革计划，派诸部护军去分监诸胡进行人口核查和军制改革。

综上，并州的百姓养不起慕容农的大军，并州的"杂胡"也不认

---

① 《资治通鉴·晋纪三十》：燕辽西王农悉将部曲数万口之并州。

可慕容农的改革。并州民怨沸腾，开始偷偷给魏军送信。[①]

底子薄时真的不能作，否则就迅速变成供他人采摘的低垂的果实。

七月，拓跋珪开始称尊号，始建天子旌旗，出警入跸，改元皇始。参军事上谷张恂劝拓跋珪趁着此时后燕大丧并州不稳进取中原，拓跋珪批准。

八月二十八，拓跋珪派步骑四十余万南出马邑，翻越句注山，旌旗两千余里，鼓行而进南下并州；派左将军雁门李栗率五万骑为前驱，又派将军封真等从东道出军都陉，袭击后燕幽州。

九月十八，北魏军到达阳曲（今山西太原北阳曲镇），乘西山，临晋阳，随后派骑兵环城大声鼓噪而去。

强敌来挑衅，慕容农出城迎战失败，回城时却发现军司马慕舆嵩叛变，紧闭城门，拒绝他入城，慕容农只好率数千骑兵逃向中山。跑到潞川时被北魏军追上猛打，只有慕容农一人得以逃脱。[②]

此战是慕容农自384年在列人起兵以来，第一次单独带兵出战后的重大失利。单看战绩，败得莫名其妙，简直是敌军一来已方就灰飞烟灭的节奏。

很多历史的解读是认为慕容农的战绩都属于狐假虎威，在老爹慕容垂死后他突然不会打仗了。

其实，如果没有真功夫，慕容农是无法在河北纵横十年的，后燕在慕容垂死后的种种表象只是冰山一角，慕容农迅速丢掉并州的原因是以下两个方面。

---

① 《资治通鉴·晋纪三十》：并州素乏储待，是岁早霜，民不能供其食，又遣诸部护军分监诸胡，由是民夷俱怨，潜召魏军。

② 《晋书·慕容宝载记》：魏伐并州，骠骑农逆战，败绩，还于晋阳，司马慕舆嵩闭门距之。农率骑数千奔归中山，行及潞川，为魏追军所及，余骑尽没，单马遁还。

1. 北魏军早在参合陂之战时就已经会突骑战法了。

这也就意味着，后燕军对北魏军不再是突骑战法对骑射战法的降维打击，双方在战斗力上是一个维度。

此次拓跋珪带领四十万军队南下，具备人数优势，慕容农打不过其实不该苛责。

2. 慕容农最好的应对方案是死守晋阳，据守城池苦战，熬死拓跋珪。

但是，并州无粮让慕容农没办法坚守，再加上如虎狼一般凶猛的改革让并州军心不稳上下离心。

慕容农看到北魏军环城炫耀武力后无可奈何，必须要出城迎战，杀敌以壮士气，他需要让潜在的反对势力看到自己的强悍，让这些人都老实点儿。

结果没想到在硬实力上双方已不再有差距，北魏军学会突骑冲锋，战法升级了，而且对方具有的大体量的军队优势让慕容农打不过，撤退时又因为之前的改革触碰了很多利益方被关在了城外。

军粮少还算好说，因为拓跋珪也没多少，并州此时全境无粮，北魏军在周边也抢不到，只要己方坚守就有希望。但如果慕容农开始就不迎战而是守城，外面四十万敌军天天嚷嚷叫骂，没几天城里面可能就有人开门放北魏军进城了。

改革后的军心不稳风声鹤唳，导致慕容农采取了一系列"不得不做"的措施。

并州在慕容垂死后仅仅五个月就迅速沦陷，不是因为慕容农的智商也被他爹带走了，而是因为用了他爹临终开的虎狼药方后，并州这个虚弱病人直接七窍流血也随慕容垂而去了。

拿下晋阳后，拓跋珪开始了第一次汉化改革。

他设立朝廷办事机构，任命刺史、太守、尚书郎等以下的官吏，大量招收汉人儒生进行政治架构建设。

拓跋珪受到了大量并州土豪的投诚和欢迎，士大夫们到军营门口求见，无论来者是老是少拓跋珪全都尽心抚慰，倾听每家的诉求，随后以"并人治并"为原则进行了任用安排。[1]

拓跋珪拿下晋阳后又迅速遣辅国将军奚牧去攻取汾川，抓了丹阳王慕容买德和离石护军高秀和，基本击溃了后燕在并州的所有力量。

并州大定后拓跋珪任命中书侍郎张恂等人做了并州诸郡的太守，招抚离散，劝课农桑。

就这样，并州这个地理位置极端重要的中原屋脊几乎被以一种赠送的方式便宜甩给了拓跋珪。实非慕容农之过，乃慕容垂之因。

北魏闪电般拿下并州的消息传来后，后燕中山的朝堂上发生如下对话。

中山尹苻谟说："如今魏军人多势众，千里远斗，乘胜气锐，要是让他们深入了河北平原咱们就没戏了，最好堵住太行诸出入口。"

中书令眭邃说："魏多骑兵，往来迅速，马上能带的粮食不过十天左右，宜令郡县聚民，千家为一堡，深沟高垒，清野以待之，他们找不到吃的，待不了多久就该跑了。"

尚书封懿说："今魏兵数十万，堪称天下第一大流氓抢劫团伙，民虽筑堡，不足以自固，这是帮着对方把人和粮食聚集到一起打包送人的办法，示人以弱动摇军心，还是堵太行山吧！"

慕容麟说："魏军乘胜气锐，其锋不可当，还是坚守中山，等魏军气衰再决战。"

最终慕容宝采纳了慕容麟的建议，修城积粟为持久之备，并命慕

---

[1] 《资治通鉴·晋纪三十》：初建台省，置刺史、太守、尚书郎以下官，悉用儒生为之。士大夫诣军门，无少长，皆引入存慰，使人人尽言，少有才用，咸加擢叙。

容农出兵驻屯在安喜县以做策应。作战总指挥一职被慕容宝安排给了慕容麟，"军事动静，悉以委麟"。

参合陂战之前，在黄河边上慕容麟的部将就曾阴谋推翻慕容宝，现在慕容宝却让慕容麟当总指挥，这真是思路清奇。

以慕容麟为首的守城派此时仍然认为北魏南下不过就是一次团伙抢劫，是草原民族的老套路，抢完之后是要走的；但这次整个后燕高层对拓跋珪的判断都失误了，这位草原首领胃口很大，是为占领关东而来。

而且更重要的是，后燕现在根本没条件凭城坚守，慕容农的例子已经很明显了：人心不在自己这边，后燕一定要集中兵力堵住出入口，力争在太行山挡住拓跋珪，不能轻易放对方进河北才行。

十月，拓跋珪派冠军将军于栗、宁朔将军公孙兰率步骑两万，悄悄自晋阳修通了井陉的韩信故道，大军自井陉趋中山进入了河北平原。

第一战，拓跋珪攻克常山（今河北正定），获太守苟延。

随后出现了相当惊人的战况，自常山以东，郡县长官或逃或降，诸郡县全都投降了北魏，只有中山、邺城和信都三城还在后燕手中。①

拓跋珪刚进河北就收到了他舅爷爷生前的最后一次伟大助攻。之所以这三城还在，不过是因为守将是慕容氏的铁杆宗室，否则照样还是全送。

慕容垂遗命的改革，让河北豪强把野蛮的拓跋珪当成了救命之军。河北的迅速沦陷，让拓跋珪补上了最弱的一环：军粮，从此有资本与后燕进行持久征战了。

十一月，拓跋珪命拓跋仪率五万骑进攻邺城，冠军将军王建和左

---

① 《资治通鉴·晋纪三十》：自常山以东，守宰或走或降，诸郡县皆附于魏，惟中山、邺、信都三城为燕守。

将军李栗进攻信都，自己亲自带兵挺进中山。

十一月二十，拓跋珪进攻中山，慕容隆据守南城率部众血战，自清晨苦战至中午，杀敌军数千。

拓跋珪指示："中山城固，当年我是从这里出去的，慕容宝必定不肯出战，急攻只会造成大量伤亡，久围则费粮食，不如先集中优势兵力夺取邺城和信都。"

十一月二十八，拓跋珪带兵向南。

在拓跋珪围攻中山的同时，后燕的邺城战场传来守城捷报，慕容德派慕容青等夜袭击，破围城的北魏军，北魏军撤围，退屯新城。

十二月，拓跋珪南下的同时派贺讷的弟弟贺赖卢率两万骑兵与拓跋仪会和，攻打邺城。

进入397年，后燕邺城再传捷报，但信都撑不下去了。

贺赖卢因为仗着自己是拓跋珪的舅舅，所以不怎么听拓跋仪的指挥，双方开始有隔阂。

北魏军司马丁建暗自与慕容德串通，慕容德趁北魏军内讧，派慕容镇等率七千骑兵夜出邺城，大败北魏军。

信都方面，北魏王建等攻打六十余日没有攻下，士卒死伤大半。于是正月二十二，拓跋珪率北魏军主力赶来攻城。两天后，信都守将慕容凤抵挡不住，弃城逃奔中山。

正月二十五，信都投降。

慕容宝听说拓跋珪亲自攻打信都，于是出兵屯于深泽（今河北深泽县），派慕容麟攻杨城（今河北宁晋县），杀守兵三百，随后又把自己的珍宝和宫女变卖，悬赏招募各地土匪前去攻击北魏军。

难以理解慕容宝的脑子是怎么长的，珍宝不留着赏与自己同心的将士，竟然去雇佣土匪流氓。

可能这样表述不够直观，换种说法，就好比在公司存亡的危急时刻，老板不留着资源重赏共同经历风雨的老员工反而用资源去招募临时工。

二月初一，拓跋珪带兵回到杨城驻扎，收到了坏消息，并州监军丑提听说河北战场上他的叔父降燕，害怕牵连自己，索性带着自己所管辖的兵卒叛乱。

北魏内部出现叛乱，拓跋珪打算撤军，于是派国相拓跋涉延去后燕求和，并且请求用他的弟弟作为人质。[①]

慕容宝听说北魏内乱后根本不同意求和，以为终于有机会出这口恶气了！他打算自己也复制一把参合陂之战把拓跋珪包饺子。但慕容宝知道怎么包这饺子吗？

慕容宝先是派人去拓跋珪那里大骂拓跋珪忘恩负义，随后调动全部军力步兵十二万、骑兵三万七千人去曲阳的柏肆（今河北石家庄藁城区北）驻守，并在滹沱河的北岸扎营，以拦截撤退的北魏军。[②]

不知道慕容宝这些年跟着他的战神父亲都学了什么。围师必阙，围困敌人时必须要给对方逃跑的希望，让对方光想着跑从而没有斗志。

此时北魏有内乱就应该放拓跋珪跑，然后跟在后面去追击，一路歼灭对方。

慕容宝忘记了当初自己带兵征伐北魏失败并不是在与拓跋珪黄河对峙的时候，而是在一路撤军都快回到家门口的时候，因为无组织无纪律被对方追击溃败的！

拓跋珪急迫地要回国平叛，此时如果把他回去的道路堵死，就是逼着他拼命了。

---

① 《资治通鉴·晋纪三十》：二月，己巳朔，珪还屯杨城。没根兄子丑提为并州监军，闻其叔父降燕，惧诛，帅所部兵还国作乱。珪欲北还，遣其国相涉延求和于燕，且请以其弟为质。

② 《资治通鉴·晋纪三十》：宝闻魏有内难，不许，使冗从仆射兰真责珪负恩，悉发其众步卒十二万、骑三万七千屯于曲阳之柏肆，营于滹沱河北以邀之。

初九，北魏军至，驻扎于滹沱河南岸。当夜，慕容宝招募了万人敢死队潜过滹沱河偷袭，随后顺风纵火，急击北魏军，北魏军大乱，拓跋珪惊起，急迫间光着脚丫子就弃营而逃了。

后燕将军乞特真带着一百多名敢死队员潜入大帐，只得到了拓跋珪裸奔后的衣服和鞋子，但这个时候，却不知为何敢死队突然无故自惊，一片大乱，自相残杀。

刚刚裸奔出去的拓跋珪回头看到了这个情况，立即击鼓召集兵将，突骑冲击反攻回了大营。[①]

后燕军敢死队大败，撤回了河北岸。

第二天，拓跋珪率全军前来和慕容宝作战，史载后燕军看到北魏军后自己先怕了，士气低落。[②]

其实这不太可能，因为后面守城时后燕军有着极强的踊跃战斗意志，大量参合陂死难的家属要和北魏军死战。

怕的是慕容宝，虽然还隔着河，但他已经吓得屁滚尿流，慌忙就往中山跑，这回轮到拓跋珪在后面追了，一波波地收割追击红利，后燕兵屡败。

如参合陂兵败的重现，慕容宝一看情况不对直接抛下所有步卒，率骑兵先跑回了中山。当时起了大风雪，冻死者遍于道路。

慕容宝在逃跑上向来有心得，他害怕跑不掉，命所有士兵把武器装备能扔的全都扔掉，数十万极其珍贵的兵器铠甲全都留给了北魏军，

---

① 《资治通鉴·晋纪三十一》：燕将军乞特真帅百余人至其帐下，得珪衣靴。既而募兵无故自惊，互相斫射。珪于营外望见之，乃击鼓收众，左右及中军将士稍来集，多布火炬于营外，纵骑冲之。

② 《资治通鉴·晋纪三十一》：戊寅，魏整众而至，与燕相持，燕军夺气。

被抛弃的大量后燕朝臣、将士或投降或被俘虏。①

此战过后，后燕有十多万人成了俘虏，数十万的兵器军备全都用于武装北魏的军队，在实力对比上后燕军彻底没有了和北魏军争衡的可能。

后人只记得慕容宝打输了参合陂之战，实际上这种覆国级的战役，慕容宝打输过两次。

慕容宝走错了那么多步，但他只要在战场上能打赢拓跋珪一次，哪怕是那一次夜袭成功了，拓跋珪那边也有很多墙头草的。

比如柏肆夜战中逃散的北魏士兵回到晋阳后说大部队已经惨败溃散，甚至不知拓跋珪的生死下落，随后晋阳守将封真就反了，调集军队进攻并州刺史拓跋素延，被拓跋素延击破阵斩。

拓跋什翼犍的另一个孙子拓跋顺此时守云中，听说拓跋珪战败，打算自摄国事。在莫题的劝说下，拓跋顺表示再听听消息。

贺兰部帅附力眷、纥邻部帅匿物尼、纥奚部帅叱奴根听说拓跋珪死了全都开始反叛，拓跋顺平叛未果。

直到拓跋珪再次战胜的消息传来，并派遣安远将军庾岳率万人骑兵平息三部叛乱，草原上才算安定下来。

二月十一日夜，后燕中山出现了第一次内讧，尚书郎慕舆皓准备谋杀慕容宝拥立慕容麟，失败后斩关出奔降北魏。

慕容宝败光家产后再次急召自己的东北军。早在北魏军进入河北后，慕容宝就命令儿子慕容会带着龙城的东北军前来支援。

慕容会打发叫花子般派征南将军库官伟、建威将军徐崇带着五千人为前锋去救援。

---

① 《资治通鉴·晋纪三十一》：宝惧，弃大军，帅骑二万奔还，时大风雪，冻死者相枕。宝恐为魏军所及，命士卒皆弃袍仗，兵器数十万，寸刃不返，燕之朝臣将卒降魏及为魏所系虏者甚众。

然而这两个前锋将军屯兵卢龙塞百日不前进，把所有能吃的都吃光了，慕容会还是没有带主力军前来。

慕容宝大怒，开始没完没了地下诏骂他儿子。慕容会以治军练兵为由，又拖了一个多月。直到这年三月，慕容会终于带兵抵达蓟城。

北魏围城中山一段时间后，城中将士都想着出城和拓跋珪决战，于是慕容隆对他哥慕容宝说："拓跋珪虽然获得了一些小利，但他已经在河北折腾大半年了，早已没了锐气，而且自家兵马也已死伤大半，人心思归，诸部离心，这正是我们战胜他们的大好时机！现在全城心齐，军心可用，以我军之锐击敌人之衰，必胜！如果谨慎持重、犹豫不决，等咱们的斗志丧失，日益困逼，事久变生，那时候就算再想出击也没这机会了。"

慕容宝批准了，但慕容麟却死活不同意，慕容隆前后四次准备出城击敌，都已经整军待发了，但最终都被慕容麟阻挠。①

慕容麟真的起那么大作用吗？最终下决定的是慕容宝，慕容麟仅仅是个幌子而已。是慕容宝胆怯了，他怕慕容隆像他一样失败，拼光最后的这点儿家底。

慕容宝转头就找拓跋珪示好去了，表示要交还拓跋珪的人质弟弟拓跋觚，再割让常山以西向北魏求和。②

拓跋珪同意了。

待北魏撤军，慕容宝又反悔了。三月十三，北魏军再围中山。

后燕军将士数千人再次向慕容宝请命："现在坐守穷城早晚是个死，让我们出去打个痛快吧！陛下现在屡次压制我们这是自取灭亡啊！

---

① 《资治通鉴·晋纪三十一》：宝然之。而卫大将军麟每沮其议，隆成列而罢者，前后数四。

② 《资治通鉴·晋纪三十一》：宝使人请于魏王珪，欲还其弟觚，割常山以西皆与魏以求和。

我们被围已经很长时间了，并没有什么变化，就是枯等着对方撤军，现在强弱如此悬殊，他们肯定不会走的！您就让我们出城决战吧！"

看到群情激愤，慕容宝当时同意了。

慕容隆退出大殿后对手下军官们说："皇威不振，寇贼内侮，臣子同耻，义不顾生。今天要是破贼能够回来最好，要是回不来，也不辱国恩了！你们要是能够北归见到我的老母亲，就跟我妈说下我的诀别之情！"随后慕容隆披甲上马，在城门口待命。

之后，慕容宝又一次把锅扣在慕容麟身上，说慕容麟不同意出战，下令死守孤城。众将出离愤怒，慕容隆大哭而还。①

当夜，慕容麟派兵劫了左卫将军慕容精，让他率禁军杀掉慕容宝，慕容精不同意，慕容麟杀了慕容精后出奔西山投奔丁零余众去了。中山城中此时已经人心惊溃。

慕容宝不知道慕容麟跑哪里去了，担心这小子打着他的旗号去夺慕容会的东北军，于是召慕容隆和慕容农商量放弃中山走保龙城。两位兄弟同意了，各自去做手下军官们的工作。

慕容农的部将谷会归对慕容农说了段相当具有参考价值的话："城中之人都是参合陂死难官兵的父兄子弟，都要为家人报仇，泣血踊跃，欲与魏战，却一次次被压住了。现在听说皇帝想北上，大家都说，让他随便走，但我们想找一个慕容氏的当领导率领我们留在这里与魏死战，虽死无恨！希望大王您能留在这里带领我们，击退魏军后咱再迎回皇帝大驾，也不失为忠臣啊！"②

---

① 《资治通鉴·晋纪三十一》：麟复固止宝，众大忿恨，隆涕泣而还。

② 《资治通鉴·晋纪三十一》：农部将谷会归说农曰："城中之人，皆涉珪、参合所杀者父兄子弟，泣血踊跃，欲与魏战，而为卫军所抑。今闻主上当北迁，皆曰：'得慕容氏一人奉而立之，以与魏战，死无所恨。'大王幸而留此，以副众望，击退魏军，抚宁畿甸，奉迎大驾，亦不失为忠臣也。"

慕容农表态不听话的不是忠臣，还不如去死。

自始至终，后燕军都有着亡国政权中极其罕见的作战意志，即使在最后一刻都在自发地鼓舞战斗意志要为死难家属报仇，但是在慕容宝半年多来的传奇操作下，最终满腔的怒火之拳都砸在了棉花上。

这位被慕容垂寄予希望的"守成之主"，其实如果真的能够干好守成的事，把军事专业的事交给弟弟慕容隆、慕容农，让他们去滹沱河畔和北魏决战，那么一定会比他这一路送的最终结局要强得多！

三月十四日夜，慕容宝带着太子慕容策及慕容农、慕容隆、慕容盛等率骑兵一万多骑出城去投奔蓟城的慕容会；大将李沈等人投降拓跋珪；乐浪王慕容惠、中书侍郎韩范、员外郎段宏、太史令刘起等人率领工匠、艺伎等三百人逃奔于邺城慕容德。

中山城中无主，百姓惶恐，东门大开。拓跋珪打算夜入中山，冠军将军王建担心天黑进城士兵们会抢劫府库私吞战利品，于是建议明早再进城，拓跋珪同意了。

结果这一夜中，后燕开封公慕容详被城中最后的将士们立为城主，关上东门继续抵抗。

拓跋珪全力攻城，几天都没有拿下，于是派人向城里喊话："慕容宝已经不要你们了，你们这是为了什么啊！"

城内后燕军高呼："你们太无知了，我们是怕投降后又成了参合陂的鬼，打算再多活个十天半个月啊！"[1]

拓跋珪气得一口大黏痰吐到了王建脸上。可惜了后燕军将士们的战斗意志，碰上了慕容宝这么个懦弱皇帝。

三月十六，慕容宝逃到蓟城时身边近臣亲信几乎全部逃散，只剩

---

[1] 《资治通鉴·晋纪三十一》：皆曰："群小无知，恐复如参合之众，故苟延旬月之命耳。"

慕容隆所统领的几百名骑兵。此时距离慕容垂过世仅仅十一个月，连慕容垂的周年祭还没到，他的宝贝儿子就几乎败光了并州与河北的全部家底。

此时此刻，除了蓟城的慕容会东北军和邺城的慕容德南方军以及孤岛中山的残存力量外，后燕的兵众、人口、武器、财富全部成了拓跋珪的战利品。

慕容垂如瞎眼般几十年培养出的慕容宝固然是后燕覆灭的直接原因，但如果没有慕容垂的遗命改革，并州、河北不会如此迅速地在刚一接敌就全境沦陷到仅剩三座城。其战局很可能会在晋阳漫长地拉锯下去，拓跋珪率魏军很可能会粮尽撤军，更遑论席卷河北。

没有慕容垂的遗命隔代钦点，东北军也会更早地支援南下，慕容宝也许会派能干的儿子出战，结局应该比现在强。

后燕江山是慕容垂打下来的，接班人是慕容垂选定培养的，朝政规划是慕容垂拟定的。

掩卷长叹，兴亡谁人定，盛衰确无凭，一页风云散后，当年拓跋什翼犍在长安做亡国奴时可曾想到，二十年后天地间居然是这般模样。

昨日黄土陇头送白骨，今宵红灯帐底卧鸳鸯。

人生计算到最深处，不过是两字，因果。

历史翻阅到最尾章，不过讲两字，无常。

俺曾见，金陵玉树莺声晓，秦淮水榭花开早，谁知道容易冰消！

眼看他起朱楼，眼看他宴宾客，眼看他楼塌了。

这青苔碧瓦堆，俺曾睡过风流觉，把五十年兴亡看饱……

六、北方的权力游戏开始落幕

公元 397 年三月十六，慕容宝逃至蓟城近郊，慕容会率骑兵两万迎接。

慕容会还是太年轻，没有学会表情管理，一脸不高兴的样子。慕容宝看到这个磨蹭了半年才来救援的儿子，发现这小子居然还敢满脸不情不愿，即下诏解除了慕容会的兵权，转交给慕容隆。①

慕容隆坚决推辞，于是慕容宝只好将慕容会的一部分兵力，分别交给慕容农与慕容隆，又遣西河公库官骥统三千兵去守卫中山。

三月十八，慕容宝把蓟城府库里的财宝全部打包搬走，率军返回龙城。北魏军队随后紧紧咬住，并于三月二十在夏谦泽（今河北夏垫镇）追上了慕容宝。慕容宝仍很怯懦，不敢与北魏军正面交锋，打算发扬自己的老传统继续跑。

要是按照"北魏国宝级军事艺术家"慕容宝的这个操作，极大概率后燕的东北这个时候也被送给北魏了。因为慕容宝刚刚离开蓟城，无

---

① 《资治通鉴·晋纪三十一》：宝怪会容止怏怏有恨色，密告隆及辽西王农……然犹诏解会兵以属隆。

论是走卢龙道还是走傍海道，蓟城距离龙城都还有四百多公里。

要是从夏谦泽就开始让北魏一路追击，估计慕容宝进不了辽宁就得被打残了。

慕容宝被吓破了胆，但年轻气盛的慕容会坚决要求阻击，列阵与北魏军交战，慕容农和慕容隆则率队冲击，北魏军大败，后燕军追奔百余里，斩首级数千。慕容宝终于能踏踏实实地逃跑了。

外患刚解除，慕容家里埋的雷就迅速爆炸了。

慕容会经此战后也越来越嗫嚅，被叔叔慕容隆屡次训斥。

慕容会很愤怒，随后又想到慕容农、慕容隆都曾经在龙城镇守过，辈分既高，权位又重，名声威望一向超过自己，开始担心到了龙城自己将从此被边缘化，于是阴谋发动政变。①

慕容垂没有看错，慕容会这孩子极有水平，在镇守龙城这短短的一年多时间里，就已经把龙城军打造成了自己的私人班底。

龙城军向慕容宝请命说，不想由两位老首领慕容农和慕容隆带领，请求在慕容会的带领下南下会战魏军。②

慕容宝道："慕容会年少，才能不及二王，怎么能担当专征之任！况且朕当自统六军，正指着慕容会作为我的羽翼呢，我哪能离得开我这个好儿子！"士众不悦而退。

龙城军请命事件后，慕容宝左右纷纷劝他杀了慕容会。侍御史仇尼归听到消息后向慕容会告密说："你的政治合法性来源是你爹，但你爹现在打算收拾你，你所依仗的不过是手里有兵，如今兵权也要被夺走

---

① 《资治通鉴·晋纪三十一》：会以农、隆皆尝镇龙城，属尊位重，名望素出己右，恐至龙城，权政不复在己，又知终无为嗣之望，乃谋作乱。

② 《资治通鉴·晋纪三十》：幽、平之兵皆怀会恩，不乐属二王，请于宝曰："清河王勇略高世，臣等与之誓同生死，愿陛下与皇太子、诸王留蓟宫，臣等从王南解京师之围，还迎大驾。"

了，你的未来很危险啊！不如诛杀二王，废掉太子，把大权全抓过来吧！"慕容会犹豫了下没有同意。

另一方面，慕容宝基本下定了决心，他对慕容农和慕容隆说："我看慕容会这小子必反，得除掉他！"

慕容农和慕容隆表示，孩子不懂事多说多教育，都到现在这种境况了，还是别添内乱了。

慕容宝说："慕容会反志已定，你们现在大发慈悲不忍杀他，将来他翻脸时肯定先杀你们几个叔父，然后再杀我，到时别后悔。"

这些话慕容会都听说了，再度惊惧。

慕容宝知道慕容会快反了，还知道这小子首先会对诸王下手；慕容会那边也始终知道他爹准备弄死他。双方政变的保密级别都这样了，所以平时可不能随口乱说别人的坏话。

四月初六，慕容会决定发动政变。此时慕容宝宿于广都黄榆谷，慕容会派死党仇尼归、吴提染干率二十多名死士分别暗杀慕容农和慕容隆。

慕容隆直接被暗杀于帐下，慕容农头部受重伤，但抓住了仇尼归并逃进了深山。慕容会因为仇尼归被慕容农抓到，担心事情败露，于是连夜去见慕容宝道："慕容农、慕容隆谋逆，臣已将他们除掉了。"

老机灵鬼慕容宝赶紧哄他儿子说："我早就怀疑他们两个反贼，杀得好。"

四月初七晨，慕容会下令戒严，全军向龙城进发。

慕容农从深山中跑出来，逃到慕容宝这里，被"戏精"慕容宝骂道："叛徒，神气什么！"随后将慕容农逮捕。

走了十几里后，慕容宝喊群臣上他这里吃饭，顺便敲定慕容农的罪过。慕容会被他爹给糊弄住了，来了以后刚落座就被慕容宝安排的卫军将军慕舆腾实施了斩首行动，但仅被击伤头部，并未被当场击毙。

继慕容农后，祖传好脑壳的慕容会逃归其军队，带伤攻打慕容宝。

慕容宝再度使出遁走技能，带数百骑兵狂奔二百里，率先逃回了龙城。

四月初八，慕容会遣仇尼归攻龙城，被慕容宝夜袭击退。（这老小子爱打夜战。）

慕容会派使者觐见慕容宝，请求诛杀左右奸佞并立自己做太子，慕容宝不同意。

彻底撕破脸后，慕容会把他爹的所有御用之物收归己用，把后宫姬妾宫女全部分给诸将，设置百官自称皇太子、录尚书事，打着清君侧的旗号带队向龙城进发。

四月初九，慕容会屯兵城下，与慕容宝对峙于龙城西门。慕容会命军士向慕容宝起哄，耀武扬威，城中将士愤怒。

傍晚，双方展开大战，龙城守军大破慕容会，慕容会兵士死伤大半逃奔回营。

当夜，慕容宝再次摸黑操作，派高云率敢死队百余人夜袭慕容会。这次，叛军彻底崩溃，慕容会仅率十余骑逃奔中山，后被慕容详杀掉，慕容宝杀了慕容会之母及其三子。

在斩草除根这点上，慕容宝这辈子终于有一项强过了自己的爹。

四月初十，慕容宝大赦，凡是慕容会同谋之人全部赦免，恢复旧有官职；论功行赏，晋升为将军、封侯者数百人。慕容农头破见骨，慕容宝亲自为兄弟包扎，最终命大活了下来，拜为司空、领尚书令。

慕容宝逃归龙城后，北魏军仍在围城。北魏军在扫荡河北半年多后粮食已经不够，拓跋珪命拓跋仪从邺城撤围，迁到巨鹿，缩短补给线。

这时候慕容宝派来的三千援兵在库官骥的带领下来到了中山。貌似来了生力军，但其实后燕军的援军通常都是拓跋珪的"友军"。城内又迅速自相残杀上了，最终慕容详杀了库官骥，尽灭库官氏，然后又杀了中山尹苻谟，尽夷其族。

别看中山城里面上演内讧，但守城质量一点儿也不用担心。城中百姓担心被北魏军乘虚而入，全城男女老少自发团结起来帮忙守城。①

五月初七，拓跋珪断粮了，于是撤掉中山之围，改去河间吃饭，并向整个河北征粮，加大搜刮力度。②

慕容详看到北魏兵跑了，认为自己威德已振，随后在孤城中即皇帝位，改元"建始"，杀人质拓跋珪之弟拓跋觚以固众心，表示要和北魏斗争到底。

"一城皇帝"慕容详继位后骄奢淫逸，刑杀无度，短短一个多月就诛杀了王公以下五百余人，导致上下离心。

城中饥荒，慕容详却不允许百姓出城采集野谷，死者满道路，举城皆谋迎立逃窜到太行山的慕容麟为主。

不久，慕容详派辅国将军张骧率五千余人去常山征粮，慕容麟潜伏于其军中，等军队回城时突袭中山，抓住慕容详并斩首，自己终于当上了梦想多年的皇帝。

之后，慕容麟赶紧下令全城人出城找吃的，中山城中将士百姓吃饱后再次请战北魏，但慕容麟不许，没过几天大家又饿瘪了，又拿不动刀枪了。

八月初一，拓跋珪迁到常山驻扎，此时军中开始流行大瘟疫，人畜大量死亡，将士们都希望回老家，北魏军也到了崩溃的临界点。③

拓跋珪问众将战损率多少，众将说已经死了一半多了。④

面对已经只剩半口气的中山，拓跋珪一副无畏的样子，说道："瘟疫这事是天意，老天爷下界收人我们能有什么办法呢？四海之民将来都

---

① 《资治通鉴·晋纪三十一》：中山珪城无定主，民恐魏兵乘之，男女结盟，人自为战。

② 《资治通鉴·晋纪三十一》：魏王珪罢中山之围，就谷河间，督诸郡义租。

③ 《资治通鉴·晋纪三十一》：军中大疫，人畜多死，将士皆思归。

④ 《资治通鉴·晋纪三十一》：珪问疫于诸将，对曰："在者才什四五。"

会是我们的国民，何愁将来没有百姓！"[1]

接着奏乐接着打！面对拓跋珪这个冷血机器，群臣都不敢再说什么。

一面是喋血孤城几乎到了尽头，一面是军中大疫征战经年，双方都将到达崩溃点。不过中山城此时是一无所有不怕倾家荡产，拓跋珪却是如果此役失败很可能就会成为关东苻坚。

拓跋珪不仅潜在损失大得多，而且直接损失更是肉眼可见，军中已经大疫了，万一家底都病死了怎么办？

但这个二十七岁的年轻人却像根本不会算账般地继续坚持。在拓跋珪看来，只要自己是撑到最后的那一个，一切损失自然就会有人买单。

在拓跋珪将战斗进行到底的同时，中山已经饿得无法坚持了，慕容麟率两万余人出据新市。

九月二十九，甲子日，拓跋珪攻打慕容麟。

太史令晁崇道："此时出兵不吉，当年纣以甲子亡，谓之疾日，兵家大忌。"拓跋珪道："商纣以甲子亡，周武难道不是以甲子兴吗！"

拓跋珪心想："坚守不出的城里面好不容易跑出来人了，这时候暂停进攻，等他们吃饱了又溜回去了怎么办？"拓跋珪挥师咬住了慕容麟。

十月初十，拓跋珪与慕容麟在义台决战，后燕军大败，九千多人被杀，慕容麟与几十名骑兵带着妻子儿女再次钻进太行山，逃奔邺城。

十月二十，北魏军围城一年多后终于攻克中山，俘虏后燕的王公贵族、文武官吏以及士卒等两万多人，缴获后燕玺绶、图书、府库珍宝

---

[1] 《资治通鉴·晋纪三十一》：曰："此固天命，将若之何！四海之民，皆可为国，在吾所以御之耳，何患无民！"

数以万计，随后对全军进行了大封赏。

拓跋珪通过此役彻底知道了杀降的巨大危害，不仅赦免了恨得牙痒痒的全城百姓，就连此前投降复叛的后燕军将领也一并赦免。

拓跋珪追谥弟弟拓跋觚为秦愍王，掘慕容详之墓斩尸首头颅，抓住杀害拓跋觚的主谋高霸、程同剁成肉块，诛其五族。

这个冷血的兼并机器确实配得上这场灭国胜利。瘟疫不乱，赏罚分明，控制情感，压抑愤怒，一切向前看的大局观冷静得让人隔着史书都能感觉到寒意彻骨。

十二月十二，慕容麟逃到邺城后对慕容德道："北魏既然已经攻克中山，就一定会乘胜攻打邺城。邺中虽有蓄积，但城大难固，人心忧惧，不可守也，不如南渡黄河去滑台驻守，以黄河为界，等待时机再图复国。"

此时镇守滑台的慕容德侄子慕容和也派使者前来迎接慕容德，慕容德权衡后同意了。

398 年正月，慕容德自邺城率四万户南徙滑台。慕容麟上尊号于慕容德，慕容德从慕容垂故事，称燕王，以统府行帝制，置百官。

后来慕容麟再次谋反，这次终于被抓住杀掉，结束了自己反复无常的反叛一生。

拓跋仪在慕容德撤军后迅速接手了邺城，至此，拓跋珪在征战一年半后，终于完成了对河北全境的占领。

大局已定的拓跋珪准备回到草原，先行派人自中山凿通了去平城的五百里直道。[①] 这条路也是慕容垂人生最后一战时的奇袭路线。

拓跋珪在此基础上完成了史大规模的道路整修，收获了舅爷爷馈赠的最后一笔遗产。

---

① 《资治通鉴·晋纪三十二》：自邺还中山，将北归，发卒万人治直道，自望都凿恒岭至代五百余里。

398年正月二十八，拓跋珪自中山北归，亲自押着数十万河北人口给自己做农奴。[①]

事情确实如拓跋珪的构想，分红少了，刺头少了，资源多了，打天下的股东死了不少，战利品补充了一堆，拓跋珪朝着唯我独尊又迈出了坚实的一步。

走之前，拓跋珪担心河北生变，于是命拓跋仪镇守中山，总督河北，命抚军大将军拓跋遵镇守渤海郡之合口（今河北沧县）。

右将军尹国征粮于冀州，听说拓跋珪北还，于是图谋袭信都，结果被安南将军长孙嵩斩首；博陵、渤海、章武各地看到大魔王拓跋珪已走，于是群盗并起，但相继被拓跋遵等讨平。

拓跋珪的舅舅广川太守贺赖卢对战后分配不满，再加上拓跋珪是本家贺兰部实质上最大的仇人，于是袭杀冀州刺史王辅，驱使冀州守兵一路洗掠阳平、顿丘各郡后南渡黄河投奔了南燕。

慕容德封贺赖卢为并州刺史、广宁王。

龙城的慕容宝准备卷土重来，但尚未出兵就被早已厌倦了征战的军官们发动兵变，慕容宝几乎丧命，几个月后死于其舅姥爷兼亲家的兰汗之手。后世"慕容复们"最痛恨的这位"魏国国宝"终于完成了他的历史使命。

拓跋珪走后，河北地区和慕容垂当年定关东时一样，同样是各种各样的糟心事，但总体而言，损害不多。

二月，拓跋珪来到繁畤（今山西应县东北），开始给迁来的农奴们

---

① 《魏书·太祖纪》：辛酉，车驾发自中山，至于望都尧山。徙山东六州民吏及徒何、高丽杂夷三十六万，百工伎巧十万余口，以充京师。

分配耕牛和耕地。①

繁畤位于大同盆地腹地，周边河道纵横，是将拓跋珪带来的这几十万农奴进行"更选屯卫"和"计口受田"的最理想地点。

拓跋珪开始进行大规模的编户齐民试点。

六月丙子，拓跋珪命群臣重议国号。大臣们都说祖上是叫代国起家的，应该继续用"代"。只有黄门侍郎崔宏说："代国虽然由来已久，但我们走运发家却还是新近发生的事，登国初年已经把国名改为魏。魏者，大名，神州上国，强者不做改变，还是以魏为国号更好。"拓跋珪最终听从了崔宏的建议。

崔宏后来改任吏部尚书，总裁律令、朝仪、官制，又通制三十六曹，为北魏最初的国家操作系统建构立下了汗马功劳，死后获赠司空，谥号"文贞"，极尽哀荣。

但崔宏却不是清河崔氏的顶点，使崔氏势力达到巅峰的，是他的儿子——前文即已出场的崔浩。

本战，是南方门阀的时代，下一战则是北国望族们剧烈搅动历史进程的时代。

七月，拓跋珪迁都平城，营建宫殿，立社稷坛，筑造宗庙，每年春分、夏至、秋分、冬至以及腊日祭祀五次。

至此，北魏进入了平城时代。

八月，拓跋珪命令相关机构确定京师的区域划分，标明道路的名称和里程，统一重量和长度计量单位。②

---

① 《魏书·太祖纪》：二月，车驾自中山幸繁畤宫，更选屯卫。诏给内徙新民耕牛，计口受田。

② 《魏书·太祖纪》：八月，诏有司正封畿，制郊甸，端径术，标道里，平五权，较五量，定五度。

拓跋珪极其有远见并清晰地进行了草原版的"书同文、车同轨、统一度量衡"的改革。总之这是后世北魏起飞的民生制度保障。

公元 398 年十二月初二，拓跋珪正式即皇帝位，大赦天下，改年号为"天兴"，朝野上下全部束发汉化，建祖庙，定礼仪、祭祀之俗，用崔宏之议，自称黄帝后人，尊崇土德。

北魏第一人拓跋珪一步步地突破了原有部落联盟的躯壳。这一次，他彻底离散了诸部使之成为编户，与此同时又把六州二十二郡的官员和豪族大户两千多家都迁移到了平城看管，东至代郡（今山西广灵县东北），西至善无（今山西右玉县咸远镇），南至阴馆（今山西朔州朔城区），北至参合陂（今内蒙古岱海）地区，全都划入京畿范围之内。京师之外的八个方向则设置了八部帅，对未被离散部落分别加以监管。①

这次的开国大规划，奠定了北魏一个世纪的核心竞争力。（见图16-10）

所谓"畿内"，是屯田区。②

畿内的八个方向，各安排一个大夫管理屯田之民，各有属官，谓之"八部大夫"。③畿内的人口是北魏皇权直接统治下的"编户"，所以管理者被称为"大夫"。

畿外的八个方向，各安排了一个帅去进行政治军事监管。④畿外的人口是仍保持部落状态的游牧民，所以监督者称之为"帅"。（见图16-11）

---

① 《资治通鉴·晋纪三十二》：徙六州二十二郡守宰、豪杰二千家于代都，东至代都，西及善无，南极阴馆，北尽参合，皆为畿内，其外四方、四维置八部师以监之。

② 《魏书·食货志》：天兴初，制定京邑，东至代郡，西及善无，南极阴馆，北尽参合，为畿内之田。

③ 《魏书·官氏志》：四方、四维每面各置一人，以拟八座，谓之八国。大夫掌部民，各有属官，常侍、待诏值左右，出入王命。

④ 《魏书·食货志》：其外四方四维则置八部帅以监之。

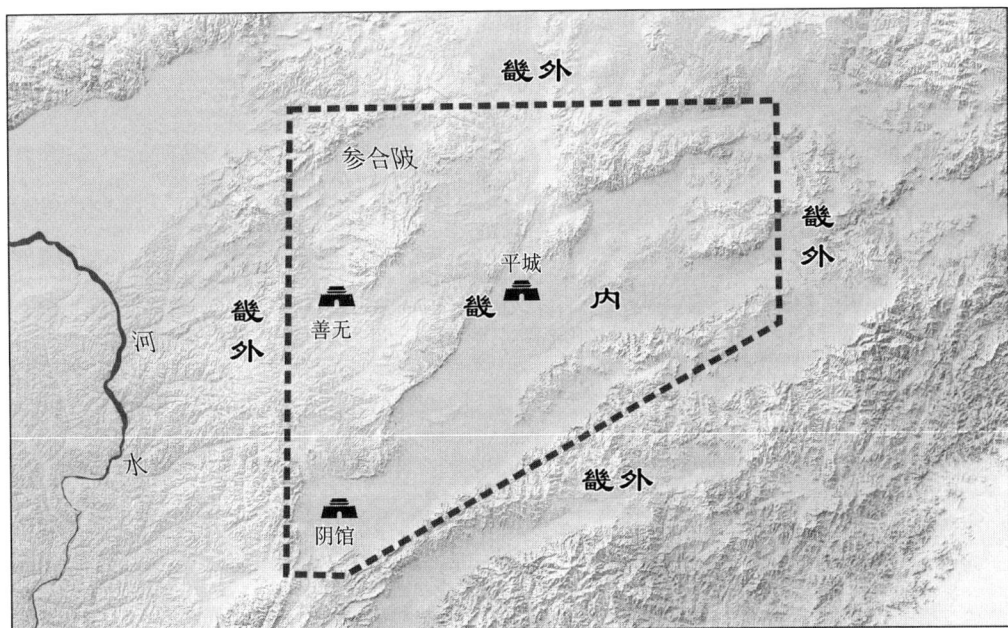

图 16-10　拓跋珪离散诸部示意图

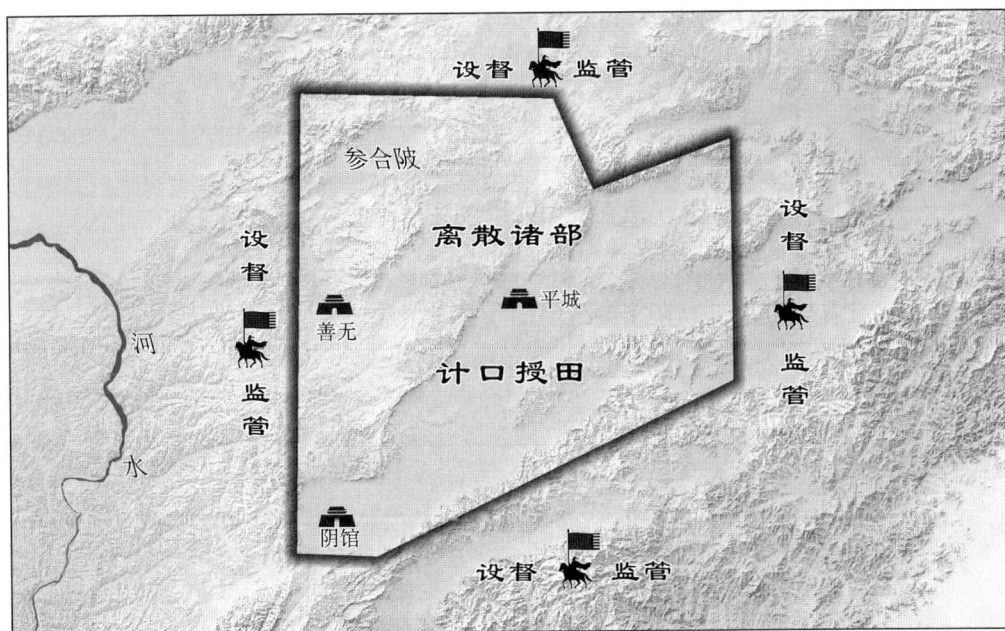

图 16-11　八部帅设督监管示意图

在畿内，安置的是关东新民和经"离散"后的原部落民，主要从事农业生产；在畿外，安置的是尚未被成功"离散"的游牧部落，继续从事游牧活动。

《魏书·官氏志》将北魏统治下的各部落划分为"宗族十姓""内人诸姓"和"四方诸部"三种成分。

"宗族十姓"就是拓跋部自己人的"帝族十姓"；"内人诸姓"是拓跋力微时代（220—277）的外部落归附者；"四方诸部"是魏晋时与鲜卑拓跋部保持朝贡关系的四方部落。

其中，"内人诸姓"和"四方诸部"都是外人，是图 15-1 标注灰色的部落。（见本书 1124 页。）

登国元年（386），拓跋珪对"四方诸部"进行了部落离散，打算让这些部民做他的农奴，但当时步子迈得大，效果极差，差点儿王位不保。

征战十二年，拓跋珪从十六岁的少年变成了二十八岁虎视狼顾的一方霸主，他并没有忘记自己少年时代在长安学到的那些先进的"汉化"心法，时间只不过是考验，种在心中的信念丝毫未减。

自当年"幸定襄之盛乐，息众课农"后，如今这个曾经的少年再次不改初衷地选择了离散诸部，继续前行。

灭亡后燕后，除了战死、病死以及驻防河北并州的军队之外，大量的北魏各加盟部落没能再回到他们心心念念的草原。

比如当年被外甥阴了的贺兰部，在随拓跋珪灭后燕成功后，兔死狗烹，被彻底地离散了，自此分土定居，不再迁徙，其君长大人皆同编户，贺讷从此再也没有带领部众的机会。①

---

① 《魏书·贺讷传》：讷从太祖平中原，拜安远将军。其后离散诸部，分土定居，不听迁徙，其君长大人皆同编户。贺讷以元舅，甚见尊重，然无统领。以寿终于家。

十二年来，拓跋珪灭独孤，并贺兰，屠铁弗，吞后燕，消灭、压平了一股又一股外部势力，最终挟灭燕的大胜之威，彻底实现了离散诸部的目的。

至此，早在曹魏时期就已控弦数十万却始终被中原王朝蔑视的拓跋部终于完成了对国家机器的打造。

从此以后，草原上最大规模的诸部"杂胡"组织被分解，过去的墙头草们从此被栽种在了土地上，再不能见风使舵。

各部落贵族的控制权被剥夺，这也预示着北魏在这轰轰烈烈的"五胡时代"成了最终的胜利者。

前面"四胡"，都没能解决各族胡人的身份同化与编户役使问题。

"五胡第一棒"的匈奴屠各，团结"六夷""杂胡"成立了"单于台"；但在具有氏族背景的刘乂被杀掉后，"六夷""杂胡"投奔了石勒，匈奴汉开始衰落。

"五胡第二棒"的"杂胡"羯赵，团结所有"杂胡"去奴役汉人，但在"杂胡"之间，氐、羌、乌桓等族林立，分明各怀异心，终在石虎死后被其汉人养孙冉闵展开民族屠杀，羯赵就此退下历史舞台。

"五胡第三棒"的慕容鲜卑，靠着庞大的本族体量团结了河北汉人雄踞关东；但由于内部的贪腐朽烂，最终倒在了自己身上，没能来得及对关东"杂胡"进行汉化编户。

"五胡第四棒"的氐苻，虽然将各族迁入关中，但并没有最终将慕容鲜卑、姚羌等异族部落进行离散编户，仅在遥远的代北对拓跋部做了部落离散的试点，淝水之战后，未被离散的各族部落纷纷雄起走向复国。

"五胡第五棒"的拓跋鲜卑，其首领拓跋珪站在苻坚和慕容垂这两位绝代双骄的肩膀上，又一次扫平了关东，但这次拓跋珪完成了前"四胡"从未完成的艰巨任务。

在一系列血与火的融合下，关东"杂胡"和草原诸部被拓跋珪锻造成了一个整体，关东绝大多数的"杂胡"就此被逐渐改造成了农民。

部族战争的互相杀戮＋离散部落的编户农耕＝民族大融合！

这百余年的冰与火之歌唱罢，一幕幕血雨腥风飘过，留下了什么？

马过生灵齑粉，血流河洛腥膻，这一幕幕你方唱罢我登场后，"五胡"归一的最关键步骤，由最冷血、最以利益为导向、最后一个出场的拓跋珪完成了。

此时的后秦、北燕、南燕、后凉等诸多少数民族政权，虽然仍活跃于各自的属地上，但是与北魏相比，无论是制度建设还是国家体量都相差太远了。

当实力维度出现差距，对不起，我消灭你，与你无关。"五胡时代"从本质上已就此落幕，剩下的这些少数民族政权被历史之神抛弃，仅仅是时间问题。

无论这曲悲歌是多么九曲回肠，也是时候说再见了。随着公元398年十二月拓跋珪称帝，一个崭新的时代即将拉开帷幕。

轰轰烈烈的"五胡时代"，终于在4世纪的最后一刻，交出了自己的百年成绩单。

将历史的视角望向大江之南，南面也在这一年开始了交接时代的文艺汇演，扛住了这百余年"五胡"云扰中原的门阀政治时代，也即将走向终章。

昨日羯鼓催花，今朝疏柳啼鸦。王谢堂前燕子，不知飞入谁家。

大司马桓温埋下的伏笔，那个五岁的孩子，如今已经长大了……

第 **17** 战

桓玄篡晋：早悟夜宴终有散，当初赌甚英雄汉

一、最讲究门第的时代，却最不在乎嫡庶的鸿沟

闲行间坐，不必争人我。百岁光阴弹指过，成得什么功果。

昨日羯鼓催花，今朝疏柳啼鸦。王谢堂前燕子，不知飞入谁家。

自公元 4 世纪初八王之乱拉开天下大乱的序幕，到淝水之战北府军大败前秦，江左的东晋政权已在风雨飘摇中立国快百年了。

这百年的东晋史，在中国历史上有一个非常独特的称谓——门阀政治。

在这江左百年的岁月里，政治权力横空出现了一个不同寻常的特征：皇权要靠边站，依附于皇权的宗室、外戚和宦官更是没什么戏份，国家大权一直被一个顶级士族把控着，一群高级士族则从中制衡，保持着平衡。这个处于顶级的士族，是风水轮流转的。

这种奇葩的政治状态，前无古人，后无来者。

公元 307 年，司马睿小团队南渡建邺填补了江左权力空白。但此时这个小团队要人没人、要钱没钱，政治血统更是三流级别，存在感几

乎为零。

面对石冰、陈敏、钱璯三次大乱，以阳羡周氏为首的江东豪族三定江南，一直以来散装的江东罕见地开始出人出力，为保卫自己的既得利益而战。

最初，司马睿政权也是朝着由江左豪族主导的趋势发展的，但在永嘉之乱后，司马睿突然间成为仅剩的还有西晋皇室血统的司马氏族人。由此，事情开始起变化。

司马睿政府突然变成天下的盟主，权威性爆棚，以及大规模的北人南下，让以王导为代表的北方高门大族开始对南方豪族有了话语权。

江东豪族既需要利用司马睿政府的权威性去号召所有民间力量抵御北方胡马南下，又需要利用司马睿政府去约束流亡军阀对南方豪族的抢掠，他们不希望像祖逖那种"抢了你还是给你脸"了的"南塘一出"再出现。

流亡军阀则需要利用司马睿政府的协调性去说服三吴豪族交租交粮来维持他们的给养。

以王导为首的东晋政权开始做起了中间商，吃起了差价。

与此同时，借由北方中央政权崩塌的契机，王导作为北方高门大族的一面旗帜，引来了大量的北方豪门士族并一手搭建了东晋的政权结构，最终"王与马共天下"。

东晋政权既帮助北方高门士族占据了上层建筑，又承认了江东本土豪族的既得利益，双方达到了微妙的共生平衡。

后来，王敦又在司马睿政府的权威性基础上东拉西凑地利用陶侃和周访等江东本土军官，借力打力地恢复了对长江中游地区的统治。利用完人后，王敦又卸磨杀驴地阴了陶侃和周访，最终独霸荆州。

到南北局势第一次趋于稳定时，琅邪王氏几乎把控了东晋上层的官僚体系。

王敦专兵"上游"，两次东进逼宫。

第一次，司马睿不切实际地想恢复皇权，最终因为"废奴运动"被士族集团和江东豪族们晾在一边看了笑话，自己后来也被王敦活活气死。

第二次，王敦想一家独大，但在门阀集团的集体对抗下失败了。

凭什么王敦要当这个皇帝？反对派中有王氏自己人。王敦他爹只给他生了一个亲兄弟，王敦自己还生不出孩子。

他爹和他本人的生殖能力，最终从根本上毁灭了王敦的宏图霸业。你爹不给你生出七八个亲兄弟，你自己不生出七八个亲儿子，谈什么篡天下！

司马懿作为篡权领域的祖师爷都给打好样了：在一个已经成熟的系统中抢人家股权时必须上阵父子兵！瞅瞅司马家这生殖能力……（见表 17-1）

后面没这配置的人基本都没戏，就算成功了也蹦跶不了多久。

这不是打天下，随着战火纷飞炮火狼烟还能储备、联网一大堆铁杆嫡系。在政治网络成熟后，如果没兄弟没儿子帮衬，这天下根本抢不过来，就算抢过来也坐不住。

因前些年树敌太多，琅邪王氏自王敦谋逆后就开始走下坡路，王导拉来郗鉴做后援。

郗鉴有着北方高门渊源和江北抗胡资历，组建了北府军的前身，开发了京口这个建康与三吴间的关键物流枢纽，成为维护东晋稳定的关键人物。

郗鉴虽未在江左主政掌权，但却具有相当大的政治分量，压得住彼此间暗流汹涌的各家门阀。比如，寒门大才陶侃和接棒王氏的庾氏都是因顾忌郗鉴的京口势力而放弃了对琅邪王氏的反倒清算。

在王导和王允之死后，琅邪王氏再无顶梁柱人物，退出了顶级的操盘士族行列，庾氏正式接棒。

表17-1　司马懿父、兄弟、子三代

辈分	关系	姓名	简介
父辈	父亲	司马防	骑都尉
平辈	长兄	司马朗	兖州刺史
	三弟	司马孚	安平献王
	四弟	司马馗	东武城戴侯
	五弟	司马恂	鸿胪寺丞
	六弟	司马进	城阳亭侯
	七弟	司马通	安城亭侯
	八弟	司马敏	安平亭侯
	妻子	张春华	宣穆皇后，其孙司马炎追封
	姬妾	伏夫人	子司马亮，司马伷，司马京
		张夫人	子司马肜
		柏夫人	子司马伦
子辈	长子	司马师	晋景帝，司马炎追封
	次子	司马昭	晋文帝，司马炎追封
	三子	司马伷	琅邪武王
	四子	司马亮	汝南文成王
	五子	司马干	平原王
	六子	司马京	清惠亭侯
	七子	司马骏	扶风武王
	八子	司马肜	梁孝王
	九子	司马伦	赵王

好景不长，短短几年后，庾氏扛大旗的庾亮、庾冰、庾翼几兄弟相继过世，庾氏也失去了顶梁柱人物。

在门阀间第三次换代暗流下，曾打入玄门并为国死难，立下军功封爵的桓彝长子桓温，因为人才难得又是庾氏女婿，最终成功西入荆州，门阀政治也在桓温手上达到顶峰。

一生不出错的桓温用三十年的时间统一了整条长江线。自蜀山之巅一路到东海之滨，全是桓大司马的势力范围。

桓温第三次北伐后，灭庾氏、废晋帝，几乎近于篡位，但在王坦之、王彪之等老牌士族的曲线救国下（这里没提到谢家，原因是此时自谢太后到谢安，谢家全体躺平了），最终在人生终点戛然而止。

桓温死后，桓、谢两大家族共同执政，各安上下游，十年蓄力，击败了江左立国后遇到的世纪最大挑战——苻坚南侵。

淝水之战后，南北重新陷入均势。在4世纪的尾声，北方各族胡马再度杀伐混战，最终决出了霸北之主，南方也即将迎来门阀政治的终章。

万物有始，亦必有终。百年即将走过，门阀政治由于其特殊的多元支撑结构，终于无可奈何地走到了崩塌的这一天。

原因在于支撑门阀政治的最关键一环——人才，高门大姓再也生产出不来了。前面的所有总结，归根结底，说的都是以桓温为首的门阀人才。

江左重玄学，重虚无，重思想解放，但谈玄论道的出发点却是物质。必须得有起保护罩作用的雄才撑起江左的穹顶，才能维持住高门名士们仰望苍穹后的万物皆空。

自古文无第一，想要怎么说都是可以有理的，这确实是可以"空"的，是可以"虚无"的，因为这东西不用兑现。说白了，就是不用负责。更重要的是，只要不来真的，名士们可以有多种多样的"最终解释权"，能够随时根据自身的优势调整规则。

真等丢人现眼出现问题了，长嘴是干什么的？可以接着口若悬河、创造新概念啊！想想王衍的"信口雌黄"是怎么来的？

总之，一个人只要位高权重、田产无边，就是天天光着屁股满地跑那都是"以天为盖地为席"的"魏晋风流"。反之，佃户吴老二别说光屁股了，他往寡妇家看一眼那都是臭流氓。

高门名士们可以"空"，其本质是因为有人帮他们构筑了"不空"的护城河。

税收、安保、卫生、城防、练兵、造船、门阀间的协调、皇室间的沟通，这些东西都是不空的，是具体的，是需要务实的人去操心的。这都是要结果的，是需要兑现的，是闭环的。

谢万可以高傲地拿如意指着诸将说你们都是"劲卒"，北伐的时候将士们就可以让他体会到什么叫作无外敌压迫下的土崩瓦解。

没有国之栋梁搞定这一切需要答案的事物，门阀士族们在谈玄论道的时候就会不踏实，就会担心胡马南渡破坏这美好的生活方式，就会担心有不懂规矩的其他阶层来颠覆他们的"采菊东篱下，悠然见南山"。

所以在这江左百年的政治斗争中，虽然高门大姓间相互倾轧屡有冲突，但却达成一点共识，就是必须把门阀圈中最牛的人才送到最重要的岗位上去。

由于北方少数民族政权的巨大威胁，被从北方挤兑到南方家破人亡的流民们时刻提醒着门阀圈：长江以南是多么美好！

于是门阀圈子突破了门第之间的隔阂，冲破了嫡庶之间的禁锢，只要真的是大才，就有资格被推举出来。

是不是丫鬟生的已经不是很重要，甚至不是亲儿子都不重要了！

王导后期始终带的是侄子王允之；谢安力推的是侄子谢玄；庾家和桓家始终在兄弟之间传承；桓冲死后的接班人是早死兄长桓豁之子桓

石虔和桓石民；桓温的爵位继承人安排给了一个妾生的五岁儿子，整个门阀圈子也没有觉得哪里不妥。

最讲究门第的时代，却最不在乎嫡庶，历史是多么的幽默。

总之，谁行谁上，不行的滚一边去扯淡裸奔，让行的人来营造清谈的美好环境。这也导致了所谓"门阀政治"，看似极重门第，但实质上更重人才。

主政门阀如果无法持续提供"国器"，其主政的门户地位最终就一定会由其他门阀取而代之。

寒门大才陶侃于国有大功，但兄弟子侄均无能干之人，于是临终谦辞高让。

王导这一辈兄弟几乎都居于重任，但下一代中王导重用的是侄子王允之，王导之子全都闲于二线。王允之在王导死后三年过世，琅邪王氏就此退场，王彪之倒是一直在参与政治，但参与度和王氏的历史分量比起来，就显得比较毛毛雨了。

庾亮兄弟三人一时俊杰，但相继壮年而亡，庾翼死前想让他儿子庾爰之掌管荆州，但被所有门阀人物否决了。说到底，不过是因其家族再无得力之人。庾爰之要是真有能力，早就自己屯兵长江满世界嚷嚷要子承父业了。

当年王导默认郭默杀了刘胤占据江州，陶侃和庾亮都是什么态度？朝廷算什么！陶侃直接杀死郭默自领江州。

桓温临死不立其世子，让弟弟桓冲代领其族人，将继承权传给了最小的庶子——五岁的桓玄，以极高的智慧保全自己这一支的爵位。

陈郡谢氏兴起，谢安在家族中选出来的继承人是其侄谢玄。

在胡马南渡的威胁下，由东汉开国的豪族政治一路演化到此时把皇权踢到一边的门阀大户们，在"重无"和"贵虚"的学术环境下，却旗帜鲜明地做到了尽一切可能唯才是举。

以儒家思想为内核的中华文明走到这个时代，却更像是游牧民族的继承方式：谁更能打，更能带领大家抢回东西，更能在残酷环境下带领大家走出来，谁就是这个家族乃至整个江左的政治核心。

历史的深层核心，永远是生产力与生产关系的相辅相成。

但是，门阀政治有着其不可持续发展的因素，即近亲繁衍。

曾经有一本由国外野故事拼凑起来的书，书中有个理论：罗斯柴尔德家族的家训规定，只能在自己家族中进行通婚以保持财富不被稀释，因此这个家族到今天已经控制了全球百分之五十的财富。

且不说书中各种低级的类比，只说在自己家族中通婚这一条，所谓的罗斯柴尔德家族就不会发扬光大。因为通婚的圈子越小，后代的质量就只可能会越来越差。

门阀重才，但这个"才"必须是自己圈子里的。

由于高门地位得来不易，门阀间的通婚对象选择起来也极其慎重，这也导致了在"门当户对"的前提下，高级门阀间彼此的通婚范围极窄。

从遗传学的角度来讲，高级门阀不可避免地出现了后代退化的趋势。这些后代不仅从生理上开始退化，教育和见识也跟不上了。

看看主政门阀英才们的出生时间吧。（见表 17-2）

除了最小的桓冲，上述顶梁柱们都经历过江左最后一次大乱——苏峻之乱（327 年）。

王敦、王导、郗鉴、庾亮这批最早的南渡高门精英，都经历了西晋盛世和永嘉之乱，都在血与火中淬炼过。

庾氏兄弟和桓温的第二梯队则在人生观形成的时期，亲身感受到了胡马南渡的危机，经历了王敦、苏峻逼宫的江左混乱。

西晋崩盘和东晋江左立国的一系列风云，上述顶梁柱们基本都经历过。其中，郗家、庾家、桓家还分别都有家学传家，都是有儒家内核的家族，这在崇尚玄学的江左更加不可复制。

表17-2　主政的门阀英才出生时间

姓名	出生时间
王敦	266年
郗鉴	269年
王导	276年
庾亮	289年
庾冰	296年
庾翼	305年
桓温	312年
谢安	320年
桓冲	328年

所谓有"事功之能"的国器，是需要在时代的大潮和纷繁的考验中历练的。

谢安和桓冲，是门阀出品的最后一代半成品"国器"。谢安赶上了尾巴，桓冲则在与兄长桓温灭蜀北伐的一次次历练中积累了足够的经验与见识，这哥俩得双剑合璧使用。

淝水之战后，司马氏在隐忍了近百年之后，终于看到了希望的曙光，首先就是北方的威慑解除了。

压在东晋头上近百年的压力一下子没了，北府军一度把阵线推到了黄河一线，门阀与皇权间必须求同存异的外在环境没有了。换句话说，有窝里斗的空间了。

淝水之战以后，褚太后亡故，谢安迅速就萎靡了，他一直看不上的女婿王国宝（太原王氏）看到在老丈人这里没指望就依附了御弟司马道子。这位谢家的女婿随后使出了最大的力量在皇室和谢安之间制造误会和摩擦。

谢安此时六十五岁了，在这个岁数失去靠山后，面对突然间步步紧逼的政治斗争有些力不从心。

在司马曜和司马道子这对兄弟的试探紧逼下，名望权柄一时无二的谢安在 385 年四月出镇广陵，让出了中枢权力。

四个月后，谢安过世，司马道子更进一步以骠骑将军假节都督中外诸军事，把属于谢安的所有权力收了过来。

谢安死后，其侄谢玄也开始主动交权。387 年春正月，朝廷任命朱序为青、兖二州刺史，接替谢玄镇彭城，谢玄转镇淮阴。

在淮阴谢玄患病，多次上疏奏请解甲归田，后被任命为会稽内史，回大后方当地方官去了。

自 388 年春正月开始，谢玄、镇守豫州的猛将桓石虔、谢安之弟尚书令谢石相继去世。389 年，镇守荆州的桓石民过世。

三谢二桓的集中谢幕，预示着门阀士族的时代该落幕了。

后来孝武帝司马曜让王珣帮他挑女婿时说："王敦、桓温这样的英雄之才不太可能找到了，就算能找到，这种人物一旦稍微得势就喜欢干涉别人家的事，也不是我想要的女婿，还是找个刘惔、王献之那样的最合我心思。"[①]

司马曜挑女婿时的这句话很残酷地透露出了一个真相：此时的门阀圈子里再没有一个王敦、桓温般的枭雄人物了。

高门大姓再无风流人物，司马皇家终于守得云开。但是，见月明了吗？并没有。

司马氏后人的水平自东晋开国的元、明二帝后，同样提不起来了。

_____

① 《世说新语·排调》：孝武属王珣求女婿，曰："王敦、桓温，磊砢之流，既不可复得，且小如意，亦好豫人家事，酷非所须。正如真长、子敬比，最佳。"

得益于特殊的时代与朝局，司马曜和司马道子两兄弟几乎是躺赢般地拿回了已经旁落了八十多年的皇权。以这对兄弟的真实能力，如果放在以前的斗争环境中，哪怕在"选无不错"的庾亮手里，都过不去三个回合。

他们最终并没有把江左政权带向新的高度。德不配位，拿到皇权又如何？不过是自己亲手亡了它。司马家的这两兄弟的命运随着门阀政治的衰退，一同尘归尘土归土地走向了终章。

当初司马睿南渡长江后万事靠王导，引出了那句著名的"王与马，共天下"。这句话，似乎像句"谶语"一样预言了东晋的兴与衰。

起于王，也终于王。起于琅邪王氏，终于太原王氏。陪司马家走完最后一站的历史剧本，交到了太原王氏的手里。

当初扶植起来拉开"五胡乱华"大幕屠各刘氏的那个"晋商"家族，终于又露面了……

二、永远不要走敌人帮你规划的道路

太原王氏最早显贵的是曹魏时期的王昶。

王昶早前是曹丕的班底，后来跟了司马家，并在淮南三叛时表现出色。

王昶之子王浑后来成为司马炎的铁杆嫡系，参与了灭吴之战并立下大功。

到了王浑之子王济时，王氏完成了由儒入玄的转化过程，不仅跟皇家攀上了关系，娶了司马炎的妹妹常山公主，还"有俊才，能清言"，成了玄学名士。

这看上去就是个有着完美向上轨迹的家族上升图，但太原王氏在扎根地方的时候犯了巨大的路线错误。

太原的王氏与离得比较近的异族屠各刘氏关系非常好，刘渊他妈妈死时，时任司空的王昶相当高规格地送去了真挚的慰问。

这很不寻常，因为当时监管匈奴部的护匈奴中郎将不过是个比两千石的四品官，而刘渊只是一个被监管的异族部落首领，他得有多大的面子能让三公级别的司空大人这么特殊关照呢？所以，大概率是屠各部与地头蛇太原王氏有着相当重要的利益关系。

到了王浑成为王氏家主时，他跟刘渊处得像哥们一样，还把王济引荐给了刘渊认识。王浑、王济父子多次在司马炎面前举荐刘渊，先是建议利用五部屠各的力量去收服东南，后是建议让五部屠各去平定西北边患，但都由于朝中其他势力阻挠而失败。

太原王氏为何这么极力推荐并州屠各呢？

反正他们王家就是非常非常有钱，王济可以在寸土寸金诞生地"王的洛阳"买地当骑射游玩的围场，还专门用钱铺地，打赌都是千万钱起步，吃的东西是用人乳蒸的，生活的奢靡程度是让晋帝司马炎都瞠目结舌的。①

但"晋商"王氏没想到，他家最后玩大了。他家"为国为民"，扶植起来了一个几乎造成亡国灭种的最可怕对手。

时间来到了八王之乱，司马家内部打到最后分成了两派：司马颖与刘渊的五部屠各及石勒的"杂胡"形成了统一阵线；司马越与并州出来的乞活军、刘琨在太原结好的拓跋鲜卑及王浚（同样出自太原王氏，王昶堂兄王机之孙）在东北结好的段部鲜卑组成了另一阵线。

结果是司马越成为八王之乱的最终胜利者，当初跟刘渊好到穿一条裤子的王浑这一支算是被胜利方彻底打压了。

不过太原王氏枝繁叶茂，分头下注的王浚在这一轮站队成功，但王浚后来又玩出圈了打算自己称帝，于是王昶堂兄王机的那一支也折了。

看上去太原王氏在一系列的政治站队中都站错了，不过到底是高

---

① 《晋书·王济传》：性豪侈，丽服玉食。时洛京地甚贵，济买地为马埒，编钱满之，时人谓为"金沟"。王恺以帝舅奢豪，有牛名"八百里驳"，常莹其蹄角。济请以钱千万与牛对射而赌之……帝尝幸其宅，供馔甚丰，悉贮琉璃器中。蒸肫甚美，帝问其故，答曰："以人乳蒸之。"帝色甚不平，食未毕而去。

门大姓有底蕴，王氏凭借强大的生殖能力和不同权力赛道的分头布局，最终仍然押对了人。

高门望族乃至任何一个大的组织和经济体最重要的算法，就是千万不要在一棵树上吊死。

王昶的另一个儿子王湛，也就是王浑的弟弟，这一支率先承接起了太原王氏在江左的百年大旗。（见表17-3）

表17-3　太原王氏世系（部分）

王柔，字叔优，护匈奴中郎将	王机	王默？	—	—	—	—
		王沉	王浚	王胄	—	
				王裔	—	
		失讳	失讳	王道素	王崇之	
王泽，字季道，代郡太守	王昶	失讳	王默	王佑	王峤	王淡
		王浑	王尚	—		
			王济	王卓		
				王聿		
			王澄	—		
			王汶	—		
		王深	—			
		王湛	王承	王述	王坦之	王恺
						王愉
						王国宝
						王忱

王湛少言语，性格冲淡，同样在玄学上颇有造诣，其子王承弱冠之时曾被权威人士王衍比作了南阳名士乐广。

王承这位太原王氏的玄学后起之秀在司马越败逃下邳的关键时刻南奔司马越幕府，成为司马越危难时投票的原始股名士。这也就意味着王承提前锁定了一张"王与马"号末日方舟的船票。

司马越败亡后，王承南渡归于司马越的分支司马睿政权，并因能力和辈分被推许为东晋第一名士，在王导、庾亮等人之上，为中兴第一。①

但王承的大名气还没有转化为大的功勋，王承就在318年病逝了，其子王述年仅十五岁，又没有桓温那种冲天大才，结果早期的门阀风云他们家全都没赶上。

直到354年，五十一岁的王述终于在桓温废殷浩的时候，靠着家族门楣熬到了帝国前台，成为扬州刺史。

他的儿子——读者们应该熟悉了，就是那位在桓温将要篡位时大为露脸的王坦之，他的孙子就是前面提到过的谢安看不上的女婿王国宝。

王氏不只这一支挤进了权力上层，还有一支也成功打入了东晋高层。王昶兄长那一支——兄子王默的孙子王峤和王讷也南逃到了江左，同样发展成了太原王氏在江左较为重要的一支。

王峤在王敦之乱时与王敦撕破脸表明态度，王讷则当上了新淦令的小官。王氏的这一支，在王讷的儿子王蒙这一代开始渐渐兴盛起来。

345年，司马昱进入朝廷中枢后颇为倚重有玄学造诣的王蒙和刘惔。虽然两年后王蒙英年早逝，但其女王穆之仍然成为晋哀帝司马丕的皇后。

---

① 《晋书·王承传》：渡江名臣王导、卫玠、周颢、庾亮之徒皆出其下，为中兴第一。

因为王蒙被司马昱赏识，以及妹妹是皇后，王蒙的儿子王蕴随之走上了帝国前台，王蕴的闺女后来成了司马曜的皇后。

这就相当于太原王氏的两支中，一支传到了王坦之这辈时，成功保住了司马昱的政治遗产；一支传到了王蕴这辈，女儿成为司马昱政治接班人的皇后。最终在司马昱的后人夺回东晋皇权的时候，太原王氏成为最后的大赢家。

王蕴这一支抱住了皇帝司马曜的腿，其子王恭、王爽全都是保皇党；王坦之那一支则抱住了御弟司马道子的腿，王坦之的儿子王国宝认了司马道子当老大，闺女成了司马道子的王妃。

王氏这两支本来各自发展得不错，但随着司马曜和司马道子兄弟渐渐出现权力争斗，王氏的这两支也开始搅进争斗，变成了马前卒。

司马曜和司马道子是同母兄弟，他们的近亲中没有长辈了，他们的老爹生的那堆孩子更是全都夭折。司马昱就是因为儿子都死绝了才费很大劲地把他们的妈——那个黑姑娘遴选了出来。

老爹死后这对兄弟相依为命，尤其在他们还小的时候，两兄弟之间堪称兄友弟恭。在两人渐渐长大后，司马曜为了光大皇权，同样需要司马道子这个亲弟弟在外面做外援，这时候他们处于蜜月期。

自淝水战后，随着谢家谦退专心致志平稳着陆而皇室成功收权，两兄弟开始渐渐出现矛盾了。

没有外患且获得权力斗争胜利的司马曜投入了美酒和女人的怀抱，把政事推给了弟弟司马道子，弟弟道子也是个大酒鬼，天天喝酒唱歌。两兄弟没一个正经的，结果就是他们的"小弟们"开始做各种动作。

由于司马道子掌管权柄又爱喝酒，因此他的手下以王国宝为首的宵小们开始买官卖官，刑律混乱，生活奢靡，把政治生态搞得一塌糊涂。①

门阀政治刚刚走向终章，皇权刚刚抬头，所有王朝末年的亡国景象就都出现了。

江北的胡马压力导致皇家和门阀要同舟共济，门阀间的相互制衡导致皇室的存续以及不能胡作非为，门阀间为了顶住皇室收权和北方压力又导致了推举能人执政。

在一系列逻辑链条下，这百年来的江左除了两场战乱之外，一直保持了很小的内部摩擦和消耗。

当门阀政治因为没有大才国器，最终无可奈何地走向了终章，江左的政权也就失去了在这个时代立足的能力。

司马道子的势力越来越大，司马曜开始不高兴了，双方的第一次矛盾大爆发是因为王国宝鼓动朝臣联名上奏，请求擢升司马道子为丞相，并加殊礼以示尊崇。

时任护军将军的车胤说："这是成王尊周公的旧制，我不同意！"

司马曜怒斥群臣并夸奖车胤有节操把这事否了，这是君相之间第一次明面上发生冲突。

后来，王国宝又指使司马道子宠臣袁悦之请尼姑妙音写信给太子司马德宗的母亲陈淑媛，想走后宫的门路为司马道子再次升官。司马曜知道后即杀了袁悦之，表达对司马道子一党的不满。②

之前，君相之间的矛盾尚未扩大化，但在 389 年桓家最后顶梁柱荆州刺史桓石民死后，君相之间开始了角力。

---

① 《晋书·会稽文孝王道子传》：凡所幸接，皆出自小竖。郡守长吏，多为道子所树立。既为扬州总录，势倾天下，由是朝野奔凑。中书令王国宝性卑佞，特为道子所宠昵。官以贿迁，政刑谬乱。

② 《世说新语·谗险》：国宝乃使陈郡袁悦之因尼妙音致书与太子母陈淑媛，说国宝宜见亲信。帝知之，托以他罪杀悦之。

389 年秋七月，司马道子先拔头筹，运作骠骑长史王忱为荆州刺史，都督荆、益、宁三州诸军事。这个王忱是王国宝的弟弟，同是司马道子王妃的兄弟。

390 年春正月二十六，青州兼兖州刺史司马恬过世。

二月初二，司马曜迅速任命中书令王恭都督青、兖、幽、并、冀五州诸军事，任兖、青二州刺史，镇守京口。王恭是皇后的兄弟，司马曜在京口重镇上面扳回一城。

同年八月，司马道子又把党羽庾楷运作成了豫州刺史，去镇守历阳。

时间来到 392 年十月，整个东晋末年的最大一次人事变化出现了。司马道子的舅子、荆州刺史王忱死了。王忱死后，重镇荆州空了出来，司马道子本来打算运作王国宝去接任荆州，但被司马曜抢先一步，司马曜接连两次出招。

司马曜先是用郗恢（郗鉴之孙，郗昙子）接替几次申请病退的朱序做雍州刺史镇守襄阳，紧接着又出"中诏"（绕过尚书台由宫中直接发出的帝王亲笔诏令）这种很少使用的皇帝直接任命权，将荆州刺史之职给了殷仲堪。

之所以说这是东晋末年最大的一次人事变化，并非死了的王忱有多牛，也并非君相之间的权力斗争产生了怎样的影响，更并非这位到任的殷仲堪有多大的能力，而是因为从此解封了已经压抑很久的门阀政治最后的回光返照——桓玄。

桓温有六个儿子，临终前，他对桓氏的未来做出了如下部署：

1.让最小的弟弟桓冲统领桓氏家族。

2.让最小的儿子桓玄承袭爵位。

桓温的临终遗命，堪称神级操作。如前文所说，王、庾、桓、谢四大门阀掌门人在更新换代时基本都摒弃了个人私心，而将基业托付给家族中最好的人才。

桓温在死前不久废掉了一直不服不忿的四弟桓秘，令桓冲顺利接班，桓冲在他死后与谢安和衷共济，击退了前秦的"巨浪拍岸"，托住了桓家的威名，使之不堕。

桓冲的历史意义一直被低估，实际上，桓温死后桓家基本上只有两条路：要么成功篡位，要么失败自爆。因为平稳着陆的难度太高了，而且家族的人各种各样的想法太多了。但桓冲拢住了桓家，限制了家族欲望，形成了第二代的桓家合力。

对比慕容垂死后的那些安排，瞬间就能看出来在政治水平和头脑冷静方面桓大司马的优秀。

桓温的第二个决定更叫人瞠目结舌。他遗命承接他南郡公爵位的，是庶子中最小的时年五岁的桓玄。既踏踏实实地让弟弟接班，又营造了让自己这一支东山再起的生存环境。毕竟，五岁的孩子谁也不会当成威胁。

至于桓温是如何看出五岁的桓玄将来会光大门楣已经不得而知，但这孩子确实自幼就展现出了极不寻常的一面。

给桓温守孝期满（二十七个月）后，七岁的桓玄随同桓冲离任扬州刺史。

扬州地方官员与桓冲告别，桓冲摸着桓玄的头说："孩子，这都是你家的故吏啊。"桓玄听后掩面哭泣，众人皆惊异。①

这孩子小小的年纪居然能听得懂这话是什么意思！政治天赋这个东西，后来不断地展现在这个孩子身上。

桓玄长大后相貌奇伟，豁达开朗，艺术文章全都颇有造诣，自幼

---

① 《晋书·桓玄传》：年七岁，温服终，府州文武辞其叔父冲，冲抚玄头曰："此汝家之故吏也。"玄因涕泪覆面，众并异之。

就胸怀大志要重振家门。由于他是桓温的政治遗产继承人，受桓温的影响，391年，二十三岁的桓玄才进入官场，当上了太子洗马的无权闲官。①

不久，桓玄又被派去做义兴太守。司马道子把大魔头桓温之子桓玄扔到了桓家势力最薄弱、地方保护意识最强的三吴地区。

桓玄长叹道："父为九州总督，儿为五湖县长。"觉得这官不做也罢，就辞官回家族的地盘荆州当他的南郡公去了。②

桓玄没有让他爹看错，既然被人认为自己是个枭雄，那么自己就绝对不能任由他人不怀好意地摆布。一定要回到自己祖辈经营之地，绝对不能按照他人定的赛道走，绝对不玩敌人定下的游戏。年仅二十三岁的桓玄此时已经开窍了。

桓玄回到江陵后过得仍然不是很舒服。此时的荆州刺史王忱是司马道子的舅子，王坦之之子。

当年王坦之被桓温相当欣赏，但后来却成了反桓主力；到了王坦之儿子辈时，王忱对桓玄这个荆州地头蛇的态度仍然是不给面子、极力打压。③

392年十月，王忱死。对于桓玄来讲，一个巨大的机遇出现了。

由于自己的爹当年"近篡"，路人皆知，所以桓玄这辈子指望再走官方途径进入权力中枢是不太可能的。

------

① 《晋书·桓玄传》：及长，形貌瑰奇，风神疏朗，博综艺术，善属文。常负其才地，以雄豪自处，众咸惮之，朝廷亦疑而未用。年二十三，始拜太子洗马，时议谓温有不臣之迹，故折玄兄弟而为素官。

② 《晋书·桓玄传》：太元末，出补义兴太守，郁郁不得志。尝登高望震泽，叹曰："父为九州伯，儿为五湖长！"弃官归国。

③ 《晋书·王忱传》：桓玄时在江陵，既其本国。且奕叶故义，常以才雄驾物。忱每裁抑之。

桓家已经在荆州经营五十年了，桓玄本人又是南郡公，这是他重返时代舞台的最大优势，只不过地方官府一把手的打压让桓玄始终伸不开手脚。他需要一个能与桓家合作的荆州主事者。

据建康传来的消息，是司马曜打算运作京口的王恭来抢回荆州，司马道子也在紧急运作王忱的哥哥王国宝去接班荆州。

王国宝是王忱的兄弟，王坦之第三子，桓玄不想看到他；王恭性格强硬，桓玄也觉得不方便自己拿捏。①

最终桓玄看中了司马曜的心腹，被定性为"弱才"的殷仲堪，随后桓玄遣使买通了司马曜信服的尼姑妙音去帮殷仲堪争夺荆州刺史。②

这位尼姑妙音是建康"第一宗教型红人"，司马道子甚至专门给她盖了一座简静寺，她的能量大到了可以参与政治操作。寺里香火极旺，每天寺门口来求见的车马就有百余辆。③

历史的车轮滚到此时，宗教开始强烈地参与到中国政治的上层建筑中来了。而关于佛与道的交锋与融合，将放在后面重点讲述。

司马曜果然向妙音咨询荆州的人事问题，妙音回答："我听说目前朝野内外一致认为没有比殷仲堪更合适的人了，此人意虑深远，正是荆楚所需。"④

---

① 《世说新语·识鉴》：荆州刺史王忱死。烈宗意欲以王恭代之。时桓玄在江陵，为忱所折挫，闻恭应往，素又惮恭。

② 《世说新语·识鉴》：殷仲堪时为黄门侍郎生，玄知殷仲堪弱才，亦易制御，意欲得之，乃遣使凭妙音尼为堪图州。

③ 《比丘尼传·简静寺支妙音尼传》：太傅以太元十年为立简静寺。以音为寺主。徒众百余人。内外才义者，因之以自达。供赡无穷，富倾都邑，贵贱宗事，门有车马，日百余辆。

④ 《比丘尼传·简静寺支妙音尼传》：既而烈宗问妙音："荆州缺，外问云谁应作者？"答曰："贫道道士，岂容及俗中论议？如闻外内谈者，并云无过殷仲堪，以其意虑深远，荆楚所须。"

客观来讲，这也是司马曜的考量：虽然殷仲堪的才干并没有多强，但他是自己心腹，而且如果王恭去了荆州，那万一京口再有波澜呢？尤其是弟弟司马道子也在加紧运作抢夺荆州，时不我待，必须要迅速做出抉择。最终，殷仲堪被司马曜遴选出来。

二十四岁的桓玄在此次荆州刺史的做局中展露出了极强的政治天赋。

首先，桓玄知道谁和自己的家族不对付，知道司马曜的心里在想什么，从而选择了多方势力都认可的弱才殷仲堪。

要知道这种手笔堪称花钱铺路的最高段位了。因为这不是运作自己人去抢占某个位置，不是趋利；而是在即便没有直接乃至间接获利前提下，单纯为了避害，去运作那个最无害的人来到台前，方便自己后面进行政治愿景操作。

相当于花钱不为了直接和间接利益，也不为了政治交换——殷仲堪跟他没交情，就只是单纯为了买一个正常发展的环境。这意味着桓玄在二十四岁的时候就彻底明白了资源和金钱的使用意义，目光深远。

其次，桓玄在建康当太子洗马的短短时间里建立了相当迅速的情报网络。

他迅速就知道了司马曜和司马道子的人事打算。王忱是十月十八死的，殷仲堪是十一月初十任命的。仅仅间隔二十二天，中间是九百公里的水路。

桓玄不仅在京城有靠得住的信息来源，还有最为迅速的情报快递系统，能够在短时间内收到信息并传输指令。

最后，桓玄知道找谁去运作这事，他派使者以"稳、准、狠"的风格直接去找宗教红人妙音的。这说明双方之前就有交情，而且关系不浅，要知道这种国家级的"宗教掮客"不是单纯谁给钱都给办事的。

总结起来就是：

1.桓玄知道怎样布局。

2.桓玄知道怎样使用资源。

3.桓玄知道建立情报网络。

4.桓玄知道储备特殊关系。

虽说桓玄最后失败了，浑身上下被泼得都是大粪，但他的政治水平是真的相当不简单。

殷仲堪到任后，桓玄开始了人生转折的加速度。

殷仲堪是殷浩的侄子，殷浩当年在桓温眼里一无是处，他这个侄子如今在桓温的儿子眼里也一无是处。

殷仲堪来到江陵后，由于没有根基，能力一般，对地头蛇桓玄非常畏惧。[1] 殷仲堪应该比桓玄至少大十多岁（此君 379 年时就已经是谢玄的长史了），但从气概上已被二十四岁的桓玄疯狂碾压。

桓氏累世经营荆州已经五十年了，桓玄豪横，士民敬畏桓玄远胜于殷仲堪。[2]

桓玄还在不断强化殷仲堪的软弱形象，总是有意无意地在大庭广众下踩殷仲堪面子，还曾经在殷仲堪办公室前骑着马大声谈笑，拿着矛假装要刺殷仲堪。

对于这种已经近于无理的试探，殷仲堪的中军参军刘迈说："马不错，可惜没规矩没文化。"

小弟帮殷仲堪挣了面子后，桓玄生气走了，殷仲堪吓得够呛对刘迈说："你疯了吗？桓玄要是半夜派人杀了你怎么办？"他赶快安排小弟避难。桓玄也确实准备下黑手杀掉刘迈，因为刘迈跑得快才没被杀

---

① 《晋书·桓玄传》：玄在荆楚积年，优游无事，荆州刺史殷仲堪甚敬惮之。

② 《资治通鉴·晋纪三十》：桓氏累世临荆州，玄复豪横，士民畏之，过于仲堪。

掉。①

这个时候，桓玄这位荆州地头蛇已经可以吓得荆州刺史畏首畏尾了。其中虽有桓家荆州势力的原因，但同样还有些高层政治原因。

别看司马曜、司马道子两人始终对桓玄充满敌意，但他们还真就动不了桓玄。因为现在司马家的皇位就是桓玄他爹赏给他们的，如果不是桓温废了海西公司马奕，根本轮不到司马曜两兄弟现在主掌朝政。

虽说桓温最后有篡位的意思，但毕竟没真篡，这也就坐实了桓温是司马氏两兄弟最大的恩人。否定了桓家，就是否定了自己的皇统。

之前桓玄决定弃官归乡路过建康去拜见司马道子，司马道子一如既往地喝多了，当着众人的面说："你爹桓温晚年想要做窃国贼，现在怎么样？"桓玄跪地无语。

司马道子的长史谢景重赶紧郑重解围道："已故的宣武公桓温废黜了昏庸之人，扶助圣君登上帝位，其功远超伊尹、霍光，那些外面的闲话您要圣断啊！"②

已经喝多了的司马道子什么反应呢？他赶紧说："我知道我知道，小桓，我敬你一杯，干了这杯咱们吃饭。"③

桓家还是拥立元勋。

早在一年前，太学博士范弘之（当年桓温废掉的范汪之孙）就提议给桓温的政敌殷浩追加谥号，并打算给桓温的叛逆定调，结果直接就被当过桓温主簿的尚书左仆射王珣（王导孙）否了。

---

① 《资治通鉴·晋纪三十》：仲堪中兵参军彭城刘迈谓玄曰："马稍有余，精理不足。"玄不悦，仲堪为之失色。玄出，仲堪谓迈曰："卿，狂人也！玄夜遣杀卿，我岂能相救邪！"使迈下都避之，玄使人追之，迈仅而获免。

② 《世说新语·言语》：谢景重时为长史，举板答曰："故宣武公黜昏暗，登圣明，功超伊、霍。纷纭之议，裁之圣鉴。"

③ 《世说新语·言语》：太傅曰："我知！我知！"即举酒云："桓义兴，劝卿酒。"

王珣和谢景重的口风一样，说桓温那是废黜昏君，拥立明君，哪谋逆了？有证据吗？那叫忠贞有节操。①

当年政敌的子孙范弘之在桓温死了快二十年后想报仇，结果被踢去余杭当县令了。

表面上，在392年十月王忱死后，司马曜成为大赢家，不仅一举拔出了弟弟在荆州的爪牙，还一下子把荆州、梁州两个地方势力抢回到自己的手中。

司马曜阶段性地取得了君相斗争中的重大胜利，但实际上，真正的赢家是幕后的桓玄，桓玄已经开窍到了会给自己设计赛道了。

一眨眼，四年后，即396年九月，东晋覆灭崩盘的开关被启动了。

这次4世纪末南方大变局的总开关，始于一次无厘头的谈话……

---

① 《资治通鉴·晋纪二十九》：太学博士范弘之论殷浩宜加赠谥，因叙桓温不臣之迹。是时桓氏犹盛，王珣，温之故吏也，以为温废昏立明，有忠贞之节。

三、下个时代的主人公入场了

司马曜把弟弟压下去以后又连喝了四年酒，三十四岁已经活出了六十四岁的感觉，每天很少有醒着的时候，就更别提见大臣们了。

396年九月二十日，司马曜和后宫的妃子们喝酒时，对最受宠的张贵人调侃了句："你这岁数按理说该废了，我过段时间高低得找个年轻的。"

结果这位张贵人不等司马曜来废她，当天晚上侍寝时拿被子捂死了已经喝多的司马曜。①

事后这位贵人贿赂左右出具死亡报告：皇帝大人睡觉时梦见鬼把自己吓死了。

具体怎么死的无所谓了，但司马曜死的当晚王国宝反应相当迅速，打算夜入禁宫起草遗诏，结果被同族的另一支王恭之弟王爽给挡了。②

---

① 《资治通鉴·晋纪三十》：庚申，帝与后宫宴，妓乐尽侍；时贵人年近三十，帝戏之曰："汝以年亦当废矣，吾意更属少者。"贵人潜怒，向夕，帝醉，寝于清暑殿，贵人遍饮宦者酒，散遣之，使婢以被蒙帝面，弑之。

② 《资治通鉴·晋纪三十》：王国宝夜叩禁门，欲入为遗诏，侍中王爽拒之曰："大行晏驾，皇太子未至，敢入者斩！"国宝乃止。

结合后面的事态发展，相当有可能是相党对司马曜进行了暗杀。因为司马道子集团随后成为最大的既得利益者，而且继位的皇帝司马德宗根本不会阻碍相党去专权，其智商水平堪称司马衷的加倍升级版，司马家也继续着自家刚过上好日子接班人就是智障者的诅咒。

司马德宗自幼就傻得远近驰名，他的出场直接碾压了惠帝司马衷。司马衷至少还能问出"何不食肉糜"的话，最起码还有疑问，这位则直接话都不怎么会说，冷热饥饱都不能分辨，喝水吃饭甚至睡觉都不能自理。①

第二天，智障者继位。又过了两天，司马道子升为太傅，任扬州牧，赐黄钺，当上了摄政王。

司马曜的意外离世，令原有的两个酒鬼打醉拳、皇权压相权的平衡均势被打破了。

相权强大起来，但周边重镇却都是先帝的人，尤其是驻扎在京口的司马曜的舅子王恭，最为不忿。

皇帝的死因就极度成疑，而且司马道子在掌权后继续任用王国宝等奸佞混乱朝纲。王恭在回建康参加国丧时公然感叹："房梁都是新的，但眼瞅着就是要亡国的节奏了。"

王恭拜祭完先皇要回京口时，对司马道子说："天子居丧期间，您身上的重任是伊尹、周公当年都如履薄冰的，愿您亲贤臣远小人，放逐那些奸佞小人。"

王恭直接将矛头指向了以王国宝为首的相党集团。

结果王恭这边一口一个王国宝误国，司马道子那边却加紧给王国宝提待遇。

---

① 《资治通鉴·晋纪三十》：安帝幼而不慧，口不能言，至于寒暑饥饱亦不能辨，饮食寝兴皆非己出。

到了 397 年正月初一的时候，司马德宗正式行加冕礼，领军将军王国宝升为左仆射，兼领官员人事工作，加后将军、丹阳尹，不仅如此，司马道子还把东宫太子的兵马全部分配给了王国宝。

王国宝知道王恭对他极为不满，就鼓动司马道子裁减王恭和殷仲堪的兵权。

世上没有不透风的墙，很快王恭就知道了这件事。为了自保，他找到了东晋立国的那支最强悍力量——北府军。

自谢氏交权后，北府军这支具有恐怖战力的军队逐渐解体了。北府军作为自东晋立国开始就经历了几乎所有潮起潮落的军事力量，一直是非京口系的当权者所害怕的一股势力。

强如桓温，虽然常夸"京口酒可饮，兵可用"，但仍心里明镜似地选择压平、解散北府军，而不是收编使用。北府军的主体，是北方的流亡士族和离乡宗族，总体来讲，不可控因素太多。

他们凝聚为一股战力是因为在胡马南渡时有着巨大的国仇家恨，但他们对东晋的高层同样并不感冒。因为门阀士族害怕这帮中下层士族和流民百姓会冲击到他们的权力地基，所以不仅让他们滞留江北，而且还不给他们什么上升的空间。

哪怕因为郗鉴的原因最终得以过江，却仍然被挤压在京口这片"东大荒"里。

这种特殊时代、特殊历史机缘组成的特殊军事群体，早先曾被郗鉴整理成形——在平灭苏峻后，京口广陵一线的北方中下层士族流民集团渐渐被整合为了京口军。

这个群体在广陵和京口这片欠发达的二线地区重建家园，自始至终都是郗鉴能够平衡扬州、荆州之间的最稳定砝码。郗鉴死后，徐、兖刺史几经辗转，但京口军力的实际掌控者，一直是郗家人。

桓温弄权一生，在已经神功大成统一长江全境拿下徐、兖的控制权后，也只能在郗超这个郗家自己人的力挺下，亲自驻扎在广陵，于晚年快到最后一站时，才压平、离散了这支军事力量。

自369年冬到371年十一月，除了中间剿灭寿春袁真，桓温晚年用了近两年的时间镇在广陵去压平这股力量，但是京口军并未沉寂太久。

一年多以后，桓温在加九锡的黎明前死去，谢安开始主政。

北方苻坚挥斥方遒，在巨大的北境压力和与桓家抗衡的实际需要下，谢安令其侄谢玄给待遇给政策，重组了京口军，这就是大名鼎鼎的北府军。北府军的老大由姓郗改姓谢了。

桓温压平京口军的一项关键举措，是发徐、兖州民去修筑广陵城，然后将人口都迁到广陵进行专项监管。因为超强的工作量和瘟疫，徐、兖二州的人口死了近一半。[①]

虽然徐、兖实力大损，但桓温的集中监管也客观地为后面谢玄重组北府军提供了便利条件。

谢玄成功招来了刘牢之、孙无终等北府诸将，并在十年后靠着北府军打赢了那场世纪大战。淝水战后，北府军开启北伐，但随后谢安谢玄在几年内相继退场，北府军突然就被晾在北方了。

既失去了高层领导，又处在北方胡马纵横几十年的陌生地带，也不具备这个时代能镇得住场的高级名头，再加上司马曜兄弟不思进取，没有上层政策倾斜与后勤供应，北府军在后燕和姚秦的逐渐侵逼下日渐星散凌乱。例如，刘牢之后来由黄河一线逐渐退回到彭城，在后燕攻打廪丘时，因没有救援而以怯弱畏敌的罪名被罢官。

北府军因为星散北境以及缺乏高层领路人开始再次迷茫，一晃十

---

① 《资治通鉴·晋纪二十四》：大司马温发徐、兖州民筑广陵城，徙镇之。时征役既频，加之疫疠，死者什四五，百姓嗟怨。

年过去了，时代仍如一潭死水般看不到一点儿希望。

除非胡马南逼，否则根本不会再有北府诸将们出场的机会，但慕容垂已老，拓跋珪年少，北方的重新整合看上去"路曼曼其修远兮"，再度大举南侵不知道要多少年后了。

但谁也没想到，机会以另一种方式出现了。外战虽然没有机会，但内战来了。

司马道子的相党和酒鬼先皇的皇党间剑拔弩张，王恭口诛笔伐相党，王国宝准备阴谋搞死王恭，就这样，需求被创造出来了。

王恭这位都督兖、青、冀、幽、并、徐、晋陵诸军事的兖青刺史，在整军备战之时终于将目光投向了那支曾让苻坚颤抖的东方最强军队。

王恭联系了以刘牢之、孙无终等人为首的北府宿将们，引他们率部还驻京口为援。

刘牢之等北府诸将在谢氏退场的飘零十年中，深深感受到了无政治声望和高门引领下的尴尬状态，双方一拍即合。

论武力可与北方胡马鏖战的北府诸军再次回到了最初的地点——曾经扎根几十年的京口地区。

下个时代的主角，终于就位候场了。

星散中原，那就是一盘散沙；聚义京口，那就是时代猛虎。

北府军再度回到京口后终于迎来了自己的"真命天子"，开启了气吞万里如虎的下一个时代。

王恭在召回北府军为援后，即派人去联络殷仲堪讨伐建康。殷仲堪比较犹豫，一直欺负恐吓他的地头蛇桓玄却罕见地对他有了好脸色，旗帜鲜明地喊打喊杀怂恿他出兵。

这小子终于等来了天下大乱的机会。桓玄没完没了地劝殷仲堪："咱们得东进打他们去，王国宝跟你们这些人从来就不对付，现在人家掌了大权，马上要杀的就是你，王恭人家是国舅，再怎么样背后也有人，你有什么？你老大都喝死啦！他们如果把你调回朝中，你又能怎么办呢？"

殷仲堪被吓唬后比较忧虑，问桓玄要怎么办。桓玄接着说："王恭为人正直，疾恶如仇，你应该跟他暗定盟约，东西一起起兵'清君侧'，我桓玄不才，愿率荆楚豪杰充当先锋。"

殷仲堪被桓玄撺掇后，开始联络雍州刺史郗恢、堂兄南蛮校尉殷觊、南郡相江绩等人一起谋划。结果没有一个同意的，尤其是六十岁的江绩，相当愤慨："几个菜啊喝成这样？要出兵朝廷你疯了？"

也难怪，江大爷出生时最近的一次内乱已经结束，他这辈子没见过荆州向扬州出兵。

殷仲堪派杨佺期替换掉了江绩，如王恭召北府军一样，也拉来了一股北方势力加入。杨佺期家曾是东汉的超级大族，是跟袁氏四世三公媲美的那个弘农杨氏。

弘农杨氏自从东汉玩完以后就一步赶不上、步步赶不上，始终混不到台前来，好不容易在姻亲上押对了宝把闺女嫁给了司马炎，但杨骏没多长时间又被贾南风给玩死了。

后来永嘉之乱，由于杨家跟司马越这一系没什么人脉关系，最终在南下与否的关键抉择上选择了留下。

留下后却发现草率了，没想到这个时代的剧本那么艰难，杨氏老家所在的弘农地区还处在豫西通道这个胡马拉锯的关键位置上，被来回折磨得很惨。

在杨佺期他爹杨亮做家主的时候，他家这一支终于扛不住了，从北方投奔到东晋，后来倒是成功混上了梁州刺史。

杨亮生了几个比较生猛的儿子，杨广、杨佺期、杨思平这哥几个全都强悍粗暴，颇具勇武。[①] 弘农杨氏妥妥的儒家内核，此时却开始批量诞生将种。

每逢战乱时代，儒家内核的家族都是能够自我雄浑地生出强悍血液的。总说儒学让人文弱，这个印象是不对的，尤其在秦汉时代，儒家内核那都是一边拿着书一边拿着刀的。

军阀化的弘农杨氏过江时已经很晚了，所以并没有掺和进门阀圈，而此时赛道已经成熟，东晋的高门圈子已经关闭了。[②]

但他家还总以高门自居，这种强大的落差让杨佺期总是觉得自己亏了，有人拿他家比作琅邪王氏，杨佺期都觉得这是在骂他。[③]

杨佺期的杨氏家族自南来就一直钉在国境线上，在桓温去荆州前杨佺期就已率众屯于成固（今陕西城固县）。桓温北伐成功后，杨佺期被任命为广威将军、河南太守，戍守洛阳。后来杨佺期又在皇天坞击退苻坚猛将窦冲，并打入潼关，降虏九百多家后还镇洛阳。

之后杨佺期因病改任新野太守，又转任堂邑太守，督石头军事。临老，眼看自己要被调到人生地不熟的扬州，杨佺期托病辞职。

干了一辈子，戍边了一辈子，在原地打转了一辈子，无论是门第鄙视链还是郁郁不得志的巨大愤懑，都令杨佺期对东晋高层充满了不满和仇恨。

在这次"清君侧"的入股招募中，不服老的杨佺期在这关键时刻参股入场，成为继桓玄后加入殷仲堪的第二股力量。

殷仲堪随后答应了王恭的发兵请求。信使回去后，王恭便上奏

---

① 《晋书·杨佺期传》：佺期沈勇果劲，而兄广及弟思平等皆强犷粗暴。

② 《资治通鉴·晋纪三十二》：而时流以其晚过江，婚宦失类。

③ 《资治通鉴·晋纪三十二》：佺期自以其先汉太尉震至父亮，九世皆以才德著名，矜其门地，谓江左莫及。有以比王者，期犹恚恨。

"清君侧"，出兵讨伐逆贼王国宝。

除了殷仲堪，王恭还联络了吴国内史王廞（王导之孙），让他起兵于三吴。王廞跟会稽豪族虞啸父募兵，于吴兴、义兴起兵，虞啸父原来是司马曜的侍中，跟司马道子向来势不两立。

三吴宣布响应王恭后，建康最为仰仗的钱粮之处被截断，再加上京口兵力的朝发夕至，司马道子还没等殷仲堪起兵，就已经吓得杀了王国宝、王绪这些王恭要讨伐的对象了。

王恭初七起兵，十七日王国宝等被杀掉，司马道子随后派使者去见王恭，表达了对前面误会的深深歉意，表示都是王国宝这些人做的事，跟自己没关系。

王国宝如此顺利地被杀掉令王恭比较意外，"清君侧"的文件上仅写了王国宝，王恭只能带兵回了京口。

二十一日，朝廷宣布大赦，表明姿态。到这个时候，殷仲堪才正式上奏讨伐王国宝。

一旦要实际行动，殷仲堪就一直犹豫，直到王国宝的死讯都传来了，他才正式表明态度说要"清君侧"搞王国宝。

司马道子写信说别来啦，我已经把他弄死了。殷仲堪说好嘞。

殷仲堪这人做事犹豫，但王恭要求出兵的另一位——三吴王廞却是个不犹豫的主。

王廞起兵后并没有立即北上，而是在三吴开始大肆屠戮异己，要借此大乱把三吴发展成自己的地盘。

结果清君侧行动突然结束他却骑虎难下了，于是拒绝王恭的退兵部署并给司马道子送信，要求联合起来讨伐王恭。

司马道子把这封请战信送到王恭那里。王恭大怒，派刘牢之出兵三吴攻打王廞，刘牢之随后在曲阿将王廞击溃，迅速平息了叛乱。此次逼宫到此结束。

司马道子受王恭翻脸后的军事压力刺激，开始了奋发图强之路。他引宗室谯王司马尚之与其弟司马休之为心腹，派王愉（王坦之次子）做江州刺史并督江州及豫州之四郡军事，以此作为自己的后援。

此前，江州刺史是王凝之（王羲之子，王导从孙），豫州刺史是庾楷（庾羲子，庾亮孙）。

王凝之好说，他这辈子一直平庸，他媳妇就是大名鼎鼎的谢道韫。

谢道韫嫁到王家后回娘家生气地对她叔谢安说："我从小看到的就是您和我的哥哥们那样的风流名士，真没想到天下还会有王先生那样的男人，您居然还把我嫁给了他！"

把王凝之安排在江州做刺史，算是对琅邪王氏的肯定，也方便随时换下来，比如说现在。

但豫州的庾楷却不是什么善茬。庾楷作为被桓温几近灭族的庾家政治独苗，和王国宝是一党的，但他在王恭讨伐后又没做任何表态，于是在王国宝被杀后，司马道子由于拿不准这个人的立场就把他辖区的四个郡划给了王愉。

司马道子这样做非常不明智。庾楷面上仍是他一党的，当年王恭给司马曜奔丧时是带着兵来的，当时庾楷就带着豫州兵给司马道子撑场子了。

庾楷看到司马道子割了他的四个郡划给王愉后马上上奏："江州无边患，西府历阳却紧邻北寇，您还是收回成命吧。"

结果司马道子不同意，逼反了这位自己人。庾楷大怒，派自己的儿子庾鸿去找王恭密谋："王国宝虽然死了，但谯王司马尚之兄弟接替了王国宝的角色，他们打算借助朝廷来削弱地方上的势力，我是第一个，大家被削藩是早晚的事，不如趁他们才刚开始，咱们先下手为强吧。"[1]

---

[1] 《晋书·庾楷传》：时楷怀恨，使子鸿说王恭，以谯王尚之兄弟复握机权，势过国宝。恭亦素忌尚之。遂连谋举兵。

在庾楷没司马道子的力量被推向自己怀抱后，王恭第二次"清君侧"的心又被鼓动起来，他再次联络了殷仲堪。

殷仲堪跟上次一样，再次表示要一起上下联动打倒奸党，推王恭为盟主，约定日期，率大军共伐建康。

抓住这个时机，桓玄开始对建康的高层进行政治敲诈，要求担任广州刺史。

司马道子一直非常头疼桓玄在殷仲堪后面瞎掺和，正希望他离开荆州，于是任命他督交、广二州军事，任广州刺史。

但他没想到，这只是桓玄上位的一个步骤而已。桓玄拿了广州刺史的印鉴和任命后根本不去就任，而是接着鼓动殷仲堪伐建康。

桓玄是借这个形势敲诈来一方州伯的地位名分，方便他在后面的浑水摸鱼中瓜分更大的利益。

司马道子听说这个"复仇者联盟"又要来了，于是派人去分化瓦解。他派人对庾楷说："过去咱俩恩同骨肉，你现在却抛弃旧友结交新缘，难道忘了当初王恭欺凌你的耻辱了吗？将来王恭一旦达到目的，他会真的亲近信任你这个反复的人吗？"

庾楷大怒，对使者说："王恭当年带兵参加先帝葬礼时相王愁眉苦脸，是我带兵来镇住场子，我根本没有对不起他的地方。相王害怕王恭反而诛杀了王国宝，从那时起谁还敢再为相王卖命呢？我庾楷实在是不能让全家老小百余口的性命任人宰割啊！"

庾楷彻底跟他撕破脸后，司马道子无计可施地玩起了鸵鸟心态，把政事全部交给十六岁的儿子司马元显，自己又喝酒去了。

继王恭起兵后，殷仲堪也迅速集结起了军队，令杨佺期率五千水军做前锋，桓玄做第二梯队，自己统兵两万，顺流东下。

398 年八月，杨佺期、桓玄突然来到江州溢口（今江西九江龙开河入江口），王愉根本没有防备，惊慌失措，在逃跑的路上被桓玄生擒。

建康震动。

九月初二，东晋正式授司马道子黄钺，命司马元显为征讨都督，派右将军谢琰带兵讨伐王恭，派司马尚之带兵讨伐庾楷。

九月初十，谯王司马尚之在牛渚大败庾楷，庾楷单人匹马投奔桓玄。

九月十六，西线战局再度反转，桓玄在白石打败了司马尚之的军队，桓玄与杨佺期开进横江，司马尚之退兵逃走，司马恢之的水军全军覆没。

九月十七，司马元显驻守石头城做最后抵抗。

九月二十，王恭兵进建康北郊。

被安排顶住东线的谢琰军根本都没出去，他屯兵宣阳门，等待王恭攻城。

朝廷水军全军覆没，东西两线即将会师建康，局势危如累卵。

在这个时候，司马元显打听到了一个非常关键的信息：王恭那里并非铁板一块。

王恭这位国舅向来眼高于顶，第一次逼宫成功后更是觉得自己天下无敌，拿所有人都不当回事，对自己真正仰仗的刘牢之等北府诸将也没有给予足够的尊重和待遇，这让刘牢之等人相当不满。[1]

逼死王国宝后，王恭其实除了自己感觉良好，觉得天下无敌外，什么实在好处都没拿到，被当枪使的北府军也是原地踏步。这相当于是跟着造反的人什么好处都没拿到，跟着掺和了卖白粉的事却连卖白菜的钱都没拿到，刘牢之等人自然不干了。

在王恭进行第二次逼宫前，刘牢之曾劝谏他："您是皇帝的舅舅，

---

① 《资治通鉴·晋纪三十二》：王恭素以才地陵物，既杀王国宝，自谓威无不行。仗刘牢之为爪牙而但以部曲将遇之，牢之负其才，深怀耻恨。

司马道子是皇帝的叔叔，你们本来就是亲戚，司马道子作为主政者已经杀了王国宝一党了，向您低头了，现在是他内部与庾楷有矛盾，这对您有什么损害呢？逼宫这事怎么能一次又一次地干呢？"

王恭根本就不听。这可以理解，毕竟王恭已经和司马道子亮过刀子了，对方将来一定会报复回来的，所以此时趁他病要他命的思路是没问题的。但问题在于，王恭应该早点儿做好翻脸的准备。

刘牢之说这话就是托词，说明不想再这么廉价被卖了。

上次逼宫后本应该犒劳众将，建立感情，封官许愿，好随时准备下次的政治搏命。

用人朝前，不用人朝后，干的还是天下风险最大的政治投机，最后还什么都拿不到，谁也不傻，还能跟着来第二次？

等到王恭兵临城下的时候，司马元显派了庐江太守高素去策反刘牢之，说王恭之所以这么牛是因为有你们，你们不知道自己的实力有多强吗？你们跟他干能有什么前途呢？弄倒王恭，相王就把王恭的职位、封号全部给你！①

刘牢之面对这个许诺，心动了，他跟儿子刘敬宣商量后决定反王恭。

这件事捂得并不严实，王恭的参军何澹之知道后报告给了王恭。王恭对这个重大内部危机的情报的最终判断是不信，因为平时何澹之与刘牢之的矛盾比较公开化。②

但是他还是给自己买了个保险。王恭备下了一大桌酒席宴请刘牢

---

① 《资治通鉴·晋纪三十二》：元显知之，遣庐江太守高素说牢之。使叛恭，许事成即以恭位号授之。又以道子书遗牢之，为陈祸福。

② 《资治通鉴·晋纪三十二》：恭参军何澹之知其谋，以告恭。恭以澹之素与牢之有隙，不信。

之，当着全体将士的面拜刘牢之为义兄，又把自己的心腹颜延派给刘牢之做前锋，还把所有的精良装备都送了出去，并表示攻入建康就把他的官位送给名副其实的刘牢之。[①]

王恭认为自己玩了这么一出，肯定会让刘牢之感动不已，但他漏算了这么一层推理：刘牢之的反意在前，露马脚在前。

如果说，在司马元显联系刘牢之之前，王恭来这么一出，那没说的，刘牢之大概率会对他死心塌地。但是现在，这个逻辑链条在刘牢之的眼中，这顿饭吃得和鸿门宴差不多。

"之前你拿我不当回事，指我都拿鞭子，看我都拿眼角余光，现在我的把柄有可能被你抓住了，你跟我来这么一出，打算做什么呢？不过是因为我手里有兵，在关键时刻，你需要我帮你成事，所以你假惺惺地来这么一出。你派给我做前锋的颜延是不是盯着我呢？等你真打下建康后会不会卸磨杀驴呢？"

王恭一厢情愿地感动刘牢之的这个选择，在刘牢之那边却会产生巨大的反差：王恭这是形势所迫！

这一综合分析，拿不准的刘牢之其实非常好选择，他率军行至竹里后斩了王恭布置给他的颜延，宣布投降朝廷，并派儿子刘敬宣和女婿东莞太守高雅之反攻王恭。

王恭此时正意气风发地在城外阅兵，被刘敬宣率骑兵突袭，一败涂地。

王恭想要回城，但高雅之已经袭城关了城门，王恭单骑逃奔曲阿投靠老部下殷确。殷确打算带王恭走水路投奔桓玄，却在长塘湖被人告密，抓住斩首，王恭全家被灭族。

———————

① 《资治通鉴·晋纪三十二》：乃置酒请牢之，于众中拜之为兄，精兵坚甲，悉以配之，使帅帐下督颜延为前锋。

算上一年前被团灭的王国宝系列，太原王氏在4世纪末的这两支基本灭绝了。明面是死于内斗，内里是亡于君相之争。

"王与马，共天下"，"王"不在了，"马"的天下会如何呢？

"王"虽不在，但"马"最需要爱……

四、5 世纪伊始，桓家夺回荆州

王恭败死后，建康东边解套。

战后，刘牢之如约得到了都督兖、青、冀、幽、并、徐、扬、晋陵诸军事的官职，成为北府军的官方老大。但是，他只是有了官方的军权，并没有治民的刺史实职。

没多久，桓玄大军到了石头城下，殷仲堪军至芜湖。司马元显赶紧从竹里赶回建康，派丹阳尹王恺等紧急征发京邑数万百姓帮助据守石头城要塞堵住西军。

由于刘牢之突然反水，桓玄、杨佺期没敢攻城，而是向朝廷上奏为王恭申辩，请杀刘牢之。这是最后的试探与威胁了，看司马道子会不会再害怕一次。

随着刘牢之率北府军赶到新亭，桓玄识趣地将军队撤到蔡洲。①

桓冲之子桓修此时是朝廷禁军的左卫将军，向司马道子进言道："东边能招安，西军也可以派说客分化瓦解，殷仲堪、桓玄不过是依赖

---

① 《资治通鉴·晋纪三十二》：牢之帅北府之众驰赴京师，军于新亭，佺期、玄见之失色，回军蔡洲。

王恭，王恭既然已经被杀，西军一定恐慌彷徨。不如现在去利诱想奋斗的桓玄和杨佺期，让他们叛降过来，彻底搞死跟咱们不是一路的殷仲堪，到时候西边威胁自然瓦解。"

司马道子采纳桓修的建议，任命桓玄为江州刺史；召雍州刺史郗恢回朝任尚书，将雍州刺史之职给了杨佺期，并都督梁、雍、秦三州军事；命桓修为荆州刺史，带着现在的左卫将军属官去接手荆州，并安排刘牢之派一千北府军护送桓修上任。[①]

不管是真正大公无私，还是趁机套利，桓修成功为自己和从兄弟桓玄争取来了荆、江二州刺史。

所以说，什么时候都应该遍地押注，哪条赛道都得有自己人！

家里没人的殷仲堪则被调整为广州刺史。短短几天时间，殷仲堪惊悚地发现局势变得太快了，稳赢局突然变成了送死局，他怎么都没想到朝廷能相继收编东西两路兵马。

要不有句话是至理名言呢，"有人的地方就有江湖"，干事业前一定得提前搞清楚门派。

多位不同派系的股东参股去颠覆优势方，尤其其中还有多股"野生力量"，这种情况出现时，通常"造反派"们会有相当大的可能性被"掌权派"分化收买。

对付野路子，自古最好用的招数就是"欲得官，杀人放火受招安"！大厂的优势一旦形成，通常有着太多的招数去对付后来者们。

有时候只有雄心壮志是不行的，还得看明白"成分问题"，很多价码是他人很难拒绝的，早做防范！

---

① 《资治通鉴·晋纪三十二》：道子纳之，以玄为江州刺史；召郗恢为尚书，以佺期代恢为都督梁、雍、秦三州诸军事、雍州刺史。以修为荆州刺史，权领左卫文武之镇，又令刘牢之以千人送之。

殷仲堪接到诏书后大怒，命桓玄、杨佺期攻打建康。

但就如桓修所说，杨佺期在得官后已经失去了造反的意愿；桓玄既拿到了江州刺史，荆州刺史又变成了自己的从兄弟桓修，这个局面已经是非常好的战后分配了。两人在犹豫，都按兵不动。

眼看着自己就要变成第二个王恭，殷仲堪开始带兵调头回江陵，并遣使告知桓玄和杨佺期麾下的所有军事力量速回荆州，否则回到江陵把他们所有人的家眷全部杀掉。①

殷仲堪对桓玄和杨佺期也玩了把釜底抽薪，最早调头回去的是杨佺期部将刘系，刘系迅速率本部两千人不打招呼就撤了。

见此情况，不等部下表态，桓玄和杨佺期赶紧仓促回军追赶殷仲堪，直到寻阳才追上，随后三方召开了紧急座谈会。

殷仲堪变成了广州刺史，失去了荆州的官方职位，瞬间就对荆州没有管理权了，需要桓玄在荆州的桓家势力和杨佺期的部曲势力。

桓玄和杨佺期也顾虑殷仲堪此时手中掌握着荆州军权会和他们鱼死网破，尤其江陵城尚在殷仲堪控制之下，将士们的家眷都在他手上，这会影响自己队伍的军心。

三人在互相算计的会议中最终决定三方互换儿子当人质，在寻阳正式缔结互不背叛盟约，推举桓玄为盟主，一致对外地拒绝司马道子的最新任命。

随后三人联名上奏为王恭鸣冤，要求诛杀刘牢之和司马尚之，声明殷仲堪无罪，不能被降职调任。

看到西军已经撤退，司马道子再一次息事宁人，又恢复了殷仲堪荆州刺史的任命，并下诏安慰。

---

① 《资治通鉴·晋纪三十二》：仲堪闻之，遽自芜湖南归，遣使告谕蔡洲军士曰："汝辈不各自散归，吾至江陵，尽诛汝余口。"

这次庾楷怂恿王恭逼宫的最终结果，是老一辈的门阀被扫入历史的垃圾桶，最后的受益者变成了刘牢之、桓玄、杨佺期这三个早就蠢蠢欲动的野心家。

尤其是桓玄。桓玄不仅做了江州刺史，还当上了三个心怀鬼胎之人的联盟的盟主——都成为平级的刺史后，桓家的门第最高，民众基础最好，荆襄底蕴更深厚。

桓玄终于熬出头来了，开始如王恭看不起刘牢之一样，从心底看不上杨佺期了，这让在桓温时代就抛头颅洒热血、已一把年纪的杨佺期非常愤怒，跟殷仲堪商量要暗杀桓玄。[①]

杨佺期之所以会找殷仲堪，是因为殷仲堪害怕桓玄，于是殷仲堪和杨佺期结下姻亲，加深双方的联盟关系。但与此同时殷仲堪又害怕杨佺期兄弟几人勇武，担心杨佺期干掉桓玄后他控制不了这个亲家，于是死活不同意暗杀桓玄并苦苦规劝杨佺期。[②]

殷仲堪作为最有实力的荆州刺史始终首鼠两端。此时殷仲堪占着荆州，荆州民间势力最强的是桓家，最能威胁到他统治的也是桓家，他应该如杨佺期所请合力干掉桓玄，或者至少在桓、杨二人矛盾公开化之后应该去继续扩大双方的矛盾冲突。

只有桓家被打掉之后，殷仲堪才能真正把荆州拿在手里！所以杨佺期劝什么劝，这两人鱼死网破不是挺好吗！

殷仲堪只担心杨佺期干掉桓玄后不好控制，却不去想桓玄死后他才是桓家遗产的最大受益者。

殷仲堪如果不放心谁，那就布局去干掉他，去制造冲突，去缴了

---

① 《资治通鉴·晋纪三十二》：玄愈自矜倨。杨佺期为人骄悍，玄每以寒士裁之，期甚恨，密说仲堪以玄终为患，请于坛所袭之。

② 《资治通鉴·晋纪三十二》：仲堪忌佺期兄弟勇健，恐既杀玄，不可复制，苦禁之。

他的械，拔了他的牙，站在一边天天劝他，有什么意义吗？通常，只有当占据着绝对优势时才能对下面的不同势力进行息事宁人的沟通。当三股势力一样大的时候根本无法调和，还是要先角逐出来一个绝对老大的。

这个过程不完成，就形成不了对外的合力；而且这个过程时间越短，对三方实力总量消耗越小。任何做大的组织和联盟，都是有一个舵手领航的。

杨佺期多次想先下手为强搞死桓玄，喊打喊杀跟重返青春期一样，但被不放心他的殷仲堪一次次阻止了。

作为荆州地头蛇，桓玄耳目通达，知道了杨佺期的打算，于是向司马道子要求扩大自己所统领的地区。[①]

"对面两人是亲家，结成联盟要来害我了，我为朝廷戍西防，现在需要支持。"桓玄自始至终的打法套路就是要名分，因为实质上的底蕴他本来就有，给了这个名分就能飞鸟化凤地起到乘法效果。

桓玄每步棋的思路都很清晰，但建康方面却一直没弄明白谁才是那个最可怕的人。对面三方势力都不是朝廷的人，如果希望他们同归于尽，就应该扶持那个最弱的、打压那个最强的。既然殷仲堪是死敌，桓玄又是荆州地头蛇，那么就应该扶植根子最浅的杨佺期。

殷仲堪成为最后赢家不是司马道子方面想看到的，双方本就撕破脸了，如果殷仲堪赢就相当于一个明确的敌人统一了荆襄。

桓玄成为最后赢家同样不利，虽然没有撕破脸，但桓玄手中的实力将迅速爆棚成为荆襄巨鳄，朝廷将失去控制砝码。

只有杨佺期成为最后赢家，他的威胁最小，可替代性最强，对于司马氏的形势是最有利的。

---

① 《晋书·桓玄传》：初，玄既与仲堪、佺期有隙，恒虑掩袭，求广其所统。

但是，看戏的建康最终选择加任桓玄都督荆州长沙郡、衡阳郡、湘东郡及零陵郡四郡诸军事，并改任桓玄的亲哥哥桓伟代替杨佺期的亲哥哥杨广为南蛮校尉。[①]

官方表态：挺我们的门阀战友，桓家。

司马氏在两害相权的情况下选了认为轻的那一个。桓玄的底子再有问题，那也是兄弟；杨家这种边将出身的中下士族"非我圈类"，其心必异。

司马元显的内心打算，是逼杨佺期狗急跳墙后和桓玄火并，然后自己再清盘。但他忘了更深层地去思考一层逻辑：自己是否有能力去清盘？只有当杨佺期赢了之后才能去清盘荆州，因为杨家没有底子；桓玄要是赢了，整个荆襄就将再无人能制约，因为人家有五十年的积淀！

司马元显怎么能给桓玄兄弟这么硬气的政治背书呢！

杨家听说这事后很愤怒，杨广本想撕破脸拒绝桓伟上任，但麻杆打狼两头怕的殷仲堪又息事宁人地把杨广调到宜都、建平做两郡太守，默许了桓伟上任。

杨佺期则在桓玄扩防后整军备战，声称要支援被姚兴攻打的洛阳，实际上是要跟桓玄开战。[②]

杨佺期对殷仲堪说："咱俩是亲家，得干掉桓玄，这小子现在太狂了。"但殷仲堪仍然担心自命不凡的杨佺期兄弟会在桓玄被打倒后再把他吞了，所以死活不同意，不仅发出去一封封"退一步海阔天空"的信，还派自己从弟去扼守荆襄交界处，防止杨佺期南下。[③]

---

① 《晋书·桓玄传》：诏加玄都督荆州四郡，以兄伟为辅国将军、南蛮校尉……朝廷亦欲成其衅隙，故分佺期所督四郡与玄，佺期甚忿惧。

② 《晋书·桓玄传》：会姚兴侵洛阳，佺期乃建牙，声云援洛，密欲与仲堪共袭玄。

③ 《晋书·桓玄传》：仲堪虽外结佺期而疑其心，距而不许，犹虑弗能禁，复遣从弟通屯于北境以遏佺期。

因为殷仲堪的坚持中立，杨佺期担心自己起兵后反而被殷仲堪联合桓玄瓜分了地盘，所以犹豫半天还是没有出兵。[1]

殷仲堪的一次次中立立场让桓玄摸准了脉。399年底，桓玄突然翻脸了。

这一年荆州暴雨，洪灾肆虐，殷仲堪这个父母官开仓放粮，赈济饥民，导致荆州后勤储备空虚。[2]

桓玄则在殷仲堪做完好人后率先袭击劫持了杨佺期的弟弟江夏相杨孜敬，打开了西进的通道，随后大军西向声称出兵洛阳。

桓玄给殷仲堪写了封信："杨佺期深受皇恩却连先皇的陵墓都不想着恢复，咱们得讨伐他。我已经在沔水长江口集结完毕，你要是跟我同心就一块合兵讨伐他，要是不同心，我就先西进收拾你。"信中威胁之意喷薄欲出。

威胁殷仲堪的同时，桓玄发密信让时任南蛮校尉的亲哥哥桓伟为内应。结果桓伟没什么主意，带着这信找殷仲堪自首去了。殷仲堪则抓了桓伟当人质，命桓伟写信给桓玄求他回头是岸。

桓玄对身边人说："殷仲堪这人胆小没主见，做什么事都要先为儿子们想后路，我哥哥肯定没事，吓死他也不敢动我桓家人！"桓玄随后迅速派兵袭击巴陵，拿走了仅剩的存粮。[3]

老五懦弱，老六稳准狠，桓温当年的眼光是多么毒辣！

眼见是趁病要命的节奏，殷仲堪终于放弃幻想，派弟弟率七千水军讨伐桓玄，却被桓玄派的郭铨、苻宏在西江口打败。

桓玄挺进巴陵，吃着殷仲堪的军粮围点打援，带兵驰援的杨广和

---

① 《晋书·桓玄传》：佺期既不能独举，且不测仲堪本意，遂息甲。
② 《晋书·桓玄传》：后荆州大水，仲堪振恤饥者，仓廪空竭。
③ 《资治通鉴·晋纪三十二》：时巴陵有积谷，玄先遣兵袭取之。

殷道护被桓玄一次次以逸待劳打败，江陵军心开始浮动。①

江陵城中无粮，殷仲堪已经开始给士兵吃胡麻了。此时，桓玄进逼至离江陵仅仅二十里的零口，殷仲堪终于想起来亲家杨佺期了。

杨佺期说："你早干什么去了！就怕我趁乱占你的窝呗！江陵没有粮草，拿什么打桓玄？你到我这里来，咱们一起守襄阳吧！"

殷仲堪却死活赖着自己那一亩三分地，对杨佺期说："粮食有的是，快来吧，我想通了，咱俩弄死桓玄。"②

于是杨佺期带着两家共同瓜分桓玄的心态率领八千精兵驰援江陵，结果到江陵后，殷仲堪什么肉菜都没有，只挤出了点儿米饭犒劳襄阳军。

杨佺期的心情当时就坠到了谷底，知道没戏了，荆州军已彻底指望不上，自己这八千人也带少了，杨佺期丧气道："这一次必败无疑！"③

杨佺期见都不见殷仲堪，趁着军队还有士气与兄长杨广迅速向桓玄发动攻击。

桓玄避其锐气，将主力退至马头。第二天，杨佺期攻打郭铨部，即将抓住郭铨的时候桓玄的援军杀到了，襄阳军被击溃，杨佺期单枪匹马跑回襄阳。

当年司马道子牺牲郗恢换和平，把襄阳送给杨佺期时，郗恢曾经与手下商量过抵抗策略。襄阳的将领们表态："如果是杨佺期来，咱们

---

① 《资治通鉴·晋纪三十二》：玄顿巴陵，食其谷。仲堪遣杨广及弟子道护等拒之，皆为玄所败。江陵震骇。

② 《资治通鉴·晋纪三十三》：仲堪志在全军保境，不欲弃州逆走，乃绐之曰："比来收集，已有储矣。"

③ 《资治通鉴·晋纪三十三》：佺期信之，帅步骑八千，精甲耀日，至江陵，仲堪唯以饭饷其军。期大怒曰："今兹败矣！"

肯定合力打跑他；如果是桓玄来，咱们就从了吧，对上桓家可能难以为敌。"

后来听说是杨佺期来接手襄阳，郗恢胆气很足，与南阳太守闾丘羡合谋举兵拒守，杨佺期知道后提前放出消息说是桓玄要来大兵压境，结果郗恢军队斗志消散，郗恢投降。①

桓玄在襄阳的威名大到了这种程度，可想而知在荆州会是怎样的威望。殷仲堪自始至终也不曾劝过杨佺期去杀掉桓玄，他不知道对他来说谁才是威胁更大的对手。

桓玄自然也听说了杨佺期狐假虎威这件事，在大胜杨佺期后他迅速派出了向襄阳方面的追兵。

杨佺期这个光杆司令根本没办法组织起襄阳的防守力量，被迅速抓住处死，首级被送到了建康，挂在了朱雀门上。杨佺期的几个弟弟杨思平、杨尚保、杨孜敬等逃到南蛮地区。

殷仲堪听说杨佺期已死，知道大势已去，建康住着铁杆政敌，桓玄也不会再容自己，于是带着几百人打算投奔长安的姚秦，行至冠军城被冯该带兵抓住，被逼自杀。

等桓玄进江陵时，殷仲堪如果泉下有知，应该会反思自己的做人方式。殷仲堪逃走的时候，相处十年的文武官员除了一个心腹外，没有一个来送行的；而桓玄进城后，全城官员士人都前来拜见。②

桓家几十年的积累是一方面，人的势利属性是另一方面，但这其实也跟殷仲堪的为人有着很大关系。

---

① 《资治通鉴·晋纪三十三》：恢惧玄之来，问于众，咸曰："佺期来者，谁不戮力！若桓玄来，恐难与为敌。"既知佺期代己，乃谋于南阳太守闾丘羡，称兵距守。佺期虑事不济，乃声言玄来入沔，而佺期为前驱。恢众信之，无复固志。恢军散请降。

② 《资治通鉴·晋纪三十三》：及玄至，荆州人士无不诣玄者。

殷仲堪是个虔诚的五斗米道信徒，从小精心侍奉神灵，在宗教事务上从不吝惜财物，却不愿意把钱花在活人身上，从不广施仁义、不急人之难，桓玄来打他的时候他还在向神灵祷告。[①]

殷仲堪根本没明白钱的用法，和桓玄比起来，无论是资源的使用方式还是做局的判断能力都相差太远。

他自己明明不是老牌的高门贵族，却一直要站在这么高的舞台上，做什么事都瞻前顾后，干大事而惜身，无德才却不舍高位，最终被桓玄安排入荆州这盘早就规划好的人事棋局中，完成了他这枚棋子的使命。

桓玄上疏奏请自辖江、荆二州。朝廷于是下诏，命桓玄都督荆、司、雍、秦、梁、益、宁诸州军事，任荆州刺史；任命其从兄——桓冲之子桓修为江州刺史。

桓玄不满意，表示要自己兼领江州，朝廷只得把江州又兼给了桓玄，桓玄随后安排了亲哥哥桓伟做雍州刺史去接管襄阳。

此时西边已无再能制衡桓玄的势力，东边又闹起了拉开刘裕上场帷幕的孙恩之乱，东晋朝廷无可奈何，只能对桓玄的要求照单全收。[②]

公元400年，在5世纪伊始，桓家夺回荆襄！

---

① 《晋书·殷仲堪传》：仲堪少奉天师道，又精心事神，不吝财贿，而怠行仁义，啬于周急，及玄来攻，犹勤请祷。

② 《晋书·桓玄传》：玄上疏固争江州，于是进督八州及杨豫八郡，复领江州刺史。玄又辄以伟为冠军将军、雍州刺史。时寇贼未平，朝廷难违其意，许之。

五、京口"气吞万里如虎"登场的时代契机

在桓玄夺回荆襄的时候，建康方面的话事人也换了，司马道子的儿子司马元显把他爹架空了。

司马元显在王恭第二次逼宫时表现极为亮眼，最早司马道子仅仅是把徐州行政班子配给了这个儿子，等后来司马道子劝说庾楷不成玩鸵鸟心态天天喝酒的时候，就已经把所有事扔给自己这个十六岁的儿子处理了。

司马元显表现出了相当锐意进取有担当的一面，大家开始将这个孩子看作当年王敦之乱时的英雄少年晋明帝司马绍。[①]

在被逼宫的生死关头，司马元显找到了王恭和刘牢之的嫌隙并策反成功将东部解套；在桓玄兵进石头城的危急状况下，又借势拿下了中书令和中领军的关键岗位。[②]

---

① 《晋书·会稽文孝王道子传》：元显虽年少，而聪明多涉，志气果锐，以安危为己任。尚之为之羽翼。时相傅会者，皆谓元显有明帝神武之风。

② 《晋书·会稽文孝王道子传》：仲堪既知王恭败死，狼狈西走，与桓玄屯于寻阳。朝廷严兵相距，内外骚然。诏元显甲杖百人入殿，寻加散骑常侍、中书令，又领中领军，持节、都督如故。

司马道子经历了王恭两次逼宫后威严扫地，不仅身体不好，酒瘾还越来越重。

反观世子司马元显在最终拿下王恭的过程中表现良好，思路清晰，居功至伟，声望上已经比他老爹强了。

权力这东西永远会自动寻找出路，做了中书令且控制了禁军的司马元显趁他老爹又一次喝多了的时候，于399年四月走程序免了他老爹的官位，把扬州刺史的职位给自己了。[①]

司马道子酒醒后大怒，但很快就接受了现实，自己确实不太适合国事要情的位置了，"二锅头就花生米"才是他的主要业务。

虚岁十八的司马元显成为江左的新当家人，听这岁数就知道东晋离死不远了。

政治舞台不太适合年轻人当主演。没有极强的政治天赋与敏感度，年轻人掌权往往会祸国殃民。

因为他不知道现有的政治生态是由哪些利益集团均势组成的；他不知道每一个政治动作的背后，会牵动多少势力的利益；他更不知道自己身上的那些棱角和锐气，都是这个赛场上的大忌讳，别人能轻易猜出他的想法，利用他的喜好与愤怒。

年轻人在政局中扮演的角色，往往是爆破手和替罪羊。老政客们放手任用年轻人，往往最大的目的就是靠着这捅新鲜的火药去炸开一条新道路；同时，让这些爆破手和要铲除的利益集团同归于尽。

在这个过程中，绝大多数年轻人会变得臭名昭著或变成路人甲退场，但也有极罕见的"爆破筒"——不仅最终炸路成功，还将背后牵线

[①] 《晋书·会稽文孝王道子传》：会道子有疾，加以昏醉，元显知朝望去之，谋夺其权，讽天子解道子扬州、司徒，而道子不之觉元显自以少年顿居权重，虑有讥议，于是以琅邪王领司徒，元显自为扬州刺史。

的"老前辈们"成功做掉。这种人往往有极强的个人能力和天赋，以及同年龄段人中所根本无法想象的阅历和经受的苦难。

这种年轻人，在这个时代，上天很奢侈地只出品了一位——北魏开国皇帝拓跋珪。

司马元显对比拓跋珪，差着少年的巴蜀流浪和青春期的关中篱下经历，以及两位绝代双骄的潜移默化影响和提携。无论是苦难还是见识，司马元显都差得太远。

不过就算有着苦难和见识打底，成才这事也是讲概率的。慕容宝少年时期目睹父辈建国，青年时期和父兄远走他乡韬光养晦，壮年时期随父亲全程复国，这辈子的苦难、阅历和贵人都不缺，但仍然是做什么都不行。

司马元显掌权后，残忍刻薄，无视生死，对谄媚歌颂这套很受用。他受贿卖官，财入私门，日常总以东晋拯救者自居，暗示礼官上奏文武百官该对他行跪拜之礼。

司马元显在生活充满节奏感的同时，下诏东方各郡解除奴籍，把"自由人"迁到建康由他领导。

司马元显的思路很明确："我得招揽武装保卫自己的美好生活！东面是北府军，西面是荆襄兵，自己这个朝廷中枢根本没有稳定的兵力来源。朝廷唯一能依仗的，就是三吴地区。兵和钱，都得从这里出，得把三吴大户们手里藏匿的人口全都抓到我这里来才行。"

思路没问题，看上去也很简单，但真能做得到吗？这天下事没有那么轻松的。

如果说奢靡和膨胀是每个年少高位者所必有的弱点，那么年轻人执政的破坏力就从司马元显的"乱作为"上开始无限放大了。他不仅不知道尊重各方面的利益，无法做长远思考，而且历史学得也不怎么样。

司马元显忘了他祖宗当年就是走这条路然后被活活气死了。司马睿作为东晋开国之君怎么样，只要他动了门阀和豪强们的既得利益，那么这些势力就都是笑着看王敦怎么把他气死。

司马元显出了这招后，三吴愤怒了。[①]

历史又一次重演，但这次出头的不再是当年的第一高门琅邪王氏了。

司马元显的这一昏头政策，被一个低层士族无限放大，立成了荼毒三吴地区的招魂幡。一个低层士族继杨佺期后又一次吹响了向上冲的号角。

跟桓玄开战的低层士族杨佺期所仰仗的是北方的流民军力量，他手中是有兵的，只是最后在面对五十年地头蛇的桓家时差了好大一口气，众叛亲离而死。

这次低层士族往上冲的手段，是利用了宗教。道教被不怀好意的人利用了，主角是三国时代的老朋友，五斗米道。

当年张鲁教主利用五斗米道将汉中治理成了三国初期唯一一个人口上升的地区，将汉中管理得有声有色。面对曹操的南侵，张鲁教主敬天爱人、愿赌服输，封存府库妥善保管，不搞破坏地体面认输。

在曹操眼中，五斗米道完完全全就是一个好宗教。于是张教主得到了官方保护，五斗米道信徒也没有受到虐待与歧视，张鲁更是极为罕见地成为曹操封的唯一一名万户侯。

由于此时道教还没有演化出如太上老君这种更高层、更明确的上层神灵，所以道教最大的就是教主，教主的个人素质和欲望往往决定着道教的发展方向。

汉中的五斗米道信徒们随着张教主北迁长安、洛阳、邺城传教后，

---

① 《晋书·会稽文孝王道子传》：又发东土诸郡免奴为客者，号曰"乐属"，移置京师，以充兵役，东土嚣然，人不堪命，天下苦之矣。

开始在关东将当年张角教主留下的余温续上了。五斗米道在继续着承担自己民间最大医疗机构的职能的同时，对于发展教徒受众已经开始由底层向上层蔓延。

永嘉之乱时在山东闹得特别大的流贼王弥，就是利用五斗米道煽动民众帮他完成个人政治诉求的"家世两千石"的好人家。

石勒兼并王弥后，出于对他的了解，并没有放任以王弥为首领的五斗米道在北方继续发展；倒是佛教，由于在石赵开国过程中作为超级预言家，护国有功，开始在北方彻底扎根。

中国的宗教永远要紧随政治脚步，不然起不来。

泾河龙王求唐太宗管住魏徵的时候会说："您是真龙，我是业龙。"唐太宗地府还魂的时候，十殿阎王控背躬身出迎道："陛下是阳间人王，我等是阴间鬼王，分所当然，何须过让？"

任何想在中国这片土地跟政治较量的宗教，几千年来都失败了，这片土地上，政治和宗教已经相辅相成地演化博弈了上千年。

在这片灵者为先的土地上，宗教一定是要减轻社会总成本的，不然不会长远存在下去的。

永嘉之乱后，五斗米道的主阵地逐渐移到了南方。

东晋时代，堪称中国历史上的"文艺复兴"时期。

由于门阀政治的存在，东晋社会顶层出现了一大批有钱有闲的门阀公子，他们需要打发掉大量的闲暇时间。玄学、佛法、道家在这片土地上开始"三家争鸣"，各取所需。

玄学最初研究的是道家经典，但由于教材较少，而且当年开发这门学问的也是世俗之人，并非得道的大神，所以虚无了半天，讨论起来终究有穷尽，并且理论不完善。待佛法加入后，士族们渐渐发现这是一种更高级的哲学。

佛法在"五胡"两晋时代，在南北分别是两种打法、两种套路。

在淮河以北，佛教主要提供的是"神通"，是运筹帷幄之中决胜千里之外的未卜先知和趋利避害。

自石勒、石虎开始，沙门随军以及参政的事就没断过，参合陂之战时，是谁看出了妖风阵阵向慕容宝苦苦劝谏的呢？是沙门支昙猛。

北方权力高层通常拿"神通广大"的佛教高僧当低配版张良使用，佛图澄们得以利用这个供需关系让佛教在北方土地上扎根壮大。

在淮河以南，佛教则通过哲学思辨的渠道打开市场。

喜欢玄学清谈的高门贵族在接触到佛法时发现了更高级、更深层次的哲学理念，而且这是呈体系的，因果和轮回加入了进来，远比仅有百年历史的玄学成熟。

佛门高僧们论的经文、打的禅机，都能更好地打发掉时间和精力，佛法由此得到了东晋上层的欣赏。

在这个时代，佛法的传播途径仍然是由顶层入手，无论是北方的"神通"还是南方的"思辨"，都是由高层发力的。

但市场竞争还是很激烈的，佛教在上层建筑方面在南方遇到了强有力的对手——五斗米道。此时的五斗米道不仅继续行使着自己民间最大医疗机构的社会职能，而且在顶层不断拓宽门路，他们拿下高门大姓的方式是通过炼丹和修仙。

佛教解决高门大姓的"我是谁"问题；道教解决高门大姓的"永远希望我是我"问题。

道教宣称，可以帮助这群有钱有闲的门阀贵族永远获得吃饱了撑下去的机会。

五斗米道出现了很多信道的世家，如顶层的琅邪王氏、陈郡谢氏、高平郗氏、会稽孔氏、义兴周氏，这些都是五斗米道的忠实信徒。

得病了看病，病好了炼丹修仙，连搞女人都有使用说明书，房中术采阴补阳，反正就是得天长地久地活下去。

不仅是高门贵族，皇族们对于五斗米道的情感也是一样的：听说你们挺灵，那你们得帮我办事。

简文帝司马昱为相的时候由于生不出儿子，就去咨询道教的许迈怎么生儿子。许迈看了半天，说病根不在你，于是选了那个黑丫头生了司马曜和司马道子两个大酒鬼。

到了东晋中晚期的时候，五斗米道的教主是钱塘人杜子恭。一般来讲，这些教主手中都有"秘术"，通常是药到病除的方子和导气修仙的本领及那些房中术的诀窍。

这位杜子恭把五斗米道办得影响力极大，当时几乎整个三吴的中高层家族全都成了他家的会员。[1]

杜子恭办教还算对社会起到了大助力，最起码他这位"民办三甲医院院长"救了好多人，但他死后，他的接班人开始给道教抹黑。

杜子恭死前把弟子孙泰确定为接班人并传其秘术，这位孙泰由于自己的出身问题，对待自己的信仰远比他师父要复杂得多。

杜子恭是本地人，因宗教改变命运，一生受尊重，在本乡本土一呼百应，所以他的梦想是保持这种状态，这样的日子已经不能再好。但他的接班人孙泰不这么想。

孙泰的祖上是出过政治上的风云人物的。孙泰是琅邪孙家的人，他的老祖是孙秀，靠着赵王司马伦扳倒贾南风的历史机遇，掌天下权柄，权倾朝野。

不过孙秀在八王之乱中被迅速打倒了，本人被杀，家里的同族兄弟没有能耐去抱第二条大腿，结果错失了司马越那班车的上车机会。

此外，孙家过江很晚，在东晋立国已经稳当后才举家南渡，所以琅邪孙家跟他们的老乡琅邪王氏比起来实在是一个天上一个地上了。

---

① 《晋书·沈警传》：东土豪家及都下贵望，并事之为弟子。

看着老乡如此呼风唤雨，生下来就是高官备选梯队，孙家一直不甘心。

几十年过去了，孙家的日子是一代代的一点儿瞧不到出头之日。直到孙泰拿起自家世代的信仰靠着宗教崭露头角后，终于剑走偏锋，渐渐进入了时代的顶层。

孙泰先是利用秘术蛊惑百姓，吸纳钱财人口。① 在进一步扩大影响力后，孙泰成了司马道子的座上宾。

不过道路是曲折的，孙泰在进一步往上爬的时候被王珣挤兑，流放到了广州。

到了岭南，广州刺史王怀之对孙泰相当不错，让他做了郁林太守，孙泰成功打开了两广市场。

之后孙泰又走了太子少傅王雅的门路，通过王雅被当作"非物质文化遗珠"推荐给了皇帝司马曜，王雅对司马曜说："孙泰专修长生不老的药方，您得试试。"②

司马曜正在专注喝酒的事业上一路狂奔，天天本就已经如同活在天宫了，但他急需可以帮他天长地久推进此类事业的高级人。于是孙泰被征召回京，还靠着秘术当上了新安太守，并且在王国宝被王恭起兵逼死后再次搭上了老主顾司马道子及其接班人司马元显。

在王恭第二次逼宫打算做掉司马道子时，孙泰聚拢他的教徒数千人讨伐王恭，保卫自己刚刚打通的人生阶梯。③

---

① 《晋书·孙恩传》：子恭死，泰传其术。然浮狡有小才，诳诱百姓，愚者敬之如神，皆竭财产，进子女，以祈福庆。

② 《晋书·孙恩传》：广州刺史王怀之以泰行郁林太守，南越亦归之。太子少傅王雅先与泰善，言于孝武帝，以泰知养性之方，因召还。

③ 《晋书·孙恩传》：王恭之役，泰私合义兵，得数千人，为国讨恭。黄门郎孔道、鄱阳太守桓放之、骠骑谘议周勰等皆敬事之，会稽世子元显亦数诣泰求其秘术。

但没多久，孙泰发现了新商机。

东边的王恭发动内乱了，西边的殷仲堪、桓玄大兵压境，三吴自己的老乡琅邪王氏也趁乱闹起来了。

孙泰开始反思："晋祚这就要完，我的未来是否可以不需要靠别人去赏呢？我家累世不是门阀，挤进这个圈子太难了，但万一我能自己打造一个新世界、创立一个新的时代呢？"

孙泰开始煽动百姓，聚集教徒，他要利用自己多年培植的宗教力量颠覆东晋。

虽然孙泰的筹备动作要利用到各行各业大量的底层民众，所以保密性并不好，但是因为当时孙泰深得司马道子父子宠信，没有人敢对这爷俩揭穿孙泰的阴谋，最后是会稽内史谢𫐐站出来汇报给了司马道子的，司马道子随后诛杀孙泰及其六子。[①]

孙泰被杀后孙氏全族被通缉，其侄孙恩逃脱，藏于东海小岛中，并宣传说孙泰根本没有被杀，而是金蝉脱壳羽化成仙了。

孙恩对孙泰的神化使得很多信众乘船赴海去为孙恩送粮，孙恩渐渐聚集起了一百多骨干力量，准备为孙泰复仇。

本来孙恩替他叔叔报仇的可能性是很小的，因为能被他动员起来的底层信徒是很有限的，有限到了就算他叔叔当时准备作乱都没戏，但就在这个节骨眼上，司马元显为孙恩送来了反攻的弹药。

司马元显对三吴地区下达了"抢人令"。三吴地区的所有豪族都愤怒了，他们中有大量信奉五斗米道的世家。这些世家开始靠着孙恩的公

---

① 《晋书·孙恩传》：于时朝士皆惧泰为乱，以其与元显交厚，咸莫敢言。会稽内史谢𫐐发其谋，道子诛之。

开反叛帮助自己展开自救，他们大量倒向了孙恩的反叛武装。①

孙恩在势头起来后开始反攻，先是带队杀了上虞县令，然后对三吴腹地的会稽展开了猛攻。

此时的会稽内史是王凝之，这位在历史留名的原因是他的家属很有名：他爹是王羲之，他媳妇是谢道韫。

王凝之也是五斗米道的信徒，看到教主孙恩杀过来后，他既没有表示热烈欢迎，也没有下令保卫会稽郡，而是每天去道堂上磕头念咒。

王凝之的手下纷纷请战讨灭孙恩，他成竹在胸地说："别担心，大仙已经到了，数万鬼兵已经各自把守险要，不必担忧孙恩。"

他的不靠谱感染了很多人，结果就是孙恩的军队几乎是兵不血刃地打进了会稽。

王凝之还知道逃跑，但被抓住后除了妻子谢道韫和一名外孙之外全家被灭门。

谢道韫曾经多次劝王凝之要整军备战，结果不被重视，谢道韫只好自己带着数百家丁天天训练，后面在跟孙恩军开战时自己还杀了好几个乱军。

孙恩听说这就是大名鼎鼎的谢家才女，亲眼见到她的英武气概后大加佩服，谢道韫幸免于难。

孙恩势大，三吴地区剩下的高级长官吴国内史桓谦、临海太守新蔡王司马崇、义兴太守魏隐这些非五斗米道世家全部弃郡逃走，会稽、吴郡、吴兴、义兴、临海、永嘉等八郡豪族和百姓拉起队伍响应孙恩，

---

① 《晋书·孙恩传》：及元显纵暴吴会，百姓不安，恩因其骚动，自海攻上虞，杀县令。

三吴地区仅仅十天便聚集了几十万人。①

凭孙恩自己的能力，再过十年都弄不出这么大的动静，但司马元显一个政策就办到了。

没来得及逃走的吴兴太守谢邈、永嘉太守谢逸、嘉兴公顾胤、南康公谢明慧、黄门郎谢冲、张琨，以及中书郎孔道、太子洗马孔福、乌程令夏侯愔等，都被孙恩的乱军杀掉。

由于孙泰被杀是谢辋告的密，所以在此次的孙恩掠三吴中，谢家损失惨重。

即便是在百年前的西晋平吴和末日级的永嘉之乱中，三吴地区都没有受到波及（石冰、陈敏均未将战火烧至三吴），这是继孙伯符平定江东六郡八十一州以来，三吴地区时隔两百年第一次再遭兵火，民不习战，郡县兵皆望风奔溃。

三吴地区的豪族在响应孙恩后，恨不得集体自杀以谢天下，因为孙恩很快就展现出了邪教教主的特质。只要有反对的声音，就是异端、就是邪说。

孙恩拿下三吴后自称征东将军，他手下所有人都是"长生人"，士人和百姓如果有不跟他造反的就全家灭门，大量的三吴百姓被孙恩杀掉了。②

孙恩甚至把一些县令的尸体剁成肉酱，命令他们的妻子儿女吃下去，如果不吃，便被肢解分尸。③

他开始一路向北，抢掠烧杀每一个路过的地方，裹挟着每一个路

---

① 《晋书·孙恩传》：因袭会稽，害内史王凝之，有众数万。于是会稽谢咸、吴郡陆瑰、吴兴丘尪、义兴许允之、临海周胄、永嘉张永及东阳、新安等凡八郡，一时俱起，杀长史以应之，旬日之中，众数十万。

② 《晋书·孙恩传》：于是恩据会稽，自号征东将军，号其党曰"长生人"，宣语令诛杀异己，有不同者戮及婴孩，由是死者十七八。

③ 《资治通鉴·晋纪三十三》：醢诸县令以食其妻子，不肯食者，辄支解之。

上遇到的人跟随他们往前走。为了断被裹挟人们的退路，孙恩烧掉了每一个经过的城镇村庄，毁掉了每一口路过的水井。

如果有跟不上他队伍的老弱妇孺，他就把他们集体推入水中，大笑道："你们省心啦！先一步上仙境享福去啦，我们晚些就过去找你们！"①

孙恩一边北上，一边向安帝上表，要求杀掉司马道子和司马元显。

江左百年中，上游被王氏、庾氏、桓氏相继控制，京口和江北也基本上指望不上，那是战区，自给自足都不够，朝廷的给养均靠三吴供应。这次孙恩屠戮三吴，建康朝廷此时已经人心惶惶。

建康周围开始盗贼蜂起，准备趁火打劫，建康城内人心惊惧，安帝授司马道子黄钺，命司马元显为中军将军，徐州刺史谢琰兼督吴兴、义兴诸郡军事，会同刘牢之的北府军去讨伐孙恩。

司马元显最后的希望，就是谢琰和刘牢之了。

谢琰当年是上过淝水之战前线的，当初朱序假意投降前秦后被派来劝降时，建议要趁苻坚立足未稳时发动进攻，是谢琰力劝总指挥谢石依计而行的，后来谢琰还分领军队去追击前秦军，他是谢家乃至东晋最后几位能仰仗的将军之一了。

谢琰和刘牢之不负众望，以北府军为主力讨伐孙恩，在推进的过程中不断收复失地，击败了看似声势浩大实际只是临时拼凑而成的孙恩军。

在这次剿灭孙恩的一系列战役中，有一位将领在这关键的时代风口走到了台前开始崭露头角。

东晋门阀政治的真正掘墓人——刘裕，这头"京口猛虎"，下山了！

---

① 《资治通鉴·晋纪三十三》：所过掠财物，烧邑屋，焚仓廪，斫木，堙井，相帅聚于会稽，妇人有婴儿不能去者，投于水中，曰："贺汝先登仙堂，我当寻后就汝。"

六、百岁光阴弹指过，两晋悲歌终了

刘裕，彭城人，生于公元 363 年。

从理论上来讲，刘裕也是凤子龙孙，他是汉高祖刘邦之弟楚王刘交的第二十一世孙。但风水是轮流转的，这位五百多年前的皇族出生后差点儿连活着都很成问题。

刘裕出生后不久母亲就死了，父亲流浪于京口，实在养不起他，打算把他扔了。

刘裕的姨妈把刘裕救了下来，断了大他一岁的表哥刘怀敬的奶，把刘裕喂养长大。

刘裕长大后，大高个七尺六寸，豪杰雄壮，心宽量大，以孝顺继母闻名乡里，但由于家里穷，还时不时喜欢赌，所以一直被乡里轻贱，但上天把刘裕安排出生在京口自有用意。

躲过出生几乎被弃的大难后，刘裕开始展现出他一生都大难不死的命硬特质，这个特质随着他参加北府军开始让他真龙归位、龙行大海。

刘裕最开始加入北府军的孙无终部，后来因为在一系列战役中表现出色升为军司马。

时代的天花板箍得很死，如果上面没人，家族普通，这辈子也就这样了。

刘裕的人生一直普普通通，直到他三十七岁这年，在这个普通人都开始认命的岁数，好运叩门而来。

孙恩在三吴闹起大规模暴乱。孙无终把刘裕推荐给了刘牢之，说这小子特别好用，试试吧。

刘牢之把刘裕调来当参军，开始并没有太当回事，但不久他就将被一个非常震撼的事件所震惊。

399 年十二月，刘牢之率部抵达吴地，派刘裕领数十人侦察孙恩军动向。刘裕去了很久也不见回报，随后刘牢之的儿子刘敬宣带了一队骑兵前去做第二次侦察。

这次侦察成为刘敬宣和所有到场北府军官兵终生铭记的一段记忆：刘裕一个人挥舞着兵刃追赶数千名逃跑的敌军。[①]

看到这种情况，刘敬宣率部快马加入战斗，一起追杀孙恩军，最终斩杀、俘虏了一千多人，紧接着刘裕乘胜追击，平定了山阴（今浙江绍兴）。

事后刘敬宣问刘裕到底是怎么回事，刘裕说："我们出来后不久就遇到敌军主力，然后就带着兄弟们冲了过去，过了一会儿就剩我一个人了，我被这帮贼人打到了河里，仰面砍死了几个要下来追击的贼军，随后就爬上岸了。我哇哇大叫着开始追杀他们，贼人以为有埋伏，就吓得开始撤退，我一边杀，一边吓唬他们，然后就看见你们了。"

刘裕的战斗英雄事迹开始神乎其神地传遍三吴，尤其是被逃走的孙恩军传扬后，孙恩军中那股信仰的力量开始渐渐衰竭。

---

① 《资治通鉴·晋纪二十二》：刘敬宣怪裕久不返，引兵寻之，见裕独驱数千人，咸共叹息。

别再说什么大仙了，对面有个活阎王。

起初，孙恩在八郡变民响应他时曾意气风发地说："咱们要打到建康去！"

后来刘牢之一路推进到浙江，孙恩开始安慰自己："我割据浙江以东，不失为勾践。"

等刘牢之率军打过浙江后，孙恩说："留得青山在，不怕没柴烧，跑路不丢人。"

最后，孙恩驱赶裹挟着二十多万人向东逃走，在扔掉了大量带不走的财物和妇女儿童后，终于逃回海上当海盗去了。

司马元显随后命谢琰为会稽太守，都督五郡军事，统其徐州旧部文武在东海沿线驻防，但仅仅四个月后，在400年的四月，孙恩卷土重来。

海岛上什么都没有，孙恩那么多人想活下去必须继续回来抢掠。对此谢琰却并不当回事，说："苻坚百万大军都被我扫回去了，小小的孙贼怎么还敢再回来呢，回来就是天要杀他。"

孙恩上岸后进犯浃口、余姚，又攻破了上虞，一口气进军到了邢浦时谢琰才派参军刘宣之出战，将孙恩击退。但没几天孙恩又回来了，这次他击败了刘宣之，迅速插到了会稽城下。

谢琰没有仔细评估敌我力量，也没有避敌锐气，而是说："我先宰了这毛贼再来吃饭。"结果这口饭要下辈子再吃了，谢琰军大败，自己也被帐下都督张猛杀了当投名状。

东晋朝廷听说谢琰被杀大惊，派北府军的冠军将军桓不才、辅国将军孙无终、宁朔将军高雅之南下再战孙贼。

司马元显此次并没有喊刘牢之，他想平衡北府军内部各大佬势力，防止刘牢之一人做大。

但不喊王牌出场这火眼睁睁就是灭不下去。僵持了半年，十一月，孙恩在余姚取得重大突破，高雅之部被孙恩消灭，战死十之七八，士兵基本被打光。

司马元显无奈，被迫下诏任刘牢之都督会稽五郡，成为三吴总司令，再伐孙恩。

启用刘牢之的效果是极其显著的，与官兵厮杀半年不落下风的孙恩再次逃回大海。

孙恩似乎是把大海当作了他的故乡，他一般是正月去岛上过个年，出了正月再返城打工去。

在400年底被打回海岛后，401年二月初一刚一出正月，这家伙又上岸了。这次孙恩军从淶口登陆，进攻句章失败，被严阵以待的刘牢之再次撵回大海。

三月，他又回来了。孙恩这次向北逼近海盐（今浙江海盐县东南），但海盐守将是一人追一千多人的刘裕。刘裕在海盐旧城上修筑阵地，每天的日常工作就是击退孙恩的进攻。

别看刘裕兵少，但刘裕要么组织敢死队反突击吓跑孙恩军然后追击，要么就是玩空城计，开城门假装逃跑，等孙恩军进城后再突然袭击猛打一通。[①]这也是罗贯中笔下为丞相诸葛亮加戏的"空城计"的出处。

后来孙恩觉得这城实在是拿不下来，于是调头进军沪渎（今上海青浦），刘裕带兵紧追。

海盐令鲍陋派儿子鲍嗣之率一千地方军请求做刘裕的前锋。刘裕说："贼兵战力很高，你们真的不行，要是前锋失利会乱我军心，还是

---

① 《宋书·武帝纪》：贼日来攻城，城内兵力甚弱，高祖乃选敢死之士数百人，咸脱甲胄，执短兵，并鼓噪而出。贼震惧夺气，因其惧而奔之，并弃甲散走，斩其大帅姚盛。虽连战克胜，然众寡不敌，高祖独深虑之。一夜，偃旗匿众，若已遁者。明晨开门，使羸疾数人登城。贼遥问刘裕所在，曰："夜已走矣。"贼信之，乃率众大上。高祖乘其懈怠，奋击，大破之。

在后面声援吧。"

刘裕以少数的兵力一直驱赶着孙恩大军追杀，其实就是靠着声势吓唬人，同时不断地在背后收割跑得慢的老弱病残。

士气最重要，一旦被对方发现你没那么可怕了就费劲了。但是鲍嗣之不答应，结果鲍嗣之出战不久就战死了。孙恩的"天兵天将"们反应过来了，刘裕一看糊弄不住开始且战且退，没多久也快成光杆司令了。

刘裕退到了前天伏击孙恩的地方，不再撤退，命令麾下所有人淡定地脱掉死人身上的衣服收敛军需，这下把贼军给吓唬住了。

刘裕紧接着喊"伏兵赶紧出来"，并调头做追杀状，再次将孙恩大军吓跑了，这才缓过了这口气。

在刘裕这边占不到便宜的孙恩调转枪头攻克了沪渎，杀了吴国内史袁崧。

六月初一，孙恩由海路突然出现在丹徒，带领着战舰千艘、十多万人准备玩掏心战术直接朝建康而来。[1]

消息传来，六月初二，建康全城戒严，文武百官聚集在台省内被保护起来。

冠军将军高素据守石头城，辅国将军刘袭带兵用木栅栏将淮口切断，丹阳尹司马恢之戌守在长江南岸，冠军将军桓谦在白石驻防，左卫将军王嘏等屯兵中堂，征召豫州刺史司马尚之来京师卫守。

东晋拿出所有家底准备迎战。

刘牢之之前就听说孙恩走水路要玩邪的了，于是从山阴带兵北上，但没有截住孙恩，于是派人通知刘裕自海盐前去堵截孙恩军。

---

[1] 《资治通鉴·晋纪三十四》：六月，甲戌，孙恩浮海奄至丹徒，战士十余万，楼船千余艘，建康震骇。

刘裕的海盐部有多少人呢？不足千人。

刘裕接到命令后开始急行军，一路狂飙，终于在孙恩军攻破丹徒前赶到丹徒前线。而丹徒原有守军早就没有了斗志，看到孙恩的大旗就开始逃跑。

数万孙恩军开始攻打蒜山（今江苏镇江西），虽然因强行军而疲惫不堪，但刘裕仍率军进击并击溃孙恩军，大量贼军从蒜山山崖摔下，摔死者与落水者不计其数，孙恩仓惶逃回船上。[①]

看到刘裕这"活阎王"守在这里是打不过了，孙恩决定还是去找软柿子捏，于是整顿部队继续向建康推进。

司马朝廷先是由司马元显率水军与孙恩对战，被孙恩的水军击败。孙恩继续逼近建康，但由于是逆流而行，再加上天公不作美一路逆风，楼船舰队速度被耽搁了，十多天才军至白石垒。[②]

在这十多天里，豫州刺史司马尚之率领豫州精锐赶到积弩堂，刘牢之则已回军据守新洲。

孙恩抵达白石后，听说最让他脑袋疼的北府军已经严阵以待，又回忆起刘裕一次次对他的粗暴对待，于是没再敢往建康开，而调头扑向了郁洲，其手下攻克了广陵，宁朔将军高雅之在郁洲向孙恩发动进攻却被孙恩的军队抓获。

在同行的不断衬托下，八月，刘裕被加封为建武将军、下邳太守，派他率水军去郁洲讨伐孙恩。

刘裕到后，孙恩再次逃跑，一路逃被刘裕一路追，打也打不过，

---

① 《宋书·武帝纪》：高祖倍道兼行，与贼俱至。于时众力既寡，加以步远疲劳，而丹徒守军莫有斗志。恩率众数万，鼓噪登蒜山，居民皆荷担而立。高祖率所领奔击，大破之，投崖赴水死者甚众。恩以彭排自载，仅得还船。

② 《宋书·武帝纪》：虽被摧破，犹恃其众力，径向京师。楼船高大，值风不得进，旬日乃至白石。

逃也逃不走，就这样被刘裕咬着，一口一口地越咬人越少。

十一月，刘裕在沪渎和海盐相继重创孙恩，俘虏乱军数以万计。孙恩军中还出现了瘟疫和断粮，人员损失大半。孙恩从浃口逃到临海。

经此役，孙恩的闹事资本基本上被刘裕打光，仅剩万余人。三吴地区当年被他裹挟的人口基数也被他带来的三年大乱祸害殆尽，他是再难兴起什么风浪了。

孙恩三年之乱的后果有两个。

1. 和三吴地区同归于尽。

三吴的经济、人口、基础设施，百年的积累被孙恩一举摧毁。三吴承平日久固然是被荼毒的重要原因，但更重要的原因在于孙恩的不上道，谁也没想到他会把这块富得流油的根据地彻底给毁了。

建设很困难，毁灭却很容易，东晋朝廷失去了最为重要的物质基础！

2. 变相地帮刘裕铺路提振声威，让这位猛人在极其关键的时代风口，一口气站到了北府军的前台。

孙恩为实现自己私人企图与抱负而利用宗教名义闹事所形成的东南大乱，成了为刘裕和桓玄做的一件完美嫁衣。

桓玄在400年夏天统一荆襄兼领江州后，一直在训练军队，伺机而动。当他听说孙恩的水军逼近建康时，曾经向建康方面上奏请求前去勤王。吓得司马元显赶紧下诏说孙恩是小把戏，你快别来。

桓玄在朝廷方面不给他浑水摸鱼机会后开始自己创造机会。他派手下大将皇甫敷、冯该据守湓口，强迁沮水、漳水流域的两千户蛮族居民到长江以南居住，并为其设置了武宁郡，又增设了绥安郡来招揽各地流民。

朝廷下诏征召的广州刺史刁逵、豫章太守郭昶之都被桓玄在进京路上扣留，变成了他自己的官员，他还多次在辖区内搞自己的神话运动，令人呈上祥瑞说他是天命所归。[①]

桓玄还写信吓唬司马道子，说孙恩之所以没攻破建康不过是因为那几天吹了逆风而已，你自己凭本事是守不住建康的。[②]

桓玄在三吴被毁后，对建康的不臣之心已经渐渐路人皆知了。

面对这种现状，司马元显的心腹张法顺对他说："桓玄凭借他家累世的资历已经独霸了荆楚，您真正控制的三吴眼下又彻底完蛋，桓玄一定会来找我们麻烦的，最好趁他还没完全消化荆楚，派刘牢之的北府军和您的所有主力前去剿灭桓玄，眼下是最好的机会。"

司马元显深以为然，派张法顺到京口去跟刘牢之商量这件事。刘牢之内心极其抵触："自打你给了我这个官，我就没一天能闲下来，好好的怎么又非得去打桓玄呢？"

之前刘牢之从未与桓玄正面过招过，但已听说桓玄一路摧枯拉朽般干掉殷仲堪和杨佺期的事，所以刘牢之表示最好别打，不一定干得过人家。

张法顺回来后就对司马元显说："我观察刘牢之的表情言谈，一定跟我们有二心，最好把他召到建康杀掉，否则此人会坏我们大事。"司马元显没理这回事，开始大规模练水军，准备战舰，打算讨伐桓玄。

就在孙恩之乱平息两个月后，402年正月初一，东晋朝廷下诏书，历数荆州刺史桓玄的罪状，任命尚书令司马元显为骠骑大将军、征讨大都督、都督十八州诸军事，加黄钺；命镇北将军刘牢之为前锋都督；命前将军谯王司马尚之统率后卫部队，共同讨伐桓玄。

---

① 《后汉书·桓玄传》：诏征广州刺史刁逵、豫章太守郭昶之，玄皆留不遣。自谓三分有二，知势运所归，屡上祯祥以为己瑞。

② 《资治通鉴·晋纪三十四》：又致笺于会稽王道子曰："贼造近郊，以风不得进，以雨不致火，食尽故去耳，非力屈也。"

这个时间段下正式文件西征，司马元显比较神经病。因为他根本没做好准备。

由于三吴残破，再加上桓玄早就封闭了长江上游的水道，导致建康无粮，军需极成问题。①

司马元显的如意算盘，是借着讨伐之势让桓家自己内讧，他封了自己的司马桓谦为荆州刺史、都督四州诸军事来干扰荆州军心。②

张法顺曾经对司马元显说："桓谦和桓修，桓冲的这两个儿子就是桓玄安插在建康的眼线，这两人一个是你的司马，一个是朝廷的中护军，职位太关键了，既然撕破脸咱们身边就要杜绝这种威胁。而且刘牢之这个三姓家奴太不靠谱，他这个前锋要是出问题了咱们就危险了，现在应该让刘牢之杀了桓家兄弟以示无二心。他要是不干，咱们也好提前对他有个准备。"

司马元显说："现在要是没有刘牢之，咱们根本打不过桓玄，况且还没怎么样就先诛杀大将于军心无益。"司马元显没有听从张法顺的建议。

桓家兄弟是不会有事的，因为他们的妈妈是琅邪王氏的王导孙女王女宗，他们的舅舅王诞早就好话说了一大筐了。③

司马元显把讨伐桓玄这事想得太简单了，根本不上心。事实上直到二月初七，在他喊着要打桓玄快四十天后，晋安帝在西池为他饯行后，司马元显仍然前思后想不肯出发。

---

① 《资治通鉴·晋纪三十四》：东土遭孙恩之乱，因以饥馑，漕运不继。桓玄禁断江路，公私匮乏，以粞、橡给士卒。

② 《资治通鉴·晋纪三十四》：又以桓氏世为荆土所附，桓冲特有遗惠，而谦，冲之子也，乃自骠骑司马除都督荆益宁梁四州诸军事、荆州刺史，欲以结西人之心。

③ 《资治通鉴·晋纪三十四》：元显欲尽诛诸桓。中护军桓脩，骠骑长史王诞之甥也，诞有宠于元显，因陈脩等与玄志趣不同，元显乃止。

司马元显的瞎嚷嚷和临阵犹豫给了桓玄巨大的鼓励和先手时间。本来桓玄也跳早了，还没有做好万全准备就又是扣人又是写恐吓信地把自己的反意挑明了。

桓玄以为朝廷被孙恩之乱困扰，会哄着自己，没想到会下文件要来收拾他了。

当桓玄的从兄，时任太傅长史的桓石生在诏书正式传达前向他密报后，桓玄是比较懵的，他打算收缩一切力量死保荆州。

他的长史卞范之给他分析明白了："司马元显乳臭未干，刘牢之在三吴平叛时民心尽失，您威震江东，有什么可怕的？现在要让他们土崩瓦解咱们稍微使点儿劲就能把他们推倒，怎么能把敌人引到咱们自己家门口呢？"①

桓玄听后决定留哥哥桓伟镇守江陵，向朝廷上奏反咬司马元显一口，说他"祸国殃民并列数多项大罪，我桓玄要清君侧"，并把檄文公告传遍各地，挥师东进建康。

桓玄一路东进，一开始是比较忐忑的，但直到过了寻阳还没看见司马元显的阻击军队时，桓玄觉得稳了。②

外强中干的司马氏，你完了！

荆州军的士气随着不断东进越发高涨。二月十八日，建康方面的第一次应对才来到，司马元显派了齐王司马柔之持驺虞幡到桓玄军展示，说别打了，陛下让大家回家。桓玄的先锋官直接把这个打幡的给

---

① 《资治通鉴·晋纪三十四》：玄谓朝廷方多忧虞，必未暇讨己，可以蓄力观衅。及大军将发，从兄太傅长史石生密以书报之；玄大惊，欲完聚江陵。长史卞范之曰："明公英威振于天下，元显口尚乳臭，刘牢之大失物情，若兵临近畿，示以祸福，土崩之势可翘足而待，何有延敌入境，自取穷蹙者乎！"

② 《晋书·桓玄传》：玄既失人情，而兴师犯顺，虑众不为用，恒有回旆之计。既过寻阳，不见王师，意甚悦，其将吏亦振。

砍了。

二月二十八日，桓玄抵达了父亲桓温曾经屯驻多年的姑孰，派部将冯该等进攻历阳。

司马休之坚守，被桓玄切断洞浦道路，偷袭烧掉了豫州舰船。

豫州刺史司马尚之只能率领九千步兵在洞浦摆开战阵，派武都太守杨秋驻扎横江，没想到杨秋直接投降了桓玄。

司马尚之还没开打就已被接二连三的坏消息击溃了信心，手下部众四散奔逃，他自己在涂河被抓，司马休之在无援后突围出城，豫州陷落。

横在桓玄和建康之间的，只剩下东晋立国后几乎是每一次战争和平叛的依仗——北府军。

刘牢之在这个关键的时间点上，面临人生的又一次重大抉择：是帮司马元显，还是帮桓玄。

此时，司马元显的日常修为开始"帮"桓玄赢得刘牢之的好感。

司马元显跟他爹一样，也天天沉迷喝酒且骄横任性，朝廷的任命诏书出来后，刘牢之作为先锋却根本见不着司马元显，甚至刘牢之主动上门都没有见到这位为之卖命的主顾，直到安帝为司马元显饯行时，刘牢之才在大庭广众之下看了他一眼。

相比司马元显，桓玄则上道得多了。桓玄派刘牢之的族舅何穆去见刘牢之，劝说道："自古功高无赏者不过一个死字，文种、白起、韩信，这都是前车之鉴啊！现在你已经到了无论胜负都必死的阶段了，何必呢！为什么不改变想法保住自己的荣华富贵呢？尤其桓玄可是跟您没有一点儿宿怨，选择桓玄，您纯粹是雪中送炭啊！"

结合司马元显的一系列作为和司马尚之的豫州惨败，刘牢之没怎么费劲，就决定向桓玄投降了。对于他的这个决定，北府军内部并不服气。

桓家毕竟没有朝廷权威，而且桓玄他爹桓温还解散过北府军。刘裕请战进攻桓玄，刘牢之不许。刘裕看出了刘牢之的打算，和刘牢之的外甥何无忌极力劝阻，但刘牢之不听。

刘牢之的儿子刘敬宣也劝他："现在朝廷形同虚设，桓玄已经三分得二，成事后再想铲除他就难了，到时就是东汉末年的董卓之乱啊！"

刘牢之的所有亲属都在提醒他，得帮着弱的打强的，不能跟着强的踩弱的。但刘牢之愤怒地说："弄死桓玄易如反掌，但我将来怎么对付司马元显？"[①]

刘牢之根本没意识到自己手中的战力意味着什么，在一而再再而三的反叛中彻底迷失了自己。这也不能怪他，下层出身的他在这固化了百年的上层迷宫中注定看不清方向。

说到底，司马元显的不懂事，连带着让刘牢之也昏了头。

三月初一，刘牢之派刘敬宣去拜见桓玄请降。此时此刻，司马元显刚刚出发，整整在家里歇了两个月。

过完寒假的司马元显听说刘牢之反水，桓玄的大部队已经到了新亭，赶紧扔了船只上岸退回建康。

三月初三，司马元显到宣阳门外去排列开战阵，扎下大营装装样子。后来又听说桓玄的部队已经抵达南桁，司马元显带着部队准备回宫。

很快，桓玄的先头部队赶到了，大喊"降者不杀"！

司马元显的部队彻底崩溃，司马元显自己跑回家，问他爹还有什么办法没？他爹对着他哭了，一句话也说不出来。

桓玄入京后掌控一切，司马道子父子被抓。司马元显被桓玄绑在

---

① 《资治通鉴·晋纪三十四》：牢之怒曰："吾岂不知！今日取玄如反覆手耳；但平玄之后，令我奈骠骑何！"

船头上一条一条数罪状进行侮辱，而司马元显将错都推在了张法顺等心腹的身上。其实还不如硬气一把呢！肯定是活不了，何必呢！

司马元显及其六子被杀，司马尚之、张法顺等被处死，当年说桓温晚年做贼的司马道子被以毒酒赐死。

桓玄拿下建康后，晋安帝派侍中到安乐渚慰劳桓玄，桓玄随后入建康，"被"任命为都督中外诸军事、丞相、录尚书事、扬州牧，兼任徐、荆、江三州刺史，加授黄钺。能给的都给了。

桓玄命桓伟为荆州刺史，桓谦为尚书左仆射，桓修为徐、兖两州刺史，桓石生为江州刺史，卞范之为丹阳尹。三十年过去了，继373年权倾朝野的桓温病逝后，402年，桓家再次掌握了东晋的权柄朝纲。

如果说有什么区别，那么区别就在于这三十年河东三十年河西后，整个江左的综合实力不可避免地全面崩塌了。

桓玄确实没碰到什么像样的对手，桓玄也不用再像老爹那样面对门阀大族间看不见但无处不在的种种制衡。

门阀政治的遗产红利和江左的整体实力，在十多年来司马曜和司马道子的兄弟祸国中彻底崩塌了，孙恩之乱也使得百年承平的三吴地区失去了自己的话语权。

这百年江左，最终被门阀政治影响时间最长的桓家收尾终场！

桓玄在控制了建康后对北府军这股掌控不了的力量选择快刀斩乱麻，在总掌大权后第一时间任命刘牢之为会稽内史。

刘牢之醒悟："这么快就要夺我兵权，大祸要来了。"

其子刘敬宣骗过桓玄回到了刘牢之身边，劝他带兵突袭桓玄，刘牢之拿不定主意——这样自己不就成吕布了吗，于是去询问刘裕。

刘裕说："您拥有北府精锐未见桓玄而望风归降，他现在声威震动天下，人心归附，您打算去广陵匡扶社稷又怎么可能做得到呢！我刘裕要解甲归田回京口了！"①

何无忌问刘裕："我要怎么办才好？"刘裕私下给何无忌分析判断："我看刘牢之难逃一死，你可以跟我回京口，桓玄如果守臣节咱们就投靠他，如果不守臣节咱们就背靠京口匡扶社稷！"②

这位5世纪的豪杰，将自己的判断和未来，投向了那个最初的起点，京口！

不要在别人规定好的赛道里像个转笼里疲于奔命的小白鼠，退下来，想明白，找好自己的优势点，重开一局游戏吧！

刘牢之在被刘裕否定后召集各将领商量回到江北讨伐桓玄。

对于刘牢之一次次拿北府军作为晋升砝码现在得到了报应这件事，北府军诸将感到幸灾乐祸。

参军刘袭说："不义之至莫过于谋反，将军最早反王恭，近来反元显，现在又要反桓玄，您接连三叛，怎么还能立于天地之间？"说罢出帐，其他官属也一哄而散。③

刘牢之派刘敬宣去京口接家属，但过了约定日期也不见回来，以为消息败露全家被杀，终于心理崩溃，在北逃到新洲的时候上吊自杀。

桓玄下令将刘牢之枭首弃尸示众，这位东晋晚期的北府名将就这样在门阀政治的大潮中一次又一次地碰得头破血流，最终落得死无全尸。

---

① 《资治通鉴·晋纪三十四》：裕曰："将军以劲卒数万，望风降服，彼新得志，威震天下，朝野人情皆已去矣，广陵岂可得至邪！裕当反服还京口耳。"

② 《资治通鉴·晋纪三十四》：裕曰："吾观镇北必不免，卿可随我还京口。桓玄若守臣节，当与卿事之；不然，当与卿图之。"

③ 《资治通鉴·晋纪三十四》：参军刘袭曰："事不可者莫大于反，而将军往年反王兖州，近日反司马郎君，今复欲反桓公。一人而三反，岂得立也。"语毕，趋出，佐吏多散走。

北府军作为东晋从立国开始就一次次所仰仗的终极军事力量，最终在这个政权即将崩塌时，仍然没有翻身做主，自己当把弄潮儿。

北府诸将在这江左百年中，被委身于郗家、谢家，乃至王恭、司马元显、桓玄之手，不可避免地一直被利用，成为时代的注脚。

但这百年北府军，也并非没有留下宝贵的基因与教训传于后人。这一切的懵懂试错最终会在那位大神手上光耀时代！

4世纪挽狂澜于既倒的真正主角们，就要在5世纪当家做主了！

桓玄入主建康后，孙恩以为能占个便宜，再次从海上而来，但早已输没了赌本的他被临海太守辛景大败，所有的家底几乎被消灭。孙恩跳海而死，结束了自己丑陋的一生。

虽然他的妹夫卢循后来又接手他的道旗，但终究没再能掀起当年八郡响应的盛势景象。毕竟打着宗教的幌子去荼毒天下，是骗不了人的。当初信道，是因为这个道为万民救苦治病；烧杀淫掠，是骗不了老百姓的！

孙恩之乱以后，很多道教中大家耳熟能详的神仙开始下世被供奉于道堂，教主不再由世俗凡人充任，开始借鉴葛洪的思路，本着积善行德教化万民的宗旨，对之前的漏洞进行修补，道教开始走上正轨。

道教与佛教，在两晋悲歌后，齐头并进地走入了下一个时代去继续淬炼与融合！

四月，桓玄出建康去姑孰，留尚书令桓谦和卞范之在建康朝堂，自此所有朝政均归桓玄决断。

八月，因平定司马元显，加封桓玄为豫章公；因平定殷仲堪、杨佺期，加封桓玄为桂阳公，同时仍兼任祖传的南郡公。桓玄把豫章公封给儿子桓升，把桂阳公封给儿子桓俊。

不久，桓玄杀高素、竺谦之、竺朗之、刘袭等北府军旧部。北府将们反击不成，纷纷投奔南燕和后秦。

403年，大亨元年，桓玄迁大将军，不久为相国（好熟悉的官职）。

东晋封桓玄为楚王，加九锡，置楚国国内官属，并划南郡、南平郡、天门郡、零陵郡、营阳郡、桂阳郡、衡阳郡、义阳郡和建平郡共十郡为封地。

桓玄近篡的举动令原为殷仲堪党众的庾仄起兵反抗并袭取襄阳，但很快被桓石康平定。

十一月，桓玄加自己的冠冕为皇帝规格的十二旒，加车马、仪仗、乐器，以楚王妃为王后，楚国世子为太子。

十一月十八，卞范之写好禅让诏书命临川王司马宝逼晋安帝抄写。

十一月二十一，由王导之孙、琅邪王氏的王谧奉玺绶，晋安帝禅位于楚，随后桓玄迁晋安帝至永安宫，又迁太庙的晋朝诸帝神主牌位至琅邪国。

百官到姑孰劝进，十二月壬辰，桓玄登基称帝，改元"永始"，封晋安帝为平固王，不久迁于寻阳。

至此，百年江左东晋"暂时"告一段落，算上生于不义死于耻辱的西晋，这两晋的悲歌，终于唱完了。

一百五十年前，在浪花淘尽英雄后，指洛水盟誓的老艺术家司马懿终盘出手，三分天下归司马，终结了乱世，收尾了三国时代。

当司马炎代魏受天命的时候，这个新兴的王朝从诞生之初就如同一轮即将落山的夕阳。

仅仅四十多年后，烈火烹油的司马氏就落得个白茫茫一片大地真干净。司马氏在史无前例的全族大混战中，裹挟着华夏民族走向了黑暗深渊。

在八王之乱中，司马诸王亲手废掉了一条又一条雄踞华夏的神龙，随后"师华长技以制华"的北方诸少数民族政权开始奴役中原肆虐神州。北方开始一次又一次尝试着将灵魂注入华夏的躯壳。

凛冬至，长城毁，中国历史上，时间跨度最长、程度最剧烈、民族维度最宽的三百年大动乱就此拉开序幕。

永嘉之乱、石虎暴虐、冉闵屠羯、前燕南下、苻坚霸北、慕容复国、拓跋建魏……

飒飒西风渭水，萧萧落叶长安。英雄回首北邙山，虎斗龙争过眼！

放眼南国，苟延残喘的东晋权柄自"王与马共天下"后就开始落入高门大姓之手。

豪杰百年往事，渔樵一曲高歌。乌飞兔走疾如梭，眨眼风惊雨过！

随着桓玄攻入建康，《两晋悲歌》也终于走到了尾声，无论是北国"五胡"的你方唱罢我登场，还是南国门阀的今朝有酒今朝醉，最终都阶段性地走到了一个终结点。

北方的拓跋鲜卑即将清盘秦岭淮河之北，南方的气吞万里如虎即将颠覆这百年固化的大江之南。

与此同时，佛与道，儒与玄，北府与铁骑，江南开发与北境坞堡，书画复兴和佛寺广建，丝绸之路重开与瓷器发明成功，都成为这个时代凝结了百年的低垂果实，开始随着历史的车轮滚滚向前共同奔赴下一个时代！

> 一片残山并剩水，年年虎斗龙争。秦宫汉苑晋荒茔。
> 川源流恨血，毛发凛威灵。
> 白发诗人驻马，感时怀古伤情。战场田地宽平。
> 前人将不去，留与后人耕！